江苏省普通高校招生录取资料汇编

(2021—2023)

江苏省教育考试院 编

苏州大学出版社
Soochow University Press

图书在版编目(CIP)数据

江苏省普通高校招生录取资料汇编. 2021—2023 / 江苏省教育考试院编. -- 苏州：苏州大学出版社, 2024.5

ISBN 978-7-5672-4819-9

Ⅰ. ①江… Ⅱ. ①江… Ⅲ. ①高等学校－招生－江苏－2021-2023 Ⅳ. ①G647.32

中国国家版本馆 CIP 数据核字(2024)第 099254 号

Jiangsu Sheng Putong Gaoxiao Zhaosheng Luqu Ziliao Huibian (2021—2023)

书　　名：	江苏省普通高校招生录取资料汇编(2021—2023)
编　　者：	江苏省教育考试院
责任编辑：	沈　琴　　　　编辑热线：0512-65222282
装帧设计：	吴　钰
出版发行：	苏州大学出版社(Soochow University Press)
社　　址：	苏州市十梓街1号　邮编：215006
照　　排：	南京紫藤制版印务中心
印　　刷：	江苏扬中印刷有限公司
开　　本：	787 mm×1 092 mm　1/16　印张:44　字数:1 590 千
版　　次：	2024年5月第1版
印　　次：	2024年5月第1次印刷
书　　号：	ISBN 978-7-5672-4819-9
定　　价：	24.00元

图书若有印装错误，本社负责调换
苏州大学出版社网址　http://www.sudapress.com
苏州大学出版社邮箱　sdcbs@suda.edu.cn

《江苏省普通高校招生录取资料汇编(2021—2023)》编委会名单

编委会主任：傅祝余

编委会副主任：王海林　李拥军　吴成兵　杨素平

编委会委员：陆苍海　符耀章　邢　鹏　马　彪　周正源
　　　　　　赵荣飞　成　飚　郭凤清　陶　洁　李东升
　　　　　　张翊翔　崔　恺　杨玉楼　邓　文　杨广斌
　　　　　　柴小军　袁　强　张　林　覃秀茹　马秀谊
　　　　　　杨　敏　余　淘　吕岭玲　李　锐　赵东方

编 写 说 明

为方便广大考生填报志愿,我院编写了《江苏省普通高校招生录取资料汇编(2021—2023)》。

本资料详细提供了有关普通高校2021年、2022年分院校、分院校专业组录取情况及2023年分院校、分院校专业组、分专业录取情况,其中包括各高校在我省的录取人数、各院校专业组及各专业的录取最高分、最低分、最低分位次以及录取考生的志愿分布等情况。

本资料内容繁多,如有疏漏、不当之处,恳请读者批评指正。

江苏省教育考试院

2024年5月

目　　录

一、查阅资料说明 ……………………………………………………………………………… (1)

二、2023年在江苏招生的普通高校普通类专业录取情况
　　……………………………………………………………………………………………… (3)
　（一）普通类(历史等科目类)提前录取本科院校 ………………………………………… (3)
　（二）普通类(历史等科目类)本科院校 …………………………………………………… (12)
　（三）普通类(历史等科目类)高职(专科)院校 …………………………………………… (88)
　（四）普通类(物理等科目类)提前录取本科院校 ………………………………………… (131)
　（五）普通类(物理等科目类)本科院校 …………………………………………………… (161)
　（六）普通类(物理等科目类)高职(专科)院校 …………………………………………… (351)

三、2023年在江苏招生的普通高校艺术类专业录取情况
　　……………………………………………………………………………………………… (399)
　（一）艺术类(历史等科目类)本科院校第1小批 ………………………………………… (399)
　（二）艺术类(历史等科目类)本科院校第2小批 ………………………………………… (405)
　（三）艺术类(历史等科目类)本科院校第3小批 ………………………………………… (445)
　（四）艺术类(历史等科目类)高职(专科)院校(使用省统考成绩录取) ………………… (449)
　（五）艺术类(历史等科目类)高职(专科)院校(使用校考成绩录取) …………………… (458)
　（六）艺术类(物理等科目类)本科院校第1小批 ………………………………………… (459)
　（七）艺术类(物理等科目类)本科院校第2小批 ………………………………………… (462)
　（八）艺术类(物理等科目类)本科院校第3小批 ………………………………………… (479)
　（九）艺术类(物理等科目类)高职(专科)院校(使用省统考成绩录取) ………………… (482)
　（十）艺术类(物理等科目类)高职(专科)院校(使用校考成绩录取) …………………… (487)

四、2023年在江苏招生的普通高校体育类专业录取情况
　　……………………………………………………………………………………………… (488)
　（一）体育类(历史等科目类)本科院校 …………………………………………………… (488)
　（二）体育类(历史等科目类)高职(专科)院校 …………………………………………… (492)
　（三）体育类(物理等科目类)本科院校 …………………………………………………… (493)
　（四）体育类(物理等科目类)高职(专科)院校 …………………………………………… (497)

五、2022 年在江苏招生的普通高校普通类录取情况 ·· (498)

 (一)普通类(历史等科目类)提前录取本科院校 ·· (498)

 (二)普通类(历史等科目类)本科院校 ··· (499)

 (三)普通类(历史等科目类)高职(专科)院校 ·· (521)

 (四)普通类(物理等科目类)提前录取本科院校 ·· (530)

 (五)普通类(物理等科目类)本科院校 ··· (533)

 (六)普通类(物理等科目类)高职(专科)院校 ·· (567)

六、2021 年在江苏招生的普通高校普通类录取情况 ·· (577)

 (一)普通类(历史等科目类)提前录取本科院校 ·· (577)

 (二)普通类(历史等科目类)本科院校 ··· (578)

 (三)普通类(历史等科目类)高职(专科)院校 ·· (599)

 (四)普通类(物理等科目类)提前录取本科院校 ·· (607)

 (五)普通类(物理等科目类)本科院校 ··· (610)

 (六)普通类(物理等科目类)高职(专科)院校 ·· (643)

附录一:江苏省 2023 年普通高考普通类、体育类、美术类、声乐类、器乐类、编导类逐分段统计表 ·· (650)

附录二:江苏省 2022 年普通高考普通类、体育类、美术类、声乐类、器乐类、编导类逐分段统计表 ·· (666)

附录三:江苏省 2021 年普通高考普通类、体育类、美术类、声乐类、器乐类、编导类逐分段统计表 ·· (682)

一、查阅资料说明

（一）录取情况统计

本资料公布的录取情况,不含高校专项计划、综合评价(A、B类院校)、高水平艺术团、高水平运动队、强基计划、飞行技术专业、预科班以及个别院校补录等录取情况。

（二）录取志愿分布

本资料2021年、2022年各院校专业组志愿分布栏内统计的数字分别为平行志愿、征求志愿录取的考生人数。

本资料2023年普通类、体育类专业志愿分布栏内统计的数字分别为平行志愿、征求志愿录取的考生人数。艺术类专业志愿分布栏内统计的数字根据批次设置不同,分别为传统(顺序)志愿、征求志愿和平行志愿、征求志愿录取的考生人数。

（三）各校（专业）录取最高分、最低分、最低分位次

从2021年起,我省高考实行"3+1+2"模式,普通类、艺术类、体育类均按照历史等科目类、物理等科目类实行分开计划、分开划线、分开录取的"三分开"政策。

1. 2021—2023年录取"最高分"和"最低分"均为考生投档分。

2. 2021年、2022年录取"最高分"和"最低分"按院校专业组分普通类(历史等科目类)、普通类(物理等科目类)公布,2023年按专业分普通类(历史等科目类、物理等科目类)、艺术类(历史等科目类、物理等科目类)、体育类(历史等科目类、物理等科目类)公布。

3. 在2023年普通高校录取普通类本科提前批次、普通类本科批次、艺术类本科第2小批、体育类本科批次等本科平行志愿批次专业录取情况中,"最低分"一栏后,提供该分数对应的位次信息,即"最低分位次"一栏,供考生参考。

4. 按我省招生政策规定,个别院校(专业)因线上生源不足而不能完成招生计划的,经批准后可以适当降分录取。故本资料中有个别院校(专业)录取最低分低于当年同批院校省录取最低控制分数线。

（四）各批省录取控制分数线

1. 普通类

2021—2023年我省普通高校招生普通类各批省录取控制分数线如下：

年份	科类	本科	专科
2021	普通类（历史等科目类）	476	260
	普通类（物理等科目类）	417	220
2022	普通类（历史等科目类）	471	220
	普通类（物理等科目类）	429	220
2023	普通类（历史等科目类）	474	220
	普通类（物理等科目类）	448	220

2. 艺术类

2023年我省普通高校招生艺术类各批省录取控制分数线如下：

科类		本科(文化/专业)	专科(文化/专业)
艺术统考	美术(历史等科目类)	376/170	320/160
	美术(物理等科目类)	408/170	365/160
	声乐(历史等科目类)	353/145	345/120
	声乐(物理等科目类)	359/145	335/120
	器乐(历史等科目类)	353/145	345/120
	器乐(物理等科目类)	359/145	335/120
	编导(历史等科目类)	435/135	425/130
	编导(物理等科目类)	445/135	440/130
艺术专业校考(历史等科目类)		336/专业合格	220/专业合格
艺术专业校考(物理等科目类)		336/专业合格	220/专业合格

经教育部批准的部分独立设置的本科艺术院校(含部分艺术类本科专业参照执行的少数高校)的艺术类校考本科专业录取控制分数线由各校自行划定。

3. 体育类

2023年我省普通高校招生体育类各批省录取控制分数线如下：

科类	本科(文化/专业)	专科(文化/专业)
体育类(历史等科目类)	400/110	375/90
体育类(物理等科目类)	415/110	410/90

(五) 招生计划

考生如需查询2021—2023年普通高校在我省招生计划,请查阅我省当年《江苏招生考试》(招生计划专刊)刊登的"普通高等学校在江苏招生计划"。

考生填报2024年高考志愿时务必以《江苏招生考试·2024招生计划专刊》上公布的院校专业组代号为准。

本书所有数据仅供参考。

二、2023年在江苏招生的普通高校普通类专业录取情况

(一)普通类(历史等科目类)提前录取本科院校

院校、专业组、专业名称	录取数	最高分	最低分	最低分位次	平行志愿	征求志愿
0102 国防科技大学	6				6	
01专业组(不限)	4	628	622	1408	4	
英语(军事翻译)(只招男生)(体检标准:通用标准合格)	1	628	628	960	1	
日语(军事外语技术)(只招男生)(体检标准:通用标准合格)	1	628	628	960	1	
印地语(军事外交)(只招男生)(体检标准:通用标准合格)(军事指挥类)	1	622	622	1408	1	
哈萨克语(军事外语技术)(只招男生)(体检标准:通用标准合格)	1	627	627	1025	1	
02专业组(不限)	2	637	636	539	2	
法语(军事翻译)(只招女生)(体检标准:通用标准合格)	1	636	636	539	1	
达里语(军事外语技术)(只招女生)(体检标准:通用标准合格)	1	637	637	505	1	
0201 中国人民公安大学	33				33	
01专业组(思想政治)	28	637	616	2004	28	
治安学(只招男生)	8	637	616	2004	8	
侦查学(只招男生)	9	631	619	1702	9	
公安情报学(只招男生)	2	617	616	2004	2	
公安管理学(只招男生)	2	622	617	1907	2	
涉外警务(只招男生)	4	635	624	1243	4	
警务指挥与战术(只招男生)	1	620	620	1605	1	
公安政治工作(只招男生)	2	623	616	2004	2	
02专业组(思想政治)	5	657	635	587	5	
治安学(只招女生)	1	638	638	473	1	
侦查学(只招女生)	1	635	635	587	1	
公安情报学(只招女生)	1	636	636	539	1	
公安管理学(只招女生)	1	657	657	前100名	1	
涉外警务(只招女生)	1	639	639	431	1	
0202 中国刑事警察学院	11				11	
01专业组(思想政治)	9	613	588	6432	9	
治安学(只招男生)	1	602	602	3787	1	
侦查学(只招男生)	3	613	598	4403	3	
禁毒学(只招男生)	1	596	596	4803	1	
经济犯罪侦查(只招男生)	2	612	604	3490	2	
公安情报学(只招男生)	2	591	588	6432	2	
02专业组(思想政治)	2	623	622	1408	2	
治安学(只招女生)	1	623	623	1323	1	
侦查学(只招女生)	1	622	622	1408	1	
0203 中国人民警察大学	1				1	
01专业组(思想政治)	1	621	621	1508	1	
警务指挥与战术(面向地方公安机关入警就业)(只招女生)	1	621	621	1508	1	
0205 郑州警察学院	8				8	
01专业组(思想政治)	6	559	552	16960	6	
治安学(只招男生)	2	552	552	16960	2	
侦查学(只招男生)	2	552	552	16960	2	
公安管理学(只招男生)	1	552	552	16960	1	
铁路警务(只招男生)	1	559	559	14520	1	
02专业组(思想政治)	2	605	604	3490	2	
治安学(只招女生)	1	605	605	3348	1	
侦查学(只招女生)	1	604	604	3490	1	
0206 南京警察学院	35				35	
01专业组(思想政治)	29	591	552	16960	29	
治安学(面向地方公安机关入警就业)(只招男生)	11	568	553	16580	11	
侦查学(面向地方公安机关入警就业)(只招男生)	10	579	553	16580	10	
公安管理学(面向地方公安机关入警就业)(只招男生)	4	564	552	16960	4	
警务指挥与战术(特警方向)(面向地方公安机关入警就业)(只招男生)	4	591	554	16226	4	
02专业组(思想政治)	5	618	608	2929	5	
治安学(面向地方公安机关入警就业)(只招女生)	2	608	608	2929	2	
侦查学(面向地方公安机关入警就业)(只招女生)	1	608	608	2929	1	
公安情报学(面向地方公安机关入警就业)(只招女生)	1	618	618	1812	1	
公安管理学(面向地方公安机关入警就业)(只招女生)	1	608	608	2929	1	
03专业组(思想政治)	1	579	579	8530	1	
警务指挥与战术(特警方向)(面向海关缉私部门入警就业)(只招男生)	1	579	579	8530	1	
0301 国际关系学院	12				12	

2023年普通类(历史等科目类)提前录取本科院校

院校、专业组、专业名称	录取数	最高分	最低分	最低分位次	平行志愿	征求志愿
01专业组(不限)	5	613	594	5199	5	
国际经济与贸易(只招男生)	1	613	613	2330	1	
传播学(只招男生)	2	598	595	5035	2	
行政管理(只招男生)	1	610	610	2671	1	
英语(只招男生)	1	594	594	5199	1	
02专业组(不限)	5	617	608	2929	5	
国际经济与贸易(只招女生)	1	617	617	1907	1	
传播学(只招女生)	2	609	608	2929	2	
行政管理(只招女生)	1	609	609	2794	1	
英语(只招女生)	1	611	611	2569	1	
03专业组(思想政治)	1	594	594	5199	1	
国际政治(只招男生)	1	594	594	5199	1	
04专业组(思想政治)	1	619	619	1702	1	
国际政治(只招女生)	1	619	619	1702	1	
0303 北京电子科技学院	2				2	
01专业组(不限)	2	650	635	587	2	
行政管理	2	650	635	587	2	
0305 中央司法警官学院	24				21	3
01专业组(不限)	12	599	547	18776	9	3
法学(只招男生)	3	550	547	18776		3
监狱学(只招男生)	2	599	581	8016	2	
监狱学(心理矫治)(只招男生)	2	576	568	11596	2	
监狱学(政治工作)(只招男生)	1	570	570	11036	1	
司法警察学(只招男生)	4	593	573	10153	4	
02专业组(不限)	4	607	604	3490	4	
监狱学(只招女生)	1	605	605	3348	1	
监狱学(心理矫治)(只招女生)	1	604	604	3490	1	
司法警察学(只招女生)	2	607	606	3205	2	
03专业组(不限)	4	547	522	29523	4	
行政管理(警察管理)(只招男生)(非司法警察类招生)	4	547	522	29523	4	
04专业组(思想政治)	3	560	551	17339	3	
侦查学(狱内侦查)(只招男生)	3	560	551	17339	3	
05专业组(思想政治)	1	604	604	3490	1	
侦查学(狱内侦查)(只招女生)	1	604	604	3490	1	
1101 南京大学	15				15	
01专业组(不限)	13	635	627	1025	13	
戏剧影视文学	13	635	627	1025	13	
02专业组(思想政治)	2	643	640	390	2	
马克思主义理论	2	643	640	390	2	
1106 南京信息工程大学	14				14	
01专业组(不限)	14	590	580	8256	14	
工商管理类(会计学、财务管理、人力资源管理)	3	585	580	8256	3	
英语	1	582	582	7784	1	
法学	10	590	580	8256	10	
1108 南京师范大学	61				44	17
01专业组(思想政治)	14	613	605	3348	14	
马克思主义理论	14	613	605	3348	14	
02专业组(不限)	42	618	593	5382	25	17
汉语国际教育(师范)	3	610	603	3640	3	
会计学	2	613	607	3063	2	
劳动与社会保障	2	594	593	5382		2
英语	2	607	603	3640	2	
公共管理类(行政管理、公共事业管理)	3	602	600	4092	1	2
工商管理类(工商管理、人力资源管理)	4	604	593	5382	1	3
法学	3	617	614	2230	3	
小学教育(师范)	5	605	601	3941	3	2
学前教育(师范)	3	595	593	5382		3
应用心理学(创新实验班、师范、非师范)	3	602	597	4598	1	2
中国语言文学类[汉语言文学(师范、非师范、创新实验班)、秘书学]	4	618	614	2230	4	
外国语言文学类(俄语、日语、意大利语、法语、西班牙语)(双外语)	3	603	598	4403	1	2
历史学类[历史学(师范、非师范)、考古学]	3	610	606	3205	3	
社会学	2	604	598	4403	1	1
03专业组(思想政治)	5	613	605	3348	5	
思想政治教育(师范、非师范)	5	613	605	3348	5	
1110 南京工业大学	8				8	
01专业组(不限)	8	572	555	15860	8	
工商管理	4	572	556	15509	4	
行政管理	4	571	555	15860	4	
1111 南京邮电大学	19				16	3
01专业组(不限)	19	579	569	11294	16	3
工商管理类(工商管理、财务管理、人力资源管理)	3	579	578	8812	3	
经济学类(经济学、经济统计学)	2	577	576	9337	2	
国际经济与贸易	2	574	573	10153	2	
社会工作	3	572	569	11294	3	
英语	5	576	569	11294	4	1
翻译	4	571	569	11294	2	2
1113 南京中医药大学	26				23	3
01专业组(化学或生物)(南京校区)	11	579	557	15175	8	3
中医学	8	579	563	13156	8	
食品卫生与营养学	3	571	557	15175		3
02专业组(化学或生物)(泰州校区)	15	584	520	30453	15	
中医学(为南京市溧水区定向培养)	2	539	530	25824	2	

2023年普通类(历史等科目类)提前录取本科院校

院校、专业组、专业名称	录取数	最高分	最低分	最低分位次	平行志愿	征求志愿
中医学(为无锡市江阴市定向培养)	2	581	550	17664	2	
中医学(为苏州市吴中区定向培养)	2	580	559	14520	2	
中医学(为苏州市吴江区定向培养)	2	574	571	10737	2	
中医学(为苏州市相城区定向培养)	2	584	558	14824	2	
中医学(为南通市启东市定向培养)	2	574	566	12208	2	
中医学(为南通市海门区定向培养)	2	566	531	25378	2	
中医学(为宿迁市沭阳县定向培养)	1	520	520	30453	1	
1120 南京晓庄学院	216				214	2
01专业组(不限)	155	622	538	22445	153	2
学前教育(师范)(为南京市六合区定向培养)	2	576	575	9602	2	
学前教育(师范)(为南京市高淳区定向培养)	4	579	563	13156	3	1
学前教育(师范)(为镇江市丹阳市定向培养)	5	581	573	10153	5	
学前教育(师范)(为扬州市宝应县定向培养)	2	566	566	12208	2	
学前教育(师范)(为扬州市高邮市定向培养)	3	547	544	19954	2	1
小学教育(师范)(为无锡市江阴市定向培养)	30	622	576	9337	30	
小学教育(师范)(为无锡市宜兴市定向培养)	6	611	596	4803	6	
小学教育(师范)(为扬州市宝应县定向培养)	2	586	578	8812	2	
小学教育(师范)(为扬州市高邮市定向培养)	8	565	548	18396	8	
小学教育(师范)(为扬州市江都区定向培养)	12	585	567	11916	12	
小学教育(师范)(为扬州市邗江区定向培养)	4	596	590	5998	4	
汉语言文学(师范)(为盐城市东台市定向培养)	3	593	581	8016	3	
汉语言文学(师范)(为盐城市建湖县定向培养)	1	563	563	13156	1	
汉语言文学(师范)(为盐城市阜宁县定向培养)	2	570	555	15860	2	
汉语言文学(师范)(为盐城市滨海县定向培养)	1	571	571	10737	1	
汉语言文学(师范)(为扬州市宝应县定向培养)	2	593	586	6865	2	
汉语言文学(师范)(为扬州市高邮市定向培养)	4	578	553	16580	4	
汉语言文学(师范)(为扬州市江都区定向培养)	6	595	586	6865	6	
汉语言文学(师范)(为扬州市邗江区定向培养)	4	605	599	4245	4	
汉语言文学(师范)(为扬州市仪征市定向培养)	5	594	573	10153	5	
汉语言文学(师范)(为淮安市淮阴区定向培养)	2	580	573	10153	2	
汉语言文学(师范)(为淮安市涟水县定向培养)	2	578	574	9863	2	
历史学(师范)(为徐州市丰县定向培养)	4	548	538	22445	4	
历史学(师范)(为徐州市沛县定向培养)	5	571	538	22445	5	
历史学(师范)(为徐州市铜山区定向培养)	8	564	550	17664	8	
历史学(师范)(为徐州市睢宁县定向培养)	8	565	538	22445	8	
历史学(师范)(为徐州市邳州市定向培养)	5	577	559	14520	5	
历史学(师范)(为盐城市东台市定向培养)	4	580	565	12540	4	
历史学(师范)(为盐城市建湖县定向培养)	2	562	560	14180	2	
历史学(师范)(为盐城市滨海县定向培养)	6	569	560	14180	6	
历史学(师范)(为盐城市响水县定向培养)	2	558	554	16226	2	
历史学(师范)(为盐城市盐都区定向培养)	1	607	607	3063	1	
02专业组(化学或地理)	19	612	548	18396	19	
地理科学(师范)(为淮安市淮阴区定向培养)	1	562	562	13511	1	
地理科学(师范)(为淮安市涟水县定向培养)	1	574	574	9863	1	
地理科学(师范)(为盐城市东台市定向培养)	1	564	564	12849	1	
地理科学(师范)(为盐城市阜宁县定向培养)	1	551	551	17339	1	
地理科学(师范)(为盐城市滨海县定向培养)	5	570	549	18061	5	
地理科学(师范)(为盐城市响水县定向培养)	1	550	550	17664	1	
地理科学(师范)(为宿迁市沭阳县定向培养)	2	570	569	11294	2	
地理科学(师范)(为宿迁市泗阳县定向培养)	4	609	548	18396	4	
地理科学(师范)(为宿迁市泗	3	612	577	9084	3	

2023年普通类(历史等科目类)提前录取本科院校

院校、专业组、专业名称	录取数	最高分	最低分	最低分位次	平行志愿	征求志愿
洪县定向培养)						
03专业组(思想政治)	42	588	530	25824	42	
思想政治教育(师范)(为徐州市丰县定向培养)	3	538	534	24116	3	
思想政治教育(师范)(为徐州市沛县定向培养)	8	538	530	25824	8	
思想政治教育(师范)(为徐州市铜山区定向培养)	4	569	556	15509	4	
思想政治教育(师范)(为徐州市睢宁县定向培养)	10	543	531	25378	10	
思想政治教育(师范)(为徐州市邳州市定向培养)	3	567	556	15509	3	
思想政治教育(师范)(为宿迁市沭阳县定向培养)	2	579	571	10737	2	
思想政治教育(师范)(为宿迁市泗阳县定向培养)	6	580	557	15175	6	
思想政治教育(师范)(为宿迁市泗洪县定向培养)	3	567	564	12849	3	
思想政治教育(师范)(为淮安市淮阴区定向培养)	1	560	560	14180	1	
思想政治教育(师范)(为淮安市金湖县定向培养)	2	588	563	13156	2	
1122 江苏警官学院	683				678	5
01专业组(思想政治)	579	621	553	16580	576	3
公安管理学(只招男生)	67	610	560	14180	67	
公安情报学(只招男生)	1	616	616	2004	1	
涉外警务(只招男生)	70	616	562	13511	70	
警务指挥与战术(只招男生)	68	611	553	16580	65	3
治安学(只招男生)	172	614	556	15509	172	
侦查学(只招男生)	135	620	561	13842	135	
经济犯罪侦查(只招男生)	66	621	583	7542	66	
02专业组(思想政治)	104	636	608	2929	102	2
公安管理学(只招女生)	12	633	614	2230	12	
公安情报学(只招女生)	1	619	619	1702	1	
涉外警务(只招女生)	12	630	619	1702	12	
警务指挥与战术(只招女生)	12	624	608	2929	10	2
治安学(只招女生)	31	634	609	2794	31	
侦查学(只招女生)	24	636	611	2569	24	
经济犯罪侦查(只招女生)	12	632	616	2004	12	
1131 江苏第二师范学院	198				197	1
01专业组(不限)	143	604	536	23287	142	1
历史学(师范)(为宿迁市沭阳县定向培养)	2	571	567	11916	2	
历史学(师范)(为宿迁市泗阳县定向培养)	9	561	543	20329	9	
历史学(师范)(为宿迁市泗洪县定向培养)	3	581	569	11294	3	
历史学(师范)(为连云港市东海县定向培养)	6	549	536	23287	6	
历史学(师范)(为连云港市灌云县定向培养)	5	568	546	19168	5	
历史学(师范)(为连云港市灌南县定向培养)	1	555	555	15860	1	
历史学(师范)(为连云港市赣榆区定向培养)	10	590	567	11916	10	
历史学(师范)(为淮安市淮阴区定向培养)	2	575	564	12849	2	
历史学(师范)(为淮安市金湖县定向培养)	1	557	557	15175	1	
学前教育(师范)(为无锡市江阴市定向培养)	5	578	575	9602	5	
学前教育(师范)(为南通市海门区定向培养)	3	584	573	10153	3	
学前教育(师范)(为泰州市靖江市定向培养)	3	563	553	16580	2	1
学前教育(师范)(为泰州市兴化市定向培养)	5	556	540	21584	5	
小学教育(师范)(为南通市海安市定向培养)	6	594	587	6629	6	
小学教育(师范)(为南通市如皋市定向培养)	10	589	576	9337	10	
小学教育(师范)(为南通市如东县定向培养)	11	580	564	12849	11	
小学教育(师范)(为南通市海门区定向培养)	11	604	573	10153	11	
小学教育(师范)(为南通市通州区定向培养)	12	592	573	10153	12	
英语(师范)(为南京市浦口区定向培养)	1	597	597	4598	1	
英语(师范)(为镇江市句容市定向培养)	1	592	592	5588	1	
英语(师范)(为镇江市扬中市定向培养)	1	581	581	8016	1	
英语(师范)(为徐州市铜山区定向培养)	2	578	557	15175	2	
英语(师范)(为徐州市睢宁县定向培养)	4	568	536	23287	4	
英语(师范)(为徐州市邳州市定向培养)	2	574	564	12849	2	
英语(师范)(为徐州市贾汪区定向培养)	2	584	575	9602	2	
英语(师范)(为泰州市靖江市定向培养)	2	585	573	10153	2	
汉语言文学(师范)(为连云港市东海县定向培养)	10	558	540	21584	10	
汉语言文学(师范)(为连云港市灌云县定向培养)	7	577	543	20329	7	
汉语言文学(师范)(为连云港	1	595	595	5035	1	

院校、专业组、专业名称	录取数	最高分	最低分	最低分位次	平行志愿	征求志愿
市灌南县定向培养)						
汉语言文学(师范)(为连云港市赣榆区定向培养)	5	596	580	8256	5	
02专业组(化学或地理)	**19**	**579**	**531**	**25378**	**19**	
地理科学(师范)(为徐州市丰县定向培养)	1	545	545	19572	1	
地理科学(师范)(为徐州市沛县定向培养)	4	542	536	23287	4	
地理科学(师范)(为徐州市铜山区定向培养)	2	575	556	15509	2	
地理科学(师范)(为徐州市睢宁县定向培养)	6	579	531	25378	6	
地理科学(师范)(为徐州市邳州市定向培养)	6	565	553	16580	6	
03专业组(思想政治)	**36**	**603**	**533**	**24524**	**36**	
思想政治教育(师范)(为连云港市东海县定向培养)	6	545	533	24524	6	
思想政治教育(师范)(为连云港市灌云县定向培养)	5	567	537	22879	5	
思想政治教育(师范)(为连云港市灌南县定向培养)	2	551	548	18396	2	
思想政治教育(师范)(为连云港市赣榆区定向培养)	7	583	569	11294	7	
思想政治教育(师范)(为盐城市东台市定向培养)	1	583	583	7542	1	
思想政治教育(师范)(为盐城市建湖县定向培养)	1	556	556	15509	1	
思想政治教育(师范)(为盐城市阜宁县定向培养)	1	552	552	16960	1	
思想政治教育(师范)(为盐城市滨海县定向培养)	3	551	546	19168	3	
思想政治教育(师范)(为盐城市响水县定向培养)	1	553	553	16580	1	
思想政治教育(师范)(为盐城市盐都区定向培养)	1	589	589	6200	1	
思想政治教育(师范)(为泰州市靖江市定向培养)	2	596	587	6629	2	
思想政治教育(师范)(为泰州市兴化市定向培养)	5	595	570	11036	5	
思想政治教育(师范)(为泰州市姜堰区定向培养)	1	603	603	3640	1	
1133 南京特殊教育师范学院	**4**				**4**	
01专业组(不限)	**4**	**601**	**538**	**22445**	**4**	
特殊教育(师范)(为无锡市惠山区定向培养)	1	601	601	3941	1	
特殊教育(师范)(为连云港市灌南县定向培养)	1	542	542	20768	1	
特殊教育(师范)(为南通市海安市定向培养)	1	578	578	8812	1	
特殊教育(师范)(为淮安市金湖县定向培养)	1	538	538	22445	1	
1222 江苏师范大学	**101**				**95**	**6**
01专业组(不限)	**18**	**578**	**545**	**19572**	**12**	**6**
法学	3	570	568	11596	3	
社会工作	3	567	563	13156	3	
秘书学	3	556	549	18061		3
历史学(师范)	3	578	569	11294	3	
财务管理	3	567	552	16960	2	1
行政管理	3	564	545	19572	1	2
02专业组(不限)	**83**	**621**	**567**	**11916**	**83**	
小学教育(师范)(为苏州市太仓市定向培养)	10	589	567	11916	10	
小学教育(师范)(为苏州市吴江区定向培养)	9	621	592	5588	9	
汉语言文学(师范)(为南通市海安市定向培养)	4	609	596	4803	4	
汉语言文学(师范)(为南通市如皋市定向培养)	7	597	591	5805	7	
汉语言文学(师范)(为南通市如东县定向培养)	6	595	586	6865	6	
汉语言文学(师范)(为南通市启东市定向培养)	10	597	586	6865	10	
汉语言文学(师范)(为南通市海门区定向培养)	6	602	586	6865	6	
汉语言文学(师范)(为南通市通州区定向培养)	4	607	596	4803	4	
英语(师范)(为苏州市张家港市定向培养)	2	598	597	4598	2	
英语(师范)(为苏州市常熟市定向培养)	2	608	605	3348	2	
英语(师范)(为苏州市太仓市定向培养)	2	595	595	5035	2	
英语(师范)(为南通市海安市定向培养)	2	595	594	5199	2	
英语(师范)(为南通市如皋市定向培养)	3	610	595	5035	3	
英语(师范)(为南通市如东县定向培养)	3	595	585	7094	3	
英语(师范)(为南通市启东市定向培养)	7	603	580	8256	7	
英语(师范)(为南通市海门区定向培养)	3	593	583	7542	3	
英语(师范)(为南通市通州区定向培养)	3	597	596	4803	3	
1261 苏州大学	**20**				**18**	**2**
01专业组(不限)	**12**	**600**	**592**	**5588**	**10**	**2**
图书情报与档案管理类(档案学、信息资源管理)	2	599	597	4598	2	

2023年普通类(历史等科目类)提前录取本科院校

院校、专业组、专业名称	录取数	最高分	最低分	最低分位次	平行志愿	征求志愿
城市管理	2	597	596	4803	2	
物流管理	2	595	595	5035	2	
德语	2	595	592	5588	1	1
法语	2	594	592	5588	1	1
日语	2	600	594	5199	2	
02专业组(生物)	8	579	550	17664	8	
护理学	8	579	550	17664	8	
1265 中国人民大学(苏州校区)	2				2	
01专业组(不限)(中外合作办学)	2	626	621	1508	2	
法语(中外合作办学)	2	626	621	1508	2	
1301 南通大学	86				84	2
01专业组(不限)	86	610	536	23287	84	2
小学教育(师范)(为镇江市丹阳市定向培养)	10	602	582	7784	10	
小学教育(师范)(为镇江市句容市定向培养)	10	598	563	13156	10	
小学教育(师范)(为盐城市东台市定向培养)	5	578	560	14180	4	1
小学教育(师范)(为盐城市射阳县定向培养)	3	595	579	8530	3	
汉语言文学(师范)(为徐州市丰县定向培养)	6	584	549	18061	6	
汉语言文学(师范)(为徐州市沛县定向培养)	20	568	536	23287	20	
汉语言文学(师范)(为徐州市铜山区定向培养)	6	610	572	10433	5	1
汉语言文学(师范)(为徐州市睢宁县定向培养)	4	563	551	17339	4	
汉语言文学(师范)(为徐州市邳州市定向培养)	4	575	572	10433	4	
英语(师范)(为盐城市东台市定向培养)	1	585	585	7094	1	
英语(师范)(为盐城市建湖县定向培养)	1	548	548	18396	1	
英语(师范)(为盐城市阜宁县定向培养)	1	564	564	12849	1	
英语(师范)(为盐城市滨海县定向培养)	1	575	575	9602	1	
英语(师范)(为淮安市淮阴区定向培养)	2	564	561	13842	2	
英语(师范)(为淮安市涟水县定向培养)	1	581	581	8016	1	
英语(师范)(为连云港市东海县定向培养)	6	569	537	22879	6	
英语(师范)(为连云港市灌南县定向培养)	1	563	563	13156	1	
英语(师范)(为连云港市赣榆区定向培养)	4	589	572	10433	4	
1341 淮阴师范学院	112				112	
01专业组(不限)	97	618	531	25378	97	
小学教育(师范)(为淮安市淮阴区定向培养)	2	556	554	16226	2	
小学教育(师范)(为淮安市洪泽区定向培养)	8	563	534	24116	8	
小学教育(师范)(为淮安市金湖县定向培养)	14	547	531	25378	14	
汉语言文学(师范)(为南京市高淳区定向培养)	1	591	591	5805	1	
汉语言文学(师范)(为苏州市张家港市定向培养)	4	611	588	6432	4	
汉语言文学(师范)(为苏州市常熟市定向培养)	3	618	600	4092	3	
汉语言文学(师范)(为苏州市太仓市定向培养)	4	568	564	12849	4	
汉语言文学(师范)(为镇江市句容市定向培养)	7	592	562	13511	7	
汉语言文学(师范)(为镇江市扬中市定向培养)	2	573	569	11294	2	
汉语言文学(师范)(为镇江市丹徒区定向培养)	2	594	592	5588	2	
汉语言文学(师范)(为无锡市江阴市定向培养)	5	605	591	5805	5	
汉语言文学(师范)(为无锡市宜兴市定向培养)	3	602	601	3941	3	
历史学(师范)(为苏州市太仓市定向培养)	2	571	564	12849	2	
历史学(师范)(为无锡市江阴市定向培养)	2	596	592	5588	2	
历史学(师范)(为无锡市宜兴市定向培养)	2	602	598	4403	2	
历史学(师范)(为无锡市惠山区定向培养)	1	589	589	6200	1	
历史学(师范)(为南通市海安市定向培养)	2	592	588	6432	2	
历史学(师范)(为南通市如皋市定向培养)	8	590	578	8812	8	
历史学(师范)(为南通市如东县定向培养)	5	590	573	10153	5	
历史学(师范)(为南通市启东市定向培养)	2	593	578	8812	2	
历史学(师范)(为南通市海门区定向培养)	1	574	574	9863	1	
历史学(师范)(为南通市通州区定向培养)	2	600	593	5382	2	
历史学(师范)(为扬州市宝应县定向培养)	1	565	565	12540	1	

院校、专业组、专业名称	录取数	最高分	最低分	最低分位次	平行志愿	征求志愿
历史学(师范)(为扬州市高邮市定向培养)	2	557	554	16226	2	
历史学(师范)(为扬州市江都区定向培养)	4	584	565	12540	4	
历史学(师范)(为扬州市仪征市定向培养)	2	567	566	12208	2	
历史学(师范)(为镇江市句容市定向培养)	3	562	558	14824	3	
历史学(师范)(为镇江市扬中市定向培养)	2	567	558	14824	2	
历史学(师范)(为泰州市兴化市定向培养)	1	568	568	11596	1	
02专业组(化学或地理)	**15**	**610**	**547**	**18776**	**15**	
地理科学(师范)(为无锡市江阴市定向培养)	1	583	583	7542	1	
地理科学(师范)(为无锡市宜兴市定向培养)	1	610	610	2671	1	
地理科学(师范)(为无锡市惠山区定向培养)	1	604	604	3490	1	
地理科学(师范)(为镇江市扬中市定向培养)	1	601	601	3941	1	
地理科学(师范)(为扬州市宝应县定向培养)	1	547	547	18776	1	
地理科学(师范)(为扬州市高邮市定向培养)	1	553	553	16580	1	
地理科学(师范)(为扬州市江都区定向培养)	2	570	563	13156	2	
地理科学(师范)(为南通市如皋市定向培养)	4	596	577	9084	4	
地理科学(师范)(为泰州市靖江市定向培养)	1	593	593	5382	1	
地理科学(师范)(为泰州市兴化市定向培养)	1	567	567	11916	1	
地理科学(师范)(为泰州市姜堰区定向培养)	1	596	596	4803	1	
1362 盐城师范学院	**93**				**93**	
01专业组(不限)	**41**	**612**	**541**	**21165**	**41**	
小学教育(师范)(为连云港市灌南县定向培养)	2	547	541	21165	2	
小学教育(师范)(为连云港市赣榆区定向培养)	5	565	564	12849	5	
小学教育(师范)(为宿迁市沭阳县定向培养)	15	569	551	17339	15	
英语(师范)(为无锡市江阴市定向培养)	4	604	580	8256	4	
英语(师范)(为无锡市宜兴市定向培养)	3	612	596	4803	3	
英语(师范)(为宿迁市沭阳县定向培养)	2	563	561	13842	2	
英语(师范)(为宿迁市泗阳县定向培养)	2	557	542	20768	2	
英语(师范)(为宿迁市泗洪县定向培养)	3	586	556	15509	3	
英语(师范)(为宿迁市宿豫区定向培养)	5	584	559	14520	5	
02专业组(思想政治)	**52**	**600**	**545**	**19572**	**52**	
思想政治教育(师范)(为苏州市张家港市定向培养)	2	594	589	6200	2	
思想政治教育(师范)(为苏州市太仓市定向培养)	1	562	562	13511	1	
思想政治教育(师范)(为无锡市江阴市定向培养)	3	589	578	8812	3	
思想政治教育(师范)(为无锡市宜兴市定向培养)	2	597	596	4803	2	
思想政治教育(师范)(为无锡市惠山区定向培养)	2	597	596	4803	2	
思想政治教育(师范)(为镇江市句容市定向培养)	2	597	558	14824	2	
思想政治教育(师范)(为镇江市扬中市定向培养)	2	575	560	14180	2	
思想政治教育(师范)(为镇江市丹徒区定向培养)	1	585	585	7094	1	
思想政治教育(师范)(为南通市海安市定向培养)	2	592	592	5588	2	
思想政治教育(师范)(为南通市如皋市定向培养)	7	600	578	8812	7	
思想政治教育(师范)(为南通市如东县定向培养)	5	578	562	13511	5	
思想政治教育(师范)(为南通市启东市定向培养)	4	578	577	9084	4	
思想政治教育(师范)(为南通市海门区定向培养)	1	579	579	8530	1	
思想政治教育(师范)(为南通市通州区定向培养)	4	599	585	7094	4	
思想政治教育(师范)(为扬州市宝应县定向培养)	4	550	545	19572	4	
思想政治教育(师范)(为扬州市高邮市定向培养)	2	554	548	18396	2	
思想政治教育(师范)(为扬州市江都区定向培养)	5	591	564	12849	5	
思想政治教育(师范)(为扬州市邗江区定向培养)	1	590	590	5998	1	
思想政治教育(师范)(为扬州市仪征市定向培养)	2	563	563	13156	2	
1381 扬州大学	**47**				**32**	**15**
01专业组(不限)	**6**	**598**	**585**	**7094**	**5**	**1**
英语(师范)	2	593	590	5998	2	
汉语言文学(师范)	2	598	593	5382	2	

2023年普通类(历史等科目类)提前录取本科院校

院校、专业组、专业名称	录取数	最高分	最低分	最低分位次	平行志愿	征求志愿
历史学(师范)	2	588	585	7094	1	1
02专业组(不限)	17	593	554	16226	3	14
广播电视学	2	563	554	16226		2
经济学	3	574	568	11596	1	2
工商管理	3	573	562	13511		3
农林经济管理	4	560	554	16226		4
汉语国际教育	3	566	555	15860		3
法学	2	593	582	7784	2	
03专业组(思想政治)	2	585	585	7094	2	
思想政治教育(师范)	2	585	585	7094	2	
04专业组(不限)	22	604	572	10433	22	
小学教育(师范)(为南京市浦口区定向培养)	6	596	572	10433	6	
小学教育(师范)(为南京市六合区定向培养)	8	604	586	6865	8	
小学教育(师范)(为南京市高淳区定向培养)	8	600	579	8530	8	
1421 泰州学院	51				51	
01专业组(不限)	51	608	539	22036	51	
汉语言文学(师范)(为泰州市靖江市定向培养)	6	591	570	11036	6	
汉语言文学(师范)(为泰州市兴化市定向培养)	3	568	561	13842	3	
汉语言文学(师范)(为泰州市海陵区定向培养)	1	589	589	6200	1	
汉语言文学(师范)(为宿迁市沭阳县定向培养)	3	561	553	16580	3	
汉语言文学(师范)(为宿迁市泗阳县定向培养)	5	553	539	22036	5	
汉语言文学(师范)(为宿迁市泗洪县定向培养)	4	560	553	16580	4	
汉语言文学(师范)(为宿迁市宿豫区定向培养)	5	581	565	12540	5	
小学教育(师范)(为泰州市靖江市定向培养)	7	569	553	16580	7	
小学教育(师范)(为泰州市泰兴市定向培养)	6	569	557	15175	6	
小学教育(师范)(为泰州市兴化市定向培养)	7	559	551	17339	7	
小学教育(师范)(为泰州市海陵区定向培养)	1	608	608	2929	1	
小学教育(师范)(为泰州市姜堰区定向培养)	3	591	581	8016	3	
2101 复旦大学	10				10	
01专业组(不限)	8	652	647	201	8	
德语	3	651	648	181	3	
法语	2	652	651	132	2	
西班牙语	2	648	647	201	2	
日语	1	647	647	201	1	
02专业组(思想政治)	2	651	651	132	2	
马克思主义理论	2	651	651	132	2	
2131 上海海关学院	13				12	1
01专业组(不限)	9	629	613	2330	8	1
海关管理(只招男生)	7	629	616	2004	7	
海关稽查(只招男生)	2	617	613	2330	1	1
02专业组(不限)	4	639	625	1166	4	
海关管理(只招女生)	3	639	629	900	3	
海关稽查(只招女生)	1	625	625	1166	1	
2309 安徽师范大学	2				2	
01专业组(思想政治)	2	569	567	11916	2	
马克思主义理论	2	569	567	11916	2	
2510 江西师范大学	1				1	
01专业组(思想政治)	1	562	562	13511	1	
马克思主义理论	1	562	562	13511	1	
3101 北京大学	8				6	2
01专业组(不限)	6	663	657	前100名	4	2
法语	1	663	663	前100名	1	
西班牙语	1	662	662	前100名	1	
俄语	1	662	662	前100名	1	
朝鲜语	1	661	661	前100名	1	
希伯来语	1	660	660	前100名		1
印地语	1	657	657	前100名		1
02专业组(思想政治)	2	663	661	前100名	2	
马克思主义理论类	2	663	661	前100名	2	
3102 中国人民大学	2				2	
01专业组(思想政治)	2	649	648	181	2	
马克思主义理论	2	649	648	181	2	
3104 北京师范大学	3				3	
01专业组(不限)	3	634	626	1081	3	
俄语	3	634	626	1081	3	
3117 北京语言大学	6				6	
01专业组(不限)	6	588	581	8016	6	
俄语	1	587	587	6629	1	
西班牙语	1	588	588	6432	1	
日语	1	582	582	7784	1	
罗马尼亚语(罗法复语)	1	582	582	7784	1	
土耳其语(土英复语)	1	581	581	8016	1	
意大利语	1	584	584	7316	1	
3119 对外经济贸易大学	8				8	
01专业组(不限)	8	623	618	1812	8	
法语[含国际经济与贸易+法语(双学士学位复合型人才培养项目)]	2	623	622	1408	2	
德语	2	620	620	1605	2	
朝鲜语[含国际经济与贸易+朝鲜(韩)语(双学士学位复合型人才培养项目)]	4	621	618	1812	4	
3123 中国传媒大学	2				2	

2023年普通类(历史等科目类)提前录取本科院校

院校、专业组、专业名称	录取数	最高分	最低分	最低分位次	平行志愿	征求志愿
01专业组(不限)	2	617	614	2230	2	
葡萄牙语	2	617	614	2230	2	
3131 外交学院	12				12	
01专业组(不限)	8	621	615	2114	8	
英语	1	621	621	1508	1	
英语(国际传播)	1	615	615	2114	1	
翻译	2	616	616	2004	2	
法语	1	618	618	1812	1	
日语	1	615	615	2114	1	
西班牙语	1	619	619	1702	1	
法学	1	616	616	2004	1	
02专业组(思想政治)	4	626	622	1408	4	
外交学	2	626	624	1243	2	
国际事务与国际关系	2	622	622	1408	2	
3201 南开大学	5				5	
01专业组(不限)	5	630	627	1025	5	
外国语言文学类	5	630	627	1025	5	
3204 天津师范大学	2				2	
01专业组(思想政治)	2	581	573	10153	2	
马克思主义理论	2	581	573	10153	2	
4201 吉林大学	2				2	
01专业组(思想政治)	2	624	620	1605	2	
马克思主义理论	2	624	620	1605	2	
4311 黑龙江大学	16				16	
01专业组(不限)	16	552	528	26739	16	
俄语(基础学科培养计划)	2	547	540	21584	2	
德语	1	539	539	22036	1	
法语	2	539	534	24116	2	
西班牙语	2	552	531	25378	2	
阿拉伯语	2	531	530	25824	2	
日语	3	543	531	25378	3	
朝鲜语	2	528	528	26739	2	
俄语	2	534	533	24524	2	
5201 武汉大学	4				4	
01专业组(思想政治)	4	637	634	631	4	
马克思主义理论	4	637	634	631	4	
5206 中南财经政法大学	1				1	
01专业组(思想政治)	1	591	591	5805	1	
公安学类[治安学、侦查学、侦查学(法庭科学方向)](只招男生)	1	591	591	5805	1	
5456 香港中文大学(深圳)	3				3	
02专业组(不限)	3	627	627	1025	3	
经济管理试验班(经济学、金融学、市场营销、会计学、国际商务)	3	627	627	1025	3	
6101 四川大学	2				2	
01专业组(思想政治)	2	627	624	1243	2	
马克思主义理论	2	627	624	1243	2	
6212 四川外国语大学	10				5	5
01专业组(不限)	10	583	554	16226	5	5
俄语	2	570	569	11294	1	1
德语	1	568	568	11596	1	
法语(法语法学联合培养)	1	583	583	7542	1	
日语	1	566	566	12208		1
西班牙语	1	565	565	12540	1	
葡萄牙语	1	558	558	14824	1	
波兰语	1	556	556	15509		1
乌克兰语	1	554	554	16226		1
朝鲜语	1	557	557	15175		1
6421 云南警官学院	1				1	
01专业组(思想政治)	1	607	607	3063	1	
禁毒学(只招女生)	1	607	607	3063	1	
7117 西安外国语大学	8				8	
01专业组(不限)	8	571	550	17664	8	
阿拉伯语	1	557	557	15175	1	
日语	3	562	550	17664	3	
朝鲜语	1	550	550	17664	1	
葡萄牙语	1	571	571	10737	1	
意大利语	1	570	570	11036	1	
捷克语	1	550	550	17664	1	
9102 香港中文大学	7				7	
01专业组(不限)	1	649	649	164	1	
本科入学奖学金类(含人文、商科等40个专业)	1	649	649	164	1	
02专业组(不限)	6	645	633	688	6	
人文类(含文、社会科学、教育、法律等31个专业)	4	636	633	688	4	
商科类(含商科等10个专业)	2	645	638	473	2	
9106 香港城市大学	1				1	
01专业组(不限)	1	626	626	1081	1	
商学院(含会计等专业)	1	626	626	1081	1	

(二)普通类(历史等科目类)本科院校

院校、专业组、专业名称	录取数	最高分	最低分	最低分位次	平行志愿	征求志愿
0306 中国民用航空飞行学院	5				5	
02专业组(不限)	3	539	524	28558	3	
工商管理	1	539	539	22036	1	
市场营销	1	524	524	28558	1	
公共事业管理	1	524	524	28558	1	
03专业组(思想政治)	2	584	544	19954	2	
思想政治教育	2	584	544	19954	2	
1101 南京大学	209				209	
03专业组(不限)	209	653	640	390	209	
人文科学试验班(哲学、汉语国际教育、新闻学、广播电视学、广告学、历史学、考古学)	24	646	640	390	24	
汉语言文学	6	652	650	144	6	
社会科学试验班(法学、编辑出版学、社会学、社会工作、应用心理学、行政管理、劳动与社会保障、图书馆学、档案学)	114	653	640	390	114	
经济管理试验班(经济学、金融学、金融工程、保险学、工商管理、市场营销、会计学、财务管理、电子商务、国际经济与贸易)	51	652	640	390	51	
外国语言文学类(英语、德语、法语、西班牙语)	6	648	643	294	6	
德语[含德语+法学(双学士学位培养项目)]	8	651	646	225	8	
1102 东南大学	98				98	
02专业组(不限)	98	638	629	900	98	
文科试验班类(社会学、汉语言文学、旅游管理、哲学、国际经济与贸易、金融学、经济学、金融工程、法学、艺术史论)	98	638	629	900	98	
1103 南京航空航天大学	150				150	
01专业组(不限)	10	625	621	1508	10	
金融学(新文科创新培优班)	6	625	621	1508	6	
会计学(新文科创新培优班)	4	624	622	1408	4	
02专业组(不限)	140	622	603	3640	140	
法学	40	622	606	3205	40	
行政管理	8	606	604	3490	8	
广播电视学	2	604	603	3640	2	
英语(民航业务、国际贸易)	6	617	603	3640	6	
工商管理	21	612	603	3640	21	
会计学	22	621	612	2448	22	
金融学	20	619	609	2794	20	
国际经济与贸易	21	607	603	3640	21	
1104 南京理工大学	90				90	
01专业组(不限)(南京校区)	85	612	602	3787	85	
法学	81	612	602	3787	81	
语言学	4	606	603	3640	4	
02专业组(思想政治)(南京校区)	5	607	600	4092	5	
马克思主义理论	5	607	600	4092	5	
1105 河海大学	209				209	
01专业组(不限)	112	612	601	3941	112	
市场营销	2	601	601	3941	2	
会计学	34	612	603	3640	34	
财务管理	25	609	602	3787	25	
人力资源管理	11	603	601	3941	11	
社会学	6	604	601	3941	6	
广播电视学	1	601	601	3941	1	
劳动与社会保障	3	602	601	3941	3	
土地资源管理	3	602	601	3941	3	
法学	24	611	603	3640	24	
英语	3	602	601	3941	3	
02专业组(不限)	82	599	592	5588	82	
工商管理	30	599	593	5382	30	
金融工程	26	599	593	5382	26	
国际经济与贸易	26	597	592	5588	26	
03专业组(思想政治)	15	611	600	4092	15	
思想政治教育	10	611	602	3787	10	
马克思主义理论	5	602	600	4092	5	
1106 南京信息工程大学	547				547	
02专业组(不限)	495	599	581	8016	495	
法学(与中国社会科学院大学联合培养)	22	599	593	5382	22	
金融工程(与中国社会科学院大学联合培养)	10	591	587	6629	10	
财务管理(与中国社会科学院大学联合培养)	10	596	590	5998	10	
汉语言文学(与中国社会科学院大学联合培养)	17	598	593	5382	17	
供应链管理(与江苏京迅递供应链管理有限公司联合培养)	8	592	589	6200	8	
汉语言文学(师范)	40	596	589	6200	40	
英语(师范)	50	589	584	7316	50	
金融工程	30	588	582	7784	30	
物流管理	5	586	586	6865	5	
保险学	10	586	585	7094	10	
国际经济与贸易	10	587	581	8016	10	
工商管理类(会计学、财务	116	589	581	8016	116	

2023年普通类(历史等科目类)本科院校

院校、专业组、专业名称	录取数	最高分	最低分	最低分位次	平行志愿	征求志愿
管理、人力资源管理)						
供应链管理	12	588	583	7542	12	
汉语言文学	40	590	587	6629	40	
汉语国际教育	17	586	582	7784	17	
英语	21	586	582	7784	21	
日语	10	585	581	8016	10	
翻译	2	582	582	7784	2	
法学	45	592	588	6432	45	
行政管理	20	586	582	7784	20	
03专业组(不限)(中外合作办学)	27	565	554	16226	27	
国际经济与贸易(中外合作办学)	27	565	554	16226	27	
04专业组(思想政治)	25	592	583	7542	25	
思想政治教育(师范)	25	592	583	7542	25	
1107 南京农业大学	220				220	
01专业组(不限)	220	604	588	6432	220	
风景园林	12	597	591	5805	12	
国际经济与贸易	10	597	589	6200	10	
农林经济管理	20	604	598	4403	20	
工商管理类(工商管理、市场营销、电子商务)	20	597	589	6200	20	
公共管理类(劳动与社会保障、土地资源管理、人力资源管理、行政管理)	26	597	590	5998	26	
人文地理与城乡规划	5	603	595	5035	5	
英语	23	595	588	6432	23	
日语	15	591	588	6432	15	
社会学类(法学、社会学、旅游管理、农村区域发展)	32	601	591	5805	32	
文化遗产	6	594	591	5805	6	
金融学	24	598	591	5805	24	
会计学	14	604	598	4403	14	
投资学	13	598	588	6432	13	
1108 南京师范大学	923				923	
04专业组(不限)	269	639	613	2330	269	
中国语言文学类[汉语言文学(师范、非师范、创新实验班)、秘书学]	173	631	615	2114	173	
英语(师范)	56	624	613	2330	56	
历史学(双学科硕士层次师资培养实验班)(师范)	40	639	625	1166	40	
05专业组(不限)	20	626	621	1508	20	
英语(法学+英语)(双学士学位培养项目)	20	626	621	1508	20	
06专业组(不限)	471	627	596	4803	471	
汉语国际教育(师范)	20	615	600	4092	20	
会计学	3	617	616	2004	3	
劳动与社会保障	2	604	602	3787	2	
财务管理	7	607	602	3787	7	
英语	4	611	606	3205	4	
哲学	4	615	606	3205	4	
公共管理类(行政管理、公共事业管理)	7	609	597	4598	7	
经济学	11	608	600	4092	11	
国际经济与贸易	8	601	598	4403	8	
金融学	16	614	603	3640	16	
工商管理类(工商管理、人力资源管理)	25	615	596	4803	25	
法学	41	627	617	1907	41	
小学教育(师范)	45	615	597	4598	45	
学前教育(师范)	11	598	596	4803	11	
教育学(师范)	25	616	600	4092	25	
应用心理学(创新实验班、师范、非师范)	25	623	598	4403	25	
古典文献学	12	610	597	4598	12	
汉语言	5	617	617	1907	5	
英语(双外语)	8	617	608	2929	8	
外国语言文学类(俄语、日语、意大利语、法语、西班牙语)(双外语)	29	613	596	4803	29	
翻译	10	605	596	4803	10	
新闻传播学类(新闻学、广告学、网络与新媒体)	60	619	596	4803	60	
历史学类[历史学(师范、非师范)、考古学]	81	617	600	4092	81	
社会学	10	608	599	4245	10	
旅游管理	2	599	598	4403	2	
07专业组(不限)(高校中外学分互认联合培养项目)	14	591	575	9602	14	
英语(中美学分互认联合培养项目)	14	591	575	9602	14	
08专业组(不限)(高校中外学分互认联合培养项目)	8	582	573	10153	8	
行政管理(中美学分互认联合培养项目)	8	582	573	10153	8	
09专业组(不限)(高校中外学分互认联合培养项目)	15	590	583	7542	15	
财务管理(中澳学分互认联合培养项目)	8	590	583	7542	8	
会计学(中澳学分互认联合培养项目)	7	589	586	6865	7	
10专业组(化学或地理)	66	623	608	2929	66	
地理科学类[地理科学(师范、创新实验班)、自然地理与资源环境、人文地理与城乡规划、地理信息科学]	66	623	608	2929	66	
11专业组(思想政治)	60	621	608	2929	60	

院校、专业组、专业名称	录取数	最高分	最低分	最低分位次	平行志愿	征求志愿
思想政治教育(师范、非师范)	60	621	608	2929	60	
1109 中国药科大学	**126**				**126**	
01专业组(不限)	**126**	**606**	**587**	**6629**	**126**	
经济管理试验班(药事管理、国际经济与贸易、工商管理、经济学、健康服务与管理)(医药)	80	606	589	6200	80	
英语(医药)	46	597	587	6629	46	
1110 南京工业大学	**411**				**411**	
02专业组(不限)	**411**	**581**	**554**	**16226**	**411**	
城乡规划	21	570	557	15175	21	
风景园林	28	561	555	15860	28	
历史建筑保护工程	9	576	561	13842	9	
市场营销	13	570	554	16226	13	
人力资源管理	21	559	555	15860	21	
工商管理	22	565	556	15509	22	
会计学	53	570	560	14180	53	
国际经济与贸易	18	564	557	15175	18	
金融学	20	566	560	14180	20	
工业工程	26	570	555	15860	26	
知识产权	18	575	562	13511	18	
法学	40	581	566	12208	40	
行政管理	14	563	557	15175	14	
德语	17	558	554	16226	17	
日语	28	555	554	16226	28	
英语	37	569	556	15509	37	
汉语国际教育	15	566	558	14824	15	
西班牙语	11	554	554	16226	11	
1111 南京邮电大学	**405**				**405**	
02专业组(不限)	**405**	**590**	**568**	**11596**	**405**	
广告学	28	581	574	9863	28	
工商管理类(工商管理、财务管理、人力资源管理)	63	590	577	9084	63	
经济学类(经济学、经济统计学)	42	588	579	8530	42	
金融工程	14	589	581	8016	14	
国际经济与贸易	26	579	574	9863	26	
公共管理类(行政管理、公共事业管理)	67	581	570	11036	67	
社会工作	35	578	569	11294	35	
英语	74	585	569	11294	74	
翻译	23	579	568	11596	23	
日语	33	578	568	11596	33	
1112 南京医科大学	**101**				**101**	
01专业组(不限)	**101**	**597**	**562**	**13511**	**101**	
护理学	20	597	576	9337	20	
公共事业管理(卫生事业管理)	21	590	571	10737	21	
医疗保险	6	573	569	11294	6	
英语	54	574	562	13511	54	
1113 南京中医药大学	**371**				**371**	
03专业组(不限)(南京校区)	**169**	**587**	**555**	**15860**	**169**	
护理学	66	576	558	14824	66	
护理学(老年护理)	25	560	555	15860	25	
国际经济与贸易	21	563	555	15860	21	
公共管理类[公共事业管理(卫生事业管理)]	14	576	560	14180	14	
养老服务管理	23	568	556	15509	23	
应用心理学	20	587	561	13842	20	
04专业组(不限)(中外合作办学)(南京校区)	**96**	**544**	**528**	**26739**	**96**	
公共事业管理(中外合作办学)	96	544	528	26739	96	
05专业组(化学或生物)(南京校区)	**18**	**635**	**603**	**3640**	**18**	
中医学(中医拔尖创新人才培养模式改革)	2	635	622	1408	2	
中西医临床医学(灵素班)	3	620	614	2230	3	
中医学(中医拔尖创新人才培养模式改革5+3一体化)	13	619	603	3640	13	
06专业组(化学或生物)(南京校区)	**47**	**602**	**575**	**9602**	**47**	
中医学	10	602	593	5382	10	
中医学(妇产科学)	5	592	585	7094	5	
中西医临床医学	7	592	587	6629	7	
针灸推拿学	7	590	580	8256	7	
中医养生学	8	586	575	9602	8	
中医儿科学	5	592	579	8530	5	
中医康复学	5	589	576	9337	5	
07专业组(化学或生物)(泰州校区)	**41**	**580**	**557**	**15175**	**41**	
中医学(全科医学)	41	580	557	15175	41	
1114 南京工程学院	**267**				**267**	
01专业组(不限)	**252**	**565**	**535**	**23712**	**252**	
会计学	36	565	546	19168	36	
市场营销	27	544	535	23712	27	
财务管理	31	549	542	20768	31	
物流管理	28	551	535	23712	28	
国际经济与贸易	34	544	538	22445	34	
社会工作	29	543	535	23712	29	
英语	45	553	535	23712	45	
商务英语	22	545	535	23712	22	
02专业组(不限)(联合培养项目)	**15**	**525**	**516**	**32408**	**15**	
财务管理(与江苏经贸职业技术学院联合培养项目,在江苏经贸职业技术学院学习)	15	525	516	32408	15	

院校、专业组、专业名称	录取数	最高分	最低分	最低分位次	平行志愿	征求志愿
1115 南京林业大学	**844**				**843**	**1**
01专业组(不限)(南京校区)	**167**	**595**	**578**	**8812**	**167**	
工商管理	16	582	579	8530	16	
会计学	5	586	584	7316	5	
旅游管理	2	582	582	7784	2	
汉语言文学	14	590	585	7094	14	
新闻传播学类(广告学、广播电视学)	36	586	578	8812	36	
风景园林	15	595	583	7542	15	
园林	20	584	579	8530	20	
城乡规划	19	583	579	8530	19	
英语	21	587	578	8812	21	
法学	19	588	583	7542	19	
02专业组(不限)(淮安校区)	**677**	**585**	**562**	**13511**	**676**	**1**
工商管理	35	575	567	11916	35	
会计学	35	584	573	10153	35	
旅游管理	28	573	562	13511	28	
汉语言文学	103	583	574	9863	103	
新闻传播学类(广告学、广播电视学)	138	574	563	13156	138	
社会工作	103	575	562	13511	102	1
风景园林	45	585	570	11036	45	
园林	45	573	567	11916	45	
城乡规划	42	581	566	12208	42	
英语	103	575	563	13156	103	
1116 南京财经大学	**791**				**789**	**2**
01专业组(不限)	**671**	**608**	**565**	**12540**	**669**	**2**
经济学类(经济学、经济统计学、数字经济)	48	589	576	9337	48	
财政学类(财政学、税收学)	47	589	575	9602	47	
金融学类(金融学、金融工程、保险学、投资学)	110	590	569	11294	110	
国际经济与贸易	41	573	565	12540	41	
贸易经济	10	574	568	11596	10	
法学	68	595	576	9337	68	
汉语言文学	32	583	574	9863	32	
英语	22	575	566	12208	22	
法语	15	570	565	12540	15	
商务英语	11	574	565	12540	11	
新闻学	13	574	567	11916	13	
网络与新媒体	29	576	567	11916	29	
广告学	40	574	565	12540	40	
工商管理	24	587	567	11916	24	
市场营销	7	574	565	12540	7	
工商管理类(会计学、财务管理、审计学、资产评估)	124	608	577	9084	124	
人力资源管理	20	579	566	12208	18	2
行政管理	5	576	571	10737	5	
物流管理	5	569	566	12208	5	
02专业组(不限)(中外合作办学)	**98**	**569**	**546**	**19168**	**98**	
金融工程(中外合作办学)	50	569	547	18776	50	
经济统计学(中外合作办学)	48	562	546	19168	48	
03专业组(不限)(中外合作办学)	**22**	**552**	**540**	**21584**	**22**	
工商管理(中外合作办学)(环境商务)	22	552	540	21584	22	
1117 南京体育学院	**108**				**108**	
01专业组(不限)	**35**	**541**	**511**	**34880**	**35**	
新闻学	35	541	511	34880	35	
02专业组(不限)(中外合作办学)	**60**	**504**	**477**	**51747**	**60**	
体育经济与管理(中外合作办学)	60	504	477	51747	60	
03专业组(思想政治或地理)	**13**	**523**	**509**	**35866**	**13**	
体育经济与管理	13	523	509	35866	13	
1118 南京艺术学院	**301**				**301**	
01专业组(不限)	**301**	**559**	**509**	**35866**	**301**	
美术学	34	557	510	35366	34	
艺术设计学	16	538	516	32408	16	
戏剧影视文学	27	558	518	31466	27	
影视摄影与制作	42	544	511	34880	42	
广告学	17	559	524	28558	17	
文物保护与修复	28	551	522	29523	28	
艺术史论	21	533	509	35866	21	
非物质文化遗产保护	19	530	510	35366	19	
艺术教育	20	522	509	35866	20	
公共事业管理	7	519	509	35866	7	
文化产业管理	22	546	510	35366	22	
艺术管理	48	523	510	35366	48	
1119 南京审计大学	**752**				**751**	**1**
01专业组(不限)	**701**	**605**	**567**	**11916**	**700**	**1**
财政学	35	589	581	8016	35	
税收学	31	584	578	8812	31	
金融学	36	590	580	8256	36	
保险学	21	585	567	11916	21	
投资学	30	578	569	11294	30	
信用管理	22	578	568	11596	22	
国际经济与贸易	30	584	567	11916	29	1
贸易经济	16	577	567	11916	16	
法学	43	592	578	8812	43	
法学(法务会计)	12	587	582	7784	12	
法学(法务金融)	23	584	578	8812	23	
汉语言文学	37	579	574	9863	37	
汉语国际教育	24	575	569	11294	24	
英语	44	578	568	11596	44	
工商管理	18	585	572	10433	18	
金融审计	10	596	588	6432	10	

院校、专业组、专业名称	录取数	最高分	最低分	最低分位次	平行志愿	征求志愿
市场营销	16	575	571	10737	16	
人力资源管理	24	577	567	11916	24	
审计学	96	605	591	5805	96	
行政管理	18	574	567	11916	18	
劳动与社会保障	25	578	567	11916	25	
电子商务	5	573	570	11036	5	
会计学	50	593	587	6629	50	
财务管理	35	587	578	8812	35	
02专业组(不限)(中外合作办学)	**25**	**578**	**567**	**11916**	**25**	
会计学(中外合作办学)	25	578	567	11916	25	
03专业组(不限)(中外合作办学)	**26**	**589**	**577**	**9084**	**26**	
审计学(中外合作办学)	26	589	577	9084	26	
1120 南京晓庄学院	**883**				**880**	**3**
04专业组(不限)	**810**	**589**	**529**	**26285**	**807**	**3**
小学教育(师范)	273	589	541	21165	273	
应用心理学(师范)	6	557	548	18396	6	
学前教育(师范)	60	553	538	22445	60	
汉语言文学(师范)	35	583	566	12208	35	
汉语国际教育	25	553	540	21584	25	
秘书学	30	560	539	22036	30	
经济与金融	23	552	540	21584	23	
国际经济与贸易	17	546	540	21584	17	
财务管理	24	556	541	21165	24	
行政管理	26	552	538	22445	26	
物流管理	42	543	537	22879	42	
英语(师范)	35	582	545	19572	35	
商务英语	34	544	537	22879	34	
翻译	17	552	538	22445	17	
日语	22	543	536	23287	22	
广播电视学	56	544	537	22879	56	
网络与新媒体	17	556	543	20329	17	
社会工作	24	550	538	22445	24	
旅游管理	22	542	529	26285	19	3
历史学(师范)	22	573	552	16960	22	
05专业组(不限)(中外合作办学)	**25**	**540**	**522**	**29523**	**25**	
学前教育(中外合作办学)(师范)	25	540	522	29523	25	
06专业组(化学或地理)	**29**	**568**	**556**	**15509**	**29**	
地理信息科学	8	568	556	15509	8	
地理科学(师范)	21	564	557	15175	21	
07专业组(思想政治)	**19**	**574**	**565**	**12540**	**19**	
思想政治教育(师范)	19	574	565	12540	19	
1128 金陵科技学院	**345**				**345**	
01专业组(不限)	**111**	**548**	**534**	**24116**	**111**	
会计学	27	548	541	21165	27	
财务管理	6	541	540	21584	6	
市场营销	15	539	534	24116	15	
金融学	4	542	539	22036	4	
物流管理	41	539	534	24116	41	
国际经济与贸易	18	540	535	23712	18	
02专业组(不限)	**234**	**540**	**522**	**29523**	**234**	
英语	37	538	527	27183	37	
数字出版	28	533	526	27627	28	
秘书学	36	532	522	29523	36	
行政管理	44	535	523	29036	44	
汉语国际教育	40	538	522	29523	40	
古典文献学(古籍修复)	32	540	522	29523	32	
旅游管理	17	527	522	29523	17	
1131 江苏第二师范学院	**560**				**560**	
04专业组(不限)	**433**	**571**	**539**	**22036**	**433**	
汉语言文学(师范)	99	571	554	16226	99	
学前教育(师范)	36	548	541	21165	36	
应用心理学(师范)	20	550	544	19954	20	
小学教育(师范)	60	558	548	18396	60	
历史学(师范)	34	558	549	18061	34	
英语(师范)	35	563	550	17664	35	
商务英语	24	553	540	21584	24	
俄语	14	545	540	21584	14	
秘书学	24	553	539	22036	24	
财务管理	6	553	547	18776	6	
贸易经济	19	546	539	22036	19	
酒店管理	19	541	539	22036	19	
经济与金融	19	546	539	22036	19	
汉语国际教育	24	549	542	20768	24	
05专业组(不限)(高校中外学分互认联合培养项目)	**20**	**539**	**511**	**34880**	**20**	
财务管理(中英学分互认联合培养项目)	20	539	511	34880	20	
06专业组(化学或地理)	**63**	**568**	**548**	**18396**	**63**	
地理科学(师范)	63	568	548	18396	63	
07专业组(思想政治)	**44**	**572**	**554**	**16226**	**44**	
思想政治教育(师范)	44	572	554	16226	44	
1133 南京特殊教育师范学院	**306**				**306**	
02专业组(不限)	**306**	**561**	**527**	**27183**	**306**	
特殊教育(师范)	51	561	535	23712	51	
小学教育(师范)	23	543	532	24972	23	
手语翻译	5	534	533	24524	5	
孤独症儿童教育(师范)	20	557	531	25378	20	
学前教育(师范)	25	537	527	27183	25	
应用心理学	12	532	527	27183	12	
教育康复学(师范)	44	539	527	27183	44	
英语(师范)	18	539	529	26285	18	
汉语言文学(师范)	100	546	530	25824	100	
公共事业管理	1	528	528	26739	1	
劳动与社会保障	4	530	527	27183	4	

院校、专业组、专业名称	录取数	最高分	最低分	最低分位次	平行志愿	征求志愿
无障碍管理	3	529	527	27183	3	
1136 南京工业职业技术大学	**463**				**463**	
01专业组(不限)	**433**	**532**	**508**	**36369**	**433**	
大数据与会计	144	532	511	34880	144	
旅游管理	59	510	508	36369	59	
企业数字化管理	60	515	508	36369	60	
国际经济与贸易	60	521	508	36369	60	
现代物流管理	60	527	508	36369	60	
电子商务	50	514	508	36369	50	
02专业组(不限)(联合培养项目)	**30**	**522**	**506**	**37291**	**30**	
大数据与会计(与苏州经贸职业技术学院联合培养项目,在苏州经贸职业技术学院学习)	30	522	506	37291	30	
1201 江南大学	**183**				**183**	
01专业组(不限)	**169**	**612**	**594**	**5199**	**169**	
国际经济与贸易	2	599	599	4245	2	
金融学	14	599	597	4598	14	
工商管理	14	599	596	4803	14	
会计学	13	603	599	4245	13	
汉语言文学(师范)	31	612	601	3941	31	
小学教育(师范)	43	600	595	5035	43	
英语	26	602	594	5199	26	
日语	11	598	595	5035	11	
法学	15	606	600	4092	15	
02专业组(不限)(中外合作办学)	**8**	**592**	**582**	**7784**	**8**	
工商管理(中外合作办学)	8	592	582	7784	8	
03专业组(思想政治)	**6**	**603**	**598**	**4403**	**6**	
思想政治教育	6	603	598	4403	6	
1203 无锡学院	**242**				**242**	
01专业组(不限)	**242**	**547**	**530**	**25824**	**242**	
会计学	47	541	534	24116	47	
国际经济与贸易	36	539	530	25824	36	
人力资源管理	20	536	531	25378	20	
市场营销	15	537	530	25824	15	
财务管理	25	538	533	24524	25	
物流管理	15	535	531	25378	15	
金融工程	43	539	530	25824	43	
英语	20	537	531	25378	20	
法学	21	547	539	22036	21	
1221 中国矿业大学	**56**				**56**	
01专业组(不限)	**56**	**601**	**589**	**6200**	**56**	
金融学	2	595	594	5199	2	
网络与新媒体	4	595	591	5805	4	
土地资源管理	3	592	591	5805	3	
公共管理类(行政管理)	11	599	589	6200	11	
英语	10	594	589	6200	10	
德语	5	592	589	6200	5	
汉语言文学	10	598	594	5199	10	
工商管理类(会计学、人力资源管理、市场营销)	11	601	592	5588	11	
1222 江苏师范大学	**832**				**832**	
03专业组(不限)	**709**	**605**	**545**	**19572**	**709**	
哲学	8	568	550	17664	8	
经济学	18	566	550	17664	18	
金融工程	32	558	545	19572	32	
法学	53	576	558	14824	53	
社会工作	17	555	547	18776	17	
学前教育(师范)	12	559	549	18061	12	
小学教育(师范)	64	576	551	17339	64	
汉语言文学(师范)	124	605	573	10153	124	
汉语国际教育(师范)	14	572	556	15509	14	
秘书学	12	572	547	18776	12	
英语(师范)	41	592	562	13511	41	
俄语	8	564	547	18776	8	
翻译	9	562	547	18776	9	
日语	9	554	546	19168	9	
语言学	3	551	550	17664	3	
广播电视学	20	557	546	19168	20	
广告学	42	556	545	19572	42	
历史学(师范)	80	585	554	16226	80	
应用心理学	32	559	547	18776	32	
城乡规划	15	557	548	18396	15	
财务管理	16	570	552	16960	16	
文化产业管理	16	561	545	19572	16	
行政管理	36	556	546	19168	36	
物流管理	12	551	545	19572	12	
旅游管理	16	555	545	19572	16	
04专业组(不限)(中外合作办学)	**28**	**542**	**526**	**27627**	**28**	
金融工程(中外合作办学)	28	542	526	27627	28	
05专业组(化学或地理)	**63**	**581**	**562**	**13511**	**63**	
地理科学(师范)	41	581	565	12540	41	
地理信息科学	22	569	562	13511	22	
06专业组(思想政治)	**32**	**581**	**575**	**9602**	**32**	
思想政治教育(师范)	32	581	575	9602	32	
1223 徐州医科大学	**137**				**137**	
01专业组(不限)	**92**	**554**	**542**	**20768**	**92**	
护理学类(护理学、助产学)	40	554	545	19572	40	
信息资源管理	26	545	542	20768	26	
公共事业管理	26	545	542	20768	26	
02专业组(不限)(联合培养项目)	**45**	**545**	**523**	**29036**	**45**	
护理学(与苏州卫生职业技术学院联合培养项目,在苏州卫生职业技术学院学习)	15	545	534	24116	15	

院校、专业组、专业名称	录取数	最高分	最低分	最低分位次	平行志愿	征求志愿
护理学(与江苏医药职业学院联合培养项目,在江苏医药职业学院学习)	15	533	528	26739	15	
公共事业管理(与江苏经贸职业技术学院联合培养项目,在江苏经贸职业技术学院学习)	15	533	523	29036	15	
1224 徐州工程学院	**1049**				**1048**	**1**
01专业组(不限)	**1049**	**545**	**515**	**32915**	**1048**	**1**
学前教育(师范)	100	523	516	32408	100	
小学教育(师范)	145	533	522	29523	145	
汉语言文学(师范)	60	545	531	25378	60	
英语	50	530	519	30949	50	
朝鲜语	8	518	515	32915	8	
汉语言文学	90	538	525	28084	90	
秘书学	25	522	519	30949	25	
广告学	45	524	515	32915	45	
经济学	70	530	516	32408	70	
信用管理	35	535	515	32915	34	1
经济与金融	35	525	516	32408	35	
金融科技	35	529	515	32915	35	
会计学	99	539	522	29523	99	
财务管理	59	536	521	29997	59	
国际经济与贸易	61	523	515	32915	61	
市场营销	48	521	515	32915	48	
电子商务	63	521	515	32915	63	
旅游管理	9	520	515	32915	9	
物流工程	4	527	520	30453	4	
风景园林	3	525	521	29997	3	
应用统计学	5	534	523	29036	5	
1242 常州大学	**496**				**496**	
01专业组(不限)	**476**	**583**	**548**	**18396**	**476**	
金融学	34	553	550	17664	34	
国际经济与贸易	45	552	548	18396	45	
法学	82	583	553	16580	82	
社会工作	5	551	550	17664	5	
汉语言文学	82	564	552	16960	82	
西班牙语	18	552	549	18061	18	
日语	25	553	548	18396	25	
商务英语	27	552	548	18396	27	
园林	8	552	550	17664	8	
护理学	24	552	549	18061	24	
市场营销	13	550	548	18396	13	
会计学	32	565	553	16580	32	
人力资源管理	39	553	549	18061	39	
公共事业管理	14	552	549	18061	14	
物流管理	28	551	548	18396	28	
02专业组(思想政治)	**20**	**550**	**546**	**19168**	**20**	
政治学与行政学	20	550	546	19168	20	
1243 常州工学院	**591**				**590**	**1**
01专业组(不限)	**240**	**548**	**524**	**28558**	**240**	
小学教育(师范)	70	543	525	28084	70	
学前教育(师范)	60	526	524	28558	60	
汉语言文学	70	548	526	27627	70	
财务管理	40	537	525	28084	40	
02专业组(不限)	**321**	**533**	**511**	**34880**	**320**	**1**
国际经济与贸易	45	533	514	33398	45	
工商管理	40	523	514	33398	40	
商务英语	74	528	511	34880	73	1
英语	115	529	512	34383	115	
日语	17	522	513	33879	17	
秘书学	30	523	515	32915	30	
03专业组(不限)(高校中外学分互认联合培养项目)	**30**	**523**	**477**	**51747**	**30**	
商务英语(中美学分互认联合培养项目)	30	523	477	51747	30	
1244 江苏理工学院	**703**				**703**	
01专业组(不限)	**240**	**558**	**536**	**23287**	**240**	
英语(师范)	45	550	536	23287	45	
小学教育(师范)	75	547	536	23287	75	
汉语言文学(师范)	120	558	539	22036	120	
02专业组(不限)	**448**	**547**	**516**	**32408**	**448**	
会计学	30	547	534	24116	30	
财务管理	20	536	531	25378	20	
人力资源管理	15	531	526	27627	15	
市场营销	25	544	518	31466	25	
市场营销(师范)	30	534	518	31466	30	
国际经济与贸易	20	534	525	28084	20	
跨境电子商务	8	529	522	29523	8	
商务英语	40	530	518	31466	40	
德语	50	535	516	32408	50	
日语	50	524	516	32408	50	
学前教育(师范)	40	535	520	30453	40	
应用心理学	5	534	528	26739	5	
秘书学	40	532	519	30949	40	
旅游管理	25	526	516	32408	25	
酒店管理	15	522	516	32408	15	
旅游管理与服务教育(师范)	15	528	517	31922	15	
社会体育指导与管理	20	523	516	32408	20	
03专业组(不限)(联合培养项目)	**15**	**531**	**510**	**35366**	**15**	
会计学(与江苏财经职业技术学院联合培养项目,在江苏财经职业技术学院学习)	15	531	510	35366	15	
1261 苏州大学	**809**				**809**	
03专业组(不限)	**139**	**621**	**605**	**3348**	**139**	
汉语言文学(师范)	71	621	608	2929	71	
历史学(师范)	34	618	605	3348	34	

院校、专业组、专业名称	录取数	最高分	最低分	最低分位次	平行志愿	征求志愿
英语(师范)	34	615	605	3348	34	
04专业组(不限)	539	625	595	5035	539	
汉语言文学(省拔尖学生培养基地)	22	624	613	2330	22	
汉语国际教育	24	613	602	3787	24	
新闻传播学类(新闻学、广告学、网络与新媒体)	70	613	600	4092	70	
社会学	20	611	601	3941	20	
劳动与社会保障	15	609	597	4598	15	
旅游管理	12	605	595	5035	12	
图书情报与档案管理类(档案学、信息资源管理)	13	609	601	3941	13	
哲学	24	611	598	4403	24	
人力资源管理	28	610	598	4403	28	
行政管理	26	610	596	4803	26	
城市管理	17	609	595	5035	17	
物流管理	13	609	595	5035	13	
教育学(师范)	12	613	609	2794	12	
经济学	10	613	611	2569	10	
财政学	9	613	612	2448	9	
工商管理	11	610	606	3205	11	
会计学	12	618	612	2448	12	
法学	80	625	614	2230	80	
知识产权	22	614	613	2330	22	
英语	17	613	603	3640	17	
俄语	10	610	595	5035	10	
德语	12	611	595	5035	12	
法语	12	607	595	5035	12	
西班牙语	10	612	596	4803	10	
日语	19	605	596	4803	19	
翻译	19	613	595	5035	19	
05专业组(不限)(中外合作办学)	40	603	592	5588	40	
金融学(中外合作办学)	40	603	592	5588	40	
06专业组(不限)(中外合作办学)	58	595	579	8530	58	
物流管理(中外合作办学)	58	595	579	8530	58	
07专业组(生物)	3	589	586	6865	3	
护理学	3	589	586	6865	3	
08专业组(思想政治)	30	612	605	3348	30	
思想政治教育(师范)	30	612	605	3348	30	
1262 苏州科技大学	778				778	
01专业组(不限)	676	582	545	19572	676	
建筑学	24	563	547	18776	24	
城乡规划	25	562	550	17664	25	
风景园林	40	559	545	19572	40	
工商管理	19	555	549	18061	19	
旅游管理	50	556	545	19572	50	
物流管理	25	556	546	19168	25	
金融工程	22	560	551	17339	22	
财务管理	24	562	556	15509	24	
人力资源管理	24	557	549	18061	24	
汉语言文学(师范)	64	582	562	13511	64	
汉语言文学	38	566	558	14824	38	
广播电视学	26	557	547	18776	26	
汉语国际教育	51	558	549	18061	51	
历史学(师范)	36	577	557	15175	36	
社会工作	40	558	545	19572	40	
劳动与社会保障	34	551	545	19572	34	
学前教育(师范)	46	556	546	19168	46	
英语(师范)	28	582	557	15175	28	
英语	26	558	551	17339	26	
日语	34	561	545	19572	34	
02专业组(不限)(中外合作办学)	16	535	525	28084	16	
物流管理(中外合作办学)	16	535	525	28084	16	
03专业组(化学或地理)	54	569	549	18061	54	
地理信息科学	20	561	550	17664	20	
人文地理与城乡规划	20	553	549	18061	20	
地理科学(师范)	14	569	555	15860	14	
04专业组(思想政治)	32	567	559	14520	32	
思想政治教育(师范)	32	567	559	14520	32	
1263 常熟理工学院	491				490	1
01专业组(不限)	213	545	520	30453	213	
市场营销	33	529	521	29997	33	
财务管理	18	545	531	25378	18	
人力资源管理	31	543	523	29036	31	
经济与金融	18	532	526	27627	18	
英语	34	533	524	28558	34	
日语	45	535	520	30453	45	
德语	19	529	521	29997	19	
经济统计学	15	535	526	27627	15	
02专业组(不限)	268	573	530	25824	268	
汉语言文学(师范)	76	573	542	20768	76	
小学教育(师范)	80	559	533	24524	80	
学前教育(师范)	67	540	530	25824	67	
英语(师范)	45	561	533	24524	45	
03专业组(不限)(高校中外学分互认联合培养项目)	10	515	494	43235	9	1
经济与金融(中美学分互认联合培养项目)	10	515	494	43235	9	1
1265 中国人民大学(苏州校区)	16				16	
02专业组(不限)(中外合作办学)	16	629	624	1243	16	
国民经济管理(中外合作办学)	1	627	627	1025	1	
金融学(中外合作办学)	11	629	625	1166	11	

院校、专业组、专业名称	录取数	最高分	最低分	最低分位次	平行志愿	征求志愿
人力资源管理(中外合作办学)	2	625	624	1243	2	
传播学(中外合作办学)	2	625	625	1166	2	
1267 苏州城市学院	**711**				**711**	
01专业组(不限)	**646**	**547**	**524**	**28558**	**646**	
法学	38	547	539	22036	38	
广告学	40	538	524	28558	40	
新闻学	40	536	528	26739	40	
汉语言文学	47	544	536	23287	47	
汉语国际教育	45	535	525	28084	45	
会计学	43	546	534	24116	43	
工商管理	39	533	525	28084	39	
金融学	41	538	529	26285	41	
国际经济与贸易	39	534	527	27183	39	
市场营销	40	536	524	28558	40	
人力资源管理	40	532	525	28084	40	
劳动与社会保障	35	531	524	28558	35	
档案学	40	536	526	27627	40	
日语	43	529	524	28558	43	
英语	20	537	530	25824	20	
应用心理学	35	533	525	28084	35	
健康服务与管理	21	528	524	28558	21	
02专业组(不限)(高校中外学分互认联合培养项目)	**45**	**519**	**487**	**46782**	**45**	
金融学(中美学分互认联合培养项目)	15	519	498	41194	15	
英语(中美学分互认联合培养项目)	15	511	487	46782	15	
新闻学(中美学分互认联合培养项目)	15	510	487	46782	15	
03专业组(不限)(联合培养项目)	**20**	**518**	**503**	**38765**	**20**	
市场营销(与苏州工业职业技术学院联合培养项目,在苏州工业职业技术学院学习)	20	518	503	38765	20	
1301 南通大学	**762**				**762**	
02专业组(不限)	**265**	**596**	**554**	**16226**	**265**	
汉语言文学(师范)	81	596	569	11294	81	
历史学(师范)	66	569	557	15175	66	
小学教育(师范)	40	571	558	14824	40	
学前教育(师范)	40	568	554	16226	40	
英语(师范)	38	580	560	14180	38	
03专业组(不限)	**445**	**574**	**546**	**19168**	**445**	
秘书学	57	557	547	18776	57	
汉语国际教育	16	560	553	16580	16	
新闻学	51	559	548	18396	51	
国际经济与贸易	33	556	547	18776	33	
工商管理	25	556	548	18396	25	
行政管理	35	556	547	18776	35	
会计学	29	574	557	15175	29	
物流管理	18	556	546	19168	18	
法学	56	567	558	14824	56	
应用心理学	31	559	549	18061	31	
商务英语	27	555	547	18776	27	
翻译	11	557	550	17664	11	
日语	25	557	546	19168	25	
护理学	31	559	548	18396	31	
04专业组(不限)(高校中外学分互认联合培养项目)	**22**	**540**	**523**	**29036**	**22**	
会计学(中美学分互认联合培养项目)	12	538	524	28558	12	
翻译(中澳学分互认联合培养项目)	10	540	523	29036	10	
05专业组(思想政治)	**30**	**571**	**565**	**12540**	**30**	
思想政治教育(师范)	30	571	565	12540	30	
1321 江苏海洋大学	**405**				**404**	**1**
01专业组(不限)	**397**	**563**	**527**	**27183**	**396**	**1**
财务管理	24	537	533	24524	24	
工商管理	49	540	527	27183	49	
国际经济与贸易	16	542	531	25378	16	
会计学	39	550	534	24116	39	
金融学	35	537	530	25824	35	
物流管理	31	532	527	27183	31	
法学	30	553	538	22445	30	
汉语言文学	36	545	537	22879	36	
新闻学	40	537	529	26285	40	
行政管理	39	534	527	27183	39	
俄语	2	531	531	25378	2	
日语	31	531	527	27183	30	1
英语	15	537	531	25378	15	
建筑学	10	563	533	24524	10	
02专业组(化学或地理)	**8**	**549**	**540**	**21584**	**8**	
地理信息科学	8	549	540	21584	8	
1341 淮阴师范学院	**1033**				**1032**	**1**
03专业组(不限)	**889**	**562**	**523**	**29036**	**888**	**1**
汉语言文学(师范)	120	562	546	19168	120	
英语(师范)	73	553	534	24116	73	
小学教育(师范)	42	551	540	21584	42	
历史学(师范)	80	554	535	23712	80	
学前教育(师范)	51	540	527	27183	51	
广播电视学	46	543	524	28558	46	
广告学	46	534	523	29036	46	
法学	47	547	540	21584	47	
人力资源管理	62	534	523	29036	62	
行政管理	51	537	523	29036	51	
知识产权	10	539	532	24972	10	
应用心理学	24	536	526	27627	24	
市场营销	10	528	524	28558	10	

2023年普通类(历史等科目类)本科院校

院校、专业组、专业名称	录取数	最高分	最低分	最低分位次	平行志愿	征求志愿
财务管理	18	545	534	24116	18	
审计学	10	547	537	22879	10	
经济与金融	13	536	530	25824	13	
电子商务	10	533	523	29036	10	
社会工作	25	533	523	29036	25	
旅游管理	19	531	524	28558	19	
历史学	23	536	530	25824	23	
汉语言文学	17	546	544	19954	17	
汉语国际教育	16	543	533	24524	16	
英语	32	541	526	27627	32	
日语	23	534	523	29036	22	1
翻译	21	538	523	29036	21	
04专业组(化学或地理)	55	548	534	24116	55	
地理科学(师范)	40	548	536	23287	40	
人文地理与城乡规划	15	540	534	24116	15	
05专业组(思想政治)	89	550	537	22879	89	
思想政治教育(师范)	89	550	537	22879	89	
1342 淮阴工学院	400				400	
01专业组(不限)	382	531	512	34383	382	
学前教育(师范)	18	522	514	33398	18	
英语(师范)	18	525	518	31466	18	
英语	20	523	515	32915	20	
翻译	35	518	512	34383	35	
俄语	10	514	512	34383	10	
会计学	38	531	519	30949	38	
工商管理	34	519	514	33398	34	
财务管理	38	529	517	31922	38	
国际经济与贸易	50	526	512	34383	50	
经济与金融	50	519	513	33879	50	
电子商务	50	516	512	34383	50	
社会工作	15	519	513	33879	15	
行政管理	6	519	516	32408	6	
02专业组(化学或生物)	18	525	511	34880	18	
园林	6	519	511	34880	6	
农学	6	518	511	34880	6	
园艺	6	525	511	34880	6	
1361 盐城工学院	348				348	
01专业组(不限)	348	545	514	33398	348	
工商管理	15	522	518	31466	15	
会计学	30	545	524	28558	30	
财务管理	27	526	521	29997	27	
物流管理	20	519	516	32408	20	
电子商务	22	520	516	32408	22	
国际经济与贸易	6	524	519	30949	6	
金融工程	21	521	517	31922	21	
汉语言文学	69	531	520	30453	69	
酒店管理	33	524	514	33398	33	
旅游管理	51	518	514	33398	51	
英语	41	533	515	32915	41	
日语	13	520	514	33398	13	
1362 盐城师范学院	1262				1258	4
03专业组(不限)	1058	554	518	31466	1054	4
汉语言文学(师范)	174	554	538	22445	174	
英语(师范)	55	554	532	24972	55	
小学教育(师范)	83	552	529	26285	83	
历史学(师范)	88	547	527	27183	88	
学前教育(师范)	40	540	521	29997	40	
汉语言文学	55	544	530	25824	55	
广播电视学	35	532	519	30949	35	
汉语国际教育	55	543	518	31466	55	
秘书学	30	527	520	30453	30	
法学	85	548	528	26739	85	
行政管理	46	529	519	30949	46	
档案学	20	540	521	29997	20	
人力资源管理	30	530	519	30949	30	
朝鲜语	18	522	521	29997	18	
俄语	12	523	521	29997	12	
法语	25	527	519	30949	25	
商务英语	25	540	518	31466	23	2
翻译	25	531	519	30949	25	
应用心理学	10	533	523	29036	10	
会计学	28	541	527	27183	28	
金融工程	50	531	518	31466	48	2
国际经济与贸易	12	530	520	30453	12	
物流管理	11	526	520	30453	11	
财务管理	17	531	524	28558	17	
电子商务	10	526	520	30453	10	
市场营销	19	528	518	31466	19	
04专业组(不限)(联合培养项目)	8	508	504	38237	8	
市场营销(与无锡商业职业技术学院联合培养项目,在无锡商业职业技术学院学习)	8	508	504	38237	8	
05专业组(化学或地理)	116	546	527	27183	116	
地理科学(师范)	73	546	530	25824	73	
人文地理与城乡规划	43	539	527	27183	43	
06专业组(思想政治)	80	548	535	23712	80	
思想政治教育(师范)	80	548	535	23712	80	
1381 扬州大学	1040				1039	1
05专业组(不限)	18	605	599	4245	18	
汉语言文学(省拔尖学生培养基地)(师范)	18	605	599	4245	18	
06专业组(不限)	145	598	582	7784	145	
小学教育(师范)	40	596	582	7784	40	
英语(师范)	37	596	583	7542	37	
汉语言文学(师范)	30	598	593	5382	30	
历史学(师范)	38	593	585	7094	38	
07专业组(不限)	644	599	553	16580	643	1

院校、专业组、专业名称	录取数	最高分	最低分	最低分位次	平行志愿	征求志愿
应用心理学	18	583	558	14824	18	
学前教育(师范)	18	572	553	16580	18	
广播电视学	26	568	554	16226	26	
翻译	20	580	553	16580	20	
商务英语	18	581	554	16226	18	
法语	17	590	553	16580	17	
西班牙语	20	571	553	16580	20	
日语	11	576	553	16580	11	
农村区域发展	55	566	553	16580	55	
经济学	50	581	558	14824	50	
金融学	50	581	557	15175	50	
工商管理	22	564	556	15509	22	
市场营销	11	560	555	15860	11	
会计学	40	581	572	10433	40	
财务管理	43	586	563	13156	43	
行政管理	19	579	558	14824	19	
农林经济管理	30	587	554	16226	30	
汉语国际教育	12	586	570	11036	12	
秘书学	14	581	559	14520	14	
哲学	20	574	554	16226	20	
档案学	30	576	556	15509	30	
法学	40	599	581	8016	40	
阿拉伯语	20	567	553	16580	20	
旅游管理	40	568	553	16580	39	1
08专业组(不限)	**80**	**560**	**549**	**18061**	**80**	
护理学	80	560	549	18061	80	
09专业组(不限)(中外合作办学)	**60**	**545**	**533**	**24524**	**60**	
国际商务(中外合作办学)	60	545	533	24524	60	
10专业组(不限)(高校中外学分互认联合培养项目)	**15**	**539**	**518**	**31466**	**15**	
翻译(中美学分互认联合培养项目)	15	539	518	31466	15	
11专业组(思想政治)	**78**	**596**	**580**	**8256**	**78**	
思想政治教育(师范)	78	596	580	8256	78	
1401 江苏大学	**704**				**701**	**3**
01专业组(不限)	**84**	**591**	**565**	**12540**	**83**	**1**
汉语言文学(师范)	47	591	576	9337	47	
英语(师范)	37	580	565	12540	36	1
02专业组(不限)	**505**	**586**	**560**	**14180**	**505**	
汉语言文学	58	575	566	12208	58	
英语	32	571	562	13511	32	
法学	69	586	568	11596	69	
会计学	32	577	566	12208	32	
日语	11	565	561	13842	11	
汉语国际教育	37	566	562	13511	37	
统计学	10	577	564	12849	10	
金融学	28	566	563	13156	28	
市场营销	12	561	560	14180	12	
财务管理	56	567	563	13156	56	
公共事业管理	37	567	561	13842	37	
人力资源管理	11	565	562	13511	11	
国际经济与贸易	50	567	560	14180	50	
物流管理	21	563	561	13842	21	
保险学	9	562	561	13842	9	
工商管理	25	566	560	14180	25	
知识产权	7	568	566	12208	7	
03专业组(不限)(高校中外学分互认联合培养项目)	**29**	**550**	**493**	**43728**	**27**	**2**
金融学(中澳学分互认联合培养项目)	12	550	533	24524	12	
英语(中美学分互认联合培养项目)	17	534	493	43728	15	2
04专业组(不限)(联合培养项目)	**30**	**542**	**506**	**37291**	**30**	
市场营销(与无锡职业技术学院联合培养项目,在无锡职业技术学院学习)	30	542	506	37291	30	
05专业组(思想政治)	**56**	**587**	**571**	**10737**	**56**	
思想政治教育(师范)	56	587	571	10737	56	
1402 江苏科技大学	**566**				**563**	**3**
01专业组(不限)(镇江校区)	**200**	**558**	**542**	**20768**	**200**	
外国语言文学类(英语、翻译)	70	553	542	20768	70	
俄语	19	545	543	20329	19	
公共事业管理	32	546	543	20329	32	
建筑学	2	546	546	19168	2	
金融工程	20	547	546	19168	20	
会计学	25	558	547	18776	25	
旅游管理	28	546	542	20768	28	
物流管理	4	546	546	19168	4	
02专业组(不限)(中外合作办学)(镇江校区)	**60**	**536**	**521**	**29997**	**60**	
工商管理(中外合作办学)	60	536	521	29997	60	
03专业组(不限)(张家港校区)	**247**	**555**	**536**	**23287**	**244**	**3**
财务管理	100	555	539	22036	100	
工商管理	75	545	536	23287	75	
国际经济与贸易	72	551	536	23287	69	3
04专业组(不限)(联合培养项目)	**25**	**510**	**502**	**39270**	**25**	
旅游管理(与无锡商业职业技术学院联合培养项目,在无锡商业职业技术学院学习)	25	510	502	39270	25	
05专业组(不限)(联合培养项目)	**5**	**516**	**510**	**35366**	**5**	
建筑学(与盐城工业职业技术学院联合培养项目,在盐城工业职业技术学院学习)	5	516	510	35366	5	

院校、专业组、专业名称	录取数	最高分	最低分	最低分位次	平行志愿	征求志愿
06专业组(思想政治)(镇江校区)	**29**	**552**	**544**	**19954**	**29**	
政治学与行政学	29	552	544	19954	29	
1421 泰州学院	**569**				**568**	**1**
02专业组(不限)	**569**	**545**	**512**	**34383**	**568**	**1**
汉语言文学(师范)	109	545	526	27627	109	
知识产权	10	528	522	29523	10	
网络与新媒体	25	524	516	32408	25	
秘书学	20	523	514	33398	20	
学前教育(师范)	40	527	515	32915	40	
小学教育(师范)	90	539	519	30949	90	
英语(师范)	125	538	513	33879	125	
商务英语	30	519	512	34383	30	
翻译	32	517	512	34383	32	
物流管理	38	523	512	34383	37	1
财务管理	40	533	515	32915	40	
互联网金融	10	533	515	32915	10	
1426 宿迁学院	**951**				**950**	**1**
01专业组(不限)	**881**	**544**	**511**	**34880**	**880**	**1**
行政管理	48	519	511	34880	48	
劳动与社会保障	17	517	512	34383	17	
人力资源管理	15	518	514	33398	15	
电子商务	50	520	511	34880	50	
市场营销	26	513	511	34880	26	
物流管理	45	519	511	34880	44	1
学前教育(师范)	100	521	513	33879	100	
小学教育(师范)	60	530	521	29997	60	
汉语言文学(师范)	80	544	524	28558	80	
汉语言文学	82	528	520	30453	82	
日语	25	521	511	34880	25	
英语	55	520	511	34880	55	
英语(师范)	40	533	520	30453	40	
财务管理	44	521	517	31922	44	
信用风险管理与法律防控	50	531	511	34880	50	
互联网金融	40	516	511	34880	40	
会计学	33	529	519	30949	33	
数字经济	25	522	511	34880	25	
广告学	36	520	511	34880	36	
城乡规划	10	524	512	34383	10	
02专业组(思想政治)	**70**	**535**	**524**	**28558**	**70**	
思想政治教育(师范)	70	535	524	28558	70	
1802 东南大学成贤学院	**351**				**348**	**3**
01专业组(不限)	**46**	**533**	**504**	**38237**	**46**	
建筑学	8	521	508	36369	8	
风景园林	38	533	504	38237	38	
02专业组(不限)	**305**	**535**	**500**	**40237**	**302**	**3**
护理学	26	535	515	32915	26	
会计学	50	528	512	34383	50	
财务管理	44	521	509	35866	44	
税收学	42	514	507	36850	42	
市场营销	44	512	500	40237	41	3
物流管理	23	511	505	37764	23	
国际经济与贸易	38	523	505	37764	38	
电子商务	38	512	504	38237	38	
1803 南京航空航天大学金城学院	**614**				**613**	**1**
01专业组(不限)	**410**	**518**	**494**	**43235**	**410**	
会计学	380	514	494	43235	380	
金融学	21	518	494	43235	21	
国际经济与贸易	9	500	495	42723	9	
02专业组(不限)	**184**	**505**	**489**	**45759**	**183**	**1**
工商管理	62	505	489	45759	62	
翻译	27	501	489	45759	26	1
英语	95	503	489	45759	95	
03专业组(思想政治)	**20**	**511**	**500**	**40237**	**20**	
思想政治教育	20	511	500	40237	20	
1804 南京理工大学紫金学院	**562**				**562**	
01专业组(不限)	**292**	**532**	**506**	**37291**	**292**	
法学	104	532	512	34383	104	
英语	73	518	507	36850	73	
会计学	115	526	506	37291	115	
02专业组(不限)	**270**	**519**	**502**	**39270**	**270**	
国际经济与贸易	47	507	503	38765	47	
金融学	100	506	502	39270	100	
金融科技	18	519	502	39270	18	
人力资源管理	47	518	502	39270	47	
市场营销	20	506	502	39270	20	
公共事业管理	38	509	502	39270	38	
1807 南京审计大学金审学院	**566**				**566**	
01专业组(不限)	**566**	**532**	**502**	**39270**	**566**	
审计学	80	532	512	34383	80	
会计学	80	522	510	35366	80	
财务管理	74	511	507	36850	74	
金融学	44	517	504	38237	44	
保险学	25	510	502	39270	25	
国际经济与贸易	40	509	502	39270	40	
税收学	45	510	505	37764	45	
工商管理	22	507	502	39270	22	
物流管理	23	512	502	39270	23	
行政管理	22	509	503	38765	22	
资产评估	45	511	502	39270	45	
学前教育(师范)	66	512	502	39270	66	
1810 南京工业大学浦江学院	**301**				**301**	
01专业组(不限)	**147**	**519**	**489**	**45759**	**147**	
财务管理	50	502	493	43728	50	
国际经济与贸易	25	499	491	44721	25	
人力资源管理	25	502	491	44721	25	
工商管理	16	497	490	45242	16	

院校、专业组、专业名称	录取数	最高分	最低分	最低分位次	平行志愿	征求志愿
市场营销	20	500	489	45759	20	
建筑学	11	519	495	42723	11	
02专业组(不限)	**99**	**500**	**483**	**48843**	**99**	
慈善管理	12	489	483	48843	12	
税收学	11	500	491	44721	11	
文化产业管理	11	498	487	46782	11	
酒店管理	24	487	483	48843	24	
行政管理	20	496	486	47264	20	
日语	16	499	484	48283	16	
泰语	5	484	483	48843	5	
03专业组(不限)(中外合作办学)	**55**	**485**	**476**	**52278**	**55**	
酒店管理(中外合作办学)	55	485	476	52278	55	
1816 南京财经大学红山学院	**786**				**786**	
01专业组(不限)	**786**	**556**	**486**	**47264**	**786**	
国际经济与贸易	74	505	486	47264	74	
贸易经济	24	498	487	46782	24	
法学	14	535	505	37764	14	
英语	22	502	495	42723	22	
市场营销	46	499	486	47264	46	
会计学	129	536	498	41194	129	
审计学	77	556	498	41194	77	
人力资源管理	48	500	488	46286	48	
金融学	98	502	488	46286	98	
保险学	10	493	486	47264	10	
税收学	56	500	493	43728	56	
工商管理	49	499	486	47264	49	
财务管理	83	500	494	43235	83	
电子商务	18	497	487	46782	18	
物流管理	38	503	486	47264	38	
1826 中国矿业大学徐海学院	**341**				**339**	**2**
01专业组(不限)	**341**	**510**	**487**	**46782**	**339**	**2**
金融学	39	497	487	46782	39	
国际经济与贸易	38	505	487	46782	36	2
汉语言文学	85	510	495	42723	85	
英语	68	501	487	46782	68	
会计学	37	505	491	44721	37	
财务管理	39	502	487	46782	39	
行政管理	35	494	487	46782	35	
1827 江苏师范大学科文学院	**1070**				**1068**	**2**
01专业组(不限)	**1052**	**516**	**483**	**48843**	**1050**	**2**
经济学	25	495	486	47264	25	
数字经济	27	498	484	48283	27	
金融工程	59	498	483	48843	59	
互联网金融	55	502	483	48843	55	
金融科技	21	496	483	48843	21	
国际经济与贸易	14	497	486	47264	14	
汉语言文学	180	516	498	41194	180	
汉语国际教育	81	503	491	44721	81	
英语	85	511	486	47264	85	
商务英语	66	502	483	48843	64	2
日语	30	500	484	48283	30	
社会工作	20	498	487	46782	20	
广告学	69	501	483	48843	69	
网络与新媒体	96	500	485	47751	96	
市场营销	20	498	485	47751	20	
会计学	99	507	493	43728	99	
电子商务及法律	22	493	484	48283	22	
财务管理	50	497	489	45759	50	
物流管理	15	497	485	47751	15	
旅游管理	18	498	483	48843	18	
02专业组(化学或地理)	**18**	**522**	**491**	**44721**	**18**	
人文地理与城乡规划	18	522	491	44721	18	
1834 苏州大学应用技术学院	**244**				**244**	
01专业组(不限)	**244**	**516**	**484**	**48283**	**244**	
财务管理	32	516	488	46286	32	
电子商务	26	501	485	47751	26	
国际经济与贸易	29	504	485	47751	29	
会计学	63	500	490	45242	63	
市场营销	12	489	484	48283	12	
投资学	16	496	485	47751	16	
物流管理	16	501	485	47751	16	
酒店管理	15	487	484	48283	15	
旅游管理	16	490	484	48283	16	
广告学	19	497	485	47751	19	
1835 苏州科技大学天平学院	**146**				**145**	**1**
01专业组(不限)	**136**	**519**	**499**	**40745**	**135**	**1**
风景园林	10	510	500	40237	10	
市场营销	2	500	500	40237	2	
物流管理	18	502	499	40745	18	
酒店管理	2	502	500	40237	2	
财务管理	8	517	502	39270	8	
人力资源管理	5	515	502	39270	5	
汉语言文学	21	519	505	37764	21	
英语	45	505	499	40745	45	
日语	25	503	499	40745	24	1
02专业组(化学或地理)	**10**	**509**	**500**	**40237**	**10**	
人文地理与城乡规划	10	509	500	40237	10	
1837 江苏科技大学苏州理工学院	**63**				**62**	**1**
01专业组(不限)	**63**	**519**	**487**	**46782**	**62**	**1**
物流管理	6	499	491	44721	6	
国际经济与贸易	10	503	488	46286	10	
财务管理	19	501	492	44268	19	
英语	28	519	487	46782	27	1
1838 南通大学杏林学院	**662**				**653**	**9**
01专业组(不限)	**662**	**529**	**483**	**48843**	**653**	**9**
汉语言文学	70	511	497	41710	70	

院校、专业组、专业名称	录取数	最高分	最低分	最低分位次	平行志愿	征求志愿
广播电视学	50	497	484	48283	50	
英语	70	498	487	46782	70	
日语	70	496	483	48843	65	5
应用心理学	40	499	485	47751	40	
酒店管理	65	499	483	48843	65	
行政管理	50	497	484	48283	50	
城市管理	26	497	483	48843	26	
市场营销	35	498	483	48843	31	4
会计学	45	502	494	43235	45	
物流管理	30	500	483	48843	30	
国际经济与贸易	61	493	483	48843	61	
人力资源管理	40	498	484	48283	40	
护理学	10	529	502	39270	10	
1844 扬州大学广陵学院	**486**				**486**	
01专业组(不限)	**486**	**544**	**501**	**39763**	**486**	
法学	42	530	507	36850	42	
社会工作	35	506	501	39763	35	
汉语言文学	44	544	508	36369	44	
英语	40	510	502	39270	40	
日语	33	507	501	39763	33	
广播电视学	25	507	501	39763	25	
工商管理	23	504	501	39763	23	
市场营销	11	504	501	39763	11	
会计学	58	517	504	38237	58	
财务管理	48	507	503	38765	48	
人力资源管理	22	505	502	39270	22	
国际经济与贸易	23	507	501	39763	23	
旅游管理	10	507	501	39763	10	
护理学	45	527	505	37764	45	
园林	27	507	501	39763	27	
1845 江苏大学京江学院	**468**				**464**	**4**
01专业组(不限)	**468**	**515**	**486**	**47264**	**464**	**4**
财务管理	76	509	488	46286	76	
公共事业管理	17	505	487	46782	17	
国际经济与贸易	27	493	487	46782	27	
护理学	89	515	494	43235	89	
会计学	98	505	492	44268	98	
能源经济	10	499	488	46286	10	
人力资源管理	13	498	488	46286	13	
市场营销	23	499	487	46782	21	2
统计学	57	497	486	47264	55	2
物流管理	25	501	486	47264	25	
英语	25	501	491	44721	25	
电子商务	8	499	487	46782	8	
1846 南京医科大学康达学院	**462**				**451**	**11**
01专业组(不限)	**462**	**540**	**485**	**47751**	**451**	**11**
护理学	257	540	497	41710	257	
助产学	18	520	500	40237	18	
公共事业管理(卫生事业管理)	32	524	496	42222	32	
健康服务与管理	16	503	495	42723	16	
医疗保险	42	506	491	44721	42	
医疗产品管理	40	521	491	44721	40	
英语	57	528	485	47751	46	11
1847 南京师范大学泰州学院	**634**				**634**	
01专业组(不限)	**634**	**540**	**503**	**38765**	**634**	
国际经济与贸易	36	511	503	38765	36	
财务管理	23	513	505	37764	23	
法学	62	521	507	36850	62	
行政管理	24	508	503	38765	24	
学前教育(师范)	42	518	505	37764	42	
小学教育(师范)	103	522	509	35866	103	
汉语言文学(师范)	92	540	515	32915	92	
汉语言文学	50	521	509	35866	50	
历史学(师范)	33	521	510	35366	33	
英语(师范)	100	534	505	37764	100	
英语	69	509	503	38765	69	
1848 南京理工大学泰州科技学院	**601**				**601**	
01专业组(不限)	**601**	**509**	**486**	**47264**	**601**	
经济与金融	8	500	486	47264	8	
国际经济与贸易	8	493	487	46782	8	
市场营销	5	497	488	46286	5	
会计学	376	508	486	47264	376	
财务管理	30	498	486	47264	30	
人力资源管理	13	501	486	47264	13	
审计学	107	509	486	47264	107	
英语	40	506	487	46782	40	
工业工程	14	506	487	46782	14	
1850 南京邮电大学通达学院	**290**				**289**	**1**
01专业组(不限)	**290**	**516**	**484**	**48283**	**289**	**1**
财务管理	91	506	489	45759	91	
金融工程	95	507	484	48283	94	1
广告学	68	502	484	48283	68	
电子商务	36	516	484	48283	36	
1855 常州大学怀德学院	**386**				**385**	**1**
01专业组(不限)	**386**	**503**	**481**	**49840**	**385**	**1**
国际经济与贸易	60	484	481	49840	60	
会计学	60	503	484	48283	60	
市场营销	36	484	481	49840	36	
物流管理	30	499	482	49343	30	
人力资源管理	30	493	482	49343	30	
财务管理	70	494	483	48843	70	
电子商务	30	484	482	49343	30	
英语	35	496	482	49343	35	
日语	35	503	481	49840	34	1
1858 南京师范大学中北学院	**287**				**285**	**2**
01专业组(不限)	**283**	**522**	**500**	**40237**	**281**	**2**

院校、专业组、专业名称	录取数	最高分	最低分	最低分位次	平行志愿	征求志愿
汉语言文学	38	519	508	36369	38	
新闻学	17	511	503	38765	17	
广告学	12	507	501	39763	12	
法语	30	505	500	40237	30	
日语	30	504	500	40237	30	
英语	28	508	502	39270	28	
翻译	11	506	501	39763	11	
会计学	17	508	504	38237	17	
旅游管理	5	502	501	39763	5	
工商管理	11	503	501	39763	11	
国际经济与贸易	25	507	500	40237	24	1
金融学	23	516	500	40237	22	1
法学	22	522	506	37291	22	
行政管理	14	509	501	39763	14	
02专业组(化学)	**4**	**481**	**477**	**51747**	**4**	
眼视光学	4	481	477	51747	4	
1901 南京传媒学院	**294**				**294**	
01专业组(不限)	**294**	**538**	**486**	**47264**	**294**	
新闻传播学类(新闻学、广播电视学、广告学、传播学、网络与新媒体、数字出版)	111	538	492	44268	111	
国际新闻与传播	33	501	488	46286	33	
时尚传播	31	511	487	46782	31	
跨境电子商务	20	525	487	46782	20	
汉语国际教育	25	510	493	43728	25	
贸易经济	21	496	487	46782	21	
文化产业管理	15	500	488	46286	15	
财务管理	16	501	493	43728	16	
体育经济与管理	22	506	486	47264	22	
1911 三江学院	**686**				**680**	**6**
01专业组(不限)	**686**	**512**	**482**	**49343**	**680**	**6**
跨境电子商务	26	497	482	49343	26	
英语	101	501	482	49343	101	
日语	35	501	483	48843	35	
网络与新媒体	31	504	485	47751	31	
新闻学	80	510	482	49343	80	
汉语言文学	67	512	498	41194	67	
汉语国际教育	13	498	495	42723	13	
电子商务及法律	3	497	494	43235	3	
知识产权	21	499	493	43728	21	
会计学	80	504	491	44721	80	
财务管理	18	506	490	45242	18	
国际经济与贸易	24	503	484	48283	24	
市场营销	6	498	487	46782	6	
投资学	9	490	485	47751	9	
物流管理	8	498	489	45759	8	
建筑学	30	498	484	48283	30	
风景园林	15	499	485	47751	15	
广告学	60	496	482	49343	60	
旅游管理	47	500	482	49343	41	6
文化产业管理	12	496	484	48283	12	
1915 无锡太湖学院	**390**				**388**	**2**
01专业组(不限)	**390**	**523**	**485**	**47751**	**388**	**2**
金融学	37	500	487	46782	37	
国际经济与贸易	20	499	486	47264	20	
工商管理	20	494	486	47264	20	
市场营销	20	499	486	47264	20	
人力资源管理	20	504	488	46286	20	
旅游管理	15	493	486	47264	15	
跨境电子商务	22	497	485	47751	22	
供应链管理	22	517	486	47264	20	2
会计学	20	518	499	40745	20	
财务管理	20	499	494	43235	20	
审计学	25	513	496	42222	25	
法学	17	512	500	40237	17	
英语	20	505	491	44721	20	
商务英语	15	504	486	47264	15	
日语	17	496	486	47264	17	
护理学	80	523	489	45759	80	
1921 西交利物浦大学	**300**				**300**	
01专业组(不限)(中外合作办学)	**294**	**601**	**543**	**20329**	**294**	
工商管理类(中外合作办学)(含会计学、工商管理、人力资源管理等6个专业)	78	584	555	15860	78	
金融学类(中外合作办学)(含经济学、经济与金融、金融数学等4个专业)	163	601	544	19954	163	
建筑类(中外合作办学)(建筑学、城乡规划)	22	576	543	20329	22	
外国语言文学类(中外合作办学)(英语、翻译)	31	600	543	20329	31	
02专业组(思想政治)(中外合作办学)	**6**	**577**	**569**	**11294**	**6**	
政治学类(中外合作办学)(国际事务与国际关系)	6	577	569	11294	6	
1928 南通理工学院	**270**				**268**	**2**
01专业组(不限)	**270**	**506**	**480**	**50301**	**268**	**2**
物流管理	40	495	480	50301	40	
财务管理	24	500	482	49343	24	
电子商务	52	482	480	50301	52	
金融工程	21	506	481	49840	21	
酒店管理	32	483	480	50301	32	
市场营销	81	504	480	50301	79	2
健康服务与管理	20	485	480	50301	20	
2101 复旦大学	**32**				**32**	
03专业组(不限)	**32**	**660**	**653**	**105**	**32**	
英语	2	653	653	105	2	

院校、专业组、专业名称	录取数	最高分	最低分	最低分位次	平行志愿	征求志愿
人文科学试验班	6	658	655	前100名	6	
新闻传播学类	2	657	655	前100名	2	
法学(卓越法律人才基地)	2	659	658	前100名	2	
经济学类	5	660	657	前100名	5	
社会科学试验班	15	656	653	105	15	
2102 同济大学	**14**				**14**	
01专业组(不限)	**10**	**639**	**635**	**587**	**10**	
人文科学试验班[含德语+政治学与行政学(双学士学位培养项目)、法学+英语(双学士学位培养项目)]	10	639	635	587	10	
02专业组(思想政治)	**4**	**639**	**638**	**473**	**4**	
社会科学试验班[含德语+政治学与行政学(双学士学位培养项目)、法学+英语(双学士学位培养项目)、土木工程+法学(双学士学位培养项目)]	4	639	638	473	4	
2103 上海交通大学	**1**				**1**	
01专业组(不限)	**1**	**660**	**660**	**前100名**	**1**	
法学试验班(法学)(含法学+经济学双学士学位培养项目)	1	660	660	前100名	1	
2104 华东理工大学	**78**				**78**	
01专业组(不限)	**78**	**613**	**591**	**5805**	**78**	
经济学类	2	613	612	2448	2	
工商管理类	11	608	598	4403	11	
国际经济与贸易	2	612	608	2929	2	
公共管理类	25	601	591	5805	25	
风景园林	4	596	594	5199	4	
外国语言文学类	25	600	591	5805	25	
法学	9	609	601	3941	9	
2105 东华大学	**40**				**40**	
01专业组(不限)	**40**	**605**	**591**	**5805**	**40**	
经济管理试验班	12	605	593	5382	12	
经济与贸易类	3	604	599	4245	3	
日语	5	595	591	5805	5	
社会科学试验班	5	601	595	5035	5	
新闻传播学类	10	598	592	5588	10	
英语	5	593	592	5588	5	
2106 华东师范大学	**59**				**59**	
01专业组(不限)	**51**	**640**	**627**	**1025**	**51**	
汉语言文学	4	640	635	587	4	
汉语国际教育	4	632	627	1025	4	
英语	3	634	632	741	3	
翻译(翻译+历史学)(双学士学位培养项目)	1	639	639	431	1	
德语	1	628	628	960	1	
日语	2	631	629	900	2	
金融学类	3	633	633	688	3	
工商管理类	5	632	629	900	5	
工商管理	3	628	627	1025	3	
公共管理类	2	633	629	900	2	
人力资源管理(人力资源管理+应用心理学)(双学士学位培养项目)	2	631	628	960	2	
新闻传播学类	3	631	628	960	3	
历史学	4	636	633	688	4	
哲学	2	633	632	741	2	
法学	2	636	634	631	2	
社会学类	2	634	631	790	2	
教育学类(师范)	8	633	629	900	8	
02专业组(化学或地理)	**2**	**630**	**630**	**842**	**2**	
人文地理与城乡规划	2	630	630	842	2	
03专业组(思想政治)	**6**	**637**	**633**	**688**	**6**	
政治学与行政学	2	634	633	688	2	
政治学与行政学(政治学与行政学+新闻学)(双学士学位培养项目)	2	636	634	631	2	
马克思主义理论	2	637	635	587	2	
2107 华东政法大学	**42**				**42**	
01专业组(不限)	**42**	**639**	**626**	**1081**	**42**	
法学(民商法律)	5	633	632	741	5	
法学(卓越民商法治人才实验班)	2	639	638	473	2	
法学(经济法)	2	631	631	790	2	
法学(卓越经济法律人才实验班)	2	637	634	631	2	
法学(国际经济法)	2	630	628	960	2	
法学(沪港交流涉外卓越法律人才实验班)	3	630	628	960	3	
法学(刑事法律)	1	629	629	900	1	
法学(刑事司法)	1	628	628	960	1	
法学(网络与信息法)	1	630	630	842	1	
法学(卓越刑事法律人才实验班)	3	630	629	900	3	
法学(国际金融法)	1	632	632	741	1	
法学(涉外卓越国际金融法律人才实验班)	3	636	634	631	3	
知识产权	2	627	627	1025	2	
网络与新媒体	1	627	627	1025	1	
英语	3	628	627	1025	3	
德语	2	627	627	1025	2	
日语	2	628	626	1081	2	
翻译	2	627	627	1025	2	
经济学类	1	626	626	1081	1	
公共管理类	3	631	626	1081	3	
2109 上海外国语大学	**48**				**48**	
01专业组(不限)	**42**	**628**	**611**	**2569**	**42**	
英语	4	620	613	2330	4	

2023年普通类（历史等科目类）本科院校

院校、专业组、专业名称	录取数	最高分	最低分	最低分位次	平行志愿	征求志愿
英语(教育)	2	622	616	2004	2	
德语	3	623	614	2230	3	
法语	3	626	612	2448	3	
西班牙语	1	620	620	1605	1	
翻译	3	627	621	1508	3	
商务英语	2	616	611	2569	2	
金融学(英语方向)	4	625	621	1508	4	
国际经济与贸易(英语方向)	3	615	614	2230	3	
法学(英语方向)	4	624	616	2004	4	
汉语国际教育(英语方向)	2	620	617	1907	2	
新闻传播学类(新闻学、广播电视学、广告学、网络与新媒体、国际新闻与传播)	6	628	612	2448	6	
工商管理类	1	611	611	2569	1	
会计学(英语方向)	4	618	614	2230	4	
02专业组(思想政治)	6	628	621	1508	6	
外交学(英语方向)	3	627	621	1508	3	
外交学(外交学+法语)(双学士学位培养项目)	3	628	626	1081	3	
2110 上海财经大学	26				26	
01专业组(不限)	26	639	626	1081	26	
财务管理	3	635	631	790	3	
工商管理(中外合作办学)	4	634	626	1081	4	
金融学	4	639	633	688	4	
工商管理类	5	630	628	960	5	
经济学	3	631	630	842	3	
新闻学	5	627	626	1081	5	
法学(法学+金融学)(双学士学位培养项目)	2	637	633	688	2	
2111 上海师范大学	49				49	
01专业组(不限)	44	599	582	7784	44	
汉语言文学(师范)	5	599	593	5382	5	
世界史	4	587	583	7542	4	
汉语国际教育(师范)	6	589	584	7316	6	
法学	4	594	587	6629	4	
公共管理类	5	585	582	7784	5	
英语(师范)	5	595	590	5998	5	
小学教育(师范)	6	591	585	7094	6	
学前教育(师范)	5	588	582	7784	5	
旅游管理类	4	584	583	7542	4	
02专业组(不限)(中外合作办学)	5	584	571	10737	5	
经济学(中外合作办学)	5	584	571	10737	5	
2112 上海大学	15				15	
01专业组(不限)	15	615	601	3941	15	
历史学类	4	608	606	3205	4	
社会学类	4	613	605	3348	4	
日语	3	603	601	3941	3	
英语	4	615	605	3348	4	

院校、专业组、专业名称	录取数	最高分	最低分	最低分位次	平行志愿	征求志愿
2114 上海对外经贸大学	16				16	
01专业组(不限)	10	599	588	6432	10	
国际经济与贸易	2	594	589	6200	2	
会计学	2	599	592	5588	2	
国际经贸规则	3	598	590	5998	3	
商务英语	3	591	588	6432	3	
02专业组(不限)(中外合作办学)	6	580	576	9337	6	
英语(中外合作办学)	2	577	576	9337	2	
国际商务(中外合作办学)	2	580	579	8530	2	
会展经济与管理(中外合作办学)	2	577	576	9337	2	
2115 上海理工大学	25				25	
01专业组(不限)	21	586	563	13156	21	
经济管理试验班	9	586	571	10737	9	
新闻传播学类	6	586	566	12208	6	
英语	2	573	563	13156	2	
德语	2	569	563	13156	2	
日语	2	568	563	13156	2	
02专业组(不限)(中外合作办学)	4	568	565	12540	4	
英语(中外合作办学)	2	566	565	12540	2	
工商管理(中外合作办学)	2	568	566	12208	2	
2116 上海海洋大学	16				16	
01专业组(不限)	16	589	578	8812	16	
金融学	4	581	578	8812	4	
国际经济与贸易	4	580	578	8812	4	
会计学	4	589	583	7542	4	
英语	4	582	580	8256	4	
2117 上海海事大学	12				12	
01专业组(不限)	12	613	581	8016	12	
法学	2	602	596	4803	2	
经济学类	2	587	585	7094	2	
外国语言文学类	4	586	582	7784	4	
日语	2	582	581	8016	2	
交通管理	2	613	592	5588	2	
2118 上海电力大学	6				6	
01专业组(不限)	6	581	567	11916	6	
工商管理	2	572	571	10737	2	
国际经济与贸易	2	581	567	11916	2	
英语	2	574	572	10433	2	
2119 上海体育大学	9				9	
01专业组(不限)	7	589	563	13156	7	
新闻学	2	589	565	12540	2	
汉语国际教育	2	573	564	12849	2	
工商管理类	3	567	563	13156	3	
02专业组(不限)	2	577	565	12540	2	
英语	2	577	565	12540	2	
2120 上海工程技术大学	8				8	

2023年普通类(历史等科目类)本科院校

院校、专业组、专业名称	录取数	最高分	最低分	最低分位次	平行志愿	征求志愿
01专业组(不限)	8	556	547	18776	8	
工商管理类	1	556	556	15509	1	
物流管理	1	548	548	18396	1	
交通管理	2	550	549	18061	2	
翻译	2	553	550	17664	2	
养老服务管理	2	552	547	18776	2	
2124 上海第二工业大学	6				6	
01专业组(不限)	6	574	542	20768	6	
英语	2	574	543	20329	2	
酒店管理	2	552	542	20768	2	
汉语国际教育	2	543	543	20329	2	
2125 上海政法学院	36				36	
01专业组(不限)	36	600	591	5805	36	
法学(法律学院卓越法律人才)	2	600	600	4092	2	
法学(国际法学院卓越法律人才)	2	597	596	4803	2	
法学(经济法学院卓越律师人才)	2	597	596	4803	2	
法学(刑事司法)	2	596	596	4803	2	
法学(民商法)	3	598	597	4598	3	
法学(调解)	2	594	593	5382	2	
法学(体育法)	2	595	591	5805	2	
法学(经济法)	2	596	596	4803	2	
法学(国际经济法)	2	595	594	5199	2	
国际经济与贸易	2	593	593	5382	2	
经济与金融	2	593	591	5805	2	
财务管理	2	593	592	5588	2	
电子商务及法律	1	593	593	5382	1	
行政管理	2	592	592	5588	2	
俄语	1	591	591	5805	1	
翻译	2	592	591	5805	2	
汉语国际教育	2	591	591	5805	2	
新闻学	2	591	591	5805	2	
广播电视学	1	591	591	5805	1	
2128 复旦大学医学院	3				3	
01专业组(不限)	3	637	610	2671	3	
护理学	3	637	610	2671	3	
2136 上海电机学院	9				9	
01专业组(不限)	9	539	533	24524	9	
德语	3	536	533	24524	3	
英语	2	537	536	23287	2	
工商管理类	2	534	533	24524	2	
经济学类	2	539	535	23712	2	
2137 上海立信会计金融学院	23				23	
01专业组(不限)	23	587	570	11036	23	
会计学	2	587	585	7094	2	
财务管理	2	577	576	9337	2	
资产评估	1	578	578	8812	1	
审计学	2	586	583	7542	2	
英语	1	570	570	11036	1	
日语	1	571	571	10737	1	
保险学	1	572	572	10433	1	
法学	1	580	580	8256	1	
金融学	2	582	578	8812	2	
投资学	1	575	575	9602	1	
信用管理	1	572	572	10433	1	
财政学	1	582	582	7784	1	
税收学	1	578	578	8812	1	
工商管理	1	571	571	10737	1	
人力资源管理	1	571	571	10737	1	
经济学	1	575	575	9602	1	
国际经济与贸易	2	573	572	10433	2	
物流管理	1	571	571	10737	1	
2141 上海商学院	20				20	
01专业组(不限)	12	551	541	21165	12	
工商管理	2	543	543	20329	2	
会计学	2	549	546	19168	2	
税收学	2	551	544	19954	2	
商务经济学	1	545	545	19572	1	
旅游管理	2	541	541	21165	2	
商务英语	1	544	544	19954	1	
社会工作	2	542	541	21165	2	
02专业组(不限)(中外合作办学)	8	534	517	31922	8	
酒店管理(中外合作办学)	4	534	517	31922	4	
电子商务(中外合作办学)	4	534	521	29997	4	
2201 浙江大学	38				38	
01专业组(不限)	38	652	639	431	38	
人文科学试验班(古典文献学、汉语言文学、哲学、历史学、文物与博物馆学、考古学)	14	644	639	431	14	
新闻传播学类(新闻学、传播学)	1	639	639	431	1	
外国语言文学类(英语、翻译)	1	639	639	431	1	
社会科学试验班(经济学、财政学、金融学、国际经济与贸易、教育学、会计学、工商管理、社会学、农林经济管理、行政管理、劳动与社会保障、土地资源管理、法学)(含数字金融双学士学位项目)	15	649	640	390	15	
社会科学试验班(法学)	3	652	647	201	3	
社会科学试验班(会计学)	4	649	647	201	4	
2202 中国计量大学	5				5	
01专业组(不限)	5	578	569	11294	5	

院校、专业组、专业名称	录取数	最高分	最低分	最低分位次	平行志愿	征求志愿
工商管理类	2	570	569	11294	2	
行政管理	1	570	570	11036	1	
标准化工程	2	578	574	9863	2	
2203 浙江理工大学	**10**				**10**	
01专业组(不限)	**10**	**565**	**560**	**14180**	**10**	
经济与贸易类	2	565	562	13511	2	
工商管理类	2	565	561	13842	2	
新闻传播学类	2	563	562	13511	2	
行政管理	1	561	561	13842	1	
外国语言文学类	3	561	560	14180	3	
2204 浙江工业大学	**3**				**3**	
01专业组(不限)	**3**	**599**	**586**	**6865**	**3**	
法学	3	599	586	6865	3	
2205 中国美术学院	**4**				**4**	
01专业组(不限)	**4**	**586**	**583**	**7542**	**4**	
艺术学理论类	1	583	583	7542	1	
艺术设计学	1	586	586	6865	1	
风景园林	2	583	583	7542	2	
2206 浙江师范大学	**10**				**10**	
01专业组(不限)	**7**	**591**	**575**	**9602**	**7**	
汉语言文学(师范)	3	591	583	7542	3	
日语	2	579	575	9602	2	
外国语言文学类(含师范)	2	585	582	7784	2	
02专业组(不限)(中外合作办学)	**3**	**558**	**554**	**16226**	**3**	
小学教育(中外合作办学)(师范)	3	558	554	16226	3	
2207 浙江工商大学	**34**				**34**	
01专业组(不限)	**34**	**599**	**563**	**13156**	**34**	
经济学类	4	577	574	9863	4	
经济统计学	3	579	577	9084	3	
金融学类	2	578	575	9602	2	
法学类	2	594	591	5805	2	
汉语言文学	2	587	579	8530	2	
法语	2	578	569	11294	2	
日语	3	572	566	12208	3	
新闻传播学类	3	573	570	11036	3	
工商管理类	4	573	567	11916	4	
会计学	2	599	594	5199	2	
公共管理类	4	566	563	13156	4	
旅游管理类	1	571	571	10737	1	
外国语言文学类	2	572	563	13156	2	
2209 杭州师范大学	**13**				**13**	
01专业组(不限)	**13**	**583**	**561**	**13842**	**13**	
经济学	2	564	563	13156	2	
法学	3	583	569	11294	3	
公共事业管理(卫生事业管理方向)	4	571	562	13511	4	
健康服务与管理	4	566	561	13842	4	
2211 浙江传媒学院	**18**					**18**
01专业组(不限)	**15**	**592**	**555**	**15860**	**15**	
广播电视学	1	559	559	14520	1	
新闻学	1	592	592	5588	1	
编辑出版学	1	558	558	14824	1	
传播学	1	559	559	14520	1	
汉语言文学(网络文学与创意写作)	1	582	582	7784	1	
汉语言文学	2	563	558	14824	2	
文化产业管理	2	565	557	15175	2	
网络与新媒体	1	559	559	14520	1	
广告学	1	558	558	14824	1	
会展经济与管理	1	558	558	14824	1	
公共关系学	2	557	555	15860	2	
英语	1	560	560	14180	1	
02专业组(不限)(中外合作办学)	**3**	**553**	**545**	**19572**	**3**	
传播学(中外合作办学)	3	553	545	19572	3	
2212 浙江科技学院	**7**				**7**	
01专业组(不限)	**7**	**542**	**531**	**25378**	**7**	
经济与贸易类	2	538	535	23712	2	
德语	5	542	531	25378	5	
2213 浙江财经大学	**39**				**39**	
01专业组(不限)	**32**	**582**	**562**	**13511**	**32**	
财政学类	2	582	581	8016	2	
公共管理类	3	569	562	13511	3	
工商管理类(会计学院)	3	565	565	12540	3	
金融学类	1	572	572	10433	1	
工商管理类(工商管理学院)	1	565	565	12540	1	
经济与贸易类	6	566	562	13511	6	
外国语言文学类	5	568	562	13511	5	
统计学类	2	576	564	12849	2	
新闻传播学类	3	564	563	13156	3	
法学	2	577	570	11036	2	
社会工作	1	563	563	13156	1	
汉语言文学	3	566	564	12849	3	
02专业组(不限)(中外合作办学)	**7**	**566**	**543**	**20329**	**7**	
会计学(中外合作办学)	1	566	566	12208	1	
金融学(中外合作办学)	1	562	562	13511	1	
市场营销(中外合作办学)	5	552	543	20329	5	
2214 浙江农林大学	**4**				**4**	
01专业组(不限)	**4**	**560**	**550**	**17664**	**4**	
国际经济与贸易	1	560	560	14180	1	
工商管理	1	550	550	17664	1	
城市管理	1	550	550	17664	1	
文化产业管理(茶文化)	1	553	553	16580	1	
2216 浙江中医药大学	**4**				**4**	
01专业组(不限)	**2**	**560**	**554**	**16226**	**2**	

院校、专业组、专业名称	录取数	最高分	最低分	最低分位次	平行志愿	征求志愿
健康服务与管理	1	560	560	14180	1	
英语	1	554	554	16226	1	
02专业组(化学或生物)	**2**	**570**	**561**	**13842**	**2**	
中医康复学	2	570	561	13842	2	
2223 绍兴文理学院	**15**				**15**	
01专业组(不限)(中外合作办学)	**15**	**506**	**487**	**46782**	**15**	
学前教育(中外合作办学)(师范)	15	506	487	46782	15	
2228 温州大学	**8**				**8**	
01专业组(不限)	**8**	**562**	**551**	**17339**	**8**	
财务管理	1	555	555	15860	1	
工商管理	1	556	556	15509	1	
国际经济与贸易	1	555	555	15860	1	
法学	2	562	560	14180	2	
应用心理学(师范)	1	556	556	15509	1	
翻译	1	551	551	17339	1	
日语	1	554	554	16226	1	
2231 嘉兴学院	**12**				**12**	
01专业组(不限)	**12**	**540**	**532**	**24972**	**12**	
经济学	2	540	540	21584	2	
金融学	2	538	535	23712	2	
国际经济与贸易	2	534	534	24116	2	
物流管理	4	534	532	24972	4	
日语	2	533	533	24524	2	
2240 浙江外国语学院	**24**				**24**	
01专业组(不限)	**22**	**554**	**539**	**22036**	**22**	
英语(师范)	2	554	552	16960	2	
英语	2	547	545	19572	2	
日语	2	545	544	19954	2	
阿拉伯语	2	549	545	19572	2	
朝鲜语	2	543	542	20768	2	
土耳其语	2	540	539	22036	2	
法语	2	548	546	19168	2	
汉语言文学(师范)	2	551	548	18396	2	
旅游管理(全英教学)	2	543	541	21165	2	
旅游管理	2	551	541	21165	2	
跨境电子商务	2	545	541	21165	2	
02专业组(不限)(中外合作办学)	**2**	**538**	**528**	**26739**	**2**	
意大利语(中外合作办学)	2	538	528	26739	2	
2245 宁波诺丁汉大学	**14**				**14**	
01专业组(不限)(中外合作办学)	**11**	**595**	**572**	**10433**	**11**	
国际商务(中外合作办学)	3	580	574	9863	3	
财务管理(中外合作办学)	3	590	581	8016	3	
经济学(中外合作办学)	4	595	576	9337	4	
英语(中外合作办学)	1	572	572	10433	1	
02专业组(思想政治)(中外合作办学)	**3**	**598**	**583**	**7542**	**3**	
国际事务与国际关系(中外合作办学)	3	598	583	7542	3	
2248 温州肯恩大学	**8**				**8**	
01专业组(不限)(中外合作办学)	**8**	**543**	**541**	**21165**	**8**	
经济学(中外合作办学)	1	543	543	20329	1	
金融学(中外合作办学)	2	543	542	20768	2	
会计学(中外合作办学)	1	543	543	20329	1	
英语(中外合作办学)	1	542	542	20768	1	
心理学(中外合作办学)	2	542	541	21165	2	
传播学(中外合作办学)	1	543	543	20329	1	
2249 浙大城市学院	**16**				**16**	
01专业组(不限)	**16**	**559**	**544**	**19954**	**16**	
英语	3	548	544	19954	3	
德语	1	548	548	18396	1	
金融学	3	547	544	19954	3	
财务管理	3	548	546	19168	3	
广告学	1	548	548	18396	1	
汉语言文学	2	549	549	18061	2	
法学	3	559	549	18061	3	
2250 浙大宁波理工学院	**8**				**8**	
01专业组(不限)(中外合作办学)	**8**	**519**	**512**	**34383**	**8**	
金融学(中外合作办学)	4	519	516	32408	4	
国际经济与贸易(中外合作办学)	4	515	512	34383	4	
2251 浙江海洋大学	**8**				**8**	
01专业组(不限)	**8**	**544**	**537**	**22879**	**8**	
经济学	2	544	542	20768	2	
物流管理	2	541	538	22445	2	
英语(师范)	2	538	538	22445	2	
俄语	2	542	537	22879	2	
2261 湖州师范学院	**7**				**7**	
01专业组(不限)	**7**	**543**	**535**	**23712**	**7**	
电子商务	1	538	538	22445	1	
知识产权	1	537	537	22879	1	
汉语言文学(师范)	2	543	540	21584	2	
日语	1	535	535	23712	1	
护理学	2	541	540	21584	2	
2268 丽水学院	**21**				**20**	**1**
01专业组(不限)	**19**	**527**	**510**	**35366**	**18**	**1**
小学教育(师范)	2	527	523	29036	2	
汉语言文学(师范)	3	525	521	29997	3	
学前教育(师范)	2	519	519	30949	2	
护理学	3	519	517	31922	3	
财务管理	3	520	515	32915	3	
电子商务	2	518	510	35366	1	1
旅游管理	2	520	516	32408	2	

院校、专业组、专业名称	录取数	最高分	最低分	最低分位次	平行志愿	征求志愿
英语(师范)	2	521	515	32915	2	
02专业组(思想政治)	**2**	**535**	**533**	**24524**	**2**	
思想政治教育(师范)	2	535	533	24524	2	
2275 湖州学院	**27**				**27**	
01专业组(不限)	**27**	**529**	**516**	**32408**	**27**	
国际经济与贸易	6	520	516	32408	6	
经济与金融	6	521	516	32408	6	
旅游管理与服务教育	3	523	516	32408	3	
汉语言文学	4	529	521	29997	4	
广告学	4	521	516	32408	4	
网络与新媒体	4	519	518	31466	4	
2277 嘉兴南湖学院	**1**				**1**	
01专业组(不限)	**1**	**529**	**529**	**26285**	**1**	
法学	1	529	529	26285	1	
2302 合肥工业大学	**9**				**9**	
01专业组(不限)	**6**	**598**	**591**	**5805**	**6**	
英语	4	593	591	5805	4	
法学	2	598	593	5382	2	
02专业组(思想政治)	**3**	**596**	**593**	**5382**	**3**	
思想政治教育	3	596	593	5382	3	
2303 安徽大学	**28**				**28**	
01专业组(不限)	**28**	**601**	**590**	**5998**	**28**	
汉语国际教育	3	592	590	5998	3	
历史学类	4	597	593	5382	4	
新闻传播学类	4	595	592	5588	4	
经济学	2	597	595	5035	2	
国际经济与贸易	3	592	591	5805	3	
工商管理类	5	594	590	5998	5	
德语	2	591	591	5805	2	
法学类	3	601	597	4598	3	
行政管理	2	593	590	5998	2	
2305 安徽建筑大学	**11**				**11**	
01专业组(不限)	**11**	**547**	**541**	**21165**	**11**	
金融工程	2	542	542	20768	2	
资产评估	1	543	543	20329	1	
法学	4	547	545	19572	4	
劳动与社会保障	2	543	542	20768	2	
土地资源管理	1	542	542	20768	1	
城市管理	1	541	541	21165	1	
2306 安徽农业大学	**26**				**26**	
01专业组(不限)	**14**	**561**	**547**	**18776**	**14**	
城乡规划	1	552	552	16960	1	
园林	1	553	553	16580	1	
工商管理类	2	561	553	16580	2	
经济学	1	554	554	16226	1	
法学	2	555	554	16226	2	
社会工作	2	550	547	18776	2	
英语	2	554	548	18396	2	
法语	1	549	549	18061	1	
日语	2	548	548	18396	2	
02专业组(化学或生物)	**12**	**561**	**540**	**21584**	**12**	
农学	2	547	546	19168	2	
种子科学与工程	2	543	543	20329	2	
植物保护	2	561	546	19168	2	
智慧农业	2	543	543	20329	2	
园艺	2	542	541	21165	2	
林学	1	540	540	21584	1	
农业资源与环境	1	542	542	20768	1	
2307 安徽中医药大学	**4**				**4**	
01专业组(不限)	**2**	**549**	**547**	**18776**	**2**	
护理学	2	549	547	18776	2	
02专业组(化学或生物)	**2**	**566**	**564**	**12849**	**2**	
中医学	2	566	564	12849	2	
2309 安徽师范大学	**36**				**36**	
02专业组(不限)	**33**	**588**	**547**	**18776**	**33**	
汉语言文学(师范)	2	588	579	8530	2	
汉语国际教育	2	558	557	15175	2	
秘书学	2	548	547	18776	2	
法学	2	568	565	12540	2	
社会学	2	583	561	13842	2	
人力资源管理	2	554	551	17339	2	
供应链管理	2	549	548	18396	2	
历史学(师范)	2	580	575	9602	2	
世界史	2	558	552	16960	2	
学前教育(师范)	3	558	552	16960	3	
俄语	2	574	547	18776	2	
法语	2	561	547	18776	2	
日语	2	558	551	17339	2	
葡萄牙语	2	549	548	18396	2	
旅游管理	2	548	547	18776	2	
新闻学	2	552	549	18061	2	
03专业组(思想政治)	**3**	**588**	**578**	**8812**	**3**	
思想政治教育(师范)	3	588	578	8812	3	
2321 安徽财经大学	**32**				**32**	
01专业组(不限)	**23**	**563**	**550**	**17664**	**23**	
金融学	2	562	559	14520	2	
会计学	2	563	563	13156	2	
财务管理	2	561	560	14180	2	
资产评估	2	555	554	16226	2	
财政学类	2	560	558	14824	2	
金融学类	2	557	552	16960	2	
经济与贸易类	3	552	551	17339	3	
公共管理类	3	553	551	17339	3	
工商管理类	2	554	550	17664	2	
经济学类	3	556	554	16226	3	
02专业组(不限)	**9**	**561**	**552**	**16960**	**9**	
法学	3	561	556	15509	3	
新闻传播学类	3	555	553	16580	3	

院校、专业组、专业名称	录取数	最高分	最低分	最低分位次	平行志愿	征求志愿
商务英语	3	554	552	16960	3	
2327 合肥学院	**22**				**22**	
01专业组(不限)	**22**	**537**	**522**	**29523**	**22**	
经济学	2	530	527	27183	2	
国际经济与贸易	2	523	522	29523	2	
工商管理	2	526	524	28558	2	
会计学	2	533	531	25378	2	
物流管理	2	531	531	25378	2	
汉语言文学	2	537	533	24524	2	
新闻学	2	533	528	26739	2	
学前教育(师范)	2	522	522	29523	2	
小学教育(师范)	2	528	524	28558	2	
旅游管理	2	526	522	29523	2	
会展经济与管理	2	531	522	29523	2	
2331 阜阳师范大学	**5**				**5**	
01专业组(不限)	**3**	**524**	**520**	**30453**	**3**	
日语	3	524	520	30453	3	
02专业组(不限)(中外合作办学)	**2**	**517**	**515**	**32915**	**2**	
学前教育(中外合作办学)(师范)	2	517	515	32915	2	
2332 蚌埠医学院	**4**				**4**	
01专业组(不限)	**2**	**544**	**542**	**20768**	**2**	
护理学	2	544	542	20768	2	
02专业组(化学)	**2**	**527**	**502**	**39270**	**2**	
医学检验技术	2	527	502	39270	2	
2342 宿州学院	**4**				**4**	
01专业组(不限)	**4**	**530**	**526**	**27627**	**4**	
汉语言文学(师范)	4	530	526	27627	4	
2343 安庆师范大学	**10**				**10**	
01专业组(不限)	**10**	**535**	**525**	**28084**	**10**	
工商管理类	5	535	527	27183	5	
新闻传播学类	5	532	525	28084	5	
2348 池州学院	**4**				**4**	
01专业组(不限)	**4**	**514**	**510**	**35366**	**4**	
汉语言文学(师范)	2	514	512	34383	2	
旅游管理	2	511	510	35366	2	
2351 淮北师范大学	**27**				**27**	
01专业组(不限)	**16**	**543**	**534**	**24116**	**16**	
经济学	1	541	541	21165	1	
国际经济与贸易	1	538	538	22445	1	
学前教育(师范)	1	539	539	22036	1	
特殊教育(师范)	2	536	535	23712	2	
英语(师范)	2	536	534	24116	2	
日语	1	534	534	24116	1	
翻译	1	538	538	22445	1	
商务英语	1	534	534	24116	1	
新闻学	1	536	536	23287	1	
广告学	1	543	543	20329	1	

院校、专业组、专业名称	录取数	最高分	最低分	最低分位次	平行志愿	征求志愿
网络与新媒体	1	540	540	21584	1	
人力资源管理	1	541	541	21165	1	
审计学	1	541	541	21165	1	
旅游管理	1	534	534	24116	1	
02专业组(思想政治)	**5**	**544**	**542**	**20768**	**5**	
法学	1	544	544	19954	1	
社会学	1	542	542	20768	1	
社会工作	1	542	542	20768	1	
思想政治教育(师范)	2	544	542	20768	2	
03专业组(思想政治或地理)	**3**	**559**	**554**	**16226**	**3**	
汉语言文学(师范)	2	559	555	15860	2	
汉语国际教育(师范)	1	554	554	16226	1	
04专业组(地理)	**3**	**545**	**543**	**20329**	**3**	
历史学(师范)	2	545	543	20329	2	
文化遗产	1	543	543	20329	1	
2356 铜陵学院	**5**				**5**	
01专业组(不限)	**5**	**526**	**523**	**29036**	**5**	
会计学	5	526	523	29036	5	
2361 安徽工业大学	**6**				**6**	
01专业组(不限)	**6**	**548**	**543**	**20329**	**6**	
外国语言文学类(英语、翻译、商务英语)	2	544	543	20329	2	
会计学	2	548	546	19168	2	
经济学	1	545	545	19572	1	
经济与金融	1	544	544	19954	1	
2362 淮南师范学院	**16**				**16**	
01专业组(不限)	**14**	**534**	**521**	**29997**	**14**	
社会工作	2	528	523	29036	2	
学前教育(师范)	2	528	524	28558	2	
汉语言文学(师范)	2	534	532	24972	2	
新闻学	4	527	521	29997	4	
广告学	4	526	522	29523	4	
02专业组(思想政治)	**2**	**545**	**542**	**20768**	**2**	
思想政治教育(师范)	2	545	542	20768	2	
2372 滁州学院	**20**				**20**	
01专业组(不限)	**20**	**533**	**511**	**34880**	**20**	
新闻学	2	513	513	33879	2	
网络与新媒体	1	513	513	33879	1	
金融工程	2	513	512	34383	2	
旅游管理	2	512	511	34880	2	
工商管理	2	514	514	33398	2	
市场营销	3	513	512	34383	3	
国际经济与贸易	2	512	512	34383	2	
财务管理	2	518	515	32915	2	
审计学	2	533	532	24972	2	
英语	1	521	521	29997	1	
商务英语	1	519	519	30949	1	
2381 黄山学院	**31**				**31**	
01专业组(思想政治或地理)	**8**	**508**	**505**	**37764**	**8**	

院校、专业组、专业名称	录取数	最高分	最低分	最低分位次	平行志愿	征求志愿
市场营销	8	508	505	37764	8	
02专业组(思想政治或地理)(中外合作办学)	**10**	**502**	**480**	**50301**	**10**	
酒店管理(中外合作办学)	10	502	480	50301	10	
03专业组(思想政治和地理)	**13**	**510**	**505**	**37764**	**13**	
国际经济与贸易	8	508	505	37764	8	
日语	5	510	506	37291	5	
2383 合肥工业大学(宣城校区)	**6**				**6**	
01专业组(不限)	**6**	**591**	**587**	**6629**	**6**	
英语	2	591	588	6432	2	
网络与新媒体	2	587	587	6629	2	
法学	2	591	588	6432	2	
2401 福州大学	**12**				**12**	
01专业组(不限)	**12**	**601**	**592**	**5588**	**12**	
物流管理	3	595	592	5588	3	
英语	3	598	593	5382	3	
法学	3	601	599	4245	3	
汉语言文学	3	598	596	4803	3	
2402 福建农林大学	**4**				**4**	
01专业组(不限)(中外合作办学)	**2**	**543**	**532**	**24972**	**2**	
风景园林(中外合作办学)	2	543	532	24972	2	
02专业组(不限)	**2**	**554**	**551**	**17339**	**2**	
风景园林	2	554	551	17339	2	
2410 三明学院	**6**				**6**	
01专业组(不限)	**6**	**509**	**507**	**36850**	**6**	
财务管理	2	509	508	36369	2	
旅游管理与服务教育	2	507	507	36850	2	
汉语言文学	1	509	509	35866	1	
商务英语	1	509	509	35866	1	
2411 厦门大学	**24**				**24**	
01专业组(不限)	**11**	**638**	**633**	**688**	**11**	
人文科学试验班	3	636	635	587	3	
新闻传播学类	2	635	634	631	2	
外国语言文学类	3	634	633	688	3	
法学类	2	638	637	505	2	
社会学类	1	634	634	631	1	
02专业组(不限)	**7**	**639**	**635**	**587**	**7**	
经济学类	4	636	636	539	4	
会计学	2	639	637	505	2	
工商管理类	1	635	635	587	1	
03专业组(不限)	**6**	**610**	**603**	**3640**	**6**	
汉语言文学(马来西亚分校)	1	606	606	3205	1	
新闻学(马来西亚分校)	1	603	603	3640	1	
会计学(马来西亚分校)	2	610	609	2794	2	
英语(马来西亚分校)	2	605	605	3348	2	
2412 集美大学	**9**				**9**	
01专业组(不限)	**9**	**560**	**551**	**17339**	**9**	
金融学	2	552	552	16960	2	
市场营销	2	560	555	15860	2	
英语	1	551	551	17339	1	
社会工作	4	559	551	17339	4	
2413 厦门理工学院	**6**				**6**	
01专业组(不限)	**6**	**543**	**534**	**24116**	**6**	
文化产业管理	2	536	535	23712	2	
城市管理	2	535	534	24116	2	
网络与新媒体	2	543	539	22036	2	
2421 莆田学院	**10**				**10**	
01专业组(不限)	**10**	**527**	**510**	**35366**	**10**	
财务管理	2	519	515	32915	2	
会计学	2	527	519	30949	2	
市场营销	2	513	510	35366	2	
旅游管理	2	519	511	34880	2	
人力资源管理	2	514	510	35366	2	
2422 华侨大学	**37**				**37**	
01专业组(不限)	**35**	**576**	**552**	**16960**	**35**	
汉语国际教育	6	558	552	16960	6	
新闻传播学类	3	563	558	14824	3	
经济学类	4	557	555	15860	4	
金融学	3	563	557	15175	3	
法学	7	576	563	13156	7	
中国语言文学类	2	564	562	13511	2	
英语	2	552	552	16960	2	
财务管理	2	560	560	14180	2	
工商管理类	2	566	556	15509	2	
行政管理	1	555	555	15860	1	
会展经济与管理	3	560	556	15509	3	
02专业组(思想政治)	**2**	**565**	**560**	**14180**	**2**	
国际事务与国际关系	2	565	560	14180	2	
2437 武夷学院	**10**				**10**	
01专业组(不限)	**10**	**514**	**506**	**37291**	**10**	
旅游管理	1	506	506	37291	1	
酒店管理	1	507	507	36850	1	
文化产业管理	1	509	509	35866	1	
建筑学	1	509	509	35866	1	
汉语言文学	1	514	514	33398	1	
商务英语	1	506	506	37291	1	
保险学	1	506	506	37291	1	
国际经济与贸易	1	508	508	36369	1	
物流管理	2	507	506	37291	2	
2501 江西财经大学	**35**				**35**	
01专业组(不限)	**19**	**589**	**563**	**13156**	**19**	
工商管理	1	580	580	8256	1	
财政学	1	586	586	6865	1	
税收学	2	582	575	9602	2	
会计学	2	589	576	9337	2	
会计学(注册会计师)	1	579	579	8530	1	

院校、专业组、专业名称	录取数	最高分	最低分	最低分位次	平行志愿	征求志愿
国际经济与贸易(数字贸易)	2	572	564	12849	2	
经济学	2	575	563	13156	2	
国民经济管理	1	569	569	11294	1	
金融学	2	566	566	12208	2	
保险学	2	568	567	11916	2	
法学	1	583	583	7542	1	
新闻学	1	570	570	11036	1	
汉语国际教育	1	565	565	12540	1	
02专业组(不限)	**15**	**608**	**572**	**10433**	**15**	
会计学(国际会计)	2	587	582	7784	2	
金融学(国际投资与金融)	2	579	573	10153	2	
金融学(CFA)	4	578	575	9602	4	
国际经济与贸易(CITF)	1	576	576	9337	1	
市场营销(国际营销)	2	572	572	10433	2	
会计学(CIMA)	2	583	582	7784	2	
会计学(ACCA)	1	585	585	7094	1	
金融学(FRM)	1	608	608	2929	1	
03专业组(不限)(中外合作办学)	**1**	**573**	**573**	**10153**	**1**	
数字经济(中外合作办学)	1	573	573	10153	1	
2502 华东交通大学	**16**				**16**	
01专业组(不限)	**8**	**546**	**543**	**20329**	**8**	
金融学	2	543	543	20329	2	
会计学	2	544	544	19954	2	
人力资源管理	2	544	543	20329	2	
知识产权	2	546	545	19572	2	
02专业组(不限)	**4**	**541**	**540**	**21584**	**4**	
英语	2	541	540	21584	2	
翻译	2	541	541	21165	2	
03专业组(不限)	**4**	**571**	**545**	**19572**	**4**	
会计学(国际会计)	1	571	571	10737	1	
会计学(ACCA)	1	549	549	18061	1	
会计学(CMA)	1	545	545	19572	1	
会计学(CIMA)	1	547	547	18776	1	
2504 江西中医药大学	**6**				**6**	
01专业组(不限)	**6**	**543**	**534**	**24116**	**6**	
护理学	2	543	541	21165	2	
应用心理学	1	537	537	22879	1	
公共事业管理	2	537	534	24116	2	
健康服务与管理	1	537	537	22879	1	
2505 南昌大学	**23**				**23**	
01专业组(不限)	**23**	**599**	**587**	**6629**	**23**	
中国语言文学类	4	596	593	5382	4	
英语	4	590	589	6200	4	
日语	3	589	587	6629	3	
法学类	2	599	594	5199	2	
公共管理类	3	592	590	5998	3	
工商管理	2	593	592	5588	2	
会计学	2	592	592	5588	2	
旅游管理类	3	590	589	6200	3	
2506 南昌航空大学	**11**				**11**	
01专业组(不限)	**11**	**550**	**536**	**23287**	**11**	
德语	2	537	536	23287	2	
英语	3	540	537	22879	3	
经济学	2	542	542	20768	2	
法学	2	550	547	18776	2	
公共事业管理	2	545	536	23287	2	
2507 江西科技师范大学	**18**				**18**	
01专业组(不限)	**12**	**551**	**538**	**22445**	**12**	
财务管理	2	540	540	21584	2	
国际经济与贸易	3	539	538	22445	3	
法学	2	546	541	21165	2	
汉语言文学(师范)	2	551	545	19572	2	
英语(师范)	2	540	539	22036	2	
小学教育(师范)	1	538	538	22445	1	
02专业组(化学或生物)	**4**	**531**	**520**	**30453**	**4**	
食品质量与安全	1	524	524	28558	1	
药物制剂	2	526	520	30453	2	
食品科学与工程	1	531	531	25378	1	
03专业组(思想政治)	**2**	**546**	**545**	**19572**	**2**	
思想政治教育(师范)	2	546	545	19572	2	
2508 江西农业大学	**17**				**17**	
01专业组(不限)	**4**	**536**	**535**	**23712**	**4**	
园林	2	536	536	23287	2	
土地资源管理	2	535	535	23712	2	
02专业组(化学或生物)	**11**	**535**	**520**	**30453**	**11**	
农学	1	531	531	25378	1	
园艺	2	525	525	28084	2	
植物保护	3	535	530	25824	3	
种子科学与工程	2	529	529	26285	2	
茶学	2	521	520	30453	2	
农业资源与环境	1	524	524	28558	1	
03专业组(化学或地理)	**2**	**543**	**538**	**22445**	**2**	
地理信息科学	2	543	538	22445	2	
2510 江西师范大学	**33**				**33**	
02专业组(不限)	**30**	**577**	**542**	**20768**	**30**	
金融学	1	547	547	18776	1	
经济学	1	550	550	17664	1	
建筑学	1	542	542	20768	1	
电子商务	1	544	544	19954	1	
工商管理(财税管理)	1	548	548	18396	1	
工商管理(组织人事管理)	1	556	556	15509	1	
工商管理(大数据营销)	1	547	547	18776	1	
国际经济与贸易	1	549	549	18061	1	
行政管理	2	546	542	20768	2	
会计学	1	557	557	15175	1	
文化产业管理	1	551	551	17339	1	
公共事业管理(师范)	1	558	558	14824	1	

2023年普通类(历史等科目类)本科院校

院校、专业组、专业名称	录取数	最高分	最低分	最低分位次	平行志愿	征求志愿
小学教育(师范)	3	562	558	14824	3	
历史学类	1	567	567	11916	1	
旅游管理	1	546	546	19168	1	
俄语	1	550	550	17664	1	
法语	2	554	542	20768	2	
日语	1	543	543	20329	1	
英语(师范)	1	563	563	13156	1	
新闻传播学类	1	553	553	16580	1	
法学	2	554	554	16226	2	
城乡规划	1	552	552	16960	1	
汉语言文学(师范)	2	577	573	10153	2	
汉语国际教育(师范)	1	557	557	15175	1	
03专业组(化学或地理)	1	568	568	11596	1	
地理科学类	1	568	568	11596	1	
04专业组(生物)	1	567	567	11916	1	
心理学类	1	567	567	11916	1	
05专业组(思想政治)	1	571	571	10737	1	
思想政治教育(师范)	1	571	571	10737	1	
2511 南昌工程学院	10				10	
01专业组(不限)	10	514	509	35866	10	
农林经济管理	2	510	509	35866	2	
财务管理	2	514	511	34880	2	
国际经济与贸易	2	511	511	34880	2	
翻译	2	509	509	35866	2	
法语	2	511	509	35866	2	
2512 江西警察学院	3				3	
01专业组(不限)	3	542	534	24116	3	
法学(非公安类招生)	3	542	534	24116	3	
2521 江西理工大学	29				29	
01专业组(不限)	29	543	529	26285	29	
会计学	2	542	541	21165	2	
工商管理	3	537	535	23712	3	
金融学	2	538	536	23287	2	
法学	4	543	538	22445	4	
英语	3	534	532	24972	3	
日语	5	536	529	26285	5	
行政管理	5	531	529	26285	5	
财务管理	2	535	535	23712	2	
人力资源管理	3	534	530	25824	3	
2522 赣南医学院	11				10	1
01专业组(不限)	11	535	511	34880	10	1
应用心理学	3	523	514	33398	3	
法学	3	524	511	34880	3	
护理学	3	535	528	26739	3	
公共事业管理	2	515	512	34383	1	1
2523 赣南师范大学	49				49	
01专业组(不限)	39	548	529	26285	39	
历史学(师范)	4	544	534	24116	4	
汉语言文学(师范)	5	548	540	21584	5	
汉语国际教育(师范)	2	533	533	24524	2	
社会学	1	534	534	24116	1	
旅游管理	2	533	531	25378	2	
英语(师范)	2	540	534	24116	2	
日语	2	531	531	25378	2	
商务英语	2	530	529	26285	2	
市场营销	2	530	530	25824	2	
会计学	3	533	532	24972	3	
金融学	3	529	529	26285	3	
人力资源管理	1	531	531	25378	1	
学前教育(师范)	3	534	530	25824	3	
小学教育(师范)	2	542	536	23287	2	
应用心理学(师范)	2	531	530	25824	2	
法学	3	534	532	24972	3	
02专业组(化学或地理)	4	543	527	27183	4	
地理科学(师范)	2	543	529	26285	2	
人文地理与城乡规划	2	529	527	27183	2	
03专业组(思想政治)	6	544	531	25378	6	
思想政治教育(师范)	4	544	535	23712	4	
新闻学	2	533	531	25378	2	
2527 新余学院	5				5	
01专业组(不限)	5	513	509	35866	5	
汉语言文学(师范)	1	513	513	33879	1	
网络与新媒体	1	509	509	35866	1	
英语(师范)	1	509	509	35866	1	
市场营销	1	509	509	35866	1	
财务管理	1	509	509	35866	1	
2531 景德镇陶瓷大学	9				9	
01专业组(不限)	9	549	532	24972	9	
国际经济与贸易	1	533	533	24524	1	
英语	1	532	532	24972	1	
法学	1	533	533	24524	1	
知识产权	1	536	536	23287	1	
文物与博物馆学	1	544	544	19954	1	
考古学	1	549	549	18061	1	
艺术教育	1	533	533	24524	1	
文化遗产	1	541	541	21165	1	
文物保护技术	1	539	539	22036	1	
2541 东华理工大学	3				3	
01专业组(不限)	3	534	529	26285	3	
工商管理类	3	534	529	26285	3	
2542 萍乡学院	4				4	
01专业组(不限)	4	523	512	34383	4	
历史学(师范)	2	523	513	33879	2	
学前教育(师范)	2	512	512	34383	2	
2543 南昌师范学院	8				8	
01专业组(不限)	4	527	514	33398	4	
小学教育(师范)	2	527	521	29997	2	
商务英语	2	515	514	33398	2	

院校、专业组、专业名称	录取数	最高分	最低分	最低分位次	平行志愿	征求志愿
02专业组(思想政治)	**2**	**534**	**534**	**24116**	**2**	
思想政治教育(师范)	2	534	534	24116	2	
03专业组(思想政治或地理)	**2**	**514**	**508**	**36369**	**2**	
秘书学	2	514	508	36369	2	
2551 宜春学院	**36**				**35**	**1**
01专业组(不限)	**30**	**525**	**505**	**37764**	**29**	**1**
汉语言文学(师范)	3	525	519	30949	3	
广告学	3	509	509	35866	3	
网络与新媒体	2	510	510	35366	2	
城市管理	2	509	509	35866	2	
数字经济	2	509	508	36369	2	
市场营销	1	509	509	35866	1	
财务管理	1	510	510	35366	1	
旅游管理	1	505	505	37764		1
英语(师范)	5	516	509	35866	5	
法语	2	510	508	36369	2	
翻译	2	509	509	35866	2	
学前教育(师范)	4	510	509	35866	4	
护理学	2	516	514	33398	2	
02专业组(思想政治)	**6**	**521**	**517**	**31922**	**6**	
法学	2	520	519	30949	2	
思想政治教育(师范)	4	521	517	31922	4	
2561 九江学院	**24**				**24**	
01专业组(不限)	**24**	**510**	**505**	**37764**	**24**	
金融工程	3	506	505	37764	3	
商务英语	4	508	506	37291	4	
城乡规划	2	506	506	37291	2	
会计学	5	510	508	36369	5	
物流管理	5	507	506	37291	5	
工商管理	4	509	505	37764	4	
酒店管理	1	507	507	36850	1	
2571 上饶师范学院	**29**				**29**	
01专业组(不限)	**24**	**529**	**515**	**32915**	**24**	
英语(师范)	4	523	517	31922	4	
法学	5	518	518	31466	5	
行政管理	3	516	515	32915	3	
国际经济与贸易	3	516	515	32915	3	
小学教育(师范)	2	521	521	29997	2	
历史学(师范)	2	529	524	28558	2	
汉语言文学(师范)	3	526	522	29523	3	
新闻学	2	518	516	32408	2	
02专业组(思想政治)	**5**	**528**	**524**	**28558**	**5**	
思想政治教育(师范)	5	528	524	28558	5	
2572 赣东学院	**12**				**12**	
01专业组(不限)	**12**	**507**	**504**	**38237**	**12**	
国际经济与贸易	2	505	505	37764	2	
财务管理	2	507	505	37764	2	
市场营销	2	504	504	38237	2	
会计学	2	507	507	36850	2	
网络与新媒体	2	507	507	36850	2	
日语	2	505	504	38237	2	
2573 赣南科技学院	**12**				**12**	
01专业组(不限)	**12**	**511**	**505**	**37764**	**12**	
金融学	2	507	507	36850	2	
国际经济与贸易	2	507	505	37764	2	
工商管理	2	506	505	37764	2	
会计学	2	511	510	35366	2	
电子商务	2	506	506	37291	2	
英语	2	508	506	37291	2	
2574 南昌医学院	**3**				**3**	
01专业组(不限)	**1**	**564**	**564**	**12849**	**1**	
中医学	1	564	564	12849	1	
02专业组(不限)	**1**	**543**	**543**	**20329**	**1**	
护理学	1	543	543	20329	1	
03专业组(不限)	**1**	**551**	**551**	**17339**	**1**	
针灸推拿学	1	551	551	17339	1	
2581 井冈山大学	**19**				**19**	
01专业组(不限)	**19**	**530**	**519**	**30949**	**19**	
护理学	4	530	523	29036	4	
小学教育(师范)	2	528	525	28084	2	
旅游管理	2	520	519	30949	2	
会计学	2	526	525	28084	2	
西班牙语	2	520	520	30453	2	
汉语言文学(师范)	3	528	522	29523	3	
社会工作	4	522	520	30453	4	
2596 景德镇学院	**9**				**9**	
01专业组(不限)	**9**	**517**	**513**	**33879**	**9**	
艺术教育(师范)	2	513	513	33879	2	
汉语言文学(师范)	3	517	515	32915	3	
英语(师范)	2	517	514	33398	2	
小学教育(师范)	2	514	513	33879	2	
2601 山东大学	**44**				**44**	
01专业组(不限)	**38**	**631**	**622**	**1408**	**38**	
哲学类	2	627	623	1323	2	
社会学类	2	622	622	1408	2	
经济学类	4	630	628	960	4	
公共管理类[含行政管理+电子科学与技术(双学士学位培养项目)]	2	628	625	1166	2	
法学类[含法学+英语(双学士学位培养项目)]	2	628	628	960	2	
中国语言文学类	4	631	628	960	4	
外国语言文学类[含英语+法学(双学士学位培养项目)、英语+国际政治(双学士学位培养项目)]	8	626	623	1323	8	
历史学类	4	628	625	1166	4	
工商管理类	6	627	622	1408	6	

院校、专业组、专业名称	录取数	最高分	最低分	最低分位次	平行志愿	征求志愿
新闻传播学类	2	625	624	1243	2	
汉语国际教育	2	623	622	1408	2	
02专业组(不限)	**3**	**621**	**605**	**3348**	**3**	
护理学[含护理学+工商管理(双学士学位培养项目)]	3	621	605	3348	3	
03专业组(思想政治)	**3**	**626**	**623**	**1323**	**3**	
政治学类[含国际政治+英语(双学士学位培养项目)]	3	626	623	1323	3	
2602 济南大学	**16**				**15**	**1**
01专业组(不限)	**14**	**573**	**543**	**20329**	**13**	**1**
汉语言文学(师范)	2	573	558	14824	2	
日语	2	552	543	20329	1	1
特殊教育(师范)	2	555	549	18061	2	
新闻传播学类	2	557	553	16580	2	
公共管理类	2	554	547	18776	2	
旅游管理类	2	552	544	19954	2	
历史学(师范)	2	556	554	16226	2	
02专业组(思想政治)	**2**	**567**	**566**	**12208**	**2**	
思想政治教育(师范)	2	567	566	12208	2	
2603 北京交通大学(威海校区)	**3**				**3**	
01专业组(不限)(中外合作办学)	**3**	**585**	**581**	**8016**	**3**	
工商管理(中外合作办学)	3	585	581	8016	3	
2606 山东财经大学	**19**				**19**	
01专业组(不限)	**19**	**577**	**557**	**15175**	**19**	
经济学类	1	577	577	9084	1	
财政学类	1	566	566	12208	1	
精算学	1	559	559	14520	1	
经济与贸易类	1	565	565	12540	1	
公共管理类	2	560	559	14520	2	
法学	1	564	564	12849	1	
外国语言文学类	3	558	558	14824	3	
金融数学	1	564	564	12849	1	
汉语国际教育	1	560	560	14180	1	
金融学	2	562	561	13842	2	
会计学	1	577	577	9084	1	
国际经济发展合作	1	559	559	14520	1	
审计学	1	576	576	9337	1	
跨境电子商务	2	557	557	15175	2	
2608 山东工艺美术学院	**16**				**16**	
01专业组(不限)	**11**	**507**	**496**	**42222**	**11**	
艺术设计学	4	507	505	37764	4	
美术学	3	505	501	39763	3	
艺术史论	4	503	496	42222	4	
02专业组(不限)	**5**	**508**	**504**	**38237**	**5**	
文化产业管理	5	508	504	38237	5	
2609 山东交通学院	**4**				**4**	
01专业组(不限)	**4**	**528**	**526**	**27627**	**4**	
金融学	2	526	526	27627	2	
法学	2	528	526	27627	2	
2610 齐鲁工业大学	**20**				**20**	
01专业组(不限)	**20**	**542**	**528**	**26739**	**20**	
工商管理类	5	539	535	23712	5	
金融学	5	535	531	25378	5	
法学	5	542	537	22879	5	
日语	5	530	528	26739	5	
2611 山东理工大学	**1**				**1**	
01专业组(不限)	**1**	**539**	**539**	**22036**	**1**	
英语	1	539	539	22036	1	
2621 中国海洋大学	**19**				**19**	
01专业组(不限)	**17**	**616**	**604**	**3490**	**17**	
汉语言文学	2	613	612	2448	2	
新闻传播学类	2	612	611	2569	2	
法学	2	616	613	2330	2	
公共事业管理	2	610	607	3063	2	
工商管理	2	611	608	2929	2	
市场营销	2	606	604	3490	2	
朝鲜语	2	605	604	3490	2	
德语	2	607	605	3348	2	
英语	1	610	610	2671	1	
02专业组(思想政治)	**2**	**609**	**607**	**3063**	**2**	
政治学与行政学	2	609	607	3063	2	
2622 青岛理工大学	**13**				**13**	
01专业组(不限)	**13**	**551**	**542**	**20768**	**13**	
会计学	1	550	550	17664	1	
财务管理	1	546	546	19168	1	
市场营销	2	543	542	20768	2	
国际商务	1	543	543	20329	1	
国际经济与贸易	1	544	544	19954	1	
日语	2	542	542	20768	2	
英语	2	548	542	20768	2	
社会工作	2	542	542	20768	2	
网络与新媒体	1	551	551	17339	1	
2624 青岛大学	**7**				**7**	
01专业组(不限)	**7**	**565**	**554**	**16226**	**7**	
法学	1	565	565	12540	1	
英语	1	557	557	15175	1	
德语	1	555	555	15860	1	
朝鲜语	2	558	554	16226	2	
法语	2	557	554	16226	2	
2631 山东农业大学	**7**				**7**	
01专业组(不限)	**7**	**553**	**545**	**19572**	**7**	
农林经济管理	4	546	545	19572	4	
法学	3	553	547	18776	3	
2635 潍坊学院	**17**				**17**	
01专业组(不限)	**14**	**532**	**518**	**31466**	**14**	
英语(师范)	2	523	521	29997	2	

院校、专业组、专业名称	录取数	最高分	最低分	最低分位次	平行志愿	征求志愿
供应链管理	2	524	520	30453	2	
法学	2	528	524	28558	2	
行政管理	2	521	519	30949	2	
汉语言文学(师范)	2	530	530	25824	2	
应用心理学	2	522	518	31466	2	
广播电视学	2	532	519	30949	2	
02专业组(思想政治)	**3**	**530**	**526**	**27627**	**3**	
思想政治教育(师范)	3	530	526	27627	3	
2642 聊城大学	**7**				**7**	
01专业组(不限)	**7**	**546**	**538**	**22445**	**7**	
汉语言文学(师范)	4	546	541	21165	4	
英语(师范)	3	539	538	22445	3	
2643 青岛农业大学	**4**				**4**	
01专业组(不限)	**1**	**541**	**541**	**21165**	**1**	
知识产权	1	541	541	21165	1	
03专业组(化学或生物)	**3**	**540**	**532**	**24972**	**3**	
园艺	2	534	532	24972	2	
风景园林	1	540	540	21584	1	
2645 临沂大学	**8**				**8**	
01专业组(不限)	**8**	**541**	**533**	**24524**	**8**	
新闻学	4	534	533	24524	4	
英语(师范)	4	541	534	24116	4	
2650 滨州学院	**2**				**2**	
01专业组(不限)	**2**	**521**	**520**	**30453**	**2**	
财务管理	2	521	520	30453	2	
2651 烟台大学	**10**				**10**	
01专业组(不限)	**10**	**542**	**536**	**23287**	**10**	
新闻学	2	542	540	21584	2	
知识产权	2	542	539	22036	2	
英语	3	538	536	23287	3	
日语	3	537	536	23287	3	
2652 山东工商学院	**12**				**12**	
01专业组(不限)	**11**	**538**	**522**	**29523**	**11**	
投资学	1	538	538	22445	1	
法学	1	532	532	24972	1	
汉语言文学	2	526	525	28084	2	
信用风险管理与法律防控	1	526	526	27627	1	
公共管理类	1	526	526	27627	1	
经济学类	1	522	522	29523	1	
外国语言文学类	3	525	522	29523	3	
新闻传播学类	1	522	522	29523	1	
02专业组(思想政治)	**1**	**515**	**515**	**32915**	**1**	
政治学与行政学	1	515	515	32915	1	
2653 鲁东大学	**18**				**18**	
01专业组(不限)	**18**	**546**	**530**	**25824**	**18**	
传播学	4	540	531	25378	4	
法学	3	546	542	20768	3	
英语(师范)	5	540	533	24524	5	
日语	3	532	530	25824	3	

院校、专业组、专业名称	录取数	最高分	最低分	最低分位次	平行志愿	征求志愿
朝鲜语	3	535	530	25824	3	
2661 山东大学威海分校	**21**				**21**	
01专业组(不限)	**18**	**622**	**615**	**2114**	**18**	
工商管理类	5	621	616	2004	5	
汉语言文学	5	622	619	1702	5	
新闻学	3	619	618	1812	3	
外国语言文学类	5	618	615	2114	5	
02专业组(思想政治)	**3**	**624**	**622**	**1408**	**3**	
法学类	3	624	622	1408	3	
2662 哈尔滨工业大学(威海)	**15**				**15**	
01专业组(不限)	**15**	**618**	**614**	**2230**	**15**	
经济管理试验班	15	618	614	2230	15	
2669 菏泽学院	**4**				**4**	
01专业组(不限)	**3**	**523**	**520**	**30453**	**3**	
心理学(师范)	1	520	520	30453	1	
汉语言文学(师范)	2	523	520	30453	2	
02专业组(化学或生物)	**1**	**506**	**506**	**37291**	**1**	
园艺	1	506	506	37291	1	
2671 曲阜师范大学	**19**				**19**	
01专业组(不限)	**19**	**570**	**540**	**21584**	**19**	
新闻学	2	544	544	19954	2	
朝鲜语	3	549	541	21165	3	
商务英语	2	544	543	20329	2	
教育学(师范)	3	552	549	18061	3	
文化产业管理	3	542	541	21165	3	
法语	2	559	540	21584	2	
汉语言文学(师范)	4	570	560	14180	4	
2683 德州学院	**5**				**5**	
01专业组(不限)	**5**	**533**	**530**	**25824**	**5**	
汉语言文学(师范)	5	533	530	25824	5	
2691 山东第一医科大学	**11**				**11**	
01专业组(不限)	**11**	**532**	**516**	**32408**	**11**	
英语	6	529	518	31466	6	
公共事业管理	5	532	516	32408	5	
2701 山东女子学院	**9**				**9**	
01专业组(不限)	**9**	**512**	**506**	**37291**	**9**	
应用心理学	2	509	508	36369	2	
女性学	3	512	508	36369	3	
旅游管理	2	507	506	37291	2	
国际经济与贸易	2	507	506	37291	2	
2702 济宁学院	**5**				**5**	
01专业组(不限)	**5**	**516**	**510**	**35366**	**5**	
网络与新媒体	5	516	510	35366	5	
2710 齐鲁师范学院	**5**				**5**	
01专业组(不限)	**5**	**534**	**531**	**25378**	**5**	
英语(师范)	5	534	531	25378	5	
2711 山东师范大学	**16**				**16**	
01专业组(不限)	**13**	**593**	**564**	**12849**	**13**	
金融学类	2	564	564	12849	2	

院校、专业组、专业名称	录取数	最高分	最低分	最低分位次	平行志愿	征求志愿
法学	1	576	576	9337	1	
学前教育(师范)	1	570	570	11036	1	
中国语言文学类	1	593	593	5382	1	
新闻传播学类	1	574	574	9863	1	
历史学(师范)	4	587	571	10737	4	
哲学	1	576	576	9337	1	
公共管理类	2	567	564	12849	2	
02专业组(不限)(中外合作办学)	**2**	**527**	**526**	**27627**	**2**	
物流管理(中外合作办学)	2	527	526	27627	2	
03专业组(化学或地理)	**1**	**576**	**576**	**9337**	**1**	
地理科学类	1	576	576	9337	1	
2755 山东石油化工学院	**4**				**4**	
01专业组(不限)	**4**	**518**	**517**	**31922**	**4**	
汉语言文学	2	518	518	31466	2	
财务管理	2	518	517	31922	2	
3101 北京大学	**28**				**28**	
03专业组(不限)	**28**	**677**	**663**	**前100名**	**28**	
中国语言文学类	3	669	664	前100名	3	
考古学	1	664	664	前100名	1	
历史学类	1	667	667	前100名	1	
哲学类	1	666	666	前100名	1	
社会学类	2	669	668	前100名	2	
法学	3	676	673	前100名	3	
信息管理与信息系统	1	665	665	前100名	1	
新闻传播学类	2	666	663	前100名	2	
经济学类	4	670	665	前100名	4	
工商管理类	3	677	670	前100名	3	
公共管理类	2	667	667	前100名	2	
人文科学试验班	2	664	663	前100名	2	
城乡规划	2	663	663	前100名	2	
英语	1	664	664	前100名	1	
3102 中国人民大学	**29**				**29**	
02专业组(不限)	**27**	**668**	**652**	**117**	**27**	
人文科学试验班	3	659	652	117	3	
社会科学试验班(资源与环境经济学、行政管理、农林经济管理、农村区域发展、城市管理、土地资源管理、信息资源管理、档案学)(管理学科类)	2	657	654	前100名	2	
经济学类(含经济学、国民经济管理、能源经济、数字经济等5个专业)	5	660	658	前100名	5	
新闻传播学类(新闻学、广播电视学、广告学、传播学、国际新闻与传播)	2	657	656	前100名	2	
工商管理类(含工商管理、财务管理、会计学、市场营销等6个专业)	3	657	656	前100名	3	

院校、专业组、专业名称	录取数	最高分	最低分	最低分位次	平行志愿	征求志愿
金融学类(金融学、金融工程、保险学、信用管理)	2	668	657	前100名	2	
财政学类(财政学、税收学)	1	659	659	前100名	1	
法学	4	666	662	前100名	4	
社会学类(社会学、社会工作)	2	652	652	117	2	
人力资源管理	1	652	652	117	1	
新闻传播学类(新闻学、广播电视学、广告学、传播学、国际新闻与传播)(国际新闻全英文主辅修实验班)	1	656	656	前100名	1	
社会学类[(社会学+历史学双学士学位培养项目)/(经济学+社会学双学士学位培养项目)]	1	653	653	105	1	
03专业组(思想政治)	**2**	**656**	**650**	**144**	**2**	
国际政治	2	656	650	144	2	
3103 清华大学	**3**				**3**	
01专业组(不限)	**3**	**702**	**673**	**前100名**	**3**	
文科试验班类(经济、金融与管理)	3	702	673	前100名	3	
3104 北京师范大学	**16**				**16**	
02专业组(不限)	**14**	**638**	**632**	**741**	**14**	
哲学	2	634	633	688	2	
工商管理(数字企业管理实验班)	2	634	632	741	2	
会计学	2	637	635	587	2	
汉语言文学	2	638	636	539	2	
传播学	2	634	634	631	2	
教育学类(教育学、学前教育、特殊教育、教育技术学)	2	634	633	688	2	
历史学类(历史学、考古学)	2	635	635	587	2	
03专业组(不限)	**2**	**626**	**625**	**1166**	**2**	
戏剧影视文学	2	626	625	1166	2	
3105 北京交通大学	**9**				**9**	
01专业组(不限)	**9**	**614**	**607**	**3063**	**9**	
建筑类(建筑与规划)	2	612	607	3063	2	
法学	7	614	607	3063	7	
3106 北京航空航天大学	**6**				**6**	
01专业组(不限)	**6**	**632**	**629**	**900**	**6**	
社会科学试验班	6	632	629	900	6	
3107 北京理工大学	**12**				**12**	
01专业组(不限)	**12**	**627**	**623**	**1323**	**12**	
社会科学试验班	12	627	623	1323	12	
3108 北京科技大学	**15**				**15**	
01专业组(不限)	**15**	**606**	**597**	**4598**	**15**	
工商管理类(数智经济与管理试验班)	2	601	600	4092	2	

院校、专业组、专业名称	录取数	最高分	最低分	最低分位次	平行志愿	征求志愿
社会科学试验班	7	606	600	4092	7	
外国语言文学类	6	599	597	4598	6	
3109 北京化工大学	**12**				**12**	
01专业组(不限)	**12**	**601**	**586**	**6865**	**12**	
法学	1	601	601	3941	1	
工商管理类(新文科经管法)	8	590	586	6865	8	
英语	3	588	586	6865	3	
3110 中国农业大学	**14**				**14**	
01专业组(不限)(中外合作办学)	**7**	**613**	**596**	**4803**	**7**	
国际经济与贸易(中外合作办学)	2	613	601	3941	2	
传播学(中外合作办学)	3	599	596	4803	3	
农林经济管理(中外合作办学)(农业商务)	2	611	602	3787	2	
02专业组(不限)	**7**	**629**	**621**	**1508**	**7**	
经济学类	2	621	621	1508	2	
法学	1	624	624	1243	1	
社会学类	2	629	622	1408	2	
农村区域发展	1	622	622	1408	1	
工商管理类	1	622	622	1408	1	
3112 中国政法大学	**42**				**42**	
01专业组(不限)	**38**	**661**	**625**	**1166**	**38**	
哲学	2	635	625	1166	2	
法学	16	643	638	473	16	
法学(法学人才培养模式改革实验班)	5	661	645	244	5	
法学(涉外法治人才培养实验班)	3	650	644	267	3	
社会学	1	625	625	1166	1	
汉语言文学	2	637	636	539	2	
翻译(法律翻译实验班)	2	637	637	505	2	
德语(法律德语实验班)	2	636	628	960	2	
应用心理学	1	633	633	688	1	
工商管理	2	635	634	631	2	
公共事业管理	2	625	625	1166	2	
02专业组(思想政治)	**4**	**625**	**624**	**1243**	**4**	
思想政治教育	1	625	625	1166	1	
国际政治	2	624	624	1243	2	
政治学与行政学	1	625	625	1166	1	
3114 北京林业大学	**25**				**25**	
01专业组(不限)	**25**	**615**	**587**	**6629**	**25**	
食品科学与工程	2	590	587	6629	2	
风景园林	2	603	596	4803	2	
园林	1	590	590	5998	1	
城乡规划	1	595	595	5035	1	
金融学	3	597	592	5588	3	
统计学	1	596	596	4803	1	
电子商务	2	590	588	6432	2	

院校、专业组、专业名称	录取数	最高分	最低分	最低分位次	平行志愿	征求志愿
工商管理类(会计学、工商管理、市场营销、人力资源管理、物业管理)	3	592	589	6200	3	
农林经济管理	1	599	599	4245	1	
法学	2	595	594	5199	2	
应用心理学	2	600	589	6200	2	
商务英语	2	592	589	6200	2	
日语	2	590	587	6629	2	
风景园林(梁希实验班)	1	615	615	2114	1	
3115 北京大学医学部	**3**				**3**	
01专业组(不限)	**3**	**653**	**652**	**117**	**3**	
英语(医学英语)	3	653	652	117	3	
3116 北京外国语大学	**22**				**22**	
02专业组(不限)	**19**	**634**	**616**	**2004**	**19**	
国际经济与贸易	2	626	621	1508	2	
法学	2	623	620	1605	2	
汉语言文学	1	620	620	1605	1	
英语	2	620	620	1605	2	
英语(中国政法大学联合培养涉外法治人才)	2	634	630	842	2	
英语(国别与区域研究)	1	620	620	1605	1	
德语	1	623	623	1323	1	
西班牙语	3	621	617	1907	3	
翻译(外交外事高级翻译)	1	628	628	960	1	
新闻学	1	617	617	1907	1	
传播学	1	618	618	1812	1	
工商管理类(含工商管理、会计学、财务管理、国际商务等专业)	2	617	616	2004	2	
03专业组(思想政治)	**3**	**628**	**622**	**1408**	**3**	
外交学	2	628	623	1323	2	
国际组织与全球治理	1	622	622	1408	1	
3117 北京语言大学	**10**				**10**	
02专业组(不限)	**9**	**596**	**585**	**7094**	**9**	
金融学	1	589	589	6200	1	
国际经济与贸易	1	585	585	7094	1	
汉语言文学	2	596	591	5805	2	
汉语国际教育	1	589	589	6200	1	
外国语言文学类[英语、英语(英西复语)、商务英语]	2	595	587	6629	2	
翻译(英语)	1	587	587	6629	1	
新闻学(国际新闻传播)	1	587	587	6629	1	
03专业组(思想政治)	**1**	**585**	**585**	**7094**	**1**	
国际事务与国际关系	1	585	585	7094	1	
3118 中国石油大学(北京)	**5**				**5**	
01专业组(不限)	**3**	**593**	**591**	**5805**	**3**	
英语	3	593	591	5805	3	
02专业组(思想政治)	**2**	**597**	**596**	**4803**	**2**	
思想政治教育	2	597	596	4803	2	

院校、专业组、专业名称	录取数	最高分	最低分	最低分位次	平行志愿	征求志愿
3119 对外经济贸易大学	**27**				**27**	
02专业组(不限)	**27**	**635**	**624**	**1243**	**27**	
金融学类[金融学、金融学(国际金融与市场)、经济与金融、投资学、保险学+数据科学与大数据技术(双学士学位复合型人才培养项目)]	4	635	628	960	4	
经济学类	5	628	624	1243	5	
国际经济与贸易[国际经济与贸易+法学(双学士学位复合型人才培养项目)]	2	631	630	842	2	
工商管理类[会计学、财务管理、人力资源管理、市场营销、工商管理(全球管理实验班)]	7	628	624	1243	7	
法学类[法学、法学+数据科学与大数据技术(双学士学位复合型人才培养项目)、法学(涉外型卓越经贸法律人才实验班)]	5	633	628	960	5	
公共管理类(含海关管理、行政管理、公共事业管理等专业)	2	624	624	1243	2	
经济统计学	2	628	624	1243	2	
3120 中央财经大学	**24**				**24**	
01专业组(不限)	**24**	**636**	**621**	**1508**	**24**	
财政学类(含财政学等5个专业方向)	4	631	623	1323	4	
工商管理类(会计学、财务管理)	3	636	629	900	3	
经济学类(经济学、国民经济管理)	3	628	624	1243	3	
工商管理类(含工商管理等4个专业)	3	623	621	1508	3	
公共管理类(行政管理、公共事业管理、城市管理)	2	622	621	1508	2	
法学(卓越法治人才教育培养计划)	3	626	622	1408	3	
社会学类[社会学(经济社会学)、社会工作(金融领域)]	2	625	623	1323	2	
文化产业管理	2	622	621	1508	2	
财政学(财政理论与政策)	2	623	622	1408	2	
3121 北京中医药大学	**4**				**4**	
01专业组(不限)	**4**	**593**	**589**	**6200**	**4**	
公共管理类(含公共事业管理等2个专业)	1	591	591	5805	1	
法学(医药卫生)	1	593	593	5382	1	
英语(医学)	1	590	590	5998	1	
英语(中医药国际传播)	1	589	589	6200	1	

院校、专业组、专业名称	录取数	最高分	最低分	最低分位次	平行志愿	征求志愿
3122 中国矿业大学(北京)	**6**				**6**	
01专业组(不限)	**6**	**587**	**585**	**7094**	**6**	
英语	3	586	585	7094	3	
行政管理	3	587	586	6865	3	
3123 中国传媒大学	**17**				**17**	
02专业组(不限)	**13**	**627**	**615**	**2114**	**13**	
国际新闻与传播	3	619	616	2004	3	
网络与新媒体	2	620	620	1605	2	
数字出版	2	616	616	2004	2	
新闻学	2	627	621	1508	2	
翻译	2	616	615	2114	2	
汉语言文学	2	621	618	1812	2	
03专业组(不限)(中外合作办学)	**4**	**620**	**613**	**2330**	**4**	
传播学(中外合作办学)	4	620	613	2330	4	
3127 北京体育大学	**17**				**17**	
01专业组(不限)	**13**	**587**	**581**	**8016**	**13**	
经济学	1	583	583	7542	1	
教育学	1	581	581	8016	1	
汉语国际教育	1	587	587	6629	1	
英语	1	581	581	8016	1	
新闻学	2	586	584	7316	2	
网络与新媒体	1	586	586	6865	1	
体育经济与管理	1	585	585	7094	1	
公共事业管理	1	581	581	8016	1	
旅游管理	1	584	584	7316	1	
俄语	1	583	583	7542	1	
德语	1	582	582	7784	1	
法语	1	582	582	7784	1	
02专业组(不限)(中外合作办学)	**2**	**561**	**540**	**21584**	**2**	
休闲体育(中外合作办学)	1	561	561	13842	1	
旅游管理(中外合作办学)	1	540	540	21584	1	
03专业组(不限)	**1**	**590**	**590**	**5998**	**1**	
汉语言文学	1	590	590	5998	1	
04专业组(思想政治)	**1**	**589**	**589**	**6200**	**1**	
马克思主义理论	1	589	589	6200	1	
3128 华北电力大学(北京)	**7**				**7**	
01专业组(不限)	**7**	**601**	**589**	**6200**	**7**	
法学	2	601	601	3941	2	
公共管理类	1	593	593	5382	1	
网络与新媒体	2	592	589	6200	2	
外国语言文学类	2	593	589	6200	2	
3129 中央民族大学	**30**				**30**	
01专业组(不限)	**30**	**622**	**610**	**2671**	**30**	
哲学类(哲学、宗教学)	2	615	613	2330	2	
经济学类(含经济学等5个专业)	2	617	616	2004	2	
法学类	2	619	615	2114	2	

2023年普通类（历史等科目类）本科院校

院校、专业组、专业名称	录取数	最高分	最低分	最低分位次	平行志愿	征求志愿
社会学类(社会学、社会工作)	2	622	614	2230	2	
历史学类(考古学、文物与博物馆学)	2	621	613	2330	2	
历史学	2	620	613	2330	2	
教育学	2	612	610	2671	2	
汉语言文学(教育学+汉语言文学)(双学士学位复合型人才培养项目)	2	615	614	2230	2	
汉语言文学	3	617	613	2330	3	
汉语国际教育	3	612	611	2569	3	
新闻传播学类(含新闻学等3个专业)	2	615	612	2448	2	
公共管理类(行政管理、公共事业管理)	2	611	611	2569	2	
外国语言文学类(英语、翻译)	2	613	612	2448	2	
日语	2	611	610	2671	2	
3132 北京第二外国语学院	9				9	
01专业组(不限)	9	590	571	10737	9	
英语(人文交流)	1	576	576	9337	1	
商务英语(国际商业管理)	1	580	580	8256	1	
日语(漫画文创)	1	581	581	8016	1	
法语(经贸合作)	1	583	583	7542	1	
西班牙语	1	573	573	10153	1	
土耳其语	1	571	571	10737	1	
翻译(中英阿复语)	1	590	590	5998	1	
汉语言文学(多语复合)	2	579	576	9337	2	
3133 首都师范大学	12				12	
01专业组(不限)	12	590	579	8530	12	
世界史(外语双学士学位项目)	2	590	589	6200	2	
英语	2	589	586	6865	2	
俄语	2	582	581	8016	2	
德语	2	587	580	8256	2	
法语	2	580	579	8530	2	
西班牙语	2	589	585	7094	2	
3136 北京物资学院	2				2	
01专业组(不限)	2	566	542	20768	2	
经济学	1	542	542	20768	1	
物流管理	1	566	566	12208	1	
3139 北京印刷学院	1				1	
01专业组(不限)	1	559	559	14520	1	
新闻学	1	559	559	14520	1	
3142 北京工商大学	10				10	
01专业组(不限)	10	579	553	16580	10	
工商管理	5	579	558	14824	5	
商务英语	5	561	553	16580	5	
3144 北京联合大学	3				3	
01专业组(不限)	3	546	545	19572	3	
国际经济与贸易	1	545	545	19572	1	
会计学	2	546	546	19168	2	
3148 北京电影学院	2				2	
01专业组(不限)	2	605	598	4403	2	
文化产业管理	2	605	598	4403	2	
3153 华北科技学院	27				26	1
01专业组(不限)	27	536	509	35866	26	1
会计学	3	536	519	30949	3	
国际经济与贸易	4	514	510	35366	4	
工商管理	7	515	509	35866	7	
法学	1	536	536	23287	1	
新闻学	6	524	509	35866	6	
秘书学	2	517	517	31922	1	1
英语	4	522	509	35866	4	
3154 首都经济贸易大学	5				5	
01专业组(不限)	5	592	584	7316	5	
工商管理类	2	592	585	7094	2	
经济学	1	585	585	7094	1	
外国语言文学类	2	585	584	7316	2	
3169 中国劳动关系学院	15				15	
01专业组(不限)	15	548	539	22036	15	
劳动教育	1	540	540	21584	1	
工商管理	1	541	541	21165	1	
法学	2	548	548	18396	2	
财务管理	1	547	547	18776	1	
劳动经济学	1	541	541	21165	1	
劳动与社会保障	2	541	540	21584	2	
汉语言文学	2	547	543	20329	2	
戏剧影视文学	3	540	539	22036	3	
酒店管理	2	539	539	22036	2	
3201 南开大学	31				31	
02专业组(不限)	31	638	633	688	31	
历史学类(含历史学等3个专业)	4	634	633	688	4	
法学	5	638	634	631	5	
经济学类(含经济学等5个专业)	16	638	633	688	16	
中国语言文学类(含汉语言文学等4个专业)	4	636	635	587	4	
工商管理类(含工商管理等11个专业)	2	634	633	688	2	
3204 天津师范大学	34				34	
02专业组(不限)	26	603	559	14520	26	
汉语言文学(师范)	8	603	570	11036	8	
汉语国际教育(师范)	1	568	568	11596	1	
广告学	1	564	564	12849	1	
历史学(师范)	4	569	564	12849	4	
世界史	2	563	562	13511	2	

院校、专业组、专业名称	录取数	最高分	最低分	最低分位次	平行志愿	征求志愿
文物与博物馆学	1	559	559	14520	1	
学前教育(师范)	2	562	559	14520	2	
社会工作	1	559	559	14520	1	
行政管理	1	569	569	11294	1	
法学	1	573	573	10153	1	
英语(师范)	2	586	569	11294	2	
法语	1	563	563	13156	1	
档案学	1	561	561	13842	1	
03专业组(化学或地理)	**2**	**576**	**575**	**9602**	**2**	
地理科学(师范)	2	576	575	9602	2	
04专业组(思想政治)	**6**	**579**	**572**	**10433**	**6**	
思想政治教育(师范)	3	579	574	9863	3	
政治学与行政学	3	575	572	10433	3	
3205 中国民航大学	**10**				**10**	
01专业组(不限)	**9**	**573**	**556**	**15509**	**9**	
法学	1	573	573	10153	1	
英语	4	559	556	15509	4	
应用心理学	1	557	557	15175	1	
航空安防管理	3	561	556	15509	3	
02专业组(思想政治)	**1**	**571**	**571**	**10737**	**1**	
思想政治教育	1	571	571	10737	1	
3206 天津工业大学	**4**				**4**	
01专业组(不限)	**4**	**577**	**574**	**9863**	**4**	
金融学	2	576	574	9863	2	
会计学	2	577	577	9084	2	
3207 天津商业大学	**13**				**13**	
01专业组(不限)	**13**	**547**	**543**	**20329**	**13**	
工商管理类	3	545	543	20329	3	
财务管理	4	546	545	19572	4	
法学	3	547	546	19168	3	
英语	3	545	543	20329	3	
3208 天津科技大学	**20**				**20**	
01专业组(不限)	**14**	**549**	**543**	**20329**	**14**	
物流管理	1	546	546	19168	1	
国际经济与贸易	2	546	545	19572	2	
财务管理	1	546	546	19168	1	
法学类	2	549	548	18396	2	
汉语国际教育	3	544	543	20329	3	
英语	2	543	543	20329	2	
翻译	2	544	543	20329	2	
金融工程	1	544	544	19954	1	
02专业组(化学或生物)	**6**	**549**	**538**	**22445**	**6**	
食品科学与工程	3	549	538	22445	3	
食品质量与安全	2	540	538	22445	2	
食品营养与健康	1	545	545	19572	1	
3209 天津财经大学	**16**				**16**	
01专业组(不限)	**16**	**577**	**560**	**14180**	**16**	
财政学类	3	576	562	13511	3	
金融学类	2	562	561	13842	2	

院校、专业组、专业名称	录取数	最高分	最低分	最低分位次	平行志愿	征求志愿
国际经济与贸易	2	561	561	13842	2	
法学	2	570	566	12208	2	
商务英语	2	560	560	14180	2	
工商管理类	2	565	563	13156	2	
会计学	1	577	577	9084	1	
审计学	1	570	570	11036	1	
公共管理类	1	562	562	13511	1	
3211 天津外国语大学	**25**				**25**	
01专业组(不限)	**20**	**569**	**548**	**18396**	**20**	
外国语言文学类	4	558	549	18061	4	
日语	3	569	551	17339	3	
德语	1	562	562	13511	1	
法语	1	552	552	16960	1	
西班牙语	1	567	567	11916	1	
意大利语	1	549	549	18061	1	
葡萄牙语	1	548	548	18396	1	
汉语国际教育	1	554	554	16226	1	
国际经济与贸易	1	552	552	16960	1	
金融学	1	552	552	16960	1	
经济学	1	549	549	18061	1	
工商管理类	3	552	550	17664	3	
汉语言文学	1	557	557	15175	1	
02专业组(不限)	**2**	**551**	**545**	**19572**	**2**	
希腊语	1	551	551	17339	1	
白俄罗斯语	1	545	545	19572	1	
03专业组(思想政治)	**3**	**555**	**553**	**16580**	**3**	
法学	1	555	555	15860	1	
国际政治	1	554	554	16226	1	
国际组织与全球治理	1	553	553	16580	1	
3212 天津中医药大学	**6**				**6**	
01专业组(不限)	**3**	**571**	**556**	**15509**	**3**	
护理学类	1	571	571	10737	1	
传播学	2	557	556	15509	2	
03专业组(化学或生物)	**3**	**583**	**579**	**8530**	**3**	
中医学(5+3一体化)	1	583	583	7542	1	
中医学类	2	581	579	8530	2	
3213 天津农学院	**10**				**10**	
01专业组(不限)	**10**	**515**	**509**	**35866**	**10**	
会计学	1	512	512	34383	1	
农林经济管理	2	515	509	35866	2	
公共事业管理	1	509	509	35866	1	
人力资源管理	2	513	510	35366	2	
旅游管理	2	511	511	34880	2	
酒店管理	2	513	509	35866	2	
3217 天津体育学院	**7**				**7**	
01专业组(不限)	**7**	**514**	**508**	**36369**	**7**	
公共事业管理	2	510	508	36369	2	
新闻学	2	509	509	35866	2	
市场营销	1	509	509	35866	1	

2023年普通类(历史等科目类)本科院校

院校、专业组、专业名称	录取数	最高分	最低分	最低分位次	平行志愿	征求志愿
应用心理学	2	514	511	34880	2	
3218 天津职业技术师范大学	5				5	
01专业组(不限)	5	529	522	29523	5	
学前教育(师范)	2	523	522	29523	2	
金融学	1	523	523	29036	1	
人力资源管理	1	525	525	28084	1	
财务会计教育(师范)	1	529	529	26285	1	
3301 石家庄铁道大学	2				2	
01专业组(不限)	2	535	533	24524	2	
建筑学	1	533	533	24524	1	
工商管理类	1	535	535	23712	1	
3302 河北科技师范学院	10				10	
01专业组(不限)	10	533	521	29997	10	
法学	5	528	522	29523	5	
汉语言文学(师范)	5	533	521	29997	5	
3305 河北地质大学	16				16	
01专业组(不限)	16	536	521	29997	16	
经济学类	3	525	522	29523	3	
工商管理类	3	536	526	27627	3	
英语	2	522	521	29997	2	
法语	3	526	522	29523	3	
汉语国际教育	3	524	522	29523	3	
公共管理类	2	524	522	29523	2	
3307 河北工业大学	6				6	
01专业组(不限)	6	587	585	7094	6	
法学	2	587	587	6629	2	
汉语国际教育	2	586	585	7094	2	
英语	2	586	585	7094	2	
3310 河北经贸大学	34				34	
01专业组(不限)	29	547	532	24972	29	
经济学	3	543	542	20768	3	
贸易经济	3	534	533	24524	3	
金融学	4	540	535	23712	4	
土地资源管理	2	537	532	24972	2	
法学	2	547	547	18776	2	
汉语言文学	4	544	542	20768	4	
英语	4	547	538	22445	4	
旅游管理	3	540	536	23287	3	
市场营销	4	540	533	24524	4	
02专业组(不限)	5	532	526	27627	5	
会计学[本科学术互认课程(ISEC)项目]	5	532	526	27627	5	
3311 华北电力大学(保定)	9				9	
01专业组(不限)	9	587	580	8256	9	
法学	2	587	586	6865	2	
社会工作	2	583	581	8016	2	
行政管理	2	585	584	7316	2	
外国语言文学类	3	583	580	8256	3	
3312 河北大学	13				13	
01专业组(不限)	10	565	548	18396	10	
中国语言文学类	2	558	558	14824	2	
历史学类	2	565	564	12849	2	
保险学	3	558	548	18396	3	
英语	3	554	548	18396	3	
02专业组(思想政治)	3	573	568	11596	3	
法学	3	573	568	11596	3	
3314 河北师范大学	10				10	
01专业组(不限)	8	550	535	23712	8	
家政学	2	546	536	23287	2	
国际经济与贸易	2	543	537	22879	2	
历史学(师范)	2	550	546	19168	2	
英语(师范)	2	537	535	23712	2	
02专业组(思想政治或地理)	2	577	574	9863	2	
汉语言文学(师范)	2	577	574	9863	2	
3315 河北金融学院	15				15	
01专业组(不限)	15	522	513	33879	15	
会计学	5	522	518	31466	5	
税收学	5	516	513	33879	5	
知识产权	3	513	513	33879	3	
金融数学	2	518	513	33879	2	
3318 防灾科技学院	12				12	
01专业组(不限)	12	538	511	34880	12	
会计学	2	523	521	29997	2	
工商管理	2	517	515	32915	2	
广告学	2	514	511	34880	2	
汉语言文学	2	538	530	25824	2	
网络与新媒体	2	519	517	31922	2	
英语	2	514	514	33398	2	
3320 河北环境工程学院	10				10	
01专业组(不限)	8	507	501	39763	8	
物流管理	2	507	505	37764	2	
市场营销	3	505	502	39270	3	
旅游管理与服务教育	3	502	501	39763	3	
02专业组(思想政治)	2	508	505	37764	2	
新闻学	2	508	505	37764	2	
3321 燕山大学	10				10	
01专业组(不限)	10	560	548	18396	10	
经济与金融	2	551	551	17339	2	
法学	4	560	552	16960	4	
工商管理类	2	551	549	18061	2	
公共管理类	2	548	548	18396	2	
3322 东北大学秦皇岛分校	6				6	
01专业组(不限)	6	604	597	4598	6	
经济学类	1	604	604	3490	1	
外国语言文学类	2	598	597	4598	2	
工商管理类	3	603	598	4403	3	
3332 华北理工大学	17				17	
01专业组(不限)	7	597	540	21584	7	

院校、专业组、专业名称	录取数	最高分	最低分	最低分位次	平行志愿	征求志愿
法学	3	597	542	20768	3	
金融学	4	542	540	21584	4	
02专业组(化学)	**3**	**499**	**477**	**51747**	**3**	
卫生检验与检疫	3	499	477	51747	3	
03专业组(化学或生物)	**7**	**556**	**546**	**19168**	**7**	
中医学	4	556	548	18396	4	
中西医临床医学	3	550	546	19168	3	
3333 衡水学院	**8**				**8**	
01专业组(不限)	**6**	**508**	**501**	**39763**	**6**	
翻译	2	502	501	39763	2	
应用心理学	2	506	502	39270	2	
园林	2	508	503	38765	2	
02专业组(思想政治)	**2**	**511**	**510**	**35366**	**2**	
政治学与行政学	2	511	510	35366	2	
3341 北华航天工业学院	**11**				**11**	
01专业组(不限)	**11**	**513**	**508**	**36369**	**11**	
经济学	1	510	510	35366	1	
国际经济与贸易	1	509	509	35866	1	
社会工作	1	510	510	35366	1	
英语	1	510	510	35366	1	
会计学	2	511	511	34880	2	
财务管理	1	513	513	33879	1	
人力资源管理	1	509	509	35866	1	
物流管理	2	510	508	36369	2	
电子商务	1	512	512	34383	1	
3344 邯郸学院	**9**				**9**	
01专业组(不限)	**9**	**507**	**501**	**39763**	**9**	
经济与金融	9	507	501	39763	9	
3350 张家口学院	**3**				**3**	
01专业组(不限)	**3**	**513**	**509**	**35866**	**3**	
学前教育(师范)	1	513	513	33879	1	
英语(师范)	1	509	509	35866	1	
翻译	1	509	509	35866	1	
3362 邢台学院	**6**				**6**	
01专业组(不限)	**6**	**507**	**503**	**38765**	**6**	
市场营销	3	507	503	38765	3	
财务管理	3	507	504	38237	3	
3365 沧州师范学院	**10**				**10**	
01专业组(不限)	**10**	**517**	**508**	**36369**	**10**	
汉语言文学(师范)	2	515	514	33398	2	
英语(师范)	1	508	508	36369	1	
历史学(师范)	2	517	512	34383	2	
电子商务	2	510	509	35866	2	
网络与新媒体	1	513	513	33879	1	
广告学	2	510	508	36369	2	
3401 山西大学	**8**				**7**	**1**
01专业组(不限)	**6**	**594**	**580**	**8256**	**5**	**1**
汉语言文学	3	594	580	8256	2	1
历史学	1	581	581	8016	1	
哲学类	1	585	585	7094	1	
法学	1	584	584	7316	1	
02专业组(思想政治)	**2**	**578**	**571**	**10737**	**2**	
政治学类	2	578	571	10737	2	
3402 中北大学	**3**				**3**	
01专业组(不限)	**3**	**544**	**536**	**23287**	**3**	
英语	3	544	536	23287	3	
3403 山西财经大学	**24**				**24**	
01专业组(不限)	**21**	**552**	**538**	**22445**	**21**	
经济学	3	550	543	20329	3	
能源经济	1	541	541	21165	1	
贸易经济	1	542	542	20768	1	
财政学	1	546	546	19168	1	
金融学	2	549	543	20329	2	
法学	1	546	546	19168	1	
商务英语	2	544	540	21584	2	
市场营销	1	539	539	22036	1	
会计学	2	552	551	17339	2	
劳动与社会保障	1	541	541	21165	1	
人力资源管理	2	538	538	22445	2	
行政管理	1	541	541	21165	1	
文化产业管理	2	540	538	22445	2	
网络与新媒体	1	541	541	21165	1	
02专业组(不限)(中外合作办学)	**3**	**546**	**538**	**22445**	**3**	
金融学(中外合作办学)	2	538	538	22445	2	
会计学(中外合作办学)	1	546	546	19168	1	
3404 太原科技大学	**6**				**6**	
01专业组(不限)	**6**	**534**	**530**	**25824**	**6**	
经济学	2	531	530	25824	2	
法学	2	534	532	24972	2	
社会工作	2	530	530	25824	2	
3405 太原理工大学	**1**				**1**	
01专业组(不限)	**1**	**583**	**583**	**7542**	**1**	
英语	1	583	583	7542	1	
3406 太原工业学院	**8**				**8**	
01专业组(不限)	**8**	**510**	**503**	**38765**	**8**	
经济学	2	510	509	35866	2	
国际经济与贸易	2	505	505	37764	2	
工商管理	2	509	505	37764	2	
跨境电子商务	2	504	503	38765	2	
3408 山西中医药大学	**5**				**5**	
01专业组(不限)	**4**	**558**	**550**	**17664**	**4**	
中医学	1	558	558	14824	1	
针灸推拿学	1	556	556	15509	1	
护理学	2	552	550	17664	2	
03专业组(化学或生物)	**1**	**556**	**556**	**15509**	**1**	
中西医临床医学	1	556	556	15509	1	
3410 山西农业大学	**14**				**14**	

院校、专业组、专业名称	录取数	最高分	最低分	最低分位次	平行志愿	征求志愿
01专业组(不限)	10	526	514	33398	10	
农林经济管理	2	525	522	29523	2	
物流管理	2	517	514	33398	2	
市场营销	2	526	520	30453	2	
行政管理	2	525	516	32408	2	
公共事业管理	2	523	519	30949	2	
02专业组(化学)	2	501	476	52278	2	
园艺	2	501	476	52278	2	
03专业组(生物或地理)	2	527	525	28084	2	
城乡规划	1	527	527	27183	1	
风景园林	1	525	525	28084	1	
3412 山西传媒学院	14				14	
01专业组(不限)	14	508	502	39270	14	
广告学	5	504	502	39270	5	
广播电视学	3	505	502	39270	3	
新闻学	3	505	504	38237	3	
汉语言文学	3	508	507	36850	3	
3415 山西师范大学	11				11	
01专业组(不限)	8	541	536	23287	8	
经济学	1	537	537	22879	1	
法学	1	541	541	21165	1	
社会学	1	538	538	22445	1	
学前教育(师范)	1	539	539	22036	1	
编辑出版学	1	541	541	21165	1	
心理学(师范)	1	537	537	22879	1	
财务管理	1	536	536	23287	1	
旅游管理	1	536	536	23287	1	
02专业组(化学或地理)	2	538	537	22879	2	
人文地理与城乡规划	1	538	538	22445	1	
地理信息科学	1	537	537	22879	1	
03专业组(思想政治)	1	560	560	14180	1	
思想政治教育(师范)	1	560	560	14180	1	
3416 太原师范学院	26				25	1
01专业组(不限)	17	539	523	29036	16	1
学前教育(师范)	3	539	523	29036	2	1
小学教育(师范)	3	525	524	28558	3	
汉语言文学(师范)	5	533	528	26739	5	
历史学(师范)	4	531	524	28558	4	
英语(师范)	2	530	528	26739	2	
02专业组(化学或地理)	3	527	521	29997	3	
自然地理与资源环境	3	527	521	29997	3	
03专业组(思想政治)	6	532	520	30453	6	
政治学与行政学	3	521	520	30453	3	
思想政治教育(师范)	3	532	523	29036	3	
3417 山西大同大学	15				15	
01专业组(思想政治)	15	525	518	31466	15	
法学	10	524	519	30949	10	
思想政治教育(师范)	5	525	518	31466	5	
3418 运城学院	14				14	

院校、专业组、专业名称	录取数	最高分	最低分	最低分位次	平行志愿	征求志愿
01专业组(不限)	9	521	513	33879	9	
小学教育(师范)	4	514	513	33879	4	
法学	5	521	515	32915	5	
02专业组(思想政治)	5	515	512	34383	5	
思想政治教育(师范)	5	515	512	34383	5	
3429 山西工程科技职业大学	2				2	
01专业组(不限)	2	508	506	37291	2	
大数据与会计	2	508	506	37291	2	
3431 吕梁学院	12				12	
01专业组(不限)	10	517	504	38237	10	
应用心理学	3	507	504	38237	3	
建筑学	2	506	506	37291	2	
会计学	2	508	507	36850	2	
食品质量与安全	1	517	517	31922	1	
园林	2	506	505	37764	2	
02专业组(思想政治)	2	516	516	32408	2	
思想政治教育(师范)	2	516	516	32408	2	
3432 晋中学院	9				9	
01专业组(不限)	9	504	500	40237	9	
新闻学	3	504	503	38765	3	
旅游管理	3	502	500	40237	3	
会展经济与管理	3	503	501	39763	3	
3433 山西工程技术学院	4				4	
01专业组(不限)	4	507	504	38237	4	
财务管理	2	507	504	38237	2	
投资学	2	504	504	38237	2	
3506 内蒙古民族大学	2				2	
01专业组(思想政治)	2	527	503	38765	2	
新闻学	2	527	503	38765	2	
3507 内蒙古财经大学	2				2	
01专业组(不限)	2	508	506	37291	2	
劳动与社会保障	2	508	506	37291	2	
3511 内蒙古科技大学	4				4	
01专业组(不限)	3	516	513	33879	3	
金融学	2	515	513	33879	2	
汉语言文学	1	516	516	32408	1	
02专业组(思想政治)	1	513	513	33879	1	
思想政治教育	1	513	513	33879	1	
4101 东北大学	9				9	
01专业组(不限)	9	610	599	4245	9	
公共管理类(含公共事业管理、行政管理等5个专业)	3	610	608	2929	3	
外国语言文学类(英语、日语、俄语、德语)	6	600	599	4245	6	
4102 辽宁大学	13				13	
01专业组(不限)	5	600	584	7316	5	
广告学	1	584	584	7316	1	
金融学类	1	584	584	7316	1	
法学	1	600	600	4092	1	

2023年普通类(历史等科目类)本科院校

院校、专业组、专业名称	录取数	最高分	最低分	最低分位次	平行志愿	征求志愿
德语	1	593	593	5382	1	
纪检监察	1	598	598	4403	1	
02专业组(不限)	2	576	574	9863	2	
英语(中外高水平大学学生交流计划)	2	576	574	9863	2	
03专业组(不限)	3	581	577	9084	3	
新闻学(中外高水平大学学生交流计划)	3	581	577	9084	3	
04专业组(不限)(中外合作办学)	2	574	540	21584	2	
市场营销(中外合作办学)	2	574	540	21584	2	
05专业组(不限)(中外合作办学)	1	578	578	8812	1	
工商管理(中外合作办学)	1	578	578	8812	1	
4104 沈阳药科大学	3				3	
01专业组(不限)	1	557	557	15175	1	
药事管理	1	557	557	15175	1	
02专业组(化学)	1	494	494	43235	1	
药学类	1	494	494	43235	1	
03专业组(化学或生物)	1	540	540	21584	1	
医疗产品管理	1	540	540	21584	1	
4108 沈阳工业大学	11				11	
01专业组(不限)	11	540	532	24972	11	
建筑学	3	534	532	24972	3	
金融学	2	536	535	23712	2	
法学	3	540	537	22879	3	
广告学	3	534	532	24972	3	
4109 沈阳理工大学	4				4	
01专业组(不限)	4	529	528	26739	4	
金融学	1	529	529	26285	1	
英语	1	528	528	26739	1	
工商管理	1	529	529	26285	1	
会计学	1	529	529	26285	1	
4112 鞍山师范学院	5				5	
01专业组(不限)	5	507	498	41194	5	
西班牙语	1	507	507	36850	1	
旅游管理	1	499	499	40745	1	
酒店管理	2	505	500	40237	2	
市场营销	1	498	498	41194	1	
4113 沈阳医学院	3				3	
01专业组(不限)	1	540	540	21584	1	
护理学	1	540	540	21584	1	
02专业组(化学)	1	497	497	41710	1	
医学检验技术	1	497	497	41710	1	
03专业组(化学或生物)	1	542	542	20768	1	
预防医学	1	542	542	20768	1	
4114 辽宁中医药大学	6				6	
01专业组(不限)	2	517	509	35866	2	
市场营销	1	517	517	31922	1	
物流管理	1	509	509	35866	1	
02专业组(不限)	1	543	543	20329	1	
护理学	1	543	543	20329	1	
04专业组(化学或生物)	2	556	551	17339	2	
中医学	1	556	556	15509	1	
中西医临床医学	1	551	551	17339	1	
05专业组(化学或生物)	1	555	555	15860	1	
针灸推拿学	1	555	555	15860	1	
4117 沈阳师范大学	12				12	
01专业组(不限)	7	539	530	25824	7	
教育学(师范)	2	539	535	23712	2	
学前教育(师范)	5	534	530	25824	5	
02专业组(不限)	5	517	510	35366	5	
物流管理	2	517	514	33398	2	
市场营销	3	512	510	35366	3	
4126 辽宁师范大学	2				2	
01专业组(不限)(中外合作办学)	2	522	521	29997	2	
国际商务(中外合作办学)	2	522	521	29997	2	
4131 大连理工大学	19				19	
01专业组(不限)	19	615	600	4092	19	
新闻传播学类(人文社科实验班)	3	614	608	2929	3	
英语(含翻译)	5	605	603	3640	5	
日语	4	602	600	4092	4	
公共事业管理	3	612	607	3063	3	
哲学类	4	615	605	3348	4	
4132 大连海事大学	13				13	
01专业组(不限)	13	605	591	5805	13	
工商管理类	3	598	595	5035	3	
经济学类	3	600	598	4403	3	
法学	4	605	600	4092	4	
英语	3	593	591	5805	3	
4133 东北财经大学	12				12	
01专业组(不限)	7	594	587	6629	7	
财政学类	1	591	591	5805	1	
金融学类	1	589	589	6200	1	
国际经济与贸易	1	587	587	6629	1	
法学	1	593	593	5382	1	
工商管理类(会计学、财务管理、资产评估)	1	589	589	6200	1	
会计学(注册会计师)	1	590	590	5998	1	
审计学	1	594	594	5199	1	
02专业组(不限)(中外合作办学)	3	573	566	12208	3	
工商管理(中外合作办学)	1	573	573	10153	1	
财务管理(中外合作办学)	2	567	566	12208	2	
03专业组(不限)(中外合作办学)	2	580	577	9084	2	

2023年普通类(历史等科目类)本科院校

院校、专业组、专业名称	录取数	最高分	最低分	最低分位次	平行志愿	征求志愿
金融学(中外合作办学)	1	577	577	9084	1	
会计学(中外合作办学)	1	580	580	8256	1	
4135 大连外国语大学	16				16	
01专业组(不限)	13	574	529	26285	13	
日语	1	565	565	12540	1	
俄语	2	545	544	19954	2	
法语	2	532	529	26285	2	
德语	2	546	546	19168	2	
西班牙语	1	539	539	22036	1	
国际经济与贸易	1	551	551	17339	1	
旅游管理	1	553	553	16580	1	
汉语国际教育	1	561	561	13842	1	
汉语言文学	1	574	574	9863	1	
新闻学	1	550	550	17664	1	
02专业组(不限)	2	565	555	15860	2	
英语	2	565	555	15860	2	
03专业组(不限)(中外合作办学)	1	565	565	12540	1	
西班牙语(中外合作办学)	1	565	565	12540	1	
4136 大连大学	11				10	1
01专业组(不限)	11	535	529	26285	10	1
国际经济与贸易	2	533	531	25378	2	
小学教育(师范)	2	533	531	25378	2	
护理学	2	531	530	25824	2	
旅游管理	2	535	529	26285	1	1
市场营销	3	530	529	26285	3	
4139 大连交通大学	4				4	
01专业组(不限)	4	541	535	23712	4	
会计学	2	537	536	23287	2	
物流管理	2	541	535	23712	2	
4140 大连民族大学	6				6	
01专业组(不限)	6	517	507	36850	6	
市场营销	6	517	507	36850	6	
4152 渤海大学	2				2	
01专业组(不限)	2	522	522	29523	2	
新闻学	2	522	522	29523	2	
4161 辽宁工程技术大学	4				4	
01专业组(不限)	4	513	510	35366	4	
劳动与社会保障	2	513	510	35366	2	
英语	2	510	510	35366	2	
4162 大连理工大学(盘锦校区)	4				4	
01专业组(不限)	4	600	598	4403	4	
商务英语	4	600	598	4403	4	
4201 吉林大学	27				26	1
02专业组(不限)	16	631	617	1907	15	1
社会学类(含社会学、社会工作等3个专业)	2	621	620	1605	2	
考古学(匡亚明班)	1	629	629	900	1	
考古学	3	625	622	1408	3	
新闻传播学类(新闻学、广告学)	4	619	617	1907	3	1
英语	2	621	620	1605	2	
经济学类(含经济学等4个专业)	2	627	623	1323	2	
法学	2	631	630	842	2	
03专业组(思想政治)	7	620	616	2004	7	
政治学与行政学	3	619	618	1812	3	
外交学	4	620	616	2004	4	
04专业组(地理)	4	626	622	1408	4	
人文科学试验班(汉语言文学+历史学)(双学士学位培养项目)	2	626	624	1243	2	
汉语言文学	2	623	622	1408	2	
4202 东北师范大学	7				7	
01专业组(不限)(中外合作办学)	4	587	583	7542	4	
会计学(中外合作办学)	4	587	583	7542	4	
02专业组(不限)	3	599	595	5035	3	
汉语言文学(师范)	1	599	599	4245	1	
日语(师范)	2	596	595	5035	2	
4203 吉林农业大学	6				6	
01专业组(不限)	6	525	520	30453	6	
工商管理类	2	524	520	30453	2	
社会学类	2	521	520	30453	2	
金融学	2	525	521	29997	2	
4204 长春大学	8				8	
01专业组(不限)	4	527	520	30453	4	
财务管理	2	527	521	29997	2	
工商管理	2	521	520	30453	2	
02专业组(不限)	2	513	510	35366	2	
市场营销	2	513	510	35366	2	
03专业组(不限)(中外合作办学)	2	504	490	45242	2	
俄语(中外合作办学)	2	504	490	45242	2	
4206 吉林财经大学	14				14	
01专业组(不限)	10	550	536	23287	10	
日语	2	536	536	23287	2	
税收学	2	550	541	21165	2	
金融学	2	537	537	22879	2	
会计学	2	547	538	22445	2	
法学	2	540	538	22445	2	
02专业组(不限)(中外合作办学)	4	540	533	24524	4	
金融学(中外合作办学)	2	535	533	24524	2	
会计学(中外合作办学)	2	540	533	24524	2	
4207 长春师范大学	23				22	1
01专业组(不限)	12	538	517	31922	11	1

院校、专业组、专业名称	录取数	最高分	最低分	最低分位次	平行志愿	征求志愿
历史学(师范)	4	538	519	30949	4	
社会工作	2	521	517	31922	1	1
会计学	6	524	517	31922	6	
02专业组(不限)	**5**	**512**	**509**	**35866**	**5**	
广播电视编导	5	512	509	35866	5	
03专业组(不限)	**6**	**514**	**506**	**37291**	**6**	
德语	3	514	508	36369	3	
法语	3	514	506	37291	3	
4210 吉林建筑大学	**8**				**8**	
01专业组(不限)	**6**	**521**	**509**	**35866**	**6**	
公共事业管理	2	521	512	34383	2	
社会工作	4	512	509	35866	4	
02专业组(生物或地理)	**2**	**514**	**513**	**33879**	**2**	
风景园林	2	514	513	33879	2	
4212 吉林工程技术师范学院	**10**				**10**	
01专业组(不限)	**10**	**513**	**505**	**37764**	**10**	
财务管理(师范)	10	513	505	37764	10	
4215 吉林师范大学	**11**				**11**	
01专业组(不限)	**5**	**535**	**531**	**25378**	**5**	
英语(师范)	1	532	532	24972	1	
教育学(师范)	1	532	532	24972	1	
人力资源管理	1	531	531	25378	1	
社会工作	1	533	533	24524	1	
法学	1	535	535	23712	1	
02专业组(不限)	**4**	**536**	**513**	**33879**	**4**	
德语	4	536	513	33879	4	
03专业组(化学或地理)	**1**	**553**	**553**	**16580**	**1**	
地理科学(师范)	1	553	553	16580	1	
04专业组(思想政治)	**1**	**528**	**528**	**26739**	**1**	
民族学	1	528	528	26739	1	
4220 吉林警察学院	**8**				**8**	
01专业组(不限)	**8**	**529**	**525**	**28084**	**8**	
法学(非公安类招生)	8	529	525	28084	8	
4225 吉林农业科技学院	**4**				**4**	
01专业组(不限)	**4**	**507**	**502**	**39270**	**4**	
工商管理类	4	507	502	39270	4	
4228 吉林医药学院	**6**				**6**	
01专业组(不限)	**6**	**506**	**501**	**39763**	**6**	
市场营销	2	503	501	39763	2	
公共事业管理	2	504	501	39763	2	
健康服务与管理	2	506	504	38237	2	
4231 东北电力大学	**4**				**4**	
01专业组(不限)	**4**	**520**	**515**	**32915**	**4**	
广播电视编导	4	520	515	32915	4	
4232 北华大学	**14**				**14**	
01专业组(不限)	**12**	**533**	**527**	**27183**	**12**	
小学教育(师范)	4	530	528	26739	4	
汉语言文学(师范)	4	533	532	24972	4	
英语	4	529	527	27183	4	
02专业组(思想政治)	**2**	**534**	**534**	**24116**	**2**	
思想政治教育(师范)	2	534	534	24116	2	
4233 通化师范学院	**13**				**12**	**1**
01专业组(不限)	**13**	**508**	**504**	**38237**	**12**	**1**
汉语言文学(师范)	5	508	506	37291	5	
日语	2	504	504	38237	2	
朝鲜语	2	504	504	38237	2	
文物与博物馆学	3	505	505	37764	3	
旅游管理	1	507	507	36850		1
4235 吉林化工学院	**3**				**3**	
01专业组(不限)	**2**	**503**	**503**	**38765**	**2**	
国际经济与贸易	1	503	503	38765	1	
金融工程	1	503	503	38765	1	
02专业组(化学或生物)	**1**	**513**	**513**	**33879**	**1**	
药物制剂	1	513	513	33879	1	
4237 吉林工商学院	**10**				**10**	
01专业组(不限)	**10**	**514**	**504**	**38237**	**10**	
财政学	2	508	507	36850	2	
金融学	1	508	508	36369	1	
投资学	2	514	506	37291	2	
广告学	2	507	507	36850	2	
物流管理	2	506	504	38237	2	
会计学	1	509	509	35866	1	
4241 白城师范学院	**18**				**17**	**1**
01专业组(不限)	**6**	**506**	**501**	**39763**	**5**	**1**
学前教育(师范)	3	505	504	38237	3	
商务英语	3	506	501	39763	2	1
02专业组(不限)	**2**	**521**	**516**	**32408**	**2**	
法学	2	521	516	32408	2	
03专业组(化学或地理)	**5**	**515**	**511**	**34880**	**5**	
地理科学(师范)	5	515	511	34880	5	
04专业组(思想政治)	**5**	**510**	**507**	**36850**	**5**	
思想政治教育(师范)	5	510	507	36850	5	
4301 哈尔滨工业大学	**16**				**16**	
01专业组(不限)	**12**	**623**	**615**	**2114**	**12**	
建筑类(智慧人居类)	3	619	615	2114	3	
经济管理试验班(经管)	5	623	619	1702	5	
经济管理试验班(人文)	2	617	617	1907	2	
英语	2	615	615	2114	2	
02专业组(思想政治)	**4**	**620**	**616**	**2004**	**4**	
思想政治教育	2	618	616	2004	2	
国际组织与全球治理	2	620	619	1702	2	
4302 哈尔滨工程大学	**6**				**6**	
01专业组(不限)	**6**	**593**	**586**	**6865**	**6**	
金融学	2	590	588	6432	2	
工商管理	4	593	586	6865	4	
4303 东北林业大学	**8**				**8**	
01专业组(不限)	**8**	**587**	**580**	**8256**	**8**	
工商管理类(含工商管理、	2	586	583	7542	2	

院校、专业组、专业名称	录取数	最高分	最低分	最低分位次	平行志愿	征求志愿
市场营销、会计学等4个专业)						
法学	1	587	587	6629	1	
社会工作	2	580	580	8256	2	
广告学	1	583	583	7542	1	
俄语	2	582	581	8016	2	
4304 东北农业大学	**3**				**3**	
01专业组(不限)	**3**	**585**	**582**	**7784**	**3**	
土地资源管理	1	585	585	7094	1	
行政管理	2	584	582	7784	2	
4306 黑龙江工程学院	**2**				**2**	
01专业组(不限)	**2**	**508**	**506**	**37291**	**2**	
网络与新媒体	1	506	506	37291	1	
社会工作	1	508	508	36369	1	
4307 哈尔滨商业大学	**9**				**9**	
01专业组(不限)	**9**	**531**	**521**	**29997**	**9**	
旅游管理	2	526	522	29523	2	
法学	4	531	526	27627	4	
新闻学	3	525	521	29997	3	
4309 哈尔滨医科大学	**3**				**2**	**1**
01专业组(不限)	**2**	**545**	**529**	**26285**	**1**	**1**
护理学	2	545	529	26285	1	1
02专业组(化学)	**1**	**502**	**502**	**39270**	**1**	
医学检验技术	1	502	502	39270	1	
4310 黑龙江科技大学	**29**				**29**	
01专业组(不限)	**29**	**527**	**509**	**35866**	**29**	
国际经济与贸易	2	513	510	35366	2	
经济学	2	517	512	34383	2	
会计学	4	521	517	31922	4	
财务管理	3	515	515	32915	3	
工商管理	4	515	511	34880	4	
英语	4	527	511	34880	4	
俄语	2	514	509	35866	2	
社会工作	4	512	510	35366	4	
汉语言文学	4	522	517	31922	4	
4311 黑龙江大学	**10**				**10**	
02专业组(不限)	**4**	**567**	**550**	**17664**	**4**	
哲学	2	567	559	14520	2	
金融学	2	553	550	17664	2	
03专业组(思想政治)	**2**	**548**	**546**	**19168**	**2**	
政治学与行政学	2	548	546	19168	2	
04专业组(思想政治或地理)	**4**	**573**	**552**	**16960**	**4**	
汉语言文学	2	573	566	12208	2	
汉语国际教育	2	556	552	16960	2	
4312 哈尔滨师范大学	**20**				**20**	
01专业组(不限)	**20**	**534**	**516**	**32408**	**20**	
人力资源管理	2	522	519	30949	2	
行政管理	5	522	517	31922	5	
朝鲜语	2	519	518	31466	2	
日语	2	528	525	28084	2	

院校、专业组、专业名称	录取数	最高分	最低分	最低分位次	平行志愿	征求志愿
广播电视学	9	534	516	32408	9	
4314 牡丹江师范学院	**21**				**21**	
01专业组(不限)	**16**	**509**	**503**	**38765**	**16**	
国际经济与贸易	4	504	503	38765	4	
知识产权	3	506	503	38765	3	
汉语言	3	506	505	37764	3	
商务英语	1	503	503	38765	1	
英语(师范)	3	509	504	38237	3	
翻译	2	503	503	38765	2	
02专业组(地理)	**5**	**511**	**508**	**36369**	**5**	
历史学(师范)	5	511	508	36369	5	
4315 哈尔滨金融学院	**9**				**9**	
01专业组(不限)	**9**	**521**	**511**	**34880**	**9**	
会计学	2	521	521	29997	2	
审计学	2	520	518	31466	2	
商务英语	3	513	511	34880	3	
税收学	2	518	516	32408	2	
4323 哈尔滨学院	**10**				**10**	
01专业组(不限)	**10**	**510**	**506**	**37291**	**10**	
小学教育(师范)	1	508	508	36369	1	
汉语言文学(师范)	2	510	509	35866	2	
汉语国际教育	2	509	508	36369	2	
社会工作	2	509	506	37291	2	
会计学	1	507	507	36850	1	
金融学	2	507	506	37291	2	
4331 齐齐哈尔医学院	**1**				**1**	
01专业组(不限)	**1**	**518**	**518**	**31466**	**1**	
食品营养与检验教育	1	518	518	31466	1	
4332 齐齐哈尔大学	**13**				**13**	
01专业组(不限)	**11**	**510**	**504**	**38237**	**11**	
学前教育(师范)	2	507	506	37291	2	
中国语言文学类	1	509	509	35866	1	
汉语国际教育	2	509	505	37764	2	
外国语言文学类(含师范)	1	509	509	35866	1	
日语	1	509	509	35866	1	
广播电视学	2	510	506	37291	2	
工商管理类	2	505	504	38237	2	
02专业组(思想政治)	**2**	**522**	**518**	**31466**	**2**	
思想政治教育(师范)	2	522	518	31466	2	
4371 延边大学	**7**				**6**	**1**
01专业组(不限)	**7**	**594**	**554**	**16226**	**6**	**1**
朝鲜语	2	578	554	16226	1	1
法学	2	594	584	7316	2	
工商管理类	3	583	575	9602	3	
5101 郑州大学	**10**				**10**	
01专业组(不限)	**10**	**600**	**585**	**7094**	**10**	
经济学类	2	592	591	5805	2	
工商管理类	2	588	588	6432	2	
法学	1	600	600	4092	1	

2023年普通类(历史等科目类)本科院校

院校、专业组、专业名称	录取数	最高分	最低分	最低分位次	平行志愿	征求志愿
中国语言文学类	3	597	592	5588	3	
德语	2	591	585	7094	2	
5103 中原工学院	**20**				**20**	
01专业组(不限)	20	516	505	37764	20	
英语	3	516	510	35366	3	
广播电视学	5	509	505	37764	5	
工商管理	6	514	505	37764	6	
市场营销	6	509	505	37764	6	
5104 河南工业大学	**16**				**16**	
01专业组(不限)	16	543	536	23287	16	
财政学	2	540	539	22036	2	
法学	2	543	541	21165	2	
翻译	1	537	537	22879	1	
工商管理	1	537	537	22879	1	
国际经济与贸易	2	538	537	22879	2	
会计学	1	541	541	21165	1	
经济学	2	539	538	22445	2	
网络与新媒体	1	540	540	21584	1	
物流管理	1	539	539	22036	1	
英语	3	540	536	23287	3	
5105 郑州航空工业管理学院	**15**				**15**	
01专业组(不限)	15	528	518	31466	15	
工商管理类	2	523	519	30949	2	
经济与贸易类	2	525	520	30453	2	
图书情报与档案管理类	2	521	518	31466	2	
广告学	2	521	519	30949	2	
中国语言文学类	3	523	521	29997	3	
法学	2	528	524	28558	2	
外国语言文学类	2	519	519	30949	2	
5106 郑州轻工业大学	**24**				**24**	
01专业组(不限)	24	539	527	27183	24	
物流管理	2	529	528	26739	2	
电子商务	2	529	528	26739	2	
经济学	2	532	531	25378	2	
国际经济与贸易	2	528	527	27183	2	
市场营销	2	535	527	27183	2	
会计学	2	535	532	24972	2	
社会工作	2	531	527	27183	2	
法学	2	539	535	23712	2	
公共事业管理	2	531	527	27183	2	
英语	2	527	527	27183	2	
朝鲜语	2	527	527	27183	2	
汉语国际教育	2	530	528	26739	2	
5110 河南科技学院	**6**				**6**	
01专业组(不限)	6	520	513	33879	6	
教育学(师范)	3	513	513	33879	3	
英语(师范)	3	520	514	33398	3	
5114 河南中医药大学	**4**				**4**	
01专业组(不限)	4	568	557	15175	4	
针灸推拿学	2	568	562	13511	2	
护理学	2	557	557	15175	2	
5117 河南农业大学	**13**				**13**	
01专业组(不限)	13	540	528	26739	13	
旅游管理	2	529	528	26739	2	
经济学	2	534	531	25378	2	
工商管理类	2	535	529	26285	2	
土地资源管理	3	540	529	26285	3	
外国语言文学类	2	531	530	25824	2	
经济与金融	2	533	529	26285	2	
5118 信阳师范大学	**15**				**15**	
01专业组(不限)	5	522	510	35366	5	
工商管理	5	522	510	35366	5	
02专业组(不限)(中外合作办学)	10	510	502	39270	10	
经济学(中外合作办学)	10	510	502	39270	10	
5119 河南财经政法大学	**13**				**13**	
01专业组(不限)	7	557	552	16960	7	
金融学类	1	557	557	15175	1	
法学	3	555	553	16580	3	
财务管理	1	553	553	16580	1	
旅游管理类	1	552	552	16960	1	
财政学类	1	552	552	16960	1	
02专业组(不限)(中外合作办学)	4	543	534	24116	4	
金融学(中外合作办学)	4	543	534	24116	4	
03专业组(化学或地理)(中外合作办学)	2	522	521	29997	2	
人文地理与城乡规划(中外合作办学)	2	522	521	29997	2	
5122 河南工程学院	**10**				**10**	
01专业组(不限)	10	515	509	35866	10	
国际经济与贸易	2	510	509	35866	2	
翻译	2	510	509	35866	2	
市场营销	2	511	509	35866	2	
会计学	2	514	510	35366	2	
知识产权	2	515	510	35366	2	
5125 周口师范学院	**20**				**20**	
01专业组(不限)	12	514	508	36369	12	
网络与新媒体	2	514	511	34880	2	
财务管理	2	513	510	35366	2	
国际经济与贸易	2	509	509	35866	2	
经济学	2	508	508	36369	2	
物流管理	2	509	508	36369	2	
英语(师范)	2	511	511	34880	2	
02专业组(生物或思想政治)	2	516	514	33398	2	
心理学(师范)	2	516	514	33398	2	
03专业组(思想政治)	6	523	517	31922	6	
思想政治教育(师范)	2	523	521	29997	2	

院校、专业组、专业名称	录取数	最高分	最低分	最低分位次	平行志愿	征求志愿
法学	2	518	518	31466	2	
政治学与行政学	2	517	517	31922	2	
5131 洛阳理工学院	**30**				**30**	
01专业组(不限)	**30**	**522**	**510**	**35366**	**30**	
工商管理	3	515	511	34880	3	
财务管理	3	512	511	34880	3	
会计学	6	517	512	34383	6	
学前教育(师范)	3	513	511	34880	3	
英语	5	511	510	35366	5	
汉语言文学	6	516	513	33879	6	
新闻学	4	522	510	35366	4	
5132 河南科技大学	**18**				**18**	
01专业组(不限)	**10**	**546**	**542**	**20768**	**10**	
经济学	1	544	544	19954	1	
金融学	1	543	543	20329	1	
法学类	4	546	545	19572	4	
中国语言文学类	4	544	542	20768	4	
02专业组(不限)	**8**	**541**	**526**	**27627**	**8**	
英语	4	541	532	24972	4	
商务英语	4	532	526	27627	4	
5133 洛阳师范学院	**18**				**17**	**1**
01专业组(不限)	**18**	**550**	**511**	**34880**	**17**	**1**
汉语言文学(师范)	6	550	536	23287	6	
社会工作	6	529	520	30453	6	
国际经济与贸易	6	534	511	34880	5	1
5134 平顶山学院	**6**				**6**	
01专业组(不限)	**6**	**506**	**502**	**39270**	**6**	
网络与新媒体	3	506	504	38237	3	
国际经济与贸易	3	503	502	39270	3	
5141 河南大学	**24**				**24**	
01专业组(不限)	**14**	**587**	**563**	**13156**	**14**	
经济学类	4	582	574	9863	4	
法学	3	583	580	8256	3	
英语(师范)	2	587	579	8530	2	
德语	2	577	563	13156	2	
工商管理	3	571	570	11036	3	
02专业组(化学或地理)	**2**	**574**	**571**	**10737**	**2**	
地理科学类(含师范)	2	574	571	10737	2	
03专业组(思想政治)	**3**	**585**	**580**	**8256**	**3**	
思想政治教育(师范)	3	585	580	8256	3	
04专业组(思想政治或地理)	**5**	**598**	**586**	**6865**	**5**	
中国语言文学类(师范)	5	598	586	6865	5	
5151 河南理工大学	**6**				**6**	
01专业组(不限)	**6**	**542**	**539**	**22036**	**6**	
工商管理类	1	542	542	20768	1	
工业工程	1	539	539	22036	1	
财务管理	1	541	541	21165	1	
国际经济与贸易	1	540	540	21584	1	
英语	1	539	539	22036	1	

院校、专业组、专业名称	录取数	最高分	最低分	最低分位次	平行志愿	征求志愿
汉语言文学	1	542	542	20768	1	
5153 河南师范大学	**10**				**10**	
01专业组(不限)	**6**	**548**	**538**	**22445**	**6**	
日语	2	541	538	22445	2	
社会学类	2	538	538	22445	2	
汉语国际教育(师范)	2	548	546	19168	2	
02专业组(思想政治)	**4**	**562**	**552**	**16960**	**4**	
马克思主义理论类	2	562	558	14824	2	
思想政治教育(师范)	2	554	552	16960	2	
5161 安阳工学院	**3**				**3**	
01专业组(不限)	**3**	**509**	**506**	**37291**	**3**	
汉语国际教育	3	509	506	37291	3	
5162 安阳师范学院	**13**				**13**	
01专业组(不限)	**13**	**524**	**510**	**35366**	**13**	
汉语言文学(师范)	4	524	516	32408	4	
汉语国际教育(师范)	3	513	510	35366	3	
审计学	3	514	512	34383	3	
金融学	3	511	510	35366	3	
5172 郑州工程技术学院	**9**				**9**	
01专业组(不限)	**6**	**513**	**505**	**37764**	**6**	
特殊教育(师范)	3	513	507	36850	3	
物流管理	3	506	505	37764	3	
02专业组(化学或地理)	**3**	**504**	**501**	**39763**	**3**	
酒店管理	3	504	501	39763	3	
5173 新乡学院	**14**				**14**	
01专业组(不限)	**6**	**508**	**505**	**37764**	**6**	
工商管理类	3	507	505	37764	3	
养老服务管理	3	508	505	37764	3	
02专业组(思想政治和地理)	**4**	**504**	**501**	**39763**	**4**	
俄语	4	504	501	39763	4	
03专业组(思想政治和地理)	**4**	**507**	**505**	**37764**	**4**	
外国语言文学类(含师范)	4	507	505	37764	4	
5174 许昌学院	**42**				**42**	
01专业组(不限)	**42**	**524**	**509**	**35866**	**42**	
汉语言文学(师范)	5	521	517	31922	5	
法学	5	524	516	32408	5	
英语(师范)	7	516	510	35366	7	
电子商务	10	515	509	35866	10	
小学教育(师范)	10	516	509	35866	10	
风景园林	5	514	510	35366	5	
5181 南阳师范学院	**39**				**39**	
01专业组(不限)	**29**	**527**	**511**	**34880**	**29**	
旅游管理	3	514	513	33879	3	
法学	3	527	518	31466	3	
应用心理学(师范)	2	512	512	34383	2	
工商管理	2	514	514	33398	2	
财务管理	2	514	513	33879	2	
历史学(师范)	6	523	517	31922	6	
翻译	5	518	511	34880	5	

院校、专业组、专业名称	录取数	最高分	最低分	最低分位次	平行志愿	征求志愿
汉语国际教育(师范)	6	515	511	34880	6	
02专业组(化学或地理)	**4**	**524**	**517**	**31922**	**4**	
地理科学类	4	524	517	31922	4	
03专业组(思想政治)	**6**	**511**	**506**	**37291**	**6**	
新闻学	6	511	506	37291	6	
5182 南阳理工学院	**13**				**13**	
01专业组(不限)	**6**	**511**	**507**	**36850**	**6**	
工商管理	2	508	507	36850	2	
网络与新媒体	2	511	508	36369	2	
英语	2	508	507	36850	2	
02专业组(不限)	**5**	**512**	**510**	**35366**	**5**	
学前教育(师范)	5	512	510	35366	5	
03专业组(化学或地理)	**2**	**512**	**507**	**36850**	**2**	
历史建筑保护工程	2	512	507	36850	2	
5191 黄淮学院	**20**				**20**	
01专业组(不限)	**20**	**521**	**510**	**35366**	**20**	
汉语言文学(师范)	5	521	516	32408	5	
网络与新媒体	15	515	510	35366	15	
5193 河南城建学院	**4**				**4**	
01专业组(不限)	**4**	**508**	**505**	**37764**	**4**	
英语	4	508	505	37764	4	
5198 商丘师范学院	**19**				**19**	
01专业组(不限)	**18**	**537**	**509**	**35866**	**18**	
汉语言文学(师范)	2	537	519	30949	2	
文化产业管理	2	510	509	35866	2	
英语(师范)	2	517	514	33398	2	
翻译	1	509	509	35866	1	
日语(师范)	1	516	516	32408	1	
商务英语	1	511	511	34880	1	
法学	1	520	520	30453	1	
社会工作	1	509	509	35866	1	
学前教育(师范)	2	510	509	35866	2	
教育学(师范)	1	509	509	35866	1	
广播电视学	1	510	510	35366	1	
网络与新媒体	1	526	526	27627	1	
经济学	1	511	511	34880	1	
投资学	1	509	509	35866	1	
02专业组(思想政治)	**1**	**535**	**535**	**23712**	**1**	
思想政治教育(师范)	1	535	535	23712	1	
5201 武汉大学	**47**				**47**	
02专业组(不限)	**47**	**650**	**634**	**631**	**47**	
中国语言文学类	7	639	637	505	7	
历史学类	3	638	637	505	3	
外国语言文学类	2	637	635	587	2	
经济学类	10	640	638	473	10	
公共管理类	4	637	635	587	4	
社会学	3	636	635	587	3	
哲学类	3	638	636	539	3	
心理学	2	635	634	631	2	
新闻传播学类	4	638	634	631	4	
法学	4	650	641	357	4	
人文科学试验班	3	639	638	473	3	
文科试验班类	2	639	639	431	2	
5202 华中科技大学	**43**				**43**	
01专业组(不限)	**43**	**634**	**622**	**1408**	**43**	
建筑类(智慧建筑规划试验班)	3	625	622	1408	3	
工商管理类(含工商管理等5个专业)	12	628	623	1323	12	
国际商务	5	632	622	1408	5	
中国语言文学类(汉语言文学、汉语国际教育)	5	631	628	960	5	
新闻传播学类(新闻学、广播电视学、广告学)	5	634	628	960	5	
社会学类(社会学、社会工作)	4	626	623	1323	4	
外国语言文学类	4	627	622	1408	4	
公共管理类	5	626	622	1408	5	
5203 华中师范大学	**28**				**28**	
01专业组(不限)	**25**	**618**	**592**	**5588**	**25**	
教育学类	4	610	595	5035	4	
中国语言文学类	2	615	613	2330	2	
日语	3	593	592	5588	3	
俄语	4	608	593	5382	4	
法语	3	593	593	5382	3	
历史学类	3	618	604	3490	3	
经济学类	2	603	594	5199	2	
公共管理类	4	601	594	5199	4	
02专业组(思想政治)	**3**	**612**	**606**	**3205**	**3**	
政治学类	3	612	606	3205	3	
5204 华中农业大学	**20**				**20**	
01专业组(不限)	**20**	**589**	**583**	**7542**	**20**	
风景园林	1	588	588	6432	1	
社会学类	5	587	584	7316	5	
工商管理类	8	589	584	7316	8	
外国语言文学类	6	588	583	7542	6	
5205 中国地质大学(武汉)	**13**				**13**	
01专业组(不限)	**10**	**594**	**590**	**5998**	**10**	
经济学类	2	590	590	5998	2	
工商管理类	3	594	590	5998	3	
法学	3	593	591	5805	3	
广播电视学	2	592	590	5998	2	
02专业组(思想政治)	**3**	**597**	**595**	**5035**	**3**	
思想政治教育	3	597	595	5035	3	
5206 中南财经政法大学	**72**				**72**	
02专业组(不限)	**65**	**627**	**598**	**4403**	**65**	
哲学	1	614	614	2230	1	
社会学	1	609	609	2794	1	

院校、专业组、专业名称	录取数	最高分	最低分	最低分位次	平行志愿	征求志愿
经济学类	4	618	606	3205	4	
国际商务	2	610	603	3640	2	
财政学类	4	607	605	3348	4	
金融学类(金融学、金融工程、投资学)	5	619	613	2330	5	
金融学类(保险精算)(保险学、精算学)	2	612	606	3205	2	
法学类	11	627	621	1508	11	
外国语言文学类	7	602	598	4403	7	
日语	2	603	603	3640	2	
法语	3	602	601	3941	3	
新闻传播学类	3	606	603	3640	3	
工商管理类	7	605	598	4403	7	
农林经济管理	2	604	598	4403	2	
旅游管理	1	598	598	4403	1	
经济与贸易类	2	607	606	3205	2	
工商管理类(会计学院)	5	617	602	3787	5	
公共管理类	3	604	599	4245	3	
03专业组(不限)	**4**	**625**	**623**	**1323**	**4**	
经济管理试验班	3	624	623	1323	3	
经济管理试验班(拔尖创新人才实验班)	1	625	625	1166	1	
04专业组(不限)	**3**	**626**	**624**	**1243**	**3**	
经济学(拔尖人才实验班)	1	624	624	1243	1	
会计学(荆楚卓越经管人才实验班)	1	625	625	1166	1	
法学(国际法实验班)	1	626	626	1081	1	
5207 武汉理工大学	**36**				**36**	
01专业组(不限)	**36**	**595**	**585**	**7094**	**36**	
工商管理类	8	592	587	6629	8	
经济学类	4	594	587	6629	4	
外国语言文学类	9	587	585	7094	9	
新闻传播学类	7	587	586	6865	7	
法学类	8	595	587	6629	8	
5208 中南民族大学	**21**				**20**	**1**
01专业组(不限)	**18**	**565**	**550**	**17664**	**17**	**1**
历史学类	3	557	552	16960	3	
经济学类	4	560	551	17339	4	
法学	2	565	562	13511	2	
外国语言文学类	3	565	550	17664	2	1
新闻传播学类	2	564	552	16960	2	
工商管理类	2	555	551	17339	2	
公共管理类	2	551	550	17664	2	
02专业组(思想政治)	**3**	**558**	**557**	**15175**	**3**	
思想政治教育	3	558	557	15175	3	
5209 湖北大学	**8**				**8**	
01专业组(不限)	**6**	**584**	**559**	**14520**	**6**	
文物与博物馆学	2	563	562	13511	2	
考古学	2	584	562	13511	2	
英语(师范)	2	563	559	14520	2	
02专业组(思想政治)(中外合作办学)	**2**	**550**	**545**	**19572**	**2**	
国际事务与国际关系(中外合作办学)	2	550	545	19572	2	
5211 湖北中医药大学	**32**				**32**	
01专业组(不限)	**20**	**543**	**529**	**26285**	**20**	
助产学	1	540	540	21584	1	
市场营销	3	534	529	26285	3	
物流管理	2	532	530	25824	2	
国际商务	1	535	535	23712	1	
公共事业管理	2	532	532	24972	2	
保险学	1	530	530	25824	1	
应用心理学	1	535	535	23712	1	
公共事业管理(医事法学)	1	541	541	21165	1	
汉语国际教育	2	533	529	26285	2	
药事管理	1	534	534	24116	1	
英语	1	533	533	24524	1	
商务英语	1	531	531	25378	1	
运动康复	2	543	533	24524	2	
健康服务与管理	1	534	534	24116	1	
02专业组(化学或生物)	**12**	**576**	**558**	**14824**	**12**	
中医学(5+3一体化)	2	576	571	10737	2	
中医学(中西医结合)(5+3一体化)	2	571	566	12208	2	
中医学(针灸推拿)(5+3一体化)	2	564	562	13511	2	
中医学	2	560	558	14824	2	
中医学(美容与康复)	1	558	558	14824	1	
针灸推拿学	1	559	559	14520	1	
针灸推拿学(针刀)	1	559	559	14520	1	
中医骨伤科学	1	558	558	14824	1	
5212 武汉纺织大学	**7**				**7**	
01专业组(不限)	**7**	**541**	**538**	**22445**	**7**	
财政学类	3	541	540	21584	3	
金融学	4	539	538	22445	4	
5213 武汉体育学院	**12**				**12**	
01专业组(不限)	**12**	**544**	**507**	**36850**	**12**	
汉语国际教育	2	511	508	36369	2	
英语	2	515	508	36369	2	
新闻学	4	512	509	35866	4	
体育经济与管理	2	544	511	34880	2	
公共事业管理	2	514	507	36850	2	
5215 武汉工程大学	**8**				**8**	
01专业组(不限)	**8**	**548**	**545**	**19572**	**8**	
工商管理	4	548	547	18776	4	
经济与贸易类	4	546	545	19572	4	
5216 武汉轻工大学	**17**				**17**	
01专业组(不限)	**17**	**545**	**533**	**24524**	**17**	

院校、专业组、专业名称	录取数	最高分	最低分	最低分位次	平行志愿	征求志愿
工商管理类	2	534	533	24524	2	
行政管理	2	545	535	23712	2	
物流管理	1	534	534	24116	1	
国际经济与贸易	3	536	533	24524	3	
金融学	3	537	535	23712	3	
外国语言文学类	3	534	533	24524	3	
文化产业管理	3	544	535	23712	3	
5220 湖北第二师范学院	**18**				**18**	
01专业组(不限)	**15**	**542**	**517**	**31922**	**15**	
中国语言文学类(师范)	7	542	526	27627	7	
市场营销	3	522	517	31922	3	
物流管理	2	526	525	28084	2	
商务英语	3	524	518	31466	3	
02专业组(不限)(中外合作办学)	**3**	**513**	**505**	**37764**	**3**	
学前教育(中外合作办学)(师范)	3	513	505	37764	3	
5221 湖北经济学院	**13**				**13**	
01专业组(不限)	**13**	**540**	**529**	**26285**	**13**	
国际经济与贸易	2	531	530	25824	2	
法学	2	540	537	22879	2	
金融学	2	530	530	25824	2	
经济学	2	532	532	24972	2	
工商管理	3	530	529	26285	3	
财政学	2	534	532	24972	2	
5225 汉江师范学院	**6**				**6**	
01专业组(不限)	**6**	**537**	**523**	**29036**	**6**	
汉语言文学(师范)	2	537	532	24972	2	
英语(师范)	2	524	524	28558	2	
历史学(师范)	2	528	523	29036	2	
5243 长江大学	**7**				**7**	
01专业组(不限)	**7**	**547**	**541**	**21165**	**7**	
中国语言文学类(含师范)	1	547	547	18776	1	
日语	1	541	541	21165	1	
经济学类	1	543	543	20329	1	
工商管理类	3	542	541	21165	3	
园林	1	543	543	20329	1	
5251 三峡大学	**10**				**10**	
01专业组(不限)	**10**	**541**	**532**	**24972**	**10**	
人力资源管理	4	541	532	24972	4	
投资学	2	536	534	24116	2	
外国语言文学类	4	534	533	24524	4	
5261 湖北师范大学	**12**				**12**	
01专业组(不限)	**10**	**546**	**539**	**22036**	**10**	
财务会计教育(师范)	2	542	540	21584	2	
教育学类(师范)	2	546	545	19572	2	
英语(师范)	2	540	540	21584	2	
汉语言文学(师范)	2	543	542	20768	2	
广播电视学	2	540	539	22036	2	

院校、专业组、专业名称	录取数	最高分	最低分	最低分位次	平行志愿	征求志愿
02专业组(化学或地理)	**2**	**553**	**547**	**18776**	**2**	
地理科学类(师范)	2	553	547	18776	2	
5265 湖北理工学院	**6**				**6**	
01专业组(不限)	**6**	**531**	**516**	**32408**	**6**	
汉语言文学(师范)	1	516	516	32408	1	
护理学	5	531	518	31466	5	
5271 湖北警官学院	**8**				**8**	
01专业组(不限)	**8**	**544**	**537**	**22879**	**8**	
法学(非公安类招生)	8	544	537	22879	8	
5285 荆楚理工学院	**7**				**7**	
01专业组(不限)	**7**	**511**	**508**	**36369**	**7**	
外国语言文学类(含师范)	2	509	509	35866	2	
工商管理类	3	509	508	36369	3	
汉语言文学(师范)	2	511	510	35366	2	
5287 湖北科技学院	**15**				**15**	
01专业组(不限)	**15**	**512**	**506**	**37291**	**15**	
教育学类(师范)	4	512	508	36369	4	
外国语言文学类	4	508	507	36850	4	
工商管理类	4	507	506	37291	4	
电子商务	3	507	506	37291	3	
5290 湖北文理学院	**11**				**11**	
01专业组(不限)	**11**	**532**	**523**	**29036**	**11**	
法学	5	532	525	28084	5	
汉语言文学	6	525	523	29036	6	
5295 湖北工程学院	**9**				**9**	
01专业组(不限)	**9**	**510**	**507**	**36850**	**9**	
汉语言文学	2	510	509	35866	2	
广告学	2	509	508	36369	2	
经济学	1	508	508	36369	1	
电子商务	2	508	508	36369	2	
建筑学	2	508	507	36850	2	
5301 湖南大学	**30**				**30**	
01专业组(不限)	**30**	**628**	**620**	**1605**	**30**	
人文科学试验班	2	624	623	1323	2	
经济学类	2	623	622	1408	2	
金融学	2	626	623	1323	2	
保险学	1	622	622	1408	1	
国际经济与贸易	2	621	621	1508	2	
法学	2	628	624	1243	2	
汉语言文学	3	624	623	1323	3	
英语	3	622	620	1605	3	
日语	4	621	620	1605	4	
新闻传播学类	3	622	621	1508	3	
历史学	3	623	622	1408	3	
会计学	1	624	624	1243	1	
行政管理	2	622	622	1408	2	
5302 中南大学	**23**				**23**	
01专业组(不限)	**23**	**628**	**618**	**1812**	**23**	
金融学类(含金融学等5个专	7	621	619	1702	7	

院校、专业组、专业名称	录取数	最高分	最低分	最低分位次	平行志愿	征求志愿
业)						
法学类(含法学等2个专业)	4	628	624	1243	4	
中国语言文学类(含汉语言文学等2个专业)	6	624	622	1408	6	
外国语言文学类(含英语等4个专业)	6	619	618	1812	6	
5303 湖南师范大学	52				52	
01专业组(不限)	44	604	587	6629	44	
小学教育(师范)	2	597	594	5199	2	
汉语国际教育(师范)	2	597	595	5035	2	
汉语言文学(师范)	2	604	602	3787	2	
历史学(师范)	4	601	598	4403	4	
外国语言文学类	4	596	589	6200	4	
文化产业管理	3	598	590	5998	3	
应用心理学	2	592	591	5805	2	
文物与博物馆学	2	590	590	5998	2	
法学	2	603	601	3941	2	
工商管理	2	589	587	6629	2	
会计学	2	597	593	5382	2	
社会学	2	594	594	5199	2	
哲学	2	594	591	5805	2	
经济学	3	593	587	6629	3	
旅游管理类	6	595	589	6200	6	
新闻传播学类	4	591	588	6432	4	
02专业组(化学或地理)	4	598	592	5588	4	
地理科学(师范)	2	598	596	4803	2	
人文地理与城乡规划	2	592	592	5588	2	
03专业组(思想政治)	4	605	601	3941	4	
思想政治教育(师范)	2	605	604	3490	2	
政治学与行政学	2	601	601	3941	2	
5305 湖南农业大学	19				19	
01专业组(不限)	16	550	532	24972	16	
电子商务	2	540	537	22879	2	
金融学	3	550	538	22445	3	
投资学	2	536	535	23712	2	
公共管理类	4	536	533	24524	4	
会计学	2	542	541	21165	2	
市场营销	3	534	532	24972	3	
02专业组(生物或地理)	3	540	538	22445	3	
风景园林	3	540	538	22445	3	
5306 湖南工商大学	23				23	
01专业组(不限)	21	545	533	24524	21	
经济学	6	542	535	23712	6	
金融学类	1	535	535	23712	1	
工商管理类	9	542	533	24524	9	
物流管理	1	534	534	24116	1	
法学	1	545	545	19572	1	
旅游管理类	1	533	533	24524	1	
英语	1	535	535	23712	1	
法语	1	535	535	23712	1	
02专业组(化学或地理)	2	539	531	25378	2	
人文地理与城乡规划	2	539	531	25378	2	
5307 长沙理工大学	10				10	
01专业组(不限)	10	561	544	19954	10	
汉语言文学	2	561	559	14520	2	
翻译	2	547	545	19572	2	
金融学	2	556	545	19572	2	
艺术管理	4	549	544	19954	4	
5308 长沙学院	27				26	1
01专业组(不限)	24	527	515	32915	23	1
法学	2	526	525	28084	2	
汉语言文学	3	527	522	29523	3	
新闻学	2	520	519	30949	2	
英语	2	520	517	31922	2	
日语	2	517	516	32408	2	
市场营销	2	518	517	31922	2	
财务管理	2	520	518	31466	2	
物业管理	2	519	515	32915	2	
公共事业管理	2	519	518	31466	2	
物流管理	3	523	517	31922	2	1
旅游管理	2	516	516	32408	2	
02专业组(思想政治)	3	526	519	30949	3	
思想政治教育	3	526	519	30949	3	
5310 湖南人文科技学院	20				20	
01专业组(不限)	16	510	503	38765	16	
社会工作	3	506	505	37764	3	
应用心理学(师范)	3	510	507	36850	3	
市场营销	2	505	505	37764	2	
财务管理	3	508	505	37764	3	
英语(师范)	3	504	503	38765	3	
秘书学	2	507	505	37764	2	
02专业组(不限)(中外合作办学)	4	490	481	49840	4	
学前教育(中外合作办学)(师范)	4	490	481	49840	4	
5320 湖南财政经济学院	12				12	
01专业组(不限)	12	537	523	29036	12	
金融学	2	537	528	26739	2	
国际经济与贸易	3	527	526	27627	3	
网络与新媒体	3	527	523	29036	3	
市场营销	2	526	525	28084	2	
财政学类	2	536	530	25824	2	
5321 湖南科技大学	28				28	
01专业组(不限)	27	564	539	22036	27	
城乡规划	2	543	542	20768	2	
风景园林	2	542	539	22036	2	
汉语言文学(师范)	2	564	556	15509	2	
历史学(师范)	1	546	546	19168	1	

院校、专业组、专业名称	录取数	最高分	最低分	最低分位次	平行志愿	征求志愿
新闻学	1	545	545	19572	1	
广告学	2	541	540	21584	2	
日语	2	540	539	22036	2	
翻译	1	540	540	21584	1	
教育技术学(师范)	1	543	543	20329	1	
小学教育(师范)	2	543	543	20329	2	
经济学	2	542	542	20768	2	
财务管理	2	542	541	21165	2	
人力资源管理	1	543	543	20329	1	
金融工程	1	539	539	22036	1	
法学	3	546	544	19954	3	
数字经济	2	541	540	21584	2	
02专业组(化学或地理)	**1**	**556**	**556**	**15509**	**1**	
地理信息科学	1	556	556	15509	1	
5322 湖南工程学院	**4**				**4**	
01专业组(不限)	**4**	**507**	**504**	**38237**	**4**	
商务英语	2	505	504	38237	2	
电子商务	2	507	505	37764	2	
5323 湘潭大学	**32**				**32**	
01专业组(不限)	**32**	**592**	**568**	**11596**	**32**	
哲学	2	581	577	9084	2	
金融学	3	580	571	10737	3	
国际经济与贸易	2	577	571	10737	2	
工商管理	2	571	568	11596	2	
会计学	2	578	573	10153	2	
财务管理	2	570	568	11596	2	
人力资源管理	3	576	568	11596	3	
行政管理	2	570	569	11294	2	
法学类	2	592	589	6200	2	
汉语言文学	2	589	585	7094	2	
新闻学	2	579	574	9863	2	
英语	2	584	577	9084	2	
德语	2	572	572	10433	2	
西班牙语	2	573	568	11596	2	
日语	2	578	573	10153	2	
5327 湖南工学院	**12**				**12**	
01专业组(不限)	**12**	**510**	**504**	**38237**	**12**	
工业工程	2	508	504	38237	2	
工商管理	3	508	504	38237	3	
国际经济与贸易	2	510	507	36850	2	
英语	3	507	504	38237	3	
日语	2	506	505	37764	2	
5331 中南林业科技大学	**20**				**20**	
01专业组(不限)	**20**	**541**	**531**	**25378**	**20**	
国际商务	2	535	534	24116	2	
会计学	2	541	540	21584	2	
农林经济管理	2	536	534	24116	2	
金融学	2	537	537	22879	2	
保险学	2	533	532	24972	2	

院校、专业组、专业名称	录取数	最高分	最低分	最低分位次	平行志愿	征求志愿
法语	2	535	534	24116	2	
旅游管理类	5	535	531	25378	5	
行政管理	3	538	531	25378	3	
5332 湖南工业大学	**19**				**19**	
01专业组(不限)	**19**	**545**	**533**	**24524**	**19**	
法学	2	545	545	19572	2	
金融工程	1	540	540	21584	1	
国际经济与贸易	2	538	534	24116	2	
财务管理	2	536	535	23712	2	
会计学	3	534	533	24524	3	
英语	2	543	540	21584	2	
日语	3	538	535	23712	3	
汉语言文学	2	538	536	23287	2	
广告学	1	533	533	24524	1	
城乡规划	1	537	537	22879	1	
5341 南华大学	**14**				**14**	
01专业组(不限)	**12**	**545**	**540**	**21584**	**12**	
风景园林	2	543	541	21165	2	
护理学	2	543	543	20329	2	
法学	2	545	544	19954	2	
经济学	2	544	543	20329	2	
外国语言文学类	2	541	540	21584	2	
日语	2	542	542	20768	2	
02专业组(不限)	**2**	**544**	**544**	**19954**	**2**	
建筑类	2	544	544	19954	2	
5342 衡阳师范学院	**17**				**17**	
01专业组(不限)	**16**	**525**	**512**	**34383**	**16**	
经济学	1	518	518	31466	1	
国际经济与贸易	2	517	512	34383	2	
财务管理	2	517	515	32915	2	
法学	1	525	525	28084	1	
知识产权	1	521	521	29997	1	
历史学(师范)	1	521	521	29997	1	
汉语言文学(师范)	2	519	517	31922	2	
网络与新媒体	2	515	514	33398	2	
英语(师范)	1	518	518	31466	1	
旅游管理	2	517	512	34383	2	
学前教育(师范)	1	512	512	34383	1	
02专业组(思想政治)	**1**	**541**	**541**	**21165**	**1**	
思想政治教育(师范)	1	541	541	21165	1	
5343 湖南文理学院	**21**				**21**	
01专业组(不限)	**21**	**522**	**507**	**36850**	**21**	
新闻学	3	514	507	36850	3	
法学	3	522	518	31466	3	
日语	3	510	507	36850	3	
学前教育(师范)	3	514	508	36369	3	
财务管理	3	514	510	35366	3	
风景园林	3	514	508	36369	3	
小学教育(师范)	3	516	509	35866	3	

院校、专业组、专业名称	录取数	最高分	最低分	最低分位次	平行志愿	征求志愿
5349 湖南第一师范学院	**9**				**9**	
01专业组(不限)	**8**	**553**	**535**	**23712**	**8**	
小学教育(师范)	2	547	542	20768	2	
汉语言文学(师范)	2	538	537	22879	2	
英语(师范)	1	553	553	16580	1	
国际经济与贸易	1	540	540	21584	1	
市场营销	1	535	535	23712	1	
会计学	1	535	535	23712	1	
02专业组(思想政治)	**1**	**547**	**547**	**18776**	**1**	
思想政治教育(师范)	1	547	547	18776	1	
5351 湖南理工学院	**25**				**25**	
01专业组(不限)	**25**	**540**	**506**	**37291**	**25**	
汉语言文学(师范)	6	540	518	31466	6	
秘书学	4	511	507	36850	4	
朝鲜语	3	510	507	36850	3	
新闻学	6	520	506	37291	6	
网络与新媒体	6	516	506	37291	6	
5355 湖南城市学院	**12**				**12**	
01专业组(不限)	**12**	**514**	**507**	**36850**	**12**	
城乡规划	2	514	514	33398	2	
城市设计	2	509	508	36369	2	
工商管理	2	508	507	36850	2	
经济统计学	2	508	507	36850	2	
汉语国际教育(师范)	2	511	507	36850	2	
英语(师范)	2	508	507	36850	2	
5361 吉首大学	**7**				**7**	
01专业组(不限)	**7**	**534**	**522**	**29523**	**7**	
人力资源管理	2	528	525	28084	2	
网络与新媒体	1	534	534	24116	1	
翻译	1	522	522	29523	1	
英语(师范)	1	533	533	24524	1	
国际经济与贸易	1	527	527	27183	1	
法学	1	531	531	25378	1	
5371 邵阳学院	**8**				**8**	
01专业组(不限)	**8**	**521**	**508**	**36369**	**8**	
国际经济与贸易	4	510	508	36369	4	
法学	4	521	513	33879	4	
5380 长沙师范学院	**2**				**2**	
01专业组(不限)	**2**	**522**	**521**	**29997**	**2**	
学前教育(师范)	2	522	521	29997	2	
5381 湘南学院	**34**				**33**	**1**
01专业组(不限)	**34**	**533**	**507**	**36850**	**33**	**1**
汉语言文学(师范)	4	533	519	30949	4	
英语(师范)	4	517	511	34880	4	
翻译	2	511	510	35366	2	
商务英语	3	510	509	35866	3	
财务管理	3	518	513	33879	3	
国际经济与贸易	3	512	511	34880	3	
社会工作	3	515	510	35366	3	
护理学	3	523	520	30453	3	
旅游管理	3	514	507	36850	2	1
学前教育(师范)	3	516	510	35366	3	
法学	3	516	514	33398	3	
5385 怀化学院	**29**				**29**	
01专业组(不限)	**27**	**525**	**509**	**35866**	**27**	
法学	4	525	511	34880	4	
社会工作	2	510	509	35866	2	
学前教育(师范)	3	509	509	35866	3	
小学教育(师范)	5	514	510	35366	5	
汉语言文学(师范)	5	518	513	33879	5	
网络与新媒体	1	509	509	35866	1	
英语(师范)	2	510	510	35366	2	
财务管理	1	509	509	35866	1	
历史学(师范)	4	512	510	35366	4	
02专业组(思想政治)	**2**	**516**	**516**	**32408**	**2**	
思想政治教育(师范)	2	516	516	32408	2	
5391 湖南科技学院	**35**				**35**	
01专业组(不限)	**32**	**518**	**506**	**37291**	**32**	
汉语言文学(师范)	3	518	511	34880	3	
秘书学	3	510	509	35866	3	
日语	3	509	507	36850	3	
英语(师范)	3	510	507	36850	3	
国际经济与贸易	3	509	506	37291	3	
商务英语	3	508	507	36850	3	
广告学	3	518	507	36850	3	
旅游管理	2	506	506	37291	2	
文化产业管理	3	507	506	37291	3	
网络与新媒体	3	510	507	36850	3	
跨境电子商务	3	507	506	37291	3	
02专业组(思想政治)	**3**	**522**	**520**	**30453**	**3**	
思想政治教育(师范)	3	522	520	30453	3	
5393 湖南女子学院	**39**				**39**	
01专业组(不限)	**39**	**521**	**501**	**39763**	**39**	
社会工作	7	505	502	39270	7	
女性学	7	505	501	39763	7	
家政学	8	509	501	39763	8	
老年学	5	521	502	39270	5	
学前教育(师范)	3	505	504	38237	3	
英语	3	506	503	38765	3	
商务英语	2	502	502	39270	2	
会计学	2	508	506	37291	2	
人力资源管理	2	505	503	38765	2	
5401 中山大学	**29**				**29**	
01专业组(不限)	**23**	**637**	**631**	**790**	**23**	
汉语言文学	3	634	634	631	3	
哲学类(哲学、逻辑学)	3	632	631	790	3	
社会学类(含社会学等3个专业)	4	633	631	790	4	

2023年普通类(历史等科目类)本科院校

院校、专业组、专业名称	录取数	最高分	最低分	最低分位次	平行志愿	征求志愿
外国语言文学类(含英语等4个专业)	4	634	631	790	4	
法学	3	634	634	631	3	
工商管理类(工商管理、会计学)	3	637	634	631	3	
经济学类(经济学、金融学)	3	634	634	631	3	
02专业组(思想政治)	6	631	628	960	6	
公共管理类(行政管理、政治学与行政学)	3	631	630	842	3	
国际政治	3	630	628	960	3	
5402 华南理工大学	12				12	
01专业组(不限)	12	626	615	2114	12	
工商管理类	2	622	621	1508	2	
行政管理	2	618	618	1812	2	
商务英语	1	616	616	2004	1	
新闻传播学类	2	616	616	2004	2	
法学类	2	626	619	1702	2	
经济学类	2	621	619	1702	2	
旅游管理类	1	615	615	2114	1	
5404 广东外语外贸大学	17				17	
01专业组(不限)	15	590	568	11596	15	
法学	1	590	590	5998	1	
英语	1	582	582	7784	1	
德语	1	585	585	7094	1	
日语	1	573	573	10153	1	
乌尔都语	1	572	572	10433	1	
波兰语	1	575	575	9602	1	
葡萄牙语	1	568	568	11596	1	
意大利语	1	588	588	6432	1	
商务英语	1	576	576	9337	1	
新闻传播学类	1	570	570	11036	1	
工商管理类(商学院)	3	582	568	11596	3	
国际商务	1	579	579	8530	1	
行政管理	1	579	579	8530	1	
02专业组(思想政治)	2	579	574	9863	2	
政治学类	2	579	574	9863	2	
5407 暨南大学	20				20	
01专业组(不限)	20	611	594	5199	20	
广告学	2	611	598	4403	2	
英语	3	602	596	4803	3	
日语	3	599	594	5199	3	
汉语言文学	3	599	598	4403	3	
国际商务	3	598	595	5035	3	
商务英语	3	594	594	5199	3	
法学	3	611	609	2794	3	
5408 广州美术学院	2				2	
01专业组(不限)	2	570	549	18061	2	
建筑学	1	549	549	18061	1	
风景园林	1	570	570	11036	1	

院校、专业组、专业名称	录取数	最高分	最低分	最低分位次	平行志愿	征求志愿
5412 广东金融学院	2				2	
01专业组(不限)	2	543	541	21165	2	
金融学	1	541	541	21165	1	
会计学	1	543	543	20329	1	
5413 华南师范大学	10				10	
01专业组(不限)	10	607	594	5199	10	
新闻学	2	597	594	5199	2	
历史学(师范)	2	598	596	4803	2	
行政管理	2	596	594	5199	2	
法学	2	596	594	5199	2	
汉语言文学(师范)	2	607	599	4245	2	
5414 广东财经大学	3				3	
01专业组(不限)	3	578	573	10153	3	
法学	1	578	578	8812	1	
会计学	2	576	573	10153	2	
5418 哈尔滨工业大学(深圳)	8				8	
01专业组(不限)	8	638	625	1166	8	
经济管理试验班	6	638	625	1166	6	
建筑类(智慧人居类)	2	626	625	1166	2	
5419 广州大学	20				20	
01专业组(不限)	20	577	550	17664	20	
金融学	4	570	558	14824	4	
法学	4	577	566	12208	4	
法语	4	553	550	17664	4	
日语	4	564	553	16580	4	
工商管理	4	564	556	15509	4	
5420 广州中医药大学	2				2	
01专业组(化学或生物)	2	592	579	8530	2	
中医学	1	592	592	5588	1	
针灸推拿学	1	579	579	8530	1	
5421 汕头大学	14				13	1
01专业组(不限)	14	580	545	19572	13	1
汉语言文学	2	570	568	11596	2	
英语	2	566	566	12208	2	
法学	2	580	572	10433	2	
行政管理	2	565	564	12849	2	
工商管理(创业与创新管理)	3	566	562	13511	3	
新闻学	2	566	563	13156	2	
国际新闻与传播	1	545	545	19572		1
5422 南方医科大学	14				14	
01专业组(不限)	14	590	557	15175	14	
中医学	2	590	585	7094	2	
法学(卫生法学)	3	583	578	8812	3	
外国语言文学类	4	564	557	15175	4	
公共事业管理	3	575	560	14180	3	
健康服务与管理	2	568	557	15175	2	
5437 韶关学院	5				5	
01专业组(不限)	5	513	505	37764	5	
教育学(师范)	5	513	505	37764	5	

院校、专业组、专业名称	录取数	最高分	最低分	最低分位次	平行志愿	征求志愿
5451 深圳大学	**9**				**9**	
01专业组(不限)	**9**	**596**	**592**	**5588**	**9**	
法学	1	596	596	4803	1	
工商管理	2	596	592	5588	2	
国际经济与贸易	2	594	594	5199	2	
汉语言文学	3	595	593	5382	3	
西班牙语	1	592	592	5588	1	
5461 北京师范大学-香港浸会大学联合国际学院	**14**				**14**	
01专业组(不限)(中外合作办学)	**14**	**591**	**550**	**17664**	**14**	
工商管理类(中外合作办学)(财务管理、市场营销、人力资源管理、工商管理、文化产业管理)	2	561	551	17339	2	
新闻传播学类(中外合作办学)(广告学、传播学)	4	558	550	17664	4	
外国语言文学类(中外合作办学)(英语、翻译)	3	556	550	17664	3	
会计学(中外合作办学)	2	591	568	11596	2	
经济学(中外合作办学)	3	574	556	15509	3	
5477 岭南师范学院	**10**				**10**	
01专业组(不限)	**2**	**508**	**508**	**36369**	**2**	
人力资源管理	2	508	508	36369	2	
02专业组(不限)	**2**	**519**	**510**	**35366**	**2**	
新闻学	2	519	510	35366	2	
03专业组(不限)	**2**	**528**	**527**	**27183**	**2**	
汉语言文学(师范)	2	528	527	27183	2	
04专业组(不限)	**2**	**506**	**502**	**39270**	**2**	
翻译	2	506	502	39270	2	
05专业组(化学或地理)	**2**	**522**	**520**	**30453**	**2**	
地理科学(师范)	2	522	520	30453	2	
5479 深圳技术大学	**6**				**6**	
01专业组(不限)	**6**	**576**	**555**	**15860**	**6**	
国际商务	3	576	565	12540	3	
英语	3	564	555	15860	3	
5502 广西中医药大学	**5**				**5**	
01专业组(不限)	**2**	**561**	**555**	**15860**	**2**	
中医学	2	561	555	15860	2	
02专业组(不限)	**1**	**544**	**544**	**19954**	**1**	
护理学	1	544	544	19954	1	
03专业组(生物)	**2**	**547**	**547**	**18776**	**2**	
针灸推拿学	2	547	547	18776	2	
5504 南宁师范大学	**16**				**16**	
01专业组(不限)	**14**	**537**	**524**	**28558**	**14**	
小学教育(师范)	3	530	527	27183	3	
教育学(师范)	2	531	524	28558	2	
国际经济与贸易	2	531	526	27627	2	
英语(师范)	2	532	530	25824	2	
汉语言文学(师范)	3	537	533	24524	3	
市场营销	2	524	524	28558	2	
02专业组(思想政治或地理)	**2**	**532**	**525**	**28084**	**2**	
汉语国际教育	2	532	525	28084	2	
5505 玉林师范学院	**25**				**25**	
01专业组(不限)	**13**	**510**	**504**	**38237**	**13**	
新闻学	4	506	504	38237	4	
法学	4	510	507	36850	4	
学前教育(师范)	5	507	504	38237	5	
02专业组(不限)	**12**	**509**	**504**	**38237**	**12**	
汉语言文学(师范)	4	509	507	36850	4	
广告学	4	506	504	38237	4	
行政管理	4	506	504	38237	4	
5506 广西艺术学院	**4**				**4**	
01专业组(不限)	**4**	**502**	**495**	**42723**	**4**	
美术学	1	501	501	39763	1	
艺术设计学	1	495	495	42723	1	
艺术史论	1	497	497	41710	1	
戏剧影视文学	1	502	502	39270	1	
5507 北部湾大学	**2**				**2**	
01专业组(不限)	**2**	**511**	**508**	**36369**	**2**	
英语(师范)	2	511	508	36369	2	
5510 桂林医学院	**2**				**2**	
01专业组(不限)	**2**	**539**	**534**	**24116**	**2**	
护理学	2	539	534	24116	2	
5511 广西师范大学	**27**				**27**	
01专业组(不限)	**22**	**561**	**523**	**29036**	**22**	
汉语言文学(师范)	4	561	547	18776	4	
秘书学	2	546	530	25824	2	
历史学(师范)	4	544	538	22445	4	
文化产业管理	2	531	530	25824	2	
金融学	2	537	527	27183	2	
学前教育(师范)	2	534	530	25824	2	
特殊教育(师范)	2	529	523	29036	2	
英语(师范)	2	535	530	25824	2	
商务英语	2	532	530	25824	2	
02专业组(思想政治)	**5**	**553**	**539**	**22036**	**5**	
思想政治教育(师范)	3	553	542	20768	3	
社会工作	2	541	539	22036	2	
5512 桂林理工大学	**16**				**15**	**1**
01专业组(不限)	**16**	**520**	**508**	**36369**	**15**	**1**
工商管理类	3	517	515	32915	3	
旅游管理类	5	514	508	36369	4	1
社会工作	2	511	508	36369	2	
日语	2	520	514	33398	2	
英语	4	518	514	33398	4	
5517 右江民族医学院	**1**				**1**	
01专业组(不限)	**1**	**519**	**519**	**30949**	**1**	
护理学	1	519	519	30949	1	

院校、专业组、专业名称	录取数	最高分	最低分	最低分位次	平行志愿	征求志愿
5518 广西民族师范学院	15				15	
01专业组(不限)	15	503	495	42723	15	
商务英语	2	503	497	41710	2	
泰语	4	501	495	42723	4	
翻译	2	498	495	42723	2	
跨境电子商务	3	500	495	42723	3	
城市管理	4	499	497	41710	4	
5519 贺州学院	14				14	
01专业组(不限)	14	504	498	41194	14	
国际经济与贸易	3	504	500	40237	3	
商务英语	4	503	500	40237	4	
财务管理	3	504	502	39270	3	
旅游管理	4	499	498	41194	4	
5521 桂林航天工业学院	2				2	
01专业组(不限)	2	517	517	31922	2	
财务管理	2	517	517	31922	2	
5522 桂林旅游学院	9				9	
01专业组(不限)	6	509	501	39763	6	
会展经济与管理	1	505	505	37764	1	
财务管理	2	509	504	38237	2	
英语	1	501	501	39763	1	
网络与新媒体	2	506	504	38237	2	
02专业组(不限)(中外合作办学)	2	485	478	51299	2	
酒店管理(中外合作办学)	2	485	478	51299	2	
03专业组(化学或地理)	1	507	507	36850	1	
人文地理与城乡规划	1	507	507	36850	1	
5527 广西科技师范学院	10				10	
01专业组(不限)	6	508	501	39763	6	
应用心理学	2	508	502	39270	2	
财务管理	2	502	501	39763	2	
物流管理	2	506	502	39270	2	
02专业组(思想政治或地理)	4	526	519	30949	4	
汉语言文学(师范)	4	526	519	30949	4	
5531 广西科技大学	5				5	
01专业组(不限)	5	514	507	36850	5	
汉语国际教育	5	514	507	36850	5	
5532 广西民族大学	14				13	1
01专业组(不限)	7	529	525	28084	7	
法学	1	529	529	26285	1	
汉语言文学	1	529	529	26285	1	
社会学	2	528	526	27627	2	
印度尼西亚语	1	528	528	26739	1	
国际商务	2	526	525	28084	2	
02专业组(不限)	4	519	492	44268	3	1
英语	2	519	512	34383	2	
翻译	2	516	492	44268	1	1
03专业组(不限)	2	521	514	33398	2	
非物质文化遗产保护	2	521	514	33398	2	

院校、专业组、专业名称	录取数	最高分	最低分	最低分位次	平行志愿	征求志愿
04专业组(思想政治)	1	543	543	20329	1	
国际事务与国际关系	1	543	543	20329	1	
5561 梧州学院	10				9	1
01专业组(不限)	8	515	505	37764	7	1
国际经济与贸易	2	506	505	37764	2	
工商管理	1	505	505	37764	1	
财务管理	1	505	505	37764	1	
旅游管理	1	506	506	37291		1
学前教育(师范)	1	505	505	37764	1	
小学教育(师范)	1	509	509	35866	1	
法学	1	515	515	32915	1	
02专业组(思想政治)	1	499	499	40745	1	
国际经贸规则	1	499	499	40745	1	
03专业组(思想政治或地理)	1	508	508	36369	1	
汉语言文学	1	508	508	36369	1	
5601 海南大学	52				50	2
01专业组(不限)	41	595	581	8016	39	2
金融学	2	590	590	5998	2	
国际经济与贸易	2	591	586	6865	2	
法学	3	595	593	5382	3	
汉语言文学	2	592	591	5805	2	
传播学	2	588	584	7316	2	
戏剧影视文学	5	586	582	7784	5	
英语	5	587	582	7784	5	
日语	3	586	581	8016	2	1
俄语	3	582	581	8016	2	1
会计学	2	590	590	5998	2	
工商管理	2	584	584	7316	2	
农林经济管理	2	587	587	6629	2	
行政管理	2	587	583	7542	2	
旅游管理类	6	592	581	8016	6	
02专业组(不限)(中外合作办学)	7	558	543	20329	7	
会展经济与管理(中外合作办学)	2	558	556	15509	2	
行政管理(中外合作办学)	3	552	547	18776	3	
酒店管理(中外合作办学)	2	545	543	20329	2	
03专业组(化学或地理)(中外合作办学)	2	566	565	12540	2	
人文地理与城乡规划(中外合作办学)	2	566	565	12540	2	
04专业组(思想政治)	2	592	587	6629	2	
思想政治教育	2	592	587	6629	2	
5602 海南师范大学	20				20	
01专业组(不限)	18	559	537	22879	18	
教育学类(师范)	2	542	541	21165	2	
汉语言文学(师范)	2	548	546	19168	2	
英语(师范)	2	559	543	20329	2	
日语	2	540	540	21584	2	

院校、专业组、专业名称	录取数	最高分	最低分	最低分位次	平行志愿	征求志愿
历史学(师范)	2	545	544	19954	2	
法学	2	546	545	19572	2	
工商管理类	2	545	539	22036	2	
经济学类	2	543	541	21165	2	
旅游管理类	2	539	537	22879	2	
02专业组(不限)(中外合作办学)	**2**	**519**	**518**	**31466**	**2**	
学前教育(中外合作办学)(师范)	2	519	518	31466	2	
5603 海南医学院	**2**				**2**	
01专业组(思想政治)	**2**	**522**	**517**	**31922**	**2**	
健康服务与管理	2	522	517	31922	2	
5604 海南热带海洋学院	**32**				**31**	**1**
01专业组(不限)	**24**	**513**	**499**	**40745**	**24**	
社会工作	2	503	503	38765	2	
汉语言文学	3	513	509	35866	3	
秘书学	2	504	502	39270	2	
英语	2	508	508	36369	2	
俄语	3	500	499	40745	3	
新闻学	2	507	503	38765	2	
市场营销	2	506	500	40237	2	
财务管理	2	508	506	37291	2	
电子商务	2	505	499	40745	2	
旅游管理	2	507	502	39270	2	
酒店管理	2	509	503	38765	2	
02专业组(不限)(中外合作办学)	**2**	**493**	**491**	**44721**	**1**	**1**
市场营销(中外合作办学)	2	493	491	44721	1	1
03专业组(不限)(中外合作办学)	**4**	**491**	**474**	**53262**	**4**	
旅游管理(中外合作办学)	4	491	474	53262	4	
04专业组(思想政治)	**2**	**518**	**517**	**31922**	**2**	
思想政治教育(师范)	2	518	517	31922	2	
5619 琼台师范学院	**8**				**8**	
01专业组(不限)	**5**	**517**	**500**	**40237**	**5**	
特殊教育(师范)	2	517	510	35366	2	
网络与新媒体	1	500	500	40237	1	
小学教育(师范)	2	510	504	38237	2	
02专业组(思想政治)	**3**	**516**	**515**	**32915**	**3**	
思想政治教育(师范)	3	516	515	32915	3	
6101 四川大学	**29**				**29**	
02专业组(不限)	**26**	**633**	**616**	**2004**	**26**	
经济学类(含经济学、国民经济管理等4个专业)	3	625	621	1508	3	
法学	2	633	629	900	2	
中国语言文学类(汉语言文学、汉语国际教育)	2	630	630	842	2	
新闻传播学类(新闻学、广告学、网络与新媒体)	3	626	622	1408	3	
日语	2	618	616	2004	2	
西班牙语	2	619	617	1907	2	
旅游管理类(旅游管理、会展经济与管理)	4	618	616	2004	4	
哲学	2	619	619	1702	2	
人文科学试验班(档案学、信息资源管理)	2	620	618	1812	2	
会计学(ACCA)	2	631	629	900	2	
工商管理类(市场营销、财务管理、人力资源管理)	2	620	620	1605	2	
03专业组(不限)	**3**	**610**	**604**	**3490**	**3**	
美术学(理论研究)	3	610	604	3490	3	
6102 西南交通大学	**28**				**28**	
01专业组(不限)	**22**	**594**	**586**	**6865**	**22**	
新闻传播学类(传播学、广告学)	2	593	591	5805	2	
外国语言文学类	14	594	586	6865	14	
法学	2	593	590	5998	2	
公共事业管理	4	589	587	6629	4	
02专业组(思想政治)	**6**	**603**	**594**	**5199**	**6**	
思想政治教育	2	603	596	4803	2	
政治学与行政学	4	595	594	5199	4	
6103 西南财经大学	**27**				**27**	
01专业组(不限)	**21**	**622**	**613**	**2330**	**21**	
金融学类	4	622	617	1907	4	
工商管理类(会计学院)	2	618	617	1907	2	
会计学(注册会计师专门化方向)	2	619	618	1812	2	
工商管理(双语实验班)	4	616	613	2330	4	
财政学类	5	618	615	2114	5	
经济与贸易类	4	613	613	2330	4	
02专业组(不限)(中外合作办学)	**6**	**609**	**592**	**5588**	**6**	
会计学(中外合作办学)	2	609	597	4598	2	
市场营销(中外合作办学)	2	595	593	5382	2	
国际商务(中外合作办学)	2	596	592	5588	2	
6104 电子科技大学	**4**				**4**	
01专业组(不限)	**4**	**620**	**614**	**2230**	**4**	
社会科学试验班(行政管理、城市管理、法学)	2	620	615	2114	2	
外国语言文学类(含英语等4个专业)	2	615	614	2230	2	
6105 西南民族大学	**11**				**11**	
01专业组(不限)	**11**	**565**	**551**	**17339**	**11**	
法学	2	565	565	12540	2	
社会学类	2	551	551	17339	2	
汉语言文学	2	563	562	13511	2	
新闻传播学类	2	560	554	16226	2	
历史学类	3	554	552	16960	3	

院校、专业组、专业名称	录取数	最高分	最低分	最低分位次	平行志愿	征求志愿
6106 成都理工大学	**14**				**14**	
01专业组(不限)	**8**	**581**	**568**	**11596**	**8**	
法学	2	581	579	8530	2	
英语	2	577	568	11596	2	
翻译	2	572	570	11036	2	
经济学	2	577	569	11294	2	
02专业组(不限)(中外合作办学)	**6**	**566**	**543**	**20329**	**6**	
工商管理(中外合作办学)	3	550	543	20329	3	
会计学(中外合作办学)	3	566	550	17664	3	
6107 成都信息工程大学	**9**				**9**	
01专业组(不限)	**9**	**544**	**538**	**22445**	**9**	
翻译	2	540	540	21584	2	
会计学	2	544	544	19954	2	
供应链管理	2	541	541	21165	2	
电子商务	3	539	538	22445	3	
6108 成都体育学院	**6**				**6**	
01专业组(不限)	**6**	**521**	**508**	**36369**	**6**	
新闻学	4	521	508	36369	4	
经济学	2	514	510	35366	2	
6109 四川音乐学院	**12**				**12**	
01专业组(不限)	**12**	**517**	**504**	**38237**	**12**	
新媒体艺术	1	517	517	31922	1	
广播电视编导	5	509	505	37764	5	
戏剧影视文学	2	509	506	37291	2	
影视摄影与制作	1	509	509	35866	1	
摄影	1	507	507	36850	1	
艺术管理	2	506	504	38237	2	
6110 西华大学	**12**				**12**	
01专业组(不限)	**6**	**543**	**533**	**24524**	**6**	
日语	3	535	533	24524	3	
社会工作	3	543	536	23287	3	
02专业组(不限)	**3**	**540**	**536**	**23287**	**3**	
学前教育(师范)	3	540	536	23287	3	
03专业组(思想政治)	**3**	**565**	**546**	**19168**	**3**	
思想政治教育	3	565	546	19168	3	
6114 成都大学	**10**				**10**	
01专业组(不限)(中外合作办学)	**5**	**538**	**527**	**27183**	**5**	
网络与新媒体(中外合作办学)	5	538	527	27183	5	
02专业组(不限)	**5**	**544**	**538**	**22445**	**5**	
学前教育(师范)	2	544	540	21584	2	
酒店管理	1	538	538	22445	1	
会展经济与管理	2	542	538	22445	2	
6115 四川轻化工大学	**3**				**3**	
01专业组(不限)	**3**	**529**	**521**	**29997**	**3**	
工商管理	1	529	529	26285	1	
英语	1	521	521	29997	1	
广播电视学	1	525	525	28084	1	
6117 西昌学院	**3**				**3**	
01专业组(不限)	**3**	**503**	**500**	**40237**	**3**	
旅游管理	3	503	500	40237	3	
6118 内江师范学院	**5**				**5**	
01专业组(不限)	**3**	**523**	**523**	**29036**	**3**	
汉语言文学(师范)	3	523	523	29036	3	
02专业组(思想政治)	**2**	**540**	**515**	**32915**	**2**	
思想政治教育(师范)	2	540	515	32915	2	
6120 四川警察学院	**3**				**3**	
01专业组(不限)	**3**	**536**	**533**	**24524**	**3**	
法学(非公安类招生)	3	536	533	24524	3	
6129 成都师范学院	**7**				**7**	
01专业组(不限)	**5**	**537**	**530**	**25824**	**5**	
心理学	2	537	532	24972	2	
资产评估	3	531	530	25824	3	
02专业组(化学或地理)	**2**	**533**	**533**	**24524**	**2**	
地理科学	2	533	533	24524	2	
6131 西南科技大学	**13**				**13**	
01专业组(不限)	**13**	**543**	**532**	**24972**	**13**	
工商管理类	4	537	532	24972	4	
中国语言文学类	4	543	537	22879	4	
外国语言文学类	5	536	533	24524	5	
6140 四川师范大学	**9**				**9**	
01专业组(不限)	**3**	**560**	**557**	**15175**	**3**	
英语	1	560	560	14180	1	
网络与新媒体	2	558	557	15175	2	
02专业组(不限)	**3**	**575**	**570**	**11036**	**3**	
历史学	3	575	570	11036	3	
03专业组(思想政治或地理)	**3**	**581**	**579**	**8530**	**3**	
汉语言文学	3	581	579	8530	3	
6144 绵阳师范学院	**2**				**2**	
01专业组(不限)	**2**	**512**	**510**	**35366**	**2**	
广播电视学	1	512	512	34383	1	
应用心理学	1	510	510	35366	1	
6151 乐山师范学院	**8**				**8**	
01专业组(不限)	**8**	**514**	**505**	**37764**	**8**	
小学教育(师范)	2	514	511	34880	2	
心理学	4	508	505	37764	4	
翻译	2	509	508	36369	2	
6161 川北医学院	**10**				**10**	
01专业组(不限)	**10**	**537**	**525**	**28084**	**10**	
护理学	10	537	525	28084	10	
6181 宜宾学院	**6**				**6**	
01专业组(不限)	**6**	**518**	**508**	**36369**	**6**	
知识产权	3	510	509	35866	3	
英语(师范)	3	518	508	36369	3	
6187 攀枝花学院	**2**				**2**	
01专业组(不限)	**2**	**518**	**516**	**32408**	**2**	

院校、专业组、专业名称	录取数	最高分	最低分	最低分位次	平行志愿	征求志愿
法学	2	518	516	32408	2	
6201 重庆大学	**10**				**10**	
01专业组(不限)	**10**	**626**	**620**	**1605**	**10**	
人文科学试验班(法学新闻类)(法学、新闻学、广播电视学、知识产权)	4	626	621	1508	4	
外国语言文学类(英语、德语、日语)	4	621	620	1605	4	
人文科学试验班(博雅类)(汉语言文学、历史学、哲学)	2	623	622	1408	2	
6202 西南大学	**14**				**14**	
01专业组(不限)	**13**	**608**	**593**	**5382**	**13**	
汉语国际教育	1	597	597	4598	1	
英语	1	593	593	5382	1	
俄语	1	593	593	5382	1	
德语	1	593	593	5382	1	
日语	1	593	593	5382	1	
工商管理类	1	594	594	5199	1	
经济学类	1	597	597	4598	1	
社会工作	1	593	593	5382	1	
法学	2	608	600	4092	2	
教育学	1	593	593	5382	1	
应用心理学	1	601	601	3941	1	
新闻学	1	593	593	5382	1	
02专业组(化学或地理)	**1**	**595**	**595**	**5035**	**1**	
人文地理与城乡规划	1	595	595	5035	1	
6203 西南政法大学	**52**				**52**	
01专业组(不限)	**49**	**627**	**614**	**2230**	**49**	
法学	29	626	619	1702	29	
知识产权	2	619	619	1702	2	
工商管理类	2	618	618	1812	2	
法学(法学+工商管理)(双学士学位培养项目)	2	624	624	1243	2	
数字经济	2	615	614	2230	2	
法学(法学+金融学)(双学士学位培养项目)	2	627	626	1081	2	
国际经济与贸易	2	618	618	1812	2	
法学(法学+英语)(双学士学位培养项目)	2	625	624	1243	2	
德语	2	618	618	1812	2	
新闻传播学类	4	619	614	2230	4	
02专业组(不限)(中外合作办学)	**3**	**619**	**616**	**2004**	**3**	
法学(中外合作办学)	3	619	616	2004	3	
6205 重庆医科大学	**2**				**2**	
01专业组(化学或生物)	**2**	**567**	**565**	**12540**	**2**	
预防医学	2	567	565	12540	2	
6206 重庆工商大学	**10**				**10**	
01专业组(不限)	**10**	**554**	**542**	**20768**	**10**	
经济与贸易类	2	545	544	19954	2	
金融学类	2	547	546	19168	2	
工商管理类	2	544	543	20329	2	
工商管理类(财会)	2	554	549	18061	2	
新闻传播学类	2	545	542	20768	2	
6207 重庆交通大学	**10**				**9**	**1**
01专业组(不限)	**10**	**560**	**545**	**19572**	**9**	**1**
建筑类	2	545	545	19572	2	
物流管理	2	552	546	19168	2	
工商管理类	2	560	545	19572	2	
外国语言文学类	2	549	546	19168	2	
新闻传播学类	2	546	546	19168	1	1
6208 重庆理工大学	**8**				**8**	
01专业组(不限)	**8**	**541**	**538**	**22445**	**8**	
财务管理	2	541	540	21584	2	
土地资源管理	2	539	539	22036	2	
商务英语	2	538	538	22445	2	
电子商务及法律	2	541	541	21165	2	
6209 重庆邮电大学	**2**				**2**	
01专业组(不限)	**2**	**558**	**550**	**17664**	**2**	
外国语言文学类	2	558	550	17664	2	
6210 重庆师范大学	**39**				**39**	
01专业组(不限)	**35**	**571**	**547**	**18776**	**35**	
历史学(师范)	5	567	557	15175	5	
文物与博物馆学	3	554	547	18776	3	
特殊教育(师范)	2	571	554	16226	2	
应用心理学	2	561	554	16226	2	
中国语言文学类	5	571	562	13511	5	
外国语言文学类	6	552	547	18776	6	
新闻传播学类	2	560	553	16580	2	
工商管理类	5	555	547	18776	5	
小学教育(师范)	5	555	553	16580	5	
02专业组(化学或地理)	**2**	**573**	**572**	**10433**	**2**	
地理科学类(含师范)	2	573	572	10433	2	
03专业组(思想政治)	**2**	**568**	**566**	**12208**	**2**	
思想政治教育(师范)	2	568	566	12208	2	
6211 四川美术学院	**4**				**4**	
01专业组(不限)	**4**	**558**	**549**	**18061**	**4**	
艺术教育	2	555	549	18061	2	
建筑学	1	557	557	15175	1	
风景园林	1	558	558	14824	1	
6212 四川外国语大学	**17**				**17**	
02专业组(不限)	**13**	**574**	**544**	**19954**	**13**	
英语	2	565	558	14824	2	
翻译	1	561	561	13842	1	
商务英语	1	553	553	16580	1	
中国语言文学类	1	574	574	9863	1	
新闻传播学类	1	561	561	13842	1	
旅游管理	1	544	544	19954	1	

院校、专业组、专业名称	录取数	最高分	最低分	最低分位次	平行志愿	征求志愿
国际经济与贸易	1	560	560	14180	1	
金融科技	1	550	550	17664	1	
社会学类	1	556	556	15509	1	
教育学	1	546	546	19168	1	
学前教育(师范)	1	547	547	18776	1	
小学教育(师范)	1	562	562	13511	1	
03专业组(不限)(中外合作办学)	**1**	**541**	**541**	**21165**	**1**	
商务英语(中外合作办学)	1	541	541	21165	1	
04专业组(不限)(中外合作办学)	**2**	**540**	**537**	**22879**	**2**	
物流管理(中外合作办学)	2	540	537	22879	2	
05专业组(思想政治)	**1**	**570**	**570**	**11036**	**1**	
政治学类	1	570	570	11036	1	
6213 重庆三峡学院	**21**				**21**	
01专业组(不限)	**21**	**537**	**512**	**34383**	**21**	
汉语言文学(师范)	3	537	522	29523	3	
广播电视学	4	515	513	33879	4	
广告学	4	521	515	32915	4	
网络与新媒体	2	517	517	31922	2	
文化产业管理	3	514	512	34383	3	
英语	2	516	515	32915	2	
会计学	1	526	526	27627	1	
市场营销	2	515	512	34383	2	
6214 长江师范学院	**8**				**8**	
01专业组(不限)	**8**	**529**	**517**	**31922**	**8**	
物流工程	2	520	518	31466	2	
园林	2	525	521	29997	2	
旅游管理	2	524	517	31922	2	
汉语言文学(师范)	2	529	529	26285	2	
6215 重庆文理学院	**2**				**2**	
01专业组(不限)	**2**	**520**	**517**	**31922**	**2**	
文化遗产	2	520	517	31922	2	
6221 重庆科技学院	**6**				**5**	**1**
01专业组(不限)	**6**	**522**	**516**	**32408**	**5**	**1**
国际经济与贸易	3	522	519	30949	3	
英语	3	519	516	32408	2	1
6301 贵州大学	**2**				**2**	
01专业组(不限)	**2**	**589**	**588**	**6432**	**2**	
汉语言文学	2	589	588	6432	2	
6302 贵州中医药大学	**2**				**2**	
01专业组(不限)	**2**	**520**	**520**	**30453**	**2**	
运动康复	2	520	520	30453	2	
6304 贵州财经大学	**9**				**9**	
01专业组(不限)	**2**	**538**	**531**	**25378**	**2**	
金融学类	2	538	531	25378	2	
02专业组(不限)(中外合作办学)	**7**	**530**	**510**	**35366**	**7**	
会计学(中外合作办学)	3	530	521	29997	3	

院校、专业组、专业名称	录取数	最高分	最低分	最低分位次	平行志愿	征求志愿
财务管理(中外合作办学)	2	516	510	35366	2	
市场营销(中外合作办学)	2	513	510	35366	2	
6308 安顺学院	**5**				**5**	
01专业组(不限)	**4**	**511**	**502**	**39270**	**4**	
教育学类(学前教育、特殊教育)(师范)	1	503	503	38765	1	
文化产业管理	1	502	502	39270	1	
土地资源管理	2	511	505	37764	2	
02专业组(思想政治或地理)	**1**	**512**	**512**	**34383**	**1**	
汉语言文学(师范)	1	512	512	34383	1	
6310 黔南民族师范学院	**3**				**3**	
01专业组(不限)	**3**	**504**	**500**	**40237**	**3**	
社会学类	1	504	504	38237	1	
日语	1	500	500	40237	1	
应用心理学	1	501	501	39763	1	
6315 贵州工程应用技术学院	**5**				**5**	
01专业组(不限)	**5**	**504**	**503**	**38765**	**5**	
财务管理	2	504	503	38765	2	
英语(师范)	1	504	504	38237	1	
教育学类(师范)	2	504	503	38765	2	
6316 贵州商学院	**6**				**6**	
01专业组(不限)	**3**	**504**	**499**	**40745**	**3**	
市场营销	2	504	503	38765	2	
保险学	1	499	499	40745	1	
02专业组(不限)(中外合作办学)	**3**	**489**	**478**	**51299**	**3**	
会展经济与管理(中外合作办学)	3	489	478	51299	3	
6317 遵义师范学院	**2**				**2**	
01专业组(思想政治)	**2**	**519**	**515**	**32915**	**2**	
思想政治教育(师范)	2	519	515	32915	2	
6320 六盘水师范学院	**2**				**2**	
01专业组(不限)	**2**	**508**	**504**	**38237**	**2**	
新闻学	2	508	504	38237	2	
6323 贵州警察学院	**1**				**1**	
01专业组(思想政治)	**1**	**530**	**530**	**25824**	**1**	
法学(非公安类招生)	1	530	530	25824	1	
6324 贵阳康养职业大学	**3**				**3**	
02专业组(生物)	**3**	**500**	**499**	**40745**	**3**	
现代家政管理	3	500	499	40745	3	
6401 云南大学	**8**				**8**	
01专业组(不限)	**7**	**597**	**584**	**7316**	**7**	
经济学类	1	586	586	6865	1	
法学	2	597	592	5588	2	
英语	1	591	591	5805	1	
日语	1	584	584	7316	1	
泰语	1	584	584	7316	1	
工商管理类	1	585	585	7094	1	
02专业组(思想政治)	**1**	**591**	**591**	**5805**	**1**	

院校、专业组、专业名称	录取数	最高分	最低分	最低分位次	平行志愿	征求志愿
马克思主义理论	1	591	591	5805	1	
6402 云南师范大学	**14**				**14**	
01专业组(不限)	**10**	**573**	**542**	**20768**	**10**	
法学(纪检)	3	563	547	18776	3	
学前教育(师范)	3	545	542	20768	3	
汉语言文学(师范)	4	573	547	18776	4	
02专业组(思想政治)	**4**	**556**	**548**	**18396**	**4**	
思想政治教育(师范)	4	556	548	18396	4	
6403 云南艺术学院	**12**				**12**	
01专业组(不限)	**12**	**508**	**493**	**43728**	**12**	
戏剧学	2	497	497	41710	2	
戏剧影视文学	4	508	497	41710	4	
艺术管理	3	497	493	43728	3	
非物质文化遗产保护	3	495	494	43235	3	
6404 昆明理工大学	**6**				**6**	
01专业组(不限)	**6**	**546**	**539**	**22036**	**6**	
国际经济与贸易	4	546	539	22036	4	
会计学	2	541	540	21584	2	
6405 云南农业大学	**10**				**10**	
01专业组(不限)	**7**	**526**	**517**	**31922**	**7**	
经济学	2	526	525	28084	2	
电子商务	1	518	518	31466	1	
社会工作	1	520	520	30453	1	
秘书学	1	522	522	29523	1	
英语	1	517	517	31922	1	
汉语国际教育	1	523	523	29036	1	
02专业组(不限)(中外合作办学)	**2**	**512**	**510**	**35366**	**2**	
农林经济管理(中外合作办学)	2	512	510	35366	2	
03专业组(化学或生物)	**1**	**527**	**527**	**27183**	**1**	
茶学	1	527	527	27183	1	
6407 玉溪师范学院	**4**				**4**	
01专业组(不限)	**4**	**515**	**508**	**36369**	**4**	
汉语言文学(师范)	2	515	509	35866	2	
学前教育(师范)	2	509	508	36369	2	
6408 云南财经大学	**42**				**42**	
01专业组(不限)	**42**	**557**	**528**	**26739**	**42**	
金融学	3	543	538	22445	3	
投资学	3	537	533	24524	3	
城乡规划	2	529	528	26739	2	
资产评估	2	529	529	26285	2	
工商管理	3	535	531	25378	3	
市场营销	2	531	530	25824	2	
人力资源管理	2	531	528	26739	2	
商务英语	2	537	533	24524	2	
法学	2	543	537	22879	2	
会计学	3	557	549	18061	3	
广告学	2	536	531	25378	2	
财务管理	2	540	539	22036	2	
财政学	2	536	535	23712	2	
酒店管理	2	529	528	26739	2	
税收学	3	534	530	25824	3	
经济学	3	538	536	23287	3	
贸易经济	2	530	528	26739	2	
国际商务	2	529	528	26739	2	
6409 楚雄师范学院	**2**				**2**	
01专业组(不限)	**2**	**504**	**503**	**38765**	**2**	
学前教育(师范)	1	503	503	38765	1	
市场营销	1	504	504	38237	1	
6410 昆明学院	**9**				**9**	
01专业组(不限)	**7**	**509**	**503**	**38765**	**7**	
工商管理	2	509	504	38237	2	
英语(师范)	2	506	505	37764	2	
酒店管理	3	504	503	38765	3	
02专业组(地理)	**2**	**535**	**529**	**26285**	**2**	
汉语言文学(师范)	2	535	529	26285	2	
6411 大理大学	**12**				**12**	
01专业组(不限)	**4**	**531**	**527**	**27183**	**4**	
护理学	4	531	527	27183	4	
02专业组(不限)	**4**	**529**	**526**	**27627**	**4**	
汉语言文学	4	529	526	27627	4	
03专业组(思想政治)	**2**	**529**	**528**	**26739**	**2**	
法学	2	529	528	26739	2	
04专业组(思想政治或地理)	**2**	**520**	**519**	**30949**	**2**	
新闻学	2	520	519	30949	2	
6413 红河学院	**11**				**10**	**1**
01专业组(不限)	**11**	**514**	**501**	**39763**	**10**	**1**
汉语言文学(师范)	2	514	505	37764	2	
网络与新媒体	1	507	507	36850	1	
英语	2	513	502	39270	1	1
财务管理	2	502	502	39270	2	
物流管理	2	505	503	38765	2	
酒店管理	2	501	501	39763	2	
6414 云南民族大学	**6**				**6**	
01专业组(不限)	**6**	**530**	**520**	**30453**	**6**	
国际经济与贸易	2	521	520	30453	2	
会计学	2	529	525	28084	2	
网络与新媒体	2	530	521	29997	2	
6417 曲靖师范学院	**2**				**2**	
01专业组(化学或地理)	**2**	**529**	**519**	**30949**	**2**	
地理科学(师范)	2	529	519	30949	2	
6419 普洱学院	**5**				**5**	
01专业组(不限)	**5**	**513**	**501**	**39763**	**5**	
英语(师范)	5	513	501	39763	5	
6420 文山学院	**6**				**6**	
01专业组(思想政治或地理)	**6**	**514**	**507**	**36850**	**6**	
汉语言文学(师范)	6	514	507	36850	6	

院校、专业组、专业名称	录取数	最高分	最低分	最低分位次	平行志愿	征求志愿
6421 云南警官学院	3				3	
02专业组(思想政治)	3	544	533	24524	3	
法学(非公安类招生)	3	544	533	24524	3	
7101 西北大学	19				19	
01专业组(不限)	15	600	591	5805	15	
经济学	2	594	592	5588	2	
历史学	2	593	592	5588	2	
法学	2	595	595	5035	2	
中国语言文学类(汉语言文学、汉语国际教育)	5	600	593	5382	5	
公共管理类	4	593	591	5805	4	
02专业组(不限)	1	613	613	2330	1	
考古学	1	613	613	2330	1	
03专业组(思想政治)	3	599	592	5588	3	
新闻传播学类	3	599	592	5588	3	
7102 西北工业大学	12				12	
01专业组(不限)	12	613	609	2794	12	
经济与贸易类(含国际经济与贸易等3个专业)	8	613	609	2794	8	
外国语言文学类(英语、德语)	4	611	609	2794	4	
7103 陕西师范大学	19				19	
01专业组(不限)	16	608	594	5199	16	
外国语言文学类(含师范)	2	602	602	3787	2	
新闻传播学类	3	601	598	4403	3	
公共管理类	4	597	594	5199	4	
教育学(师范)	2	599	599	4245	2	
中国语言文学类[汉语言文学(师范)、秘书学、汉语言文学(拔尖学生培养基地)]	2	608	606	3205	2	
历史学类(含师范)	3	604	602	3787	3	
02专业组(思想政治)	3	598	597	4598	3	
马克思主义理论	3	598	597	4598	3	
7104 西安交通大学	12				12	
01专业组(不限)	12	632	627	1025	12	
文科试验班类	10	632	627	1025	10	
外国语言文学类	2	627	627	1025	2	
7107 长安大学	6				6	
01专业组(不限)	6	591	588	6432	6	
工商管理类	1	589	589	6200	1	
经济学类	1	591	591	5805	1	
法学	1	590	590	5998	1	
公共管理类	1	588	588	6432	1	
新闻传播学类	1	591	591	5805	1	
英语	1	588	588	6432	1	
7109 西北政法大学	45				45	
01专业组(不限)	45	614	600	4092	45	
法学(民商法)	11	614	606	3205	11	
法学(经济法)	11	605	601	3941	11	
法学(刑事法)	10	607	601	3941	10	
法学(行政法)	13	601	600	4092	13	
7110 西安工程大学	8				8	
01专业组(不限)	8	543	539	22036	8	
法学	2	542	542	20768	2	
汉语言文学	2	543	543	20329	2	
英语	2	541	539	22036	2	
人力资源管理	2	541	541	21165	2	
7111 西安财经大学	7				7	
01专业组(不限)	7	547	540	21584	7	
经济学	2	547	542	20768	2	
市场营销	2	542	541	21165	2	
商务英语	3	540	540	21584	3	
7113 西安石油大学	7				7	
01专业组(不限)	7	542	533	24524	7	
国际经济与贸易	3	541	534	24116	3	
工商管理类	2	542	540	21584	2	
翻译	2	535	533	24524	2	
7114 西安医学院	8				7	1
01专业组(不限)	8	537	522	29523	7	1
护理学	5	537	530	25824	5	
公共事业管理	3	529	522	29523	2	1
7115 西安工业大学	3				3	
01专业组(不限)	3	541	539	22036	3	
英语	1	541	541	21165	1	
工商管理类	2	541	539	22036	2	
7116 西安邮电大学	13				13	
01专业组(不限)	13	550	541	21165	13	
金融工程	4	550	542	20768	4	
网络与新媒体	1	546	546	19168	1	
工商管理	2	548	543	20329	2	
财务管理	3	545	543	20329	3	
电子商务	3	542	541	21165	3	
7117 西安外国语大学	37				37	
02专业组(不限)	37	586	547	18776	37	
经济学	1	555	555	15860	1	
金融学	1	562	562	13511	1	
国际经济与贸易	1	558	558	14824	1	
汉语言文学	3	560	558	14824	3	
汉语国际教育	2	548	548	18396	2	
英语	4	576	554	16226	4	
德语	1	554	554	16226	1	
法语	1	563	563	13156	1	
西班牙语	1	568	568	11596	1	
语言学	1	551	551	17339	1	
翻译	5	586	552	16960	5	
商务英语	3	558	550	17664	3	
新闻学	3	554	547	18776	3	
工商管理	2	561	554	16226	2	

2023年普通类(历史等科目类)本科院校

院校、专业组、专业名称	录取数	最高分	最低分	最低分位次	平行志愿	征求志愿
会计学	1	568	568	11596	1	
审计学	2	563	561	13842	2	
英语(师范)	3	554	552	16960	3	
汉语言文学(师范)	2	560	556	15509	2	
7122 西安文理学院	15				15	
01专业组(不限)	13	537	512	34383	13	
汉语言文学(师范)	2	537	517	31922	2	
汉语国际教育	4	514	513	33879	4	
英语(师范)	2	537	515	32915	2	
日语	2	513	513	33879	2	
翻译	3	515	512	34383	3	
02专业组(思想政治)	2	528	521	29997	2	
思想政治教育(师范)	2	528	521	29997	2	
7140 渭南师范学院	3				3	
01专业组(不限)(中外合作办学)	3	501	495	42723	3	
学前教育(中外合作办学)(师范)	3	501	495	42723	3	
7141 西北农林科技大学	4				4	
01专业组(不限)	4	606	598	4403	4	
法学	2	606	598	4403	2	
英语	2	598	598	4403	2	
7142 延安大学	10				10	
01专业组(不限)	6	549	531	25378	6	
汉语言文学(师范)	2	549	541	21165	2	
新闻学	2	541	537	22879	2	
日语	2	533	531	25378	2	
02专业组(思想政治)	4	545	540	21584	4	
中国共产党历史	2	545	540	21584	2	
思想政治教育(师范)	2	544	540	21584	2	
7150 陕西学前师范学院	7				7	
01专业组(不限)	5	508	503	38765	5	
文化产业管理	3	508	505	37764	3	
翻译	2	504	503	38765	2	
02专业组(化学或地理)	2	506	505	37764	2	
人文地理与城乡规划	2	506	505	37764	2	
7151 陕西科技大学	7				7	
01专业组(不限)	7	539	534	24116	7	
国际经济与贸易	4	539	534	24116	4	
工商管理	3	536	535	23712	3	
7162 宝鸡文理学院	8				8	
01专业组(不限)	8	522	514	33398	8	
学前教育(师范)	2	515	514	33398	2	
汉语言文学(师范)	2	522	519	30949	2	
外国语言文学类	2	514	514	33398	2	
历史学(师范)	2	517	516	32408	2	
7165 咸阳师范学院	2				2	
01专业组(不限)(中外合作办学)	2	500	498	41194	2	
学前教育(中外合作办学)(师范)	2	500	498	41194	2	
7166 商洛学院	2				2	
01专业组(思想政治)	2	510	509	35866	2	
思想政治教育(师范)	2	510	509	35866	2	
7167 陕西理工大学	20				20	
01专业组(不限)	10	532	518	31466	10	
国际经济与贸易	2	521	519	30949	2	
学前教育(师范)	2	532	520	30453	2	
英语(师范)	2	529	521	29997	2	
工商管理	2	526	518	31466	2	
物流管理	2	529	518	31466	2	
02专业组(化学或地理)	2	537	532	24972	2	
地理科学(师范)	2	537	532	24972	2	
03专业组(思想政治)	4	542	531	25378	4	
法学	2	542	535	23712	2	
思想政治教育(师范)	2	531	531	25378	2	
04专业组(思想政治或地理)	4	530	524	28558	4	
广播电视学	2	525	524	28558	2	
汉语言文学(师范)	2	530	529	26285	2	
7201 兰州大学	38				38	
01专业组(不限)	19	620	603	3640	19	
哲学	2	607	605	3348	2	
经济学类(含经济学等4个专业)	4	620	607	3063	4	
法学	4	617	610	2671	4	
英语	3	608	606	3205	3	
德语	2	604	604	3490	2	
新闻传播学类	2	606	606	3205	2	
法语	2	604	603	3640	2	
02专业组(生物或地理)	6	602	599	4245	6	
工商管理类(含市场营销、人力资源管理等5个专业)	6	602	599	4245	6	
03专业组(思想政治)	7	618	608	2929	7	
政治学类	3	609	608	2929	3	
马克思主义理论类	4	618	609	2794	4	
04专业组(地理)	6	616	610	2671	6	
历史学类	6	616	610	2671	6	
7202 兰州理工大学	9				8	1
01专业组(不限)	5	524	507	36850	4	1
俄语	2	524	507	36850	1	1
日语	3	519	510	35366	3	
02专业组(不限)	4	544	537	22879	4	
法学	2	544	541	21165	2	
知识产权	2	538	537	22879	2	
7203 兰州财经大学	20				19	1
01专业组(不限)	20	539	516	32408	19	1
会计学	2	539	535	23712	2	
金融学	3	532	526	27627	3	

院校、专业组、专业名称	录取数	最高分	最低分	最低分位次	平行志愿	征求志愿
国际经济与贸易	2	526	526	27627	2	
跨境电子商务	3	523	521	29997	3	
财政学	3	532	529	26285	3	
公共事业管理	2	521	521	29997	2	
人力资源管理	3	526	522	29523	3	
会展经济与管理	2	520	516	32408	1	1
7204 兰州交通大学	**11**				**11**	
01专业组(不限)	**11**	**538**	**530**	**25824**	**11**	
国际经济与贸易	2	531	531	25378	2	
工商管理	2	531	531	25378	2	
会计学	2	534	533	24524	2	
英语	1	530	530	25824	1	
西班牙语	1	530	530	25824	1	
汉语言文学	2	538	533	24524	2	
汉语国际教育	1	531	531	25378	1	
7205 西北民族大学	**15**				**15**	
01专业组(不限)	**10**	**534**	**519**	**30949**	**10**	
法学	2	534	531	25378	2	
阿拉伯语	2	525	525	28084	2	
英语	2	531	525	28084	2	
新闻传播学类	4	524	519	30949	4	
02专业组(思想政治)	**5**	**513**	**511**	**34880**	**5**	
民族学	2	513	513	33879	2	
社会学	3	512	511	34880	3	
7206 甘肃农业大学	**3**				**3**	
01专业组(不限)	**3**	**524**	**519**	**30949**	**3**	
金融学	3	524	519	30949	3	
7207 甘肃政法大学	**31**				**31**	
01专业组(不限)	**28**	**577**	**544**	**19954**	**28**	
社会工作	1	545	545	19572	1	
财务管理	1	544	544	19954	1	
翻译	2	546	546	19168	2	
法学	12	574	546	19168	12	
国际经贸规则	2	546	546	19168	2	
英语(法律英语)	2	545	545	19572	2	
法学(政府法治)	2	577	560	14180	2	
法学(生态环境法治)	2	554	547	18776	2	
法学(智慧法治)	2	546	546	19168	2	
法学(涉外法治)	2	557	550	17664	2	
02专业组(思想政治)	**3**	**544**	**543**	**20329**	**3**	
政治学与行政学	1	544	544	19954	1	
侦查学	1	544	544	19954	1	
禁毒学	1	543	543	20329	1	
7211 陇东学院	**5**				**5**	
01专业组(不限)	**5**	**505**	**501**	**39763**	**5**	
学前教育(师范)	1	505	505	37764	1	
会计学	2	503	501	39763	2	
健康服务与管理	2	501	501	39763	2	
7214 西北师范大学	**15**				**15**	
01专业组(不限)	**14**	**563**	**542**	**20768**	**14**	
法学	2	553	545	19572	2	
汉语国际教育(师范)	2	544	542	20768	2	
历史学(师范)	2	554	553	16580	2	
工商管理类	2	543	542	20768	2	
会计学	2	558	544	19954	2	
英语(师范)	2	552	545	19572	2	
汉语言文学(师范)	2	563	562	13511	2	
02专业组(思想政治)	**1**	**558**	**558**	**14824**	**1**	
思想政治教育(师范)	1	558	558	14824	1	
7216 天水师范学院	**6**				**6**	
01专业组(不限)	**6**	**516**	**508**	**36369**	**6**	
汉语言文学(师范)	3	516	515	32915	3	
英语(师范)	3	509	508	36369	3	
7218 兰州城市学院	**14**				**14**	
01专业组(不限)	**11**	**510**	**504**	**38237**	**11**	
汉语言文学(师范)	2	510	509	35866	2	
英语(师范)	2	508	507	36850	2	
学前教育(师范)	2	505	504	38237	2	
会计学	5	509	505	37764	5	
02专业组(生物或地理)	**3**	**506**	**503**	**38765**	**3**	
城乡规划	3	506	503	38765	3	
7219 兰州文理学院	**5**				**4**	**1**
01专业组(不限)	**5**	**518**	**505**	**37764**	**4**	**1**
投资学	1	518	518	31466		1
财务管理	1	505	505	37764	1	
汉语言文学(师范)	1	508	508	36369	1	
翻译	1	505	505	37764	1	
新闻学	1	505	505	37764	1	
7302 青海民族大学	**6**				**6**	
01专业组(不限)	**6**	**517**	**512**	**34383**	**6**	
法学	2	517	514	33398	2	
社会工作	2	513	513	33879	2	
行政管理	2	512	512	34383	2	
7303 青海师范大学	**5**				**5**	
01专业组(不限)	**5**	**517**	**477**	**51747**	**5**	
社会工作	2	484	477	51747	2	
英语(师范)	3	517	503	38765	3	
7401 北方民族大学	**6**				**6**	
01专业组(不限)	**4**	**522**	**518**	**31466**	**4**	
法学	1	522	522	29523	1	
英语	1	521	521	29997	1	
日语	1	518	518	31466	1	
汉语言文学	1	521	521	29997	1	
02专业组(思想政治或地理)	**2**	**514**	**508**	**36369**	**2**	
新闻传播学类	2	514	508	36369	2	
7402 宁夏大学	**4**				**4**	
01专业组(不限)	**4**	**583**	**579**	**8530**	**4**	
汉语言文学(师范)	2	583	581	8016	2	

院校、专业组、专业名称	录取数	最高分	最低分	最低分位次	平行志愿	征求志愿
新闻传播学类	2	579	579	8530	2	
7501 新疆大学	**5**				**5**	
01专业组(不限)	**4**	**583**	**575**	**9602**	**4**	
法学	1	575	575	9602	1	
汉语言文学	1	583	583	7542	1	
英语	2	579	578	8812	2	
02专业组(思想政治)	**1**	**578**	**578**	**8812**	**1**	
国际政治	1	578	578	8812	1	
7502 新疆师范大学	**19**				**19**	
01专业组(不限)	**14**	**530**	**516**	**32408**	**14**	
小学教育(师范)	1	526	526	27627	1	
特殊教育(师范)	1	524	524	28558	1	
学前教育(师范)	2	523	518	31466	2	
汉语言文学(师范)	4	530	528	26739	4	
历史学(师范)	3	527	520	30453	3	
文物与博物馆学	1	518	518	31466	1	
英语(师范)	1	518	518	31466	1	
日语	1	516	516	32408	1	
02专业组(思想政治)	**5**	**527**	**519**	**30949**	**5**	
思想政治教育(师范)	5	527	519	30949	5	
7503 新疆农业大学	**85**				**83**	**2**
01专业组(不限)	**45**	**518**	**498**	**41194**	**45**	
经济学	5	507	502	39270	5	
国际经济与贸易	5	502	499	40745	5	
法学	5	518	509	35866	5	
英语	5	501	499	40745	5	
市场营销	5	501	498	41194	5	
会计学	5	509	504	38237	5	
人力资源管理	5	499	498	41194	5	
农林经济管理	5	507	501	39763	5	
公共事业管理	5	503	498	41194	5	
02专业组(不限)	**35**	**503**	**475**	**52757**	**33**	**2**
经济与贸易类	15	492	477	51747	15	
工商管理类	20	503	475	52757	18	2
03专业组(化学或地理)	**5**	**506**	**497**	**41710**	**5**	
人文地理与城乡规划	5	506	497	41710	5	
7505 新疆财经大学	**37**				**37**	
01专业组(不限)	**37**	**523**	**499**	**40745**	**37**	
金融学	1	523	523	29036	1	
保险学	2	510	501	39763	2	
人力资源管理	1	505	505	37764	1	
市场营销	4	503	499	40745	4	
会计学	2	515	514	33398	2	
财务管理	2	514	510	35366	2	
经济学	3	508	508	36369	3	
税收学	2	510	503	38765	2	
行政管理	2	504	502	39270	2	
旅游管理	1	503	503	38765	1	
酒店管理	1	499	499	40745	1	

院校、专业组、专业名称	录取数	最高分	最低分	最低分位次	平行志愿	征求志愿
国际经济与贸易	3	506	499	40745	3	
国际商务	2	503	500	40237	2	
商务英语	3	508	501	39763	3	
法学	1	518	518	31466	1	
新闻学	2	501	501	39763	2	
汉语言文学	3	506	506	37291	3	
汉语国际教育	2	506	502	39270	2	
7507 昌吉学院	**15**				**15**	
01专业组(不限)	**15**	**500**	**474**	**53262**	**15**	
商务英语	10	489	474	53262	10	
网络与新媒体	5	500	486	47264	5	
7512 新疆科技学院	**25**				**24**	**1**
01专业组(不限)	**22**	**502**	**493**	**43728**	**21**	**1**
会计学	2	502	496	42222	2	
财务管理	2	496	494	43235	2	
税收学	2	494	493	43728	2	
金融学	2	494	493	43728	2	
国际经济与贸易	2	496	495	42723	2	
人力资源管理	2	495	493	43728	2	
市场营销	2	496	495	42723	2	
法学	2	497	497	41710	2	
新闻学	2	496	496	42222	2	
旅游管理	2	502	495	42723	1	1
电子商务	2	495	493	43728	2	
02专业组(生物)	**2**	**515**	**499**	**40745**	**2**	
护理学	2	515	499	40745	2	
03专业组(思想政治)	**1**	**493**	**493**	**43728**	**1**	
医疗保险	1	493	493	43728	1	
7513 新疆理工学院	**13**				**13**	
01专业组(不限)	**13**	**499**	**483**	**48843**	**13**	
工商管理	2	499	493	43728	2	
市场营销	2	492	490	45242	2	
旅游管理	2	489	487	46782	2	
物流管理	3	496	486	47264	3	
英语	2	492	486	47264	2	
商务英语	2	485	483	48843	2	
7521 伊犁师范大学	**45**				**45**	
01专业组(不限)	**42**	**516**	**496**	**42222**	**42**	
法学	6	516	502	39270	6	
数字经济	2	501	499	40745	2	
英语(师范)	5	500	498	41194	5	
学前教育(师范)	4	506	498	41194	4	
俄语	3	498	497	41710	3	
小学教育(师范)	3	503	502	39270	3	
翻译	3	498	496	42222	3	
广播电视学	4	499	497	41710	4	
汉语言文学(师范)	8	512	503	38765	8	
汉语国际教育(师范)	4	502	500	40237	4	
02专业组(思想政治)	**3**	**508**	**505**	**37764**	**3**	

院校、专业组、专业名称	录取数	最高分	最低分	最低分位次	平行志愿	征求志愿
思想政治教育(师范)	3	508	505	37764	3	
7526 塔里木大学	**4**				**4**	
01专业组(不限)	**4**	**495**	**488**	**46286**	**4**	
旅游管理	4	495	488	46286	4	
7529 喀什大学	**6**				**6**	
01专业组(不限)	**3**	**504**	**504**	**38237**	**3**	
教育学(师范)	1	504	504	38237	1	
学前教育(师范)	1	504	504	38237	1	
旅游管理	1	504	504	38237	1	
02专业组(思想政治)	**2**	**505**	**504**	**38237**	**2**	
思想政治教育(师范)	2	505	504	38237	2	
03专业组(思想政治或地理)	**1**	**510**	**510**	**35366**	**1**	
汉语言文学(师范)	1	510	510	35366	1	
7531 新疆政法学院	**27**				**27**	
01专业组(不限)	**24**	**514**	**493**	**43728**	**24**	
法学	7	514	499	40745	7	
汉语言文学	3	498	496	42222	3	
工商管理	2	495	494	43235	2	
国际经济与贸易	2	496	493	43728	2	
监狱学	2	498	495	42723	2	
社区矫正	2	494	494	43235	2	
财务管理	2	495	494	43235	2	
历史学	4	496	494	43235	4	
02专业组(思想政治)	**3**	**497**	**494**	**43235**	**3**	
政治学与行政学	3	497	494	43235	3	
8001 上海杉达学院	**25**				**25**	
01专业组(不限)	**25**	**517**	**481**	**49840**	**25**	
金融学	2	503	501	39763	2	
国际经济与贸易	2	490	489	45759	2	
会计学	2	499	495	42723	2	
市场营销	2	491	483	48843	2	
劳动与社会保障	4	496	481	49840	4	
英语	5	489	482	49343	5	
日语	2	484	481	49840	2	
新闻学	2	496	481	49840	2	
网络与新媒体	2	517	497	41710	2	
时尚传播	2	490	482	49343	2	
8002 上海建桥学院	**49**				**48**	**1**
01专业组(不限)	**49**	**519**	**477**	**51747**	**48**	**1**
金融工程	3	481	479	50817	3	
国际经济与贸易	3	512	495	42723	3	
英语	6	512	479	50817	6	
日语	6	491	478	51299	6	
传播学	5	510	478	51299	5	
网络与新媒体	5	512	480	50301	5	
时尚传播	4	480	479	50817	4	
工商管理	3	489	479	50817	3	
会计学	4	519	491	44721	4	
电子商务	6	490	478	51299	6	
旅游管理	4	480	477	51747	3	1
8003 上海兴伟学院	**5**				**4**	**1**
01专业组(不限)	**5**	**475**	**474**	**53262**	**4**	**1**
英语	5	475	474	53262	4	1
8004 上海视觉艺术学院	**8**				**8**	
01专业组(不限)	**8**	**522**	**498**	**41194**	**8**	
文化产业管理	8	522	498	41194	8	
8005 上海外国语大学贤达经济人文学院	**65**				**65**	
01专业组(不限)	**65**	**529**	**474**	**53262**	**65**	
英语	8	529	477	51747	8	
日语	6	477	474	53262	6	
朝鲜语	1	475	475	52757	1	
阿拉伯语	3	479	474	53262	3	
国际经济与贸易	7	478	475	52757	7	
会计学	7	514	485	47751	7	
金融学	6	482	477	51747	6	
工商管理	8	480	475	52757	8	
旅游管理	2	475	475	52757	2	
文化产业管理	7	483	474	53262	7	
广告学	2	474	474	53262	2	
新闻学	8	480	474	53262	8	
8006 上海师范大学天华学院	**56**				**56**	
01专业组(不限)	**56**	**503**	**474**	**53262**	**56**	
小学教育(中外合作办学)(师范)	3	501	491	44721	3	
英语(英语教育)	13	495	475	52757	13	
应用心理学	13	500	474	53262	13	
财务管理(国际注册会计师)	7	503	488	46286	7	
财务管理(特许金融分析师)	5	502	475	52757	5	
国际商务	15	484	474	53262	15	
8023 上海立达学院	**2**				**1**	**1**
01专业组(不限)	**2**	**528**	**477**	**51747**	**1**	**1**
金融科技	2	528	477	51747	1	1
8029 上海中侨职业技术大学	**22**				**22**	
01专业组(不限)	**22**	**485**	**474**	**53262**	**22**	
金融科技应用	4	485	475	52757	4	
大数据与会计	9	482	474	53262	9	
现代物流管理	1	476	476	52278	1	
全媒体电商运营	8	478	474	53262	8	
8030 浙江万里学院	**158**				**158**	
01专业组(不限)	**154**	**522**	**495**	**42723**	**154**	
日语	8	503	495	42723	8	
社会工作	5	505	498	41194	5	
知识产权	5	516	507	36850	5	
新闻传播学类	6	516	506	37291	6	
电子商务类	10	505	496	42222	10	
物流管理	5	507	495	42723	5	
金融学类	10	518	501	39763	10	

院校、专业组、专业名称	录取数	最高分	最低分	最低分位次	平行志愿	征求志愿
国际经济与贸易	5	513	502	39270	5	
电子商务及法律	6	511	502	39270	6	
财务管理	10	509	506	37291	10	
国际商务	5	499	496	42222	5	
会计学	10	522	511	34880	10	
会展经济与管理	10	507	497	41710	10	
资产评估	10	504	496	42222	10	
创业管理	5	499	497	41710	5	
商务英语	6	510	498	41194	6	
英语	10	510	503	38765	10	
汉语言文学	5	519	511	34880	5	
数字经济	5	511	497	41710	5	
工商管理	13	502	497	41710	13	
供应链管理	5	502	499	40745	5	
02专业组(不限)(中外合作办学)	**4**	**497**	**491**	**44721**	**4**	
广告学(中外合作办学)	4	497	491	44721	4	
8031 浙江树人学院	**109**				**109**	
01专业组(不限)	**109**	**498**	**478**	**51299**	**109**	
工商管理	5	481	479	50817	5	
市场营销	4	480	479	50817	4	
财务管理	5	483	480	50301	5	
公共事业管理	5	482	478	51299	5	
物流管理	5	482	478	51299	5	
英语	8	486	479	50817	8	
商务英语	6	479	478	51299	6	
汉语言文学	6	498	492	44268	6	
新闻学	5	487	480	50301	5	
秘书学	5	487	481	49840	5	
网络与新媒体	10	491	480	50301	10	
国际经济与贸易	20	485	478	51299	20	
旅游管理	5	480	478	51299	5	
会展经济与管理	5	481	478	51299	5	
投资学	5	482	478	51299	5	
国际商务	5	480	478	51299	5	
社会工作	5	481	479	50817	5	
8032 浙江越秀外国语学院	**118**				**118**	
01专业组(不限)	**113**	**539**	**474**	**53262**	**113**	
网络与新媒体	2	479	479	50817	2	
时尚传播	2	482	477	51747	2	
汉语言文学	21	498	479	50817	21	
酒店管理	4	475	474	53262	4	
金融工程	6	477	474	53262	6	
英语	8	481	477	51747	8	
商务英语	11	477	474	53262	11	
翻译	7	482	474	53262	7	
日语	6	490	477	51747	6	
阿拉伯语	2	539	476	52278	2	
泰语	1	474	474	53262	1	
法语	1	477	477	51747	1	
西班牙语	6	484	475	52757	6	
俄语	3	475	474	53262	3	
德语	1	477	477	51747	1	
葡萄牙语	2	476	474	53262	2	
工商管理	2	481	477	51747	2	
国际商务	3	476	474	53262	3	
投资学	4	476	474	53262	4	
国际经济与贸易	2	477	477	51747	2	
物流管理	4	478	475	52757	4	
传播学	3	477	477	51747	3	
编辑出版学	8	477	474	53262	8	
会展经济与管理	4	476	474	53262	4	
02专业组(不限)(中外合作办学)	**5**	**478**	**476**	**52278**	**5**	
网络与新媒体(中外合作办学)	5	478	476	52278	5	
8033 宁波财经学院	**27**				**27**	
01专业组(不限)	**27**	**499**	**477**	**51747**	**27**	
财务管理	3	491	480	50301	3	
会计学	2	485	480	50301	2	
国际经济与贸易	4	481	479	50817	4	
电子商务	1	481	481	49840	1	
物流管理	4	481	477	51747	4	
工商管理	2	481	477	51747	2	
创业管理	4	479	477	51747	4	
市场营销	1	479	479	50817	1	
金融工程	2	480	478	51299	2	
英语	3	499	480	50301	3	
广告学	1	479	479	50817	1	
8036 浙江工业大学之江学院	**4**				**4**	
01专业组(不限)	**4**	**509**	**481**	**49840**	**4**	
市场营销	2	509	496	42222	2	
旅游管理	2	491	481	49840	2	
8037 浙江师范大学行知学院	**6**				**6**	
01专业组(不限)	**6**	**483**	**481**	**49840**	**6**	
金融学	3	483	482	49343	3	
国际经济与贸易	3	481	481	49840	3	
8038 宁波大学科学技术学院	**8**				**8**	
01专业组(不限)	**8**	**483**	**481**	**49840**	**8**	
工商管理	1	482	482	49343	1	
会计学	1	482	482	49343	1	
金融学	1	481	481	49840	1	
国际经济与贸易	1	482	482	49343	1	
电子商务	1	483	483	48843	1	
英语	1	481	481	49840	1	
翻译	1	481	481	49840	1	
日语	1	481	481	49840	1	
8042 浙江农林大学暨阳学院	**4**				**4**	

院校、专业组、专业名称	录取数	最高分	最低分	最低分位次	平行志愿	征求志愿
01专业组(不限)	**4**	**486**	**484**	**48283**	**4**	
会计学	2	486	486	47264	2	
财务管理	2	484	484	48283	2	
8046 绍兴文理学院元培学院	**25**				**25**	
01专业组(不限)	**25**	**498**	**481**	**49840**	**25**	
中国语言文学类	4	488	483	48843	4	
英语	3	482	481	49840	3	
翻译	2	481	481	49840	2	
会计学	3	498	486	47264	3	
财务管理	2	483	483	48843	2	
工商管理	2	481	481	49840	2	
电子商务	2	481	481	49840	2	
国际经济与贸易	2	482	482	49343	2	
园林	5	493	481	49840	5	
8048 浙江工商大学杭州商学院	**29**				**29**	
01专业组(不限)	**29**	**508**	**481**	**49840**	**29**	
工商管理	1	487	487	46782	1	
市场营销	1	485	485	47751	1	
人力资源管理	2	483	481	49840	2	
会计学	4	493	484	48283	4	
财务管理	4	493	482	49343	4	
旅游管理	1	482	482	49343	1	
经济统计学	1	482	482	49343	1	
金融学	2	508	483	48843	2	
互联网金融	3	489	481	49840	3	
国际经济与贸易	3	503	481	49840	3	
英语	2	498	483	48843	2	
商务英语	1	489	489	45759	1	
电子商务	2	483	481	49840	2	
跨境电子商务	2	487	481	49840	2	
8051 浙江财经大学东方学院	**12**				**12**	
01专业组(不限)	**12**	**494**	**480**	**50301**	**12**	
财政学	2	484	482	49343	2	
社会工作	4	494	481	49840	4	
英语	6	481	480	50301	6	
8052 温州商学院	**11**				**9**	**2**
01专业组(不限)	**11**	**491**	**477**	**51747**	**9**	**2**
金融学	3	486	477	51747	1	2
税收学	3	491	478	51299	3	
会计学	4	482	477	51747	4	
外国语言文学类	1	477	477	51747	1	
8054 上海财经大学浙江学院	**23**				**23**	
01专业组(不限)	**23**	**506**	**486**	**47264**	**23**	
会计学	2	499	497	41710	2	
财务管理	2	494	491	44721	2	
金融学	2	506	494	43235	2	
保险学	1	500	500	40237	1	
投资学	2	489	488	46286	2	
物流管理	2	493	486	47264	2	
跨境电子商务	2	489	486	47264	2	
会展经济与管理	2	497	487	46782	2	
电子商务	4	493	487	46782	4	
英语	2	492	491	44721	2	
商务英语	2	487	487	46782	2	
8077 浙江广厦建设职业技术大学	**7**				**7**	
01专业组(不限)	**7**	**479**	**475**	**52757**	**7**	
园林景观工程	1	477	477	51747	1	
建筑设计	1	475	475	52757	1	
大数据与会计	1	479	479	50817	1	
电子商务	2	476	475	52757	2	
现代物流管理	1	475	475	52757	1	
民航运输服务与管理	1	475	475	52757	1	
8080 安徽三联学院	**40**				**40**	
01专业组(不限)	**40**	**487**	**477**	**51747**	**40**	
财务管理	15	479	477	51747	15	
会计学	15	487	477	51747	15	
国际经济与贸易	10	478	477	51747	10	
8081 安徽新华学院	**103**				**103**	
01专业组(不限)	**103**	**502**	**477**	**51747**	**103**	
物流管理	10	480	477	51747	10	
电子商务	10	481	478	51299	10	
财务管理	10	480	477	51747	10	
经济与金融	10	481	479	50817	10	
会计学	8	502	480	50301	8	
审计学	10	481	478	51299	10	
英语	15	480	478	51299	15	
汉语言文学	15	490	482	49343	15	
新闻学	15	481	477	51747	15	
8082 安徽文达信息工程学院	**8**				**8**	
01专业组(不限)	**8**	**480**	**478**	**51299**	**8**	
财务管理	4	480	479	50817	4	
国际经济与贸易	4	480	478	51299	4	
8083 安徽外国语学院	**11**				**9**	**2**
01专业组(不限)	**11**	**501**	**474**	**53262**	**9**	**2**
日语	2	501	474	53262	2	
英语	5	497	487	46782	5	
德语	2	496	479	50817	1	1
西班牙语	1	477	477	51747		1
法语	1	498	498	41194	1	
8084 蚌埠工商学院	**10**				**10**	
01专业组(不限)	**10**	**483**	**481**	**49840**	**10**	
会计学	2	483	483	48843	2	
金融学	2	483	482	49343	2	
人力资源管理	2	482	482	49343	2	
财务管理	2	483	482	49343	2	
国际经济与贸易	2	482	481	49840	2	

院校、专业组、专业名称	录取数	最高分	最低分	最低分位次	平行志愿	征求志愿
8087 马鞍山学院	4				4	
01专业组(不限)	4	491	483	48843	4	
财务管理	4	491	483	48843	4	
8088 合肥城市学院	8				8	
01专业组(不限)	8	483	480	50301	8	
风景园林	2	481	480	50301	2	
市场营销	2	480	480	50301	2	
财务管理	2	483	481	49840	2	
资产评估	2	480	480	50301	2	
8090 安徽师范大学皖江学院	20				19	1
01专业组(不限)	20	514	501	39763	19	1
会计学	10	505	501	39763	9	1
汉语言文学	10	514	502	39270	10	
8094 皖江工学院	27				27	
01专业组(不限)	25	493	480	50301	25	
国际经济与贸易	5	481	480	50301	5	
会计学	6	485	481	49840	6	
财务管理	5	483	481	49840	5	
人力资源管理	5	493	480	50301	5	
健康服务与管理	2	481	480	50301	2	
酒店管理	2	480	480	50301	2	
02专业组(化学或生物)	2	481	478	51299	2	
农业资源与环境	2	481	478	51299	2	
8120 厦门华厦学院	6				6	
01专业组(不限)	6	484	477	51747	6	
金融学	1	484	484	48283	1	
商务英语	1	479	479	50817	1	
网络与新媒体	1	479	479	50817	1	
会计学	1	478	478	51299	1	
财务管理	1	477	477	51747	1	
物流工程	1	477	477	51747	1	
8121 闽南理工学院	3				3	
01专业组(不限)	3	477	475	52757	3	
金融工程	1	476	476	52278	1	
财务管理	2	477	475	52757	2	
8124 厦门工学院	26				26	
01专业组(不限)	26	494	475	52757	26	
国际经济与贸易	4	480	475	52757	4	
投资学	5	475	475	52757	5	
财务管理	5	479	475	52757	5	
传播学	3	476	475	52757	3	
网络与新媒体	3	477	476	52278	3	
汉语言文学	2	494	489	45759	2	
商务英语	4	478	476	52278	4	
8125 阳光学院	3				3	
01专业组(不限)	3	479	474	53262	3	
跨境电子商务	2	479	474	53262	2	
商务英语	1	477	477	51747	1	
8126 厦门大学嘉庚学院	74				74	
01专业组(不限)	74	511	493	43728	74	
财政学	2	503	502	39270	2	
税收学	3	500	499	40745	3	
金融学	3	511	499	40745	3	
国际经济与贸易	4	498	496	42222	4	
汉语言文学	5	509	502	39270	5	
英语	5	503	497	41710	5	
日语	5	499	494	43235	5	
新闻学	4	500	498	41194	4	
广播电视学	4	498	496	42222	4	
广告学	3	504	502	39270	3	
工商管理	5	500	494	43235	5	
市场营销	4	496	493	43728	4	
会计学	4	509	506	37291	4	
财务管理	3	503	500	40237	3	
国际商务	5	495	494	43235	5	
文化产业管理	3	497	495	42723	3	
行政管理	3	496	495	42723	3	
物流管理	2	499	494	43235	2	
电子商务	5	498	494	43235	5	
旅游管理	2	495	494	43235	2	
8127 福州大学至诚学院	19				19	
01专业组(不限)	19	494	480	50301	19	
财务管理	3	486	482	49343	3	
汉语言文学	5	494	486	47264	5	
金融科技	3	484	480	50301	3	
网络与新媒体	4	483	481	49840	4	
物流管理	2	483	482	49343	2	
英语	2	481	481	49840	2	
8128 集美大学诚毅学院	28				28	
01专业组(不限)	28	512	489	45759	28	
财政学	2	491	491	44721	2	
金融学	1	494	494	43235	1	
汉语言文学	12	502	492	44268	12	
英语	5	512	490	45242	5	
工商管理	2	491	491	44721	2	
会计学	6	491	489	45759	6	
8130 福州外语外贸学院	2				2	
01专业组(不限)	2	480	478	51299	2	
财务管理	2	480	478	51299	2	
8132 仰恩大学	2				2	
01专业组(不限)	2	483	482	49343	2	
财务管理	2	483	482	49343	2	
8170 江西科技学院	52				52	
01专业组(不限)	52	485	475	52757	52	
人力资源管理	3	476	476	52278	3	
工商管理	1	481	481	49840	1	
会计学	11	478	475	52757	11	
商务英语	2	478	475	52757	2	

2023年普通类(历史等科目类)本科院校

院校、专业组、专业名称	录取数	最高分	最低分	最低分位次	平行志愿	征求志愿
新闻学	1	479	479	50817	1	
网络与新媒体	2	477	476	52278	2	
汉语言文学	32	485	475	52757	32	
8172 南昌理工学院	14				14	
01专业组(不限)	14	482	478	51299	14	
汉语言文学	11	482	478	51299	11	
英语	1	479	479	50817	1	
会计学	2	482	479	50817	2	
8173 江西应用科技学院	6				6	
01专业组(不限)	6	481	477	51747	6	
财务管理	6	481	477	51747	6	
8175 南昌工学院	14				14	
01专业组(不限)	14	490	477	51747	14	
汉语言文学	11	481	477	51747	11	
英语	2	490	479	50817	2	
会计学	1	478	478	51299	1	
8176 南昌大学科学技术学院	19				19	
01专业组(不限)	19	499	482	49343	19	
汉语言文学	14	499	482	49343	14	
新闻学	2	487	485	47751	2	
会计学	2	486	482	49343	2	
财务管理	1	483	483	48843	1	
8177 南昌大学共青学院	14				14	
01专业组(不限)	14	488	481	49840	14	
汉语言文学	13	488	481	49840	13	
会计学	1	481	481	49840	1	
8178 南昌交通学院	6				6	
01专业组(不限)	6	482	476	52278	6	
物流管理	2	482	477	51747	2	
建筑学	2	478	476	52278	2	
会计学	2	482	479	50817	2	
8180 南昌航空大学科技学院	10				10	
01专业组(不限)	10	499	479	50817	10	
电子商务	2	480	479	50817	2	
工商管理	2	479	479	50817	2	
市场营销	2	479	479	50817	2	
会计学	2	481	480	50301	2	
英语	2	499	480	50301	2	
8183 江西农业大学南昌商学院	15				14	1
01专业组(不限)	15	482	477	51747	14	1
数字经济	1	480	480	50301	1	
国际经济与贸易	2	477	477	51747	2	
日语	2	482	478	51299	1	1
广告学	3	478	477	51747	3	
会计学	1	479	479	50817	1	
人力资源管理	2	478	478	51299	2	
旅游管理	1	477	477	51747	1	
园林	3	479	477	51747	3	
8185 江西师范大学科学技术学院	16				16	
01专业组(不限)	16	484	479	50817	16	
经济统计学	1	481	481	49840	1	
金融工程	1	482	482	49343	1	
国际经济与贸易	2	481	480	50301	2	
工商管理	2	480	480	50301	2	
物流管理	2	481	480	50301	2	
财务管理	1	484	484	48283	1	
会计学	2	483	482	49343	2	
电子商务	1	480	480	50301	1	
翻译	2	480	479	50817	2	
日语	1	479	479	50817	1	
广告学	1	482	482	49343	1	
8186 景德镇艺术职业大学	6				6	
01专业组(不限)	6	478	476	52278	6	
金融学	5	477	476	52278	5	
应用英语	1	478	478	51299	1	
8187 南昌应用技术师范学院	6				6	
01专业组(不限)	6	478	474	53262	6	
英语	4	478	475	52757	4	
旅游管理	2	478	474	53262	2	
8188 江西财经大学现代经济管理学院	36				35	1
01专业组(不限)	36	499	478	51299	35	1
会计学	6	494	482	49343	6	
财务管理	2	481	481	49840	2	
金融学	3	480	480	50301	3	
国际经济与贸易	2	480	479	50817	2	
电子商务	2	479	479	50817	2	
金融科技	2	479	479	50817	2	
保险学	1	478	478	51299	1	
市场营销	2	480	478	51299	2	
人力资源管理	2	489	481	49840	2	
物流管理	2	481	480	50301	2	
新闻学(新媒体)	1	479	479	50817	1	
商务英语	2	478	478	51299	2	
经济统计学	2	478	478	51299	2	
数字经济	1	479	479	50817	1	
会计学(智能会计)	3	499	481	49840	3	
财务管理(智能财务)	2	479	479	50817	2	
新闻学(影视制作)	1	482	482	49343		1
8210 齐鲁医药学院	10				10	
01专业组(不限)	10	515	479	50817	10	
应用心理学	2	482	482	49343	2	
食品科学与工程	2	485	481	49840	2	
健康服务与管理	3	515	481	49840	3	
医疗保险	3	480	479	50817	3	
8211 青岛滨海学院	45				43	2

院校、专业组、专业名称	录取数	最高分	最低分	最低分位次	平行志愿	征求志愿
01专业组(不限)	45	485	474	53262	43	2
经济学	5	481	474	53262	5	
国际经济与贸易	3	476	474	53262	3	
汉语国际教育	8	477	474	53262	8	
英语	5	478	474	53262	5	
俄语	3	485	474	53262	1	2
日语	4	476	474	53262	4	
广播电视学	2	477	474	53262	2	
广告学	1	474	474	53262	1	
市场营销	4	477	474	53262	4	
会计学	4	481	477	51747	4	
财务管理	3	477	475	52757	3	
电子商务	3	476	474	53262	3	
8212 烟台南山学院	20				20	
01专业组(不限)	20	484	476	52278	20	
旅游管理	1	476	476	52278	1	
市场营销	1	480	480	50301	1	
会计学	9	481	476	52278	9	
英语	3	480	477	51747	3	
食品营养与健康	6	484	477	51747	6	
8213 潍坊科技学院	12				12	
01专业组(不限)	12	488	479	50817	12	
财务管理	3	481	480	50301	3	
人力资源管理	4	480	479	50817	4	
英语	5	488	480	50301	5	
8214 山东英才学院	34				26	8
01专业组(不限)	34	481	474	53262	26	8
工商管理	8	481	474	53262	5	3
财务管理	5	477	476	52278	5	
审计学	5	476	476	52278	5	
电子商务	8	477	474	53262	6	2
英语	8	477	474	53262	5	3
8215 青岛恒星科技学院	31				31	
01专业组(不限)	31	485	474	53262	31	
人力资源管理	2	475	474	53262	2	
汉语言文学	28	485	474	53262	28	
英语	1	477	477	51747	1	
8216 青岛黄海学院	13				13	
01专业组(不限)	13	481	476	52278	13	
会计学	11	481	477	51747	11	
财务管理	2	480	476	52278	2	
8217 山东现代学院	20				20	
01专业组(不限)	20	480	475	52757	20	
汉语国际教育	7	480	475	52757	7	
市场营销	1	479	479	50817	1	
财务管理	12	477	475	52757	12	
8218 山东协和学院	12				12	
01专业组(不限)	12	502	478	51299	12	
会计学	10	502	478	51299	10	
电子商务	1	479	479	50817	1	
审计学	1	480	480	50301	1	
8219 烟台理工学院	8				8	
01专业组(不限)	8	481	478	51299	8	
经济与金融	1	480	480	50301	1	
汉语言文学	7	481	478	51299	7	
8220 青岛城市学院	11				11	
01专业组(不限)	11	478	476	52278	11	
国际经济与贸易	1	478	478	51299	1	
市场营销	1	476	476	52278	1	
物流管理	1	477	477	51747	1	
跨境电子商务	1	477	477	51747	1	
互联网金融	1	477	477	51747	1	
会计学	1	478	478	51299	1	
财务管理	1	477	477	51747	1	
审计学	1	478	478	51299	1	
外国语言文学类	3	477	476	52278	3	
8223 泰山科技学院	5				5	
01专业组(不限)	5	479	475	52757	5	
会计学	3	475	475	52757	3	
人力资源管理	1	475	475	52757	1	
电子商务及法律	1	479	479	50817	1	
8225 青岛工学院	21				21	
01专业组(不限)	21	485	478	51299	21	
英语	2	481	480	50301	2	
日语	2	479	479	50817	2	
金融工程	2	478	478	51299	2	
市场营销	4	481	478	51299	4	
审计学	2	483	481	49840	2	
汉语言文学	4	485	483	48843	4	
财务管理	3	481	478	51299	3	
应用心理学	2	479	479	50817	2	
8226 青岛农业大学海都学院	4				4	
01专业组(不限)	4	480	479	50817	4	
财务管理	4	480	479	50817	4	
8227 齐鲁理工学院	18				18	
01专业组(不限)	18	481	476	52278	18	
会计学	4	480	478	51299	4	
工商管理	1	477	477	51747	1	
汉语言文学	13	481	476	52278	13	
8228 山东财经大学东方学院	23				23	
01专业组(不限)	23	484	479	50817	23	
会计学	3	484	483	48843	3	
税收学	3	482	481	49840	3	
金融学	3	481	481	49840	3	
电子商务	3	480	480	50301	3	
工商管理	3	481	480	50301	3	
市场营销	3	480	479	50817	3	
新闻学	5	482	479	50817	5	

2023年普通类（历史等科目类）本科院校

院校、专业组、专业名称	录取数	最高分	最低分	最低分位次	平行志愿	征求志愿
8230 烟台科技学院	16				16	
01专业组(不限)	16	481	477	51747	16	
英语	5	481	477	51747	5	
会计学	10	481	477	51747	10	
财务管理	1	478	478	51299	1	
8260 北京城市学院	16				16	
01专业组(不限)	16	501	485	47751	16	
传播学	1	495	495	42723	1	
外国语言文学类	3	499	488	46286	3	
风景园林	1	486	486	47264	1	
金融学类	5	497	485	47751	5	
国际经济与贸易	2	501	491	44721	2	
跨境电子商务	2	495	489	45759	2	
工商管理类	1	490	490	45242	1	
文化产业管理	1	491	491	44721	1	
8262 首都师范大学科德学院	2				2	
01专业组(不限)	2	478	475	52757	2	
汉语言文学	2	478	475	52757	2	
8263 北京工商大学嘉华学院	4				4	
01专业组(不限)	4	481	475	52757	4	
金融学	1	475	475	52757	1	
会计学	3	481	476	52278	3	
8264 北京邮电大学世纪学院	11				11	
01专业组(不限)	11	479	474	53262	11	
英语	1	479	479	50817	1	
传播学	6	478	474	53262	6	
财务管理	3	478	475	52757	3	
电子商务	1	474	474	53262	1	
8265 北京工业大学耿丹学院	2				2	
01专业组(不限)	2	477	474	53262	2	
财务管理	1	474	474	53262	1	
应用心理学	1	477	477	51747	1	
8290 天津天狮学院	4				3	1
01专业组(不限)	4	475	474	53262	3	1
金融学类	1	474	474	53262	1	
工商管理类	1	475	475	52757	1	
劳动与社会保障	2	475	475	52757	1	1
8291 天津外国语大学滨海外事学院	7				6	1
01专业组(不限)	7	497	474	53262	6	1
英语	1	474	474	53262	1	
俄语	1	494	494	43235	1	
德语	1	474	474	53262	1	
法语	1	475	475	52757	1	
西班牙语	2	484	478	51299	1	1
行政管理	1	497	497	41710	1	
8292 天津传媒学院	2				2	
01专业组(不限)	2	483	478	51299	2	
英语	2	483	478	51299	2	
8293 天津商业大学宝德学院	21				21	
01专业组(不限)	21	482	475	52757	21	
英语	6	478	476	52278	6	
商务英语	4	475	475	52757	4	
金融学类	2	476	475	52757	2	
工商管理类	4	477	475	52757	4	
工商管理类(会计学、财务管理、审计学)	5	482	475	52757	5	
8294 天津医科大学临床医学院	16				16	
01专业组(不限)	16	484	475	52757	16	
公共事业管理	8	484	476	52278	8	
市场营销	8	478	475	52757	8	
8297 天津理工大学中环信息学院	34				34	
01专业组(不限)	34	484	474	53262	34	
财务管理	16	484	476	52278	16	
物流管理	10	476	475	52757	10	
人力资源管理	8	477	474	53262	8	
8298 北京科技大学天津学院	29				29	
01专业组(不限)	29	481	478	51299	29	
国际经济与贸易	1	479	479	50817	1	
金融工程	2	481	479	50817	2	
会计学	19	481	478	51299	19	
财务管理	3	480	478	51299	3	
英语	3	479	478	51299	3	
日语	1	479	479	50817	1	
8299 天津仁爱学院	14				9	5
01专业组(不限)	14	479	474	53262	9	5
英语	6	479	474	53262	6	
商务英语	1	474	474	53262	1	
财务管理	2	478	475	52757		2
传播学	5	477	474	53262	2	3
8301 天津财经大学珠江学院	49				49	
01专业组(不限)	49	489	477	51747	49	
会计学	30	489	477	51747	30	
财务管理	6	484	477	51747	6	
工商管理	1	477	477	51747	1	
税收学	6	483	477	51747	6	
日语	1	478	478	51299	1	
金融学	5	478	477	51747	5	
8313 河北科技学院	8				5	3
01专业组(不限)	8	478	474	53262	5	3
财务管理	5	478	474	53262	2	3
电子商务	3	475	474	53262	3	
8314 河北外国语学院	2				2	
01专业组(不限)	2	476	474	53262	2	
西班牙语	1	476	476	52278	1	
英语	1	474	474	53262	1	

2023年普通类(历史等科目类)本科院校

院校、专业组、专业名称	录取数	最高分	最低分	最低分位次	平行志愿	征求志愿
8316 华北理工大学轻工学院	9				9	
01专业组(不限)	9	476	474	53262	9	
国际经济与贸易	2	476	474	53262	2	
财务管理	7	476	474	53262	7	
8318 河北经贸大学经济管理学院	10				10	
01专业组(不限)	10	483	477	51747	10	
国际经济与贸易	10	483	477	51747	10	
8323 石家庄铁道大学四方学院	3				3	
01专业组(不限)	3	506	498	41194	3	
会计学	3	506	498	41194	3	
8324 河北地质大学华信学院	10				8	2
01专业组(不限)	10	478	474	53262	8	2
金融学类	3	478	474	53262	3	
国际经济与贸易	2	474	474	53262	2	
英语	3	476	474	53262	3	
物流管理	2	476	476	52278		2
8326 保定理工学院	10				8	2
01专业组(不限)	10	480	474	53262	8	2
经济学	2	480	474	53262		2
英语	3	474	474	53262	3	
会计学	5	479	474	53262	5	
8328 北京中医药大学东方学院	15				15	
01专业组(不限)	15	484	474	53262	15	
工商管理	5	478	474	53262	5	
公共事业管理	1	476	476	52278	1	
健康服务与管理	9	484	474	53262	9	
8329 沧州交通学院	30				30	
01专业组(不限)	30	478	475	52757	30	
工商管理	8	478	475	52757	8	
财务管理	10	478	475	52757	10	
物流管理	1	475	475	52757	1	
酒店管理	3	476	475	52757	3	
金融工程	2	476	476	52278	2	
英语	6	477	475	52757	6	
8330 河北东方学院	2				2	
01专业组(不限)	2	487	486	47264	2	
文物与博物馆学	2	487	486	47264	2	
8360 山西应用科技学院	8				8	
01专业组(不限)	8	477	474	53262	8	
风景园林	2	475	475	52757	2	
财务管理	2	474	474	53262	2	
电子商务	2	474	474	53262	2	
物流管理	2	477	475	52757	2	
8363 晋中信息学院	10				10	
01专业组(不限)	10	479	475	52757	10	
国际经济与贸易	1	477	477	51747	1	
互联网金融	1	479	479	50817	1	
财务管理	1	479	479	50817	1	
审计学	3	477	475	52757	3	
园林	2	478	476	52278	2	
英语	2	476	475	52757	2	
8364 山西晋中理工学院	4				4	
01专业组(不限)	4	476	474	53262	4	
国际经济与贸易	4	476	474	53262	4	
8365 山西科技学院	2				2	
01专业组(不限)	2	505	505	37764	2	
经济学	1	505	505	37764	1	
市场营销	1	505	505	37764	1	
8366 山西工商学院	8				8	
01专业组(不限)	8	483	477	51747	8	
财务管理	8	483	477	51747	8	
8379 运城职业技术大学	4				4	
01专业组(不限)	4	476	474	53262	4	
建筑装饰工程	2	476	474	53262	2	
大数据与财务管理	2	474	474	53262	2	
8401 辽宁对外经贸学院	4				4	
01专业组(不限)	4	487	474	53262	4	
国际经济与贸易	2	479	474	53262	2	
俄语	1	487	487	46782	1	
人力资源管理	1	476	476	52278	1	
8402 大连理工大学城市学院	4				4	
01专业组(不限)	4	493	474	53262	4	
市场营销	1	475	475	52757	1	
英语	2	493	489	45759	2	
网络与新媒体	1	474	474	53262	1	
8404 沈阳工学院	3				3	
01专业组(不限)	3	474	474	53262	3	
会计学	2	474	474	53262	2	
人力资源管理	1	474	474	53262	1	
8406 大连科技学院	17				11	6
01专业组(不限)	17	499	474	53262	11	6
会计学	9	499	474	53262	5	4
物流管理	1	475	475	52757	1	
劳动与社会保障	1	474	474	53262	1	
社会工作	1	474	474	53262		1
英语	5	479	474	53262	4	1
8407 沈阳城市建设学院	2				2	
01专业组(不限)	2	477	474	53262	2	
人力资源管理	1	477	477	51747	1	
会计学	1	474	474	53262	1	
8408 大连医科大学中山学院	5				5	
01专业组(不限)	5	479	474	53262	5	
公共事业管理	2	479	477	51747	2	
劳动与社会保障	1	476	476	52278	1	
健康服务与管理	2	475	474	53262	2	

院校、专业组、专业名称	录取数	最高分	最低分	最低分位次	平行志愿	征求志愿
8411 大连财经学院	17				17	
01专业组(不限)	17	509	474	53262	17	
会计学	2	509	478	51299	2	
财务管理	2	485	477	51747	2	
金融学	2	477	475	52757	2	
投资学	1	475	475	52757	1	
国际经济与贸易	2	474	474	53262	2	
商务英语	2	476	474	53262	2	
市场营销	2	474	474	53262	2	
人力资源管理	1	475	475	52757	1	
供应链管理	1	476	476	52278	1	
数字经济	1	477	477	51747	1	
互联网金融	1	477	477	51747	1	
8412 沈阳城市学院	1				1	
01专业组(不限)	1	475	475	52757	1	
健康服务与管理	1	475	475	52757	1	
8416 大连东软信息学院	4				4	
01专业组(不限)	4	476	474	53262	4	
财务管理	3	476	474	53262	3	
电子商务	1	474	474	53262	1	
8417 辽宁师范大学海华学院	5				5	
01专业组(不限)	5	480	477	51747	5	
汉语言文学	4	480	477	51747	4	
会计学	1	478	478	51299	1	
8440 吉林外国语大学	63				63	
01专业组(不限)	62	539	474	53262	62	
金融学	3	495	485	47751	3	
国际经济与贸易	5	478	475	52757	5	
汉语言文学	4	508	499	40745	4	
英语	6	503	490	45242	6	
俄语	4	499	477	51747	4	
德语	3	493	474	53262	3	
法语	5	483	474	53262	5	
西班牙语	3	484	476	52278	3	
日语	3	488	474	53262	3	
捷克语	2	476	475	52757	2	
商务英语	4	497	476	52278	4	
新闻传播学类	3	493	474	53262	3	
工商管理类	5	481	475	52757	5	
会计学	4	504	481	49840	4	
电子商务	1	477	477	51747	1	
旅游管理类	4	539	474	53262	4	
翻译	3	496	476	52278	3	
02专业组(不限)(中外合作办学)	1	501	501	39763	1	
德语(中外合作办学)	1	501	501	39763	1	
8441 长春光华学院	14				11	3
01专业组(不限)	14	495	474	53262	11	3
汉语言文学	13	495	474	53262	10	3
财务管理	1	476	476	52278	1	
8442 长春工业大学人文信息学院	2				2	
01专业组(不限)	2	479	475	52757	2	
电子商务	1	475	475	52757	1	
会计学	1	479	479	50817	1	
8443 长春电子科技学院	9				6	3
01专业组(不限)	9	480	474	53262	6	3
会计学	2	480	474	53262		2
汉语言文学	7	479	474	53262	6	1
8444 长春财经学院	13				12	1
01专业组(不限)	13	477	474	53262	12	1
会计学	7	477	474	53262	7	
审计学	3	475	474	53262	2	1
跨境电子商务	1	475	475	52757	1	
经济学	1	477	477	51747	1	
网络与新媒体	1	474	474	53262	1	
8445 吉林建筑科技学院	5				5	
01专业组(不限)	5	478	474	53262	5	
建筑学	2	478	474	53262	2	
审计学	3	477	474	53262	3	
8447 长春科技学院	4				4	
01专业组(不限)	4	476	474	53262	4	
金融学	1	475	475	52757	1	
园林	1	476	476	52278	1	
英语	1	475	475	52757	1	
日语	1	474	474	53262	1	
8448 吉林动画学院	3				2	1
01专业组(不限)	3	478	474	53262	2	1
网络与新媒体	2	478	474	53262	1	1
文化产业管理	1	474	474	53262	1	
8449 吉林师范大学博达学院	6				6	
01专业组(不限)	6	480	474	53262	6	
商务英语	2	480	474	53262	2	
日语	1	475	475	52757	1	
财务管理	1	476	476	52278	1	
社会工作	2	479	475	52757	2	
8450 长春大学旅游学院	1					1
01专业组(不限)	1	474	474	53262		1
会计学	1	474	474	53262		1
8451 长春人文学院	22				22	
01专业组(不限)	22	483	474	53262	22	
日语	1	474	474	53262	1	
金融学	2	475	474	53262	2	
会计学	2	474	474	53262	2	
社会工作	3	474	474	53262	3	
汉语言文学	14	483	475	52757	14	
8470 黑龙江东方学院	3				3	
01专业组(不限)	3	479	474	53262	3	

院校、专业组、专业名称	录取数	最高分	最低分	最低分位次	平行志愿	征求志愿
市场营销	2	479	474	53262	2	
财务管理	1	476	476	52278	1	
8472 黑龙江财经学院	**5**				**4**	**1**
01专业组(不限)	**5**	**476**	**474**	**53262**	**4**	**1**
金融学	2	476	474	53262	2	
英语	1	474	474	53262	1	
会计学	1	474	474	53262	1	
审计学	1	474	474	53262		1
8475 哈尔滨华德学院	**1**				**1**	
01专业组(不限)	**1**	**476**	**476**	**52278**	**1**	
财务管理	1	476	476	52278	1	
8483 黑龙江工商学院	**2**				**2**	
01专业组(不限)	**2**	**477**	**475**	**52757**	**2**	
金融学	2	477	475	52757	2	
8501 黄河科技学院	**18**				**18**	
01专业组(不限)	**18**	**480**	**476**	**52278**	**18**	
英语	6	478	476	52278	6	
工商管理	6	480	477	51747	6	
财务管理	6	478	476	52278	6	
8504 郑州财经学院	**3**				**3**	
01专业组(不限)	**3**	**500**	**496**	**42222**	**3**	
会计学	1	500	500	40237	1	
电子商务	1	498	498	41194	1	
网络与新媒体	1	496	496	42222	1	
8508 郑州工商学院	**51**				**51**	
01专业组(不限)	**51**	**485**	**477**	**51747**	**51**	
财务管理	17	482	477	51747	17	
会计学	17	485	478	51299	17	
英语	17	478	477	51747	17	
8509 郑州经贸学院	**25**				**25**	
01专业组(不限)	**25**	**483**	**476**	**52278**	**25**	
财务管理	15	483	477	51747	15	
电子商务	10	481	476	52278	10	
8510 郑州商学院	**8**				**8**	
01专业组(不限)	**8**	**488**	**479**	**50817**	**8**	
工商管理	2	481	479	50817	2	
财务管理	2	488	480	50301	2	
会计学	2	486	483	48843	2	
商务英语	2	480	479	50817	2	
8518 郑州西亚斯学院	**10**				**10**	
01专业组(不限)(中外合作办学)	**10**	**479**	**476**	**52278**	**10**	
金融学(中外合作办学)	2	478	478	51299	2	
国际经济与贸易(中外合作办学)	2	478	477	51747	2	
英语(中外合作办学)	3	479	477	51747	3	
工商管理(中外合作办学)	3	477	476	52278	3	
8550 武汉东湖学院	**28**				**28**	
01专业组(不限)	**28**	**484**	**475**	**52757**	**28**	
物流管理	2	477	477	51747	2	
国际经济与贸易	2	477	476	52278	2	
金融科技	2	477	475	52757	2	
税收学	2	478	477	51747	2	
英语	2	477	476	52278	2	
翻译	2	477	476	52278	2	
财务管理	2	480	478	51299	2	
电子商务	2	477	476	52278	2	
人力资源管理	2	484	476	52278	2	
金融学	2	477	476	52278	2	
广告学	2	478	477	51747	2	
网络与新媒体	2	480	479	50817	2	
新闻学	2	477	475	52757	2	
数字经济	2	478	476	52278	2	
8552 武昌首义学院	**30**				**30**	
01专业组(不限)	**30**	**499**	**478**	**51299**	**30**	
外国语言文学类	3	487	479	50817	3	
金融学	3	481	478	51299	3	
财务管理	2	482	481	49840	2	
会计学	3	485	481	49840	3	
国际经济与贸易	2	480	480	50301	2	
金融科技	2	487	478	51299	2	
市场营销	3	482	479	50817	3	
新闻学	4	479	478	51299	4	
广播电视学	2	480	478	51299	2	
汉语言文学	4	499	492	44268	4	
网络与新媒体	2	480	479	50817	2	
8553 武昌理工学院	**13**				**13**	
01专业组(不限)	**13**	**485**	**477**	**51747**	**13**	
国际经济与贸易	1	479	479	50817	1	
会计学	2	479	477	51747	2	
汉语言文学	10	485	477	51747	10	
8554 武汉生物工程学院	**18**				**17**	**1**
01专业组(不限)	**18**	**499**	**479**	**50817**	**17**	**1**
食品科学与工程类	4	499	479	50817	4	
财务管理	1	482	482	49343	1	
汉语言文学	13	488	479	50817	12	1
8555 武汉晴川学院	**22**				**21**	**1**
01专业组(不限)	**22**	**480**	**475**	**52757**	**21**	**1**
英语	4	480	475	52757	4	
商务英语	1	475	475	52757	1	
翻译	1	476	476	52278	1	
国际经济与贸易	2	479	475	52757	2	
市场营销	1	476	476	52278	1	
会计学	13	479	475	52757	12	1
8556 湖北大学知行学院	**14**				**14**	
01专业组(不限)	**14**	**491**	**480**	**50301**	**14**	
会计学	1	484	484	48283	1	
工商管理类	2	482	481	49840	2	

院校、专业组、专业名称	录取数	最高分	最低分	最低分位次	平行志愿	征求志愿
国际经济与贸易	1	481	481	49840	1	
英语	3	482	481	49840	3	
商务英语	1	480	480	50301	1	
法语	1	481	481	49840	1	
食品科学与工程类	1	480	480	50301	1	
汉语言文学	2	491	485	47751	2	
新闻传播学类	1	482	482	49343	1	
旅游管理	1	481	481	49840	1	
8557 武汉城市学院	**15**				**15**	
01专业组(不限)	**15**	**479**	**475**	**52757**	**15**	
国际经济与贸易	2	476	475	52757	2	
英语	1	478	478	51299	1	
建筑学	3	479	475	52757	3	
城乡规划	1	477	477	51747	1	
会计学	5	478	475	52757	5	
财务管理	2	477	476	52278	2	
物流管理	1	476	476	52278	1	
8558 三峡大学科技学院	**12**				**12**	
01专业组(不限)	**12**	**481**	**477**	**51747**	**12**	
风景园林	2	478	477	51747	2	
金融学	2	477	477	51747	2	
财务管理	2	479	478	51299	2	
英语	2	481	478	51299	2	
网络与新媒体	2	479	478	51299	2	
会计学	2	478	478	51299	2	
8559 湖北工业大学工程技术学院	**15**				**15**	
01专业组(不限)	**15**	**492**	**474**	**53262**	**15**	
金融学	5	476	475	52757	5	
财务管理	5	492	475	52757	5	
商务英语	5	476	474	53262	5	
8560 武汉工程大学邮电与信息工程学院	**8**				**7**	**1**
01专业组(不限)	**8**	**499**	**474**	**53262**	**7**	**1**
工商管理	3	480	474	53262	2	1
商务英语	2	474	474	53262	2	
英语	3	499	474	53262	3	
8561 武汉纺织大学外经贸学院	**7**				**7**	
01专业组(不限)	**7**	**481**	**474**	**53262**	**7**	
工商管理	2	481	476	52278	2	
会计学	4	478	474	53262	4	
英语	1	475	475	52757	1	
8562 武昌工学院	**13**				**13**	
01专业组(不限)	**13**	**478**	**475**	**52757**	**13**	
广告学	3	477	476	52278	3	
会计学	4	478	476	52278	4	
审计学	3	478	476	52278	3	
电子商务	3	478	475	52757	3	
8563 武汉工商学院	**17**				**17**	
01专业组(不限)	**17**	**479**	**475**	**52757**	**17**	
工商管理	2	478	475	52757	2	
财务管理	7	476	475	52757	7	
金融学	2	477	475	52757	2	
新闻学	3	479	475	52757	3	
网络与新媒体	2	475	475	52757	2	
电子商务	1	475	475	52757	1	
8565 长江大学文理学院	**13**				**13**	
01专业组(不限)	**13**	**495**	**482**	**49343**	**13**	
中国语言文学类	7	495	482	49343	7	
新闻传播学类	2	482	482	49343	2	
会计学	4	494	482	49343	4	
8570 湖北经济学院法商学院	**26**				**26**	
01专业组(不限)	**26**	**485**	**477**	**51747**	**26**	
金融学	11	480	477	51747	11	
会计学	15	485	479	50817	15	
8571 武汉体育学院体育科技学院	**1**				**1**	
01专业组(不限)	**1**	**476**	**476**	**52278**	**1**	
体育经济与管理	1	476	476	52278	1	
8572 湖北文理学院理工学院	**4**				**4**	
01专业组(不限)	**4**	**480**	**475**	**52757**	**4**	
投资学	1	480	480	50301	1	
国际经济与贸易	2	479	475	52757	2	
跨境电子商务	1	475	475	52757	1	
8573 文华学院	**28**				**28**	
01专业组(不限)	**28**	**515**	**478**	**51299**	**28**	
金融学	2	480	480	50301	2	
工商管理	2	480	479	50817	2	
电子商务	3	498	478	51299	3	
会计学	2	485	484	48283	2	
财务管理	2	484	483	48843	2	
国际经济与贸易	2	483	481	49840	2	
广告学	2	482	480	50301	2	
新闻学	2	515	480	50301	2	
网络与新媒体	2	482	480	50301	2	
汉语言文学	3	492	486	47264	3	
英语	2	480	480	50301	2	
日语	3	479	479	50817	3	
翻译	1	480	480	50301	1	
8574 武汉工程科技学院	**26**				**25**	**1**
01专业组(不限)	**26**	**483**	**475**	**52757**	**25**	**1**
会计学	5	477	476	52278	5	
汉语言文学	19	483	475	52757	19	
网络与新媒体	2	479	477	51747	1	1
8575 武汉华夏理工学院	**25**				**24**	**1**
01专业组(不限)	**25**	**479**	**474**	**53262**	**24**	**1**
经济与金融	4	475	474	53262	4	

院校、专业组、专业名称	录取数	最高分	最低分	最低分位次	平行志愿	征求志愿
国际经济与贸易	2	474	474	53262	2	
物流管理	1	474	474	53262	1	
电子商务	1	475	475	52757	1	
网络与新媒体	9	479	474	53262	8	1
英语	2	476	474	53262	2	
商务英语	2	477	475	52757	2	
城乡规划	4	479	475	52757	4	
8576 武汉传媒学院	**13**				**13**	
01专业组(不限)	**13**	**496**	**480**	**50301**	**13**	
汉语言文学	4	496	481	49840	4	
英语	2	484	481	49840	2	
广播电视学	2	486	484	48283	2	
广告学	2	483	481	49840	2	
文化产业管理	3	481	480	50301	3	
8577 武汉设计工程学院	**5**				**4**	**1**
01专业组(不限)	**5**	**478**	**474**	**53262**	**4**	**1**
风景园林	3	474	474	53262	3	
旅游管理与服务教育	2	478	476	52278	1	1
8601 长沙医学院	**9**				**8**	**1**
01专业组(不限)	**9**	**482**	**476**	**52278**	**8**	**1**
英语	1	476	476	52278	1	
汉语言文学	8	482	476	52278	7	1
8602 湖南涉外经济学院	**12**				**12**	
01专业组(不限)	**12**	**483**	**474**	**53262**	**12**	
金融学	1	474	474	53262	1	
国际经济与贸易	2	475	475	52757	2	
汉语言文学	1	483	483	48843	1	
日语	2	475	474	53262	2	
工商管理	1	474	474	53262	1	
会计学	2	477	474	53262	2	
财务管理	1	474	474	53262	1	
人力资源管理	1	474	474	53262	1	
网络与新媒体	1	474	474	53262	1	
8603 湘潭大学兴湘学院	**4**				**4**	
01专业组(不限)	**4**	**499**	**497**	**41710**	**4**	
汉语言文学	2	499	499	40745	2	
行政管理	2	498	497	41710	2	
8604 湖南工业大学科技学院	**16**				**14**	**2**
01专业组(不限)	**16**	**482**	**478**	**51299**	**14**	**2**
国际经济与贸易	2	481	481	49840		2
市场营销	2	481	479	50817	2	
人力资源管理	2	479	479	50817	2	
财务管理	4	480	478	51299	4	
会计学	4	482	480	50301	4	
工商管理	2	480	480	50301	2	
8605 湖南科技大学潇湘学院	**2**				**2**	
01专业组(不限)	**2**	**485**	**485**	**47751**	**2**	
新闻学	1	485	485	47751	1	
财务管理	1	485	485	47751	1	

院校、专业组、专业名称	录取数	最高分	最低分	最低分位次	平行志愿	征求志愿
8606 南华大学船山学院	**8**				**8**	
01专业组(不限)	**8**	**487**	**479**	**50817**	**8**	
国际经济与贸易	3	481	479	50817	3	
英语	3	481	479	50817	3	
会计学	2	487	482	49343	2	
8607 湘潭理工学院	**4**				**4**	
01专业组(不限)	**4**	**479**	**476**	**52278**	**4**	
国际经济与贸易	1	477	477	51747	1	
金融学	1	479	479	50817	1	
旅游管理	2	477	476	52278	2	
8609 湖南文理学院芙蓉学院	**2**				**2**	
01专业组(不限)	**2**	**482**	**479**	**50817**	**2**	
财务管理	2	482	479	50817	2	
8610 湖南理工学院南湖学院	**25**				**24**	**1**
01专业组(不限)	**20**	**494**	**478**	**51299**	**19**	**1**
广告学	5	483	478	51299	5	
会计学	5	484	481	49840	5	
人力资源管理	5	480	479	50817	5	
电子商务	5	494	478	51299	4	1
02专业组(不限)	**5**	**499**	**494**	**43235**	**5**	
汉语言文学	5	499	494	43235	5	
8613 吉首大学张家界学院	**6**				**6**	
01专业组(不限)	**6**	**477**	**474**	**53262**	**6**	
经济学	4	477	474	53262	4	
日语	2	477	476	52278	2	
8614 长沙理工大学城南学院	**10**				**10**	
01专业组(不限)	**10**	**487**	**482**	**49343**	**10**	
会计学	2	487	486	47264	2	
财务管理	2	484	484	48283	2	
金融学	2	482	482	49343	2	
国际经济与贸易	2	484	483	48843	2	
英语	2	482	482	49343	2	
8640 广东白云学院	**6**				**5**	**1**
01专业组(不限)	**6**	**487**	**474**	**53262**	**5**	**1**
工商管理	1	476	476	52278	1	
市场营销	1	477	477	51747	1	
会计学	2	487	476	52278	1	1
经济统计学	2	474	474	53262	2	
8641 电子科技大学中山学院	**6**				**6**	
01专业组(不限)	**6**	**479**	**474**	**53262**	**6**	
金融学	4	479	476	52278	4	
人力资源管理	2	479	474	53262	2	
8642 广东东软学院	**1**				**1**	
01专业组(不限)	**1**	**476**	**476**	**52278**	**1**	
财务管理	1	476	476	52278	1	
8643 广州城市理工学院	**8**				**8**	
01专业组(不限)	**8**	**505**	**474**	**53262**	**8**	
建筑学	2	505	474	53262	2	
会计学	3	476	474	53262	3	

院校、专业组、专业名称	录取数	最高分	最低分	最低分位次	平行志愿	征求志愿
国际经济与贸易	1	478	478	51299	1	
经济统计学	1	477	477	51747	1	
经济学	1	486	486	47264	1	
8644 广州软件学院	1				1	
01专业组(不限)	1	474	474	53262	1	
财务管理	1	474	474	53262	1	
8645 广州南方学院	5				4	1
01专业组(不限)	5	484	474	53262	4	1
行政管理	1	477	477	51747	1	
会计学	3	484	475	52757	2	1
汉语国际教育	1	474	474	53262	1	
8649 北京理工大学珠海学院	4				4	
01专业组(不限)	4	511	503	38765	4	
国际经济与贸易	2	511	503	38765	2	
财务管理	2	504	503	38765	2	
8650 珠海科技学院	10				10	
01专业组(不限)	10	513	479	50817	10	
汉语言文学	7	484	479	50817	7	
工商管理	1	513	513	33879	1	
金融学	1	485	485	47751	1	
商务英语	1	482	482	49343	1	
8652 东莞城市学院	1				1	
01专业组(不限)	1	476	476	52278	1	
汉语言文学	1	476	476	52278	1	
8659 华南农业大学珠江学院	11				10	1
01专业组(不限)	11	477	474	53262	10	1
会计学	5	477	474	53262	5	
汉语言文学	6	477	474	53262	5	1
8661 广州华立学院	3				3	
01专业组(不限)	3	489	477	51747	3	
会计学	3	489	477	51747	3	
8665 广州新华学院	7				7	
01专业组(不限)	7	485	474	53262	7	
汉语言文学	1	481	481	49840	1	
英语	1	474	474	53262	1	
工商管理	1	477	477	51747	1	
行政管理	1	475	475	52757	1	
金融工程	2	480	479	50817	2	
网络与新媒体	1	485	485	47751	1	
8668 广东理工学院	2				2	
01专业组(不限)	2	475	474	53262	2	
国际经济与贸易	1	475	475	52757	1	
商务英语	1	474	474	53262	1	
8710 南宁学院	4				3	1
01专业组(不限)	4	474	474	53262	3	1
财务管理	2	474	474	53262	1	1
会计学	2	474	474	53262	2	
8713 柳州工学院	1					1
01专业组(不限)	1	474	474	53262		1
财务管理	1	474	474	53262		1
8714 桂林学院	5				4	1
01专业组(不限)	5	477	474	53262	4	1
新闻传播学类	2	474	474	53262	2	
旅游管理类	1	474	474	53262		1
电子商务	2	477	474	53262	2	
8715 广西中医药大学赛恩斯新医药学院	8				8	
01专业组(不限)	2	482	476	52278	2	
市场营销	2	482	476	52278	2	
02专业组(化学或生物)	6	478	474	53262	6	
食品质量与安全	6	478	474	53262	6	
8718 广西外国语学院	6				6	
01专业组(不限)	6	476	474	53262	6	
英语	1	474	474	53262	1	
汉语言文学	5	476	474	53262	5	
8741 三亚学院	7				7	
01专业组(不限)	5	490	474	53262	5	
经济与金融	1	475	475	52757	1	
英语	1	476	476	52278	1	
汉语言文学	3	490	474	53262	3	
02专业组(不限)	1	475	475	52757	1	
俄语	1	475	475	52757	1	
03专业组(不限)	1	475	475	52757	1	
金融科技	1	475	475	52757	1	
8757 海南科技职业大学	1				1	
01专业组(不限)	1	475	475	52757	1	
大数据与会计	1	475	475	52757	1	
8760 成都东软学院	8				8	
01专业组(不限)	8	479	476	52278	8	
电子商务	4	476	476	52278	4	
财务管理	2	477	476	52278	2	
英语	2	479	476	52278	2	
8761 电子科技大学成都学院	15				15	
01专业组(不限)	15	497	480	50301	15	
国际经济与贸易	4	485	480	50301	4	
英语	4	480	480	50301	4	
财务管理	4	497	486	47264	4	
人力资源管理	3	485	481	49840	3	
8762 成都理工大学工程技术学院	14				13	1
01专业组(不限)	14	485	477	51747	13	1
会计学	5	485	479	50817	5	
审计学	4	481	478	51299	4	
英语	5	481	477	51747	4	1
8764 成都银杏酒店管理学院	7				4	3
01专业组(不限)	7	486	475	52757	4	3
酒店管理	4	477	475	52757	3	1
旅游管理类	1	475	475	52757		1

院校、专业组、专业名称	录取数	最高分	最低分	最低分位次	平行志愿	征求志愿
工商管理类	2	486	476	52278	1	1
8767 四川外国语大学成都学院	**44**				**41**	**3**
01专业组(不限)	**44**	**496**	**476**	**52278**	**41**	**3**
国际经济与贸易	2	482	481	49840	2	
汉语言文学	4	489	486	47264	4	
汉语国际教育	2	482	481	49840	2	
英语	3	495	481	49840	3	
俄语	1	479	479	50817	1	
德语	2	496	482	49343	2	
法语	2	482	480	50301	2	
西班牙语	2	485	482	49343	2	
阿拉伯语	1	480	480	50301	1	
日语	2	485	481	49840	2	
朝鲜语	2	495	479	50817	2	
马来语	2	480	476	52278		2
葡萄牙语	2	480	479	50817	1	1
意大利语	2	482	480	50301	2	
翻译	2	481	480	50301	2	
商务英语	3	481	480	50301	3	
网络与新媒体	2	489	483	48843	2	
国际新闻与传播	2	480	478	51299	2	
财务管理	1	482	482	49343	1	
物流管理	1	479	479	50817	1	
跨境电子商务	2	480	479	50817	2	
会展经济与管理	2	482	479	50817	2	
8769 成都锦城学院	**14**				**14**	
01专业组(不限)	**14**	**526**	**493**	**43728**	**14**	
建筑学	1	496	496	42222	1	
供应链管理	2	494	493	43728	2	
电子商务	2	499	494	43235	2	
审计学	4	526	497	41710	4	
经济统计学	2	495	493	43728	2	
法语	1	493	493	43728	1	
金融学类	2	496	493	43728	2	
8770 西南财经大学天府学院	**25**				**25**	
01专业组(不限)	**25**	**500**	**478**	**51299**	**25**	
会计学	16	500	480	50301	16	
财务管理	2	480	480	50301	2	
金融学	7	480	478	51299	7	
8771 四川大学锦江学院	**5**				**5**	
01专业组(不限)	**5**	**485**	**478**	**51299**	**5**	
经济与金融	2	485	481	49840	2	
酿酒工程	3	485	478	51299	3	
8774 西南交通大学希望学院	**6**				**6**	
01专业组(不限)	**6**	**481**	**478**	**51299**	**6**	
物流工程	2	479	478	51299	2	
审计学	2	481	480	50301	2	
财务管理	2	479	479	50817	2	

院校、专业组、专业名称	录取数	最高分	最低分	最低分位次	平行志愿	征求志愿
8781 吉利学院	**2**				**2**	
01专业组(不限)	**2**	**477**	**477**	**51747**	**2**	
金融学类	2	477	477	51747	2	
8802 重庆外语外事学院	**10**				**10**	
01专业组(不限)	**10**	**505**	**490**	**45242**	**10**	
翻译	3	500	490	45242	3	
法语	1	493	493	43728	1	
德语	1	496	496	42222	1	
西班牙语	1	505	505	37764	1	
日语	1	491	491	44721	1	
商务英语	2	491	490	45242	2	
国际经济与贸易	1	494	494	43235	1	
8803 重庆对外经贸学院	**45**				**45**	
01专业组(不限)	**41**	**503**	**477**	**51747**	**41**	
经济学	4	481	477	51747	4	
商务英语	1	478	478	51299	1	
财务管理	7	503	477	51747	7	
审计学	14	491	477	51747	14	
物流管理	6	479	477	51747	6	
网络与新媒体	4	487	477	51747	4	
应用统计学	1	480	480	50301	1	
翻译	3	483	481	49840	3	
新闻学	1	477	477	51747	1	
02专业组(化学或地理)	**4**	**485**	**483**	**48843**	**4**	
人文地理与城乡规划	4	485	483	48843	4	
8804 重庆财经学院	**17**				**17**	
01专业组(不限)	**17**	**497**	**482**	**49343**	**17**	
会计学	3	497	489	45759	3	
金融学	3	496	482	49343	3	
财务管理	3	485	483	48843	3	
网络与新媒体	3	493	483	48843	3	
物流管理	2	482	482	49343	2	
电子商务	3	482	482	49343	3	
8805 重庆工商大学派斯学院	**15**				**15**	
01专业组(不限)	**15**	**492**	**481**	**49840**	**15**	
汉语言文学	13	492	481	49840	13	
会计学	2	482	481	49840	2	
8806 重庆移通学院	**37**				**37**	
01专业组(不限)	**37**	**485**	**474**	**53262**	**37**	
工商管理类	8	476	474	53262	8	
外国语言文学类	6	485	475	52757	6	
网络与新媒体	13	479	474	53262	13	
互联网金融	2	480	477	51747	2	
数字经济	2	479	474	53262	2	
供应链管理	1	479	479	50817	1	
健康服务与管理	5	476	474	53262	5	
8808 重庆人文科技学院	**11**				**11**	
01专业组(不限)	**11**	**481**	**477**	**51747**	**11**	
会计学	6	480	478	51299	6	

院校、专业组、专业名称	录取数	最高分	最低分	最低分位次	平行志愿	征求志愿
建筑学	3	481	477	51747	3	
风景园林	2	479	478	51299	2	
8841 贵阳人文科技学院	**11**				**9**	**2**
01专业组(不限)	**11**	**490**	**474**	**53262**	**9**	**2**
汉语国际教育	2	479	475	52757	2	
网络与新媒体	3	478	476	52278	3	
市场营销	2	475	474	53262	2	
电子商务	2	481	474	53262	1	1
文化产业管理	2	490	474	53262	1	1
8870 云南大学滇池学院	**8**				**8**	
01专业组(不限)	**8**	**478**	**474**	**53262**	**8**	
汉语言文学	5	478	474	53262	5	
新闻传播学类	1	477	477	51747	1	
日语	1	475	475	52757	1	
电子商务	1	475	475	52757	1	
8871 丽江文化旅游学院	**7**				**6**	**1**
01专业组(不限)	**7**	**481**	**474**	**53262**	**6**	**1**
人力资源管理	1	474	474	53262		1
会计学	2	478	475	52757	2	
汉语言文学	3	475	474	53262	3	
秘书学	1	481	481	49840	1	
8873 昆明医科大学海源学院	**9**				**6**	**3**
01专业组(不限)	**9**	**486**	**474**	**53262**	**6**	**3**
运动康复	3	486	475	52757	2	1
应用心理学	6	480	474	53262	4	2
8874 云南艺术学院文华学院	**7**				**5**	**2**
01专业组(不限)	**7**	**495**	**474**	**53262**	**5**	**2**
汉语言文学	7	495	474	53262	5	2
8875 昆明文理学院	**7**				**6**	**1**
01专业组(不限)	**7**	**479**	**474**	**53262**	**6**	**1**
法语	1	474	474	53262	1	
汉语言文学	6	479	475	52757	5	1
8876 昆明理工大学津桥学院	**2**				**1**	**1**
01专业组(不限)	**2**	**476**	**475**	**52757**	**1**	**1**
会计学	1	475	475	52757	1	
英语	1	476	476	52278		1
8878 云南经济管理学院	**2**				**2**	
01专业组(不限)	**2**	**476**	**474**	**53262**	**2**	
会计学	2	476	474	53262	2	
8901 西安培华学院	**16**				**16**	
01专业组(不限)	**16**	**484**	**479**	**50817**	**16**	
会计学	2	482	479	50817	2	
汉语言文学	14	484	479	50817	14	
8902 西安欧亚学院	**22**				**22**	
01专业组(不限)	**22**	**494**	**474**	**53262**	**22**	
经济统计学	2	475	474	53262	2	
英语	5	482	474	53262	5	
网络与新媒体	4	476	474	53262	4	
数字出版	4	474	474	53262	4	
应用心理学	2	494	478	51299	2	
财务管理	3	476	475	52757	3	
人力资源管理	1	474	474	53262	1	
体育经济与管理	1	474	474	53262	1	
8903 西安外事学院	**11**				**10**	**1**
01专业组(不限)	**11**	**482**	**475**	**52757**	**10**	**1**
财务管理	8	479	475	52757	7	1
人力资源管理	1	482	482	49343	1	
网络与新媒体	2	477	476	52278	2	
8905 西京学院	**5**				**5**	
01专业组(不限)	**5**	**506**	**479**	**50817**	**5**	
英语	2	504	479	50817	2	
会计学	3	506	482	49343	3	
8906 西安思源学院	**10**				**10**	
01专业组(不限)	**10**	**476**	**474**	**53262**	**10**	
国际经济与贸易	2	475	474	53262	2	
广告学	2	475	474	53262	2	
网络与新媒体	2	474	474	53262	2	
财务管理	2	476	474	53262	2	
电子商务	2	475	475	52757	2	
8907 陕西国际商贸学院	**6**				**4**	**2**
01专业组(不限)	**6**	**477**	**474**	**53262**	**4**	**2**
国际经济与贸易	3	475	474	53262	3	
金融工程	2	477	477	51747		2
英语	1	474	474	53262	1	
8910 西安交通大学城市学院	**17**				**17**	
01专业组(不限)	**17**	**498**	**477**	**51747**	**17**	
经济学类	4	498	477	51747	4	
国际经济与贸易	2	479	477	51747	2	
英语	1	478	478	51299	1	
商务英语	1	478	478	51299	1	
网络与新媒体	3	480	477	51747	3	
会计学	2	485	482	49343	2	
财务管理	4	481	480	50301	4	
8911 西北大学现代学院	**1**					**1**
01专业组(不限)	**1**	**474**	**474**	**53262**		**1**
财务管理	1	474	474	53262		1
8912 西安建筑科技大学华清学院	**8**				**8**	
01专业组(不限)	**8**	**494**	**479**	**50817**	**8**	
会计学	2	482	481	49840	2	
经济学	2	481	480	50301	2	
汉语言文学	2	494	483	48843	2	
英语	2	481	479	50817	2	
8913 西安财经大学行知学院	**26**				**25**	**1**
01专业组(不限)	**26**	**501**	**475**	**52757**	**25**	**1**
会计学	16	501	475	52757	16	
财务管理	3	479	476	52278	2	1
审计学	5	482	475	52757	5	

院校、专业组、专业名称	录取数	最高分	最低分	最低分位次	平行志愿	征求志愿
金融学	2	476	475	52757	2	
8914 西安工商学院	6				6	
01专业组(不限)	6	476	475	52757	6	
人力资源管理	2	475	475	52757	2	
财务管理	3	476	475	52757	3	
网络与新媒体	1	475	475	52757	1	
8916 西安明德理工学院	4				3	1
01专业组(不限)	4	476	474	53262	3	1
金融学	4	476	474	53262	3	1
8918 西安科技大学高新学院	7				7	
01专业组(不限)	7	477	475	52757	7	
金融工程	7	477	475	52757	7	
8940 兰州工商学院	4				3	1
01专业组(不限)	4	475	474	53262	3	1
财务管理	4	475	474	53262	3	1
8941 兰州博文科技学院	4				1	3
01专业组(不限)	4	476	474	53262	1	3
英语	2	474	474	53262		2
会计学	2	476	476	52278	1	1
8942 兰州信息科技学院	1				1	
01专业组(不限)	1	474	474	53262	1	
人力资源管理	1	474	474	53262	1	
8970 宁夏理工学院	15				14	1
01专业组(不限)	15	485	474	53262	14	1
会计学	5	485	474	53262	4	1
电子商务	1	476	476	52278	1	
国际经济与贸易	1	475	475	52757	1	
英语	1	474	474	53262	1	
汉语言文学	7	476	474	53262	7	
8971 宁夏大学新华学院	10				10	
01专业组(不限)	10	492	477	51747	10	
汉语言文学	8	492	478	51299	8	
新闻学	2	477	477	51747	2	
9112 香港珠海学院	4				4	
01专业组(不限)	4	519	511	34880	4	
文学与社会科学院(含中国文学、中文文艺创作等6个专业)	3	517	511	34880	3	
商学院(含会计及银行、工商管理学等4个专业)	1	519	519	30949	1	

2023年普通类(历史等科目类)高职(专科)院校

(三)普通类(历史等科目类)高职(专科)院校

院校、专业组、专业名称	录取数	最高分	最低分	平行志愿	征求志愿
1136 南京工业职业技术大学	**413**			**411**	**2**
03专业组(不限)	**413**	**481**	**235**	**411**	**2**
房地产经营与管理	92	466	240	92	
工商企业管理	92	479	343	92	
电子商务	229	481	235	227	2
1150 江苏海事职业技术学院	**454**			**454**	
01专业组(不限)	**384**	**479**	**411**	**384**	
航海技术	50	473	416	50	
轮机工程技术	22	472	411	22	
船舶电子电气技术	5	467	453	5	
船舶工程技术	12	467	454	12	
海洋工程装备技术	14	463	411	14	
邮轮内装技术	6	455	413	6	
国际邮轮乘务管理	18	456	413	18	
集装箱运输管理	6	458	429	6	
关务与外贸服务	15	470	443	15	
港口与航运管理	20	474	445	20	
水路运输安全管理	12	464	441	12	
国际经济与贸易	10	465	433	10	
电子商务	16	467	419	16	
现代物流管理	20	471	430	20	
商务英语	24	473	427	24	
工业机器人技术	4	457	444	4	
电气自动化技术	10	472	452	10	
机电一体化技术	10	470	438	10	
机械制造及自动化	20	457	411	20	
软件技术	19	469	413	19	
电子信息工程技术	10	467	450	10	
现代移动通信技术	17	449	411	17	
大数据技术	20	473	417	20	
云计算技术应用	9	479	416	9	
人工智能技术应用	15	464	411	15	
02专业组(不限)(定向培养军士)	**50**	**473**	**380**	**50**	
轮机工程技术(水面舰艇人员合格)(海军)(只招男生)	15	473	432	15	
港口机械与智能控制(水面舰艇人员合格)(海军)(只招男生)	5	469	434	5	
轮机工程技术(水面舰艇人员合格)(武警部队)(只招男生)	15	455	388	15	
船舶电子电气技术(水面舰艇人员合格)(武警部队)(只招男生)	15	471	380	15	
03专业组(不限)(分段培养项目)	**5**	**497**	**479**	**5**	
电气自动化技术(与南京工程学院分段培养项目)	5	497	479	5	
04专业组(不限)(中外合作办学)	**15**	**430**	**393**	**15**	
电子信息工程技术(中外合作办学)	15	430	393	15	
1152 南京交通职业技术学院	**334**			**332**	**2**
01专业组(不限)(分段培养项目)	**20**	**490**	**472**	**20**	
现代物流管理(与金陵科技学院分段培养项目)	20	490	472	20	
02专业组(不限)(分段培养项目)	**50**	**511**	**471**	**49**	**1**
大数据与会计(与南京工程学院分段培养项目)	25	503	473	25	
工程造价(与南京工程学院分段培养项目)	25	511	471	24	1
03专业组(不限)	**264**	**474**	**416**	**263**	**1**
汽车检测与维修技术	18	467	438	18	
新能源汽车检测与维修技术	10	474	458	10	
智能网联汽车技术	20	471	431	20	
道路与桥梁工程技术	25	473	416	25	
城市轨道交通工程技术	19	473	454	19	
道路工程造价	20	468	426	20	
安全技术与管理	15	467	421	15	
现代物流管理	20	470	417	19	1
大数据技术	15	464	434	15	
城市轨道交通机电技术	10	473	455	10	
城市轨道车辆应用技术	10	473	453	10	
建筑工程技术	14	451	420	14	
工程造价	29	470	444	29	
建筑室内设计	19	473	432	19	
园林工程技术	20	452	416	20	
1153 南京科技职业学院	**199**			**199**	
01专业组(不限)(分段培养项目)	**50**	**477**	**470**	**50**	
电气自动化技术(与南通理工学院分段培养项目)	15	477	471	15	
无人机应用技术(与常州工学院分段培养项目)	10	472	470	10	
软件技术(与南京工业职业技术大学分段培养项目)	10	475	471	10	
数字媒体技术(与南京传媒学院分段培养项目)	15	473	470	15	
02专业组(不限)	**149**	**469**	**421**	**149**	
高分子材料智能制造技术	5	454	427	5	
应用化工技术	7	465	421	7	
精细化工技术	1	440	440	1	
环境监测技术	4	445	427	4	
环境管理与评价	2	432	424	2	
化妆品技术	8	448	426	8	
药学	15	450	421	15	
健康管理	2	448	444	2	
数字化设计与制造技术	5	451	421	5	
机械制造及自动化	8	453	427	8	
汽车检测与维修技术	2	446	426	2	
机电一体化技术	5	469	448	5	

院校、专业组、专业名称	录取数	最高分	最低分	平行志愿	征求志愿
电子信息工程技术	10	467	421	10	
计算机应用技术	11	469	429	11	
大数据与财务管理	10	452	429	10	
大数据与会计	12	462	437	12	
电子商务	5	439	421	5	
现代物流管理	3	455	422	3	
建筑工程技术	1	421	421	1	
工程造价	7	459	424	7	
中文	26	467	440	26	
1154 南京信息职业技术学院	**215**			**215**	
01专业组(不限)	**185**	**516**	**463**	**185**	
大数据与会计	2	516	481	2	
商务数据分析与应用	4	470	464	4	
智能物流技术	3	471	464	3	
质量管理与认证	2	474	468	2	
新能源汽车技术	23	472	463	23	
人工智能技术应用	23	479	463	23	
电子信息工程技术	18	480	469	18	
移动应用开发	16	472	463	16	
机电一体化技术	14	474	464	14	
电气自动化技术	12	473	464	12	
机械制造及自动化	12	473	467	12	
城市轨道交通通信信号技术	10	474	464	10	
软件技术	9	472	468	9	
数字媒体技术	8	476	472	8	
集成电路技术	3	471	466	3	
光伏工程技术	3	472	466	3	
工业机器人技术	3	472	471	3	
电子产品检测技术	3	473	470	3	
智能光电技术应用	3	468	467	3	
云计算技术应用	3	472	465	3	
虚拟现实技术应用	3	471	464	3	
嵌入式技术应用	3	466	464	3	
计算机应用技术	2	479	473	2	
大数据技术	2	473	470	2	
现代通信技术	1	481	481	1	
02专业组(不限)(定向培养军士)	**15**	**473**	**408**	**15**	
计算机网络技术(水面舰艇人员合格)(海军)(只招男生)	9	473	429	9	
大数据技术(水面舰艇人员合格)(海军)(只招男生)	6	424	408	6	
03专业组(不限)(定向培养军士)	**8**	**489**	**466**	**8**	
电子信息工程技术(火箭军)(只招男生)	3	489	472	3	
计算机网络技术(火箭军)(只招男生)	5	469	466	5	
04专业组(不限)(定向培养军士)	**2**	**474**	**472**	**2**	
计算机网络技术(火箭军)(只招女生)	2	474	472	2	
05专业组(不限)(分段培养项目)	**5**	**497**	**482**	**5**	
物联网应用技术(与江苏理工学院分段培养项目)	5	497	482	5	
1155 南京铁道职业技术学院	**95**			**95**	
01专业组(不限)(分段培养项目)	**18**	**531**	**480**	**18**	
现代通信技术(与南京工业职业技术大学分段培养项目)	8	502	486	8	
铁道供电技术(与南京工业职业技术大学分段培养项目)	10	531	480	10	
02专业组(不限)	**27**	**496**	**475**	**27**	
铁道运输类(铁道交通运营管理、铁道信号自动控制、动车组检修技术、铁道供电技术、高速铁路施工与维护)	10	489	477	10	
城市轨道交通运营管理	1	496	496	1	
城市轨道交通通信信号技术	1	485	485	1	
城市轨道车辆应用技术	4	481	476	4	
铁道机车运用与维护	2	489	484	2	
城市轨道交通供配电技术	2	477	476	2	
城市轨道交通工程技术	3	480	475	3	
铁道工程技术	2	479	479	2	
高速铁路综合维修技术	2	475	475	2	
03专业组(不限)(中外合作办学)	**50**	**476**	**454**	**50**	
铁道信号自动控制(中外合作办学)	20	473	457	20	
铁道交通运营管理(中外合作办学)	30	476	454	30	
1156 江苏经贸职业技术学院	**692**			**690**	**2**
01专业组(不限)	**632**	**501**	**420**	**630**	**2**
大数据与会计	35	501	467	35	
大数据与财务管理	22	480	462	22	
大数据与审计	33	471	460	33	
财税大数据应用	17	476	456	17	
金融服务与管理	18	471	451	18	
国际金融	9	461	444	9	
金融科技应用	30	466	420	29	1
工商企业管理	78	469	421	77	1
法律事务	35	472	460	35	
人力资源管理	35	470	444	35	
中小企业创业与经营	13	460	438	13	
物联网应用技术	15	472	454	15	
制冷与空调技术	10	468	426	10	
人工智能技术应用	12	466	449	12	
康复治疗技术	10	460	446	10	
健康管理	5	464	444	5	
食品药品监督管理	20	466	436	20	
食品检验检测技术	10	465	447	10	
智慧健康养老服务与管理	26	470	430	26	
文化产业经营与管理	25	466	420	25	
商务英语	18	471	454	18	
空中乘务	14	457	421	14	
商务日语	12	462	428	12	
旅游管理	29	459	420	29	
连锁经营与管理	20	453	430	20	
国际经济与贸易	8	465	453	8	

院校、专业组、专业名称	录取数	最高分	最低分	平行志愿	征求志愿
市场营销	14	462	425	14	
电子商务	8	479	458	8	
跨境电子商务	25	460	422	25	
移动商务	14	452	436	14	
现代物流管理	12	465	438	12	
02专业组(不限)(分段培养项目)	**30**	**478**	**472**	**30**	
金融服务与管理(与金陵科技学院分段培养项目)	30	478	472	30	
03专业组(不限)(分段培养项目)	**30**	**490**	**470**	**30**	
市场营销(与南京工程学院分段培养项目)	30	490	470	30	
1158 江苏卫生健康职业学院	**703**			**701**	**2**
01专业组(不限)(分段培养项目)	**23**	**506**	**483**	**23**	
护理(与徐州医科大学分段培养项目)	15	506	485	15	
药学(与徐州医科大学分段培养项目)	8	485	483	8	
02专业组(不限)	**508**	**539**	**453**	**507**	**1**
临床医学	22	474	463	22	
护理	210	487	458	210	
助产	18	473	455	18	
药学	50	479	455	50	
中医学	50	539	454	50	
针灸推拿	10	511	465	10	
中药学	44	481	453	44	
中医康复技术	6	466	454	6	
医学检验技术	20	472	461	20	
医学影像技术	15	471	463	15	
医学美容技术	20	469	453	19	1
康复治疗技术	20	471	454	20	
预防医学	15	464	455	15	
医学营养	8	461	453	8	
03专业组(不限)	**67**	**461**	**424**	**67**	
健康管理	20	454	433	20	
卫生信息管理	4	450	441	4	
健康大数据管理与服务	6	457	431	6	
婴幼儿托育服务与管理	10	453	424	10	
老年保健与管理	11	446	427	11	
智能医疗装备技术	6	452	433	6	
药品经营与管理	10	461	433	10	
04专业组(不限)	**105**	**503**	**334**	**104**	**1**
临床医学(为南京市江宁区定向培养)	2	483	475	2	
临床医学(为南京市六合区定向培养)	2	491	478	2	
临床医学(为南通市如东县定向培养)	11	473	425	11	
临床医学(为南通市启东市定向培养)	2	488	471	2	
临床医学(为南通市海安市定向培养)	3	481	475	3	
临床医学(为南通市如皋市定向培养)	12	489	462	12	
临床医学(为南通市海门区定向培养)	3	471	470	3	
临床医学(为南通市通州区定向培养)	2	480	470	2	
临床医学(为泰州市靖江市定向培养)	3	488	478	3	
中医学(为南京市高淳区定向培养)	1	474	474	1	
中医学(为徐州市贾汪区定向培养)	1	466	466	1	
中医学(为徐州市新沂市定向培养)	1	496	496	1	
中医学(为徐州市沛县定向培养)	3	472	465	3	
中医学(为徐州市丰县定向培养)	1	478	478	1	
中医学(为徐州市铜山区定向培养)	4	461	453	4	
中医学(为南通市海门区定向培养)	2	469	469	2	
中医学(为南通市通州区定向培养)	2	470	466	2	
针灸推拿(为南京市浦口区定向培养)	1	478	478	1	
针灸推拿(为徐州市睢宁县定向培养)	3	481	471	3	
针灸推拿(为徐州市贾汪区定向培养)	1	448	448	1	
针灸推拿(为徐州市邳州市定向培养)	2	473	471	2	
针灸推拿(为徐州市铜山区定向培养)	5	466	334	4	1
针灸推拿(为常州市溧阳市定向培养)	1	436	436	1	
针灸推拿(为苏州市张家港市定向培养)	1	470	470	1	
针灸推拿(为南通市如皋市定向培养)	2	461	460	2	
针灸推拿(为连云港市东海县定向培养)	3	480	463	3	
针灸推拿(为连云港市灌云县定向培养)	2	466	465	2	
针灸推拿(为连云港市灌南县定向培养)	4	459	439	4	
针灸推拿(为连云港市赣榆区定向培养)	2	503	482	2	
针灸推拿(为宿迁市沭阳县定向培养)	4	441	412	4	
针灸推拿(为宿迁市泗阳县定向培养)	2	473	466	2	
针灸推拿(为宿迁市宿豫区定向培养)	1	472	472	1	
针灸推拿(为宿迁市宿城区定向培养)	1	471	471	1	
医学影像技术(为徐州市睢宁县定向培养)	3	481	473	3	
医学影像技术(为徐州市铜山区定向培养)	4	484	458	4	
医学影像技术(为连云港市灌南县定向培养)	1	439	439	1	
医学影像技术(为泰州市泰兴市定向培养)	2	497	473	2	
预防医学(为南京市六合区定向培养)	1	477	477	1	
预防医学(为常州市新北区定向培养)	2	473	473	2	
预防医学(为南通市通州区定向培养)	1	470	470	1	
预防医学(为镇江市句容市定向培养)	1	476	476	1	
1159 南京机电职业技术学院	**55**			**55**	
01专业组(不限)	**55**	**491**	**443**	**55**	
机电一体化技术	9	465	451	9	
电气自动化技术	8	491	450	8	
供用电技术	6	448	444	6	
智能控制技术	1	448	448	1	
机械制造及自动化	2	451	446	2	
数控技术	2	455	444	2	
工业设计	1	445	445	1	

院校、专业组、专业名称	录取数	最高分	最低分	平行志愿	征求志愿
机械设计与制造	2	454	443	2	
智能制造装备技术	1	443	443	1	
电子信息工程技术	2	451	449	2	
物联网应用技术	2	456	455	2	
智能产品开发与应用	1	446	446	1	
无人机应用技术	2	446	443	2	
软件技术	5	462	452	5	
现代通信技术	1	448	448	1	
移动商务	1	445	445	1	
云计算技术应用	2	446	443	2	
卫星通信与导航技术	1	450	450	1	
大数据与会计	2	457	451	2	
数字媒体技术	3	463	456	3	
金融科技应用	1	449	449	1	
1160 南京旅游职业学院	**164**			**164**	
01专业组(不限)(分段培养项目)	**30**	**470**	**464**	**30**	
酒店管理与数字化运营(与江苏第二师范学院分段培养项目)	30	470	464	30	
02专业组(不限)(分段培养项目)	**25**	**469**	**460**	**25**	
旅游管理(与南京工业职业技术大学分段培养项目)	25	469	460	25	
03专业组(不限)	**109**	**473**	**398**	**109**	
酒店管理与数字化运营	11	473	407	11	
大数据与财务管理	22	457	400	22	
大数据技术	8	428	398	8	
旅游管理	13	445	413	13	
电子商务	5	471	401	5	
研学旅行管理与服务	1	407	407	1	
智慧旅游技术应用	1	413	413	1	
空中乘务	7	460	417	7	
会展策划与管理	7	451	421	7	
烹饪工艺与营养	6	448	400	6	
西式烹饪工艺	5	441	406	5	
中西面点工艺	6	453	424	6	
旅游英语	9	454	407	9	
旅游日语	4	455	404	4	
应用韩语	2	434	413	2	
应用西班牙语	2	459	435	2	
1171 江苏城市职业学院	**570**			**567**	**3**
01专业组(不限)	**570**	**471**	**360**	**567**	**3**
现代物流管理	27	447	413	27	
大数据与会计	100	471	420	100	
电子商务	50	442	398	50	
跨境电子商务	20	419	386	20	
连锁经营与管理	35	405	365	35	
采购与供应管理	11	424	375	11	
建筑工程技术	20	433	363	20	
城市轨道交通工程技术	20	461	423	20	
工程造价	30	456	404	30	

院校、专业组、专业名称	录取数	最高分	最低分	平行志愿	征求志愿
建设工程管理	21	446	360	18	3
建筑装饰工程技术	3	407	361	3	
建筑室内设计	45	465	361	45	
建筑设备工程技术	4	434	379	4	
建筑智能化工程技术	3	407	401	3	
软件技术	21	471	421	21	
计算机网络技术	23	462	411	23	
电子信息工程技术	10	453	420	10	
物联网应用技术	26	460	405	26	
机电一体化技术	8	452	436	8	
工业机器人技术	5	437	421	5	
环境监测技术	14	442	398	14	
环境工程技术	5	401	379	5	
环境管理与评价	15	423	360	15	
园林技术	10	432	404	10	
风景园林设计	22	446	400	22	
化妆品经营与管理	14	423	389	14	
休闲服务与管理	8	431	379	8	
1172 南京城市职业学院	**80**			**79**	**1**
01专业组(不限)	**80**	**468**	**391**	**79**	**1**
传播与策划	10	468	430	10	
金融服务与管理	4	431	426	4	
大数据与财务管理	8	452	432	8	
大数据与会计	8	459	442	8	
商务管理	2	442	434	2	
跨境电子商务	2	447	425	2	
网络营销与直播电商	6	448	425	6	
现代物流管理	3	450	434	3	
智能控制技术	4	434	427	4	
电子信息工程技术	4	438	428	4	
计算机应用技术	6	465	436	6	
云计算技术应用	3	455	440	3	
康复治疗技术	4	454	439	4	
健康管理	2	456	455	2	
婴幼儿托育服务与管理	4	452	437	4	
旅游管理	4	440	391	3	1
工程造价	4	451	436	4	
建筑工程技术	2	442	429	2	
1210 江苏信息职业技术学院	**210**			**207**	**3**
01专业组(不限)	**185**	**468**	**412**	**182**	**3**
电子信息工程技术	10	466	428	10	
集成电路技术	10	454	415	10	
微电子技术	10	436	420	10	
物联网应用技术	10	460	434	10	
计算机网络技术	10	468	438	10	
软件技术	10	442	431	10	
信息安全技术应用	5	458	424	5	
人工智能技术应用	5	462	427	5	
大数据技术	5	448	434	5	

院校、专业组、专业名称	录取数	最高分	最低分	平行志愿	征求志愿
金融服务与管理	10	450	431	10	
大数据与财务管理	10	456	440	10	
大数据与会计	15	457	445	15	
国际经济与贸易	10	428	413	10	
市场营销	10	440	419	10	
电子商务	20	443	414	20	
现代物流管理	15	461	413	15	
工程造价	20	463	412	17	3
02专业组(不限)(定向培养军士)	**5**	**464**	**463**	**5**	
物联网应用技术(空军)(只招男生)	5	464	463	5	
03专业组(不限)(分段培养项目)	**20**	**471**	**469**	**20**	
现代物流管理(与南京工程学院分段培养项目)	20	471	469	20	
1211 无锡职业技术学院	**669**			**665**	**4**
01专业组(不限)(分段培养项目)	**30**	**500**	**472**	**30**	
汽车检测与维修技术(与江苏理工学院分段培养项目)	5	500	473	5	
商务英语(与江苏理工学院分段培养项目)	25	492	472	25	
02专业组(不限)	**605**	**497**	**402**	**601**	**4**
机械制造及自动化	20	475	457	20	
数控技术	20	475	458	20	
机电一体化技术	22	497	452	22	
数字化设计与制造技术	20	462	446	20	
电气自动化技术	20	475	460	20	
工业过程自动化技术	20	462	442	20	
智能控制技术	20	456	440	20	
工业机器人技术	5	470	456	5	
电子信息工程技术	23	476	450	23	
集成电路技术	5	470	444	5	
物联网应用技术	20	487	468	20	
计算机网络技术	10	473	462	10	
软件技术	10	472	463	10	
云计算技术应用	20	461	443	20	
大数据技术	20	467	458	20	
人工智能技术应用	10	462	450	10	
工业互联网技术	10	469	451	10	
工商企业管理	20	469	439	20	
市场营销	25	472	436	25	
电子商务	20	466	446	20	
现代物流管理	40	471	435	40	
跨境电子商务	25	459	431	25	
金融服务与管理	30	462	435	30	
大数据与财务管理	30	473	462	30	
大数据与会计	30	495	467	30	
汽车电子技术	6	442	434	6	
新能源汽车技术	5	473	457	5	
汽车制造与试验技术	5	451	441	5	
智能网联汽车技术	5	458	441	5	

院校、专业组、专业名称	录取数	最高分	最低分	平行志愿	征求志愿
旅游管理	25	466	431	25	
酒店管理与数字化运营	22	465	402	18	4
商务英语	22	473	458	22	
商务日语	20	473	432	20	
03专业组(不限)(中外合作办学)	**34**	**470**	**407**	**34**	
数字化设计与制造技术(中外合作办学)	10	448	426	10	
机电一体化技术(中外合作办学)	8	434	417	8	
应用电子技术(中外合作办学)	12	433	407	12	
大数据与财务管理(中外合作办学)	4	470	442	4	
1212 无锡商业职业技术学院	**450**			**449**	**1**
01专业组(不限)(分段培养项目)	**165**	**496**	**464**	**164**	**1**
大数据与会计(与南京工业职业技术大学分段培养项目)	26	496	470	26	
国际经济与贸易(与盐城师范学院分段培养项目)	35	476	464	35	
跨境电子商务(与南京传媒学院分段培养项目)	28	469	464	28	
数字媒体技术(与南京传媒学院分段培养项目)	26	473	467	26	
应用电子技术(与南京工业职业技术大学分段培养项目)	50	473	464	49	1
02专业组(不限)	**285**	**475**	**419**	**285**	
市场营销	10	457	439	10	
国际经济与贸易	11	449	442	11	
电子商务	19	459	422	19	
商务数据分析与应用	10	450	437	10	
商务英语	10	463	448	10	
大数据与会计	20	467	456	20	
大数据与会计(中外合作办学)	6	454	439	6	
大数据与财务管理	17	460	451	17	
大数据与审计	20	475	452	20	
旅游管理	7	447	438	7	
酒店管理与数字化运营	6	448	420	6	
建筑室内设计	14	448	422	14	
工程造价	17	451	427	17	
物联网应用技术	10	462	438	10	
软件技术	18	470	419	18	
电气自动化技术	10	469	448	10	
计算机网络技术	15	462	437	15	
云计算技术应用	16	444	419	16	
机电一体化技术	20	463	420	20	
工业机器人技术	16	452	419	16	
智能网联汽车技术	13	447	419	13	
1213 无锡科技职业学院	**391**			**388**	**3**
01专业组(不限)(分段培养项目)	**5**	**472**	**470**	**5**	
模具设计与制造(与江苏理工学院分段培养项目)	5	472	470	5	
02专业组(不限)	**386**	**470**	**359**	**383**	**3**

院校、专业组、专业名称	录取数	最高分	最低分	平行志愿	征求志愿
软件技术	25	456	406	25	
大数据技术	19	461	407	19	
云计算技术应用	18	422	396	18	
人工智能技术应用	9	432	414	9	
物联网应用技术	20	444	403	20	
移动互联应用技术	20	420	391	20	
智能产品开发与应用	20	414	388	20	
集成电路技术	10	449	402	10	
数控技术	20	468	401	20	
新能源汽车技术	5	426	409	5	
安全技术与管理	5	438	403	5	
大数据与会计	30	459	426	30	
跨境电子商务	19	432	391	19	
商务数据分析与应用	15	432	411	15	
现代物流管理	20	451	403	20	
酒店管理与数字化运营	14	431	390	14	
会展策划与管理	30	448	389	30	
商务英语	42	453	359	39	3
社区管理与服务	10	470	419	10	
现代文秘	30	462	421	30	
虚拟现实技术应用	5	424	398	5	
1214 无锡城市职业技术学院	**368**			**354**	**14**
01专业组(不限)	**180**	**466**	**245**	**167**	**13**
音乐教育(师范)	27	453	317	27	
美术教育(师范)	23	459	322	23	
学前教育(师范)	130	466	245	117	13
02专业组(不限)	**93**	**474**	**392**	**92**	**1**
无人机应用技术	1	457	457	1	
物联网应用技术	4	459	439	4	
应用电子技术	2	424	416	2	
计算机应用技术	2	446	433	2	
计算机网络技术	2	436	433	2	
金融服务与管理	2	413	408	2	
国际经济与贸易	2	417	406	2	
大数据与会计	12	474	423	12	
会计信息管理	2	423	411	2	
旅游管理	8	420	402	8	
休闲服务与管理	7	400	394	7	
电子商务	3	409	401	3	
商务英语	1	412	412	1	
邮政快递智能技术	2	410	408	2	
会展策划与管理	5	438	399	5	
动漫制作技术	7	467	401	7	
电气自动化技术	5	429	411	5	
智能控制技术	1	411	411	1	
建筑室内设计	10	458	392	9	1
工程造价	5	439	414	5	
建筑工程技术	5	448	404	5	
机电一体化技术	5	430	411	5	

院校、专业组、专业名称	录取数	最高分	最低分	平行志愿	征求志愿
03专业组(不限)(分段培养项目)	**95**	**473**	**461**	**95**	
学前教育(与江苏师范大学分段培养项目)(师范)	35	472	464	35	
美术教育(与南京特殊教育师范学院分段培养项目)(师范)	30	469	461	30	
会展策划与管理(与南京传媒学院分段培养项目)	25	473	461	25	
机电一体化技术(与江苏理工学院分段培养项目)	5	472	466	5	
1215 无锡工艺职业技术学院	**234**			**230**	**4**
01专业组(不限)	**194**	**464**	**376**	**191**	**3**
材料工程技术	6	420	388	6	
陶瓷制造技术与工艺	6	425	392	6	
服装设计与工艺	15	421	382	15	
机电一体化技术	6	446	403	6	
数控技术	6	409	392	6	
眼视光技术	12	445	407	12	
电线电缆制造技术	6	404	382	6	
软件技术	6	414	400	6	
大数据技术	6	401	393	6	
电气自动化技术	6	457	408	6	
工业机器人技术	12	415	377	12	
物联网应用技术	12	402	380	12	
计算机网络技术	12	421	394	12	
电子商务	6	443	394	6	
市场营销	12	464	385	12	
大数据与财务管理	9	460	406	9	
国际经济与贸易	3	403	391	3	
旅游管理	18	399	378	18	
酒店管理与数字化运营	14	419	376	11	3
会计信息管理	9	441	399	9	
社区管理与服务	12	420	383	12	
02专业组(不限)(分段培养项目)	**40**	**466**	**459**	**39**	**1**
国际经济与贸易(与南京工程学院分段培养项目)	20	466	462	20	
市场营销(与南京工程学院分段培养项目)	20	464	459	19	1
1216 江阴职业技术学院	**257**			**254**	**3**
01专业组(不限)(分段培养项目)	**5**	**473**	**467**	**5**	
环境工程技术(与江苏理工学院分段培养项目)	5	473	467	5	
02专业组(不限)	**252**	**443**	**307**	**249**	**3**
环境监测技术	10	410	358	10	
高分子材料智能制造技术	2	372	372	2	
化妆品技术	2	434	426	2	
现代纺织技术	10	383	323	10	
纺织品检验与贸易	10	397	326	10	
工业过程自动化技术	12	403	364	12	
工业机器人技术	12	413	311	12	

2023年普通类（历史等科目类）高职（专科）院校

院校、专业组、专业名称	录取数	最高分	最低分	平行志愿	征求志愿
应用电子技术	10	402	309	10	
计算机应用技术	2	411	397	2	
计算机网络技术	15	403	315	15	
软件技术	2	424	394	2	
大数据与财务管理	10	424	380	10	
市场营销	10	397	314	10	
电子商务	10	397	313	10	
现代物流管理	10	385	329	10	
旅游管理	10	410	324	10	
研学旅行管理与服务	15	373	314	15	
网络营销与直播电商	15	388	309	15	
建筑室内设计	10	397	365	10	
建筑工程技术	15	390	309	15	
建设工程管理	15	383	313	15	
服装设计与工艺	10	383	314	10	
国际经济与贸易	15	377	307	15	
商务英语	20	443	310	17	3
1230 江苏建筑职业技术学院	130			129	1
01专业组(不限)	130	496	329	129	1
建筑装饰工程技术	20	459	331	20	
古建筑工程技术	10	429	364	10	
园林工程技术	7	411	338	7	
建筑设备工程技术	5	449	357	5	
工程造价	18	496	421	18	
建设工程监理	10	447	373	10	
建筑动画技术	10	435	330	10	
大数据与财务管理	5	459	436	5	
大数据与会计	20	471	438	20	
市场营销	20	435	329	19	1
酒店管理与数字化运营	5	428	352	5	
1231 徐州工业职业技术学院	263			262	1
01专业组(不限)	243	461	378	242	1
高分子材料智能制造技术	14	450	383	14	
建筑装饰工程技术	11	398	382	11	
建筑工程技术	10	405	388	10	
工程造价	5	417	405	5	
建设工程管理	10	405	383	10	
机械制造及自动化	6	411	395	6	
机电一体化技术	13	443	392	13	
工业机器人技术	5	404	381	5	
电气自动化技术	15	437	395	15	
智能制造装备技术	9	389	380	9	
汽车制造与试验技术	10	409	379	10	
新能源汽车技术	8	429	402	8	
环境工程技术	4	420	391	4	
药品生物技术	5	447	408	5	
药品生产技术	9	435	401	9	
生物制药技术	8	446	401	8	
物联网应用技术	19	416	378	18	1

院校、专业组、专业名称	录取数	最高分	最低分	平行志愿	征求志愿
计算机应用技术	3	431	421	3	
软件技术	7	418	390	7	
大数据技术	5	402	396	5	
大数据与财务管理	10	456	395	10	
大数据与会计	27	458	404	27	
电子商务	10	417	380	10	
商务英语	10	461	392	10	
现代物流管理	10	418	379	10	
02专业组(不限)(分段培养项目)	20	467	460	20	
现代物流管理(与南京工业职业技术大学分段培养项目)	20	467	460	20	
1232 徐州幼儿师范高等专科学校	511			508	3
01专业组(不限)(分段培养项目)	45	486	469	45	
学前教育(与南京晓庄学院分段培养项目)(师范)	25	485	469	25	
特殊教育(与南京特殊教育师范学院分段培养项目)(师范)	20	486	471	20	
02专业组(不限)	317	469	289	315	2
早期教育(师范)	30	467	403	30	
学前教育(师范)	252	469	289	250	2
特殊教育(师范)	20	466	415	20	
音乐教育(师范)	15	412	334	15	
03专业组(不限)	144	464	287	143	1
婴幼儿托育服务与管理	40	392	306	40	
中文	30	460	335	30	
应用英语	20	464	287	20	
智慧健康养老服务与管理	14	422	374	14	
老年保健与管理	20	436	358	20	
现代家政服务与管理	20	434	288	19	1
04专业组(不限)(中外合作办学)	5	416	392	5	
学前教育(中外合作办学)(师范)	5	416	392	5	
1233 徐州生物工程职业技术学院	205			190	15
01专业组(不限)	155	472	324	142	13
护理	24	472	423	24	
康复治疗技术	3	466	440	3	
中药学	5	450	433	5	
生物制药技术	5	433	415	5	
药品生产技术	2	430	428	2	
现代农业技术	6	424	398	6	
园艺技术	4	423	412	4	
植物保护与检疫技术	7	443	406	7	
园林技术	4	418	399	4	
工程造价	6	414	401	6	
动物医学	11	461	437	11	
宠物医疗技术	11	441	425	11	
畜牧兽医	11	464	418	11	
宠物养护与驯导	8	423	402	8	
环境监测技术	12	411	399	12	
环境工程技术	8	463	324		8

院校、专业组、专业名称	录取数	最高分	最低分	平行志愿	征求志愿
物联网应用技术	3	425	410	3	
计算机应用技术	8	462	342	3	5
大数据技术	3	461	413	3	
大数据与会计	10	434	405	10	
电子商务	4	415	403	4	
02专业组(不限)(分段培养项目)	**50**	**471**	**463**	**48**	**2**
计算机应用技术(与南京传媒学院分段培养项目)	20	469	463	18	2
大数据与会计(与南通理工学院分段培养项目)	30	471	464	30	
1234 江苏安全技术职业学院	**216**			**211**	**5**
01专业组(不限)	**209**	**434**	**321**	**204**	**5**
安全智能监测技术	7	389	366	7	
电梯工程技术	3	434	364	3	
工业机器人技术	6	375	356	6	
机电一体化技术	9	393	372	9	
智能安防运营管理	8	368	323	8	
智能机电技术	3	371	367	3	
智能控制技术	6	359	334	6	
材料成型及控制技术	14	372	325	9	5
工业设计	3	371	354	3	
机械制造及自动化	4	365	359	4	
数控技术	3	388	370	3	
智能制造装备技术	5	359	321	5	
人工智能技术应用	6	365	343	6	
数字媒体技术	11	425	371	11	
信息安全技术应用	12	397	329	12	
云计算技术应用	9	373	350	9	
安全技术与管理	16	434	357	16	
工程安全评价与监理	7	402	323	7	
建筑消防技术	7	390	351	7	
消防救援技术	9	381	349	9	
应急救援技术	8	396	372	8	
职业健康安全技术	10	359	327	10	
城市轨道交通机电技术	7	397	357	7	
城市轨道交通运营管理	7	412	377	7	
汽车检测与维修技术	7	378	328	7	
新能源汽车检测与维修技术	3	379	355	3	
智能网联汽车技术	5	352	321	5	
电子商务	7	380	344	7	
婴幼儿托育服务与管理	7	389	323	7	
02专业组(不限)(分段培养项目)	**7**	**472**	**468**	**7**	
安全技术与管理(与盐城工学院分段培养项目)	7	472	468	7	
1250 常州信息职业技术学院	**340**			**340**	
01专业组(不限)	**330**	**473**	**425**	**330**	
会计信息管理	13	453	435	13	
国际经济与贸易	3	446	436	3	
市场营销	22	445	426	22	
电子商务	21	447	425	21	
工商企业管理	3	448	444	3	
现代物流管理	11	460	431	11	
金融科技应用	2	432	427	2	
跨境电子商务	1	441	441	1	
财税大数据应用	13	464	432	13	
软件技术	70	473	443	70	
大数据技术	18	449	435	18	
云计算技术应用	11	447	427	11	
现代通信技术	3	473	438	3	
信息安全技术应用	4	459	441	4	
计算机网络技术	14	463	447	14	
物联网应用技术	10	471	435	10	
计算机应用技术	12	471	443	12	
光伏工程技术	2	447	441	2	
电子信息工程技术	20	468	441	20	
汽车智能技术	8	445	425	8	
电气自动化技术	12	463	452	12	
智能控制技术	7	457	437	7	
机械设计与制造	14	457	436	14	
机电一体化技术	12	462	444	12	
工业互联网应用	10	441	432	10	
动漫制作技术	12	471	427	12	
虚拟现实技术应用	2	439	437	2	
02专业组(不限)(分段培养项目)	**10**	**492**	**473**	**10**	
软件技术(与常州大学分段培养项目)	10	492	473	10	
1251 常州纺织服装职业技术学院	**236**			**236**	
01专业组(不限)	**221**	**451**	**304**	**221**	
数字媒体技术	2	424	420	2	
现代纺织技术	5	428	401	5	
纺织品设计	5	408	397	5	
纺织品检验与贸易	8	404	383	8	
药品生产技术	2	420	413	2	
数字化染整技术	5	413	382	5	
环境工程技术	10	386	352	10	
高分子材料智能制造技术	2	432	413	2	
服装设计与工艺	17	435	353	17	
国际经济与贸易	25	423	317	25	
大数据与会计	8	445	421	8	
大数据与财务管理	5	426	412	5	
电子商务	15	402	315	15	
现代物流管理	15	418	323	15	
市场营销	10	393	314	10	
酒店管理与数字化运营	8	386	310	8	
机电一体化技术	2	410	406	2	
大数据技术	5	407	389	5	
工业机器人技术	5	406	350	5	
计算机网络技术	2	424	409	2	
机械制造及自动化	5	402	376	5	

院校、专业组、专业名称	录取数	最高分	最低分	平行志愿	征求志愿
计算机应用技术	2	425	410	2	
数控技术	5	427	340	5	
模具设计与制造	5	393	339	5	
婴幼儿托育服务与管理	17	419	308	17	
智慧健康养老服务与管理	11	442	333	11	
商务英语	20	451	304	20	
02专业组(不限)(分段培养项目)	**15**	**472**	**466**	**15**	
商务英语(与江苏理工学院分段培养项目)	15	472	466	15	
1252 常州工程职业技术学院	**259**			**256**	**3**
01专业组(不限)	**259**	**473**	**364**	**256**	**3**
药品质量与安全	23	458	420	23	
食品质量与安全	15	462	411	15	
环境工程技术	20	428	406	20	
大数据与会计	24	467	428	24	
酒店管理与数字化运营	10	405	403	10	
电子商务	15	464	402	15	
商务数据分析与应用	15	418	398	15	
建筑装饰工程技术	13	430	396	13	
数字媒体技术	20	473	429	20	
物联网应用技术	10	459	421	10	
机电一体化技术	10	466	429	10	
软件技术	10	449	419	10	
汽车制造与试验技术	4	429	413	4	
理化测试与质检技术	13	463	409	13	
机械制造及自动化	5	428	419	5	
生物制药技术	5	458	422	5	
光伏材料制备技术	5	452	416	5	
高分子材料智能制造技术	5	414	408	5	
建筑材料工程技术	7	417	396	6	1
建筑工程技术	20	454	364	18	2
工程造价	10	460	427	10	
1253 常州工业职业技术学院	**285**			**285**	
01专业组(不限)	**211**	**487**	**378**	**211**	
工业机器人技术	10	456	379	10	
无人机应用技术	6	429	379	6	
智能控制技术	1	378	378	1	
电子信息工程技术	13	441	385	13	
大数据技术	13	460	386	13	
人工智能技术应用	2	437	396	2	
计算机网络技术	14	449	381	14	
物联网应用技术	4	432	391	4	
软件技术	5	431	384	5	
电子商务	2	405	389	2	
城市轨道车辆应用技术	6	451	395	6	
城市轨道交通运营管理	9	456	380	9	
汽车检测与维修技术	1	397	397	1	
新能源汽车检测与维修技术	9	470	384	9	
数控技术	3	438	408	3	
模具设计与制造	1	447	447	1	
机械制造及自动化	14	437	394	14	
数字化设计与制造技术	3	421	387	3	
高分子材料智能制造技术	2	409	403	2	
化妆品技术	5	421	381	5	
环境工程技术	1	393	393	1	
药品生产技术	16	469	380	16	
新能源材料应用技术	2	406	384	2	
酒店管理与数字化运营	1	397	397	1	
旅游管理	3	447	379	3	
烹饪工艺与营养	1	403	403	1	
婴幼儿托育服务与管理	1	396	396	1	
大数据与会计	53	487	378	53	
市场营销	2	420	419	2	
金融服务与管理	1	405	405	1	
现代物流管理	6	436	388	6	
建筑装饰工程技术	1	396	396	1	
02专业组(不限)(分段培养项目)	**59**	**470**	**453**	**59**	
高分子材料智能制造技术(与盐城工学院分段培养项目)	15	470	458	15	
酒店管理与数字化运营(与江苏理工学院分段培养项目)	12	463	455	12	
国际商务(与南京工业职业技术大学分段培养项目)	32	467	453	32	
03专业组(不限)(中外合作办学)	**15**	**452**	**358**	**15**	
软件技术(中外合作办学)	15	452	358	15	
1254 常州机电职业技术学院	**355**			**353**	**2**
01专业组(不限)	**325**	**473**	**334**	**323**	**2**
工业机器人技术	25	451	409	25	
机电一体化技术	15	468	438	15	
智能制造装备技术	15	429	390	15	
机械设计与制造	3	450	438	3	
数字化设计与制造技术	7	447	403	7	
机械制造及自动化	24	465	426	24	
工业产品质量检测技术	20	434	343	20	
城市轨道车辆应用技术	6	463	437	6	
汽车检测与维修技术	15	446	371	15	
现代农业装备应用技术	2	408	408	2	
新能源汽车技术	30	450	393	30	
人工智能技术应用	6	431	412	6	
软件技术	42	451	358	42	
物联网应用技术	12	445	400	12	
电子商务	19	473	351	19	
国际经济与贸易	10	436	362	10	
跨境电子商务	10	380	356	10	
市场营销	39	455	334	37	2
现代物流管理	20	431	347	20	
虚拟现实技术应用	5	415	364	5	
02专业组(不限)(分段培养项目)	**30**	**473**	**463**	**30**	

院校、专业组、专业名称	录取数	最高分	最低分	平行志愿	征求志愿
跨境电子商务(与江苏理工学院分段培养项目)	30	473	463	30	
1255 江苏城乡建设职业学院	**183**			**183**	
01专业组(不限)	**181**	**457**	**363**	**181**	
园林技术	6	397	369	6	
测绘地理信息技术	3	391	367	3	
无人机测绘技术	2	382	370	2	
环境工程技术	6	442	372	6	
生态保护技术	4	376	366	4	
环境管理与评价	4	413	364	4	
建筑设计	4	451	363	4	
建筑装饰工程技术	2	381	371	2	
古建筑工程技术	7	439	382	7	
园林工程技术	1	399	399	1	
风景园林设计	5	383	363	5	
建筑室内设计	20	420	366	20	
建筑工程技术	7	398	379	7	
智能建造技术	2	392	366	2	
建筑电气工程技术	1	366	366	1	
供热通风与空调工程技术	2	388	367	2	
建筑智能化工程技术	2	388	366	2	
工程造价	23	457	364	23	
建设工程管理	2	391	368	2	
给排水工程技术	3	414	364	3	
城市燃气工程技术	5	409	365	5	
房地产经营与管理	1	371	371	1	
现代物业管理	4	384	364	4	
道路与桥梁工程技术	1	364	364	1	
交通运营管理	3	437	365	3	
城市轨道交通运营管理	22	430	364	22	
物联网应用技术	4	430	369	4	
移动互联应用技术	1	373	373	1	
计算机网络技术	5	384	372	5	
大数据与会计	29	406	365	29	
02专业组(不限)(分段培养项目)	**2**	**469**	**464**	**2**	
房地产经营与管理(与徐州工程学院分段培养项目)	2	469	464	2	
1256 常州幼儿师范高等专科学校	**75**			**75**	
01专业组(不限)	**75**	**471**	**439**	**75**	
学前教育(师范)	75	471	439	75	
1270 苏州职业大学	**429**			**426**	**3**
01专业组(不限)	**360**	**485**	**444**	**357**	**3**
服装设计与工艺	3	459	454	3	
食品检验检测技术	10	473	453	10	
物联网应用技术	16	481	447	16	
计算机应用技术	12	469	446	12	
计算机网络技术	12	469	451	12	
软件技术	23	472	451	23	
大数据技术	16	471	445	16	

院校、专业组、专业名称	录取数	最高分	最低分	平行志愿	征求志愿
虚拟现实技术应用	7	469	445	7	
人工智能技术应用	3	458	449	3	
动漫制作技术	11	472	455	11	
金融服务与管理	7	455	445	7	
大数据与财务管理	22	468	446	22	
大数据与会计	53	473	453	53	
大数据与审计	5	471	459	5	
国际经济与贸易	3	470	456	3	
市场营销	5	457	450	5	
电子商务	9	454	446	9	
跨境电子商务	4	459	444	4	
现代物流管理	5	464	453	5	
会展策划与管理	5	471	452	5	
网络新闻与传播	10	476	461	10	
学前教育(师范)	16	467	452	16	
商务英语	40	473	444	40	
应用英语	10	471	445	10	
商务日语	15	461	444	12	3
法律事务	22	473	457	22	
人力资源管理	5	470	459	5	
现代文秘	11	485	466	11	
02专业组(不限)(分段培养项目)	**45**	**496**	**473**	**45**	
现代文秘(与苏州科技大学分段培养项目)	45	496	473	45	
03专业组(不限)(中外合作办学)	**24**	**461**	**423**	**24**	
机电一体化技术(中外合作办学)	3	456	443	3	
大数据与会计(中外合作办学)	7	461	448	7	
学前教育(中外合作办学)(师范)	14	446	423	14	
1272 苏州农业职业技术学院	**85**			**85**	
01专业组(不限)	**65**	**468**	**423**	**65**	
园林技术	6	468	453	6	
建设工程管理	2	452	443	2	
风景园林设计	4	462	439	4	
建筑设计	3	453	436	3	
园林工程技术	2	459	454	2	
大数据与会计	3	452	444	3	
大数据与财务管理	3	459	448	3	
跨境电子商务	3	430	428	3	
园艺技术	5	449	428	5	
茶叶生产与加工技术	3	442	428	3	
计算机网络技术	3	457	449	3	
无人机应用技术	3	438	434	3	
生态农业技术	2	455	430	2	
生态环境修复技术	3	452	430	3	
环境监测技术	2	436	434	2	
食品检验检测技术	3	456	450	3	
药品生产技术	3	455	426	3	
商务日语	5	427	423	5	
商务英语	3	442	429	3	

院校、专业组、专业名称	录取数	最高分	最低分	平行志愿	征求志愿
法律文秘	4	454	434	4	
02专业组(不限)(分段培养项目)	**20**	**472**	**462**	**20**	
旅游管理(与泰州学院分段培养项目)	20	472	462	20	
1273 苏州工业职业技术学院	**120**			**119**	**1**
01专业组(不限)	**90**	**480**	**410**	**89**	**1**
人力资源管理	15	472	423	15	
会计信息管理	20	460	432	20	
电子商务	20	447	410	19	1
工程造价	30	480	416	30	
国际经济与贸易	5	441	417	5	
02专业组(不限)	**30**	**460**	**429**	**30**	
现代通信技术	5	460	446	5	
软件技术	5	459	444	5	
大数据技术	5	441	436	5	
人工智能技术应用	10	459	431	10	
建筑工程技术	5	444	429	5	
1274 苏州经贸职业技术学院	**539**			**535**	**4**
01专业组(不限)(分段培养项目)	**135**	**486**	**466**	**135**	
纺织品检验与贸易(在苏州经贸职业技术学院学习三年,考核合格者可转入盐城工学院学习两年,毕业后颁发盐城工学院本科文凭)	15	478	467	15	
大数据与财务管理(在苏州经贸职业技术学院学习三年,考核合格者可转入泰州学院学习两年,毕业后颁发泰州学院本科文凭)	20	486	471	20	
国际经济与贸易[在苏州经贸职业技术学院学习五年,其中前三年高职阶段教育考核合格者,后两年本科阶段教育继续在高职院校内学习,由本科院校与高职院校联合实施教学,毕业后颁发苏州城市学院(原苏州大学文正学院)本科文凭]	40	471	466	40	
现代物流管理(在苏州经贸职业技术学院学习五年,其中前三年高职阶段教育考核合格者,后两年本科阶段教育继续在高职院校内学习,由本科院校与高职院校联合实施教学,毕业后颁发南京工业职业技术大学本科文凭)	40	471	466	40	
软件技术(在苏州经贸职业技术学院学习五年,其中前三年高职阶段教育考核合格者,后两年本科阶段教育继续在高职院校内学习,由本科院校与高职院校联合实施教学,毕业后颁发南京工业职业技术大学本科文凭)	20	473	468	20	
02专业组(不限)	**404**	**473**	**378**	**400**	**4**
市场营销	6	457	450	6	
电子商务	10	461	450	10	
跨境电子商务	10	460	409	10	
连锁经营与管理	6	452	425	6	
网络营销与直播电商	36	456	384	33	3
现代物流管理	16	463	438	16	
大数据技术	8	471	453	8	
计算机应用技术	15	471	451	15	
软件技术	10	463	445	10	
人工智能技术应用	5	458	449	5	
信息安全技术应用	15	457	411	15	
金融服务与管理	47	458	382	47	
财富管理	20	457	387	20	
大数据与会计	45	472	458	45	
大数据与财务管理	8	473	461	8	
国际经济与贸易	4	459	457	4	
工业互联网应用	3	445	442	3	
智能产品开发与应用	15	450	391	15	
数字化设计与制造技术	5	452	417	5	
服装设计与工艺	3	448	442	3	
现代纺织技术	9	465	378	9	
纺织品检验与贸易	8	464	414	8	
分析检验技术	3	447	435	3	
旅游管理	20	457	380	19	1
定制旅行管理与服务	2	443	442	2	
酒店管理与数字化运营	15	457	382	15	
会展策划与管理	25	462	382	25	
现代文秘	5	472	460	5	
商务英语	30	465	388	30	
1275 苏州卫生职业技术学院	**1033**			**1009**	**24**
01专业组(不限)(分段培养项目)	**35**	**495**	**477**	**35**	
中药学(在苏州卫生职业技术学院学习五年,其中前三年高职阶段教育考核合格者,后两年本科阶段教育继续在高职院校内学习,由本科院校与高职院校联合实施教学,毕业后颁发南京中医药大学本科文凭)	20	493	477	20	
医学检验技术(在苏州卫生职业技术学院学习三年,考核合格者可转入徐州医科大学学习两年,毕业后颁发徐州医科大学本科文凭)	15	495	479	15	
02专业组(不限)	**785**	**558**	**409**	**764**	**21**
临床医学	50	479	453	50	
预防医学	25	473	454	25	
医学影像技术	12	473	466	12	
康复治疗技术	61	469	446	61	
中医学	3	476	473	3	
护理	190	486	460	190	
助产	30	463	449	30	
老年保健与管理	8	455	442	8	
药学	160	469	436	147	13
中药学	46	473	444	46	

院校、专业组、专业名称	录取数	最高分	最低分	平行志愿	征求志愿
中药材生产与加工	9	443	409	1	8
医学检验技术	45	472	456	45	
医学营养	6	457	446	6	
医学生物技术	6	465	443	6	
口腔医学	60	558	468	60	
口腔医学技术	20	475	460	20	
眼视光技术	54	471	444	54	
03专业组(不限)	**45**	**467**	**350**	**42**	**3**
大数据与会计	9	467	444	9	
卫生信息管理	16	459	429	16	
酒店管理与数字化运营	20	455	350	17	3
04专业组(不限)	**168**	**519**	**429**	**168**	
临床医学(为无锡市宜兴市定向培养)	8	510	457	8	
临床医学(为常州市武进区定向培养)	7	473	441	7	
临床医学(为常州市溧阳市定向培养)	2	467	448	2	
临床医学(为常州市金坛区定向培养)	1	468	468	1	
临床医学(为常州市新北区定向培养)	3	457	429	3	
临床医学(为苏州市张家港市定向培养)	10	519	459	10	
临床医学(为苏州市常熟市定向培养)	5	491	473	5	
临床医学(为连云港市东海县定向培养)	5	480	460	5	
临床医学(为镇江市句容市定向培养)	8	499	471	8	
临床医学(为镇江市扬中市定向培养)	5	464	455	5	
临床医学(为镇江市丹徒区定向培养)	3	473	455	3	
临床医学(为泰州市泰兴市定向培养)	12	494	463	12	
临床医学(为泰州市兴化市定向培养)	15	476	456	15	
临床医学(为泰州市海陵区定向培养)	3	467	463	3	
临床医学[为泰州市医药高新区(高港区)定向培养]	3	474	471	3	
临床医学(为宿迁市沭阳县定向培养)	9	474	455	9	
临床医学(为宿迁市泗阳县定向培养)	5	476	467	5	
临床医学(为宿迁市泗洪县定向培养)	2	466	465	2	
临床医学(为宿迁市宿豫区定向培养)	1	488	488	1	
临床医学(为宿迁市宿城区定向培养)	3	487	471	3	
预防医学(为徐州市贾汪区定向培养)	2	491	474	2	
预防医学(为徐州市沛县定向培养)	2	475	473	2	
预防医学(为徐州市丰县定向培养)	2	481	453	2	
预防医学(为徐州市邳州市定向培养)	4	487	469	4	
预防医学(为徐州市铜山区定向培养)	4	486	460	4	
预防医学(为苏州市张家港市定向培养)	1	463	463	1	
医学影像技术(为徐州市新沂市定向培养)	1	467	467	1	
医学影像技术(为常州市金坛区定向培养)	1	473	473	1	
医学影像技术(为常州市新北区定向培养)	2	469	469	2	
医学影像技术(为苏州市常熟市定向培养)	1	492	492	1	
医学影像技术(为南通市如东县定向培养)	3	505	473	3	
医学影像技术(为南通市海门区定向培养)	1	471	471	1	
医学影像技术(为连云港市灌云县定向培养)	2	489	489	2	
医学影像技术(为连云港市赣榆区定向培养)	3	479	472	3	
医学影像技术(为连云港市海州区定向培养)	2	471	469	2	
医学影像技术(为镇江市扬中市定向培养)	3	472	470	3	
医学影像技术(为镇江市丹徒区定向培养)	1	471	471	1	
中医学(为徐州市邳州市定向培养)	6	481	467	6	
中医学(为苏州市张家港市定向培养)	7	469	447	7	
中医学(为南通市如皋市定向培养)	3	475	471	3	
中医学(为扬州市仪征市定向培养)	3	501	471	3	
中医学(为镇江市句容市定向培养)	3	496	464	3	
中医学(为镇江市扬中市定向培养)	1	464	464	1	
1276 苏州工业园区服务外包职业学院	**124**			**124**	
01专业组(不限)	**109**	**465**	**320**	**109**	
大数据技术	12	436	406	12	
大数据与会计	30	465	415	30	
智能产品开发与应用	16	430	352	16	
商务日语	14	434	320	14	
电子商务	7	424	357	7	
商务管理	18	453	322	18	
生物制药技术	12	449	407	12	
02专业组(不限)(分段培养项目)	**15**	**468**	**464**	**15**	
软件技术(与无锡太湖学院分段培养项目)	15	468	464	15	
1277 苏州信息职业技术学院	**182**			**178**	**4**
01专业组(不限)	**162**	**460**	**355**	**158**	**4**
电气自动化技术	1	453	453	1	
机电一体化技术	12	455	434	12	
工业机器人技术	2	445	434	2	
大数据与会计	18	460	440	18	
国际经济与贸易	22	459	411	22	
酒店管理与数字化运营	7	432	411	7	
电子商务	26	443	413	26	
市场营销	12	442	355	8	4
现代物流管理	17	448	419	17	
现代通信技术	5	439	427	5	
电子信息工程技术	15	459	428	15	
物联网应用技术	10	452	425	10	
动漫制作技术	15	457	430	15	
02专业组(不限)(分段培养项目)	**10**	**496**	**473**	**10**	

院校、专业组、专业名称	录取数	最高分	最低分	平行志愿	征求志愿
物联网应用技术(与江苏理工学院分段培养项目)	10	496	473	10	
03专业组(不限)(分段培养项目)	**10**	**479**	**472**	**10**	
计算机应用技术[与苏州城市学院(原苏州大学文正学院)分段培养项目]	10	479	472	10	
1278 沙洲职业工学院	**90**			**89**	**1**
01专业组(不限)	**90**	**449**	**378**	**89**	**1**
现代纺织技术	10	407	378	10	
纺织品检验与贸易	10	406	383	10	
计算机网络技术	10	437	386	10	
新能源汽车技术	10	423	389	10	
大数据与会计	30	443	389	30	
国际经济与贸易	20	449	378	19	1
1279 苏州健雄职业技术学院	**172**			**170**	**2**
01专业组(不限)(分段培养项目)	**45**	**473**	**466**	**44**	**1**
机电一体化技术(在苏州健雄职业技术学院学习三年,考核合格者可转入常熟理工学院学习两年,毕业后颁发常熟理工学院本科文凭)	5	473	470	5	
工业机器人技术(在苏州健雄职业技术学院学习三年,考核合格者可转入江苏理工学院学习两年,毕业后颁发江苏理工学院本科文凭)	5	470	467	5	
分析检验技术(在苏州健雄职业技术学院学习三年,考核合格者可转入江苏理工学院学习两年,毕业后颁发江苏理工学院本科文凭)	5	469	467	5	
药品生物技术(在苏州健雄职业技术学院学习五年,其中前三年高职阶段教育考核合格者,后两年本科阶段教育继续在高职院校内学习,由本科院校与高职院校联合实施教学,毕业后颁发常州大学本科文凭)	10	472	468	10	
药品生产技术(在苏州健雄职业技术学院学习五年,其中前三年高职阶段教育考核合格者,后两年本科阶段教育继续在高职院校内学习,由本科院校与高职院校联合实施教学,毕业后颁发盐城工学院本科文凭)	10	473	466	9	1
软件技术(在苏州健雄职业技术学院学习五年,其中前三年高职阶段教育考核合格者,后两年本科阶段教育继续在高职院校内学习,由本科院校与高职院校联合实施教学,毕业后颁发常州大学本科文凭)	10	472	467	10	
02专业组(不限)	**120**	**452**	**397**	**120**	
工业机器人技术	3	417	414	3	
数控技术	3	413	409	3	
机电一体化技术	3	430	419	3	

院校、专业组、专业名称	录取数	最高分	最低分	平行志愿	征求志愿
药品质量与安全	5	442	419	5	
医学生物技术	8	444	415	8	
药学	15	439	410	15	
生物信息技术	9	414	397	9	
大数据技术	8	435	408	8	
软件技术	7	431	407	7	
物联网应用技术	4	436	410	4	
人工智能技术应用	3	412	409	3	
虚拟现实技术应用	8	408	402	8	
大数据与会计	10	452	426	10	
大数据与财务管理	7	423	418	7	
现代物流管理	10	413	400	10	
人力资源管理	10	423	402	10	
标准化技术	7	408	397	7	
03专业组(不限)(中外合作办学)	**7**	**376**	**248**	**6**	**1**
机电一体化技术(中外合作办学)	7	376	248	6	1
1290 苏州幼儿师范高等专科学校	**292**			**292**	
01专业组(不限)	**224**	**473**	**343**	**224**	
学前教育(师范)	96	473	440	96	
早期教育(师范)	28	455	429	28	
音乐教育(师范)	36	465	396	36	
特殊教育(师范)	28	467	395	28	
婴幼儿托育服务与管理	36	437	343	36	
02专业组(不限)(分段培养项目)	**32**	**493**	**473**	**32**	
学前教育(与南京晓庄学院分段培养项目)(师范)	32	493	473	32	
03专业组(不限)(分段培养项目)	**36**	**509**	**472**	**36**	
学前教育(与苏州科技大学分段培养项目)(师范)	36	509	472	36	
1310 南通职业大学	**310**			**310**	
01专业组(不限)	**310**	**469**	**309**	**310**	
环境工程技术	7	434	325	7	
安全技术与管理	6	450	339	6	
建筑装饰工程技术	5	435	343	5	
建筑工程技术	3	439	318	3	
智能建造技术	2	381	351	2	
工程造价	19	460	309	19	
机械制造及自动化	16	462	316	16	
模具设计与制造	4	454	310	4	
智能制造装备技术	2	356	328	2	
机电一体化技术	22	460	331	22	
无人机应用技术	4	432	325	4	
新能源汽车技术	10	461	327	10	
服装设计与工艺	5	436	313	5	
药品生产技术	17	444	340	17	
药品质量与安全	9	433	341	9	
高速铁路客运服务	12	449	333	12	
道路与桥梁工程技术	1	414	414	1	
汽车检测与维修技术	1	441	441	1	

院校、专业组、专业名称	录取数	最高分	最低分	平行志愿	征求志愿
城市轨道交通机电技术	2	425	376	2	
城市轨道交通运营管理	25	454	357	25	
电子信息工程技术	7	468	332	7	
物联网应用技术	12	455	365	12	
汽车智能技术	1	336	336	1	
计算机应用技术	20	453	359	20	
大数据与会计	42	469	410	42	
网络营销与直播电商	1	342	342	1	
现代物流管理	8	457	350	8	
旅游管理	1	381	381	1	
全媒体广告策划与营销	19	450	346	19	
商务英语	13	449	317	13	
商务日语	14	447	314	14	
1311 江苏航运职业技术学院	**389**			**387**	**2**
01专业组(不限)	**329**	**467**	**317**	**327**	**2**
航海技术	11	467	435	11	
轮机工程技术	11	446	410	11	
船舶电子电气技术	7	449	408	7	
水路运输安全管理	11	406	372	11	
船舶动力工程技术	11	410	387	11	
船舶工程技术	14	456	395	14	
海洋工程装备技术	8	419	372	8	
港口与航道工程技术	11	422	354	11	
建筑工程技术	9	419	340	9	
城市轨道交通工程技术	5	453	420	5	
交通运营管理	5	429	397	5	
港口与航运管理	11	459	402	11	
关务与外贸服务	12	401	337	12	
大数据与会计	18	429	405	18	
现代物流管理	13	418	334	13	
电子商务	9	403	321	9	
港口机械与智能控制	7	456	389	7	
新能源汽车检测与维修技术	11	437	324	11	
智能网联汽车技术	11	415	319	9	2
城市轨道车辆应用技术	17	442	369	17	
城市轨道交通机电技术	8	420	330	8	
城市轨道交通通信信号技术	5	409	387	5	
工业机器人技术	10	413	318	10	
智能制造装备技术	11	421	339	11	
无人机应用技术	13	397	317	13	
飞机机电设备维修	8	423	363	8	
机场运行服务与管理	11	432	374	11	
大数据技术	8	420	373	8	
物联网应用技术	10	430	332	10	
国际邮轮乘务管理	11	424	322	11	
高速铁路客运服务	17	462	329	17	
建筑室内设计	5	402	365	5	
02专业组(不限)(分段培养项目)	**20**	**472**	**458**	**20**	
港口与航道工程技术(与南通理工学院分段培养项目)	20	472	458	20	
03专业组(不限)(分段培养项目)	**20**	**471**	**459**	**20**	
船舶工程技术(与南通理工学院分段培养项目)	20	471	459	20	
04专业组(不限)(分段培养项目)	**20**	**467**	**461**	**20**	
物联网应用技术(与南通理工学院分段培养项目)	20	467	461	20	
1312 江苏工程职业技术学院	**339**			**339**	
01专业组(不限)	**339**	**465**	**267**	**339**	
计算机应用技术	4	457	411	4	
机电一体化技术	4	429	417	4	
现代非织造技术	7	395	282	7	
电子商务	16	423	300	16	
国际经济与贸易	5	400	308	5	
现代物流管理	8	415	297	8	
建筑室内设计	21	447	342	21	
城市轨道交通工程技术	11	447	373	11	
建设工程管理	4	413	283	4	
建筑智能化工程技术	6	401	339	6	
城市轨道交通运营管理	2	423	398	2	
材料工程技术	4	389	297	4	
无人机应用技术	8	407	293	8	
环境监测技术	9	410	277	9	
大数据技术	6	418	386	6	
电气自动化技术	7	435	404	7	
软件技术	14	440	288	14	
智能控制技术	3	416	323	3	
工商企业管理	7	426	300	7	
旅游管理	6	383	306	6	
婴幼儿托育服务与管理	4	441	288	4	
数字媒体技术	33	455	277	33	
道路与桥梁工程技术	5	424	400	5	
建筑工程技术	13	396	281	13	
建筑装饰工程技术	2	352	325	2	
飞机机电设备维修	4	402	365	4	
服装设计与工艺	9	436	274	9	
新能源汽车技术	5	465	400	5	
生物制药技术	8	376	271	8	
电子信息工程技术	6	421	378	6	
工业机器人技术	3	404	377	3	
物联网应用技术	5	403	381	5	
大数据与会计	14	450	369	14	
酒店管理与数字化运营	8	395	316	8	
市场营销	8	350	279	8	
智慧健康养老服务与管理	15	448	330	15	
现代家用纺织品设计	10	447	267	10	
工程造价	2	440	428	2	
建筑设计	6	422	301	6	
城市轨道交通机电技术	3	397	372	3	

院校、专业组、专业名称	录取数	最高分	最低分	平行志愿	征求志愿
空中乘务	5	390	278	5	
化妆品技术	5	386	293	5	
新能源装备技术	6	405	327	6	
现代纺织技术	8	459	280	8	
1313 南通科技职业学院	**214**			**211**	**3**
01专业组(不限)	**174**	**448**	**345**	**171**	**3**
机械制造及自动化	2	418	416	2	
机电一体化技术	2	418	416	2	
电气自动化技术	2	439	430	2	
电梯工程技术	2	409	404	2	
汽车制造与试验技术	2	393	389	2	
新能源汽车技术	2	415	414	2	
建筑智能化工程技术	4	396	384	4	
计算机应用技术	4	429	402	4	
软件技术	5	412	390	5	
云计算技术应用	6	431	373	6	
计算机网络技术	6	424	407	6	
工业互联网技术	6	403	383	6	
空中乘务	6	414	378	6	
大数据与会计	6	448	413	6	
网络营销与直播电商	6	418	383	6	
电子商务	5	407	395	5	
现代物流管理	6	423	396	6	
旅游管理	6	418	382	6	
酒店管理与数字化运营	5	394	373	5	
城市轨道交通运营管理	5	424	401	5	
工程造价	5	438	408	5	
园艺技术	5	391	379	5	
园林技术	9	397	372	9	
园林工程技术	5	401	376	5	
市政工程技术	5	420	375	5	
风景园林设计	9	407	371	9	
植物保护与检疫技术	3	381	378	3	
现代农业技术	8	427	374	8	
环境监测技术	4	398	374	4	
环境工程技术	4	425	374	4	
药品生物技术	4	439	420	4	
食品智能加工技术	4	399	373	4	
食品检验检测技术	4	429	402	4	
药品经营与管理	4	447	407	4	
环境管理与评价	7	397	371	7	
农产品加工与质量检测	6	401	345	3	3
02专业组(不限)(分段培养项目)	**20**	**468**	**460**	**20**	
环境工程技术(与泰州学院分段培养项目)	20	468	460	20	
03专业组(不限)(分段培养项目)	**20**	**472**	**465**	**20**	
软件技术(与南通理工学院分段培养项目)	20	472	465	20	
1314 江苏商贸职业学院	**400**			**397**	**3**
01专业组(不限)(分段培养项目)	**20**	**472**	**463**	**20**	
关务与外贸服务(与盐城工学院分段培养项目)	20	472	463	20	
02专业组(不限)	**380**	**467**	**302**	**377**	**3**
大数据与会计	28	467	417	28	
大数据与审计	6	444	414	6	
大数据与财务管理	8	414	405	8	
金融服务与管理	12	415	395	12	
财富管理	10	403	380	10	
关务与外贸服务	15	444	368	15	
国际经济与贸易	6	409	381	6	
跨境电子商务	8	395	366	8	
市场营销	10	394	379	10	
电子商务	13	402	375	13	
移动商务	12	372	357	12	
网络营销与直播电商	11	400	348	11	
现代物流管理	5	404	389	5	
供应链运营	11	358	337	11	
旅游管理	9	408	329	9	
婴幼儿托育服务与管理	16	428	336	16	
高速铁路客运服务	14	449	374	14	
空中乘务	13	433	319	13	
电气自动化技术	6	410	372	6	
电子信息工程技术	8	413	374	8	
无人机应用技术	8	373	319	8	
物联网应用技术	8	396	365	8	
人工智能技术应用	14	387	315	14	
计算机网络技术	5	407	376	5	
信息安全技术应用	9	424	315	9	
软件技术	7	414	383	7	
移动应用开发	10	347	308	10	
大数据技术	2	395	377	2	
工程造价	10	401	368	10	
建筑工程技术	11	395	307	11	
建设工程管理	12	331	303	12	
建筑装饰工程技术	11	410	302	8	3
建筑室内设计	27	447	358	27	
动漫制作技术	25	439	358	25	
1315 南通师范高等专科学校	**247**			**242**	**5**
01专业组(不限)	**147**	**473**	**252**	**142**	**5**
学前教育(师范)	66	471	371	66	
电子商务	15	422	271	15	
美术教育(师范)	32	473	252	28	4
大数据与财务管理	10	466	380	10	
商务英语	8	467	319	8	
国际经济与贸易	16	438	288	15	1
02专业组(不限)(分段培养项目)	**25**	**473**	**469**	**25**	
大数据与财务管理(与南通理工学院分段培养项目)	25	473	469	25	

院校、专业组、专业名称	录取数	最高分	最低分	平行志愿	征求志愿
03专业组(不限)(分段培养项目)	**50**	**508**	**473**	**50**	
小学语文教育(与江苏第二师范学院分段培养项目)(师范)	50	508	473	50	
04专业组(不限)(分段培养项目)	**25**	**473**	**471**	**25**	
学前教育(与南京晓庄学院分段培养项目)(师范)	25	473	471	25	
1330 连云港师范高等专科学校	**446**			**441**	**5**
01专业组(不限)	**416**	**472**	**220**	**411**	**5**
学前教育(师范)	90	472	348	90	
早期教育(师范)	74	464	220	69	5
美术教育(师范)	34	451	275	34	
音乐教育(师范)	15	426	305	15	
中文	55	465	338	55	
现代文秘	5	399	336	5	
婴幼儿托育服务与管理	14	441	263	14	
青少年工作与管理	6	441	280	6	
人力资源管理	10	441	294	10	
智慧健康养老服务与管理	5	428	313	5	
食品营养与健康	5	454	303	5	
心理咨询	20	465	284	20	
大数据技术	5	439	334	5	
软件技术	5	409	286	5	
动漫制作技术	6	462	318	6	
数字媒体技术	5	384	320	5	
大数据与会计	14	440	325	14	
电子商务	8	437	297	8	
应用英语	10	465	269	10	
机电一体化技术	5	345	313	5	
应用电子技术	5	305	264	5	
生物制药技术	5	437	388	5	
药品生产技术	5	421	344	5	
药品生物技术	5	430	333	5	
药品质量与安全	5	444	318	5	
02专业组(不限)(分段培养项目)	**30**	**484**	**469**	**30**	
学前教育(与南京晓庄学院分段培养项目)(师范)	30	484	469	30	
1331 连云港职业技术学院	**780**			**773**	**7**
01专业组(不限)	**760**	**466**	**330**	**753**	**7**
机电一体化技术	40	434	357	40	
电气自动化技术	40	381	334	40	
工业机器人技术	20	363	332	20	
数控技术	20	392	330	20	
无人机应用技术	15	360	330	15	
汽车检测与维修技术	5	373	349	5	
应用化工技术	10	398	336	10	
石油化工技术	10	402	330	10	
环境监测技术	5	381	334	5	
复合材料智能制造技术	10	368	330	10	
材料工程技术	15	371	335	15	
药品生产技术	5	447	403	5	
生物制药技术	10	405	361	10	
药品质量与安全	10	393	363	10	
药品经营与管理	10	403	361	10	
现代文秘	20	434	335	20	
人力资源管理	25	410	333	25	
全媒体广告策划与营销	25	396	331	23	2
融媒体技术与运营	20	416	334	18	2
婴幼儿托育服务与管理	25	411	330	25	
大数据与会计	10	412	365	10	
大数据与财务管理	10	371	343	10	
市场营销	25	359	331	25	
跨境电子商务	20	377	339	20	
电子商务	20	361	331	20	
现代物流管理	20	370	330	20	
园林技术	10	389	330	10	
计算机应用技术	25	466	334	25	
计算机网络技术	25	394	330	25	
软件技术	30	394	330	29	1
大数据技术	5	390	339	5	
数字媒体技术	20	401	349	20	
人工智能技术应用	20	416	335	18	2
物联网应用技术	10	358	330	10	
旅游管理	15	367	332	15	
酒店管理与数字化运营	30	387	331	30	
会展策划与管理	30	367	330	30	
工程造价	10	383	341	10	
建筑室内设计	15	399	332	15	
市政工程技术	5	387	354	5	
空中乘务	20	408	330	20	
高速铁路客运服务	10	384	368	10	
商务英语	30	428	330	30	
建筑工程技术	5	395	339	5	
02专业组(不限)(分段培养项目)	**20**	**468**	**454**	**20**	
跨境电子商务(与南京传媒学院分段培养项目)	10	468	456	10	
建筑工程技术(与南通理工学院分段培养项目)	10	457	454	10	
1332 江苏财会职业学院	**623**			**618**	**5**
01专业组(不限)	**608**	**469**	**222**	**603**	**5**
大数据与会计	205	469	356	205	
统计与会计核算	20	386	331	20	
大数据与财务管理	45	436	329	45	
金融服务与管理	20	381	302	20	
市场营销	25	409	268	25	
连锁经营与管理	13	358	243	13	
现代物流管理	13	410	340	13	
国际经济与贸易	10	405	246	10	
电子商务	20	390	235	20	

院校、专业组、专业名称	录取数	最高分	最低分	平行志愿	征求志愿
网络营销与直播电商	6	327	237	6	
软件技术	45	400	239	41	4
大数据技术	30	371	259	29	1
信息安全技术应用	8	344	260	8	
人工智能技术应用	25	387	248	25	
大数据与审计	55	401	250	55	
财税大数据应用	10	353	285	10	
应用韩语	9	394	250	9	
网络新闻与传播	24	455	266	24	
网络直播与运营	11	371	222	11	
传播与策划	14	389	283	14	
02专业组(不限)(分段培养项目)	**15**	**471**	**467**	**15**	
金融服务与管理(与江苏理工学院分段培养项目)	15	471	467	15	
1350 江苏电子信息职业学院	**666**			**657**	**9**
01专业组(不限)	**616**	**463**	**300**	**608**	**8**
电气自动化技术	15	446	384	15	
汽车检测与维修技术	5	391	367	5	
城市轨道交通通信信号技术	5	394	370	5	
物联网应用技术	5	416	384	5	
计算机网络技术	23	382	355	23	
大数据技术	12	400	367	12	
动漫制作技术	25	463	351	25	
财税大数据应用	20	404	360	20	
连锁经营与管理	23	380	338	23	
建筑室内设计	40	402	330	40	
跨境电子商务	20	401	319	20	
机电一体化技术	20	427	379	20	
工业互联网应用	5	355	343	5	
新能源汽车检测与维修技术	10	395	360	10	
城市轨道交通运营管理	30	420	351	30	
电子产品制造技术	12	381	314	12	
软件技术	35	411	321	35	
云计算技术应用	16	427	313	16	
现代通信技术	17	393	316	17	
大数据与会计	30	439	381	30	
市场营销	8	391	316	8	
数字化设计与制造技术	10	389	312	10	
现代物流管理	20	398	324	20	
智能控制技术	6	407	368	6	
包装策划与设计	18	346	309	18	
城市轨道交通机电技术	10	376	309	10	
电子信息工程技术	22	452	367	22	
计算机应用技术	12	412	368	12	
数字媒体技术	40	415	324	40	
信息安全技术应用	12	376	344	12	
集成电路技术	15	371	306	15	
国际经济与贸易	25	359	301	25	
电子商务	40	405	300	32	8

院校、专业组、专业名称	录取数	最高分	最低分	平行志愿	征求志愿
模具设计与制造	10	400	368	10	
02专业组(不限)(分段培养项目)	**50**	**473**	**459**	**49**	**1**
电子信息工程技术(与淮阴工学院分段培养项目)	10	473	465	10	
物联网应用技术(与泰州学院分段培养项目)	10	470	464	10	
电子商务(与淮阴工学院分段培养项目)	30	469	459	29	1
1351 江苏食品药品职业技术学院	**472**			**467**	**5**
01专业组(不限)	**392**	**459**	**325**	**387**	**5**
农产品加工与质量检测	40	400	367	40	
食品智能加工技术	25	408	356	25	
食品质量与安全	30	451	363	30	
食品营养与健康	20	457	354	20	
食品检验检测技术	15	451	382	15	
食品药品监督管理	39	424	350	39	
药学	15	459	436	15	
中药学	25	437	415	25	
生物制药技术	10	458	399	10	
药品经营与管理	10	441	390	10	
卫生检验与检疫技术	10	420	394	10	
酒店管理与数字化运营	20	407	325	19	1
烹饪工艺与营养	10	400	359	10	
中医康复技术	5	442	431	5	
中医养生保健	8	433	409	8	
婴幼儿托育服务与管理	10	427	388	10	
大数据与财务管理	10	407	388	10	
大数据与会计	10	447	396	10	
市场营销	20	441	328	16	4
护理	60	459	401	60	
02专业组(不限)(分段培养项目)	**70**	**481**	**467**	**70**	
药学(与常州大学分段培养项目)	10	473	471	10	
生物制药技术(与淮阴师范学院分段培养项目)	10	472	469	10	
中医康复技术(与无锡太湖学院分段培养项目)	20	471	467	20	
护理(与无锡太湖学院分段培养项目)	30	481	467	30	
03专业组(不限)(中外合作办学)	**10**	**411**	**341**	**10**	
药学(中外合作办学)	10	411	341	10	
1352 江苏财经职业技术学院	**751**			**728**	**23**
01专业组(不限)	**705**	**464**	**223**	**688**	**17**
大数据与会计	260	460	392	260	
会计信息管理	28	431	348	28	
大数据与审计	30	452	382	30	
统计与会计核算	20	423	335	20	
财税大数据应用	12	380	316	12	
大数据与财务管理	45	449	322	45	
金融服务与管理	26	463	223	24	2
金融科技应用	4	409	283	4	

2023年普通类(历史等科目类)高职(专科)院校

院校、专业组、专业名称	录取数	最高分	最低分	平行志愿	征求志愿
工程造价	25	464	236	23	2
工商企业管理	7	409	255	7	
市场营销	15	412	269	15	
电子商务	10	392	293	10	
商务英语	18	445	319	18	
法律事务	45	463	395	45	
婴幼儿托育服务与管理	17	408	244	14	3
数字媒体技术	13	422	333	13	
机电一体化技术	13	416	286	13	
新能源汽车技术	5	401	333	5	
物联网应用技术	8	423	237	8	
计算机应用技术	22	443	243	17	5
计算机网络技术	10	399	226	10	
大数据技术	3	305	282	3	
高速铁路客运服务	20	431	301	20	
城市轨道交通运营管理	18	446	229	15	3
现代物流管理	5	407	262	5	
航空物流管理	3	396	247	3	
旅游管理	11	352	257	11	
粮食工程技术与管理	7	457	264	5	2
食品药品监督管理	5	398	364	5	
02专业组(不限)(分段培养项目)	22	473	465	22	
金融服务与管理(与淮阴工学院分段培养项目)	22	473	465	22	
03专业组(化学或生物)	24	411	242	18	6
药品质量与安全	24	411	242	18	6
1353 江苏护理职业学院	838			836	2
01专业组(不限)	762	477	415	761	1
护理	395	477	427	395	
助产	14	461	427	14	
中医学	16	458	442	16	
药学	64	460	420	64	
中药学	33	435	416	33	
预防医学	10	454	426	10	
医学检验技术	49	456	428	49	
口腔医学技术	35	466	431	35	
医学美容技术	39	452	417	39	
卫生检验与检疫技术	2	425	424	2	
康复治疗技术	93	457	415	92	1
中医康复技术	12	445	417	12	
02专业组(不限)(分段培养项目)	36	479	472	36	
康复治疗技术(与徐州医科大学分段培养项目)	18	479	473	18	
康复治疗技术(与南京特殊教育师范学院分段培养项目)	18	473	472	18	
03专业组(不限)	40	498	362	39	1
预防医学(为连云港市东海县定向培养)	3	460	459	3	
预防医学(为连云港市灌云县定向培养)	1	470	470	1	
预防医学(为连云港市灌南县定向培养)	2	473	450	2	
预防医学(为连云港市赣榆区定向培养)	2	468	467	2	
预防医学(为连云港市海州区定向培养)	1	457	457	1	
预防医学(为淮安市洪泽区定向培养)	1	487	487	1	
预防医学(为淮安市淮安区定向培养)	2	468	468	2	
预防医学(为扬州市宝应县定向培养)	2	498	495	2	
预防医学(为扬州市仪征市定向培养)	1	470	470	1	
预防医学(为扬州市邗江区定向培养)	1	477	477	1	
中医学(为淮安市洪泽区定向培养)	1	491	491	1	
中医学(为淮安市淮安区定向培养)	1	362	362		1
中医学(为淮安市淮阴区定向培养)	1	483	483	1	
中医学(为淮安市盱眙县定向培养)	1	468	468	1	
中医学(为扬州市宝应县定向培养)	4	493	474	4	
中医学(为扬州市高邮市定向培养)	2	480	470	2	
中医学(为宿迁市沭阳县定向培养)	6	471	430	6	
中医学(为宿迁市泗阳县定向培养)	6	462	456	6	
中医学(为宿迁市泗洪县定向培养)	1	464	464	1	
中医学(为宿迁市宿城区定向培养)	1	465	465	1	
1370 盐城工业职业技术学院	409			408	1
01专业组(不限)(分段培养项目)	35	467	457	35	
现代物流管理(与盐城师范学院分段培养项目)	35	467	457	35	
02专业组(不限)(分段培养项目)	20	469	456	20	
汽车技术服务与营销(与盐城工学院分段培养项目)	20	469	456	20	
03专业组(不限)	334	442	313	333	1
纺织品检验与贸易	25	397	316	25	
纺织品设计	20	408	315	20	
社区管理与服务	28	383	314	28	
大数据与会计	20	441	360	20	
电子商务	28	387	337	28	
建筑室内设计	28	392	324	28	
汽车制造与试验技术	20	419	333	20	
建筑设计	20	387	317	20	
智能建造技术	25	388	313	24	1
工程造价	25	384	316	25	
婴幼儿托育服务与管理	20	412	323	20	
药品质量与安全	30	428	332	30	
大数据技术	25	442	329	25	
信息安全技术应用	20	407	316	20	
04专业组(不限)(中外合作办学)	20	346	304	20	
汽车检测与维修技术(中外合作办学)	20	346	304	20	
1371 江苏医药职业学院	757			751	6
01专业组(不限)	623	505	430	619	4
护理	225	502	437	225	

院校、专业组、专业名称	录取数	最高分	最低分	平行志愿	征求志愿
助产	19	461	436	19	
药学	90	467	430	90	
临床医学	43	503	454	43	
口腔医学	13	505	466	13	
中医学	6	471	458	6	
中药学	57	470	430	53	4
预防医学	59	464	430	59	
医学检验技术	28	460	444	28	
卫生信息管理	2	444	439	2	
医学影像技术	43	474	452	43	
放射治疗技术	12	454	437	12	
康复治疗技术	12	463	450	12	
言语听觉康复技术	3	450	434	3	
中医康复技术	11	461	432	11	
02专业组(不限)(中外合作办学)	**18**	**457**	**410**	**18**	
药学(中外合作办学)	12	457	410	12	
康复治疗技术(中外合作办学)	6	426	410	6	
03专业组(不限)	**116**	**552**	**422**	**114**	**2**
临床医学(为徐州市沛县定向培养)	5	493	422	4	1
临床医学(为徐州市丰县定向培养)	4	512	471	4	
临床医学(为徐州市邳州市定向培养)	5	518	475	5	
临床医学(为徐州市铜山区定向培养)	11	485	463	11	
临床医学(为连云港市灌云县定向培养)	3	480	467	3	
临床医学(为连云港市灌南县定向培养)	3	473	470	3	
临床医学(为连云港市赣榆区定向培养)	4	473	470	4	
临床医学(为淮安市淮安区定向培养)	3	516	485	3	
临床医学(为淮安市盱眙县定向培养)	5	484	468	5	
临床医学(为淮安市涟水县定向培养)	4	474	467	4	
临床医学(为盐城市响水县定向培养)	8	472	444	7	1
临床医学(为盐城市滨海县定向培养)	4	494	471	4	
临床医学(为盐城市东台市定向培养)	3	488	472	3	
临床医学(为盐城市亭湖区定向培养)	3	552	487	3	
临床医学(为扬州市江都区定向培养)	4	527	468	4	
临床医学(为扬州市仪征市定向培养)	3	473	466	3	
预防医学(为盐城市滨海县定向培养)	2	470	470	2	
预防医学(为盐城市东台市定向培养)	4	490	471	4	
预防医学(为泰州市泰兴市定向培养)	3	473	462	3	
预防医学(为泰州市兴化市定向培养)	3	466	448	3	
中医学(为连云港市东海县定向培养)	1	460	460	1	
中医学(为连云港市灌南县定向培养)	2	469	463	2	
中医学(为盐城市滨海县定向培养)	3	485	470	3	
中医学(为盐城市阜宁县定向培养)	2	474	473	2	
中医学(为盐城市建湖县定向培养)	3	506	496	3	
中医学(为盐城市东台市定向培养)	1	470	470	1	
中医学(为泰州市泰兴市定向培养)	1	462	462	1	
中医学(为泰州市兴化市定向培养)	3	470	445	3	
医学影像技术(为淮安市淮安区定向培养)	3	472	470	3	
医学影像技术(为淮安市盱眙县定向培养)	4	486	464	4	
医学影像技术(为扬州市仪征市定向培养)	1	473	473	1	
医学影像技术(为泰州市海陵区定向培养)	1	469	469	1	
医学影像技术(为宿迁市沭阳县定向培养)	5	471	439	5	
医学影像技术(为宿迁市泗阳县定向培养)	2	464	463	2	
1372 盐城幼儿师范高等专科学校	**350**			**332**	**18**
01专业组(不限)(分段培养项目)	**38**	**473**	**467**	**38**	
学前教育(与南京晓庄学院分段培养项目)(师范)	22	473	468	22	
美术教育(与盐城师范学院分段培养项目)(师范)	16	473	467	16	
02专业组(不限)(分段培养项目)	**16**	**470**	**464**	**16**	
商务英语(与江苏理工学院分段培养项目)	16	470	464	16	
03专业组(不限)(分段培养项目)	**17**	**473**	**465**	**17**	
工程造价(与盐城工学院分段培养项目)	17	473	465	17	
04专业组(不限)	**279**	**467**	**231**	**261**	**18**
学前教育(师范)	130	467	302	130	
早期教育(师范)	11	436	366	11	
智慧健康养老服务与管理	19	411	245	18	1
美术教育(师范)	8	428	348	8	
音乐教育(师范)	8	443	321	8	
商务英语	17	439	262	17	
应用韩语	7	419	284	6	1
酒店管理与数字化运营	10	403	266	9	1
旅游管理	8	375	238	7	1
休闲服务与管理	5	332	279	3	2
建设工程管理	7	331	292	3	4
建设工程监理	5	362	294	3	2
工程造价	15	432	243	15	
市政工程技术	2	325	324		2
建筑装饰工程技术	6	402	291	5	1
建筑工程技术	4	337	235	3	1
智能产品开发与应用	5	347	239	3	2
大数据技术	9	383	231	9	
移动应用开发	3	371	316	3	
1390 扬州市职业大学	**556**			**553**	**3**
01专业组(不限)	**203**	**496**	**412**	**203**	
机械制造及自动化	7	496	449	7	
模具设计与制造	3	449	445	3	
智能控制技术	10	443	414	10	

院校、专业组、专业名称	录取数	最高分	最低分	平行志愿	征求志愿
工业机器人技术	3	451	441	3	
电气自动化技术	7	459	441	7	
汽车制造与试验技术	14	441	415	14	
现代通信技术	5	489	437	5	
应用电子技术	5	452	423	5	
电子信息工程技术	10	458	417	10	
智能光电技术应用	14	447	414	14	
旅游管理	5	425	413	5	
酒店管理与数字化运营	5	437	416	5	
大数据技术	20	457	412	20	
云计算技术应用	5	436	422	5	
软件技术	5	455	431	5	
护理	60	464	427	60	
药学	10	463	450	10	
康复治疗技术	5	461	443	5	
统计与大数据分析	10	445	420	10	
02专业组(不限)	**269**	**476**	**343**	**268**	**1**
建筑工程技术	10	447	410	10	
智能建造技术	14	447	381	14	
工程造价	5	459	437	5	
道路与桥梁工程技术	8	434	383	8	
环境工程技术	8	448	408	8	
服装设计与工艺	5	459	433	5	
应用化工技术	10	448	396	10	
市场营销	5	461	436	5	
电子商务	5	448	429	5	
大数据与会计	15	468	458	15	
金融服务与管理	17	459	387	17	
大数据与财务管理	18	467	445	18	
国际经济与贸易	7	451	431	7	
商务英语	22	464	404	22	
应用英语	5	466	439	5	
商务日语	5	447	383	5	
新闻采编与制作	7	459	445	7	
传播与策划	14	462	415	14	
人力资源管理	7	461	441	7	
婴幼儿托育服务与管理	14	422	343	13	1
学前教育(师范)	40	470	384	40	
现代农业技术	11	438	410	11	
园艺技术	15	452	382	15	
风景园林设计	2	476	444	2	
03专业组(不限)(分段培养项目)	**50**	**492**	**469**	**49**	**1**
工业机器人技术(与江苏理工学院分段培养项目)	15	473	469	14	1
现代文秘(与泰州学院分段培养项目)	20	473	470	20	
医学检验技术(与徐州医科大学分段培养项目)	15	492	472	15	
04专业组(不限)(分段培养项目)	**15**	**470**	**460**	**15**	
应用化工技术(与盐城工学院分段培养项目)	15	470	460	15	

院校、专业组、专业名称	录取数	最高分	最低分	平行志愿	征求志愿
05专业组(不限)(中外合作办学)	**19**	**429**	**288**	**18**	**1**
酒店管理与数字化运营(中外合作办学)	19	429	288	18	1
1392 扬州工业职业技术学院	**479**			**472**	**7**
01专业组(不限)	**429**	**469**	**317**	**429**	
应用化工技术	5	445	431	5	
石油化工技术	3	445	441	3	
药品质量与安全	20	439	401	20	
建筑工程技术	27	413	369	27	
工程造价	20	448	401	20	
城市轨道交通工程技术	35	421	370	35	
道路与桥梁工程技术	30	397	334	30	
建筑消防技术	25	423	333	25	
建筑装饰工程技术	23	414	323	23	
智能建造技术	32	448	317	32	
机电一体化技术	5	469	429	5	
机械制造及自动化	6	438	409	6	
智能控制技术	15	428	390	15	
工业机器人技术	10	423	397	10	
机电设备技术	10	408	372	10	
大数据技术	15	434	393	15	
人工智能技术应用	14	416	377	14	
大数据与财务管理	15	448	421	15	
市场营销	15	426	321	15	
现代物流管理	7	447	402	7	
商务数据分析与应用	30	417	321	30	
园林工程技术	15	416	353	15	
汽车检测与维修技术	12	433	353	12	
城市轨道交通运营管理	15	446	378	15	
电子商务	8	425	399	8	
网络营销与直播电商	17	417	355	17	
02专业组(不限)(分段培养项目)	**40**	**472**	**458**	**40**	
电子商务(与徐州工程学院分段培养项目)	20	472	460	20	
金融科技应用(与南京工程学院分段培养项目)	20	470	458	20	
03专业组(化学)	**10**	**355**	**238**	**3**	**7**
分析检验技术	10	355	238	3	7
1394 江苏旅游职业学院	**318**			**317**	**1**
01专业组(不限)	**318**	**471**	**344**	**317**	**1**
建筑室内设计	23	408	359	23	
电子信息工程技术	8	444	365	8	
物联网应用技术	8	400	368	8	
计算机网络技术	8	408	371	8	
云计算技术应用	8	379	360	8	
金融服务与管理	23	383	346	23	
大数据与财务管理	23	438	362	23	
大数据与会计	23	416	378	23	

院校、专业组、专业名称	录取数	最高分	最低分	平行志愿	征求志愿
连锁经营与管理	23	380	345	23	
市场营销	23	404	345	22	1
电子商务	23	386	345	23	
现代物流管理	23	408	350	23	
旅游管理	17	411	352	17	
导游	23	434	345	23	
酒店管理与数字化运营	17	389	344	17	
烹饪工艺与营养	15	404	356	15	
中西面点工艺	15	471	386	15	
西式烹饪工艺	15	384	352	15	
1410 镇江市高等专科学校	**800**			**787**	**13**
01专业组(不限)	**765**	**468**	**329**	**752**	**13**
工程安全评价与监理	8	405	368	8	
职业健康安全技术	25	417	342	25	
机械制造及自动化	13	414	346	13	
机电一体化技术	6	430	387	6	
工业机器人技术	20	398	335	20	
电气自动化技术	25	428	344	25	
汽车制造与试验技术	6	404	338	6	
新能源汽车技术	15	422	344	15	
药品生产技术	6	412	387	6	
药物制剂技术	6	416	382	6	
药品质量与安全	10	432	355	10	
医疗器械维护与管理	10	400	344	10	
物联网应用技术	9	414	358	9	
计算机应用技术	7	403	337	7	
护理	140	463	405	140	
助产	25	440	395	25	
医学检验技术	20	445	415	20	
健康管理	10	413	369	10	
眼视光技术	15	450	396	15	
财富管理	10	400	334	10	
大数据与会计	43	461	388	43	
大数据与审计	30	448	330	30	
电子商务	18	398	344	18	
现代物流管理	22	412	334	22	
酒店管理与数字化运营	10	393	359	10	
学前教育(师范)	179	468	329	175	4
旅游英语	10	406	355	10	
法律事务	37	464	392	37	
知识产权管理	20	450	337	11	9
现代文秘	10	457	411	10	
02专业组(不限)(分段培养项目)	**35**	**492**	**471**	**35**	
护理(在镇江市高等专科学校学习五年,其中前三年高职阶段教育考核合格者,后两年本科阶段教育继续在高职院校内学习,由本科院校与高职院校联合实施教学,毕业后颁发南京中医药大学本科文凭)	20	492	473	20	
学前教育(在镇江市高等专科学校学习三年,考核合格者可转入江苏理工学院学习两年,毕业后颁发江苏理工学院本科文凭)(师范)	15	473	471	15	
1411 江苏农林职业技术学院	**440**			**434**	**6**
01专业组(不限)(分段培养项目)	**20**	**482**	**472**	**20**	
畜牧兽医(与金陵科技学院分段培养项目)	20	482	472	20	
02专业组(不限)	**420**	**491**	**319**	**414**	**6**
园林技术	35	491	387	35	
林业技术	33	457	319	33	
园林工程技术	10	443	330	10	
家具设计与制造	9	463	360	9	
木业产品设计与制造	11	428	324	11	
工程造价	12	439	374	12	
现代农业技术	10	461	408	10	
园艺技术	13	446	322	13	
动物医学	26	473	446	26	
宠物医疗技术	13	468	437	13	
宠物养护与驯导	6	457	428	6	
畜牧兽医	13	461	430	13	
食品检验检测技术	17	458	396	17	
食品智能加工技术	18	445	334	18	
农产品加工与质量检测	15	411	321	15	
农业生物技术	29	444	319	23	6
茶叶生产与加工技术	10	425	319	10	
茶艺与茶文化	12	418	340	12	
大数据与财务管理	14	449	410	14	
现代物流管理	6	436	402	6	
市场营销	27	414	320	27	
酒店管理与数字化运营	13	402	323	13	
电子商务	18	429	327	18	
新能源汽车技术	2	428	418	2	
机械制造及自动化	4	423	404	4	
机电一体化技术	10	459	405	10	
现代农业装备应用技术	4	397	334	4	
电气自动化技术	4	464	418	4	
数字媒体技术	26	454	357	26	
1412 江苏航空职业技术学院	**608**			**602**	**6**
01专业组(不限)	**608**	**449**	**317**	**602**	**6**
无人机测绘技术	15	406	343	15	
航空复合材料成型与加工技术	18	371	321	18	
飞行器数字化制造技术	40	372	318	40	
飞行器数字化装配技术	38	380	317	38	
航空发动机制造技术	20	433	321	20	
飞机机载设备装配调试技术	40	390	317	40	
飞行器维修技术	19	384	329	19	
航空发动机维修技术	30	433	324	30	
无人机应用技术	30	379	333	30	

院校、专业组、专业名称	录取数	最高分	最低分	平行志愿	征求志愿
航空材料精密成型技术	25	358	317	25	
民航运输服务	14	416	335	14	
民航通信技术	16	415	329	16	
空中乘务	40	435	332	40	
民航安全技术管理	20	372	326	20	
民航空中安全保卫	35	383	318	35	
机场运行服务与管理	24	435	329	24	
飞机机电设备维修	32	373	325	32	
飞机电子设备维修	43	370	317	43	
通用航空器维修	28	411	317	28	
飞机结构修理	33	372	317	27	6
航空物流管理	48	449	325	48	
1431 泰州职业技术学院	**416**			**414**	**2**
01专业组(不限)	**20**	**490**	**470**	**20**	
口腔医学	20	490	470	20	
02专业组(不限)	**396**	**471**	**379**	**394**	**2**
护理	150	471	428	150	
助产	40	437	416	40	
口腔医学技术	10	458	439	10	
康复治疗技术	20	454	422	20	
药学	10	463	432	10	
机电一体化技术	5	435	415	5	
数控技术	5	446	411	5	
汽车制造与试验技术	5	432	422	5	
工业机器人技术	14	418	412	14	
智能控制技术	5	427	411	5	
市场营销	7	439	412	7	
现代物流管理	6	443	415	6	
大数据与会计	5	467	446	5	
计算机应用技术	5	451	439	5	
电子信息工程技术	5	429	411	5	
智能医疗装备技术	3	417	413	3	
软件技术	12	452	412	12	
物联网应用技术	7	432	413	7	
药品生产技术	5	426	417	5	
药品质量与安全	8	440	419	8	
药物制剂技术	8	442	416	8	
药品经营与管理	12	447	417	12	
生物制药技术	8	432	420	8	
中药学	7	469	443	7	
建筑工程技术	4	424	411	4	
建筑设计	5	441	411	5	
建筑室内设计	5	432	417	5	
婴幼儿托育服务与管理	20	456	379	18	2
1432 江苏农牧科技职业学院	**444**			**439**	**5**
01专业组(不限)	**444**	**535**	**230**	**439**	**5**
畜牧兽医	21	466	452	21	
动物营养与饲料	21	417	321	21	
动物防疫与检疫	21	459	418	21	

院校、专业组、专业名称	录取数	最高分	最低分	平行志愿	征求志愿
药品质量与安全	20	444	357	20	
生物制药技术	20	470	366	20	
中药制药	20	447	396	20	
药物制剂技术	20	439	235	20	
动物药学	20	451	401	20	
食品智能加工技术	21	418	256	21	
食品药品监督管理	21	420	293	21	
宠物医疗技术	21	535	437	21	
宠物养护与驯导	21	434	372	21	
现代农业技术	14	426	230	14	
中草药栽培与加工技术	21	441	255	21	
园艺技术	20	447	268	15	5
园林技术	21	452	314	21	
水生动物医学	21	421	246	21	
水产养殖技术	21	436	240	21	
大数据与会计	21	447	369	21	
电子商务	15	416	238	15	
现代物流管理	8	410	280	8	
休闲农业经营与管理	9	455	276	9	
物联网应用技术	9	408	269	9	
机电一体化技术	11	409	272	11	
数控技术	4	374	232	4	
现代农业装备应用技术	2	387	276	2	
1950 钟山职业技术学院	**307**			**301**	**6**
01专业组(不限)	**3**	**405**	**396**	**3**	
学前教育(师范)	3	405	396	3	
02专业组(不限)	**274**	**435**	**243**	**268**	**6**
食品营养与健康	1	374	374	1	
药学	2	435	430	2	
中医康复技术	3	408	389	3	
康复治疗技术	2	430	391	2	
现代家政服务与管理	7	412	280	7	
智慧健康养老服务与管理	20	385	309	20	
政府采购管理	35	390	271	33	2
大数据与会计	20	435	336	20	
大数据与审计	8	363	313	8	
市场营销	25	331	243	22	3
电子商务	15	409	298	15	
旅游管理	10	339	273	10	
建筑室内设计	15	424	292	15	
数字媒体技术	15	409	300	15	
婴幼儿托育服务与管理	1	379	379	1	
建筑工程技术	15	356	270	14	1
工程造价	30	405	269	30	
机电一体化技术	5	373	337	5	
康复工程技术	10	373	303	10	
汽车检测与维修技术	5	314	292	5	
计算机应用技术	10	364	306	10	
大数据技术	20	389	281	20	

2023年普通类(历史等科目类)高职(专科)院校

院校、专业组、专业名称	录取数	最高分	最低分	平行志愿	征求志愿
03专业组(不限)	30	447	406	30	
护理	30	447	406	30	
1951 正德职业技术学院	562			550	12
01专业组(不限)	562	403	220	550	12
建筑装饰工程技术	13	331	240	13	
建筑室内设计	70	387	255	66	4
建筑消防技术	5	392	261	5	
工程造价	30	380	252	30	
数控技术	7	305	259	7	
机电一体化技术	31	382	221	31	
工业机器人技术	10	341	252	10	
电气自动化技术	17	352	236	17	
无人机应用技术	7	370	255	7	
空中乘务	19	403	221	19	
飞机机电设备维修	9	316	256	9	
城市轨道交通通信信号技术	20	323	256	20	
城市轨道交通运营管理	27	375	267	27	
电子信息工程技术	15	367	267	15	
智能产品开发与应用	2	316	273	2	
计算机应用技术	18	386	276	18	
计算机网络技术	2	321	284	2	
软件技术	13	363	278	13	
数字媒体技术	51	350	257	48	3
动漫制作技术	26	365	233	26	
婴幼儿托育服务与管理	45	348	220	44	1
大数据与会计	75	392	238	71	4
国际经济与贸易	4	350	232	4	
市场营销	9	343	237	9	
网络营销与直播电商	13	361	245	13	
供应链运营	1	295	295	1	
酒店管理与数字化运营	4	340	255	4	
新闻采编与制作	19	400	252	19	
1952 金肯职业技术学院	128			125	3
01专业组(不限)	128	373	220	125	3
消防救援技术	6	309	232	6	
建筑室内设计	24	373	231	24	
建筑工程技术	2	282	273	2	
建筑消防技术	2	343	294	2	
建设工程管理	4	359	259	4	
数控技术	3	323	318	3	
机械制造及自动化	4	286	260	4	
机电一体化技术	11	314	243	11	
电气自动化技术	4	317	281	4	
汽车制造与试验技术	1	316	316	1	
新能源汽车技术	4	366	263	4	
空中乘务	3	311	220	3	
城市轨道交通运营管理	6	306	253	6	
电子信息工程技术	6	373	252	4	2
计算机应用技术	9	341	286	9	
数字媒体技术	8	336	229	8	
大数据技术	2	295	226	2	
人工智能技术应用	1	317	317		1
婴幼儿托育服务与管理	8	319	238	8	
大数据与会计	12	361	241	12	
工商企业管理	2	341	311	2	
市场营销	1	315	315	1	
电子商务	1	236	236	1	
酒店管理与数字化运营	3	341	232	3	
电子竞技运动与管理	1	240	240	1	
1953 应天职业技术学院	34			30	4
01专业组(不限)	34	456	226	30	4
计算机网络技术	16	379	226	16	
数字媒体技术	10	456	229	10	
酒店管理与数字化运营	8	319	266	4	4
1954 南京视觉艺术职业学院	365			365	
01专业组(不限)	365	413	244	365	
建筑设计	37	330	246	37	
建筑室内设计	36	392	257	36	
数字媒体技术	73	395	246	73	
婴幼儿托育服务与管理	19	336	259	19	
休闲服务与管理	7	325	266	7	
视觉传达设计	105	342	250	105	
广播影视节目制作	44	408	263	44	
摄影摄像技术	17	372	276	17	
网络直播与运营	27	413	244	27	
1957 无锡南洋职业技术学院	90			85	5
01专业组(不限)	90	409	224	85	5
汽车检测与维修技术	14	309	230	13	1
新能源汽车技术	7	401	260	6	1
汽车智能技术	2	397	301	1	1
汽车技术服务与营销	1	271	271	1	
交通运营管理	1	308	308	1	
工程造价	3	345	310	3	
建筑工程技术	4	338	266	4	
云计算技术应用	2	307	275	2	
计算机应用技术	4	312	265	4	
软件技术	2	324	301	2	
电气自动化技术	3	332	289	3	
机电一体化技术	6	332	239	6	
大数据与会计	9	374	279	8	1
金融服务与管理	2	297	252	2	
市场营销	2	334	224	2	
电子商务	2	336	317	2	
人力资源管理	2	295	237	2	
空中乘务	3	343	276	3	
高速铁路客运服务	5	314	240	4	1
烹饪工艺与营养	1	249	249	1	
中西面点工艺	7	342	290	7	

院校、专业组、专业名称	录取数	最高分	最低分	平行志愿	征求志愿
民航安全技术管理	1	409	409	1	
婴幼儿托育服务与管理	5	311	239	5	
应用英语	2	298	285	2	
1958 江南影视艺术职业学院	**234**			**211**	**23**
01专业组(不限)	**144**	**413**	**222**	**121**	**23**
软件技术	15	374	257	12	3
动漫制作技术	32	395	238	25	7
网络新闻与传播	10	342	231	9	1
影视多媒体技术	13	358	227	10	3
虚拟现实技术应用	1	232	232	1	
网络营销与直播电商	6	323	262	6	
无人机应用技术	3	285	224	3	
高速铁路客运服务	15	413	236	12	3
空中乘务	7	327	222	7	
民航安全技术管理	2	368	314	2	
酒店管理与数字化运营	1	302	302	1	
航空物流管理	1	365	365		1
数字媒体技术	19	348	276	15	4
婴幼儿托育服务与管理	5	331	261	5	
大数据与会计	14	347	227	13	1
02专业组(不限)(分段培养项目)	**90**	**459**	**420**	**90**	
空中乘务[与苏州城市学院(原苏州大学文正学院)分段培养项目]	70	459	420	70	
数字媒体技术(与南通理工学院分段培养项目)	20	456	445	20	
1959 太湖创意职业技术学院	**266**			**263**	**3**
01专业组(不限)	**176**	**451**	**221**	**173**	**3**
建筑装饰工程技术	6	298	221	6	
机械设计与制造	2	328	256	2	
工业设计	1	309	309	1	
机电一体化技术	3	450	308	3	
高速铁路客运服务	3	374	251	3	
空中乘务	3	331	255	3	
飞机机电设备维修	2	320	301	2	
应用电子技术	1	319	319	1	
计算机应用技术	3	411	263	3	
计算机网络技术	1	310	310	1	
动漫制作技术	8	357	240	7	1
集成电路技术	2	376	312	2	
护理	110	422	259	110	
婴幼儿托育服务与管理	3	348	296	3	
大数据与会计	15	434	224	13	2
国际经济与贸易	1	395	395	1	
市场营销	3	451	301	3	
电子商务	2	363	357	2	
网络营销与直播电商	1	312	312	1	
导游	1	350	350	1	
商务英语	4	448	286	4	
智慧健康养老服务与管理	1	345	345	1	

院校、专业组、专业名称	录取数	最高分	最低分	平行志愿	征求志愿
02专业组(不限)(分段培养项目)	**90**	**473**	**450**	**90**	
大数据与会计(与无锡太湖学院分段培养项目)	65	464	450	65	
护理(与无锡太湖学院分段培养项目)	25	473	454	25	
1962 九州职业技术学院	**114**			**109**	**5**
01专业组(不限)	**114**	**397**	**232**	**109**	**5**
机电一体化技术	4	317	240	4	
机械制造及自动化	1	311	311	1	
城市轨道交通通信信号技术	2	304	232	2	
计算机应用技术	2	293	292	2	
计算机网络技术	1	280	280	1	
汽车检测与维修技术	1	362	362	1	
新能源汽车技术	3	339	256	3	
工程造价	4	333	277	3	1
电子商务	4	323	259	4	
大数据与会计	7	317	242	7	
金融服务与管理	2	344	281	2	
法律事务	7	329	283	5	2
酒店管理与数字化运营	1	271	271	1	
婴幼儿托育服务与管理	2	319	308	2	
空中乘务	1	292	292	1	
高速铁路客运服务	2	353	333	1	1
飞机机电设备维修	1	271	271	1	
现代物流管理	1	306	306	1	
护理	59	397	261	59	
康复治疗技术	6	380	269	6	
社区康复	2	307	266	1	1
大数据与财务管理	1	263	263	1	
1965 建东职业技术学院	**19**			**16**	**3**
01专业组(不限)	**19**	**367**	**223**	**16**	**3**
空中乘务	2	313	273	1	1
机场运行服务与管理	1	223	223		1
高速铁路客运服务	2	304	289	2	
机电一体化技术	2	286	241	2	
电气自动化技术	1	299	299	1	
计算机应用技术	3	340	254	2	1
大数据与会计	4	315	234	4	
工程造价	3	367	241	3	
建筑室内设计	1	277	277	1	
1968 苏州工业园区职业技术学院	**359**			**354**	**5**
01专业组(不限)	**329**	**430**	**225**	**324**	**5**
机械设计与制造	16	416	259	16	
数控技术	11	388	263	11	
模具设计与制造	8	325	261	8	
智能制造装备技术	5	323	265	5	
机电一体化技术	34	386	250	34	
工业机器人技术	8	311	291	8	
汽车检测与维修技术	8	332	247	8	
智能控制技术	3	305	275	3	

院校、专业组、专业名称	录取数	最高分	最低分	平行志愿	征求志愿
电气自动化技术	21	391	258	21	
药品生物技术	29	407	228	29	
城市轨道交通通信信号技术	26	404	246	26	
电子信息工程技术	6	338	255	6	
物联网应用技术	2	328	237	2	
计算机网络技术	19	357	245	19	
软件技术	6	307	286	6	
人工智能技术应用	7	307	250	7	
集成电路技术	2	323	313	2	
金融科技应用	2	311	300	2	
大数据与会计	35	408	232	35	
国际经济与贸易	7	321	265	7	
关务与外贸服务	2	297	269	2	
市场营销	15	347	225	15	
现代物流管理	12	372	246	7	5
旅游管理	5	319	304	5	
建筑装饰工程技术	12	421	250	12	
建筑工程技术	4	393	259	4	
工程造价	16	379	242	16	
商务英语	6	430	299	6	
应用日语	2	253	248	2	
02专业组(不限)(分段培养项目)	**30**	**460**	**451**	**30**	
旅游管理(与江苏理工学院分段培养项目)	30	460	451	30	
1969 苏州托普信息职业技术学院	**64**			**60**	**4**
01专业组(不限)	**64**	**389**	**240**	**60**	**4**
建筑消防技术	6	328	250	6	
机械制造及自动化	4	389	288	4	
机电一体化技术	4	344	249	3	1
药品经营与管理	7	351	257	6	1
高速铁路客运服务	11	363	262	9	2
计算机应用技术	6	346	240	6	
软件技术	2	298	277	2	
大数据技术	1	317	317	1	
人工智能技术应用	2	309	273	2	
动漫制作技术	4	323	283	4	
婴幼儿托育服务与管理	7	321	250	7	
大数据与会计	4	341	300	4	
工商企业管理	1	280	280	1	
电子商务	1	278	278	1	
电子竞技运动与管理	1	252	252	1	
人力资源管理	3	302	288	3	
1970 苏州高博软件技术职业学院	**421**			**417**	**4**
01专业组(不限)	**421**	**468**	**220**	**417**	**4**
软件技术	7	353	246	7	
计算机网络技术	5	364	308	5	
大数据技术	1	301	301	1	
计算机应用技术	3	277	255	3	
人工智能技术应用	3	295	268	3	

院校、专业组、专业名称	录取数	最高分	最低分	平行志愿	征求志愿
数字媒体技术	6	327	281	6	
工业互联网技术	1	229	229	1	
城市轨道交通运营管理	5	331	304	5	
机电一体化技术	7	371	303	7	
工业机器人技术	1	293	293	1	
汽车检测与维修技术	4	326	229	4	
新能源汽车技术	5	331	240	5	
建筑室内设计	10	314	263	10	
环境艺术设计	4	317	262	4	
影视动画	5	393	307	5	
数字媒体艺术设计	7	468	266	7	
视觉传达设计	13	361	248	13	
工程造价	1	321	321	1	
电子商务	4	412	285	4	
酒店管理与数字化运营	2	369	292	2	
空中乘务	5	383	290	5	
高速铁路客运服务	3	327	247	3	
大数据与会计	17	343	240	17	
护理	260	423	220	260	
婴幼儿托育服务与管理	9	343	262	9	
药品经营与管理	10	342	233	10	
健康管理	3	354	315	3	
应用英语	6	437	250	4	2
应用日语	5	350	286	3	2
休闲体育	3	297	252	3	
舞蹈表演	6	388	224	6	
1971 苏州百年职业学院	**30**			**30**	
01专业组(不限)(中外合作办学)	**30**	**457**	**252**	**30**	
建筑设计(中外合作办学)	9	343	271	9	
建筑室内设计(中外合作办学)	2	287	278	2	
动漫制作技术(中外合作办学)	5	314	280	5	
婴幼儿托育服务与管理(中外合作办学)	2	400	282	2	
国际金融(中外合作办学)	1	293	293	1	
大数据与会计(中外合作办学)	3	425	297	3	
国际经济与贸易(中外合作办学)	2	457	312	2	
市场营销(中外合作办学)	1	275	275	1	
电子商务(中外合作办学)	1	332	332	1	
商务英语(中外合作办学)	4	332	252	4	
1973 昆山登云科技职业学院	**64**			**63**	**1**
01专业组(不限)	**64**	**428**	**235**	**63**	**1**
新能源汽车技术	8	428	259	8	
城市轨道交通运营管理	1	295	295	1	
汽车检测与维修技术	2	296	281	2	
计算机应用技术	3	329	248	3	
计算机网络技术	2	323	319	2	
人工智能技术应用	2	238	235	2	
机电一体化技术	4	326	277	4	
工业机器人技术	1	302	302	1	

2023年普通类(历史等科目类)高职(专科)院校

院校、专业组、专业名称	录取数	最高分	最低分	平行志愿	征求志愿
数控技术	1	253	253	1	
建筑室内设计	7	324	269	6	1
建筑工程技术	1	323	323	1	
工程造价	4	360	313	4	
动漫制作技术	7	325	236	7	
大数据与财务管理	7	334	251	7	
现代物流管理	3	312	303	3	
酒店管理与数字化运营	1	303	303	1	
高速铁路客运服务	4	309	252	4	
婴幼儿托育服务与管理	5	318	268	5	
智慧健康养老服务与管理	1	281	281	1	
1974 硅湖职业技术学院	**198**			**186**	**12**
01专业组(不限)	198	375	220	186	12
建筑室内设计	21	333	220	17	4
建筑工程技术	1	279	279	1	
工程造价	8	350	258	8	
建设工程管理	1	319	319	1	
机械制造及自动化	7	346	231	7	
机电一体化技术	25	375	234	24	1
工业机器人技术	1	270	270	1	
电气自动化技术	5	371	251	5	
新能源汽车技术	7	350	242	7	
服装设计与工艺	7	347	273	7	
药品质量与安全	24	320	222	21	3
汽车检测与维修技术	2	301	282	2	
计算机应用技术	12	326	226	12	
计算机网络技术	7	348	222	7	
数字媒体技术	12	331	232	12	
大数据技术	1	357	357	1	
虚拟现实技术应用	2	303	294	2	
人工智能技术应用	1	252	252	1	
婴幼儿托育服务与管理	13	346	260	12	1
大数据与会计	25	370	226	22	3
国际商务	1	290	290	1	
工商企业管理	2	343	308	2	
中小企业创业与经营	1	342	342	1	
市场营销	1	301	301	1	
电子商务	3	302	279	3	
网络营销与直播电商	4	328	236	4	
现代物流管理	2	311	299	2	
运动健康指导	2	304	304	2	
1982 炎黄职业技术学院	**8**			**8**	
01专业组(不限)	8	462	224	8	
休闲农业经营与管理	1	245	245	1	
建筑工程技术	1	246	246	1	
机电一体化技术	2	266	262	2	
空中乘务	3	462	276	3	
电子信息工程技术	1	224	224	1	
1985 明达职业技术学院	**28**			**27**	**1**

院校、专业组、专业名称	录取数	最高分	最低分	平行志愿	征求志愿
01专业组(不限)	28	407	243	27	1
建筑工程技术	2	254	243	2	
模具设计与制造	2	299	284	2	
机电一体化技术	5	407	275	4	1
汽车制造与试验技术	1	312	312	1	
高速铁路客运服务	1	290	290	1	
汽车技术服务与营销	1	269	269	1	
计算机应用技术	3	339	285	3	
人工智能技术应用	1	269	269	1	
婴幼儿托育服务与管理	2	276	276	2	
大数据与会计	6	338	295	6	
现代物流管理	1	318	318	1	
旅游管理	1	268	268	1	
环境艺术设计	1	302	302	1	
广告艺术设计	1	254	254	1	
1988 江海职业技术学院	**183**			**181**	**2**
01专业组(不限)	113	384	228	111	2
机电一体化技术	12	357	234	11	1
数控技术	3	326	253	3	
汽车检测与维修技术	2	306	274	2	
工业机器人技术	1	264	264	1	
新能源汽车技术	11	333	228	11	
飞机部件修理	1	274	274	1	
计算机应用技术	1	323	323	1	
物联网应用技术	1	260	260	1	
建筑工程技术	3	280	241	3	
工程造价	6	327	266	6	
道路与桥梁工程技术	1	253	253	1	
环境工程技术	2	300	295	2	
建筑消防技术	2	308	306	2	
现代物流管理	3	384	277	3	
电子商务	5	352	277	5	
大数据与会计	15	346	229	15	
大数据与审计	4	328	275	4	
工商企业管理	2	318	272	2	
旅游管理	2	323	278	2	
空中乘务	3	308	280	3	
烹饪工艺与营养	5	319	266	5	
高速铁路客运服务	4	315	266	4	
西式烹饪工艺	5	331	275	4	1
建筑室内设计	8	328	270	8	
婴幼儿托育服务与管理	8	350	260	8	
智慧健康养老服务与管理	3	313	281	3	
02专业组(不限)(分段培养项目)	70	458	358	70	
空中乘务(与常州工学院分段培养项目)	50	458	358	50	
旅游管理(与江苏理工学院分段培养项目)	20	450	418	20	
1989 扬州中瑞酒店职业学院	**13**			**11**	**2**

113

院校、专业组、专业名称	录取数	最高分	最低分	平行志愿	征求志愿
01专业组(不限)	**13**	**331**	**237**	**11**	**2**
酒店管理与数字化运营	3	251	237	3	
西式烹饪工艺	3	331	257	1	2
烹饪工艺与营养	1	311	311	1	
高速铁路客运服务	4	324	242	4	
工程造价	1	330	330	1	
计算机网络技术	1	286	286	1	
1991 金山职业技术学院	**22**			**20**	**2**
01专业组(不限)	**22**	**333**	**254**	**20**	**2**
数控技术	2	333	306	2	
机电一体化技术	3	326	289	2	1
电气自动化技术	1	254	254	1	
新能源汽车技术	1	282	282		1
建筑室内设计	6	330	268	6	
工程造价	1	290	290	1	
建设工程管理	1	314	314	1	
大数据与会计	2	326	301	2	
电子商务	1	281	281	1	
高速铁路客运服务	1	267	267	1	
婴幼儿托育服务与管理	1	255	255	1	
旅游管理	1	268	268	1	
酒店管理与数字化运营	1	330	330	1	
1996 宿迁职业技术学院	**24**			**23**	**1**
01专业组(不限)	**24**	**401**	**222**	**23**	**1**
建筑装饰工程技术	5	330	222	5	
智能产品开发与应用	1	396	396	1	
计算机应用技术	5	342	224	5	
计算机网络技术	2	311	309	1	1
数字媒体技术	1	261	261	1	
大数据技术	2	311	295	2	
云计算技术应用	1	401	401	1	
虚拟现实技术应用	2	347	295	2	
动漫制作技术	1	295	295	1	
电子商务	2	279	267	2	
应用英语	2	317	284	2	
1997 宿迁泽达职业技术学院	**18**			**18**	
01专业组(不限)	**18**	**325**	**226**	**18**	
动漫制作技术	2	286	286	2	
物联网应用技术	1	300	300	1	
计算机应用技术	1	242	242	1	
机电一体化技术	3	306	262	3	
工业机器人技术	2	306	280	2	
无人机应用技术	1	226	226	1	
汽车检测与维修技术	2	325	257	2	
大数据与会计	1	319	319	1	
电子商务	1	258	258	1	
婴幼儿托育服务与管理	4	285	241	4	
2132 上海出版印刷高等专科学校	**18**			**18**	
01专业组(不限)	**18**	**472**	**429**	**18**	
大数据与会计	2	471	456	2	
文化产业经营与管理	2	449	446	2	
数字图文信息处理技术	3	472	451	3	
数字出版	2	462	439	2	
会展策划与管理	2	440	433	2	
出版商务	2	436	429	2	
商务英语	3	472	433	3	
电子竞技运动与管理	2	435	434	2	
2134 上海旅游高等专科学校	**33**			**32**	**1**
01专业组(不限)	**33**	**464**	**322**	**32**	**1**
会展策划与管理	2	464	462	2	
全媒体广告策划与营销	3	445	405	3	
旅游英语	6	464	415	6	
应用韩语	4	438	322	3	1
旅游日语	5	431	401	5	
酒店管理与数字化运营	3	419	393	3	
西式烹饪工艺	2	445	434	2	
旅游管理	3	411	390	3	
葡萄酒文化与营销	2	398	390	2	
应用西班牙语	3	418	400	3	
2138 上海电子信息职业技术学院	**12**			**12**	
01专业组(不限)	**12**	**460**	**358**	**12**	
人力资源管理	5	440	358	5	
金融服务与管理	6	460	386	6	
跨境电子商务	1	419	419	1	
2146 上海工艺美术职业学院	**10**			**10**	
01专业组(不限)	**10**	**470**	**439**	**10**	
文物修复与保护	4	468	442	4	
数字媒体技术	2	470	455	2	
虚拟现实技术应用	1	460	460	1	
宝玉石鉴定与加工	1	450	450	1	
风景园林设计	2	458	439	2	
2149 上海科学技术职业学院	**38**			**38**	
01专业组(不限)	**38**	**469**	**401**	**38**	
现代通信技术	4	466	409	4	
信息安全技术应用	1	418	418	1	
移动互联应用技术	1	423	423	1	
人工智能技术应用	3	469	423	3	
物联网应用技术	2	451	431	2	
机械制造及自动化	1	404	404	1	
网络营销与直播电商	2	440	408	2	
跨境电子商务	3	414	401	3	
大数据与会计	4	458	432	4	
电子商务	3	428	403	3	
现代物流管理	2	429	426	2	
旅游管理	2	418	408	2	
应用英语	5	456	408	5	
应用日语	3	412	405	3	
社会工作	2	421	407	2	

2023年普通类(历史等科目类)高职(专科)院校

院校、专业组、专业名称	录取数	最高分	最低分	平行志愿	征求志愿
2150 上海农林职业技术学院	5			5	
01专业组(不限)	5	423	413	5	
园艺技术	2	423	422	2	
宠物养护与驯导	3	421	413	3	
2154 上海交通职业技术学院	20			18	2
01专业组(不限)	20	470	418	18	2
城市轨道交通运营管理	3	466	448	3	
汽车技术服务与营销	3	437	428	3	
大数据与会计	3	445	433	3	
关务与外贸服务	3	455	430	3	
国际商务	3	440	428	3	
集装箱运输管理	5	470	418	3	2
2155 上海城建职业学院	14			14	
01专业组(不限)	14	463	428	14	
现代物业管理	2	428	428	2	
古建筑工程技术	2	450	448	2	
文物修复与保护	2	460	449	2	
社会工作	2	448	446	2	
国际商务	2	463	446	2	
现代物流管理	2	463	443	2	
人力资源管理	2	436	434	2	
2166 上海行健职业学院	7			7	
01专业组(不限)	7	424	383	7	
酒店管理与数字化运营	2	418	405	2	
商务数据分析与应用	5	424	383	5	
2167 上海民航职业技术学院	16			16	
01专业组(不限)	16	470	452	16	
民航运输服务	6	467	456	6	
航空物流管理	6	456	452	6	
民航安全技术管理	4	470	456	4	
2170 上海现代化工职业学院	4			4	
01专业组(不限)	4	355	341	4	
数字化设计与制造技术	1	355	355	1	
分析检验技术	1	353	353	1	
现代物流管理	1	341	341	1	
工业互联网应用	1	354	354	1	
2217 浙江经贸职业技术学院	7			7	
01专业组(不限)	7	463	438	7	
电子商务	1	463	463	1	
国际经济与贸易	1	440	440	1	
跨境电子商务	1	450	450	1	
市场营销	1	439	439	1	
现代物流管理	1	438	438	1	
工商企业管理	1	456	456	1	
酒店管理与数字化运营	1	440	440	1	
2226 浙江邮电职业技术学院	1			1	
01专业组(不限)	1	444	444	1	
市场营销	1	444	444	1	
2238 浙江国际海运职业技术学院	2			2	
01专业组(不限)	2	456	439	2	
国际邮轮乘务管理	2	456	439	2	
2247 浙江交通职业技术学院	22			22	
01专业组(不限)(定向培养军士)	22	445	262	22	
轮机工程技术(水面舰艇人员合格)(海军)(只招男生)	15	445	273	15	
现代通信技术(水面舰艇人员合格)(海军)(只招男生)	3	442	330	3	
智能控制技术(水面舰艇人员合格)(海军)(只招男生)	2	351	262	2	
航海技术(水面舰艇人员合格)(武警部队)(只招男生)	2	386	352	2	
2253 浙江金融职业学院	5			5	
01专业组(不限)	5	471	464	5	
金融服务与管理	2	468	467	2	
财富管理	2	465	464	2	
大数据与会计	1	471	471	1	
2260 浙江建设职业技术学院	5			5	
01专业组(不限)(定向培养军士)	5	461	438	5	
地籍测绘与土地管理(陆军)(只招男生)	5	461	438	5	
2315 安徽中医药高等专科学校	5			5	
01专业组(不限)	5	442	404	5	
药物制剂技术	2	442	440	2	
药品质量与安全	2	425	404	2	
药品经营与管理	1	421	421	1	
2323 安徽新闻出版职业技术学院	20			20	
01专业组(不限)	20	458	325	20	
新闻采编与制作	5	458	341	5	
网络新闻与传播	5	400	335	5	
党务工作	5	337	325	5	
网络营销与直播电商	5	335	328	5	
2328 安徽商贸职业技术学院	12			12	
01专业组(不限)	12	450	335	12	
大数据与财务管理	3	395	359	3	
市场营销	3	450	363	3	
电子商务	3	379	335	3	
智能物流技术	3	443	347	3	
2329 安徽审计职业学院	5			5	
01专业组(不限)	5	449	444	5	
大数据与审计	3	445	444	3	
大数据与会计	2	449	447	2	
2334 淮南联合大学	6			6	
01专业组(不限)	6	454	302	6	
应用英语	4	454	302	4	
酒店管理与数字化运营	2	439	413	2	
2337 合肥通用职业技术学院	2			2	
01专业组(不限)	2	381	335	2	
安全技术与管理	1	335	335	1	
工业机器人技术	1	381	381	1	

院校、专业组、专业名称	录取数	最高分	最低分	平行志愿	征求志愿
2339 滁州职业技术学院	**10**			**10**	
01专业组(不限)	**10**	**381**	**331**	**10**	
大数据与会计	5	381	335	5	
计算机应用技术	5	338	331	5	
2344 安徽工业经济职业技术学院	**5**			**5**	
01专业组(不限)	**5**	**412**	**391**	**5**	
计算机网络技术	2	392	391	2	
大数据与会计	3	412	395	3	
2357 马鞍山职业技术学院	**15**			**15**	
01专业组(不限)	**15**	**347**	**317**	**15**	
工业机器人技术	2	326	323	2	
工程造价	2	329	320	2	
新能源汽车技术	3	320	318	3	
大数据与会计	4	347	326	4	
旅游管理	4	318	317	4	
2363 安徽冶金科技职业学院	**20**			**20**	
01专业组(不限)	**20**	**382**	**315**	**20**	
钢铁冶金设备维护	3	328	315	3	
钢铁智能冶金技术	1	382	382	1	
汽车制造与试验技术	1	316	316	1	
数控技术	4	320	315	4	
电气自动化技术	4	340	316	4	
市场营销	7	327	315	7	
2371 铜陵职业技术学院	**25**			**24**	**1**
01专业组(不限)	**25**	**365**	**317**	**24**	**1**
建筑工程技术	4	365	319	4	
机电一体化技术	3	334	324	3	
计算机应用技术	4	339	326	4	
电子商务	6	330	317	5	1
室内艺术设计	4	334	327	4	
动漫设计	4	349	318	4	
2376 淮南职业技术学院	**20**			**20**	
01专业组(不限)	**20**	**334**	**306**	**20**	
大数据与会计	5	334	312	5	
无人机应用技术	15	327	306	15	
2379 安徽粮食工程职业学院	**2**			**2**	
01专业组(不限)	**2**	**428**	**410**	**2**	
粮食储运与质量安全	2	428	410	2	
2384 安徽卫生健康职业学院	**20**			**20**	
01专业组(不限)	**20**	**436**	**330**	**20**	
药品经营与管理	20	436	330	20	
2385 滁州城市职业学院	**10**			**10**	
01专业组(不限)	**10**	**370**	**306**	**10**	
大数据与会计	5	370	322	5	
电子商务	5	324	306	5	
2391 宣城职业技术学院	**20**			**20**	
01专业组(不限)	**20**	**439**	**312**	**20**	
电子商务	20	439	312	20	
2436 泉州经贸职业技术学院	**30**			**30**	

院校、专业组、专业名称	录取数	最高分	最低分	平行志愿	征求志愿
01专业组(不限)	**30**	**454**	**270**	**30**	
软件技术	6	454	314	6	
大数据与会计	10	316	274	10	
市场营销	5	311	292	5	
电子商务	4	295	283	4	
现代物流管理	5	303	270	5	
2455 福州墨尔本理工职业学院	**5**			**4**	**1**
01专业组(不限)(中外合作办学)	**5**	**456**	**306**	**4**	**1**
大数据与会计(中外合作办学)	2	388	328	2	
国际经济与贸易(中外合作办学)	1	324	324		1
休闲服务与管理(中外合作办学)	1	306	306	1	
商务英语(中外合作办学)	1	456	456	1	
2519 江西电力职业技术学院	**6**			**6**	
01专业组(不限)	**6**	**467**	**450**	**6**	
发电厂及电力系统	6	467	450	6	
2520 江西信息应用职业技术学院	**1**			**1**	
01专业组(不限)(中外合作办学)	**1**	**346**	**346**	**1**	
大气科学技术(中外合作办学)	1	346	346	1	
2525 江西现代职业技术学院	**10**			**10**	
01专业组(不限)	**10**	**418**	**303**	**10**	
数字媒体技术	4	326	313	4	
广告艺术设计	3	316	310	3	
建筑室内设计	3	418	303	3	
2533 江西应用技术职业学院	**3**			**2**	**1**
01专业组(不限)	**3**	**366**	**290**	**2**	**1**
宝玉石鉴定与加工	2	366	290	2	
建筑智能化工程技术	1	313	313		1
2545 赣州师范高等专科学校	**5**			**5**	
01专业组(不限)	**5**	**405**	**344**	**5**	
商务英语	3	364	344	3	
应用日语	2	405	367	2	
2562 江西财经职业学院	**5**			**5**	
01专业组(不限)	**5**	**455**	**439**	**5**	
大数据与会计	3	455	440	3	
大数据与审计	2	439	439	2	
2563 九江职业技术学院	**6**			**6**	
01专业组(不限)	**6**	**344**	**323**	**6**	
现代物流管理	1	323	323	1	
移动互联应用技术	4	344	324	4	
国际金融	1	343	343	1	
2564 江西建设职业技术学院	**10**			**10**	
01专业组(不限)	**10**	**316**	**286**	**10**	
建筑室内设计	3	304	295	3	
城乡规划	1	291	291	1	
建筑工程技术	3	316	289	3	
工程造价	3	289	286	3	
2565 江西交通职业技术学院	**4**			**4**	
01专业组(不限)	**4**	**406**	**344**	**4**	
道路与桥梁工程技术	4	406	344	4	

2023年普通类（历史等科目类）高职（专科）院校

院校、专业组、专业名称	录取数	最高分	最低分	平行志愿	征求志愿
2567 九江职业大学	4			4	
01专业组(不限)	4	418	347	4	
建筑室内设计	4	418	347	4	
2569 江西机电职业技术学院	40			40	
01专业组(不限)	40	314	267	40	
汽车技术服务与营销	14	297	268	14	
工业设计	9	299	267	9	
光伏工程技术	3	314	282	3	
智能控制技术	4	289	271	4	
集成电路技术	3	301	292	3	
智能产品开发与应用	2	297	296	2	
移动互联应用技术	5	301	288	5	
2576 江西工程职业学院	6			6	
01专业组(不限)	6	311	266	6	
商务英语	1	266	266	1	
电子商务	3	311	303	3	
大数据与会计	1	307	307	1	
大数据与财务管理	1	278	278	1	
2578 吉安职业技术学院	10			9	1
01专业组(不限)	10	327	262	9	1
研学旅行管理与服务	5	321	282	5	
民宿管理与运营	5	327	262	4	1
2580 赣州职业技术学院	10			10	
01专业组(不限)	10	317	299	10	
电气自动化技术	1	302	302	1	
广告艺术设计	4	316	299	4	
室内艺术设计	1	317	317	1	
数字媒体艺术设计	4	304	300	4	
2583 江西中医药高等专科学校	8			8	
01专业组(不限)	8	455	252	8	
智慧健康养老服务与管理	4	387	252	4	
药品经营与管理	4	455	295	4	
2584 江西婺源茶业职业学院	7			7	
01专业组(不限)	7	394	258	7	
茶艺与茶文化	2	394	292	2	
茶叶生产与加工技术	2	266	258	2	
食品检验检测技术	1	309	309	1	
计算机网络技术	2	312	274	2	
2593 江西工业工程职业技术学院	24			24	
01专业组(不限)	24	340	286	24	
电子商务	2	293	287	2	
工程造价	11	327	293	11	
大数据与会计	10	340	286	10	
现代物流管理	1	313	313	1	
2594 江西工业贸易职业技术学院	7			4	3
01专业组(不限)	7	325	247	4	3
数字媒体技术	3	325	247	1	2
大数据与会计	3	288	279	2	1
计算机网络技术	1	254	254	1	
2597 江西农业工程职业学院	4			4	
01专业组(不限)	4	455	360	4	
中草药栽培与加工技术	2	382	369	2	
畜牧兽医	1	455	455	1	
电子商务	1	360	360	1	
2618 山东胜利职业学院	57			56	1
01专业组(不限)	57	376	298	56	1
酒店管理与数字化运营	6	344	299	6	
烹饪工艺与营养	6	376	300	5	1
中西面点工艺	6	352	298	6	
石油工程技术	5	344	300	5	
油气储运技术	5	313	298	5	
环境工程技术	5	315	299	5	
油气智能开采技术	6	313	298	6	
工业互联网应用	3	332	300	3	
计算机应用技术	2	338	311	2	
物联网应用技术	2	306	306	2	
电气自动化技术	2	341	326	2	
现代物流管理	3	333	315	3	
电子商务	3	313	305	3	
建筑工程技术	3	312	309	3	
2636 山东畜牧兽医职业学院	3			3	
01专业组(不限)	3	457	447	3	
畜牧兽医	3	457	447	3	
2639 东营职业学院	2			2	
01专业组(不限)	2	382	369	2	
大数据与会计	2	382	369	2	
2640 青岛港湾职业技术学院	7			7	
01专业组(不限)	7	447	343	7	
港口机械与智能控制	1	350	350	1	
现代物流管理	3	447	343	3	
机电一体化技术	3	358	350	3	
2644 聊城职业技术学院	3			3	
01专业组(不限)	3	325	284	3	
建筑工程技术	1	284	284	1	
大数据与会计	2	325	295	2	
2646 山东职业学院	6			5	1
01专业组(不限)(中外合作办学)	6	444	291	5	1
铁道供电技术(中外合作办学)	2	407	391	2	
铁道信号自动控制(中外合作办学)	3	444	405	3	
铁道工程技术(中外合作办学)	1	291	291		1
2647 日照职业技术学院	5			5	
01专业组(不限)	5	451	422	5	
食品检验检测技术	2	430	422	2	
大数据与财务管理	1	427	427	1	
工程造价	1	445	445	1	
电子商务	1	451	451	1	
2658 济南工程职业技术学院	15			14	1
01专业组(不限)	15	420	227	14	1

院校、专业组、专业名称	录取数	最高分	最低分	平行志愿	征求志愿
城市轨道车辆应用技术	15	420	227	14	1
2659 山东水利职业学院	**12**			**12**	
01专业组(不限)	**12**	**391**	**339**	**12**	
工程造价	4	378	340	4	
大数据与会计	3	379	357	3	
电气自动化技术	4	391	339	4	
人工智能技术应用	1	352	352	1	
2665 枣庄科技职业学院	**8**			**8**	
01专业组(不限)	**8**	**357**	**301**	**8**	
智能建造技术	5	322	301	5	
人工智能技术应用	2	357	308	2	
金融服务与管理	1	317	317	1	
2670 菏泽家政职业学院	**2**			**2**	
01专业组(不限)	**2**	**367**	**238**	**2**	
酒店管理与数字化运营	2	367	238	2	
2685 滨州职业学院	**7**			**7**	
01专业组(不限)(定向培养军士)	**7**	**424**	**297**	**7**	
航海技术(水面舰艇人员合格)(海军)(只招男生)	5	424	355	5	
轮机工程技术(水面舰艇人员合格)(海军)(只招男生)	2	308	297	2	
2719 威海海洋职业学院	**10**			**10**	
01专业组(不限)	**10**	**450**	**335**	**10**	
水产养殖技术	2	384	367	2	
药品生物技术	5	450	335	5	
药品经营与管理	3	372	336	3	
2756 山东化工职业学院	**8**			**8**	
01专业组(不限)	**8**	**358**	**327**	**8**	
应用化工技术	3	348	328	3	
机电一体化技术	3	358	327	3	
大数据与会计	2	348	345	2	
2759 山东信息职业技术学院	**23**			**23**	
01专业组(不限)	**14**	**377**	**285**	**14**	
信息安全技术应用	2	334	305	2	
软件技术	3	341	285	3	
动漫制作技术	2	315	298	2	
机电一体化技术	4	377	289	4	
智能控制技术	1	285	285	1	
城市轨道交通运营管理	1	295	295	1	
应用电子技术	1	291	291	1	
02专业组(不限)(定向培养军士)	**9**	**455**	**420**	**9**	
无人机应用技术(陆军)(只招男生)	5	455	421	5	
现代通信技术(陆军)(只招男生)	2	455	420	2	
电子信息工程技术(陆军)(只招男生)	2	452	444	2	
3168 北京工业职业技术学院	**2**			**2**	
01专业组(不限)	**2**	**470**	**469**	**2**	
大数据与会计	2	470	469	2	
3176 北京社会管理职业学院	**2**			**2**	
01专业组(不限)	**2**	**455**	**441**	**2**	

院校、专业组、专业名称	录取数	最高分	最低分	平行志愿	征求志愿
影视多媒体技术	2	455	441	2	
3205 中国民航大学	**6**			**6**	
03专业组(不限)	**6**	**446**	**296**	**6**	
空中乘务	4	446	296	4	
民航空中安全保卫	2	409	321	2	
3219 天津生物工程职业技术学院	**1**			**1**	
01专业组(不限)	**1**	**301**	**301**	**1**	
电子商务	1	301	301	1	
3220 天津商务职业学院	**7**			**6**	**1**
01专业组(不限)	**7**	**386**	**264**	**6**	**1**
国际经济与贸易	1	386	386	1	
关务与外贸服务	1	314	314	1	
港口与航运管理	1	377	377	1	
商务数据分析与应用	1	264	264		1
会展策划与管理	1	374	374	1	
金融类	2	364	319	2	
3224 天津市职业大学	**6**			**6**	
01专业组(不限)	**6**	**458**	**421**	**6**	
包装策划与设计	3	450	442	3	
现代通信技术	3	458	421	3	
3226 天津交通职业学院	**3**			**3**	
01专业组(不限)	**3**	**410**	**382**	**3**	
新能源汽车技术	3	410	382	3	
3231 天津公安警官职业学院	**5**			**5**	
01专业组(不限)	**5**	**475**	**401**	**5**	
社区管理与服务(非公安类招生)	5	475	401	5	
3232 天津石油职业技术学院	**6**			**6**	
01专业组(不限)	**6**	**458**	**347**	**6**	
石油工程技术	3	458	351	3	
云计算技术应用	3	359	347	3	
3234 天津现代职业技术学院	**2**			**2**	
01专业组(不限)	**2**	**437**	**421**	**2**	
大数据技术	1	421	421	1	
旅游管理	1	437	437	1	
3237 天津海运职业学院	**4**			**4**	
01专业组(不限)	**4**	**348**	**292**	**4**	
航海技术	2	314	292	2	
轮机工程技术	2	348	308	2	
3238 天津铁道职业技术学院	**8**			**8**	
01专业组(不限)	**8**	**466**	**443**	**8**	
铁道工程技术	2	445	443	2	
铁道通信与信息化技术	2	466	460	2	
城市轨道车辆应用技术	2	457	455	2	
城市轨道交通运营管理	2	454	449	2	
3241 天津国土资源和房屋职业学院	**8**			**8**	
01专业组(不限)	**8**	**331**	**295**	**8**	
宝玉石鉴定与加工	2	311	295	2	
建筑设计	2	302	299	2	
工程造价	2	331	311	2	

院校、专业组、专业名称	录取数	最高分	最低分	平行志愿	征求志愿
电梯工程技术	2	301	298	2	
3243 天津工业职业学院	**6**			**1**	**5**
01专业组(不限)	**6**	**393**	**317**	**1**	**5**
工业工程技术	2	332	329		2
工业互联网应用	2	393	317	1	1
现代通信技术	2	386	341		2
3244 天津城市建设管理职业技术学院	**4**			**4**	
01专业组(不限)	**4**	**445**	**365**	**4**	
大数据与会计	4	445	365	4	
3309 石家庄邮电职业技术学院	**19**			**19**	
01专业组(不限)	**2**	**473**	**472**	**2**	
物流类(现代物流管理)(面向南京地区就业)	1	473	473	1	
邮政快递运营管理(面向南京地区就业)	1	472	472	1	
02专业组(不限)	**3**	**508**	**469**	**3**	
电子商务类(网络营销与直播电商)(面向徐州地区就业)	1	469	469	1	
金融类[金融服务与管理(邮政金融方向)(面向徐州地区就业)]	1	508	508	1	
物流类(现代物流管理)(面向徐州地区就业)	1	473	473	1	
03专业组(不限)	**1**	**471**	**471**	**1**	
邮政快递运营管理(面向常州地区就业)	1	471	471	1	
04专业组(不限)	**2**	**471**	**470**	**2**	
市场营销(数字营销方向)(面向南通地区就业)	1	470	470	1	
电子商务类(跨境电子商务)(面向南通地区就业)	1	471	471	1	
05专业组(不限)	**3**	**491**	**471**	**3**	
金融类[金融服务与管理(邮政金融方向)(面向连云港地区就业)]	2	472	471	2	
邮政快递运营管理(面向连云港地区就业)	1	491	491	1	
06专业组(不限)	**1**	**477**	**477**	**1**	
物流类(现代物流管理)(面向淮安地区就业)	1	477	477	1	
07专业组(不限)	**1**	**479**	**479**	**1**	
物流类[现代物流管理(仓储运营管理方向)(面向盐城地区就业)]	1	479	479	1	
08专业组(不限)	**1**	**469**	**469**	**1**	
邮政快递运营管理(面向镇江地区就业)	1	469	469	1	
09专业组(不限)	**1**	**469**	**469**	**1**	
电子商务类(跨境电子商务)(面向泰州地区就业)	1	469	469	1	
10专业组(不限)	**4**	**472**	**468**	**4**	
文化创意与策划(面向宿迁地区就业)	1	468	468	1	

院校、专业组、专业名称	录取数	最高分	最低分	平行志愿	征求志愿
金融类[金融服务与管理(邮政金融方向)(面向宿迁地区就业)]	2	472	469	2	
物流类(现代物流管理)(面向宿迁地区就业)	1	471	471	1	
3324 河北能源职业技术学院	**2**			**2**	
01专业组(不限)	**2**	**342**	**330**	**2**	
工程造价	1	330	330	1	
大数据与会计	1	342	342	1	
3329 河北交通职业技术学院	**8**			**8**	
01专业组(不限)	**8**	**340**	**307**	**8**	
新能源汽车技术	2	327	326	2	
汽车检测与维修技术	2	340	324	2	
工业互联网技术	2	311	310	2	
机电一体化技术	2	310	307	2	
3330 河北对外经贸职业学院	**7**			**7**	
01专业组(不限)	**7**	**375**	**272**	**7**	
会展策划与管理	3	301	281	3	
融媒体技术与运营	2	293	272	2	
应用韩语	2	375	340	2	
3354 河北轨道运输职业技术学院	**15**			**15**	
01专业组(不限)	**15**	**460**	**347**	**15**	
铁道交通运营管理	3	375	365	3	
铁道信号自动控制	3	444	378	3	
高速铁路综合维修技术	1	347	347	1	
铁道机车运用与维护	7	460	362	7	
铁道供电技术	1	382	382	1	
3355 廊坊职业技术学院	**2**			**2**	
01专业组(不限)	**2**	**365**	**320**	**2**	
大数据与会计	2	365	320	2	
3360 石家庄铁路职业技术学院	**8**			**8**	
01专业组(不限)	**8**	**470**	**395**	**8**	
现代通信技术	2	423	418	2	
人工智能技术应用	2	430	413	2	
电气自动化技术	2	410	395	2	
动车组检修技术	2	470	445	2	
3376 河北化工医药职业技术学院	**4**			**4**	
01专业组(不限)	**4**	**365**	**336**	**4**	
自动化类	2	365	336	2	
分析检验技术	2	348	345	2	
3379 河北科技工程职业技术大学	**10**			**10**	
01专业组(不限)	**10**	**403**	**287**	**10**	
大数据与财务管理	4	403	318	4	
现代物流管理	3	371	287	3	
工商企业管理	3	361	303	3	
3380 河北工业职业技术大学	**5**			**5**	
01专业组(不限)	**5**	**438**	**410**	**5**	
金属材料检测技术	1	438	438	1	
机械设计制造类	3	415	410	3	
物联网应用技术	1	413	413	1	

院校、专业组、专业名称	录取数	最高分	最低分	平行志愿	征求志愿
3425 山西职业技术学院	6			6	
01专业组(不限)	6	409	317	6	
大数据与会计	5	409	319	5	
建筑室内设计	1	317	317	1	
3435 临汾职业技术学院	6			6	
01专业组(不限)	6	344	307	6	
计算机应用技术	1	323	323	1	
动漫设计	5	344	307	5	
3438 太原幼儿师范高等专科学校	2			2	
01专业组(不限)	2	380	346	2	
旅游英语	2	380	346	2	
3517 满洲里俄语职业学院	4			4	
01专业组(不限)	4	416	222	4	
应用俄语	4	416	222	4	
3519 赤峰工业职业技术学院	1			1	
01专业组(不限)	1	291	291	1	
动漫制作技术	1	291	291	1	
4124 辽宁经济职业技术学院	5			5	
01专业组(不限)	5	398	314	5	
电子商务	5	398	314	5	
4213 吉林体育学院	2			2	
01专业组(不限)	2	451	407	2	
智慧健康养老服务与管理	2	451	407	2	
4217 吉林交通职业技术学院	5			5	
01专业组(不限)	5	313	301	5	
建筑工程技术	3	313	306	3	
机械制造及自动化	2	311	301	2	
4218 吉林工业职业技术学院	1			1	
01专业组(不限)	1	435	435	1	
大数据与会计	1	435	435	1	
4221 长春金融高等专科学校	8			8	
01专业组(不限)	8	441	330	8	
国际金融	1	371	371	1	
证券实务	2	335	330	2	
财富管理	1	354	354	1	
大数据与会计	3	441	363	3	
大数据与财务管理	1	335	335	1	
4244 吉林司法警官职业学院	10			10	
01专业组(不限)	10	415	319	10	
建筑消防技术(非公安类招生)	10	415	319	10	
4245 吉林电子信息职业技术学院	1			1	
01专业组(不限)	1	326	326	1	
大数据技术	1	326	326	1	
4248 长春师范高等专科学校	3			3	
01专业组(不限)	3	319	300	3	
动漫设计	1	300	300	1	
健身指导与管理	1	319	319	1	
智慧健康养老服务与管理	1	306	306	1	
4286 长春医学高等专科学校	1			1	
01专业组(不限)	1	416	416	1	
药物制剂技术	1	416	416	1	
4317 哈尔滨铁道职业技术学院	15			15	
01专业组(不限)	15	465	368	15	
铁道工程技术	5	465	374	5	
铁道机车运用与维护	5	440	395	5	
城市轨道交通运营管理	5	432	368	5	
4320 黑龙江建筑职业技术学院	10			10	
01专业组(不限)	10	359	316	10	
建筑工程技术	3	359	340	3	
道路与桥梁工程技术	1	320	320	1	
建筑设计	1	324	324	1	
建筑室内设计	3	317	316	3	
大数据与会计	2	325	323	2	
4328 黑龙江交通职业技术学院	15			15	
01专业组(不限)	15	408	314	15	
铁道工程技术	2	369	358	2	
铁道机车运用与维护	6	361	316	6	
铁道车辆技术	3	356	314	3	
铁道供电技术	2	362	339	2	
铁道交通运营管理	2	408	335	2	
4334 大兴安岭职业学院	1			1	
01专业组(不限)	1	309	309	1	
电子商务	1	309	309	1	
4338 黑龙江农业工程职业学院	2			2	
01专业组(不限)	2	361	249	2	
智能焊接技术	2	361	249	2	
4344 黑龙江艺术职业学院	1			1	
01专业组(不限)	1	339	339	1	
民族传统技艺	1	339	339	1	
5116 郑州铁路职业技术学院	5			5	
01专业组(不限)	5	467	447	5	
城市轨道交通运营管理	5	467	447	5	
5121 济源职业技术学院	2			2	
01专业组(不限)	2	364	321	2	
高速铁路客运服务	2	364	321	2	
5165 河南工业贸易职业学院	20			20	
01专业组(不限)	20	398	282	20	
大数据与财务管理	20	398	282	20	
5169 河南测绘职业学院	6			6	
01专业组(不限)	6	332	301	6	
测绘地理信息技术	3	332	305	3	
国土资源调查与管理	3	303	301	3	
5189 永城职业学院	3			3	
01专业组(不限)	3	447	334	3	
计算机网络技术	3	447	334	3	
5194 信阳职业技术学院	10			10	
01专业组(不限)	10	437	292	10	
智能机电技术	5	437	340	5	

院校、专业组、专业名称	录取数	最高分	最低分	平行志愿	征求志愿
新能源汽车技术	5	336	292	5	
5224 湖北国土资源职业学院	15			15	
01专业组(不限)	15	433	313	15	
国土资源调查与管理	3	393	339	3	
国土空间规划与测绘	3	342	320	3	
水文与工程地质	6	433	313	6	
工程造价	3	328	314	3	
5225 汉江师范学院	9			9	
02专业组(不限)	9	439	391	9	
旅游管理	3	420	391	3	
大数据与会计	3	439	433	3	
电子商务	3	430	410	3	
5226 武汉职业技术学院	5			5	
01专业组(不限)	5	471	441	5	
电子商务类	5	471	441	5	
5227 武汉船舶职业技术学院	39			37	2
01专业组(不限)	26	445	330	25	1
船舶舾装工程技术	2	419	361	2	
船舶智能焊接技术	2	387	350	2	
机电一体化技术	2	411	372	2	
船舶电气工程技术	2	445	391	2	
电子信息工程技术	2	367	348	2	
现代通信技术	2	370	360	2	
大数据与会计	2	376	359	2	
酒店管理与数字化运营	1	335	335	1	
工程造价	2	361	344	2	
大数据技术	2	342	336	2	
商务管理	2	333	330	2	
现代物流管理	2	410	344	2	
商务英语	3	385	334	2	1
02专业组(不限)(定向培养军士)	13	459	333	12	1
轮机工程技术(水面舰艇人员合格)(武警部队)(只招男生)	7	459	333	6	1
船舶电子电气技术(水面舰艇人员合格)(武警部队)(只招男生)	6	412	367	6	
5231 武汉工程职业技术学院	12			12	
01专业组(不限)	12	395	288	12	
机械制造及自动化	3	395	312	3	
电气自动化技术	2	359	288	2	
物联网应用技术	1	293	293	1	
计算机应用技术	2	367	302	2	
工程造价	2	310	294	2	
大数据与会计	2	335	326	2	
5232 湖北生态工程职业技术学院	8			8	
01专业组(不限)	8	429	302	8	
园林技术	5	429	302	5	
云计算技术应用	1	417	417	1	
建筑室内设计	2	325	307	2	
5233 武汉航海职业技术学院	8			8	

院校、专业组、专业名称	录取数	最高分	最低分	平行志愿	征求志愿
01专业组(不限)	8	366	284	8	
高速铁路客运服务	6	364	284	6	
民航运输服务	2	366	338	2	
5234 湖北城市建设职业技术学院	13			13	
01专业组(不限)	13	329	311	13	
装配式建筑工程技术	8	329	312	8	
智能建造技术	1	324	324	1	
道路与桥梁工程技术	3	323	311	3	
现代物流管理	1	320	320	1	
5236 武汉交通职业学院	19			17	2
01专业组(不限)	5	424	368	4	1
船舶工程技术	1	414	414	1	
船舶动力工程技术	1	412	412		1
港口与航运管理	1	368	368	1	
大数据与会计	2	424	412	2	
02专业组(不限)(定向培养军士)	8	467	445	7	1
现代通信技术(战略支援部队)(只招男生)	2	467	467	2	
计算机网络技术(联勤保障部队)(只招男生)	2	464	459	2	
现代物流管理(联勤保障部队)(只招男生)	2	459	451	2	
无人机应用技术(联勤保障部队)(只招男生)	2	467	445	1	1
03专业组(不限)(定向培养军士)	6	439	360	6	
轮机工程技术(水面舰艇人员合格)(陆军)(只招男生)	2	393	360	2	
船舶电子电气技术(水面舰艇人员合格)(陆军)(只招男生)	2	439	373	2	
航海技术(水面舰艇人员合格)(陆军)(只招男生)	2	372	360	2	
5237 湖北水利水电职业技术学院	7			7	
01专业组(不限)	7	378	326	7	
光伏工程技术	4	330	326	4	
水利水电建筑工程	3	378	335	3	
5246 湖北交通职业技术学院	25			25	
01专业组(不限)	18	405	310	18	
航空装备类	3	341	324	3	
大数据技术	7	405	312	7	
跨境电子商务	2	376	310	2	
物流类	2	313	312	2	
建筑工程技术	2	353	311	2	
供热通风与空调工程技术	2	313	311	2	
02专业组(不限)(定向培养军士)	2	442	437	2	
航海技术(空军)(只招男生)	2	442	437	2	
03专业组(不限)(定向培养军士)	5	380	267	5	
航海技术(水面舰艇人员合格)(武警部队)(只招男生)	5	380	267	5	
5252 武汉铁路职业技术学院	25			25	

院校、专业组、专业名称	录取数	最高分	最低分	平行志愿	征求志愿
01专业组(不限)	**25**	**473**	**428**	**25**	
城市轨道交通运营管理	2	468	467	2	
现代物流管理	1	468	468	1	
铁路物流管理	1	444	444	1	
动车组检修技术	1	472	472	1	
铁道车辆技术	1	473	473	1	
城市轨道车辆应用技术	1	470	470	1	
铁道信号自动控制	2	470	450	2	
城市轨道交通通信信号技术	1	470	470	1	
现代通信技术	1	433	433	1	
轨道交通通信信号设备制造与维护	1	440	440	1	
城市轨道交通供配电技术	1	470	470	1	
高速铁路综合维修技术	1	467	467	1	
铁道工程技术	2	453	451	2	
测绘工程技术	1	429	429	1	
软件技术	1	436	436	1	
电气自动化技术	1	433	433	1	
智能控制技术	2	449	428	2	
大数据与会计	3	462	440	3	
商务数据分析与应用	1	432	432	1	
5253 恩施职业技术学院	**45**			**36**	**9**
01专业组(不限)	**39**	**351**	**243**	**33**	**6**
机械制造及自动化	15	314	273	15	
新能源汽车技术	6	351	297	5	1
信息安全技术应用	2	289	255		2
大数据与会计	9	321	243	7	2
电子商务	6	337	250	5	1
网络营销与直播电商	1	312	312	1	
02专业组(不限)	**6**	**342**	**233**	**3**	**3**
现代农业技术	1	319	319		1
园林技术	2	336	233	1	1
药品经营与管理	3	342	303	2	1
5254 湖北三峡职业技术学院	**5**			**5**	
01专业组(不限)	**5**	**373**	**258**	**5**	
化工自动化技术	2	373	327	2	
电子商务	3	356	258	3	
5259 长江工程职业技术学院	**4**			**4**	
01专业组(不限)	**4**	**387**	**364**	**4**	
智慧水利技术	3	385	364	3	
软件技术	1	387	387	1	
5266 三峡电力职业学院	**10**			**9**	**1**
01专业组(不限)	**10**	**430**	**385**	**9**	**1**
发电厂及电力系统	4	430	394	4	
电力系统自动化技术	3	418	396	3	
机电一体化技术	3	404	385	2	1
5272 武汉城市职业学院	**3**			**3**	
01专业组(不限)	**3**	**441**	**325**	**3**	
融媒体技术与运营	1	441	441	1	
电子商务类	2	398	325	2	
5273 武汉警官职业学院	**16**			**16**	
01专业组(不限)	**16**	**469**	**345**	**16**	
消防救援技术(非公安类招生)	1	440	440	1	
物联网应用技术(非公安类招生)	2	411	364	2	
计算机应用技术(非公安类招生)	2	469	402	2	
计算机网络技术(非公安类招生)	2	418	345	2	
软件技术(非公安类招生)	2	403	353	2	
大数据技术(非公安类招生)	2	423	396	2	
信息安全技术应用(非公安类招生)	2	427	417	2	
区块链技术应用(非公安类招生)	3	449	404	3	
5283 湖北铁道运输职业学院	**40**			**40**	
01专业组(不限)	**40**	**464**	**328**	**40**	
机电一体化技术	6	353	328	6	
工业机器人技术	1	349	349	1	
城市轨道交通供配电技术	5	387	328	5	
城市轨道车辆应用技术	10	395	330	10	
铁道机车运用与维护	7	390	335	7	
城市轨道交通运营管理	11	464	333	11	
5284 荆州理工职业学院	**5**			**5**	
01专业组(不限)	**5**	**369**	**290**	**5**	
电子商务	3	369	302	3	
中小企业创业与经营	2	293	290	2	
5286 咸宁职业技术学院	**3**			**3**	
01专业组(不限)	**3**	**436**	**347**	**3**	
网络营销与直播电商	2	436	352	2	
智慧健康养老服务与管理	1	347	347	1	
5288 武汉铁路桥梁职业学院	**10**			**10**	
01专业组(不限)	**10**	**422**	**315**	**10**	
铁道桥梁隧道工程技术	2	332	322	2	
铁道交通运营管理	2	422	387	2	
城市轨道交通运营管理	1	358	358	1	
道路工程检测技术	3	335	315	3	
电子商务	2	337	332	2	
5291 襄阳职业技术学院	**5**			**5**	
01专业组(不限)	**5**	**449**	**373**	**5**	
工程造价	2	449	442	2	
大数据技术	3	430	373	3	
5299 随州职业技术学院	**49**			**48**	**1**
01专业组(不限)	**49**	**391**	**251**	**48**	**1**
新能源汽车技术	13	367	257	13	
工业机器人技术	9	349	270	9	
建筑工程技术	5	391	283	4	1
工程造价	2	333	293	2	
高速铁路客运服务	9	339	251	9	
统计与会计核算	11	315	266	11	
5311 长沙航空职业技术学院	**10**			**10**	
01专业组(不限)(定向培养军士)	**10**	**517**	**409**	**10**	
航空发动机维修技术(陆军)(只招男生)	5	517	423	5	
无人机应用技术(陆军)(只招男生)	3	446	419	3	

院校、专业组、专业名称	录取数	最高分	最低分	平行志愿	征求志愿
无人机应用技术(武警)(只招男生)	2	414	409	2	
5312 长沙民政职业技术学院	**9**			**6**	**3**
01专业组(不限)	**9**	**476**	**295**	**6**	**3**
软件技术	1	391	391		1
大数据与会计	2	454	295	1	1
商务数据分析与应用	1	475	475	1	
社会工作	1	449	449	1	
民政服务与管理	1	457	457	1	
人力资源管理	1	462	462	1	
婚庆服务与管理	1	301	301		1
现代殡葬技术与管理	1	476	476	1	
5313 湖南大众传媒职业技术学院	**6**			**6**	
01专业组(不限)	**6**	**455**	**361**	**6**	
网络新闻与传播	2	455	449	2	
文化创意与策划	2	427	361	2	
现代文秘	2	408	397	2	
5315 湖南商务职业技术学院	**4**			**4**	
01专业组(不限)	**4**	**370**	**342**	**4**	
商务管理	1	356	356	1	
国际商务	1	360	360	1	
电子商务	1	342	342	1	
移动互联应用技术	1	370	370	1	
5317 湖南城建职业技术学院	**2**			**2**	
01专业组(不限)	**2**	**283**	**245**	**2**	
建筑设备工程技术	2	283	245	2	
5318 湖南邮电职业技术学院	**3**			**3**	
01专业组(不限)	**3**	**415**	**361**	**3**	
现代通信技术	3	415	361	3	
5319 湖南工业职业技术学院	**5**			**5**	
01专业组(不限)	**5**	**422**	**300**	**5**	
工业产品质量检测技术	2	382	334	2	
软件技术	3	422	300	3	
5333 湖南高速铁路职业技术学院	**17**			**17**	
01专业组(不限)	**17**	**464**	**400**	**17**	
铁道工程技术	2	459	418	2	
城市轨道交通工程技术	2	404	400	2	
铁道桥梁隧道工程技术	1	403	403	1	
铁道交通运营管理	2	455	438	2	
城市轨道交通运营管理	2	423	408	2	
铁道信号自动控制	1	464	464	1	
城市轨道交通通信信号技术	2	416	410	2	
铁道通信与信息化技术	1	436	436	1	
铁道供电技术	2	461	435	2	
动车组检修技术	2	442	439	2	
5353 湖南石油化工职业技术学院	**2**			**2**	
01专业组(不限)	**2**	**401**	**312**	**2**	
石油化工技术	2	401	312	2	
5356 张家界航空工业职业技术学院	**8**			**8**	
01专业组(不限)	**4**	**351**	**300**	**4**	

院校、专业组、专业名称	录取数	最高分	最低分	平行志愿	征求志愿
机电一体化技术	4	351	300	4	
02专业组(不限)(定向培养军士)	**4**	**435**	**401**	**4**	
飞机电子设备维修(海军)(只招男生)	4	435	401	4	
5360 湖南安全技术职业学院	**1**			**1**	
01专业组(不限)	**1**	**261**	**261**	**1**	
计算机网络技术	1	261	261	1	
5366 湖南铁路科技职业技术学院	**8**			**8**	
01专业组(不限)	**8**	**449**	**409**	**8**	
城市轨道车辆应用技术	2	448	426	2	
城市轨道交通运营管理	4	449	409	4	
铁道信号自动控制	1	410	410	1	
城市轨道交通通信信号技术	1	413	413	1	
5367 湖南国防工业职业技术学院	**10**			**8**	**2**
01专业组(不限)	**5**	**348**	**294**	**3**	**2**
测绘工程技术	5	348	294	3	2
02专业组(不限)(定向培养军士)	**5**	**412**	**391**	**5**	
机电一体化技术(陆军)(只招男生)	5	412	391	5	
5372 湖南体育职业学院	**10**			**10**	
01专业组(不限)(定向培养军士)	**10**	**414**	**373**	**10**	
运动训练(武警部队)(只招男生)	10	414	373	10	
5378 湖南化工职业技术学院	**10**			**9**	**1**
01专业组(不限)	**10**	**355**	**316**	**9**	**1**
化妆品经营与管理	2	355	334	2	
药品经营与管理	2	333	322	2	
大数据与会计	2	331	317	2	
现代物流管理	2	331	320	1	1
电子商务	2	317	316	2	
5382 长沙职业技术学院	**1**			**1**	
01专业组(不限)	**1**	**335**	**335**	**1**	
连锁经营与管理	1	335	335	1	
5392 湖南交通职业技术学院	**9**			**9**	
01专业组(不限)	**9**	**387**	**258**	**9**	
新能源汽车技术	5	319	281	5	
工程造价	2	305	272	2	
物联网应用技术	1	258	258	1	
城市轨道交通运营管理	1	387	387	1	
5394 湖南铁道职业技术学院	**7**			**7**	
01专业组(不限)	**7**	**457**	**408**	**7**	
移动互联应用技术	1	408	408	1	
人工智能技术应用	1	438	438	1	
电子商务	1	415	415	1	
铁道机车运用与维护	2	457	451	2	
动车组检修技术	2	446	413	2	
5395 湖南工程职业技术学院	**5**			**5**	
01专业组(不限)	**5**	**372**	**323**	**5**	
大数据技术	1	326	326	1	
地质调查与矿产普查	1	340	340	1	
宝玉石鉴定与加工	1	372	372	1	
工程造价	1	337	337	1	

院校、专业组、专业名称	录取数	最高分	最低分	平行志愿	征求志愿
大数据与会计	1	323	323	1	
5415 广州民航职业技术学院	**6**			**6**	
01专业组(不限)	**6**	**476**	**436**	**6**	
会展策划与管理	1	436	436	1	
民航运输服务	4	476	438	4	
航空物流管理	1	442	442	1	
5483 广州科技贸易职业学院	**2**			**2**	
01专业组(不限)	**2**	**441**	**432**	**2**	
现代物流管理	1	432	432	1	
大数据与财务管理	1	441	441	1	
5512 桂林理工大学	**11**			**11**	
02专业组(不限)	**11**	**466**	**435**	**11**	
工程造价	3	466	440	3	
计算机应用技术	4	452	436	4	
大数据与会计	4	458	435	4	
5521 桂林航天工业学院	**4**			**4**	
02专业组(不限)	**4**	**431**	**364**	**4**	
旅游管理	2	404	364	2	
关务与外贸服务	2	431	423	2	
5526 广西机电职业技术学院	**4**			**2**	**2**
01专业组(不限)	**4**	**287**	**239**	**2**	**2**
智能焊接技术	2	287	276	1	1
工程造价	2	281	239	1	1
5528 柳州铁道职业技术学院	**8**			**8**	
01专业组(化学或生物)	**8**	**405**	**266**	**8**	
城市轨道车辆应用技术	2	405	324	2	
城市轨道交通通信信号技术	2	317	304	2	
城市轨道交通运营管理	3	307	266	3	
铁道机车运用与维护	1	300	300	1	
5537 广西电力职业技术学院	**1**			**1**	
01专业组(不限)	**1**	**436**	**436**	**1**	
计算机应用技术	1	436	436	1	
5541 广西建设职业技术学院	**2**			**2**	
01专业组(不限)	**2**	**318**	**288**	**2**	
工程造价	2	318	288	2	
5613 海南软件职业技术学院	**10**			**10**	
01专业组(不限)	**10**	**368**	**282**	**10**	
计算机网络技术	7	368	286	7	
动漫制作技术	2	368	292	2	
广告艺术设计	1	282	282	1	
5614 海南经贸职业技术学院	**9**			**9**	
01专业组(不限)	**9**	**417**	**296**	**9**	
国际经济与贸易	1	417	417	1	
关务与外贸服务	1	360	360	1	
旅游管理	1	379	379	1	
商务英语	2	351	326	2	
应用俄语	1	296	296	1	
应用日语	2	311	301	2	
旅游英语	1	313	313	1	
5631 海南职业技术学院	**10**			**10**	
01专业组(不限)	**10**	**367**	**289**	**10**	
工程造价	4	367	301	4	
计算机网络技术	2	305	289	2	
港口与航运管理	4	310	304	4	
6125 四川交通职业技术学院	**2**			**2**	
01专业组(不限)	**2**	**470**	**462**	**2**	
大数据与会计	2	470	462	2	
6126 四川建筑职业技术学院	**3**			**2**	**1**
01专业组(思想政治)	**3**	**463**	**266**	**2**	**1**
工程造价	3	463	266	2	1
6135 四川工程职业技术学院	**2**			**2**	
01专业组(不限)	**2**	**452**	**377**	**2**	
机电一体化技术	1	377	377	1	
工程造价	1	452	452	1	
6146 四川航天职业技术学院	**1**			**1**	
01专业组(不限)	**1**	**357**	**357**	**1**	
飞行器数字化制造技术	1	357	357	1	
6189 资阳环境科技职业学院	**5**			**4**	**1**
01专业组(不限)	**5**	**322**	**246**	**4**	**1**
环境工程技术	1	316	316	1	
食品质量与安全	1	322	322	1	
大数据与会计	2	312	290	1	1
电子商务	1	246	246	1	
6216 重庆三峡医药高等专科学校	**2**			**2**	
01专业组(不限)	**2**	**455**	**401**	**2**	
食品营养与健康	2	455	401	2	
6225 重庆城市管理职业学院	**1**			**1**	
01专业组(不限)	**1**	**461**	**461**	**1**	
现代殡葬技术与管理	1	461	461	1	
6228 重庆电子工程职业学院	**10**			**10**	
01专业组(不限)	**10**	**464**	**421**	**10**	
财务会计类	5	464	435	5	
广播影视类	5	431	421	5	
6237 重庆水利电力职业技术学院	**5**			**5**	
01专业组(不限)	**5**	**441**	**389**	**5**	
水利水电建筑工程	5	441	389	5	
6239 重庆电力高等专科学校	**5**			**5**	
01专业组(不限)	**5**	**453**	**434**	**5**	
热能动力工程技术	5	453	434	5	
6322 遵义职业技术学院	**3**			**3**	
01专业组(不限)	**3**	**470**	**284**	**3**	
园艺技术	3	470	284	3	
6433 云南工商学院	**2**			**2**	
01专业组(不限)	**2**	**328**	**275**	**2**	
电子商务	2	328	275	2	
6504 西藏职业技术学院	**1**				**1**
01专业组(不限)	**1**	**319**	**319**		**1**
畜牧兽医	1	319	319		1

2023年普通类（历史等科目类）高职（专科）院校

院校、专业组、专业名称	录取数	最高分	最低分	平行志愿	征求志愿
7128 陕西航空职业技术学院	8			8	
01专业组(不限)	8	367	294	8	
机械制造及自动化	3	326	294	3	
增材制造技术	1	364	364	1	
飞行器数字化制造技术	2	321	311	2	
人工智能技术应用	2	367	348	2	
7129 陕西交通职业技术学院	10			10	
01专业组(不限)	10	383	311	10	
市政工程技术	1	344	344	1	
铁道桥梁隧道工程技术	2	372	346	2	
城市轨道车辆应用技术	2	360	351	2	
城市轨道交通运营管理	2	383	311	2	
动漫制作技术	2	376	340	2	
会计信息管理	1	364	364	1	
7130 西安铁路职业技术学院	45			45	
01专业组(不限)	45	442	335	45	
轨道交通通信信号设备制造与维护	10	442	371	10	
高速铁路施工与维护	10	398	341	10	
铁道交通运营管理	5	418	376	5	
城市轨道交通运营管理	10	415	350	10	
铁路物流管理	10	411	335	10	
7145 陕西能源职业技术学院	6			6	
01专业组(不限)	6	377	305	6	
工程造价	1	328	328	1	
新能源汽车技术	3	377	351	3	
大数据与会计	2	323	305	2	
7146 陕西铁路工程职业技术学院	2			2	
01专业组(不限)	2	439	434	2	
铁道机车运用与维护	1	439	439	1	
城市轨道车辆应用技术	1	434	434	1	
7152 陕西财经职业技术学院	2			2	
01专业组(不限)	2	443	432	2	
大数据与会计	2	443	432	2	
7153 西安职业技术学院	3			3	
01专业组(不限)	3	468	416	3	
大数据与会计	3	468	416	3	
7171 陕西邮电职业技术学院	5			5	
01专业组(不限)	5	396	315	5	
信息安全技术应用	1	316	316	1	
通信工程设计与监理	1	316	316	1	
大数据与财务管理	1	396	396	1	
市场营销	1	331	331	1	
电子商务	1	315	315	1	
7173 陕西工商职业学院	10			10	
01专业组(不限)	10	338	291	10	
现代物流管理	8	338	291	8	
酒店管理与数字化运营	2	323	300	2	
7213 甘肃工业职业技术学院	1			1	
01专业组(不限)	1	314	314	1	
测绘地理信息技术	1	314	314	1	
7222 兰州石化职业技术大学	3			3	
01专业组(不限)	3	306	280	3	
移动应用开发	1	301	301	1	
大数据与会计	2	306	280	2	
7518 新疆职业大学	6			6	
01专业组(不限)	6	418	291	6	
市场营销	2	342	338	2	
新闻采编与制作	2	418	416	2	
商务英语	2	358	291	2	
7523 和田师范专科学校	2			2	
01专业组(不限)	2	400	318	2	
现代文秘	2	400	318	2	
8001 上海杉达学院	3			3	
02专业组(不限)	3	440	349	3	
机电一体化技术	2	382	349	2	
智能控制技术	1	440	440	1	
8002 上海建桥学院	22			22	
02专业组(不限)	22	471	374	22	
计算机应用技术	2	449	442	2	
国际商务	12	471	374	12	
工商企业管理	5	441	396	5	
现代物流管理	3	391	379	3	
8017 上海东海职业技术学院	15			13	2
01专业组(不限)	15	430	277	13	2
大数据与会计	3	394	319	3	
关务与外贸服务	3	396	313	2	1
国际金融	1	303	303	1	
电子商务	1	288	288	1	
计算机应用技术	7	430	277	6	1
8018 上海工商职业技术学院	10			10	
01专业组(不限)	10	419	320	10	
机械制造及自动化	3	386	329	3	
智能网联汽车技术	2	364	332	2	
大数据与会计	3	419	320	3	
国际商务	2	360	343	2	
8019 上海震旦职业学院	13			12	1
01专业组(不限)	13	372	239	12	1
虚拟现实技术应用	2	343	308	2	
无人机测绘技术	1	302	302	1	
大数据与会计	3	372	271	3	
电子商务	4	306	239	3	1
传播与策划	3	357	305	3	
8020 上海民远职业技术学院	1			1	
01专业组(不限)	1	243	243	1	
电子商务	1	243	243	1	
8022 上海思博职业技术学院	10			10	
01专业组(不限)	10	397	226	10	
智慧健康养老服务与管理	3	358	226	3	

院校、专业组、专业名称	录取数	最高分	最低分	平行志愿	征求志愿
大数据与会计	2	397	396	2	
新能源汽车技术	2	337	244	2	
机电一体化技术	3	366	264	3	
8023 上海立达学院	**15**			**15**	
02专业组(不限)	**15**	**427**	**344**	**15**	
计算机应用技术	4	421	344	4	
金融服务与管理	1	354	354	1	
大数据与会计	6	427	380	6	
传播与策划	2	391	351	2	
商务英语	2	408	381	2	
8024 上海济光职业技术学院	**21**			**21**	
01专业组(不限)	**21**	**403**	**275**	**21**	
建筑设计	2	322	291	2	
风景园林设计	2	307	303	2	
工程造价	2	393	315	2	
大数据与会计	3	403	292	3	
金融服务与管理	3	325	276	3	
计算机网络技术	1	289	289	1	
建筑室内设计	8	327	275	8	
8025 上海工商外国语职业学院	**18**			**18**	
01专业组(不限)	**18**	**456**	**289**	**18**	
应用英语	3	434	314	3	
应用德语	1	339	339	1	
应用法语	1	426	426	1	
大数据与会计	2	308	299	2	
国际商务	3	354	289	3	
会展策划与管理(中外合作办学)	1	456	456	1	
新闻采编与制作	1	305	305	1	
影视编导	6	414	295	6	
8026 上海邦德职业技术学院	**16**			**16**	
01专业组(不限)	**16**	**398**	**258**	**16**	
现代物流管理	1	273	273	1	
国际金融	1	284	284	1	
大数据与会计	2	325	258	2	
电子商务	3	318	287	3	
计算机应用技术	2	275	261	2	
数字媒体技术	7	398	265	7	
8029 上海中侨职业技术大学	**12**			**12**	
02专业组(不限)	**12**	**416**	**323**	**12**	
应用英语	1	416	416	1	
大数据与会计	5	398	326	5	
工商企业管理	2	374	336	2	
现代物流管理	1	358	358	1	
计算机应用技术	1	360	360	1	
医用电子仪器技术	2	347	323	2	
8052 温州商学院	**2**			**2**	
02专业组(不限)	**2**	**458**	**452**	**2**	
国际金融	1	452	452	1	
大数据与会计	1	458	458	1	

院校、专业组、专业名称	录取数	最高分	最低分	平行志愿	征求志愿
8072 绍兴职业技术学院	**1**			**1**	
01专业组(不限)	**1**	**333**	**333**	**1**	
国际经济与贸易	1	333	333	1	
8106 安徽矿业职业技术学院	**6**			**5**	**1**
01专业组(不限)	**6**	**339**	**274**	**5**	**1**
高速铁路客运服务	3	310	307	3	
空中乘务	1	274	274	1	
数字媒体艺术设计	2	339	301	1	1
8113 合肥共达职业技术学院	**5**			**1**	**4**
01专业组(不限)	**5**	**376**	**278**	**1**	**4**
建设工程管理	1	278	278	1	
城市轨道交通运营管理	1	316	316		1
动漫制作技术	1	376	376		1
大数据与会计	1	317	317		1
电子商务	1	307	307		1
8114 蚌埠经济技术职业学院	**6**			**6**	
01专业组(不限)	**6**	**317**	**252**	**6**	
工程造价	1	294	294	1	
大数据与会计	2	315	252	2	
计算机应用技术	1	259	259	1	
高速铁路客运服务	2	317	293	2	
8119 合肥科技职业学院	**19**			**19**	
01专业组(不限)	**19**	**317**	**270**	**19**	
新能源汽车技术	9	301	270	9	
计算机网络技术	6	317	282	6	
电子商务	4	315	309	4	
8152 厦门华天涉外职业技术学院	**1**			**1**	
01专业组(不限)	**1**	**300**	**300**	**1**	
室内艺术设计	1	300	300	1	
8154 厦门南洋职业学院	**4**			**4**	
01专业组(不限)	**4**	**398**	**264**	**4**	
城市轨道交通运营管理	3	398	264	3	
融媒体技术与运营	1	312	312	1	
8155 厦门东海职业技术学院	**2**			**2**	
01专业组(不限)	**2**	**335**	**304**	**2**	
空中乘务	2	335	304	2	
8157 武夷山职业学院	**1**			**1**	
01专业组(不限)	**1**	**225**	**225**	**1**	
计算机应用技术	1	225	225	1	
8158 泉州海洋职业学院	**5**			**2**	**3**
01专业组(不限)	**5**	**419**	**268**	**2**	**3**
康复工程技术	1	309	309		1
航海技术	4	419	268	2	2
8168 泉州轻工职业学院	**1**			**1**	
01专业组(不限)	**1**	**300**	**300**	**1**	
鞋类设计与工艺	1	300	300	1	
8170 江西科技学院	**2**			**2**	
02专业组(不限)	**2**	**416**	**410**	**2**	
大数据与会计	2	416	410	2	

院校、专业组、专业名称	录取数	最高分	最低分	平行志愿	征求志愿
8173 江西应用科技学院	4			4	
02专业组(不限)(中外合作办学)	4	325	249	4	
大数据与会计(中外合作办学)	3	312	249	3	
大数据与财务管理(中外合作办学)	1	325	325	1	
8175 南昌工学院	4			3	1
02专业组(不限)	4	442	354	3	1
商务英语	4	442	354	3	1
8187 南昌应用技术师范学院	1			1	
02专业组(不限)	1	428	428	1	
中文	1	428	428	1	
8190 潍坊环境工程职业学院	5			5	
01专业组(不限)	5	318	256	5	
环境监测技术	2	263	256	2	
工业机器人技术	1	318	318	1	
物联网应用技术	1	269	269	1	
大数据与财务管理	1	282	282	1	
8195 景德镇陶瓷职业技术学院	1			1	
01专业组(不限)	1	311	311	1	
文物修复与保护	1	311	311	1	
8197 江西科技职业学院	1			1	
01专业组(不限)(中外合作办学)	1	289	289	1	
电子商务(中外合作办学)	1	289	289	1	
8198 南昌职业大学	1			1	
01专业组(不限)	1	278	278	1	
电子商务	1	278	278	1	
8202 九江理工职业学院	5			5	
01专业组(不限)	5	301	272	5	
建筑室内设计	3	285	272	3	
机电一体化技术	2	301	300	2	
8215 青岛恒星科技学院	2			2	
02专业组(不限)	2	418	357	2	
大数据与会计	2	418	357	2	
8216 青岛黄海学院	12			12	
02专业组(不限)	12	450	276	12	
工程造价	7	327	289	7	
大数据与财务管理	3	450	276	3	
大数据与会计	1	318	318	1	
电子商务	1	374	374	1	
8223 泰山科技学院	8			8	
02专业组(不限)	8	361	246	8	
大数据与会计	6	319	246	6	
国际经济与贸易	1	281	281	1	
现代文秘	1	361	361	1	
8226 青岛农业大学海都学院	7			7	
02专业组(不限)	7	422	318	7	
电气自动化技术	2	337	318	2	
机械制造及自动化	2	347	321	2	
食品检验检测技术	3	422	335	3	
8227 齐鲁理工学院	2			2	
02专业组(不限)	2	400	377	2	
工程造价	2	400	377	2	
8244 曲阜远东职业技术学院	2			2	
01专业组(不限)	2	336	302	2	
大数据与会计	2	336	302	2	
8246 山东力明科技职业学院	25			25	
01专业组(不限)	25	470	401	25	
药品生物技术	21	470	401	21	
药品经营与管理	4	429	401	4	
8247 山东圣翰财贸职业学院	2			2	
01专业组(不限)	2	318	258	2	
物联网应用技术	1	318	318	1	
工商企业管理	1	258	258	1	
8249 山东工程职业技术大学	15			15	
01专业组(不限)	15	441	248	15	
大数据与会计	5	441	372	5	
工商企业管理	5	367	310	5	
数控技术	5	339	248	5	
8250 青岛求实职业技术学院	33			32	1
01专业组(不限)	33	390	233	32	1
空中乘务	15	348	239	15	
城市轨道交通运营管理	1	297	297		1
酒店管理与数字化运营	1	301	301	1	
大数据与会计	9	390	233	9	
计算机网络技术	6	383	268	6	
动漫制作技术	1	257	257	1	
8252 山东外国语职业技术大学	2			2	
01专业组(不限)	2	346	296	2	
市场营销	2	346	296	2	
8253 潍坊工商职业学院	10			9	1
01专业组(不限)	10	385	266	9	1
工业机器人技术	1	269	269	1	
电气自动化技术	1	385	385		1
大数据与会计	2	362	302	2	
食品质量与安全	1	290	290	1	
计算机应用技术	1	272	272	1	
动漫制作技术	4	301	266	4	
8256 山东海事职业学院	17			17	
01专业组(不限)	17	357	284	17	
旅游管理	3	312	286	3	
大数据与会计	4	325	306	4	
金融服务与管理	3	306	287	3	
现代物流管理	1	284	284	1	
物联网应用技术	2	357	287	2	
高速铁路客运服务	4	299	291	4	
8259 日照航海工程职业学院	1			1	
01专业组(不限)	1	241	241	1	
电子信息工程技术	1	241	241	1	
8286 北京培黎职业学院	3			3	

2023年普通类(历史等科目类)高职(专科)院校

院校、专业组、专业名称	录取数	最高分	最低分	平行志愿	征求志愿
01专业组(不限)	3	468	389	3	
工商企业管理	3	468	389	3	
8287 北京艺术传媒职业学院	2			2	
01专业组(不限)	2	319	305	2	
动漫制作技术	2	319	305	2	
8290 天津天狮学院	2			2	
02专业组(不限)	2	400	361	2	
市场营销	2	400	361	2	
8326 保定理工学院	1			1	
02专业组(不限)	1	271	271	1	
大数据与会计	1	271	271	1	
8350 石家庄科技信息职业学院	1			1	
01专业组(不限)	1	221	221	1	
现代移动通信技术	1	221	221	1	
8351 石家庄医学高等专科学校	47			47	
01专业组(不限)	47	465	324	47	
药品生产技术	32	439	336	32	
药品经营与管理	9	465	324	9	
医疗器械维护与管理	6	416	337	6	
8367 山西同文职业技术学院	2			2	
01专业组(不限)	2	305	283	2	
工业机器人技术	1	283	283	1	
铁道机车运用与维护	1	305	305	1	
8416 大连东软信息学院	2			2	
02专业组(不限)	2	356	329	2	
计算机应用技术	1	329	329	1	
软件技术	1	356	356	1	
8531 郑州电力职业技术学院	5			5	
01专业组(不限)	5	383	223	5	
供用电技术	2	331	319	2	
计算机应用技术	1	312	312	1	
电子商务	1	383	383	1	
新能源汽车技术	1	223	223	1	
8550 武汉东湖学院	25			25	
02专业组(不限)	25	452	268	25	
机械制造及自动化	1	286	286	1	
电子信息工程技术	2	295	268	2	
应用电子技术	2	335	296	2	
计算机应用技术	3	316	297	3	
药品质量与安全	2	308	286	2	
大数据与会计	2	452	410	2	
工程造价	2	309	298	2	
金融服务与管理	2	315	291	2	
全媒体广告策划与营销	2	301	279	2	
新闻采编与制作	5	387	312	5	
商务英语	2	355	334	2	
8552 武昌首义学院	4			4	
02专业组(不限)	4	427	340	4	
大数据与财务管理	2	378	340	2	
市场营销	2	427	352	2	
8554 武汉生物工程学院	6			6	
02专业组(不限)	6	443	410	6	
计算机应用技术	1	412	412	1	
大数据与财务管理	1	416	416	1	
商务英语	4	443	410	4	
8561 武汉纺织大学外经贸学院	8			8	
02专业组(不限)	8	399	241	8	
大数据与会计	4	381	310	4	
机电一体化技术	3	399	241	3	
跨境电子商务	1	314	314	1	
8574 武汉工程科技学院	5			5	
02专业组(不限)	5	453	373	5	
大数据与会计	5	453	373	5	
8591 武汉外语外事职业学院	1			1	
01专业组(不限)	1	310	310	1	
商务英语	1	310	310	1	
8592 武昌职业学院	19			19	
01专业组(不限)	5	366	305	5	
计算机网络技术	5	366	305	5	
02专业组(不限)(定向培养军士)	12	434	382	12	
现代通信技术(陆军)(只招男生)	2	426	414	2	
无人机应用技术(陆军)(只招男生)	2	424	409	2	
人工智能技术应用(陆军)(只招男生)	4	409	382	4	
电子信息工程技术(战略支援部队)(只招男生)	4	434	409	4	
03专业组(不限)(定向培养军士)	2	472	470	2	
电子信息工程技术(陆军)(只招女生)	2	472	470	2	
8593 武汉商贸职业学院	4			4	
01专业组(不限)	4	328	279	4	
酒店管理与数字化运营	3	328	279	3	
计算机网络技术	1	282	282	1	
8596 武汉科技职业学院	2			2	
01专业组(不限)	2	333	306	2	
城市轨道车辆应用技术	1	333	333	1	
计算机应用技术	1	306	306	1	
8628 湖南外国语职业学院	3			2	1
01专业组(不限)	3	347	251	2	1
商务英语	2	347	307	2	
跨境电子商务	1	251	251		1
8658 珠海艺术职业学院	2			2	
01专业组(不限)	2	402	312	2	
商务英语	2	402	312	2	
8666 广州华立科技职业学院	4			4	
01专业组(不限)	4	393	225	4	
计算机应用技术	3	373	225	3	
物联网应用技术	1	393	393	1	
8709 广东酒店管理职业技术学院	1			1	
01专业组(不限)	1	294	294	1	

2023年普通类（历史等科目类）高职（专科）院校

院校、专业组、专业名称	录取数	最高分	最低分	平行志愿	征求志愿
烹饪工艺与营养	1	294	294	1	
8734 广西经济职业学院	1			1	
01专业组(不限)	1	262	262	1	
建筑工程技术	1	262	262	1	
8740 海口经济学院	6			5	1
03专业组(不限)	6	417	269	5	1
商务英语	2	417	318	2	
市场营销(奢侈品营销)	1	332	332		1
会展策划与管理	1	378	378	1	
应用韩语	1	269	269	1	
市场营销(影视营销与制作)	1	273	273	1	
8754 三亚航空旅游职业学院	2			2	
01专业组(不限)	2	279	250	2	
空中乘务	2	279	250	2	
8755 三亚理工职业学院	4			4	
01专业组(不限)	4	325	266	4	
酒店管理与数字化运营	2	288	273	2	
大数据与会计	1	325	325	1	
计算机网络技术	1	266	266	1	
8756 三亚城市职业学院	1			1	
01专业组(不限)	1	294	294	1	
宠物养护与驯导	1	294	294	1	
8757 海南科技职业大学	3			3	
02专业组(不限)	3	303	239	3	
智能机器人技术	1	303	303	1	
大数据技术	1	297	297	1	
大数据与会计	1	239	239	1	
8759 三亚中瑞酒店管理职业学院	2			2	
01专业组(不限)	2	328	280	2	
酒店管理与数字化运营	1	328	328	1	
工程造价	1	280	280	1	
8764 成都银杏酒店管理学院	1			1	
02专业组(不限)	1	286	286	1	
酒店管理与数字化运营	1	286	286	1	
8770 西南财经大学天府学院	12			12	
02专业组(不限)	12	472	318	12	
大数据与会计	12	472	318	12	
8777 天府新区航空旅游职业学院	3			3	
01专业组(不限)	3	395	289	3	
空中乘务	2	395	356	2	
计算机应用技术	1	289	289	1	
8778 眉山药科职业学院	10			9	1
01专业组(不限)	10	341	247	9	1
药品质量与安全	7	341	247	7	
药品经营与管理	3	330	292	2	1
8779 德阳农业科技职业学院	3			3	
01专业组(不限)	3	305	288	3	
宠物医疗技术	3	305	288	3	
8780 广元中核职业技术学院	3			3	

院校、专业组、专业名称	录取数	最高分	最低分	平行志愿	征求志愿
01专业组(不限)	3	330	286	3	
电气自动化技术	3	330	286	3	
8782 四川西南航空职业学院	13			13	
01专业组(不限)	11	327	274	11	
空中乘务	9	322	274	9	
民航空中安全保卫	2	327	313	2	
02专业组(不限)	2	313	232	2	
人工智能技术应用	1	232	232	1	
民航安全技术管理	1	313	313	1	
8785 四川国际标榜职业学院	3			3	
01专业组(不限)	3	380	298	3	
家具设计与制造	3	380	298	3	
8790 绵阳飞行职业学院	1			1	
01专业组(不限)	1	299	299	1	
消防救援技术	1	299	299	1	
8795 民办四川天一学院	1			1	
01专业组(不限)	1	274	274	1	
软件技术	1	274	274	1	
8796 巴中职业技术学院	4			4	
01专业组(不限)	4	336	276	4	
新能源汽车技术	4	336	276	4	
8798 四川华新现代职业学院	1			1	
01专业组(不限)	1	306	306	1	
动漫制作技术	1	306	306	1	
8822 重庆电讯职业学院	2			2	
01专业组(不限)	2	326	292	2	
现代移动通信技术	1	326	326	1	
城市轨道交通运营管理	1	292	292	1	
8827 重庆建筑科技职业学院	4			4	
01专业组(不限)	4	334	272	4	
建筑室内设计	4	334	272	4	
8878 云南经济管理学院	2			2	
02专业组(不限)	2	329	278	2	
电子商务	2	329	278	2	
8903 西安外事学院	15			15	
02专业组(不限)	15	446	354	15	
现代物流管理	2	411	396	2	
电子商务	1	417	417	1	
应用日语	2	406	354	2	
应用英语	10	446	405	10	
8909 西安交通工程学院	2			2	
01专业组(不限)	2	430	365	2	
城市轨道交通运营管理	2	430	365	2	
8914 西安工商学院	26			25	1
02专业组(不限)	26	454	250	25	1
智能机器人技术	3	315	279	3	
集成电路技术	1	321	321	1	
中文	5	390	281	5	
大数据与财务管理	5	454	250	4	1

2023年普通类(历史等科目类)高职(专科)院校

院校、专业组、专业名称	录取数	最高分	最低分	平行志愿	征求志愿
网络新闻与传播	4	323	257	4	
大数据与会计	8	402	259	8	
8931 西安高新科技职业学院	5			5	
01专业组(不限)	5	327	269	5	
建筑室内设计	2	327	301	2	
机械制造及自动化	1	298	298	1	
机电一体化技术	1	291	291	1	
大数据技术	1	269	269	1	
8932 西安汽车职业大学	3			3	
01专业组(不限)	3	377	306	3	
城市轨道交通运营管理	1	306	306	1	
大数据与会计	2	377	337	2	
8934 西安城市建设职业学院	7			6	1
01专业组(不限)	7	351	268	6	1
建筑设计	2	299	268	2	
建筑室内设计	2	351	294	1	1
城市轨道交通运营管理	1	270	270	1	
动漫制作技术	2	329	309	2	
8936 西安海棠职业学院	10			10	
01专业组(不限)	10	408	254	10	
动物医学	9	408	283	9	
建筑消防技术	1	254	254	1	
8938 西安信息职业大学	5			5	
01专业组(不限)	5	310	279	5	
机电一体化技术	2	289	279	2	
大数据技术	1	299	299	1	
数字媒体艺术设计	2	310	286	2	
8939 陕西电子信息职业技术学院	6			5	1
01专业组(不限)	6	400	254	5	1
大数据技术	2	304	263	1	1
大数据与会计	2	400	294	2	
电子商务	1	317	317	1	
现代物流管理	1	254	254	1	

(四)普通类(物理等科目类)提前录取本科院校

院校、专业组、专业名称	录取数	最高分	最低分	最低分位次	平行志愿	征求志愿
0102 国防科技大学	74				72	2
03专业组(不限)	51	687	640	8448	49	2
数学类(相关专业技术与指挥管理)(只招男生)(体检标准:通用标准合格)	2	653	645	6590	2	
物理学(试验评估技术)(只招男生)(体检标准:通用标准合格)	2	651	644	6899	2	
量子信息科学(相关专业技术与指挥管理)(只招男生)(体检标准:通用标准合格)	1	661	661	2372	1	
大气科学(气象海洋预报)(只招男生)(体检标准:通用标准合格)	3	645	643	7266	3	
气象技术与工程(气象海洋预报)(只招男生)(体检标准:通用标准合格)	3	649	642	7656	2	1
军事海洋学(气象海洋预报)(只招男生)(体检标准:通用标准合格)	1	648	648	5543	1	
理论与应用力学(航天测控技术与指挥)(只招男生)(体检标准:通用标准合格)	1	652	652	4397	1	
理论与应用力学(相关专业技术与指挥管理)(只招男生)(体检标准:通用标准合格)	1	643	643	7266	1	
机械工程(无人机技术与保障)(只招男生)(体检标准:通用标准合格)	2	654	652	4397	2	
材料科学与工程(相关专业技术与指挥管理)(只招男生)(体检标准:通用标准合格)	1	643	643	7266	1	
电子信息工程(相关专业技术与指挥管理)(只招男生)(体检标准:通用标准合格)	1	660	660	2578	1	
微电子科学与工程(相关专业技术与指挥管理)(只招男生)(体检标准:通用标准合格)	1	657	657	3166	1	
光电信息科学与工程(相关专业技术与指挥管理)(只招男生)(体检标准:通用标准合格)	2	665	662	2184	2	
海洋信息工程(相关专业技术与指挥管理)(只招男生)(体检标准:通用标准合格)	2	647	646	6254	2	
计算机科学与技术(相关专业技术与指挥管理)(只招男生)(体检标准:通用标准合格)	1	687	687	前100名	1	
软件工程(相关专业技术与指挥管理)(只招男生)(体检标准:通用标准合格)	1	671	671	948	1	
网络工程(网络信息防御)(只招男生)(体检标准:通用标准合格)	2	648	648	5543	2	
信息安全(网络信息防御)(只招男生)(体检标准:通用标准合格)	3	652	646	6254	3	
智能科学与技术(相关专业技术与指挥管理)(只招男生)(体检标准:通用标准合格)	1	655	655	3626	1	
数据科学与大数据技术(相关专业技术与指挥管理)(只招男生)(体检标准:通用标准合格)	1	660	660	2578	1	
数据科学与大数据技术(数据保障)(只招男生)(体检标准:通用标准合格)	1	647	647	5894	1	
网络空间安全(网络信息防御)(只招男生)(体检标准:通用标准合格)	1	646	646	6254	1	
飞行器设计与工程(太空态势感知技术与指挥)(只招男生)(体检标准:通用标准合格)	1	660	660	2578	1	
飞行器动力工程(相关专业技术与指挥管理)(只招男生)(体检标准:通用标准合格)	1	660	660	2578	1	
智能飞行器技术(相关专业技术与指挥管理)(只招男生)(体检标准:通用标准合格)	1	653	653	4114	1	
智能飞行器技术(太空态势感知技术与指挥)(只招男生)(体检标准:通用标准合格)	1	657	657	3166	1	
武器系统与工程(试验评估技术)(只招男生)(体检标准:通用标准合格)	2	646	642	7656	2	
核工程与核技术(试验评估技术)(只招男生)(体检标准:通用标准合格)	1	651	651	4643	1	
侦察情报(情报分析整编)(只招男生)(体检标准:通用标准合格)(军事指挥类)	1	640	640	8448		1
侦察情报(图像判读)(只招男生)(体检标准:通用标准合格)	1	645	645	6590	1	
运筹与任务规划(任务规划)(只招男生)(体检标准:通用标准	1	659	659	2755	1	

2023年普通类(物理等科目类)提前录取本科院校

院校、专业组、专业名称	录取数	最高分	最低分	最低分位次	平行志愿	征求志愿
合格)						
无人系统工程(无人机技术与保障)(只招男生)(体检标准:通用标准合格)	1	651	651	4643	1	
导弹工程(装备仿真技术)(只招男生)(体检标准:通用标准合格)	1	651	651	4643	1	
无人装备工程(无人机技术与保障)(只招男生)(体检标准:通用标准合格)	2	654	652	4397	2	
仿真工程(任务规划)(只招男生)(体检标准:通用标准合格)	2	645	644	6899	2	
管理科学与工程类(指挥勤务保障)(只招男生)(体检标准:通用标准合格)	1	650	650	4920	1	
04专业组(不限)	10	641	636	10154	10	
电子科学与技术(电子对抗技术与指挥)(只招男生)(体检标准:电子对抗岗位合格)	1	641	641	8031	1	
信息对抗技术(电子对抗技术与指挥)(只招男生)(体检标准:电子对抗岗位合格)	5	639	637	9657	5	
侦察情报(网电情报分析)(只招男生)(体检标准:电子对抗岗位合格)(军事指挥类)	3	637	636	10154	3	
雷达工程(电子对抗技术与指挥)(只招男生)(体检标准:电子对抗岗位合格)	1	637	637	9657	1	
05专业组(不限)	7	652	640	8448	7	
电子信息工程(通用通信技术与指挥)(只招男生)(体检标准:通信导航岗位合格)	2	645	640	8448	2	
通信工程(通用通信技术与指挥)(只招男生)(体检标准:通信导航岗位合格)	2	644	641	8031	2	
计算机科学与技术(指挥信息系统运用与保障)(只招男生)(体检标准:通信导航岗位合格)(军事指挥类)	2	652	643	7266	2	
指挥信息系统工程(指挥信息系统运用与保障)(只招男生)(体检标准:通信导航岗位合格)	1	642	642	7656	1	
06专业组(不限)	3	658	648	5543	3	
材料科学与工程(相关专业技术与指挥管理)(只招女生)(体检标准:通用标准合格)	1	649	649	5239	1	
纳米材料与技术(相关专业技术与指挥管理)(只招女生)(体检标准:通用标准合格)	1	648	648	5543	1	
无人装备工程(无人机技术与保障)(只招女生)(体检标准:通用标准合格)	1	658	658	2950	1	
07专业组(不限)	1	650	650	4920	1	
网电指挥与工程(网络安全技术与指挥)(只招女生)(体检标准:电子对抗岗位合格)	1	650	650	4920	1	
08专业组(化学)	1	643	643	7266	1	
化学(相关专业技术与指挥管理)(只招男生)(体检标准:通用标准合格)	1	643	643	7266	1	
09专业组(思想政治)	1	613	613	22857	1	
国际事务与国际关系(国际事务与国际关系)(只招男生)(体检标准:通用标准合格)	1	613	613	22857	1	
0105 陆军工程大学	57				54	3
01专业组(不限)	38	625	592	37932	36	2
机械工程(工程装备维修与管理)(只招男生)(体检标准:通用标准合格)	1	613	613	22857	1	
机械工程(战斗支援工程与指挥)(只招男生)(体检标准:通用标准合格)(军事指挥类)	2	622	608	26161	2	
电气工程及其自动化(航空机务技术与指挥)(只招男生)(体检标准:通用标准合格)	1	622	622	17335	1	
土木工程(阵地工程与指挥)(只招男生)(体检标准:通用标准合格)(军事指挥类)	1	605	605	28268	1	
道路桥梁与渡河工程(机动保障工程与指挥)(只招男生)(体检标准:通用标准合格)(军事指挥类)	16	610	592	37932	14	2
飞行器设计与工程(航空机务技术与指挥)(只招男生)(体检标准:通用标准合格)(军事指挥类)	1	617	617	20292	1	
飞行器设计与工程(航空机务技术与指挥)(只招男生)(体检标准:通用标准合格)	1	620	620	18503	1	
武器系统与工程(步兵武器维修与管理)(只招男生)(体检标准:通用标准合格)(军事指挥类)	2	606	605	28268	2	

院校、专业组、专业名称	录取数	最高分	最低分	最低分位次	平行志愿	征求志愿
武器系统与工程(装备技术保障与分队指挥)(只招男生)(体检标准:通用标准合格)	2	621	611	24195	2	
弹药工程与爆炸技术(弹药技术)(只招男生)(体检标准:通用标准合格)(军事指挥类)	2	614	606	27545	2	
无人系统工程(无人机运用与指挥)(只招男生)(体检标准:通用标准合格)(军事指挥类)	4	620	608	26161	4	
地雷爆破与破障工程(战斗支援工程与指挥)(只招男生)(体检标准:通用标准合格)(军事指挥类)	1	606	606	27545	1	
军事设施工程(国防工程与指挥)(只招男生)(体检标准:通用标准合格)(军事指挥类)	1	607	607	26858	1	
军事设施工程(国防工程与指挥)(只招男生)(体检标准:通用标准合格)	1	611	611	24195	1	
国防工程及其智能化(国防工程与指挥)(只招男生)(体检标准:通用标准合格)(军事指挥类)	1	625	625	15652	1	
导弹工程(防空装备技术保障)(只招男生)(体检标准:通用标准合格)	1	622	622	17335	1	
02专业组(不限)	**18**	**644**	**613**	**22857**	**17**	**1**
通信工程(战场机动通信技术与指挥)(只招男生)(体检标准:通信导航岗位合格)	12	644	614	22200	12	
网络工程(指挥信息系统运用与保障)(只招男生)(体检标准:通信导航岗位合格)	1	636	636	10154	1	
网络工程(战场机动通信技术与指挥)(只招男生)(体检标准:通信导航岗位合格)(军事指挥类)	2	625	613	22857	1	1
信息安全(战场机动通信技术与指挥)(只招男生)(体检标准:通信导航岗位合格)	1	637	637	9657	1	
大数据工程(战场机动通信技术与指挥)(只招男生)(体检标准:通信导航岗位合格)	2	617	613	22857	2	
03专业组(不限)	**1**	**621**	**621**	**17908**	**1**	
通信工程(战场机动通信技术与指挥)(只招女生)(体检标准:通信导航岗位合格)	1	621	621	17908	1	

院校、专业组、专业名称	录取数	最高分	最低分	最低分位次	平行志愿	征求志愿
0108 陆军步兵学院	**24**				**24**	
01专业组(不限)	**22**	**627**	**587**	**42009**	**22**	
武器系统与工程(轻型合成营营属轻便炮兵分队指挥)(只招男生)(体检标准:通用标准合格)(军事指挥类)	2	592	589	40322	2	
装甲车辆工程(机械化步兵侦察分队指挥)(只招男生)(体检标准:通用标准合格)(军事指挥类)	3	594	589	40322	3	
作战指挥(摩托化步兵分队指挥)(只招男生)(体检标准:通用标准合格)(军事指挥类)	4	627	588	41159	4	
作战指挥(警卫勤务分队指挥)(只招男生)(体检标准:通用标准合格)(军事指挥类)	4	591	588	41159	4	
作战指挥(中重型合成营营属轻便炮兵分队指挥)(只招男生)(体检标准:通用标准合格)(军事指挥类)	3	588	587	42009	3	
指挥信息系统工程(空中突击步兵分队指挥)(只招男生)(体检标准:通用标准合格)(军事指挥类)	1	589	589	40322	1	
指挥信息系统工程(轻型高机动步兵分队指挥)(只招男生)(体检标准:通用标准合格)(军事指挥类)	5	593	587	42009	5	
02专业组(不限)	**2**	**587**	**586**	**42828**	**2**	
装甲车辆工程(装甲步兵分队指挥)(只招男生)(体检标准:装甲岗位合格)(军事指挥类)	2	587	586	42828	2	
0110 陆军勤务学院	**2**				**2**	
01专业组(不限)	**2**	**607**	**599**	**32622**	**2**	
物联网工程(后勤综合勤务)(只招男生)(体检标准:通用标准合格)(军事指挥类)	1	607	607	26858	1	
管理科学与工程类(后勤综合勤务)(只招男生)(体检标准:通用标准合格)(军事指挥类)	1	599	599	32622	1	
0111 陆军装甲兵学院	**12**				**12**	
01专业组(不限)	**7**	**601**	**592**	**37932**	**7**	
机械工程(装甲兵分队指挥)(只招男生)(体检标准:装甲岗位合格)(军事指挥类)	1	601	601	31135	1	
电气工程及其自动化(装甲兵分队指挥)(只招男生)(体检标准:装甲岗位合格)(军事指挥类)	1	594	594	36407	1	

院校、专业组、专业名称	录取数	最高分	最低分	最低分位次	平行志愿	征求志愿
通信工程(装甲兵分队指挥)(只招男生)(体检标准:装甲岗位合格)(军事指挥类)	1	597	597	34107	1	
光电信息科学与工程(装甲兵侦察分队指挥)(只招男生)(体检标准:装甲岗位合格)(军事指挥类)	1	593	593	37179	1	
火力指挥与控制工程(装甲兵分队指挥)(只招男生)(体检标准:装甲岗位合格)(军事指挥类)	1	595	595	35651	1	
无人系统工程(装甲兵侦察分队指挥)(只招男生)(体检标准:装甲岗位合格)(军事指挥类)	1	596	596	34854	1	
指挥信息系统工程(装甲兵分队指挥)(只招男生)(体检标准:装甲岗位合格)(军事指挥类)	1	592	592	37932	1	
02专业组(不限)	**5**	**598**	**589**	**40322**	**5**	
装甲车辆工程(装甲装备维修与管理)(只招男生)(体检标准:通用标准合格)	1	590	590	39519	1	
无人装备工程(装甲装备维修与管理)(只招男生)(体检标准:通用标准合格)	2	598	590	39519	2	
装备保障工程(装甲装备维修与管理)(只招男生)(体检标准:通用标准合格)	2	590	589	40322	2	
0115 陆军炮兵防空兵学院	**32**				**32**	
01专业组(不限)	**32**	**617**	**589**	**40322**	**32**	
机械工程(炮兵分队指挥)(只招男生)(体检标准:通用标准合格)(军事指挥类)	3	594	592	37932	3	
机械工程(高炮分队指挥)(只招男生)(体检标准:通用标准合格)(军事指挥类)	2	592	591	38768	2	
电气工程及其自动化(炮兵分队指挥)(只招男生)(体检标准:通用标准合格)(军事指挥类)	2	597	594	36407	2	
计算机科学与技术(防空导弹技术与指挥)(只招男生)(体检标准:通用标准合格)(军事指挥类)	2	617	598	33367	2	
计算机科学与技术(炮兵分队指挥)(只招男生)(体检标准:通用标准合格)(军事指挥类)	1	594	594	36407	1	
武器系统与工程(炮兵分队指挥)(只招男生)(体检标准:通用标准合格)(军事指挥类)	3	595	591	38768	3	
武器系统与工程(弹炮一体武器技术与指挥)(只招男生)(体检标准:通用标准合格)(军事指挥类)	1	591	591	38768	1	
弹药工程与爆炸技术(防空导弹技术与指挥)(只招男生)(体检标准:通用标准合格)(军事指挥类)	3	590	589	40322	3	
弹药工程与爆炸技术(炮兵分队指挥)(只招男生)(体检标准:通用标准合格)(军事指挥类)	3	592	589	40322	3	
火力指挥与控制工程(炮兵分队指挥)(只招男生)(体检标准:通用标准合格)(军事指挥类)	2	590	590	39519	2	
火力指挥与控制工程(弹炮一体武器技术与指挥)(只招男生)(体检标准:通用标准合格)(军事指挥类)	1	591	591	38768	1	
指挥信息系统工程(防空兵保障专业分队指挥)(只招男生)(体检标准:通用标准合格)(军事指挥类)	1	592	592	37932	1	
雷达工程(炮兵保障专业分队指挥)(只招男生)(体检标准:通用标准合格)(军事指挥类)	1	592	592	37932	1	
导弹工程(防空导弹技术与指挥)(只招男生)(体检标准:通用标准合格)(军事指挥类)	3	592	589	40322	3	
导弹工程(反坦克导弹技术与指挥)(只招男生)(体检标准:通用标准合格)(军事指挥类)	4	593	589	40322	4	
0116 陆军特种作战学院	**12**				**12**	
01专业组(不限)	**7**	**591**	**582**	**46258**	**7**	
作战指挥(特种兵初级指挥)(只招男生)(体检标准:特种作战岗位合格)(军事指挥类)	3	591	585	43657	3	
作战指挥(海军陆战初级指挥)(只招男生)(体检标准:特种作战岗位合格)(军事指挥类)	1	588	588	41159	1	
指挥信息系统工程(特种兵初级指挥)(只招男生)(体检标准:特种作战岗位合格)(军事指挥类)	3	583	582	46258	3	
02专业组(不限)	**5**	**595**	**585**	**43657**	**5**	
侦察情报(侦察兵初级指挥)	5	595	585	43657	5	

2023年普通类（物理等科目类）提前录取本科院校

院校、专业组、专业名称	录取数	最高分	最低分	最低分位次	平行志愿	征求志愿
(只招男生)(体检标准:通用标准合格)(军事指挥类)						
0121 陆军军事交通学院	21				21	
01专业组(不限)	13	605	591	38768	13	
机械工程(运输投送指挥)(只招男生)(体检标准:通用标准合格)(军事指挥类)	1	605	605	28268	1	
车辆工程(汽车分队指挥)(只招男生)(体检标准:通用标准合格)(军事指挥类)	6	601	592	37932	6	
作战指挥(汽车分队指挥)(只招男生)(体检标准:通用标准合格)(军事指挥类)	5	595	591	38768	5	
军事交通工程(运输投送指挥)(只招男生)(体检标准:通用标准合格)(军事指挥类)	1	598	598	33367	1	
02专业组(不限)	1	601	601	31135	1	
作战指挥(船艇指挥)(只招男生)(体检标准:舰艇岗位合格)(军事指挥类)	1	601	601	31135	1	
03专业组(化学)	7	606	586	42828	7	
航海技术(舰艇航通指挥)(只招男生)(体检标准:舰艇岗位合格)(军事指挥类)	4	588	586	42828	4	
轮机工程(舰艇机电指挥)(只招男生)(体检标准:舰艇岗位合格)(军事指挥类)	3	606	588	41159	3	
0131 海军军医大学	23				21	2
01专业组(不限)	1	617	617	20292	1	
公共事业管理(公共事业管理)(只招男生)(体检标准:医疗卫生岗位合格)(军事指挥类)	1	617	617	20292	1	
02专业组(化学或生物)	19	647	623	16748	17	2
临床医学(高级临床医师)(只招男生)(体检标准:医疗卫生岗位合格)	1	647	647	5894	1	
临床医学(临床医疗通科医师)(只招男生)(体检标准:医疗卫生岗位合格)	16	639	625	15652	15	1
医学影像学(临床影像医师)(只招男生)(体检标准:医疗卫生岗位合格)	1	639	639	8829	1	
精神医学(临床心理医师)(只招男生)(体检标准:医疗卫生岗位合格)	1	623	623	16748		1
03专业组(化学或生物)	3	651	643	7266	3	
临床医学(高级临床医师)(只招女生)(体检标准:医疗卫生岗位合格)	1	651	651	4643	1	
临床医学(临床医疗通科医师)(只招女生)(体检标准:医疗卫生岗位合格)	1	645	645	6590	1	
精神医学(临床心理医师)(只招女生)(体检标准:医疗卫生岗位合格)	1	643	643	7266	1	
0132 陆军军医大学	12				11	1
01专业组(化学或生物)	12	631	611	24195	11	1
临床医学(临床医疗通科医师)(只招男生)(体检标准:医疗卫生岗位合格)	11	624	611	24195	10	1
预防医学(预防医师和研究人员)(只招男生)(体检标准:医疗卫生岗位合格)	1	631	631	12572	1	
0133 空军军医大学	16				15	1
01专业组(化学和生物)	14	658	614	22200	13	1
基础医学(生物技术)(只招男生)(体检标准:医疗卫生岗位合格)	1	614	614	22200		1
临床医学(高级临床通科医师)(只招男生)(体检标准:医疗卫生岗位合格)	1	658	658	2950	1	
临床医学(临床通科医师)(只招男生)(体检标准:医疗卫生岗位合格)	10	637	618	19695	10	
临床医学(航空航天医疗通科医师)(只招男生)(体检标准:医疗卫生岗位合格)	1	636	636	10154	1	
临床医学(临床心理医师)(只招男生)(体检标准:医疗卫生岗位合格)	1	616	616	20903	1	
02专业组(化学和生物)	2	643	640	8448	2	
临床医学(临床通科医师)(只招女生)(体检标准:医疗卫生岗位合格)	2	643	640	8448	2	
0139 海军工程大学	33				28	5
01专业组(不限)	18	645	594	36407	13	5
材料科学与工程(舰船维修与管理)(只招男生)(体检标准:通用标准合格)	1	630	630	13101	1	
电气工程及其自动化(综合电力技术与管理)(只招男生)(体检标准:通用标准合格)	3	644	634	11118	3	
光电信息科学与工程(舰船维修与管理)(只招男生)(体检标准:通用标准合格)	1	626	626	15133	1	
水声工程(水声技术与指挥)(只招男生)(体检标准:通用标准合格)(军事指挥类)	2	632	622	17335	2	

院校、专业组、专业名称	录取数	最高分	最低分	最低分位次	平行志愿	征求志愿
港口航道与海岸工程(军港勤务)(只招男生)(体检标准:通用标准合格)(军事指挥类)	1	605	605	28268		1
船舶与海洋工程(海运补给勤务)(只招男生)(体检标准:通用标准合格)(军事指挥类)	1	620	620	18503	1	
船舶与海洋工程(舰船勤务)(只招男生)(体检标准:通用标准合格)(军事指挥类)	1	599	599	32622		1
船舶与海洋工程(舰船维修与管理)(只招男生)(体检标准:通用标准合格)	1	629	629	13587	1	
辐射防护与核安全(安全保障与应急指挥)(只招男生)(体检标准:通用标准合格)	1	601	601	31135		1
火力指挥与控制工程(舰艇导弹技术保障)(只招男生)(体检标准:通用标准合格)	1	632	632	12050	1	
雷达工程(雷达技术与指挥)(只招男生)(体检标准:通用标准合格)(军事指挥类)	1	624	624	16213	1	
测控工程(舰艇导弹技术保障)(只招男生)(体检标准:通用标准合格)	1	620	620	18503	1	
电磁发射工程(电磁发射技术与管理)(只招男生)(体检标准:通用标准合格)	1	645	645	6590	1	
管理科学与工程类(军港勤务)(只招男生)(体检标准:通用标准合格)(军事指挥类)	1	609	609	25496		1
管理科学与工程类(舰船勤务)(只招男生)(体检标准:通用标准合格)(军事指挥类)	1	594	594	36407		1
02专业组(不限)	**3**	**636**	**629**	**13587**	**3**	
电气工程及其自动化(舰艇机电指挥)(只招男生)(体检标准:舰艇岗位合格)(军事指挥类)	2	636	633	11593	2	
自动化(舰艇机电指挥)(只招男生)(体检标准:舰艇岗位合格)(军事指挥类)	1	629	629	13587	1	
03专业组(不限)	**4**	**616**	**611**	**24195**	**4**	
电气工程及其自动化(潜艇机电指挥)(只招男生)(体检标准:潜艇岗位合格)(军事指挥类)	1	616	616	20903	1	
电气工程及其自动化(潜艇机电指挥)(只招男生)(体检标准:潜艇岗位合格)	1	612	612	23568	1	
核工程与核技术(潜艇核动力指挥)(只招男生)(体检标准:潜艇岗位合格)	2	612	611	24195	2	
04专业组(不限)	**1**	**645**	**645**	**6590**	**1**	
通信工程(岸海通信技术与指挥)(只招女生)(体检标准:通信导航岗位合格)(军事指挥类)	1	645	645	6590	1	
05专业组(不限)	**1**	**632**	**632**	**12050**	**1**	
计算机科学与技术(装备仿真技术)(只招女生)(体检标准:通用标准合格)	1	632	632	12050	1	
06专业组(不限)	**2**	**617**	**617**	**20292**	**2**	
导航工程(岸海通信技术与指挥)(只招男生)(体检标准:通信导航岗位合格)(军事指挥类)	1	617	617	20292	1	
导航工程(导航技术与指挥)(只招男生)(体检标准:通信导航岗位合格)	1	617	617	20292	1	
07专业组(不限)	**1**	**628**	**628**	**14097**	**1**	
信息对抗技术(电子对抗技术与指挥)(只招男生)(体检标准:电子对抗岗位合格)	1	628	628	14097	1	
08专业组(化学)	**1**	**618**	**618**	**19695**	**1**	
轮机工程(综合隐身)(只招男生)(体检标准:通用标准合格)	1	618	618	19695	1	
09专业组(化学)	**1**	**612**	**612**	**23568**	**1**	
轮机工程(舰艇机电指挥)(只招男生)(体检标准:舰艇岗位合格)(军事指挥类)	1	612	612	23568	1	
10专业组(化学)	**1**	**605**	**605**	**28268**	**1**	
轮机工程(潜艇机电指挥)(只招男生)(体检标准:潜艇岗位合格)	1	605	605	28268	1	
0141 海军大连舰艇学院	**23**				**23**	
01专业组(不限)	**1**	**623**	**623**	**16748**	**1**	
军事海洋学(海洋调查技术与保障)(只招男生)(体检标准:通用标准合格)	1	623	623	16748	1	
02专业组(不限)	**13**	**630**	**607**	**26858**	**13**	
通信工程(舰艇通信指挥)(只招男生)(体检标准:舰艇岗位合格)(军事指挥类)	3	630	614	22200	3	
武器系统与工程(舰艇航空指挥)(只招男生)(体检标准:舰艇岗位合格)(军事指挥类)	1	619	619	19103	1	
武器系统与工程(陆军舰艇枪炮指挥)(只招男生)(体检标	2	608	607	26858	2	

院校、专业组、专业名称	录取数	最高分	最低分	最低分位次	平行志愿	征求志愿
准:舰艇岗位合格)(军事指挥类)						
探测制导与控制技术(舰艇枪炮指挥)(只招男生)(体检标准:舰艇岗位合格)(军事指挥类)	1	614	614	22200	1	
探测制导与控制技术(舰艇导弹指挥)(只招男生)(体检标准:舰艇岗位合格)(军事指挥类)	3	627	610	24841	3	
探测制导与控制技术(舰艇水武指挥)(只招男生)(体检标准:舰艇岗位合格)(军事指挥类)	3	610	607	26858	3	
03专业组(化学)	**9**	**617**	**598**	**33367**	**9**	
航海技术(舰艇航通指挥)(只招男生)(体检标准:舰艇岗位合格)(军事指挥类)	1	617	617	20292	1	
航海技术(舰艇航海指挥)(只招男生)(体检标准:舰艇岗位合格)(军事指挥类)	5	614	599	32622	5	
航海技术(陆军舰艇航通指挥)(只招男生)(体检标准:舰艇岗位合格)(军事指挥类)	3	599	598	33367	3	
0142 海军潜艇学院	**15**				**15**	
01专业组(不限)	**4**	**636**	**610**	**24841**	**4**	
水声工程(水下预警探测)(只招男生)(体检标准:通用标准合格)	2	636	610	24841	2	
水声工程(航空反潜技术与指挥)(只招男生)(体检标准:通用标准合格)	2	634	613	22857	2	
02专业组(不限)	**7**	**633**	**595**	**35651**	**7**	
水声工程(潜艇观通指挥)(只招男生)(体检标准:潜艇岗位合格)(军事指挥类)	2	599	598	33367	2	
武器系统与工程(潜艇战略导弹指挥)(只招男生)(体检标准:潜艇岗位合格)(军事指挥类)	1	633	633	11593	1	
武器发射工程(水下无人技术与指挥)(只招男生)(体检标准:潜艇岗位合格)(军事指挥类)	2	596	595	35651	2	
武器发射工程(潜艇雷弹指挥)(只招男生)(体检标准:潜艇岗位合格)(军事指挥类)	2	609	595	35651	2	
03专业组(不限)	**4**	**588**	**584**	**44516**	**4**	
船舶与海洋工程(潜水技术与指挥)(只招男生)(体检标准:潜水岗位合格)(军事指挥类)	4	588	584	44516	4	
0143 海军航空大学	**8**				**8**	
01专业组(不限)	**8**	**613**	**602**	**30377**	**8**	
机械电子工程(舰载机起降保障与指挥)(只招男生)(体检标准:通用标准合格)	1	613	613	22857	1	
机械电子工程(航空四站技术与指挥)(只招男生)(体检标准:通用标准合格)(军事指挥类)	1	605	605	28268	1	
电子信息工程(航空机务技术与指挥)(只招男生)(体检标准:通用标准合格)(军事指挥类)	1	608	608	26161	1	
水声工程(航空反潜技术与指挥)(只招男生)(体检标准:通用标准合格)	1	608	608	26161	1	
飞行器设计与工程(航空机务技术与指挥)(只招男生)(体检标准:通用标准合格)(军事指挥类)	1	607	607	26858	1	
探测制导与控制技术(岸防导弹技术与指挥)(只招男生)(体检标准:通用标准合格)(军事指挥类)	1	602	602	30377	1	
航空管制与领航工程(地面领航)(只招男生)(体检标准:通用标准合格)(军事指挥类)	1	602	602	30377	1	
航空管制与领航工程(航空管制)(只招男生)(体检标准:通用标准合格)(军事指挥类)	1	602	602	30377	1	
0144 空军工程大学	**84**				**84**	
01专业组(不限)	**63**	**637**	**599**	**32622**	**63**	
机械工程(航空检测技术与指挥)(只招男生)(体检标准:通用标准合格)	1	617	617	20292	1	
电气工程及其自动化(航空特设、计量技术与指挥)(只招男生)(体检标准:通用标准合格)(军事指挥类)	1	613	613	22857	1	
电气工程及其自动化(航空特设、计量技术与指挥)(只招男生)(体检标准:通用标准合格)	7	619	615	21590	7	
电子信息工程(航空综合航电技术与指挥)(只招男生)(体检标准:通用标准合格)(军事指挥类)	1	629	629	13587	1	

院校、专业组、专业名称	录取数	最高分	最低分	最低分位次	平行志愿	征求志愿
飞行器动力工程(航空机械技术与指挥)(只招男生)(体检标准:通用标准合格)(军事指挥类)	3	607	601	31135	3	
飞行器动力工程(航空机械技术与指挥)(只招男生)(体检标准:通用标准合格)	2	637	627	14617	2	
武器系统与工程(航空军械技术与指挥)(只招男生)(体检标准:通用标准合格)	4	615	608	26161	4	
运筹与任务规划(航空作战任务规划)(只招男生)(体检标准:通用标准合格)	2	610	606	27545	2	
航空管制与领航工程(地面领航)(只招男生)(体检标准:通用标准合格)(军事指挥类)	6	625	599	32622	6	
航空管制与领航工程(航空管制)(只招男生)(体检标准:通用标准合格)(军事指挥类)	8	608	600	31866	8	
场站管理工程(航空军需技术与指挥)(只招男生)(体检标准:通用标准合格)(军事指挥类)	1	601	601	31135	1	
场站管理工程(航空弹药技术与指挥)(只招男生)(体检标准:通用标准合格)(军事指挥类)	2	625	600	31866	2	
场站管理工程(航空四站技术与指挥)(只招男生)(体检标准:通用标准合格)(军事指挥类)	2	600	600	31866	2	
场站管理工程(航空场务保障技术与指挥)(只招男生)(体检标准:通用标准合格)(军事指挥类)	2	603	601	31135	2	
场站管理工程(航材管理技术与指挥)(只招男生)(体检标准:通用标准合格)(军事指挥类)	3	603	601	31135	3	
航空装备工程(航空质量控制技术与指挥)(只招男生)(体检标准:通用标准合格)	1	610	610	24841	1	
无人装备工程(无人机任务载荷技术与指挥)(只招男生)(体检标准:通用标准合格)	5	632	609	25496	5	
无人装备工程(无人机任务规划技术与指挥)(只招男生)(体检标准:通用标准合格)(军事指挥类)	2	608	605	28268	2	
无人装备工程(无人机机电系统技术与指挥)(只招男生)(体检标准:通用标准合格)(军事指挥类)	3	613	600	31866	3	
无人装备工程(无人机飞行控制技术与指挥)(只招男生)(体检标准:通用标准合格)(军事指挥类)	1	617	617	20292	1	
无人装备工程(算法运维)(只招男生)(体检标准:通用标准合格)(军事指挥类)	1	605	605	28268	1	
无人装备工程(无人机航电系统技术与指挥)(只招男生)(体检标准:通用标准合格)(军事指挥类)	3	608	600	31866	3	
无人装备工程(无人机地面站技术与指挥)(只招男生)(体检标准:通用标准合格)(军事指挥类)	1	601	601	31135	1	
无人装备工程(无人机地面站技术与指挥)(只招男生)(体检标准:通用标准合格)	1	618	618	19695	1	
02专业组(不限)	**1**	**641**	**641**	**8031**	**1**	
航空管制与领航工程(航空管制)(只招女生)(体检标准:通用标准合格)(军事指挥类)	1	641	641	8031	1	
03专业组(不限)	**10**	**626**	**603**	**29716**	**10**	
通信工程(对空通信技术与指挥)(只招男生)(体检标准:通信导航岗位合格)(军事指挥类)	5	612	606	27545	5	
通信工程(数据链技术与指挥)(只招男生)(体检标准:通信导航岗位合格)(军事指挥类)	3	626	604	28962	3	
导航工程(导航技术与指挥)(只招男生)(体检标准:通信导航岗位合格)(军事指挥类)	2	604	603	29716	2	
04专业组(不限)	**1**	**624**	**624**	**16213**	**1**	
通信工程(对空通信技术与指挥)(只招女生)(体检标准:通信导航岗位合格)(军事指挥类)	1	624	624	16213	1	
05专业组(不限)	**8**	**607**	**598**	**33367**	**8**	
机械电子工程(防空导弹保障技术与指挥)(只招男生)(体检标准:导弹岗位合格)	1	603	603	29716	1	
武器发射工程(防空导弹发射控制技术与指挥)(只招男生)(体检标准:导弹岗位合格)	1	603	603	29716	1	

院校、专业组、专业名称	录取数	最高分	最低分	最低分位次	平行志愿	征求志愿
空天防御指挥与控制工程(空天防御技术与指挥)(只招男生)(体检标准:导弹岗位合格)(军事指挥类)	1	601	601	31135	1	
指挥信息系统工程(防空导弹指控技术与指挥)(只招男生)(体检标准:导弹岗位合格)	1	607	607	26858	1	
雷达工程(防空导弹雷达技术与指挥)(只招男生)(体检标准:导弹岗位合格)(军事指挥类)	3	601	599	32622	3	
测控工程(防空导弹测控技术与指挥)(只招男生)(体检标准:导弹岗位合格)(军事指挥类)	1	598	598	33367	1	
06专业组(不限)	**1**	**598**	**598**	**33367**	**1**	
场站管理工程(航空油料、管线技术与指挥)(只招男生)(体检标准:油料岗位合格)(军事指挥类)	1	598	598	33367	1	
0145 空军预警学院	**21**				**20**	**1**
01专业组(不限)	**19**	**609**	**595**	**35651**	**18**	**1**
武器系统与工程(雷达技术与指挥)(只招男生)(体检标准:通用标准合格)(军事指挥类)	6	598	595	35651	6	
预警探测(预警技术与指挥)(只招男生)(体检标准:通用标准合格)(军事指挥类)	6	609	595	35651	5	1
无人系统工程(无人机运用与指挥)(只招男生)(体检标准:通用标准合格)(军事指挥类)	6	601	596	34854	6	
装备保障工程(预警技术保障)(只招男生)(体检标准:通用标准合格)	1	605	605	28268	1	
02专业组(不限)	**2**	**600**	**596**	**34854**	**2**	
网电指挥与工程(电子对抗技术与指挥)(只招男生)(体检标准:电子对抗岗位合格)(军事指挥类)	2	600	596	34854	2	
0146 战略支援部队航天工程大学	**25**				**25**	
01专业组(不限)	**15**	**637**	**607**	**26858**	**15**	
光电信息科学与工程(太空态势感知初级管理与技术)(只招男生)(体检标准:通用标准合格)	1	627	627	14617	1	
飞行器动力工程(航天测发技术与指挥)(只招男生)(体检标准:通用标准合格)	1	637	637	9657	1	
武器发射工程(航天测发技术与指挥)(只招男生)(体检标准:通用标准合格)(军事指挥类)	1	617	617	20292	1	
武器发射工程(航天测发技术与指挥)(只招男生)(体检标准:通用标准合格)	1	613	613	22857	1	
预警探测(太空态势感知初级管理与技术)(只招男生)(体检标准:通用标准合格)	3	609	607	26858	3	
侦察情报(情报分析整编)(只招男生)(体检标准:通用标准合格)(军事指挥类)	1	607	607	26858	1	
运筹与任务规划(航天指挥初级管理与技术)(只招男生)(体检标准:通用标准合格)(军事指挥类)	2	609	607	26858	2	
作战环境工程(太空态势感知初级管理与技术)(只招男生)(体检标准:通用标准合格)(军事指挥类)	1	608	608	26161	1	
航天装备工程(装备技术保障与指挥)(只招男生)(体检标准:通用标准合格)(军事指挥类)	1	614	614	22200	1	
雷达工程(航天测控技术与指挥)(只招男生)(体检标准:通用标准合格)	1	608	608	26161	1	
测控工程(航天测控技术与指挥)(只招男生)(体检标准:通用标准合格)	2	620	616	20903	2	
02专业组(不限)	**4**	**626**	**620**	**18503**	**4**	
光电信息科学与工程(太空态势感知初级管理与技术)(只招女生)(体检标准:通用标准合格)	1	626	626	15133	1	
预警探测(太空态势感知初级管理与技术)(只招女生)(体检标准:通用标准合格)	1	621	621	17908	1	
雷达工程(航天测控技术与指挥)(只招女生)(体检标准:通用标准合格)	1	622	622	17335	1	
测控工程(航天测控技术与指挥)(只招女生)(体检标准:通用标准合格)	1	620	620	18503	1	
03专业组(不限)	**2**	**632**	**618**	**19695**	**2**	
遥感科学与技术(航天信息应用初级管理与技术)(只招男生)(体检标准:测绘岗位合格)	2	632	618	19695	2	

院校、专业组、专业名称	录取数	最高分	最低分	最低分位次	平行志愿	征求志愿
04专业组(不限)	**2**	**623**	**610**	**24841**	**2**	
信息对抗技术(航天信息安全初级管理与技术)(只招男生)(体检标准:电子对抗岗位合格)(军事指挥类)	2	623	610	24841	2	
05专业组(不限)	**1**	**613**	**613**	**22857**	**1**	
导航工程(航天信息应用初级管理与技术)(只招男生)(体检标准:通信导航岗位合格)	1	613	613	22857	1	
06专业组(不限)	**1**	**624**	**624**	**16213**	**1**	
武器系统与工程(航天测发技术与指挥)(只招男生)(体检标准:导弹岗位合格)	1	624	624	16213	1	
0151 战略支援部队信息工程大学	**39**				**37**	**2**
01专业组(不限)	**29**	**636**	**617**	**20292**	**28**	**1**
电子科学与技术(信息装备技术与保障)(只招男生)(体检标准:通用标准合格)(军事指挥类)	1	629	629	13587	1	
通信工程(通信技术与应用)(只招男生)(体检标准:通用标准合格)	1	631	631	12572	1	
通信工程(通信装备研发与保障)(只招男生)(体检标准:通用标准合格)	2	629	625	15652	2	
信息工程(信号分析处理)(只招男生)(体检标准:通用标准合格)	2	636	633	11593	2	
水声工程(水下信息技术)(只招男生)(体检标准:通用标准合格)	1	623	623	16748	1	
计算机科学与技术(计算机装备研发与保障)(只招男生)(体检标准:通用标准合格)	1	633	633	11593	1	
信息安全(网络信息防御)(只招男生)(体检标准:通用标准合格)	1	630	630	13101	1	
信息安全(信息管理)(只招男生)(体检标准:通用标准合格)(军事指挥类)	1	617	617	20292	1	
网络空间安全(网络空间安全技术与指挥)(只招男生)(体检标准:通用标准合格)	10	635	619	19103	10	
网络空间安全(网络认知工程)(只招男生)(体检标准:通用标准合格)	1	633	633	11593	1	
侦察情报(认知安全)(只招男生)(体检标准:通用标准合格)(军事指挥类)	1	618	618	19695	1	
侦察情报(军事情报学)(只招男生)(体检标准:通用标准合格)(军事指挥类)	1	626	626	15133		1
网电指挥与工程(网电对抗情报分析)(只招男生)(体检标准:通用标准合格)	1	630	630	13101	1	
无人系统工程(无人机侦测与控制)(只招男生)(体检标准:通用标准合格)(军事指挥类)	1	617	617	20292	1	
密码学(信息管理)(只招男生)(体检标准:通用标准合格)	1	623	623	16748	1	
密码工程(信息研究)(只招男生)(体检标准:通用标准合格)	1	629	629	13587	1	
管理科学与工程类(信息管理)(只招男生)(体检标准:通用标准合格)(军事指挥类)	2	621	618	19695	2	
02专业组(不限)	**4**	**656**	**624**	**16213**	**3**	**1**
通信工程(通信装备研发与保障)(只招女生)(体检标准:通用标准合格)	1	630	630	13101	1	
计算机科学与技术(计算机装备研发与保障)(只招女生)(体检标准:通用标准合格)	1	624	624	16213		1
网络空间安全(网络空间安全技术与指挥)(只招女生)(体检标准:通用标准合格)	1	656	656	3399	1	
无人系统工程(无人机侦测与控制)(只招女生)(体检标准:通用标准合格)	1	627	627	14617	1	
03专业组(不限)	**4**	**632**	**622**	**17335**	**4**	
测绘工程(测绘技术与保障)(只招男生)(体检标准:测绘岗位合格)	2	632	631	12572	2	
遥感科学与技术(测绘技术与保障)(只招男生)(体检标准:测绘岗位合格)	1	622	622	17335	1	
导航工程(军用时空基准保障)(只招男生)(体检标准:测绘岗位合格)	1	630	630	13101	1	
04专业组(不限)	**1**	**630**	**630**	**13101**	**1**	
遥感科学与技术(遥感图像判读)(只招女生)(体检标准:测绘岗位合格)	1	630	630	13101	1	
05专业组(地理)	**1**	**630**	**630**	**13101**	**1**	
地理科学(测绘技术与保障)(只招男生)(体检标准:测绘岗位合格)	1	630	630	13101	1	
0152 火箭军工程大学	**26**				**26**	

院校、专业组、专业名称	录取数	最高分	最低分	最低分位次	平行志愿	征求志愿
01专业组(不限)	**23**	**635**	**596**	**34854**	**23**	
机械工程(导弹装备维修与管理)(只招男生)(体检标准:导弹岗位合格)	1	606	606	27545	1	
电气工程及其自动化(导弹阵地管理)(只招男生)(体检标准:导弹岗位合格)(军事指挥类)	2	616	610	24841	2	
电子信息工程(导弹战斗部技术与管理)(只招男生)(体检标准:导弹岗位合格)	1	635	635	10612	1	
通信工程(导弹通信技术与指挥)(只招男生)(体检标准:导弹岗位合格)(军事指挥类)	1	609	609	25496	1	
飞行器动力工程(导弹发动机技术与指挥)(只招男生)(体检标准:导弹岗位合格)(军事指挥类)	1	603	603	29716	1	
武器发射工程(导弹发射技术与指挥)(只招男生)(体检标准:导弹岗位合格)(军事指挥类)	5	598	596	34854	5	
武器发射工程(导弹发射技术与指挥)(只招男生)(体检标准:导弹岗位合格)	2	616	606	27545	2	
辐射防护与核安全(安全保障与应急指挥)(只招男生)(体检标准:导弹岗位合格)	3	600	597	34107	3	
火力指挥与控制工程(导弹作战保障)(只招男生)(体检标准:导弹岗位合格)	2	602	598	33367	2	
侦测工程(导弹遥测技术与指挥)(只招男生)(体检标准:导弹岗位合格)(军事指挥类)	1	596	596	34854	1	
导弹工程(导弹发射技术与指挥)(只招男生)(体检标准:导弹岗位合格)(军事指挥类)	1	598	598	33367	1	
测控工程(导弹测控技术与指挥)(只招男生)(体检标准:导弹岗位合格)	3	600	598	33367	3	
02专业组(不限)	**2**	**596**	**595**	**35651**	**2**	
土木工程(国防工程与指挥)(只招男生)(体检标准:通用标准合格)(军事指挥类)	2	596	595	35651	2	
03专业组(不限)	**1**	**616**	**616**	**20903**	**1**	
目标工程(导弹作战保障)(只招女生)(体检标准:导弹岗位合格)	1	616	616	20903	1	
0154 武警工程大学	**22**				**21**	**1**

院校、专业组、专业名称	录取数	最高分	最低分	最低分位次	平行志愿	征求志愿
01专业组(不限)	**16**	**609**	**594**	**36407**	**15**	**1**
法学(武警内卫总队机动分队指挥)(只招男生)(体检标准:通用标准合格)(军事指挥类)	1	600	600	31866	1	
应用心理学(武警内卫总队机动分队指挥)(只招男生)(体检标准:通用标准合格)(军事指挥类)	1	599	599	32622	1	
机械工程(武警内卫总队执勤分队指挥)(只招男生)(体检标准:通用标准合格)(军事指挥类)	1	597	597	34107	1	
通信工程(武警内卫总队机动分队指挥)(只招男生)(体检标准:通用标准合格)(军事指挥类)	1	601	601	31135	1	
计算机科学与技术(武警内卫总队执勤分队指挥)(只招男生)(体检标准:通用标准合格)(军事指挥类)	1	599	599	32622	1	
信息安全(武警内卫总队机动分队指挥)(只招男生)(体检标准:通用标准合格)(军事指挥类)	1	598	598	33367	1	
信息安全(密码装备技术与保障)(只招男生)(体检标准:通用标准合格)	1	601	601	31135	1	
土木工程(武警内卫总队执勤分队指挥)(只招男生)(体检标准:通用标准合格)(军事指挥类)	1	597	597	34107	1	
作战指挥(武警内卫总队执勤分队指挥)(只招男生)(体检标准:通用标准合格)(军事指挥类)	1	607	607	26858	1	
作战指挥(武警内卫总队机动分队指挥)(只招男生)(体检标准:通用标准合格)(军事指挥类)	1	596	596	34854	1	
无人系统工程(武警内卫总队机动分队指挥)(只招男生)(体检标准:通用标准合格)(军事指挥类)	1	609	609	25496	1	
大数据工程(武警内卫总队机动分队指挥)(只招男生)(体检标准:通用标准合格)(军事指挥类)	1	599	599	32622	1	
大数据工程(作战数据保障)(只招男生)(体检标准:通用标准	1	601	601	31135	1	

院校、专业组、专业名称	录取数	最高分	最低分	最低分位次	平行志愿	征求志愿
合格)						
指挥信息系统工程(作战数据保障)(只招男生)(体检标准:通用标准合格)	1	597	597	34107	1	
管理科学与工程类(军需勤务分队指挥)(只招男生)(体检标准:通用标准合格)(军事指挥类)	1	597	597	34107	1	
管理科学与工程类(武警内卫总队机动分队指挥)(只招男生)(体检标准:通用标准合格)(军事指挥类)	1	594	594	36407		1
02专业组(不限)	**4**	**608**	**602**	**30377**	**4**	
通信工程(武警通信技术与指挥)(只招男生)(体检标准:通信导航岗位合格)	2	608	606	27545	2	
信息安全(武警通信技术与指挥)(只招男生)(体检标准:通信导航岗位合格)	2	603	602	30377	2	
03专业组(不限)	**1**	**618**	**618**	**19695**	**1**	
通信工程(武警通信技术与指挥)(只招女生)(体检标准:通信导航岗位合格)	1	618	618	19695	1	
04专业组(思想政治)	**1**	**592**	**592**	**37932**	**1**	
思想政治教育(武警内卫总队机动分队指挥)(只招男生)(体检标准:通用标准合格)(军事指挥类)	1	592	592	37932	1	
0170 武警警官学院	**28**				**28**	
01专业组(不限)	**23**	**608**	**586**	**42828**	**23**	
哲学(武警内卫总队机动分队指挥)(只招男生)(体检标准:通用标准合格)(军事指挥类)	1	590	590	39519	1	
法学(武警内卫总队执勤分队指挥)(只招男生)(体检标准:通用标准合格)(军事指挥类)	1	588	588	41159	1	
法学(武警内卫总队机动分队指挥)(只招男生)(体检标准:通用标准合格)(军事指挥类)	2	587	586	42828	2	
应用心理学(武警内卫总队机动分队指挥)(只招男生)(体检标准:通用标准合格)(军事指挥类)	2	588	588	41159	2	
信息安全(武警内卫总队执勤分队指挥)(只招男生)(体检标准:通用标准合格)(军事指挥类)	1	608	608	26161	1	
作战指挥(武警机动总队分队指挥)(只招男生)(体检标准:通用标准合格)(军事指挥类)	3	599	587	42009	3	
作战指挥(武警内卫总队机动分队指挥)(只招男生)(体检标准:通用标准合格)(军事指挥类)	2	592	589	40322	2	
大数据工程(武警内卫总队执勤分队指挥)(只招男生)(体检标准:通用标准合格)(军事指挥类)	1	594	594	36407	1	
指挥信息系统工程(武警内卫总队执勤分队指挥)(只招男生)(体检标准:通用标准合格)(军事指挥类)	1	594	594	36407	1	
指挥信息系统工程(武警机动总队分队指挥)(只招男生)(体检标准:通用标准合格)(军事指挥类)	1	589	589	40322	1	
指挥信息系统工程(武警内卫总队机动分队指挥)(只招男生)(体检标准:通用标准合格)(军事指挥类)	3	589	587	42009	3	
管理科学与工程类(武警内卫总队执勤分队指挥)(只招男生)(体检标准:通用标准合格)(军事指挥类)	1	593	593	37179	1	
管理科学与工程类(武警机动总队分队指挥)(只招男生)(体检标准:通用标准合格)(军事指挥类)	2	587	586	42828	2	
管理科学与工程类(武警内卫总队机动分队指挥)(只招男生)(体检标准:通用标准合格)(军事指挥类)	2	589	586	42828	2	
02专业组(思想政治)	**5**	**581**	**573**	**54146**	**5**	
思想政治教育(武警机动总队分队指挥)(只招男生)(体检标准:通用标准合格)(军事指挥类)	2	580	577	50595	2	
思想政治教育(武警内卫总队机动分队指挥)(只招男生)(体检标准:通用标准合格)(军事指挥类)	3	581	573	54146	3	
0171 武警特种警察学院	**17**				**17**	
01专业组(不限)	**17**	**596**	**578**	**49756**	**17**	
作战指挥(武警特种作战指挥)(只招男生)(体检标准:特种作战岗位合格)(军事指挥类)	16	596	578	49756	16	
侦察情报(武警侦察指挥)(只招男生)(体检标准:特种作战	1	583	583	45410	1	

2023年普通类(物理等科目类)提前录取本科院校

院校、专业组、专业名称	录取数	最高分	最低分	最低分位次	平行志愿	征求志愿
岗位合格)(军事指挥类)						
0172 武警海警学院	14				14	
01专业组(不限)	5	594	590	39519	5	
作战指挥(船艇指挥)(只招男生)(体检标准:舰艇岗位合格)(军事指挥类)	5	594	590	39519	5	
02专业组(不限)	4	602	590	39519	4	
作战指挥(维权执法)(只招男生)(体检标准:通用标准合格)(军事指挥类)	3	600	590	39519	3	
侦察情报(武警侦察指挥)(只招男生)(体检标准:通用标准合格)(军事指挥类)	1	602	602	30377	1	
03专业组(化学)	3	594	587	42009	3	
航海技术(船艇指挥)(只招男生)(体检标准:舰艇岗位合格)(军事指挥类)	3	594	587	42009	3	
04专业组(思想政治)	1	585	585	43657	1	
法学(维权执法)(只招男生)(体检标准:通用标准合格)(军事指挥类)	1	585	585	43657	1	
05专业组(思想政治)	1	600	600	31866	1	
法学(维权执法)(只招女生)(体检标准:通用标准合格)(军事指挥类)	1	600	600	31866	1	
0201 中国人民公安大学	54				52	2
03专业组(不限)	30	657	646	6254	29	1
刑事科学技术(只招男生)	9	654	649	5239	9	
交通管理工程(只招男生)	6	647	646	6254	5	1
安全防范工程(只招男生)	5	652	647	5894	5	
公安视听技术(只招男生)	3	649	648	5543	3	
网络安全与执法(只招男生)	7	657	653	4114	7	
04专业组(不限)	6	671	661	2372	5	1
刑事科学技术(只招女生)	2	671	670	1049	2	
交通管理工程(只招女生)	1	667	667	1413		1
安全防范工程(只招女生)	1	661	661	2372	1	
网络安全与执法(只招女生)	2	667	662	2184	2	
05专业组(思想政治)	16	655	628	14097	16	
治安学(只招男生)	4	642	628	14097	4	
侦查学(只招男生)	4	655	635	10612	4	
公安情报学(只招男生)	2	628	628	14097	2	
公安管理学(只招男生)	2	641	636	10154	2	
涉外警务(只招男生)	2	646	640	8448	2	
警务指挥与战术(只招男生)	1	635	635	10612	1	
公安政治工作(只招男生)	1	629	629	13587	1	
06专业组(思想政治)	2	659	649	5239	2	
治安学(只招女生)	1	649	649	5239	1	
侦查学(只招女生)	1	659	659	2755	1	
0202 中国刑事警察学院	19				19	
03专业组(不限)	16	645	629	13587	16	
刑事科学技术(只招男生)	12	645	629	13587	12	
公安视听技术(只招男生)	2	639	637	9657	2	
网络安全与执法(只招男生)	2	644	643	7266	2	
04专业组(不限)	2	660	654	3870	2	
刑事科学技术(只招女生)	1	660	660	2578	1	
网络安全与执法(只招女生)	1	654	654	3870	1	
05专业组(思想政治)	1	616	616	20903	1	
侦查学(只招男生)	1	616	616	20903	1	
0203 中国人民警察大学	23				23	
02专业组(不限)	1	618	618	19695	1	
数据警务技术(面向铁路公安机关入警就业)(只招男生)	1	618	618	19695	1	
03专业组(不限)	9	617	611	24195	9	
网络安全与执法(面向长江航运公安机关入警就业)(只招男生)	4	613	611	24195	4	
数据警务技术(面向长江航运公安机关入警就业)(只招男生)	5	617	611	24195	5	
04专业组(思想政治)	5	607	566	60725	5	
警务指挥与战术(面向地方公安机关入警就业)(只招男生)	3	607	568	58808	3	
公安政治工作(面向地方公安机关入警就业)(只招男生)	2	567	566	60725	2	
05专业组(思想政治)	2	565	553	73153	2	
公安政治工作(面向铁路公安机关入警就业)(只招男生)	1	565	565	61774	1	
警务指挥与战术(面向铁路公安机关入警就业)(只招男生)	1	553	553	73153	1	
06专业组(思想政治)	4	562	552	74112	4	
警务指挥与战术(面向长江航运公安机关入警就业)(只招男生)	2	562	552	74112	2	
公安政治工作(面向长江航运公安机关入警就业)(只招男生)	2	559	552	74112	2	
07专业组(思想政治)	2	596	594	36407	2	
警务指挥与战术(面向长江航运公安机关入警就业)(只招女生)	1	594	594	36407	1	
公安政治工作(面向长江航运公安机关入警就业)(只招女生)	1	596	596	34854	1	
0205 郑州警察学院	17				17	
03专业组(不限)	5	612	611	24195	5	
刑事科学技术(只招男生)	2	612	612	23568	2	

2023年普通类(物理等科目类)提前录取本科院校

院校、专业组、专业名称	录取数	最高分	最低分	最低分位次	平行志愿	征求志愿
网络安全与执法(只招男生)	3	611	611	24195	3	
04专业组(思想政治)	**11**	**566**	**551**	**75103**	**11**	
治安学(只招男生)	3	566	553	73153	3	
侦查学(只招男生)	3	553	552	74112	3	
公安管理学(只招男生)	2	557	555	71148	2	
警务指挥与战术(只招男生)	1	566	566	60725	1	
铁路警务(只招男生)	2	553	551	75103	2	
05专业组(思想政治)	**1**	**602**	**602**	**30377**	**1**	
侦查学(只招女生)	1	602	602	30377	1	
0206 南京警察学院	**171**				**171**	
04专业组(不限)	**43**	**637**	**612**	**23568**	**43**	
刑事科学技术(面向地方公安机关入警就业)(只招男生)	6	637	619	19103	6	
刑事科学技术(视听技术方向)(面向地方公安机关入警就业)(只招男生)	8	614	612	23568	8	
网络安全与执法(面向地方公安机关入警就业)(只招男生)	16	627	612	23568	16	
食品药品环境犯罪侦查技术(面向地方公安机关入警就业)(只招男生)	13	619	612	23568	13	
05专业组(不限)	**9**	**656**	**635**	**10612**	**9**	
刑事科学技术(面向地方公安机关入警就业)(只招女生)	1	636	636	10154	1	
刑事科学技术(视听技术方向)(面向地方公安机关入警就业)(只招女生)	1	636	636	10154	1	
网络安全与执法(面向地方公安机关入警就业)(只招女生)	4	656	636	10154	4	
食品药品环境犯罪侦查技术(面向地方公安机关入警就业)(只招女生)	3	635	635	10612	3	
06专业组(不限)	**1**	**648**	**648**	**5543**	**1**	
网络安全与执法(面向海关缉私部门入警就业)(只招男生)	1	648	648	5543	1	
07专业组(思想政治)	**98**	**589**	**554**	**72168**	**98**	
治安学(面向地方公安机关入警就业)(只招男生)	34	585	562	64501	34	
侦查学(面向地方公安机关入警就业)(只招男生)	25	589	559	67392	25	
警犬技术(面向地方公安机关入警就业)(只招男生)	10	564	554	72168	10	
公安情报学(面向地方公安机关入警就业)(只招男生)	4	572	557	69274	4	
公安管理学(面向地方公安机关入警就业)(只招男生)	8	571	558	68331	8	
警务指挥与战术(特警方向)(面向地方公安机关入警就业)(只招男生)	17	575	554	72168	17	
08专业组(思想政治)	**16**	**616**	**601**	**31135**	**16**	
治安学(面向地方公安机关入警就业)(只招女生)	6	616	604	28962	6	
侦查学(面向地方公安机关入警就业)(只招女生)	5	608	602	30377	5	
公安管理学(面向地方公安机关入警就业)(只招女生)	2	606	603	29716	2	
警务指挥与战术(特警方向)(面向地方公安机关入警就业)(只招女生)	3	608	601	31135	3	
09专业组(思想政治)	**3**	**606**	**582**	**46258**	**3**	
侦查学(面向海关缉私部门入警就业)(只招男生)	1	606	606	27545	1	
公安情报学(面向海关缉私部门入警就业)(只招男生)	1	606	606	27545	1	
警务指挥与战术(特警方向)(面向海关缉私部门入警就业)(只招男生)	1	582	582	46258	1	
10专业组(思想政治)	**1**	**600**	**600**	**31866**	**1**	
公安情报学(面向海关缉私部门入警就业)(只招女生)	1	600	600	31866	1	
0301 国际关系学院	**12**				**11**	**1**
05专业组(不限)	**5**	**641**	**618**	**19695**	**4**	**1**
法学(只招男生)	1	631	631	12572	1	
传播学(只招男生)	1	627	627	14617	1	
数据科学与大数据技术(只招男生)	1	637	637	9657	1	
网络空间安全(只招男生)	1	641	641	8031	1	
行政管理(只招男生)	1	618	618	19695		1
06专业组(不限)	**5**	**633**	**626**	**15133**	**5**	
法学(只招女生)	1	633	633	11593	1	
传播学(只招女生)	1	626	626	15133	1	
数据科学与大数据技术(只招女生)	1	629	629	13587	1	
行政管理(只招女生)	1	626	626	15133	1	
网络空间安全(只招女生)	1	627	627	14617	1	
07专业组(思想政治)	**1**	**626**	**626**	**15133**	**1**	
国际政治(只招男生)	1	626	626	15133	1	
08专业组(思想政治)	**1**	**629**	**629**	**13587**	**1**	
国际政治(只招女生)	1	629	629	13587	1	
0303 北京电子科技学院	**6**				**3**	**3**
02专业组(不限)	**6**	**657**	**652**	**4397**	**3**	**3**
信息安全	1	654	654	3870	1	
计算机科学与技术	3	655	653	4114	1	2
网络空间安全	2	657	652	4397	1	1
0305 中央司法警官学院	**43**				**42**	**1**

院校、专业组、专业名称	录取数	最高分	最低分	最低分位次	平行志愿	征求志愿
06专业组(不限)	**29**	**634**	**600**	**31866**	**28**	**1**
法学(只招男生)	1	601	601	31135	1	
监狱学(只招男生)	4	634	606	27545	4	
监狱学(心理矫治)(只招男生)	4	603	602	30377	4	
监狱学(政治工作)(只招男生)	3	605	602	30377	3	
数据警务技术(只招男生)	10	609	600	31866	9	1
司法警察学(只招男生)	7	634	602	30377	7	
07专业组(不限)	**4**	**638**	**630**	**13101**	**4**	
监狱学(只招女生)	1	630	630	13101	1	
监狱学(心理矫治)(只招女生)	1	631	631	12572	1	
司法警察学(只招女生)	2	638	631	12572	2	
08专业组(不限)	**4**	**592**	**549**	**77083**	**4**	
行政管理(警察管理)(只招男生)(非司法警察类招生)	4	592	549	77083	4	
09专业组(思想政治)	**5**	**588**	**569**	**57929**	**5**	
侦查学(狱内侦查)(只招男生)	5	588	569	57929	5	
10专业组(思想政治)	**1**	**600**	**600**	**31866**	**1**	
侦查学(狱内侦查)(只招女生)	1	600	600	31866	1	
0307 中国消防救援学院	**11**				**9**	**2**
01专业组(不限)	**2**	**633**	**607**	**26858**	**2**	
飞行器控制与信息工程(消防救援)(只招男生)	2	633	607	26858	2	
02专业组(化学)	**9**	**634**	**567**	**59799**	**7**	**2**
消防工程(消防救援)(只招男生)	7	634	567	59799	5	2
火灾勘查(消防救援)(只招男生)	2	599	598	33367	2	
1101 南京大学	**3**				**3**	
04专业组(不限)	**3**	**651**	**643**	**7266**	**3**	
戏剧影视文学	3	651	643	7266	3	
1106 南京信息工程大学	**168**				**168**	
05专业组(不限)	**51**	**637**	**604**	**28962**	**51**	
计算机类(计算机科学与技术、物联网工程、信息安全)	14	637	607	26858	14	
电子信息类(电子信息工程、电子科学与技术、通信工程、微电子科学与工程)	15	612	605	28268	15	
人工智能	5	607	604	28962	5	
电气工程及其自动化	8	606	604	28962	8	
软件工程	6	610	604	28962	6	
信息与计算科学	1	605	605	28268	1	
光电信息科学与工程	1	604	604	28962	1	
防灾减灾科学与工程	1	605	605	28268	1	
06专业组(化学或地理)	**5**	**613**	**598**	**33367**	**5**	
地理科学类(地理信息科学、自然地理与资源环境、人文地理与城乡规划)	5	613	598	33367	5	
07专业组(不限)	**41**	**620**	**569**	**57929**	**41**	
物理学(师范)(为南京市高淳区定向培养)	2	617	616	20903	2	
物理学(师范)(为镇江市句容市定向培养)	3	610	608	26161	3	
物理学(师范)(为镇江市扬中市定向培养)	2	601	595	35651	2	
物理学(师范)(为连云港市东海县定向培养)	12	601	574	53221	12	
物理学(师范)(为连云港市灌云县定向培养)	10	587	570	56969	10	
物理学(师范)(为连云港市灌南县定向培养)	2	574	569	57929	2	
物理学(师范)(为连云港市赣榆区定向培养)	10	620	598	33367	10	
08专业组(化学)	**36**	**638**	**582**	**46258**	**36**	
化学(师范)(为南通市海安市定向培养)	4	627	607	26858	4	
化学(师范)(为南通市如皋市定向培养)	4	629	619	19103	4	
化学(师范)(为南通市如东县定向培养)	8	613	582	46258	8	
化学(师范)(为南通市启东市定向培养)	2	620	620	18503	2	
化学(师范)(为南通市通州区定向培养)	2	638	619	19103	2	
化学(师范)(为宿迁市沭阳县定向培养)	2	606	601	31135	2	
化学(师范)(为宿迁市泗阳县定向培养)	6	611	601	31135	6	
化学(师范)(为宿迁市泗洪县定向培养)	6	619	582	46258	6	
化学(师范)(为宿迁市宿豫区定向培养)	2	598	589	40322	2	
09专业组(化学或地理)	**35**	**628**	**557**	**69274**	**35**	
地理科学(师范)(为苏州市太仓市定向培养)	2	628	595	35651	2	
地理科学(师范)(为连云港市东海县定向培养)	10	610	557	69274	10	
地理科学(师范)(为连云港市灌云县定向培养)	12	599	558	68331	12	
地理科学(师范)(为连云港市灌南县定向培养)	2	568	565	61774	2	
地理科学(师范)(为连云港市赣榆区定向培养)	9	595	587	42009	9	
1107 南京农业大学	**16**				**16**	
02专业组(化学或生物)	**16**	**620**	**608**	**26161**	**16**	
种子科学与工程	16	620	608	26161	16	
1108 南京师范大学	**97**				**56**	**41**
12专业组(不限)	**73**	**636**	**600**	**31866**	**35**	**38**
汉语国际教育(师范)	2	621	621	17908	1	1

院校、专业组、专业名称	录取数	最高分	最低分	最低分位次	平行志愿	征求志愿
公共管理类(行政管理、公共事业管理)	1	604	604	28962		1
应急管理	1	601	601	31135		1
工商管理类(工商管理、人力资源管理)	1	607	607	26858		1
法学	4	632	624	16213	4	
小学教育(师范)	3	627	621	17908	3	
学前教育(师范)	2	610	608	26161		2
应用心理学(创新实验班、师范、非师范)	3	621	600	31866	1	2
外国语言文学类(俄语、日语、意大利语、法语、西班牙语)(双外语)	2	604	601	31135		2
新闻传播学类(新闻学、广告学、网络与新媒体)	3	621	601	31135	1	2
数学类[数学与应用数学(师范、创新实验班)、信息与计算科学]	2	636	633	11593	2	
统计学	2	627	627	14617	2	
物理学(师范、非师范)	3	631	628	14097	3	
光电信息科学与工程	2	625	623	16748	2	
测绘工程	3	614	606	27545		3
能源动力类(能源与动力工程、能源与环境系统工程)	22	623	600	31866	1	21
电气工程及其自动化	4	630	627	14617	4	
自动化	2	625	624	16213	2	
计算机科学与技术	5	631	627	14617	5	
电子信息工程	4	626	624	16213	4	
环境科学与工程类(环境工程、环境科学)	1	614	614	22200		1
海洋资源与环境	1	601	601	31135		1
13专业组(化学)	**6**	**624**	**614**	**22200**	**5**	**1**
化学类[化学(师范、非师范)、应用化学]	4	623	615	21590	4	
材料科学与工程	2	624	614	22200	1	1
14专业组(化学或生物)	**14**	**620**	**610**	**24841**	**12**	**2**
生物科学类[生物科学(师范、国家理科基地班)、生物技术、生态学]	6	620	614	22200	6	
食品科学与工程	3	617	611	24195	3	
生物工程	3	612	611	24195	3	
合成生物学	2	612	610	24841		2
15专业组(化学或地理)	**4**	**629**	**621**	**17908**	**4**	
地理科学类[地理科学(师范、创新实验班)、自然地理与资源环境、人文地理与城乡规划、地理信息科学]	4	629	621	17908	4	
1110 南京工业大学	**62**				**46**	**16**
03专业组(不限)	**36**	**604**	**574**	**53221**	**21**	**15**
安全工程	10	597	575	52350	2	8
电气工程及其自动化	3	604	600	31866	3	
应急技术与管理	3	575	574	53221		3
应急管理	2	589	578	49756		2
计算机科学与技术	5	600	598	33367	5	
人工智能	7	597	596	34854	7	
机械工程	4	596	594	36407	4	
应急装备技术与工程	1	574	574	53221		1
土木工程	1	575	575	52350		1
04专业组(化学)	**16**	**589**	**576**	**51456**	**15**	**1**
环境工程	2	583	579	48832	2	
金属材料工程	2	582	579	48832	2	
无机非金属材料工程	3	580	577	50595	2	1
能源与动力工程	4	589	582	46258	4	
交通工程	5	588	576	51456	5	
05专业组(化学或生物)	**10**	**589**	**580**	**47955**	**10**	
化学工程与工艺	4	587	580	47955	4	
制药工程	4	588	580	47955	4	
生物工程	2	589	580	47955	2	
1111 南京邮电大学	**61**				**54**	**7**
03专业组(不限)	**5**	**627**	**622**	**17335**	**4**	**1**
通信工程	3	627	622	17335	3	
电子信息工程	2	626	623	16748	1	1
04专业组(化学)	**46**	**616**	**591**	**38768**	**40**	**6**
材料类(高分子材料与工程、材料物理)	10	606	596	34854	10	
材料化学	11	613	591	38768	11	
分子科学与工程	20	603	591	38768	14	6
信息与计算科学	5	616	606	27545	5	
05专业组(化学或地理)	**10**	**606**	**601**	**31135**	**10**	
地理信息科学	10	606	601	31135	10	
1112 南京医科大学	**114**				**95**	**19**
02专业组(化学或生物)	**64**	**658**	**627**	**14617**	**46**	**18**
临床医学(5+3一体化)	5	658	656	3399	5	
口腔医学(5+3一体化)	5	654	649	5239	5	
临床医学	40	649	630	13101	31	9
医学影像学	3	629	627	14617		3
儿科学	2	628	628	14097		2
眼视光医学	4	629	628	14097		4
口腔医学	5	638	636	10154	5	
03专业组(化学或生物)	**50**	**640**	**594**	**36407**	**49**	**1**
临床医学(为南京市高淳区定向培养)	3	640	633	11593	3	
临床医学(为南京市溧水区定向培养)	7	618	594	36407	7	
临床医学(为南京市江宁区定向培养)	4	618	610	24841	4	
临床医学(为南京市浦口区定向培养)	5	625	604	28962	5	

院校、专业组、专业名称	录取数	最高分	最低分	最低分位次	平行志愿	征求志愿
临床医学(为南京市六合区定向培养)	2	638	616	20903	2	
临床医学(为南京市栖霞区定向培养)	2	609	598	33367	2	
临床医学(为常州市武进区定向培养)	8	632	603	29716	7	1
临床医学(为常州市溧阳市定向培养)	6	621	598	33367	6	
临床医学(为常州市金坛区定向培养)	4	624	605	28268	4	
临床医学(为常州市新北区定向培养)	9	625	602	30377	9	
1113 南京中医药大学	**160**				**144**	**16**
08专业组(化学)(南京校区)	**18**	**601**	**562**	**64501**	**14**	**4**
中药学类(中药学、中药制药、中药资源与开发)	6	601	574	53221	6	
康复治疗学	7	572	562	64501	7	
康复治疗学(老年康复)	5	587	564	62693	1	4
09专业组(化学或生物)(南京校区)	**37**	**619**	**594**	**36407**	**25**	**12**
中医学	15	616	597	34107	14	1
中医学(妇产科学)	5	598	595	35651	1	4
临床医学	6	619	610	24841	6	
临床医学(老年医学)	3	606	600	31866	3	
中医儿科学	5	600	594	36407		5
中医康复学	1	608	608	26161		1
食品卫生与营养学	2	602	599	32622	1	1
10专业组(化学或生物)(泰州校区)	**105**	**624**	**535**	**91099**	**105**	
中医学(为南京市溧水区定向培养)	4	606	586	42828	4	
中医学(为无锡市江阴市定向培养)	2	615	608	26161	2	
中医学(为无锡市宜兴市定向培养)	2	609	599	32622	2	
中医学(为无锡市锡山区定向培养)	2	584	580	47955	2	
中医学(为徐州市睢宁县定向培养)	8	564	535	91099	8	
中医学(为徐州市贾汪区定向培养)	5	581	540	85962	5	
中医学(为徐州市铜山区定向培养)	2	579	568	58808	2	
中医学(为常州市金坛区定向培养)	1	608	608	26161	1	
中医学(为常州市新北区定向培养)	2	587	586	42828	2	
中医学(为苏州市张家港市定向培养)	2	579	577	50595	2	

院校、专业组、专业名称	录取数	最高分	最低分	最低分位次	平行志愿	征求志愿
中医学(为苏州市太仓市定向培养)	1	601	601	31135	1	
中医学(为苏州市吴江区定向培养)	2	597	591	38768	2	
中医学(为苏州市常熟市定向培养)	2	613	611	24195	2	
中医学(为苏州市相城区定向培养)	2	601	580	47955	2	
中医学(为南通市启东市定向培养)	6	586	563	63654	6	
中医学(为南通市海安市定向培养)	1	589	589	40322	1	
中医学(为南通市如皋市定向培养)	4	601	583	45410	4	
中医学(为南通市海门区定向培养)	2	624	605	28268	2	
中医学(为南通市通州区定向培养)	4	596	573	54146	4	
中医学(为连云港市东海县定向培养)	2	581	578	49756	2	
中医学(为连云港市灌云县定向培养)	3	548	538	87986	3	
中医学(为连云港市赣榆区定向培养)	1	584	584	44516	1	
中医学(为淮安市洪泽区定向培养)	1	588	588	41159	1	
中医学(为淮安市淮安区定向培养)	1	608	608	26161	1	
中医学(为淮安市涟水县定向培养)	1	573	573	54146	1	
中医学(为盐城市响水县定向培养)	1	589	589	40322	1	
中医学(为盐城市滨海县定向培养)	2	593	592	37932	2	
中医学(为盐城市盐都区定向培养)	2	573	573	54146	2	
中医学(为扬州市高邮市定向培养)	1	584	584	44516	1	
中医学(为扬州市江都区定向培养)	9	591	569	57929	9	
中医学(为扬州市仪征市定向培养)	2	603	599	32622	2	
中医学(为扬州市邗江区定向培养)	2	599	591	38768	2	
中医学(为镇江市句容市定向培养)	1	590	590	39519	1	
中医学(为镇江市扬中市定向培养)	2	572	571	56021	2	
中医学(为泰州市靖江市定	4	588	564	62693	4	

院校、专业组、专业名称	录取数	最高分	最低分	最低分位次	平行志愿	征求志愿
向培养)						
中医学(为泰州市泰兴市定向培养)	2	579	576	51456	2	
中医学(为泰州市兴化市定向培养)	3	583	569	57929	3	
中医学(为泰州市海陵区定向培养)	3	610	588	41159	3	
中医学[为泰州市医药高新区(高港区)定向培养]	2	585	576	51456	2	
中医学(为宿迁市沭阳县定向培养)	2	580	574	53221	2	
中医学(为宿迁市泗阳县定向培养)	1	589	589	40322	1	
中医学(为宿迁市宿豫区定向培养)	2	576	571	56021	2	
中医学(为宿迁市宿城区定向培养)	1	599	599	32622	1	
1115 南京林业大学	**65**				**45**	**20**
03专业组(不限)(南京校区)	**23**	**602**	**571**	**56021**	**11**	**12**
机械设计制造及其自动化	5	601	598	33367	5	
国际经济与贸易	3	591	580	47955		3
土木类(土木工程、给排水科学与工程)	4	580	572	55138		4
工程管理	4	587	577	50595		4
计算机科学与技术	2	601	601	31135	2	
电子信息工程	2	602	600	31866	2	
工业设计	2	598	597	34107	2	
家具设计与工程	1	571	571	56021		1
04专业组(化学)(南京校区)	**21**	**594**	**571**	**56021**	**14**	**7**
能源与动力工程	3	594	593	37179	3	
包装工程	2	590	577	50595	2	
材料科学与工程	3	589	580	47955	3	
材料类(材料化学、高分子材料与工程)	5	584	573	54146	3	2
交通运输类(交通运输、交通工程)	5	584	573	54146	2	3
环境工程	3	578	571	56021	1	2
05专业组(化学或生物)(南京校区)	**21**	**590**	**575**	**52350**	**20**	**1**
园艺	4	580	575	52350	4	
生物技术	4	589	578	49756	4	
生物工程类(生物工程、生物制药)	3	582	581	47114	3	
化学工程与工艺	5	590	575	52350	4	1
林产化工	2	581	579	48832	2	
木材科学与工程	3	577	577	50595	3	
1120 南京晓庄学院	**179**				**175**	**4**
08专业组(不限)	**122**	**631**	**559**	**67392**	**118**	**4**
学前教育(师范)(为南京市六合区定向培养)	2	606	597	34107	2	
学前教育(师范)(为南京市高淳区定向培养)	6	581	569	57929	6	
学前教育(师范)(为镇江市丹阳市定向培养)	5	584	576	51456	5	
学前教育(师范)(为扬州市宝应县定向培养)	1	569	569	57929		1
学前教育(师范)(为扬州市高邮市定向培养)	3	569	559	67392	2	1
小学教育(师范)(为无锡市江阴市定向培养)	20	629	603	29716	20	
小学教育(师范)(为无锡市宜兴市定向培养)	9	623	601	31135	9	
小学教育(师范)(为扬州市宝应县定向培养)	2	604	581	47114	2	
小学教育(师范)(为扬州市高邮市定向培养)	7	598	570	56969	7	
小学教育(师范)(为扬州市江都区定向培养)	12	630	590	39519	10	2
小学教育(师范)(为扬州市邗江区定向培养)	6	631	601	31135	6	
汉语言文学(师范)(为盐城市东台市定向培养)	3	583	581	47114	3	
汉语言文学(师范)(为盐城市建湖县定向培养)	1	596	596	34854	1	
汉语言文学(师范)(为盐城市阜宁县定向培养)	2	580	578	49756	2	
汉语言文学(师范)(为盐城市滨海县定向培养)	1	587	587	42009	1	
汉语言文学(师范)(为淮安市涟水县定向培养)	1	583	583	45410	1	
汉语言文学(师范)(为淮安市金湖县定向培养)	3	597	571	56021	3	
物理学(师范)(为扬州市宝应县定向培养)	2	596	589	40322	2	
物理学(师范)(为扬州市高邮市定向培养)	1	587	587	42009	1	
物理学(师范)(为扬州市江都区定向培养)	8	616	599	32622	8	
物理学(师范)(为扬州市仪征市定向培养)	5	623	595	35651	5	
物理学(师范)(为宿迁市沭阳县定向培养)	4	599	594	36407	4	
物理学(师范)(为宿迁市泗阳县定向培养)	9	591	566	60725	9	
物理学(师范)(为宿迁市泗洪县定向培养)	6	588	567	59799	6	
物理学(师范)(为宿迁市宿豫区定向培养)	3	582	580	47955	3	

2023年普通类（物理等科目类）提前录取本科院校

院校、专业组、专业名称	录取数	最高分	最低分	最低分位次	平行志愿	征求志愿
09专业组(化学或生物)	30	592	546	79957	30	
生物科学(师范)(为南京市高淳区定向培养)	2	586	585	43657	2	
生物科学(师范)(为连云港市东海县定向培养)	5	565	555	71148	5	
生物科学(师范)(为连云港市灌云县定向培养)	10	562	546	79957	10	
生物科学(师范)(为连云港市灌南县定向培养)	2	568	567	59799	2	
生物科学(师范)(为连云港市赣榆区定向培养)	7	592	583	45410	7	
生物科学(师范)(为淮安市淮阴区定向培养)	2	589	567	59799	2	
生物科学(师范)(为淮安市金湖县定向培养)	2	560	559	67392	2	
10专业组(化学或地理)	19	631	559	67392	19	
地理科学(师范)(为淮安市涟水县定向培养)	1	574	574	53221	1	
地理科学(师范)(为淮安市金湖县定向培养)	2	564	559	67392	2	
地理科学(师范)(为盐城市东台市定向培养)	1	576	576	51456	1	
地理科学(师范)(为盐城市建湖县定向培养)	2	600	594	36407	2	
地理科学(师范)(为盐城市滨海县定向培养)	5	613	573	54146	5	
地理科学(师范)(为盐城市响水县定向培养)	1	604	604	28962	1	
地理科学(师范)(为盐城市盐都区定向培养)	2	631	603	29716	2	
地理科学(师范)(为宿迁市泗阳县定向培养)	5	571	563	63654	5	
11专业组(思想政治)	8	565	531	95098	8	
思想政治教育(师范)(为徐州市丰县定向培养)	2	531	531	95098	2	
思想政治教育(师范)(为宿迁市泗阳县定向培养)	3	564	558	68331	3	
思想政治教育(师范)(为淮安市金湖县定向培养)	3	565	546	79957	3	
1122 江苏警官学院	815				807	8
03专业组(不限)	341	647	612	23568	333	8
交通管理工程(只招男生)	85	647	612	23568	77	8
公安视听技术(只招男生)	43	642	619	19103	43	
网络安全与执法(只招男生)	85	646	630	13101	85	
数据警务技术(只招男生)	85	645	621	17908	85	
安全防范工程(只招男生)	43	639	615	21590	43	
04专业组(不限)	59	661	637	9657	59	
交通管理工程(只招女生)	15	651	637	9657	15	
公安视听技术(只招女生)	7	648	643	7266	7	
网络安全与执法(只招女生)	15	661	646	6254	15	
数据警务技术(只招女生)	15	657	639	8829	15	
安全防范工程(只招女生)	7	648	638	9244	7	
05专业组(化学或生物)	170	650	613	22857	170	
刑事科学技术(只招男生)	170	650	613	22857	170	
06专业组(化学或生物)	30	656	637	9657	30	
刑事科学技术(只招女生)	30	656	637	9657	30	
07专业组(思想政治)	183	636	573	54146	183	
公安管理学(只招男生)	18	608	586	42828	18	
公安情报学(只招男生)	41	599	573	54146	41	
涉外警务(只招男生)	15	617	575	52350	15	
警务指挥与战术(只招男生)	17	612	578	49756	17	
治安学(只招男生)	38	635	576	51456	38	
侦查学(只招男生)	35	614	585	43657	35	
经济犯罪侦查(只招男生)	19	636	604	28962	19	
08专业组(思想政治)	32	640	609	25496	32	
公安管理学(只招女生)	3	629	621	17908	3	
公安情报学(只招女生)	7	619	616	20903	7	
涉外警务(只招女生)	3	640	630	13101	3	
警务指挥与战术(只招女生)	3	621	611	24195	3	
治安学(只招女生)	7	622	609	25496	7	
侦查学(只招女生)	6	632	622	17335	6	
经济犯罪侦查(只招女生)	3	622	617	20292	3	
1131 江苏第二师范学院	314				306	8
08专业组(不限)	212	639	531	95098	204	8
学前教育(师范)(为无锡市江阴市定向培养)	5	605	595	35651	5	
学前教育(师范)(为南通市海门区定向培养)	2	582	581	47114	2	
学前教育(师范)(为泰州市靖江市定向培养)	2	581	579	48832		2
学前教育(师范)(为泰州市兴化市定向培养)	5	590	561	65452	2	3
小学教育(师范)(为南通市海安市定向培养)	9	597	585	43657	9	
小学教育(师范)(为南通市如皋市定向培养)	5	609	602	30377	5	
小学教育(师范)(为南通市如东县定向培养)	8	603	579	48832	8	
小学教育(师范)(为南通市海门区定向培养)	11	602	583	45410	11	
小学教育(师范)(为南通市通州区定向培养)	12	620	597	34107	12	
汉语言文学(师范)(为连云港市东海县定向培养)	10	582	548	78085	10	
汉语言文学(师范)(为连云港市灌云县定向培养)	5	565	545	80935	5	
汉语言文学(师范)(为连云港市灌南县定向培养)	1	568	568	58808	1	

2023年普通类(物理等科目类)提前录取本科院校

院校、专业组、专业名称	录取数	最高分	最低分	最低分位次	平行志愿	征求志愿
汉语言文学(师范)(为连云港市赣榆区定向培养)	4	590	582	46258	4	
英语(师范)(为镇江市句容市定向培养)	1	597	597	34107	1	
英语(师范)(为镇江市扬中市定向培养)	1	569	569	57929	1	
英语(师范)(为徐州市铜山区定向培养)	4	591	573	54146	2	2
英语(师范)(为徐州市睢宁县定向培养)	8	586	532	94094	8	
英语(师范)(为徐州市邳州市定向培养)	2	600	595	35651	2	
英语(师范)(为徐州市贾汪区定向培养)	3	586	579	48832	3	
英语(师范)(为泰州市靖江市定向培养)	2	605	601	31135	2	
数学与应用数学(师范)(为南京市浦口区定向培养)	1	629	629	13587	1	
数学与应用数学(师范)(为南京市高淳区定向培养)	2	609	602	30377	2	
数学与应用数学(师范)(为苏州市张家港市定向培养)	5	620	608	26161	5	
数学与应用数学(师范)(为苏州市常熟市定向培养)	3	639	636	10154	3	
数学与应用数学(师范)(为苏州市太仓市定向培养)	5	595	582	46258	5	
数学与应用数学(师范)(为盐城市东台市定向培养)	6	626	594	36407	6	
数学与应用数学(师范)(为盐城市建湖县定向培养)	2	599	598	33367	2	
数学与应用数学(师范)(为盐城市阜宁县定向培养)	2	585	583	45410	2	
数学与应用数学(师范)(为盐城市滨海县定向培养)	2	588	583	45410	2	
数学与应用数学(师范)(为泰州市靖江市定向培养)	4	607	597	34107	4	
数学与应用数学(师范)(为泰州市兴化市定向培养)	6	597	592	37932	6	
数学与应用数学(师范)(为泰州市海陵区定向培养)	1	616	616	20903	1	
数学与应用数学(师范)(为泰州市姜堰区定向培养)	3	630	616	20903	3	
物理学(师范)(为徐州市丰县定向培养)	6	568	555	71148	6	
物理学(师范)(为徐州市沛县定向培养)	25	578	540	85962	25	
物理学(师范)(为徐州市铜山区定向培养)	8	597	580	47955	8	
物理学(师范)(为徐州市睢宁县定向培养)	11	569	531	95098	11	
物理学(师范)(为徐州市邳州市定向培养)	10	599	583	45410	10	
物理学(师范)(为徐州市贾汪区定向培养)	5	578	564	62693	4	1
历史学(师范)(为连云港市灌云县定向培养)	5	544	542	83978	5	
09专业组(化学)	36	628	526	100234	36	
化学(师范)(为南京市高淳区定向培养)	2	594	592	37932	2	
化学(师范)(为镇江市句容市定向培养)	3	582	558	68331	3	
化学(师范)(为镇江市扬中市定向培养)	2	535	526	100234	2	
化学(师范)(为无锡市宜兴市定向培养)	3	627	603	29716	3	
化学(师范)(为无锡市惠山区定向培养)	2	628	625	15652	2	
化学(师范)(为淮安市涟水县定向培养)	2	580	572	55138	2	
化学(师范)(为淮安市淮阴区定向培养)	2	562	561	65452	2	
化学(师范)(为淮安市金湖县定向培养)	1	552	552	74112	1	
化学(师范)(为扬州市高邮市定向培养)	3	574	565	61774	3	
化学(师范)(为扬州市江都区定向培养)	4	608	595	35651	4	
化学(师范)(为扬州市仪征市定向培养)	2	587	587	42009	2	
化学(师范)(为泰州市靖江市定向培养)	2	608	596	34854	2	
化学(师范)(为泰州市兴化市定向培养)	6	601	570	56969	6	
化学(师范)(为泰州市姜堰区定向培养)	2	614	613	22857	2	
10专业组(化学或生物)	31	612	561	65452	31	
生物科学(师范)(为盐城市东台市定向培养)	2	594	593	37179	2	
生物科学(师范)(为盐城市建湖县定向培养)	1	591	591	38768	1	
生物科学(师范)(为盐城市阜宁县定向培养)	2	578	570	56969	2	
生物科学(师范)(为盐城市滨海县定向培养)	6	582	564	62693	6	
生物科学(师范)(为盐城市响水县定向培养)	2	584	581	47114	2	
生物科学(师范)(为盐城市盐都区定向培养)	2	612	608	26161	2	

院校、专业组、专业名称	录取数	最高分	最低分	最低分位次	平行志愿	征求志愿
生物科学(师范)(为宿迁市沭阳县定向培养)	2	583	582	46258	2	
生物科学(师范)(为宿迁市泗阳县定向培养)	8	588	561	65452	8	
生物科学(师范)(为宿迁市泗洪县定向培养)	3	589	566	60725	3	
生物科学(师范)(为宿迁市宿豫区定向培养)	3	579	569	57929	3	
11专业组(化学或地理)	**17**	**593**	**532**	**94094**	**17**	
地理科学(师范)(为徐州市丰县定向培养)	3	567	549	77083	3	
地理科学(师范)(为徐州市沛县定向培养)	6	563	539	86937	6	
地理科学(师范)(为徐州市铜山区定向培养)	2	593	592	37932	2	
地理科学(师范)(为徐州市睢宁县定向培养)	6	567	532	94094	6	
12专业组(思想政治)	**18**	**588**	**534**	**92079**	**18**	
思想政治教育(师范)(为连云港市灌云县定向培养)	5	540	534	92079	5	
思想政治教育(师范)(为连云港市赣榆区定向培养)	2	582	582	46258	2	
思想政治教育(师范)(为盐城市东台市定向培养)	1	576	576	51456	1	
思想政治教育(师范)(为盐城市建湖县定向培养)	1	588	588	41159	1	
思想政治教育(师范)(为盐城市滨海县定向培养)	3	581	571	56021	3	
思想政治教育(师范)(为盐城市响水县定向培养)	1	551	551	75103	1	
思想政治教育(师范)(为泰州市兴化市定向培养)	5	571	557	69274	5	
1222 江苏师范大学	**187**				**179**	**8**
07专业组(不限)	**47**	**585**	**547**	**78999**	**40**	**7**
经济学	4	570	561	65452	4	
金融工程	6	559	557	69274	6	
社会工作	5	561	549	77083	3	2
机械设计制造及其自动化	10	585	567	59799	10	
车辆工程	5	570	561	65452	5	
电子信息工程	6	576	566	60725	6	
光电信息科学与工程	6	585	561	65452	6	
文化产业管理	5	549	547	78999		5
08专业组(不限)	**140**	**642**	**547**	**78999**	**139**	**1**
小学教育(师范)(为苏州市太仓市定向培养)	20	617	555	71148	20	
小学教育(师范)(为苏州市吴江区定向培养)	8	642	616	20903	8	
汉语言文学(师范)(为南通市海安市定向培养)	2	613	599	32622	2	
汉语言文学(师范)(为南通市如皋市定向培养)	2	616	612	23568	2	
汉语言文学(师范)(为南通市如东县定向培养)	2	593	588	41159	2	
汉语言文学(师范)(为南通市启东市定向培养)	2	614	602	30377	2	
汉语言文学(师范)(为南通市海门区定向培养)	2	614	614	22200	2	
英语(师范)(为苏州市张家港市定向培养)	2	621	619	19103	2	
英语(师范)(为南通市海安市定向培养)	2	600	600	31866	2	
英语(师范)(为南通市如皋市定向培养)	2	632	619	19103	2	
英语(师范)(为南通市如东县定向培养)	2	592	587	42009	2	
英语(师范)(为南通市启东市定向培养)	3	606	598	33367	3	
英语(师范)(为南通市海门区定向培养)	2	600	599	32622	2	
数学与应用数学(师范)(为南通市海安市定向培养)	6	613	601	31135	6	
数学与应用数学(师范)(为南通市如皋市定向培养)	9	623	612	23568	9	
数学与应用数学(师范)(为南通市如东县定向培养)	10	614	592	37932	10	
数学与应用数学(师范)(为南通市启东市定向培养)	8	626	599	32622	8	
数学与应用数学(师范)(为南通市海门区定向培养)	8	632	599	32622	8	
数学与应用数学(师范)(为南通市通州区定向培养)	4	619	616	20903	4	
教育技术学(师范)(为无锡市惠山区定向培养)	2	624	613	22857	2	
教育技术学(师范)(为连云港市灌云县定向培养)	4	570	554	72168	4	
教育技术学(师范)(为南通市海安市定向培养)	2	599	598	33367	2	
教育技术学(师范)(为南通市如皋市定向培养)	2	611	611	24195	2	
教育技术学(师范)(为南通市如东县定向培养)	2	587	581	47114	2	
教育技术学(师范)(为南通市通州区定向培养)	1	617	617	20292	1	
教育技术学(师范)(为盐城市东台市定向培养)	2	576	573	54146	2	
教育技术学(师范)(为盐城市滨海县定向培养)	4	577	564	62693	4	
教育技术学(师范)(为泰州市	1	580	580	47955	1	

院校、专业组、专业名称	录取数	最高分	最低分	最低分位次	平行志愿	征求志愿
兴化市定向培养)						
教育技术学(师范)(为扬州市宝应县定向培养)	2	574	573	54146	2	
教育技术学(师范)(为扬州市江都区定向培养)	3	594	585	43657	3	
教育技术学(师范)(为扬州市邗江区定向培养)	1	599	599	32622	1	
教育技术学(师范)(为徐州市丰县定向培养)	3	557	547	78999	3	
教育技术学(师范)(为徐州市沛县定向培养)	2	576	568	58808	2	
教育技术学(师范)(为宿迁市沭阳县定向培养)	7	593	569	57929	7	
教育技术学(师范)(为宿迁市泗阳县定向培养)	4	578	561	65452	3	1
教育技术学(师范)(为宿迁市泗洪县定向培养)	2	573	565	61774	2	
1223 徐州医科大学	**89**				**87**	**2**
03专业组(化学或生物)	**89**	**633**	**540**	**85962**	**87**	**2**
临床医学(为徐州市睢宁县定向培养)	18	571	540	85962	18	
临床医学(为徐州市贾汪区定向培养)	12	593	544	81927	10	2
麻醉学(为南京市溧水区定向培养)	2	604	604	28962	2	
麻醉学(为南京市浦口区定向培养)	1	632	632	12050	1	
麻醉学(为南京市栖霞区定向培养)	1	609	609	25496	1	
麻醉学(为无锡市锡山区定向培养)	1	623	623	16748	1	
麻醉学(为徐州市睢宁县定向培养)	1	610	610	24841	1	
麻醉学(为徐州市贾汪区定向培养)	3	584	578	49756	3	
麻醉学(为徐州市丰县定向培养)	2	600	582	46258	2	
麻醉学(为徐州市铜山区定向培养)	4	609	592	37932	4	
麻醉学(为常州市金坛区定向培养)	1	632	632	12050	1	
麻醉学(为常州市新北区定向培养)	1	616	616	20903	1	
麻醉学(为苏州市张家港市定向培养)	1	619	619	19103	1	
麻醉学(为苏州市太仓市定向培养)	1	629	629	13587	1	
麻醉学(为苏州市吴中区定向培养)	2	612	611	24195	2	
麻醉学(为苏州市相城区定向培养)	4	620	604	28962	4	
麻醉学(为南通市如东县定向培养)	2	612	593	37179	2	
麻醉学(为南通市启东市定向培养)	3	613	601	31135	3	
麻醉学(为南通市海门区定向培养)	1	603	603	29716	1	
麻醉学(为南通市通州区定向培养)	2	629	605	28268	2	
麻醉学(为连云港市赣榆区定向培养)	1	633	633	11593	1	
麻醉学(为淮安市洪泽区定向培养)	1	604	604	28962	1	
麻醉学(为淮安市淮安区定向培养)	2	602	583	45410	2	
麻醉学(为盐城市响水县定向培养)	1	599	599	32622	1	
麻醉学(为盐城市滨海县定向培养)	1	600	600	31866	1	
麻醉学(为盐城市东台市定向培养)	1	612	612	23568	1	
麻醉学(为盐城市大丰区定向培养)	1	604	604	28962	1	
麻醉学(为扬州市江都区定向培养)	4	607	599	32622	4	
麻醉学(为扬州市仪征市定向培养)	1	616	616	20903	1	
麻醉学(为扬州市邗江区定向培养)	1	618	618	19695	1	
麻醉学(为镇江市句容市定向培养)	1	586	586	42828	1	
麻醉学(为镇江市扬中市定向培养)	2	595	591	38768	2	
麻醉学(为泰州市兴化市定向培养)	4	611	605	28268	4	
麻醉学(为泰州市海陵区定向培养)	1	616	616	20903	1	
麻醉学(为宿迁市沭阳县定向培养)	1	597	597	34107	1	
麻醉学(为宿迁市泗阳县定向培养)	1	593	593	37179	1	
麻醉学(为宿迁市宿豫区定向培养)	1	594	594	36407	1	
麻醉学(为宿迁市宿城区定向培养)	1	603	603	29716	1	
1261 苏州大学	**99**				**90**	**9**
09专业组(不限)	**2**	**610**	**606**	**27545**	**2**	
运动康复	2	610	606	27545	2	

2023年普通类(物理等科目类)提前录取本科院校

院校、专业组、专业名称	录取数	最高分	最低分	最低分位次	平行志愿	征求志愿
10专业组(化学)	43	631	589	40322	34	9
材料类(材料科学与工程、高分子材料与工程)	5	618	612	23568	5	
冶金工程	5	618	605	28268	4	1
金属材料工程	5	610	604	28962	5	
轻化工程	5	631	604	28962	4	1
纺织工程	7	610	603	29716	7	
服装设计与工程	5	606	589	40322		5
非织造材料与工程	4	611	589	40322	2	2
交通运输	5	617	610	24841	5	
药学(省拔尖学生培养基地)	2	615	612	23568	2	
11专业组(生物)	14	607	588	41159	14	
护理学	14	607	588	41159	14	
12专业组(化学或生物)	10	621	592	37932	10	
预防医学(为苏州市张家港市定向培养)	1	605	605	28268	1	
预防医学(为苏州市太仓市定向培养)	3	613	604	28962	3	
预防医学(为苏州市吴中区定向培养)	3	621	611	24195	3	
预防医学(为苏州市吴江区定向培养)	3	617	592	37932	3	
13专业组(化学和生物)	30	622	572	55138	30	
临床医学(为苏州市张家港市定向培养)	20	613	572	55138	20	
临床医学(为苏州市吴江区定向培养)	10	622	593	37179	10	
1262 苏州科技大学	133				132	1
05专业组(不限)	97	643	545	80935	97	
数学与应用数学(师范)(为徐州市丰县定向培养)	5	600	568	58808	5	
数学与应用数学(师范)(为徐州市沛县定向培养)	20	622	559	67392	20	
数学与应用数学(师范)(为徐州市铜山区定向培养)	5	620	593	37179	5	
数学与应用数学(师范)(为徐州市睢宁县定向培养)	15	558	545	80935	15	
数学与应用数学(师范)(为徐州市邳州市定向培养)	5	608	589	40322	5	
数学与应用数学(师范)(为徐州市贾汪区定向培养)	5	589	578	49756	5	
物理学(师范)(为苏州市张家港市定向培养)	3	629	614	22200	3	
物理学(师范)(为苏州市常熟市定向培养)	2	643	637	9657	2	
物理学(师范)(为苏州市太仓市定向培养)	4	599	577	50595	4	
物理学(师范)(为南通市海安市定向培养)	4	620	605	28268	4	
物理学(师范)(为南通市如皋市定向培养)	6	632	617	20292	6	
物理学(师范)(为南通市如东县定向培养)	4	638	594	36407	4	
物理学(师范)(为南通市启东市定向培养)	5	611	593	37179	5	
物理学(师范)(为南通市海门区定向培养)	3	608	604	28962	3	
物理学(师范)(为南通市通州区定向培养)	2	625	622	17335	2	
物理学(师范)(为淮安市淮阴区定向培养)	4	582	568	58808	4	
物理学(师范)(为淮安市涟水县定向培养)	2	577	575	52350	2	
物理学(师范)(为淮安市金湖县定向培养)	3	584	571	56021	3	
06专业组(化学)	36	618	547	78999	35	1
化学(师范)(为苏州市张家港市定向培养)	2	617	609	25496	2	
化学(师范)(为苏州市太仓市定向培养)	4	618	563	63654	4	
化学(师范)(为连云港市东海县定向培养)	6	569	552	74112	6	
化学(师范)(为连云港市灌云县定向培养)	10	563	547	78999	9	1
化学(师范)(为连云港市赣榆区定向培养)	7	588	583	45410	7	
化学(师范)(为盐城市东台市定向培养)	2	579	575	52350	2	
化学(师范)(为盐城市阜宁县定向培养)	1	595	595	35651	1	
化学(师范)(为盐城市滨海县定向培养)	2	598	584	44516	2	
化学(师范)(为盐城市响水县定向培养)	2	580	578	49756	2	
1301 南通大学	294				272	22
06专业组(不限)	16	591	574	53221	9	7
自动化	4	591	581	47114	4	
电气工程及其自动化	4	590	584	44516	4	
机械电子工程	4	576	574	53221		4
机械设计制造及其自动化	4	579	576	51456	1	3
07专业组(化学)	54	584	539	86937	43	11
化学(师范)	5	584	562	64501	5	
康复治疗学	5	560	554	72168	5	
智能医学工程	5	562	556	70201	5	
医学检验技术	5	572	560	66452	5	
纺织工程	5	555	549	77083	5	
非织造材料与工程	5	559	543	82963		5
服装设计与工程	5	550	539	86937	1	4

2023年普通类(物理等科目类)提前录取本科院校

院校、专业组、专业名称	录取数	最高分	最低分	最低分位次	平行志愿	征求志愿
轻化工程	5	563	545	80935	3	2
交通工程	7	571	556	70201	7	
交通设备与控制工程	7	566	550	76117	7	
08专业组(不限)	119	622	553	73153	116	3
小学教育(师范)(为镇江市丹阳市定向培养)	20	609	586	42828	20	
小学教育(师范)(为镇江市句容市定向培养)	20	622	571	56021	17	3
小学教育(师范)(为盐城市东台市定向培养)	5	594	579	48832	5	
小学教育(师范)(为盐城市射阳县定向培养)	4	593	589	40322	4	
汉语言文学(师范)(为徐州市睢宁县定向培养)	8	582	560	66452	8	
英语(师范)(为盐城市东台市定向培养)	1	590	590	39519	1	
英语(师范)(为盐城市建湖县定向培养)	1	599	599	32622	1	
英语(师范)(为盐城市阜宁县定向培养)	1	571	571	56021	1	
英语(师范)(为盐城市滨海县定向培养)	1	588	588	41159	1	
英语(师范)(为淮安市涟水县定向培养)	2	599	589	40322	2	
英语(师范)(为连云港市东海县定向培养)	9	596	553	73153	9	
英语(师范)(为连云港市灌南县定向培养)	1	568	568	58808	1	
英语(师范)(为连云港市赣榆区定向培养)	3	603	591	38768	3	
数学与应用数学(师范)(为宿迁市沭阳县定向培养)	4	609	600	31866	4	
数学与应用数学(师范)(为宿迁市泗阳县定向培养)	12	588	574	53221	12	
数学与应用数学(师范)(为宿迁市泗洪县定向培养)	12	609	570	56969	12	
数学与应用数学(师范)(为宿迁市宿豫区定向培养)	8	589	568	58808	8	
数学与应用数学(师范)(为镇江市句容市定向培养)	5	602	593	37179	5	
数学与应用数学(师范)(为镇江市扬中市定向培养)	2	582	580	47955	2	
09专业组(化学或生物)	105	611	562	64501	104	1
临床医学(为徐州市新沂市定向培养)	1	578	578	49756	1	
临床医学(为南通市如东县定向培养)	16	597	562	64501	16	
临床医学(为南通市启东市定向培养)	23	596	567	59799	23	

院校、专业组、专业名称	录取数	最高分	最低分	最低分位次	平行志愿	征求志愿
临床医学(为南通市海门区定向培养)	15	611	589	40322	15	
预防医学(为南京市六合区定向培养)	2	596	589	40322	2	
预防医学(为无锡市宜兴市定向培养)	19	611	579	48832	19	
预防医学(为南通市启东市定向培养)	13	599	566	60725	12	1
预防医学(为南通市如皋市定向培养)	4	605	597	34107	4	
预防医学(为南通市海门区定向培养)	9	594	581	47114	9	
预防医学(为南通市通州区定向培养)	3	588	581	47114	3	
1341 淮阴师范学院	171				169	2
06专业组(不限)	119	636	538	87986	117	2
小学教育(师范)(为淮安市淮阴区定向培养)	2	597	574	53221	2	
小学教育(师范)(为淮安市洪泽区定向培养)	9	588	561	65452	9	
小学教育(师范)(为淮安市金湖县定向培养)	10	553	538	87986	10	
汉语言文学(师范)(为南京市高淳区定向培养)	1	584	584	44516	1	
汉语言文学(师范)(为无锡市江阴市定向培养)	5	625	607	26858	3	2
汉语言文学(师范)(为无锡市宜兴市定向培养)	4	597	589	40322	4	
数学与应用数学(师范)(为扬州市宝应县定向培养)	1	594	594	36407	1	
数学与应用数学(师范)(为扬州市高邮市定向培养)	4	589	572	55138	4	
数学与应用数学(师范)(为扬州市江都区定向培养)	6	622	597	34107	6	
数学与应用数学(师范)(为扬州市邗江区定向培养)	4	627	608	26161	4	
数学与应用数学(师范)(为扬州市仪征市定向培养)	3	600	589	40322	3	
数学与应用数学(师范)(为无锡市江阴市定向培养)	10	629	615	21590	10	
数学与应用数学(师范)(为无锡市宜兴市定向培养)	7	627	598	33367	7	
数学与应用数学(师范)(为淮安市淮阴区定向培养)	6	593	577	50595	6	
数学与应用数学(师范)(为淮安市涟水县定向培养)	3	573	569	57929	3	
数学与应用数学(师范)(为淮安市金湖县定向培养)	3	557	554	72168	3	
物理学(师范)(为无锡市江阴	5	636	608	26161	5	

院校、专业组、专业名称	录取数	最高分	最低分	最低分位次	平行志愿	征求志愿
市定向培养)						
物理学(师范)(为无锡市宜兴市定向培养)	3	613	605	28268	3	
物理学(师范)(为盐城市东台市定向培养)	4	591	579	48832	4	
物理学(师范)(为盐城市建湖县定向培养)	2	591	589	40322	2	
物理学(师范)(为盐城市阜宁县定向培养)	2	578	571	56021	2	
物理学(师范)(为盐城市滨海县定向培养)	10	602	564	62693	10	
物理学(师范)(为盐城市响水县定向培养)	2	566	562	64501	2	
物理学(师范)(为泰州市靖江市定向培养)	2	606	600	31866	2	
物理学(师范)(为泰州市兴化市定向培养)	8	627	579	48832	8	
物理学(师范)(为泰州市姜堰区定向培养)	3	612	595	35651	3	
07专业组(化学或生物)	**30**	**625**	**565**	**61774**	**30**	
生物科学(师范)(为苏州市太仓市定向培养)	2	575	565	61774	2	
生物科学(师范)(为苏州市吴江区定向培养)	2	625	616	20903	2	
生物科学(师范)(为扬州市宝应县定向培养)	2	579	573	54146	2	
生物科学(师范)(为扬州市高邮市定向培养)	2	582	568	58808	2	
生物科学(师范)(为扬州市江都区定向培养)	4	593	590	39519	4	
生物科学(师范)(为扬州市仪征市定向培养)	1	588	588	41159	1	
生物科学(师范)(为南通市海安市定向培养)	2	601	598	33367	2	
生物科学(师范)(为南通市如皋市定向培养)	6	620	605	28268	6	
生物科学(师范)(为南通市如东县定向培养)	5	598	580	47955	5	
生物科学(师范)(为南通市海门区定向培养)	2	598	594	36407	2	
生物科学(师范)(为南通市通州区定向培养)	2	617	615	21590	2	
08专业组(化学或地理)	**22**	**621**	**554**	**72168**	**22**	
地理科学(师范)(为无锡市江阴市定向培养)	1	604	604	28962	1	
地理科学(师范)(为无锡市宜兴市定向培养)	1	598	598	33367	1	
地理科学(师范)(为无锡市惠山区定向培养)	1	621	621	17908	1	

院校、专业组、专业名称	录取数	最高分	最低分	最低分位次	平行志愿	征求志愿
地理科学(师范)(为镇江市句容市定向培养)	3	593	575	52350	3	
地理科学(师范)(为镇江市扬中市定向培养)	1	554	554	72168	1	
地理科学(师范)(为镇江市丹徒区定向培养)	1	589	589	40322	1	
地理科学(师范)(为扬州市宝应县定向培养)	1	571	571	56021	1	
地理科学(师范)(为扬州市高邮市定向培养)	1	565	565	61774	1	
地理科学(师范)(为扬州市江都区定向培养)	2	589	588	41159	2	
地理科学(师范)(为扬州市仪征市定向培养)	1	588	588	41159	1	
地理科学(师范)(为南通市如皋市定向培养)	4	609	603	29716	4	
地理科学(师范)(为南通市海门区定向培养)	1	598	598	33367	1	
地理科学(师范)(为南通市通州区定向培养)	2	612	610	24841	2	
地理科学(师范)(为泰州市靖江市定向培养)	1	595	595	35651	1	
地理科学(师范)(为泰州市姜堰区定向培养)	1	601	601	31135	1	
1362 盐城师范学院	**75**				**75**	
07专业组(不限)	**44**	**629**	**557**	**69274**	**44**	
小学教育(师范)(为连云港市灌南县定向培养)	3	563	559	67392	3	
小学教育(师范)(为连云港市赣榆区定向培养)	5	581	580	47955	5	
小学教育(师范)(为宿迁市沭阳县定向培养)	15	583	566	60725	15	
英语(师范)(为无锡市江阴市定向培养)	4	629	606	27545	4	
英语(师范)(为无锡市宜兴市定向培养)	4	628	581	47114	4	
英语(师范)(为宿迁市沭阳县定向培养)	2	583	579	48832	2	
英语(师范)(为宿迁市泗阳县定向培养)	2	582	564	62693	2	
英语(师范)(为宿迁市泗洪县定向培养)	7	565	557	69274	7	
英语(师范)(为宿迁市宿豫区定向培养)	2	568	566	60725	2	
08专业组(化学或生物)	**31**	**602**	**528**	**98180**	**31**	
生物科学(师范)(为无锡市宜兴市定向培养)	2	587	583	45410	2	
生物科学(师范)(为镇江市句容市定向培养)	2	585	578	49756	2	

院校、专业组、专业名称	录取数	最高分	最低分	最低分位次	平行志愿	征求志愿
生物科学(师范)(为镇江市扬中市定向培养)	2	564	563	63654	2	
生物科学(师范)(为镇江市丹徒区定向培养)	1	600	600	31866	1	
生物科学(师范)(为泰州市靖江市定向培养)	2	596	594	36407	2	
生物科学(师范)(为泰州市兴化市定向培养)	1	600	600	31866	1	
生物科学(师范)(为泰州市姜堰区定向培养)	2	602	591	38768	2	
生物科学(师范)(为徐州市丰县定向培养)	5	553	541	84968	5	
生物科学(师范)(为徐州市铜山区定向培养)	4	586	573	54146	4	
生物科学(师范)(为徐州市睢宁县定向培养)	6	543	528	98180	6	
生物科学(师范)(为徐州市邳州市定向培养)	4	582	577	50595	4	
1381 扬州大学	**239**				**237**	**2**
12专业组(不限)	**4**	**618**	**605**	**28268**	**4**	
数学与应用数学(师范)	2	618	608	26161	2	
物理学(含师范)	2	606	605	28268	2	
13专业组(不限)	**35**	**592**	**582**	**46258**	**33**	**2**
微电子科学与工程	3	587	586	42828	3	
光电信息科学与工程	3	586	583	45410	3	
电气工程及其自动化	7	592	586	42828	7	
机械设计制造及其自动化	4	585	582	46258	3	1
车辆工程	3	589	583	45410	2	1
自动化	4	588	584	44516	4	
人工智能	4	584	582	46258	4	
能源与动力工程	1	582	582	46258	1	
新能源科学与工程	4	584	582	46258	4	
水利水电工程	2	584	582	46258	2	
14专业组(化学)	**2**	**576**	**574**	**53221**	**2**	
化学类(化学、应用化学)	2	576	574	53221	2	
15专业组(化学或生物)	**4**	**607**	**601**	**31135**	**4**	
临床医学	4	607	601	31135	4	
16专业组(不限)	**72**	**632**	**560**	**66452**	**72**	
小学教育(师范)(为南京市浦口区定向培养)	2	619	616	20903	2	
小学教育(师范)(为南京市六合区定向培养)	12	632	609	25496	12	
小学教育(师范)(为南京市高淳区定向培养)	14	614	596	34854	14	
数学与应用数学(师范)(为连云港市东海县定向培养)	20	591	561	65452	20	
数学与应用数学(师范)(为连云港市灌云县定向培养)	12	579	560	66452	12	
数学与应用数学(师范)(为连云港市灌南县定向培养)	2	613	583	45410	2	
数学与应用数学(师范)(为连云港市赣榆区定向培养)	10	608	592	37932	10	
17专业组(化学)	**42**	**615**	**525**	**101269**	**42**	
化学(师范)(为徐州市丰县定向培养)	8	567	525	101269	8	
化学(师范)(为徐州市沛县定向培养)	10	582	538	87986	10	
化学(师范)(为徐州市铜山区定向培养)	4	607	583	45410	4	
化学(师范)(为徐州市睢宁县定向培养)	11	587	532	94094	11	
化学(师范)(为徐州市邳州市定向培养)	4	615	591	38768	4	
化学(师范)(为徐州市贾汪区定向培养)	5	573	549	77083	5	
18专业组(化学或生物)	**80**	**619**	**567**	**59799**	**80**	
临床医学(为徐州市丰县定向培养)	1	568	568	58808	1	
临床医学(为苏州市相城区定向培养)	12	619	576	51456	12	
临床医学(为淮安市洪泽区定向培养)	1	584	584	44516	1	
临床医学(为淮安市淮安区定向培养)	3	588	582	46258	3	
临床医学(为淮安市淮阴区定向培养)	3	591	572	55138	3	
临床医学(为淮安市金湖县定向培养)	6	584	567	59799	6	
临床医学(为淮安市涟水县定向培养)	3	585	581	47114	3	
临床医学(为盐城市响水县定向培养)	2	593	588	41159	2	
临床医学(为盐城市滨海县定向培养)	2	596	595	35651	2	
临床医学(为盐城市射阳县定向培养)	3	605	593	37179	3	
临床医学(为盐城市东台市定向培养)	8	592	569	57929	8	
临床医学(为盐城市大丰区定向培养)	2	584	579	48832	2	
临床医学(为盐城市盐都区定向培养)	2	599	596	34854	2	
临床医学(为扬州市高邮市定向培养)	4	601	571	56021	4	
临床医学(为扬州市江都区定向培养)	13	596	575	52350	13	
临床医学(为扬州市仪征市定向培养)	5	598	582	46258	5	

2023年普通类(物理等科目类)提前录取本科院校

院校、专业组、专业名称	录取数	最高分	最低分	最低分位次	平行志愿	征求志愿
临床医学(为扬州市邗江区定向培养)	4	602	597	34107	4	
临床医学(为扬州市广陵区定向培养)	6	616	568	58808	6	
1401 江苏大学	155				127	28
06专业组(不限)	45	601	576	51456	24	21
物理学(师范)	11	596	576	51456	1	10
计算机科学与技术	1	601	601	31135	1	
通信工程	2	595	594	36407	2	
数学与应用数学(师范)	2	588	588	41159	2	
车辆工程	2	590	590	39519	2	
机械设计制造及其自动化	1	592	592	37932	1	
软件工程	2	599	595	35651	2	
统计学	2	584	579	48832		2
材料类(材料科学与工程、冶金工程、高分子材料与工程)	1	584	584	44516		1
能源与动力工程	3	596	580	47955	2	1
新能源科学与工程	2	589	589	40322	2	
信息管理与信息系统	3	578	576	51456		3
复合材料与工程	1	576	576	51456		1
新能源汽车工程	1	591	591	38768	1	
自动化	2	592	590	39519	2	
机械电子工程	1	591	591	38768	1	
食品科学与工程类(食品科学与工程、食品质量与安全)	3	590	580	47955		3
物联网工程	3	592	591	38768	3	
信息安全	2	594	594	36407	2	
07专业组(不限)	6	581	578	49756	6	
农业机械化及其自动化	2	581	578	49756	2	
农业电气化	2	580	579	48832	2	
农业智能装备工程	2	578	578	49756	2	
08专业组(不限)	4	570	565	61774	4	
护理学	4	570	565	61774	4	
09专业组(化学或生物)	13	605	580	47955	6	7
临床医学	3	605	604	28962	3	
医学影像学	2	602	598	33367	2	
预防医学	7	597	580	47955	1	6
药学类(药学、药物制剂)	1	589	589	40322		1
10专业组(化学或生物)	2	570	567	59799	2	
设施农业科学与工程	2	570	567	59799	2	
11专业组(化学或生物)	85	626	568	58808	85	
临床医学(为无锡市江阴市定向培养)	11	611	590	39519	11	
临床医学(为无锡市宜兴市定向培养)	15	611	586	42828	15	
临床医学(为无锡市锡山区定向培养)	9	626	597	34107	9	
临床医学(为苏州市太仓市定向培养)	9	602	568	58808	9	
临床医学(为苏州市吴中区定向培养)	9	609	596	34854	9	
临床医学(为苏州市常熟市定向培养)	4	621	608	26161	4	
临床医学(为镇江市丹阳市定向培养)	10	603	583	45410	10	
临床医学(为镇江市句容市定向培养)	8	598	578	49756	8	
临床医学(为镇江市扬中市定向培养)	9	589	575	52350	9	
临床医学(为镇江市丹徒区定向培养)	1	594	594	36407	1	
1421 泰州学院	42				42	
03专业组(不限)	42	603	555	71148	42	
汉语言文学(师范)(为泰州市兴化市定向培养)	3	585	577	50595	3	
汉语言文学(师范)(为宿迁市沭阳县定向培养)	1	598	598	33367	1	
汉语言文学(师范)(为宿迁市泗阳县定向培养)	5	563	555	71148	5	
汉语言文学(师范)(为宿迁市泗洪县定向培养)	8	576	555	71148	8	
汉语言文学(师范)(为宿迁市宿豫区定向培养)	2	578	575	52350	2	
小学教育(师范)(为泰州市靖江市定向培养)	7	598	587	42009	7	
小学教育(师范)(为泰州市泰兴市定向培养)	5	586	577	50595	5	
小学教育(师范)(为泰州市兴化市定向培养)	8	594	570	56969	8	
小学教育(师范)(为泰州市姜堰区定向培养)	3	603	588	41159	3	
1846 南京医科大学康达学院	230				228	2
02专业组(化学或生物)	230	610	475	150470	228	2
临床医学(为徐州市沛县定向培养)	5	610	525	101269	5	
临床医学(为徐州市铜山区定向培养)	8	582	546	79957	8	
临床医学(为南通市海安市定向培养)	5	596	583	45410	5	
临床医学(为南通市如皋市定向培养)	22	597	566	60725	22	
临床医学(为南通市通州区定向培养)	22	593	555	71148	22	
临床医学(为连云港市东海县定向培养)	3	566	558	68331	3	
临床医学(为连云港市灌云县定向培养)	3	556	545	80935	3	

院校、专业组、专业名称	录取数	最高分	最低分	最低分位次	平行志愿	征求志愿
临床医学(为连云港市灌南县定向培养)	5	570	534	92079	5	
临床医学(为连云港市赣榆区定向培养)	3	566	563	63654	3	
临床医学(为连云港市海州区定向培养)	2	547	545	80935	2	
临床医学(为泰州市靖江市定向培养)	4	590	570	56969	4	
临床医学(为泰州市泰兴市定向培养)	9	580	557	69274	8	1
临床医学(为泰州市姜堰区定向培养)	5	583	576	51456	5	
临床医学(为泰州市兴化市定向培养)	8	583	555	71148	8	
临床医学(为泰州市海陵区定向培养)	6	607	581	47114	6	
临床医学[为泰州市医药高新区(高港区)定向培养]	6	589	555	71148	6	
临床医学(为宿迁市沭阳县定向培养)	6	565	545	80935	6	
临床医学(为宿迁市泗阳县定向培养)	4	585	571	56021	4	
临床医学(为宿迁市宿豫区定向培养)	3	568	561	65452	3	
临床医学(为宿迁市宿城区定向培养)	6	588	543	82963	6	
预防医学(为无锡市锡山区定向培养)	15	592	545	80935	15	
预防医学(为徐州市睢宁县定向培养)	13	533	475	150470	13	
预防医学(为徐州市贾汪区定向培养)	3	540	529	97145	3	
预防医学(为徐州市丰县定向培养)	2	550	547	78999	2	
预防医学(为徐州市铜山区定向培养)	2	602	554	72168	2	
预防医学(为常州市金坛区定向培养)	4	598	583	45410	4	
预防医学(为常州市新北区定向培养)	4	585	570	56969	4	
预防医学(为苏州市相城区定向培养)	15	599	541	84968	15	
预防医学(为连云港市灌云县定向培养)	3	538	529	97145	3	
预防医学(为淮安市洪泽区定向培养)	1	581	581	47114	1	
预防医学(为淮安市淮安区定向培养)	1	568	568	58808	1	
预防医学(为盐城市东台市定向培养)	5	559	555	71148	5	
预防医学(为盐城市盐都区定向培养)	4	592	569	57929	4	
预防医学(为扬州市宝应县定向培养)	2	576	571	56021	2	
预防医学(为扬州市江都区定向培养)	2	586	573	54146	2	
预防医学(为扬州市仪征市定向培养)	2	579	576	51456	2	
预防医学(为扬州市广陵区定向培养)	2	558	551	75103	2	
预防医学(为镇江市句容市定向培养)	2	574	574	53221	2	
预防医学(为镇江市扬中市定向培养)	3	571	568	58808	3	
预防医学(为镇江市丹徒区定向培养)	1	565	565	61774	1	
预防医学(为泰州市靖江市定向培养)	2	564	563	63654	2	
预防医学(为泰州市兴化市定向培养)	2	562	554	72168	1	1
预防医学(为泰州市海陵区定向培养)	3	585	580	47955	3	
预防医学(为宿迁市泗阳县定向培养)	1	587	587	42009	1	
预防医学(为宿迁市宿豫区定向培养)	1	559	559	67392	1	
2117 上海海事大学	**18**				**18**	
02专业组(化学)	**18**	**605**	**564**	**62693**	**18**	
航海技术	8	605	574	53221	8	
轮机工程	6	588	571	56021	6	
船舶电子电气工程	4	574	564	62693	4	
2131 上海海关学院	**17**				**16**	**1**
03专业组(不限)	**12**	**652**	**641**	**8031**	**11**	**1**
海关管理(只招男生)	7	652	642	7656	7	
海关检验检疫安全(只招男生)	3	652	641	8031	2	1
海关稽查(只招男生)	2	647	642	7656	2	
04专业组(不限)	**5**	**656**	**649**	**5239**	**5**	
海关管理(只招女生)	3	656	653	4114	3	
海关检验检疫安全(只招女生)	1	649	649	5239	1	
海关稽查(只招女生)	1	653	653	4114	1	
2251 浙江海洋大学	**6**				**5**	**1**
02专业组(化学)	**6**	**585**	**533**	**93122**	**5**	**1**
航海技术	3	561	535	91099	3	
轮机工程(轮机管理)	3	585	533	93122	2	1
2412 集美大学	**10**				**10**	
02专业组(化学)	**5**	**560**	**547**	**78999**	**5**	

2023年普通类（物理等科目类）提前录取本科院校

院校、专业组、专业名称	录取数	最高分	最低分	最低分位次	平行志愿	征求志愿
轮机工程	3	560	547	78999	3	
船舶电子电气工程	2	552	548	78085	2	
03专业组(化学)	5	561	549	77083	5	
航海技术	5	561	549	77083	5	
3101 北京大学	2				2	
04专业组(不限)	2	679	677	494	2	
德语	1	677	677	494	1	
西班牙语	1	679	679	376	1	
3103 清华大学	3				3	
02专业组(不限)	3	688	680	320	3	
核工程与核技术	3	688	680	320	3	
3117 北京语言大学	6				6	
04专业组(不限)	6	608	595	35651	6	
德语	1	602	602	30377	1	
法语	1	605	605	28268	1	
西班牙语	1	597	597	34107	1	
阿拉伯语(涉外石油人才实验班)	1	608	608	26161	1	
日语	1	595	595	35651	1	
朝鲜语(韩国语)	1	600	600	31866	1	
3119 对外经济贸易大学	4				4	
03专业组(不限)	4	640	633	11593	4	
法语[含国际经济与贸易+法语(双学士学位复合型人才培养项目)]	1	638	638	9244	1	
德语	2	640	635	10612	2	
西班牙语	1	633	633	11593	1	
3123 中国传媒大学	4				4	
04专业组(不限)	4	620	611	24195	4	
日语	2	620	614	22200	2	
法语	2	613	611	24195	2	
3131 外交学院	5				5	
03专业组(不限)	5	650	637	9657	5	
法学	1	650	650	4920	1	
国际经济与贸易	2	648	644	6899	2	
金融学	2	640	637	9657	2	
3410 山西农业大学	2				2	
04专业组(化学)	2	544	537	89032	2	
种子科学与工程	2	544	537	89032	2	
4132 大连海事大学	4				4	
02专业组(不限)	4	612	607	26858	4	
航海技术	2	612	611	24195	2	
轮机工程(海上)	2	610	607	26858	2	
4201 吉林大学	2				2	
05专业组(思想政治)	2	631	619	19103	2	
马克思主义理论	2	631	619	19103	2	
4311 黑龙江大学	7				7	
05专业组(不限)	7	577	535	91099	7	
阿拉伯语	2	538	535	91099	2	
日语	3	577	544	81927	3	
朝鲜语	2	536	536	90081	2	
5206 中南财经政法大学	1				1	
05专业组(思想政治)	1	591	591	38768	1	
公安学类[治安学、侦查学、侦查学(法庭科学方向)](只招男生)	1	591	591	38768	1	
5207 武汉理工大学	2				2	
02专业组(不限)	2	616	606	27545	2	
轮机工程	2	616	606	27545	2	
5301 湖南大学	3				3	
03专业组(思想政治)	3	621	615	21590	3	
马克思主义理论	3	621	615	21590	3	
5456 香港中文大学(深圳)	5				5	
04专业组(不限)	5	660	654	3870	5	
理科试验班[数学与应用数学、计算机科学与技术、金融工程、临床医学(学制六年)、生物医学工程等23个专业]	5	660	654	3870	5	
5604 海南热带海洋学院	3				3	
05专业组(化学)	3	517	484	142060	3	
船舶电子电气工程	3	517	484	142060	3	
6212 四川外国语大学	10				9	1
06专业组(不限)	10	600	550	76117	9	1
俄语	2	557	552	74112	2	
法语(法语法学联合培养)	1	600	600	31866	1	
日语	1	577	577	50595	1	
西班牙语	1	582	582	46258	1	
葡萄牙语	1	550	550	76117	1	
波兰语	1	557	557	69274	1	
乌克兰语	1	551	551	75103	1	
阿拉伯语	1	574	574	53221	1	
朝鲜语	1	579	579	48832		1
6421 云南警官学院	4				4	
03专业组(思想政治)	4	566	551	75103	4	
禁毒学(只招男生)	4	566	551	75103	4	
7117 西安外国语大学	6				6	
03专业组(不限)	6	588	546	79957	6	
日语	3	577	554	72168	3	
朝鲜语	1	546	546	79957	1	
葡萄牙语	1	557	557	69274	1	
意大利语	1	588	588	41159	1	
8757 海南科技职业大学	1				1	
03专业组(不限)	1	480	480	145763	1	
航海技术	1	480	480	145763	1	
9102 香港中文大学	15				15	
03专业组(不限)	1	675	675	625	1	
本科入学奖学金类(含人文、理、工、商等72个专业)	1	675	675	625	1	

2023年普通类(物理等科目类)提前录取本科院校

院校、专业组、专业名称	录取数	最高分	最低分	最低分位次	平行志愿	征求志愿
04专业组(不限)	14	668	658	2950	14	
人文类(含文、社会科学、教育、法律等31个专业)	1	658	658	2950	1	
理科类(含医学、理学等25个专业)	6	663	658	2950	6	
工科类(含工程等12个专业)	6	668	659	2755	6	
商科类(含商科等10个专业)	1	664	664	1848	1	
9106 香港城市大学	8				8	
02专业组(不限)	7	650	641	8031	7	
商学院(含会计等专业)	1	642	642	7656	1	
工学院(工程类)(含建筑工程、智能制造工程学等专业)	2	646	641	8031	2	
工学院(资讯科技及工程类)(含电脑科学、电子计算机及数据工程学等专业)	1	650	650	4920	1	
理学院(含物理学等专业)	2	649	641	8031	2	
数据科学学院(含数据科学等专业)	1	647	647	5894	1	
03专业组(化学或生物)	1	641	641	8031	1	
生物医学系(含生物科学等专业)	1	641	641	8031	1	

(五)普通类(物理等科目类)本科院校

院校、专业组、专业名称	录取数	最高分	最低分	最低分位次	平行志愿	征求志愿
0105 陆军工程大学	6				5	1
04专业组(不限)	6	621	566	60725	5	1
电气工程及其自动化(全国人防电力工程及自动化技术工程师)	1	621	621	17908	1	
通信工程(全国人防通信领域工程师)	1	603	603	29716	1	
土木工程(全国人防工程建筑结构设计与施工工程师)	1	600	600	31866	1	
建筑环境与能源应用工程(全国人防通风空调与给排水工程师)	1	598	598	33367	1	
建筑学(全国人防工程建筑设计工程师)	1	598	598	33367	1	
工程管理(全国人防建筑施工组织管理与监理工程师)	1	566	566	60725		1
0131 海军军医大学	26				25	1
04专业组(不限)	1	595	595	35651	1	
护理学(护师)	1	595	595	35651	1	
05专业组(化学)	4	630	610	24841	4	
药学(药剂师)	1	630	630	13101	1	
中药学(药剂师)	2	618	610	24841	2	
生物技术	1	614	614	22200	1	
06专业组(化学或生物)	21	656	623	16748	20	1
临床医学(高级临床医师)	5	656	641	8031	5	
临床医学(临床医师)	11	641	632	12050	11	
麻醉学(临床麻醉医师)	2	634	632	12050	2	
医学影像学(临床影像医师)	2	635	635	10612	2	
中医学(中医临床医师)	1	623	623	16748		1
0201 中国人民公安大学	4				4	
07专业组(不限)	4	627	624	16213	4	
法学(非公安类招生)	4	627	624	16213	4	
0203 中国人民警察大学	15				15	
08专业组(不限)	15	580	554	72168	15	
消防工程(非公安类招生)	3	580	558	68331	3	
火灾勘查(非公安类招生)	2	577	559	67392	2	
电子信息工程(智慧消防)(非公安类招生)	2	568	557	69274	2	
抢险救援指挥与技术(非公安类招生)	2	556	556	70201	2	
核生化消防(非公安类招生)	2	555	555	71148	2	
海外安全管理(非公安类招生)	4	573	554	72168	4	
0306 中国民用航空飞行学院	52				51	1
05专业组(不限)	44	580	542	83978	43	1
大气科学	2	563	552	74112	2	
应用气象学	2	567	555	71148	2	
电气工程及其自动化	3	580	559	67392	3	
电子信息工程	3	557	551	75103	3	
航空航天工程	2	550	547	78999	2	
飞行器制造工程	3	553	547	78999	3	
飞行器动力工程	2	555	551	75103	2	
飞行器适航技术	2	549	546	79957	2	
无人驾驶航空器系统工程	2	547	545	80935	2	
导航工程	3	553	551	75103	3	
安全工程	2	546	543	82963	2	
消防工程	1	545	545	80935	1	
信息与计算科学	2	543	542	83978	2	
计算机科学与技术	2	568	563	63654	2	
物联网工程	1	544	544	81927	1	
数据科学与大数据技术	1	546	546	79957	1	
网络空间安全	2	546	542	83978	2	
交通管理	2	558	557	69274	2	
物流工程	2	550	544	81927	2	
应用心理学	2	543	543	82963	2	
工商管理	1	542	542	83978	1	
市场营销	1	542	542	83978	1	
公共事业管理	1	551	551	75103		1
06专业组(化学)	7	594	558	68331	7	
交通运输	4	594	566	60725	4	
交通工程	3	565	558	68331	3	
07专业组(思想政治)	1	540	540	85962	1	
思想政治教育	1	540	540	85962	1	
1101 南京大学	737				737	
07专业组(不限)	364	678	665	1692	364	
社会科学试验班(法学、编辑出版学、社会学、社会工作、应用心理学、行政管理、劳动与社会保障、图书馆学、档案学)	17	672	665	1692	17	
经济管理试验班(经济学、金融学、金融工程、保险学、工商管理、市场营销、会计学、财务管理、电子商务、国际经济与贸易)	73	674	665	1692	73	
理科试验班(数理科学类)(数学与应用数学、信息与计算科学、统计学、物理学、应用物理学、声学、天文学、空间科学与技术、大气科学、应用气象学)	57	677	668	1292	57	
电子信息类(电子信息科学与技术、通信工程、微电子科学与工程)	66	678	669	1163	66	

2023年普通类(物理等科目类)本科院校

院校、专业组、专业名称	录取数	最高分	最低分	最低分位次	平行志愿	征求志愿
工科试验班(材料物理、材料化学、新能源科学与工程、光电信息科学与工程、生物医学工程、自动化、建筑学、城乡规划、工业工程类)	133	671	666	1548	133	
建筑类(建筑学、城乡规划)	12	667	665	1692	12	
金融工程[含金融+计算机(双学士学位培养项目)]	6	677	674	689	6	
08专业组(不限)(中外合作办学)	25	663	651	4643	25	
大气科学(中外合作办学)	25	663	651	4643	25	
09专业组(化学)	263	682	668	1292	263	
计算机科学与技术	34	682	674	689	34	
人工智能	16	681	675	625	16	
软件工程	41	673	672	863	41	
理科试验班类(匡亚明学院大理科班)	15	678	674	689	15	
理科试验班类(化学与生命科学类)(生物科学、生物技术、生态学、化学、应用化学)	28	672	668	1292	28	
技术科学试验班[数字经济、智能科学与技术(智能化软件、集成电路)]	129	673	668	1292	129	
10专业组(化学)	32	671	664	1848	32	
理科试验班类(地球科学与资源环境类)(环境工程、地质学、水文与水资源工程、地质工程、地下水科学与工程、地理信息科学、自然地理与资源环境、人文地理与城乡规划、海洋科学、环境科学、地理科学、地球物理学、行星科学)	26	671	664	1848	26	
环境科学与工程类(环境工程、环境科学)	6	665	664	1848	6	
11专业组(化学或生物)	53	680	664	1848	53	
临床医学(5+3一体化)	42	680	664	1848	42	
口腔医学	11	669	664	1848	11	
1102 东南大学	540				540	
05专业组(不限)	347	675	660	2578	347	
建筑类(城乡规划、风景园林、建筑学)	2	662	660	2578	2	
工科试验班(智能车辆工程、新能源科学与工程、机器人工程、电动载运工程、智能感知工程、测控技术与仪器、机械工程、核工程与核技术、建筑环境与能源应用工程、环境工程、电气工程及其自动化、能源与动力工程、自动化)	37	664	660	2578	37	
电子信息类(信息工程、电子科学与技术、海洋信息工程)	93	664	662	2184	93	
电子科学与技术(集成电路)	29	663	660	2578	29	
计算机类(计算机科学与技术、软件工程、网络空间安全、人工智能)	101	664	660	2578	101	
生物医学工程类(生物医学工程、化学工程与工艺、制药工程、生物工程)	7	663	660	2578	7	
理科试验班(数学与应用数学、信息与计算科学、统计学、应用物理学、物理学、工程力学、密码科学与技术)	3	663	660	2578	3	
工科试验班(信息工程等四年制理工科专业)	66	675	665	1692	66	
英语(英语+信息工程)(双学士学位培养项目)	1	663	663	2020	1	
能源与动力工程(能源与动力工程+经济学)(双学士学位培养项目)	1	661	661	2372	1	
网络空间安全(网络空间安全+法学)(双学士学位培养项目)	7	664	660	2578	7	
06专业组(化学或生物)	193	661	647	5894	193	
临床医学(5+3一体化)	161	661	648	5543	161	
临床医学类(临床医学、医学影像学)	28	652	647	5894	28	
预防医学	4	649	647	5894	4	
1103 南京航空航天大学	478				478	
04专业组(不限)	20	659	654	3870	20	
航空航天类(飞行器设计与工程、飞行器环境与生命保障工程、飞行器动力工程、飞行器制造工程、航空航天工程、飞行器控制与信息工程)(长空创新班)	20	659	654	3870	20	
05专业组(不限)	30	660	651	4643	30	
电气工程及其自动化(拔尖创新实验班)	15	660	651	4643	15	
电子信息类(电子信息科学与技术、信息工程)(拔尖创新班)	9	655	651	4643	9	
人工智能(创新班)	6	654	652	4397	6	
06专业组(不限)	87	654	648	5543	87	

2023年普通类(物理等科目类)本科院校

院校、专业组、专业名称	录取数	最高分	最低分	最低分位次	平行志愿	征求志愿
航空航天类(飞行器设计与工程、飞行器环境与生命保障工程、飞行器动力工程、飞行器制造工程、航空航天工程、飞行器控制与信息工程)	79	654	648	5543	79	
工程力学(钱伟长班)	3	648	648	5543	3	
机器人工程	2	649	648	5543	2	
信息与计算科学	1	648	648	5543	1	
管理科学与工程类(信息管理与信息系统、工业工程)	2	649	648	5543	2	
07专业组(不限)	265	651	643	7266	265	
自动化	25	650	643	7266	25	
电气工程及其自动化	96	651	643	7266	96	
电子信息类(电子信息科学与技术、信息工程)	35	650	644	6899	35	
微电子科学与工程(集成电路设计)	15	650	643	7266	15	
飞行器适航技术	3	644	643	7266	3	
交通运输(民航电子电气工程)	1	643	643	7266	1	
计算机科学与技术	57	650	643	7266	57	
人工智能	26	650	643	7266	26	
软件工程	4	647	643	7266	4	
物联网工程	1	643	643	7266	1	
信息安全	2	644	644	6899	2	
08专业组(不限)(中外合作办学)	76	635	603	29716	76	
自动化(中外合作办学)(航空电子与控制)	40	635	610	24841	40	
交通运输(中外合作办学)(机场运行与管理)	36	611	603	29716	36	
1104 南京理工大学	**559**				**559**	
03专业组(不限)(南京校区)	21	658	653	4114	21	
兵器类(弹药工程与爆炸技术、武器系统与工程)(鼎新创新人才班)	2	654	653	4114	2	
自动化类(轨道交通信号与控制、自动化、电气工程及其自动化、智能电网信息工程)(鼎新创新人才班)	8	655	653	4114	8	
电子信息类(电子科学与技术、电子信息工程、光电信息科学与工程、通信工程)(鼎新创新人才班)	9	658	653	4114	9	
计算机类(计算机科学与技术、软件工程、智能科学与技术)(鼎新创新人才班)	2	657	653	4114	2	
04专业组(不限)(南京校区)	60	652	649	5239	60	
机械类(车辆工程、工业工程、机械工程)(钱学森学院)	1	649	649	5239	1	
电子信息类(电子科学与技术、电子信息工程、光电信息科学与工程、通信工程)(钱学森学院)	59	652	649	5239	59	
05专业组(不限)(南京校区)	210	650	644	6899	210	
微电子科学与工程	7	649	644	6899	7	
自动化类(轨道交通信号与控制、自动化、电气工程及其自动化、智能电网信息工程)	24	649	644	6899	24	
数学类(信息与计算科学、数学与应用数学、应用统计学)	1	645	645	6590	1	
计算机类(计算机科学与技术、软件工程、智能科学与技术)	47	650	644	6899	47	
机械类(车辆工程、工业工程、机械工程)	1	646	646	6254	1	
机器人工程	1	646	646	6254	1	
电子信息类(电子科学与技术、电子信息工程、光电信息科学与工程、通信工程)	117	649	644	6899	117	
电子信息工程(知识产权创新实践班)	3	648	644	6899	3	
兵器类(弹药工程与爆炸技术、武器系统与工程)	9	649	644	6899	9	
06专业组(不限)(中外合作办学)(南京校区)	30	629	606	27545	30	
工业设计(中外合作办学)	30	629	606	27545	30	
07专业组(不限)(江阴校区)	181	643	632	12050	181	
新能源科学与工程	43	640	632	12050	43	
网络空间安全	36	643	634	11118	36	
数据科学与大数据技术	34	642	635	10612	34	
智能制造工程	48	643	632	12050	48	
信息管理与信息系统	20	636	632	12050	20	
08专业组(不限)(中外合作办学)(江阴校区)	57	617	601	31135	57	
材料科学与工程(中外合作办学)	28	608	601	31135	28	
机械工程(中外合作办学)	29	617	604	28962	29	
1105 河海大学	**1027**				**1027**	
04专业组(不限)	37	650	644	6899	37	
计算机类(计算机科学与技术、电气工程及其自动化)	17	648	644	6899	17	
水利类(水文与水资源工程、水利水电工程、港口航道与海岸工程)	20	650	644	6899	20	
05专业组(不限)	268	644	638	9244	268	
工程力学(大禹徐芝纶班)	20	643	640	8448	20	

2023年普通类(物理等科目类)本科院校

院校、专业组、专业名称	录取数	最高分	最低分	最低分位次	平行志愿	征求志愿
土木、水利与海洋工程	33	643	640	8448	33	
水文与水资源工程	16	643	638	9244	16	
水利水电工程	37	643	638	9244	37	
智慧水利	2	638	638	9244	2	
港口航道与海岸工程	4	641	638	9244	4	
能源与动力工程	4	638	638	9244	4	
电气工程及其自动化	93	644	639	8829	93	
计算机科学与技术	37	643	638	9244	37	
软件工程	19	641	638	9244	19	
工程力学	1	641	641	8031	1	
农业水利工程	1	638	638	9244	1	
数学类(数学与应用数学、信息与计算科学)	1	638	638	9244	1	
06专业组(不限)	45	637	613	22857	45	
信息管理与信息系统	15	637	633	11593	15	
工程管理	4	636	620	18503	4	
市场营销	1	613	613	22857	1	
会计学	6	634	616	20903	6	
财务管理	4	615	613	22857	4	
人力资源管理	3	635	614	22200	3	
社会学	1	613	613	22857	1	
广播电视学	1	623	623	16748	1	
劳动与社会保障	1	618	618	19695	1	
土地资源管理	1	615	615	21590	1	
应急管理	4	625	614	22200	4	
法学	3	621	613	22857	3	
英语	1	630	630	13101	1	
07专业组(不限)	539	640	621	17908	539	
机械工程	74	629	621	17908	74	
工业设计	20	626	621	17908	20	
智能制造工程	31	628	622	17335	31	
机器人工程	32	628	623	16748	32	
电子信息工程	10	637	630	13101	10	
电子科学与技术	17	636	629	13587	17	
通信工程	138	640	625	15652	138	
物联网工程	79	632	624	16213	79	
人工智能	25	638	629	13587	25	
自动化	40	637	625	15652	40	
智能科学与技术	11	633	626	15133	11	
大数据管理与应用	30	630	622	17335	30	
工商管理	1	623	623	16748	1	
金融工程	7	630	621	17908	7	
国际经济与贸易	1	622	622	17335	1	
新能源科学与工程	11	633	625	15652	11	
材料科学与工程	10	628	621	17908	10	
金属材料工程	2	621	621	17908	2	
08专业组(不限)(中外合作办学)	50	611	594	36407	50	
机械工程(中外合作办学)(河海里尔学院)	25	608	595	35651	25	
土木工程(中外合作办学)(河海里尔学院)	25	611	594	36407	25	
09专业组(化学)	40	637	618	19695	40	
交通工程	5	635	623	16748	5	
给排水科学与工程	12	635	619	19103	12	
环境工程	16	637	621	17908	16	
环境科学	4	631	619	19103	4	
环境生态工程	3	619	618	19695	3	
10专业组(化学)(中外合作办学)	30	618	594	36407	30	
环境科学(中外合作办学)	30	618	594	36407	30	
11专业组(化学或地理)	18	637	630	13101	18	
自然地理与资源环境	6	636	631	12572	6	
地理信息科学	12	637	630	13101	12	
1106 南京信息工程大学	2927				2927	
10专业组(不限)	15	651	635	10612	15	
大气科学(拔尖学生培养基地)	15	651	635	10612	15	
11专业组(不限)	30	635	630	13101	30	
计算机科学与技术[与腾讯云计算(北京)有限责任公司联合培养]	15	635	631	12572	15	
通信工程(与华为技术有限公司联合培养)	15	635	630	13101	15	
12专业组(不限)	1054	629	608	26161	1054	
电子信息类(电子信息工程、电子科学与技术、通信工程、微电子科学与工程)(与中国科学院大学联合培养)	90	629	613	22857	90	
软件工程(与杭州海康威视数字技术股份有限公司联合培养)	15	629	614	22200	15	
信息安全(与奇安信科技集团股份有限公司联合培养)	15	620	613	22857	15	
计算机类(计算机科学与技术、物联网工程、信息安全)	371	626	610	24841	371	
电子信息类(电子信息工程、电子科学与技术、通信工程、微电子科学与工程)	473	613	608	26161	473	
人工智能	90	614	608	26161	90	
13专业组(不限)	1401	633	600	31866	1401	
大气科学类(大气科学)	95	633	607	26858	95	
应用气象学	15	612	607	26858	15	
遥感科学与技术(与中国科学院大学联合培养)	11	612	607	26858	11	
海洋科学(与中国科学院大学联合培养)	15	607	603	29716	15	
环境科学与工程类(环境工	17	608	604	28962	17	

院校、专业组、专业名称	录取数	最高分	最低分	最低分位次	平行志愿	征求志愿
程、环境科学)(与中国科学院大学联合培养)						
数学与应用数学(省拔尖学生培养基地)	15	616	607	26858	15	
金融工程(与中国社会科学院大学联合培养)	5	608	604	28962	5	
财务管理(与中国社会科学院大学联合培养)	5	614	605	28268	5	
供应链管理(与江苏京迅递供应链管理有限公司联合培养)	7	607	606	27545	7	
网络工程	25	607	605	28268	25	
软件工程	87	611	606	27545	87	
电气工程及其自动化	96	622	605	28268	96	
自动化	90	610	604	28962	90	
机器人工程	60	609	603	29716	60	
机械电子工程	45	605	602	30377	45	
数据科学与大数据技术	65	608	604	28962	65	
信息工程	65	609	605	28268	65	
测控技术与仪器	25	604	601	31135	25	
医学信息工程	30	606	600	31866	30	
气象技术与工程	15	606	604	28962	15	
数学与应用数学(师范)	20	614	605	28268	20	
物理学(师范)	14	627	603	29716	14	
计算机科学与技术(师范)	12	607	604	28962	12	
测绘工程	25	603	600	31866	25	
遥感科学与技术	36	606	601	31135	36	
地理空间信息工程	20	604	600	31866	20	
水文与水资源工程	11	604	600	31866	11	
水利科学与工程	15	602	600	31866	15	
海洋科学类(海洋科学、海洋技术、海洋资源与环境)	35	602	600	31866	35	
环境科学与工程类(环境工程、环境科学)	50	603	600	31866	50	
给排水科学与工程	5	603	600	31866	5	
环境生态工程	20	601	600	31866	20	
数学与应用数学	20	608	602	30377	20	
信息与计算科学	21	611	603	29716	21	
应用统计学	28	609	601	31135	28	
应用物理学	10	611	602	30377	10	
光电信息科学与工程	73	611	602	30377	73	
材料物理	12	602	600	31866	12	
金融工程	10	605	601	31135	10	
信息管理与信息系统	26	603	601	31135	26	
经济统计学	20	604	600	31866	20	
大数据管理与应用	30	612	602	30377	30	
数字经济	25	607	600	31866	25	
国际经济与贸易	5	600	600	31866	5	
工商管理类(会计学、财务管理、人力资源管理)	12	604	600	31866	12	
供应链管理	5	603	600	31866	5	
安全工程	20	603	600	31866	20	
防灾减灾科学与工程	23	603	600	31866	23	
应急管理	10	603	600	31866	10	
14专业组(不限)(中外合作办学)	**140**	**606**	**586**	**42828**	**140**	
软件工程(中外合作办学)	30	606	590	39519	30	
物联网工程(中外合作办学)	26	593	586	42828	26	
电气工程及其自动化(中外合作办学)	28	599	587	42009	28	
人工智能(中外合作办学)	28	599	586	42828	28	
信息工程(中外合作办学)	28	595	586	42828	28	
15专业组(不限)(中外合作办学)	**153**	**601**	**578**	**49756**	**153**	
大气科学(中外合作办学)	22	600	588	41159	22	
环境工程(中外合作办学)	22	586	579	48832	22	
数学与应用数学(中外合作办学)	35	595	579	48832	35	
数据科学与大数据技术(中外合作办学)	52	601	581	47114	52	
国际经济与贸易(中外合作办学)	22	586	578	49756	22	
16专业组(化学)(中外合作办学)	**17**	**578**	**570**	**56969**	**17**	
应用化学(中外合作办学)	17	578	570	56969	17	
17专业组(化学或地理)(中外合作办学)	**22**	**595**	**578**	**49756**	**22**	
地理信息科学(中外合作办学)	22	595	578	49756	22	
18专业组(化学或地理)	**95**	**611**	**597**	**34107**	**95**	
地理信息科学(与中国科学院大学联合培养)	11	611	604	28962	11	
人文地理与城乡规划(与中国科学院大学联合培养)	9	604	600	31866	9	
自然地理与资源环境(与中国科学院大学联合培养)	9	605	599	32622	9	
地理科学(师范)	21	608	599	32622	21	
地理科学类(地理信息科学、自然地理与资源环境、人文地理与城乡规划)	45	603	597	34107	45	
1107 南京农业大学	**565**				**565**	
03专业组(不限)	**142**	**636**	**601**	**31135**	**142**	
风景园林	9	628	603	29716	9	
国际经济与贸易	8	610	602	30377	8	
农林经济管理	18	636	614	22200	18	
工商管理类(工商管理、市场营销、电子商务)	7	605	601	31135	7	
公共管理类(劳动与社会保	22	624	601	31135	22	

院校、专业组、专业名称	录取数	最高分	最低分	最低分位次	平行志愿	征求志愿
障、土地资源管理、人力资源管理、行政管理)						
人文地理与城乡规划	10	613	601	31135	10	
英语	11	613	601	31135	11	
社会学类(法学、社会学、旅游管理、农村区域发展)	14	618	601	31135	14	
金融学	18	623	606	27545	18	
会计学	15	624	609	25496	15	
投资学	10	606	601	31135	10	
04专业组(不限)	265	627	608	26161	265	
信息与计算科学	16	620	612	23568	16	
统计学	13	616	610	24841	13	
金融科技	5	621	608	26161	5	
机械类(机械设计制造及其自动化、工业设计、车辆工程、材料成型及控制工程)	81	618	608	26161	81	
农业机械化及其自动化	10	620	610	24841	10	
农业电气化	10	619	609	25496	10	
农业智能装备工程	2	614	609	25496	2	
电子信息类(电子信息科学与技术、自动化)	50	622	612	23568	50	
人工智能	18	626	618	19695	18	
计算机科学与技术	19	627	618	19695	19	
数据科学与大数据技术	20	619	616	20903	20	
信息管理与信息系统	18	619	609	25496	18	
信息资源管理	3	611	609	25496	3	
05专业组(化学或生物)	158	640	606	27545	158	
农学	10	640	619	19103	10	
智慧农业	8	631	609	25496	8	
植物保护	14	637	613	22857	14	
环境科学与工程类(环境工程、环境科学、农业资源与环境、生态学)	25	634	606	27545	25	
中药学	3	607	607	26858	3	
园艺	8	613	606	27545	8	
园林	4	610	606	27545	4	
动物医学类(动物医学、动物药学)	21	628	612	23568	21	
食品科学与工程类(食品科学与工程、食品质量与安全、生物工程、食品营养与健康)	20	618	608	26161	20	
生物科学类(生物科学、生物技术)	24	617	608	26161	24	
生物科学(生物学基地班)	6	639	627	14617	6	
生物技术(生命科学与技术基地班)	15	630	619	19103	15	
1108 南京师范大学	1703				1703	
16专业组(不限)	220	670	634	11118	220	
英语(师范)	54	650	634	11118	54	
物理学(双学科硕士层次师资培养实验班)(师范)	40	670	646	6254	40	
数学类[数学与应用数学(师范、创新实验班)、信息与计算科学]	126	652	635	10612	126	
17专业组(不限)	20	640	631	12572	20	
英语(法学+英语)(双学士学位培养项目)	20	640	631	12572	20	
18专业组(不限)	40	641	633	11593	40	
数学与应用数学(金融学+数学与应用数学)(双学士学位培养项目)	40	641	633	11593	40	
19专业组(不限)	466	643	614	22200	466	
金融学	28	633	614	22200	28	
应用心理学(创新实验班、师范、非师范)	31	637	614	22200	31	
汉语言	17	632	620	18503	17	
英语(双外语)	8	634	623	16748	8	
翻译(双外语)	9	619	614	22200	9	
统计学	18	634	623	16748	18	
物理学(师范、非师范)	110	643	617	20292	110	
电气工程及其自动化	140	639	616	20903	140	
计算机科学与技术	71	636	619	19103	71	
人工智能	34	632	615	21590	34	
20专业组(不限)	462	638	604	28962	462	
汉语国际教育(师范)	13	629	609	25496	13	
会计学	3	625	622	17335	3	
财务管理	6	622	615	21590	6	
英语	3	624	622	17335	3	
哲学	4	630	613	22857	4	
公共管理类(行政管理、公共事业管理)	6	617	607	26858	6	
应急管理	6	619	610	24841	6	
经济学	12	625	616	20903	12	
国际经济与贸易	8	618	610	24841	8	
工商管理类(工商管理、人力资源管理)	21	623	605	28268	21	
法学	28	638	626	15133	28	
小学教育(师范)	7	637	626	15133	7	
学前教育(师范)	2	614	612	23568	2	
教育技术学(师范)	24	627	605	28268	24	
外国语言文学类(俄语、日语、意大利语、法语、西班牙语)(双外语)	26	625	604	28962	26	
新闻传播学类(新闻学、广告学、网络与新媒体)	30	634	604	28962	30	
社会学	8	623	608	26161	8	
光电信息科学与工程	14	631	618	19695	14	
测绘工程	6	626	609	25496	6	

院校、专业组、专业名称	录取数	最高分	最低分	最低分位次	平行志愿	征求志愿
旅游管理	2	609	604	28962	2	
能源动力类(能源与动力工程、能源与环境系统工程)	82	619	606	27545	82	
自动化	29	629	613	22857	29	
电子信息工程	44	628	611	24195	44	
环境科学与工程类(环境工程、环境科学)	54	625	604	28962	54	
海洋资源与环境	24	622	604	28962	24	
21专业组(不限)(高校中外学分互认联合培养项目)	**6**	**591**	**584**	**44516**	**6**	
英语(中美学分互认联合培养项目)	6	591	584	44516	6	
22专业组(不限)(高校中外学分互认联合培养项目)	**7**	**595**	**583**	**45410**	**7**	
行政管理(中美学分互认联合培养项目)	7	595	583	45410	7	
23专业组(不限)(高校中外学分互认联合培养项目)	**15**	**609**	**595**	**35651**	**15**	
会计学(中澳学分互认联合培养项目)	8	609	597	34107	8	
财务管理(中澳学分互认联合培养项目)	7	600	595	35651	7	
24专业组(不限)(高校中外学分互认联合培养项目)	**20**	**621**	**606**	**27545**	**20**	
计算机科学与技术(中澳学分互认联合培养项目)	20	621	606	27545	20	
25专业组(化学)	**126**	**637**	**611**	**24195**	**126**	
化学类[应用化学、化学(师范、非师范)]	113	637	612	23568	113	
材料科学与工程	13	626	611	24195	13	
26专业组(化学或生物)	**15**	**646**	**637**	**9657**	**15**	
生物科学(拔尖学生培养基地)	15	646	637	9657	15	
27专业组(化学或生物)	**209**	**636**	**604**	**28962**	**209**	
生物科学类[生物科学(师范、国家理科基地班)、生物技术、生态学]	142	636	609	25496	142	
食品科学与工程	17	619	605	28268	17	
生物工程	35	632	604	28962	35	
合成生物学	15	624	604	28962	15	
28专业组(化学或地理)	**97**	**644**	**628**	**14097**	**97**	
地理科学类[地理科学(师范、创新实验班)、自然地理与资源环境、人文地理与城乡规划、地理信息科学]	97	644	628	14097	97	
1109 中国药科大学	**426**				**426**	
02专业组(化学)	**174**	**651**	**623**	**16748**	**174**	
药学(拔尖创新班)	23	651	642	7656	23	
药学类(药学、药物制剂、药物分析、药物化学)	113	641	624	16213	113	
生物医药数据科学	3	624	623	16748	3	
化工与制药类(制药工程、食品营养与健康、环境科学)	10	641	623	16748	10	
临床药学(本硕贯通卓越药师实验班)	10	642	636	10154	10	
临床药学	15	629	623	16748	15	
03专业组(化学)	**8**	**655**	**652**	**4397**	**8**	
药学(本博贯通强基拔尖实验班)	8	655	652	4397	8	
04专业组(化学或生物)	**204**	**642**	**616**	**20903**	**204**	
中药学(拔尖创新班)	13	642	626	15133	13	
中药学类(中药学、中药资源与开发、中药制药)	55	624	616	20903	55	
生物制药(拔尖创新班)	26	642	627	14617	26	
生物制药	81	627	618	19695	81	
生物技术	10	625	618	19695	10	
海洋药学	10	621	617	20292	10	
生物统计学	9	631	620	18503	9	
05专业组(化学或生物)(中外合作办学)	**40**	**623**	**604**	**28962**	**40**	
药学(中外合作办学)	25	622	604	28962	25	
临床药学(中外合作办学)	15	623	604	28962	15	
1110 南京工业大学	**2636**				**2632**	**4**
06专业组(不限)	**1450**	**612**	**578**	**49756**	**1447**	**3**
材料科学与工程(与中国科学院上海硅酸盐研究所联合培养)	44	607	592	37932	44	
电气工程及其自动化(与中国科学院苏州生物医学工程技术研究所联合培养)	25	612	604	28962	25	
材料科学与工程(2011学院拔尖创新人才班)	25	603	595	35651	25	
光电信息科学与工程(2011学院拔尖创新人才班)	25	609	602	30377	25	
安全工程	33	598	580	47955	33	
消防工程	22	597	580	47955	22	
职业卫生工程	13	592	591	38768	13	
应急管理	15	594	580	47955	15	
应急技术与管理	13	592	590	39519	13	
材料科学与工程	24	594	587	42009	24	
资源循环科学与工程	12	590	578	49756	12	
化工安全工程	12	591	578	49756	12	
电气工程及其自动化	90	606	598	33367	90	
建筑电气与智能化	18	611	585	43657	18	
测控技术与仪器	22	593	580	47955	22	
智能制造工程	36	596	590	39519	36	
过程装备与控制工程	36	597	578	49756	36	
机械工程	18	598	591	38768	18	

2023年普通类(物理等科目类)本科院校

院校、专业组、专业名称	录取数	最高分	最低分	最低分位次	平行志愿	征求志愿
车辆工程	15	597	592	37932	15	
应急装备技术与工程	6	588	582	46258	6	
增材制造工程	10	588	585	43657	10	
建筑学	28	592	578	49756	28	
城乡规划	6	597	586	42828	6	
历史建筑保护工程	7	592	582	46258	7	
工业设计	16	594	582	46258	16	
金融学	5	598	584	44516	5	
工程管理	17	594	580	47955	17	
信息管理与信息系统	18	594	578	49756	18	
人力资源管理	3	583	581	47114	3	
工商管理	3	590	584	44516	3	
会计学	4	595	590	39519	4	
国际经济与贸易	4	588	583	45410	4	
工业工程	10	593	580	47955	10	
知识产权	5	607	581	47114	5	
法学	4	592	587	42009	4	
行政管理	5	585	585	43657	5	
德语	2	585	585	43657	2	
日语	2	587	584	44516	2	
英语	2	592	581	47114	2	
汉语国际教育	2	584	584	44516	2	
西班牙语	2	587	584	44516	2	
食品科学与工程	27	596	578	49756	27	
食品质量与安全	26	591	578	49756	26	
电子信息工程	35	608	597	34107	35	
通信工程	38	603	595	35651	38	
计算机科学与技术	114	610	597	34107	114	
人工智能	78	603	593	37179	78	
柔性电子学	28	602	590	39519	28	
数学与应用数学	49	598	581	47114	49	
信息与计算科学	28	597	588	41159	28	
应用物理学	26	597	579	48832	26	
光电信息科学与工程	33	600	593	37179	33	
工程力学	20	595	578	49756	20	
数据科学与大数据技术	36	602	592	37932	36	
测绘工程	10	583	578	49756	10	
遥感科学与技术	24	599	582	46258	24	
地理空间信息工程	11	590	579	48832	11	
建筑环境与能源应用工程	28	585	581	47114	28	
给排水科学与工程	27	588	578	49756	27	
地质工程	19	589	580	47955	19	
城市地下空间工程	18	591	579	48832	18	
铁道工程	20	592	578	49756	20	
防灾减灾科学与工程	8	599	578	49756	8	
土木工程	47	610	578	49756	44	3
智能建造	41	592	578	49756	41	
07专业组(不限)(中外合作办学)	264	587	547	78999	264	
机械工程(中外合作办学)	71	587	552	74112	71	
电子信息工程(中外合作办学)	71	583	559	67392	71	
制药工程(中外合作办学)	71	572	547	78999	71	
土木工程(中外合作办学)	51	563	547	78999	51	
08专业组(不限)(中外合作办学)	51	597	579	48832	51	
电气工程及其自动化(中外合作办学)	51	597	579	48832	51	
09专业组(化学)	487	602	561	65452	487	
化学(与中国科学院上海有机化学研究所联合培养)	44	599	582	46258	44	
化学(2011学院拔尖创新人才班)	25	602	581	47114	25	
环境工程	41	586	563	63654	41	
环境科学	14	582	561	65452	14	
水质科学与技术	22	582	561	65452	22	
资源环境科学	18	574	562	64501	18	
金属材料工程	34	583	561	65452	34	
无机非金属材料工程	35	576	561	65452	35	
复合材料与工程	15	581	564	62693	15	
高分子材料与工程	30	598	571	56021	30	
化学	26	584	572	55138	26	
应用化学	36	590	564	62693	36	
能源与动力工程	31	591	579	48832	31	
能源与环境系统工程	23	584	574	53221	23	
新能源材料与器件	13	593	581	47114	13	
储能科学与工程	16	586	577	50595	16	
轻化工程	18	581	568	58808	18	
新能源科学与工程	24	596	584	44516	24	
交通工程	22	584	571	56021	22	
10专业组(化学或生物)	384	612	584	44516	383	1
化学工程与工艺(与中国科学院过程工程研究所联合培养)	45	606	591	38768	45	
化学工程与工艺(2011学院拔尖创新人才班)	25	604	590	39519	25	
生物工程(2011学院拔尖创新人才班)	25	604	590	39519	25	
机器人工程(2011学院拔尖创新人才班)	30	602	591	38768	30	
化学工程与工艺	46	590	585	43657	46	
机器人工程	14	612	590	39519	13	1
制药工程	50	591	584	44516	50	
生物工程	47	592	584	44516	47	
自动化	47	600	589	40322	47	
药物制剂	24	596	585	43657	24	
药学	31	592	584	44516	31	
1111 南京邮电大学	2232				2232	

院校、专业组、专业名称	录取数	最高分	最低分	最低分位次	平行志愿	征求志愿
06专业组(不限)	**70**	**643**	**635**	**10612**	**70**	
通信工程(与中国科学院大学联合培养)	20	642	637	9657	20	
电子科学与技术(与中国科学院大学联合培养)	20	643	635	10612	20	
计算机科学与技术(与中国科学院大学联合培养)	20	639	635	10612	20	
人工智能(与中国科学院大学联合培养)	10	640	635	10612	10	
07专业组(不限)	**1922**	**637**	**613**	**22857**	**1922**	
通信工程	274	634	624	16213	274	
电子信息工程	152	628	620	18503	152	
广播电视工程	16	618	613	22857	16	
电子科学与技术	150	635	621	17908	150	
电磁场与无线技术	51	619	613	22857	51	
光电信息科学与工程	158	633	613	22857	158	
柔性电子学	43	619	613	22857	43	
微电子科学与工程	55	624	618	19695	55	
集成电路设计与集成系统	100	628	616	20903	100	
计算机科学与技术	127	632	622	17335	127	
信息安全	128	633	618	19695	128	
软件工程	72	634	620	18503	72	
数据科学与大数据技术	50	637	616	20903	50	
自动化	82	626	616	20903	82	
电气工程及其自动化	60	622	617	20292	60	
智能电网信息工程	17	618	614	22200	17	
智能科学与技术	9	620	617	20292	9	
人工智能	54	631	618	19695	54	
新能源材料与器件	50	616	613	22857	50	
网络工程	97	619	613	22857	97	
物联网工程	55	620	615	21590	55	
邮政工程	22	616	613	22857	22	
大数据管理与应用	57	615	613	22857	57	
金融科技	13	617	613	22857	13	
数字媒体技术	30	619	613	22857	30	
08专业组(不限)(中外合作办学)	**240**	**613**	**591**	**38768**	**240**	
通信工程(中外合作办学)	120	613	594	36407	120	
电子科学与技术(中外合作办学)	120	612	591	38768	120	
1112 南京医科大学	**1837**				**1834**	**3**
04专业组(不限)	**297**	**601**	**568**	**58808**	**296**	**1**
护理学	227	601	568	58808	226	1
公共事业管理(卫生事业管理)	40	600	577	50595	40	
医疗保险	28	591	568	58808	28	
英语	2	583	579	48832	2	
05专业组(化学)	**339**	**619**	**555**	**71148**	**338**	**1**
医学影像技术	36	602	593	37179	36	
医学检验技术	24	608	590	39519	24	
康复治疗学	73	602	555	71148	72	1
眼视光学	30	602	586	42828	30	
生物信息学	30	602	583	45410	30	
智能医学工程	31	600	585	43657	31	
生物医学工程	23	619	585	43657	23	
卫生检验与检疫	25	609	584	44516	25	
生物统计学	21	610	583	45410	21	
药学	46	611	590	39519	46	
06专业组(化学或生物)	**173**	**678**	**646**	**6254**	**173**	
临床医学(天元卓越班)	25	678	665	1692	25	
预防医学(天元创新班)	10	664	652	4397	10	
基础医学(天元创新班)	10	664	649	5239	10	
临床医学(5+3一体化)	58	665	656	3399	58	
临床医学(儿科医学)(5+3一体化)	36	655	646	6254	36	
口腔医学(5+3一体化)	34	676	650	4920	34	
07专业组(化学或生物)	**1028**	**655**	**603**	**29716**	**1027**	**1**
临床医学	616	655	625	15652	616	
医学影像学	52	650	615	21590	52	
儿科学	5	623	620	18503	5	
精神医学	31	633	607	26858	31	
眼视光医学	27	643	620	18503	27	
放射医学	36	627	609	25496	36	
口腔医学	47	654	640	8448	47	
预防医学	80	636	603	29716	80	
基础医学	28	623	606	27545	28	
法医学	25	638	606	27545	25	
临床药学	81	643	603	29716	80	1
1113 南京中医药大学	**1561**				**1560**	**1**
11专业组(不限)(南京校区)	**281**	**598**	**566**	**60725**	**281**	
护理学	38	591	567	59799	38	
护理学(老年护理)	11	570	566	60725	11	
国际经济与贸易	15	582	566	60725	15	
公共管理类[公共事业管理(卫生事业管理)]	13	578	566	60725	13	
信息管理与信息系统	30	581	570	56969	30	
养老服务管理	19	588	566	60725	19	
计算机类(计算机科学与技术、软件工程)	64	595	578	49756	64	
医学信息工程	28	593	577	50595	28	
人工智能	26	593	574	53221	26	
应用心理学	17	598	571	56021	17	
大数据管理与应用	20	581	573	54146	20	
12专业组(不限)(中外合作办学)(南京校区)	**24**	**573**	**543**	**82963**	**24**	
公共事业管理(中外合作办学)	24	573	543	82963	24	
13专业组(化学)(南京校区)	**52**	**628**	**605**	**28268**	**52**	

院校、专业组、专业名称	录取数	最高分	最低分	最低分位次	平行志愿	征求志愿
中药学(与中国科学院上海药物研究所联合培养)	22	628	607	26858	22	
中药学(与中国中医科学院联合培养)	30	626	605	28268	30	
14专业组(化学)(南京校区)	**235**	**603**	**567**	**59799**	**235**	
中药学类(中药学、中药制药、中药资源与开发)	65	603	573	54146	65	
药学类(药学、药物制剂)	79	602	573	54146	79	
康复治疗学	25	592	567	59799	25	
康复治疗学(老年康复)	21	573	567	59799	21	
眼视光学	18	587	572	55138	18	
药事管理	27	575	567	59799	27	
15专业组(化学)(中外合作办学)(南京校区)	**85**	**557**	**505**	**121517**	**85**	
康复治疗学(中外合作办学)	85	557	505	121517	85	
16专业组(化学或生物)(南京校区)	**75**	**653**	**629**	**13587**	**75**	
中医学(中医拔尖创新人才培养模式改革)	12	653	640	8448	12	
中西医临床医学(灵素班)	24	644	631	12572	24	
中医学(中医拔尖创新人才培养模式改革5+3一体化)	39	639	629	13587	39	
17专业组(化学或生物)(南京校区)	**230**	**628**	**593**	**37179**	**230**	
中医学	45	628	610	24841	45	
中医学(妇产科学)	11	610	601	31135	11	
中西医临床医学	37	624	599	32622	37	
临床医学	39	625	612	23568	39	
临床医学(老年医学)	17	612	597	34107	17	
针灸推拿学	33	627	596	34854	33	
中医养生学	18	602	594	36407	18	
中医儿科学	12	607	598	33367	12	
中医康复学	18	602	593	37179	18	
18专业组(化学或生物)(泰州校区)	**339**	**613**	**563**	**63654**	**339**	
中医学(全科医学)	153	613	568	58808	153	
制药工程	60	580	564	62693	60	
生物制药	126	595	563	63654	126	
19专业组(化学或生物)(中外合作办学)(泰州校区)	**240**	**561**	**485**	**141125**	**239**	**1**
生物制药(中外合作办学)(分子生物学-药物研制)	120	561	515	111340	120	
食品质量与安全(中外合作办学)	120	549	485	141125	119	1
1114 南京工程学院	**3484**				**3479**	**5**
03专业组(不限)	**3218**	**639**	**540**	**85962**	**3213**	**5**
机械类(机械设计制造及其自动化、机械电子工程、机械工程)	316	588	547	78999	316	
工业工程	41	566	543	82963	41	
材料类(材料科学与工程、金属材料工程、高分子材料与工程、复合材料与工程、焊接技术与工程、功能材料)	264	600	540	85962	264	
材料成型及控制工程	94	558	540	85962	94	
能源动力类(能源与动力工程、新能源科学与工程、能源服务工程)	275	594	551	75103	275	
核工程与核技术	22	598	547	78999	22	
建筑环境与能源应用工程	15	597	541	84968	10	5
环境科学与工程类(环境工程、水质科学与技术)	88	561	540	85962	88	
车辆工程	94	582	545	80935	94	
汽车服务工程	36	550	540	85962	36	
自动化	166	598	567	59799	166	
机器人工程	118	575	549	77083	118	
智能制造工程	57	579	553	73153	57	
智能测控工程	21	566	547	78999	21	
测控技术与仪器	15	579	551	75103	15	
计算机科学与技术	51	597	577	50595	51	
软件工程	53	585	572	55138	53	
网络工程	84	575	553	73153	84	
数字媒体技术	63	572	554	72168	63	
数据科学与大数据技术	53	581	557	69274	53	
电气工程及其自动化(电力系统及其自动化)	125	639	613	22857	125	
电气工程及其自动化(电力系统继电保护)	51	613	608	26161	51	
电气工程及其自动化(输配电工程)	47	619	598	33367	47	
智能电网信息工程	24	608	591	38768	24	
建筑电气与智能化	20	596	547	78999	20	
电气工程与智能控制	21	606	584	44516	21	
储能科学与工程	21	596	555	71148	21	
通信工程	153	590	559	67392	153	
电了信息工程	128	586	564	62693	128	
信息工程	61	569	557	69274	61	
人工智能	70	579	560	66452	70	
建筑学	44	568	540	85962	44	
土木工程	113	574	540	85962	113	
城市地下空间工程	43	553	540	85962	43	
智能建造	39	606	540	85962	39	
工业设计	27	561	541	84968	27	
数学与应用数学	32	576	551	75103	32	
会计学	18	574	555	71148	18	
市场营销	10	554	540	85962	10	
财务管理	11	559	551	75103	11	
物流管理	14	559	541	84968	14	

院校、专业组、专业名称	录取数	最高分	最低分	最低分位次	平行志愿	征求志愿
国际经济与贸易	14	559	540	85962	14	
社会工作	10	550	540	85962	10	
大数据管理与应用	44	563	551	75103	44	
信息管理与信息系统	21	568	550	76117	21	
工程造价	51	558	540	85962	51	
工程管理	39	552	540	85962	39	
英语	15	554	540	85962	15	
商务英语	8	550	540	85962	8	
能源化学工程	18	557	540	85962	18	
04专业组(不限)(联合培养项目)	45	534	506	120487	45	
财务管理(与江苏经贸职业技术学院联合培养项目,在江苏经贸职业技术学院学习)	15	533	516	110349	15	
土木工程(与南京交通职业技术学院联合培养项目,在南京交通职业技术学院学习)	30	534	506	120487	30	
05专业组(不限)(中外合作办学)	57	615	599	32622	57	
电气工程及其自动化(中外合作办学)	57	615	599	32622	57	
06专业组(不限)(中外合作办学)	120	577	519	107387	120	
软件工程(中外合作办学)	67	577	526	100234	67	
土木工程(中外合作办学)	25	536	519	107387	25	
环境工程(中外合作办学)	28	539	519	107387	28	
07专业组(化学)	44	552	546	79957	44	
交通设备与控制工程	30	552	546	79957	30	
交通运输	14	552	548	78085	14	
1115 南京林业大学	3106				3099	7
06专业组(不限)(南京校区)	687	608	595	35651	687	
机械设计制造及其自动化	44	607	598	33367	44	
机械电子工程	42	604	597	34107	42	
智能制造工程	32	600	597	34107	32	
机器人工程	32	601	598	33367	32	
自动化	42	604	599	32622	42	
大数据管理与应用	33	601	597	34107	33	
工商管理	8	599	595	35651	8	
会计学	5	601	598	33367	5	
金融工程	29	599	595	35651	29	
国际经济与贸易	6	598	595	35651	6	
农林经济管理	26	598	596	34854	26	
土木类(土木工程、给排水科学与工程)	64	600	595	35651	64	
森林工程	5	598	595	35651	5	
工程管理	12	595	595	35651	12	
测绘工程	12	598	595	35651	12	
汉语言文学	2	601	601	31135	2	
新闻传播学类(广告学、广播电视学)	2	598	597	34107	2	
计算机科学与技术	22	608	604	28962	22	
电气工程及其自动化	34	606	601	31135	34	
人工智能	29	605	600	31866	29	
电子信息工程	33	607	602	30377	33	
物联网工程	35	604	599	32622	35	
风景园林	18	608	598	33367	18	
园林	20	602	595	35651	20	
城乡规划	6	598	595	35651	6	
信息与计算科学	10	601	599	32622	10	
英语	2	600	597	34107	2	
工业设计	24	600	595	35651	24	
家具设计与工程	26	597	595	35651	26	
车辆工程	30	599	595	35651	30	
法学	2	601	600	31866	2	
07专业组(不限)(淮安校区)	1507	606	583	45410	1507	
机械设计制造及其自动化	210	605	587	42009	210	
机械电子工程	105	597	587	42009	105	
大数据管理与应用	108	596	589	40322	108	
工商管理	35	592	583	45410	35	
会计学	73	598	586	42828	73	
金融工程	108	590	583	45410	108	
国际经济与贸易	70	589	583	45410	70	
农林经济管理	70	590	583	45410	70	
土木工程	210	593	583	45410	210	
汉语言文学	5	596	592	37932	5	
新闻传播学类(广告学、广播电视学)	7	593	584	44516	7	
社会工作	3	585	584	44516	3	
计算机科学与技术	140	606	594	36407	140	
电气工程及其自动化	70	601	592	37932	70	
电子信息工程	70	599	592	37932	70	
风景园林	62	599	586	42828	62	
园林	60	591	583	45410	60	
城乡规划	26	593	583	45410	26	
英语	5	590	585	43657	5	
车辆工程	70	595	587	42009	70	
08专业组(化学)(南京校区)	63	606	589	40322	63	
地理信息科学	8	596	593	37179	8	
能源与动力工程	6	601	595	35651	6	
包装工程	6	591	589	40322	6	
材料科学与工程	5	594	593	37179	5	
材料类(材料化学、高分子材料与工程)	6	599	592	37932	6	
食品科学与工程类(食品科学与工程、食品质量与安全)	6	597	591	38768	6	
轻化工程	5	606	591	38768	5	
交通运输类(交通运输、交通工程)	10	593	592	37932	10	

2023年普通类(物理等科目类)本科院校

院校、专业组、专业名称	录取数	最高分	最低分	最低分位次	平行志愿	征求志愿
环境工程	5	593	590	39519	5	
环境科学	6	591	589	40322	6	
09专业组(化学)(淮安校区)	476	613	566	60725	473	3
地理信息科学	35	588	573	54146	35	
能源与动力工程	175	594	572	55138	175	
材料科学与工程	70	595	568	58808	70	
轻化工程	126	613	566	60725	123	3
交通运输类(交通运输、交通工程)	70	585	570	56969	70	
10专业组(化学或生物)(南京校区)	144	604	588	41159	144	
林学类(林学、森林保护、智慧林业)	40	602	591	38768	40	
园艺	8	596	589	40322	8	
水土保持与荒漠化防治	8	590	588	41159	8	
生物技术	6	600	594	36407	6	
生物工程类(生物工程、生物制药)	15	603	592	37932	15	
化学工程与工艺	15	592	588	41159	15	
林产化工	6	595	590	39519	6	
木材科学与工程	27	597	588	41159	27	
木结构建筑与材料	8	593	588	41159	8	
生物科学	5	604	595	35651	5	
生态学	6	598	590	39519	6	
11专业组(化学或生物)(淮安校区)	209	591	545	80935	205	4
生物工程类(生物工程、生物制药)	140	591	574	53221	140	
化学工程与工艺	69	590	545	80935	65	4
12专业组(化学或生物)(中外合作办学)(南京校区)	20	579	558	68331	20	
林学(中外合作办学)	10	578	561	65452	10	
木材科学与工程(中外合作办学)	10	579	558	68331	10	
1116 南京财经大学	1709				1705	4
04专业组(不限)	1514	611	558	68331	1510	4
经济学类(经济学、经济统计学、数字经济)	158	597	566	60725	158	
财政学类(财政学、税收学)	105	598	574	53221	105	
金融学类(金融学、金融工程、保险学、投资学)	254	602	559	67392	254	
金融数学	64	584	558	68331	64	
国际经济与贸易	100	585	558	68331	100	
贸易经济	46	598	558	68331	44	2
法学	17	611	590	39519	17	
汉语言文学	4	591	577	50595	4	
英语	6	589	572	55138	6	
法语	4	577	568	58808	4	
商务英语	4	593	568	58808	4	
新闻学	5	576	570	56969	5	
网络与新媒体	8	599	577	50595	8	
广告学	14	579	561	65452	14	
数学与应用数学	25	587	576	51456	25	
计算机科学与技术	29	608	586	42828	29	
软件工程	34	592	581	47114	34	
物联网工程	24	583	578	49756	24	
食品科学与工程类(食品科学与工程、食品质量与安全、粮食工程)	76	589	565	61774	76	
大数据管理与应用	59	585	571	56021	59	
工商管理	60	593	558	68331	60	
市场营销	33	574	558	68331	33	
工商管理类(会计学、财务管理、审计学、资产评估)	214	608	581	47114	214	
人力资源管理	46	574	559	67392	46	
劳动与社会保障	30	584	559	67392	30	
物流管理	20	580	560	66452	18	2
质量管理工程	19	572	559	67392	19	
电子商务	42	576	558	68331	42	
旅游管理	14	575	559	67392	14	
05专业组(不限)(中外合作办学)	183	577	552	74112	183	
金融工程(中外合作办学)	46	577	559	67392	46	
经济统计学(中外合作办学)	44	573	555	71148	44	
大数据管理与应用(中外合作办学)	93	568	552	74112	93	
06专业组(不限)(中外合作办学)	12	567	551	75103	12	
工商管理(中外合作办学)(环境商务)	12	567	551	75103	12	
1117 南京体育学院	120				120	
04专业组(不限)(中外合作办学)	60	501	460	163420	60	
体育经济与管理(中外合作办学)	60	501	460	163420	60	
05专业组(化学)	22	529	506	120487	22	
康复治疗学	22	529	506	120487	22	
06专业组(生物)	26	529	514	112372	26	
运动人体科学	15	527	514	112372	15	
运动康复	11	529	521	105373	11	
07专业组(思想政治或地理)	12	517	504	122564	12	
体育经济与管理	12	517	504	122564	12	
1118 南京艺术学院	69				69	
02专业组(不限)	69	567	517	109393	69	
艺术设计学	7	567	544	81927	7	
戏剧影视文学	16	544	517	109393	16	
广告学	6	556	536	90081	6	
文物保护与修复	11	543	527	99221	11	

院校、专业组、专业名称	录取数	最高分	最低分	最低分位次	平行志愿	征求志愿
公共事业管理	8	539	519	107387	8	
文化产业管理	21	553	519	107387	21	
1119 南京审计大学	**1602**				**1598**	**4**
04专业组(不限)	**1436**	**626**	**566**	**60725**	**1432**	**4**
经济学	79	596	571	56021	79	
经济统计学	54	594	567	59799	54	
财政学	25	613	593	37179	25	
税收学	21	600	592	37932	21	
金融学	146	599	567	59799	146	
金融工程	43	618	566	60725	41	2
保险学	15	591	568	58808	15	
投资学	30	586	566	60725	30	
金融数学	47	593	566	60725	47	
信用管理	20	580	566	60725	20	
国际经济与贸易	38	587	566	60725	38	
贸易经济	11	579	569	57929	11	
法学	11	612	593	37179	11	
法学(法务会计)	12	600	592	37932	12	
法学(法务金融)	12	601	587	42009	12	
数学与应用数学	32	599	574	53221	32	
统计学	60	599	577	50595	60	
计算机科学与技术	99	600	579	48832	99	
软件工程	71	594	574	53221	71	
数据科学与大数据技术	73	597	572	55138	73	
信息管理与信息系统	44	584	568	58808	44	
工程管理	63	586	566	60725	61	2
工程造价	58	597	566	60725	58	
大数据管理与应用	36	598	573	54146	36	
工程审计	58	598	586	42828	58	
工商管理	13	588	571	56021	13	
金融审计	25	623	594	36407	25	
市场营销	8	576	566	60725	8	
人力资源管理	13	582	570	56969	13	
审计学	139	626	601	31135	139	
物流管理	17	580	570	56969	17	
电子商务	20	584	566	60725	20	
会计学	30	601	598	33367	30	
财务管理	13	598	594	36407	13	
05专业组(不限)(中外合作办学)	**25**	**597**	**573**	**54146**	**25**	
会计学(中外合作办学)	25	597	573	54146	25	
06专业组(不限)(中外合作办学)	**141**	**603**	**559**	**67392**	**141**	
金融工程(中外合作办学)	44	574	564	62693	44	
信息管理与信息系统(中外合作办学)	33	574	560	66452	33	
工程管理(中外合作办学)	24	572	559	67392	24	
审计学(中外合作办学)	40	603	574	53221	40	
1120 南京晓庄学院	**1230**				**1228**	**2**
12专业组(不限)	**1029**	**605**	**529**	**97145**	**1028**	**1**
小学教育(师范)	291	587	532	94094	291	
应用心理学(师范)	17	571	532	94094	17	
学前教育(师范)	63	558	531	95098	63	
汉语言文学(师范)	16	605	580	47955	16	
汉语国际教育	5	573	538	87986	5	
经济与金融	10	550	535	91099	10	
国际经济与贸易	10	552	529	97145	10	
财务管理	21	554	534	92079	21	
物流管理	10	556	532	94094	10	
英语(师范)	20	588	560	66452	20	
商务英语	10	558	530	96124	10	
翻译	8	587	530	96124	7	1
广播电视学	10	554	529	97145	10	
网络与新媒体	10	555	537	89032	10	
社会工作	5	555	530	96124	5	
数学与应用数学(师范)	70	603	548	78085	70	
计算机科学与技术(师范)	40	589	538	87986	40	
计算机科学与技术	32	574	550	76117	32	
软件工程	59	561	536	90081	59	
数据科学与大数据技术	35	557	535	91099	35	
物理学(师范)	31	583	540	85962	31	
电子信息科学与技术	63	559	534	92079	63	
通信工程	62	560	533	93122	62	
自动化	34	566	539	86937	34	
机器人工程	32	548	532	94094	32	
环境工程	65	554	529	97145	65	
13专业组(不限)(中外合作办学)	**15**	**550**	**522**	**104328**	**15**	
学前教育(中外合作办学)(师范)	15	550	522	104328	15	
14专业组(化学)	**62**	**572**	**539**	**86937**	**62**	
应用化学	21	566	539	86937	21	
化学(师范)	41	572	543	82963	41	
15专业组(化学或生物)	**68**	**582**	**539**	**86937**	**67**	**1**
食品科学与工程	29	572	539	86937	28	1
生物科学(师范)	39	582	544	81927	39	
16专业组(化学或地理)	**45**	**574**	**548**	**78085**	**45**	
地理信息科学	33	555	548	78085	33	
地理科学(师范)	12	574	556	70201	12	
17专业组(思想政治)	**11**	**576**	**557**	**69274**	**11**	
思想政治教育(师范)	11	576	557	69274	11	
1128 金陵科技学院	**2420**				**2415**	**5**
03专业组(不限)	**226**	**565**	**530**	**96124**	**226**	
会计学	26	565	550	76117	26	
财务管理	11	549	547	78999	11	
金融学	4	546	540	85962	4	
市场营销	13	544	530	96124	13	
物流管理	32	544	530	96124	32	

院校、专业组、专业名称	录取数	最高分	最低分	最低分位次	平行志愿	征求志愿
国际经济与贸易	23	541	533	93122	23	
金融工程	31	544	534	92079	31	
电子商务	39	544	530	96124	39	
审计学	29	560	543	82963	29	
英语	18	538	532	94094	18	
04专业组(不限)	**1820**	**567**	**514**	**112372**	**1816**	**4**
计算机科学与技术	101	565	551	75103	101	
数字媒体技术	21	555	546	79957	21	
数据科学与大数据技术	69	557	542	83978	69	
软件工程	236	561	545	80935	236	
智能科学与技术	64	548	537	89032	64	
信息安全	52	553	542	83978	52	
网络空间安全	37	553	538	87986	37	
通信工程	116	554	540	85962	116	
光电信息科学与工程	22	544	539	86937	22	
网络工程	51	547	538	87986	51	
电子信息工程	57	557	546	79957	57	
信息工程	55	555	538	87986	55	
电子科学与技术	62	550	538	87986	62	
自动化	59	567	544	81927	59	
物联网工程	58	551	541	84968	58	
机器人工程	40	548	537	89032	40	
机械设计制造及其自动化	19	552	547	78999	19	
电气工程及其自动化	28	558	552	74112	28	
车辆工程	25	549	539	86937	25	
建筑电气与智能化	60	552	533	93122	60	
智能制造工程	38	547	536	90081	38	
土木工程	100	545	531	95098	100	
建筑学	76	537	531	95098	76	
工程管理	56	541	531	95098	56	
城乡规划	24	541	532	94094	24	
城市地下空间工程	24	542	531	95098	24	
材料科学与工程	38	543	531	95098	38	
材料科学与工程(视光材料与应用)	40	537	531	95098	40	
宝石及材料工艺学	2	540	534	92079	2	
复合材料与工程	53	539	531	95098	53	
食品科学与工程	18	538	532	94094	18	
数字出版	13	541	531	95098	13	
风景园林	69	543	514	112372	65	4
信息与计算科学	37	550	535	91099	37	
05专业组(不限)(中外合作办学)	**90**	**539**	**515**	**111340**	**90**	
软件工程(中外合作办学)	50	539	518	108392	50	
通信工程(中外合作办学)	40	529	515	111340	40	
06专业组(不限)(中外合作办学)	**40**	**519**	**489**	**137355**	**40**	
土木工程(中外合作办学)	40	519	489	137355	40	
07专业组(不限)	**46**	**539**	**524**	**102241**	**46**	
园林	19	530	525	101269	19	
动物科学	27	539	524	102241	27	
08专业组(化学)	**140**	**539**	**518**	**108392**	**139**	**1**
功能材料	40	538	519	107387	40	
眼视光学	20	530	523	103299	20	
智慧交通	38	537	518	108392	38	
动物医学	20	539	528	98180	20	
设施农业科学与工程	22	526	519	107387	21	1
09专业组(化学或生物)	**18**	**531**	**521**	**105373**	**18**	
园艺	18	531	521	105373	18	
10专业组(化学或生物)(中外合作办学)	**40**	**501**	**462**	**161814**	**40**	
园艺(中外合作办学)(生物技术)	40	501	462	161814	40	
1131 江苏第二师范学院	**883**				**883**	
13专业组(不限)	**642**	**582**	**516**	**110349**	**642**	
数学与应用数学(师范)	109	578	535	91099	109	
科学教育(师范)	40	548	520	106376	40	
汉语言文学(师范)	15	581	561	65452	15	
小学教育(师范)	61	571	531	95098	61	
教育技术学(师范)	36	541	516	110349	36	
英语(师范)	30	582	535	91099	30	
历史学(师范)	5	554	537	89032	5	
物理学(师范)	40	571	530	96124	40	
学前教育(师范)	5	554	534	92079	5	
应用心理学(师范)	20	536	523	103299	20	
应用统计学	25	540	519	107387	25	
电子信息工程	29	548	527	99221	29	
贸易经济	15	524	516	110349	15	
商务英语	16	534	516	110349	16	
经济与金融	15	539	518	108392	15	
计算机科学与技术	84	559	522	104328	84	
秘书学	5	554	526	100234	5	
酒店管理	10	543	518	108392	10	
汉语国际教育	5	549	522	104328	5	
物联网工程	23	554	521	105373	23	
财务管理	15	548	526	100234	15	
俄语	5	564	518	108392	5	
食品科学与工程	34	543	516	110349	34	
14专业组(不限)(高校中外学分互认联合培养项目)	**30**	**547**	**486**	**140151**	**30**	
财务管理(中英学分互认联合培养项目)	30	547	486	140151	30	
15专业组(化学)	**64**	**561**	**529**	**97145**	**64**	
化学(师范)	35	561	536	90081	35	
应用化学	29	543	529	97145	29	
16专业组(化学或生物)	**84**	**571**	**539**	**86937**	**84**	
生物科学(师范)	45	571	544	81927	45	
生物制药	39	560	539	86937	39	

2023年普通类(物理等科目类)本科院校

院校、专业组、专业名称	录取数	最高分	最低分	最低分位次	平行志愿	征求志愿
17专业组(化学或地理)	55	577	553	73153	55	
地理科学(师范)	55	577	553	73153	55	
18专业组(思想政治)	8	558	552	74112	8	
思想政治教育(师范)	8	558	552	74112	8	
1133 南京特殊教育师范学院	293				293	
03专业组(不限)	279	569	512	114463	279	
特殊教育(师范)	18	566	539	86937	18	
小学教育(师范)	8	548	538	87986	8	
孤独症儿童教育(师范)	16	569	530	96124	16	
学前教育(师范)	14	538	523	103299	14	
应用心理学	12	536	520	106376	12	
教育康复学(师范)	20	538	521	105373	20	
英语(师范)	39	541	517	109393	39	
教育技术学(师范)	18	533	513	113413	18	
计算机科学与技术	18	533	517	109393	18	
数学与应用数学(师范)	43	549	520	106376	43	
数据科学与大数据技术	42	530	512	114463	42	
公共事业管理	8	526	512	114463	8	
劳动与社会保障	9	527	513	113413	9	
无障碍管理	14	528	513	113413	14	
04专业组(化学)	14	527	515	111340	14	
康复治疗学	2	527	526	100234	2	
听力与言语康复学	12	524	515	111340	12	
1136 南京工业职业技术大学	1861				1861	
04专业组(不限)	1771	547	506	120487	1771	
机械电子工程技术	82	527	511	115420	82	
机械设计制造及自动化	86	536	514	112372	86	
智能制造工程技术	92	529	509	117454	92	
装备智能化技术	102	523	506	120487	102	
自动化技术与应用	60	533	515	111340	60	
现代通信工程	92	530	511	115420	92	
新能源发电工程技术	60	535	510	116464	60	
物联网工程技术	40	532	515	111340	40	
电气工程及自动化	60	547	520	106376	60	
电子信息工程技术	114	541	514	112372	114	
飞行器维修工程技术	72	528	507	119496	72	
航空智能制造技术	134	531	506	120487	134	
汽车服务工程技术	92	510	506	120487	92	
城市轨道交通设备与控制技术	111	534	508	118485	111	
新能源汽车工程技术	114	523	508	118485	114	
软件工程技术	102	540	518	108392	102	
网络工程技术	92	523	510	116464	92	
人工智能工程技术	72	538	511	115420	72	
工业互联网技术	134	519	506	120487	134	
建设工程管理	60	510	506	120487	60	
05专业组(不限)(联合培养项目)	90	523	498	128536	90	
网络工程技术(与江苏建筑职业技术学院联合培养项目,在江苏建筑职业技术学院学习)	30	506	498	128536	30	
城市轨道交通设备与控制技术(与南京铁道职业技术学院联合培养项目,在南京铁道职业技术学院学习)	30	523	501	125542	30	
机械设计制造及自动化(与徐州工业职业技术学院联合培养项目,在徐州工业职业技术学院学习)	30	505	498	128536	30	
1201 江南大学	745				745	
04专业组(不限)	520	637	602	30377	520	
物联网工程	59	628	617	20292	59	
自动化	60	634	610	24841	60	
电气工程及其自动化	34	629	619	19103	34	
微电子科学与工程	32	626	607	26858	32	
土木工程	10	611	602	30377	10	
信息与计算科学	20	624	608	26161	20	
光电信息科学与工程	33	628	604	28962	33	
机械工程	35	619	602	30377	35	
机器人工程	13	622	609	25496	13	
工业设计	9	632	612	23568	9	
人工智能	26	628	619	19103	26	
计算机科学与技术	26	637	628	14097	26	
数字媒体技术	24	631	606	27545	24	
教育技术学(师范)	9	612	602	30377	9	
国际经济与贸易	5	610	603	29716	5	
金融学	23	618	602	30377	23	
大数据管理与应用	31	630	604	28962	31	
工商管理	19	607	602	30377	19	
会计学	26	626	603	29716	26	
小学教育(师范)	14	623	605	28268	14	
英语	7	615	603	29716	7	
法学	5	619	615	21590	5	
05专业组(不限)(中外合作办学)	12	603	587	42009	12	
工商管理(中外合作办学)	12	603	587	42009	12	
06专业组(化学)	157	639	604	28962	157	
生物工程(国家生命科学与技术人才培养基地班)	18	630	614	22200	18	
食品科学与工程	35	639	616	20903	35	
食品质量与安全	21	615	609	25496	21	
食品营养与健康	14	622	606	27545	14	
生物技术	10	611	606	27545	10	
酿酒工程	9	611	605	28268	9	
纺织工程	6	605	605	28268	6	
轻化工程	5	606	605	28268	5	
化学工程与工艺	6	610	606	27545	6	

院校、专业组、专业名称	录取数	最高分	最低分	最低分位次	平行志愿	征求志愿
高分子材料与工程	6	608	605	28268	6	
应用化学	3	610	609	25496	3	
环境工程	5	614	605	28268	5	
包装工程	2	606	605	28268	2	
服装设计与工程	5	607	604	28962	5	
制药工程	6	607	606	27545	6	
药学	6	613	609	25496	6	
07专业组(化学)(中外合作办学)	**20**	**602**	**595**	**35651**	**20**	
食品科学与工程(中外合作办学)	20	602	595	35651	20	
08专业组(化学或生物)	**30**	**641**	**625**	**15652**	**30**	
临床医学	30	641	625	15652	30	
09专业组(思想政治)	**6**	**610**	**601**	**31135**	**6**	
思想政治教育	6	610	601	31135	6	
1203 无锡学院	**1568**				**1568**	
02专业组(不限)	**1452**	**566**	**530**	**96124**	**1452**	
物联网工程	80	564	539	86937	80	
计算机科学与技术	80	561	541	84968	80	
数据科学与大数据技术	60	545	535	91099	60	
信息安全	58	551	534	92079	58	
软件工程	60	558	537	89032	60	
网络工程	58	539	532	94094	58	
电子信息工程	78	561	537	89032	78	
电子科学与技术	80	549	531	95098	80	
通信工程	55	549	534	92079	55	
信息工程	25	537	532	94094	25	
人工智能	60	546	532	94094	60	
光电信息科学与工程	20	552	532	94094	20	
微电子科学与工程	55	540	530	96124	55	
集成电路设计与集成系统	55	551	530	96124	55	
自动化	58	555	534	92079	58	
电气工程及其自动化	75	565	536	90081	75	
机器人工程	60	539	530	96124	60	
测控技术与仪器	50	536	530	96124	50	
机械电子工程	50	539	530	96124	50	
轨道交通信号与控制	60	550	530	96124	60	
车辆工程	50	539	530	96124	50	
大气科学	30	554	536	90081	30	
遥感科学与技术	25	535	530	96124	25	
测绘工程	25	537	530	96124	25	
安全工程	25	533	530	96124	25	
信息与计算科学	30	536	530	96124	30	
应用统计学	25	539	530	96124	25	
信息管理与信息系统	15	538	530	96124	15	
应急管理	14	543	530	96124	14	
会计学	10	566	541	84968	10	
国际经济与贸易	4	536	530	96124	4	
财务管理	4	543	540	85962	4	

院校、专业组、专业名称	录取数	最高分	最低分	最低分位次	平行志愿	征求志愿
金融工程	8	538	530	96124	8	
人力资源管理	5	537	531	95098	5	
法学	5	548	541	84968	5	
03专业组(化学)	**116**	**529**	**518**	**108392**	**116**	
环境科学与工程	60	529	518	108392	60	
交通运输	28	529	522	104328	28	
应用化学	28	529	520	106376	28	
1221 中国矿业大学	**529**				**529**	
02专业组(不限)	**491**	**644**	**601**	**31135**	**491**	
矿业类(智能采矿工程、新能源科学与工程、采矿工程、工业工程、矿物加工工程)	23	634	604	28962	23	
机械类(智能制造工程、机械工程、工业设计、过程装备与控制工程)	41	633	610	24841	41	
机器人工程	12	631	618	19695	12	
安全科学与工程类(安全工程、消防工程、职业卫生工程)	24	621	602	30377	24	
环境科学与工程类(环境工程、环境科学)	6	613	603	29716	6	
遥感科学与技术	10	616	607	26858	10	
水文与水资源工程	4	617	601	31135	4	
地球物理学	4	613	607	26858	4	
地球信息科学与技术	6	611	605	28268	6	
地质类(地质工程、资源勘查工程)	6	620	604	28962	6	
土木类(土木工程、工程管理、建筑环境与能源应用工程)	27	620	601	31135	27	
大数据管理与应用	10	628	619	19103	10	
金融学	2	613	603	29716	2	
电子信息类(自动化、电子信息工程)	53	629	621	17908	53	
计算机类(软件工程、数据科学与大数据技术、计算机科学与技术、信息安全)	60	635	625	15652	60	
人工智能	20	625	619	19103	20	
数学类(数学与应用数学、统计学)	26	634	615	21590	26	
新能源材料与器件	4	626	614	22200	4	
物理学类(应用物理学、光电信息科学与工程)	7	620	617	20292	7	
能源动力类(储能科学与工程、能源与动力工程)	30	623	608	26161	30	
网络与新媒体	3	606	604	28962	3	
建筑类(建筑学、城乡规划)	18	604	602	30377	18	
应急管理	12	607	601	31135	12	
电子商务	4	601	601	31135	4	

院校、专业组、专业名称	录取数	最高分	最低分	最低分位次	平行志愿	征求志愿
电气工程及其自动化	66	644	629	13587	66	
工商管理类(会计学、人力资源管理、市场营销)	8	622	604	28962	8	
材料科学与工程	5	621	602	30377	5	
03专业组(不限)(中外合作办学)	**12**	**599**	**590**	**39519**	**12**	
土木工程(中外合作办学)	12	599	590	39519	12	
04专业组(不限)(中外合作办学)	**10**	**597**	**588**	**41159**	**10**	
建筑环境与能源应用工程(中外合作办学)	10	597	588	41159	10	
05专业组(化学)	**6**	**615**	**608**	**26161**	**6**	
化工与制药类(化学工程与工艺、应用化学、能源化学工程)	6	615	608	26161	6	
06专业组(化学或地理)	**10**	**623**	**613**	**22857**	**10**	
测绘类(测绘工程、地理信息科学)	10	623	613	22857	10	
1222 江苏师范大学	**2555**				**2555**	
09专业组(不限)	**1653**	**617**	**542**	**83978**	**1653**	
哲学	10	554	545	80935	10	
经济学	18	556	547	78999	18	
金融工程	35	552	543	82963	35	
法学	55	602	555	71148	55	
社会工作	15	559	542	83978	15	
教育技术学(师范)	75	575	544	81927	75	
学前教育(师范)	11	560	550	76117	11	
小学教育(师范)	77	592	556	70201	77	
汉语言文学(师范)	49	615	584	44516	49	
汉语国际教育(师范)	18	597	550	76117	18	
秘书学	12	555	544	81927	12	
英语(师范)	58	617	564	62693	58	
俄语	6	553	545	80935	6	
翻译	9	561	544	81927	9	
日语	8	551	542	83978	8	
语言学	5	555	545	80935	5	
广播电视学	24	550	542	83978	24	
数学与应用数学(师范)	156	615	569	57929	156	
物理学(师范)	116	597	562	64501	116	
应用心理学	30	560	542	83978	30	
统计学	39	568	550	76117	39	
机械设计制造及其自动化	107	563	545	80935	107	
车辆工程	25	555	544	81927	25	
材料科学与工程	33	565	542	83978	33	
电气工程及其自动化	29	575	560	66452	29	
电子信息工程	33	579	555	71148	33	
光电信息科学与工程	31	564	551	75103	31	
人工智能	105	573	549	77083	105	
自动化	30	571	553	73153	30	
软件工程	41	582	554	72168	41	
数据科学与大数据技术	37	571	553	73153	37	
测绘工程	43	558	542	83978	43	
遥感科学与技术	44	560	544	81927	44	
制药工程	35	562	542	83978	35	
城乡规划	23	553	542	83978	23	
生物制药	80	555	542	83978	80	
财务管理	17	578	552	74112	17	
文化产业管理	10	543	542	83978	10	
行政管理	40	553	542	83978	40	
物流管理	15	569	543	82963	15	
旅游管理	13	547	542	83978	13	
计算机科学与技术(师范)	36	580	550	76117	36	
10专业组(不限)(中外合作办学)	**358**	**555**	**514**	**112372**	**358**	
金融工程(中外合作办学)	50	538	519	107387	50	
轨道交通信号与控制(中外合作办学)	83	538	514	112372	83	
机械设计制造及其自动化(中外合作办学)	80	540	515	111340	80	
电子信息工程(中外合作办学)	70	555	527	99221	70	
电子科学与技术(中外合作办学)	75	537	518	108392	75	
11专业组(化学)	**164**	**596**	**556**	**70201**	**164**	
化学(师范)	164	596	556	70201	164	
12专业组(化学或生物)	**242**	**594**	**562**	**64501**	**242**	
生物科学(师范)	242	594	562	64501	242	
13专业组(化学或地理)	**97**	**605**	**567**	**59799**	**97**	
地理科学(师范)	71	605	570	56969	71	
地理信息科学	26	586	567	59799	26	
14专业组(思想政治)	**41**	**592**	**564**	**62693**	**41**	
思想政治教育(师范)	41	592	564	62693	41	
1223 徐州医科大学	**2347**				**2339**	**8**
04专业组(不限)	**674**	**574**	**537**	**89032**	**674**	
护理学类(护理学、助产学)	334	574	539	86937	334	
公共事业管理	48	547	537	89032	48	
信息资源管理	48	546	537	89032	48	
生物医学工程类(生物医学工程、假肢矫形工程)	120	570	538	87986	120	
计算机科学与技术	62	568	547	78999	62	
医学信息工程	62	556	541	84968	62	
05专业组(不限)(联合培养项目)	**45**	**559**	**518**	**108392**	**45**	
护理学(与苏州卫生职业技术学院联合培养项目,在苏州卫生职业技术学院学习)	15	559	532	94094	15	
护理学(与江苏医药职业学院联合培养项目,在江苏医药	15	532	524	102241	15	

2023年普通类(物理等科目类)本科院校

院校、专业组、专业名称	录取数	最高分	最低分	最低分位次	平行志愿	征求志愿
职业学院学习)						
公共事业管理(与江苏经贸职业技术学院联合培养项目,在江苏经贸职业技术学院学习)	15	526	518	108392	15	
06专业组(化学)	**277**	**599**	**527**	**99221**	**274**	**3**
医学检验技术	82	580	546	79957	82	
医学影像技术	87	599	543	82963	87	
康复治疗学	30	560	539	86937	30	
听力与言语康复学	30	548	527	99221	27	3
智能医学工程	48	551	537	89032	48	
07专业组(化学或生物)(联合培养项目)	**60**	**537**	**513**	**113413**	**60**	
药学(与苏州卫生职业技术学院联合培养项目,在苏州卫生职业技术学院学习)	30	537	521	105373	30	
药物制剂(与江苏食品药品职业技术学院联合培养项目,在江苏食品药品职业技术学院学习)	30	533	513	113413	30	
08专业组(化学或生物)	**644**	**653**	**576**	**51456**	**642**	**2**
麻醉学(5+3衔接)	30	653	636	10154	30	
麻醉学	175	636	618	19695	175	
临床医学	266	631	606	27545	266	
口腔医学	90	628	605	28268	90	
医学影像学	83	617	576	51456	81	2
09专业组(化学或生物)	**390**	**613**	**566**	**60725**	**389**	**1**
临床医学(急救与救援医学)	90	608	589	40322	90	
儿科学	30	601	583	45410	30	
精神医学	30	607	582	46258	30	
眼视光医学	60	613	584	44516	60	
临床药学	78	611	575	52350	78	
预防医学	102	586	566	60725	101	1
10专业组(化学或生物)	**257**	**581**	**536**	**90081**	**255**	**2**
药学类(药学、药物制剂)	76	581	550	76117	76	
生物科学类(生物科学、生物技术、生物信息学)	150	576	536	90081	148	2
食品卫生与营养学	31	578	540	85962	31	
1224 徐州工程学院	**3156**				**3147**	**9**
02专业组(不限)	**2586**	**572**	**501**	**125542**	**2578**	**8**
土木工程	71	527	506	120487	71	
城市地下空间工程	40	524	506	120487	40	
智能建造	40	522	510	116464	40	
安全工程	45	524	506	120487	45	
工程管理	35	536	506	120487	35	
工程造价	41	536	507	119496	41	
机械设计制造及其自动化	93	541	520	106376	93	
材料成型及控制工程	80	540	501	125542	72	8
机械电子工程	80	541	516	110349	80	
工业设计	50	525	506	120487	50	
智能制造工程	40	528	514	112372	40	
电子信息工程	41	538	524	102241	41	
人工智能	50	533	520	106376	50	
计算机科学与技术	85	555	527	99221	85	
软件工程	50	536	524	102241	50	
数据科学与大数据技术	50	531	521	105373	50	
电气工程及其自动化	110	550	525	101269	110	
机器人工程	50	529	518	108392	50	
给排水科学与工程	61	547	506	120487	61	
环境工程	75	526	506	120487	75	
环保设备工程	40	515	506	120487	40	
风景园林	38	521	506	120487	38	
食品科学与工程	114	529	509	117454	114	
生物工程	81	524	505	121517	81	
数学与应用数学	30	527	516	110349	30	
信息与计算科学	80	523	510	116464	80	
应用统计学	45	524	508	118485	45	
应用物理学	50	529	506	120487	50	
新能源科学与工程	100	537	516	110349	100	
储能科学与工程	50	572	513	113413	50	
电子科学与技术	35	532	520	106376	35	
材料科学与工程	40	527	507	119496	40	
高分子材料与工程	45	519	505	121517	45	
学前教育(师范)	15	519	507	119496	15	
小学教育(师范)	100	552	512	114463	100	
汉语言文学(师范)	20	550	533	93122	20	
经济学	40	520	505	121517	40	
信用管理	15	506	506	120487	15	
经济与金融	24	526	507	119496	24	
金融科技	15	518	506	120487	15	
会计学	35	538	523	103299	35	
财务管理	35	536	520	106376	35	
英语	8	524	515	111340	8	
朝鲜语	2	506	506	120487	2	
信息管理与信息系统	70	524	506	120487	70	
房地产开发与管理	17	507	506	120487	17	
大数据管理与应用	50	523	511	115420	50	
物流工程	32	520	508	118485	32	
应急管理	40	524	506	120487	40	
汉语言文学	20	536	524	102241	20	
秘书学	3	518	516	110349	3	
广告学	15	527	505	121517	15	
国际经济与贸易	30	517	506	120487	30	
市场营销	20	512	506	120487	20	
电子商务	37	528	506	120487	37	
旅游管理	8	513	507	119496	8	
03专业组(不限)(中外合作办学)	**100**	**514**	**483**	**142975**	**100**	

院校、专业组、专业名称	录取数	最高分	最低分	最低分位次	平行志愿	征求志愿
电气工程及其自动化(中外合作办学)	53	514	488	138275	53	
机械电子工程(中外合作办学)	47	505	483	142975	47	
04专业组(不限)(中外合作办学)	**240**	**512**	**462**	**161814**	**240**	
材料科学与工程(中外合作办学)	60	497	464	160212	60	
电子科学与技术(中外合作办学)	60	505	473	152316	60	
机器人工程(中外合作办学)	60	512	468	156710	60	
环境工程(中外合作办学)	60	487	462	161814	60	
05专业组(不限)(联合培养项目)	**60**	**511**	**494**	**132434**	**59**	**1**
高分子材料与工程(与徐州工业职业技术学院联合培养项目,在徐州工业职业技术学院学习)	30	503	494	132434	29	1
电气工程及其自动化(与江苏信息职业技术学院联合培养项目,在江苏信息职业技术学院学习)	30	511	497	129553	30	
06专业组(化学)	**170**	**522**	**496**	**130482**	**170**	
应用化学	37	515	503	123514	37	
化学工程与工艺	47	512	498	128536	47	
化妆品技术与工程	40	522	497	129553	40	
食品质量与安全	46	520	496	130482	46	
1242 常州大学	**2907**				**2907**	
03专业组(不限)	**373**	**583**	**545**	**80935**	**373**	
金融学	30	563	554	72168	30	
金融工程	64	561	545	80935	64	
国际经济与贸易	28	563	545	80935	28	
法学	61	583	561	65452	61	
汉语言文学	23	577	557	69274	23	
西班牙语	24	560	546	79957	24	
日语	23	554	545	80935	23	
商务英语	21	569	545	80935	21	
园林	8	559	548	78085	8	
护理学	18	562	551	75103	18	
会计学	19	573	564	62693	19	
人力资源管理	26	556	546	79957	26	
公共事业管理	13	556	546	79957	13	
物流管理	15	562	545	80935	15	
04专业组(不限)	**1393**	**590**	**558**	**68331**	**1393**	
数学与应用数学	60	567	558	68331	60	
机械设计制造及其自动化	89	582	561	65452	89	
材料成型及控制工程	10	564	559	67392	10	
过程装备与控制工程	98	568	558	68331	98	
车辆工程	47	569	558	68331	47	
智能制造工程	65	569	559	67392	65	
金属材料工程	12	560	559	67392	12	
能源与动力工程	67	566	558	68331	67	
电气工程及其自动化	107	583	566	60725	107	
电子信息工程	59	575	567	59799	59	
电子科学与技术	64	567	563	63654	64	
集成电路设计与集成系统	63	572	561	65452	63	
人工智能	67	571	563	63654	67	
自动化	58	573	564	62693	58	
轨道交通信号与控制	46	576	558	68331	46	
计算机科学与技术	89	590	571	56021	89	
软件工程	60	576	568	58808	60	
物联网工程	61	571	562	64501	61	
数据科学与大数据技术	95	571	561	65452	95	
建筑环境与能源应用工程	9	559	559	67392	9	
石油工程	93	567	558	68331	93	
油气储运工程	39	577	558	68331	39	
信息管理与信息系统	25	564	558	68331	25	
工程管理	10	560	558	68331	10	
05专业组(不限)(中外合作办学)	**122**	**563**	**542**	**83978**	**122**	
计算机科学与技术(中外合作办学)	30	563	549	77083	30	
信息管理与信息系统(中外合作办学)	46	548	542	83978	46	
电子信息工程(中外合作办学)	46	553	545	80935	46	
06专业组(化学)	**508**	**573**	**535**	**91099**	**508**	
应用化学	10	555	546	79957	10	
材料科学与工程	91	555	537	89032	91	
材料化学	10	562	543	82963	10	
高分子材料与工程	95	573	539	86937	95	
土木工程	85	555	535	91099	85	
给排水科学与工程	9	559	542	83978	9	
环境工程	90	555	535	91099	90	
安全工程	100	555	536	90081	100	
应急技术与管理	11	570	545	80935	11	
消防工程	7	549	544	81927	7	
07专业组(化学或生物)	**435**	**569**	**544**	**81927**	**435**	
化学工程与工艺	128	564	544	81927	128	
制药工程	85	562	547	78999	85	
资源循环科学与工程	10	555	547	78999	10	
能源化学工程	64	563	544	81927	64	
生物医学工程	10	568	552	74112	10	
食品质量与安全	18	556	550	76117	18	
生物工程	63	569	545	80935	63	
药学	57	562	550	76117	57	
08专业组(化学或生物)(中外合作办学)	**46**	**546**	**530**	**96124**	**46**	

院校、专业组、专业名称	录取数	最高分	最低分	最低分位次	平行志愿	征求志愿
制药工程(中外合作办学)	46	546	530	96124	46	
09专业组(化学或生物)(联合培养项目)	**30**	**541**	**509**	**117454**	**30**	
药学(与江苏农牧科技职业学院联合培养项目,在江苏农牧科技职业学院学习)	30	541	509	117454	30	
1243 常州工学院	**2164**				**2161**	**3**
05专业组(不限)	**572**	**562**	**530**	**96124**	**572**	
机械设计制造及其自动化	121	558	530	96124	121	
电气工程及其自动化	124	562	535	91099	124	
电子信息工程	128	542	531	95098	128	
计算机科学与技术	59	548	535	91099	59	
软件工程	55	548	533	93122	55	
通信工程	25	540	532	94094	25	
人工智能	30	539	532	94094	30	
数据科学与大数据技术	30	539	532	94094	30	
06专业组(不限)	**1057**	**548**	**518**	**108392**	**1056**	**1**
材料成型及控制工程	68	527	519	107387	68	
智能制造工程	31	530	525	101269	31	
飞行器制造工程	33	548	523	103299	33	
车辆工程	56	540	523	103299	56	
自动化	46	537	527	99221	46	
测控技术与仪器	57	538	521	105373	57	
光电信息科学与工程	56	535	524	102241	56	
物联网工程	55	537	527	99221	55	
土木工程	96	539	518	108392	96	
工程管理	25	524	519	107387	25	
城市地下空间工程	23	523	519	107387	23	
建筑学	41	531	519	107387	41	
数学与应用数学	53	535	522	104328	53	
应用统计学	56	534	521	105373	56	
资源循环科学与工程	25	527	519	107387	25	
复合材料与工程	56	529	518	108392	56	
国际经济与贸易	20	526	519	107387	20	
工商管理	30	532	518	108392	30	
财务管理	30	543	525	101269	30	
物流管理	52	526	518	108392	52	
电子商务	48	545	519	107387	47	1
学前教育(师范)	30	528	519	107387	30	
小学教育(师范)	70	540	525	101269	70	
07专业组(不限)(中外合作办学)	**80**	**530**	**497**	**129553**	**80**	
软件工程(中外合作办学)	80	530	497	129553	80	
08专业组(不限)(中外合作办学)	**240**	**521**	**478**	**147717**	**240**	
电气工程及其自动化(中外合作办学)	80	521	489	137355	80	
自动化(中外合作办学)	80	518	484	142060	80	
智能制造工程(中外合作办学)	80	506	478	147717	80	
09专业组(不限)(联合培养项目)	**30**	**510**	**492**	**134437**	**30**	
工程管理(与扬州工业职业技术学院联合培养项目,在扬州工业职业技术学院学习)	30	510	492	134437	30	
10专业组(化学)	**185**	**531**	**509**	**117454**	**183**	**2**
交通运输	38	524	513	113413	38	
新能源科学与工程	57	531	514	112372	57	
化学工程与工艺	90	525	509	117454	88	2
1244 江苏理工学院	**2096**				**2096**	
04专业组(不限)	**215**	**567**	**538**	**87986**	**215**	
英语(师范)	40	567	542	83978	40	
小学教育(师范)	75	554	538	87986	75	
数学与应用数学(师范)	100	563	540	85962	100	
05专业组(不限)	**1411**	**560**	**525**	**101269**	**1411**	
机械设计制造及其自动化	70	555	539	86937	70	
机械电子工程	55	550	531	95098	55	
过程装备与控制工程	25	537	526	100234	25	
机器人工程	55	546	529	97145	55	
工业设计	40	537	526	100234	40	
电子信息工程	55	554	539	86937	55	
通信工程	55	549	533	93122	55	
物联网工程	50	545	531	95098	50	
电气工程及其自动化	90	560	542	83978	90	
自动化	55	551	536	90081	55	
计算机科学与技术	60	557	543	82963	60	
软件工程	60	553	535	91099	60	
数据科学与大数据技术	60	553	531	95098	60	
数字媒体技术	65	552	528	98180	65	
储能科学与工程	15	540	529	97145	15	
汽车服务工程	45	532	526	100234	45	
车辆工程	55	536	526	100234	55	
智能车辆工程	20	555	529	97145	20	
材料成型及控制工程	20	538	528	98180	20	
增材制造工程	30	532	525	101269	30	
会计学	35	554	535	91099	35	
财务管理	15	540	530	96124	15	
人力资源管理	11	536	526	100234	11	
市场营销	10	528	526	100234	10	
市场营销(师范)	10	528	526	100234	10	
金融学	38	542	525	101269	38	
国际经济与贸易	20	539	528	98180	20	
经济统计学	40	540	525	101269	40	
跨境电子商务	7	530	526	100234	7	
商务英语	20	537	526	100234	20	
学前教育(师范)	40	533	526	100234	40	
应用心理学	5	535	527	99221	5	
旅游管理	25	534	526	100234	25	

院校、专业组、专业名称	录取数	最高分	最低分	最低分位次	平行志愿	征求志愿
酒店管理	5	526	526	100234	5	
旅游管理与服务教育(师范)	15	531	526	100234	15	
统计学	75	544	525	101269	75	
光电信息材料与器件	40	538	525	101269	40	
社会体育指导与管理	20	535	526	100234	20	
06专业组(不限)(联合培养项目)	**15**	**523**	**505**	**121517**	**15**	
会计学(与江苏财经职业技术学院联合培养项目,在江苏财经职业技术学院学习)	15	523	505	121517	15	
07专业组(不限)(高校中外学分互认联合培养项目)	**60**	**502**	**459**	**164241**	**60**	
金融学(中美学分互认联合培养项目)	60	502	459	164241	60	
08专业组(不限)(中外合作办学)	**155**	**536**	**478**	**147717**	**155**	
数字媒体技术(中外合作办学)	90	516	478	147717	90	
机械设计制造及其自动化(中外合作办学)	65	536	481	144815	65	
09专业组(化学)	**15**	**547**	**537**	**89032**	**15**	
应用化学(师范)	15	547	537	89032	15	
10专业组(化学)	**80**	**536**	**517**	**109393**	**80**	
应用化学	5	530	528	98180	5	
功能材料	35	529	517	109393	35	
交通运输	20	536	518	108392	20	
金属材料工程	20	531	517	109393	20	
11专业组(化学或生物)	**95**	**538**	**520**	**106376**	**95**	
化学工程与工艺	30	535	520	106376	30	
环境工程	35	538	520	106376	35	
环境科学	15	535	521	105373	15	
资源循环科学与工程	15	538	520	106376	15	
12专业组(化学或生物)(联合培养项目)	**30**	**506**	**492**	**134437**	**30**	
化学工程与工艺(与常州工程职业技术学院联合培养项目,在常州工程职业技术学院学习)	30	506	492	134437	30	
13专业组(化学或生物)(中外合作办学)	**20**	**496**	**471**	**154058**	**20**	
环境工程(中外合作办学)	20	496	471	154058	20	
1261 苏州大学	**2753**				**2751**	**2**
14专业组(不限)	**50**	**646**	**635**	**10612**	**50**	
金融学(金融+计算机)(双学士学位培养项目)	50	646	635	10612	50	
15专业组(不限)	**40**	**641**	**632**	**12050**	**40**	
会计学(会计学+人工智能)(双学士学位培养项目)	40	641	632	12050	40	
16专业组(不限)	**20**	**637**	**630**	**13101**	**20**	
知识产权(知识产权+生物制药)(双学士学位培养项目)	20	637	630	13101	20	
17专业组(不限)	**116**	**644**	**639**	**8829**	**116**	
软件工程	70	643	639	8829	70	
计算机科学与技术	46	644	639	8829	46	
18专业组(不限)	**185**	**643**	**634**	**11118**	**185**	
人工智能	39	640	637	9657	39	
机械电子工程	52	637	634	11118	52	
数据科学与大数据技术	49	639	635	10612	49	
机器人工程	45	643	634	11118	45	
19专业组(不限)	**117**	**641**	**616**	**20903**	**117**	
新闻传播学类(新闻学、广告学、网络与新媒体)	31	626	616	20903	31	
教育学(师范)	9	623	619	19103	9	
经济学	8	633	626	15133	8	
财政学	8	631	626	15133	8	
工商管理	9	628	621	17908	9	
会计学	9	638	628	14097	9	
法学	9	639	635	10612	9	
知识产权	9	635	630	13101	9	
英语	6	623	622	17335	6	
英语(师范)	9	641	624	16213	9	
运动康复	10	625	616	20903	10	
20专业组(不限)	**1003**	**651**	**621**	**17908**	**1001**	**2**
建筑学	26	631	621	17908	26	
城乡规划	9	626	621	17908	9	
风景园林	18	651	621	17908	16	2
历史建筑保护工程	8	627	622	17335	8	
金融数学	22	632	626	15133	22	
数学类[数学与应用数学、数学与应用数学(师范)]	60	643	630	13101	60	
信息与计算科学	28	632	627	14617	28	
统计学	25	636	626	15133	25	
物理学	48	643	625	15652	48	
物理学(师范)	28	641	627	14617	28	
光电信息科学与工程	53	638	629	13587	53	
智能测控工程	36	632	623	16748	36	
能源与动力工程	33	637	626	15133	33	
电子信息工程	69	640	631	12572	69	
电子科学与技术	30	638	631	12572	30	
通信工程	59	638	629	13587	59	
集成电路设计与集成系统	50	641	631	12572	50	
电气工程及其自动化	93	639	629	13587	93	
机械工程	95	630	621	17908	95	
智能制造工程	64	632	624	16213	64	
车辆工程	39	627	622	17335	39	
电气工程与智能控制	45	633	626	15133	45	
轨道交通信号与控制	42	629	621	17908	42	
建筑环境与能源应用工程	23	626	621	17908	23	

院校、专业组、专业名称	录取数	最高分	最低分	最低分位次	平行志愿	征求志愿
21专业组(不限)(中外合作办学)	**50**	**630**	**609**	**25496**	**50**	
金融学(中外合作办学)	50	630	609	25496	50	
22专业组(不限)(中外合作办学)	**42**	**608**	**592**	**37932**	**42**	
物流管理(中外合作办学)	42	608	592	37932	42	
23专业组(化学)	**30**	**637**	**630**	**13101**	**30**	
化学(化学+新能源材料与器件)(双学士学位培养项目)	30	637	630	13101	30	
24专业组(化学)	**56**	**648**	**630**	**13101**	**56**	
纳米材料与技术	56	648	630	13101	56	
25专业组(化学)	**402**	**633**	**597**	**34107**	**402**	
新能源材料与器件	29	630	617	20292	29	
化学工程与工艺	19	620	608	26161	19	
环境工程	7	619	607	26858	7	
化学类[化学(师范)、应用化学、化学]	67	628	603	29716	67	
材料类(材料科学与工程、高分子材料与工程)	57	633	605	28268	57	
冶金工程	25	608	600	31866	25	
金属材料工程	29	615	601	31135	29	
轻化工程	29	607	600	31866	29	
纺织工程	52	614	597	34107	52	
服装设计与工程	38	606	597	34107	38	
非织造材料与工程	37	605	597	34107	37	
交通运输	13	621	608	26161	13	
26专业组(化学)	**92**	**629**	**613**	**22857**	**92**	
生物制药	20	629	617	20292	20	
药学(省拔尖学生培养基地)	42	629	614	22200	42	
中药学	11	614	613	22857	11	
医学检验技术	19	621	613	22857	19	
27专业组(化学)(中外合作办学)	**69**	**628**	**597**	**34107**	**69**	
新能源材料与器件(中外合作办学)	69	628	597	34107	69	
28专业组(化学或生物)	**25**	**620**	**609**	**25496**	**25**	
应用心理学	25	620	609	25496	25	
29专业组(化学或生物)	**136**	**636**	**610**	**24841**	**136**	
生物信息学	25	630	617	20292	25	
法医学	22	636	614	22200	22	
生物技术	42	622	611	24195	42	
预防医学	47	625	610	24841	47	
30专业组(化学和生物)	**65**	**658**	**646**	**6254**	**65**	
临床医学(5+3一体化)	65	658	646	6254	65	
31专业组(化学和生物)	**238**	**646**	**622**	**17335**	**238**	
临床医学	52	646	628	14097	52	
临床医学(儿科医学)(5+3一体化)	30	645	629	13587	30	
儿科学	46	627	623	16748	46	

院校、专业组、专业名称	录取数	最高分	最低分	最低分位次	平行志愿	征求志愿
口腔医学	25	645	627	14617	25	
放射医学	64	630	622	17335	64	
医学影像学	21	636	625	15652	21	
32专业组(生物)	**17**	**616**	**604**	**28962**	**17**	
护理学	17	616	604	28962	17	
1262 苏州科技大学	**2700**				**2696**	**4**
07专业组(不限)	**1714**	**602**	**553**	**73153**	**1710**	**4**
建筑学	40	585	554	72168	40	
城乡规划	37	589	554	72168	37	
风景园林	46	572	554	72168	46	
给排水科学与工程	84	581	553	73153	80	4
建筑环境与能源应用工程	56	574	554	72168	56	
土木工程	132	574	554	72168	132	
工程力学	52	572	554	72168	52	
工程管理	106	572	553	73153	106	
电子信息工程	53	585	575	52350	53	
计算机科学与技术	56	602	578	49756	56	
电气工程及其自动化	58	589	574	53221	58	
建筑电气与智能化	58	574	566	60725	58	
通信工程	60	578	573	54146	60	
人工智能	66	579	572	55138	66	
区块链工程	58	575	567	59799	58	
数学与应用数学(师范)	80	594	570	56969	80	
信息与计算科学	48	577	569	57929	48	
统计学	47	578	558	68331	47	
物理学(师范)	54	577	559	67392	54	
应用物理学	51	570	554	72168	51	
光电信息科学与工程	29	579	572	55138	29	
机械设计制造及其自动化	180	575	558	68331	180	
机械电子工程	141	573	554	72168	141	
材料成型及控制工程	72	571	553	73153	72	
测绘工程	50	570	554	72168	50	
08专业组(不限)	**260**	**606**	**537**	**89032**	**260**	
工商管理	20	557	544	81927	20	
物流管理	23	557	539	86937	23	
金融工程	21	567	545	80935	21	
财务管理	24	571	550	76117	24	
人力资源管理	24	584	539	86937	24	
学前教育(师范)	30	576	538	87986	30	
应用心理学	50	574	537	89032	50	
英语(师范)	28	606	552	74112	28	
英语	20	570	540	85962	20	
日语	20	562	537	89032	20	
09专业组(不限)(中外合作办学)	**167**	**554**	**530**	**96124**	**167**	
土木工程(中外合作办学)	59	546	530	96124	59	
工程管理(中外合作办学)	62	552	531	95098	62	
物流管理(中外合作办学)	14	545	534	92079	14	
机械设计制造及其自动化(	32	554	540	85962	32	

院校、专业组、专业名称	录取数	最高分	最低分	最低分位次	平行志愿	征求志愿
中外合作办学)						
10专业组(化学)	**231**	**575**	**544**	**81927**	**231**	
无机非金属材料工程	48	560	544	81927	48	
交通工程	24	553	547	78999	24	
化学(师范)	16	575	554	72168	16	
应用化学	9	562	552	74112	9	
材料化学	36	568	547	78999	36	
功能材料	77	558	544	81927	77	
新能源材料与器件	21	563	553	73153	21	
11专业组(化学或生物)	**252**	**582**	**547**	**78999**	**252**	
环境科学与工程类(环境工程、环境科学)	131	582	547	78999	131	
环境生态工程	19	556	548	78085	19	
生物技术	38	573	552	74112	38	
生物工程	38	568	550	76117	38	
生物科学(师范)	26	576	552	74112	26	
12专业组(化学或地理)	**72**	**576**	**552**	**74112**	**72**	
地理信息科学	38	573	553	73153	38	
人文地理与城乡规划	22	570	552	74112	22	
地理科学(师范)	12	576	561	65452	12	
13专业组(思想政治)	**4**	**581**	**574**	**53221**	**4**	
思想政治教育(师范)	4	581	574	53221	4	
1263 常熟理工学院	**2778**				**2764**	**14**
04专业组(不限)	**232**	**612**	**533**	**93122**	**232**	
汉语言文学(师范)	24	580	552	74112	24	
小学教育(师范)	40	590	534	92079	40	
学前教育(师范)	33	545	533	93122	33	
英语(师范)	30	558	535	91099	30	
数学与应用数学(师范)	105	612	535	91099	105	
05专业组(不限)	**292**	**546**	**511**	**115420**	**292**	
市场营销	20	530	514	112372	20	
财务管理	29	546	525	101269	29	
人力资源管理	17	526	521	105373	17	
工程管理	48	529	512	114463	48	
经济与金融	30	538	519	107387	30	
物流管理	48	529	511	115420	48	
英语	19	540	519	107387	19	
日语	25	529	511	115420	25	
德语	10	522	512	114463	10	
经济统计学	46	534	516	110349	46	
06专业组(不限)	**737**	**547**	**523**	**103299**	**737**	
新能源科学与工程	73	547	528	98180	73	
机械工程	85	544	527	99221	85	
机械电子工程	65	539	527	99221	65	
智能制造工程	73	543	527	99221	73	
材料成型及控制工程	63	530	523	103299	63	
车辆工程	98	540	524	102241	98	
新能源汽车工程	103	541	525	101269	103	
材料科学与工程	65	544	523	103299	65	

院校、专业组、专业名称	录取数	最高分	最低分	最低分位次	平行志愿	征求志愿
功能材料	56	527	523	103299	56	
测控技术与仪器	56	538	524	102241	56	
07专业组(不限)	**741**	**570**	**534**	**92079**	**740**	**1**
信息与计算科学	65	552	534	92079	65	
电子信息工程	49	551	539	86937	49	
电子科学与技术	101	542	535	91099	101	
光电信息科学与工程	65	570	534	92079	64	1
计算机科学与技术	67	557	541	84968	67	
软件工程	65	559	539	86937	65	
物联网工程	57	543	535	91099	57	
数字媒体技术	53	550	535	91099	53	
数据科学与大数据技术	57	541	536	90081	57	
自动化	57	559	542	83978	57	
电气工程及其自动化	49	569	543	82963	49	
机器人工程	56	542	534	92079	56	
08专业组(不限)(中外合作办学)	**210**	**580**	**495**	**131453**	**210**	
电子信息工程(中外合作办学)	70	533	498	128536	70	
机械电子工程(中外合作办学)	70	516	495	131453	70	
电气工程及其自动化(中外合作办学)	70	580	504	122564	70	
09专业组(不限)(高校中外学分互认联合培养项目)	**70**	**513**	**457**	**165877**	**62**	**8**
经济与金融(中美学分互认联合培养项目)	10	508	460	163420	9	1
软件工程(中美学分互认联合培养项目)	20	513	476	149566	19	1
材料科学与工程(中美学分互认联合培养项目)	20	494	457	165877	17	3
机器人工程(中美学分互认联合培养项目)	20	492	459	164241	17	3
10专业组(化学)	**221**	**537**	**500**	**126589**	**221**	
纺织工程	23	520	503	123514	23	
服装设计与工程	27	524	500	126589	27	
应用化学	51	526	506	120487	51	
安全工程	60	537	500	126589	60	
应急技术与管理	60	526	502	124506	60	
11专业组(化学)(高校中外学分互认联合培养项目)	**15**	**506**	**454**	**168262**	**13**	**2**
应用化学(中芬学分互认联合培养项目)	15	506	454	168262	13	2
12专业组(化学或生物)	**240**	**544**	**519**	**107387**	**240**	
生物工程	69	544	519	107387	69	
生物制药	69	538	522	104328	69	
食品科学与工程	37	536	519	107387	37	
食品质量与安全	65	537	519	107387	65	
13专业组(化学或生物)(高校	**20**	**498**	**453**	**169035**	**17**	**3**

院校、专业组、专业名称	录取数	最高分	最低分	最低分位次	平行志愿	征求志愿
中外学分互认联合培养项目)						
食品质量与安全(中美学分互认联合培养项目)	20	498	453	169035	17	3
1265 中国人民大学(苏州校区)	**16**				**16**	
03专业组(不限)(中外合作办学)	**16**	**659**	**649**	**5239**	**16**	
金融学(中外合作办学)	10	659	649	5239	10	
数学与应用数学(中外合作办学)	6	656	650	4920	6	
1267 苏州城市学院	**988**				**988**	
04专业组(不限)	**97**	**551**	**527**	**99221**	**97**	
法学	12	551	540	85962	12	
广告学	5	538	529	97145	5	
新闻学	5	540	532	94094	5	
会计学	5	546	540	85962	5	
工商管理	5	539	533	93122	5	
金融学	5	539	537	89032	5	
国际经济与贸易	5	537	534	92079	5	
市场营销	5	539	527	99221	5	
人力资源管理	5	539	532	94094	5	
劳动与社会保障	5	538	528	98180	5	
档案学	5	537	528	98180	5	
日语	5	538	528	98180	5	
英语	5	536	529	97145	5	
应用心理学	5	548	529	97145	5	
健康服务与管理	20	538	527	99221	20	
05专业组(不限)	**433**	**550**	**528**	**98180**	**433**	
通信工程	39	547	532	94094	39	
信息工程	39	540	529	97145	39	
电气工程及其自动化	39	550	535	91099	39	
机械工程	39	541	528	98180	39	
电子信息科学与技术	42	549	529	97145	42	
光电信息科学与工程	40	540	529	97145	40	
测控技术与仪器	39	529	528	98180	39	
轨道交通信号与控制	39	546	528	98180	39	
电气工程与智能控制	39	535	529	97145	39	
车辆工程	39	534	528	98180	39	
物联网工程	39	541	529	97145	39	
06专业组(不限)(中外合作办学)	**200**	**526**	**491**	**135455**	**200**	
电气工程及其自动化(中外合作办学)	100	526	494	132434	100	
物联网工程(中外合作办学)	100	525	491	135455	100	
07专业组(不限)(高校中外学分互认联合培养项目)	**15**	**519**	**485**	**141125**	**15**	
金融学(中美学分互认联合培养项目)	5	519	500	126589	5	
英语(中美学分互认联合培养项目)	5	519	485	141125	5	
新闻学(中美学分互认联合培养项目)	5	497	485	141125	5	
08专业组(不限)(联合培养项目)	**10**	**509**	**494**	**132434**	**10**	
市场营销(与苏州工业职业技术学院联合培养项目,在苏州工业职业技术学院学习)	10	509	494	132434	10	
09专业组(化学)	**203**	**554**	**524**	**102241**	**203**	
机械电子工程	40	531	524	102241	40	
计算机科学与技术	40	554	529	97145	40	
微电子科学与工程	39	536	525	101269	39	
新能源材料与器件	39	538	524	102241	39	
人工智能	45	537	525	101269	45	
10专业组(化学)(联合培养项目)	**30**	**522**	**493**	**133442**	**30**	
机械电子工程(与苏州工业职业技术学院联合培养项目,在苏州工业职业技术学院学习)	30	522	493	133442	30	
1301 南通大学	**3960**				**3954**	**6**
10专业组(不限)	**273**	**603**	**551**	**75103**	**273**	
汉语言文学(师范)	10	598	592	37932	10	
历史学(师范)	2	560	557	69274	2	
英语(师范)	20	589	567	59799	20	
小学教育(师范)	22	578	562	64501	22	
学前教育(师范)	12	562	554	72168	12	
教育技术学(师范)	55	567	551	75103	55	
数学与应用数学(师范)	55	603	564	62693	55	
物理学(师范)	97	599	552	74112	97	
11专业组(不限)	**374**	**590**	**533**	**93122**	**374**	
秘书学	4	550	546	79957	4	
汉语国际教育	1	554	554	72168	1	
新闻学	8	551	546	79957	8	
国际经济与贸易	50	566	533	93122	50	
工商管理	43	557	536	90081	43	
行政管理	25	551	533	93122	25	
会计学	49	583	553	73153	49	
物流管理	44	556	533	93122	44	
法学	28	590	558	68331	28	
应用心理学	30	575	538	87986	30	
商务英语	30	570	534	92079	30	
翻译	10	568	542	83978	10	
日语	20	551	534	92079	20	
护理学	32	576	546	79957	32	
12专业组(不限)	**473**	**584**	**542**	**83978**	**473**	
应用统计学	57	584	553	73153	57	
光电信息科学与工程	47	573	562	64501	47	
信息管理与信息系统	53	572	554	72168	53	

院校、专业组、专业名称	录取数	最高分	最低分	最低分位次	平行志愿	征求志愿
建筑学	47	573	548	78085	47	
工业设计	30	570	551	75103	30	
土木工程	93	574	542	83978	93	
工程管理	52	568	543	82963	52	
环境科学	94	561	542	83978	94	
13专业组(不限)	**461**	**581**	**560**	**66452**	**460**	**1**
高分子材料与工程	88	573	560	66452	87	1
新能源材料与器件	108	573	561	65452	108	
机械电子工程	99	581	564	62693	99	
机械工程	42	573	565	61774	42	
机械设计制造及其自动化	95	577	567	59799	95	
测控技术与仪器	29	580	562	64501	29	
14专业组(不限)	**351**	**595**	**573**	**54146**	**351**	
电气工程及其自动化	187	595	576	51456	187	
自动化	92	585	574	53221	92	
机器人工程	40	576	573	54146	40	
人工智能	32	582	574	53221	32	
15专业组(不限)	**637**	**595**	**573**	**54146**	**637**	
通信工程	94	592	577	50595	94	
电子信息工程	84	595	576	51456	84	
集成电路设计与集成系统	80	591	573	54146	80	
电子科学与技术	87	589	573	54146	87	
计算机科学与技术	75	593	582	46258	75	
软件工程	77	583	578	49756	77	
物联网工程	81	580	574	53221	81	
数据科学与大数据技术	59	582	575	52350	59	
16专业组(不限)(高校中外学分互认联合培养项目)	**63**	**566**	**527**	**99221**	**63**	
会计学(中美学分互认联合培养项目)	18	539	528	98180	18	
翻译(中澳学分互认联合培养项目)	15	534	527	99221	15	
软件工程(中澳学分互认联合培养项目)	30	566	533	93122	30	
17专业组(化学)	**127**	**589**	**553**	**73153**	**126**	**1**
化学(师范)	38	589	560	66452	38	
康复治疗学	22	580	553	73153	21	1
智能医学工程	13	562	554	72168	13	
医学检验技术	54	581	554	72168	54	
18专业组(化学)	**66**	**573**	**552**	**74112**	**66**	
交通工程	28	573	554	72168	28	
交通设备与控制工程	38	568	552	74112	38	
19专业组(化学)	**87**	**557**	**542**	**83978**	**87**	
纺织工程	30	557	543	82963	30	
非织造材料与工程	16	552	542	83978	16	
服装设计与工程	18	549	542	83978	18	
轻化工程	23	555	545	80935	23	
20专业组(化学或生物)	**296**	**637**	**606**	**27545**	**296**	
临床医学	251	637	606	27545	251	
口腔医学	45	633	610	24841	45	
21专业组(化学或生物)	**564**	**610**	**547**	**78999**	**560**	**4**
儿科学	41	604	584	44516	41	
医学影像学	38	610	594	36407	38	
预防医学	93	604	562	64501	93	
生物科学(师范)	112	590	549	77083	112	
生物技术	100	592	547	78999	100	
药学	103	594	551	75103	103	
药物制剂	77	585	547	78999	73	4
22专业组(化学或地理)	**158**	**585**	**553**	**73153**	**158**	
地理科学(师范)	55	585	559	67392	55	
地理信息科学	103	572	553	73153	103	
23专业组(思想政治)	**30**	**584**	**558**	**68331**	**30**	
思想政治教育(师范)	30	584	558	68331	30	
1321 江苏海洋大学	**2376**				**2371**	**5**
03专业组(不限)	**1810**	**575**	**521**	**105373**	**1806**	**4**
海洋科学	34	551	526	100234	34	
海洋资源与环境	12	550	528	98180	12	
水产养殖学	7	543	533	93122	7	
测绘工程	39	550	521	105373	39	
海洋技术	41	544	524	102241	41	
遥感科学与技术	24	539	526	100234	24	
船舶与海洋工程	60	549	522	104328	60	
海洋资源开发技术	27	530	521	105373	27	
港口航道与海岸工程	65	548	521	105373	65	
工程管理	20	526	523	103299	20	
建筑学	18	538	522	104328	18	
土木工程	95	531	521	105373	95	
机器人工程	31	542	528	98180	31	
机械电子工程	49	550	525	101269	49	
机械设计制造及其自动化	116	551	526	100234	116	
电气工程及其自动化	73	575	541	84968	73	
电子信息工程	71	552	536	90081	71	
海洋信息工程	34	539	522	104328	34	
通信工程	58	553	530	96124	58	
自动化	72	547	530	96124	72	
安全工程	26	534	521	105373	26	
高分子材料与工程	47	534	521	105373	47	
化学工程与工艺	21	543	522	104328	21	
环境工程	48	533	521	105373	48	
生物工程	37	539	521	105373	37	
食品科学与工程	37	544	521	105373	33	4
计算机科学与技术	67	561	543	82963	67	
数据科学与大数据技术	73	545	530	96124	73	
网络工程	75	545	525	101269	75	
软件工程	80	557	534	92079	80	
光电信息科学与工程	57	546	523	103299	57	
数学与应用数学	59	543	521	105373	59	
新能源科学与工程	47	544	526	100234	47	

2023年普通类(物理等科目类)本科院校

院校、专业组、专业名称	录取数	最高分	最低分	最低分位次	平行志愿	征求志愿
信息与计算科学	56	537	522	104328	56	
财务管理	10	530	528	98180	10	
工商管理	6	531	523	103299	6	
国际经济与贸易	1	530	530	96124	1	
会计学	39	549	530	96124	39	
金融学	10	534	527	99221	10	
物流管理	8	534	522	104328	8	
法学	30	554	536	90081	30	
汉语言文学	15	541	533	93122	15	
新闻学	6	530	523	103299	6	
行政管理	1	531	531	95098	1	
俄语	1	523	523	103299	1	
日语	1	528	528	98180	1	
英语	6	537	530	96124	6	
04专业组(不限)(中外合作办学)	140	523	493	133442	140	
机器人工程(中外合作办学)	70	523	499	127539	70	
船舶与海洋工程(中外合作办学)	70	523	493	133442	70	
05专业组(不限)(联合培养项目)	150	531	489	137355	149	1
食品科学与工程(与江苏食品药品职业技术学院联合培养项目,在江苏食品药品职业技术学院学习)	30	517	492	134437	30	
机械设计制造及其自动化(与常州机电职业技术学院联合培养项目,在常州机电职业技术学院学习)	30	526	495	131453	30	
机械设计制造及其自动化(与江苏航运职业技术学院联合培养项目,在江苏航运职业技术学院学习)	30	531	491	135455	30	
水产养殖学(与江苏农牧科技职业学院联合培养项目,在江苏农牧科技职业学院学习)	30	504	489	137355	30	
水产养殖学(与江苏农林职业技术学院联合培养项目,在江苏农林职业技术学院学习)	30	512	489	137355	29	1
06专业组(化学)	241	543	510	116464	241	
生物技术	62	534	512	114463	62	
药物分析	66	542	510	116464	66	
药物制剂	58	543	513	113413	58	
制药工程	55	537	517	109393	55	
07专业组(化学或地理)	35	548	533	93122	35	
地理信息科学	35	548	533	93122	35	
1341 淮阴师范学院	2397				2393	4
09专业组(不限)	1822	584	494	132434	1819	3
数学与应用数学(师范)	175	584	521	105373	175	
小学教育(师范)	49	559	521	105373	49	
英语(师范)	42	571	524	102241	42	
汉语言文学(师范)	70	578	536	90081	70	
物理学(师范)	120	573	504	122564	120	
学前教育(师范)	36	540	504	122564	36	
教育技术学(师范)	38	535	495	131453	38	
工程造价	66	528	494	132434	66	
广播电视学	42	517	494	132434	42	
广告学	38	532	494	132434	38	
法学	22	562	530	96124	22	
人力资源管理	22	521	496	130482	22	
行政管理	25	527	495	131453	25	
知识产权	10	534	518	108392	10	
化学工程与工艺	70	518	494	132434	70	
环境科学	71	520	496	130482	71	
新能源材料与器件	88	533	494	132434	88	
应用心理学	10	533	512	114463	10	
计算机科学与技术	98	534	512	114463	98	
软件工程	45	530	506	120487	45	
物联网工程	49	527	500	126589	49	
数据科学与大数据技术	41	535	503	123514	41	
市场营销	24	523	494	132434	24	
财务管理	26	533	510	116464	26	
审计学	20	537	516	110349	20	
经济与金融	21	529	496	130482	21	
电子商务	25	516	494	132434	25	
社会工作	25	520	494	132434	25	
旅游管理	13	540	494	132434	12	1
统计学	62	537	494	132434	60	2
生物工程	79	529	497	129553	79	
食品质量与安全	28	532	504	122564	28	
生物制药	36	534	498	128536	36	
汉语言文学	8	545	535	91099	8	
汉语国际教育	5	543	520	106376	5	
英语	18	534	511	115420	18	
日语	15	521	497	129553	15	
翻译	5	526	501	125542	5	
电子信息工程	49	540	503	123514	49	
电子信息科学与技术	61	525	498	128536	61	
电气工程及其自动化	75	538	503	123514	75	
10专业组(不限)(中外合作办学)	40	536	510	116464	40	
小学教育(中外合作办学)(师范)	40	536	510	116464	40	
11专业组(不限)(联合培养项目)	90	504	491	135455	90	
工程造价(与江苏工程职业技术学院联合培养项目,在江苏工程职业技术学院学习)	30	502	491	135455	30	

院校、专业组、专业名称	录取数	最高分	最低分	最低分位次	平行志愿	征求志愿
财务管理(与江苏财经职业技术学院联合培养项目,在江苏财经职业技术学院学习)	30	504	492	134437	30	
电气工程及其自动化(与江苏电子信息职业学院联合培养项目,在江苏电子信息职业学院学习)	30	504	492	134437	30	
12专业组(化学)	**123**	**554**	**526**	**100234**	**123**	
化学(师范)	123	554	526	100234	123	
13专业组(化学或生物)	**175**	**551**	**511**	**115420**	**174**	**1**
生物科学(师范)	109	551	519	107387	109	
生物技术	66	544	511	115420	65	1
14专业组(化学或地理)	**147**	**564**	**507**	**119496**	**147**	
地理科学(师范)	75	564	514	112372	75	
地理信息科学	45	534	507	119496	45	
人文地理与城乡规划	27	521	507	119496	27	
1342 淮阴工学院	**3336**				**3331**	**5**
03专业组(不限)	**2854**	**558**	**496**	**130482**	**2849**	**5**
学前教育(师范)	22	523	509	117454	22	
英语(师范)	22	526	518	108392	22	
机械设计制造及其自动化	180	542	516	110349	180	
机械电子工程	86	519	513	113413	86	
金属材料工程	80	522	502	124506	80	
机器人工程	43	525	514	112372	43	
工业设计	10	554	514	112372	10	
车辆工程	75	522	512	114463	75	
道路桥梁与渡河工程	80	519	502	124506	80	
建筑学	60	516	502	124506	60	
土木工程	237	525	502	124506	237	
城市地下空间工程	82	511	502	124506	82	
城乡规划	52	522	503	123514	52	
工程管理	83	517	502	124506	83	
物流工程	84	519	502	124506	84	
电气工程及其自动化	177	558	522	104328	177	
自动化	85	533	517	109393	85	
测控技术与仪器	85	521	510	116464	85	
计算机科学与技术	84	554	526	100234	84	
软件工程	89	549	522	104328	89	
数据科学与大数据技术	46	529	519	107387	46	
物联网工程	50	529	517	109393	50	
通信工程	137	525	516	110349	137	
电子信息工程	86	531	519	107387	86	
电子科学与技术	41	523	516	110349	41	
人工智能	41	535	516	110349	41	
金融数学	73	515	502	124506	73	
应用物理学	25	528	509	117454	25	
数据计算及应用	55	525	512	114463	55	
英语	23	527	507	119496	23	
翻译	45	529	503	123514	45	
俄语	10	515	505	121517	10	
会计学	46	534	522	104328	46	
工商管理	50	517	503	123514	50	
财务管理	46	544	517	109393	46	
国际经济与贸易	118	517	503	123514	118	
经济与金融	76	516	503	123514	76	
电子商务	121	537	497	129553	118	3
社会工作	32	515	496	130482	30	2
行政管理	17	516	505	121517	17	
04专业组(不限)(中外合作办学)	**50**	**490**	**465**	**159349**	**50**	
物流工程(中外合作办学)	50	490	465	159349	50	
05专业组(不限)(联合培养项目)	**30**	**511**	**498**	**128536**	**30**	
数据科学与大数据技术(与江苏电子信息职业学院联合培养项目,在江苏电子信息职业学院学习)	30	511	498	128536	30	
06专业组(化学)	**159**	**514**	**497**	**129553**	**159**	
交通工程	38	510	499	127539	38	
交通运输	65	514	497	129553	65	
化学工程与工艺	41	514	498	128536	41	
高分子材料与工程	15	511	502	124506	15	
07专业组(化学或生物)	**243**	**539**	**501**	**125542**	**243**	
农学	9	521	506	120487	9	
园艺	9	525	503	123514	9	
园林	9	516	505	121517	9	
生物工程	80	530	501	125542	80	
制药工程	46	539	504	122564	46	
环境工程	10	516	503	123514	10	
食品科学与工程	80	516	501	125542	80	
1361 盐城工学院	**3648**				**3641**	**7**
02专业组(不限)	**2935**	**557**	**493**	**133442**	**2931**	**4**
机械设计制造及其自动化	138	557	523	103299	138	
机械电子工程	58	536	519	107387	58	
过程装备与控制工程	56	527	507	119496	56	
机械工程	90	527	513	113413	90	
智能制造工程	66	538	516	110349	66	
信息管理与信息系统	58	526	508	118485	58	
工商管理	18	521	507	119496	18	
会计学	26	535	525	101269	26	
财务管理	26	536	519	107387	26	
物流管理	26	516	504	122564	26	
电子商务	25	518	502	124506	25	
国际经济与贸易	11	523	506	120487	11	
金融工程	53	531	501	125542	53	
电气工程及其自动化	90	553	530	96124	90	
自动化	87	551	522	104328	87	
建筑电气与智能化	40	520	512	114463	40	

院校、专业组、专业名称	录取数	最高分	最低分	最低分位次	平行志愿	征求志愿
新能源科学与工程	41	534	518	108392	41	
智能装备与系统	52	521	511	115420	52	
酒店管理	22	503	501	125542	22	
旅游管理	31	510	501	125542	31	
材料科学与工程	124	528	501	125542	124	
新能源材料与器件	51	522	510	116464	51	
高分子材料与工程	58	523	500	126589	58	
金属材料工程	46	520	498	128536	44	2
材料物理	67	512	501	125542	67	
建筑学	24	550	502	124506	24	
土木工程	172	529	500	126589	172	
工程管理	64	529	501	125542	64	
城市地下空间工程	26	516	504	122564	26	
给排水科学与工程	50	532	501	125542	50	
建筑环境与能源应用工程	21	513	501	125542	21	
电子信息工程	55	545	526	100234	55	
光电信息科学与工程	70	526	516	110349	70	
人工智能	65	531	519	107387	65	
计算机科学与技术	102	550	527	99221	102	
网络工程	50	533	518	108392	50	
软件工程	55	538	524	102241	55	
车辆工程	50	528	515	111340	50	
新能源汽车工程	26	526	516	110349	26	
能源与动力工程	41	529	514	112372	41	
环境工程	99	519	501	125542	99	
环境科学	62	528	493	133442	60	2
环保设备工程	53	526	500	126589	53	
英语	45	535	501	125542	45	
日语	16	518	501	125542	16	
海洋科学类(海洋科学、海洋技术)	133	519	501	125542	133	
食品科学与工程	34	523	508	118485	34	
生物工程	56	526	501	125542	56	
水生动物医学	30	508	500	126589	30	
食品质量与安全	36	521	503	123514	36	
数据科学与大数据技术	70	533	519	107387	70	
应用统计学	70	526	508	118485	70	
03专业组(不限)(中外合作办学)	**200**	**523**	**463**	**161011**	**198**	**2**
机械设计制造及其自动化(中外合作办学)	70	503	479	146748	70	
电气工程及其自动化(中外合作办学)	70	523	487	139209	70	
车辆工程(中外合作办学)	60	498	463	161011	58	2
04专业组(化学)	**513**	**516**	**483**	**142975**	**512**	**1**
化学工程与工艺	35	514	496	130482	35	
应用化学	36	513	493	133442	36	
制药工程	33	516	497	129553	33	
化工安全工程	18	508	492	134437	18	
应急技术与管理	70	502	484	142060	70	
能源化学	70	515	489	137355	70	
应急管理	70	509	483	142975	69	1
材料化学	62	503	483	142975	62	
交通工程	25	514	494	132434	25	
纺织工程	36	500	483	142975	36	
轻化工程	30	505	486	140151	30	
服装设计与工程	28	505	490	136410	28	
1362 盐城师范学院	**2405**				**2400**	**5**
09专业组(不限)	**2028**	**568**	**481**	**144815**	**2023**	**5**
英语(师范)	24	563	524	102241	24	
小学教育(师范)	80	554	505	121517	80	
数学与应用数学(师范)	125	568	497	129553	125	
物理学(师范)	130	560	485	141125	130	
学前教育(师范)	15	531	504	122564	15	
法学	46	557	518	108392	46	
行政管理	33	521	482	143883	33	
档案学	17	515	492	134437	17	
人力资源管理	21	516	488	138275	21	
商务英语	10	527	491	135455	10	
朝鲜语	10	508	482	143883	10	
翻译	10	518	488	138275	10	
俄语	6	515	490	136410	6	
法语	10	518	482	143883	10	
应用心理学	29	530	493	133442	29	
信息与计算科学	55	523	492	134437	55	
统计学	55	522	481	144815	55	
金融数学	55	521	483	142975	55	
电子信息工程	60	537	500	126589	60	
电气工程及其自动化	38	531	510	116464	38	
新能源科学与工程	90	529	491	135455	90	
储能科学与工程	50	535	481	144815	48	2
生物工程	67	528	482	143883	67	
生物制药	82	538	481	144815	82	
制药工程	70	526	481	144815	69	1
生物医学工程	60	527	482	143883	60	
测绘工程	51	511	481	144815	51	
计算机科学与技术	64	534	513	113413	64	
软件工程	128	529	493	133442	128	
数字媒体技术	88	529	491	135455	88	
物联网工程	118	528	486	140151	118	
数据科学与大数据技术	100	525	489	137355	100	
市场营销	15	501	484	142060	15	
会计学	60	543	508	118485	60	
金融工程	87	536	481	144815	85	2
国际经济与贸易	19	503	489	137355	19	
物流管理	9	510	503	123514	9	
财务管理	26	536	501	125542	26	
电子商务	15	516	486	140151	15	

2023年普通类（物理等科目类）本科院校

院校、专业组、专业名称	录取数	最高分	最低分	最低分位次	平行志愿	征求志愿
10专业组(不限)(联合培养项目)	12	502	487	139209	12	
市场营销(与无锡商业职业技术学院联合培养项目,在无锡商业职业技术学院学习)	12	502	487	139209	12	
11专业组(化学)	34	556	520	106376	34	
化学(师范)	19	556	529	97145	19	
应用化学	15	527	520	106376	15	
12专业组(化学或生物)	171	557	513	113413	171	
生物科学(师范)	106	557	519	107387	106	
环境工程	65	527	513	113413	65	
13专业组(化学或地理)	149	552	494	132434	149	
地理科学(师范)	71	552	506	120487	71	
人文地理与城乡规划	43	533	496	130482	43	
湿地保护与恢复	35	546	494	132434	35	
14专业组(生物或地理)	11	534	511	115420	11	
野生动物与自然保护区管理	11	534	511	115420	11	
1381 扬州大学	**3931**				**3926**	**5**
19专业组(不限)	12	631	616	20903	12	
汉语言文学(省拔尖学生培养基地)(师范)	12	631	616	20903	12	
20专业组(不限)	168	635	592	37932	168	
汉语言文学(师范)	10	619	610	24841	10	
小学教育(师范)	15	609	596	34854	15	
英语(师范)	13	620	600	31866	13	
数学与应用数学(师范)	41	635	598	33367	41	
物理学(含师范)	89	609	592	37932	89	
21专业组(不限)	259	616	551	75103	259	
应用心理学	8	602	572	55138	8	
学前教育(师范)	7	583	554	72168	7	
广播电视学	12	577	552	74112	12	
翻译	7	588	572	55138	7	
商务英语	5	587	564	62693	5	
法语	5	576	555	71148	5	
西班牙语	6	572	552	74112	6	
日语	3	573	564	62693	3	
农村区域发展	35	590	552	74112	35	
经济学	16	591	555	71148	16	
金融学	20	588	557	69274	20	
工商管理	6	569	558	68331	6	
市场营销	7	570	553	73153	7	
会计学	18	600	581	47114	18	
财务管理	15	589	565	61774	15	
行政管理	5	578	562	64501	5	
农林经济管理	18	591	552	74112	18	
汉语国际教育	8	580	555	71148	8	
秘书学	6	578	552	74112	6	
哲学	6	584	572	55138	6	
档案学	11	586	559	67392	11	
法学	17	616	593	37179	17	
阿拉伯语	6	588	553	73153	6	
旅游管理	12	559	551	75103	12	
22专业组(不限)	1384	600	576	51456	1382	2
教育技术学(师范)	64	594	576	51456	64	
信息与计算科学	42	596	583	45410	42	
统计学	38	591	580	47955	38	
微电子科学与工程	28	594	585	43657	28	
光电信息科学与工程	40	591	583	45410	40	
电子信息工程	67	597	586	42828	67	
建筑学	33	582	576	51456	33	
工程管理	26	589	576	51456	26	
水文与水资源工程	37	583	576	51456	37	
电气工程及其自动化	112	597	585	43657	112	
测控技术与仪器	35	585	579	48832	35	
建筑环境与能源应用工程	17	589	576	51456	15	2
给排水科学与工程	16	589	577	50595	16	
电子商务	37	580	576	51456	37	
机械设计制造及其自动化	93	585	581	47114	93	
车辆工程	59	584	579	48832	59	
自动化	49	592	584	44516	49	
土木工程	88	586	577	50595	88	
材料成型及控制工程	20	580	576	51456	20	
农业机械化及其自动化	9	586	577	50595	9	
智能制造工程	74	588	579	48832	74	
计算机科学与技术	41	600	592	37932	41	
软件工程	46	598	589	40322	46	
人工智能	58	596	585	43657	58	
能源与动力工程	47	584	580	47955	47	
新能源科学与工程	70	596	578	49756	70	
水利水电工程	105	598	576	51456	105	
农业水利工程	33	581	577	50595	33	
23专业组(不限)(中外合作办学)	40	560	539	86937	40	
国际商务(中外合作办学)	40	560	539	86937	40	
24专业组(不限)(高校中外学分互认联合培养项目)	10	545	519	107387	10	
翻译(中美学分互认联合培养项目)	10	545	519	107387	10	
25专业组(不限)	53	578	559	67392	53	
护理学	53	578	559	67392	53	
26专业组(化学)	20	596	584	44516	20	
化学(省拔尖学生培养基地)	20	596	584	44516	20	
27专业组(化学)	168	598	555	71148	168	
化学类(化学、应用化学)	33	584	561	65452	33	
化学(师范)	37	598	561	65452	37	
高分子材料与工程	17	576	559	67392	17	
交通工程	24	570	556	70201	24	
医学检验技术	57	577	555	71148	57	

院校、专业组、专业名称	录取数	最高分	最低分	最低分位次	平行志愿	征求志愿
28专业组(化学或生物)	663	626	580	47955	663	
生物科学(师范)	71	609	580	47955	71	
中西医临床医学	53	605	586	42828	53	
药学	50	593	580	47955	50	
预防医学	54	589	580	47955	54	
临床医学	435	626	589	40322	435	
29专业组(化学或生物)	378	587	542	83978	377	1
化学工程与工艺	17	574	564	62693	17	
制药工程	19	583	570	56969	19	
环境工程	31	576	562	64501	31	
生态学	30	565	557	69274	30	
生物技术	49	587	566	60725	49	
生物制药	37	583	566	60725	37	
烹饪与营养教育	46	581	542	83978	45	1
食品科学与工程类(食品科学与工程、食品质量与安全)	93	579	558	68331	93	
环境科学	43	570	557	69274	43	
资源环境科学	13	571	557	69274	13	
30专业组(化学或生物)	756	603	549	77083	754	2
农学	80	587	565	61774	80	
种子科学与工程	39	585	558	68331	39	
植物保护	76	574	551	75103	76	
园艺	95	575	549	77083	93	2
园林	78	579	551	75103	78	
动物科学	101	590	555	71148	101	
水产养殖学	20	567	551	75103	20	
草业科学	17	573	551	75103	17	
动物医学	79	601	578	49756	79	
动植物检疫	43	588	571	56021	43	
实验动物学	23	603	565	61774	23	
智慧农业	28	582	560	66452	28	
设施农业科学与工程	39	564	553	73153	39	
兽医公共卫生	38	579	559	67392	38	
31专业组(化学或生物)(高校中外学分互认联合培养项目)	20	547	510	116464	20	
资源环境科学(中美学分互认联合培养项目)	20	547	510	116464	20	
1401 江苏大学	2609				2607	2
12专业组(不限)	30	613	606	27545	30	
计算机科学与技术(省拔尖学生培养基地)	30	613	606	27545	30	
13专业组(不限)	274	606	596	34854	274	
计算机科学与技术	46	605	601	31135	46	
软件工程	52	604	599	32622	52	
通信工程	47	606	597	34107	47	
信息安全	43	605	597	34107	43	
物联网工程	47	599	596	34854	47	
智能科学与技术	39	601	596	34854	39	
14专业组(不限)	334	609	592	37932	334	
电气工程及其自动化	120	609	595	35651	120	
机器人工程	26	596	593	37179	26	
自动化	95	602	592	37932	95	
电子信息工程	38	604	594	36407	38	
生物医学工程	3	594	594	36407	3	
光电信息科学与工程	22	594	593	37179	22	
微电子科学与工程	30	597	593	37179	30	
15专业组(不限)	309	604	586	42828	309	
机械设计制造及其自动化	81	601	588	41159	81	
车辆工程	83	604	587	42009	83	
测控技术与仪器	24	596	586	42828	24	
机械电子工程	49	596	588	41159	49	
智能制造工程	64	592	586	42828	64	
工业设计	8	594	586	42828	8	
16专业组(不限)	194	603	584	44516	194	
能源与动力工程(与中国科学院工程热物理研究所联合培养)	15	603	591	38768	15	
能源与动力工程	85	592	584	44516	85	
新能源科学与工程	15	592	586	42828	15	
新能源汽车工程	37	597	585	43657	37	
建筑环境与能源应用工程	23	585	584	44516	23	
储能科学与工程	19	591	584	44516	19	
17专业组(不限)	154	587	566	60725	154	
材料类(材料科学与工程、冶金工程、高分子材料与工程)	52	587	571	56021	52	
材料成型及控制工程	28	581	568	58808	28	
复合材料与工程	15	571	566	60725	15	
金属材料工程	18	581	572	55138	18	
食品科学与工程类(食品科学与工程、食品质量与安全)	33	582	571	56021	33	
食品营养与健康	8	572	566	60725	8	
18专业组(不限)	220	584	557	69274	220	
安全工程	90	584	557	69274	90	
工程管理	22	584	559	67392	22	
土木工程	47	584	561	65452	47	
工程力学	10	582	567	59799	10	
环保设备工程	11	576	566	60725	11	
应急技术与管理	40	576	557	69274	40	
19专业组(不限)	183	600	577	50595	183	
数学与应用数学	14	595	586	42828	14	
数学与应用数学(师范)	64	600	584	44516	64	
数据计算及应用	16	593	581	47114	16	
物理学(师范)	60	596	577	50595	60	
统计学	13	584	579	48832	13	
金融数学	11	579	577	50595	11	
教育技术学(师范)	5	590	579	48832	5	
20专业组(不限)	59	602	581	47114	59	

2023年普通类(物理等科目类)本科院校

院校、专业组、专业名称	录取数	最高分	最低分	最低分位次	平行志愿	征求志愿
农业电气化	30	592	581	47114	30	
农业机械化及其自动化	16	602	581	47114	16	
农业智能装备工程	13	587	582	46258	13	
21专业组(不限)	**79**	**590**	**570**	**56969**	**79**	
会计学	15	590	579	48832	15	
金融学	6	586	577	50595	6	
财务管理	6	589	578	49756	6	
人力资源管理	11	577	571	56021	11	
电子商务	16	589	570	56969	16	
物流管理	3	574	570	56969	3	
工商管理	5	583	575	52350	5	
信息管理与信息系统	10	588	575	52350	10	
工业工程	7	576	571	56021	7	
22专业组(不限)	**36**	**599**	**579**	**48832**	**35**	**1**
英语	2	585	581	47114	2	
英语(师范)	11	599	579	48832	11	
法学	12	595	588	41159	12	
国际经济与贸易	6	598	579	48832	5	1
知识产权	5	587	583	45410	5	
23专业组(不限)(中外合作办学)	**60**	**567**	**544**	**81927**	**60**	
数学类(中外合作办学)(数学与应用数学)	60	567	544	81927	60	
24专业组(不限)(高校中外学分互认联合培养项目)	**118**	**591**	**539**	**86937**	**117**	**1**
计算机科学与技术(中澳学分互认联合培养项目)	17	591	553	73153	17	
电气工程及其自动化(中澳学分互认联合培养项目)	27	564	549	77083	27	
金融学(中澳学分互认联合培养项目)	5	551	546	79957	5	
新能源科学与工程(中澳学分互认联合培养项目)	25	573	543	82963	25	
车辆工程(中美学分互认联合培养项目)	17	543	539	86937	16	1
信息管理与信息系统(中美学分互认联合培养项目)	27	552	540	85962	27	
25专业组(不限)(联合培养项目)	**150**	**577**	**506**	**120487**	**150**	
机械设计制造及其自动化(与无锡职业技术学院联合培养项目,在无锡职业技术学院学习)	30	577	514	112372	30	
电气工程及其自动化(与无锡职业技术学院联合培养项目,在无锡职业技术学院学习)	30	542	518	108392	30	
物联网工程(与无锡职业技术学院联合培养项目,在无锡职业技术学院学习)	30	532	513	113413	30	
电子商务(与江苏农林职业技术学院联合培养项目,在江苏农林职业技术学院学习)	30	521	506	120487	30	
物联网工程(与江苏农林职业技术学院联合培养项目,在江苏农林职业技术学院学习)	30	542	508	118485	30	
26专业组(化学)	**85**	**599**	**563**	**63654**	**85**	
医学检验技术	46	599	567	59799	46	
化学(师范)	28	596	565	61774	28	
化学类(化学、应用化学)	11	590	563	63654	11	
27专业组(化学)	**10**	**584**	**581**	**47114**	**10**	
交通运输	6	584	581	47114	6	
交通工程	4	584	581	47114	4	
28专业组(化学或生物)	**187**	**622**	**600**	**31866**	**187**	
临床医学	187	622	600	31866	187	
29专业组(化学或生物)	**127**	**603**	**581**	**47114**	**127**	
医学影像学	41	603	593	37179	41	
预防医学	4	593	592	37932	4	
药学类(药学、药物制剂)	37	592	584	44516	37	
制药工程	10	593	582	46258	10	
生物技术	5	586	583	45410	5	
环境工程	11	592	581	47114	11	
生物科学	6	589	583	45410	6	
化学工程与工艺	10	591	581	47114	10	
设施农业科学与工程	3	581	581	47114	3	
1402 江苏科技大学	**2555**				**2545**	**10**
07专业组(不限)(镇江校区)	**1480**	**605**	**521**	**105373**	**1474**	**6**
材料类(焊接技术与工程、金属材料工程、高分子材料与工程、功能材料)	135	580	556	70201	135	
电子信息类(电子信息工程、水声工程、电子信息科学与技术、通信工程、海洋信息工程)	171	592	569	57929	171	
管理科学与工程类(信息管理与信息系统、大数据管理与应用、工程管理)	73	582	556	70201	73	
海洋工程类(船舶与海洋工程、海洋工程与技术)	71	605	571	56021	71	
机械类(机械设计制造及其自动化、机械电子工程、智能制造工程、材料成型及控制工程)	139	578	564	62693	139	
计算机类(计算机科学与技术、物联网工程、信息安全)	113	595	574	53221	113	
能源动力类(能源与动力工程、新能源科学与工程)	55	574	566	60725	55	
外国语言文学类(英语、翻译)	2	563	559	67392	2	

院校、专业组、专业名称	录取数	最高分	最低分	最低分位次	平行志愿	征求志愿
蚕学	8	573	521	105373	2	6
测控技术与仪器	38	570	561	65452	38	
电气工程及其自动化	36	585	575	52350	36	
电子封装技术	27	571	562	64501	27	
港口航道与海岸工程	29	572	556	70201	29	
给排水科学与工程	31	562	557	69274	31	
工程力学	32	571	556	70201	32	
工业工程	22	568	556	70201	22	
工业设计	28	567	556	70201	28	
光电信息科学与工程	31	571	568	58808	31	
建筑环境与能源应用工程	35	573	556	70201	35	
建筑学	15	562	556	70201	15	
金融工程	8	571	560	66452	8	
会计学	2	576	573	54146	2	
人工智能	31	580	571	56021	31	
软件工程	37	590	573	54146	37	
生物工程	24	578	559	67392	24	
土木工程	69	568	556	70201	69	
物流管理	24	568	557	69274	24	
新能源材料与器件	33	568	561	65452	33	
信息与计算科学	34	573	566	60725	34	
应用统计学	23	572	562	64501	23	
应用物理学	30	574	557	69274	30	
智能感知工程	39	573	559	67392	39	
自动化	35	577	572	55138	35	
08专业组(不限)(中外合作办学)(镇江校区)	**27**	**545**	**532**	**94094**	**27**	
工商管理(中外合作办学)	27	545	532	94094	27	
09专业组(不限)(中外合作办学)(镇江校区)	**35**	**559**	**543**	**82963**	**35**	
船舶与海洋工程(中外合作办学)	35	559	543	82963	35	
10专业组(不限)(张家港校区)	**638**	**578**	**531**	**95098**	**634**	**4**
材料成型及控制工程	85	561	552	74112	85	
财务管理	20	562	554	72168	20	
电气工程及其自动化	120	578	557	69274	120	
工商管理	10	554	552	74112	10	
国际经济与贸易	10	557	552	74112	10	
机器人工程	80	566	555	71148	80	
软件工程	85	573	557	69274	85	
新能源汽车工程	70	570	555	71148	70	
冶金工程	88	556	531	95098	84	4
智能装备与系统	70	558	554	72168	70	
11专业组(不限)(联合培养项目)	**5**	**506**	**498**	**128536**	**5**	
旅游管理(与无锡商业职业技术学院联合培养项目,在无锡商业职业技术学院学习)	5	506	498	128536	5	
12专业组(不限)(联合培养项目)	**25**	**544**	**496**	**130482**	**25**	
建筑学(与盐城工业职业技术学院联合培养项目,在盐城工业职业技术学院学习)	25	544	496	130482	25	
13专业组(不限)(联合培养项目)	**30**	**550**	**498**	**128536**	**30**	
材料成型及控制工程(与江苏海事职业技术学院联合培养项目,在江苏海事职业技术学院学习)	30	550	498	128536	30	
14专业组(化学)(镇江校区)	**102**	**563**	**541**	**84968**	**102**	
环境工程	16	557	542	83978	16	
轮机工程	43	556	541	84968	43	
能源化学工程	30	563	541	84968	30	
应用化学	13	555	547	78999	13	
15专业组(化学)(联合培养项目)	**30**	**526**	**488**	**138275**	**30**	
轮机工程(与江苏航运职业技术学院联合培养项目,在江苏航运职业技术学院学习)	30	526	488	138275	30	
16专业组(化学)(联合培养项目)	**30**	**525**	**492**	**134437**	**30**	
应用化学(与南京科技职业学院联合培养项目,在南京科技职业学院学习)	30	525	492	134437	30	
17专业组(化学)(联合培养项目)	**30**	**502**	**482**	**143883**	**30**	
环境工程(与南京科技职业学院联合培养项目,在南京科技职业学院学习)	30	502	482	143883	30	
18专业组(化学或生物)(镇江校区)	**121**	**561**	**545**	**80935**	**121**	
食品科学与工程类(粮食工程、食品质量与安全、食品科学与工程)	91	560	545	80935	91	
生物技术	30	561	547	78999	30	
19专业组(思想政治)(镇江校区)	**2**	**557**	**557**	**69274**	**2**	
政治学与行政学	2	557	557	69274	2	
1421 泰州学院	**1539**				**1538**	**1**
04专业组(不限)	**1309**	**555**	**495**	**131453**	**1308**	**1**
汉语言文学(师范)	10	551	543	82963	10	
知识产权	20	527	505	121517	20	
网络与新媒体	25	522	503	123514	25	
秘书学	15	513	496	130482	15	
学前教育(师范)	40	533	496	130482	40	
小学教育(师范)	90	549	509	117454	90	
英语(师范)	55	554	502	124506	55	
商务英语	20	516	496	130482	20	

院校、专业组、专业名称	录取数	最高分	最低分	最低分位次	平行志愿	征求志愿
翻译	10	511	495	131453	10	
物流管理	40	508	496	130482	39	1
财务管理	40	524	501	125542	40	
互联网金融	17	514	499	127539	17	
数学与应用数学(师范)	180	555	495	131453	180	
应用统计学	55	529	496	130482	55	
计算机科学与技术	204	534	506	120487	204	
物联网工程	42	525	504	122564	42	
机械设计制造及其自动化	104	525	501	125542	104	
电气工程及其自动化	124	528	505	121517	124	
机器人工程	80	528	499	127539	80	
数据科学与大数据技术	100	524	500	126589	100	
数字经济	38	514	495	131453	38	
05专业组(化学)	**200**	**533**	**488**	**138275**	**200**	
应用化学	70	533	489	137355	70	
制药工程	50	529	489	137355	50	
生物制药	35	514	490	136410	35	
环境工程	45	522	488	138275	45	
06专业组(化学)(联合培养项目)	**30**	**514**	**485**	**141125**	**30**	
生物制药(与江苏农牧科技职业学院联合培养项目,在江苏农牧科技职业学院学习)	30	514	485	141125	30	
1426 宿迁学院	**2377**				**2372**	**5**
03专业组(不限)	**2095**	**550**	**494**	**132434**	**2090**	**5**
行政管理	29	515	494	132434	29	
劳动与社会保障	10	498	494	132434	10	
人力资源管理	14	514	495	131453	14	
电子商务	39	514	497	129553	39	
市场营销	10	499	495	131453	10	
物流管理	45	510	494	132434	45	
学前教育(师范)	30	520	494	132434	30	
小学教育(师范)	60	541	505	121517	60	
日语	5	498	495	131453	5	
英语	35	526	494	132434	35	
英语(师范)	30	538	511	115420	30	
财务管理	42	525	494	132434	38	4
信用风险管理与法律防控	50	516	494	132434	50	
互联网金融	46	505	494	132434	46	
会计学	57	527	499	127539	57	
数字经济	25	508	494	132434	25	
信息与计算科学	100	508	496	130482	100	
电子信息工程	100	517	499	127539	100	
计算机科学与技术	150	530	508	118485	150	
人工智能	100	527	498	128536	100	
软件工程	150	522	501	125542	150	
通信工程	100	523	497	129553	100	
物联网工程	100	523	501	125542	100	
物理学(师范)	40	550	500	126589	40	
测绘工程	27	513	494	132434	27	
城乡规划	23	505	494	132434	23	
工程管理	71	508	494	132434	71	
土木工程	102	502	494	132434	101	1
机械电子工程	83	510	496	130482	83	
机械设计制造及其自动化	126	531	500	126589	126	
智能制造工程	67	512	497	129553	67	
自动化	129	518	498	128536	129	
应急管理	50	505	494	132434	50	
数据科学与大数据技术	50	517	499	127539	50	
04专业组(化学)	**222**	**540**	**480**	**145763**	**222**	
数学与应用数学(师范)	80	540	482	143883	80	
园林	100	498	480	145763	100	
材料科学与工程	25	504	491	135455	25	
材料成型及控制工程	17	503	492	134437	17	
05专业组(化学或生物)	**50**	**513**	**497**	**129553**	**50**	
生物工程	50	513	497	129553	50	
06专业组(思想政治)	**10**	**537**	**528**	**98180**	**10**	
思想政治教育(师范)	10	537	528	98180	10	
1802 东南大学成贤学院	**1191**				**1191**	
03专业组(不限)	**30**	**518**	**496**	**130482**	**30**	
建筑学	18	516	501	125542	18	
风景园林	12	518	496	130482	12	
04专业组(不限)	**350**	**617**	**503**	**123514**	**350**	
计算机科学与技术	80	617	511	115420	80	
软件工程	70	522	507	119496	70	
电气工程及其自动化	200	536	503	123514	200	
05专业组(不限)	**754**	**543**	**490**	**136410**	**754**	
自动化	50	517	498	128536	50	
电子科学与技术	50	527	497	129553	50	
电子信息工程	50	517	497	129553	50	
机械设计制造及其自动化	85	511	494	132434	85	
机械工程	35	500	492	134437	35	
土木工程	110	520	491	135455	110	
智能建造	70	505	491	135455	70	
工程造价	70	512	490	136410	70	
化工与制药类(化学工程与工艺、制药工程)	100	509	490	136410	100	
功能材料	18	498	491	135455	18	
护理学	26	529	506	120487	26	
会计学	30	528	506	120487	30	
财务管理	30	509	498	128536	30	
税收学	6	505	500	126589	6	
市场营销	6	500	494	132434	6	
物流管理	6	498	493	133442	6	
国际经济与贸易	6	519	499	127539	6	
电子商务	6	543	494	132434	6	
06专业组(化学)	**57**	**510**	**485**	**141125**	**57**	
交通工程	57	510	485	141125	57	

院校、专业组、专业名称	录取数	最高分	最低分	最低分位次	平行志愿	征求志愿
1803 南京航空航天大学金城学院	**1704**				**1685**	**19**
05专业组(不限)	**613**	**539**	**490**	**136410**	**612**	**1**
电气工程及其自动化	321	524	490	136410	321	
计算机科学与技术	235	515	490	136410	235	
软件工程	57	539	490	136410	56	1
06专业组(不限)	**278**	**524**	**486**	**140151**	**277**	**1**
自动化	138	501	486	140151	138	
物联网工程	75	501	487	139209	75	
信息工程	65	524	487	139209	64	1
07专业组(不限)	**280**	**513**	**481**	**144815**	**279**	**1**
机械电子工程	143	500	481	144815	143	
车辆工程	28	498	482	143883	28	
土木工程	18	491	482	143883	18	
飞行器制造工程	77	513	482	143883	77	
工业设计	14	493	482	143883	13	1
08专业组(不限)	**268**	**516**	**481**	**144815**	**262**	**6**
新能源汽车工程	111	516	481	144815	111	
机器人工程	38	496	482	143883	38	
人工智能	69	495	481	144815	69	
飞行器控制与信息工程	37	501	481	144815	32	5
工程造价	13	496	482	143883	12	1
09专业组(不限)	**91**	**515**	**480**	**145763**	**90**	**1**
会计学	81	515	488	138275	81	
金融学	7	499	488	138275	7	
国际经济与贸易	3	491	480	145763	2	1
10专业组(不限)	**45**	**525**	**481**	**144815**	**44**	**1**
工商管理	10	484	481	144815	10	
翻译	6	525	481	144815	5	1
英语	29	493	481	144815	29	
11专业组(化学)	**118**	**488**	**469**	**155786**	**110**	**8**
交通运输	118	488	469	155786	110	8
12专业组(思想政治)	**11**	**510**	**482**	**143883**	**11**	
思想政治教育	11	510	482	143883	11	
1804 南京理工大学紫金学院	**1617**				**1617**	
03专业组(不限)	**170**	**528**	**504**	**122564**	**170**	
电气工程及其自动化	90	525	505	121517	90	
通信工程	80	528	504	122564	80	
04专业组(不限)	**140**	**529**	**506**	**120487**	**140**	
计算机科学与技术	117	529	506	120487	117	
数字媒体技术	23	516	506	120487	23	
05专业组(不限)	**262**	**522**	**498**	**128536**	**262**	
人工智能	90	516	500	126589	90	
机器人工程	50	506	498	128536	50	
大数据管理与应用	41	514	498	128536	41	
物联网工程	81	522	498	128536	81	
06专业组(不限)	**248**	**511**	**494**	**132434**	**248**	
智能制造工程	62	511	496	130482	62	
智能建造	58	504	494	132434	58	
智能感知工程	46	502	494	132434	46	
智能车辆工程	43	504	494	132434	43	
智能装备与系统	39	503	494	132434	39	
07专业组(不限)	**208**	**545**	**497**	**129553**	**208**	
国际经济与贸易	20	514	498	128536	20	
金融学	32	511	497	129553	32	
金融科技	18	502	497	129553	18	
会计学	50	518	502	124506	50	
人力资源管理	17	502	497	129553	17	
市场营销	11	514	498	128536	11	
法学	22	545	515	111340	22	
英语	20	515	497	129553	20	
公共事业管理	18	500	497	129553	18	
08专业组(不限)	**544**	**528**	**496**	**130482**	**544**	
工业工程	49	504	496	130482	49	
电子信息工程	88	528	498	128536	88	
电子科学与技术	60	512	496	130482	60	
光电信息科学与工程	37	505	496	130482	37	
软件工程	180	526	497	129553	180	
自动化	130	507	496	130482	130	
09专业组(化学)	**45**	**503**	**493**	**133442**	**45**	
交通工程	45	503	493	133442	45	
1807 南京审计大学金审学院	**470**				**470**	
02专业组(不限)	**470**	**595**	**488**	**138275**	**470**	
审计学	53	595	514	112372	53	
会计学	50	537	508	118485	50	
财务管理	45	508	503	123514	45	
金融学	34	519	498	128536	34	
保险学	8	497	488	138275	8	
国际经济与贸易	23	507	489	137355	23	
税收学	25	507	495	131453	25	
工商管理	24	513	488	138275	24	
物流管理	20	503	488	138275	20	
行政管理	21	507	488	138275	21	
资产评估	27	508	488	138275	27	
计算机科学与技术	64	513	490	136410	64	
信息管理与信息系统	31	501	488	138275	31	
学前教育(师范)	45	508	488	138275	45	
1810 南京工业大学浦江学院	**813**				**812**	**1**
04专业组(不限)	**261**	**506**	**488**	**138275**	**261**	
计算机科学与技术	62	504	492	134437	62	
软件工程	88	506	490	136410	88	
通信工程	73	496	489	137355	73	
机器人工程	38	496	488	138275	38	
05专业组(不限)	**222**	**505**	**483**	**142975**	**221**	**1**
建筑学	29	495	483	142975	29	
电气工程及其自动化	45	505	488	138275	45	
机械工程	68	498	484	142060	68	
土木工程	62	493	483	142975	61	1

院校、专业组、专业名称	录取数	最高分	最低分	最低分位次	平行志愿	征求志愿
车辆工程	18	493	485	141125	18	
06专业组(不限)	**94**	**494**	**479**	**146748**	**94**	
工程管理	28	488	479	146748	28	
工业工程	14	494	480	145763	14	
汽车服务工程	12	487	479	146748	12	
给排水科学与工程	20	491	479	146748	20	
建筑环境与能源应用工程	20	487	479	146748	20	
07专业组(不限)	**84**	**501**	**483**	**142975**	**84**	
财务管理	44	494	484	142060	44	
国际经济与贸易	10	490	483	142975	10	
税收学	15	498	484	142060	15	
工商管理	6	489	483	142975	6	
市场营销	5	501	484	142060	5	
文化产业管理	4	488	483	142975	4	
08专业组(不限)(中外合作办学)	**34**	**474**	**462**	**161814**	**34**	
酒店管理(中外合作办学)	34	474	462	161814	34	
09专业组(化学)	**5**	**490**	**483**	**142975**	**5**	
交通工程	5	490	483	142975	5	
10专业组(化学或生物)	**113**	**505**	**482**	**143883**	**113**	
自动化	78	497	482	143883	78	
轨道交通信号与控制	14	494	484	142060	14	
食品科学与工程	21	505	482	143883	21	
1816 南京财经大学红山学院	**513**				**506**	**7**
02专业组(不限)	**513**	**521**	**466**	**158487**	**506**	**7**
国际经济与贸易	22	492	476	149566	22	
贸易经济	15	485	474	151398	15	
法学	14	514	491	135455	14	
英语	16	487	476	149566	16	
市场营销	41	488	466	158487	34	7
会计学	77	511	490	136410	77	
审计学	37	502	487	139209	37	
人力资源管理	35	485	473	152316	35	
金融学	56	521	474	151398	56	
保险学	15	493	475	150470	15	
税收学	38	494	477	148670	38	
工商管理	40	491	473	152316	40	
财务管理	42	501	484	142060	42	
电子商务	23	487	474	151398	23	
物流管理	42	490	473	152316	42	
1826 中国矿业大学徐海学院	**996**				**990**	**6**
02专业组(不限)	**996**	**584**	**470**	**154932**	**990**	**6**
金融学	33	584	472	153185	33	
会计学	86	495	474	151398	86	
机械工程	92	566	472	153185	92	
工业设计	39	510	473	152316	39	
智能制造工程	25	492	472	153185	25	
材料科学与工程	29	498	472	153185	29	
能源与动力工程	65	496	472	153185	65	
电气工程及其自动化	133	511	479	146748	133	
自动化	60	494	473	152316	60	
电子科学与技术	23	490	473	152316	23	
信息工程	32	493	473	152316	32	
计算机科学与技术	72	504	483	142975	72	
物联网工程	41	487	472	153185	41	
数据科学与大数据技术	42	493	472	153185	42	
土木工程	65	496	472	153185	65	
建筑环境与能源应用工程	36	483	472	153185	36	
工程管理	42	482	472	153185	42	
市场营销	39	481	470	154932	33	6
安全工程	42	492	472	153185	42	
1827 江苏师范大学科文学院	**1331**				**1331**	
03专业组(不限)	**1205**	**506**	**469**	**155786**	**1205**	
经济学	61	481	469	155786	61	
数字经济	43	491	469	155786	43	
金融工程	39	481	469	155786	39	
互联网金融	28	473	469	155786	28	
金融科技	9	478	469	155786	9	
国际经济与贸易	12	478	469	155786	12	
汉语言文学	49	505	487	139209	49	
汉语国际教育	20	486	472	153185	20	
英语	20	503	476	149566	20	
商务英语	19	484	470	154932	19	
日语	15	488	470	154932	15	
社会工作	13	477	470	154932	13	
广告学	20	478	470	154932	20	
网络与新媒体	48	491	471	154058	48	
机械设计制造及其自动化	122	493	471	154058	122	
电气工程及其自动化	85	498	476	149566	85	
电气工程与智能控制	16	481	474	151398	16	
自动化	87	488	471	154058	87	
机器人工程	20	482	472	153185	20	
软件工程	153	495	471	154058	153	
物联网工程	80	480	470	154932	80	
智能科学与技术	41	485	470	154932	41	
数据科学与大数据技术	77	486	470	154932	77	
计算机科学与技术	22	490	482	143883	22	
市场营销	10	479	470	154932	10	
会计学	46	506	478	147717	46	
电子商务及法律	18	479	470	154932	18	
财务管理	15	490	476	149566	15	
物流管理	10	476	470	154932	10	
旅游管理	7	476	470	154932	7	
04专业组(化学)	**109**	**489**	**473**	**152316**	**109**	
电子信息工程	22	485	475	150470	22	
通信工程	55	484	473	152316	55	
人工智能	32	489	473	152316	32	
05专业组(化学或地理)	**17**	**496**	**473**	**152316**	**17**	

院校、专业组、专业名称	录取数	最高分	最低分	最低分位次	平行志愿	征求志愿
人文地理与城乡规划	17	496	473	152316	17	
1834 苏州大学应用技术学院	**580**				**579**	**1**
02专业组(不限)	**58**	**518**	**478**	**147717**	**57**	**1**
财务管理	5	484	482	143883	5	
电子商务	5	518	481	144815	5	
国际经济与贸易	5	487	480	145763	5	
会计学	12	508	484	142060	12	
市场营销	5	487	480	145763	5	
投资学	5	492	480	145763	5	
物流管理	5	484	479	146748	5	
酒店管理	4	481	479	146748	4	
旅游管理	4	483	479	146748	4	
广告学	8	494	478	147717	7	1
03专业组(不限)	**392**	**523**	**481**	**144815**	**392**	
电气工程及其自动化	38	506	489	137355	38	
电子信息工程	19	523	488	138275	19	
电子信息科学与技术	19	515	485	141125	19	
机械工程	23	495	482	143883	23	
机械设计制造及其自动化	51	513	482	143883	51	
计算机科学与技术	60	514	484	142060	60	
软件工程	32	497	483	142975	32	
通信工程	57	497	482	143883	57	
物联网工程	38	496	482	143883	38	
智能制造工程	28	489	481	144815	28	
数据科学与大数据技术	27	509	483	142975	27	
04专业组(不限)(中外合作办学)	**90**	**487**	**468**	**156710**	**90**	
物联网工程(中外合作办学)	90	487	468	156710	90	
05专业组(化学)(中外合作办学)	**40**	**483**	**455**	**167464**	**40**	
服装设计与工程(中外合作办学)	40	483	455	167464	40	
1835 苏州科技大学天平学院	**365**				**361**	**4**
03专业组(不限)	**277**	**524**	**480**	**145763**	**273**	**4**
建筑环境与能源应用工程	22	503	480	145763	22	
风景园林	20	493	480	145763	20	
土木工程	38	484	480	145763	38	
工程管理	18	495	480	145763	15	3
工程造价	18	499	481	144815	17	1
计算机科学与技术	36	503	486	140151	36	
电子信息工程	11	524	489	137355	11	
通信工程	18	488	483	142975	18	
电气工程及其自动化	36	507	485	141125	36	
机械设计制造及其自动化	18	515	483	142975	18	
市场营销	1	482	482	143883	1	
物流管理	2	486	480	145763	2	
酒店管理	2	481	480	145763	2	
财务管理	27	500	480	145763	27	
人力资源管理	4	495	481	144815	4	
汉语言文学	2	523	498	128536	2	
英语	2	498	486	140151	2	
日语	2	481	480	145763	2	
04专业组(化学)	**40**	**493**	**470**	**154932**	**40**	
给排水科学与工程	40	493	470	154932	40	
05专业组(化学或生物)	**38**	**502**	**476**	**149566**	**38**	
环境工程	38	502	476	149566	38	
06专业组(化学或地理)	**10**	**498**	**482**	**143883**	**10**	
人文地理与城乡规划	10	498	482	143883	10	
1837 江苏科技大学苏州理工学院	**394**				**394**	
02专业组(不限)	**383**	**558**	**478**	**147717**	**383**	
船舶与海洋工程	12	507	481	144815	12	
土木工程	22	487	478	147717	22	
工程造价	9	501	479	146748	9	
工程管理	11	492	478	147717	11	
机械设计制造及其自动化	35	558	482	143883	35	
机械电子工程	20	500	479	146748	20	
能源与动力工程	17	491	479	146748	17	
机器人工程	27	510	479	146748	27	
计算机科学与技术	35	505	486	140151	35	
通信工程	25	501	480	145763	25	
软件工程	35	503	481	144815	35	
电气工程及其自动化	25	541	485	141125	25	
电子信息工程	29	495	481	144815	29	
材料成型及控制工程	30	541	478	147717	30	
焊接技术与工程	11	490	478	147717	11	
物流管理	13	484	478	147717	13	
信息管理与信息系统	12	485	478	147717	12	
国际经济与贸易	2	498	479	146748	2	
财务管理	6	487	479	146748	6	
英语	7	502	478	147717	7	
03专业组(化学)	**11**	**484**	**479**	**146748**	**11**	
新能源材料与器件	11	484	479	146748	11	
1838 南通大学杏林学院	**1250**				**1219**	**31**
02专业组(不限)	**1094**	**534**	**466**	**158487**	**1069**	**25**
汉语言文学	10	529	494	132434	10	
广播电视学	25	488	468	156710	25	
英语	20	511	473	152316	20	
日语	25	484	468	156710	25	
经济统计学	45	481	468	156710	45	
光电信息科学与工程	35	519	471	154058	35	
应用心理学	40	531	469	155786	40	
海洋技术	25	518	468	156710	25	
酒店管理	10	477	468	156710	10	
行政管理	26	510	468	156710	26	
城市管理	25	487	468	156710	25	
市场营销	35	510	466	158487	27	8
会计学	45	523	479	146748	45	

院校、专业组、专业名称	录取数	最高分	最低分	最低分位次	平行志愿	征求志愿
物流管理	41	481	468	156710	41	
国际经济与贸易	20	475	468	156710	20	
人力资源管理	36	493	468	156710	36	
电子信息工程	65	529	474	151398	65	
物联网工程	60	493	472	153185	60	
集成电路设计与集成系统	60	506	469	155786	60	
自动化	55	495	473	152316	55	
软件工程	91	521	473	152316	91	
计算机科学与技术	85	523	476	149566	85	
机械工程	70	492	469	155786	70	
土木工程	80	530	468	156710	72	8
工程管理	55	495	466	158487	46	9
护理学	10	534	524	102241	10	
03专业组(化学)	**116**	**534**	**463**	**161011**	**110**	**6**
化学工程与工艺	35	515	471	154058	35	
服装设计与工程	41	492	463	161011	35	6
医学影像技术	20	527	496	130482	20	
医学检验技术	20	534	492	134437	20	
04专业组(化学或生物)	**40**	**563**	**532**	**94094**	**40**	
临床医学	20	563	539	86937	20	
药学	20	539	532	94094	20	
1844 扬州大学广陵学院	**949**				**947**	**2**
02专业组(不限)	**878**	**532**	**478**	**147717**	**876**	**2**
机械设计制造及其自动化	82	532	481	144815	82	
智能制造工程	35	498	480	145763	35	
电子信息工程	70	502	482	143883	70	
通信工程	22	502	484	142060	22	
微电子科学与工程	56	494	478	147717	56	
计算机科学与技术	77	511	486	140151	77	
软件工程	31	508	484	142060	31	
电气工程及其自动化	56	508	485	141125	56	
土木工程	66	498	478	147717	66	
建筑环境与能源应用工程	28	491	478	147717	28	
工程管理	30	491	479	146748	30	
建筑电气与智能化	33	483	478	147717	33	
水利水电工程	77	509	478	147717	75	2
给排水科学与工程	38	494	478	147717	38	
生物制药	24	510	486	140151	24	
护理学	33	516	496	130482	33	
园林	27	501	481	144815	27	
法学	10	531	509	117454	10	
社会工作	5	498	486	140151	5	
汉语言文学	10	510	502	124506	10	
英语	7	529	493	133442	7	
日语	5	500	490	136410	5	
广播电视学	8	502	488	138275	8	
国际经济与贸易	7	495	486	140151	7	
工商管理	6	489	483	142975	6	
市场营销	5	496	483	142975	5	
会计学	10	513	501	125542	10	
财务管理	10	506	495	131453	10	
人力资源管理	5	494	487	139209	5	
旅游管理	5	484	479	146748	5	
03专业组(化学)	**16**	**485**	**477**	**148670**	**16**	
高分子材料与工程	16	485	477	148670	16	
04专业组(化学或生物)	**55**	**505**	**478**	**147717**	**55**	
制药工程	23	492	480	145763	23	
环境工程	32	505	478	147717	32	
1845 江苏大学京江学院	**1119**				**1107**	**12**
02专业组(不限)	**1033**	**534**	**472**	**153185**	**1021**	**12**
材料成型及控制工程	54	495	473	152316	49	5
车辆工程	115	532	472	153185	108	7
电气工程及其自动化	93	505	483	142975	93	
电子信息工程	39	492	482	143883	39	
工业工程	22	484	476	149566	22	
机械电子工程	36	487	478	147717	36	
机械设计制造及其自动化	140	526	478	147717	140	
计算机科学与技术	75	534	485	141125	75	
金属材料工程	6	492	476	149566	6	
汽车服务工程	30	489	476	149566	30	
软件工程	55	505	482	143883	55	
通信工程	41	497	481	144815	41	
土木工程	64	491	476	149566	64	
财务管理	10	496	494	132434	10	
公共事业管理	10	498	477	148670	10	
国际经济与贸易	13	495	478	147717	13	
护理学	12	522	499	127539	12	
会计学	16	502	496	130482	16	
能源经济	8	494	478	147717	8	
人力资源管理	16	492	477	148670	16	
市场营销	8	479	476	149566	8	
统计学	40	493	477	148670	40	
物流管理	8	482	476	149566	8	
英语	5	499	492	134437	5	
电子商务	21	487	476	149566	21	
信息管理与信息系统	28	483	477	148670	28	
能源与动力工程	51	519	478	147717	51	
食品科学与工程	17	495	478	147717	17	
03专业组(化学)	**86**	**541**	**477**	**148670**	**86**	
医学检验技术	86	541	477	148670	86	
1846 南京医科大学康达学院	**1328**				**1319**	**9**
03专业组(不限)	**284**	**535**	**481**	**144815**	**281**	**3**
护理学	185	535	502	124506	185	
助产学	34	524	501	125542	34	
公共事业管理(卫生事业管理)	19	528	501	125542	19	
健康服务与管理	10	502	500	126589	10	
医疗保险	16	509	498	128536	16	

院校、专业组、专业名称	录取数	最高分	最低分	最低分位次	平行志愿	征求志愿
医疗产品管理	20	504	481	144815	17	3
04专业组(化学)	**648**	**539**	**467**	**157549**	**645**	**3**
卫生检验与检疫	40	528	473	152316	40	
药学	72	523	474	151398	72	
药物制剂	75	499	467	157549	75	
制药工程	75	486	468	156710	75	
医学检验技术	120	528	478	147717	120	
医学影像技术	116	539	484	142060	116	
康复治疗学	74	522	472	153185	74	
医学信息工程	76	498	467	157549	73	3
05专业组(化学或生物)	**396**	**582**	**524**	**102241**	**393**	**3**
临床医学	120	582	551	75103	120	
临床医学(全科医学)	141	551	537	89032	141	
临床医学(急诊医学)	59	550	534	92079	59	
预防医学	76	550	524	102241	73	3
1847 南京师范大学泰州学院	**650**				**647**	**3**
02专业组(不限)	**620**	**536**	**472**	**153185**	**617**	**3**
数学与应用数学(师范)	120	533	481	144815	120	
物理学(师范)	40	529	479	146748	40	
计算机科学与技术	35	513	485	141125	35	
电子信息工程	27	498	483	142975	27	
电气工程及其自动化	138	502	476	149566	138	
建筑环境与能源应用工程	20	502	472	153185	20	
建筑电气与智能化	20	485	472	153185	20	
风景园林	20	495	472	153185	20	
国际经济与贸易	30	486	472	153185	29	1
工商管理	23	514	472	153185	22	1
财务管理	50	505	474	151398	50	
人力资源管理	27	489	473	152316	26	1
法学	20	532	482	143883	20	
小学教育(师范)	30	536	493	133442	30	
英语(师范)	20	536	490	136410	20	
03专业组(化学)	**30**	**493**	**471**	**154058**	**30**	
应用化学	10	486	475	150470	10	
制药工程	20	493	471	154058	20	
1848 南京理工大学泰州科技学院	**595**				**595**	
02专业组(不限)	**100**	**508**	**491**	**135455**	**100**	
机械工程	27	506	491	135455	27	
机械电子工程	17	504	491	135455	17	
自动化	40	508	491	135455	40	
机器人工程	16	501	491	135455	16	
03专业组(不限)	**100**	**518**	**494**	**132434**	**100**	
计算机科学与技术	70	518	494	132434	70	
软件工程	20	513	494	132434	20	
数据科学与大数据技术	6	502	495	131453	6	
信息管理与信息系统	4	499	496	130482	4	
04专业组(不限)	**100**	**507**	**494**	**132434**	**100**	
电气工程及其自动化	73	507	494	132434	73	

院校、专业组、专业名称	录取数	最高分	最低分	最低分位次	平行志愿	征求志愿
电气工程与智能控制	5	500	494	132434	5	
电子信息工程	22	507	494	132434	22	
05专业组(不限)	**95**	**506**	**478**	**147717**	**95**	
土木工程	65	506	478	147717	65	
工程管理	30	506	478	147717	30	
06专业组(不限)	**100**	**511**	**488**	**138275**	**100**	
经济与金融	6	498	489	137355	6	
国际经济与贸易	2	496	489	137355	2	
会计学	54	511	488	138275	54	
财务管理	3	490	488	138275	3	
人力资源管理	4	492	488	138275	4	
审计学	19	511	488	138275	19	
英语	12	494	488	138275	12	
07专业组(化学)	**10**	**493**	**483**	**142975**	**10**	
化学工程与工艺	10	493	483	142975	10	
08专业组(化学或生物)	**90**	**499**	**481**	**144815**	**90**	
制药工程	73	495	481	144815	73	
环境工程	17	499	481	144815	17	
1850 南京邮电大学通达学院	**1284**				**1280**	**4**
02专业组(不限)	**590**	**525**	**486**	**140151**	**590**	
计算机科学与技术	157	525	492	134437	157	
电子科学与技术	45	515	489	137355	45	
软件工程	148	509	488	138275	148	
网络工程	48	512	487	139209	48	
物联网工程	60	497	486	140151	60	
大数据管理与应用	74	509	486	140151	74	
数字媒体技术	58	508	488	138275	58	
03专业组(不限)	**684**	**528**	**485**	**141125**	**680**	**4**
通信工程	202	528	489	137355	202	
数据科学与大数据技术	67	523	486	140151	67	
信息工程	61	493	486	140151	61	
集成电路设计与集成系统	59	508	485	141125	55	4
电气工程及其自动化	223	514	486	140151	223	
自动化	72	509	486	140151	72	
04专业组(化学)	**10**	**492**	**485**	**141125**	**10**	
光电信息科学与工程	10	492	485	141125	10	
1855 常州大学怀德学院	**874**				**868**	**6**
02专业组(不限)	**874**	**498**	**468**	**156710**	**868**	**6**
国际经济与贸易	25	485	468	156710	25	
会计学	25	498	481	144815	25	
市场营销	15	472	468	156710	15	
物流管理	17	475	469	155786	17	
人力资源管理	15	484	469	155786	15	
财务管理	30	485	471	154058	30	
电子商务	15	472	468	156710	15	
英语	15	487	469	155786	15	
日语	15	486	468	156710	15	
工程管理	45	475	468	156710	45	
过程装备与控制工程	48	478	468	156710	48	

院校、专业组、专业名称	录取数	最高分	最低分	最低分位次	平行志愿	征求志愿
机械设计制造及其自动化	100	498	470	154932	100	
环境工程	40	492	469	155786	40	
给排水科学与工程	41	484	468	156710	41	
土木工程	45	475	468	156710	45	
计算机科学与技术	70	494	475	150470	70	
电子信息工程	49	483	471	154058	49	
高分子材料与工程	66	481	468	156710	60	6
自动化	49	486	470	154932	49	
电气工程及其自动化	99	497	472	153185	99	
软件工程	50	489	472	153185	50	
1858 南京师范大学中北学院	**774**				**774**	
03专业组(不限)	**391**	**510**	**478**	**147717**	**391**	
计算机科学与技术	64	510	484	142060	64	
电子信息工程	39	492	481	144815	39	
通信工程	40	489	479	146748	40	
物联网工程	39	488	479	146748	39	
数据科学与大数据技术	72	499	479	146748	72	
能源与动力工程	43	496	478	147717	43	
电气工程及其自动化	63	496	480	145763	63	
机械工程	31	499	479	146748	31	
04专业组(不限)	**199**	**523**	**474**	**151398**	**199**	
汉语言文学	13	523	500	126589	13	
新闻学	11	492	478	147717	11	
广告学	11	495	477	148670	11	
法语	20	491	475	150470	20	
日语	20	480	475	150470	20	
英语	18	503	481	144815	18	
翻译	6	480	477	148670	6	
会计学	22	499	481	144815	22	
旅游管理	5	478	475	150470	5	
工商管理	6	480	477	148670	6	
国际经济与贸易	15	487	476	149566	15	
金融学	24	487	474	151398	24	
法学	20	519	488	138275	20	
行政管理	8	486	476	149566	8	
05专业组(化学)	**98**	**517**	**468**	**156710**	**98**	
环境工程	56	488	468	156710	56	
眼视光学	42	517	470	154932	42	
06专业组(化学或生物)	**86**	**492**	**473**	**152316**	**86**	
生物技术	86	492	473	152316	86	
1901 南京传媒学院	**427**				**427**	
02专业组(不限)	**427**	**543**	**462**	**161814**	**427**	
新闻传播学类(新闻学、广播电视学、广告学、传播学、网络与新媒体、数字出版)	50	543	467	157549	50	
国际新闻与传播	9	472	462	161814	9	
时尚传播	15	492	464	160212	15	
跨境电子商务	27	502	462	161814	27	
贸易经济	5	488	482	143883	5	

院校、专业组、专业名称	录取数	最高分	最低分	最低分位次	平行志愿	征求志愿
文化产业管理	12	479	464	160212	12	
财务管理	7	481	472	153185	7	
体育经济与管理	10	466	462	161814	10	
广播电视工程	25	478	462	161814	25	
计算机科学与技术	91	499	467	157549	91	
数字媒体技术	77	532	473	152316	77	
智能科学与技术	65	490	463	161011	65	
影视技术	34	494	463	161011	34	
1911 三江学院	**1530**				**1530**	
02专业组(不限)	**1439**	**508**	**467**	**157549**	**1439**	
跨境电子商务	38	473	467	157549	38	
英语	64	489	467	157549	64	
日语	27	498	467	157549	27	
网络与新媒体	20	495	469	155786	20	
新闻学	18	480	467	157549	18	
汉语言文学	15	502	479	146748	15	
汉语国际教育	4	477	470	154932	4	
电子商务及法律	19	485	467	157549	19	
知识产权	9	501	474	151398	9	
互联网金融	45	472	467	157549	45	
会计学	80	499	473	152316	80	
财务管理	20	498	472	153185	20	
国际经济与贸易	15	493	467	157549	15	
市场营销	4	474	470	154932	4	
投资学	5	473	468	156710	5	
物流管理	10	478	469	155786	10	
网络空间安全	32	503	467	157549	32	
网络工程	33	481	469	155786	33	
计算机科学与技术	132	493	475	150470	132	
软件工程	133	498	470	154932	133	
建筑学	46	485	467	157549	46	
风景园林	14	482	469	155786	14	
智能车辆工程	33	489	469	155786	33	
智能制造工程	42	485	467	157549	42	
机器人工程	60	495	467	157549	60	
电气工程及其自动化	103	508	473	152316	103	
自动化	32	493	472	153185	32	
机械设计制造及其自动化	66	497	470	154932	66	
机械电子工程	20	495	469	155786	20	
工程造价	58	488	469	155786	58	
集成电路设计与集成系统	42	497	467	157549	42	
电子信息工程	77	490	469	155786	77	
通信工程	47	490	468	156710	47	
电子科学与技术	18	480	468	156710	18	
微电子科学与工程	16	492	467	157549	16	
广告学	20	476	467	157549	20	
旅游管理	18	475	467	157549	18	
文化产业管理	4	468	467	157549	4	
03专业组(化学)	**91**	**507**	**465**	**159349**	**91**	

院校、专业组、专业名称	录取数	最高分	最低分	最低分位次	平行志愿	征求志愿
土木工程	75	507	465	159349	75	
工程管理	16	476	466	158487	16	
1915 无锡太湖学院	**1202**				**1168**	**34**
02专业组(不限)	**822**	**538**	**464**	**160212**	**788**	**34**
金融学	3	500	490	136410	3	
国际经济与贸易	5	490	482	143883	5	
工商管理	5	493	479	146748	5	
市场营销	5	488	476	149566	5	
人力资源管理	5	490	485	141125	5	
旅游管理	5	489	477	148670	5	
跨境电子商务	3	489	475	150470	3	
供应链管理	3	486	484	142060	3	
会计学	5	505	498	128536	5	
财务管理	6	496	489	137355	6	
审计学	5	499	494	132434	5	
法学	3	513	502	124506	3	
英语	5	494	489	137355	5	
商务英语	5	488	476	149566	5	
日语	3	506	486	140151	3	
电子信息工程	50	512	477	148670	50	
通信工程	50	498	475	150470	50	
计算机科学与技术	80	495	479	146748	80	
物联网工程	90	511	476	149566	90	
软件工程	53	495	476	149566	53	
人工智能	40	491	475	150470	40	
机械工程	65	497	474	151398	65	
机械电子工程	40	491	474	151398	40	
自动化	70	498	475	150470	70	
机器人工程	74	538	464	160212	40	34
智能制造工程	45	486	474	151398	45	
土木工程	53	498	474	151398	53	
工程管理	30	485	474	151398	30	
护理学	16	504	495	131453	16	
03专业组(不限)(中外合作办学)	**300**	**484**	**453**	**169035**	**300**	
计算机科学与技术(中外合作办学)	100	484	458	165042	100	
通信工程(中外合作办学)	100	468	455	167464	100	
工程管理(中外合作办学)	100	478	453	169035	100	
04专业组(化学)	**40**	**501**	**472**	**153185**	**40**	
康复治疗学	40	501	472	153185	40	
05专业组(化学或生物)	**40**	**522**	**478**	**147717**	**40**	
药学	40	522	478	147717	40	
1921 西交利物浦大学	**937**				**937**	
03专业组(不限)(中外合作办学)	**852**	**631**	**554**	**72168**	**852**	
数学类(中外合作办学)(含数学与应用数学等2个专业)	153	631	558	68331	153	
电子信息类(中外合作办学)(含电子科学与技术、通信工程等13个专业)	333	631	563	63654	333	
工商管理类(中外合作办学)(含会计学、工商管理、人力资源管理等6个专业)	112	602	554	72168	112	
金融学类(中外合作办学)(含经济学、经济与金融、金融数学等4个专业)	196	624	556	70201	196	
建筑类(中外合作办学)(建筑学、城乡规划)	42	596	554	72168	42	
土木类(中外合作办学)(土木工程)	5	569	554	72168	5	
外国语言文学类(中外合作办学)(英语、翻译)	11	589	554	72168	11	
04专业组(化学)(中外合作办学)	**13**	**598**	**570**	**56969**	**13**	
化学类(中外合作办学)(应用化学)	13	598	570	56969	13	
05专业组(化学或生物)(中外合作办学)	**72**	**620**	**553**	**73153**	**72**	
生物科学类(中外合作办学)(含生物科学、生物信息学等6个专业)	72	620	553	73153	72	
1928 南通理工学院	**3093**				**3088**	**5**
02专业组(不限)	**2515**	**567**	**461**	**162621**	**2510**	**5**
机械设计制造及其自动化	119	527	467	157549	119	
机械电子工程	95	513	464	160212	95	
机器人工程	51	482	464	160212	51	
智能制造工程	64	486	464	160212	64	
汽车服务工程	37	476	462	161814	37	
车辆工程	110	478	462	161814	110	
新能源汽车工程	150	475	463	161011	150	
智能车辆工程	91	474	461	162621	91	
新能源科学与工程	58	479	464	160212	58	
电气工程及其自动化	116	498	468	156710	116	
船舶与海洋工程	86	483	461	162621	86	
自动化	118	517	465	159349	118	
电子信息工程	62	486	466	158487	62	
健康服务与管理	10	477	471	154058	10	
工程管理	47	481	463	161011	47	
土木工程	79	489	462	161814	79	
工程造价	67	481	463	161011	67	
智能建造	91	469	461	162621	91	
安全工程	141	480	461	162621	141	
应急技术与管理	95	500	461	162621	95	
软件工程	126	485	464	160212	126	
数字媒体技术	77	508	465	159349	77	
计算机科学与技术	151	489	466	158487	151	
网络工程	81	472	462	161814	81	

2023年普通类（物理等科目类）本科院校

院校、专业组、专业名称	录取数	最高分	最低分	最低分位次	平行志愿	征求志愿
数据科学与大数据技术	75	479	464	160212	75	
人工智能	136	481	462	161814	136	
物联网工程	71	487	465	159349	71	
物流管理	10	477	467	157549	10	
财务管理	5	485	481	144815	5	
电子商务	7	472	466	158487	7	
金融工程	5	496	476	149566	5	
酒店管理	5	473	465	159349	5	
市场营销	10	493	465	159349	10	
标准化工程	69	567	461	162621	64	5
03专业组(化学)	578	544	459	164241	578	
金属材料工程	42	544	462	161814	42	
交通运输	92	472	459	164241	92	
船舶电子电气工程	60	472	459	164241	60	
护理学	165	516	459	164241	165	
康复治疗学	109	479	459	164241	109	
医学检验技术	34	477	465	159349	34	
医学实验技术	76	481	459	164241	76	
2101 复旦大学	100				100	
04专业组(不限)	64	688	678	431	64	
经济学类	2	684	683	210	2	
经济管理试验班	4	684	680	320	4	
数学类	3	686	684	176	3	
微电子科学与工程(集成电路领军人才班)	4	688	687	前100名	4	
工科试验班	4	688	686	117	4	
软件工程	1	684	684	176	1	
技术科学试验班	43	684	678	431	43	
计算机科学与技术(本研衔接培养)	2	684	684	176	2	
金融学(金融科技)	1	682	682	237	1	
05专业组(化学)	36	687	676	558	36	
自然科学试验班	36	687	676	558	36	
2102 同济大学	120				120	
03专业组(不限)	83	671	659	2755	83	
工科试验班	4	671	668	1292	4	
经济管理试验班[含金融学+数学与应用数学(双学士学位培养项目)、环境科学+会计学(双学士学位培养项目)]	7	666	661	2372	7	
工科试验班(建筑规划景观与设计类)(其中建筑学、城乡规划专业为五年制)	7	666	659	2755	7	
工科试验班(智慧建造与低碳环境类)(含土木工程+法学双学士学位培养项目、环境科学+会计学双学士学位培养项目、土木工程+数学与应用数学双学士学位培养项目、环境工程+数学与应用数学双学士学位培养项目)	10	662	659	2755	10	
工科试验班(智能化制造与先进材料类)(含能源与动力工程+应用化学双学士学位培养项目)	15	662	659	2755	15	
工科试验班(信息类)(含光电信息科学与工程+应用物理学双学士学位培养项目、测绘工程+应用物理学双学士学位培养项目、视觉传达设计+人工智能双学士学位培养项目)	28	669	661	2372	28	
理科试验班(含金融学+数学与应用数学、光电信息科学与工程+应用物理学、土木工程+数学与应用数学等7个双学士学位培养项目)	9	667	662	2184	9	
应用物理学	3	666	664	1848	3	
04专业组(不限)(中外合作办学)	8	659	653	4114	8	
机械类(中外合作办学)	8	659	653	4114	8	
05专业组(化学)	15	662	658	2950	15	
技术科学试验班(智能交通与车辆类)(含交通工程+数学与应用数学双学士学位培养项目)	15	662	658	2950	15	
06专业组(化学或生物)	14	673	660	2578	14	
医学试验班(基础医学)	2	662	661	2372	2	
医学试验班[含临床医学(本博贯通培养)等5个专业]	6	663	660	2578	6	
临床医学(5+3一体化)	6	673	663	2020	6	
2103 上海交通大学	216				216	
02专业组(不限)	124	688	677	494	124	
机械类(钱学森工程科学试点班)(含机械动力类+数学与应用数学双学士学位培养项目、能源与动力工程+化学双学士学位培养项目)	4	685	684	176	4	
经济管理试验班(金融学等专业)(含经济学+数学与应用数学双学士学位培养项目)	5	684	681	273	5	
工科试验班类(生物医学工程、电子信息类)	78	688	678	431	78	
工科试验班类(机械类、航空航天工程、智慧能源工程、可持续能源)(含能源与动力工程+化学双学士学位培养项目、机械动力类+数学与应用数学双学士学位培养项目)	32	686	677	494	32	

院校、专业组、专业名称	录取数	最高分	最低分	最低分位次	平行志愿	征求志愿
理科试验班类(数学与应用数学等专业)(含物理学+电子科学与技术双学士学位培养项目)	5	684	682	237	5	
03专业组(不限)	**77**	**677**	**670**	**1049**	**77**	
电子信息类(中外合作办学)(交大密西根学院)	15	676	672	863	15	
电子信息类(中外合作办学)(交大巴黎卓越工程师学院)(本研衔接培养)	7	677	671	948	7	
工科试验班类[含土木工程(智能绿色建造)、船舶与海洋工程(智能海洋装备与技术)、船舶与海洋工程+数学与应用数学双学士学位培养项目]	35	676	670	1049	35	
工科试验班类(材料科学与工程)(含材料科学与工程+应用物理学双学士学位培养项目)	19	676	671	948	19	
工科试验班类(海洋科学)	1	671	671	948	1	
04专业组(不限)	**15**	**690**	**688**	**前100名**	**15**	
人工智能	3	688	688	前100名	3	
电子信息类(IEEE试点班)(含电子信息类+数学与应用数学双学士学位培养项目)	12	690	688	前100名	12	
2104 华东理工大学	**181**				**181**	
02专业组(不限)	**125**	**649**	**631**	**12572**	**125**	
工科试验班(智能与机器人)	9	643	641	8031	9	
工科试验班(智慧化工)	18	649	634	11118	18	
工科试验班(能源与环境)	8	637	635	10612	8	
材料类	32	641	631	12572	32	
机械类	19	639	631	12572	19	
电子信息类	7	647	640	8448	7	
计算机类	2	649	643	7266	2	
数学类	4	640	638	9244	4	
物理学类	2	641	638	9244	2	
经济学类	3	639	635	10612	3	
管理科学与工程类	7	635	632	12050	7	
工商管理类	3	634	631	12572	3	
国际经济与贸易	2	631	631	12572	2	
工业设计	2	637	633	11593	2	
风景园林	2	634	631	12572	2	
化学工程与工艺(化学工程与工艺+工程管理)(双学士学位培养项目)	2	641	640	8448	2	
能源与动力工程(能源与动力工程+经济学)(双学士学位培养项目)	3	641	639	8829	3	
03专业组(不限)(中外合作办学)	**15**	**629**	**615**	**21590**	**15**	
化学工程与工艺(中外合作办学)	5	629	617	20292	5	
高分子材料与工程(中外合作办学)	6	628	617	20292	6	
环境工程(中外合作办学)	4	616	615	21590	4	
04专业组(化学)	**9**	**641**	**637**	**9657**	**9**	
化学类	9	641	637	9657	9	
05专业组(化学或生物)	**32**	**637**	**630**	**13101**	**32**	
生物工程类	28	637	630	13101	28	
药学	4	636	632	12050	4	
2105 东华大学	**117**				**117**	
02专业组(不限)	**100**	**638**	**616**	**20903**	**100**	
材料类	12	629	618	19695	12	
电子信息类	11	633	629	13587	11	
工业设计	5	629	621	17908	5	
功能材料	4	627	619	19103	4	
管理科学与工程类	5	630	623	16748	5	
环境工程(环境工程+工商管理)(双学士学位培养项目)	4	621	618	19695	4	
环境科学与工程类	2	619	619	19103	2	
机械工程	5	629	619	19103	5	
计算机类	8	638	632	12050	8	
建筑环境与能源应用工程	3	620	616	20903	3	
教育技术学	2	619	618	19695	2	
经济管理试验班	6	631	618	19695	6	
经济与贸易类	2	629	617	20292	2	
理科试验班类	2	636	634	11118	2	
能源与环境系统工程	2	624	623	16748	2	
人工智能	2	635	631	12572	2	
日语	3	617	616	20903	3	
社会科学试验班	2	618	618	19695	2	
数据科学与大数据技术	2	634	631	12572	2	
数学类	6	636	627	14617	6	
物理学类	5	629	626	15133	5	
英语	3	623	618	19695	3	
智能科学与技术	2	630	630	13101	2	
智能制造工程	2	630	627	14617	2	
03专业组(化学)	**17**	**630**	**611**	**24195**	**17**	
纺织工程(纺织工程+产品设计)(双学士学位培养项目)	2	630	629	13587	2	
纺织类	4	627	613	22857	4	
服装设计与工程	5	618	611	24195	5	
化学类	2	622	614	22200	2	
理科试验班	1	630	630	13101	1	
生物工程	3	623	616	20903	3	
2106 华东师范大学	**118**				**118**	
04专业组(不限)	**105**	**663**	**652**	**4397**	**105**	
金融学类	2	653	652	4397	2	

院校、专业组、专业名称	录取数	最高分	最低分	最低分位次	平行志愿	征求志愿
教育学类(师范)	3	659	652	4397	3	
金融学(金融学+统计学)(双学士学位培养项目)	3	657	655	3626	3	
心理学(心理学+计算机科学与技术)(双学士学位培养项目)	2	656	653	4114	2	
数学与应用数学	7	662	656	3399	7	
统计学类	7	663	655	3626	7	
统计学(统计学+计算机科学与技术)(双学士学位培养项目)	5	659	658	2950	5	
物理学	5	655	652	4397	5	
电子信息科学与技术	5	654	653	4114	5	
通信工程	7	653	652	4397	7	
通信工程(通信工程+教育技术学)(双学士学位培养项目)	2	653	652	4397	2	
微电子科学与工程	5	655	653	4114	5	
计算机科学与技术	17	658	653	4114	17	
软件工程	21	659	654	3870	21	
数据科学与大数据技术	4	656	655	3626	4	
信息管理与信息系统	3	653	652	4397	3	
教育技术学(教育技术学+计算机科学与技术)(双学士学位培养项目)	3	653	652	4397	3	
教育技术学(师范)	4	652	652	4397	4	
05专业组(化学)	**2**	**659**	**658**	**2950**	**2**	
化学	2	659	658	2950	2	
06专业组(化学或生物)	**5**	**658**	**651**	**4643**	**5**	
生物科学类	2	658	655	3626	2	
环境科学与工程类	3	652	651	4643	3	
07专业组(化学或地理)	**6**	**659**	**653**	**4114**	**6**	
地理科学	2	659	658	2950	2	
地理信息科学	2	658	654	3870	2	
人文地理与城乡规划	2	653	653	4114	2	
2107 华东政法大学	**30**				**30**	
02专业组(不限)	**30**	**655**	**636**	**10154**	**30**	
法学(民商法律)	5	648	644	6899	5	
法学(卓越民商法治人才实验班)	2	655	652	4397	2	
法学(经济法)	2	643	642	7656	2	
法学(卓越经济法律人才实验班)	2	652	652	4397	2	
法学(国际经济法)	2	640	638	9244	2	
法学(沪港交流涉外卓越法律人才实验班)	2	649	647	5894	2	
法学(刑事法律)	1	644	644	6899	1	
法学(刑事司法)	1	641	641	8031	1	
法学(网络与信息法)	1	643	643	7266	1	
法学(卓越刑事法律人才实验班)	2	639	638	9244	2	
法学(国际金融法)	1	644	644	6899	1	
法学(涉外卓越国际金融法律人才实验班)	3	646	637	9657	3	
知识产权	2	640	638	9244	2	
网络与新媒体	1	636	636	10154	1	
经济学类	1	637	637	9657	1	
公共管理类	2	636	636	10154	2	
2109 上海外国语大学	**52**				**52**	
03专业组(不限)	**52**	**642**	**625**	**15652**	**52**	
英语	4	635	626	15133	4	
翻译	3	642	632	12050	3	
英语(教育)	2	639	630	13101	2	
德语	3	640	631	12572	3	
法语	2	629	626	15133	2	
西班牙语	1	626	626	15133	1	
商务英语	3	639	628	14097	3	
语言学	1	627	627	14617	1	
金融学(英语方向)	4	642	638	9244	4	
精算学(英语方向)	4	635	629	13587	4	
国际经济与贸易(英语方向)	3	630	628	14097	3	
法学(英语方向)	4	641	631	12572	4	
汉语国际教育(英语方向)	2	630	625	15652	2	
新闻传播学类(新闻学、广播电视学、广告学、网络与新媒体、国际新闻与传播)	5	631	626	15133	5	
管理科学与工程类(信息管理与信息系统、大数据管理与应用)	4	631	625	15652	4	
工商管理类	4	628	626	15133	4	
会计学(英语方向)	3	635	632	12050	3	
2110 上海财经大学	**65**				**65**	
02专业组(不限)	**65**	**660**	**640**	**8448**	**65**	
会计学	2	654	653	4114	2	
财务管理	5	647	645	6590	5	
工商管理(中外合作办学)	1	649	649	5239	1	
金融学	5	660	647	5894	5	
保险学	2	641	641	8031	2	
金融学(中外合作办学)	6	652	645	6590	6	
工商管理类	5	644	641	8031	5	
国际经济与贸易	4	643	641	8031	4	
经济学(中外合作办学)	3	644	642	7656	3	
经济学	4	647	646	6254	4	
财政学类	3	647	646	6254	3	
投资学	4	644	641	8031	4	
公共管理类	4	649	641	8031	4	
统计学类	6	651	644	6899	6	
数学类	4	642	640	8448	4	
数学与应用数学(数学与应	3	655	650	4920	3	

2023年普通类(物理等科目类)本科院校

院校、专业组、专业名称	录取数	最高分	最低分	最低分位次	平行志愿	征求志愿	院校、专业组、专业名称	录取数	最高分	最低分	最低分位次	平行志愿	征求志愿
用数学+经济学)(双学士学位培养项目)							01专业组(不限)	10	655	637	9657	10	
法学(法学+金融学)(双学士学位培养项目)	4	650	648	5543	4		中医学	4	655	647	5894	4	
2111 上海师范大学	76				75	1	中医学(5+3一体化)	4	638	637	9657	4	
03专业组(不限)	56	607	567	59799	55	1	中医学(针灸推拿)(5+3一体化)	1	637	637	9657	1	
应用心理学(师范)	5	590	587	42009	5		中医学(5+3一体化)(汇聚创新班)	1	640	640	8448	1	
数学与应用数学(师范)	5	603	597	34107	5		02专业组(化学或生物)(中外合作办学)	4	606	594	36407	4	
数学与应用数学	6	605	595	35651	6		药学(中外合作办学)	4	606	594	36407	4	
资源环境科学	5	586	582	46258	5		2114 上海对外经贸大学	21				21	
环境工程	4	592	581	47214	4		03专业组(不限)	15	625	610	24841	15	
旅游管理类	4	584	567	59799	3	1	国际经济与贸易	2	618	618	19695	2	
计算机科学与技术(师范)	8	600	591	38768	8		金融学	2	625	618	19695	2	
电子信息类	5	607	598	33367	5		国际经贸规则	3	616	615	21590	3	
科学教育(师范)	5	602	583	45410	5		金融工程	3	616	612	23568	3	
财务管理	5	591	581	47114	5		数据科学与大数据技术	2	620	613	22857	2	
金融学类	4	590	586	42828	4		人工智能	2	610	610	24841	2	
04专业组(不限)(中外合作办学)	15	590	578	49756	15		04专业组(不限)(中外合作办学)	6	600	584	44516	6	
机械设计制造及其自动化(中外合作办学)	8	582	578	49756	8		物流管理(中外合作办学)	2	597	584	44516	2	
计算机科学与技术(中外合作办学)	7	590	582	46258	7		金融学(中外合作办学)	2	591	587	42009	2	
05专业组(化学或生物)	5	619	604	28962	5		国际商务(中外合作办学)	2	600	593	37179	2	
生物科学(师范)	5	619	604	28962	5		2115 上海理工大学	48				48	
2112 上海大学	66				66		03专业组(不限)	35	616	602	30377	35	
02专业组(不限)	18	643	637	9657	18		工科试验班(智能化制造类)	19	609	603	29716	19	
理科试验班类	3	643	639	8829	3		工科试验班(电子与信息类)	11	616	606	27545	11	
经济学类	5	637	637	9657	5		经济管理试验班	4	606	602	30377	4	
电气类	8	639	637	9657	8		德语	1	603	603	29716	1	
电子信息类	2	643	642	7656	2		04专业组(不限)(中外合作办学)	13	602	594	36407	13	
03专业组(不限)(中外合作办学)	40	636	613	22857	40		英语(中外合作办学)	3	594	594	36407	3	
国际经济与贸易(中外合作办学)	5	624	614	22200	5		机械设计制造及其自动化(中外合作办学)(中英合作)	2	600	594	36407	2	
信息管理与信息系统(中外合作办学)	8	620	613	22857	8		电子信息科学与技术(中外合作办学)	2	601	599	32622	2	
金融学(中外合作办学)	6	632	617	20292	6		机械设计制造及其自动化(中外合作办学)	3	602	596	34854	3	
机械工程(中外合作办学)	5	622	617	20292	5		电气工程及其自动化(中外合作办学)	3	601	597	34107	3	
信息工程(中外合作办学)	10	636	620	18503	10		2116 上海海洋大学	89				89	
电气工程及其自动化(中外合作办学)	3	633	624	16213	3		02专业组(不限)	74	609	594	36407	74	
土木工程(中外合作办学)	3	616	613	22857	3		水产类	5	602	597	34107	5	
04专业组(化学)	5	634	632	12050	5		食品科学与工程类	6	602	594	36407	6	
材料类	5	634	632	12050	5		生物制药	6	601	595	35651	6	
05专业组(化学)(中外合作办学)	3	613	612	23568	3		计算机类	20	608	596	34854	20	
环境工程(中外合作办学)	3	613	612	23568	3		机械设计制造及其自动化	6	602	594	36407	6	
2113 上海中医药大学	14				14		工业工程	5	594	594	36407	5	
							电气工程及其自动化	10	605	595	35651	10	

院校、专业组、专业名称	录取数	最高分	最低分	最低分位次	平行志愿	征求志愿
机器人工程	9	601	594	36407	9	
测控技术与仪器	7	609	594	36407	7	
03专业组(不限)(中外合作办学)	**15**	**591**	**578**	**49756**	**15**	
信息管理与信息系统(中外合作办学)	15	591	578	49756	15	
2117 上海海事大学	**26**				**26**	
03专业组(不限)	**22**	**619**	**595**	**35651**	**22**	
法学	2	619	602	30377	2	
经济学类	2	596	596	34854	2	
机械设计制造及其自动化	2	596	596	34854	2	
电气工程及其自动化	2	605	599	32622	2	
计算机类	2	598	596	34854	2	
港口航道与海岸工程	2	597	597	34107	2	
船舶与海洋工程	2	601	599	32622	2	
交通管理	2	598	598	33367	2	
物流管理	6	598	595	35651	6	
04专业组(化学)	**4**	**607**	**598**	**33367**	**4**	
交通运输	2	607	604	28962	2	
交通工程	2	599	598	33367	2	
2118 上海电力大学	**68**				**68**	
02专业组(不限)	**59**	**640**	**608**	**26161**	**59**	
能源与动力工程	3	622	621	17908	3	
机械设计制造及其自动化	2	612	611	24195	2	
新能源科学与工程	2	613	610	24841	2	
核工程与核技术	2	610	608	26161	2	
材料化学	2	622	612	23568	2	
电气工程及其自动化	23	640	623	16748	23	
能源互联网工程	3	622	620	18503	3	
自动化	4	622	619	19103	4	
核电技术与控制工程	2	612	612	23568	2	
智能科学与技术	2	611	611	24195	2	
计算机科学与技术	2	623	618	19695	2	
数据科学与大数据技术	2	613	611	24195	2	
通信工程	2	622	613	22857	2	
电子信息工程	2	619	617	20292	2	
信息与计算科学	3	611	609	25496	3	
应用物理学	3	614	608	26161	3	
03专业组(不限)(中外合作办学)	**9**	**623**	**617**	**20292**	**9**	
电气工程及其自动化(中外合作办学)	9	623	617	20292	9	
2119 上海体育大学	**7**				**7**	
03专业组(不限)	**7**	**603**	**571**	**56021**	**7**	
新闻学	2	603	579	48832	2	
工商管理类	3	577	571	56021	3	
数据科学与大数据技术	2	579	573	54146	2	
2120 上海工程技术大学	**47**				**47**	
02专业组(不限)	**37**	**590**	**566**	**60725**	**37**	
能源与动力工程	2	583	580	47955	2	
电子信息类	8	581	572	55138	8	
工商管理类	1	570	570	56969	1	
公共管理类	1	566	566	60725	1	
工程管理	1	569	569	57929	1	
工业工程	2	569	567	59799	2	
工业设计	2	568	567	59799	2	
轨道交通信号与控制	8	590	568	58808	8	
铁道工程	4	567	566	60725	4	
数据计算及应用	2	575	570	56969	2	
光电信息科学与工程	2	572	571	56021	2	
材料类	4	568	567	59799	4	
03专业组(化学)	**10**	**563**	**552**	**74112**	**10**	
服装设计与工程	3	552	552	74112	3	
纺织工程	2	563	555	71148	2	
交通运输	5	561	556	70201	5	
2123 上海应用技术大学	**31**				**31**	
01专业组(不限)	**26**	**580**	**564**	**62693**	**26**	
材料科学与工程	2	565	564	62693	2	
机械设计制造及其自动化	2	569	566	60725	2	
机械类	2	564	564	62693	2	
电气工程及其自动化	3	570	567	59799	3	
软件工程	5	567	565	61774	5	
人工智能	2	580	578	49756	2	
工商管理类	2	564	564	62693	2	
大数据管理与应用	2	568	566	60725	2	
英语	2	565	564	62693	2	
通信工程	2	572	565	61774	2	
数学与应用数学	2	574	565	61774	2	
02专业组(化学)	**5**	**587**	**576**	**51456**	**5**	
应用化学	2	576	576	51456	2	
化妆品技术与工程	1	577	577	50595	1	
香料香精技术与工程	2	587	583	45410	2	
2124 上海第二工业大学	**18**				**18**	
02专业组(不限)	**16**	**581**	**564**	**62693**	**16**	
机械工程	2	567	565	61774	2	
测控技术与仪器	2	568	565	61774	2	
智能制造工程	2	569	568	58808	2	
计算机科学与技术	2	581	575	52350	2	
数据科学与大数据技术	2	570	570	56969	2	
工业设计	2	565	565	61774	2	
应用统计学	2	567	567	59799	2	
标准化工程	2	571	564	62693	2	
03专业组(化学)	**2**	**561**	**560**	**66452**	**2**	
新能源科学与工程	2	561	560	66452	2	
2125 上海政法学院	**40**				**40**	
02专业组(不限)	**40**	**630**	**592**	**37932**	**40**	
法学(法律学院卓越法律人才)	2	630	616	20903	2	

2023年普通类(物理等科目类)本科院校

院校、专业组、专业名称	录取数	最高分	最低分	最低分位次	平行志愿	征求志愿
法学(国际法学院卓越法律人才)	2	605	599	32622	2	
法学(经济法学院卓越律师人才)	2	629	613	22857	2	
法学(刑事司法)	3	611	607	26858	3	
法学(民商法)	2	617	611	24195	2	
法学(经济法)	1	608	608	26161	1	
法学(国际经济法)	2	605	598	33367	2	
法学(人工智能)	2	606	599	32622	2	
法学(法庭科学)	2	604	600	31866	2	
知识产权	2	601	596	34854	2	
国际经济与贸易	3	598	594	36407	3	
经济学	2	600	594	36407	2	
经济与金融	2	599	596	34854	2	
税收学	2	596	592	37932	2	
财务管理	2	604	594	36407	2	
审计学	2	603	599	32622	2	
电子商务及法律	2	594	592	37932	2	
应用心理学	2	597	593	37179	2	
翻译	1	599	599	32622	1	
新闻学	2	596	594	36407	2	
2128 复旦大学医学院	39				39	
02专业组(化学或生物)	39	687	673	763	39	
临床医学(八年制)	8	687	685	143	8	
临床医学	13	683	678	431	13	
口腔医学	6	678	676	558	6	
基础医学(拔尖学生培养基地)	3	676	675	625	3	
医学试验班	9	676	673	763	9	
2135 上海健康医学院	120				120	
01专业组(不限)	38	589	533	93122	38	
生物医学工程	8	589	539	86937	8	
临床工程技术	15	556	536	90081	15	
数据科学与大数据技术	15	545	533	93122	15	
02专业组(不限)	30	557	536	90081	30	
护理学	30	557	536	90081	30	
03专业组(不限)	25	543	524	102241	25	
健康服务与管理	5	534	529	97145	5	
医疗产品管理	10	543	528	98180	10	
公共事业管理	10	533	524	102241	10	
04专业组(化学)	27	549	532	94094	27	
康复物理治疗	5	536	532	94094	5	
医学检验技术	5	542	538	87986	5	
口腔医学技术	4	546	539	86937	4	
智能影像工程	5	549	534	92079	5	
药学	8	543	532	94094	8	
2136 上海电机学院	37				37	
02专业组(不限)	37	586	572	55138	37	
电气工程及其自动化	6	586	580	47955	6	
自动化	4	576	575	52350	4	
电气类	5	578	574	53221	5	
机械设计制造及其自动化	5	579	573	54146	5	
飞行器制造工程	3	575	573	54146	3	
机械类	5	574	572	55138	5	
计算机类	2	580	576	51456	2	
智能制造工程	4	573	573	54146	4	
工业工程类	3	573	572	55138	3	
2137 上海立信会计金融学院	67				67	
02专业组(不限)	59	604	568	58808	59	
会计学	3	604	597	34107	3	
财务管理	5	594	584	44516	5	
资产评估	1	583	583	45410	1	
审计学	2	593	591	38768	2	
应用统计学	6	580	570	56969	6	
数学与应用数学	2	575	574	53221	2	
金融数学	2	580	578	49756	2	
计算机科学与技术	5	586	573	54146	5	
数据科学与大数据技术	2	594	585	43657	2	
英语	1	571	571	56021	1	
日语	1	568	568	58808	1	
保险学	2	582	568	58808	2	
精算学	3	580	574	53221	3	
法学	1	601	601	31135	1	
金融学	4	587	580	47955	4	
投资学	1	576	576	51456	1	
信用管理	1	578	578	49756	1	
财政学	1	588	588	41159	1	
税收学	2	576	572	55138	2	
工商管理	2	578	572	55138	2	
人力资源管理	2	578	571	56021	2	
经济学	1	580	580	47955	1	
国际经济与贸易	3	583	574	53221	3	
物流管理	2	574	570	56969	2	
数字经济	2	581	572	55138	2	
智能科学与技术	2	575	571	56021	2	
03专业组(化学或生物)	8	612	586	42828	8	
金融工程	4	612	590	39519	4	
金融科技	4	593	586	42828	4	
2139 上海交通大学医学院	32				32	
01专业组(化学或生物)	16	685	678	431	16	
医学试验班(临床医学)	16	685	678	431	16	
02专业组(化学或生物)	11	672	665	1692	11	
医学试验班(预防医学)(含预防医学+行政管理双学士学位培养项目)	11	672	665	1692	11	
03专业组(化学或生物)	5	689	686	117	5	
临床医学	2	686	686	117	2	
临床医学(法语班)	1	686	686	117	1	

院校、专业组、专业名称	录取数	最高分	最低分	最低分位次	平行志愿	征求志愿
临床医学(口腔)	2	689	686	117	2	
2141 上海商学院	**31**				**31**	
03专业组(不限)	**24**	**559**	**545**	**80935**	**24**	
工商管理	1	557	557	69274	1	
会计学	2	559	551	75103	2	
税收学	1	551	551	75103	1	
商务经济学	1	551	551	75103	1	
旅游管理	1	545	545	80935	1	
商务英语	2	547	546	79957	2	
电子商务	4	555	549	77083	4	
社会工作	2	547	545	80935	2	
信息管理与信息系统	6	549	545	80935	6	
大数据管理与应用	4	550	547	78999	4	
04专业组(不限)(中外合作办学)	**7**	**539**	**503**	**123514**	**7**	
酒店管理(中外合作办学)	4	539	503	123514	4	
电子商务(中外合作办学)	3	527	513	113413	3	
2201 浙江大学	**38**				**38**	
04专业组(不限)	**34**	**687**	**676**	**558**	**34**	
社会科学试验班(经济学、财政学、金融学、国际经济与贸易、教育学、会计学、工商管理、社会学、农林经济管理、行政管理、劳动与社会保障、土地资源管理、法学)(含数字金融双学士学位项目)	1	677	677	494	1	
工科试验班(过程装备与控制工程、车辆工程、能源与环境系统工程、机械工程、电气工程及其自动化、电子信息工程、工程力学、飞行器设计与工程)	1	677	677	494	1	
工科试验班(计算机科学与技术、信息安全、软件工程、工业设计、光电信息科学与工程、电子科学与技术、微电子科学与工程、信息工程、自动化、生物医学工程)(信息)	19	679	676	558	19	
机器人工程(荣誉项目班)	4	679	678	431	4	
工科试验班(计算机科学与技术、信息安全、人工智能)	9	687	680	320	9	
05专业组(化学或生物)	**4**	**682**	**677**	**494**	**4**	
医学试验班(临床医学)(竺可桢学院巴德年医学班)	4	682	677	494	4	
2202 中国计量大学	**60**				**60**	
02专业组(不限)	**54**	**600**	**585**	**43657**	**54**	
自动化	5	594	592	37932	5	
机械设计制造及其自动化	5	594	586	42828	5	
测控技术与仪器	5	596	591	38768	5	
能源与动力工程	4	588	586	42828	4	
智能感知工程	2	589	589	40322	2	
电子信息类	5	593	590	39519	5	
人工智能	2	592	588	41159	2	
光电信息科学与工程	5	593	588	41159	5	
电子科学与技术	4	591	588	41159	4	
微电子科学与工程	3	600	592	37932	3	
质量管理工程	2	594	589	40322	2	
信息管理与信息系统	2	587	586	42828	2	
金融学类	1	585	585	43657	1	
数学与应用数学	3	590	588	41159	3	
物理学类	2	586	586	42828	2	
数据科学与大数据技术	2	593	591	38768	2	
工业设计	2	586	586	42828	2	
03专业组(化学)	**3**	**585**	**578**	**49756**	**3**	
材料科学与工程	1	580	580	47955	1	
应用化学	1	578	578	49756	1	
卫生检验与检疫	1	585	585	43657	1	
04专业组(化学或生物)	**3**	**583**	**579**	**48832**	**3**	
环境工程	1	579	579	48832	1	
药学	2	583	580	47955	2	
2203 浙江理工大学	**102**				**99**	**3**
02专业组(不限)	**65**	**606**	**585**	**43657**	**62**	**3**
电子信息类	3	604	600	31866	3	
计算机类	4	606	602	30377	4	
机械类	11	593	589	40322	11	
电气类	5	597	593	37179	5	
测控技术与仪器	3	592	589	40322	3	
能源与动力工程	4	596	594	36407	4	
土木类	11	592	585	43657	11	
工业设计	2	605	588	41159	1	1
海洋资源开发技术	4	589	586	42828	4	
应用物理学	4	589	587	42009	4	
经济与贸易类	2	587	586	42828	2	
新闻传播学类	1	588	588	41159	1	
行政管理	1	590	590	39519	1	
外国语言文学类	2	588	587	42009	2	
建筑类	4	603	588	41159	2	2
数学类	4	595	591	38768	4	
03专业组(化学)	**31**	**590**	**534**	**92079**	**31**	
纺织类	9	545	534	92079	9	
丝绸设计与工程	2	556	548	78085	2	
服装设计与工程	4	547	536	90081	4	
化学类	5	590	537	89032	5	
轻化工程	3	559	547	78999	3	
材料类	8	558	536	90081	8	
04专业组(化学或生物)	**6**	**599**	**585**	**43657**	**6**	
生物科学类	6	599	585	43657	6	
2204 浙江工业大学	**52**				**52**	

院校、专业组、专业名称	录取数	最高分	最低分	最低分位次	平行志愿	征求志愿
02专业组(不限)	**27**	**616**	**599**	**32622**	**27**	
机械类	9	607	599	32622	9	
电子信息类	5	612	606	27545	5	
计算机类	5	616	608	26161	5	
管理科学与工程类	5	604	599	32622	5	
法学	3	601	600	31866	3	
03专业组(不限)(中外合作办学)	**5**	**606**	**597**	**34107**	**5**	
软件工程(中外合作办学)	5	606	597	34107	5	
04专业组(化学)	**15**	**602**	**588**	**41159**	**15**	
化工与制药类(化学工程)	5	602	592	37932	5	
材料类	5	592	589	40322	5	
食品科学与工程类	5	591	588	41159	5	
05专业组(化学或生物)	**5**	**607**	**590**	**39519**	**5**	
生物工程类	5	607	590	39519	5	
2205 中国美术学院	**3**				**3**	
02专业组(不限)	**3**	**623**	**615**	**21590**	**3**	
工业设计	3	623	615	21590	3	
2206 浙江师范大学	**12**				**12**	
03专业组(不限)	**6**	**615**	**606**	**27545**	**6**	
汉语言文学(师范)	2	607	606	27545	2	
数学与应用数学(师范)	2	610	609	25496	2	
物理学(师范)	2	615	611	24195	2	
04专业组(不限)(中外合作办学)	**3**	**564**	**544**	**81927**	**3**	
小学教育(中外合作办学)(师范)	3	564	544	81927	3	
05专业组(化学或生物)	**3**	**606**	**605**	**28268**	**3**	
生物科学类(含师范)	3	606	605	28268	3	
2207 浙江工商大学	**66**				**66**	
02专业组(不限)	**66**	**608**	**526**	**100234**	**66**	
经济学类	4	568	557	69274	4	
经济统计学	3	570	561	65452	3	
金融学类	2	574	573	54146	2	
法学类	2	607	597	34107	2	
日语	1	555	555	71148	1	
新闻传播学类	1	571	571	56021	1	
电子信息类	9	580	558	68331	9	
信息管理与信息系统	4	572	557	69274	4	
环境科学与工程类	12	568	544	81927	12	
食品科学与工程类	12	568	528	98180	12	
城乡规划	3	571	550	76117	3	
工商管理类	2	570	566	60725	2	
会计学	2	608	604	28962	2	
公共管理类	4	555	546	79957	4	
电子商务类	2	578	569	57929	2	
旅游管理类	1	538	538	87986	1	
外国语言文学类	2	549	526	100234	2	
2208 杭州电子科技大学	**60**				**59**	**1**
01专业组(不限)	**54**	**622**	**599**	**32622**	**53**	**1**
智能科学与技术	3	612	611	24195	3	
计算机类	6	622	617	20292	6	
电子信息类(电子信息学院)	6	621	613	22857	6	
集成电路设计与集成系统	4	613	612	23568	4	
信息安全	4	615	613	22857	4	
网络工程	2	612	612	23568	2	
电子信息类(通信学院)	5	612	612	23568	5	
自动化	2	612	612	23568	2	
材料科学与工程	4	611	610	24841	4	
管理科学与工程类	2	611	611	24195	2	
统计学	2	610	599	32622	1	1
会计学	4	611	611	24195	4	
工商管理类	2	610	610	24841	2	
经济学类	2	611	611	24195	2	
金融学	2	610	610	24841	2	
智能制造工程	2	611	611	24195	2	
人工智能	2	620	613	22857	2	
02专业组(不限)(中外合作办学)	**6**	**614**	**607**	**26858**	**6**	
计算机科学与技术(中外合作办学)	2	614	611	24195	2	
自动化(中外合作办学)	4	609	607	26858	4	
2209 杭州师范大学	**69**				**67**	**2**
02专业组(不限)	**26**	**583**	**525**	**101269**	**25**	**1**
法学	2	574	572	55138	2	
数据科学与大数据技术	4	581	570	56969	4	
统计学	2	577	568	58808	2	
计算机科学与技术(师范)	1	581	581	47114	1	
计算机科学与技术(金融信息服务)	4	583	570	56969	4	
软件工程	2	582	581	47114	2	
公共事业管理(卫生事业管理)	5	568	563	63654	5	
健康服务与管理	4	568	525	101269	3	1
电子商务	2	569	568	58808	2	
03专业组(不限)(中外合作办学)	**5**	**577**	**478**	**147717**	**4**	**1**
高分子材料与工程(中外合作办学)	5	577	478	147717	4	1
04专业组(化学)(中外合作办学)	**5**	**538**	**525**	**101269**	**5**	
应用化学(中外合作办学)	5	538	525	101269	5	
05专业组(化学或生物)	**26**	**573**	**547**	**78999**	**26**	
环境工程	4	555	547	78999	4	
药学	6	566	548	78085	6	
预防医学	16	573	547	78999	16	
06专业组(化学或地理)(中外合作办学)	**5**	**574**	**538**	**87986**	**5**	

2023年普通类(物理等科目类)本科院校

院校、专业组、专业名称	录取数	最高分	最低分	最低分位次	平行志愿	征求志愿
地理信息科学(中外合作办学)	5	574	538	87986	5	
07专业组(化学或地理)	2	591	586	42828	2	
地理信息科学	2	591	586	42828	2	
2211 浙江传媒学院	44				42	2
03专业组(不限)	37	599	485	141125	35	2
广播电视学	1	572	572	55138	1	
新闻学	1	576	576	51456	1	
编辑出版学	1	580	580	47955	1	
传播学	1	553	553	73153	1	
汉语言文学(网络文学与创意写作)	1	550	550	76117	1	
汉语言文学	1	552	552	74112	1	
文化产业管理	2	569	553	73153	2	
网络与新媒体	1	582	582	46258	1	
广告学	1	580	580	47955	1	
会展经济与管理	1	485	485	141125		1
公共关系学	1	545	545	80935	1	
数字媒体技术	6	599	583	45410	6	
广播电视工程	5	567	523	103299	4	1
软件工程	3	579	559	67392	3	
电子科学与技术	4	550	544	81927	4	
网络工程	3	574	550	76117	3	
人工智能	3	568	553	73153	3	
英语	1	547	547	78999	1	
04专业组(不限)	5	571	546	79957	5	
电影制作	5	571	546	79957	5	
05专业组(不限)(中外合作办学)	2	566	559	67392	2	
传播学(中外合作办学)	2	566	559	67392	2	
2212 浙江科技学院	58				58	
02专业组(不限)	33	570	541	84968	33	
机械类	7	550	547	78999	7	
自动化	3	556	551	75103	3	
计算机类	3	570	552	74112	3	
土木工程	5	548	542	83978	5	
给排水科学与工程	3	543	541	84968	3	
工程造价	3	545	543	82963	3	
信息管理与信息系统	3	546	542	83978	3	
工业设计	6	545	541	84968	6	
03专业组(不限)(中外合作办学)	20	538	513	113413	20	
土木工程(中外合作办学)	10	519	513	113413	10	
数据科学与大数据技术(中外合作办学)	10	538	518	108392	10	
04专业组(化学)	5	537	530	96124	5	
环境工程	5	537	530	96124	5	
2213 浙江财经大学	66				66	
03专业组(不限)	58	602	561	65452	58	

院校、专业组、专业名称	录取数	最高分	最低分	最低分位次	平行志愿	征求志愿
财政学类	2	591	582	46258	2	
公共管理类	4	569	562	64501	4	
工商管理类(会计学院)	4	597	579	48832	4	
金融学类	2	602	591	38768	2	
工商管理类(工商管理学院)	2	565	564	62693	2	
电子商务类	3	571	566	60725	3	
经济与贸易类	6	584	564	62693	6	
外国语言文学类	4	573	562	64501	4	
统计学类	5	583	564	62693	5	
新闻传播学类	3	566	562	64501	3	
法学	3	585	585	43657	3	
社会工作	2	581	567	59799	2	
管理科学与工程类	3	562	561	65452	3	
计算机类(信息管理与人工智能学院)	11	583	574	53221	11	
计算机类(数据科学学院)	4	581	570	56969	4	
04专业组(不限)(中外合作办学)	8	568	555	71148	8	
会计学(中外合作办学)	1	568	568	58808	1	
金融学(中外合作办学)	2	567	561	65452	2	
市场营销(中外合作办学)	5	561	555	71148	5	
2214 浙江农林大学	37				35	2
02专业组(不限)	16	577	492	134437	15	1
测绘工程	1	565	565	61774	1	
家具设计与工程	2	564	554	72168	2	
城乡规划	1	562	562	64501	1	
建筑学	1	563	563	63654	1	
农林经济管理	1	562	562	64501	1	
会计学	1	565	565	61774	1	
国际经济与贸易	1	565	565	61774	1	
工商管理	1	555	555	71148	1	
电子商务	1	555	555	71148	1	
工业设计	1	554	554	72168	1	
应用统计学	1	565	565	61774	1	
数据科学与大数据技术	1	573	573	54146	1	
智能科学与技术	1	570	570	56969	1	
电子信息工程	1	577	577	50595	1	
文化产业管理(茶文化)	1	492	492	134437		1
03专业组(化学)	11	583	542	83978	10	1
环境科学与工程	2	546	542	83978	2	
木材科学与工程	3	544	543	82963	2	1
应用化学	2	545	544	81927	2	
高分子材料与工程	2	561	549	77083	2	
动物科学	1	549	549	77083	1	
动物医学	1	583	583	45410	1	
04专业组(化学或生物)	7	575	553	73153	7	
农学	1	575	575	52350	1	
植物保护	1	553	553	73153	1	
林学	2	573	562	64501	2	

— 209 —

院校、专业组、专业名称	录取数	最高分	最低分	最低分位次	平行志愿	征求志愿
园艺	1	566	566	60725	1	
设施农业科学与工程	1	553	553	73153	1	
茶学	1	558	558	68331	1	
05专业组(化学或生物)(中外合作办学)	**3**	**542**	**535**	**91099**	**3**	
林学(中外合作办学)	3	542	535	91099	3	
2216 浙江中医药大学	**21**				**21**	
03专业组(不限)	**1**	**578**	**578**	**49756**	**1**	
医学信息工程	1	578	578	49756	1	
04专业组(化学)	**12**	**593**	**579**	**48832**	**12**	
医学影像学	1	586	586	42828	1	
临床医学	2	593	593	37179	2	
康复治疗学	1	583	583	45410	1	
预防医学	1	581	581	47114	1	
口腔医学	2	593	591	38768	2	
中药学	1	584	584	44516	1	
听力与言语康复学	2	580	579	48832	2	
卫生检验与检疫	1	579	579	48832	1	
医学实验技术	1	580	580	47955	1	
05专业组(化学或生物)	**8**	**622**	**584**	**44516**	**8**	
中医学(5+3一体化)	1	622	622	17335	1	
中医学	3	616	601	31135	3	
护理学	2	597	590	39519	2	
生物科学	2	588	584	44516	2	
2221 宁波大学	**16**				**16**	
01专业组(不限)	**11**	**610**	**602**	**30377**	**11**	
微电子科学与工程	2	610	606	27545	2	
物理学	2	604	602	30377	2	
数学类(含师范)	1	604	604	28962	1	
智能制造工程	1	606	606	27545	1	
电子信息类	2	608	607	26858	2	
土木工程	2	603	603	29716	2	
物理学(师范)	1	604	604	28962	1	
02专业组(化学)	**5**	**616**	**603**	**29716**	**5**	
材料科学与工程	1	606	606	27545	1	
化学	1	610	610	24841	1	
临床医学	1	616	616	20903	1	
口腔医学	2	612	603	29716	2	
2222 宁波工程学院	**45**				**45**	
01专业组(不限)	**29**	**545**	**530**	**96124**	**29**	
电子信息工程	2	545	540	85962	2	
电子科学与技术	2	538	538	87986	2	
土木工程	4	533	530	96124	4	
机械设计制造及其自动化	3	538	536	90081	3	
材料成型及控制工程	4	531	530	96124	4	
车辆工程	2	533	533	93122	2	
材料科学与工程	3	534	530	96124	3	
数据科学与大数据技术	2	539	534	92079	2	
机器人工程	3	537	532	94094	3	
人工智能	2	534	533	93122	2	
网络空间安全	2	538	538	87986	2	
02专业组(不限)(中外合作办学)	**6**	**526**	**517**	**109393**	**6**	
信息与计算科学(中外合作办学)	4	524	517	109393	4	
机械设计制造及其自动化(中外合作办学)	2	526	521	105373	2	
03专业组(不限)	**4**	**527**	**525**	**101269**	**4**	
物流工程	2	526	525	101269	2	
日语	2	527	525	101269	2	
04专业组(化学)	**6**	**534**	**516**	**110349**	**6**	
交通工程	2	528	520	106376	2	
化学工程与工艺	4	534	516	110349	4	
2223 绍兴文理学院	**25**				**25**	
02专业组(化学)	**25**	**530**	**496**	**130482**	**25**	
医学检验技术	5	530	511	115420	5	
康复治疗学	5	517	505	121517	5	
应用化学	5	508	496	130482	5	
纺织工程	5	505	499	127539	5	
轻化工程	5	504	496	130482	5	
2228 温州大学	**19**				**19**	
02专业组(不限)	**14**	**560**	**551**	**75103**	**14**	
金融工程	1	559	559	67392	1	
机械工程	2	560	560	66452	2	
智能制造工程	2	560	556	70201	2	
建筑学	1	559	559	67392	1	
土木工程	6	555	551	75103	6	
城市地下空间工程	2	555	552	74112	2	
03专业组(不限)(中外合作办学)	**5**	**549**	**539**	**86937**	**5**	
机械工程(中外合作办学)	5	549	539	86937	5	
2231 嘉兴学院	**96**				**95**	**1**
02专业组(不限)	**32**	**558**	**534**	**92079**	**32**	
信息管理与信息系统	3	548	544	81927	3	
机器人工程	5	558	541	84968	5	
车辆工程	5	546	538	87986	5	
材料成型及控制工程	4	538	536	90081	4	
土木工程	5	538	534	92079	5	
工程管理	5	542	534	92079	5	
工业设计	5	540	537	89032	5	
03专业组(化学)	**31**	**531**	**512**	**114463**	**31**	
应用化学	9	529	516	110349	9	
高分子材料与工程	5	531	521	105373	5	
轻化工程	5	518	514	112372	5	
非织造材料与工程	5	522	513	113413	5	
纺织工程	5	515	512	114463	5	
服装设计与工程	2	525	513	113413	2	
04专业组(化学或生物)	**33**	**588**	**539**	**86937**	**32**	**1**

院校、专业组、专业名称	录取数	最高分	最低分	最低分位次	平行志愿	征求志愿
临床医学	9	588	567	59799	9	
药学	5	553	546	79957	5	
麻醉学	3	583	561	65452	3	
生物工程	4	551	541	84968	4	
制药工程	6	545	541	84968	6	
化学工程与工艺	6	564	539	86937	5	1
2240 浙江外国语学院	**22**				**22**	
03专业组(不限)	**20**	**563**	**524**	**102241**	**20**	
英语(师范)	2	563	551	75103	2	
商务英语	2	549	545	80935	2	
阿拉伯语	2	563	524	102241	2	
德语	2	544	526	100234	2	
旅游管理(全英教学)	2	545	533	93122	2	
旅游管理	2	537	531	95098	2	
金融工程	2	548	541	84968	2	
计算机科学与技术	2	551	548	78085	2	
跨境电子商务	2	553	547	78999	2	
国际经济与贸易	2	549	544	81927	2	
04专业组(不限)(中外合作办学)	**2**	**518**	**517**	**109393**	**2**	
意大利语(中外合作办学)	2	518	517	109393	2	
2241 温州医科大学	**15**				**15**	
01专业组(化学或生物)	**11**	**632**	**600**	**31866**	**11**	
眼视光医学	2	602	602	30377	2	
临床医学	1	607	607	26858	1	
儿科学	1	602	602	30377	1	
麻醉学	1	605	605	28268	1	
精神医学	1	602	602	30377	1	
基础医学	1	601	601	31135	1	
放射医学	1	600	600	31866	1	
口腔医学	1	632	632	12050	1	
生物医学工程	2	604	600	31866	2	
02专业组(化学或生物)(中外合作办学)	**4**	**631**	**621**	**17908**	**4**	
临床医学(中外合作办学)	4	631	621	17908	4	
2242 浙江大学医学院	**17**				**17**	
01专业组(化学或生物)	**17**	**678**	**670**	**1049**	**17**	
临床医学(5+3一体化)	7	678	671	948	7	
口腔医学(5+3一体化)	5	677	671	948	5	
医学试验班类(临床医学、口腔医学)	5	670	670	1049	5	
2245 宁波诺丁汉大学	**30**				**30**	
03专业组(不限)(中外合作办学)	**24**	**635**	**602**	**30377**	**24**	
计算机科学与技术(中外合作办学)(第三学年起在英国诺丁汉大学学习)	2	635	627	14617	2	
计算机科学与技术(中外合作办学)	5	621	607	26858	5	

院校、专业组、专业名称	录取数	最高分	最低分	最低分位次	平行志愿	征求志愿
数学与应用数学(中外合作办学)(第三学年起在英国诺丁汉大学学习)	1	615	615	21590	1	
数学与应用数学(中外合作办学)	2	610	604	28962	2	
环境科学(中外合作办学)	1	602	602	30377	1	
建筑学(中外合作办学)	1	602	602	30377	1	
电气类(中外合作办学)(含电气工程及其自动化等8个专业)	9	614	603	29716	9	
电气类(中外合作办学)(含电气工程及其自动化等8个专业)(第三学年起在英国诺丁汉大学学习)	3	610	605	28268	3	
04专业组(不限)(中外合作办学)	**6**	**620**	**599**	**32622**	**6**	
国际商务(中外合作办学)	2	602	599	32622	2	
财务管理(中外合作办学)	2	620	609	25496	2	
经济学(中外合作办学)	2	600	600	31866	2	
2248 温州肯恩大学	**17**				**17**	
02专业组(不限)(中外合作办学)	**17**	**552**	**545**	**80935**	**17**	
经济学(中外合作办学)	1	547	547	78999	1	
金融学(中外合作办学)	2	548	547	78999	2	
会计学(中外合作办学)	2	552	549	77083	2	
心理学(中外合作办学)	1	545	545	80935	1	
传播学(中外合作办学)	1	550	550	76117	1	
管理科学(中外合作办学)	2	548	546	79957	2	
数学与应用数学(中外合作办学)	2	548	547	78999	2	
计算机科学与技术(中外合作办学)	5	551	548	78085	5	
环境科学(中外合作办学)	1	546	546	79957	1	
2249 浙大城市学院	**64**				**64**	
02专业组(不限)	**64**	**573**	**542**	**83978**	**64**	
计算机科学与技术	5	571	556	70201	5	
软件工程	5	573	555	71148	5	
电子信息工程	4	553	550	76117	4	
自动化	8	555	550	76117	8	
人工智能	3	555	551	75103	3	
土木工程	6	543	542	83978	6	
机械电子工程	6	548	544	81927	6	
智能制造工程	4	550	547	78999	4	
建筑学	5	563	542	83978	5	
英语	4	548	546	79957	4	
德语	2	546	544	81927	2	
金融学	3	551	548	78085	3	
财务管理	3	547	544	81927	3	
广告学	2	552	550	76117	2	
汉语言文学	1	548	548	78085	1	

院校、专业组、专业名称	录取数	最高分	最低分	最低分位次	平行志愿	征求志愿
法学	3	569	556	70201	3	
2250 浙大宁波理工学院	**102**				**101**	**1**
02专业组(不限)	**102**	**564**	**531**	**95098**	**101**	**1**
材料科学与工程	6	537	532	94094	6	
高分子材料与工程	6	537	532	94094	5	1
机械设计制造及其自动化	12	547	537	89032	12	
智能制造工程	3	537	536	90081	3	
能源与环境系统工程	2	538	537	89032	2	
电气工程及其自动化	5	544	540	85962	5	
电子信息工程	6	556	540	85962	6	
自动化	3	548	540	85962	3	
信息与计算科学	3	540	538	87986	3	
计算机科学与技术	11	564	540	85962	11	
数据科学与大数据技术	4	549	539	86937	4	
土木工程	11	547	531	95098	11	
智能建造	5	539	532	94094	5	
化学工程与工艺	9	534	531	95098	9	
生物工程	4	536	535	91099	4	
工业设计	5	538	532	94094	5	
智能交互设计	4	547	534	92079	4	
建筑学	3	536	533	93122	3	
2251 浙江海洋大学	**66**				**66**	
03专业组(不限)	**31**	**559**	**551**	**75103**	**31**	
智慧海洋技术	3	559	552	74112	3	
水产养殖学	3	551	551	75103	3	
海洋渔业科学与技术	2	556	551	75103	2	
水族科学与技术	2	551	551	75103	2	
船舶与海洋工程	3	558	553	73153	3	
交通管理	2	551	551	75103	2	
机械设计制造及其自动化	2	556	552	74112	2	
港口航道与海岸工程	4	552	551	75103	4	
数据科学与大数据技术	2	553	552	74112	2	
计算机科学与技术	2	553	553	73153	2	
电子信息工程	2	554	553	73153	2	
数学与应用数学(师范)	2	555	553	73153	2	
物理学(师范)	2	554	552	74112	2	
04专业组(不限)(中外合作办学)	**3**	**538**	**533**	**93122**	**3**	
船舶与海洋工程(中外合作办学)	3	538	533	93122	3	
05专业组(不限)	**2**	**540**	**540**	**85962**	**2**	
护理学	2	540	540	85962	2	
06专业组(化学)	**14**	**546**	**535**	**91099**	**14**	
轮机工程(船机修造)	2	546	540	85962	2	
油气储运工程	3	539	538	87986	3	
海洋油气工程	2	538	538	87986	2	
化学工程与工艺	3	536	535	91099	3	
安全工程	4	539	536	90081	4	
07专业组(化学或生物)	**16**	**559**	**542**	**83978**	**16**	
海洋科学	4	559	547	78999	4	
生物科学	2	546	545	80935	2	
海洋资源与环境	4	550	543	82963	4	
食品科学与工程	2	543	542	83978	2	
药学	2	544	542	83978	2	
环境科学与工程	2	543	542	83978	2	
2261 湖州师范学院	**35**				**34**	**1**
02专业组(不限)	**27**	**548**	**528**	**98180**	**26**	**1**
数学与应用数学(师范)	2	541	540	85962	2	
科学教育(师范)	2	548	546	79957	2	
计算机科学与技术	2	545	542	83978	2	
物联网工程	2	540	536	90081	2	
电子信息工程	4	540	533	93122	4	
电气工程及其自动化	3	540	531	95098	3	
生物工程	2	530	530	96124	2	
制药工程	4	545	529	97145	3	1
水产养殖学	2	529	528	98180	2	
机械设计制造及其自动化	2	531	530	96124	2	
新能源材料与器件	2	534	530	96124	2	
03专业组(不限)	**4**	**537**	**532**	**94094**	**4**	
知识产权	1	532	532	94094	1	
日语	1	533	533	93122	1	
护理学	2	537	534	92079	2	
04专业组(化学或生物)	**4**	**583**	**569**	**57929**	**4**	
临床医学	2	583	576	51456	2	
生物科学(师范)	2	574	569	57929	2	
2268 丽水学院	**53**				**51**	**2**
03专业组(不限)	**28**	**539**	**518**	**108392**	**28**	
数学与应用数学(师范)	2	529	526	100234	2	
物理学	4	521	519	107387	4	
机械设计制造及其自动化	3	529	520	106376	3	
电子信息工程	3	523	520	106376	3	
自动化	2	522	521	105373	2	
计算机科学与技术	4	539	523	103299	4	
数字媒体技术	3	530	523	103299	3	
土木工程	4	519	518	108392	4	
工业设计	3	520	519	107387	3	
04专业组(不限)	**9**	**524**	**512**	**114463**	**9**	
护理学	2	524	522	104328	2	
国际经济与贸易	3	518	514	112372	3	
电子商务	2	516	512	114463	2	
旅游管理	2	513	512	114463	2	
05专业组(化学)	**4**	**526**	**506**	**120487**	**4**	
化学工程与工艺	2	506	506	120487	2	
康复治疗学	2	526	506	120487	2	
06专业组(化学或生物)	**12**	**540**	**482**	**143883**	**10**	**2**
生态学	2	521	520	106376	2	
环境工程	2	487	482	143883		2
生物制药	2	540	529	97145	2	

院校、专业组、专业名称	录取数	最高分	最低分	最低分位次	平行志愿	征求志愿
园艺	2	527	524	102241	2	
口腔医学	2	540	537	89032	2	
临床医学	2	530	530	96124	2	
2272 浙江水利水电学院	**50**				**50**	
01专业组(不限)	**46**	**555**	**536**	**90081**	**46**	
水利水电工程	5	555	546	79957	5	
农业水利工程	4	543	542	83978	4	
水文与水资源工程	3	542	538	87986	3	
港口航道与海岸工程	6	542	536	90081	6	
测绘工程	3	539	537	89032	3	
给排水科学与工程	3	541	537	89032	3	
土木工程	3	540	536	90081	3	
工程管理	3	545	538	87986	3	
建筑环境与能源应用工程	3	538	537	89032	3	
电气工程及其自动化	5	549	544	81927	5	
软件工程	4	548	543	82963	4	
数字媒体技术	2	542	540	85962	2	
人工智能	2	543	542	83978	2	
02专业组(化学或地理)	**4**	**545**	**544**	**81927**	**4**	
地理信息科学	4	545	544	81927	4	
2275 湖州学院	**63**				**63**	
02专业组(不限)	**63**	**531**	**515**	**111340**	**63**	
新能源材料与器件	8	519	515	111340	8	
机械设计制造及其自动化	8	524	517	109393	8	
电气工程及其自动化	10	527	518	108392	10	
新能源汽车工程	5	528	516	110349	5	
计算机科学与技术	5	531	522	104328	5	
电子信息工程	11	521	517	109393	11	
软件工程	7	524	517	109393	7	
光电信息科学与工程	9	517	516	110349	9	
2276 温州理工学院	**60**				**60**	
01专业组(不限)	**60**	**539**	**520**	**106376**	**60**	
工商管理	3	526	523	103299	3	
金融科技	4	525	520	106376	4	
国际经济与贸易	5	524	520	106376	5	
数学与应用数学	3	539	526	100234	3	
计算机科学与技术	4	539	529	97145	4	
软件工程	4	529	526	100234	4	
机器人工程	6	535	525	101269	6	
机械工程	5	526	525	101269	5	
电子信息工程	3	529	529	97145	3	
建筑环境与能源应用工程	5	526	521	105373	5	
建筑学	5	524	521	105373	5	
创业管理	5	523	520	106376	5	
土木工程	8	527	520	106376	8	
2277 嘉兴南湖学院	**76**				**76**	
02专业组(不限)	**73**	**542**	**516**	**110349**	**73**	
法学	2	542	534	92079	2	
会计学	2	532	528	98180	2	

院校、专业组、专业名称	录取数	最高分	最低分	最低分位次	平行志愿	征求志愿
智能制造工程	6	524	519	107387	6	
电气工程及其自动化	4	532	524	102241	4	
机械设计制造及其自动化	8	524	520	106376	8	
自动化	2	527	525	101269	2	
计算机科学与技术	2	528	527	99221	2	
大数据管理与应用	3	527	523	103299	3	
电子信息工程	2	528	526	100234	2	
网络工程	2	523	523	103299	2	
工业设计	2	523	518	108392	2	
土木工程	6	522	516	110349	6	
工程管理	6	522	517	109393	6	
工程造价	6	519	518	108392	6	
化学工程与工艺	6	518	517	109393	6	
生物工程	4	527	517	109393	4	
环境工程	4	522	516	110349	4	
高分子材料与工程	6	520	516	110349	6	
03专业组(化学)	**3**	**509**	**492**	**134437**	**3**	
纺织工程	3	509	492	134437	3	
2301 中国科学技术大学	**40**				**40**	
01专业组(不限)	**30**	**685**	**674**	**689**	**30**	
数学类(数学与应用数学、信息与计算科学)	2	676	675	625	2	
物理学类(含物理学、应用物理学、量子信息科学等5个专业)	4	677	675	625	4	
空间科学与技术	1	674	674	689	1	
理科试验班类[数学类(华罗庚数学科技英才班)、物理学类(严济慈物理科技英才班)、地球物理学类(赵九章现代地球和空间科技英才班)]	3	680	679	376	3	
计算机类(计算机科学与技术)	2	675	675	625	2	
电子信息类(含通信工程、电子科学与技术、人工智能等6个专业)	9	675	674	689	9	
工科试验班(理论与应用力学、机械设计制造及其自动化、能源与动力工程、安全工程)	3	675	674	689	3	
工科试验班[计算机类(华夏计算机科技英才班)、电子信息类(信息科技英才班)、电子信息类(网络空间科技英才班)、电子信息类(集成电路科技英才班)、力学类(钱学森力学科技英才班)]	5	685	676	558	5	
理科试验班类[统计学(统计与大数据技术)]	1	674	674	689	1	

院校、专业组、专业名称	录取数	最高分	最低分	最低分位次	平行志愿	征求志愿
02专业组(化学)	**10**	**678**	**673**	**763**	**10**	
化学类(化学)	4	674	673	763	4	
材料类(材料物理、材料化学、高分子材料与工程)	3	673	673	763	3	
生物科学类(含生物科学、生物技术等3个专业)	1	673	673	763	1	
理科试验班[化学类(卢嘉锡化学科技英才班)、生物科学类(贝时璋生命科技英才班)]	2	678	677	494	2	
2302 合肥工业大学	**256**				**255**	**1**
03专业组(不限)	**252**	**638**	**612**	**23568**	**251**	**1**
自动化	13	631	629	13587	13	
机器人工程	7	631	627	14617	7	
电气工程及其自动化	16	638	631	12572	16	
电子科学与技术	8	637	630	13101	8	
微电子科学与工程	8	632	631	12572	8	
集成电路设计与集成系统	8	635	630	13101	8	
应用物理学	6	628	616	20903	6	
信息管理与信息系统	6	630	624	16213	6	
电子商务	4	630	627	14617	4	
大数据管理与应用	4	631	629	13587	4	
工商管理类	4	627	613	22857	4	
机械类(智能制造)	40	628	614	22200	40	
工业工程	6	626	614	22200	6	
计算机科学与技术	10	638	634	11118	10	
电子信息工程	12	633	630	13101	12	
通信工程	6	631	630	13101	6	
物联网工程	7	632	626	15133	7	
建筑学	4	623	615	21590	4	
城乡规划	4	621	614	22200	4	
风景园林	3	620	619	19103	3	
工业设计	2	618	613	22857	2	
经济学	4	618	613	22857	4	
金融工程	8	614	612	23568	8	
车辆工程	10	629	622	17335	10	
能源与动力工程	4	629	627	14617	4	
新能源科学与工程	2	629	623	16748	2	
智能车辆工程	2	630	628	14097	2	
软件工程	12	638	632	12050	12	
信息与计算科学	4	628	626	15133	4	
数学与应用数学	4	629	627	14617	4	
统计学	2	627	614	22200	2	
智能建造	3	617	612	23568	3	
仪器类(智能感知)	16	629	612	23568	15	1
集成电路设计与集成系统(创新实验班)	3	637	635	10612	3	
04专业组(化学)	**4**	**632**	**620**	**18503**	**4**	
智慧交通	4	632	620	18503	4	
2303 安徽大学	**64**				**64**	
02专业组(不限)	**36**	**629**	**612**	**23568**	**36**	
数学类	2	619	615	21590	2	
光电信息科学与工程	3	618	615	21590	3	
网络工程	2	619	618	19695	2	
电子信息工程	2	627	619	19103	2	
自动化	2	618	616	20903	2	
机械设计制造及其自动化	2	619	614	22200	2	
机器人工程	4	621	614	22200	4	
集成电路设计与集成系统	3	627	614	22200	3	
统计学	2	615	615	21590	2	
数据科学与大数据技术	3	618	616	20903	3	
生物工程类	3	613	612	23568	3	
经济学	2	613	612	23568	2	
工商管理类	2	612	612	23568	2	
英语	2	613	612	23568	2	
计算机科学与技术	2	629	624	16213	2	
03专业组(不限)(中外合作办学)	**28**	**603**	**585**	**43657**	**28**	
应用物理学(中外合作办学)	10	590	585	43657	10	
应用统计学(中外合作办学)	9	603	586	42828	9	
数字媒体技术(中外合作办学)	9	601	589	40322	9	
2304 安徽医科大学	**23**				**23**	
01专业组(化学或生物)	**6**	**600**	**584**	**44516**	**6**	
预防医学	2	600	588	41159	2	
妇幼保健医学	4	590	584	44516	4	
02专业组(化学和生物)	**17**	**627**	**594**	**36407**	**17**	
临床医学	8	627	601	31135	8	
麻醉学	4	611	600	31866	4	
药学	5	599	594	36407	5	
2305 安徽建筑大学	**108**				**107**	**1**
02专业组(不限)	**83**	**562**	**534**	**92079**	**82**	**1**
土木工程	2	555	551	75103	2	
城市地下空间工程	2	545	543	82963	2	
道路桥梁与渡河工程	2	550	541	84968	2	
测绘工程	2	549	542	83978	2	
地质工程	2	548	548	78085	2	
勘查技术与工程	2	547	545	80935	2	
安全工程	3	547	545	80935	3	
建筑学	3	549	545	80935	3	
城乡规划	1	546	546	79957	1	
风景园林	3	545	545	80935	3	
能源与动力工程	2	548	548	78085	2	
建筑环境与能源应用工程	2	552	552	74112	2	
经济学	2	548	544	81927	2	
金融工程	1	544	544	81927	1	
工程管理	2	548	546	79957	2	
房地产开发与管理	3	543	542	83978	3	
工程造价	2	546	544	81927	2	

2023年普通类(物理等科目类)本科院校

院校、专业组、专业名称	录取数	最高分	最低分	最低分位次	平行志愿	征求志愿
财务管理	2	550	548	78085	2	
资产评估	2	542	542	83978	2	
电子信息工程	2	559	556	70201	2	
通信工程	3	562	555	71148	3	
计算机科学与技术	2	559	557	69274	2	
网络工程	2	553	551	75103	2	
物联网工程	2	556	554	72168	2	
建筑电气与智能化	2	549	549	77083	2	
应用物理学	2	550	545	80935	2	
声学	5	554	543	82963	5	
统计学	2	542	541	84968	2	
机械设计制造及其自动化	3	551	550	76117	3	
机械电子工程	2	551	550	76117	2	
工业设计	3	549	546	79957	3	
过程装备与控制工程	2	548	544	81927	2	
测控技术与仪器	3	550	547	78999	3	
电气工程及其自动化	3	556	553	73153	3	
法学	1	552	552	74112	1	
土地资源管理	2	545	542	83978	2	
城市管理	2	542	534	92079	1	1
03专业组(化学)	16	540	534	92079	16	
交通工程	2	537	536	90081	2	
应用化学	3	539	534	92079	3	
金属材料工程	3	540	534	92079	3	
无机非金属材料工程	2	538	536	90081	2	
高分子材料与工程	3	540	539	86937	3	
化学工程与工艺	3	538	534	92079	3	
04专业组(化学或生物)	5	547	539	86937	5	
环境工程	3	547	539	86937	3	
环境生态工程	2	539	539	86937	2	
05专业组(地理)	4	553	546	79957	4	
地理信息科学	4	553	546	79957	4	
2306 安徽农业大学	54				54	
04专业组(不限)	9	588	559	67392	9	
数据科学与大数据技术	2	561	560	66452	2	
应用统计学	2	560	559	67392	2	
农业机械化及其自动化	2	559	559	67392	2	
计算机科学与技术	1	570	570	56969	1	
智能科学与技术	2	588	563	63654	2	
05专业组(不限)	7	557	541	84968	7	
城乡规划	1	543	543	82963	1	
园林	1	544	544	81927	1	
工商管理类	2	547	541	84968	2	
经济学	1	557	557	69274	1	
电子商务	2	542	541	84968	2	
06专业组(不限)	2	551	548	78085	2	
地理空间信息工程	2	551	548	78085	2	
07专业组(化学)	2	553	550	76117	2	
茶学	2	553	550	76117	2	
08专业组(化学或生物)	33	567	542	83978	33	
农学	2	563	551	75103	2	
种子科学与工程	2	549	547	78999	2	
植物保护	2	556	544	81927	2	
智慧农业	2	552	551	75103	2	
园艺	2	548	546	79957	2	
林学	1	550	550	76117	1	
动物科学	3	563	546	79957	3	
动物医学	3	567	565	61774	3	
水产养殖学	2	543	542	83978	2	
生物制药	2	549	546	79957	2	
生态学	2	547	544	81927	2	
环境科学与工程类	4	546	542	83978	4	
农业资源与环境	1	543	543	82963	1	
生物科学类	5	547	542	83978	5	
09专业组(化学和生物)	1	528	528	98180	1	
食品卫生与营养学	1	528	528	98180	1	
2307 安徽中医药大学	16				16	
03专业组(不限)	7	558	535	91099	7	
信息管理与信息系统	2	549	537	89032	2	
应用心理学	2	558	548	78085	2	
护理学	3	556	535	91099	3	
04专业组(化学或生物)	9	587	576	51456	9	
中医学	2	587	583	45410	2	
针灸推拿学	2	579	579	48832	2	
中医康复学	2	578	576	51456	2	
中西医临床医学	3	582	578	49756	3	
2308 安徽工程大学	60				60	
01专业组(不限)	28	550	534	92079	28	
材料科学与工程	5	543	538	87986	5	
材料成型及控制工程	2	540	540	85962	2	
工商管理	3	550	538	87986	3	
建筑学	5	541	536	90081	5	
土木工程	11	545	534	92079	11	
给排水科学与工程	2	541	535	91099	2	
02专业组(化学)	32	540	528	98180	32	
食品科学与工程	1	540	540	85962	1	
生物制药	19	536	528	98180	19	
应用化学	7	532	529	97145	7	
化学工程与工艺	5	539	530	96124	5	
2309 安徽师范大学	61				61	
04专业组(不限)	45	581	546	79957	45	
法学	2	565	565	61774	2	
社会工作	2	557	552	74112	2	
经济学	2	561	559	67392	2	
数字经济	2	558	546	79957	2	
金融工程	2	564	554	72168	2	
会计学	2	580	547	78999	2	
财务管理	2	556	556	70201	2	

院校、专业组、专业名称	录取数	最高分	最低分	最低分位次	平行志愿	征求志愿
教育技术学(师范)	3	575	554	72168	3	
学前教育(师范)	2	557	552	74112	2	
心理学(师范)	2	548	546	79957	2	
数学与应用数学(师范)	2	581	574	53221	2	
统计学	2	554	548	78085	2	
人工智能	3	569	558	68331	3	
计算机科学与技术	2	578	574	53221	2	
软件工程	2	574	571	56021	2	
物联网工程	2	563	562	64501	2	
网络空间安全	2	562	560	66452	2	
土地资源管理	2	554	551	75103	2	
旅游管理	1	554	554	72168	1	
食品科学与工程	2	563	551	75103	2	
环境工程	2	550	550	76117	2	
环境科学	2	548	546	79957	2	
05专业组(化学)	**4**	**578**	**567**	**59799**	**4**	
数据科学与大数据技术	2	578	574	53221	2	
新能源材料与器件	2	570	567	59799	2	
06专业组(化学或生物)	**7**	**592**	**558**	**68331**	**7**	
生物科学(师范)	2	592	584	44516	2	
生物技术	2	579	569	57929	2	
生态学	3	567	558	68331	3	
07专业组(化学或地理)	**5**	**597**	**590**	**39519**	**5**	
地理科学(师范)	3	597	592	37932	3	
地理信息科学	2	596	590	39519	2	
2310 安徽科技学院	**52**				**52**	
01专业组(不限)	**13**	**527**	**516**	**110349**	**13**	
金融工程	2	520	518	108392	2	
建筑电气与智能化	2	527	526	100234	2	
物流管理	3	522	517	109393	3	
城乡规划	2	517	516	110349	2	
建筑学	2	519	519	107387	2	
土木工程	1	516	516	110349	1	
网络工程	1	527	527	99221	1	
02专业组(化学)	**12**	**536**	**500**	**126589**	**12**	
材料科学与工程	2	536	515	111340	2	
新能源材料与器件	1	514	514	112372	1	
工业设计	1	506	506	120487	1	
农业智能装备工程	1	502	502	124506	1	
食品科学与工程	4	504	501	125542	4	
食品质量与安全	3	504	500	126589	3	
03专业组(化学或生物)	**23**	**521**	**505**	**121517**	**23**	
质量管理工程	3	510	506	120487	3	
智慧农业	3	514	505	121517	3	
生物工程	4	521	508	118485	4	
中药学	5	520	516	110349	5	
药物制剂	4	515	511	115420	4	
生物制药	4	515	508	118485	4	
04专业组(化学或地理)	**4**	**527**	**510**	**116464**	**4**	
地理信息科学	4	527	510	116464	4	
2321 安徽财经大学	**75**				**74**	**1**
03专业组(不限)	**37**	**581**	**518**	**108392**	**36**	**1**
金融学	2	565	564	62693	2	
会计学	2	581	577	50595	2	
财务管理	2	572	572	55138	2	
审计学	2	579	574	53221	2	
国际商务	4	551	518	108392	3	1
资产评估	2	568	566	60725	2	
物流管理	3	554	551	75103	3	
财政学类	2	573	571	56021	2	
金融学类	3	569	555	71148	3	
经济与贸易类	3	559	551	75103	3	
公共管理类	4	559	549	77083	4	
工商管理类	2	565	564	62693	2	
经济学类	3	571	562	64501	3	
供应链管理	3	570	552	74112	3	
04专业组(不限)	**29**	**568**	**551**	**75103**	**29**	
经济统计学	3	561	555	71148	3	
数学与应用数学	4	555	552	74112	4	
数据科学与大数据技术	3	555	554	72168	3	
电子信息类	5	555	553	73153	5	
计算机类	6	557	556	70201	6	
管理科学与工程类	6	553	551	75103	6	
统计学	2	568	562	64501	2	
05专业组(不限)	**7**	**566**	**548**	**78085**	**7**	
法学	2	566	566	60725	2	
新闻传播学类	3	554	550	76117	3	
商务英语	2	549	548	78085	2	
06专业组(不限)(中外合作办学)	**2**	**553**	**546**	**79957**	**2**	
应用统计学(中外合作办学)	2	553	546	79957	2	
2327 合肥学院	**21**				**21**	
02专业组(不限)	**13**	**553**	**541**	**84968**	**13**	
机械设计制造及其自动化	2	546	543	82963	2	
车辆工程	2	543	542	83978	2	
智能制造工程	2	545	544	81927	2	
数学与应用数学(师范)	2	542	541	84968	2	
应用统计学	2	542	542	83978	2	
软件工程	3	553	546	79957	3	
03专业组(化学)	**4**	**536**	**521**	**105373**	**4**	
交通工程	2	536	522	104328	2	
食品科学与工程	2	526	521	105373	2	
04专业组(化学或生物)	**4**	**540**	**526**	**100234**	**4**	
生物工程	2	540	532	94094	2	
经济工程	2	531	526	100234	2	
2331 阜阳师范大学	**15**				**15**	
03专业组(不限)	**15**	**539**	**523**	**103299**	**15**	
信息工程	3	539	525	101269	3	

院校、专业组、专业名称	录取数	最高分	最低分	最低分位次	平行志愿	征求志愿
电子商务	3	525	523	103299	3	
经济统计学	3	524	523	103299	3	
金融工程	3	528	524	102241	3	
应用心理学	3	526	524	102241	3	
2332 蚌埠医学院	**26**				**26**	
03专业组(不限)	**3**	**557**	**547**	**78999**	**3**	
护理学	3	557	547	78999	3	
04专业组(化学)	**3**	**563**	**555**	**71148**	**3**	
医学检验技术	3	563	555	71148	3	
05专业组(化学或生物)	**20**	**597**	**586**	**42828**	**20**	
生物科学	5	588	586	42828	5	
临床医学	10	597	589	40322	10	
医学影像学	5	589	588	41159	5	
2341 安徽理工大学	**115**				**115**	
01专业组(不限)	**79**	**573**	**544**	**81927**	**79**	
数学与应用数学	2	560	556	70201	2	
应用物理学	2	566	556	70201	2	
应用统计学	2	558	556	70201	2	
工程力学	2	553	551	75103	2	
机械设计制造及其自动化	2	566	558	68331	2	
过程装备与控制工程	2	552	549	77083	2	
测控技术与仪器	2	557	555	71148	2	
新能源科学与工程	4	570	555	71148	4	
光电信息科学与工程	2	571	561	65452	2	
信息安全	2	566	561	65452	2	
土木工程	6	559	545	80935	6	
建筑环境与能源应用工程	2	549	545	80935	2	
智能建造	4	554	553	73153	4	
水文与水资源工程	2	547	547	78999	2	
遥感科学与技术	3	554	549	77083	3	
导航工程	4	549	545	80935	4	
地理空间信息工程	3	557	546	79957	3	
地质工程	2	553	553	73153	2	
勘查技术与工程	2	546	546	79957	2	
采矿工程	2	556	550	76117	2	
矿物加工工程	5	552	546	79957	5	
环境工程	4	553	545	80935	4	
建筑学	4	555	549	77083	4	
安全工程	2	573	556	70201	2	
职业卫生工程	3	549	547	78999	3	
消防工程	3	552	546	79957	3	
护理学	4	560	544	81927	4	
市场营销	2	555	549	77083	2	
02专业组(不限)	**6**	**550**	**540**	**85962**	**6**	
金融学	2	540	540	85962	2	
人力资源管理	2	550	545	80935	2	
电子商务	2	544	541	84968	2	
03专业组(不限)(中外合作办学)	**4**	**551**	**542**	**83978**	**4**	
机械电子工程(中外合作办学)	4	551	542	83978	4	
04专业组(化学)	**22**	**552**	**541**	**84968**	**22**	
无机非金属材料工程	4	541	541	84968	4	
高分子材料与工程	6	552	541	84968	6	
智能材料与结构	2	545	542	83978	2	
化学工程与工艺	2	552	545	80935	2	
制药工程	2	550	548	78085	2	
能源化学工程	2	550	542	83978	2	
交通工程	2	550	547	78999	2	
弹药工程与爆炸技术	2	552	551	75103	2	
05专业组(化学或生物)	**2**	**576**	**572**	**55138**	**2**	
预防医学	2	576	572	55138	2	
06专业组(化学和生物)	**2**	**592**	**591**	**38768**	**2**	
临床医学	2	592	591	38768	2	
2342 宿州学院	**36**				**36**	
02专业组(不限)	**24**	**510**	**494**	**132434**	**24**	
过程装备与控制工程	4	496	495	131453	4	
环境工程	3	496	494	132434	3	
机械设计制造及其自动化	5	505	497	129553	5	
物流工程	4	497	496	130482	4	
计算机科学与技术	5	510	497	129553	5	
土木工程	3	500	496	130482	3	
03专业组(化学)	**4**	**505**	**489**	**137355**	**4**	
化学工程与工艺	4	505	489	137355	4	
04专业组(化学或生物)	**4**	**505**	**499**	**127539**	**4**	
生物技术	4	505	499	127539	4	
05专业组(化学或地理)	**4**	**521**	**516**	**110349**	**4**	
地理科学(师范)	4	521	516	110349	4	
2347 蚌埠学院	**2**				**2**	
01专业组(不限)	**2**	**532**	**529**	**97145**	**2**	
计算机科学与技术	2	532	529	97145	2	
2348 池州学院	**6**				**6**	
02专业组(不限)	**6**	**514**	**499**	**127539**	**6**	
数学与应用数学(师范)	2	514	504	122564	2	
计算机科学与技术	2	510	508	118485	2	
市场营销	2	505	499	127539	2	
2349 皖南医学院	**55**				**54**	**1**
01专业组(化学)	**6**	**547**	**535**	**91099**	**6**	
药学	2	542	537	89032	2	
医学检验技术	2	547	540	85962	2	
卫生检验与检疫	2	536	535	91099	2	
02专业组(化学或生物)	**49**	**611**	**541**	**84968**	**48**	**1**
临床医学	16	598	582	46258	16	
麻醉学	7	591	579	48832	7	
医学影像学	6	586	564	62693	6	
口腔医学	8	611	590	39519	8	
预防医学	2	577	557	69274	2	
药物制剂	2	559	541	84968	1	1

院校、专业组、专业名称	录取数	最高分	最低分	最低分位次	平行志愿	征求志愿
法医学	6	591	560	66452	6	
护理学	2	574	564	62693	2	
2351 淮北师范大学	**29**				**29**	
05专业组(不限)	**2**	**554**	**540**	**85962**	**2**	
会计学	1	554	554	72168	1	
电子商务	1	540	540	85962	1	
06专业组(化学)	**18**	**570**	**539**	**86937**	**18**	
数学与应用数学(师范)	2	570	563	63654	2	
物理学(师范)	2	556	544	81927	2	
化学(师范)	2	549	544	81927	2	
应用化学	1	540	540	85962	1	
材料科学与工程	1	543	543	82963	1	
材料物理	1	542	542	83978	1	
电子信息工程	1	549	549	77083	1	
通信工程	1	539	539	86937	1	
光电信息科学与工程	1	541	541	84968	1	
计算机科学与技术	1	548	548	78085	1	
网络工程	1	544	544	81927	1	
信息安全	1	541	541	84968	1	
智能科学与技术	1	540	540	85962	1	
数据科学与大数据技术	1	543	543	82963	1	
园艺	1	540	540	85962	1	
07专业组(化学或生物)	**9**	**543**	**534**	**92079**	**9**	
教育技术学(师范)	1	537	537	89032	1	
生物科学(师范)	2	543	540	85962	2	
统计学	1	537	537	89032	1	
环境科学	1	535	535	91099	1	
环境生态工程	1	534	534	92079	1	
生物工程	1	535	535	91099	1	
物流管理	1	535	535	91099	1	
应用心理学(师范)	1	537	537	89032	1	
2356 铜陵学院	**5**				**5**	
02专业组(不限)	**5**	**509**	**500**	**126589**	**5**	
土木工程	5	509	500	126589	5	
2361 安徽工业大学	**67**				**67**	
02专业组(不限)	**55**	**577**	**555**	**71148**	**55**	
材料成型及控制工程	2	564	556	70201	2	
金属材料工程	2	561	560	66452	2	
材料科学与工程	2	559	559	67392	2	
无机非金属材料工程	1	558	558	68331	1	
建筑环境与能源应用工程	1	558	558	68331	1	
建筑学	2	556	556	70201	2	
土木工程	2	557	557	69274	2	
车辆工程	2	573	559	67392	2	
机械设计制造及其自动化	3	566	564	62693	3	
机器人工程	2	561	559	67392	2	
测控技术与仪器	2	558	557	69274	2	
电气工程及其自动化	2	573	571	56021	2	
电子信息工程	2	571	569	57929	2	
通信工程	2	565	564	62693	2	
自动化	2	571	569	57929	2	
集成电路设计与集成系统	2	560	559	67392	2	
人工智能	2	565	564	62693	2	
物联网工程	2	562	560	66452	2	
计算机科学与技术	2	577	573	54146	2	
软件工程	2	571	565	61774	2	
微电子科学与工程	2	561	560	66452	2	
数据科学与大数据技术	2	564	561	65452	2	
工业工程	1	558	558	68331	1	
法学	2	557	556	70201	2	
外国语言文学类(英语、翻译、商务英语)	3	558	556	70201	3	
财务管理	2	564	556	70201	2	
会计学	1	556	556	70201	1	
金融学	1	556	556	70201	1	
互联网金融	2	556	555	71148	2	
03专业组(化学)	**8**	**568**	**551**	**75103**	**8**	
冶金工程	2	557	552	74112	2	
氢能科学与工程	2	555	554	72168	2	
高分子材料与工程	2	568	551	75103	2	
能源与动力工程	2	562	552	74112	2	
04专业组(化学或生物)	**4**	**551**	**544**	**81927**	**4**	
化学工程与工艺	2	549	545	80935	2	
环境工程	2	551	544	81927	2	
2362 淮南师范学院	**33**				**33**	
03专业组(不限)	**27**	**544**	**514**	**112372**	**27**	
数字经济	2	521	519	107387	2	
金融工程	4	517	514	112372	4	
商务英语	2	518	516	110349	2	
数学与应用数学(师范)	2	537	527	99221	2	
物理学(师范)	2	544	525	101269	2	
材料化学	3	518	515	111340	3	
通信工程	2	522	521	105373	2	
人工智能	2	521	521	105373	2	
软件工程	2	525	518	108392	2	
数据科学与大数据技术	2	525	520	106376	2	
食品质量与安全	4	518	514	112372	4	
04专业组(化学)	**2**	**523**	**523**	**103299**	**2**	
化学(师范)	2	523	523	103299	2	
05专业组(化学或生物)	**4**	**521**	**510**	**116464**	**4**	
生物制药	4	521	510	116464	4	
2381 黄山学院	**9**				**9**	
04专业组(思想政治或地理)	**2**	**494**	**494**	**132434**	**2**	
市场营销	2	494	494	132434	2	
05专业组(思想政治或地理)(中外合作办学)	**5**	**485**	**472**	**153185**	**5**	
酒店管理(中外合作办学)	5	485	472	153185	5	
06专业组(思想政治和地理)	**2**	**492**	**489**	**137355**	**2**	

院校、专业组、专业名称	录取数	最高分	最低分	最低分位次	平行志愿	征求志愿
国际经济与贸易	2	492	489	137355	2	
2383 合肥工业大学(宣城校区)	**59**				**59**	
02专业组(不限)	**52**	**627**	**601**	**31135**	**52**	
材料成型及控制工程	4	607	603	29716	4	
新能源材料与器件	3	618	610	24841	3	
电气工程与智能控制	5	627	611	24195	5	
物流管理	5	603	601	31135	5	
机械工程	9	617	603	29716	9	
过程装备与控制工程	5	608	603	29716	5	
计算机科学与技术	5	623	613	22857	5	
电子信息科学与技术	4	622	614	22200	4	
智能科学与技术	4	611	608	26161	4	
信息安全	3	616	609	25496	3	
经济学	3	603	601	31135	3	
城市地下空间工程	2	615	608	26161	2	
03专业组(化学)	**7**	**608**	**595**	**35651**	**7**	
食品营养与健康	7	608	595	35651	7	
2401 福州大学	**58**				**58**	
02专业组(不限)	**43**	**628**	**606**	**27545**	**43**	
电气工程及其自动化	4	625	625	15652	4	
智能电网信息工程	3	624	621	17908	3	
机械设计制造及其自动化	3	621	619	19103	3	
经济统计学	4	614	612	23568	4	
港口航道与海岸工程	3	613	606	27545	3	
会计学	3	616	613	22857	3	
计算机类	3	625	622	17335	3	
数据科学与大数据技术	4	623	619	19103	4	
电子信息类	3	622	620	18503	3	
微电子科学与工程	4	628	615	21590	4	
建筑学	3	615	608	26161	3	
工业设计	3	617	609	25496	3	
高分子材料与工程	3	613	611	24195	3	
03专业组(化学)	**15**	**609**	**597**	**34107**	**15**	
资源循环科学与工程	4	602	597	34107	4	
化学	4	609	600	31866	4	
制药工程	3	599	599	32622	3	
可持续能源	4	603	599	32622	4	
2402 福建农林大学	**19**				**19**	
03专业组(不限)	**7**	**573**	**543**	**82963**	**7**	
动物医学	2	573	551	75103	2	
动物科学	2	548	543	82963	2	
海洋科学	3	545	543	82963	3	
04专业组(不限)(中外合作办学)	**2**	**550**	**537**	**89032**	**2**	
风景园林(中外合作办学)	2	550	537	89032	2	
05专业组(不限)	**2**	**562**	**554**	**72168**	**2**	
风景园林	2	562	554	72168	2	
06专业组(化学或生物)	**4**	**550**	**543**	**82963**	**4**	
智慧农业	4	550	543	82963	4	
07专业组(化学或生物)	**4**	**555**	**546**	**79957**	**4**	
农学	1	550	550	76117	1	
园艺	2	548	546	79957	2	
生物科学类	1	555	555	71148	1	
2405 福建理工大学	**18**				**17**	**1**
01专业组(不限)	**18**	**548**	**529**	**97145**	**17**	**1**
材料成型及控制工程	5	536	530	96124	5	
材料科学与工程	3	530	529	97145	3	
智能制造工程	4	538	535	91099	4	
智能科学与技术	2	548	547	78999	2	
智慧海洋技术	4	536	530	96124	3	1
2406 福建医科大学	**30**				**30**	
01专业组(不限)	**8**	**564**	**540**	**85962**	**8**	
公共事业管理	1	554	554	72168	1	
应用心理学	2	547	546	79957	2	
护理学	3	564	556	70201	3	
助产学	2	553	540	85962	2	
02专业组(化学)	**9**	**556**	**517**	**109393**	**9**	
卫生检验与检疫	2	544	538	87986	2	
医学检验技术	2	556	556	70201	2	
眼视光学	1	553	553	73153	1	
智能医学工程	2	523	517	109393	2	
康复治疗学	2	553	521	105373	2	
03专业组(化学或生物)	**13**	**637**	**589**	**40322**	**13**	
临床医学(5+3一体化)	2	637	630	13101	2	
临床医学	4	629	621	17908	4	
麻醉学	2	614	594	36407	2	
预防医学	2	593	592	37932	2	
药学	1	589	589	40322	1	
生物信息学	2	592	591	38768	2	
2407 福建中医药大学	**10**				**10**	
01专业组(不限)	**2**	**587**	**584**	**44516**	**2**	
中医学	1	587	587	42009	1	
针灸推拿学	1	584	584	44516	1	
02专业组(化学)	**6**	**535**	**526**	**100234**	**6**	
康复物理治疗	2	535	534	92079	2	
康复作业治疗	2	531	527	99221	2	
听力与言语康复学	2	529	526	100234	2	
03专业组(化学或生物)	**2**	**597**	**596**	**34854**	**2**	
中西医临床医学	1	597	597	34107	1	
临床医学	1	596	596	34854	1	
2408 龙岩学院	**8**				**7**	**1**
01专业组(不限)	**8**	**524**	**488**	**138275**	**7**	**1**
数学与应用数学(师范)	2	524	517	109393	2	
物联网工程	2	511	507	119496	2	
材料科学与工程	2	501	488	138275	1	1
运动康复	2	500	493	133442	2	
2409 闽江学院	**14**				**14**	

院校、专业组、专业名称	录取数	最高分	最低分	最低分位次	平行志愿	征求志愿
01专业组(不限)	**14**	**529**	**521**	**105373**	**14**	
会计学	7	529	525	101269	7	
金融学	7	527	521	105373	7	
2410 三明学院	**14**				**14**	
02专业组(不限)	**14**	**515**	**495**	**131453**	**14**	
电子商务	2	498	497	129553	2	
数字媒体技术	1	515	515	111340	1	
网络工程	1	501	501	125542	1	
物联网工程	1	507	507	119496	1	
电子信息工程	1	509	509	117454	1	
机械设计制造及其自动化	2	504	504	122564	2	
车辆工程	2	499	499	127539	2	
材料化学	2	496	495	131453	2	
环境工程	2	501	499	127539	2	
2411 厦门大学	**110**				**110**	
04专业组(不限)	**43**	**654**	**647**	**5894**	**43**	
管理科学与工程类	2	649	649	5239	2	
数学类	4	653	652	4397	4	
物理学类	3	651	649	5239	3	
计算机类	12	654	650	4920	12	
电子信息类	8	653	651	4643	8	
工科试验班	10	652	649	5239	10	
建筑类	2	648	647	5894	2	
土木类	2	648	648	5543	2	
05专业组(不限)	**26**	**660**	**648**	**5543**	**26**	
新闻传播学类	1	649	649	5239	1	
法学类	2	657	655	3626	2	
经济学类	10	660	650	4920	10	
统计学类	2	656	655	3626	2	
数据科学与大数据技术	2	651	650	4920	2	
会计学	7	660	648	5543	7	
工商管理类	2	649	649	5239	2	
06专业组(不限)	**13**	**632**	**625**	**15652**	**13**	
金融学(马来西亚分校)	1	629	629	13587	1	
会计学(马来西亚分校)	1	625	625	15652	1	
数字媒体技术(马来西亚分校)	2	628	627	14617	2	
计算机科学与技术(马来西亚分校)	2	632	629	13587	2	
软件工程(马来西亚分校)	2	628	628	14097	2	
电子信息工程(马来西亚分校)	2	627	627	14617	2	
数学与应用数学(马来西亚分校)	1	627	627	14617	1	
物理学(马来西亚分校)	1	625	625	15652	1	
电子商务(马来西亚分校)	1	626	626	15133	1	
07专业组(化学)	**13**	**655**	**648**	**5543**	**13**	
化学类	10	655	649	5239	10	
能源动力类	3	651	648	5543	3	
08专业组(化学或生物)	**12**	**658**	**646**	**6254**	**12**	
理科试验班(海洋生态环境类)	6	649	646	6254	6	
理科试验班(生命科学与医学类)	6	658	646	6254	6	
09专业组(化学或生物)	**3**	**622**	**618**	**19695**	**3**	
海洋技术	1	622	622	17335	1	
海洋科学	2	621	618	19695	2	
2412 集美大学	**58**				**58**	
04专业组(不限)	**35**	**581**	**570**	**56969**	**35**	
船舶与海洋工程	5	572	571	56021	5	
电子信息工程	2	578	576	51456	2	
微电子科学与工程	3	575	572	55138	3	
人工智能	2	580	576	51456	2	
软件工程	3	581	578	49756	3	
机械设计制造及其自动化	3	576	575	52350	3	
机械电子工程	2	581	575	52350	2	
能源与动力工程	3	575	573	54146	3	
建筑环境与能源应用工程	3	576	571	56021	3	
数学与应用数学	3	571	570	56969	3	
应用物理学	3	574	571	56021	3	
工程管理	3	570	570	56969	3	
05专业组(不限)	**4**	**584**	**566**	**60725**	**4**	
财政学	2	580	566	60725	2	
工商管理	2	584	566	60725	2	
06专业组(化学)	**9**	**577**	**553**	**73153**	**9**	
交通运输	3	577	558	68331	3	
食品质量与安全	2	560	559	67392	2	
生物工程	4	554	553	73153	4	
07专业组(化学或生物)	**7**	**561**	**552**	**74112**	**7**	
水产养殖学	4	561	553	73153	4	
水生动物医学	3	554	552	74112	3	
08专业组(化学或地理)	**3**	**572**	**568**	**58808**	**3**	
地理信息科学	3	572	568	58808	3	
2413 厦门理工学院	**19**				**19**	
02专业组(不限)	**16**	**562**	**547**	**78999**	**16**	
车辆工程	2	562	552	74112	2	
智能制造工程	2	556	549	77083	2	
电子封装技术	2	553	550	76117	2	
光电信息科学与工程	2	549	548	78085	2	
软件工程	2	553	551	75103	2	
土木工程	2	548	547	78999	2	
水务工程	2	548	547	78999	2	
集成电路设计与集成系统	2	552	551	75103	2	
03专业组(不限)(中外合作办学)	**3**	**544**	**541**	**84968**	**3**	
电子信息工程(中外合作办学)	3	544	541	84968	3	
2421 莆田学院	**12**				**12**	

院校、专业组、专业名称	录取数	最高分	最低分	最低分位次	平行志愿	征求志愿
02专业组(不限)(中外合作办学)	**2**	**480**	**477**	**148670**	**2**	
公共事业管理(中外合作办学)	2	480	477	148670	2	
03专业组(化学或生物)	**10**	**579**	**556**	**70201**	**10**	
临床医学	10	579	556	70201	10	
2422 华侨大学	**81**				**81**	
03专业组(不限)	**81**	**587**	**554**	**72168**	**81**	
新闻传播学类	1	563	563	63654	1	
机械工程	2	574	574	53221	2	
工业设计	2	569	561	65452	2	
车辆工程	2	572	571	56021	2	
智能制造工程	9	569	564	62693	9	
应用物理学	3	565	559	67392	3	
电气工程及其自动化	3	580	577	50595	3	
电子信息类	4	584	575	52350	4	
计算机科学与技术	2	583	582	46258	2	
软件工程	4	584	575	52350	4	
信息安全	2	587	582	46258	2	
人工智能	2	579	575	52350	2	
土木工程	3	564	554	72168	3	
城市地下空间工程	2	562	559	67392	2	
工程管理	2	561	555	71148	2	
给排水科学与工程	3	566	557	69274	3	
建筑学	3	570	567	59799	3	
风景园林	2	561	561	65452	2	
经济学类	3	555	554	72168	3	
金融学	2	561	556	70201	2	
法学	2	586	583	45410	2	
翻译	2	560	560	66452	2	
数学与应用数学	5	565	556	70201	5	
光电信息科学与工程	3	572	560	66452	3	
物联网工程	2	565	557	69274	2	
数据科学与大数据技术	3	574	573	54146	3	
财务管理	2	562	557	69274	2	
工商管理类	2	568	555	71148	2	
行政管理	2	561	556	70201	2	
酒店管理	2	563	555	71148	2	
2437 武夷学院	**10**				**10**	
02专业组(不限)	**7**	**511**	**495**	**131453**	**7**	
机械设计制造及其自动化	1	499	499	127539	1	
电子信息工程	1	498	498	128536	1	
化学工程与工艺	2	497	497	129553	2	
土木工程	1	511	511	115420	1	
建筑学	1	495	495	131453	1	
通信工程	1	496	496	130482	1	
03专业组(化学)	**1**	**508**	**508**	**118485**	**1**	
康复治疗学	1	508	508	118485	1	
04专业组(化学或生物)	**2**	**511**	**499**	**127539**	**2**	
茶学	2	511	499	127539	2	
2443 泉州师范学院	**18**				**17**	**1**
01专业组(不限)	**7**	**527**	**486**	**140151**	**7**	
英语(师范)	2	527	520	106376	2	
数学与应用数学(师范)	2	510	504	122564	2	
机械设计制造及其自动化	1	502	502	124506	1	
体育经济与管理	2	487	486	140151	2	
02专业组(化学)	**6**	**535**	**477**	**148670**	**5**	**1**
化学(师范)	2	535	532	94094	2	
化学工程与工艺	2	500	500	126589	2	
制药工程	1	504	504	122564	1	
纺织工程	1	477	477	148670		1
03专业组(化学或生物)	**4**	**516**	**501**	**125542**	**4**	
海洋技术	2	516	501	125542	2	
环境科学	2	505	501	125542	2	
04专业组(地理)	**1**	**533**	**533**	**93122**	**1**	
地理科学(师范)	1	533	533	93122	1	
2448 闽南师范大学	**16**				**16**	
01专业组(不限)	**11**	**557**	**508**	**118485**	**11**	
汉语言文学(师范)	2	557	520	106376	2	
电子信息工程	2	530	524	102241	2	
环境科学与工程	2	519	510	116464	2	
旅游管理	2	514	508	118485	2	
数字经济	3	518	510	116464	3	
02专业组(化学或生物)	**5**	**526**	**517**	**109393**	**5**	
食品营养与健康	3	526	518	108392	3	
园林	2	523	517	109393	2	
2501 江西财经大学	**59**				**59**	
04专业组(不限)	**43**	**598**	**549**	**77083**	**43**	
工商管理	1	588	588	41159	1	
人力资源管理	1	569	569	57929	1	
市场营销	1	554	554	72168	1	
物流管理	2	568	564	62693	2	
旅游管理	1	563	563	63654	1	
税收学	2	596	588	41159	2	
劳动与社会保障	1	560	560	66452	1	
土地资源管理	1	560	560	66452	1	
会计学	1	592	592	37932	1	
会计学(智能会计)	1	579	579	48832	1	
国际经济与贸易(数字贸易)	1	583	583	45410	1	
国际商务	1	556	556	70201	1	
电子商务	2	557	557	69274	2	
经济学	1	580	580	47955	1	
金融工程	1	564	564	62693	1	
经济统计学	2	580	579	48832	2	
应用统计学	2	598	577	50595	2	
计算机科学与技术	2	581	573	54146	2	
数据科学与大数据技术	2	569	568	58808	2	
信息与计算科学	2	593	570	56969	2	

2023年普通类(物理等科目类)本科院校

院校、专业组、专业名称	录取数	最高分	最低分	最低分位次	平行志愿	征求志愿
信息管理与信息系统	1	560	560	66452	1	
网络空间安全	2	557	549	77083	2	
工程管理	1	555	555	71148	1	
法学	1	593	593	37179	1	
法学(法务会计)	1	591	591	38768	1	
物联网工程	2	577	568	58808	2	
商务英语	2	551	550	76117	2	
社会工作	2	551	549	77083	2	
虚拟现实技术	2	563	560	66452	2	
数字经济	1	565	565	61774	1	
05专业组(不限)	15	612	592	37932	15	
会计学(国际会计)	2	597	596	34854	2	
金融学(国际投资与金融)	1	600	600	31866	1	
金融学(CFA)	4	605	596	34854	4	
国际经济与贸易(CITF)	2	594	592	37932	2	
会计学(CIMA)	2	603	598	33367	2	
会计学(ACCA)	2	612	607	26858	2	
金融学(FRM)	2	594	594	36407	2	
06专业组(不限)(中外合作办学)	1	571	571	56021	1	
数字经济(中外合作办学)	1	571	571	56021	1	
2502 华东交通大学	72				72	
04专业组(不限)	50	604	566	60725	50	
土木工程	4	569	568	58808	4	
机械设计制造及其自动化	3	574	573	54146	3	
机械电子工程	2	572	571	56021	2	
车辆工程	3	580	572	55138	3	
测控技术与仪器	2	571	570	56969	2	
电气工程及其自动化	4	604	581	47114	4	
自动化	2	580	579	48832	2	
轨道交通信号与控制	2	576	573	54146	2	
建筑电气与智能化	2	571	570	56969	2	
铁道工程	2	578	575	52350	2	
物流管理	2	567	566	60725	2	
经济统计学	2	570	569	57929	2	
信息与计算科学	2	567	566	60725	2	
通信工程	3	574	572	55138	3	
人工智能	2	574	573	54146	2	
计算机科学与技术	2	579	573	54146	2	
物联网工程	2	573	573	54146	2	
数据科学与大数据技术	2	571	571	56021	2	
材料成型及控制工程	2	567	566	60725	2	
高分子材料与工程	3	568	566	60725	3	
虚拟现实技术	2	572	567	59799	2	
05专业组(不限)	6	580	555	71148	6	
会计学(国际会计)	2	576	559	67392	2	
会计学(ACCA)	2	580	556	70201	2	
会计学(CMA)	1	555	555	71148	1	
会计学(CIMA)	1	555	555	71148	1	
06专业组(不限)	5	567	544	81927	5	
建筑学	5	567	544	81927	5	
07专业组(不限)(中外合作办学)	3	546	540	85962	3	
工程管理(中外合作办学)	3	546	540	85962	3	
08专业组(化学)	8	581	552	74112	8	
给排水科学与工程	2	581	552	74112	2	
环境工程	2	557	553	73153	2	
交通运输	2	573	561	65452	2	
交通工程	2	560	560	66452	2	
2504 江西中医药大学	19				19	
02专业组(不限)	3	546	534	92079	3	
护理学	1	536	536	90081	1	
医学信息工程	1	534	534	92079	1	
应用心理学	1	546	546	79957	1	
03专业组(化学)	4	552	545	80935	4	
药学	1	545	545	80935	1	
中药学	2	552	545	80935	2	
中药制药	1	545	545	80935	1	
04专业组(化学或生物)	12	584	567	59799	12	
中医学	4	573	569	57929	4	
中西医临床医学	2	584	569	57929	2	
中医骨伤科学	2	569	567	59799	2	
针灸推拿学	4	583	569	57929	4	
2505 南昌大学	75				75	
02专业组(不限)	48	618	597	34107	48	
法学类	2	609	602	30377	2	
管理科学与工程类	3	603	599	32622	3	
经济学	4	604	597	34107	4	
数学类	4	616	610	24841	4	
材料类	5	608	601	31135	5	
测控技术与仪器	4	604	599	32622	4	
机械设计制造及其自动化	2	609	607	26858	2	
车辆工程	2	610	607	26858	2	
材料成型及控制工程	3	601	598	33367	3	
建筑类	1	597	597	34107	1	
土木类	5	600	597	34107	5	
电子信息类	4	617	613	22857	4	
自动化	5	616	610	24841	5	
计算机类	4	618	615	21590	4	
03专业组(化学或生物)	8	613	595	35651	8	
生物科学类	3	601	595	35651	3	
水产养殖学	2	595	595	35651	2	
食品科学与工程类	3	613	596	34854	3	
04专业组(化学和生物)	13	632	610	24841	13	
临床医学	4	632	624	16213	4	
眼视光医学	4	621	612	23568	4	
口腔医学	3	624	621	17908	3	
药学	2	610	610	24841	2	

院校、专业组、专业名称	录取数	最高分	最低分	最低分位次	平行志愿	征求志愿
05专业组(化学和生物)(中外合作办学)	**6**	**628**	**609**	**25496**	**6**	
临床医学(中外合作办学)	6	628	609	25496	6	
2506 南昌航空大学	**99**				**99**	
02专业组(不限)	**66**	**572**	**556**	**70201**	**66**	
给排水科学与工程	2	557	557	69274	2	
机械设计制造及其自动化	6	563	561	65452	6	
飞行器制造工程	3	569	568	58808	3	
智能制造工程	2	562	559	67392	2	
通信工程	2	563	563	63654	2	
电气工程及其自动化	2	566	565	61774	2	
电子信息工程	4	568	565	61774	4	
自动化	2	563	563	63654	2	
计算机科学与技术	3	564	564	62693	3	
人工智能	2	563	561	65452	2	
网络工程	2	563	562	64501	2	
飞行器动力工程	2	572	570	56969	2	
飞行器设计与工程	2	568	565	61774	2	
数学与应用数学	3	561	556	70201	3	
测控技术与仪器	4	562	559	67392	4	
电子科学与技术	2	567	562	64501	2	
生物医学工程	2	559	556	70201	2	
光电信息科学与工程	2	558	558	68331	2	
电子商务	2	558	558	68331	2	
工业工程	2	559	557	69274	2	
土木工程	3	558	558	68331	3	
工程管理	2	559	557	69274	2	
智慧建筑与建造	2	557	557	69274	2	
物联网工程	4	561	557	69274	4	
数据科学与大数据技术	4	561	558	68331	4	
03专业组(化学)	**33**	**556**	**534**	**92079**	**33**	
金属材料工程	6	541	536	90081	6	
复合材料与工程	2	556	547	78999	2	
高分子材料与工程	2	541	536	90081	2	
新能源科学与工程	4	543	539	86937	4	
应用化学	2	536	536	90081	2	
材料化学	2	541	535	91099	2	
环境工程	2	542	534	92079	2	
材料成型及控制工程	2	550	549	77083	2	
焊接技术与工程	2	547	544	81927	2	
电子封装技术	2	546	545	80935	2	
增材制造工程	4	553	536	90081	4	
交通工程	3	539	536	90081	3	
2507 江西科技师范大学	**56**				**56**	
04专业组(不限)	**34**	**562**	**524**	**102241**	**34**	
财务管理	2	542	528	98180	2	
国际经济与贸易	2	528	526	100234	2	
法学	2	534	532	94094	2	
电子信息工程	2	542	538	87986	2	

院校、专业组、专业名称	录取数	最高分	最低分	最低分位次	平行志愿	征求志愿
人工智能	2	535	534	92079	2	
建筑学	2	527	527	99221	2	
金属材料工程	3	527	524	102241	3	
数字经济	1	526	526	100234	1	
英语(师范)	1	562	562	64501	1	
数学与应用数学(师范)	2	545	535	91099	2	
土木工程	3	526	525	101269	3	
建筑环境与能源应用工程	3	525	524	102241	3	
机械设计制造及其自动化	2	535	533	93122	2	
机械电子工程	3	537	527	99221	3	
虚拟现实技术	3	528	528	98180	3	
小学教育(师范)	1	557	557	69274	1	
05专业组(化学)	**11**	**530**	**507**	**119496**	**11**	
涂料工程	2	512	509	117454	2	
材料化学	3	520	517	109393	3	
生物制药	1	525	525	101269	1	
化学(师范)	2	530	511	115420	2	
应用化学	3	508	507	119496	3	
06专业组(化学或生物)	**11**	**538**	**519**	**107387**	**11**	
食品质量与安全	2	522	520	106376	2	
药物制剂	2	526	520	106376	2	
生物科学(师范)	2	538	531	95098	2	
食品科学与工程	2	523	520	106376	2	
制药工程	3	525	519	107387	3	
2508 江西农业大学	**67**				**67**	
04专业组(不限)	**25**	**557**	**530**	**96124**	**25**	
动植物检疫	3	544	530	96124	3	
林产化工	2	533	530	96124	2	
机械设计制造及其自动化	2	551	540	85962	2	
车辆工程	2	543	537	89032	2	
农业水利工程	2	542	533	93122	2	
计算机科学与技术	2	557	540	85962	2	
数据科学与大数据技术	2	540	538	87986	2	
教育技术学	2	536	532	94094	2	
数字媒体技术	2	535	533	93122	2	
园林	2	533	531	95098	2	
土地资源管理	2	533	530	96124	2	
软件工程	2	537	534	92079	2	
05专业组(化学)	**27**	**540**	**518**	**108392**	**27**	
动物药学	3	534	529	97145	3	
水产养殖学	4	521	518	108392	4	
应用化学	5	524	518	108392	5	
食品质量与安全	4	539	523	103299	4	
食品科学与工程	2	527	524	102241	2	
生物工程	2	540	528	98180	2	
制药工程	2	522	521	105373	2	
生物技术	5	528	519	107387	5	
06专业组(化学或生物)	**13**	**543**	**530**	**96124**	**13**	
农学	1	543	543	82963	1	

院校、专业组、专业名称	录取数	最高分	最低分	最低分位次	平行志愿	征求志愿
园艺	2	537	535	91099	2	
植物保护	3	536	535	91099	3	
种子科学与工程	2	537	537	89032	2	
茶学	2	531	530	96124	2	
农业资源与环境	1	536	536	90081	1	
环境科学与工程	2	531	530	96124	2	
07专业组(化学或地理)	**2**	**545**	**544**	**81927**	**2**	
地理信息科学	2	545	544	81927	2	
2510 江西师范大学	**39**				**39**	
06专业组(不限)	**32**	**597**	**511**	**115420**	**32**	
金融学	1	550	550	76117	1	
经济学	1	525	525	101269	1	
建筑学	1	526	526	100234	1	
电子商务	1	548	548	78085	1	
工商管理(财税管理)	1	512	512	114463	1	
工商管理(组织人事管理)	1	527	527	99221	1	
工商管理(大数据营销)	1	530	530	96124	1	
国际经济与贸易	1	526	526	100234	1	
会计学	1	519	519	107387	1	
文化产业管理	1	518	518	108392	1	
计算机科学与技术	1	550	550	76117	1	
人工智能	1	533	533	93122	1	
数据科学与大数据技术	1	536	536	90081	1	
小学教育(师范)	3	559	526	100234	3	
数学与应用数学(师范)	1	597	597	34107	1	
统计学	2	539	516	110349	2	
法语	1	538	538	87986	1	
日语	1	524	524	102241	1	
英语(师范)	1	548	548	78085	1	
物理学(师范)	1	584	584	44516	1	
教育技术学(师范)	1	532	532	94094	1	
法学	1	530	530	96124	1	
大数据管理与应用	1	514	514	112372	1	
计算机科学与技术(师范)	1	537	537	89032	1	
工程管理	4	533	511	115420	4	
城乡规划	1	543	543	82963	1	
07专业组(化学)	**1**	**572**	**572**	**55138**	**1**	
化学类	1	572	572	55138	1	
08专业组(化学或生物)	**4**	**569**	**550**	**76117**	**4**	
生物工程	1	558	558	68331	1	
生物科学(师范)	1	569	569	57929	1	
食品营养与健康	2	551	550	76117	2	
09专业组(化学或地理)	**1**	**590**	**590**	**39519**	**1**	
地理科学类	1	590	590	39519	1	
10专业组(生物)	**1**	**575**	**575**	**52350**	**1**	
心理学类	1	575	575	52350	1	
2511 南昌工程学院	**52**				**52**	
02专业组(不限)	**48**	**544**	**522**	**104328**	**48**	
水利水电工程	4	544	536	90081	4	
水文与水资源工程	2	531	528	98180	2	
港口航道与海岸工程	2	530	524	102241	2	
智慧水利	2	532	523	103299	2	
园林	2	530	525	101269	2	
工程造价	2	524	522	104328	2	
智能建造	2	534	523	103299	2	
机械设计制造及其自动化	6	534	522	104328	6	
机器人工程	2	523	523	103299	2	
工业工程	2	522	522	104328	2	
自动化	2	526	525	101269	2	
能源与动力工程	2	529	522	104328	2	
通信工程	2	534	525	101269	2	
电子信息工程	4	529	527	99221	4	
计算机科学与技术	4	534	524	102241	4	
数据科学与大数据技术	2	523	523	103299	2	
应用统计学	2	524	522	104328	2	
应急管理	2	523	522	104328	2	
审计学	2	526	525	101269	2	
03专业组(不限)(中外合作办学)	**4**	**535**	**511**	**115420**	**4**	
土木工程(中外合作办学)	2	513	511	115420	2	
电气工程及其自动化(中外合作办学)	2	535	530	96124	2	
2512 江西警察学院	**9**				**9**	
02专业组(不限)	**9**	**543**	**522**	**104328**	**9**	
法学(非公安类招生)	4	543	527	99221	4	
信息安全(非公安类招生)	5	534	522	104328	5	
2521 江西理工大学	**79**				**78**	**1**
02专业组(不限)	**48**	**561**	**499**	**127539**	**47**	**1**
生物工程	2	548	547	78999	2	
测绘工程	3	552	548	78085	3	
机械工程	3	556	546	79957	3	
车辆工程	3	548	545	80935	3	
智能制造工程	2	550	550	76117	2	
机械电子工程	3	553	553	73153	3	
电气工程及其自动化	2	561	561	65452	2	
智能科学与技术	2	554	553	73153	2	
计算机类	2	555	555	71148	2	
电子信息类	2	560	554	72168	2	
工程造价	3	558	543	82963	3	
信息与计算科学	3	554	549	77083	3	
安全工程	5	547	543	82963	5	
工程管理	2	544	543	82963	2	
虚拟现实技术	2	550	548	78085	2	
能源与动力工程	2	549	545	80935	2	
机器人工程	2	552	550	76117	2	
城乡规划	2	543	542	83978	2	
应急管理	3	542	499	127539	2	1
03专业组(不限)(中外合作办	**4**	**550**	**542**	**83978**	**4**	

院校、专业组、专业名称	录取数	最高分	最低分	最低分位次	平行志愿	征求志愿
学)						
电子科学与技术(中外合作办学)	4	550	542	83978	4	
04专业组(化学)	**24**	**539**	**522**	**104328**	**24**	
环境工程	4	535	529	97145	4	
土木类	5	533	524	102241	5	
应用化学	3	532	525	101269	3	
新能源科学与工程	3	539	535	91099	3	
金属材料工程	4	526	522	104328	4	
材料科学与工程	5	535	524	102241	5	
05专业组(化学或地理)	**3**	**548**	**543**	**82963**	**3**	
地理信息科学	3	548	543	82963	3	
2522 赣南医学院	**34**				**31**	**3**
02专业组(不限)	**4**	**531**	**513**	**113413**	**4**	
物联网工程	2	522	513	113413	2	
假肢矫形工程	2	531	516	110349	2	
03专业组(化学)	**5**	**526**	**518**	**108392**	**5**	
药学	1	526	526	100234	1	
医学影像技术	2	519	518	108392	2	
康复治疗学	2	524	520	106376	2	
04专业组(生物)	**25**	**575**	**501**	**125542**	**22**	**3**
临床医学	6	575	546	79957	6	
麻醉学	2	548	537	89032	2	
口腔医学	2	573	568	58808	2	
预防医学	2	534	529	97145	2	
制药工程	5	527	518	108392	4	1
生物医学工程	2	527	525	101269	2	
精神医学	2	549	525	101269	2	
儿科学	2	529	526	100234	2	
生物信息学	2	504	501	125542		2
2523 赣南师范大学	**52**				**52**	
04专业组(不限)	**35**	**558**	**523**	**103299**	**35**	
翻译	1	524	524	102241	1	
会计学	1	531	531	95098	1	
金融学	2	531	528	98180	2	
学前教育(师范)	2	527	526	100234	2	
小学教育(师范)	2	537	531	95098	2	
应用心理学(师范)	2	524	524	102241	2	
法学	2	537	526	100234	2	
数学与应用数学(师范)	2	539	539	86937	2	
应用统计学	1	525	525	101269	1	
计算机科学与技术	5	534	530	96124	5	
数据科学与大数据技术	2	534	533	93122	2	
物理学(师范)	2	558	540	85962	2	
电子信息工程	4	534	525	101269	4	
电子科学与技术	2	528	526	100234	2	
区块链工程	2	528	523	103299	2	
教育技术学(师范)	3	530	525	101269	3	
05专业组(化学)	**6**	**523**	**505**	**121517**	**6**	
化学(师范)	2	523	523	103299	2	
应用化学	1	513	513	113413	1	
材料化学	3	521	505	121517	3	
06专业组(化学或生物)	**7**	**539**	**513**	**113413**	**7**	
环境科学	2	520	516	110349	2	
生物科学(师范)	3	539	522	104328	3	
园艺	2	515	513	113413	2	
07专业组(化学或地理)	**4**	**540**	**521**	**105373**	**4**	
地理科学(师范)	2	540	531	95098	2	
人文地理与城乡规划	1	521	521	105373	1	
地理信息科学	1	524	524	102241	1	
2527 新余学院	**16**				**15**	**1**
03专业组(不限)	**16**	**511**	**493**	**133442**	**15**	**1**
新能源材料与器件	1	498	498	128536	1	
新能源科学与工程	1	497	497	129553	1	
材料科学与工程	1	494	494	132434	1	
机械设计制造及其自动化	1	505	505	121517	1	
材料成型及控制工程	1	495	495	131453	1	
电气工程及其自动化	1	504	504	122564	1	
数据科学与大数据技术	1	496	496	130482	1	
软件工程	1	497	497	129553	1	
土木工程	1	493	493	133442	1	
工程造价	3	511	493	133442	2	1
电子信息工程	1	494	494	132434	1	
通信工程	1	494	494	132434	1	
护理学	1	495	495	131453	1	
健康服务与管理	1	493	493	133442	1	
2531 景德镇陶瓷大学	**31**				**31**	
02专业组(不限)	**15**	**537**	**526**	**100234**	**15**	
能源与动力工程	2	529	528	98180	2	
机械设计制造及其自动化	2	532	529	97145	2	
材料成型及控制工程	2	530	529	97145	2	
电子信息工程	1	537	537	89032	1	
电子科学与技术	2	530	530	96124	2	
自动化	1	534	534	92079	1	
智能制造工程	1	530	530	96124	1	
工商管理	1	528	528	98180	1	
会计学	1	527	527	99221	1	
文化产业管理	1	527	527	99221	1	
财务管理	1	526	526	100234	1	
03专业组(化学)	**15**	**533**	**514**	**112372**	**15**	
材料物理	1	518	518	108392	1	
材料化学	2	519	518	108392	2	
无机非金属材料工程	3	515	514	112372	3	
粉体材料科学与工程	1	515	515	111340	1	
新能源材料与器件	3	521	517	109393	3	
信息与计算科学	1	522	522	104328	1	
计算机科学与技术	2	533	525	101269	2	
数字媒体技术	1	521	521	105373	1	

院校、专业组、专业名称	录取数	最高分	最低分	最低分位次	平行志愿	征求志愿
人工智能	1	521	521	105373	1	
04专业组(化学或生物)	**1**	**534**	**534**	**92079**	**1**	
应用统计学	1	534	534	92079	1	
2541 东华理工大学	**71**				**71**	
02专业组(不限)	**63**	**563**	**534**	**92079**	**63**	
地质类	4	546	535	91099	4	
地球化学	2	542	535	91099	2	
地球信息科学与技术	2	538	536	90081	2	
城乡规划	3	543	534	92079	3	
勘查技术与工程	4	540	536	90081	4	
地球物理学	2	542	538	87986	2	
防灾减灾科学与工程	2	537	537	89032	2	
测控技术与仪器	3	541	538	87986	3	
水文与水资源工程	5	545	537	89032	5	
环境工程	3	540	534	92079	3	
给排水科学与工程	2	539	537	89032	2	
测绘类	4	545	534	92079	4	
土地资源管理	2	537	534	92079	2	
材料科学与工程	3	544	537	89032	3	
化学工程与工艺	2	535	535	91099	2	
核工程类	6	563	542	83978	6	
电子信息类	5	542	540	85962	5	
土木类	6	537	534	92079	6	
统计学	3	537	535	91099	3	
03专业组(不限)(中外合作办学)	**8**	**544**	**531**	**95098**	**8**	
机械工程(中外合作办学)	4	538	531	95098	4	
软件工程(中外合作办学)	4	544	534	92079	4	
2542 萍乡学院	**5**				**5**	
02专业组(不限)	**2**	**506**	**505**	**121517**	**2**	
数据科学与大数据技术	2	506	505	121517	2	
03专业组(化学)	**3**	**491**	**479**	**146748**	**3**	
应用化学	1	491	491	135455	1	
复合材料与工程	2	482	479	146748	2	
2543 南昌师范学院	**14**				**13**	**1**
04专业组(不限)	**10**	**537**	**479**	**146748**	**9**	**1**
学前教育(师范)	2	515	491	135455	2	
会展经济与管理	2	482	479	146748	1	1
数学与应用数学(师范)	2	526	508	118485	2	
计算机科学与技术(师范)	2	537	506	120487	2	
电子信息工程	2	531	524	102241	2	
05专业组(化学或生物)	**4**	**535**	**532**	**94094**	**4**	
生物科学(师范)	2	535	534	92079	2	
科学教育(师范)	2	532	532	94094	2	
2551 宜春学院	**58**				**54**	**4**
03专业组(不限)	**28**	**525**	**493**	**133442**	**28**	
数字经济	2	497	493	133442	2	
工商管理	2	496	496	130482	2	
市场营销	1	500	500	126589	1	

院校、专业组、专业名称	录取数	最高分	最低分	最低分位次	平行志愿	征求志愿
财务管理	1	497	497	129553	1	
学前教育(师范)	2	510	498	128536	2	
物理学(师范)	1	502	502	124506	1	
机械设计制造及其自动化	2	518	501	125542	2	
材料物理	1	501	501	125542	1	
电子信息工程	1	525	525	101269	1	
通信工程	2	504	503	123514	2	
自动化	2	513	503	123514	2	
土木工程	2	497	494	132434	2	
护理学	3	511	502	124506	3	
数学与应用数学(师范)	4	512	493	133442	4	
数据科学与大数据技术	2	504	499	127539	2	
04专业组(化学)	**9**	**512**	**481**	**144815**	**8**	**1**
化学(师范)	2	500	494	132434	2	
应用化学	3	494	481	144815	2	1
环境科学	2	496	490	136410	2	
动物医学	2	512	507	119496	2	
05专业组(化学或生物)	**21**	**553**	**472**	**153185**	**18**	**3**
制药工程	3	530	526	100234	3	
生物工程	1	526	526	100234	1	
药学	3	540	534	92079	3	
农学	1	532	532	94094	1	
园艺	3	475	472	153185		3
临床医学	6	553	542	83978	6	
预防医学	4	552	537	89032	4	
2561 九江学院	**40**				**40**	
02专业组(不限)	**37**	**513**	**495**	**131453**	**37**	
数学与应用数学(师范)	4	506	498	128536	4	
化学工程与工艺	4	513	495	131453	4	
机械设计制造及其自动化	5	505	504	122564	5	
车辆工程	5	501	496	130482	5	
材料成型及控制工程	1	507	507	119496	1	
电子信息工程	5	504	500	126589	5	
自动化	4	512	497	129553	4	
计算机科学与技术	5	513	502	124506	5	
网络工程	3	508	499	127539	3	
环境工程	1	495	495	131453	1	
03专业组(化学或生物)	**3**	**529**	**524**	**102241**	**3**	
药学	3	529	524	102241	3	
2571 上饶师范学院	**30**				**30**	
03专业组(不限)	**23**	**525**	**457**	**165877**	**23**	
数据科学与大数据技术	4	478	464	160212	4	
电子信息科学与技术	3	514	500	126589	3	
教育技术学(师范)	2	492	488	138275	2	
物理学(师范)	2	525	522	104328	2	
数学与应用数学(师范)	3	508	494	132434	3	
工商管理	2	462	457	165877	2	
会计学	3	488	461	162621	3	
心理学(师范)	2	502	471	154058	2	

2023年普通类（物理等科目类）本科院校

院校、专业组、专业名称	录取数	最高分	最低分	最低分位次	平行志愿	征求志愿
园林	2	462	461	162621	2	
04专业组(化学)	3	515	512	114463	3	
化学(师范)	3	515	512	114463	3	
05专业组(化学或地理)	4	525	523	103299	4	
地理科学(师范)	4	525	523	103299	4	
2572 赣东学院	18				18	
02专业组(不限)	18	509	491	135455	18	
土木工程	2	493	492	134437	2	
测绘工程	2	492	492	134437	2	
计算机科学与技术	2	499	498	128536	2	
网络工程	2	498	495	131453	2	
软件工程	2	507	502	124506	2	
通信工程	1	494	494	132434	1	
电子信息工程	1	509	509	117454	1	
机械工程	2	494	493	133442	2	
自动化	2	500	494	132434	2	
财务管理	2	493	491	135455	2	
2573 赣南科技学院	32				32	
02专业组(不限)	30	509	490	136410	30	
电子信息工程	2	503	500	126589	2	
通信工程	2	500	493	133442	2	
计算机科学与技术	2	506	506	120487	2	
物联网工程	2	492	492	134437	2	
数据科学与大数据技术	2	493	491	135455	2	
金融学	2	491	491	135455	2	
材料成型及控制工程	2	491	490	136410	2	
机械工程	2	494	491	135455	2	
智能制造工程	2	493	491	135455	2	
电气工程及其自动化	2	509	494	132434	2	
机器人工程	2	494	492	134437	2	
土木工程	2	505	492	134437	2	
测绘工程	2	492	492	134437	2	
矿物加工工程	2	490	490	136410	2	
工程造价	2	491	491	135455	2	
03专业组(化学)	2	481	481	144815	2	
冶金工程	2	481	481	144815	2	
2574 南昌医学院	7				7	
04专业组(不限)	1	537	537	89032	1	
护理学	1	537	537	89032	1	
05专业组(不限)	1	563	563	63654	1	
针灸推拿学	1	563	563	63654	1	
06专业组(不限)	1	573	573	54146	1	
中医学	1	573	573	54146	1	
07专业组(化学)	2	580	577	50595	2	
临床医学	2	580	577	50595	2	
08专业组(化学)	1	539	539	86937	1	
预防医学	1	539	539	86937	1	
09专业组(化学或生物)	1	580	580	47955	1	
中西医临床医学	1	580	580	47955	1	
2581 井冈山大学	63				61	2
02专业组(不限)	43	540	511	115420	41	2
护理学	4	527	516	110349	4	
小学教育(师范)	2	523	517	109393	2	
计算机科学与技术	6	540	516	110349	6	
电子信息科学与技术	4	522	515	111340	4	
环境工程	5	517	512	114463	4	1
化学工程与工艺	4	525	511	115420	3	1
工程管理	2	514	514	112372	2	
机械设计制造及其自动化	5	524	516	110349	5	
会计学	2	519	517	109393	2	
经济与金融	2	515	514	112372	2	
汉语言文学(师范)	3	530	511	115420	3	
社会工作	4	515	511	115420	4	
03专业组(化学)	4	526	516	110349	4	
化学(师范)	4	526	516	110349	4	
04专业组(化学或生物)	16	591	548	78085	16	
口腔医学	2	591	579	48832	2	
临床医学	6	573	566	60725	6	
预防医学	2	562	557	69274	2	
生物科学(师范)	6	561	548	78085	6	
2596 景德镇学院	5				5	
02专业组(不限)	5	522	509	117454	5	
网络工程	3	514	509	117454	3	
小学教育(师范)	2	522	514	112372	2	
2601 山东大学	141				141	
04专业组(不限)	110	655	640	8448	110	
经济学类	2	647	641	8031	2	
法学类[含法学+英语(双学士学位培养项目)]	2	648	644	6899	2	
数学类	4	655	653	4114	4	
物理学类	4	653	648	5543	4	
电子信息类(通信电子与光电)	8	650	649	5239	8	
计算机类(计算机与智能)	6	654	652	4397	6	
材料类	8	647	640	8448	8	
机械类	8	649	641	8031	8	
自动化类	8	652	648	5543	8	
能源动力类	8	648	640	8448	8	
电气工程及其自动化	8	654	650	4920	8	
土木类	4	642	641	8031	4	
建筑学	2	646	640	8448	2	
环境科学与工程类	3	644	643	7266	3	
工商管理类	4	649	644	6899	4	
管理科学与工程类	2	644	640	8448	2	
计算机类(软件数媒与大数据)	11	650	648	5543	11	
电子信息类(微电子与电路集成)	10	650	648	5543	10	

院校、专业组、专业名称	录取数	最高分	最低分	最低分位次	平行志愿	征求志愿
网络空间安全	4	651	648	5543	4	
智能建造与智慧交通	4	647	643	7266	4	
05专业组(不限)	**3**	**644**	**622**	**17335**	**3**	
护理学[含护理学+工商管理(双学士学位培养项目)]	3	644	622	17335	3	
06专业组(化学)	**10**	**646**	**639**	**8829**	**10**	
化学类(含拔尖学生培养基地)	4	644	640	8448	4	
智能医学工程	2	644	643	7266	2	
生物医学科学	2	646	639	8829	2	
生物医药数据科学	2	643	640	8448	2	
07专业组(化学或生物)	**11**	**650**	**640**	**8448**	**11**	
生物科学类	3	646	645	6590	3	
预防医学	2	641	640	8448	2	
口腔医学	2	650	644	6899	2	
药学类	4	646	641	8031	4	
08专业组(化学和生物)	**7**	**661**	**651**	**4643**	**7**	
临床医学(5+3一体化)	2	659	657	3166	2	
临床医学	3	655	651	4643	3	
临床医学(一贯制衔接培养，齐鲁医学堂)	1	661	661	2372	1	
临床医学(5+3一体化)(儿科学)	1	654	654	3870	1	
2602 济南大学	**77**				**74**	**3**
03专业组(不限)	**16**	**592**	**561**	**65452**	**15**	**1**
新能源科学与工程	2	592	583	45410	2	
环境工程	4	580	570	56969	4	
机械类	6	582	574	53221	6	
土木类	4	572	561	65452	3	1
04专业组(不限)	**13**	**596**	**591**	**38768**	**13**	
数据科学与大数据技术	2	596	595	35651	2	
自动化类	7	594	591	38768	7	
电子信息类	4	594	592	37932	4	
05专业组(不限)	**12**	**552**	**525**	**101269**	**10**	**2**
汉语言文学(师范)	2	552	546	79957	2	
日语	2	534	534	92079	2	
特殊教育(师范)	2	552	525	101269	1	1
新闻传播学类	2	543	536	90081	1	1
公共管理类	2	546	538	87986	2	
旅游管理类	2	536	535	91099	2	
06专业组(不限)	**4**	**592**	**584**	**44516**	**4**	
数学与应用数学(师范)	2	592	588	41159	2	
金融数学	2	587	584	44516	2	
07专业组(化学)	**27**	**560**	**532**	**94094**	**27**	
材料类	15	560	532	94094	15	
化学类(含师范)	6	542	534	92079	6	
化工与制药类	6	551	534	92079	6	
08专业组(化学或生物)	**3**	**579**	**550**	**76117**	**3**	
生物制药	3	579	550	76117	3	

院校、专业组、专业名称	录取数	最高分	最低分	最低分位次	平行志愿	征求志愿
09专业组(思想政治)	**2**	**580**	**575**	**52350**	**2**	
思想政治教育(师范)	2	580	575	52350	2	
2603 北京交通大学(威海校区)	**12**				**12**	
02专业组(不限)(中外合作办学)	**12**	**627**	**615**	**21590**	**12**	
信息管理与信息系统(中外合作办学)	3	619	615	21590	3	
通信工程(中外合作办学)	3	627	619	19103	3	
计算机科学与技术(中外合作办学)	3	621	619	19103	3	
环境工程(中外合作办学)	2	616	615	21590	2	
会计学(中外合作办学)	1	615	615	21590	1	
2605 山东中医药大学	**20**				**20**	
01专业组(不限)	**11**	**585**	**560**	**66452**	**11**	
中医学	2	580	577	50595	2	
中医骨伤科学	1	577	577	50595	1	
中药学	1	573	573	54146	1	
制药工程	2	563	563	63654	2	
针灸推拿学	1	585	585	43657	1	
护理学	3	577	560	66452	3	
应用心理学	1	569	569	57929	1	
02专业组(化学)	**4**	**572**	**546**	**79957**	**4**	
康复治疗学	2	572	547	78999	2	
眼视光学	2	557	546	79957	2	
03专业组(化学或生物)	**5**	**582**	**574**	**53221**	**5**	
中西医临床医学	3	580	574	53221	3	
药学	1	575	575	52350	1	
眼视光医学	1	582	582	46258	1	
2606 山东财经大学	**41**				**41**	
02专业组(不限)	**41**	**587**	**548**	**78085**	**41**	
经济学类	2	586	568	58808	2	
财政学类	1	578	578	49756	1	
精算学	1	581	581	47114	1	
经济与贸易类	1	565	565	61774	1	
管理科学与工程类	4	563	553	73153	4	
公共管理类	4	561	557	69274	4	
法学	2	579	577	50595	2	
外国语言文学类	4	556	548	78085	4	
数学与应用数学	4	573	555	71148	4	
金融数学	1	564	564	62693	1	
统计学	3	583	564	62693	3	
计算机类	2	562	560	66452	2	
汉语国际教育	2	551	550	76117	2	
金融学	3	580	562	64501	3	
会计学	2	587	584	44516	2	
审计学	2	584	584	44516	2	
跨境电子商务	2	550	549	77083	2	
国际经济发展合作	1	558	558	68331	1	

院校、专业组、专业名称	录取数	最高分	最低分	最低分位次	平行志愿	征求志愿
2607 山东建筑大学	**35**				**35**	
01专业组(不限)	**29**	**557**	**545**	**80935**	**29**	
建筑学	1	554	554	72168	1	
新能源科学与工程	3	551	547	78999	3	
城市地下空间工程	2	547	547	78999	2	
工程造价	2	551	545	80935	2	
给排水科学与工程	2	553	545	80935	2	
机械工程	2	547	547	78999	2	
机械电子工程	2	549	547	78999	2	
电气工程及其自动化	2	556	554	72168	2	
通信工程	1	557	557	69274	1	
测绘工程	2	547	546	79957	2	
工业设计	2	546	546	79957	2	
车辆工程	2	546	545	80935	2	
计算机科学与技术	2	557	555	71148	2	
软件工程	2	554	552	74112	2	
数据科学与大数据技术	2	554	550	76117	2	
02专业组(不限)(中外合作办学)	**2**	**527**	**527**	**99221**	**2**	
土木工程(中外合作办学)	2	527	527	99221	2	
03专业组(化学)	**2**	**550**	**546**	**79957**	**2**	
智慧交通	2	550	546	79957	2	
04专业组(地理)(中外合作办学)	**2**	**535**	**522**	**104328**	**2**	
建筑学(中外合作办学)	2	535	522	104328	2	
2608 山东工艺美术学院	**19**				**18**	**1**
03专业组(不限)	**19**	**516**	**487**	**139209**	**18**	**1**
工业设计	4	516	502	124506	4	
风景园林	8	503	492	134437	8	
建筑学	7	506	487	139209	6	1
2609 山东交通学院	**66**				**66**	
02专业组(不限)	**58**	**538**	**522**	**104328**	**58**	
机械类	5	528	524	102241	5	
能源与动力工程	2	529	527	99221	2	
城市地下空间工程	4	526	524	102241	4	
材料科学与工程	2	525	523	103299	2	
测绘工程	3	526	523	103299	3	
港口航道与海岸工程	2	538	526	100234	2	
土木工程	4	527	523	103299	4	
遥感科学与技术	2	523	523	103299	2	
智能制造工程	2	524	524	102241	2	
安全工程	4	527	523	103299	4	
物流工程	2	526	525	101269	2	
电气工程及其自动化	2	533	528	98180	2	
电子信息工程	2	529	529	97145	2	
计算机科学与技术	2	529	527	99221	2	
数据科学与大数据技术	2	535	528	98180	2	
测控技术与仪器	2	527	524	102241	2	
轨道交通信号与控制	2	538	533	93122	2	
金融学	2	527	525	101269	2	
船舶与海洋工程	6	527	522	104328	6	
海洋机器人	4	528	524	102241	4	
智慧海洋技术	2	523	523	103299	2	
03专业组(化学)	**8**	**540**	**529**	**97145**	**8**	
交通运输	2	538	536	90081	2	
交通工程	2	540	536	90081	2	
轨道交通电气与控制	2	530	529	97145	2	
交通运输(轨道交通运营与管理)	2	535	531	95098	2	
2610 齐鲁工业大学	**56**				**56**	
02专业组(不限)	**56**	**559**	**545**	**80935**	**56**	
机械设计制造及其自动化	5	559	554	72168	5	
电子信息工程	5	557	556	70201	5	
自动化	5	557	556	70201	5	
环境科学与工程类	10	554	547	78999	10	
海洋技术	10	553	546	79957	10	
测控技术与仪器	6	555	552	74112	6	
工商管理类	5	553	545	80935	5	
金融学	5	553	550	76117	5	
日语	5	550	546	79957	5	
2611 山东理工大学	**32**				**31**	**1**
02专业组(不限)	**20**	**587**	**550**	**76117**	**20**	
农业机械化及其自动化	4	554	551	75103	4	
工业设计	3	552	551	75103	3	
电气工程及其自动化	2	587	579	48832	2	
统计学	2	551	550	76117	2	
英语	1	552	552	74112	1	
测控技术与仪器	4	552	550	76117	4	
车辆工程	4	562	552	74112	4	
03专业组(化学)	**6**	**550**	**544**	**81927**	**6**	
化学	3	546	544	81927	3	
交通运输	3	550	545	80935	3	
04专业组(化学或生物)	**6**	**550**	**537**	**89032**	**5**	**1**
食品科学与工程	4	547	537	89032	3	1
生物工程	2	550	549	77083	2	
2613 枣庄学院	**25**				**25**	
01专业组(不限)	**5**	**540**	**533**	**93122**	**5**	
数学与应用数学(师范)	5	540	533	93122	5	
02专业组(化学)	**5**	**496**	**493**	**133442**	**5**	
化学工程与工艺	5	496	493	133442	5	
03专业组(化学或生物)	**15**	**514**	**495**	**131453**	**15**	
生物技术	5	514	503	123514	5	
制药工程	5	509	497	129553	5	
生物信息学	5	503	495	131453	5	
2614 潍坊医学院	**27**				**27**	
01专业组(不限)	**6**	**538**	**527**	**99221**	**6**	
护理学	2	538	535	91099	2	
应用心理学	2	532	530	96124	2	

院校、专业组、专业名称	录取数	最高分	最低分	最低分位次	平行志愿	征求志愿
应急管理	2	534	527	99221	2	
02专业组(化学)	**9**	**548**	**526**	**100234**	**9**	
医学检验技术	2	532	531	95098	2	
康复物理治疗	2	531	531	95098	2	
医学影像技术	2	548	536	90081	2	
智能医学工程	3	530	526	100234	3	
03专业组(化学或生物)	**12**	**602**	**582**	**46258**	**12**	
临床医学	3	594	589	40322	3	
麻醉学	2	592	590	39519	2	
口腔医学	3	602	593	37179	3	
预防医学	2	585	584	44516	2	
药学	2	583	582	46258	2	
2621 中国海洋大学	**95**				**95**	
03专业组(不限)	**35**	**642**	**635**	**10612**	**35**	
电子信息类	6	640	638	9244	6	
光电信息科学与工程	2	638	637	9657	2	
计算机类	4	642	639	8829	4	
材料类	2	637	636	10154	2	
食品科学与工程类	4	636	635	10612	4	
海洋资源开发技术	2	636	635	10612	2	
勘查技术与工程	2	637	636	10154	2	
船舶与海洋工程	3	637	637	9657	3	
港口航道与海岸工程	2	637	637	9657	2	
机械设计制造及其自动化	2	637	637	9657	2	
自动化	2	638	637	9657	2	
工程管理	2	637	637	9657	2	
土木工程	2	636	635	10612	2	
04专业组(不限)	**17**	**648**	**635**	**10612**	**17**	
海洋科学	4	645	639	8829	4	
大气科学	3	648	636	10154	3	
海洋技术	4	643	636	10154	4	
物理学	2	635	635	10612	2	
数学类	4	640	635	10612	4	
05专业组(不限)	**8**	**637**	**633**	**11593**	**8**	
财务管理	2	636	635	10612	2	
国际经济与贸易	2	633	633	11593	2	
金融学	2	637	635	10612	2	
经济学	2	635	635	10612	2	
06专业组(不限)	**5**	**634**	**628**	**14097**	**5**	
法学	2	634	632	12050	2	
法语	1	630	630	13101	1	
英语	2	629	628	14097	2	
07专业组(不限)(中外合作办学)	**4**	**631**	**629**	**13587**	**4**	
数学与应用数学(中外合作办学)	4	631	629	13587	4	
08专业组(不限)(中外合作办学)	**4**	**638**	**632**	**12050**	**4**	
计算机科学与技术(中外合作办学)	4	638	632	12050	4	
09专业组(不限)(中外合作办学)	**3**	**629**	**620**	**18503**	**3**	
食品科学与工程(中外合作办学)	3	629	620	18503	3	
10专业组(化学)	**5**	**632**	**629**	**13587**	**5**	
化学	2	632	631	12572	2	
轮机工程	3	632	629	13587	3	
11专业组(化学或生物)	**11**	**643**	**633**	**11593**	**11**	
生物科学类	3	643	634	11118	3	
海洋渔业科学与技术	2	635	634	11118	2	
海洋资源与环境	2	636	634	11118	2	
水产养殖学	2	639	633	11593	2	
药学	2	633	633	11593	2	
12专业组(化学或生物)(中外合作办学)	**3**	**631**	**622**	**17335**	**3**	
生物技术(中外合作办学)	3	631	622	17335	3	
2622 青岛理工大学	**49**				**48**	**1**
02专业组(不限)	**34**	**579**	**560**	**66452**	**33**	**1**
建筑学	1	567	567	59799	1	
土木工程	3	566	563	63654	3	
材料科学与工程	2	564	563	63654	2	
机械设计制造及其自动化	3	569	567	59799	3	
材料成型及控制工程	2	563	563	63654	2	
车辆工程	2	567	565	61774	2	
计算机科学与技术	1	570	570	56969	1	
软件工程	2	572	570	56969	2	
电子信息工程	1	577	577	50595	1	
电气工程及其自动化	1	568	568	58808	1	
工程管理	2	562	562	64501	2	
工程造价	2	562	561	65452	2	
工业工程	1	566	566	60725	1	
应用物理学	2	572	562	64501	2	
数学与应用数学	2	565	563	63654	2	
城市地下空间工程	2	560	560	66452	2	
房地产开发与管理	1	560	560	66452	1	
智能建造	1	561	561	62693	1	
工程力学	1	579	579	48832		1
网络空间安全	2	568	567	59799	2	
03专业组(不限)	**8**	**557**	**549**	**77083**	**8**	
会计学	1	557	557	69274	1	
市场营销	1	552	552	74112	1	
国际商务	1	553	553	73153	1	
城乡规划	1	549	549	77083	1	
经济学	2	557	556	70201	2	
统计学	2	555	551	75103	2	
04专业组(化学)	**4**	**550**	**550**	**76117**	**4**	
给排水科学与工程	2	550	550	76117	2	
建筑环境与能源应用工程	2	550	550	76117	2	

院校、专业组、专业名称	录取数	最高分	最低分	最低分位次	平行志愿	征求志愿
05专业组(化学或生物)	**3**	**557**	**551**	**75103**	**3**	
环境工程	2	557	557	69274	2	
环境科学	1	551	551	75103	1	
2623 青岛科技大学	**46**				**46**	
01专业组(不限)	**14**	**578**	**572**	**55138**	**14**	
机械工程	2	577	576	51456	2	
过程装备与控制工程	2	573	573	54146	2	
新能源材料与器件	4	574	572	55138	4	
能源与动力工程	2	573	572	55138	2	
人工智能	2	578	576	51456	2	
自动化	2	576	575	52350	2	
02专业组(化学)	**24**	**574**	**540**	**85962**	**24**	
化学	2	555	550	76117	2	
高分子材料与工程	15	574	540	85962	15	
化学工程与工艺	7	564	541	84968	7	
03专业组(化学或生物)	**8**	**561**	**554**	**72168**	**8**	
制药工程	4	561	558	68331	4	
生物工程	4	557	554	72168	4	
2624 青岛大学	**21**				**21**	
02专业组(不限)	**10**	**595**	**588**	**41159**	**10**	
金融学	1	590	590	39519	1	
微电子科学与工程	2	593	592	37932	2	
工业设计	1	591	591	38768	1	
应用物理学	1	592	592	37932	1	
计算机科学与技术	2	595	594	36407	2	
经济学	2	589	588	41159	2	
法学	1	589	589	40322	1	
03专业组(化学)	**11**	**576**	**538**	**87986**	**11**	
环境科学与工程	1	564	564	62693	1	
应用化学	2	555	545	80935	2	
临床医学	2	576	563	63654	2	
材料类	3	543	538	87986	3	
纺织工程	3	551	544	81927	3	
2631 山东农业大学	**73**				**73**	
02专业组(不限)	**42**	**562**	**542**	**83978**	**42**	
环境科学与工程类	2	554	550	76117	2	
动物医学类	3	562	560	66452	3	
动物科学	3	559	554	72168	3	
水产养殖学	3	559	544	81927	3	
电气工程及其自动化	2	556	554	72168	2	
机械类	6	553	543	82963	6	
农业机械化及其自动化	2	553	547	78999	2	
财务管理	4	552	546	79957	4	
土木类	6	559	543	82963	6	
计算机科学与技术	2	558	555	71148	2	
测绘类	3	547	542	83978	3	
文化产业管理	2	543	542	83978	2	
日语	4	544	542	83978	4	
03专业组(化学或生物)	**31**	**558**	**538**	**87986**	**31**	
农学	4	552	546	79957	4	
中药资源与开发	2	540	540	85962	2	
植物生产类(含植物保护等2个专业)	3	558	547	78999	3	
制药工程	2	550	540	85962	2	
林学	2	548	542	83978	2	
水土保持与荒漠化防治	2	541	539	86937	2	
植物生产类(含园艺等3个专业)	6	545	541	84968	6	
生物科学类	6	546	540	85962	6	
生物工程	4	540	538	87986	4	
2633 山东科技大学	**54**				**53**	**1**
01专业组(不限)	**26**	**579**	**531**	**95098**	**25**	**1**
海洋技术	4	577	568	58808	4	
智能制造工程	2	579	578	49756	2	
新能源材料与器件	2	574	572	55138	2	
机器人工程	2	578	578	49756	2	
建筑环境与能源应用工程	2	571	569	57929	2	
城市地下空间工程	2	571	571	56021	2	
测绘工程	2	578	577	50595	2	
遥感科学与技术	2	576	576	51456	2	
地质工程	2	568	531	95098	1	1
船舶与海洋工程	4	572	568	58808	4	
大数据管理与应用	2	573	573	54146	2	
02专业组(不限)(中外合作办学)	**20**	**571**	**544**	**81927**	**20**	
电气工程及其自动化(中外合作办学)	5	571	551	75103	5	
通信工程(中外合作办学)	5	568	546	79957	5	
软件工程(中外合作办学)	5	551	545	80935	5	
金融学(中外合作办学)	5	545	544	81927	5	
03专业组(化学)	**6**	**566**	**536**	**90081**	**6**	
智能采矿工程	4	566	536	90081	4	
智慧交通	2	562	553	73153	2	
04专业组(化学或地理)	**2**	**586**	**583**	**45410**	**2**	
地理信息科学	2	586	583	45410	2	
2635 潍坊学院	**40**				**39**	**1**
03专业组(不限)	**29**	**514**	**495**	**131453**	**28**	**1**
数学与应用数学(师范)	2	514	502	124506	2	
信息与计算科学	2	500	500	126589	2	
物理学(师范)	3	502	499	127539	3	
电子科学与技术	2	501	498	128536	2	
通信工程	2	497	497	129553	2	
机械设计制造及其自动化	3	510	500	126589	3	
自动化	3	505	501	125542	3	
机器人工程	2	501	499	127539	2	
计算机科学与技术	2	508	508	118485	2	
土木工程	2	499	495	131453	1	1
建筑学	2	512	497	129553	2	

院校、专业组、专业名称	录取数	最高分	最低分	最低分位次	平行志愿	征求志愿
国际经济与贸易	2	508	499	127539	2	
智能制造工程	2	498	497	129553	2	
04专业组(化学)	**7**	**514**	**498**	**128536**	**7**	
化学(师范)	3	514	502	124506	3	
化学工程与工艺	2	498	498	128536	2	
制药工程	2	506	502	124506	2	
05专业组(化学或生物)	**2**	**513**	**497**	**129553**	**2**	
海洋渔业科学与技术	2	513	497	129553	2	
06专业组(化学和生物)	**2**	**527**	**520**	**106376**	**2**	
生物科学(师范)	2	527	520	106376	2	
2641 中国石油大学(华东)	**98**				**98**	
01专业组(不限)	**83**	**632**	**609**	**25496**	**83**	
地球物理学	2	616	614	22200	2	
勘查技术与工程	4	614	609	25496	4	
船舶与海洋工程	2	615	611	24195	2	
石油工程	4	632	617	20292	4	
碳储科学与工程	2	613	613	22857	2	
安全工程	3	615	609	25496	3	
机械类	6	617	614	22200	6	
工程力学	2	610	610	24841	2	
建筑环境与能源应用工程	3	613	609	25496	3	
建筑学	2	613	610	24841	2	
油气储运工程	2	616	614	22200	2	
材料类	10	616	610	24841	10	
材料类(本研一体班)	2	616	615	21590	2	
电气工程及其自动化	2	621	620	18503	2	
过程装备与控制工程	2	615	613	22857	2	
新能源科学与工程	2	617	615	21590	2	
电子信息工程	3	620	619	19103	3	
通信工程	3	624	617	20292	3	
测控技术与仪器	2	613	613	22857	2	
智能感知工程	2	615	611	24195	2	
自动化	2	622	621	17908	2	
计算机科学与技术	2	627	625	15652	2	
软件工程	4	620	618	19695	4	
智能科学与技术	2	617	616	20903	2	
光电信息科学与工程	2	617	614	22200	2	
数据科学与大数据技术	2	618	617	20292	2	
数学类	3	615	614	22200	3	
管理科学与工程类	2	614	609	25496	2	
会计学	2	617	612	23568	2	
英语	2	610	609	25496	2	
02专业组(化学)	**12**	**609**	**603**	**29716**	**12**	
地质学	2	603	603	29716	2	
化工安全工程	3	607	603	29716	3	
化学工程与工艺	5	609	603	29716	5	
能源化学工程	2	609	608	26161	2	
03专业组(化学或地理)	**3**	**613**	**611**	**24195**	**3**	
地理信息科学	3	613	611	24195	3	
2642 聊城大学	**25**				**25**	
02专业组(不限)	**15**	**543**	**535**	**91099**	**15**	
经济学	4	538	537	89032	4	
机械设计制造及其自动化	3	543	538	87986	3	
电子信息工程	4	541	538	87986	4	
土木工程	4	538	535	91099	4	
03专业组(化学)	**10**	**529**	**500**	**126589**	**10**	
材料科学与工程	5	521	517	109393	5	
高分子材料与工程	5	529	500	126589	5	
2643 青岛农业大学	**21**				**18**	**3**
04专业组(不限)	**15**	**553**	**502**	**124506**	**12**	**3**
土木工程	4	548	531	95098	3	1
知识产权	1	543	543	82963	1	
水产养殖学	4	553	539	86937	4	
水生动物医学	2	534	531	95098	2	
水族科学与技术	4	539	502	124506	2	2
05专业组(化学)	**1**	**543**	**543**	**82963**	**1**	
植物保护	1	543	543	82963	1	
06专业组(化学或生物)	**5**	**540**	**536**	**90081**	**5**	
园艺	2	539	536	90081	2	
园林	1	538	538	87986	1	
动物科学	1	539	539	86937	1	
风景园林	1	540	540	85962	1	
2645 临沂大学	**47**				**47**	
02专业组(不限)	**18**	**549**	**540**	**85962**	**18**	
物理学(师范)	3	548	543	82963	3	
电气工程及其自动化	6	549	541	84968	6	
新能源材料与器件	4	540	540	85962	4	
会计学	5	543	540	85962	5	
03专业组(不限)(中外合作办学)	**10**	**530**	**498**	**128536**	**10**	
机械设计制造及其自动化(中外合作办学)	10	530	498	128536	10	
04专业组(化学)	**9**	**547**	**530**	**96124**	**9**	
医学检验技术	5	547	533	93122	5	
材料科学与工程	4	533	530	96124	4	
05专业组(化学或生物)	**2**	**530**	**528**	**98180**	**2**	
园艺	2	530	528	98180	2	
06专业组(化学或生物)(中外合作办学)	**8**	**498**	**483**	**142975**	**8**	
生物技术(中外合作办学)	3	492	487	139209	3	
动物科学(中外合作办学)	2	498	486	140151	2	
食品科学与工程(中外合作办学)	3	488	483	142975	3	
2650 滨州学院	**18**				**18**	
02专业组(不限)	**18**	**537**	**513**	**113413**	**18**	
财务管理	3	514	513	113413	3	
土木工程	5	521	516	110349	5	
机械设计制造及其自动化	5	525	514	112372	5	

院校、专业组、专业名称	录取数	最高分	最低分	最低分位次	平行志愿	征求志愿
飞行器动力工程	5	537	524	102241	5	
2651 烟台大学	**38**				**37**	**1**
03专业组(不限)	**25**	**548**	**522**	**104328**	**24**	**1**
法学	2	547	541	84968	2	
国际经济与贸易	4	538	533	93122	4	
人工智能	4	548	534	92079	4	
建筑学	2	534	532	94094	2	
工程管理	3	538	532	94094	3	
化学工程与工艺	10	541	522	104328	9	1
05专业组(化学)	**5**	**549**	**535**	**91099**	**5**	
应用化学	3	537	535	91099	3	
核工程与核技术	2	549	541	84968	2	
06专业组(化学或生物)	**8**	**550**	**543**	**82963**	**8**	
食品科学与工程	2	543	543	82963	2	
药学	3	550	544	81927	3	
制药工程	3	544	543	82963	3	
2652 山东工商学院	**33**				**32**	**1**
03专业组(不限)	**33**	**529**	**487**	**139209**	**32**	**1**
国际经济与贸易	1	517	517	109393	1	
投资学	1	514	514	112372	1	
法学	1	529	529	97145	1	
会计学	1	520	520	106376	1	
财务管理	1	518	518	108392	1	
审计学	1	526	526	100234	1	
应用统计学	1	516	516	110349	1	
经济统计学	1	518	518	108392	1	
保险学	1	516	516	110349	1	
工商管理	1	514	514	112372	1	
市场营销	1	487	487	139209		1
人力资源管理	2	519	518	108392	2	
物流管理	1	518	518	108392	1	
资产评估	1	513	513	113413	1	
电子商务	1	516	516	110349	1	
信用风险管理与法律防控	1	528	528	98180	1	
公共管理类	2	515	514	112372	2	
经济学类	1	514	514	112372	1	
数学与应用数学	1	515	515	111340	1	
电气工程及其自动化	2	522	519	107387	2	
电子信息工程	1	520	520	106376	1	
通信工程	1	519	519	107387	1	
软件工程	1	521	521	105373	1	
网络工程	1	519	519	107387	1	
工业工程	2	514	514	112372	2	
信息管理与信息系统	1	516	516	110349	1	
安全工程	1	514	514	112372	1	
工程管理	1	518	518	108392	1	
工程造价	1	518	518	108392	1	
2653 鲁东大学	**41**				**41**	
02专业组(不限)	**41**	**555**	**539**	**86937**	**41**	

院校、专业组、专业名称	录取数	最高分	最低分	最低分位次	平行志愿	征求志愿
应用心理学	3	543	540	85962	3	
经济学	4	542	539	86937	4	
旅游管理	3	541	541	84968	3	
数学与应用数学(师范)	4	555	543	82963	4	
物理学(师范)	3	547	544	81927	3	
光电信息科学与工程	3	550	545	80935	3	
新能源材料与器件	3	547	542	83978	3	
机械设计制造及其自动化	4	550	543	82963	4	
土木工程	5	540	539	86937	5	
港口航道与海岸工程	3	549	544	81927	3	
计算机科学与技术	3	553	552	74112	3	
人工智能	3	554	550	76117	3	
2661 山东大学威海分校	**58**				**58**	
03专业组(不限)	**54**	**647**	**640**	**8448**	**54**	
经济学类	5	642	641	8031	5	
工商管理类	5	641	640	8448	5	
海洋科学	4	641	640	8448	4	
海洋资源开发技术	6	641	641	8031	6	
智能制造工程	8	642	642	7656	8	
自动化类	4	644	643	7266	4	
电子信息类	5	647	643	7266	5	
计算机类	3	646	644	6899	3	
物理学	6	643	642	7656	6	
数学类	8	647	642	7656	8	
04专业组(不限)(中外合作办学)	**4**	**641**	**637**	**9657**	**4**	
计算机科学与技术(中外合作办学)	2	640	638	9244	2	
应用物理学(中外合作办学)	2	641	637	9657	2	
2662 哈尔滨工业大学(威海)	**84**				**84**	
02专业组(不限)	**61**	**657**	**651**	**4643**	**61**	
工科试验班(电气与自动化)	12	657	652	4397	12	
工科试验班(计算机与电子通信)	17	656	653	4114	17	
工科试验班(机器人与智能装备)	14	655	651	4643	14	
软件工程	8	655	652	4397	8	
数学类	4	652	651	4643	4	
工科试验班(先进材料与智能制造类拔尖班)	6	656	651	4643	6	
03专业组(不限)	**18**	**650**	**643**	**7266**	**18**	
船舶与海洋工程	10	650	646	6254	10	
土木工程	8	649	643	7266	8	
04专业组(不限)(中外合作办学)	**5**	**641**	**629**	**13587**	**5**	
船舶与海洋工程(中外合作办学)	5	641	629	13587	5	
2669 菏泽学院	**6**				**6**	
03专业组(不限)	**2**	**527**	**526**	**100234**	**2**	

院校、专业组、专业名称	录取数	最高分	最低分	最低分位次	平行志愿	征求志愿
心理学(师范)	1	526	526	100234	1	
汉语言文学(师范)	1	527	527	99221	1	
04专业组(化学)	**3**	**519**	**516**	**110349**	**3**	
化学(师范)	3	519	516	110349	3	
05专业组(化学或生物)	**1**	**493**	**493**	**133442**	**1**	
园艺	1	493	493	133442	1	
2671 曲阜师范大学	**38**				**38**	
02专业组(不限)	**31**	**563**	**530**	**96124**	**31**	
朝鲜语	3	538	530	96124	3	
电气工程及其自动化	6	551	541	84968	6	
工商管理	4	541	530	96124	4	
心理学(师范)	3	546	532	94094	3	
数学与应用数学(师范)	3	543	538	87986	3	
应用统计学	4	563	534	92079	4	
通信工程	4	552	536	90081	4	
网络工程	4	539	532	94094	4	
03专业组(化学)	**3**	**579**	**572**	**55138**	**3**	
化学(师范)	3	579	572	55138	3	
04专业组(化学或地理)	**4**	**580**	**570**	**56969**	**4**	
地理科学(师范)	4	580	570	56969	4	
2681 滨州医学院	**10**				**10**	
01专业组(不限)	**2**	**529**	**527**	**99221**	**2**	
健康服务与管理	2	529	527	99221	2	
02专业组(化学)	**4**	**556**	**526**	**100234**	**4**	
药学	3	551	526	100234	3	
口腔医学技术	1	556	556	70201	1	
03专业组(化学或生物)	**4**	**579**	**574**	**53221**	**4**	
口腔医学	1	579	579	48832	1	
护理学	3	577	574	53221	3	
2683 德州学院	**5**				**5**	
02专业组(不限)	**5**	**513**	**505**	**121517**	**5**	
制药工程	5	513	505	121517	5	
2691 山东第一医科大学	**19**				**18**	**1**
02专业组(不限)	**5**	**557**	**552**	**74112**	**5**	
计算机科学与技术	5	557	552	74112	5	
03专业组(化学)	**14**	**605**	**553**	**73153**	**13**	**1**
临床医学	3	605	578	49756	3	
口腔医学技术	5	582	567	59799	4	1
医学实验技术	2	555	554	72168	2	
医学影像学	4	574	553	73153	4	
2695 济宁医学院	**40**				**40**	
01专业组(不限)	**8**	**552**	**541**	**84968**	**8**	
针灸推拿学	1	552	552	74112	1	
护理学	6	545	541	84968	6	
中药学	1	546	546	79957	1	
02专业组(化学)	**6**	**536**	**533**	**93122**	**6**	
医学检验技术	3	536	534	92079	3	
康复治疗学	2	534	533	93122	2	
卫生检验与检疫	1	533	533	93122	1	

院校、专业组、专业名称	录取数	最高分	最低分	最低分位次	平行志愿	征求志愿
03专业组(化学或生物)	**26**	**586**	**565**	**61774**	**26**	
临床医学	8	586	576	51456	8	
医学影像学	1	572	572	55138	1	
精神医学	3	581	572	55138	3	
口腔医学	2	574	572	55138	2	
预防医学	3	567	566	60725	3	
中西医临床医学	3	574	571	56021	3	
法医学	2	572	568	58808	2	
药学	2	570	568	58808	2	
药物制剂	2	566	565	61774	2	
2701 山东女子学院	**3**				**3**	
02专业组(不限)	**3**	**505**	**494**	**132434**	**3**	
应用心理学	1	505	505	121517	1	
旅游管理	1	499	499	127539	1	
国际经济与贸易	1	494	494	132434	1	
2702 济宁学院	**5**				**5**	
02专业组(不限)	**5**	**517**	**511**	**115420**	**5**	
数据科学与大数据技术	5	517	511	115420	5	
2706 泰山学院	**23**				**23**	
01专业组(不限)	**6**	**518**	**516**	**110349**	**6**	
电子信息类	6	518	516	110349	6	
02专业组(不限)	**5**	**525**	**519**	**107387**	**5**	
计算机类	5	525	519	107387	5	
03专业组(化学)	**9**	**513**	**491**	**135455**	**9**	
化工与制药类	6	513	493	133442	6	
高分子材料与工程	3	497	491	135455	3	
04专业组(化学或生物)	**3**	**525**	**511**	**115420**	**3**	
生物科学类(含师范)	3	525	511	115420	3	
2710 齐鲁师范学院	**5**				**5**	
02专业组(化学)	**5**	**525**	**519**	**107387**	**5**	
化学(师范)	5	525	519	107387	5	
2711 山东师范大学	**29**				**29**	
04专业组(不限)	**19**	**585**	**554**	**72168**	**19**	
金融学类	1	557	557	69274	1	
学前教育(师范)	1	555	555	71148	1	
汉语国际教育(师范)	1	554	554	72168	1	
数学与应用数学(师范)	1	561	561	65452	1	
物理学(师范)	1	576	576	51456	1	
电子信息类	4	577	563	63654	4	
食品科学与工程	1	557	557	69274	1	
心理学类	1	564	564	62693	1	
通信工程	2	567	566	60725	2	
计算机类	2	585	584	44516	2	
信息管理与信息系统	1	564	564	62693	1	
工商管理类	1	557	557	69274	1	
公共管理类	2	562	554	72168	2	
05专业组(不限)(中外合作办学)	**2**	**549**	**544**	**81927**	**2**	
物流管理(中外合作办学)	1	549	549	77083	1	

院校、专业组、专业名称	录取数	最高分	最低分	最低分位次	平行志愿	征求志愿
财务管理(中外合作办学)	1	544	544	81927	1	
06专业组(化学)	**4**	**588**	**584**	**44516**	**4**	
化学(师范)	4	588	584	44516	4	
07专业组(化学或生物)	**3**	**589**	**553**	**73153**	**3**	
化学工程与工艺	2	589	553	73153	2	
生物科学类	1	572	572	55138	1	
08专业组(化学或地理)	**1**	**588**	**588**	**41159**	**1**	
地理科学类	1	588	588	41159	1	
2713 山东青年政治学院	**10**				**10**	
01专业组(不限)	**10**	**531**	**514**	**112372**	**10**	
计算机科学与技术	5	531	515	111340	5	
财务管理	5	519	514	112372	5	
2755 山东石油化工学院	**26**				**25**	**1**
02专业组(不限)	**26**	**528**	**502**	**124506**	**25**	**1**
机械设计制造及其自动化	2	504	504	122564	2	
石油工程	3	528	505	121517	2	1
油气储运工程	3	526	508	118485	3	
资源勘查工程	3	504	502	124506	3	
建筑环境与能源应用工程	2	503	503	123514	2	
环境工程	2	506	504	122564	2	
电气工程及其自动化	3	512	509	117454	3	
自动化	4	515	504	122564	4	
信息与计算科学	2	524	511	115420	2	
数据科学与大数据技术	2	505	504	122564	2	
3101 北京大学	**26**				**26**	
05专业组(不限)	**26**	**703**	**691**	**前100名**	**26**	
数学类	3	700	698	前100名	3	
工科试验班类	2	693	692	前100名	2	
物理学类	2	695	692	前100名	2	
电子信息类	2	694	693	前100名	2	
计算机类	9	700	691	前100名	9	
理科试验班类	3	703	700	前100名	3	
经济学类	1	698	698	前100名	1	
工商管理类	3	692	691	前100名	3	
法学	1	691	691	前100名	1	
3102 中国人民大学	**27**				**27**	
04专业组(不限)	**27**	**686**	**667**	**1413**	**27**	
社会科学试验班(资源与环境经济学、农林经济管理、农村区域发展、行政管理、城市管理、土地资源管理、信息资源管理、档案学)(管理学科类)	2	668	668	1292	2	
经济学类(含经济学、国民经济管理、能源经济、数字经济等5个专业)	2	678	676	558	2	
新闻传播学类(新闻学、广播电视学、广告学、传播学、国际新闻与传播)	1	667	667	1413	1	

院校、专业组、专业名称	录取数	最高分	最低分	最低分位次	平行志愿	征求志愿
工商管理类(含工商管理、财务管理、会计学、市场营销等6个专业)	2	671	667	1413	2	
金融学类(金融学、金融工程、保险学、信用管理)	5	682	675	625	5	
法学	2	686	682	237	2	
人工智能	2	675	672	863	2	
统计学类(含应用统计学、统计学等4个专业)	5	673	671	948	5	
计算机类(含计算机科学与技术、软件工程、信息安全、数据科学与大数据技术等5个专业)(图灵实验班)	3	668	668	1292	3	
数学类(经济学+数学双学士学位培养项目)(数学与应用数学、数据计算及应用)	2	678	671	948	2	
数学类(金融学+数学双学士学位培养项目)(数学与应用数学、数据计算及应用)	1	672	672	863	1	
3103 清华大学	**38**				**38**	
03专业组(不限)	**33**	**703**	**690**	**前100名**	**33**	
工科试验班类(机械、航空与动力)	6	697	690	前100名	6	
工科试验班类(能源与电气)	1	690	690	前100名	1	
电子信息类	11	701	692	前100名	11	
计算机类	5	701	694	前100名	5	
自动化类	4	693	691	前100名	4	
理科试验班类(经济、金融与管理)	1	693	693	前100名	1	
理科试验班类(新雅书院)	2	703	700	前100名	2	
土木类	1	690	690	前100名	1	
工科试验班类(为先书院)	2	690	690	前100名	2	
04专业组(化学)	**5**	**697**	**694**	**前100名**	**5**	
理科试验班(化生类)	2	697	696	前100名	2	
临床医学类(协和)	3	696	694	前100名	3	
3104 北京师范大学	**22**				**22**	
04专业组(不限)	**10**	**661**	**651**	**4643**	**10**	
金融科技	2	653	651	4643	2	
英语	2	657	652	4397	2	
数学与应用数学	2	661	656	3399	2	
天文学	2	651	651	4643	2	
公共管理类(含公共事业管理等3个专业)	2	653	651	4643	2	
05专业组(化学)	**12**	**667**	**647**	**5894**	**12**	
心理学(含励耘实验班)	2	667	657	3166	2	
化学	4	656	649	5239	4	
资源环境科学	1	647	647	5894	1	
环境科学与工程类(环境工程、环境科学、环境生态工	2	650	647	5894	2	

院校、专业组、专业名称	录取数	最高分	最低分	最低分位次	平行志愿	征求志愿
程)						
生物科学类(生物技术、生态学、生物科学)	3	662	652	4397	3	
3105 北京交通大学	**37**				**37**	
02专业组(不限)	**27**	**648**	**641**	**8031**	**27**	
电子信息类(通信与控制)	4	648	642	7656	4	
计算机类	3	645	642	7656	3	
交通运输类[含信息与计算科学+交通运输(双学士学位复合型人才培养项目)]	5	642	641	8031	5	
土木类(智慧建造与智能工程)	1	641	641	8031	1	
机械类(智能制造与智能装备)	2	641	641	8031	2	
电气类	3	642	642	7656	3	
软件工程	4	643	641	8031	4	
理科试验班(数学与统计)	2	641	641	8031	2	
理科试验班(智能光电与纳米技术)	3	642	641	8031	3	
03专业组(不限)	**6**	**649**	**646**	**6254**	**6**	
理科试验班类(詹天佑本博直升试点班)	6	649	646	6254	6	
04专业组(不限)(中外合作办学)	**4**	**634**	**627**	**14617**	**4**	
机械电子工程(中外合作办学)	4	634	627	14617	4	
3106 北京航空航天大学	**92**				**92**	
02专业组(不限)	**86**	**670**	**659**	**2755**	**86**	
工科试验班类(计算机拔尖计划)	1	670	670	1049	1	
理科试验班类(物理学拔尖计划)	2	668	664	1848	2	
工科试验班类(未来空天领军计划)	2	670	669	1163	2	
理科试验班类(国际卓越工程师试验班)	4	667	664	1848	4	
工科试验班类(医工交叉试验班)	2	667	663	2020	2	
工科试验班类(航空航天类)	32	667	660	2578	32	
工科试验班类(信息类)	37	668	663	2020	37	
理科试验班类	6	663	659	2755	6	
03专业组(不限)(中外合作办学)	**6**	**655**	**649**	**5239**	**6**	
工科试验班类(中外合作办学)	6	655	649	5239	6	
3107 北京理工大学	**89**				**89**	
02专业组(不限)	**79**	**665**	**657**	**3166**	**79**	
工科试验班(未来精工技术)	1	665	665	1692	1	
工科试验班(徐特立英才班)	12	665	662	2184	12	
工科试验班(宇航与机电类)	7	661	657	3166	7	
工科试验班(智能制造与智能车辆菁英班)	1	657	657	3166	1	
工科试验班(信息科学技术)	16	661	659	2755	16	
工科试验班(电子信息实验班)	41	661	657	3166	41	
理科试验班	1	657	657	3166	1	
03专业组(不限)(中外合作办学)	**6**	**638**	**635**	**10612**	**6**	
会计学(中外合作办学)	6	638	635	10612	6	
04专业组(不限)(中外合作办学)	**4**	**648**	**645**	**6590**	**4**	
航空航天工程(中外合作办学)	3	647	645	6590	3	
光电信息科学与工程(中外合作办学)	1	648	648	5543	1	
3108 北京科技大学	**83**				**83**	
02专业组(不限)	**55**	**643**	**635**	**10612**	**55**	
工科试验班类	6	643	640	8448	6	
人工智能	4	641	639	8829	4	
工商管理类(数智经济与管理试验班)	4	637	635	10612	4	
机械类	11	640	635	10612	11	
自动化类	5	640	638	9244	5	
计算机类	8	643	640	8448	8	
通信工程	3	639	639	8829	3	
冶金工程	6	637	635	10612	6	
储能科学与工程	6	639	636	10154	6	
土木类	2	635	635	10612	2	
03专业组(不限)	**26**	**640**	**635**	**10612**	**26**	
理科试验班	2	640	640	8448	2	
理科试验班(纳米科学与工程本博贯通班)(纳米材料与技术)	1	640	640	8448	1	
材料科学与工程(本博贯通高精尖班)	1	637	637	9657	1	
材料科学与工程	7	637	635	10612	7	
管理科学与工程类(大数据管理试验班)	4	639	635	10612	4	
能源动力类(能源、环境)	6	637	635	10612	6	
数学类	3	638	637	9657	3	
应用物理学	2	639	639	8829	2	
04专业组(化学)	**2**	**634**	**634**	**11118**	**2**	
应用化学	2	634	634	11118	2	
3109 北京化工大学	**102**				**102**	
02专业组(不限)	**63**	**632**	**616**	**20903**	**63**	
自动化类(高端装备与智能制造)	34	631	617	20292	34	
计算机类	20	632	619	19103	20	

院校、专业组、专业名称	录取数	最高分	最低分	最低分位次	平行志愿	征求志愿
理科试验班(数学、物理电子与管理)	9	621	616	20903	9	
03专业组(化学)	**39**	**636**	**616**	**20903**	**39**	
工科试验班(宏德书院)	4	636	628	14097	4	
化学(基础拔尖)	3	634	626	15133	3	
工科试验班(绿色化工与生物医药)	10	624	616	20903	10	
工科试验班(先进材料与绿色化学)	14	627	618	19695	14	
化学工程与工艺[化学工程与工艺+大数据管理与应用(双学士学位复合型人才培养项目)]	2	635	634	11118	2	
生物工程[生物工程+大数据管理与应用(双学士学位复合型人才培养项目)]	2	626	625	15652	2	
化学[化学+生物工程(双学士学位复合型人才培养项目)]	2	627	625	15652	2	
材料科学与工程[材料科学与工程+大数据管理与应用(双学士学位复合型人才培养项目)]	2	631	628	14097	2	
3110 中国农业大学	**75**				**75**	
03专业组(不限)	**36**	**645**	**640**	**8448**	**36**	
园林	1	640	640	8448	1	
农业工程类	4	644	641	8031	4	
机械类	6	642	640	8448	6	
电子信息类	6	645	642	7656	6	
计算机类	2	645	644	6899	2	
水利类	6	642	640	8448	6	
数学与应用数学	2	642	642	7656	2	
工程力学	1	641	641	8031	1	
经济学类	3	641	641	8031	3	
理科试验班(信息科学)	1	645	645	6590	1	
工商管理类	3	641	640	8448	3	
理科试验班(智能装备)	1	645	645	6590	1	
04专业组(化学)	**20**	**647**	**637**	**9657**	**20**	
环境科学与工程类	4	641	638	9244	4	
动物医学类	5	644	638	9244	5	
食品科学与工程类	6	647	639	8829	6	
化学类	3	638	637	9657	3	
地理科学类	2	638	638	9244	2	
05专业组(化学或生物)	**19**	**651**	**642**	**7656**	**19**	
农学	3	647	645	6590	3	
园艺	2	644	642	7656	2	
植物保护	3	646	644	6899	3	
生物科学类	3	649	648	5543	3	
草业科学	2	643	642	7656	2	
动物科学	5	643	642	7656	5	

院校、专业组、专业名称	录取数	最高分	最低分	最低分位次	平行志愿	征求志愿
理科试验班类(生命科学)	1	651	651	4643	1	
3111 中国地质大学(北京)	**59**				**57**	**2**
01专业组(不限)	**29**	**632**	**599**	**32622**	**28**	**1**
城市地下空间工程	2	604	599	32622	2	
计算机科学与技术	2	628	621	17908	2	
电气工程及其自动化	1	625	625	15652	1	
软件工程	2	612	610	24841	2	
人工智能	2	606	606	27545	2	
工商管理类	2	602	601	31135	2	
信息管理与信息系统	2	605	604	28962	2	
经济学	2	603	601	31135	2	
地球物理学	2	632	605	28268	2	
勘查技术与工程	2	600	599	32622	2	
测控技术与仪器	2	606	604	28962	2	
智能地球探测	1	610	610	24841	1	
土地资源管理	1	605	605	28268	1	
测绘工程	2	601	601	31135	2	
土地整治工程	2	608	604	28962	1	1
数学与应用数学	2	621	613	22857	2	
02专业组(化学)	**27**	**614**	**591**	**38768**	**26**	**1**
地质学类(地质地矿)	3	605	600	31866	3	
地质工程(工科基地班)	1	614	614	22200	1	
地质工程	1	598	598	33367	1	
安全工程	2	601	591	38768	2	
材料类	4	602	593	37179	4	
水文与水资源工程	2	594	592	37932	2	
地下水科学与工程	2	593	593	37179	1	1
环境生态工程	1	601	601	31135	1	
地质类(能源)	6	597	592	37932	6	
宝石及材料工艺学	2	606	596	34854	2	
海洋科学	2	604	600	31866	2	
海洋资源与环境	1	592	592	37932	1	
03专业组(地理)	**3**	**624**	**623**	**16748**	**3**	
地理信息科学	3	624	623	16748	3	
3112 中国政法大学	**36**				**36**	
03专业组(不限)	**36**	**671**	**640**	**8448**	**36**	
法学	10	659	653	4114	10	
法学(法学人才培养模式改革实验班)	5	671	664	1848	5	
法学(涉外法治人才培养实验班)	3	664	659	2755	3	
翻译(法律翻译实验班)	2	652	650	4920	2	
新闻学	1	651	651	4643	1	
网络与新媒体	1	652	652	4397	1	
应用心理学	1	644	644	6899	1	
工商管理	3	642	640	8448	3	
国际商务	3	649	642	7656	3	
行政管理	1	651	651	4643	1	
金融工程(成思危现代金融	4	650	646	6254	4	

院校、专业组、专业名称	录取数	最高分	最低分	最低分位次	平行志愿	征求志愿
菁英班)						
信息管理与信息系统	2	649	647	5894	2	
3113 北京邮电大学	**48**				**48**	
01专业组(不限)	**44**	**655**	**650**	**4920**	**44**	
通信工程(大类招生)(含电子信息工程、通信工程、空间信息与数字技术)	10	654	652	4397	10	
电子信息类(电子信息科学与技术、光电信息科学与工程、电子科学与技术、集成电路设计与集成系统)	6	652	651	4643	6	
计算机类(计算机科学与技术、网络工程、数据科学与大数据技术)	7	655	652	4397	7	
网络空间安全(大类招生)(含网络空间安全、信息安全、密码科学与技术)	6	650	650	4920	6	
人工智能(大类招生)(含信息工程、人工智能、自动化、智能医学工程)	9	651	650	4920	9	
自动化类(智能机器人与智慧物流)	4	651	650	4920	4	
数字媒体技术	2	652	650	4920	2	
02专业组(不限)	**4**	**657**	**655**	**3626**	**4**	
电子信息类(元班)(电子科学与技术、通信工程)	2	657	655	3626	2	
计算机类(元班)(计算机科学与技术、网络空间安全)	2	656	655	3626	2	
3114 北京林业大学	**92**				**92**	
02专业组(不限)	**75**	**625**	**597**	**34107**	**75**	
林学类[林学、林学(城市林业)、森林保护、经济林]	5	612	598	33367	5	
土木工程	2	603	599	32622	2	
食品科学与工程	2	608	598	33367	2	
风景园林	5	610	599	32622	5	
园林	5	606	603	29716	5	
城乡规划	2	602	599	32622	2	
国际经济与贸易	2	608	604	28962	2	
金融学	2	607	602	30377	2	
统计学	1	616	616	20903	1	
信息管理与信息系统(管理信息)	3	609	606	27545	3	
工商管理类(会计学、工商管理、市场营销、人力资源管理、物业管理)	4	610	597	34107	4	
机械设计制造及其自动化	4	613	611	24195	4	
车辆工程	4	613	608	26161	4	
自动化	2	614	614	22200	2	
电气工程及其自动化	4	618	614	22200	4	

院校、专业组、专业名称	录取数	最高分	最低分	最低分位次	平行志愿	征求志愿
林业工程类(含木材科学与工程等6个专业)	6	602	598	33367	6	
应用心理学	2	614	609	25496	2	
英语	1	609	609	25496	1	
商务英语	2	606	600	31866	2	
信息管理与信息系统	2	613	612	23568	2	
计算机类(计算机科学与技术、数字媒体技术、网络工程、物联网工程、数据科学与大数据技术)	7	625	619	19103	7	
数学与应用数学	2	614	610	24841	2	
环境科学	2	597	597	34107	2	
环境工程	2	603	597	34107	2	
林学类(林学、森林保护)	1	617	617	20292	1	
风景园林(梁希实验班)	1	610	610	24841	1	
03专业组(化学或生物)	**15**	**635**	**598**	**33367**	**15**	
水土保持与荒漠化防治	2	616	604	28962	2	
生物科学类(生物科学、生物技术)	3	621	609	25496	3	
园艺(观赏园艺)	3	603	601	31135	3	
野生动物与自然保护区管理	2	635	624	16213	2	
草坪科学与工程	3	600	598	33367	3	
生物科学	1	615	615	21590	1	
水土保持与荒漠化防治(梁希实验班)	1	604	604	28962	1	
04专业组(化学或地理)	**2**	**623**	**620**	**18503**	**2**	
地理信息科学	2	623	620	18503	2	
3115 北京大学医学部	**17**				**17**	
02专业组(不限)	**2**	**681**	**680**	**320**	**2**	
英语(医学英语)	2	681	680	320	2	
03专业组(化学)	**11**	**689**	**682**	**237**	**11**	
基础医学(本博连读)	4	687	684	176	4	
临床医学	2	686	685	143	2	
口腔医学	2	689	688	前100名	2	
预防医学(本硕连读)	1	682	682	237	1	
药学(本硕连读)	2	686	683	210	2	
04专业组(化学)	**4**	**690**	**689**	**前100名**	**4**	
临床医学(本博连读)	3	690	689	前100名	3	
口腔医学(本博连读)	1	689	689	前100名	1	
3116 北京外国语大学	**14**				**14**	
05专业组(不限)	**14**	**643**	**628**	**14097**	**14**	
金融学	2	634	634	11118	2	
国际经济与贸易	1	629	629	13587	1	
英语	1	635	635	10612	1	
英语(中央财经大学金融学专业联合培养)	2	643	635	10612	2	
德语	2	631	628	14097	2	
法语	2	633	629	13587	2	
信息管理与信息系统(大数	2	633	631	12572	2	

院校、专业组、专业名称	录取数	最高分	最低分	最低分位次	平行志愿	征求志愿
据与商务分析)						
工商管理类(含工商管理、会计学、财务管理、国际商务等专业)	2	633	631	12572	2	
3117 北京语言大学	**11**				**11**	
05专业组(不限)	**11**	**600**	**586**	**42828**	**11**	
金融学	1	594	594	36407	1	
国际经济与贸易	1	588	588	41159	1	
汉语国际教育	1	600	600	31866	1	
外国语言文学类[英语、英语(英西复语)、商务英语]	2	591	591	38768	2	
翻译(汉英法)	1	588	588	41159	1	
网络与新媒体	1	586	586	42828	1	
计算机类(含计算机科学与技术等4个专业)	4	598	588	41159	4	
3118 中国石油大学(北京)	**66**				**66**	
03专业组(不限)	**64**	**630**	**606**	**27545**	**64**	
安全工程	2	612	606	27545	2	
材料科学与工程	3	611	607	26858	3	
储能科学与工程	2	612	611	24195	2	
地球物理学类	4	615	614	22200	4	
地质类	5	612	607	26858	5	
电子信息工程	2	625	622	17335	2	
工商管理类	3	608	606	27545	3	
海洋油气工程	3	614	606	27545	3	
化工与制药类	4	613	606	27545	4	
环境科学与工程类	2	608	606	27545	2	
机械类	3	619	614	22200	3	
计算机科学与技术	3	630	623	16748	3	
经济学类	3	620	612	23568	3	
能源与动力工程	2	619	615	21590	2	
人工智能	2	621	621	17908	2	
石油工程	5	628	613	22857	5	
数学类	2	628	621	17908	2	
碳储科学与工程	2	624	618	19695	2	
新能源科学与工程	2	615	615	21590	2	
信息管理与信息系统	2	615	615	21590	2	
油气储运工程	3	617	607	26858	3	
自动化	2	627	622	17335	2	
过程装备与控制工程	3	615	612	23568	3	
04专业组(化学)	**2**	**614**	**610**	**24841**	**2**	
应用化学	2	614	610	24841	2	
3119 对外经济贸易大学	**33**				**33**	
04专业组(不限)	**33**	**649**	**638**	**9244**	**33**	
金融学类[金融学、金融学(国际金融与市场)、经济与金融、投资学、保险学+数据科学与大数据技术(双学士学位复合型人才培养项目)]	10	649	640	8448	10	

院校、专业组、专业名称	录取数	最高分	最低分	最低分位次	平行志愿	征求志愿
经济学类	3	645	640	8448	3	
数字经济	6	639	638	9244	6	
金融工程	4	649	646	6254	4	
法学类[法学、法学+数据科学与大数据技术(双学士学位复合型人才培养项目)、法学(涉外型卓越经贸法律人才实验班)]	2	646	646	6254	2	
数据科学与大数据技术	3	640	639	8829	3	
精算学	2	644	641	8031	2	
统计学	3	643	638	9244	3	
3120 中央财经大学	**50**				**50**	
02专业组(不限)	**50**	**660**	**638**	**9244**	**50**	
财政学类(含财政学等5个专业方向)	7	656	639	8829	7	
金融学类[金融学、金融工程、金融科技、金融学(北京外国语大学英语专业联合培养)]	10	660	647	5894	10	
工商管理类(会计学、财务管理)	6	651	638	9244	6	
统计学类[含统计学、统计学+金融学(双学士学位培养项目)等5个专业方向]	5	648	641	8031	5	
经济与贸易类(含国际经济与贸易等3个专业)	2	641	640	8448	2	
经济学类(经济学、国民经济管理)	4	645	639	8829	4	
工商管理类(含工商管理等4个专业)	1	640	640	8448	1	
精算学	4	651	640	8448	4	
大数据管理与应用(许国志大数据英才班)	2	650	650	4920	2	
经济学(数理经济与数理金融)	6	641	639	8829	6	
金融学(国际金融与公司理财)	3	645	639	8829	3	
3121 北京中医药大学	**29**				**29**	
02专业组(不限)	**4**	**619**	**591**	**38768**	**4**	
公共管理类(含公共事业管理等2个专业)	3	600	591	38768	3	
法学(医药卫生)	1	619	619	19103	1	
03专业组(化学或生物)	**25**	**676**	**622**	**17335**	**25**	
中西医临床医学	1	641	641	8031	1	
中医学(领军人才培养计划)	1	676	676	558	1	
中医学(5+3一体化)(卓越班)	5	637	632	12050	5	
中医学(5+3一体化)(卓越中医儿科班)	1	630	630	13101	1	
中医学(实验班)	2	630	629	13587	2	

2023年普通类(物理等科目类)本科院校

院校、专业组、专业名称	录取数	最高分	最低分	最低分位次	平行志愿	征求志愿
中医学	5	628	624	16213	5	
中医骨伤科学	1	625	625	15652	1	
针灸推拿学	2	624	623	16748	2	
中药学	3	628	624	16213	3	
中药制药	2	623	622	17335	2	
药学	1	623	623	16748	1	
生物工程	1	622	622	17335	1	
3122 中国矿业大学(北京)	**71**				**71**	
02专业组(不限)	71	629	599	32622	71	
工业工程	2	610	604	28962	2	
智能采矿工程	3	606	604	28962	3	
安全科学与工程类(含安全工程等3个专业)	6	615	606	27545	6	
地质类(地质工程、资源勘查工程)	3	614	601	31135	3	
测绘类(测绘工程、遥感科学与技术)	3	614	600	31866	3	
地球物理学	3	609	604	28962	3	
矿物加工工程	3	616	602	30377	3	
环境工程	3	606	603	29716	3	
化学工程与工艺	2	601	600	31866	2	
碳储科学与工程	2	621	620	18503	2	
计算机科学与技术	4	628	623	16748	4	
电气工程及其自动化	2	629	625	15652	2	
人工智能	3	623	621	17908	3	
机械类(含机械工程等2个专业)	4	620	617	20292	4	
智能制造工程	2	621	616	20903	2	
工商管理类(含工商管理等3个专业)	11	615	599	32622	11	
工程力学	3	617	599	32622	3	
土木工程	4	605	600	31866	4	
建筑学	1	604	604	28962	1	
智能建造	2	615	612	23568	2	
数学类(数学与应用数学、信息与计算科学)	5	624	617	20292	5	
3123 中国传媒大学	**36**				**36**	
05专业组(不限)	17	661	631	12572	17	
通信工程	2	635	634	11118	2	
广播电视工程	3	635	633	11593	3	
数字媒体技术	2	661	639	8829	2	
人工智能	3	637	631	12572	3	
数据科学与大数据技术	2	633	633	11593	2	
计算机科学与技术	3	637	633	11593	3	
网络空间安全	2	632	631	12572	2	
06专业组(不限)	10	644	627	14617	10	
公共关系学	2	630	628	14097	2	
广告学(计算广告双学士学位复合型人才培养项目)	2	644	635	10612	2	
网络与新媒体(智能融媒体运营)	2	629	627	14617	2	
传播学	2	633	631	12572	2	
数字经济	2	627	627	14617	2	
07专业组(不限)(中外合作办学)	5	605	596	34854	5	
智能科学与技术(中外合作办学)	5	605	596	34854	5	
08专业组(不限)(中外合作办学)	4	623	593	37179	4	
传播学(中外合作办学)	2	623	615	21590	2	
广告学(中外合作办学)	2	607	593	37179	2	
3127 北京体育大学	**17**				**17**	
05专业组(不限)	4	593	584	44516	4	
英语	1	586	586	42828	1	
新闻学	1	585	585	43657	1	
网络与新媒体	1	593	593	37179	1	
体育经济与管理	1	584	584	44516	1	
06专业组(不限)	4	605	599	32622	4	
智能体育工程	2	601	599	32622	2	
数据科学与大数据技术	2	605	601	31135	2	
07专业组(不限)(中外合作办学)	2	577	559	67392	2	
休闲体育(中外合作办学)	1	577	577	50595	1	
旅游管理(中外合作办学)	1	559	559	67392	1	
08专业组(化学)	2	589	579	48832	2	
康复物理治疗	2	589	579	48832	2	
09专业组(生物)	5	634	604	28962	5	
运动人体科学	1	609	609	25496	1	
运动康复	2	634	628	14097	2	
应用心理学	2	606	604	28962	2	
3128 华北电力大学(北京)	**84**				**82**	**2**
02专业组(不限)	80	656	610	24841	78	2
电气类	16	656	638	9244	16	
电子信息类	5	637	633	11593	5	
能源与动力工程	6	637	630	13101	6	
储能科学与工程	2	636	627	14617	2	
氢能科学与工程	1	628	628	14097	1	
机械工程	2	624	623	16748	2	
材料科学与工程	2	627	624	16213	2	
建筑环境与能源应用工程	1	627	627	14617	1	
自动化类	5	636	634	11118	5	
测控技术与仪器	2	628	623	16748	2	
计算机类(计算机)	6	638	629	13587	6	
计算机类(智能)	2	633	633	11593	2	
管理科学与工程类	3	626	623	16748	3	
经济学类	3	625	625	15652	3	
供应链管理	1	627	627	14617	1	
能源动力类(新能源)	6	631	627	14617	6	

2023年普通类(物理等科目类)本科院校

院校、专业组、专业名称	录取数	最高分	最低分	最低分位次	平行志愿	征求志愿
水利类	2	624	624	16213	2	
核工程类	6	633	624	16213	6	
数学类	3	628	625	15652	3	
应用物理学	1	623	623	16748	1	
工商管理类	5	630	610	24841	3	2
03专业组(化学)	4	625	623	16748	4	
环境科学与工程类	3	624	623	16748	3	
碳储科学与工程	1	625	625	15652	1	
3129 中央民族大学	65				65	
02专业组(不限)	49	639	625	15652	49	
经济学类(含经济学等5个专业)	8	632	625	15652	8	
法学类	2	635	627	14617	2	
工商管理类(含工商管理等5个专业)	4	627	625	15652	4	
外国语言文学类(英语、翻译)	1	627	627	14617	1	
信息与计算科学	6	630	628	14097	6	
统计学类(统计学、应用统计学)	4	639	626	15133	4	
纳米材料与技术	4	628	627	14617	4	
光电信息科学与工程	5	631	628	14097	5	
电子信息类(电子信息工程、通信工程、人工智能)	4	634	629	13587	4	
计算机类(计算机科学与技术、软件工程、数据科学与大数据技术)	7	638	631	12572	7	
环境科学与工程类(环境工程、环境科学)	4	629	625	15652	4	
03专业组(不限)(中外合作办学)	5	622	613	22857	5	
数据科学与大数据技术(中外合作办学)	5	622	613	22857	5	
04专业组(不限)(中外合作办学)	5	622	609	25496	5	
环境科学(中外合作办学)	5	622	609	25496	5	
05专业组(化学或生物)	6	635	630	13101	6	
生物科学类(生物科学、生态学)	6	635	630	13101	6	
3130 北京协和医学院	10				10	
01专业组(不限)	10	614	597	34107	10	
护理学	10	614	597	34107	10	
3132 北京第二外国语学院	7				7	
02专业组(不限)	7	591	573	54146	7	
英语(人文交流)	1	591	591	38768	1	
法语(经贸合作)	1	591	591	38768	1	
阿拉伯语	2	584	573	54146	2	
旅游管理(旅游经济战略与管理)	1	575	575	52350	1	
会展经济与管理(国际会展与赛事管理)	1	580	580	47955	1	
国际经济与贸易(国际服务贸易)	1	581	581	47114	1	
3133 首都师范大学	12				12	
02专业组(不限)	12	634	595	35651	12	
数学与应用数学	2	634	615	21590	2	
英语	2	618	612	23568	2	
俄语	2	611	600	31866	2	
德语	2	596	595	35651	2	
法语	2	598	597	34107	2	
西班牙语	2	604	602	30377	2	
3134 北京工业大学	14				14	
01专业组(不限)	14	640	633	11593	14	
电子信息工程	3	636	634	11118	3	
人工智能	2	640	634	11118	2	
电子科学与技术	3	637	636	10154	3	
工业设计	1	634	634	11118	1	
大数据管理与应用	5	634	633	11593	5	
3135 首都医科大学	19				19	
01专业组(化学)	16	660	634	11118	16	
临床医学(5+3一体化)	4	656	646	6254	4	
口腔医学(5+3一体化)	1	643	643	7266	1	
临床医学(阶平班)	2	660	655	3626	2	
临床医学	3	641	639	8829	3	
儿科学	1	639	639	8829	1	
眼视光医学	1	635	635	10612	1	
基础医学	4	636	634	11118	4	
02专业组(化学)	3	599	582	46258	3	
康复物理治疗	2	599	588	41159	2	
康复作业治疗	1	582	582	46258	1	
3136 北京物资学院	4				4	
02专业组(不限)	4	566	553	73153	4	
金融学	3	566	553	73153	3	
物流工程	1	553	553	73153	1	
3137 北京信息科技大学	21				21	
01专业组(不限)	21	608	592	37932	21	
工业设计	3	593	592	37932	3	
机器人工程(勤信实验班)	2	600	598	33367	2	
智能感知工程(勤信实验班)	4	597	593	37179	4	
自动化	6	600	593	37179	6	
计算机科学与技术	2	596	594	36407	2	
信息管理与信息系统	2	594	593	37179	2	
信息与计算科学	2	608	593	37179	2	
3138 北京服装学院	3				2	1
01专业组(化学)	3	549	470	154932	2	1
服装设计与工程	1	549	549	77083	1	
高分子材料与工程	2	530	470	154932	1	1
3139 北京印刷学院	3				3	

院校、专业组、专业名称	录取数	最高分	最低分	最低分位次	平行志愿	征求志愿
02专业组(化学)	3	549	518	108392	3	
印刷工程	1	549	549	77083	1	
包装工程	2	527	518	108392	2	
3140 北京邮电大学(宏福校区)	6				6	
01专业组(不限)(中外合作办学)	3	638	634	11118	3	
信息与计算科学(中外合作办学)	2	634	634	11118	2	
数字媒体技术(中外合作办学)	1	638	638	9244	1	
02专业组(不限)(中外合作办学)	3	641	639	8829	3	
电信工程及管理(中外合作办学)	2	641	640	8448	2	
物联网工程(中外合作办学)	1	639	639	8829	1	
3141 北京石油化工学院	20				20	
01专业组(不限)	8	550	541	84968	8	
机械工程	2	545	545	80935	2	
数据科学与大数据技术	1	550	550	76117	1	
大数据管理与应用	1	548	548	78085	1	
高分子材料与工程	2	544	543	82963	2	
材料科学与工程	1	544	544	81927	1	
安全工程	1	541	541	84968	1	
02专业组(化学或生物)	12	539	532	94094	12	
化学工程与工艺	4	539	535	91099	4	
制药工程	2	538	533	93122	2	
生物制药	2	535	534	92079	2	
环境工程	2	535	533	93122	2	
药物分析	2	534	532	94094	2	
3142 北京工商大学	45				45	
02专业组(不限)	35	594	576	51456	35	
会计学	5	591	588	41159	5	
电子信息类	5	594	582	46258	5	
光电信息科学与工程	5	582	579	48832	5	
计算机类	5	590	584	44516	5	
保险学	5	578	576	51456	5	
智能制造工程	5	582	578	49756	5	
经济学	5	578	577	50595	5	
03专业组(不限)(中外合作办学)	5	550	543	82963	5	
应用统计学(中外合作办学)	5	550	543	82963	5	
04专业组(化学)	5	565	545	80935	5	
环境工程	5	565	545	80935	5	
3144 北京联合大学	5				5	
02专业组(不限)	5	566	557	69274	5	
国际经济与贸易	1	566	566	60725	1	
会计学	1	558	558	68331	1	
通信工程	2	559	558	68331	2	
人工智能	1	557	557	69274	1	
3145 北京建筑大学	10				10	
01专业组(不限)	10	594	578	49756	10	
建筑学	1	592	592	37932	1	
城乡规划	1	592	592	37932	1	
土木工程(实验班)	1	591	591	38768	1	
土木工程(智慧城市道桥工程)	1	586	586	42828	1	
土木工程(低碳与高性能建筑材料)	1	583	583	45410	1	
给排水科学与工程	1	584	584	44516	1	
计算机科学与技术	1	594	594	36407	1	
工程造价	3	582	578	49756	3	
3148 北京电影学院	2				2	
02专业组(不限)	2	635	628	14097	2	
数字媒体技术	2	635	628	14097	2	
3153 华北科技学院	78				78	
02专业组(不限)	55	587	521	105373	55	
应急技术与管理	3	587	543	82963	3	
消防工程	5	542	522	104328	5	
安全工程	3	548	534	92079	3	
安全生产监管	6	537	523	103299	6	
应急装备技术与工程	5	542	524	102241	5	
机械设计制造及其自动化	2	527	522	104328	2	
电气工程及其自动化	2	527	526	100234	2	
自动化	3	535	523	103299	3	
建筑电气与智能化	6	528	522	104328	6	
计算机科学与技术	2	529	527	99221	2	
物联网工程	5	526	522	104328	5	
工程管理	7	532	521	105373	7	
数据科学与大数据技术	6	540	522	104328	6	
03专业组(不限)	6	513	504	122564	6	
供应链管理	6	513	504	122564	6	
04专业组(不限)	6	520	508	118485	6	
城市地下空间工程	6	520	508	118485	6	
05专业组(化学)	6	515	496	130482	6	
化工安全工程	6	515	496	130482	6	
06专业组(化学)	5	517	495	131453	5	
应用化学	5	517	495	131453	5	
3154 首都经济贸易大学	14				14	
02专业组(不限)	10	598	573	54146	10	
工商管理类	3	598	583	45410	3	
信息管理与信息系统	3	590	586	42828	3	
外国语言文学类	2	576	573	54146	2	
劳动经济学	2	583	574	53221	2	
03专业组(不限)(中外合作办学)	4	594	583	45410	4	
统计学(中外合作办学)	4	594	583	45410	4	
3156 中国科学院大学	5				5	

院校、专业组、专业名称	录取数	最高分	最低分	最低分位次	平行志愿	征求志愿
05专业组(不限)	**4**	**678**	**675**	**625**	**4**	
数学与应用数学	1	677	677	494	1	
物理学	1	675	675	625	1	
人工智能	1	676	676	558	1	
网络空间安全	1	678	678	431	1	
06专业组(化学)	**1**	**674**	**674**	**689**	**1**	
化学	1	674	674	689	1	
3169 中国劳动关系学院	**22**				**22**	
02专业组(不限)	**22**	**580**	**531**	**95098**	**22**	
劳动教育	1	551	551	75103	1	
工商管理	1	541	541	84968	1	
法学	1	560	560	66452	1	
财务管理	4	532	531	95098	4	
劳动经济学	4	580	532	94094	4	
应用统计学	1	539	539	86937	1	
劳动与社会保障	2	537	535	91099	2	
应急技术与管理	1	535	535	91099	1	
酒店管理	2	535	531	95098	2	
计算机科学与技术	5	548	537	89032	5	
3201 南开大学	**63**				**63**	
03专业组(不限)	**51**	**661**	**654**	**3870**	**51**	
经济学类(含经济学等5个专业)	1	657	657	3166	1	
金融学类(含金融学等5个专业)	4	658	654	3870	4	
理科试验班(数学与应用数学、信息与计算科学、数据科学与大数据技术、统计学)	7	661	658	2950	7	
工科试验班(计算机科学与技术、信息安全、密码科学与技术、物联网工程、自动化、智能科学与技术、软件工程)	24	658	654	3870	24	
理科试验班(物理学、应用物理学、光电信息科学与工程、电子信息科学与技术、微电子科学与工程、电子科学与技术、通信工程)	15	657	654	3870	15	
04专业组(化学或生物)	**12**	**656**	**653**	**4114**	**12**	
临床医学(5+3一体化)	1	653	653	4114	1	
理科试验班类(生物科学、生物技术、药学、药物化学)	11	656	653	4114	11	
3202 天津大学	**107**				**107**	
01专业组(不限)	**56**	**659**	**651**	**4643**	**56**	
经济管理试验班	11	654	651	4643	11	
工科试验班(智能制造与建造)	17	653	651	4643	17	
工科试验班(精仪与光电信息类)	11	655	653	4114	11	
工科试验班(电子科学技术类)	7	655	653	4114	7	
工科试验班(智能与计算类)	10	659	653	4114	10	
02专业组(不限)	**47**	**657**	**650**	**4920**	**47**	
数学类	8	653	651	4643	8	
工科试验班(高新舰船与海洋装备智能设计与管理)	8	652	650	4920	8	
工科试验班(电气信息类)	11	656	653	4114	11	
工科试验班(化工能源与生命医药类)	12	657	650	4920	12	
工科试验班(未来技术学院)	8	656	654	3870	8	
03专业组(化学)	**4**	**648**	**647**	**5894**	**4**	
医学试验班(含临床医学、智能医学工程等5个专业，其中临床医学学制为五年)	4	648	647	5894	4	
3203 天津医科大学	**22**				**22**	
01专业组(化学)	**5**	**612**	**601**	**31135**	**5**	
智能医学工程	1	612	612	23568	1	
医学技术类	2	607	601	31135	2	
生物医学工程	2	609	601	31135	2	
02专业组(化学或生物)	**3**	**639**	**637**	**9657**	**3**	
口腔医学(5+3一体化)	1	639	639	8829	1	
基础医学	1	637	637	9657	1	
眼视光医学	1	637	637	9657	1	
03专业组(化学和生物)	**8**	**646**	**641**	**8031**	**8**	
临床医学(5+3一体化)	3	645	645	6590	3	
临床医学(儿科学)(5+3一体化)	1	642	642	7656	1	
临床医学	2	643	641	8031	2	
麻醉学	1	641	641	8031	1	
临床医学(5+3一体化)(朱宪彝班)	1	646	646	6254	1	
04专业组(化学和生物)	**6**	**615**	**600**	**31866**	**6**	
预防医学	2	603	600	31866	2	
药学类	2	612	609	25496	2	
生物制药	1	615	615	21590	1	
生物信息学	1	614	614	22200	1	
3204 天津师范大学	**90**				**90**	
05专业组(不限)	**62**	**595**	**532**	**94094**	**62**	
新闻学	1	576	576	51456	1	
应用心理学(师范)	2	540	539	86937	2	
学前教育(师范)	2	544	533	93122	2	
法学	2	584	581	47114	2	
法语	1	559	559	67392	1	
计算机科学与技术(师范)	2	574	561	65452	2	
物联网工程	3	567	546	79957	3	
数据科学与大数据技术	2	572	565	61774	2	
数学与应用数学(师范)	2	586	581	47114	2	
数据计算及应用	3	545	536	90081	3	
物理学(师范)	9	595	541	84968	9	

院校、专业组、专业名称	录取数	最高分	最低分	最低分位次	平行志愿	征求志愿
应用物理学	2	535	534	92079	2	
电子信息科学与技术	4	570	559	67392	4	
通信工程	4	573	546	79957	4	
智能科学与技术	2	546	543	82963	2	
人工智能(师范)	2	545	545	80935	2	
信息管理与信息系统	2	540	537	89032	2	
物流管理	2	534	533	93122	2	
市场营销	2	545	538	87986	2	
大数据管理与应用	2	545	541	84968	2	
国际经济与贸易	6	556	536	90081	6	
经济学	1	558	558	68331	1	
投资学	4	534	532	94094	4	
06专业组(化学)	**9**	**588**	**563**	**63654**	**9**	
化学(师范)	8	588	563	63654	8	
化学生物学	1	563	563	63654	1	
07专业组(化学或生物)	**14**	**574**	**545**	**80935**	**14**	
环境科学	2	551	545	80935	2	
生物科学(师范)	9	574	549	77083	9	
生物技术	3	549	548	78085	3	
08专业组(化学或地理)	**5**	**576**	**565**	**61774**	**5**	
人文地理与城乡规划	3	566	565	61774	3	
地理信息科学	2	576	575	52350	2	
3205 中国民航大学	**142**				**141**	**1**
04专业组(不限)	**123**	**606**	**550**	**76117**	**122**	**1**
工科试验班(中欧航空工程师)	10	606	596	34854	10	
信息与计算科学	2	572	572	55138	2	
应用气象学(航空气象)	4	593	578	49756	4	
统计学	3	584	569	57929	3	
材料物理	1	573	573	54146	1	
工科试验班(航空航天)	20	594	574	53221	20	
信息安全	5	583	576	51456	5	
土木工程	3	570	570	56969	3	
油气储运工程	2	575	571	56021	2	
交通管理	11	596	575	52350	11	
无人驾驶航空器系统工程	3	593	586	42828	3	
工商管理类	8	574	550	76117	7	1
物流管理	2	568	568	58808	2	
工业工程	2	571	570	56969	2	
飞行器适航技术	2	587	583	45410	2	
工科试验班(民航安全与应急类)	7	576	571	56021	7	
飞行器运维工程	4	581	577	50595	4	
工科试验班(智能与计算机)	5	588	579	48832	5	
工科试验班(电子信息与电气自动化)	29	589	569	57929	29	
05专业组(化学)	**19**	**610**	**570**	**56969**	**19**	
材料化学	1	572	572	55138	1	
交通工程	3	573	570	56969	3	

院校、专业组、专业名称	录取数	最高分	最低分	最低分位次	平行志愿	征求志愿
交通运输	15	610	574	53221	15	
3206 天津工业大学	**74**				**74**	
02专业组(不限)	**46**	**607**	**597**	**34107**	**46**	
机械工程	2	605	605	28268	2	
工业设计	2	597	597	34107	2	
机械电子工程	2	602	599	32622	2	
智能制造工程	2	602	599	32622	2	
飞行器制造工程	2	598	597	34107	2	
电气工程及其自动化	2	603	602	30377	2	
电子信息工程	2	607	606	27545	2	
通信工程	2	602	602	30377	2	
电子科学与技术	3	603	600	31866	3	
自动化	4	607	599	32622	4	
计算机科学与技术	2	606	603	29716	2	
物联网工程	2	601	599	32622	2	
网络空间安全	2	606	599	32622	2	
人工智能	2	603	603	29716	2	
生物医学工程	2	599	598	33367	2	
数学类	4	599	597	34107	4	
数据科学与大数据技术	2	599	597	34107	2	
光电信息科学与工程	2	606	601	31135	2	
应用物理学	3	599	597	34107	3	
工业工程	2	598	598	33367	2	
03专业组(化学)	**28**	**595**	**573**	**54146**	**28**	
纺织工程	4	581	573	54146	4	
非织造材料与工程	2	585	581	47114	2	
轻化工程	2	578	578	49756	2	
服装设计与工程	2	595	585	43657	2	
材料科学与工程	3	588	579	48832	3	
复合材料与工程	2	586	582	46258	2	
高分子材料与工程	4	582	577	50595	4	
应用化学	2	574	574	53221	2	
制药工程	2	578	577	50595	2	
智能医学工程	2	590	582	46258	2	
化学生物学	3	581	576	51456	3	
3207 天津商业大学	**34**				**33**	**1**
02专业组(不限)	**29**	**553**	**506**	**120487**	**28**	**1**
新能源科学与工程	3	544	539	86937	3	
经济学类	4	546	537	89032	4	
宝石及材料工艺学	4	539	506	120487	3	1
法学	3	551	549	77083	3	
软件工程	5	553	541	84968	5	
智能科学与技术	3	543	540	85962	3	
电子商务	4	537	535	91099	4	
经济统计学	3	539	535	91099	3	
03专业组(不限)(中外合作办学)	**5**	**547**	**538**	**87986**	**5**	
财务管理(中外合作办学)	5	547	538	87986	5	
3208 天津科技大学	**68**				**68**	

院校、专业组、专业名称	录取数	最高分	最低分	最低分位次	平行志愿	征求志愿
03专业组(不限)	**22**	**585**	**575**	**52350**	**22**	
智能制造工程	2	577	576	51456	2	
工业设计	2	576	575	52350	2	
自动化	2	583	579	48832	2	
通信工程	2	584	582	46258	2	
电气工程及其自动化	2	585	583	45410	2	
测控技术与仪器	2	579	576	51456	2	
人工智能	2	580	579	48832	2	
智能科学与技术	2	577	576	51456	2	
物联网工程	2	579	579	48832	2	
机械电子工程	2	576	576	51456	2	
过程装备与控制工程	2	575	575	52350	2	
04专业组(不限)	**10**	**563**	**537**	**89032**	**10**	
海洋资源开发技术	3	556	542	83978	3	
高分子材料与工程	2	563	546	79957	2	
化学工程与工艺	3	545	537	89032	3	
海洋技术	2	551	547	78999	2	
05专业组(不限)	**8**	**563**	**539**	**86937**	**8**	
物流管理	2	549	547	78999	2	
财务管理	1	547	547	78999	1	
法学类	2	563	551	75103	2	
翻译	2	543	539	86937	2	
金融工程	1	550	550	76117	1	
06专业组(不限)(中外合作办学)	**3**	**576**	**569**	**57929**	**3**	
计算机科学与技术(中外合作办学)	3	576	569	57929	3	
07专业组(化学)	**7**	**542**	**532**	**94094**	**7**	
轻化工程	3	538	534	92079	3	
包装工程	2	542	542	83978	2	
印刷工程	2	534	532	94094	2	
08专业组(化学或生物)	**15**	**569**	**553**	**73153**	**15**	
食品科学与工程	4	569	559	67392	4	
食品质量与安全	3	558	555	71148	3	
食品营养与健康	2	554	553	73153	2	
生物工程	2	569	568	58808	2	
制药工程	2	556	554	72168	2	
环境工程	1	554	554	72168	1	
环境科学	1	567	567	59799	1	
09专业组(化学或生物)(中外合作办学)	**3**	**538**	**535**	**91099**	**3**	
生物工程(中外合作办学)	3	538	535	91099	3	
3209 天津财经大学	**33**				**33**	
02专业组(不限)	**33**	**589**	**558**	**68331**	**33**	
经济学	2	576	574	53221	2	
经济统计学	3	573	563	63654	3	
金融学类	2	580	578	49756	2	
数学与应用数学	2	575	564	62693	2	
信息与计算科学	2	568	561	65452	2	
数据科学与大数据技术	3	574	563	63654	3	
管理科学与工程类	3	560	558	68331	3	
工商管理类	2	572	566	60725	2	
会计学	2	589	583	45410	2	
审计学	1	581	581	47114	1	
公共管理类	2	563	561	65452	2	
电子商务	2	569	560	66452	2	
金融数学	2	566	564	62693	2	
数字经济	3	574	563	63654	3	
大数据管理与应用	2	573	564	62693	2	
3210 天津城建大学	**50**				**50**	
01专业组(不限)	**35**	**550**	**532**	**94094**	**35**	
建筑学	1	542	542	83978	1	
城乡规划	1	545	545	80935	1	
风景园林	1	535	535	91099	1	
土木工程	1	539	539	86937	1	
城市地下空间工程	1	538	538	87986	1	
智能建造	2	537	536	90081	2	
港口航道与海岸工程	1	533	533	93122	1	
能源与动力工程	1	543	543	82963	1	
建筑环境与能源应用工程	2	537	535	91099	2	
安全工程	1	535	535	91099	1	
管理科学与工程类	2	534	533	93122	2	
给排水科学与工程	1	536	536	90081	1	
环境工程	1	534	534	92079	1	
电子信息类	1	541	541	84968	1	
计算机类	2	545	543	82963	2	
人工智能	1	543	543	82963	1	
遥感科学与技术	1	539	539	86937	1	
地质工程	1	532	532	94094	1	
机械设计制造及其自动化	1	541	541	84968	1	
机械电子工程	1	535	535	91099	1	
智能制造工程	3	538	536	90081	3	
电气工程及其自动化	1	550	550	76117	1	
自动化	1	541	541	84968	1	
建筑电气与智能化	1	538	538	87986	1	
应用物理学	1	535	535	91099	1	
公共管理类	2	533	532	94094	2	
投资学	1	535	535	91099	1	
工商管理	1	533	533	93122	1	
02专业组(不限)(中外合作办学)	**10**	**522**	**500**	**126589**	**10**	
工程管理(中外合作办学)	2	513	512	114463	2	
土木工程(中外合作办学)	1	515	515	111340	1	
环境工程(中外合作办学)	3	522	506	120487	3	
建筑学(中外合作办学)	2	505	505	121517	2	
风景园林(中外合作办学)	2	504	500	126589	2	
03专业组(化学)	**4**	**531**	**527**	**99221**	**4**	
交通工程	3	531	527	99221	3	

院校、专业组、专业名称	录取数	最高分	最低分	最低分位次	平行志愿	征求志愿
应用化学	1	528	528	98180	1	
04专业组(化学或地理)	**1**	**534**	**534**	**92079**	**1**	
地理信息科学	1	534	534	92079	1	
3211 天津外国语大学	**24**				**23**	**1**
04专业组(不限)	**19**	**559**	**534**	**92079**	**18**	**1**
外国语言文学类	3	556	538	87986	3	
日语	1	556	556	70201	1	
俄语	1	539	539	86937		1
德语	1	536	536	90081	1	
法语	1	552	552	74112	1	
西班牙语	1	559	559	67392	1	
金融学	1	553	553	73153	1	
经济学	2	540	536	90081	2	
工商管理类	3	550	540	85962	3	
大数据管理与应用	2	542	534	92079	2	
新闻传播学类(新闻学、传播学)	1	536	536	90081	1	
网络与新媒体	1	537	537	89032	1	
数字媒体技术	1	543	543	82963	1	
05专业组(不限)	**3**	**549**	**529**	**97145**	**3**	
波兰语	1	549	549	77083	1	
芬兰语	1	529	529	97145	1	
斯瓦希里语	1	533	533	93122	1	
06专业组(思想政治)	**2**	**548**	**547**	**78999**	**2**	
外交学	1	547	547	78999	1	
国际组织与全球治理	1	548	548	78085	1	
3212 天津中医药大学	**49**				**48**	**1**
04专业组(不限)	**3**	**578**	**574**	**53221**	**3**	
医学信息工程	3	578	574	53221	3	
05专业组(不限)	**2**	**566**	**564**	**62693**	**2**	
护理学类	2	566	564	62693	2	
06专业组(化学)	**13**	**571**	**538**	**87986**	**12**	**1**
医学技术类	4	563	538	87986	3	1
食品卫生与营养学	2	568	561	65452	2	
康复治疗学	2	563	562	64501	2	
应用统计学	2	566	563	63654	2	
预防医学	3	571	566	60725	3	
07专业组(化学或生物)	**13**	**626**	**599**	**32622**	**13**	
中医学(5+3一体化)	3	626	621	17908	3	
中医学(中医儿科学)(5+3一体化)	2	619	603	29716	2	
中医学类	8	604	599	32622	8	
08专业组(化学或生物)	**13**	**587**	**579**	**48832**	**13**	
临床药学	3	587	585	43657	3	
药学类	3	585	582	46258	3	
中药学类	4	583	580	47955	4	
制药工程	3	580	579	48832	3	
09专业组(化学或生物)(中外合作办学)	**2**	**582**	**578**	**49756**	**2**	
临床药学(中外合作办学)	2	582	578	49756	2	
10专业组(化学和生物)	**3**	**609**	**603**	**29716**	**3**	
临床医学	3	609	603	29716	3	
3213 天津农学院	**73**				**73**	
02专业组(不限)	**26**	**527**	**509**	**117454**	**26**	
物流管理	1	511	511	115420	1	
电气工程及其自动化	3	524	519	107387	3	
机器人工程	2	516	515	111340	2	
计算机科学与技术	2	527	519	107387	2	
软件工程	3	527	518	108392	3	
物联网工程	3	513	511	115420	3	
数据科学与大数据技术	2	515	515	111340	2	
水利水电工程	2	524	515	111340	2	
工程管理	2	515	511	115420	2	
生物制药	4	518	512	114463	4	
旅游管理	1	509	509	117454	1	
酒店管理	1	511	511	115420	1	
03专业组(化学或生物)	**47**	**556**	**511**	**115420**	**47**	
生物技术	2	527	519	107387	2	
农学	3	539	525	101269	3	
种子科学与工程	2	522	521	105373	2	
菌物科学与工程	2	517	516	110349	2	
植物保护	3	516	514	112372	3	
园林	4	517	514	112372	4	
动物科学	5	537	526	100234	5	
动物医学	2	556	541	84968	2	
动物药学	3	541	533	93122	3	
水产养殖学	5	536	514	112372	5	
海洋渔业科学与技术	7	520	512	114463	7	
水族科学与技术	1	511	511	115420	1	
水生动物医学	3	525	519	107387	3	
食品科学与工程	2	515	513	113413	2	
生物工程	3	519	511	115420	3	
3214 天津理工大学	**76**				**75**	**1**
01专业组(不限)	**68**	**594**	**528**	**98180**	**67**	**1**
物联网工程	2	587	585	43657	2	
数据科学与大数据技术	3	580	578	49756	3	
人工智能	2	575	572	55138	2	
保险学	2	568	550	76117	2	
工程管理	2	561	554	72168	2	
工程造价	2	584	577	50595	2	
工商管理	2	567	560	66452	2	
市场营销	2	560	552	74112	2	
财务管理	5	558	553	73153	5	
机械工程	6	574	549	77083	6	
过程装备与控制工程	6	553	547	78999	6	
智能制造工程	3	578	566	60725	3	
能源与动力工程	2	572	562	64501	2	
机器人工程	2	571	561	65452	2	

2023年普通类(物理等科目类)本科院校

院校、专业组、专业名称	录取数	最高分	最低分	最低分位次	平行志愿	征求志愿
资源循环科学与工程	2	556	551	75103	2	
环境工程	2	550	549	77083	2	
环境科学	2	559	549	77083	2	
安全工程	2	572	566	60725	2	
应急技术与管理	2	547	547	78999	2	
英语	2	546	528	98180	1	1
日语	2	547	546	79957	2	
应用物理学	3	554	547	78999	3	
电子科学与技术	2	582	581	47114	2	
微电子科学与工程	2	574	570	56969	2	
光电信息科学与工程	2	576	574	53221	2	
集成电路设计与集成系统	4	594	569	57929	4	
02专业组(化学)	8	555	541	84968	8	
应用化学	3	555	541	84968	3	
化学工程与工艺	3	549	543	82963	3	
药学	2	551	548	78085	2	
3217 天津体育学院	9				9	
02专业组(不限)	9	534	495	131453	9	
公共事业管理	1	506	506	120487	1	
新闻学	1	532	532	94094	1	
市场营销	2	496	495	131453	2	
应用心理学	2	513	498	128536	2	
大数据管理与应用	3	534	497	129553	3	
3218 天津职业技术师范大学	29				29	
02专业组(不限)	29	569	528	98180	29	
机械设计制造及其自动化	1	554	554	72168	1	
机电技术教育(师范)	1	543	543	82963	1	
机器人工程	2	529	528	98180	2	
人工智能(师范)	2	543	540	85962	2	
电气工程及其自动化(师范)	1	542	542	83978	1	
计算机科学与技术(师范)	1	562	562	64501	1	
软件工程	1	532	532	94094	1	
数据科学与大数据技术	2	531	530	96124	2	
劳动教育(师范)	3	537	528	98180	3	
车辆工程	2	529	528	98180	2	
新能源汽车工程(师范)	2	540	535	91099	2	
数学与应用数学(师范)	2	554	553	73153	2	
英语(师范)	2	532	530	96124	2	
电子信息工程(师范)	2	552	540	85962	2	
通信工程	1	538	538	87986	1	
微电子科学与工程(师范)	3	569	534	92079	3	
光电信息科学与工程(师范)	1	534	534	92079	1	
3301 石家庄铁道大学	34				34	
02专业组(不限)	25	588	556	70201	25	
土木类	5	567	557	69274	5	
机械类	5	562	558	68331	5	
电子信息类	4	568	559	67392	4	
计算机类	5	567	557	69274	5	
管理科学与工程类	2	564	556	70201	2	
电气工程及其自动化	4	588	568	58808	4	
03专业组(不限)	4	551	540	85962	4	
工商管理类	1	543	543	82963	1	
建筑学	3	551	540	85962	3	
04专业组(化学)	5	592	559	67392	5	
交通运输类	4	568	559	67392	4	
交通运输	1	592	592	37932	1	
3302 河北科技师范学院	45				43	2
02专业组(不限)	30	527	488	138275	28	2
工程管理	5	505	488	138275	3	2
土木工程	5	506	494	132434	5	
数学与应用数学(师范)	5	521	509	117454	5	
物理学(师范)	5	527	508	118485	5	
人力资源管理	5	506	492	134437	5	
物流管理	5	506	492	134437	5	
03专业组(不限)	15	522	479	146748	15	
西班牙语	5	494	479	146748	5	
意大利语	5	495	479	146748	5	
英语(师范)	5	522	497	129553	5	
3303 河北建筑工程学院	10				10	
01专业组(不限)	10	515	506	120487	10	
土木工程	1	515	515	111340	1	
道路桥梁与渡河工程	2	512	512	114463	2	
电气工程及其自动化	2	515	513	113413	2	
工程造价	1	512	512	114463	1	
能源动力类	2	511	511	115420	2	
机械设计制造及其自动化	2	508	506	120487	2	
3304 河北科技大学	40				40	
01专业组(不限)	18	541	527	99221	18	
土木工程	5	540	532	94094	5	
工程管理	5	538	527	99221	5	
制药工程	2	541	539	86937	2	
能源化学工程	6	536	529	97145	6	
02专业组(不限)(中外合作办学)	12	523	487	139209	12	
信息管理与信息系统(中外合作办学)	4	523	509	117454	4	
金属材料工程(中外合作办学)	8	504	487	139209	8	
03专业组(化学)	5	517	510	116464	5	
纺织工程	5	517	510	116464	5	
04专业组(化学或生物)	5	546	540	85962	5	
药学	5	546	540	85962	5	
3305 河北地质大学	49				49	
02专业组(不限)	45	566	525	101269	45	
地质类	4	566	529	97145	4	
土木类	3	537	528	98180	3	
管理科学与工程类	6	528	525	101269	6	
材料类	4	526	526	100234	4	

院校、专业组、专业名称	录取数	最高分	最低分	最低分位次	平行志愿	征求志愿
经济学类	8	530	525	101269	8	
工商管理类	8	535	525	101269	8	
计算机类	3	543	531	95098	3	
数学类	9	536	525	101269	9	
03专业组(化学或地理)	4	561	548	78085	4	
地理信息科学	4	561	548	78085	4	
3307 河北工业大学	37				37	
02专业组(不限)	29	623	604	28962	29	
应用物理学	2	611	610	24841	2	
应用统计学	2	616	616	20903	2	
车辆工程	2	618	618	19695	2	
建筑环境与能源应用工程	2	613	612	23568	2	
电气工程及其自动化	2	623	621	17908	2	
生物工程	2	607	605	28268	2	
海洋技术	2	613	604	28962	2	
工业工程	2	619	614	22200	2	
电子科学与技术	2	620	620	18503	2	
汉语国际教育	1	609	609	25496	1	
英语	1	606	606	27545	1	
工业设计	2	614	605	28268	2	
物联网工程	2	619	618	19695	2	
人工智能	2	620	619	19103	2	
生物医学工程	2	618	616	20903	2	
法学	1	605	605	28268	1	
03专业组(不限)(中外合作办学)	6	602	586	42828	6	
应用物理学(中外合作办学)	2	599	587	42009	2	
材料物理(中外合作办学)	2	594	586	42828	2	
机械设计制造及其自动化(中外合作办学)	2	602	593	37179	2	
04专业组(化学)	2	609	607	26858	2	
智能医学工程	2	609	607	26858	2	
3310 河北经贸大学	51				51	
03专业组(不限)	46	541	512	114463	46	
经济学	3	536	528	98180	3	
贸易经济	3	528	524	102241	3	
金融学	4	533	528	98180	4	
土地资源管理	2	517	516	110349	2	
物流管理	6	533	519	107387	6	
工程管理	3	522	517	109393	3	
法学	2	530	528	98180	2	
数学与应用数学	5	534	521	105373	5	
应用统计学	5	541	520	106376	5	
网络工程	3	529	524	102241	3	
软件工程	3	539	531	95098	3	
旅游管理	3	518	512	114463	3	
市场营销	4	521	513	113413	4	
04专业组(不限)	5	550	542	83978	5	
会计学[本科学术互认课程(ISEC)项目]	5	550	542	83978	5	
3311 华北电力大学(保定)	89				89	
02专业组(不限)	83	647	605	28268	83	
电子信息类	5	642	638	9244	5	
管理科学与工程类	6	610	606	27545	6	
工商管理类	5	619	610	24841	5	
测控技术与仪器	2	630	613	22857	2	
自动化类	4	639	637	9657	4	
计算机类(智能)	3	638	634	11118	3	
机械类	10	620	609	25496	10	
能源与动力工程	7	640	623	16748	7	
储能科学与工程	3	634	621	17908	3	
氢能科学与工程	2	641	640	8448	2	
建筑环境与能源应用工程	2	607	606	27545	2	
工业工程	1	614	614	22200	1	
数学类	5	618	609	25496	5	
应用物理学	2	633	608	26161	2	
经济学	2	605	605	28268	2	
电气工程及其自动化	16	647	642	7656	16	
计算机类(计算机)	8	637	621	17908	8	
03专业组(化学)	6	611	602	30377	6	
环境科学与工程类	6	611	602	30377	6	
3312 河北大学	47				47	
03专业组(不限)	45	581	564	62693	45	
经济统计学	6	570	564	62693	6	
保险学	2	564	564	62693	2	
英语	4	567	564	62693	4	
数据科学与大数据技术	5	571	568	58808	5	
人工智能	6	573	571	56021	6	
计算机科学与技术	3	581	574	53221	3	
电气工程及其自动化	4	575	573	54146	4	
通信工程	6	579	571	56021	6	
土木工程	6	569	567	59799	6	
智能建造	3	570	568	58808	3	
04专业组(思想政治)	2	580	575	52350	2	
法学	2	580	575	52350	2	
3313 河北医科大学	35				35	
01专业组(不限)	6	554	542	83978	6	
护理学类	6	554	542	83978	6	
02专业组(化学)	7	548	540	85962	7	
医学检验技术	3	548	547	78999	3	
康复治疗学	4	542	540	85962	4	
03专业组(化学或生物)	7	598	561	65452	7	
公共卫生与预防医学类	3	571	563	63654	3	
中西医临床医学	4	598	561	65452	4	
04专业组(化学和生物)	15	633	613	22857	15	
临床医学(5+3一体化)	5	633	629	13587	5	
临床医学	7	624	619	19103	7	
麻醉学	3	619	613	22857	3	

院校、专业组、专业名称	录取数	最高分	最低分	最低分位次	平行志愿	征求志愿
3314 河北师范大学	**25**				**24**	**1**
03专业组(不限)	**21**	**576**	**463**	**161011**	**20**	**1**
家政学	2	533	531	95098	2	
软件工程	5	530	505	121517	5	
翻译	1	514	514	112372	1	
建筑环境与能源应用工程	5	519	463	161011	4	1
数学与应用数学(师范)	3	545	518	108392	3	
英语(师范)	2	571	531	95098	2	
物理学(师范)	3	576	512	114463	3	
04专业组(化学)	**4**	**568**	**555**	**71148**	**4**	
化学(师范)	4	568	555	71148	4	
3315 河北金融学院	**15**				**15**	
02专业组(不限)	**15**	**518**	**507**	**119496**	**15**	
会计学	5	518	514	112372	5	
税收学	5	513	508	118485	5	
知识产权	3	515	507	119496	3	
金融数学	2	513	509	117454	2	
3318 防灾科技学院	**46**				**46**	
02专业组(不限)	**12**	**521**	**507**	**119496**	**12**	
会计学	2	517	513	113413	2	
工商管理	2	514	512	114463	2	
广告学	2	515	507	119496	2	
汉语言文学	2	521	516	110349	2	
网络与新媒体	2	518	512	114463	2	
英语	2	514	508	118485	2	
03专业组(不限)	**28**	**566**	**530**	**96124**	**28**	
地球物理学	2	566	551	75103	2	
地质学	2	546	544	81927	2	
测绘工程	2	534	532	94094	2	
土木工程	2	530	530	96124	2	
工程管理	2	540	535	91099	2	
水利水电工程	2	537	531	95098	2	
电气工程及其自动化	2	541	538	87986	2	
测控技术与仪器	2	545	535	91099	2	
通信工程	2	531	530	96124	2	
计算机类	2	539	534	92079	2	
物联网工程	2	537	533	93122	2	
数据科学与大数据技术	2	532	530	96124	2	
应急管理	2	549	540	85962	2	
应急技术与管理	2	539	535	91099	2	
04专业组(化学)	**6**	**530**	**519**	**107387**	**6**	
地下水科学与工程	2	526	519	107387	2	
地质工程	2	530	528	98180	2	
城市地下空间工程	2	529	524	102241	2	
3320 河北环境工程学院	**18**				**18**	
03专业组(不限)	**9**	**510**	**492**	**134437**	**9**	
环境生态工程	3	502	493	133442	3	
物联网工程	3	496	493	133442	3	
工程造价	3	510	492	134437	3	
04专业组(化学)	**9**	**493**	**480**	**145763**	**9**	
环境科学	3	491	482	143883	3	
海洋资源与环境	3	493	480	145763	3	
水质科学与技术	3	481	480	145763	3	
3321 燕山大学	**88**				**88**	
02专业组(不限)	**54**	**593**	**574**	**53221**	**54**	
经济与金融	2	580	577	50595	2	
应用物理学	2	577	574	53221	2	
机械类	12	587	579	48832	12	
工业设计	2	576	575	52350	2	
过程装备与控制工程	2	586	578	49756	2	
车辆工程	6	582	576	51456	6	
智能感知工程	2	579	578	49756	2	
电气类	4	588	582	46258	4	
电子信息类	2	587	586	42828	2	
计算机科学与技术	2	593	589	40322	2	
土木类	6	576	574	53221	6	
工商管理类	4	579	575	52350	4	
材料成型及控制工程	4	577	575	52350	4	
测控技术与仪器	4	580	575	52350	4	
03专业组(不限)(中外合作办学)	**20**	**563**	**545**	**80935**	**20**	
机械设计制造及其自动化(中外合作办学)	5	563	549	77083	5	
电子科学与技术(中外合作办学)	5	553	547	78999	5	
自动化(中外合作办学)	5	557	545	80935	5	
软件工程(中外合作办学)	5	553	548	78085	5	
04专业组(化学)	**14**	**579**	**551**	**75103**	**14**	
应用化学	2	579	570	56969	2	
材料类	2	569	564	62693	2	
化工与制药类	6	566	555	71148	6	
环境工程	2	552	551	75103	2	
智能医学工程	2	573	563	63654	2	
3322 东北大学秦皇岛分校	**77**				**77**	
02专业组(不限)	**67**	**637**	**627**	**14617**	**67**	
经济学类	4	631	627	14617	4	
数学类	5	632	631	12572	5	
机械类	7	631	630	13101	7	
材料类	8	631	628	14097	8	
自动化类	8	637	632	12050	8	
仪器类	5	631	629	13587	5	
工商管理类	11	629	627	14617	11	
计算机科学与技术	7	637	635	10612	7	
物联网工程	2	633	633	11593	2	
电子信息工程	5	636	633	11593	5	
通信工程	5	633	631	12572	5	
03专业组(不限)(中外合作办学)	**10**	**633**	**624**	**16213**	**10**	

院校、专业组、专业名称	录取数	最高分	最低分	最低分位次	平行志愿	征求志愿
计算机科学与技术(中外合作办学)	4	633	625	15652	4	
通信工程(中外合作办学)	4	630	624	16213	4	
应用统计学(中外合作办学)	2	624	624	16213	2	
3326 河北水利电力学院	**5**				**5**	
01专业组(不限)	**5**	**495**	**488**	**138275**	**5**	
房地产开发与管理	2	490	488	138275	2	
测绘工程	3	495	491	135455	3	
3332 华北理工大学	**108**				**108**	
04专业组(不限)	**71**	**572**	**533**	**93122**	**71**	
安全工程	3	536	535	91099	3	
测绘工程	5	549	534	92079	5	
碳储科学与工程	6	541	537	89032	6	
地质工程	3	541	537	89032	3	
材料类(冶金工程、金属材料工程)	4	548	534	92079	4	
工业工程	4	545	535	91099	4	
过程装备与控制工程	5	553	534	92079	5	
机械设计制造及其自动化	3	563	561	65452	3	
化学工程与工艺	5	538	535	91099	5	
能源化学工程	4	538	535	91099	4	
电子信息工程	3	554	546	79957	3	
集成电路设计与集成系统	3	560	544	81927	3	
数学与应用数学	3	546	539	86937	3	
数据科学与大数据技术	3	559	550	76117	3	
法学	3	550	537	89032	3	
给排水科学与工程	3	540	537	89032	3	
建筑环境与能源应用工程	4	544	534	92079	4	
建筑学	2	535	533	93122	2	
物流工程	2	541	534	92079	2	
电气工程及其自动化	3	572	551	75103	3	
05专业组(不限)	**2**	**573**	**561**	**65452**	**2**	
针灸推拿学	2	573	561	65452	2	
06专业组(化学或生物)	**35**	**597**	**542**	**83978**	**35**	
中药学	3	550	546	79957	3	
临床医学	3	590	573	54146	3	
精神医学	5	568	545	80935	5	
医学影像学	2	582	566	60725	2	
麻醉学	2	569	566	60725	2	
预防医学	6	562	550	76117	6	
生物科学类(生物技术、生物信息学)	3	553	542	83978	3	
中医学	3	592	556	70201	3	
中西医临床医学	3	573	560	66452	3	
口腔医学	2	597	587	42009	2	
药学	3	554	544	81927	3	
3333 衡水学院	**29**				**29**	
03专业组(不限)	**21**	**501**	**485**	**141125**	**21**	
社会工作	3	489	486	140151	3	
学前教育(师范)	2	501	489	137355	2	
机械电子工程	2	491	489	137355	2	
高分子材料与工程	2	492	488	138275	2	
物联网工程	2	496	490	136410	2	
智能科学与技术	2	490	486	140151	2	
食品质量与安全	2	488	485	141125	2	
财务管理	3	487	485	141125	3	
电子商务	3	489	485	141125	3	
04专业组(不限)(中外合作办学)	**4**	**474**	**472**	**153185**	**4**	
数学与应用数学(中外合作办学)	4	474	472	153185	4	
05专业组(化学或生物)	**4**	**495**	**486**	**140151**	**4**	
生物科学(师范)	2	495	493	133442	2	
生物技术	2	490	486	140151	2	
3341 北华航天工业学院	**39**				**37**	**2**
02专业组(不限)	**39**	**541**	**504**	**122564**	**37**	**2**
经济学	1	513	513	113413	1	
国际经济与贸易	1	513	513	113413	1	
社会工作	1	504	504	122564		1
英语	1	513	513	113413	1	
机械设计制造及其自动化	2	536	526	100234	2	
材料成型及控制工程	2	519	518	108392	2	
机械电子工程	1	520	520	106376	1	
工业设计	2	516	516	110349	2	
车辆工程	1	519	519	107387	1	
焊接技术与工程	1	515	515	111340	1	
电气工程与智能控制	2	522	519	107387	2	
电子信息工程	2	528	518	108392	2	
通信工程	1	527	527	99221	1	
自动化	2	520	516	110349	2	
计算机科学与技术	2	541	538	87986	2	
软件工程	2	530	517	109393	2	
空间信息与数字技术	1	525	525	101269	1	
数据科学与大数据技术	2	517	516	110349	2	
土木工程	1	515	515	111340	1	
建筑环境与能源应用工程	1	514	514	112372	1	
道路桥梁与渡河工程	1	515	515	111340	1	
遥感科学与技术	1	529	529	97145	1	
导航工程	1	527	527	99221	1	
飞行器制造工程	1	522	522	104328	1	
工程造价	1	514	514	112372	1	
会计学	1	516	516	110349	1	
财务管理	1	515	515	111340	1	
人力资源管理	1	512	512	114463	1	
物流管理	1	514	514	112372	1	
电子商务	1	504	504	122564		1
3344 邯郸学院	**29**				**29**	
02专业组(不限)	**29**	**513**	**485**	**141125**	**29**	

院校、专业组、专业名称	录取数	最高分	最低分	最低分位次	平行志愿	征求志愿
智能制造工程	10	513	487	139209	10	
网络工程	10	505	486	140151	10	
财务管理	9	493	485	141125	9	
3348 河北中医药大学	**10**				**10**	
01专业组(不限)	**6**	**578**	**558**	**68331**	**6**	
中医学	2	578	573	54146	2	
针灸推拿学	2	566	566	60725	2	
助产学	2	564	558	68331	2	
02专业组(化学)	**2**	**552**	**550**	**76117**	**2**	
医学检验技术	2	552	550	76117	2	
03专业组(化学或生物)	**2**	**575**	**574**	**53221**	**2**	
中西医临床医学	2	575	574	53221	2	
3349 河北北方学院	**10**				**10**	
01专业组(化学)	**3**	**526**	**519**	**107387**	**3**	
医学检验技术	3	526	519	107387	3	
02专业组(化学或生物)	**7**	**580**	**573**	**54146**	**7**	
临床医学	5	580	574	53221	5	
医学影像学	2	573	573	54146	2	
3350 张家口学院	**3**				**3**	
02专业组(不限)	**3**	**502**	**479**	**146748**	**3**	
学前教育(师范)	1	479	479	146748	1	
英语(师范)	1	502	502	124506	1	
翻译	1	494	494	132434	1	
3351 河北工程大学	**81**				**81**	
01专业组(不限)	**53**	**558**	**535**	**91099**	**53**	
金融工程	2	545	538	87986	2	
信息与计算科学	2	539	537	89032	2	
应用统计学	2	539	537	89032	2	
电气工程及其自动化	2	555	555	71148	2	
电子信息工程	2	553	548	78085	2	
通信工程	2	548	547	78999	2	
光电信息科学与工程	2	545	545	80935	2	
自动化	2	554	548	78085	2	
数据科学与大数据技术	2	550	546	79957	2	
遥感科学与技术	2	543	538	87986	2	
化学工程与工艺	3	544	536	90081	3	
勘查技术与工程	2	538	537	89032	2	
安全工程	2	541	536	90081	2	
测控技术与仪器	2	542	542	83978	2	
过程装备与控制工程	2	546	541	84968	2	
土木工程	3	545	535	91099	3	
工程力学	2	544	540	85962	2	
城市地下空间工程	2	543	540	85962	2	
机器人工程	2	552	546	79957	2	
机械设计制造及其自动化	3	547	543	82963	3	
计算机科学与技术	2	558	557	69274	2	
软件工程	5	553	550	76117	5	
复合材料与工程	3	540	538	87986	3	
02专业组(不限)	**16**	**537**	**522**	**104328**	**16**	

院校、专业组、专业名称	录取数	最高分	最低分	最低分位次	平行志愿	征求志愿
经济学	2	523	523	103299	2	
食品科学与工程	3	526	522	104328	3	
建筑学	3	534	528	98180	3	
城乡规划	3	537	524	102241	3	
风景园林	3	527	526	100234	3	
工商管理	2	531	529	97145	2	
03专业组(化学)	**12**	**541**	**522**	**104328**	**12**	
应用化学	2	529	529	97145	2	
能源与动力工程	2	533	531	95098	2	
建筑环境与能源应用工程	2	524	524	102241	2	
给排水科学与工程	2	541	526	100234	2	
环境工程	2	526	522	104328	2	
交通工程	2	528	524	102241	2	
3353 承德医学院	**2**				**2**	
01专业组(化学或生物)	**2**	**593**	**591**	**38768**	**2**	
临床医学	2	593	591	38768	2	
3362 邢台学院	**14**				**14**	
02专业组(不限)	**14**	**505**	**488**	**138275**	**14**	
计算机科学与技术	5	496	491	135455	5	
市场营销	2	494	488	138275	2	
财务管理	2	503	499	127539	2	
电子信息科学与技术	5	505	488	138275	5	
3365 沧州师范学院	**8**				**8**	
02专业组(不限)	**8**	**513**	**505**	**121517**	**8**	
数学与应用数学(师范)	2	512	512	114463	2	
信息工程	3	513	505	121517	3	
自动化	3	508	507	119496	3	
3378 河北石油职业技术大学	**10**				**10**	
01专业组(不限)	**10**	**498**	**494**	**132434**	**10**	
工业设计	5	497	494	132434	5	
电子信息工程技术	5	498	494	132434	5	
3379 河北科技工程职业技术大学	**10**				**10**	
02专业组(不限)	**10**	**513**	**502**	**124506**	**10**	
网络工程技术	4	512	503	123514	4	
机械设计制造及自动化	3	503	502	124506	3	
电气工程及自动化	3	513	505	121517	3	
3380 河北工业职业技术大学	**10**				**10**	
02专业组(不限)	**8**	**503**	**500**	**126589**	**8**	
生态环境工程技术	2	500	500	126589	2	
电子信息工程技术	2	503	503	123514	2	
自动化技术与应用	2	502	502	124506	2	
机械设计制造及自动化	2	501	501	125542	2	
03专业组(化学)	**2**	**511**	**493**	**133442**	**2**	
钢铁智能冶金技术	2	511	493	133442	2	
3401 山西大学	**18**				**18**	
03专业组(不限)	**9**	**614**	**592**	**37932**	**9**	
英语	2	595	592	37932	2	
数学与应用数学	1	599	599	32622	1	

院校、专业组、专业名称	录取数	最高分	最低分	最低分位次	平行志愿	征求志愿
信息与计算科学	1	592	592	37932	1	
计算机科学与技术	2	600	599	32622	2	
数据科学与大数据技术	1	599	599	32622	1	
物理学	1	614	614	22200	1	
电子信息类	1	602	602	30377	1	
04专业组(不限)	**6**	**588**	**578**	**49756**	**6**	
电气工程及其自动化	2	588	585	43657	2	
土木工程	2	580	578	49756	2	
智慧建筑与建造	2	583	581	47114	2	
05专业组(不限)	**3**	**574**	**570**	**56969**	**3**	
经济学类	2	574	570	56969	2	
工商管理类	1	573	573	54146	1	
3402 中北大学	**59**				**59**	
02专业组(不限)	**51**	**595**	**556**	**70201**	**51**	
武器系统与工程	2	595	587	42009	2	
智能制造工程	1	573	573	54146	1	
机器人工程	2	565	557	69274	2	
材料成型及控制工程	2	565	564	62693	2	
复合材料与工程	2	567	557	69274	2	
化学工程与工艺	1	556	556	70201	1	
能源化学工程	1	559	559	67392	1	
生物工程	2	565	565	61774	2	
电子信息工程	1	574	574	53221	1	
通信工程	1	574	574	53221	1	
光电信息科学与工程	2	576	571	56021	2	
人工智能	1	574	574	53221	1	
生物医学工程	2	567	565	61774	2	
测控技术与仪器	1	583	583	45410	1	
智能感知工程	1	563	563	63654	1	
计算机科学与技术	1	577	577	50595	1	
物联网工程	1	568	568	58808	1	
经济统计学	2	561	561	65452	2	
市场营销	2	560	560	66452	2	
土木工程	1	561	561	65452	1	
城市地下空间工程	1	560	560	66452	1	
特种能源技术与工程	2	571	571	56021	2	
环境工程	2	558	557	69274	2	
安全工程	2	570	564	62693	2	
电气工程及其自动化	2	577	569	57929	2	
电气工程与智能控制	1	569	569	57929	1	
自动化	2	565	563	63654	2	
轨道交通信号与控制	1	568	568	58808	1	
新能源汽车工程	1	569	569	57929	1	
能源与动力工程	2	568	560	66452	2	
工程力学	2	561	557	69274	2	
飞行器设计与工程	1	579	579	48832	1	
飞行器制造工程	1	573	573	54146	1	
应用物理学	1	556	556	70201	1	
微电子科学与工程	1	568	568	58808	1	
03专业组(不限)	**1**	**541**	**541**	**84968**	**1**	
国际经济与贸易	1	541	541	84968	1	
04专业组(化学)	**7**	**544**	**533**	**93122**	**7**	
包装工程	2	536	533	93122	2	
应用化学	5	544	535	91099	5	
3403 山西财经大学	**36**				**36**	
03专业组(不限)	**33**	**567**	**520**	**106376**	**33**	
统计学	1	558	558	68331	1	
国际商务	2	549	520	106376	2	
财政学	1	539	539	86937	1	
金融工程	2	527	526	100234	2	
房地产开发与管理	1	543	543	82963	1	
工程造价	2	553	552	74112	2	
信息管理与信息系统	2	555	542	83978	2	
计算机科学与技术	2	555	552	74112	2	
物流管理	2	537	532	94094	2	
财务管理	2	548	542	83978	2	
资产评估	1	534	534	92079	1	
土地资源管理	1	531	531	95098	1	
信息与计算科学	2	539	534	92079	2	
金融数学	2	524	521	105373	2	
数据科学与大数据技术	3	550	545	80935	3	
金融科技	2	533	521	105373	2	
应急管理	1	524	524	102241	1	
会计学	2	567	562	64501	2	
金融学	2	552	546	79957	2	
04专业组(不限)(中外合作办学)	**3**	**551**	**540**	**85962**	**3**	
金融学(中外合作办学)	1	540	540	85962	1	
会计学(中外合作办学)	2	551	542	83978	2	
3404 太原科技大学	**69**				**69**	
02专业组(不限)	**69**	**557**	**541**	**84968**	**69**	
机械设计制造及其自动化	20	557	544	81927	20	
机械电子工程	2	548	546	79957	2	
车辆工程	2	547	545	80935	2	
工业设计	2	543	542	83978	2	
机器人工程	2	552	550	76117	2	
材料成型及控制工程	4	548	541	84968	4	
焊接技术与工程	5	545	541	84968	5	
材料科学与工程	4	544	541	84968	4	
电气工程及其自动化	2	555	553	73153	2	
电子信息工程	4	552	549	77083	4	
工程力学	2	544	542	83978	2	
环境科学	2	541	541	84968	2	
计算机科学与技术	2	557	557	69274	2	
软件工程	2	557	554	72168	2	
物联网工程	2	553	552	74112	2	
智能科学与技术	2	552	550	76117	2	
会计学	2	541	541	84968	2	

院校、专业组、专业名称	录取数	最高分	最低分	最低分位次	平行志愿	征求志愿
工业工程	2	541	541	84968	2	
信息管理与信息系统	2	551	548	78085	2	
应急技术与管理	4	542	541	84968	4	
3405 太原理工大学	**86**				**86**	
02专业组(不限)	**35**	**614**	**598**	**33367**	**35**	
机械设计制造及其自动化	2	612	611	24195	2	
车辆工程	2	607	605	28268	2	
环境工程	3	602	602	30377	3	
建筑环境与能源应用工程	2	606	603	29716	2	
城市地下空间工程	2	602	602	30377	2	
测绘工程	2	602	599	32622	2	
信息与计算科学	2	606	606	27545	2	
工程力学	2	604	600	31866	2	
英语	2	599	599	32622	2	
工程管理	2	599	598	33367	2	
机械电子工程	2	610	603	29716	2	
道路桥梁与渡河工程	2	604	598	33367	2	
土木工程	2	600	598	33367	2	
数据科学与大数据技术	2	611	607	26858	2	
机器人工程	2	612	608	26161	2	
人工智能	2	614	613	22857	2	
工程力学(试验班)	2	600	599	32622	2	
03专业组(化学)	**45**	**614**	**595**	**35651**	**45**	
材料成型及控制工程	2	604	602	30377	2	
材料科学与工程	2	605	597	34107	2	
能源与动力工程	2	607	603	29716	2	
自动化	2	612	610	24841	2	
通信工程	1	611	611	24195	1	
电子信息工程	2	612	611	24195	2	
电子科学与技术	2	610	610	24841	2	
水文与水资源工程	2	608	600	31866	2	
化学工程与工艺	2	598	597	34107	2	
计算机科学与技术	2	613	612	23568	2	
纺织工程	3	600	598	33367	3	
电气工程及其自动化	2	614	611	24195	2	
过程装备与控制工程	2	597	595	35651	2	
智能医学工程	2	597	596	34854	2	
化学	3	598	596	34854	3	
物联网工程	2	611	610	24841	2	
区块链工程	2	608	607	26858	2	
能源互联网工程	2	603	601	31135	2	
化学(试验班)	2	609	608	26161	2	
物理学	2	598	596	34854	2	
物理学(试验班)	2	607	596	34854	2	
生态学	2	595	595	35651	2	
04专业组(化学或生物)	**6**	**610**	**602**	**30377**	**6**	
制药工程	2	604	603	29716	2	
生物医学工程	2	604	602	30377	2	
生物医学工程(试验班)	2	610	605	28268	2	
3406 太原工业学院	**53**				**53**	
02专业组(不限)	**32**	**516**	**494**	**132434**	**32**	
经济学	2	506	494	132434	2	
国际经济与贸易	1	503	503	123514	1	
机械电子工程	2	504	501	125542	2	
智能车辆工程	4	501	494	132434	4	
电气工程及其自动化	3	516	504	122564	3	
通信工程	3	506	499	127539	3	
自动化	2	512	506	120487	2	
软件工程	3	510	503	123514	3	
物联网工程	3	504	501	125542	3	
数字媒体技术	3	502	494	132434	3	
数据科学与大数据技术	2	510	509	117454	2	
工商管理	2	500	498	128536	2	
跨境电子商务	2	495	494	132434	2	
03专业组(化学)	**21**	**499**	**480**	**145763**	**21**	
无机非金属材料工程	3	488	483	142975	3	
高分子材料与工程	2	481	480	145763	2	
功能材料	2	490	480	145763	2	
化学工程与工艺	3	495	481	144815	3	
制药工程	3	487	483	142975	3	
食品质量与安全	3	483	480	145763	3	
应急技术与管理	3	495	484	142060	3	
生物工程	2	499	487	139209	2	
3407 山西医科大学	**10**				**10**	
01专业组(化学和生物)	**10**	**587**	**570**	**56969**	**10**	
临床医学	2	587	582	46258	2	
口腔医学	2	582	582	46258	2	
预防医学	2	582	576	51456	2	
临床药学	2	579	570	56969	2	
法医学	2	573	570	56969	2	
3408 山西中医药大学	**20**				**17**	**3**
04专业组(不限)	**6**	**567**	**512**	**114463**	**5**	**1**
中医学	1	567	567	59799	1	
针灸推拿学	1	559	559	67392	1	
中医养生学	1	559	559	67392	1	
护理学	3	561	512	114463	2	1
05专业组(化学)	**12**	**533**	**518**	**108392**	**10**	**2**
康复治疗学	1	532	532	94094	1	
中药学	4	530	518	108392	2	2
中药学(临床中药学)	1	532	532	94094	1	
药学	2	533	530	96124	2	
制药工程	2	526	525	101269	2	
生物制药	1	528	528	98180	1	
食品科学与工程	1	532	532	94094	1	
06专业组(化学或生物)	**2**	**577**	**568**	**58808**	**2**	
中西医临床医学	2	577	568	58808	2	
3410 山西农业大学	**60**				**59**	**1**
05专业组(不限)	**18**	**538**	**533**	**93122**	**18**	

院校、专业组、专业名称	录取数	最高分	最低分	最低分位次	平行志愿	征求志愿
机械设计制造及其自动化	2	537	535	91099	2	
电气工程及其自动化	2	538	538	87986	2	
农业电气化	2	534	533	93122	2	
电子信息科学与技术	1	538	538	87986	1	
计算机科学与技术	2	536	536	90081	2	
网络工程	2	536	536	90081	2	
物联网工程	2	538	536	90081	2	
机器人工程	1	533	533	93122	1	
数据科学与大数据技术	1	538	538	87986	1	
土木工程	2	533	533	93122	2	
农业水利工程	1	534	534	92079	1	
06专业组(化学)	**20**	**531**	**479**	**146748**	**19**	**1**
农学	3	528	526	100234	3	
植物保护	2	522	521	105373	2	
生物农药科学与工程	2	520	519	107387	2	
林学类	2	523	514	112372	2	
水土保持与荒漠化防治	1	516	516	110349	1	
生态学	1	520	520	106376	1	
园林	2	522	520	106376	2	
环境科学	2	531	516	110349	2	
农业资源与环境	1	521	521	105373	1	
园艺	4	520	479	146748	3	1
07专业组(化学或生物)	**1**	**528**	**528**	**98180**	**1**	
经济动物学	1	528	528	98180	1	
08专业组(化学和生物)	**17**	**538**	**503**	**123514**	**17**	
动物科学	2	515	509	117454	2	
动物医学	1	538	538	87986	1	
动植物检疫	2	509	506	120487	2	
兽医公共卫生	1	503	503	123514	1	
食品质量与安全	2	515	508	118485	2	
葡萄与葡萄酒工程	2	503	503	123514	2	
食用菌科学与工程	2	507	505	121517	2	
生物科学类	3	511	509	117454	3	
中药资源与开发	2	505	503	123514	2	
09专业组(化学或地理)	**2**	**537**	**531**	**95098**	**2**	
地理信息科学	2	537	531	95098	2	
10专业组(生物或地理)	**2**	**528**	**526**	**100234**	**2**	
城乡规划	1	528	528	98180	1	
风景园林	1	526	526	100234	1	
3412 山西传媒学院	**17**				**16**	**1**
02专业组(不限)	**17**	**521**	**470**	**154932**	**16**	**1**
广播电视学	2	499	495	131453	2	
文化产业管理	3	474	471	154058	3	
新闻学	2	493	485	141125	2	
虚拟现实技术	2	501	490	136410	2	
电影学	4	491	470	154932	3	1
新媒体技术	2	521	503	123514	2	
会展经济与管理	2	478	477	148670	2	
3413 忻州师范学院	**65**				**65**	
01专业组(不限)	**44**	**516**	**490**	**136410**	**44**	
通信工程	8	501	492	134437	8	
电子信息科学与技术	4	492	490	136410	4	
计算机科学与技术(师范)	7	508	493	133442	7	
数字媒体技术	1	513	513	113413	1	
数据科学与大数据技术	3	499	491	135455	3	
数学与应用数学(师范)	6	516	506	120487	6	
英语(师范)	1	511	511	115420	1	
翻译	1	491	491	135455	1	
物理学(师范)	6	503	495	131453	6	
会计学	2	513	506	120487	2	
审计学	1	498	498	128536	1	
财务管理	3	496	492	134437	3	
统计学	1	493	493	133442	1	
02专业组(化学)	**10**	**498**	**477**	**148670**	**10**	
应用化学	4	482	478	147717	4	
科学教育(师范)	6	498	477	148670	6	
03专业组(化学或地理)	**5**	**494**	**484**	**142060**	**5**	
人文地理与城乡规划	5	494	484	142060	5	
04专业组(生物或地理)	**1**	**528**	**528**	**98180**	**1**	
心理学(师范)	1	528	528	98180	1	
05专业组(思想政治或地理)	**5**	**490**	**481**	**144815**	**5**	
旅游管理	5	490	481	144815	5	
3415 山西师范大学	**23**				**23**	
04专业组(不限)	**16**	**541**	**528**	**98180**	**16**	
经济学	1	532	532	94094	1	
法学	1	541	541	84968	1	
社会学	1	530	530	96124	1	
教育技术学(师范)	1	529	529	97145	1	
学前教育(师范)	1	529	529	97145	1	
编辑出版学	1	528	528	98180	1	
物理学(师范)	2	533	532	94094	2	
心理学(师范)	1	531	531	95098	1	
电子信息工程	1	539	539	86937	1	
计算机科学与技术	2	537	533	93122	2	
食品科学与工程	1	531	531	95098	1	
食品质量与安全	1	528	528	98180	1	
财务管理	1	531	531	95098	1	
旅游管理	1	528	528	98180	1	
05专业组(化学或生物)	**3**	**534**	**529**	**97145**	**3**	
生物科学类	1	532	532	94094	1	
生态学	1	529	529	97145	1	
园艺(师范)	1	534	534	92079	1	
06专业组(化学或地理)	**2**	**536**	**534**	**92079**	**2**	
人文地理与城乡规划	1	534	534	92079	1	
地理信息科学	1	536	536	90081	1	
07专业组(思想政治)	**2**	**541**	**540**	**85962**	**2**	
思想政治教育(师范)	2	541	540	85962	2	
3416 太原师范学院	**27**				**27**	

2023年普通类(物理等科目类)本科院校

院校、专业组、专业名称	录取数	最高分	最低分	最低分位次	平行志愿	征求志愿
04专业组(不限)	15	538	521	105373	15	
学前教育(师范)	3	522	521	105373	3	
小学教育(师范)	3	536	526	100234	3	
数学与应用数学(师范)	5	538	526	100234	5	
物理学(师范)	4	525	523	103299	4	
05专业组(化学)	4	530	518	108392	4	
化学(师范)	4	530	518	108392	4	
06专业组(化学或生物)	4	545	530	96124	4	
生物科学(师范)	4	545	530	96124	4	
07专业组(化学或地理)	4	490	454	168262	4	
自然地理与资源环境	4	490	454	168262	4	
3417 山西大同大学	10				10	
02专业组(化学和生物)	10	573	562	64501	10	
临床医学	10	573	562	64501	10	
3418 运城学院	46				45	1
03专业组(不限)	37	500	487	139209	36	1
机械电子工程	5	490	487	139209	5	
材料化学	3	488	487	139209	3	
通信工程	5	500	490	136410	5	
网络工程	5	496	488	138275	5	
数字媒体技术	5	499	487	139209	5	
物流管理	5	490	487	139209	5	
资产评估	4	489	487	139209	3	1
电气工程及其自动化	5	498	492	134437	5	
04专业组(化学或生物)	9	499	476	149566	9	
食品科学与工程	4	488	480	145763	4	
园林	5	499	476	149566	5	
3429 山西工程科技职业大学	7				7	
02专业组(不限)	7	490	484	142060	7	
工程造价	5	489	486	140151	5	
汽车服务工程技术	2	490	484	142060	2	
3431 吕梁学院	18				18	
03专业组(不限)	12	503	489	137355	12	
物理学(师范)	3	490	489	137355	3	
应用心理学	3	500	493	133442	3	
建筑学	2	503	491	135455	2	
会计学	1	495	495	131453	1	
食品质量与安全	1	494	494	132434	1	
园林	2	492	491	135455	2	
04专业组(化学或生物)	5	491	486	140151	5	
生物科学	5	491	486	140151	5	
05专业组(思想政治)	1	495	495	131453	1	
思想政治教育(师范)	1	495	495	131453	1	
3432 晋中学院	25				23	2
02专业组(不限)	25	506	473	152316	23	2
复合材料与工程	10	492	481	144815	10	
数学与应用数学(师范)	3	506	492	134437	3	
物理学(师范)	3	493	488	138275	3	
新闻学	3	493	483	142975	3	
旅游管理	3	485	473	152316	1	2
会展经济与管理	3	484	480	145763	3	
3433 山西工程技术学院	31				31	
02专业组(不限)	29	505	490	136410	29	
材料成型及控制工程	1	501	501	125542	1	
材料科学与工程	1	490	490	136410	1	
计算机科学与技术	2	503	501	125542	2	
数据科学与大数据技术	2	502	494	132434	2	
物联网工程	2	497	493	133442	2	
智能科学与技术	2	492	490	136410	2	
测绘工程	2	493	492	134437	2	
电气工程及其自动化	2	505	501	125542	2	
自动化	2	501	498	128536	2	
工程管理	2	491	491	135455	2	
工程造价	2	492	491	135455	2	
机械工程	2	493	492	134437	2	
机械设计制造及其自动化	2	502	495	131453	2	
智能制造工程	2	494	492	134437	2	
土木工程	2	492	490	136410	2	
机器人工程	1	493	493	133442	1	
03专业组(化学或地理)	2	499	494	132434	2	
地理信息科学	2	499	494	132434	2	
3439 山西工学院	2				2	
01专业组(不限)	2	498	497	129553	2	
车辆工程	1	497	497	129553	1	
工业设计	1	498	498	128536	1	
3501 内蒙古大学	10				10	
01专业组(不限)	4	602	596	34854	4	
经济学	1	596	596	34854	1	
计算机科学与技术	1	602	602	30377	1	
软件工程	2	599	597	34107	2	
02专业组(化学)	4	583	579	48832	4	
应用化学	1	583	583	45410	1	
大气科学	1	582	582	46258	1	
车辆工程	1	579	579	48832	1	
生物医学工程	1	579	579	48832	1	
03专业组(化学或生物)	2	596	592	37932	2	
生物科学	1	592	592	37932	1	
生物科学(拔尖学生培养基地)	1	596	596	34854	1	
3503 内蒙古农业大学	10				9	1
01专业组(不限)	6	533	512	114463	6	
农业水利工程	2	515	514	112372	2	
水利类	2	533	514	112372	2	
木材科学与工程	2	512	512	114463	2	
02专业组(化学或生物)	4	499	455	167464	3	1
园林	4	499	455	167464	3	1
3504 内蒙古工业大学	10				10	
01专业组(不限)	4	517	508	118485	4	

2023年普通类(物理等科目类)本科院校

院校、专业组、专业名称	录取数	最高分	最低分	最低分位次	平行志愿	征求志愿
通信工程	2	517	516	110349	2	
英语	2	517	508	118485	2	
02专业组(化学)	4	479	469	155786	4	
服装设计与工程	4	479	469	155786	4	
03专业组(化学或生物)	2	518	513	113413	2	
生物工程	2	518	513	113413	2	
3506 内蒙古民族大学	8				8	
02专业组(不限)	2	480	480	145763	2	
经济学	2	480	480	145763	2	
03专业组(化学)	2	499	499	127539	2	
化学(师范)	2	499	499	127539	2	
04专业组(化学或生物)	4	489	483	142975	4	
生物科学	2	489	486	140151	2	
园林	2	486	483	142975	2	
3507 内蒙古财经大学	3				3	
02专业组(不限)	3	531	519	107387	3	
金融学	3	531	519	107387	3	
3511 内蒙古科技大学	44				42	2
03专业组(不限)	39	523	480	145763	37	2
材料成型及控制工程	2	520	508	118485	2	
冶金工程	5	517	506	120487	5	
能源与动力工程	2	523	519	107387	2	
环境工程	3	502	496	130482	3	
信息管理与信息系统	2	505	503	123514	2	
建筑学	3	502	493	133442	3	
机械类	5	517	506	120487	5	
管理科学与工程类	3	500	498	128536	3	
矿业类	5	502	498	128536	5	
材料类	9	503	480	145763	7	2
04专业组(化学或生物)	5	510	493	133442	5	
生物工程类	5	510	493	133442	5	
3515 赤峰学院	6				6	
01专业组(化学)	6	480	468	156710	6	
医学检验技术	3	480	476	149566	3	
化学(师范)	3	476	468	156710	3	
3516 内蒙古医科大学	5				5	
01专业组(化学)	1	500	500	126589	1	
康复治疗学	1	500	500	126589	1	
02专业组(化学和生物)	4	576	567	59799	4	
临床医学	3	576	571	56021	3	
临床药学	1	567	567	59799	1	
4101 东北大学	87				86	1
02专业组(不限)	85	652	638	9244	84	1
经济管理试验班(工商管理、市场营销、会计学、工业工程、信息管理与信息系统、国际经济与贸易、金融学、经济学)	7	639	638	9244	7	
数学类(数学与应用数学、信息与计算科学)	2	639	639	8829	2	
应用物理学	2	640	639	8829	2	
智能采矿工程	2	638	638	9244	2	
工科试验班(冶金工程、能源与动力工程、新能源科学与工程、环境科学、资源循环科学与工程、新能源材料与器件)	10	640	638	9244	10	
材料类(含材料科学与工程、材料物理等3个专业)	8	638	638	9244	8	
机械类(含机械工程、过程装备与控制工程、车辆工程等4个专业)	11	640	638	9244	11	
智能制造工程	4	641	640	8448	4	
自动化类(含自动化、工业智能等5个专业)	8	644	642	7656	8	
计算机类(计算机科学与技术、物联网工程)	5	652	643	7266	5	
电子信息类(通信工程、电子信息工程)	5	641	640	8448	5	
人工智能	2	643	641	8031	2	
计算机类(软件工程、信息安全、数字媒体技术)	17	643	641	8031	17	
建筑类(建筑学、城乡规划)	2	638	638	9244	1	1
03专业组(化学)	2	636	634	11118	2	
化学类(化学、应用化学)	2	636	634	11118	2	
4102 辽宁大学	19				19	
06专业组(不限)(中外合作办学)	4	586	582	46258	4	
会计学(中外合作办学)(新华国际商学院)	4	586	582	46258	4	
07专业组(不限)	4	614	607	26858	4	
经济学类	1	607	607	26858	1	
数学与应用数学	1	614	614	22200	1	
电子信息类	2	612	607	26858	2	
08专业组(不限)(中外合作办学)	2	580	579	48832	2	
国际商务(中外合作办学)	2	580	579	48832	2	
09专业组(不限)(中外合作办学)	1	583	583	45410	1	
金融学(中外合作办学)	1	583	583	45410	1	
10专业组(不限)(中外合作办学)	1	597	597	34107	1	
会计学(中外合作办学)(亚澳商学院)	1	597	597	34107	1	
11专业组(化学或生物)	4	597	590	39519	4	
生物技术(中外高水平大学学生交流计划)	4	597	590	39519	4	
12专业组(化学或生物)	3	605	595	35651	3	

院校、专业组、专业名称	录取数	最高分	最低分	最低分位次	平行志愿	征求志愿
环境工程	3	605	595	35651	3	
4103 中国医科大学	**31**				**31**	
01专业组(化学或生物)	**26**	**635**	**623**	**16748**	**26**	
临床医学(红医班)	1	635	635	10612	1	
临床医学(5+3一体化)	4	633	629	13587	4	
临床医学	8	630	627	14617	8	
临床医学(检验医师培养试验班)	1	627	627	14617	1	
医学影像学	4	627	625	15652	4	
口腔医学	2	628	628	14097	2	
预防医学	2	624	624	16213	2	
临床药学	2	627	623	16748	2	
法医学	2	626	624	16213	2	
02专业组(化学或生物)(中外合作办学)	**5**	**582**	**555**	**71148**	**5**	
生物技术(中外合作办学)	2	569	566	60725	2	
药物制剂(中外合作办学)	3	582	555	71148	3	
4104 沈阳药科大学	**17**				**17**	
04专业组(不限)	**2**	**568**	**567**	**59799**	**2**	
药事管理	2	568	567	59799	2	
05专业组(化学)	**15**	**613**	**577**	**50595**	**15**	
药学类	4	605	593	37179	4	
药学(英语强化班)	1	601	601	31135	1	
制药工程	1	584	584	44516	1	
环境科学	1	578	578	49756	1	
药物化学	1	581	581	47114	1	
中药学类	2	585	579	48832	2	
生物工程	1	577	577	50595	1	
生物制药	1	593	593	37179	1	
临床药学	1	594	594	36407	1	
食品科学与工程类	1	580	580	47955	1	
药学(理科基地班)	1	613	613	22857	1	
4105 沈阳农业大学	**10**				**10**	
01专业组(不限)	**6**	**548**	**535**	**91099**	**6**	
水产养殖学	3	540	535	91099	3	
计算机科学与技术	3	548	541	84968	3	
02专业组(不限)(中外合作办学)	**2**	**552**	**544**	**81927**	**2**	
电气工程及其自动化(中外合作办学)	2	552	544	81927	2	
03专业组(化学或生物)	**2**	**534**	**530**	**96124**	**2**	
生物科学	2	534	530	96124	2	
4107 沈阳化工大学	**62**				**62**	
01专业组(不限)	**43**	**553**	**532**	**94094**	**43**	
高分子材料与工程	3	540	533	93122	3	
高分子材料与工程(卓越工程师班)	3	535	534	92079	3	
无机非金属材料工程	4	539	532	94094	4	
材料化学	2	538	532	94094	2	

院校、专业组、专业名称	录取数	最高分	最低分	最低分位次	平行志愿	征求志愿
过程装备与控制工程	2	533	533	93122	2	
机械设计制造及其自动化	2	542	541	84968	2	
油气储运工程	1	553	553	73153	1	
能源与动力工程	1	539	539	86937	1	
金属材料工程	4	539	533	93122	4	
电气工程及其自动化	2	543	542	83978	2	
自动化	1	548	548	78085	1	
测控技术与仪器	1	532	532	94094	1	
电子信息工程	2	541	541	84968	2	
人工智能	2	541	540	85962	2	
电子科学与技术	2	539	535	91099	2	
计算机科学与技术	2	545	542	83978	2	
软件工程	1	545	545	80935	1	
网络工程	1	539	539	86937	1	
数据科学与大数据技术	1	546	546	79957	1	
安全工程	3	543	534	92079	3	
会计学	1	533	533	93122	1	
工程管理	1	538	538	87986	1	
应急管理	1	532	532	94094	1	
02专业组(化学)	**4**	**531**	**524**	**102241**	**4**	
应用化学	2	531	530	96124	2	
化学	2	527	524	102241	2	
03专业组(化学或生物)	**15**	**529**	**521**	**105373**	**15**	
化学工程与工艺	6	524	522	104328	6	
能源化学工程	2	522	522	104328	2	
制药工程	1	529	529	97145	1	
生物工程	2	527	526	100234	2	
环境工程	4	523	521	105373	4	
4108 沈阳工业大学	**73**				**73**	
02专业组(不限)	**54**	**576**	**548**	**78085**	**54**	
机械设计制造及其自动化	3	568	568	58808	3	
车辆工程	3	556	555	71148	3	
工业工程	2	549	549	77083	2	
工业设计	3	557	555	71148	3	
机器人工程	2	560	559	67392	2	
材料成型及控制工程	2	565	558	68331	2	
电气工程及其自动化	3	576	575	52350	3	
自动化	2	573	570	56969	2	
测控技术与仪器	2	563	559	67392	2	
电子科学与技术	2	567	566	60725	2	
通信工程	3	569	565	61774	3	
计算机科学与技术	2	574	569	57929	2	
工业智能	5	553	548	78085	5	
数学与应用数学	4	554	548	78085	4	
建筑学	2	556	549	77083	2	
智能建造	3	557	555	71148	3	
金融学	2	551	549	77083	2	
市场营销	3	559	548	78085	3	
会计学	3	559	553	73153	3	

院校、专业组、专业名称	录取数	最高分	最低分	最低分位次	平行志愿	征求志愿
物流管理	3	554	550	76117	3	
03专业组(不限)(中外合作办学)	**10**	**540**	**531**	**95098**	**10**	
通信工程(中外合作办学)	10	540	531	95098	10	
04专业组(化学或生物)	**9**	**540**	**528**	**98180**	**9**	
环境工程	5	540	528	98180	5	
能源化学工程	4	535	530	96124	4	
4109 沈阳理工大学	**47**				**47**	
02专业组(不限)	**28**	**585**	**547**	**78999**	**28**	
俄语	1	551	551	75103	1	
信息与计算科学	1	548	548	78085	1	
材料成型及控制工程	1	550	550	76117	1	
机械电子工程	1	552	552	74112	1	
车辆工程	1	549	549	77083	1	
智能制造工程	1	548	548	78085	1	
测控技术与仪器	1	550	550	76117	1	
金属材料工程	1	548	548	78085	1	
无机非金属材料工程	1	547	547	78999	1	
粉体材料科学与工程	1	547	547	78999	1	
电气工程及其自动化	1	553	553	73153	1	
电子信息工程	1	551	551	75103	1	
电子科学与技术	1	551	551	75103	1	
通信工程	1	551	551	75103	1	
光电信息科学与工程	1	552	552	74112	1	
自动化	1	573	573	54146	1	
机器人工程	1	551	551	75103	1	
计算机科学与技术	1	558	558	68331	1	
网络工程	1	550	550	76117	1	
智能科学与技术	1	548	548	78085	1	
虚拟现实技术	1	549	549	77083	1	
武器发射工程	1	554	554	72168	1	
探测制导与控制技术	1	585	585	43657	1	
弹药工程与爆炸技术	1	561	561	65452	1	
装甲车辆工程	1	556	556	70201	1	
信息对抗技术	1	554	554	72168	1	
信息管理与信息系统	1	553	553	73153	1	
机械设计制造及其自动化	1	554	554	72168	1	
03专业组(不限)(中外合作办学)	**12**	**525**	**515**	**111340**	**12**	
机械设计制造及其自动化(中外合作办学)	6	521	516	110349	6	
计算机科学与技术(中外合作办学)	6	525	515	111340	6	
04专业组(化学)	**3**	**541**	**534**	**92079**	**3**	
应用化学	1	535	535	91099	1	
特种能源技术与工程	1	541	541	84968	1	
安全工程	1	534	534	92079	1	
05专业组(化学)(中外合作办学)	**3**	**500**	**487**	**139209**	**3**	
化学工程与工艺(中外合作办学)	3	500	487	139209	3	
06专业组(化学或生物)	**1**	**535**	**535**	**91099**	**1**	
环境工程	1	535	535	91099	1	
4110 沈阳航空航天大学	**36**				**36**	
01专业组(不限)	**33**	**594**	**564**	**62693**	**33**	
物联网工程	3	571	565	61774	3	
网络工程	2	573	570	56969	2	
软件工程	2	581	575	52350	2	
电子信息工程	1	578	578	49756	1	
探测制导与控制技术	5	594	572	55138	5	
安全工程	1	576	576	51456	1	
机械设计制造及其自动化	1	579	579	48832	1	
工业设计	2	573	567	59799	2	
材料成型及控制工程	1	567	567	59799	1	
焊接技术与工程	1	566	566	60725	1	
金属材料工程	1	564	564	62693	1	
飞行器质量与可靠性	2	574	570	56969	2	
人工智能	3	571	569	57929	3	
机器人工程	3	571	565	61774	3	
智能制造工程	3	569	564	62693	3	
数据科学与大数据技术	2	573	567	59799	2	
02专业组(化学)	**3**	**605**	**602**	**30377**	**3**	
飞行器制造工程	1	603	603	29716	1	
飞行器动力工程	1	605	605	28268	1	
飞行器设计与工程	1	602	602	30377	1	
4111 沈阳建筑大学	**21**				**21**	
01专业组(不限)	**16**	**551**	**537**	**89032**	**16**	
土木工程	1	551	551	75103	1	
机械工程	1	549	549	77083	1	
机械设计制造及其自动化	1	541	541	84968	1	
给排水科学与工程	1	539	539	86937	1	
建筑环境与能源应用工程	1	543	543	82963	1	
环境工程	1	537	537	89032	1	
电气工程及其自动化	1	544	544	81927	1	
自动化	1	541	541	84968	1	
人工智能	1	543	543	82963	1	
工程管理	1	539	539	86937	1	
工程造价	1	539	539	86937	1	
房地产开发与管理	1	537	537	89032	1	
应急管理	1	539	539	86937	1	
道路桥梁与渡河工程	1	539	539	86937	1	
无机非金属材料工程	1	537	537	89032	1	
高分子材料与工程	1	538	538	87986	1	
02专业组(不限)(中外合作办学)	**2**	**536**	**530**	**96124**	**2**	
计算机科学与技术(中外合作办学)	1	530	530	96124	1	
工程造价(中外合作办学)	1	536	536	90081	1	

院校、专业组、专业名称	录取数	最高分	最低分	最低分位次	平行志愿	征求志愿
03专业组(生物或地理)	**3**	**577**	**553**	**73153**	**3**	
建筑学	1	577	577	50595	1	
城乡规划	1	553	553	73153	1	
风景园林	1	553	553	73153	1	
4112 鞍山师范学院	**5**				**5**	
02专业组(不限)	**5**	**491**	**480**	**145763**	**5**	
西班牙语	1	480	480	145763	1	
旅游管理	1	491	491	135455	1	
酒店管理	2	484	482	143883	2	
市场营销	1	487	487	139209	1	
4113 沈阳医学院	**15**				**14**	**1**
04专业组(不限)	**1**	**534**	**534**	**92079**	**1**	
中药学	1	534	534	92079	1	
05专业组(不限)	**1**	**566**	**566**	**60725**	**1**	
护理学	1	566	566	60725	1	
06专业组(化学)	**2**	**537**	**527**	**99221**	**2**	
医学检验技术	1	527	527	99221	1	
康复治疗学	1	537	537	89032	1	
07专业组(化学或生物)	**10**	**584**	**572**	**55138**	**9**	**1**
临床医学	5	584	580	47955	5	
麻醉学	1	580	580	47955	1	
医学影像学	1	580	580	47955	1	
口腔医学	1	584	584	44516	1	
精神医学	2	580	572	55138	1	1
08专业组(化学或生物)	**1**	**581**	**581**	**47114**	**1**	
预防医学	1	581	581	47114	1	
4114 辽宁中医药大学	**29**				**28**	**1**
06专业组(不限)	**9**	**534**	**524**	**102241**	**9**	
医学信息工程	3	534	528	98180	3	
信息管理与信息系统	4	526	524	102241	4	
数据科学与大数据技术	2	528	528	98180	2	
07专业组(不限)	**4**	**496**	**486**	**140151**	**4**	
市场营销	2	489	486	140151	2	
物流管理	2	496	486	140151	2	
08专业组(不限)	**3**	**534**	**532**	**94094**	**3**	
中草药栽培与鉴定	3	534	532	94094	3	
09专业组(不限)	**2**	**540**	**539**	**86937**	**2**	
护理学	2	540	539	86937	2	
10专业组(化学)	**3**	**548**	**531**	**95098**	**2**	**1**
医学检验技术	3	548	531	95098	2	1
11专业组(化学或生物)	**4**	**569**	**564**	**62693**	**4**	
中医学	1	564	564	62693	1	
中西医临床医学	3	569	565	61774	3	
12专业组(化学或生物)	**3**	**559**	**558**	**68331**	**3**	
针灸推拿学	3	559	558	68331	3	
13专业组(化学或生物)	**1**	**563**	**563**	**63654**	**1**	
中医骨伤科学	1	563	563	63654	1	
4115 辽宁工业大学	**20**				**20**	
01专业组(不限)	**14**	**545**	**536**	**90081**	**14**	
机械设计制造及其自动化	2	543	539	86937	2	
车辆工程	2	541	538	87986	2	
材料成型及控制工程	2	538	537	89032	2	
自动化	2	540	538	87986	2	
电气工程及其自动化	2	539	538	87986	2	
电子信息工程	2	545	538	87986	2	
土木工程	2	537	536	90081	2	
02专业组(不限)(中外合作办学)	**2**	**525**	**522**	**104328**	**2**	
软件工程(中外合作办学)	2	525	522	104328	2	
03专业组(化学)	**4**	**520**	**511**	**115420**	**4**	
交通运输	2	515	515	111340	2	
化学工程与工艺	2	520	511	115420	2	
4116 沈阳体育学院	**8**				**8**	
01专业组(不限)	**8**	**508**	**500**	**126589**	**8**	
运动人体科学	5	503	500	126589	5	
运动康复	3	508	504	122564	3	
4117 沈阳师范大学	**28**				**28**	
03专业组(不限)	**14**	**531**	**512**	**114463**	**14**	
应用心理学(师范)	2	531	525	101269	2	
环境生态工程	2	520	518	108392	2	
学前教育(师范)	5	530	512	114463	5	
古生物学	3	524	513	113413	3	
能源化学工程	2	515	514	112372	2	
04专业组(不限)	**6**	**550**	**543**	**82963**	**6**	
计算机科学与技术	3	550	548	78085	3	
软件工程	2	546	544	81927	2	
网络工程	1	543	543	82963	1	
05专业组(不限)	**4**	**526**	**496**	**130482**	**4**	
翻译(中外高水平大学学生交流计划)	4	526	496	130482	4	
06专业组(不限)	**2**	**518**	**512**	**114463**	**2**	
物流管理	2	518	512	114463	2	
07专业组(化学或生物)	**2**	**559**	**558**	**68331**	**2**	
生物科学(师范)	2	559	558	68331	2	
4120 沈阳大学	**29**				**29**	
01专业组(不限)	**9**	**527**	**515**	**111340**	**9**	
工业工程	5	527	521	105373	5	
土木工程	4	522	515	111340	4	
02专业组(不限)(中外合作办学)	**8**	**530**	**519**	**107387**	**8**	
自动化(中外合作办学)	4	530	526	100234	4	
工业工程(中外合作办学)	4	522	519	107387	4	
03专业组(化学)	**6**	**519**	**513**	**113413**	**6**	
金属材料工程	3	519	515	111340	3	
焊接技术与工程	3	519	513	113413	3	
04专业组(化学或生物)	**6**	**520**	**512**	**114463**	**6**	
生物工程	3	520	516	110349	3	
园林	3	515	512	114463	3	

2023年普通类(物理等科目类)本科院校

院校、专业组、专业名称	录取数	最高分	最低分	最低分位次	平行志愿	征求志愿
4122 沈阳工程学院	10				10	
01专业组(不限)	10	589	559	67392	10	
电气工程及其自动化	2	589	587	42009	2	
能源与动力工程	2	570	562	64501	2	
核工程与核技术	2	582	562	64501	2	
自动化	2	562	560	66452	2	
机器人工程	2	571	559	67392	2	
4126 辽宁师范大学	2				2	
02专业组(不限)(中外合作办学)	2	530	523	103299	2	
国际商务(中外合作办学)	2	530	523	103299	2	
4131 大连理工大学	144				144	
02专业组(不限)	118	654	645	6590	118	
电子信息类(电信、自动化与计算机新工科实验班)	28	650	647	5894	28	
电子信息类(创新班)	3	653	650	4920	3	
工程力学(含飞行器设计与工程、船海卓越班)	5	647	645	6590	5	
工程力学(钱令希力学创新班、拔尖计划班)	9	648	647	5894	9	
光电信息科学与工程(含测控技术与仪器)	4	646	646	6254	4	
机械设计制造及其自动化(创新班)	6	648	648	5543	6	
能源与动力工程	6	646	645	6590	6	
软件工程(含网络工程)	23	649	645	6590	23	
数学类(数学与应用数学、信息与计算科学、华罗庚班)	4	649	646	6254	4	
电子科学与技术(含集成电路设计与集成系统)	6	647	646	6254	6	
应用物理学(王大珩物理基础科学拔尖计划班)	4	646	645	6590	4	
机械类(机械设计制造及其自动化、智能制造工程)	4	648	645	6590	4	
人工智能(含精细化工、智能车辆、智能建造、生物工程)	5	650	649	5239	5	
人工智能	5	649	649	5239	5	
计算机科学与技术(拔尖学生培养基地)	2	654	650	4920	2	
土木类(智慧基础设施与土木类创新班)	4	646	645	6590	4	
03专业组(不限)(中外合作办学)	5	642	639	8829	5	
计算机类(中外合作办学)(软件工程、数字媒体技术)	5	642	639	8829	5	
04专业组(化学)	21	644	637	9657	21	
化工与制药类(智能化工、新材料与安全新工科实验班)	16	641	637	9657	16	
化工与制药类(创新班)	5	644	638	9244	5	
4132 大连海事大学	88				88	
03专业组(不限)	74	631	604	28962	74	
自动化类	8	611	609	25496	8	
电子信息类	13	615	610	24841	13	
计算机类	13	621	613	22857	13	
交通运输类	11	628	607	26858	11	
管理科学与工程类	4	608	606	27545	4	
工商管理类	2	605	605	28268	2	
机械类	8	611	606	27545	8	
环境科学与工程类	4	606	604	28962	4	
法学	4	631	618	19695	4	
英语	3	606	604	28962	3	
物联网工程	4	612	608	26161	4	
04专业组(不限)(中外合作办学)	14	602	587	42009	14	
电子信息工程(中外合作办学)	6	602	589	40322	6	
机械设计制造及其自动化(中外合作办学)	4	592	588	41159	4	
土木工程(中外合作办学)	4	590	587	42009	4	
4133 东北财经大学	18				18	
04专业组(不限)	13	607	579	48832	13	
经济统计学	1	583	583	45410	1	
财政学类	1	594	594	36407	1	
金融学类	1	591	591	38768	1	
金融数学	1	594	594	36407	1	
金融科技	1	589	589	40322	1	
国际经济与贸易	1	579	579	48832	1	
管理科学与工程类(管理科学、信息管理与信息系统、大数据管理与应用)	1	581	581	47114	1	
管理科学与工程类(工程管理、房地产开发与管理)	1	579	579	48832	1	
工商管理类(工商管理、市场营销、人力资源管理)	1	585	585	43657	1	
工商管理类(会计学、财务管理、资产评估)	1	605	605	28268	1	
会计学(注册会计师)	1	607	607	26858	1	
审计学	1	594	594	36407	1	
公共管理类	1	579	579	48832	1	
05专业组(不限)(中外合作办学)	3	575	574	53221	3	
工商管理(中外合作办学)	1	575	575	52350	1	
财务管理(中外合作办学)	2	575	574	53221	2	
06专业组(不限)(中外合作办学)	2	603	601	31135	2	
金融学(中外合作办学)	1	601	601	31135	1	
会计学(中外合作办学)	1	603	603	29716	1	

院校、专业组、专业名称	录取数	最高分	最低分	最低分位次	平行志愿	征求志愿
4134 大连医科大学	**8**				**8**	
01专业组(化学)	**8**	**641**	**629**	**13587**	**8**	
临床医学(5+3一体化)	4	641	634	11118	4	
临床医学	4	630	629	13587	4	
4135 大连外国语大学	**14**				**12**	**2**
04专业组(不限)	**8**	**556**	**489**	**137355**	**6**	**2**
日语	1	536	536	90081	1	
俄语	1	538	538	87986		1
法语	1	552	552	74112	1	
德语	1	556	556	70201	1	
西班牙语	1	541	541	84968	1	
葡萄牙语	1	538	538	87986	1	
旅游管理	1	489	489	137355		1
新闻学	1	530	530	96124	1	
05专业组(不限)	**4**	**555**	**541**	**84968**	**4**	
计算机科学与技术	2	555	545	80935	2	
信息管理与信息系统	2	541	541	84968	2	
06专业组(不限)	**1**	**575**	**575**	**52350**	**1**	
英语	1	575	575	52350	1	
07专业组(思想政治)	**1**	**562**	**562**	**64501**	**1**	
国际事务与国际关系	1	562	562	64501	1	
4136 大连大学	**31**				**31**	
02专业组(不限)	**28**	**558**	**527**	**99221**	**28**	
国际经济与贸易	2	531	531	95098	2	
小学教育(师范)	2	531	529	97145	2	
机械设计制造及其自动化	2	542	538	87986	2	
车辆工程	4	539	533	93122	4	
化学工程与工艺	4	532	529	97145	4	
生物工程	4	542	528	98180	4	
护理学	3	532	531	95098	3	
旅游管理	2	527	527	99221	2	
市场营销	2	528	527	99221	2	
数据科学与大数据技术	3	558	535	91099	3	
03专业组(化学)	**3**	**547**	**537**	**89032**	**3**	
医学检验技术	3	547	537	89032	3	
4137 大连海洋大学	**28**				**28**	
01专业组(不限)	**28**	**539**	**526**	**100234**	**28**	
水产养殖学	4	536	527	99221	4	
船舶与海洋工程	5	535	529	97145	5	
港口航道与海岸工程	4	535	528	98180	4	
自动化	5	539	528	98180	5	
水生动物医学	3	539	526	100234	3	
环境工程	2	527	526	100234	2	
海洋科学类(海洋科学、海洋技术)	5	531	527	99221	5	
4138 大连工业大学	**49**				**49**	
01专业组(不限)	**4**	**549**	**546**	**79957**	**4**	
通信工程	2	549	549	77083	2	
光源与照明	2	549	546	79957	2	
02专业组(不限)(中外合作办学)	**5**	**534**	**532**	**94094**	**5**	
机械电子工程(中外合作办学)	5	534	532	94094	5	
03专业组(化学)	**12**	**538**	**518**	**108392**	**12**	
化妆品技术与工程	4	538	522	104328	4	
应用化学	2	527	521	105373	2	
轻化工程	4	526	518	108392	4	
生物质能源与材料	2	522	518	108392	2	
04专业组(化学)	**3**	**518**	**515**	**111340**	**3**	
纺织工程	3	518	515	111340	3	
05专业组(化学)	**2**	**543**	**541**	**84968**	**2**	
生物制药	2	543	541	84968	2	
06专业组(化学)	**2**	**524**	**523**	**103299**	**2**	
服装设计与工程	2	524	523	103299	2	
07专业组(化学)	**6**	**531**	**526**	**100234**	**6**	
高分子材料与工程	3	531	528	98180	3	
无机非金属材料工程	3	531	526	100234	3	
08专业组(化学)	**13**	**541**	**525**	**101269**	**13**	
食品科学与工程	8	537	527	99221	8	
食品质量与安全	2	541	526	100234	2	
食品营养与健康	3	526	525	101269	3	
09专业组(化学或生物)	**2**	**537**	**537**	**89032**	**2**	
生物工程	2	537	537	89032	2	
4139 大连交通大学	**58**				**58**	
02专业组(不限)	**51**	**570**	**547**	**78999**	**51**	
机械工程	2	556	555	71148	2	
机械电子工程	2	556	554	72168	2	
工业工程	2	553	551	75103	2	
机器人工程	1	552	552	74112	1	
物流工程	1	551	551	75103	1	
材料成型及控制工程	3	553	548	78085	3	
材料科学与工程	2	551	549	77083	2	
焊接技术与工程	1	552	552	74112	1	
车辆工程	4	568	559	67392	4	
测控技术与仪器	3	558	554	72168	3	
安全工程	2	552	552	74112	2	
电气工程及其自动化	3	565	564	62693	3	
自动化	3	557	556	70201	3	
轨道交通信号与控制	2	570	560	66452	2	
通信工程	2	566	561	65452	2	
电子信息工程	3	559	558	68331	3	
计算机科学与技术	2	562	561	65452	2	
土木工程	3	554	548	78085	3	
工程力学	1	548	548	78085	1	
环境工程	2	552	550	76117	2	
能源化学工程	1	548	548	78085	1	
工业设计	1	547	547	78999	1	
大数据管理与应用	1	549	549	77083	1	

院校、专业组、专业名称	录取数	最高分	最低分	最低分位次	平行志愿	征求志愿
数据科学与大数据技术	2	554	554	72168	2	
人工智能	2	554	547	78999	2	
03专业组(不限)	**2**	**554**	**548**	**78085**	**2**	
会计学	1	554	554	72168	1	
物流管理	1	548	548	78085	1	
04专业组(化学)	**5**	**557**	**545**	**80935**	**5**	
交通设备与控制工程	1	552	552	74112	1	
交通运输	2	557	550	76117	2	
交通工程	1	545	545	80935	1	
应用化学	1	545	545	80935	1	
4140 大连民族大学	**16**				**16**	
02专业组(不限)	**16**	**544**	**530**	**96124**	**16**	
计算机科学与技术	6	543	530	96124	6	
财务管理	4	544	532	94094	4	
电子信息工程	6	541	530	96124	6	
4141 锦州医科大学	**15**				**15**	
01专业组(化学)	**3**	**531**	**528**	**98180**	**3**	
药学	1	529	529	97145	1	
医学检验技术	2	531	528	98180	2	
02专业组(化学或生物)	**8**	**587**	**574**	**53221**	**8**	
临床医学	5	587	579	48832	5	
医学影像学	1	575	575	52350	1	
口腔医学	1	580	580	47955	1	
护理学	1	574	574	53221	1	
03专业组(生物)(中外合作办学)	**4**	**495**	**490**	**136410**	**4**	
运动康复(中外合作办学)	4	495	490	136410	4	
4152 渤海大学	**8**				**8**	
02专业组(不限)	**6**	**545**	**536**	**90081**	**6**	
软件工程	6	545	536	90081	6	
03专业组(不限)	**2**	**523**	**493**	**133442**	**2**	
新闻学	2	523	493	133442	2	
4161 辽宁工程技术大学	**16**				**16**	
02专业组(不限)	**16**	**569**	**533**	**93122**	**16**	
测绘工程	2	535	533	93122	2	
工程力学	2	536	536	90081	2	
机械设计制造及其自动化	2	545	537	89032	2	
建筑学	2	548	535	91099	2	
智能电网信息工程	2	569	550	76117	2	
金属材料工程	2	537	534	92079	2	
软件工程	2	550	538	87986	2	
数据科学与大数据技术	2	545	543	82963	2	
4162 大连理工大学(盘锦校区)	**7**				**7**	
02专业组(不限)	**5**	**637**	**633**	**11593**	**5**	
海洋技术	3	634	633	11593	3	
经济学类(经济与商务实验班)	2	637	634	11118	2	
03专业组(化学)(中外合作办学)	**2**	**624**	**621**	**17908**	**2**	
应用化学(中外合作办学)(理学)	2	624	621	17908	2	
4171 辽宁科技大学	**20**				**20**	
01专业组(不限)	**17**	**552**	**531**	**95098**	**17**	
材料成型及控制工程	2	537	532	94094	2	
材料科学与工程	4	535	531	95098	4	
冶金工程	2	536	535	91099	2	
无机非金属材料工程	2	531	531	95098	2	
能源与动力工程	2	537	536	90081	2	
储能科学与工程	2	532	532	94094	2	
自动化	2	552	538	87986	2	
智能制造工程	1	538	538	87986	1	
02专业组(不限)(中外合作办学)	**3**	**500**	**499**	**127539**	**3**	
冶金工程(中外合作办学)	3	500	499	127539	3	
4181 辽宁石油化工大学	**15**				**15**	
01专业组(不限)	**5**	**531**	**528**	**98180**	**5**	
工程管理	3	531	528	98180	3	
通信工程	1	531	531	95098	1	
智能科学与技术	1	531	531	95098	1	
02专业组(化学)	**7**	**529**	**518**	**108392**	**7**	
海洋油气工程	2	525	522	104328	2	
化学工程与工艺	2	529	522	104328	2	
油气储运工程	1	527	527	99221	1	
精细化工	2	519	518	108392	2	
03专业组(化学或生物)	**3**	**531**	**525**	**101269**	**3**	
环境工程	3	531	525	101269	3	
4192 辽宁科技学院	**10**				**10**	
01专业组(不限)	**10**	**505**	**495**	**131453**	**10**	
自动化	2	504	502	124506	2	
机器人工程	2	502	499	127539	2	
制药工程	2	500	499	127539	2	
环境工程	2	497	495	131453	2	
计算机科学与技术	2	505	504	122564	2	
4201 吉林大学	**215**				**215**	
06专业组(不限)	**62**	**647**	**639**	**8829**	**62**	
社会学类(含社会学、社会工作等3个专业)	4	641	640	8448	4	
新闻传播学类(新闻学、广告学)	1	640	640	8448	1	
英语	2	640	639	8829	2	
经济学类(含经济学等4个专业)	4	644	639	8829	4	
法学	2	645	645	6590	2	
会计学	5	639	639	8829	5	
工商管理类(工商管理、市场营销、人力资源管理)	5	640	639	8829	5	
仿生科学与工程	6	641	639	8829	6	

院校、专业组、专业名称	录取数	最高分	最低分	最低分位次	平行志愿	征求志愿
电子信息类(含电子信息工程、电子科学与技术、微电子科学与工程等4个专业)	10	647	642	7656	10	
通信工程	9	642	640	8448	9	
信息工程	4	642	641	8031	4	
空间信息与数字技术	5	642	640	8448	5	
自动化	4	642	641	8031	4	
机器人工程	1	641	641	8031	1	
07专业组(化学)	**79**	**649**	**638**	**9244**	**79**	
数学类(含数学与应用数学和信息与计算科学等3个专业)	12	649	640	8448	12	
物理学类(含物理学、应用物理学、核物理等4个专业)	6	647	640	8448	6	
化学类(含化学、应用化学等5个专业)	9	646	639	8829	9	
机械工程	2	641	641	8031	2	
智能制造工程	2	641	641	8031	2	
工业设计	2	641	640	8448	2	
车辆工程	7	643	641	8031	7	
能源与动力工程	5	640	639	8829	5	
材料类(含材料科学与工程、无机非金属材料工程等3个专业)	8	639	638	9244	8	
计算机科学与技术	14	648	643	7266	14	
物联网工程	2	645	643	7266	2	
网络空间安全	3	643	642	7656	3	
地质工程(黄大年班，本研贯通)	2	640	640	8448	2	
新能源科学与工程	1	641	641	8031	1	
人工智能	4	644	642	7656	4	
08专业组(化学)	**25**	**637**	**594**	**36407**	**25**	
交通运输类(含交通运输、交通工程等5个专业)	5	637	626	15133	5	
勘查技术与工程	4	635	604	28962	4	
土木类(土木工程、地质工程)	8	637	594	36407	8	
水利类(含水文与水资源工程等2个专业)	6	631	594	36407	6	
康复治疗学	2	634	631	12572	2	
09专业组(化学)(中外合作办学)	**4**	**624**	**616**	**20903**	**4**	
物理学(中外合作办学)	4	624	616	20903	4	
10专业组(化学)	**14**	**645**	**642**	**7656**	**14**	
软件工程	12	645	643	7266	12	
数据科学与大数据技术	2	642	642	7656	2	
11专业组(化学或生物)	**10**	**637**	**634**	**11118**	**10**	
预防医学	4	636	634	11118	4	
农业机械化及其自动化	2	637	636	10154	2	
食品科学与工程类(食品科学与工程、食品质量与安全)	4	637	635	10612	4	
12专业组(化学或生物)	**10**	**642**	**636**	**10154**	**10**	
生物科学类(生物科学、生物技术)	8	642	636	10154	8	
生物医学科学	2	637	636	10154	2	
13专业组(化学或生物)	**5**	**646**	**643**	**7266**	**5**	
临床医学(5+3一体化)	3	646	645	6590	3	
临床医学(5+3一体化)(儿科学)	2	645	643	7266	2	
14专业组(化学和生物)	**4**	**636**	**634**	**11118**	**4**	
环境科学与工程类(环境科学、环境工程)	2	634	634	11118	2	
药学	2	636	634	11118	2	
15专业组(化学和生物)	**2**	**641**	**641**	**8031**	**2**	
口腔医学	2	641	641	8031	2	
4202 东北师范大学	**12**				**12**	
03专业组(不限)(中外合作办学)	**3**	**588**	**583**	**45410**	**3**	
英语(中外合作办学)	3	588	583	45410	3	
04专业组(不限)(中外合作办学)	**3**	**600**	**596**	**34854**	**3**	
会计学(中外合作办学)	3	600	596	34854	3	
05专业组(化学)	**4**	**605**	**600**	**31866**	**4**	
计算机类(含计算机科学与技术、智能科学与技术等4个专业)	2	605	602	30377	2	
环境科学与工程类(含环境科学、环境工程等3个专业)	2	601	600	31866	2	
06专业组(化学)(中外合作办学)	**2**	**609**	**600**	**31866**	**2**	
计算机科学与技术(中外合作办学)	2	609	600	31866	2	
4203 吉林农业大学	**66**				**66**	
02专业组(不限)	**11**	**541**	**524**	**102241**	**11**	
工商管理类	2	529	527	99221	2	
生物工程类	4	528	524	102241	4	
计算机类	2	541	530	96124	2	
金融学	3	530	524	102241	3	
03专业组(化学)	**2**	**522**	**522**	**104328**	**2**	
食品科学与工程类	2	522	522	104328	2	
04专业组(化学或生物)	**38**	**540**	**517**	**109393**	**38**	
植物生产类(农学、种子科学与工程)	5	531	524	102241	5	
环境科学与工程类	3	522	518	108392	3	
动物生产类	4	523	517	109393	4	
中药学类	4	526	523	103299	4	
生物科学类	2	526	521	105373	2	
植物生产类(园艺、设施农业科学与工程)	8	529	518	108392	8	

院校、专业组、专业名称	录取数	最高分	最低分	最低分位次	平行志愿	征求志愿
动物医学	2	540	534	92079	2	
农药化肥	4	519	518	108392	4	
生物信息学	2	532	520	106376	2	
兽医公共卫生	2	526	521	105373	2	
生物育种科学	2	519	517	109393	2	
05专业组(化学或生物)(中外合作办学)	**8**	**503**	**491**	**135455**	**8**	
生物技术(中外合作办学)	8	503	491	135455	8	
06专业组(化学或生物)(中外合作办学)	**7**	**506**	**490**	**136410**	**7**	
动物科学(中外合作办学)	7	506	490	136410	7	
4204 长春大学	**36**				**36**	
04专业组(不限)	**18**	**546**	**530**	**96124**	**18**	
数学与应用数学	2	535	530	96124	2	
信息与计算科学	2	532	531	95098	2	
会计学	2	534	530	96124	2	
机械工程	2	532	531	95098	2	
车辆工程	2	532	531	95098	2	
计算机科学与技术	2	546	537	89032	2	
软件工程	2	541	535	91099	2	
数据科学与大数据技术	2	534	532	94094	2	
智能制造工程	2	531	531	95098	2	
05专业组(不限)(中外合作办学)	**8**	**523**	**509**	**117454**	**8**	
机械工程(中外合作办学)	2	523	523	103299	2	
自动化(中外合作办学)	2	512	512	114463	2	
电子信息工程(中外合作办学)	2	518	517	109393	2	
材料科学与工程(中外合作办学)	2	510	509	117454	2	
06专业组(不限)(中外合作办学)	**6**	**522**	**510**	**116464**	**6**	
车辆工程(中外合作办学)	3	513	510	116464	3	
电气工程及其自动化(中外合作办学)	3	522	515	111340	3	
07专业组(不限)	**4**	**532**	**524**	**102241**	**4**	
计算机科学与技术(ISEC课程)	2	531	524	102241	2	
会计学(ISEC课程)	2	532	524	102241	2	
4205 长春工业大学	**41**				**41**	
01专业组(不限)	**30**	**560**	**529**	**97145**	**30**	
工业设计	1	537	537	89032	1	
工业工程	1	534	534	92079	1	
智能制造工程	1	541	541	84968	1	
金属材料工程	1	534	534	92079	1	
材料物理	4	529	529	97145	4	
电气工程及其自动化	1	560	560	66452	1	
测控技术与仪器	1	538	538	87986	1	
计算机科学与技术	1	553	553	73153	1	
软件工程	1	549	549	77083	1	
电子信息工程	1	542	542	83978	1	
信息安全	1	545	545	80935	1	
工商管理	1	529	529	97145	1	
电子商务	1	532	532	94094	1	
会计学	1	535	535	91099	1	
信息管理与信息系统	1	533	533	93122	1	
金融学	1	530	530	96124	1	
国际经济与贸易	1	531	531	95098	1	
材料化学	4	539	531	95098	4	
网络与新媒体	1	536	536	90081	1	
公共事业管理	1	532	532	94094	1	
行政管理	1	536	536	90081	1	
信息与计算科学	1	536	536	90081	1	
统计学	1	540	540	85962	1	
数据科学与大数据技术	1	544	544	81927	1	
02专业组(化学)	**4**	**523**	**518**	**108392**	**4**	
高分子材料与工程	1	523	523	103299	1	
涂料工程	1	518	518	108392	1	
化学	1	522	522	104328	1	
化妆品技术与工程	1	520	520	106376	1	
03专业组(化学或生物)	**7**	**541**	**528**	**98180**	**7**	
自动化	1	538	538	87986	1	
机器人工程	1	539	539	86937	1	
化学工程与工艺	1	534	534	92079	1	
环境工程	1	528	528	98180	1	
制药工程	1	531	531	95098	1	
生物工程	1	541	541	84968	1	
食品科学与工程	1	534	534	92079	1	
4206 吉林财经大学	**26**				**26**	
03专业组(不限)	**22**	**557**	**540**	**85962**	**22**	
审计学	3	557	554	72168	3	
统计学	3	554	550	76117	3	
税收学	4	552	551	75103	4	
金融学	2	551	550	76117	2	
物流管理	2	543	540	85962	2	
数据科学与人数据技术	2	546	544	81927	2	
市场营销	2	550	545	80935	2	
会计学	2	555	555	71148	2	
大数据管理与应用	2	544	543	82963	2	
04专业组(不限)(中外合作办学)	**4**	**538**	**536**	**90081**	**4**	
金融学(中外合作办学)	2	537	536	90081	2	
会计学(中外合作办学)	2	538	537	89032	2	
4207 长春师范大学	**25**				**25**	
04专业组(不限)	**17**	**545**	**519**	**107387**	**17**	
教育技术学(师范)	4	545	526	100234	4	
数学与应用数学(师范)	4	545	533	93122	4	
人工智能	9	526	519	107387	9	

院校、专业组、专业名称	录取数	最高分	最低分	最低分位次	平行志愿	征求志愿
05专业组(化学)	**4**	**537**	**522**	**104328**	**4**	
化学(师范)	4	537	522	104328	4	
06专业组(化学或生物)	**4**	**547**	**543**	**82963**	**4**	
生物科学(师范)	4	547	543	82963	4	
4208 长春理工大学	**77**				**77**	
01专业组(不限)	**50**	**601**	**576**	**51456**	**50**	
应用物理学	2	583	579	48832	2	
电子科学与技术	2	586	585	43657	2	
微电子科学与工程	2	589	589	40322	2	
光电信息科学与工程(理学)	4	601	592	37932	4	
测控技术与仪器	1	589	589	40322	1	
光电信息科学与工程(工学)	5	601	595	35651	5	
探测制导与控制技术	2	583	581	47114	2	
机械设计制造及其自动化	2	584	583	45410	2	
过程装备与控制工程	1	581	581	47114	1	
电气工程及其自动化	2	585	585	43657	2	
电子信息工程	2	584	583	45410	2	
通信工程	2	582	582	46258	2	
电子信息科学与技术	2	589	580	47955	2	
计算机科学与技术	2	591	589	40322	2	
软件工程	2	589	585	43657	2	
信息安全	3	585	581	47114	3	
数据科学与大数据技术	2	581	579	48832	2	
机器人工程	2	580	577	50595	2	
功能材料	2	581	581	47114	2	
新能源材料与器件	2	580	580	47955	2	
应用统计学	2	578	578	49756	2	
信息管理与信息系统	2	578	577	50595	2	
数学类	2	576	576	51456	2	
02专业组(不限)	**13**	**550**	**528**	**98180**	**13**	
金融工程	3	546	531	95098	3	
国际经济与贸易	2	533	533	93122	2	
网络与新媒体	1	534	534	92079	1	
工商管理类	7	550	528	98180	7	
03专业组(不限)(中外合作办学)	**9**	**572**	**538**	**87986**	**9**	
应用物理学(中外合作办学)	3	540	538	87986	3	
电子科学与技术(中外合作办学)	3	541	540	85962	3	
测控技术与仪器(中外合作办学)	3	572	543	82963	3	
04专业组(化学)	**3**	**558**	**537**	**89032**	**3**	
应用化学	2	541	537	89032	2	
化学工程与工艺	1	558	558	68331	1	
05专业组(化学或生物)	**2**	**546**	**546**	**79957**	**2**	
生物技术	2	546	546	79957	2	
4209 长春工程学院	**62**				**62**	
02专业组(不限)	**59**	**550**	**493**	**133442**	**59**	
电气工程及其自动化	2	550	550	76117	2	
电子信息工程	2	532	526	100234	2	
智能电网信息工程	2	538	536	90081	2	
自动化	4	535	513	113413	4	
道路桥梁与渡河工程	4	512	502	124506	4	
土木工程	2	510	497	129553	2	
宝石及材料工艺学	2	496	494	132434	2	
材料成型及控制工程	3	527	499	127539	3	
机械设计制造及其自动化	4	528	508	118485	4	
安全工程	2	503	499	127539	2	
应急技术与管理	4	498	496	130482	4	
给排水科学与工程	3	501	494	132434	3	
环境工程	3	504	498	128536	3	
水利水电工程	3	520	501	125542	3	
农业水利工程	2	506	503	123514	2	
房地产开发与管理	2	495	495	131453	2	
工程造价	3	519	494	132434	3	
建筑学	4	498	493	133442	4	
计算机科学与技术	4	524	505	121517	4	
物联网工程	2	527	519	107387	2	
数据科学与大数据技术	2	505	503	123514	2	
04专业组(化学)	**3**	**496**	**488**	**138275**	**3**	
智能运输工程	3	496	488	138275	3	
4210 吉林建筑大学	**76**				**76**	
03专业组(不限)	**20**	**528**	**514**	**112372**	**20**	
工程管理	4	526	515	111340	4	
经济统计学	2	521	514	112372	2	
计算机科学与技术	2	528	524	102241	2	
软件工程	2	528	524	102241	2	
测绘工程	2	517	514	112372	2	
工程造价	4	521	517	109393	4	
遥感科学与技术	2	516	514	112372	2	
勘查技术与工程	2	521	514	112372	2	
04专业组(不限)	**8**	**523**	**505**	**121517**	**8**	
建筑学	2	523	508	118485	2	
城乡规划	2	511	507	119496	2	
物流管理	2	507	505	121517	2	
财务管理	2	522	508	118485	2	
05专业组(不限)(中外合作办学)	**2**	**520**	**518**	**108392**	**2**	
建筑学(中外合作办学)	2	520	518	108392	2	
06专业组(化学)	**42**	**524**	**484**	**142060**	**42**	
土木工程	8	524	502	124506	8	
工程力学	2	500	493	133442	2	
城市地下空间工程	2	493	487	139209	2	
建筑环境与能源应用工程	5	509	484	142060	5	
给排水科学与工程	2	498	495	131453	2	
安全工程	7	501	484	142060	7	
无机非金属材料工程	2	495	491	135455	2	
道路桥梁与渡河工程	9	506	484	142060	9	

院校、专业组、专业名称	录取数	最高分	最低分	最低分位次	平行志愿	征求志愿
消防工程	5	513	494	132434	5	
07专业组(化学)(中外合作办学)	**2**	**494**	**493**	**133442**	**2**	
土木工程(中外合作办学)	2	494	493	133442	2	
08专业组(地理)	**2**	**522**	**521**	**105373**	**2**	
地理信息科学	2	522	521	105373	2	
4212 吉林工程技术师范学院	**33**				**33**	
02专业组(不限)	**23**	**503**	**482**	**143883**	**23**	
光电信息科学与工程(师范)	13	494	482	143883	13	
数据科学与大数据技术	10	503	488	138275	10	
03专业组(不限)(中外合作办学)	**10**	**481**	**475**	**150470**	**10**	
机械设计制造及其自动化(中外合作办学)	10	481	475	150470	10	
4214 长春中医药大学	**15**				**15**	
01专业组(化学或生物)	**15**	**577**	**550**	**76117**	**15**	
临床医学	3	577	559	67392	3	
中医学	1	558	558	68331	1	
针灸推拿学	3	559	557	69274	3	
中医康复学	1	553	553	73153	1	
中医儿科学	2	557	556	70201	2	
药物制剂	1	554	554	72168	1	
中药学	2	557	555	71148	2	
中医养生学	2	551	550	76117	2	
4215 吉林师范大学	**5**				**5**	
05专业组(不限)	**5**	**524**	**517**	**109393**	**5**	
软件工程	2	524	524	102241	2	
国际经济与贸易	1	520	520	106376	1	
环境工程	2	521	517	109393	2	
4220 吉林警察学院	**17**				**17**	
02专业组(不限)	**17**	**534**	**503**	**123514**	**17**	
法学(非公安)	5	534	514	112372	5	
财务管理(非公安)	4	505	503	123514	4	
计算机科学与技术(非公安)	8	524	503	123514	8	
4225 吉林农业科技学院	**11**				**11**	
02专业组(不限)	**2**	**497**	**494**	**132434**	**2**	
工程造价	2	497	494	132434	2	
03专业组(化学或生物)	**5**	**521**	**505**	**121517**	**5**	
动物医学	5	521	505	121517	5	
04专业组(化学或生物)	**4**	**511**	**500**	**126589**	**4**	
中药学类	4	511	500	126589	4	
4228 吉林医药学院	**54**				**54**	
02专业组(不限)	**5**	**538**	**503**	**123514**	**5**	
应用心理学	2	515	513	113413	2	
医学信息工程	1	510	510	116464	1	
生物医学工程	1	538	538	87986	1	
信息管理与信息系统	1	503	503	123514	1	
03专业组(化学)	**26**	**527**	**453**	**169035**	**26**	
药学	2	523	506	120487	2	

院校、专业组、专业名称	录取数	最高分	最低分	最低分位次	平行志愿	征求志愿
药物制剂	2	479	478	147717	2	
中药学	2	513	512	114463	2	
医学检验技术	2	488	462	161814	2	
医学影像技术	2	512	494	132434	2	
康复治疗学	2	487	453	169035	2	
口腔医学技术	2	527	519	107387	2	
卫生检验与检疫	2	495	491	135455	2	
护理学	6	497	455	167464	6	
生物技术	2	512	474	151398	2	
食品质量与安全	2	503	476	149566	2	
04专业组(化学和生物)	**19**	**570**	**518**	**108392**	**19**	
临床医学	10	565	525	101269	10	
医学影像学	4	570	518	108392	4	
预防医学	3	523	519	107387	3	
生物制药	2	523	519	107387	2	
05专业组(化学和生物)(中外合作办学)	**4**	**454**	**450**	**171363**	**4**	
生物制药(中外合作办学)	4	454	450	171363	4	
4231 东北电力大学	**93**				**91**	**2**
02专业组(不限)	**71**	**615**	**563**	**63654**	**70**	**1**
电气工程及其自动化	7	615	607	26858	7	
电子信息工程	3	596	590	39519	3	
智能电网信息工程	4	606	603	29716	4	
通信工程	3	594	592	37932	3	
能源与动力工程	5	601	584	44516	5	
建筑环境与能源应用工程	3	583	570	56969	3	
核工程与核技术	2	605	581	47114	2	
新能源科学与工程	1	591	591	38768	1	
自动化	5	605	584	44516	5	
机器人工程	4	585	569	57929	4	
测控技术与仪器	2	580	577	50595	2	
会计学	1	584	584	44516	1	
信息管理与信息系统	2	570	570	56969	2	
工商管理	2	570	569	57929	2	
金融工程	2	568	563	63654	1	1
土木工程	4	601	571	56021	4	
工程管理	2	576	576	51456	2	
给排水科学与工程	2	575	574	53221	2	
计算机科学与技术	2	594	584	44516	2	
智能科学与技术	2	580	575	52350	2	
软件工程	2	584	581	47114	2	
机械设计制造及其自动化	2	575	575	52350	2	
机械电子工程	2	572	568	58808	2	
数学与应用数学	1	569	569	57929	1	
信息与计算科学	2	574	571	56021	2	
统计学	4	574	572	55138	4	
03专业组(不限)	**4**	**524**	**522**	**104328**	**4**	
广播电视编导	4	524	522	104328	4	
04专业组(不限)(中外合作办	**11**	**591**	**530**	**96124**	**10**	**1**

院校、专业组、专业名称	录取数	最高分	最低分	最低分位次	平行志愿	征求志愿
学)						
电气工程及其自动化(中外合作办学)	5	591	585	43657	5	
土木工程(中外合作办学)	6	584	530	96124	5	1
05专业组(化学)	**7**	**552**	**533**	**93122**	**7**	
应用化学	3	549	533	93122	3	
能源化学工程	2	552	536	90081	2	
环境工程	2	539	537	89032	2	
4232 北华大学	**42**				**41**	**1**
03专业组(不限)	**33**	**548**	**515**	**111340**	**32**	**1**
西班牙语	2	525	524	102241	2	
数学与应用数学(师范)	2	527	517	109393	2	
数据科学与大数据技术	5	536	521	105373	5	
材料化学	2	516	515	111340	2	
家具设计与工程	4	521	519	107387	4	
电气工程及其自动化	4	548	537	89032	4	
机器人工程	2	536	536	90081	2	
计算机科学与技术	4	537	527	99221	4	
软件工程	4	533	525	101269	4	
林学	2	516	516	110349	2	
国际经济与贸易	2	518	515	111340	1	1
04专业组(化学)	**2**	**523**	**521**	**105373**	**2**	
医学检验技术	2	523	521	105373	2	
05专业组(化学或生物)	**7**	**577**	**570**	**56969**	**7**	
临床医学	3	577	575	52350	3	
医学影像学	2	574	571	56021	2	
预防医学	2	571	570	56969	2	
4233 通化师范学院	**20**				**18**	**2**
02专业组(不限)	**7**	**508**	**495**	**131453**	**5**	**2**
机械电子工程	5	505	495	131453	3	2
计算机科学与技术	2	508	507	119496	2	
03专业组(不限)(中外合作办学)	**4**	**484**	**477**	**148670**	**4**	
食品科学与工程(中外合作办学)	4	484	477	148670	4	
04专业组(不限)	**3**	**505**	**493**	**133442**	**3**	
心理学(师范)	3	505	493	133442	3	
05专业组(化学)	**3**	**508**	**463**	**161011**	**3**	
化学(师范)	3	508	463	161011	3	
06专业组(化学或地理)	**3**	**523**	**518**	**108392**	**3**	
地理科学(师范)	3	523	518	108392	3	
4235 吉林化工学院	**37**				**37**	
03专业组(不限)	**20**	**498**	**489**	**137355**	**20**	
能源与动力工程	3	498	494	132434	3	
过程装备与控制工程	4	490	489	137355	4	
测控技术与仪器	3	494	492	134437	3	
电子信息工程	2	494	494	132434	2	
安全工程	1	491	491	135455	1	
国际经济与贸易	1	493	493	133442	1	
金融工程	1	496	496	130482	1	
工程管理	1	493	493	133442	1	
信息管理与信息系统	1	496	496	130482	1	
车辆工程	3	493	490	136410	3	
04专业组(化学)	**12**	**497**	**489**	**137355**	**12**	
化学工程与工艺	3	497	494	132434	3	
轻化工程	2	493	489	137355	2	
化学	2	494	490	136410	2	
应用化学	2	497	489	137355	2	
材料化学	2	494	489	137355	2	
材料科学与工程	1	489	489	137355	1	
05专业组(化学或生物)	**5**	**506**	**494**	**132434**	**5**	
制药工程	2	499	496	130482	2	
药物制剂	1	506	506	120487	1	
环境科学	1	494	494	132434	1	
环境工程	1	501	501	125542	1	
4237 吉林工商学院	**30**				**28**	**2**
02专业组(不限)	**19**	**510**	**485**	**141125**	**19**	
经济学	3	510	492	134437	3	
财政学	3	492	485	141125	3	
金融学	2	495	493	133442	2	
网络与新媒体	4	489	485	141125	4	
工商管理	3	491	487	139209	3	
人力资源管理	2	491	490	136410	2	
会计学	2	500	499	127539	2	
03专业组(不限)	**11**	**496**	**473**	**152316**	**9**	**2**
电子信息工程	4	496	489	137355	4	
食品科学与工程	4	487	484	142060	4	
粮食工程	3	489	473	152316	1	2
4241 白城师范学院	**33**				**33**	
05专业组(不限)	**14**	**496**	**486**	**140151**	**14**	
教育技术学(师范)	2	490	486	140151	2	
电子信息工程	10	496	486	140151	10	
工程管理	2	486	486	140151	2	
06专业组(不限)(中外合作办学)	**5**	**470**	**457**	**165877**	**5**	
学前教育(中外合作办学)	5	470	457	165877	5	
07专业组(化学或生物)	**10**	**497**	**488**	**138275**	**10**	
生物科学(师范)	4	497	489	137355	4	
生物技术	6	493	488	138275	6	
08专业组(化学或地理)	**4**	**518**	**511**	**115420**	**4**	
地理科学(师范)	4	518	511	115420	4	
4301 哈尔滨工业大学	**66**				**66**	
03专业组(不限)	**43**	**671**	**659**	**2755**	**43**	
工科试验班(英才连读)	24	671	664	1848	24	
工科试验班(航天与自动化)	5	663	659	2755	5	
工科试验班(计算机与电子通信)	13	663	659	2755	13	
工科试验班(机器人与智能	1	660	660	2578	1	

2023年普通类(物理等科目类)本科院校

院校、专业组、专业名称	录取数	最高分	最低分	最低分位次	平行志愿	征求志愿
装备)						
04专业组(不限)(中外合作办学)	8	642	639	8829	8	
大数据管理与应用(中外合作办学)	8	642	639	8829	8	
05专业组(不限)(中外合作办学)	5	647	641	8031	5	
数学与应用数学(中外合作办学)	2	647	643	7266	2	
应用物理学(中外合作办学)	3	642	641	8031	3	
06专业组(不限)(中外合作办学)	5	647	640	8448	5	
工业设计(中外合作办学)	3	647	641	8031	3	
建筑学(中外合作办学)	2	643	640	8448	2	
07专业组(化学)(中外合作办学)	5	645	632	12050	5	
化学(中外合作办学)	5	645	632	12050	5	
4302 哈尔滨工程大学	72				72	
02专业组(不限)	53	639	632	12050	53	
海洋工程类	7	637	633	11593	7	
航空航天类	1	633	633	11593	1	
自动化类	22	638	632	12050	22	
水声工程(含水声、水声电子、海洋信息)	11	639	632	12050	11	
计算机类	2	639	637	9657	2	
软件工程	4	634	632	12050	4	
电子信息类	4	636	634	11118	4	
核工程与核技术	1	635	635	10612	1	
数学与应用数学	1	633	633	11593	1	
03专业组(不限)(中外合作办学)	11	625	614	22200	11	
船舶与海洋工程(中外合作办学)	4	618	614	22200	4	
自动化(中外合作办学)	3	625	618	19695	3	
水声工程(中外合作办学)	4	625	622	17335	4	
04专业组(不限)(中外合作办学)	6	606	587	42009	6	
土木工程(中外合作办学)	2	606	590	39519	2	
材料物理(中外合作办学)	4	596	587	42009	4	
05专业组(不限)	2	640	640	8448	2	
计算机科学与技术(本博贯通)	2	640	640	8448	2	
4303 东北林业大学	23				23	
02专业组(不限)	13	605	593	37179	13	
机械设计制造及其自动化	1	603	603	29716	1	
机器人工程	1	601	601	31135	1	
森林工程	1	600	600	31866	1	
计算机类(计算机科学与技术、软件工程)	2	605	605	28268	2	
风景园林	2	598	595	35651	2	
城乡规划	1	598	598	33367	1	
土木工程	1	598	598	33367	1	
物流工程	1	593	593	37179	1	
法学	1	596	596	34854	1	
社会工作	1	596	596	34854	1	
俄语	1	595	595	35651	1	
03专业组(不限)(中外合作办学)	5	584	577	50595	5	
计算机科学与技术(中外合作办学)	2	580	577	50595	2	
工程管理(中外合作办学)	3	584	577	50595	3	
04专业组(化学或生物)	5	597	593	37179	5	
林学类(林学、森林保护)	1	595	595	35651	1	
环境科学	1	594	594	36407	1	
生物科学类	2	597	595	35651	2	
食品科学与工程	1	593	593	37179	1	
4304 东北农业大学	18				18	
02专业组(不限)	7	604	589	40322	7	
土地资源管理	1	589	589	40322	1	
行政管理	1	593	593	37179	1	
水利类	3	593	590	39519	3	
计算机类	2	604	593	37179	2	
03专业组(化学)	7	596	591	38768	7	
食品科学与工程类	3	592	591	38768	3	
食品科学与工程(本硕博班)	2	596	594	36407	2	
化学生物学	2	592	591	38768	2	
04专业组(化学或生物)	4	592	584	44516	4	
园林	2	592	587	42009	2	
风景园林	2	586	584	44516	2	
4305 黑龙江中医药大学	40				40	
01专业组(不限)	20	591	559	67392	20	
中医学(5+3一体化)	4	591	582	46258	4	
中医学(5+3一体化)(儿科学)	2	579	577	50595	2	
中医学	4	576	567	59799	4	
针灸推拿学	5	566	560	66452	5	
中医康复学	5	560	559	67392	5	
02专业组(化学或生物)	16	553	536	90081	16	
中药学	4	553	549	77083	4	
药物制剂	5	549	540	85962	5	
制药工程	3	538	536	90081	3	
生物技术	2	537	536	90081	2	
药学	2	540	538	87986	2	
03专业组(化学或生物)	4	563	559	67392	4	
中西医临床医学	2	563	562	64501	2	
中医骨伤科学	2	562	559	67392	2	
4306 黑龙江工程学院	29				29	
02专业组(不限)	25	517	493	133442	25	
计算机类	2	515	511	115420	2	

院校、专业组、专业名称	录取数	最高分	最低分	最低分位次	平行志愿	征求志愿
电气工程及其自动化	2	517	507	119496	2	
电子信息工程	1	504	504	122564	1	
车辆工程	2	497	493	133442	2	
工程管理	2	502	501	125542	2	
土木类	1	504	504	122564	1	
材料类	2	494	494	132434	2	
网络与新媒体	1	494	494	132434	1	
人工智能	2	506	503	123514	2	
数据科学与大数据技术	3	506	500	126589	3	
智能科学与技术	1	507	507	119496	1	
机器人工程	1	512	512	114463	1	
金融工程	4	504	493	133442	4	
社会工作	1	493	493	133442	1	
03专业组(地理)	**4**	**500**	**490**	**136410**	**4**	
测绘工程	2	500	490	136410	2	
地理信息科学	2	498	490	136410	2	
4307 哈尔滨商业大学	**61**				**60**	**1**
02专业组(不限)	**52**	**561**	**513**	**113413**	**52**	
物流管理	2	514	513	113413	2	
物流工程	2	515	513	113413	2	
宝石及材料工艺学	2	515	513	113413	2	
机器人工程	2	526	523	103299	2	
工业工程	2	518	517	109393	2	
电子信息工程	2	537	524	102241	2	
电子商务	2	516	516	110349	2	
土木工程	2	518	518	108392	2	
烹饪与营养教育	2	514	513	113413	2	
酒店管理	2	514	514	112372	2	
金融学类(金融学院)	4	553	526	100234	4	
工商管理类(会计学院)	4	561	532	94094	4	
经济学类	2	535	529	97145	2	
财政学类	4	527	520	106376	4	
经济与贸易类	4	519	517	109393	4	
计算机类	4	536	521	105373	4	
外国语言文学类	4	514	513	113413	4	
机械类	2	523	522	104328	2	
大数据管理与应用	2	521	520	106376	2	
物流管理(本硕班)	2	517	515	111340	2	
03专业组(化学)	**3**	**499**	**495**	**131453**	**3**	
包装工程	3	499	495	131453	3	
04专业组(化学或生物)	**6**	**524**	**513**	**113413**	**5**	**1**
生物工程	2	521	513	113413	1	1
药学	2	523	522	104328	2	
中药学	2	524	521	105373	2	
4308 哈尔滨理工大学	**100**				**99**	**1**
01专业组(不限)	**62**	**582**	**556**	**70201**	**62**	
机械设计制造及其自动化	6	577	563	63654	6	
机械电子工程	4	562	557	69274	4	
车辆工程	5	562	557	69274	5	

院校、专业组、专业名称	录取数	最高分	最低分	最低分位次	平行志愿	征求志愿
电子信息工程	5	566	563	63654	5	
计算机科学与技术	4	582	574	53221	4	
网络工程	2	571	566	60725	2	
测控技术与仪器	5	579	556	70201	5	
通信工程	2	562	562	64501	2	
应用物理学	6	563	556	70201	6	
信息与计算科学	4	562	559	67392	4	
集成电路设计与集成系统	2	564	562	64501	2	
物联网工程	5	556	556	70201	5	
数据科学与大数据技术	2	562	560	66452	2	
自动化	6	562	558	68331	6	
机器人工程	4	560	556	70201	4	
02专业组(不限)	**16**	**561**	**537**	**89032**	**16**	
信息管理与信息系统	2	543	540	85962	2	
工商管理	2	561	546	79957	2	
会计学	4	549	541	84968	4	
经济学类	8	542	537	89032	8	
03专业组(化学)	**16**	**572**	**547**	**78999**	**15**	**1**
金属材料工程	4	558	550	76117	4	
电气工程及其自动化	4	572	562	64501	4	
网络空间安全	2	560	555	71148	2	
人工智能	4	562	549	77083	4	
材料化学	2	552	547	78999	1	1
04专业组(化学或生物)	**6**	**555**	**532**	**94094**	**6**	
化学工程与工艺	6	555	532	94094	6	
4309 哈尔滨医科大学	**47**				**42**	**5**
03专业组(不限)	**2**	**562**	**561**	**65452**	**2**	
护理学	2	562	561	65452	2	
04专业组(化学)	**14**	**560**	**477**	**148670**	**9**	**5**
医学检验技术	5	560	544	81927	5	
康复治疗学	9	540	477	148670	4	5
05专业组(化学和生物)	**19**	**628**	**602**	**30377**	**19**	
临床医学(5+3一体化)	3	627	622	17335	3	
临床医学(5+3一体化)(儿科学)	1	628	628	14097	1	
临床医学	10	622	607	26858	10	
麻醉学	1	607	607	26858	1	
医学影像学	1	605	605	28268	1	
儿科学	1	602	602	30377	1	
口腔医学	1	620	620	18503	1	
眼视光医学	1	606	606	27545	1	
06专业组(化学和生物)	**9**	**599**	**558**	**68331**	**9**	
基础医学(伍连德班)	1	599	599	32622	1	
基础医学	2	572	565	61774	2	
预防医学	3	573	561	65452	3	
药学	3	562	558	68331	3	
07专业组(化学和生物)	**3**	**571**	**550**	**76117**	**3**	
生物信息学	3	571	550	76117	3	
4310 黑龙江科技大学	**41**				**40**	**1**

院校、专业组、专业名称	录取数	最高分	最低分	最低分位次	平行志愿	征求志愿
02专业组(不限)	41	553	517	109393	40	1
电气工程及其自动化	2	546	544	81927	2	
自动化	2	540	537	89032	2	
机械设计制造及其自动化	6	542	537	89032	6	
通信工程	2	541	539	86937	2	
电子信息工程	2	536	535	91099	2	
土木工程	4	533	529	97145	4	
工程管理	4	530	528	98180	4	
建筑学	2	527	517	109393	1	1
风景园林	2	529	528	98180	2	
计算机科学与技术	2	544	543	82963	2	
软件工程	2	543	542	83978	2	
物联网工程	3	553	531	95098	3	
数据科学与大数据技术	1	533	533	93122	1	
数学与应用数学	1	531	531	95098	1	
测绘工程	2	533	530	96124	2	
环境工程	4	529	527	99221	4	
4311 黑龙江大学	33				33	
06专业组(不限)	25	572	544	81927	25	
机械设计制造及其自动化	2	554	550	76117	2	
电气工程及其自动化	2	559	555	71148	2	
计算机科学与技术	3	572	563	63654	3	
网络工程	2	562	551	75103	2	
土木工程	8	550	544	81927	8	
会计学	2	566	547	78999	2	
数学与应用数学	2	550	550	76117	2	
物理学	2	546	545	80935	2	
金融学	2	551	548	78085	2	
07专业组(化学)	8	551	531	95098	8	
化学	6	551	531	95098	6	
应用化学	2	538	538	87986	2	
4312 哈尔滨师范大学	38				38	
02专业组(不限)	7	522	506	120487	7	
人力资源管理	3	519	509	117454	3	
朝鲜语	3	521	506	120487	3	
广播电视学	1	522	522	104328	1	
03专业组(化学或生物)	5	561	549	77083	5	
生物科学(师范)	5	561	549	77083	5	
04专业组(化学或地理)	26	538	520	106376	26	
自然地理与资源环境	9	538	526	100234	9	
人文地理与城乡规划	9	526	520	106376	9	
地理信息科学	8	536	527	99221	8	
4314 牡丹江师范学院	20				20	
03专业组(不限)	8	500	487	139209	8	
材料物理	3	490	487	139209	3	
电气工程及其自动化	3	491	489	137355	3	
计算机科学与技术	2	500	496	130482	2	
04专业组(化学)	2	478	477	148670	2	
应用化学	2	478	477	148670	2	
05专业组(化学或生物)	10	517	481	144815	10	
生物科学(师范)	5	517	488	138275	5	
生物技术	3	488	481	144815	3	
园林	2	481	481	144815	2	
4315 哈尔滨金融学院	11				11	
02专业组(不限)	11	530	497	129553	11	
金融学	2	501	499	127539	2	
经济学	2	530	498	128536	2	
电子商务	2	500	497	129553	2	
计算机科学与技术	3	501	499	127539	3	
财务管理	2	519	498	128536	2	
4321 东北石油大学	20				20	
01专业组(不限)	17	553	534	92079	17	
电子科学与技术	1	543	543	82963	1	
工程管理	2	540	534	92079	2	
过程装备与控制工程	2	538	534	92079	2	
环境工程	2	538	535	91099	2	
建筑环境与能源应用工程	2	536	536	90081	2	
土木工程	2	540	535	91099	2	
资源勘查工程	2	537	536	90081	2	
自动化	1	548	548	78085	1	
计算机类	1	553	553	73153	1	
工商管理类	2	534	534	92079	2	
02专业组(化学)	3	542	535	91099	3	
化学工程与工艺	1	535	535	91099	1	
石油工程	2	542	535	91099	2	
4323 哈尔滨学院	17				17	
02专业组(不限)	15	506	491	135455	15	
小学教育(师范)	1	492	492	134437	1	
会计学	1	505	505	121517	1	
金融学	1	493	493	133442	1	
建筑电气与智能化	2	498	494	132434	2	
土木类	2	493	492	134437	2	
智能建造	1	492	492	134437	1	
数学与应用数学(师范)	1	497	497	129553	1	
计算机科学与技术	2	503	495	131453	2	
软件工程	4	506	491	135455	4	
03专业组(化学)	2	497	495	131453	2	
化学(师范)	2	497	495	131453	2	
4324 大庆师范学院	21				21	
01专业组(不限)	3	491	484	142060	3	
汽车服务工程	3	491	484	142060	3	
02专业组(化学)	18	493	483	142975	18	
化学(师范)	4	491	484	142060	4	
应用化学	4	486	484	142060	4	
化学工程与工艺	4	488	483	142975	4	
油气储运工程	6	493	483	142975	6	
4331 齐齐哈尔医学院	19				19	
02专业组(化学或生物)	19	576	559	67392	19	

院校、专业组、专业名称	录取数	最高分	最低分	最低分位次	平行志愿	征求志愿
临床医学	10	574	569	57929	10	
精神医学	3	576	568	58808	3	
医学影像学	5	567	559	67392	5	
儿科学	1	568	568	58808	1	
4332 齐齐哈尔大学	**46**				**46**	
03专业组(不限)	**32**	**531**	**513**	**113413**	**32**	
数学类(含师范)	1	524	524	102241	1	
物理学(师范)	2	526	523	103299	2	
机械类	5	526	515	111340	5	
电气工程及其自动化	2	531	529	97145	2	
电子信息类	2	523	520	106376	2	
人工智能	2	519	518	108392	2	
自动化	2	521	520	106376	2	
计算机类	2	530	525	101269	2	
物联网工程	2	519	518	108392	2	
数据科学与大数据技术	2	520	518	108392	2	
土木工程	3	516	513	113413	3	
化工与制药类	5	515	514	112372	5	
食品科学与工程类	2	517	516	110349	2	
04专业组(化学)	**12**	**510**	**477**	**148670**	**12**	
应用化学	2	510	492	134437	2	
材料类	5	493	477	148670	5	
轻工类	5	493	477	148670	5	
05专业组(化学或地理)	**2**	**534**	**528**	**98180**	**2**	
地理科学(师范)	2	534	528	98180	2	
4341 黑龙江工业学院	**20**				**20**	
01专业组(不限)	**20**	**513**	**488**	**138275**	**20**	
电气工程及其自动化	3	513	498	128536	3	
数据科学与大数据技术	3	497	492	134437	3	
土木工程	4	500	488	138275	4	
商务经济学	3	493	488	138275	3	
财务管理	3	489	488	138275	3	
机械设计制造及其自动化	4	495	491	135455	4	
4351 佳木斯大学	**40**				**38**	**2**
01专业组(化学)	**20**	**532**	**492**	**134437**	**20**	
医学检验技术	10	521	492	134437	10	
康复治疗学	10	532	493	133442	10	
02专业组(化学或生物)	**20**	**580**	**535**	**91099**	**18**	**2**
口腔医学	5	580	574	53221	5	
临床医学	5	568	567	59799	5	
预防医学	10	566	535	91099	8	2
4352 黑龙江八一农垦大学	**30**				**30**	
01专业组(不限)	**18**	**536**	**495**	**131453**	**18**	
工业设计	2	507	507	119496	2	
动物医学	2	536	534	92079	2	
国际经济与贸易	2	516	495	131453	2	
人力资源管理	2	524	509	117454	2	
通信工程	2	532	506	120487	2	
生物工程	2	513	506	120487	2	

院校、专业组、专业名称	录取数	最高分	最低分	最低分位次	平行志愿	征求志愿
制药工程	2	499	498	128536	2	
信息与计算科学	2	500	497	129553	2	
建筑电气与智能化	2	502	498	128536	2	
02专业组(化学)	**4**	**484**	**477**	**148670**	**4**	
包装工程	2	481	477	148670	2	
应用化学	2	484	483	142975	2	
03专业组(化学或生物)	**8**	**515**	**497**	**129553**	**8**	
农学	2	512	510	116464	2	
农业资源与环境	2	503	498	128536	2	
食品质量与安全	2	499	497	129553	2	
生物科学	2	515	507	119496	2	
4371 延边大学	**17**				**17**	
02专业组(不限)	**6**	**601**	**597**	**34107**	**6**	
电子信息类	4	601	599	32622	4	
机械类	2	598	597	34107	2	
03专业组(不限)	**2**	**582**	**582**	**46258**	**2**	
工商管理类	2	582	582	46258	2	
04专业组(化学)	**4**	**587**	**580**	**47955**	**4**	
药学类	4	587	580	47955	4	
05专业组(化学或生物)	**5**	**609**	**603**	**29716**	**5**	
临床医学	3	606	603	29716	3	
麻醉学	2	609	606	27545	2	
4381 牡丹江医学院	**40**				**39**	**1**
01专业组(化学)	**14**	**517**	**483**	**142975**	**13**	**1**
制药工程	2	513	497	129553	2	
药学	2	504	498	128536	2	
医学检验技术	5	498	483	142975	4	1
医学影像技术	5	517	502	124506	5	
02专业组(化学或生物)	**6**	**569**	**549**	**77083**	**6**	
口腔医学	2	569	567	59799	2	
预防医学	4	556	549	77083	4	
03专业组(化学和生物)	**20**	**579**	**554**	**72168**	**20**	
临床医学	8	575	558	68331	8	
麻醉学	2	579	557	69274	2	
医学影像学	10	565	554	72168	10	
5101 郑州大学	**61**				**61**	
02专业组(不限)	**36**	**622**	**605**	**28268**	**36**	
数学类	3	614	609	25496	3	
电子信息类	3	621	615	21590	3	
自动化类	5	622	614	22200	5	
计算机类	5	621	612	23568	5	
人工智能	2	614	612	23568	2	
材料类	6	616	605	28268	6	
机械类	4	612	608	26161	4	
水利类	4	610	606	27545	4	
建筑类	2	607	606	27545	2	
管理科学与工程类	2	606	605	28268	2	
03专业组(不限)	**5**	**603**	**592**	**37932**	**5**	
经济学类	1	603	603	29716	1	

院校、专业组、专业名称	录取数	最高分	最低分	最低分位次	平行志愿	征求志愿
法学	1	597	597	34107	1	
英语	1	603	603	29716	1	
德语	2	595	592	37932	2	
04专业组(化学)	**20**	**625**	**596**	**34854**	**20**	
化学类	3	604	600	31866	3	
土木类	7	602	596	34854	7	
生物科学类	2	604	602	30377	2	
临床医学	2	625	623	16748	2	
口腔医学	2	618	607	26858	2	
预防医学	4	614	597	34107	4	
5102 华北水利水电大学	**70**				**69**	**1**
01专业组(不限)	**48**	**559**	**547**	**78999**	**47**	**1**
土木工程	6	551	548	78085	6	
电气工程及其自动化	2	559	557	69274	2	
自动化类	7	553	549	77083	7	
机械类	7	553	548	78085	7	
建筑环境与能源应用工程	7	554	547	78999	7	
数学与应用数学	4	557	548	78085	4	
统计学	5	555	548	78085	4	1
软件工程	5	557	552	74112	5	
通信工程	5	555	549	77083	5	
02专业组(化学)	**22**	**575**	**545**	**80935**	**22**	
水利水电工程	5	575	563	63654	5	
港口航道与海岸工程	5	553	547	78999	5	
水务工程	5	557	551	75103	5	
给排水科学与工程	7	547	545	80935	7	
5103 中原工学院	**59**				**59**	
02专业组(不限)(中外合作办学)	**23**	**518**	**490**	**136410**	**23**	
软件工程(中外合作办学)	8	518	497	129553	8	
电气工程及其自动化(中外合作办学)	8	503	495	131453	8	
测控技术与仪器(中外合作办学)	7	499	490	136410	7	
03专业组(不限)	**26**	**524**	**505**	**121517**	**26**	
机械类	8	524	508	118485	8	
数据科学与大数据技术	3	521	513	113413	3	
土木类	4	507	505	121517	4	
建筑学	5	512	505	121517	5	
工业工程	6	507	505	121517	6	
04专业组(化学)	**10**	**506**	**482**	**143883**	**10**	
纺织工程	10	506	482	143883	10	
5104 河南工业大学	**98**				**98**	
02专业组(不限)	**27**	**562**	**547**	**78999**	**27**	
测控技术与仪器	2	549	549	77083	2	
电气工程及其自动化	2	562	555	71148	2	
工程管理	2	547	547	78999	2	
机械设计制造及其自动化	4	559	550	76117	4	
建筑学	2	547	547	78999	2	
空间信息与数字技术	2	551	550	76117	2	
数学与应用数学	1	549	549	77083	1	
通信工程	2	553	551	75103	2	
应用统计学	2	547	547	78999	2	
应用物理学	2	548	547	78999	2	
机器人工程	2	553	551	75103	2	
智能建造	2	552	547	78999	2	
材料成型及控制工程	2	547	547	78999	2	
03专业组(不限)	**12**	**550**	**529**	**97145**	**12**	
电子商务	1	533	533	93122	1	
法学	2	550	541	84968	2	
国际经济与贸易	2	536	536	90081	2	
会计学	1	546	546	79957	1	
金融学	2	538	537	89032	2	
网络与新媒体	1	537	537	89032	1	
供应链管理	1	543	543	82963	1	
新闻学	1	530	530	96124	1	
广播电视学	1	529	529	97145	1	
04专业组(不限)(中外合作办学)	**5**	**527**	**522**	**104328**	**5**	
会计学(中外合作办学)	1	527	527	99221	1	
人力资源管理(中外合作办学)	1	524	524	102241	1	
市场营销(中外合作办学)	1	522	522	104328	1	
物联网工程(中外合作办学)	2	526	524	102241	2	
05专业组(化学)	**39**	**534**	**518**	**108392**	**39**	
材料科学与工程	4	525	521	105373	4	
化学	6	530	519	107387	6	
化学工程与工艺	2	527	521	105373	2	
环境工程	8	529	519	107387	8	
建筑环境与能源应用工程	1	529	529	97145	1	
生物工程	2	534	526	100234	2	
土木工程	4	530	522	104328	4	
应用化学	4	525	520	106376	4	
制药工程	2	526	525	101269	2	
材料类	4	527	521	105373	4	
饲料工程	2	518	518	108392	2	
06专业组(化学)(中外合作办学)	**4**	**512**	**502**	**124506**	**4**	
生物技术(中外合作办学)	4	512	502	124506	4	
07专业组(化学)	**1**	**541**	**541**	**84968**	**1**	
工业设计	1	541	541	84968	1	
08专业组(化学和生物)	**7**	**540**	**529**	**97145**	**7**	
食品科学与工程类	5	532	529	97145	5	
食品科学与工程	2	540	538	87986	2	
09专业组(化学和生物)(中外合作办学)	**3**	**525**	**515**	**111340**	**3**	
食品科学与工程(中外合作办学)	3	525	515	111340	3	

院校、专业组、专业名称	录取数	最高分	最低分	最低分位次	平行志愿	征求志愿
5105 郑州航空工业管理学院	**93**				**93**	
02专业组(不限)	**66**	**533**	**494**	**132434**	**66**	
工商管理类	9	529	498	128536	9	
工业工程类	4	511	505	121517	4	
物流管理与工程类	5	502	496	130482	5	
经济学类	2	512	508	118485	2	
经济与贸易类	3	501	494	132434	3	
金融学类	4	519	503	123514	4	
信息管理与信息系统	2	502	502	124506	2	
安全工程	2	511	505	121517	2	
计算机类	3	527	513	113413	3	
电子信息类	4	525	513	113413	4	
自动化	2	522	519	107387	2	
材料类	6	502	494	132434	6	
土木类	6	503	494	132434	6	
工程管理	2	499	499	127539	2	
环境工程	2	501	501	125542	2	
城乡规划	2	501	500	126589	2	
广告学	2	511	504	122564	2	
法学	2	533	530	96124	2	
外国语言文学类	2	502	500	126589	2	
大数据管理与应用	2	508	503	123514	2	
03专业组(化学)	**20**	**544**	**505**	**121517**	**20**	
交通运输	2	507	505	121517	2	
机械类	4	515	505	121517	4	
电气工程及其自动化	2	521	518	108392	2	
飞行器质量与可靠性	2	513	512	114463	2	
飞行器适航技术	3	544	509	117454	3	
无人驾驶航空器系统工程	3	528	508	118485	3	
能源与动力工程	2	508	508	118485	2	
航空航天工程	2	524	514	112372	2	
04专业组(化学)(中外合作办学)	**7**	**501**	**489**	**137355**	**7**	
飞行器设计与工程(中外合作办学)	7	501	489	137355	7	
5106 郑州轻工业大学	**74**				**73**	**1**
02专业组(不限)	**47**	**566**	**546**	**79957**	**47**	
计算机科学与技术	2	560	557	69274	2	
物联网工程	2	551	548	78085	2	
数据科学与大数据技术	2	555	554	72168	2	
电子信息工程	2	555	554	72168	2	
新能源材料与器件	3	550	549	77083	3	
氢能科学与工程	2	548	548	78085	2	
食品科学与工程	2	558	552	74112	2	
生物工程	2	549	547	78999	2	
食品质量与安全	2	547	547	78999	2	
能源与动力工程	2	558	550	76117	2	
建筑环境与能源应用工程	2	546	546	79957	2	
安全工程	2	547	547	78999	2	
自动化	2	557	553	73153	2	
电子科学与技术	2	551	551	75103	2	
微电子科学与工程	2	553	551	75103	2	
机械设计制造及其自动化	4	550	546	79957	4	
车辆工程	2	549	548	78085	2	
智能制造工程	2	552	549	77083	2	
信息与计算科学	2	550	548	78085	2	
电气工程及其自动化	2	566	562	64501	2	
轨道交通信号与控制	1	546	546	79957	1	
机器人工程	1	552	552	74112	1	
智能电网信息工程	2	557	553	73153	2	
03专业组(不限)(中外合作办学)	**10**	**547**	**534**	**92079**	**10**	
软件工程(中外合作办学)	10	547	534	92079	10	
04专业组(不限)(中外合作办学)	**4**	**526**	**523**	**103299**	**4**	
食品科学与工程(中外合作办学)	4	526	523	103299	4	
05专业组(化学)	**9**	**536**	**518**	**108392**	**9**	
化妆品技术与工程	3	536	520	106376	3	
应用化学	2	530	523	103299	2	
化学	2	527	519	107387	2	
食品营养与健康	2	522	518	108392	2	
06专业组(化学或生物)	**4**	**581**	**544**	**81927**	**3**	**1**
生物技术	2	547	544	81927	1	1
烟草	2	581	557	69274	2	
5110 河南科技学院	**15**				**15**	
02专业组(不限)	**10**	**515**	**497**	**129553**	**10**	
风景园林	4	499	497	129553	4	
通信工程	6	515	499	127539	6	
03专业组(化学)	**5**	**501**	**492**	**134437**	**5**	
食品科学与工程	5	501	492	134437	5	
5114 河南中医药大学	**6**				**6**	
02专业组(不限)	**2**	**538**	**534**	**92079**	**2**	
公共管理类	2	538	534	92079	2	
03专业组(化学或生物)	**4**	**583**	**569**	**57929**	**4**	
预防医学	2	570	569	57929	2	
中西医临床医学	2	583	572	55138	2	
5117 河南农业大学	**27**				**26**	**1**
02专业组(不限)	**13**	**556**	**528**	**98180**	**12**	**1**
建筑类	2	547	546	79957	2	
机械设计制造及其自动化	2	551	551	75103	2	
计算机科学与技术	3	556	553	73153	3	
管理科学	2	544	528	98180	1	1
电子信息科学与技术	4	552	548	78085	4	
03专业组(化学)	**6**	**542**	**532**	**94094**	**6**	
食品科学与工程类	6	542	532	94094	6	
04专业组(化学或生物)	**4**	**540**	**528**	**98180**	**4**	
生物科学类	2	535	533	93122	2	

院校、专业组、专业名称	录取数	最高分	最低分	最低分位次	平行志愿	征求志愿
环境生态工程	2	540	528	98180	2	
05专业组(化学或生物)	4	570	552	74112	4	
烟草	2	570	570	56969	2	
植物生产类(园艺学院)	2	554	552	74112	2	
5118 信阳师范大学	15				15	
03专业组(不限)	5	518	507	119496	5	
金融工程	5	518	507	119496	5	
04专业组(化学或生物)(中外合作办学)	10	492	478	147717	10	
生物技术(中外合作办学)	10	492	478	147717	10	
5119 河南财经政法大学	22				22	
04专业组(不限)	13	565	550	76117	13	
管理科学与工程类	2	551	550	76117	2	
金融学类	1	554	554	72168	1	
计算机类	2	555	552	74112	2	
法学	1	556	556	70201	1	
财务管理	1	565	565	61774	1	
旅游管理类	1	553	553	73153	1	
统计学类	2	565	551	75103	2	
财政学类	1	564	564	62693	1	
房地产开发与管理	2	554	550	76117	2	
05专业组(不限)(中外合作办学)	4	540	539	86937	4	
金融学(中外合作办学)	4	540	539	86937	4	
06专业组(化学或地理)(中外合作办学)	5	530	504	122564	5	
人文地理与城乡规划(中外合作办学)	5	530	504	122564	5	
5122 河南工程学院	44				44	
02专业组(不限)	14	519	507	119496	14	
信息与计算科学	5	519	511	115420	5	
材料成型及控制工程	2	511	508	118485	2	
通信工程	2	517	514	112372	2	
物联网工程	3	515	512	114463	3	
新能源材料与器件	2	511	507	119496	2	
03专业组(不限)	7	504	499	127539	7	
金融工程	3	504	499	127539	3	
财务管理	2	502	501	125542	2	
物流管理	2	499	499	127539	2	
04专业组(化学)	21	500	472	153185	21	
纺织工程	6	496	473	152316	6	
服装设计与工程	2	480	473	152316	2	
非织造材料与工程	4	475	472	153185	4	
轻化工程	6	500	476	149566	6	
高分子材料与工程	3	482	474	151398	3	
05专业组(地理)	2	508	504	122564	2	
遥感科学与技术	2	508	504	122564	2	
5125 周口师范学院	30				27	3
04专业组(不限)	24	518	482	143883	22	2
电子信息工程	2	513	509	117454	2	
机械电子工程	2	513	512	114463	2	
机械设计制造及其自动化	2	509	504	122564	2	
计算机科学与技术(师范)	2	515	515	111340	2	
生物制药	2	503	503	123514	2	
食品质量与安全	2	489	482	143883		2
数学与应用数学(师范)	2	518	518	108392	2	
网络工程	2	513	504	122564	2	
物理学(师范)	2	517	516	110349	2	
物联网工程	2	513	503	123514	2	
自动化	2	509	503	123514	2	
电气工程与智能控制	2	508	503	123514	2	
05专业组(化学)	4	515	477	148670	3	1
材料化学	2	509	477	148670	1	1
化学(师范)	2	515	509	117454	2	
06专业组(化学或生物)	2	491	488	138275	2	
植物科学与技术	2	491	488	138275	2	
5131 洛阳理工学院	70				70	
02专业组(不限)	62	524	501	125542	62	
机械类	4	504	503	123514	4	
机械设计制造及其自动化	5	513	508	118485	5	
电气工程及其自动化	4	524	519	107387	4	
自动化	5	515	506	120487	5	
电子科学与技术	4	511	506	120487	4	
计算机科学与技术	4	515	514	112372	4	
通信工程	4	518	504	122564	4	
物联网工程	4	515	503	123514	4	
软件工程	4	512	507	119496	4	
数据科学与大数据技术	4	507	504	122564	4	
土木工程	4	509	502	124506	4	
建筑环境与能源应用工程	2	507	503	123514	2	
给排水科学与工程	2	502	502	124506	2	
工程造价	4	502	501	125542	4	
新能源科学与工程	4	505	502	124506	4	
环境工程	4	502	501	125542	4	
03专业组(化学)	8	500	479	146748	8	
材料类	4	500	486	140151	4	
应用化学	4	493	479	146748	4	
5132 河南科技大学	65				65	
03专业组(不限)	34	574	548	78085	34	
材料成型及控制工程	6	553	548	78085	6	
材料类	6	556	549	77083	6	
电气工程及其自动化	4	554	551	75103	4	
电子信息类	4	569	554	72168	4	
电子科学与技术	4	559	548	78085	4	
计算机科学与技术	4	574	561	65452	4	
农业工程类	6	550	548	78085	6	
04专业组(化学)	17	569	544	81927	17	
机械类	10	569	546	79957	10	

2023年普通类(物理等科目类)本科院校

院校、专业组、专业名称	录取数	最高分	最低分	最低分位次	平行志愿	征求志愿
车辆工程	4	564	545	80935	4	
测控技术与仪器	3	546	544	81927	3	
05专业组(化学或生物)	6	547	532	94094	6	
生物科学类	6	547	532	94094	6	
06专业组(化学或生物)	4	548	529	97145	4	
护理学	4	548	529	97145	4	
07专业组(化学或地理)	4	568	546	79957	4	
工业工程	4	568	546	79957	4	
5133 洛阳师范学院	12				12	
02专业组(不限)	6	547	539	86937	6	
数学与应用数学(师范)	6	547	539	86937	6	
03专业组(化学)	6	537	517	109393	6	
化学(师范)	6	537	517	109393	6	
5134 平顶山学院	14				14	
02专业组(不限)	14	510	490	136410	14	
网络与新媒体	2	494	490	136410	2	
计算机科学与技术	5	510	494	132434	5	
物联网工程	5	493	491	135455	5	
国际经济与贸易	2	493	492	134437	2	
5141 河南大学	32				31	1
05专业组(不限)	19	599	552	74112	18	1
经济学类	4	594	590	39519	4	
数学类(含师范)	3	594	590	39519	3	
电子信息科学与技术	3	599	596	34854	3	
计算机类	3	596	596	34854	3	
工商管理	3	590	589	40322	3	
电子商务	3	594	552	74112	2	1
06专业组(化学)	4	589	583	45410	4	
化学类(含师范)	4	589	583	45410	4	
07专业组(化学或生物)	5	600	587	42009	5	
生物科学(师范)	2	600	588	41159	2	
生物工程	3	593	587	42009	3	
08专业组(化学或地理)	4	595	590	39519	4	
地理科学类(含师范)	4	595	590	39519	4	
5151 河南理工大学	50				50	
02专业组(不限)	28	565	540	85962	28	
通信工程	2	555	551	75103	2	
应用物理学	2	557	547	78999	2	
机械类	2	544	542	83978	2	
智能制造工程	2	554	550	76117	2	
安全工程	2	553	546	79957	2	
计算机科学与技术	2	565	559	67392	2	
数学类	2	541	541	84968	2	
工商管理类	1	544	544	81927	1	
工业工程	1	541	541	84968	1	
财务管理	1	543	543	82963	1	
国际经济与贸易	1	540	540	85962	1	
英语	1	541	541	84968	1	
建筑类	2	541	541	84968	2	
工业设计	2	545	541	84968	2	
汉语言文学	1	541	541	84968	1	
管理科学	2	542	541	84968	2	
土木工程	2	544	542	83978	2	
03专业组(化学)	12	544	532	94094	12	
地质工程	2	535	533	93122	2	
环境工程	2	532	532	94094	2	
交通工程	2	544	543	82963	2	
消防工程	2	535	534	92079	2	
应用化学	2	544	533	93122	2	
化学工程与工艺	2	537	535	91099	2	
04专业组(地理)	10	546	538	87986	10	
测绘工程	2	546	545	80935	2	
遥感科学与技术	2	541	538	87986	2	
自然地理与资源环境	2	539	538	87986	2	
人文地理与城乡规划	2	543	540	85962	2	
地理信息科学	2	544	544	81927	2	
5153 河南师范大学	25				25	
03专业组(不限)	12	592	557	69274	12	
数学与应用数学(师范)	7	592	561	65452	7	
光电信息科学与工程	5	563	557	69274	5	
04专业组(化学)	5	579	563	63654	5	
化学(师范)	5	579	563	63654	5	
05专业组(化学或生物)	8	550	520	106376	8	
水产类	5	550	522	104328	5	
生态学	3	525	520	106376	3	
5161 安阳工学院	13				13	
02专业组(不限)(中外合作办学)	3	475	470	154932	3	
城乡规划(中外合作办学)	3	475	470	154932	3	
03专业组(不限)	2	491	490	136410	2	
环境工程	2	491	490	136410	2	
04专业组(化学)(中外合作办学)	3	487	483	142975	3	
电子信息工程(中外合作办学)	3	487	483	142975	3	
05专业组(化学)(中外合作办学)	3	483	475	150470	3	
土木工程(中外合作办学)	3	483	475	150470	3	
06专业组(化学)	2	490	486	140151	2	
食品质量与安全	2	490	486	140151	2	
5162 安阳师范学院	23				23	
02专业组(不限)	18	532	504	122564	18	
软件工程	3	510	504	122564	3	
人工智能	3	516	505	121517	3	
物理学(师范)	3	527	512	114463	3	
电气工程及其自动化	3	513	510	116464	3	
数学与应用数学(师范)	3	532	522	104328	3	
土木工程	3	516	512	114463	3	

2023年普通类(物理等科目类)本科院校

院校、专业组、专业名称	录取数	最高分	最低分	最低分位次	平行志愿	征求志愿
03专业组(化学)	2	516	516	110349	2	
化学(师范)	2	516	516	110349	2	
04专业组(化学或生物)	3	506	499	127539	3	
制药工程	3	506	499	127539	3	
5171 河南工学院	10				10	
01专业组(不限)	4	513	501	125542	4	
电缆工程	4	513	501	125542	4	
02专业组(不限)	3	503	502	124506	3	
智能制造工程	3	503	502	124506	3	
03专业组(化学)	3	494	490	136410	3	
焊接技术与工程	3	494	490	136410	3	
5172 郑州工程技术学院	16				16	
03专业组(不限)	9	510	502	124506	9	
电子信息工程	2	509	505	121517	2	
特殊教育(师范)	1	502	502	124506	1	
物流管理	2	504	503	123514	2	
电气工程与智能控制	1	509	509	117454	1	
物联网工程	1	504	504	122564	1	
车辆工程	1	505	505	121517	1	
软件工程	1	510	510	116464	1	
04专业组(化学)	1	495	495	131453	1	
土木工程	1	495	495	131453	1	
05专业组(化学和生物)	5	495	484	142060	5	
食品质量与安全	5	495	484	142060	5	
06专业组(化学或地理)	1	490	490	136410	1	
酒店管理	1	490	490	136410	1	
5173 新乡学院	41				41	
04专业组(不限)	19	504	491	135455	19	
应用统计学	3	492	491	135455	3	
增材制造工程	8	492	491	135455	8	
计算机类	4	500	493	133442	4	
康复工程	4	504	492	134437	4	
05专业组(不限)(中外合作办学)	10	481	461	162621	10	
机械设计制造及其自动化(中外合作办学)	10	481	461	162621	10	
06专业组(化学)	8	495	485	141125	8	
材料类	4	486	485	141125	4	
轨道交通信号与控制	4	495	488	138275	4	
07专业组(化学或生物)	4	496	488	138275	4	
生物技术	4	496	488	138275	4	
5174 许昌学院	26				26	
02专业组(不限)	21	513	497	129553	21	
机械电子工程	10	505	497	129553	10	
信息安全	5	513	501	125542	5	
工程造价	6	509	498	128536	6	
03专业组(化学或地理)	5	535	522	104328	5	
地理科学(师范)	5	535	522	104328	5	
5181 南阳师范学院	50				48	2
04专业组(不限)	26	520	472	153185	24	2
测绘工程	5	498	494	132434	5	
旅游管理	3	496	472	153185	1	2
法学	2	520	515	111340	2	
计算机类	8	509	499	127539	8	
应用心理学(师范)	3	512	503	123514	3	
工商管理	2	501	500	126589	2	
财务管理	3	513	495	131453	3	
05专业组(化学)	5	493	481	144815	5	
应用化学	5	493	481	144815	5	
06专业组(化学)(中外合作办学)	4	480	464	160212	4	
化学(中外合作办学)	4	480	464	160212	4	
07专业组(化学或生物)	11	498	489	137355	11	
制药工程	5	498	492	134437	5	
水质科学与技术	6	492	489	137355	6	
08专业组(化学或地理)	4	522	512	114463	4	
地理科学类	4	522	512	114463	4	
5182 南阳理工学院	66				66	
04专业组(不限)	30	520	503	123514	30	
机械设计制造及其自动化	5	510	506	120487	5	
材料成型及控制工程	4	504	503	123514	4	
电子信息工程	4	511	509	117454	4	
通信工程	4	520	507	119496	4	
光电信息科学与工程	5	508	505	121517	5	
物联网工程	3	507	506	120487	3	
人工智能	2	519	508	118485	2	
应用统计学	3	504	504	122564	3	
05专业组(不限)	6	510	499	127539	6	
工商管理	2	500	499	127539	2	
网络与新媒体	2	505	502	124506	2	
英语	2	510	503	123514	2	
06专业组(不限)	3	523	512	114463	3	
学前教育(师范)	3	523	512	114463	3	
07专业组(不限)(中外合作办学)	2	502	501	125542	2	
电气工程及其自动化(中外合作办学)	2	502	501	125542	2	
08专业组(化学)	13	498	483	142975	13	
建筑学	2	498	497	129553	2	
给排水科学与工程	5	497	487	139209	5	
应用化学	4	498	483	142975	4	
中药学	2	496	494	132434	2	
09专业组(化学)	7	514	497	129553	7	
网络空间安全	3	514	505	121517	3	
虚拟现实技术	4	505	497	129553	4	
10专业组(化学和生物)	3	501	495	131453	3	
食品科学与工程	3	501	495	131453	3	
11专业组(化学或地理)	2	502	495	131453	2	

院校、专业组、专业名称	录取数	最高分	最低分	最低分位次	平行志愿	征求志愿
历史建筑保护工程	2	502	495	131453	2	
5191 黄淮学院	**95**				**95**	
02专业组(不限)	**80**	**520**	**482**	**143883**	**80**	
新能源科学与工程	10	502	492	134437	10	
化学工程与工艺	10	499	483	142975	10	
数学与应用数学(师范)	5	520	500	126589	5	
信息与计算科学	5	499	493	133442	5	
土木工程	15	498	483	142975	15	
生物工程	5	490	485	141125	5	
园林	10	491	482	143883	10	
食品科学与工程	5	498	483	142975	5	
食品质量与安全	5	495	483	142975	5	
商务经济学	10	499	483	142975	10	
03专业组(不限)(中外合作办学)	**5**	**506**	**489**	**137355**	**5**	
软件工程(中外合作办学)	5	506	489	137355	5	
04专业组(化学)	**5**	**483**	**474**	**151398**	**5**	
智能建造	5	483	474	151398	5	
05专业组(生物)	**5**	**528**	**505**	**121517**	**5**	
助产学	5	528	505	121517	5	
5192 新乡医学院	**22**				**22**	
01专业组(化学或生物)	**22**	**595**	**583**	**45410**	**22**	
临床医学	10	595	586	42828	10	
麻醉学	3	586	584	44516	3	
精神医学	9	584	583	45410	9	
5193 河南城建学院	**50**				**50**	
02专业组(不限)	**46**	**512**	**483**	**142975**	**46**	
给排水科学与工程	5	494	487	139209	5	
测绘工程	8	489	484	142060	8	
能源与动力工程	6	512	492	134437	6	
环境工程	5	489	485	141125	5	
化学工程与工艺	5	490	483	142975	5	
自动化	7	499	490	136410	7	
数字媒体技术	5	510	493	133442	5	
风景园林	5	490	483	142975	5	
03专业组(化学或地理)	**4**	**504**	**492**	**134437**	**4**	
地理信息科学	4	504	492	134437	4	
5198 商丘师范学院	**35**				**35**	
03专业组(不限)	**25**	**535**	**492**	**134437**	**25**	
金融数学	1	494	494	132434	1	
统计学	2	502	495	131453	2	
数学与应用数学(师范)	2	535	522	104328	2	
物理学(师范)	1	527	527	99221	1	
通信工程	2	506	503	123514	2	
汽车服务工程	2	495	493	133442	2	
电气工程及其自动化	1	515	515	111340	1	
电子信息工程	1	506	506	120487	1	
自动化	1	510	510	116464	1	
建筑学	1	505	505	121517	1	
物联网工程	2	494	494	132434	2	
城乡规划	2	496	493	133442	2	
测绘工程	2	499	493	133442	2	
物流管理	2	497	492	134437	2	
经济学	1	492	492	134437	1	
财务管理	2	494	492	134437	2	
04专业组(化学)	**6**	**504**	**496**	**130482**	**6**	
新能源科学与工程	1	502	502	124506	1	
化学(师范)	2	504	498	128536	2	
材料科学与工程	1	498	498	128536	1	
人工智能	2	498	496	130482	2	
05专业组(化学或生物)	**4**	**530**	**473**	**152316**	**4**	
生物科学(师范)	2	530	491	135455	2	
动物科学	2	476	473	152316	2	
5201 武汉大学	**154**				**154**	
03专业组(不限)	**115**	**667**	**653**	**4114**	**115**	
经济学类	2	655	655	3626	2	
工商管理类	4	658	654	3870	4	
计算机类(国家网络安全学院)	7	659	658	2950	7	
法学	2	667	662	2184	2	
建筑类	3	655	654	3870	3	
地球物理学(弘毅班)	3	655	653	4114	3	
金融学类(弘毅学堂数理经济与数理金融试验班)	2	662	661	2372	2	
计算机类(计算机学院)	10	664	659	2755	10	
信息管理与信息系统	5	656	655	3626	5	
工科试验班(智能电气试验班)	3	659	658	2950	3	
工科试验班(电气类)	16	658	655	3626	16	
工科试验班(智能机器人试验班)	2	660	659	2755	2	
工科试验班(动力与机械类)	10	659	655	3626	10	
电子信息类	15	659	656	3399	15	
测绘类	6	658	654	3870	6	
遥感科学与技术	13	659	654	3870	13	
国际经济与贸易(弘毅学堂数字贸易与金融试验班)	1	659	659	2755	1	
工科试验班(土木类)	5	655	654	3870	5	
工科试验班(水利类)	4	657	654	3870	4	
工科试验班(碳中和试验班)	2	659	658	2950	2	
04专业组(不限)(中外合作办学)	**4**	**643**	**639**	**8829**	**4**	
建筑学(中外合作办学)	4	643	639	8829	4	
05专业组(化学)	**31**	**663**	**653**	**4114**	**31**	
数学类	6	663	657	3166	6	
物理学类	6	656	655	3626	6	
化学类	5	658	653	4114	5	
生物科学类	3	660	658	2950	3	

2023年普通类(物理等科目类)本科院校

院校、专业组、专业名称	录取数	最高分	最低分	最低分位次	平行志愿	征求志愿
药学类	2	655	654	3870	2	
理科试验班(空间信息与国土资源类)	2	654	654	3870	2	
临床医学(八年制)	2	661	661	2372	2	
口腔医学(八年制)	1	661	661	2372	1	
临床医学(5+3一体化)	2	657	657	3166	2	
理科试验班(环境类)	2	654	653	4114	2	
06专业组(化学或生物)	4	653	650	4920	4	
公共卫生与预防医学类(其中全球健康学学制为四年)	4	653	650	4920	4	
5202 华中科技大学	204				204	
02专业组(不限)	178	669	656	3399	178	
物理学类(物理学、应用物理学)	4	658	656	3399	4	
机械类(机械设计制造及其自动化等3个专业)	22	658	657	3166	22	
机械设计制造及其自动化(机械卓越计划实验班)	4	659	658	2950	4	
机械设计制造及其自动化(一贯制衔接培养实验班)	3	662	660	2578	3	
电子封装技术	8	659	656	3399	8	
能源动力类(能源与动力工程等3个专业)	8	658	656	3399	8	
航空航天类(飞行器设计与工程等2个专业)	6	658	656	3399	6	
智能建造	4	658	656	3399	4	
水利水电工程	4	656	656	3399	4	
电气工程及其自动化	14	665	660	2578	14	
电气工程及其自动化(一贯制衔接培养实验班)	3	668	667	1413	3	
电子信息类(电信学院)	16	659	659	2755	16	
电子信息类(光电信息学院)	8	662	659	2755	8	
电子信息类(启明实验班)	5	665	662	2184	5	
光电信息科学与工程(未来技术学院)	2	667	666	1548	2	
人工智能(未来技术学院)	3	666	665	1692	3	
电子信息类(集成电路学院)	9	662	659	2755	9	
集成电路设计与集成系统	3	665	663	2020	3	
计算机类(计算机学院)	11	665	663	2020	11	
计算机科学与技术(计算机卓越计划实验班)	4	669	665	1692	4	
计算机类(网安学院)	9	664	659	2755	9	
网络空间安全(一贯制衔接培养实验班)	2	666	665	1692	2	
自动化类(启明实验班)	4	663	663	2020	4	
自动化类	8	659	658	2950	8	
建筑类(智慧建筑规划试验班)	4	656	656	3399	4	
管理科学与工程类(大数据管理与供应链优化试验班)	3	658	658	2950	3	
数字经济	4	659	657	3166	4	
传播学(传播学+计算机)(双学士学位培养项目)	3	659	657	3166	3	
03专业组(化学或生物)	26	673	657	3166	26	
临床医学(八年制)	4	669	663	2020	4	
临床医学类(临床医学等5个专业)	20	663	657	3166	20	
临床医学(一贯制衔接培养实验班)	2	673	670	1049	2	
5203 华中师范大学	52				52	
03专业组(不限)	38	637	594	36407	38	
教育学类	4	626	599	32622	4	
心理学类	2	637	635	10612	2	
法学类	2	600	599	32622	2	
法语	2	599	598	33367	2	
电子信息类	4	609	605	28268	4	
计算机类	7	630	611	24195	7	
数字媒体技术	2	626	609	25496	2	
数据科学与大数据技术	2	614	611	24195	2	
管理科学与工程类	3	605	602	30377	3	
信息资源管理	2	606	600	31866	2	
电子商务	2	601	599	32622	2	
经济学类	2	608	607	26858	2	
公共管理类	4	597	594	36407	4	
04专业组(化学)	5	628	619	19103	5	
化学类	5	628	619	19103	5	
05专业组(化学或生物)	7	628	618	19695	7	
生物科学类	7	628	618	19695	7	
06专业组(地理)	2	628	628	14097	2	
地理科学类	2	628	628	14097	2	
5204 华中农业大学	81				81	
02专业组(不限)	34	615	595	35651	34	
园林	2	597	596	34854	2	
风景园林	1	602	602	30377	1	
机械类	3	611	607	26858	3	
光电信息科学与工程	1	610	610	24841	1	
信息与计算科学	1	615	615	21590	1	
计算机类	5	614	611	24195	5	
法学	2	605	599	32622	2	
广告学	3	598	595	35651	3	
经济学类	5	608	596	34854	5	
大数据管理与应用	3	605	603	29716	3	
公共管理类	4	609	596	34854	4	
管理科学与工程类	4	607	596	34854	4	
03专业组(化学)	3	597	591	38768	3	
农业工程类	2	592	591	38768	2	
应用化学	1	597	597	34107	1	
04专业组(化学或生物)	41	633	593	37179	41	

2023年普通类(物理等科目类)本科院校

院校、专业组、专业名称	录取数	最高分	最低分	最低分位次	平行志愿	征求志愿
生物科学类	3	633	622	17335	3	
生物工程	2	621	611	24195	2	
植物生产类	5	605	597	34107	5	
智慧农业	2	603	600	31866	2	
动物科学	3	616	605	28268	3	
动物医学	2	623	621	17908	2	
环境科学与工程类	7	604	593	37179	7	
园艺	3	600	596	34854	3	
茶学	1	600	600	31866	1	
林学	4	605	593	37179	4	
水产类	4	603	602	30377	4	
食品科学与工程类	3	605	595	35651	3	
生物信息学	2	617	612	23568	2	
05专业组(化学或地理)	3	614	608	26161	3	
地理信息科学	3	614	608	26161	3	
5205 中国地质大学(武汉)	77				77	
03专业组(不限)	60	627	595	35651	60	
地质学类(含拔尖学生培养基地)	2	622	612	23568	2	
地质学类	1	604	604	28962	1	
地质类(资源能源)	2	598	597	34107	2	
石油工程	1	595	595	35651	1	
资源环境大数据工程	3	612	601	31135	3	
土木类	3	610	600	31866	3	
地质类	2	612	607	26858	2	
安全科学与工程类	2	614	607	26858	2	
地球物理学	3	610	607	26858	3	
地球物理学类	4	603	596	34854	4	
机械类	2	604	599	32622	2	
电子信息类	2	615	613	22857	2	
自动化类	4	616	612	23568	4	
经济学类	1	600	600	31866	1	
统计学	1	602	602	30377	1	
管理科学与工程类	2	608	602	30377	2	
工商管理类	2	607	598	33367	2	
测绘类	3	607	597	34107	3	
数学类	1	608	608	26161	1	
物理学	1	602	602	30377	1	
公共管理类	4	605	602	30377	4	
行政管理	3	599	598	33367	3	
计算机类	4	627	616	20903	4	
广播电视学	2	596	595	35651	2	
地质学类(菁英班)	3	620	602	30377	3	
电子信息类(未来技术学院)	2	625	616	20903	2	
04专业组(化学)	17	609	595	35651	17	
应用化学	3	609	599	32622	3	
材料类	3	601	597	34107	3	
环境科学与工程类	2	599	599	32622	2	
大气科学	2	605	598	33367	2	
地理科学类	2	604	602	30377	2	
宝石及材料工艺学	5	599	595	35651	5	
5206 中南财经政法大学	94				94	
06专业组(不限)	84	643	585	43657	84	
哲学	1	617	617	20292	1	
社会学	1	614	614	22200	1	
经济学类	4	632	621	17908	4	
国际商务	2	614	613	22857	2	
财政学类	3	638	630	13101	3	
金融学类(金融学、金融工程、投资学)	3	634	632	12050	3	
金融学类(保险精算)(保险学、精算学)	1	634	634	11118	1	
管理科学与工程类	4	614	591	38768	4	
法学类	9	643	633	11593	9	
外国语言文学类	4	595	586	42828	4	
日语	1	590	590	39519	1	
法语	2	622	589	40322	2	
新闻传播学类	1	600	600	31866	1	
工商管理类	5	607	589	40322	5	
农林经济管理	2	605	592	37932	2	
旅游管理	1	591	591	38768	1	
经济与贸易类	3	614	589	40322	3	
工商管理类(会计学院)	6	629	585	43657	6	
公共管理类	3	630	586	42828	3	
统计学类	10	633	602	30377	10	
金融数学	7	617	599	32622	7	
计算机类	10	620	594	36407	10	
环境工程	1	587	587	42009	1	
07专业组(不限)	7	641	634	11118	7	
经济管理试验班	6	640	634	11118	6	
经济管理试验班(拔尖创新人才实验班)	1	641	641	8031	1	
08专业组(不限)	3	642	635	10612	3	
经济学(拔尖人才实验班)	1	642	642	7656	1	
会计学(荆楚卓越经管人才实验班)	1	637	637	9657	1	
法学(国际法实验班)	1	635	635	10612	1	
5207 武汉理工大学	281				281	
03专业组(不限)	10	642	641	8031	10	
电子信息类(微电子科学与工程)(一贯制衔接培养实验班)	4	642	641	8031	4	
电子信息类(通信工程)(一贯制衔接培养实验班)	6	642	641	8031	6	
04专业组(不限)	247	639	610	24841	247	
材料类	27	629	613	22857	27	
机械设计制造及其自动化	13	631	619	19103	13	
能源动力类	5	628	627	14617	5	

院校、专业组、专业名称	录取数	最高分	最低分	最低分位次	平行志愿	征求志愿
海洋工程类	5	625	610	24841	5	
机械类(车辆)	20	626	615	21590	20	
机械类(智能制造)	18	631	619	19103	18	
土木类	16	626	610	24841	16	
建筑类	2	613	611	24195	2	
环境科学与工程类	14	622	611	24195	14	
电子信息类	30	638	631	12572	30	
计算机类	20	639	634	11118	20	
自动化类	16	636	629	13587	16	
海事管理	5	624	611	24195	5	
数学类	21	635	616	20903	21	
信息管理与信息系统	5	630	627	14617	5	
工商管理类	16	614	610	24841	16	
经济学类	6	623	610	24841	6	
工业设计	4	619	614	22200	4	
管理科学与工程类	4	617	615	21590	4	
05专业组(化学)	**20**	**633**	**610**	**24841**	**20**	
交通运输类	6	618	614	22200	6	
物流管理与工程类	9	612	610	24841	9	
化工与制药类	5	633	612	23568	5	
06专业组(化学或生物)(中外合作办学)	**4**	**606**	**602**	**30377**	**4**	
生物科学类(中外合作办学)	4	606	602	30377	4	
5208 中南民族大学	**55**				**53**	**2**
03专业组(不限)	**50**	**578**	**544**	**81927**	**48**	**2**
经济学类	4	558	551	75103	4	
新闻传播学类	3	555	545	80935	3	
教育学类	6	555	546	79957	6	
数学类	5	560	554	72168	5	
电子信息类	5	567	560	66452	5	
自动化类	3	569	558	68331	3	
计算机类	4	569	568	58808	4	
生物医学工程类	7	578	551	75103	7	
建筑学	2	549	548	78085	2	
材料类	5	556	544	81927	3	2
环境科学与工程类	4	555	550	76117	4	
应用心理学	2	556	552	74112	2	
04专业组(化学或生物)	**5**	**558**	**551**	**75103**	**5**	
生物科学类	5	558	551	75103	5	
5209 湖北大学	**14**				**14**	
03专业组(不限)	**14**	**593**	**570**	**56969**	**14**	
经济学类	2	574	573	54146	2	
哲学	2	574	571	56021	2	
电子信息类	5	593	576	51456	5	
信息安全	2	580	574	53221	2	
食品安全与检测	1	573	573	54146	1	
教育技术学(师范)	2	573	570	56969	2	
5211 湖北中医药大学	**33**				**33**	
03专业组(不限)	**3**	**544**	**539**	**86937**	**3**	

院校、专业组、专业名称	录取数	最高分	最低分	最低分位次	平行志愿	征求志愿
信息管理与信息系统	1	544	544	81927	1	
物联网工程	1	539	539	86937	1	
运动康复	1	541	541	84968	1	
04专业组(化学)	**21**	**567**	**540**	**85962**	**21**	
医学影像技术	2	558	552	74112	2	
医学实验技术	2	547	545	80935	2	
中药学	2	558	557	69274	2	
药学	1	553	553	73153	1	
制药工程	2	556	540	85962	2	
药物制剂	2	552	542	83978	2	
中药资源与开发	2	543	542	83978	2	
中药制药	2	548	547	78999	2	
医学检验技术	2	550	547	78999	2	
卫生检验与检疫	2	541	541	84968	2	
生物技术	1	540	540	85962	1	
食品质量与安全	1	567	567	59799	1	
05专业组(化学或生物)	**9**	**607**	**585**	**43657**	**9**	
中医学(5+3一体化)	2	599	593	37179	2	
中医学(针灸推拿)(5+3一体化)	1	607	607	26858	1	
中医学	1	593	593	37179	1	
中医学(美容与康复)	1	586	586	42828	1	
中西医临床医学	1	592	592	37932	1	
中西医临床医学(全科医学)	1	588	588	41159	1	
针灸推拿学	1	586	586	42828	1	
针灸推拿学(针刀)	1	585	585	43657	1	
5212 武汉纺织大学	**71**				**71**	
02专业组(不限)	**51**	**561**	**541**	**84968**	**51**	
材料类	6	550	541	84968	6	
通信工程	5	550	549	77083	5	
环境科学与工程类	4	544	544	81927	4	
工程造价	10	545	541	84968	10	
数学类	8	555	542	83978	8	
人工智能	8	554	545	80935	8	
自动化类	10	561	545	80935	10	
03专业组(化学)	**20**	**532**	**520**	**106376**	**20**	
服装设计与工程	7	523	520	106376	7	
纺织类	7	532	527	99221	7	
轻化工程	4	531	524	102241	4	
化学类	2	530	523	103299	2	
5213 武汉体育学院	**14**				**14**	
02专业组(不限)	**12**	**535**	**509**	**117454**	**12**	
应用心理学	2	520	517	109393	2	
运动康复	4	535	513	113413	4	
教育技术学	2	515	512	114463	2	
机械电子工程	2	512	511	115420	2	
信息管理与信息系统	2	512	509	117454	2	
03专业组(化学)	**2**	**510**	**506**	**120487**	**2**	
康复治疗学	2	510	506	120487	2	

院校、专业组、专业名称	录取数	最高分	最低分	最低分位次	平行志愿	征求志愿
5215 武汉工程大学	**21**				**21**	
02专业组(不限)	**9**	**594**	**589**	**40322**	**9**	
过程装备与控制工程	1	589	589	40322	1	
电气工程及其自动化	2	591	590	39519	2	
通信工程	2	592	589	40322	2	
计算机类	2	594	591	38768	2	
数据科学与大数据技术	2	592	590	39519	2	
03专业组(化学或生物)	**8**	**585**	**568**	**58808**	**8**	
生物工程	2	585	580	47955	2	
生物技术	2	570	568	58808	2	
化学工程与工艺	2	576	573	54146	2	
制药工程	2	576	571	56021	2	
04专业组(化学或生物)(中外合作办学)	**4**	**539**	**532**	**94094**	**4**	
化学工程与工艺(中外合作办学)	4	539	532	94094	4	
5216 武汉轻工大学	**30**				**30**	
02专业组(不限)	**21**	**577**	**555**	**71148**	**21**	
机械类	2	558	557	69274	2	
动物药学	2	555	555	71148	2	
电子信息类	2	562	558	68331	2	
自动化	2	560	558	68331	2	
电气工程及其自动化	1	565	565	61774	1	
计算机类	3	577	559	67392	3	
信息与计算科学	1	557	557	69274	1	
土木类	5	557	555	71148	5	
建筑学	1	557	557	69274	1	
人工智能	2	560	558	68331	2	
03专业组(化学或生物)	**9**	**562**	**544**	**81927**	**9**	
食品科学与工程类	4	562	544	81927	4	
生物技术	1	552	552	74112	1	
生物工程类	1	552	552	74112	1	
制药工程	1	551	551	75103	1	
化学工程与工艺	1	547	547	78999	1	
环境工程	1	546	546	79957	1	
5217 武汉科技大学	**32**				**32**	
01专业组(不限)	**32**	**606**	**588**	**41159**	**32**	
机械类	6	591	589	40322	6	
计算机类	8	606	592	37932	8	
自动化类	7	598	592	37932	7	
信息与计算科学	2	596	591	38768	2	
统计学	2	589	589	40322	2	
经济与贸易类	2	589	589	40322	2	
行政管理	2	589	588	41159	2	
光电信息科学与工程	3	592	591	38768	3	
5218 江汉大学	**8**				**8**	
01专业组(不限)	**8**	**575**	**564**	**62693**	**8**	
自动化	5	575	564	62693	5	
计算机科学与技术	3	569	564	62693	3	

院校、专业组、专业名称	录取数	最高分	最低分	最低分位次	平行志愿	征求志愿
5219 湖北工业大学	**29**				**29**	
01专业组(不限)	**15**	**587**	**580**	**47955**	**15**	
机械设计制造及其自动化	2	583	581	47114	2	
工业工程	2	580	580	47955	2	
测控技术与仪器	2	583	580	47955	2	
电气工程及其自动化	6	587	582	46258	6	
电子信息类	3	581	580	47955	3	
02专业组(不限)	**11**	**582**	**570**	**56969**	**11**	
计算机类	5	582	573	54146	5	
工业设计	2	582	573	54146	2	
工商管理类	2	573	571	56021	2	
国际经济与贸易	2	571	570	56969	2	
03专业组(不限)(中外合作办学)	**3**	**560**	**539**	**86937**	**3**	
机械设计制造及其自动化(中外合作办学)	3	560	539	86937	3	
5220 湖北第二师范学院	**12**				**12**	
03专业组(不限)	**6**	**517**	**509**	**117454**	**6**	
市场营销	2	515	512	114463	2	
物流管理	2	510	509	117454	2	
商务英语	2	517	513	113413	2	
04专业组(不限)(中外合作办学)	**2**	**513**	**505**	**121517**	**2**	
学前教育(中外合作办学)(师范)	2	513	505	121517	2	
05专业组(不限)(中外合作办学)	**4**	**518**	**498**	**128536**	**4**	
电子信息科学与技术(中外合作办学)	4	518	498	128536	4	
5221 湖北经济学院	**18**				**15**	**3**
02专业组(不限)	**18**	**551**	**481**	**144815**	**15**	**3**
工程管理	6	527	481	144815	3	3
数据科学与大数据技术	3	530	528	98180	3	
物联网工程	2	537	530	96124	2	
金融学	3	548	531	95098	3	
经济学	3	537	528	98180	3	
财政学	1	551	551	75103	1	
5225 汉江师范学院	**7**				**7**	
03专业组(不限)	**5**	**543**	**531**	**95098**	**5**	
数学与应用数学(师范)	2	543	538	87986	2	
物理学(师范)	3	533	531	95098	3	
04专业组(化学)	**2**	**523**	**515**	**111340**	**2**	
化学(师范)	2	523	515	111340	2	
5243 长江大学	**32**				**32**	
02专业组(不限)	**29**	**582**	**548**	**78085**	**29**	
外国语言文学类(含师范)	1	552	552	74112	1	
化工与制药类	2	551	550	76117	2	
机械类	2	554	552	74112	2	
电气类	1	552	552	74112	1	

院校、专业组、专业名称	录取数	最高分	最低分	最低分位次	平行志愿	征求志愿
计算机类	1	555	555	71148	1	
土木类	3	551	550	76117	3	
地球化学	1	552	552	74112	1	
数据科学与大数据技术	1	552	552	74112	1	
地质学	1	582	582	46258	1	
海洋油气工程	4	562	556	70201	4	
石油工程	3	572	564	62693	3	
风景园林	2	552	551	75103	2	
动物医学类	5	551	548	78085	5	
食品科学与工程类	2	549	549	77083	2	
03专业组(化学)	**1**	**563**	**563**	**63654**	**1**	
医学技术类	1	563	563	63654	1	
04专业组(化学或生物)	**2**	**546**	**541**	**84968**	**2**	
生物科学类	2	546	541	84968	2	
5251 三峡大学	**61**				**61**	
02专业组(不限)	**41**	**607**	**576**	**51456**	**41**	
土木工程	8	582	577	50595	8	
地质工程	4	582	579	48832	4	
能源与动力工程	4	592	585	43657	4	
电气工程及其自动化	8	607	602	30377	8	
电气工程及其自动化(输电线路工程)	4	600	592	37932	4	
智能电网信息工程	5	601	589	40322	5	
制药工程	4	583	577	50595	4	
生物工程	4	580	576	51456	4	
03专业组(不限)(中外合作办学)	**4**	**598**	**595**	**35651**	**4**	
电气工程及其自动化(中外合作办学)	4	598	595	35651	4	
04专业组(化学)	**12**	**569**	**534**	**92079**	**12**	
材料类	4	569	535	91099	4	
化学工程与工艺	4	555	534	92079	4	
化学	4	566	534	92079	4	
05专业组(化学或生物)	**4**	**577**	**561**	**65452**	**4**	
环境工程	2	577	569	57929	2	
生物科学	2	566	561	65452	2	
5255 湖北汽车工业学院	**15**				**15**	
01专业组(不限)	**10**	**534**	**506**	**120487**	**10**	
焊接技术与工程	3	522	506	120487	3	
材料科学与工程	2	517	515	111340	2	
车辆工程	3	534	523	103299	3	
大数据管理与应用	2	513	508	118485	2	
02专业组(不限)(中外合作办学)	**5**	**508**	**492**	**134437**	**5**	
车辆工程(中外合作办学)	5	508	492	134437	5	
5256 湖北医药学院	**17**				**17**	
01专业组(化学或生物)	**17**	**583**	**566**	**60725**	**17**	
临床医学	5	583	570	56969	5	
麻醉学	3	573	572	55138	3	
精神医学	3	569	566	60725	3	
儿科学	2	570	567	59799	2	
口腔医学	2	574	574	53221	2	
预防医学	2	567	567	59799	2	
5261 湖北师范大学	**20**				**20**	
03专业组(不限)	**6**	**536**	**533**	**93122**	**6**	
数学与应用数学(师范)	2	536	534	92079	2	
集成电路设计与集成系统	2	534	534	92079	2	
材料科学与工程	2	533	533	93122	2	
04专业组(不限)(中外合作办学)	**8**	**530**	**522**	**104328**	**8**	
电子信息工程(中外合作办学)	8	530	522	104328	8	
05专业组(化学)	**5**	**541**	**533**	**93122**	**5**	
化学类(师范)	2	541	535	91099	2	
环境工程	2	534	533	93122	2	
生物科学	1	534	534	92079	1	
06专业组(化学或生物)	**1**	**539**	**539**	**86937**	**1**	
食品科学与工程	1	539	539	86937	1	
5265 湖北理工学院	**29**				**29**	
02专业组(不限)	**29**	**521**	**504**	**122564**	**29**	
机械类	4	515	510	116464	4	
电子信息工程	2	517	515	111340	2	
通信工程	2	514	510	116464	2	
电气工程及其自动化	2	519	517	109393	2	
计算机类	4	521	512	114463	4	
生物制药	2	512	505	121517	2	
材料类	2	505	504	122564	2	
新能源材料与器件	3	509	505	121517	3	
给排水科学与工程	2	506	505	121517	2	
能源与环境系统工程	2	509	507	119496	2	
工程管理	2	507	505	121517	2	
智能建造	2	506	505	121517	2	
5271 湖北警官学院	**22**				**22**	
02专业组(不限)	**22**	**533**	**523**	**103299**	**22**	
计算机科学与技术(非公安)	11	533	523	103299	11	
信息安全(非公安)	11	531	523	103299	11	
5285 荆楚理工学院	**8**				**8**	
02专业组(不限)	**3**	**513**	**508**	**118485**	**3**	
机械类	3	513	508	118485	3	
03专业组(不限)(中外合作办学)	**5**	**505**	**473**	**152316**	**5**	
数字媒体技术(中外合作办学)	5	505	473	152316	5	
5287 湖北科技学院	**26**				**26**	
02专业组(不限)	**11**	**539**	**531**	**95098**	**11**	
电子信息类	2	538	538	87986	2	
计算机类	2	539	537	89032	2	
核工程与核技术	4	538	533	93122	4	

院校、专业组、专业名称	录取数	最高分	最低分	最低分位次	平行志愿	征求志愿
生物医学工程	3	536	531	95098	3	
03专业组(化学或生物)	**15**	**573**	**552**	**74112**	**15**	
临床医学	8	569	555	71148	8	
眼视光医学	2	573	554	72168	2	
药学类	5	554	552	74112	5	
5290 湖北文理学院	**15**				**15**	
02专业组(不限)	**15**	**527**	**515**	**111340**	**15**	
数学类(含师范)	4	527	518	108392	4	
计算机类	8	527	517	109393	8	
自动化	3	516	515	111340	3	
5295 湖北工程学院	**21**				**21**	
02专业组(不限)	**15**	**522**	**510**	**116464**	**15**	
英语	2	516	514	112372	2	
经济学	2	516	515	111340	2	
金融工程	3	515	512	114463	3	
电子商务	1	517	517	109393	1	
数学与应用数学	1	513	513	113413	1	
数据科学与大数据技术	1	519	519	107387	1	
光电信息科学与工程	1	519	519	107387	1	
智能制造工程	1	517	517	109393	1	
人工智能	1	519	519	107387	1	
工程造价	1	522	522	104328	1	
建筑学	1	510	510	116464	1	
03专业组(化学)	**3**	**493**	**484**	**142060**	**3**	
材料化学	1	487	487	139209	1	
土木工程	1	493	493	133442	1	
给排水科学与工程	1	484	484	142060	1	
04专业组(化学或生物)	**3**	**513**	**503**	**123514**	**3**	
食品科学与工程	1	504	504	122564	1	
生物工程	1	513	513	113413	1	
药学	1	503	503	123514	1	
5301 湖南大学	**132**				**132**	
04专业组(不限)	**120**	**651**	**638**	**9244**	**120**	
理科试验班	2	644	643	7266	2	
经济学类	2	640	639	8829	2	
金融学	5	648	638	9244	5	
精算学	1	643	643	7266	1	
国际经济与贸易	2	639	638	9244	2	
法学	3	643	639	8829	3	
数学类	3	644	643	7266	3	
应用物理学	4	643	642	7656	4	
统计学类	2	647	643	7266	2	
工程力学	2	641	641	8031	2	
机械类	3	644	643	7266	3	
工业设计	6	648	640	8448	6	
智能制造工程	2	642	641	8031	2	
测控技术与仪器	1	644	644	6899	1	
材料科学与工程	7	643	641	8031	7	
能源与动力工程	2	646	644	6899	2	
电气工程及其自动化	5	651	647	5894	5	
电子信息工程	3	647	646	6254	3	
电子科学与技术	2	644	644	6899	2	
通信工程	4	645	644	6899	4	
自动化	2	646	645	6590	2	
机器人工程	3	643	642	7656	3	
计算机科学与技术	5	648	646	6254	5	
计算机科学与技术(智能班)	3	647	646	6254	3	
软件工程	4	646	645	6590	4	
信息安全	3	644	644	6899	3	
土木类	9	641	638	9244	9	
土木工程	2	639	639	8829	2	
建筑环境与能源应用工程	2	643	640	8448	2	
化学工程与工艺	3	644	641	8031	3	
生物医学工程	1	642	642	7656	1	
建筑学	5	641	641	8031	5	
城乡规划	3	641	641	8031	3	
工商管理	7	640	639	8829	7	
会计学	3	644	641	8031	3	
行政管理	1	639	639	8829	1	
电子商务	3	639	639	8829	3	
06专业组(化学)	**5**	**640**	**638**	**9244**	**5**	
化学类	2	640	639	8829	2	
化学生物学	3	638	638	9244	3	
07专业组(化学或生物)	**7**	**640**	**637**	**9657**	**7**	
生物技术	2	638	637	9657	2	
环境科学与工程类	5	640	637	9657	5	
5302 中南大学	**153**				**153**	
02专业组(不限)	**74**	**654**	**642**	**7656**	**74**	
软件工程	6	649	648	5543	6	
金融学类(含金融学等5个专业)	4	648	643	7266	4	
建筑类(建筑学、城乡规划)	4	648	642	7656	4	
数学类(含数学与应用数学等3个专业)	8	649	648	5543	8	
土木类(含土木工程等7个专业)	15	646	642	7656	15	
机械类(含机械设计制造及其自动化等3个专业)	7	649	647	5894	7	
能源动力类(含能源与动力工程等3个专业)	5	647	646	6254	5	
电子信息类(光电信息科学与工程、电子信息科学与技术)	6	650	649	5239	6	
计算机类(含计算机科学与技术等4个专业)	17	654	650	4920	17	
航空航天类(航空航天工程)	2	650	647	5894	2	
03专业组(不限)(中外合作办学)	**18**	**638**	**632**	**12050**	**18**	

院校、专业组、专业名称	录取数	最高分	最低分	最低分位次	平行志愿	征求志愿
数学与应用数学(中外合作办学)	4	637	635	10612	4	
计算机科学与技术(中外合作办学)	3	638	636	10154	3	
机械设计制造及其自动化(中外合作办学)	5	635	635	10612	5	
土木工程(中外合作办学)	6	634	632	12050	6	
04专业组(化学)	**40**	**650**	**641**	**8031**	**40**	
化工与制药类(含化学工程与工艺等5个专业)	5	643	641	8031	5	
材料类(含材料科学与工程等5个专业)	13	645	641	8031	13	
交通运输类(含交通运输等3个专业)	6	644	642	7656	6	
自动化类(含自动化等5个专业)	16	650	644	6899	16	
05专业组(化学和生物)	**18**	**656**	**642**	**7656**	**18**	
口腔医学(5+3一体化)	2	656	652	4397	2	
临床医学类(含临床医学等4个专业)	12	651	644	6899	12	
公共卫生与预防医学类(含预防医学等3个专业)	4	643	642	7656	4	
06专业组(化学和生物)	**3**	**668**	**665**	**1692**	**3**	
临床医学(八年制)	3	668	665	1692	3	
5303 湖南师范大学	**78**				**78**	
04专业组(不限)	**51**	**625**	**591**	**38768**	**51**	
小学教育(师范)	2	595	592	37932	2	
外国语言文学类	2	596	593	37179	2	
应用心理学	2	601	593	37179	2	
文物与博物馆学	2	593	593	37179	2	
法学	2	625	609	25496	2	
工商管理	2	594	594	36407	2	
会计学	2	597	594	36407	2	
经济学	2	595	593	37179	2	
旅游管理类	4	592	591	38768	4	
统计学	2	608	607	26858	2	
数据科学与大数据技术	2	602	600	31866	2	
信息与计算科学	2	595	594	36407	2	
电子信息科学与技术	2	596	595	35651	2	
物理学类	3	616	595	35651	3	
化工与制药类	4	595	592	37932	4	
土地资源管理	2	592	592	37932	2	
电子信息工程	2	599	595	35651	2	
计算机科学与技术	2	608	597	34107	2	
软件工程	2	611	595	35651	2	
物联网工程	2	597	596	34854	2	
人工智能	2	595	595	35651	2	
新闻传播学类	4	604	593	37179	4	
05专业组(化学)	**6**	**607**	**599**	**32622**	**6**	
化学(师范)	2	607	607	26858	2	
康复治疗学	2	606	600	31866	2	
医学检验技术	2	606	599	32622	2	
06专业组(化学或生物)	**13**	**610**	**597**	**34107**	**13**	
生物科学类	2	607	601	31135	2	
临床医学	6	610	599	32622	6	
药学	3	605	601	31135	3	
预防医学	2	598	597	34107	2	
07专业组(化学或地理)	**8**	**611**	**598**	**33367**	**8**	
地理科学(师范)	3	611	607	26858	3	
地理信息科学	2	606	602	30377	2	
人文地理与城乡规划	3	606	598	33367	3	
5304 湖南中医药大学	**60**				**60**	
01专业组(不限)	**38**	**606**	**554**	**72168**	**38**	
中医学(5+3一体化)	5	606	590	39519	5	
中医学	4	587	572	55138	4	
针灸推拿学	3	584	567	59799	3	
护理学	2	559	555	71148	2	
应用心理学	1	563	563	63654	1	
市场营销	1	562	562	64501	1	
中医养生学	1	571	571	56021	1	
中医康复学	2	563	562	64501	2	
中医儿科学	2	576	570	56969	2	
中医骨伤科学	2	566	565	61774	2	
医疗保险	1	561	561	65452	1	
商务英语	1	559	559	67392	1	
中药学	3	564	560	66452	3	
中药资源与开发	1	559	559	67392	1	
制药工程	2	559	557	69274	2	
食品科学与工程	1	556	556	70201	1	
生物工程	1	554	554	72168	1	
医学信息工程	2	555	554	72168	2	
运动康复	2	558	558	68331	2	
计算机科学与技术	1	563	563	63654	1	
02专业组(化学)	**14**	**606**	**553**	**73153**	**14**	
康复治疗学	1	553	553	73153	1	
临床医学	5	582	559	67392	5	
医学影像学	3	570	554	72168	3	
口腔医学	2	606	594	36407	2	
医学检验技术	1	554	554	72168	1	
眼视光医学	2	557	557	69274	2	
03专业组(化学或生物)	**8**	**573**	**568**	**58808**	**8**	
药学	4	571	569	57929	4	
药物制剂	1	568	568	58808	1	
中西医临床医学	3	573	571	56021	3	
5305 湖南农业大学	**56**				**56**	
03专业组(不限)	**39**	**561**	**542**	**83978**	**39**	
动物科学	3	548	542	83978	3	
机械设计制造及其自动化	2	552	551	75103	2	

2023年普通类(物理等科目类)本科院校

院校、专业组、专业名称	录取数	最高分	最低分	最低分位次	平行志愿	征求志愿
水利水电工程	2	553	549	77083	2	
车辆工程	2	551	549	77083	2	
土木工程	2	545	544	81927	2	
安全工程	2	550	548	78085	2	
信息与计算科学	4	552	549	77083	4	
计算机科学与技术	2	557	557	69274	2	
电子信息工程	3	557	553	73153	3	
国际经济与贸易	3	548	545	80935	3	
英语	2	559	542	83978	2	
公共管理类	2	545	544	81927	2	
酿酒工程	2	561	543	82963	2	
机器人工程	2	552	551	75103	2	
食品科学与工程	2	546	544	81927	2	
水产养殖学	4	543	542	83978	4	
04专业组(化学)	4	539	531	95098	4	
应用化学	2	539	534	92079	2	
材料化学	2	531	531	95098	2	
05专业组(化学或生物)	13	546	537	89032	13	
植物保护	2	545	542	83978	2	
生态学	2	541	538	87986	2	
园林	4	546	537	89032	4	
园艺	3	540	537	89032	3	
生物科学	2	542	541	84968	2	
5306 湖南工商大学	56				56	
03专业组(不限)	52	572	529	97145	52	
经济学	15	550	532	94094	15	
大数据管理与应用	1	538	538	87986	1	
工业设计	1	535	535	91099	1	
金融学类	6	544	535	91099	6	
工商管理类	17	552	530	96124	17	
物流管理	1	534	534	92079	1	
法学	1	572	572	55138	1	
应用物理学	1	535	535	91099	1	
旅游管理类	1	533	533	93122	1	
英语	3	530	530	96124	3	
法语	1	529	529	97145	1	
工业智能	1	537	537	89032	1	
网络空间安全	1	538	538	87986	1	
智能制造工程	1	537	537	89032	1	
通信工程	1	537	537	89032	1	
04专业组(化学或地理)	4	536	530	96124	4	
人文地理与城乡规划	4	536	530	96124	4	
5307 长沙理工大学	44				44	
02专业组(不限)	38	617	578	49756	38	
会计学	2	580	579	48832	2	
人力资源管理	2	579	579	48832	2	
法学	2	583	581	47114	2	
土木工程	2	580	578	49756	2	
能源与动力工程	2	592	590	39519	2	

院校、专业组、专业名称	录取数	最高分	最低分	最低分位次	平行志愿	征求志愿
新能源科学与工程	2	591	587	42009	2	
建筑环境与能源应用工程	2	582	581	47114	2	
电气工程及其自动化	2	617	615	21590	2	
计算机科学与技术	2	604	595	35651	2	
道路桥梁与渡河工程	2	586	583	45410	2	
船舶与海洋工程	2	582	582	46258	2	
数据科学与大数据技术	2	587	585	43657	2	
机械类	2	583	583	45410	2	
水利类	4	585	579	48832	4	
电子信息类	2	605	594	36407	2	
智能电网信息工程	2	597	595	35651	2	
智能建造	2	585	582	46258	2	
港口航道与海岸工程	2	590	585	43657	2	
03专业组(不限)(中外合作办学)	2	577	571	56021	2	
机械设计制造及其自动化(中外合作办学)	2	577	571	56021	2	
04专业组(不限)(中外合作办学)	2	606	598	33367	2	
电气工程及其自动化(中外合作办学)	2	606	598	33367	2	
05专业组(不限)(中外合作办学)	2	555	551	75103	2	
土木工程(中外合作办学)	2	555	551	75103	2	
5308 长沙学院	45				45	
03专业组(不限)	29	544	515	111340	29	
土木工程	3	518	516	110349	3	
工程造价	3	517	515	111340	3	
机械设计制造及其自动化	3	522	519	107387	3	
材料成型及控制工程	3	518	517	109393	3	
机械电子工程	2	521	519	107387	2	
计算机科学与技术	2	544	530	96124	2	
软件工程	2	532	522	104328	2	
光电信息科学与工程	3	530	520	106376	3	
机器人工程	2	529	519	107387	2	
功能材料	2	515	515	111340	2	
环境工程	2	518	516	110349	2	
生物制药	2	518	518	108392	2	
04专业组(不限)	12	522	505	121517	12	
汉语言文学	2	522	517	109393	2	
翻译	2	509	506	120487	2	
市场营销	2	509	506	120487	2	
财务管理	2	515	515	111340	2	
物业管理	2	512	505	121517	2	
公共事业管理	2	511	507	119496	2	
05专业组(化学)	2	511	508	118485	2	
应用化学	2	511	508	118485	2	
06专业组(化学或生物)	2	534	520	106376	2	
生物工程	2	534	520	106376	2	

院校、专业组、专业名称	录取数	最高分	最低分	最低分位次	平行志愿	征求志愿
5310 湖南人文科技学院	**65**				**65**	
03专业组(不限)	**24**	**526**	**491**	**135455**	**24**	
电子商务	4	494	492	134437	4	
数学与应用数学(师范)	6	526	497	129553	6	
物理学(师范)	5	514	491	135455	5	
计算机科学与技术	5	502	495	131453	5	
电子信息工程	4	506	494	132434	4	
04专业组(不限)	**13**	**504**	**487**	**139209**	**13**	
社会工作	3	493	488	138275	3	
应用心理学(师范)	2	498	494	132434	2	
市场营销	2	494	492	134437	2	
财务管理	2	498	492	134437	2	
英语(师范)	2	504	501	125542	2	
秘书学	2	487	487	139209	2	
05专业组(不限)(中外合作办学)	**4**	**497**	**481**	**144815**	**4**	
学前教育(中外合作办学)(师范)	4	497	481	144815	4	
06专业组(化学)	**10**	**495**	**480**	**145763**	**10**	
材料科学与工程	5	495	483	142975	5	
材料化学	5	482	480	145763	5	
07专业组(化学或生物)	**14**	**491**	**479**	**146748**	**14**	
环境工程	5	488	482	143883	5	
园艺	4	488	479	146748	4	
植物保护	5	491	480	145763	5	
5320 湖南财政经济学院	**18**				**18**	
02专业组(不限)	**18**	**543**	**520**	**106376**	**18**	
金融学	2	526	524	102241	2	
金融数学	2	522	521	105373	2	
工程造价	1	526	526	100234	1	
市场营销	2	524	520	106376	2	
会计学	3	543	530	96124	3	
财务管理	2	529	529	97145	2	
财政学类	3	528	521	105373	3	
计算机类	3	525	524	102241	3	
5321 湖南科技大学	**90**				**89**	**1**
03专业组(不限)	**78**	**586**	**530**	**96124**	**77**	**1**
给排水科学与工程	1	546	546	79957	1	
工程力学	3	554	546	79957	3	
建筑环境与能源应用工程	3	555	548	78085	3	
机械设计制造及其自动化	3	561	557	69274	3	
测控技术与仪器	3	552	548	78085	3	
车辆工程	2	557	554	72168	2	
电气工程及其自动化	1	562	562	64501	1	
电气工程及其自动化(卓越工程师班)	2	563	563	63654	2	
自动化	2	563	561	65452	2	
电子信息工程	1	555	555	71148	1	
通信工程	2	562	557	69274	2	
计算机科学与技术	2	586	573	54146	2	
信息安全	2	557	557	69274	2	
物联网工程	1	559	559	67392	1	
软件工程	1	568	568	58808	1	
信息与计算科学	4	553	551	75103	4	
物理学(师范)	2	550	547	78999	2	
电子信息科学与技术	2	553	552	74112	2	
光电信息科学与工程	2	556	555	71148	2	
风景园林	2	547	546	79957	2	
测绘工程	2	551	546	79957	2	
土木工程	6	554	549	77083	6	
日语	1	554	554	72168	1	
翻译	1	554	554	72168	1	
教育技术学(师范)	1	554	554	72168	1	
小学教育(师范)	2	551	549	77083	2	
经济学	1	549	549	77083	1	
国际经济与贸易	1	553	553	73153	1	
安全工程	2	555	555	71148	2	
材料成型及控制工程	2	550	548	78085	2	
法学	1	556	556	70201	1	
材料科学与工程	7	548	545	80935	7	
数据科学与大数据技术	2	553	553	73153	2	
智能制造工程	2	552	551	75103	2	
集成电路设计与集成系统	2	555	554	72168	2	
应急技术与管理	2	551	530	96124	1	1
智能建造	2	550	547	78999	2	
04专业组(化学或生物)	**8**	**547**	**541**	**84968**	**8**	
环境工程	2	541	541	84968	2	
制药工程	2	544	543	82963	2	
能源化学工程	1	547	547	78999	1	
生物科学(师范)	1	542	542	83978	1	
生物工程	2	544	541	84968	2	
05专业组(化学或地理)	**3**	**557**	**551**	**75103**	**3**	
地理信息科学	3	557	551	75103	3	
06专业组(思想政治)	**1**	**551**	**551**	**75103**	**1**	
思想政治教育(师范)	1	551	551	75103	1	
5322 湖南工程学院	**35**				**35**	
02专业组(不限)	**24**	**528**	**507**	**119496**	**24**	
商务英语	2	511	510	116464	2	
信息与计算科学	3	513	512	114463	3	
机械设计制造及其自动化	2	522	518	108392	2	
材料成型及控制工程	2	509	509	117454	2	
机械电子工程	2	528	515	111340	2	
新能源科学与工程	2	515	513	113413	2	
微电子科学与工程	2	515	514	112372	2	
自动化	2	525	514	112372	2	
土木工程	2	512	507	119496	2	
电子商务	2	509	508	118485	2	
人工智能	3	514	512	114463	3	

院校、专业组、专业名称	录取数	最高分	最低分	最低分位次	平行志愿	征求志愿
03专业组(不限)(中外合作办学)	**9**	**503**	**485**	**141125**	**9**	
电气工程及其自动化(中外合作办学)	3	503	495	131453	3	
机械设计制造及其自动化(中外合作办学)	3	495	485	141125	3	
软件工程(中外合作办学)	3	495	486	140151	3	
04专业组(化学)	**2**	**503**	**494**	**132434**	**2**	
化学工程与工艺	2	503	494	132434	2	
5323 湘潭大学	**33**				**33**	
02专业组(不限)	**33**	**610**	**592**	**37932**	**33**	
经济学	2	597	595	35651	2	
电子商务	3	594	592	37932	3	
应急管理	2	592	592	37932	2	
法学类	2	609	606	27545	2	
数学类	2	610	609	25496	2	
数据科学与大数据技术	2	600	599	32622	2	
物理学	2	596	595	35651	2	
光电信息科学与工程	2	598	594	36407	2	
新能源材料与器件	2	594	593	37179	2	
机械设计制造及其自动化	2	595	594	36407	2	
智能制造工程	2	594	593	37179	2	
自动化	2	601	599	32622	2	
通信工程	2	594	594	36407	2	
计算机科学与技术	2	603	602	30377	2	
软件工程	2	600	599	32622	2	
土木工程	2	592	592	37932	2	
5327 湖南工学院	**63**				**63**	
02专业组(不限)	**57**	**522**	**494**	**132434**	**57**	
机械设计制造及其自动化	2	508	501	125542	2	
机器人工程	2	500	499	127539	2	
材料成型及控制工程	2	503	495	131453	2	
无机非金属材料工程	2	497	494	132434	2	
高分子材料与工程	2	495	494	132434	2	
安全工程	3	500	497	129553	3	
物流工程	2	496	496	130482	2	
物流管理	2	497	495	131453	2	
电子信息工程	2	513	501	125542	2	
电气工程及其自动化	3	509	503	123514	3	
通信工程	2	501	500	126589	2	
化学工程与工艺	2	498	497	129553	2	
环境工程	2	497	495	131453	2	
计算机科学与技术	3	522	511	115420	3	
网络工程	2	503	499	127539	2	
软件工程	2	515	512	114463	2	
物联网工程	2	505	500	126589	2	
信息与计算科学	2	508	500	126589	2	
应用统计学	2	494	494	132434	2	
大数据管理与应用	2	500	499	127539	2	

院校、专业组、专业名称	录取数	最高分	最低分	最低分位次	平行志愿	征求志愿
金融工程	2	519	498	128536	2	
工商管理	2	497	494	132434	2	
国际经济与贸易	2	499	494	132434	2	
建筑学	2	498	496	130482	2	
工业设计	2	497	495	131453	2	
工程管理	2	495	494	132434	2	
工程造价	2	504	497	129553	2	
03专业组(化学)	**6**	**488**	**478**	**147717**	**6**	
智能车辆工程	2	488	478	147717	2	
新能源材料与器件	2	480	479	146748	2	
应急技术与管理	2	480	478	147717	2	
5331 中南林业科技大学	**58**				**58**	
02专业组(不限)	**40**	**562**	**537**	**89032**	**40**	
材料类	3	539	538	87986	3	
化学工程与工艺	2	539	539	86937	2	
木材科学与工程	2	538	538	87986	2	
能源动力类	2	542	541	84968	2	
机械设计制造及其自动化	4	545	542	83978	4	
车辆工程	2	562	541	84968	2	
物流工程	2	540	539	86937	2	
建筑类	2	539	538	87986	2	
风景园林	2	539	539	86937	2	
家具设计与工程	3	540	537	89032	3	
通信工程	2	550	550	76117	2	
工程力学	2	541	540	85962	2	
土木类	4	541	539	86937	4	
工程管理	2	541	541	84968	2	
会计学	2	542	541	84968	2	
国际经济与贸易	2	539	538	87986	2	
旅游管理类	2	541	538	87986	2	
03专业组(化学或生物)	**18**	**557**	**536**	**90081**	**18**	
园艺	2	542	536	90081	2	
林学类	2	549	537	89032	2	
智慧林业	2	537	537	89032	2	
生物科学类	2	541	538	87986	2	
食品科学与工程类	4	541	538	87986	4	
环境科学与工程类	2	537	536	90081	2	
林学(陶铸实验班)	2	557	545	80935	2	
生物技术(陶铸实验班)	2	541	536	90081	2	
5332 湖南工业大学	**162**				**162**	
02专业组(不限)	**89**	**561**	**540**	**85962**	**89**	
新能源材料与器件	6	546	540	85962	6	
电子信息工程	6	561	545	80935	6	
工业设计	2	550	549	77083	2	
通信工程	3	551	546	79957	3	
环境生态工程	6	549	545	80935	6	
数学与应用数学	4	548	540	85962	4	
信息与计算科学	2	550	540	85962	2	
应用物理学	4	545	541	84968	4	

院校、专业组、专业名称	录取数	最高分	最低分	最低分位次	平行志愿	征求志愿
信息管理与信息系统	2	550	544	81927	2	
工程造价	2	545	544	81927	2	
智能建造	4	547	543	82963	4	
仪器类	4	546	543	82963	4	
电气类	4	554	549	77083	4	
自动化类	6	550	544	81927	6	
计算机类	6	555	551	75103	6	
土木类	12	543	540	85962	12	
电子信息类	8	554	544	81927	8	
机械类	8	549	541	84968	8	
03专业组(不限)	**30**	**546**	**525**	**101269**	**30**	
法学	2	533	531	95098	2	
建筑学	2	541	538	87986	2	
城乡规划	1	534	534	92079	1	
金融工程	2	532	527	99221	2	
国际经济与贸易	3	528	526	100234	3	
会计学	3	546	533	93122	3	
电子商务	4	531	527	99221	4	
日语	3	529	527	99221	3	
翻译	1	529	529	97145	1	
新闻学	2	538	528	98180	2	
广告学	1	530	530	96124	1	
工商管理类	6	532	525	101269	6	
04专业组(不限)	**18**	**539**	**530**	**96124**	**18**	
材料类	12	539	531	95098	12	
高分子材料与工程	2	537	533	93122	2	
材料科学与工程	3	532	531	95098	3	
无机非金属材料工程	1	530	530	96124	1	
05专业组(化学)	**19**	**533**	**516**	**110349**	**19**	
包装工程	8	533	517	109393	8	
印刷工程	3	526	516	110349	3	
应用化学	3	520	516	110349	3	
交通运输类	5	531	520	106376	5	
06专业组(化学或生物)	**6**	**540**	**532**	**94094**	**6**	
化学工程与工艺	4	535	532	94094	4	
生物技术	2	540	536	90081	2	
5341 南华大学	**91**				**88**	**3**
03专业组(不限)	**52**	**563**	**513**	**113413**	**51**	**1**
机械类	15	549	543	82963	15	
化工与制药类	5	551	542	83978	5	
材料类	4	551	546	79957	4	
土木类	12	549	513	113413	11	1
电气工程及其自动化	2	561	557	69274	2	
生物医学工程	2	552	543	82963	2	
人工智能	2	552	552	74112	2	
软件工程	2	563	559	67392	2	
物联网工程	2	557	551	75103	2	
数据科学与大数据技术	2	554	551	75103	2	
电子信息工程	2	563	555	71148	2	
通信工程	2	552	551	75103	2	
04专业组(不限)	**20**	**577**	**533**	**93122**	**19**	**1**
核工程类	6	574	563	63654	6	
核物理	2	577	576	51456	2	
资源勘查工程	2	553	545	80935	2	
城市地下空间工程	2	558	553	73153	2	
环境工程	2	546	541	84968	2	
安全工程	2	564	559	67392	2	
矿物资源工程	2	541	533	93122	1	1
矿物加工工程	2	544	542	83978	2	
05专业组(不限)	**10**	**556**	**528**	**98180**	**9**	**1**
护理学	2	547	542	83978	2	
物流工程	2	536	528	98180	1	1
经济学	2	538	536	90081	2	
会计学	2	556	549	77083	2	
工商管理	2	539	538	87986	2	
06专业组(化学或生物)	**9**	**563**	**544**	**81927**	**9**	
生物技术	2	556	545	80935	2	
药学	3	549	547	78999	3	
预防医学	2	563	556	70201	2	
药物制剂	2	548	544	81927	2	
5342 衡阳师范学院	**24**				**24**	
03专业组(不限)	**16**	**524**	**502**	**124506**	**16**	
电子商务	2	506	504	122564	2	
新闻学	2	504	504	122564	2	
广告学	1	502	502	124506	1	
翻译	1	503	503	123514	1	
商务英语	1	502	502	124506	1	
信息与计算科学	1	510	510	116464	1	
电子信息科学与技术	1	524	524	102241	1	
计算机科学与技术(师范)	1	507	507	119496	1	
软件工程	2	520	516	110349	2	
物联网工程	2	515	512	114463	2	
电子信息工程	1	511	511	115420	1	
网络空间安全	1	513	513	113413	1	
04专业组(化学)	**3**	**521**	**489**	**137355**	**3**	
化学(师范)	1	521	521	105373	1	
应用化学	1	489	489	137355	1	
高分子材料与工程	1	501	501	125542	1	
05专业组(化学或地理)	**5**	**539**	**521**	**105373**	**5**	
地理科学(师范)	3	539	531	95098	3	
人文地理与城乡规划	1	521	521	105373	1	
地理信息科学	1	523	523	103299	1	
5343 湖南文理学院	**53**				**51**	**2**
02专业组(不限)	**38**	**527**	**493**	**133442**	**38**	
应用统计学	3	501	493	133442	3	
光电信息科学与工程	3	506	502	124506	3	
电子信息科学与技术	3	499	493	133442	3	
水产养殖学	3	500	496	130482	3	

2023年普通类（物理等科目类）本科院校

院校、专业组、专业名称	录取数	最高分	最低分	最低分位次	平行志愿	征求志愿
食品科学与工程	3	503	496	130482	3	
计算机科学与技术	2	527	518	108392	2	
网络工程	3	502	497	129553	3	
软件工程	3	515	511	115420	3	
自动化	3	505	503	123514	3	
电气工程及其自动化	3	518	504	122564	3	
机械设计制造及其自动化	3	506	504	122564	3	
机械电子工程	3	501	498	128536	3	
土木工程	3	496	493	133442	3	
03专业组(化学)	6	507	486	140151	6	
医学检验技术	3	507	503	123514	3	
卫生检验与检疫	3	502	486	140151	3	
04专业组(化学或生物)	6	510	498	128536	4	2
药学	3	509	498	128536	1	2
生物科学(师范)	3	510	506	120487	3	
05专业组(化学或地理)	3	522	518	108392	3	
地理科学(师范)	3	522	518	108392	3	
5348 湖南医药学院	5				5	
01专业组(化学)	2	531	524	102241	2	
医学影像技术	2	531	524	102241	2	
02专业组(化学或生物)	2	535	531	95098	2	
药学	1	531	531	95098	1	
食品卫生与营养学	1	535	535	91099	1	
03专业组(化学或生物)	1	598	598	33367	1	
临床医学	1	598	598	33367	1	
5349 湖南第一师范学院	22				22	
03专业组(不限)	22	544	528	98180	22	
小学教育(师范)	1	539	539	86937	1	
数学与应用数学(师范)	1	538	538	87986	1	
科学教育(师范)	1	530	530	96124	1	
物理学(师范)	1	534	534	92079	1	
电子信息工程	2	537	537	89032	2	
通信工程	2	544	537	89032	2	
人工智能	2	536	535	91099	2	
教育技术学(师范)	1	529	529	97145	1	
计算机科学与技术	3	540	539	86937	3	
数据科学与大数据技术	3	535	531	95098	3	
智能制造工程	3	533	531	95098	3	
工业智能	2	532	528	98180	2	
5351 湖南理工学院	60				60	
02专业组(不限)	58	548	523	103299	58	
信息与计算科学	7	532	524	102241	7	
电子科学与技术	7	530	525	101269	7	
机械设计制造及其自动化	8	537	525	101269	8	
机器人工程	2	526	524	102241	2	
电子信息工程	5	548	535	91099	5	
自动化	5	531	524	102241	5	
计算机科学与技术	9	543	528	98180	9	
软件工程	4	528	525	101269	4	

院校、专业组、专业名称	录取数	最高分	最低分	最低分位次	平行志愿	征求志愿
土木工程	6	524	523	103299	6	
建筑学	5	523	523	103299	5	
03专业组(化学)(中外合作办学)	2	481	478	147717	2	
应用化学(中外合作办学)	2	481	478	147717	2	
5355 湖南城市学院	52				52	
02专业组(不限)	52	515	488	138275	52	
建筑学	2	493	491	135455	2	
风景园林	2	489	489	137355	2	
给排水科学与工程	2	498	494	132434	2	
建筑环境与能源应用工程	2	491	491	135455	2	
测绘工程	2	493	491	135455	2	
地理空间信息工程	2	505	492	134437	2	
土木工程	2	515	497	129553	2	
城市地下空间工程	2	500	489	137355	2	
工程造价	2	494	489	137355	2	
安全工程	2	490	489	137355	2	
智能建造	2	493	492	134437	2	
工程管理	2	489	489	137355	2	
城市管理	2	491	490	136410	2	
财务管理	2	493	490	136410	2	
电子信息工程	2	507	500	126589	2	
计算机科学与技术	2	504	504	122564	2	
网络工程	2	493	493	133442	2	
物联网工程	2	492	492	134437	2	
物理学	2	494	489	137355	2	
人工智能	2	499	493	133442	2	
复合材料与工程	2	490	490	136410	2	
高分子材料与工程	2	493	489	137355	2	
数学与应用数学(师范)	2	493	488	138275	2	
机械设计制造及其自动化	2	500	498	128536	2	
机械电子工程	2	495	494	132434	2	
电气工程及其自动化	2	508	506	120487	2	
5361 吉首大学	11				11	
02专业组(不限)	8	542	530	96124	8	
针灸推拿学	1	542	542	83978	1	
计算机科学与技术	2	539	534	92079	2	
环境工程	2	533	530	96124	2	
软件工程	2	533	532	94094	2	
公共事业管理	1	531	531	95098	1	
03专业组(化学)	2	535	533	93122	2	
医学检验技术	2	535	533	93122	2	
04专业组(化学或生物)	1	532	532	94094	1	
食品科学与工程	1	532	532	94094	1	
5371 邵阳学院	47				45	2
02专业组(不限)	31	524	502	124506	31	
机械设计制造及其自动化	4	513	507	119496	4	
智能制造工程	4	507	504	122564	4	
能源与动力工程	4	505	502	124506	4	

院校、专业组、专业名称	录取数	最高分	最低分	最低分位次	平行志愿	征求志愿
电气工程及其自动化	3	517	513	113413	3	
通信工程	3	513	507	119496	3	
计算机科学与技术	3	518	508	118485	3	
信息与计算科学	4	518	509	117454	4	
物联网工程	3	505	502	124506	3	
护理学	3	524	518	108392	3	
03专业组(不限)(中外合作办学)	**4**	**490**	**486**	**140151**	**4**	
通信工程(中外合作办学)	4	490	486	140151	4	
04专业组(化学)	**3**	**518**	**513**	**113413**	**3**	
医学影像技术	3	518	513	113413	3	
05专业组(化学或生物)	**9**	**534**	**480**	**145763**	**7**	**2**
食品质量与安全	3	511	480	145763	1	2
生物工程	4	502	492	134437	4	
临床医学	2	534	511	115420	2	
5380 长沙师范学院	**12**				**12**	
02专业组(不限)	**10**	**516**	**501**	**125542**	**10**	
工业设计	2	506	502	124506	2	
电子信息工程	2	510	509	117454	2	
物联网工程	2	516	509	117454	2	
电子商务	2	509	504	122564	2	
酒店管理	2	502	501	125542	2	
03专业组(化学)	**2**	**490**	**483**	**142975**	**2**	
包装工程	2	490	483	142975	2	
5381 湘南学院	**81**				**74**	**7**
02专业组(不限)	**47**	**526**	**491**	**135455**	**47**	
金融工程	5	492	491	135455	5	
数学与应用数学(师范)	4	493	492	134437	4	
信息与计算科学	3	496	493	133442	3	
财务管理	3	497	493	133442	3	
电气工程及其自动化	5	520	498	128536	5	
光电信息科学与工程	5	498	493	133442	5	
电子信息科学与技术	5	497	493	133442	5	
计算机科学与技术	5	504	494	132434	5	
网络工程	3	502	498	128536	3	
物联网工程	3	500	494	132434	3	
社会工作	1	491	491	135455	1	
针灸推拿学	5	526	503	123514	5	
03专业组(化学)	**23**	**579**	**474**	**151398**	**16**	**7**
应用化学	5	499	475	150470	2	3
卫生检验与检疫	5	551	487	139209	2	3
药学	4	532	474	151398	3	1
人工智能	3	521	512	114463	3	
口腔医学	3	579	560	66452	3	
临床药学	3	553	533	93122	3	
04专业组(化学或生物)	**11**	**570**	**546**	**79957**	**11**	
医学影像学	3	558	552	74112	3	
生物技术(师范)	3	547	546	79957	3	
临床医学	5	570	547	78999	5	
5385 怀化学院	**41**				**41**	
03专业组(不限)	**26**	**515**	**494**	**132434**	**26**	
信息与计算科学	1	504	504	122564	1	
机械设计制造及其自动化	3	505	500	126589	3	
电气工程及其自动化	2	501	500	126589	2	
通信工程	4	504	497	129553	4	
光电信息科学与工程	2	501	494	132434	2	
电子信息科学与技术	2	499	497	129553	2	
计算机科学与技术	2	515	501	125542	2	
物理学(师范)	2	514	500	126589	2	
人工智能	3	504	501	125542	3	
机器人工程	2	500	494	132434	2	
数据科学与大数据技术	3	502	500	126589	3	
04专业组(不限)	**2**	**527**	**525**	**101269**	**2**	
数学与应用数学(师范)	2	527	525	101269	2	
05专业组(化学)	**3**	**528**	**499**	**127539**	**3**	
网络空间安全	3	528	499	127539	3	
06专业组(化学)	**2**	**518**	**512**	**114463**	**2**	
化学(师范)	2	518	512	114463	2	
07专业组(化学或生物)	**8**	**499**	**486**	**140151**	**8**	
生物科学(师范)	3	491	488	138275	3	
生物工程	2	493	486	140151	2	
生物制药	3	499	487	139209	3	
5391 湖南科技学院	**40**				**39**	**1**
03专业组(不限)	**37**	**523**	**491**	**135455**	**36**	**1**
物理学(师范)	3	523	503	123514	3	
金融工程	3	497	494	132434	3	
材料化学	3	495	491	135455	2	1
电子科学与技术	3	500	498	128536	3	
通信工程	2	503	500	126589	2	
计算机科学与技术	2	508	502	124506	2	
数字媒体技术	3	507	497	129553	3	
食品质量与安全	5	495	495	131453	5	
工程管理	3	496	493	133442	3	
建筑学	3	494	494	132434	3	
智能制造工程	3	501	498	128536	3	
人工智能	4	512	498	128536	4	
04专业组(化学或生物)	**3**	**525**	**522**	**104328**	**3**	
生物技术(师范)	3	525	522	104328	3	
5393 湖南女子学院	**24**				**24**	
02专业组(不限)	**24**	**500**	**480**	**145763**	**24**	
数字经济	4	490	480	145763	4	
国际经济与贸易	3	489	484	142060	3	
家政学	2	485	483	142975	2	
计算机科学与技术	2	498	494	132434	2	
数字媒体技术	2	490	489	137355	2	
数据科学与大数据技术	1	496	496	130482	1	
市场营销	2	495	482	143883	2	
人力资源管理	2	500	484	142060	2	

院校、专业组、专业名称	录取数	最高分	最低分	最低分位次	平行志愿	征求志愿
物流管理	2	493	490	136410	2	
电子商务	2	488	487	139209	2	
酒店管理	2	492	482	143883	2	
5401 中山大学	**70**				**70**	
03专业组(不限)	**26**	**660**	**653**	**4114**	**26**	
经济学类(经济学、金融学)	2	658	654	3870	2	
工商管理类(工商管理、会计学)	6	654	653	4114	6	
数学类(数学与应用数学、统计学)	5	658	655	3626	5	
物理学类(物理学、光电信息科学与工程)	5	660	654	3870	5	
电子信息类(电子信息科学与技术、通信工程)	5	656	654	3870	5	
航空航天类(航空航天工程、理论与应用力学)	3	654	654	3870	3	
04专业组(化学)	**9**	**653**	**648**	**5543**	**9**	
化学类(化学、高分子材料与工程)	3	652	651	4643	3	
地理科学类(含自然地理与资源环境等4个专业)	3	649	648	5543	3	
材料类(材料物理、材料化学、高分子材料与工程)	3	653	650	4920	3	
05专业组(化学或生物)	**35**	**671**	**647**	**5894**	**35**	
临床医学(八年制)	2	671	666	1548	2	
临床医学	16	661	652	4397	16	
基础医学	1	648	648	5543	1	
口腔医学	4	652	649	5239	4	
口腔医学(5+3一体化)	2	668	664	1848	2	
预防医学	5	649	647	5894	5	
药学	5	653	647	5894	5	
5402 华南理工大学	**50**				**50**	
05专业组(不限)	**33**	**659**	**650**	**4920**	**33**	
工科试验班(智能装备与先进制造)	7	655	650	4920	7	
建筑学	1	650	650	4920	1	
工科试验班(智慧土木与数字建造)	4	650	650	4920	4	
电气类	4	653	651	4643	4	
信息工程	3	655	653	4114	3	
自动化类	3	656	653	4114	3	
数学类	2	651	651	4643	2	
计算机类	3	659	656	3399	3	
软件工程	2	654	654	3870	2	
工业设计	1	651	651	4643	1	
大数据管理与应用	3	652	651	4643	3	
06专业组(化学)	**13**	**645**	**641**	**8031**	**13**	
交通运输类	2	641	641	8031	2	
材料类	4	645	641	8031	4	
化工与制药类	3	645	643	7266	3	
轻工类	3	645	641	8031	3	
医学影像学	1	641	641	8031	1	
07专业组(化学或生物)	**4**	**649**	**647**	**5894**	**4**	
环境科学与工程类	2	647	647	5894	2	
生物科学类	2	649	647	5894	2	
5403 华南农业大学	**17**				**16**	**1**
01专业组(不限)	**17**	**606**	**554**	**72168**	**16**	**1**
人工智能	1	600	600	31866	1	
光电信息科学与工程	2	598	596	34854	2	
园林	7	600	554	72168	6	1
金融学	1	595	595	35651	1	
食品科学与工程	1	604	604	28962	1	
食品质量与安全	1	599	599	32622	1	
动物医学	4	606	601	31135	4	
5404 广东外语外贸大学	**21**				**21**	
03专业组(不限)	**21**	**591**	**543**	**82963**	**21**	
经济学	1	570	570	56969	1	
经济统计学	1	564	564	62693	1	
财政学类	1	557	557	69274	1	
金融学类	1	568	568	58808	1	
国际经济与贸易	1	579	579	48832	1	
社会工作	3	561	543	82963	3	
中国语言文学类	1	591	591	38768	1	
波兰语	1	574	574	53221	1	
数学与应用数学	4	575	547	78999	4	
计算机类	4	585	551	75103	4	
工商管理类	1	583	583	45410	1	
电子商务	2	570	545	80935	2	
5405 广东医科大学	**20**				**20**	
01专业组(化学或生物)	**20**	**603**	**595**	**35651**	**20**	
临床医学	6	603	598	33367	6	
麻醉学	4	601	596	34854	4	
医学影像学	3	597	596	34854	3	
口腔医学	3	599	596	34854	3	
儿科学	4	595	595	35651	4	
5406 广东药科大学	**13**				**13**	
01专业组(化学或生物)	**13**	**589**	**565**	**61774**	**13**	
临床医学	2	582	581	47114	2	
预防医学	3	569	568	58808	3	
中药学类	3	579	570	56969	3	
药学类	3	589	567	59799	3	
制药工程	2	576	565	61774	2	
5407 暨南大学	**50**				**50**	
02专业组(不限)	**21**	**625**	**603**	**29716**	**21**	
新闻学	2	616	615	21590	2	
工商管理	3	620	605	28268	3	
旅游管理	3	605	603	29716	3	
电子商务	3	612	607	26858	3	

院校、专业组、专业名称	录取数	最高分	最低分	最低分位次	平行志愿	征求志愿
应急管理	3	611	606	27545	3	
金融工程	4	621	612	23568	4	
会计学	3	625	620	18503	3	
03专业组(不限)	**24**	**641**	**622**	**17335**	**24**	
应用物理学	3	635	625	15652	3	
光电信息科学与工程	4	628	624	16213	4	
信息与计算科学	3	629	629	13587	3	
物联网工程	3	632	629	13587	3	
人工智能	2	635	633	11593	2	
风景园林	2	623	622	17335	2	
计算机科学与技术	3	641	634	11118	3	
网络空间安全	2	631	629	13587	2	
密码科学与技术	2	632	629	13587	2	
04专业组(化学)	**3**	**605**	**598**	**33367**	**3**	
包装工程	3	605	598	33367	3	
05专业组(化学或生物)	**2**	**636**	**632**	**12050**	**2**	
临床医学	2	636	632	12050	2	
5408 广州美术学院	**3**				**3**	
02专业组(不限)	**3**	**599**	**588**	**41159**	**3**	
工业设计	1	599	599	32622	1	
建筑学	1	595	595	35651	1	
风景园林	1	588	588	41159	1	
5411 广州航海学院	**8**				**8**	
01专业组(化学)	**8**	**520**	**509**	**117454**	**8**	
航海技术	4	520	509	117454	4	
轮机工程	3	518	511	115420	3	
船舶电子电气工程	1	510	510	116464	1	
5412 广东金融学院	**3**				**3**	
02专业组(不限)	**3**	**550**	**546**	**79957**	**3**	
金融学	1	550	550	76117	1	
会计学	1	548	548	78085	1	
电子商务	1	546	546	79957	1	
5413 华南师范大学	**10**				**10**	
02专业组(不限)	**8**	**620**	**616**	**20903**	**8**	
网络工程	2	620	617	20292	2	
物理学(师范)	2	620	620	18503	2	
光电信息科学与工程	2	617	616	20903	2	
信息工程	2	617	616	20903	2	
03专业组(化学)	**2**	**630**	**630**	**13101**	**2**	
化学(师范)	2	630	630	13101	2	
5414 广东财经大学	**3**				**3**	
02专业组(不限)	**3**	**577**	**572**	**55138**	**3**	
金融学	2	577	575	52350	2	
人力资源管理	1	572	572	55138	1	
5418 哈尔滨工业大学(深圳)	**35**				**35**	
02专业组(不限)	**35**	**668**	**661**	**2372**	**35**	
工科试验班(自动化与电气工程)	7	664	661	2372	7	
工科试验班(计算机与电子通信)	23	668	662	2184	23	
工科试验班(机器人与智能装备)	5	666	661	2372	5	
5419 广州大学	**20**				**20**	
02专业组(不限)	**20**	**583**	**571**	**56021**	**20**	
统计学	4	576	573	54146	4	
数学与应用数学	4	583	576	51456	4	
机械设计制造及其自动化	4	573	571	56021	4	
土木类	5	580	571	56021	5	
天文学	3	582	572	55138	3	
5420 广州中医药大学	**11**				**11**	
02专业组(化学)	**6**	**600**	**586**	**42828**	**6**	
眼视光学	1	600	600	31866	1	
中药学类	3	593	586	42828	3	
药学类	2	590	586	42828	2	
03专业组(化学或生物)	**4**	**613**	**601**	**31135**	**4**	
中医学	2	613	605	28268	2	
中西医临床医学	1	601	601	31135	1	
针灸推拿学	1	601	601	31135	1	
04专业组(化学或生物)	**1**	**629**	**629**	**13587**	**1**	
中医学(5+3一体化)	1	629	629	13587	1	
5421 汕头大学	**29**				**28**	**1**
02专业组(不限)	**18**	**584**	**564**	**62693**	**18**	
数学与应用数学	2	569	567	59799	2	
统计学	2	567	564	62693	2	
光电信息科学与工程	3	569	568	58808	3	
海洋科学	2	577	567	59799	2	
机械设计制造及其自动化	2	584	582	46258	2	
土木工程	3	568	564	62693	3	
国际经济与贸易	1	565	565	61774	1	
金融学	2	575	565	61774	2	
网络与新媒体(视听传播)	1	574	574	53221	1	
03专业组(化学或生物)	**11**	**591**	**544**	**81927**	**10**	**1**
生物技术	5	591	544	81927	4	1
预防医学	2	590	574	53221	2	
临床医学(5+3一体化)	1	589	589	40322	1	
临床医学	2	582	578	49756	2	
药学	1	562	562	64501	1	
5422 南方医科大学	**26**				**26**	
02专业组(化学或生物)	**26**	**646**	**612**	**23568**	**26**	
临床医学(本硕博连读)	3	646	642	7656	3	
临床医学(卓越创新班)	1	631	631	12572	1	
临床医学	5	631	627	14617	5	
麻醉学	2	626	626	15133	2	
口腔医学	2	630	627	14617	2	
医学影像学	3	625	622	17335	3	
预防医学	5	624	617	20292	5	
药学	4	614	612	23568	4	
药学(创新班)	1	619	619	19103	1	

院校、专业组、专业名称	录取数	最高分	最低分	最低分位次	平行志愿	征求志愿
5427 东莞理工学院	**6**				**6**	
01专业组(不限)(中外合作办学)	**6**	**539**	**528**	**98180**	**6**	
机械设计制造及其自动化(中外合作办学)	2	536	528	98180	2	
软件工程(中外合作办学)	2	539	536	90081	2	
通信工程(中外合作办学)	2	536	531	95098	2	
5431 广东海洋大学	**47**				**46**	**1**
01专业组(不限)	**24**	**550**	**515**	**111340**	**23**	**1**
大气科学	5	541	530	96124	5	
海洋科学	4	547	537	89032	4	
能源与动力工程	2	550	540	85962	2	
建筑环境与能源应用工程	1	539	539	86937	1	
船舶与海洋工程	1	543	543	82963	1	
水产养殖学	4	536	529	97145	4	
海洋渔业科学与技术	3	534	515	111340	2	1
水生动物医学	3	539	531	95098	3	
工程管理	1	532	532	94094	1	
02专业组(不限)(中外合作办学)	**2**	**533**	**525**	**101269**	**2**	
电子信息工程(中外合作办学)	1	533	533	93122	1	
船舶与海洋工程(中外合作办学)	1	525	525	101269	1	
03专业组(不限)	**1**	**538**	**538**	**87986**	**1**	
材料成型及控制工程	1	538	538	87986	1	
04专业组(化学)	**3**	**529**	**528**	**98180**	**3**	
应用化学	1	529	529	97145	1	
港口航道与海岸工程	2	528	528	98180	2	
05专业组(化学或生物)	**9**	**550**	**534**	**92079**	**9**	
生物科学	2	550	534	92079	2	
食品科学与工程(湖光校区)	4	549	535	91099	4	
食品质量与安全	2	543	535	91099	2	
生物工程	1	534	534	92079	1	
06专业组(化学或生物)	**2**	**547**	**533**	**93122**	**2**	
食品科学与工程(阳江校区)	2	547	533	93122	2	
07专业组(化学和生物)	**6**	**528**	**510**	**116464**	**6**	
园艺	2	515	514	112372	2	
动物科学	2	528	521	105373	2	
园林	2	516	510	116464	2	
5437 韶关学院	**5**				**5**	
02专业组(不限)	**5**	**511**	**507**	**119496**	**5**	
物联网工程	5	511	507	119496	5	
5438 广东以色列理工学院	**32**				**32**	
01专业组(不限)(中外合作办学)	**26**	**649**	**560**	**66452**	**26**	
数学与应用数学(中外合作办学)	11	649	562	64501	11	
机械工程(中外合作办学)	12	619	560	66452	12	
材料科学与工程(中外合作办学)	3	584	566	60725	3	
02专业组(化学或生物)(中外合作办学)	**6**	**621**	**561**	**65452**	**6**	
生物技术(中外合作办学)	6	621	561	65452	6	
5441 广东石油化工学院	**12**				**12**	
01专业组(不限)	**6**	**536**	**508**	**118485**	**6**	
数据科学与大数据技术	2	536	526	100234	2	
工业设计	2	509	508	118485	2	
智能科学与技术	2	511	511	115420	2	
02专业组(不限)	**6**	**510**	**503**	**123514**	**6**	
物联网工程	2	510	508	118485	2	
给排水科学与工程	2	509	506	120487	2	
土木工程	2	507	503	123514	2	
5451 深圳大学	**18**				**18**	
02专业组(不限)	**16**	**642**	**623**	**16748**	**16**	
网络与新媒体	2	626	624	16213	2	
通信工程	2	629	623	16748	2	
数学与应用数学	2	633	625	15652	2	
自动化	3	624	623	16748	3	
计算机科学与技术	2	642	633	11593	2	
金融学	2	636	626	15133	2	
金融科技	1	632	632	12050	1	
光电信息科学与工程	2	633	624	16213	2	
03专业组(化学或生物)	**2**	**636**	**634**	**11118**	**2**	
口腔医学	2	636	634	11118	2	
5461 北京师范大学-香港浸会大学联合国际学院	**16**				**16**	
02专业组(不限)(中外合作办学)	**16**	**573**	**551**	**75103**	**16**	
工商管理类(中外合作办学)(财务管理、市场营销、人力资源管理、工商管理、文化产业管理)	2	553	552	74112	2	
新闻传播学类(中外合作办学)(广告学、传播学)	2	571	551	75103	2	
计算机类(中外合作办学)(计算机科学与技术、数据科学与大数据技术)	2	573	558	68331	2	
经济学(中外合作办学)	2	563	556	70201	2	
应用心理学(中外合作办学)	2	551	551	75103	2	
统计学(中外合作办学)	2	553	552	74112	2	
金融数学(中外合作办学)	2	566	551	75103	2	
人工智能(中外合作办学)	2	565	558	68331	2	
5477 岭南师范学院	**10**				**10**	
06专业组(不限)	**2**	**559**	**516**	**110349**	**2**	
教育技术学(师范)	2	559	516	110349	2	
07专业组(不限)	**2**	**506**	**504**	**122564**	**2**	
机械设计制造及其自动化	2	506	504	122564	2	

院校、专业组、专业名称	录取数	最高分	最低分	最低分位次	平行志愿	征求志愿
08专业组(不限)	**2**	**519**	**508**	**118485**	**2**	
软件工程(软件服务外包)	2	519	508	118485	2	
09专业组(不限)	**2**	**498**	**496**	**130482**	**2**	
海洋资源开发技术	2	498	496	130482	2	
10专业组(不限)	**2**	**526**	**520**	**106376**	**2**	
数学与应用数学(师范)	2	526	520	106376	2	
5478 广东工业大学	**8**				**8**	
01专业组(不限)	**8**	**610**	**602**	**30377**	**8**	
自动化类	3	604	602	30377	3	
电气工程及其自动化	3	610	602	30377	3	
计算机类	2	604	602	30377	2	
5479 深圳技术大学	**29**				**29**	
02专业组(不限)	**29**	**604**	**586**	**42828**	**29**	
机械设计制造及其自动化	5	593	590	39519	5	
电子科学与技术	4	596	593	37179	4	
计算机科学与技术(报考该专业须详询院校)	1	604	604	28962	1	
计算机科学与技术	2	601	601	31135	2	
数据科学与大数据技术	3	599	597	34107	3	
材料科学与工程	3	591	587	42009	3	
车辆工程	3	589	588	41159	3	
微电子科学与工程	4	604	592	37932	4	
国际商务	3	588	586	42828	3	
英语	1	586	586	42828	1	
5480 深圳北理莫斯科大学	**5**				**5**	
05专业组(不限)(中外合作办学)	**5**	**556**	**544**	**81927**	**5**	
电子与计算机工程(中外合作办学)	2	556	550	76117	2	
国际经济与贸易(中外合作办学)(英语教学)	3	551	544	81927	3	
5501 广西大学	**20**				**20**	
01专业组(不限)	**20**	**612**	**584**	**44516**	**20**	
机械电子工程	4	601	595	35651	4	
电气工程及其自动化	4	612	601	31135	4	
土木工程	4	587	584	44516	4	
材料科学与工程	4	595	586	42828	4	
国际经济与贸易	4	588	585	43657	4	
5502 广西中医药大学	**20**				**20**	
04专业组(不限)	**6**	**597**	**570**	**56969**	**6**	
中医学	4	581	570	56969	4	
中医学(5+3一体化)	2	597	583	45410	2	
05专业组(不限)	**1**	**536**	**536**	**90081**	**1**	
护理学	1	536	536	90081	1	
06专业组(化学)	**2**	**546**	**535**	**91099**	**2**	
医学影像技术	1	546	546	79957	1	
医学检验技术	1	535	535	91099	1	
07专业组(化学或生物)	**5**	**592**	**585**	**43657**	**5**	
临床医学	4	590	585	43657	4	
口腔医学	1	592	592	37932	1	
08专业组(化学或生物)	**4**	**555**	**541**	**84968**	**4**	
药学	2	544	541	84968	2	
中药学	2	555	541	84968	2	
09专业组(生物)	**2**	**563**	**560**	**66452**	**2**	
针灸推拿学	2	563	560	66452	2	
5504 南宁师范大学	**17**				**17**	
03专业组(不限)	**10**	**529**	**518**	**108392**	**10**	
软件工程	2	526	523	103299	2	
数据科学与大数据技术	2	529	523	103299	2	
计算机科学与技术(师范)	2	523	521	105373	2	
物流管理	2	521	520	106376	2	
土地资源管理	2	520	518	108392	2	
04专业组(不限)(中外合作办学)	**3**	**516**	**513**	**113413**	**3**	
电子信息工程(中外合作办学)	3	516	513	113413	3	
05专业组(化学或生物)	**4**	**522**	**498**	**128536**	**4**	
环境科学与工程类	2	501	498	128536	2	
生物科学(师范)	2	522	511	115420	2	
5505 玉林师范学院	**26**				**26**	
03专业组(不限)	**9**	**498**	**488**	**138275**	**9**	
系统科学与工程	3	498	488	138275	3	
机械电子工程	3	495	488	138275	3	
智能制造工程	3	493	490	136410	3	
04专业组(化学)	**7**	**512**	**479**	**146748**	**7**	
化学(师范)	3	512	486	140151	3	
材料化学	4	484	479	146748	4	
05专业组(化学或生物)	**7**	**492**	**484**	**142060**	**7**	
应用统计学	3	492	486	140151	3	
食品科学与工程	4	492	484	142060	4	
06专业组(生物)	**3**	**485**	**480**	**145763**	**3**	
生物技术	3	485	480	145763	3	
5507 北部湾大学	**22**				**22**	
02专业组(不限)(中外合作办学)	**10**	**486**	**465**	**159349**	**10**	
机械工程(中外合作办学)	3	473	466	158487	3	
车辆工程(中外合作办学)	3	467	465	159349	3	
机械设计制造及其自动化(中外合作办学)	3	481	469	155786	3	
物联网工程(中外合作办学)	1	486	486	140151	1	
03专业组(不限)	**3**	**527**	**512**	**114463**	**3**	
数学与应用数学(师范)	3	527	512	114463	3	
04专业组(不限)(中外合作办学)	**2**	**489**	**486**	**140151**	**2**	
电子信息工程(中外合作办学)	2	489	486	140151	2	
05专业组(不限)(中外合作办学)	**2**	**475**	**472**	**153185**	**2**	

院校、专业组、专业名称	录取数	最高分	最低分	最低分位次	平行志愿	征求志愿
工程造价(中外合作办学)	2	475	472	153185	2	
06专业组(不限)	**2**	**524**	**519**	**107387**	**2**	
港口航道与海岸工程	2	524	519	107387	2	
07专业组(化学或生物)	**3**	**516**	**503**	**123514**	**3**	
海洋科学	2	516	506	120487	2	
水产养殖学	1	503	503	123514	1	
5508 广西医科大学	**8**				**8**	
01专业组(不限)	**8**	**536**	**523**	**103299**	**8**	
运动康复	2	528	527	99221	2	
护理学	2	536	534	92079	2	
社会工作	2	530	524	102241	2	
翻译	2	525	523	103299	2	
5510 桂林医学院	**13**				**13**	
02专业组(化学)	**1**	**533**	**533**	**93122**	**1**	
医学检验技术	1	533	533	93122	1	
03专业组(化学或生物)	**12**	**589**	**577**	**50595**	**12**	
临床医学	5	589	580	47955	5	
口腔医学	2	581	580	47955	2	
预防医学	2	578	578	49756	2	
临床药学	2	577	577	50595	2	
医学影像学	1	579	579	48832	1	
5511 广西师范大学	**28**				**28**	
03专业组(不限)	**12**	**576**	**548**	**78085**	**12**	
数学与应用数学(师范)	2	576	548	78085	2	
计算机科学与技术	2	553	551	75103	2	
软件工程	2	556	553	73153	2	
数据科学与大数据技术	2	548	548	78085	2	
电子信息工程	2	549	549	77083	2	
通信工程	2	549	548	78085	2	
04专业组(化学)	**8**	**545**	**528**	**98180**	**8**	
物理学(师范)	2	545	544	81927	2	
化学(师范)	4	542	528	98180	4	
制药工程	2	539	533	93122	2	
05专业组(化学或生物)	**5**	**547**	**525**	**101269**	**5**	
科学教育(师范)	2	527	525	101269	2	
生物科学(师范)	2	547	536	90081	2	
环境工程	1	529	529	97145	1	
06专业组(化学或地理)	**3**	**564**	**554**	**72168**	**3**	
地理科学(师范)	2	564	556	70201	2	
地理信息科学	1	554	554	72168	1	
5512 桂林理工大学	**59**				**59**	
03专业组(不限)	**36**	**550**	**528**	**98180**	**36**	
宝石及材料工艺学	2	550	536	90081	2	
地质工程	3	530	529	97145	3	
勘查技术与工程	3	534	529	97145	3	
生物工程	3	534	530	96124	3	
电子信息类	4	547	536	90081	4	
机械类	2	545	536	90081	2	
房地产开发与管理	3	534	528	98180	3	
信息与计算科学	3	537	534	92079	3	
应用物理学	3	534	529	97145	3	
应用统计学	2	530	529	97145	2	
水利类	3	530	528	98180	3	
自动化类	3	544	534	92079	3	
智能建造	2	531	529	97145	2	
04专业组(不限)	**11**	**535**	**519**	**107387**	**11**	
给排水科学与工程	2	535	531	95098	2	
材料类	3	526	521	105373	3	
土木工程	4	524	519	107387	4	
工程管理	2	521	521	105373	2	
05专业组(不限)	**5**	**557**	**552**	**74112**	**5**	
计算机类	5	557	552	74112	5	
06专业组(不限)(中外合作办学)	**5**	**525**	**521**	**105373**	**5**	
机械设计制造及其自动化(中外合作办学)	5	525	521	105373	5	
07专业组(化学)	**2**	**520**	**515**	**111340**	**2**	
应用化学	2	520	515	111340	2	
5513 桂林电子科技大学	**85**				**85**	
02专业组(不限)	**58**	**594**	**573**	**54146**	**58**	
智能制造工程	3	576	574	53221	3	
通信工程	3	587	585	43657	3	
电子信息工程	3	594	584	44516	3	
微电子科学与工程	4	587	581	47114	4	
电子科学与技术	2	586	584	44516	2	
导航工程	3	580	573	54146	3	
计算机科学与技术	2	591	590	39519	2	
软件工程	2	587	583	45410	2	
信息安全	2	589	586	42828	2	
物联网工程	2	581	580	47955	2	
智能科学与技术	2	580	579	48832	2	
网络空间安全	2	592	582	46258	2	
金融工程	3	580	579	48832	3	
工业工程	2	578	578	49756	2	
信息管理与信息系统	2	577	574	53221	2	
数字经济	3	576	575	52350	3	
自动化	3	580	576	51456	3	
测控技术与仪器	3	580	576	51456	3	
智能感知工程	3	579	575	52350	3	
知识产权	2	575	575	52350	2	
土木工程	2	574	574	53221	2	
建筑环境与能源应用工程	3	574	573	54146	3	
光电信息科学与工程	2	580	579	48832	2	
04专业组(化学)	**21**	**570**	**551**	**75103**	**21**	
机械设计制造及其自动化	2	556	555	71148	2	
机械电子工程	2	555	555	71148	2	
电子封装技术	3	570	561	65452	3	
车辆工程	2	556	554	72168	2	

院校、专业组、专业名称	录取数	最高分	最低分	最低分位次	平行志愿	征求志愿
电气工程及其自动化	3	567	556	70201	3	
信息与计算科学	2	560	554	72168	2	
材料类	4	552	551	75103	4	
材料成型及控制工程	3	556	552	74112	3	
05专业组(化学或生物)	**6**	**553**	**541**	**84968**	**6**	
环境工程	4	544	541	84968	4	
生物医学工程	2	553	549	77083	2	
5517 右江民族医学院	**19**				**19**	
02专业组(不限)	**2**	**528**	**522**	**104328**	**2**	
护理学	1	528	528	98180	1	
市场营销	1	522	522	104328	1	
03专业组(化学)	**5**	**519**	**489**	**137355**	**5**	
生物技术	1	489	489	137355	1	
医学实验技术	1	502	502	124506	1	
医学影像技术	1	519	519	107387	1	
康复治疗学	1	506	506	120487	1	
康复物理治疗	1	497	497	129553	1	
04专业组(化学或生物)	**4**	**528**	**515**	**111340**	**4**	
预防医学	1	525	525	101269	1	
药学	1	528	528	98180	1	
中药学	2	519	515	111340	2	
05专业组(化学和生物)	**8**	**574**	**549**	**77083**	**8**	
临床医学	6	574	551	75103	6	
医学影像学	2	550	549	77083	2	
5518 广西民族师范学院	**25**				**25**	
02专业组(不限)	**13**	**516**	**486**	**140151**	**13**	
数学与应用数学(师范)	4	516	489	137355	4	
计算机科学与技术	3	491	486	140151	3	
物理学(师范)	3	496	491	135455	3	
小学教育(师范)	3	492	487	139209	3	
03专业组(化学)	**3**	**512**	**489**	**137355**	**3**	
化学(师范)	3	512	489	137355	3	
04专业组(化学或生物)	**6**	**492**	**482**	**143883**	**6**	
制药工程	3	491	482	143883	3	
食品科学与工程	3	492	482	143883	3	
05专业组(生物)	**3**	**510**	**504**	**122564**	**3**	
生物科学(师范)	3	510	504	122564	3	
5519 贺州学院	**16**				**16**	
02专业组(不限)	**16**	**492**	**477**	**148670**	**16**	
集成电路设计与集成系统	4	491	482	143883	4	
食品质量与安全	4	492	477	148670	4	
生物工程	4	481	477	148670	4	
工程造价	4	492	478	147717	4	
5521 桂林航天工业学院	**4**				**4**	
03专业组(不限)	**4**	**562**	**559**	**67392**	**4**	
电子信息工程	3	562	559	67392	3	
计算机科学与技术	1	562	562	64501	1	
5522 桂林旅游学院	**18**				**18**	
04专业组(不限)	**12**	**502**	**487**	**139209**	**12**	
会展经济与管理	1	492	492	134437	1	
风景园林	2	492	488	138275	2	
数据科学与大数据技术	2	495	493	133442	2	
人工智能	2	498	493	133442	2	
财务管理	2	490	487	139209	2	
英语	2	491	490	136410	2	
网络与新媒体	1	502	502	124506	1	
05专业组(不限)(中外合作办学)	**4**	**457**	**453**	**169035**	**4**	
酒店管理(中外合作办学)	4	457	453	169035	4	
06专业组(化学或地理)	**2**	**488**	**486**	**140151**	**2**	
人文地理与城乡规划	2	488	486	140151	2	
5527 广西科技师范学院	**20**				**20**	
03专业组(不限)	**16**	**502**	**484**	**142060**	**16**	
小学教育(师范)	2	502	494	132434	2	
电子信息工程	2	491	486	140151	2	
计算机科学与技术	2	489	487	139209	2	
软件工程	2	490	490	136410	2	
物联网工程	2	489	486	140151	2	
数据科学与大数据技术	2	493	486	140151	2	
财务管理	2	485	485	141125	2	
物流管理	2	490	484	142060	2	
04专业组(化学或生物)	**4**	**493**	**492**	**134437**	**4**	
生物科学(师范)	2	493	492	134437	2	
食品科学与工程	2	493	493	133442	2	
5531 广西科技大学	**44**				**44**	
02专业组(不限)	**24**	**536**	**514**	**112372**	**24**	
英语	3	519	514	112372	3	
应用统计学	4	521	516	110349	4	
车辆工程	3	520	519	107387	3	
电子科学与技术	3	536	526	100234	3	
数据科学与大数据技术	4	528	520	106376	4	
网络空间安全	3	521	520	106376	3	
机械工程	4	520	517	109393	4	
03专业组(不限)(中外合作办学)	**8**	**508**	**487**	**139209**	**8**	
软件工程(中外合作办学)	4	508	493	133442	4	
机械工程(中外合作办学)	4	503	487	139209	4	
04专业组(化学)	**5**	**506**	**499**	**127539**	**5**	
土木工程	5	506	499	127539	5	
05专业组(化学或生物)	**5**	**511**	**506**	**120487**	**5**	
化学工程与工艺	5	511	506	120487	5	
06专业组(化学和生物)	**2**	**564**	**553**	**73153**	**2**	
临床医学	2	564	553	73153	2	
5532 广西民族大学	**35**				**34**	**1**
05专业组(不限)	**22**	**526**	**511**	**115420**	**21**	**1**
国际经济与贸易	7	520	511	115420	6	1
工商管理	1	524	524	102241	1	
会计学	1	526	526	100234	1	

院校、专业组、专业名称	录取数	最高分	最低分	最低分位次	平行志愿	征求志愿
教育学(师范)	2	517	515	111340	2	
数学与应用数学(师范)	1	526	526	100234	1	
物理学(师范)	1	519	519	107387	1	
自动化	1	518	518	108392	1	
软件工程	1	518	518	108392	1	
土木工程	3	517	511	115420	3	
建筑学	2	511	511	115420	2	
国际商务	2	517	511	115420	2	
06专业组(不限)	**4**	**517**	**508**	**118485**	**4**	
应用心理学(师范)	1	510	510	116464	1	
海洋科学	3	517	508	118485	3	
07专业组(化学)	**7**	**513**	**496**	**130482**	**7**	
应用化学	2	513	509	117454	2	
化学工程与工艺	1	509	509	117454	1	
高分子材料与工程	4	503	496	130482	4	
08专业组(化学)	**2**	**495**	**489**	**137355**	**2**	
金属材料工程	2	495	489	137355	2	
5561 梧州学院	**20**				**20**	
04专业组(不限)	**10**	**494**	**483**	**142975**	**10**	
国际经济与贸易	2	489	484	142060	2	
金融工程	2	484	483	142975	2	
工商管理	1	485	485	141125	1	
财务管理	1	488	488	138275	1	
旅游管理	1	485	485	141125	1	
学前教育(师范)	1	492	492	134437	1	
小学教育(师范)	1	486	486	140151	1	
法学	1	494	494	132434	1	
05专业组(不限)	**7**	**500**	**489**	**137355**	**7**	
数字经济	2	494	489	137355	2	
数学与应用数学	2	489	489	137355	2	
电子信息工程	2	491	490	136410	2	
通信工程	1	500	500	126589	1	
06专业组(化学)	**3**	**474**	**466**	**158487**	**3**	
制药工程	3	474	466	158487	3	
5601 海南大学	**45**				**45**	
05专业组(不限)	**31**	**610**	**596**	**34854**	**31**	
数学与应用数学	1	609	609	25496	1	
应用物理学	1	597	597	34107	1	
生物医学工程	4	602	598	33367	4	
机械设计制造及其自动化	1	601	601	31135	1	
车辆工程	1	598	598	33367	1	
自动化	1	610	610	24841	1	
电子信息类	2	608	602	30377	2	
人工智能	1	599	599	32622	1	
计算机科学与技术	3	609	604	28962	3	
软件工程	5	602	598	33367	5	
信息安全	1	604	604	28962	1	
密码科学与技术	2	601	598	33367	2	
数据科学与大数据技术	1	599	599	32622	1	

院校、专业组、专业名称	录取数	最高分	最低分	最低分位次	平行志愿	征求志愿
建筑学	1	598	598	33367	1	
土木工程	1	597	597	34107	1	
海洋工程与技术	1	597	597	34107	1	
化学工程与工艺	1	603	603	29716	1	
物流管理	1	597	597	34107	1	
土地资源管理	2	596	596	34854	2	
06专业组(不限)(中外合作办学)	**5**	**591**	**582**	**46258**	**5**	
智能科学与技术(中外合作办学)	5	591	582	46258	5	
07专业组(化学)	**4**	**598**	**593**	**37179**	**4**	
应用化学	1	593	593	37179	1	
化学	1	598	598	33367	1	
材料科学与工程	1	598	598	33367	1	
高分子材料与工程	1	593	593	37179	1	
08专业组(化学或生物)	**5**	**597**	**596**	**34854**	**5**	
生物科学	1	597	597	34107	1	
生物技术	1	596	596	34854	1	
环境科学	1	596	596	34854	1	
药学	1	596	596	34854	1	
食品科学与工程类	1	596	596	34854	1	
5602 海南师范大学	**30**				**27**	**3**
03专业组(不限)	**24**	**567**	**476**	**149566**	**22**	**2**
教育学类(师范)	2	546	542	83978	2	
汉语言文学(师范)	2	567	536	90081	2	
数学与应用数学(师范)	2	560	559	67392	2	
数据科学与大数据技术	2	539	539	86937	2	
英语(师范)	2	551	537	89032	2	
日语	2	538	537	89032	2	
自动化	2	536	535	91099	2	
法学	2	539	539	86937	2	
工商管理类	2	539	537	89032	2	
经济学类	2	538	538	87986	2	
网络空间安全	2	550	544	81927	2	
旅游管理类	2	476	476	149566		2
04专业组(不限)	**2**	**549**	**548**	**78085**	**2**	
软件工程	2	549	548	78085	2	
05专业组(不限)(中外合作办学)	**2**	**509**	**487**	**139209**	**1**	**1**
学前教育(中外合作办学)(师范)	2	509	487	139209	1	1
06专业组(化学)	**2**	**526**	**522**	**104328**	**2**	
应用化学	2	526	522	104328	2	
5603 海南医学院	**63**				**63**	
02专业组(化学)	**24**	**589**	**576**	**51456**	**24**	
临床医学	15	589	578	49756	15	
精神医学	2	577	576	51456	2	
麻醉学	2	577	576	51456	2	
儿科学	2	577	576	51456	2	

院校、专业组、专业名称	录取数	最高分	最低分	最低分位次	平行志愿	征求志愿
口腔医学	3	587	580	47955	3	
03专业组(化学)	**10**	**548**	**517**	**109393**	**10**	
医学检验技术	3	548	526	100234	3	
卫生检验与检疫	4	524	517	109393	4	
康复治疗学	3	545	529	97145	3	
04专业组(化学)	**7**	**529**	**513**	**113413**	**7**	
药学	3	529	514	112372	3	
临床药学	2	526	519	107387	2	
海洋药学	2	514	513	113413	2	
05专业组(化学)	**4**	**556**	**548**	**78085**	**4**	
针灸推拿学	2	550	548	78085	2	
中西医临床医学	2	556	551	75103	2	
06专业组(化学)(中外合作办学)	**2**	**491**	**486**	**140151**	**2**	
医学影像技术(中外合作办学)	2	491	486	140151	2	
07专业组(化学)	**2**	**508**	**499**	**127539**	**2**	
环境科学	2	508	499	127539	2	
08专业组(化学)	**2**	**556**	**517**	**109393**	**2**	
中药学	2	556	517	109393	2	
09专业组(化学或生物)	**4**	**546**	**529**	**97145**	**4**	
护理学	2	546	534	92079	2	
助产学	2	532	529	97145	2	
10专业组(化学或生物)	**2**	**568**	**561**	**65452**	**2**	
预防医学	2	568	561	65452	2	
11专业组(化学或生物)	**2**	**543**	**531**	**95098**	**2**	
生物统计学	2	543	531	95098	2	
12专业组(化学或生物)(中外合作办学)	**2**	**521**	**499**	**127539**	**2**	
护理学(中外合作办学)	2	521	499	127539	2	
13专业组(生物)	**2**	**526**	**520**	**106376**	**2**	
应用心理学	2	526	520	106376	2	
5604 海南热带海洋学院	**45**				**45**	
06专业组(不限)	**21**	**516**	**490**	**136410**	**21**	
海洋科学	2	503	495	131453	2	
海洋技术	2	495	493	133442	2	
应用心理学	2	508	503	123514	2	
通信工程	2	498	492	134437	2	
电子信息科学与技术	2	505	501	125542	2	
计算机科学与技术	3	504	494	132434	3	
软件工程	3	493	490	136410	3	
网络工程	3	508	493	133442	3	
数字媒体技术	2	516	497	129553	2	
07专业组(不限)(中外合作办学)	**2**	**477**	**471**	**154058**	**2**	
市场营销(中外合作办学)	2	477	471	154058	2	
08专业组(不限)(中外合作办学)	**2**	**482**	**482**	**143883**	**2**	
旅游管理(中外合作办学)	2	482	482	143883	2	
09专业组(化学或生物)	**20**	**517**	**485**	**141125**	**20**	
海洋资源与环境	2	496	495	131453	2	
生物科学	3	500	494	132434	3	
生态学	2	517	496	130482	2	
环境工程	3	489	488	138275	3	
食品科学与工程	2	486	485	141125	2	
食品质量与安全	2	489	488	138275	2	
园艺	2	498	490	136410	2	
水产养殖学	2	486	486	140151	2	
海洋渔业科学与技术	2	491	490	136410	2	
5619 琼台师范学院	**9**				**9**	
03专业组(不限)	**7**	**513**	**489**	**137355**	**7**	
软件工程	2	512	502	124506	2	
英语(师范)	3	492	489	137355	3	
数据科学与大数据技术	2	513	500	126589	2	
04专业组(化学或生物)	**2**	**492**	**485**	**141125**	**2**	
生物科学	2	492	485	141125	2	
5621 海南比勒费尔德应用科学大学	**18**				**13**	**5**
01专业组(不限)	**18**	**551**	**453**	**169035**	**13**	**5**
电子信息科学与技术	8	530	453	169035	6	2
计算机科学与技术	10	551	454	168262	7	3
6101 四川大学	**199**				**199**	
04专业组(不限)	**116**	**655**	**643**	**7266**	**116**	
金融学类(金融学、金融工程)	4	648	646	6254	4	
公共管理类(行政管理、劳动与社会保障、土地资源管理)	5	648	643	7266	5	
会计学(ACCA)	2	646	645	6590	2	
管理科学与工程类(含管理科学等2个专业)	2	647	643	7266	2	
工商管理类(市场营销、财务管理、人力资源管理)	3	647	647	5894	3	
数学与应用数学(数学+经济学)(双学士学位培养项目)	2	653	652	4397	2	
数学类(含数学与应用数学和信息与计算科学等3个专业)	5	651	649	5239	5	
物理学类	3	648	648	5543	3	
核工程与核技术	6	646	643	7266	6	
微电子科学与工程	4	649	648	5543	4	
电子信息类(光电信息科学与工程、电子信息工程、通信工程)	10	650	648	5543	10	
高分子材料与工程	7	647	643	7266	7	
材料类(新能源材料与器件、材料科学与工程)	4	646	644	6899	4	
医学信息工程	2	647	646	6254	2	
电气类(含电气工程及其自	12	654	648	5543	12	

院校、专业组、专业名称	录取数	最高分	最低分	最低分位次	平行志愿	征求志愿
动化等2个专业)						
计算机类(含计算机科学与技术、物联网工程等3个专业)	8	652	649	5239	8	
计算机科学与技术(计算机科学与技术+金融工程)(双学士学位培养项目)	2	654	651	4643	2	
建筑学	3	645	644	6899	3	
土木工程	7	648	643	7266	7	
工科试验班(水利科学与工程、城市地下空间工程、能源与动力工程)	4	650	646	6254	4	
工科试验班(化学工程与工艺、制药工程、生物工程)	5	643	643	7266	5	
软件工程	6	655	650	4920	6	
网络空间安全	3	650	648	5543	3	
航空航天类(飞行器控制与信息工程、航空航天工程)	7	650	645	6590	7	
05专业组(不限)(中外合作办学)	**20**	**647**	**640**	**8448**	**20**	
材料科学与工程(中外合作办学)	2	640	640	8448	2	
工业工程(中外合作办学)	5	640	640	8448	5	
计算机科学与技术(中外合作办学)	7	647	641	8031	7	
电子信息工程(中外合作办学)	3	645	642	7656	3	
机械设计制造及其自动化(中外合作办学)	3	641	641	8031	3	
06专业组(不限)(中外合作办学)	**4**	**638**	**636**	**10154**	**4**	
电气工程及其自动化(中外合作办学)	4	638	636	10154	4	
07专业组(化学)	**33**	**652**	**638**	**9244**	**33**	
化学类	11	643	639	8829	11	
生物科学类(生物科学、生态学)	10	652	639	8829	10	
生物医学工程	3	645	640	8448	3	
环境工程	5	639	638	9244	5	
医学技术类(眼视光学、医学检验技术、医学影像技术、康复治疗学)	4	639	638	9244	4	
08专业组(化学)	**5**	**671**	**661**	**2372**	**5**	
临床医学(五年制)	3	663	661	2372	3	
临床医学(八年制)	2	671	667	1413	2	
09专业组(化学或生物)	**17**	**647**	**637**	**9657**	**17**	
基础医学	2	640	639	8829	2	
法医学(法医学+法学)(双学士学位培养项目)	2	647	647	5894	2	
法医学	2	641	637	9657	2	
预防医学	3	640	637	9657	3	
食品卫生与营养学	2	638	637	9657	2	
药学	6	644	639	8829	6	
10专业组(化学或生物)	**4**	**673**	**667**	**1413**	**4**	
口腔医学	2	668	667	1413	2	
口腔医学(5+3一体化)	2	673	672	863	2	
6102 西南交通大学	**266**				**266**	
03专业组(不限)	**184**	**647**	**597**	**34107**	**184**	
土木工程	14	621	598	33367	14	
城市地下空间工程	1	609	609	25496	1	
铁道工程	5	621	614	22200	5	
机械类	14	629	600	31866	14	
车辆工程	5	637	625	15652	5	
能源动力类	9	631	609	25496	9	
电气工程及其自动化	19	647	633	11593	19	
电子信息工程	8	640	631	12572	8	
电子信息类	5	635	630	13101	5	
通信工程	5	635	633	11593	5	
自动化	3	632	629	13587	3	
轨道交通信号与控制	6	630	624	16213	6	
人工智能	5	632	626	15133	5	
计算机类	5	638	636	10154	5	
安全工程	3	608	598	33367	3	
物流管理与工程类	4	612	606	27545	4	
数学与应用数学	4	626	615	21590	4	
数据科学与大数据技术	2	629	625	15652	2	
建筑类	3	623	613	22857	3	
建筑学	4	629	608	26161	4	
地质工程	8	611	605	28268	8	
资源勘查工程	2	605	604	28962	2	
环境科学与工程类	5	604	601	31135	5	
应用心理学	2	611	599	32622	2	
应用物理学	11	629	597	34107	11	
电子信息科学与技术	3	634	631	12572	3	
经济与贸易类	2	604	600	31866	2	
工商管理类	14	606	597	34107	14	
智能制造工程	4	626	618	19695	4	
新能源科学与工程	4	608	606	27545	4	
智能建造	4	621	597	34107	4	
城市设计	1	601	601	31135	1	
04专业组(不限)(中外合作办学)	**14**	**618**	**603**	**29716**	**14**	
机械设计制造及其自动化(中外合作办学)	3	615	605	28268	3	
电子信息工程(中外合作办学)	3	618	609	25496	3	
计算机科学与技术(中外合作办学)	3	616	612	23568	3	
土木工程(中外合作办学)	3	609	604	28962	3	

院校、专业组、专业名称	录取数	最高分	最低分	最低分位次	平行志愿	征求志愿
材料科学与工程(中外合作办学)	2	604	603	29716	2	
05专业组(不限)(中外合作办学)	**6**	**592**	**591**	**38768**	**6**	
安全工程(中外合作办学)	3	592	591	38768	3	
环境工程(中外合作办学)	3	592	591	38768	3	
06专业组(化学)	**45**	**633**	**593**	**37179**	**45**	
交通运输类	7	633	606	27545	7	
工程力学	5	615	605	28268	5	
飞行器设计与工程	2	615	610	24841	2	
测绘类	10	602	593	37179	10	
材料类	10	610	595	35651	10	
智慧交通	1	616	616	20903	1	
高分子材料与工程	3	606	602	30377	3	
化学	2	604	602	30377	2	
生物医学工程	5	622	597	34107	5	
07专业组(化学或生物)	**12**	**617**	**607**	**26858**	**12**	
制药工程	5	610	608	26161	5	
生物工程	5	615	607	26858	5	
统计学	2	617	616	20903	2	
08专业组(化学或生物)(中外合作办学)	**5**	**600**	**590**	**39519**	**5**	
生物工程(中外合作办学)	5	600	590	39519	5	
6103 西南财经大学	**50**				**50**	
03专业组(不限)	**32**	**638**	**622**	**17335**	**32**	
金融学类	4	637	632	12050	4	
金融科技	2	636	631	12572	2	
金融学(智能金融与区块链金融)	1	637	637	9657	1	
精算学	2	634	632	12050	2	
数字经济	3	631	624	16213	3	
工商管理类(会计学院)	2	631	623	16748	2	
会计学(注册会计师专门化方向)	1	637	637	9657	1	
统计学类	3	633	626	15133	3	
经济统计学	3	625	624	16213	3	
工商管理类	2	621	622	17335	2	
管理科学与工程类	1	622	622	17335	1	
计算机类	2	630	629	13587	2	
数学与应用数学	2	638	627	14617	2	
金融数学	2	636	634	11118	2	
计算金融	2	626	623	16748	2	
04专业组(不限)(中外合作办学)	**18**	**632**	**593**	**37179**	**18**	
会计学(中外合作办学)	2	616	610	24841	2	
市场营销(中外合作办学)	2	603	593	37179	2	
国际商务(中外合作办学)	2	601	599	32622	2	
信息管理与信息系统(中外合作办学)	4	613	606	27545	4	
金融数学(中外合作办学)	4	632	613	22857	4	
物流管理(中外合作办学)	4	605	593	37179	4	
6104 电子科技大学	**58**				**58**	
02专业组(不限)	**58**	**663**	**656**	**3399**	**58**	
计算机科学与技术(国家珠峰计划拔尖人才实验班)	2	659	659	2755	2	
电子信息类	3	663	661	2372	3	
电子信息类(含电子信息工程等5个专业)	17	659	656	3399	17	
工科试验班(电子科学与技术、电磁场与无线技术)	14	657	656	3399	14	
计算机类(含计算机科学与技术等4个专业)	16	659	656	3399	16	
微电子科学与工程	6	659	656	3399	6	
6105 西南民族大学	**19**				**19**	
02专业组(不限)	**19**	**559**	**537**	**89032**	**19**	
金融学类	2	545	537	89032	2	
法学	2	554	541	84968	2	
应用心理学	2	558	553	73153	2	
旅游管理	1	546	546	79957	1	
数学类	3	552	540	85962	3	
电子信息类	4	559	546	79957	4	
计算机类	3	557	549	77083	3	
食品科学与工程类	2	540	539	86937	2	
6106 成都理工大学	**38**				**38**	
03专业组(不限)	**24**	**608**	**593**	**37179**	**24**	
地质学类	2	603	596	34854	2	
测绘工程	2	598	598	33367	2	
资源勘查工程	2	594	593	37179	2	
土木工程	3	597	594	36407	3	
地质工程	2	595	593	37179	2	
电气工程及其自动化	2	608	599	32622	2	
电子信息类	2	599	599	32622	2	
建筑类	2	597	593	37179	2	
材料科学与工程	2	596	594	36407	2	
计算机类	3	605	598	33367	3	
行星科学	2	596	595	35651	2	
04专业组(不限)	**8**	**590**	**584**	**44516**	**8**	
会计学	3	590	587	42009	3	
经济学	3	589	587	42009	3	
市场营销	2	584	584	44516	2	
05专业组(化学)	**4**	**592**	**588**	**41159**	**4**	
应用化学	2	588	588	41159	2	
化学工程与工艺	2	592	588	41159	2	
06专业组(化学或生物)	**2**	**587**	**587**	**42009**	**2**	
环境科学与工程类	2	587	587	42009	2	
6107 成都信息工程大学	**36**				**36**	
02专业组(不限)	**36**	**596**	**583**	**45410**	**36**	
大气科学	3	593	585	43657	3	

院校、专业组、专业名称	录取数	最高分	最低分	最低分位次	平行志愿	征求志愿
电子信息工程	2	592	591	38768	2	
通信工程	5	592	588	41159	5	
集成电路设计与集成系统	2	591	584	44516	2	
电子科学与技术	2	590	590	39519	2	
气象技术与工程	2	584	584	44516	2	
自动化	2	585	585	43657	2	
计算机科学与技术	2	596	594	36407	2	
智能科学与技术	2	589	583	45410	2	
软件工程	2	593	591	38768	2	
数据科学与大数据技术	2	589	585	43657	2	
信息安全	2	584	583	45410	2	
物联网工程	2	589	585	43657	2	
网络空间安全	2	584	583	45410	2	
数学类(信息与计算科学、数学与应用数学)	2	588	583	45410	2	
区块链工程	2	584	584	44516	2	
6108 成都体育学院	**9**				**9**	
02专业组(不限)	**7**	**549**	**532**	**94094**	**7**	
中医学	3	549	539	86937	3	
运动人体科学	2	539	538	87986	2	
经济学	2	533	532	94094	2	
03专业组(化学)	**2**	**531**	**526**	**100234**	**2**	
康复治疗学	2	531	526	100234	2	
6109 四川音乐学院	**8**				**8**	
02专业组(不限)	**8**	**539**	**513**	**113413**	**8**	
新媒体艺术	2	539	524	102241	2	
广播电视编导	2	521	520	106376	2	
戏剧影视文学	1	516	516	110349	1	
影视摄影与制作	1	516	516	110349	1	
摄影	1	522	522	104328	1	
艺术管理	1	513	513	113413	1	
6110 西华大学	**19**				**18**	**1**
04专业组(不限)	**11**	**557**	**513**	**113413**	**10**	**1**
英语	5	544	513	113413	4	1
航空航天类	3	557	544	81927	3	
心理学	3	555	548	78085	3	
05专业组(化学)	**3**	**538**	**532**	**94094**	**3**	
化学	3	538	532	94094	3	
06专业组(化学或生物)	**5**	**544**	**539**	**86937**	**5**	
制药工程	2	544	542	83978	2	
食品质量与安全	3	542	539	86937	3	
6111 成都中医药大学	**18**				**18**	
01专业组(化学或生物)	**18**	**617**	**594**	**36407**	**18**	
中医学	2	616	613	22857	2	
中医学(5+3一体化)	2	617	614	22200	2	
中西医临床医学	8	612	594	36407	8	
针灸推拿学	6	610	598	33367	6	
6112 电子科技大学(沙河校区)	**56**				**56**	

院校、专业组、专业名称	录取数	最高分	最低分	最低分位次	平行志愿	征求志愿
01专业组(不限)	**39**	**657**	**654**	**3870**	**39**	
软件工程(国家示范性软件学院)	18	655	654	3870	18	
软件工程(互联网交叉培养实验班)	6	657	655	3626	6	
软件工程(工业软件)	2	654	654	3870	2	
集成电路设计与集成系统(国家示范性微电子学院)	13	656	654	3870	13	
02专业组(不限)(中外合作办学)	**17**	**651**	**647**	**5894**	**17**	
电子信息类(中外合作办学)(电子信息工程)	7	651	647	5894	7	
电子信息类(中外合作办学)(通信工程、微电子科学与工程)	10	651	647	5894	10	
6113 四川农业大学	**22**				**22**	
01专业组(不限)	**12**	**596**	**590**	**39519**	**12**	
环境科学	3	596	594	36407	3	
财务管理	2	591	590	39519	2	
农业机械化及其自动化	3	596	595	35651	3	
土木工程	4	594	590	39519	4	
02专业组(化学或生物)	**7**	**597**	**590**	**39519**	**7**	
生物工程	3	594	590	39519	3	
食品科学与工程	4	597	592	37932	4	
03专业组(生物或地理)	**3**	**604**	**588**	**41159**	**3**	
风景园林	3	604	588	41159	3	
6114 成都大学	**21**				**21**	
03专业组(不限)(中外合作办学)	**15**	**552**	**532**	**94094**	**15**	
网络与新媒体(中外合作办学)	8	546	532	94094	8	
数据科学与大数据技术(中外合作办学)	7	552	532	94094	7	
04专业组(不限)	**2**	**589**	**572**	**55138**	**2**	
电气工程及其自动化	2	589	572	55138	2	
05专业组(化学)	**2**	**550**	**543**	**82963**	**2**	
环境工程	2	550	543	82963	2	
06专业组(化学或生物)	**2**	**555**	**554**	**72168**	**2**	
食品质量与安全	2	555	554	72168	2	
6115 四川轻化工大学	**5**				**5**	
02专业组(不限)	**2**	**555**	**554**	**72168**	**2**	
计算机科学与技术	1	554	554	72168	1	
通信工程	1	555	555	71148	1	
03专业组(化学)	**1**	**535**	**535**	**91099**	**1**	
数学与应用数学(师范)	1	535	535	91099	1	
04专业组(化学或生物)	**2**	**533**	**530**	**96124**	**2**	
环境工程	2	533	530	96124	2	
6116 成都医学院	**9**				**9**	
01专业组(化学)	**9**	**552**	**532**	**94094**	**9**	

院校、专业组、专业名称	录取数	最高分	最低分	最低分位次	平行志愿	征求志愿
医学检验技术	5	552	536	90081	5	
药物制剂	4	536	532	94094	4	
6117 西昌学院	11				11	
02专业组(不限)	11	493	489	137355	11	
旅游管理	2	493	489	137355	2	
水利水电工程	4	493	490	136410	4	
土木工程	5	493	490	136410	5	
6118 内江师范学院	5				5	
03专业组(不限)	3	490	485	141125	3	
新闻学	3	490	485	141125	3	
04专业组(不限)	2	524	519	107387	2	
物理学(师范)	2	524	519	107387	2	
6120 四川警察学院	2				2	
02专业组(不限)	2	538	537	89032	2	
法学(非公安类招生)	2	538	537	89032	2	
6129 成都师范学院	18				18	
03专业组(不限)	15	530	507	119496	15	
金融数学	5	520	508	118485	5	
心理学	3	523	512	114463	3	
资产评估	2	530	514	112372	2	
工程造价	5	512	507	119496	5	
04专业组(化学或地理)	3	537	534	92079	3	
地理科学	3	537	534	92079	3	
6131 西南科技大学	38				38	
02专业组(不限)	31	574	551	75103	31	
电子信息类	6	557	554	72168	6	
自动化	3	566	559	67392	3	
机械类	6	557	553	73153	6	
土木类	5	553	551	75103	5	
计算机类	8	574	557	69274	8	
兵器类	3	564	557	69274	3	
03专业组(化学)	3	545	540	85962	3	
环境工程	3	545	540	85962	3	
04专业组(化学或生物)	4	547	542	83978	4	
制药工程	4	547	542	83978	4	
6140 四川师范大学	20				20	
04专业组(不限)	14	588	557	69274	14	
金融工程	2	569	565	61774	2	
金融数学	2	568	563	63654	2	
物理学	3	572	557	69274	3	
网络工程	3	572	564	62693	3	
计算机科学与技术	2	588	586	42828	2	
软件工程	2	580	577	50595	2	
05专业组(不限)	2	585	585	43657	2	
英语	2	585	585	43657	2	
06专业组(化学)	2	583	578	49756	2	
化学	2	583	578	49756	2	
07专业组(化学或生物)	2	591	582	46258	2	
生物科学	2	591	582	46258	2	

院校、专业组、专业名称	录取数	最高分	最低分	最低分位次	平行志愿	征求志愿
6141 西南石油大学	15				15	
01专业组(不限)	10	600	591	38768	10	
石油工程	4	599	595	35651	4	
油气储运工程	2	600	596	34854	2	
资源勘查工程	2	592	592	37932	2	
勘查技术与工程	2	592	591	38768	2	
02专业组(化学)	5	590	586	42828	5	
机械设计制造及其自动化	3	590	587	42009	3	
应用化学	2	590	586	42828	2	
6142 西华师范大学	26				26	
01专业组(不限)	21	531	500	126589	21	
旅游管理	8	515	500	126589	8	
环境工程	5	527	501	125542	5	
材料物理	8	531	517	109393	8	
02专业组(生物或地理)	5	538	517	109393	5	
野生动物与自然保护区管理	5	538	517	109393	5	
6143 西南医科大学	10				9	1
01专业组(化学)	4	589	512	114463	3	1
医学检验技术	2	589	528	98180	2	
康复治疗学	2	544	512	114463	1	1
02专业组(化学或生物)	6	601	568	58808	6	
临床医学	2	601	583	45410	2	
中药学	2	581	568	58808	2	
临床药学	2	580	570	56969	2	
6144 绵阳师范学院	3				3	
02专业组(不限)	2	513	506	120487	2	
机械电子工程	1	506	506	120487	1	
园林	1	513	513	113413	1	
03专业组(化学或生物)	1	505	505	121517	1	
生物技术	1	505	505	121517	1	
6150 成都工业学院	6				6	
01专业组(不限)	6	541	509	117454	6	
材料成型及控制工程	2	512	510	116464	2	
计算机类	2	541	527	99221	2	
测控技术与仪器	2	513	509	117454	2	
6151 乐山师范学院	8				8	
02专业组(不限)	5	538	498	128536	5	
数学与应用数学(师范)	2	538	536	90081	2	
应用统计学	3	508	498	128536	3	
03专业组(化学和生物)	3	496	471	154058	3	
生物技术	3	496	471	154058	3	
6161 川北医学院	25				25	
02专业组(化学)	5	565	500	126589	5	
药学	5	565	500	126589	5	
03专业组(化学或生物)	15	588	580	47955	15	
临床医学	15	588	580	47955	15	
04专业组(化学或生物)	5	587	584	44516	5	
医学影像学	5	587	584	44516	5	
6181 宜宾学院	4				4	

2023年普通类(物理等科目类)本科院校

院校、专业组、专业名称	录取数	最高分	最低分	最低分位次	平行志愿	征求志愿
02专业组(化学或生物)	4	523	498	128536	4	
食品科学与工程	2	523	501	125542	2	
食品质量与安全	2	505	498	128536	2	
6187 攀枝花学院	3				3	
02专业组(不限)	3	505	500	126589	3	
机器人工程	3	505	500	126589	3	
6201 重庆大学	130				130	
02专业组(不限)	115	654	642	7656	115	
理科试验班(数学物理类)(数学与应用数学、金融数学、物理学、电子信息科学与技术、信息与计算科学、应用物理学、统计学)	6	648	645	6590	6	
工科试验班(新工科类)(机器人工程、碳储科学与工程、储能科学与工程、智能建造、智能制造工程、智能采矿工程)	15	645	644	6899	15	
工科试验班(经济与管理类)(金融学、会计学、经济学、工程管理、工程造价、财务管理、工商管理、能源经济、国际经济与贸易、信息管理与信息系统、房地产开发与管理、行政管理、城市管理、供应链管理、市场营销)	23	645	642	7656	23	
工科试验班(工程能源类)(机械设计制造及其自动化、土木工程、建筑环境与能源应用工程、车辆工程、能源与动力工程、航空航天工程、材料科学与工程、工程力学、机械电子工程、新能源科学与工程、城市地下空间工程、核工程与核技术、材料成型及控制工程、工业设计、测绘工程)	26	651	643	7266	26	
工科试验班(电气信息类)(电气工程及其自动化、计算机科学与技术、通信工程、软件工程、人工智能、数据科学与大数据技术、智能感知工程、测控技术与仪器、自动化、信息安全、电子信息工程、电子科学与技术、物联网工程、集成电路设计与集成系统)	41	654	645	6590	41	
建筑类(城乡规划、风景园林、建筑学)	4	644	642	7656	4	
03专业组(不限)(中外合作办学)	5	643	637	9657	5	
电气工程及其自动化(中外合作办学)	3	643	638	9244	3	
机械设计制造及其自动化(中外合作办学)	2	638	637	9657	2	
04专业组(化学)	10	641	636	10154	10	
工科试验班类(环化健康类)(智能医学工程、生物医学工程、化学、应用化学、药学、环境工程、生物工程、化学工程与工艺、环境生态工程、给排水科学与工程、环境科学、制药工程、材料化学)	10	641	636	10154	10	
6202 西南大学	69				67	2
03专业组(不限)	43	629	568	58808	41	2
英语	1	615	615	21590	1	
俄语	1	608	608	26161	1	
德语	1	608	608	26161	1	
日语	1	603	603	29716		1
工商管理类	2	607	607	26858	2	
经济学类	2	616	607	26858	2	
社会工作	1	568	568	58808		1
法学	1	616	616	20903	1	
教育学	1	606	606	27545	1	
应用心理学	1	615	615	21590	1	
新闻学	1	605	605	28268	1	
物理学	2	621	613	22857	2	
材料类	4	604	602	30377	4	
电气工程及其自动化	3	613	612	23568	3	
机械设计制造及其自动化	1	611	611	24195	1	
智能车辆工程	2	611	608	26161	2	
智能制造工程	2	606	602	30377	2	
土木工程	2	607	606	27545	2	
数学类	2	629	625	15652	2	
计算机科学与技术	2	628	626	15133	2	
网络工程	2	615	612	23568	2	
软件工程	3	629	623	16748	3	
电子信息类	1	617	617	20292	1	
智能科学与技术	2	611	610	24841	2	
人工智能	2	624	620	18503	2	
04专业组(化学)	13	612	591	38768	13	
应用化学	1	596	596	34854	1	
环境科学与工程	2	595	593	37179	2	
包装工程	2	592	592	37932	2	
生物育种科学	1	592	592	37932	1	
生物质科学与工程	2	594	591	38768	2	
纺织工程	2	595	592	37932	2	
药学	1	593	593	37179	1	
制药工程	2	612	601	31135	2	
05专业组(化学或生物)	12	615	594	36407	12	
植物生产类	2	608	597	34107	2	

院校、专业组、专业名称	录取数	最高分	最低分	最低分位次	平行志愿	征求志愿
食品科学与工程类	2	600	599	32622	2	
风景园林	2	599	594	36407	2	
园林	1	598	598	33367	1	
生物技术	2	598	594	36407	2	
蚕学(蚕学+生物技术)(双学士学位培养项目)	1	604	604	28962	1	
生物科学	1	615	615	21590	1	
生物科学(拔尖创新班)	1	598	598	33367	1	
06专业组(化学或地理)	**1**	**607**	**607**	**26858**	**1**	
人文地理与城乡规划	1	607	607	26858	1	
6203 西南政法大学	**41**				**41**	
03专业组(不限)	**39**	**644**	**615**	**21590**	**39**	
法学	24	644	620	18503	24	
知识产权	2	621	616	20903	2	
工商管理类	3	620	615	21590	3	
法学(法学+工商管理)(双学士学位培养项目)	2	635	632	12050	2	
经济统计学	2	615	615	21590	2	
法学(法学+金融学)(双学士学位培养项目)	2	641	637	9657	2	
金融工程	2	618	616	20903	2	
法学(法学+英语)(双学士学位培养项目)	2	639	636	10154	2	
04专业组(不限)(中外合作办学)	**2**	**639**	**633**	**11593**	**2**	
法学(中外合作办学)	2	639	633	11593	2	
6205 重庆医科大学	**28**				**28**	
02专业组(化学)	**18**	**634**	**590**	**39519**	**18**	
临床医学	3	626	625	15652	3	
儿科学	3	617	609	25496	3	
口腔医学	2	634	623	16748	2	
眼视光医学	1	619	619	19103	1	
医学检验技术	2	598	591	38768	2	
临床药学	1	602	602	30377	1	
麻醉学	1	613	613	22857	1	
医学影像学	1	601	601	31135	1	
精神医学	1	592	592	37932	1	
智能医学工程	2	591	590	39519	2	
临床医学(检验医师培养试验班)	1	599	599	32622	1	
03专业组(化学)(中外合作办学)	**5**	**620**	**613**	**22857**	**5**	
临床医学(中外合作办学)	5	620	613	22857	5	
04专业组(化学)	**3**	**644**	**641**	**8031**	**3**	
临床医学(5+3一体化)	2	644	644	6899	2	
临床医学(儿科学)(5+3一体化)	1	641	641	8031	1	
05专业组(化学或生物)	**2**	**600**	**593**	**37179**	**2**	
预防医学	2	600	593	37179	2	

院校、专业组、专业名称	录取数	最高分	最低分	最低分位次	平行志愿	征求志愿
6206 重庆工商大学	**16**				**16**	
02专业组(不限)	**16**	**563**	**532**	**94094**	**16**	
经济与贸易类	1	549	549	77083	1	
金融学类	2	542	536	90081	2	
工商管理类	2	536	532	94094	2	
工商管理类(财会)	2	563	547	78999	2	
新闻传播学类	2	534	533	93122	2	
机械类	4	548	538	87986	4	
智能制造工程	3	544	540	85962	3	
6207 重庆交通大学	**85**				**83**	**2**
02专业组(不限)	**70**	**583**	**507**	**119496**	**69**	**1**
土木类	13	577	550	76117	13	
水利类	5	562	553	73153	5	
地质工程	3	567	552	74112	3	
交通管理	3	581	550	76117	3	
机械类	6	567	557	69274	6	
船舶与海洋工程	3	571	565	61774	3	
建筑类	3	557	553	73153	3	
电子信息类	3	579	572	55138	3	
人工智能	3	576	570	56969	3	
数据科学与大数据技术	3	583	570	56969	3	
飞行器制造工程	3	575	564	62693	3	
管理科学与工程类	3	561	557	69274	3	
物流管理	2	552	549	77083	2	
工商管理类	3	552	549	77083	3	
数学类	3	569	555	71148	3	
外国语言文学类	3	553	507	119496	2	1
新闻传播学类	2	549	549	77083	2	
测绘工程	3	560	553	73153	3	
地理空间信息工程	3	552	550	76117	3	
03专业组(化学)	**15**	**574**	**547**	**78999**	**14**	**1**
给排水科学与工程	3	551	547	78999	3	
环境科学与工程	3	552	547	78999	2	1
交通运输类	3	568	559	67392	3	
智慧交通	3	574	557	69274	3	
材料类	3	557	550	76117	3	
6208 重庆理工大学	**54**				**54**	
02专业组(不限)	**54**	**579**	**555**	**71148**	**54**	
车辆工程	2	563	561	65452	2	
工业设计	2	561	558	68331	2	
机械设计制造及其自动化	4	563	560	66452	4	
工业工程	3	556	556	70201	3	
焊接技术与工程	3	560	558	68331	3	
信息管理与信息系统	2	562	555	71148	2	
大数据管理与应用	3	563	556	70201	3	
计算机科学与技术	2	573	569	57929	2	
电子信息工程	3	567	566	60725	3	
通信工程	3	564	563	63654	3	
新能源科学与工程	2	579	565	61774	2	

院校、专业组、专业名称	录取数	最高分	最低分	最低分位次	平行志愿	征求志愿
金融数学	3	557	556	70201	3	
会计学	2	568	560	66452	2	
金融学	2	559	556	70201	2	
知识产权	2	561	561	65452	2	
信息与计算科学	3	562	559	67392	3	
智能车辆工程	3	561	560	66452	3	
软件工程	2	570	569	57929	2	
智能科学与技术	2	564	563	63654	2	
人工智能	2	579	564	62693	2	
数据科学与大数据技术	2	568	567	59799	2	
机器人工程	2	563	562	64501	2	
6209 重庆邮电大学	**45**				**45**	
02专业组(不限)	**45**	**615**	**600**	**31866**	**45**	
电子信息类	5	612	607	26858	5	
数字媒体技术	2	606	605	28268	2	
计算机类	5	615	609	25496	5	
自动化类	5	606	605	28268	5	
机械类	12	604	600	31866	12	
数学类	2	604	600	31866	2	
智能科学与技术	2	607	607	26858	2	
大数据管理与应用	6	607	603	29716	6	
邮政工程	1	603	603	29716	1	
软件工程	5	608	607	26858	5	
6210 重庆师范大学	**56**				**55**	**1**
04专业组(不限)	**42**	**596**	**518**	**108392**	**41**	**1**
文物与博物馆学	2	565	528	98180	2	
特殊教育(师范)	2	541	524	102241	2	
应用心理学	3	572	549	77083	3	
外国语言文学类	4	547	527	99221	4	
新闻传播学类	2	530	522	104328	2	
数学与应用数学(师范)	5	596	542	83978	5	
物理学(师范)	4	572	537	89032	4	
电子信息科学与技术	5	553	534	92079	5	
工商管理类	3	536	518	108392	2	1
计算机科学与技术	5	542	532	94094	5	
电子商务	4	527	523	103299	4	
小学教育(师范)	3	532	518	108392	3	
05专业组(化学)	**5**	**573**	**560**	**66452**	**5**	
化学(师范)	5	573	560	66452	5	
06专业组(化学或生物)	**5**	**584**	**575**	**52350**	**5**	
生物科学(师范)	5	584	575	52350	5	
07专业组(化学或地理)	**3**	**575**	**568**	**58808**	**3**	
地理科学类(含师范)	3	575	568	58808	3	
08专业组(思想政治)	**1**	**578**	**578**	**49756**	**1**	
思想政治教育(师范)	1	578	578	49756	1	
6211 四川美术学院	**2**				**2**	
02专业组(不限)	**2**	**586**	**585**	**43657**	**2**	
工业设计	1	586	586	42828	1	
建筑学	1	585	585	43657	1	

院校、专业组、专业名称	录取数	最高分	最低分	最低分位次	平行志愿	征求志愿
6212 四川外国语大学	**19**				**19**	
07专业组(不限)	**15**	**585**	**517**	**109393**	**15**	
英语	2	551	546	79957	2	
翻译	1	535	535	91099	1	
商务英语	1	535	535	91099	1	
新闻传播学类	1	517	517	109393	1	
审计学	1	552	552	74112	1	
电子商务	1	522	522	104328	1	
旅游管理	1	585	585	43657	1	
国际经济与贸易	1	545	545	80935	1	
金融学	1	537	537	89032	1	
金融科技	1	522	522	104328	1	
社会学类	1	518	518	108392	1	
教育学	1	533	533	93122	1	
学前教育(师范)	1	536	536	90081	1	
小学教育(师范)	1	560	560	66452	1	
08专业组(不限)(中外合作办学)	**2**	**557**	**557**	**69274**	**2**	
商务英语(中外合作办学)	2	557	557	69274	2	
09专业组(不限)(中外合作办学)	**1**	**534**	**534**	**92079**	**1**	
物流管理(中外合作办学)	1	534	534	92079	1	
10专业组(思想政治)	**1**	**568**	**568**	**58808**	**1**	
政治学类	1	568	568	58808	1	
6213 重庆三峡学院	**47**				**46**	**1**
02专业组(不限)	**45**	**539**	**496**	**130482**	**44**	**1**
数学与应用数学(师范)	2	521	510	116464	2	
软件工程	2	518	511	115420	2	
计算机科学与技术	2	531	524	102241	2	
物联网工程	2	514	509	117454	2	
数据科学与大数据技术	2	513	508	118485	2	
电子信息工程	3	520	512	114463	3	
电气工程及其自动化	4	532	517	109393	4	
通信工程	3	519	507	119496	3	
机械设计制造及其自动化	2	514	507	119496	2	
机械电子工程	4	507	503	123514	4	
化学工程与工艺	3	506	504	122564	3	
过程装备与控制工程	2	505	504	122564	2	
环保设备工程	3	509	504	122564	3	
土木类	4	505	496	130482	3	1
会计学	2	539	517	109393	2	
食品科学与工程	3	511	506	120487	3	
市场营销	2	504	504	122564	2	
03专业组(化学或生物)	**2**	**541**	**536**	**90081**	**2**	
生物科学(师范)	2	541	536	90081	2	
6214 长江师范学院	**40**				**38**	**2**
02专业组(不限)	**40**	**517**	**458**	**165042**	**38**	**2**
物流工程	2	490	490	136410	2	
园林	5	503	492	134437	5	

2023年普通类(物理等科目类)本科院校

院校、专业组、专业名称	录取数	最高分	最低分	最低分位次	平行志愿	征求志愿
机械类	13	511	460	163420	12	1
材料类	3	500	484	142060	3	
环境科学与工程类	5	503	474	151398	5	
物理学(师范)	2	517	504	122564	2	
旅游管理	3	489	458	165042	2	1
新能源材料与器件	5	501	491	135455	5	
汉语言文学(师范)	2	506	497	129553	2	
6215 重庆文理学院	28				27	1
02专业组(不限)	20	533	519	107387	19	1
数据科学与大数据技术	3	531	525	101269	3	
机械工程	2	525	523	103299	2	
机器人工程	2	525	525	101269	2	
电气工程及其自动化	2	524	523	103299	2	
材料科学与工程	3	523	519	107387	2	1
人工智能	2	529	526	100234	2	
工程审计	2	523	522	104328	2	
软件工程	2	526	526	100234	2	
计算机科学与技术	2	533	529	97145	2	
03专业组(化学)	2	514	511	115420	2	
化学工程与工艺	2	514	511	115420	2	
04专业组(化学或生物)	4	514	512	114463	4	
制药工程	2	513	513	113413	2	
生物技术	2	514	512	114463	2	
05专业组(生物或地理)	2	517	511	115420	2	
风景园林	2	517	511	115420	2	
6221 重庆科技学院	44				42	2
02专业组(不限)	44	547	490	136410	42	2
国际经济与贸易	2	519	518	108392	2	
英语	2	518	518	108392	2	
机械类	5	525	520	106376	5	
材料类	5	520	517	109393	5	
自动化	5	534	520	106376	5	
计算机类	5	527	524	102241	5	
土木类	5	521	517	109393	5	
化工与制药类	5	520	517	109393	5	
石油工程	5	547	521	105373	5	
应急技术与管理	5	531	490	136410	3	2
6301 贵州大学	11				11	
02专业组(不限)	5	607	603	29716	5	
电子信息类	3	607	605	28268	3	
机械设计制造及其自动化	2	607	603	29716	2	
03专业组(不限)(中外合作办学)	2	582	578	49756	2	
机械设计制造及其自动化(中外合作办学)	2	582	578	49756	2	
04专业组(化学)(中外合作办学)	2	571	560	66452	2	
环境科学(中外合作办学)	2	571	560	66452	2	
05专业组(化学)(中外合作办学)	2	567	565	61774	2	
化学工程与工艺(中外合作办学)	2	567	565	61774	2	
6302 贵州中医药大学	20				20	
02专业组(不限)	5	574	562	64501	5	
中医学	5	574	562	64501	5	
03专业组(化学)	3	545	534	92079	3	
医学检验技术	3	545	534	92079	3	
04专业组(化学或生物)	10	566	549	77083	10	
制药工程	3	556	550	76117	3	
中西医临床医学	4	566	558	68331	4	
中药学	3	557	549	77083	3	
05专业组(化学或生物)(中外合作办学)	2	525	523	103299	2	
药物制剂(中外合作办学)	2	525	523	103299	2	
6303 贵州医科大学	5				5	
01专业组(化学或生物)	4	593	591	38768	4	
临床医学	2	593	592	37932	2	
麻醉学	1	591	591	38768	1	
儿科学	1	591	591	38768	1	
02专业组(化学或生物)(中外合作办学)	1	554	554	72168	1	
药学(中外合作办学)	1	554	554	72168	1	
6304 贵州财经大学	16				15	1
03专业组(不限)	4	531	528	98180	4	
大数据管理与应用	4	531	528	98180	4	
04专业组(不限)	4	533	523	103299	4	
公共管理类	2	533	526	100234	2	
管理科学与工程类	2	525	523	103299	2	
05专业组(不限)(中外合作办学)	8	529	488	138275	7	1
会计学(中外合作办学)	2	529	528	98180	2	
财务管理(中外合作办学)	2	528	523	103299	2	
市场营销(中外合作办学)	4	520	488	138275	3	1
6305 贵州民族大学	9				9	
01专业组(不限)	9	533	515	111340	9	
软件工程	9	533	515	111340	9	
6308 安顺学院	5				5	
03专业组(不限)	3	499	489	137355	3	
材料物理	1	492	492	134437	1	
物理学(师范)	1	489	489	137355	1	
飞行器制造工程	1	499	499	127539	1	
04专业组(化学)	1	505	505	121517	1	
化学(师范)	1	505	505	121517	1	
05专业组(地理)	1	481	481	144815	1	
地理科学类	1	481	481	144815	1	
6309 贵阳学院	16				16	
01专业组(不限)	11	508	492	134437	11	
数学与应用数学(师范)	3	508	496	130482	3	

院校、专业组、专业名称	录取数	最高分	最低分	最低分位次	平行志愿	征求志愿
计算机科学与技术	4	494	492	134437	4	
经济学	2	496	493	133442	2	
土木工程	2	499	492	134437	2	
02专业组(化学)	**5**	**497**	**489**	**137355**	**5**	
材料科学与工程	3	497	489	137355	3	
机械设计制造及其自动化	2	491	491	135455	2	
6310 黔南民族师范学院	**4**				**4**	
02专业组(不限)	**3**	**495**	**491**	**135455**	**3**	
数学与应用数学(师范)	1	495	495	131453	1	
物理学(师范)	1	491	491	135455	1	
信息与计算科学	1	493	493	133442	1	
03专业组(化学)	**1**	**489**	**489**	**137355**	**1**	
应用化学	1	489	489	137355	1	
6314 遵义医科大学	**28**				**28**	
01专业组(化学或生物)	**28**	**610**	**589**	**40322**	**28**	
临床医学(校本部)	10	605	590	39519	10	
麻醉学	6	601	589	40322	6	
口腔医学(校本部)	8	610	591	38768	8	
临床医学(珠海校区)	2	599	596	34854	2	
口腔医学(珠海校区)	2	597	596	34854	2	
6315 贵州工程应用技术学院	**8**				**8**	
02专业组(不限)	**8**	**493**	**480**	**145763**	**8**	
财务管理	2	492	487	139209	2	
英语(师范)	1	493	493	133442	1	
土木工程	3	485	481	144815	3	
教育学类(师范)	2	493	480	145763	2	
6316 贵州商学院	**8**				**8**	
03专业组(不限)	**5**	**499**	**481**	**144815**	**5**	
市场营销	2	485	484	142060	2	
保险学	1	489	489	137355	1	
金融工程	2	499	481	144815	2	
04专业组(不限)(中外合作办学)	**3**	**471**	**468**	**156710**	**3**	
会展经济与管理(中外合作办学)	3	471	468	156710	3	
6317 遵义师范学院	**5**				**5**	
02专业组(不限)	**5**	**509**	**482**	**143883**	**5**	
财务管理	2	509	507	119496	2	
计算机类	3	489	482	143883	3	
6319 贵州理工学院	**10**				**10**	
01专业组(不限)	**4**	**508**	**499**	**127539**	**4**	
英语	2	501	499	127539	2	
电气工程及其自动化	2	508	508	118485	2	
02专业组(化学)	**4**	**501**	**494**	**132434**	**4**	
机械设计制造及其自动化	2	501	497	129553	2	
水利水电工程	2	497	494	132434	2	
03专业组(化学和生物)	**2**	**483**	**482**	**143883**	**2**	
生物制药	2	483	482	143883	2	
6320 六盘水师范学院	**8**				**8**	

院校、专业组、专业名称	录取数	最高分	最低分	最低分位次	平行志愿	征求志愿
02专业组(不限)	**4**	**507**	**499**	**127539**	**4**	
小学教育(师范)	2	507	506	120487	2	
电气工程及其自动化	2	503	499	127539	2	
03专业组(化学)	**2**	**505**	**499**	**127539**	**2**	
化学类(含师范)	2	505	499	127539	2	
04专业组(化学和生物)	**2**	**485**	**475**	**150470**	**2**	
植物科学与技术	2	485	475	150470	2	
6323 贵州警察学院	**4**				**4**	
02专业组(化学)	**1**	**513**	**513**	**113413**	**1**	
信息安全(非公安类招生)	1	513	513	113413	1	
03专业组(思想政治)	**3**	**535**	**520**	**106376**	**3**	
法学(非公安类招生)	2	527	520	106376	2	
监狱学(非公安类招生)	1	535	535	91099	1	
6324 贵阳康养职业大学	**5**				**4**	**1**
03专业组(化学)	**2**	**495**	**480**	**145763**	**1**	**1**
康复治疗	2	495	480	145763	1	1
04专业组(化学)	**1**	**493**	**493**	**133442**	**1**	
医学影像技术	1	493	493	133442	1	
05专业组(生物)	**2**	**501**	**497**	**129553**	**2**	
护理	1	501	501	125542	1	
中药制药	1	497	497	129553	1	
6401 云南大学	**15**				**15**	
03专业组(不限)	**9**	**613**	**595**	**35651**	**9**	
英语	1	596	596	34854	1	
信息与计算科学	1	608	608	26161	1	
天文学	1	608	608	26161	1	
电子信息类	1	606	606	27545	1	
计算机类	3	613	604	28962	3	
工商管理类	1	603	603	29716	1	
经济学(经济学+统计学)(双学士学位培养项目)	1	595	595	35651	1	
04专业组(化学)	**2**	**598**	**591**	**38768**	**2**	
化学类	2	598	591	38768	2	
05专业组(化学或生物)	**3**	**603**	**597**	**34107**	**3**	
生物科学	2	600	597	34107	2	
生态学	1	603	603	29716	1	
06专业组(化学和生物)	**1**	**620**	**620**	**18503**	**1**	
临床医学	1	620	620	18503	1	
6402 云南师范大学	**26**				**26**	
03专业组(不限)	**9**	**571**	**547**	**78999**	**9**	
物理学(师范)	4	557	547	78999	4	
计算机科学与技术	3	553	548	78085	3	
人工智能	2	571	561	65452	2	
04专业组(化学)	**5**	**570**	**556**	**70201**	**5**	
数学与应用数学(师范)	5	570	556	70201	5	
05专业组(化学)	**4**	**553**	**551**	**75103**	**4**	
化学(师范)	4	553	551	75103	4	
06专业组(化学或生物)	**4**	**555**	**546**	**79957**	**4**	
生物科学(师范)	4	555	546	79957	4	

院校、专业组、专业名称	录取数	最高分	最低分	最低分位次	平行志愿	征求志愿
07专业组(化学或生物)	4	543	540	85962	4	
统计学	4	543	540	85962	4	
6404 昆明理工大学	81				81	
02专业组(不限)	37	600	561	65452	37	
能源与动力工程	4	573	568	58808	4	
储能科学与工程	3	578	576	51456	3	
通信工程	3	573	572	55138	3	
电气工程及其自动化	5	600	576	51456	5	
物流工程	5	575	561	65452	5	
工商管理	4	565	563	63654	4	
数据科学与大数据技术	6	575	567	59799	6	
材料科学与工程	5	571	561	65452	5	
飞行器控制与信息工程	2	574	574	53221	2	
03专业组(化学)	30	575	542	83978	30	
冶金工程	5	567	543	82963	5	
机械工程	5	568	551	75103	5	
机器人工程	5	575	550	76117	5	
水利类	5	551	542	83978	5	
交通运输类	5	559	544	81927	5	
人工智能	5	564	550	76117	5	
04专业组(化学或生物)	7	599	587	42009	7	
临床医学	7	599	587	42009	7	
05专业组(思想政治和地理)	7	548	528	98180	7	
建筑学	3	539	535	91099	3	
城乡规划	2	532	528	98180	2	
风景园林	2	548	534	92079	2	
6405 云南农业大学	33				32	1
04专业组(不限)	19	547	530	96124	19	
动物科学	2	533	531	95098	2	
水产养殖学	1	537	537	89032	1	
动物医学	1	547	547	78999	1	
动植物检疫	1	540	540	85962	1	
风景园林	1	530	530	96124	1	
食品科学与工程	2	534	530	96124	2	
水利水电工程	2	534	532	94094	2	
机械设计制造及其自动化	1	539	539	86937	1	
电气工程及其自动化	1	541	541	84968	1	
数学与应用数学	1	533	533	93122	1	
数据科学与大数据技术	1	546	546	79957	1	
土木工程	2	533	530	96124	2	
给排水科学与工程	1	533	533	93122	1	
工程造价	1	534	534	92079	1	
英语	1	531	531	95098	1	
05专业组(不限)(中外合作办学)	4	510	499	127539	4	
土木工程(中外合作办学)	2	507	499	127539	2	
农林经济管理(中外合作办学)	2	510	500	126589	2	
06专业组(化学)	1	513	513	113413	1	

院校、专业组、专业名称	录取数	最高分	最低分	最低分位次	平行志愿	征求志愿
农业智能装备工程	1	513	513	113413	1	
07专业组(化学或生物)	9	566	532	94094	8	1
生物技术	1	533	533	93122	1	
农学	1	534	534	92079	1	
植物保护	2	533	532	94094	2	
园艺	2	555	533	93122	2	
烟草	2	566	558	68331	2	
茶学	1	546	546	79957		1
6406 昆明医科大学	15				15	
01专业组(不限)(中外合作办学)	1	531	531	95098	1	
护理学(中外合作办学)	1	531	531	95098	1	
02专业组(化学)	3	527	526	100234	3	
医学检验技术	1	527	527	99221	1	
康复物理治疗	1	526	526	100234	1	
康复作业治疗	1	527	527	99221	1	
03专业组(化学或生物)	4	580	569	57929	4	
法医学	1	580	580	47955	1	
预防医学	1	571	571	56021	1	
临床药学	1	579	579	48832	1	
药学	1	569	569	57929	1	
04专业组(化学和生物)	7	608	595	35651	7	
临床医学	4	608	595	35651	4	
麻醉学	1	599	599	32622	1	
医学影像学	1	595	595	35651	1	
口腔医学	1	598	598	33367	1	
6407 玉溪师范学院	8				8	
02专业组(不限)	6	504	488	138275	6	
经济与金融	2	494	488	138275	2	
数学与应用数学(师范)	2	504	501	125542	2	
物理学(师范)	2	500	488	138275	2	
03专业组(不限)	2	510	508	118485	2	
英语(师范)	2	510	508	118485	2	
6408 云南财经大学	68				68	
02专业组(不限)	68	563	511	115420	68	
金融学	3	552	538	87986	3	
投资学	3	542	520	106376	3	
数学与应用数学	4	528	512	114463	4	
信息与计算科学	4	546	523	103299	4	
统计学	6	552	515	111340	6	
城乡规划	2	519	514	112372	2	
资产评估	2	531	530	96124	2	
工商管理	3	527	513	113413	3	
市场营销	2	514	513	113413	2	
人力资源管理	2	523	518	108392	2	
商务英语	2	528	518	108392	2	
法学	2	523	517	109393	2	
会计学	3	563	551	75103	3	
广告学	2	520	517	109393	2	

院校、专业组、专业名称	录取数	最高分	最低分	最低分位次	平行志愿	征求志愿
物流工程	4	518	513	113413	4	
财务管理	2	548	543	82963	2	
财政学	2	538	537	89032	2	
酒店管理	2	512	511	115420	2	
税收学	3	526	520	106376	3	
信息安全	4	533	521	105373	4	
经济学	3	533	520	106376	3	
贸易经济	2	513	513	113413	2	
国际商务	2	518	517	109393	2	
金融科技	4	522	515	111340	4	
6409 楚雄师范学院	**10**				**10**	
02专业组(不限)	**6**	**485**	**471**	**154058**	**6**	
应用心理学(师范)	3	485	474	151398	3	
应用统计学	3	484	471	154058	3	
03专业组(化学)	**4**	**494**	**468**	**156710**	**4**	
化学(师范)	4	494	468	156710	4	
6410 昆明学院	**29**				**29**	
03专业组(不限)	**17**	**514**	**495**	**131453**	**17**	
计算机科学与技术	2	511	508	118485	2	
软件工程	2	507	503	123514	2	
智能制造工程	2	514	505	121517	2	
土木工程	3	502	500	126589	3	
水利水电工程	2	509	499	127539	2	
工程造价	2	500	495	131453	2	
应用统计学	2	499	499	127539	2	
物理学(师范)	2	513	509	117454	2	
04专业组(化学)	**4**	**508**	**494**	**132434**	**4**	
机械设计制造及其自动化	2	508	499	127539	2	
化学	2	498	494	132434	2	
05专业组(化学或生物)	**6**	**493**	**482**	**143883**	**6**	
植物保护	2	489	482	143883	2	
生物科学(师范)	2	493	490	136410	2	
化学工程与工艺	2	486	485	141125	2	
06专业组(化学和生物)	**2**	**555**	**551**	**75103**	**2**	
临床医学	2	555	551	75103	2	
6411 大理大学	**28**				**27**	**1**
05专业组(不限)	**10**	**538**	**525**	**101269**	**10**	
数学与应用数学	2	526	525	101269	2	
计算机类	4	538	528	98180	4	
通信工程	2	528	528	98180	2	
储能科学与工程	2	526	526	100234	2	
06专业组(化学)	**2**	**513**	**513**	**113413**	**2**	
康复治疗学	2	513	513	113413	2	
07专业组(化学或生物)	**8**	**579**	**556**	**70201**	**8**	
临床医学	4	579	571	56021	4	
医学影像学	2	568	568	58808	2	
生物科学	2	559	556	70201	2	
08专业组(化学或生物)	**6**	**545**	**477**	**148670**	**5**	**1**
预防医学	4	545	477	148670	3	1
园艺	2	521	501	125542	2	
09专业组(化学或生物)	**2**	**529**	**525**	**101269**	**2**	
食品质量与安全	2	529	525	101269	2	
6413 红河学院	**25**				**25**	
02专业组(不限)	**19**	**502**	**487**	**139209**	**19**	
网络与新媒体	1	490	490	136410	1	
英语	1	488	488	138275	1	
财务管理	1	493	493	133442	1	
物流管理	2	491	489	137355	2	
酒店管理	2	488	487	139209	2	
计算机科学与技术	2	502	497	129553	2	
电气工程及其自动化	3	497	493	133442	3	
机械工程	2	499	499	127539	2	
通信工程	2	493	492	134437	2	
数字媒体技术	3	488	487	139209	3	
03专业组(化学)	**2**	**484**	**478**	**147717**	**2**	
化学	2	484	478	147717	2	
04专业组(化学或生物)	**4**	**485**	**481**	**144815**	**4**	
食品质量与安全	2	485	483	142975	2	
生物科学	2	485	481	144815	2	
6414 云南民族大学	**4**				**4**	
02专业组(不限)	**4**	**528**	**526**	**100234**	**4**	
通信工程	2	527	527	99221	2	
土木工程	2	528	526	100234	2	
6415 西南林业大学	**30**				**30**	
01专业组(不限)	**12**	**535**	**527**	**99221**	**12**	
法语	2	529	527	99221	2	
电子信息工程	1	535	535	91099	1	
计算机科学与技术	1	535	535	91099	1	
数据科学与大数据技术	2	535	533	93122	2	
测绘工程	2	527	527	99221	2	
森林工程	1	530	530	96124	1	
会计学	3	535	528	98180	3	
02专业组(不限)(中外合作办学)	**1**	**525**	**525**	**101269**	**1**	
机械电子工程(中外合作办学)	1	525	525	101269	1	
03专业组(化学)	**4**	**532**	**522**	**104328**	**4**	
材料科学与工程	2	532	522	104328	2	
高分子材料与工程	1	523	523	103299	1	
消防工程	1	528	528	98180	1	
04专业组(化学或生物)	**5**	**531**	**523**	**103299**	**5**	
木材科学与工程	2	529	524	102241	2	
食品科学与工程	1	531	531	95098	1	
应用生物科学	2	525	523	103299	2	
05专业组(化学和生物)	**2**	**516**	**504**	**122564**	**2**	
园艺	2	516	504	122564	2	
06专业组(生物)	**3**	**525**	**523**	**103299**	**3**	
园林	3	525	523	103299	3	

院校、专业组、专业名称	录取数	最高分	最低分	最低分位次	平行志愿	征求志愿
07专业组(生物和地理)	**1**	**530**	**530**	**96124**	**1**	
风景园林	1	530	530	96124	1	
08专业组(思想政治或地理)	**2**	**533**	**524**	**102241**	**2**	
城乡规划	2	533	524	102241	2	
6417 曲靖师范学院	**4**				**4**	
02专业组(不限)	**2**	**498**	**486**	**140151**	**2**	
制药工程	2	498	486	140151	2	
03专业组(化学)	**2**	**491**	**483**	**142975**	**2**	
食品质量与安全	2	491	483	142975	2	
6419 普洱学院	**5**				**5**	
02专业组(不限)	**5**	**519**	**507**	**119496**	**5**	
数学与应用数学(师范)	5	519	507	119496	5	
6420 文山学院	**5**				**5**	
02专业组(地理)	**5**	**494**	**479**	**146748**	**5**	
地理信息科学	5	494	479	146748	5	
6421 云南警官学院	**2**				**2**	
04专业组(不限)	**2**	**523**	**523**	**103299**	**2**	
网络空间安全(非公安)	2	523	523	103299	2	
7101 西北大学	**41**				**41**	
04专业组(不限)	**22**	**619**	**596**	**34854**	**22**	
地质学	2	601	598	33367	2	
信息管理与信息系统	2	607	602	30377	2	
管理科学与工程类(管理科学、应急管理)	4	600	596	34854	4	
数学类	5	616	596	34854	5	
电子信息类	7	619	604	28962	7	
食品科学与工程	2	604	600	31866	2	
05专业组(不限)(中外合作办学)	**3**	**592**	**588**	**41159**	**3**	
文物保护技术(中外合作办学)	3	592	588	41159	3	
06专业组(化学)	**10**	**616**	**604**	**28962**	**10**	
物理学类[含物理学(基地班)、物理学、应用物理学等5个专业]	4	616	605	28268	4	
化学类	4	608	604	28962	4	
化学	2	614	609	25196	2	
07专业组(化学或生物)	**2**	**610**	**605**	**28268**	**2**	
生物工程	2	610	605	28268	2	
08专业组(化学或地理)	**4**	**609**	**605**	**28268**	**4**	
地理科学类	4	609	605	28268	4	
7102 西北工业大学	**213**				**213**	
02专业组(不限)	**196**	**665**	**650**	**4920**	**196**	
计算机科学与技术	2	656	656	3399	2	
工程力学	2	656	655	3626	2	
航空航天类(飞行器设计与工程、计算机科学与技术)(智慧三航本研衔接班)	8	665	656	3399	8	
柔性电子学	3	656	655	3626	3	
航空航天类(航空班)	2	657	656	3399	2	
航空航天类(飞天班)	2	660	656	3399	2	
海洋工程类(海洋班)	2	656	655	3626	2	
航空航天类(含飞行器设计与工程、飞行器动力工程等4个专业)	13	655	654	3870	13	
海洋工程类(含船舶与海洋工程、海洋工程与技术等4个专业)	24	655	650	4920	24	
材料类(含材料科学与工程和复合材料与工程等6个专业)(新材料与化工试验班)	14	654	651	4643	14	
机械类(含机械设计制造及自动化等6个专业)	10	656	651	4643	10	
力学类(含工程力学等2个专业)	4	654	651	4643	4	
能源动力类(含能源与动力工程等2个专业)	10	653	651	4643	10	
电子信息类(含电子信息工程、电子科学与技术等4个专业)	8	656	655	3626	8	
自动化类(含自动化、机器人工程等3个专业)	16	655	653	4114	16	
计算机类(含计算机科学与技术、物联网工程等4个专业)	8	656	655	3626	8	
数学类(含数学与应用数学和信息与计算科学等3个专业)	6	655	652	4397	6	
物理学类(含应用物理学等3个专业)	8	655	651	4643	8	
管理科学与工程类(工程管理、信息管理与信息系统)	4	651	651	4643	4	
建筑学	3	651	651	4643	3	
航空航天类(飞行器设计与工程、飞行器控制与信息工程)(民用航空)	10	655	651	4643	10	
软件工程	12	655	653	4114	12	
计算机类(网络空间安全、信息安全、保密技术)(网络安全)	8	655	653	4114	8	
工商管理类(工商管理、市场营销、会计学)	4	651	650	4920	4	
电子信息类(集成电路)	13	654	652	4397	13	
03专业组(不限)(中外合作办学)	**10**	**641**	**635**	**10612**	**10**	
材料科学与工程(中外合作办学)	5	641	636	10154	5	
高分子材料与工程(中外合作办学)	5	639	635	10612	5	
04专业组(化学或生物)	**7**	**650**	**648**	**5543**	**7**	

院校、专业组、专业名称	录取数	最高分	最低分	最低分位次	平行志愿	征求志愿
生物技术	6	650	648	5543	6	
生态学	1	650	650	4920	1	
7103 陕西师范大学	**29**				**29**	
03专业组(不限)	**20**	**626**	**590**	**39519**	**20**	
经济学类	2	600	597	34107	2	
数学类(含师范)	4	626	610	24841	4	
物理学类(含师范)	2	602	600	31866	2	
材料类	2	600	594	36407	2	
计算机类	2	598	598	33367	2	
食品科学与工程类	6	597	590	39519	6	
新闻传播学类	2	594	591	38768	2	
04专业组(化学)	**2**	**624**	**617**	**20292**	**2**	
化学类(含师范)	2	624	617	20292	2	
05专业组(化学或生物)	**3**	**621**	**619**	**19103**	**3**	
生物科学类(含师范)	3	621	619	19103	3	
06专业组(生物)	**2**	**608**	**607**	**26858**	**2**	
心理学类	2	608	607	26858	2	
07专业组(地理)	**2**	**623**	**623**	**16748**	**2**	
地理科学类(含师范)	2	623	623	16748	2	
7104 西安交通大学	**202**				**202**	
02专业组(不限)	**146**	**670**	**657**	**3166**	**146**	
能源与动力工程(钱学森班本研一体)	2	664	664	1848	2	
自动化(钱学森班本研一体)	2	668	667	1413	2	
计算机科学与技术	2	664	664	1848	2	
人工智能(新工科卓越计划)	2	666	664	1848	2	
储能科学与工程(新工科卓越计划)	2	664	664	1848	2	
工科试验班(智能电气与信息类专业预选)	5	670	665	1692	5	
工科试验班(智慧能源与智能制造类专业预选)	14	664	659	2755	14	
工科试验班(智能电气与信息类)	62	664	658	2950	62	
工科试验班(智慧能源与智能制造类)	41	659	657	3166	41	
工科试验班(经管类)	13	658	657	3166	13	
会计学(ACCA)	1	657	657	3166	1	
03专业组(不限)(中外合作办学)	**22**	**644**	**633**	**11593**	**22**	
建筑学(中外合作办学)	11	644	633	11593	11	
工业设计(中外合作办学)	11	641	635	10612	11	
04专业组(化学)	**22**	**660**	**654**	**3870**	**22**	
物理学	2	659	657	3166	2	
理科试验班	20	660	654	3870	20	
05专业组(化学或生物)(医学类)	**12**	**657**	**646**	**6254**	**12**	
临床医学(侯宗濂班本研一体)	2	657	653	4114	2	
医学试验班(临床医学、口腔医学)	10	651	646	6254	10	
7105 西安电子科技大学	**180**				**180**	
01专业组(不限)	**180**	**654**	**643**	**7266**	**180**	
计算机类	70	649	643	7266	70	
自动化类	3	649	643	7266	3	
电子信息类(通信、电子信息、微电子)	72	650	644	6899	72	
电子信息类(电子科学、信息物理、空天信息)	23	645	643	7266	23	
电子信息类[通信工程(教改班)、电子信息工程(教改班)、微电子科学与工程(教改班)]	6	654	650	4920	6	
计算机类[含计算机科学与技术(拔尖学生培养基地)、网络空间安全(实验班)等3个专业]	6	651	649	5239	6	
7107 长安大学	**115**				**115**	
02专业组(不限)	**95**	**622**	**595**	**35651**	**95**	
道路桥梁与渡河工程	6	618	604	28962	6	
城市地下空间工程	2	607	600	31866	2	
车辆工程	4	617	613	22857	4	
物流工程	2	601	600	31866	2	
机械类	9	609	601	31135	9	
物流管理	3	598	596	34854	3	
工商管理类	1	596	596	34854	1	
管理科学与工程类	3	601	598	33367	3	
经济学类	3	600	596	34854	3	
自动化类	4	616	613	22857	4	
计算机类	5	622	615	21590	5	
人工智能	3	615	607	26858	3	
测绘类	5	608	596	34854	5	
安全工程	1	598	598	33367	1	
地质学类	3	599	596	34854	3	
土木类	7	605	596	34854	7	
水利类	6	600	596	34854	6	
环境科学与工程类	2	599	596	34854	2	
建筑类	4	596	595	35651	4	
材料类	3	597	596	34854	3	
新能源科学与工程	2	606	605	28268	2	
能源与动力工程	4	612	607	26858	4	
电气工程及其自动化	3	614	612	23568	3	
法学	1	596	596	34854	1	
公共管理类	1	611	611	24195	1	
新闻传播学类	1	601	601	31135	1	
数学类	3	602	596	34854	3	
应用物理学	1	603	603	29716	1	
工程力学	2	605	598	33367	2	
英语	1	605	605	28268	1	

院校、专业组、专业名称	录取数	最高分	最低分	最低分位次	平行志愿	征求志愿
03专业组(不限)(中外合作办学)	**10**	**616**	**594**	**36407**	**10**	
人工智能(中外合作办学)	10	616	594	36407	10	
04专业组(化学)	**9**	**621**	**609**	**25496**	**9**	
交通设备与控制工程	3	612	609	25496	3	
交通工程	3	618	612	23568	3	
交通运输	3	621	610	24841	3	
05专业组(化学或地理)	**1**	**610**	**610**	**24841**	**1**	
地理信息科学	1	610	610	24841	1	
7108 西安建筑科技大学	**86**				**86**	
01专业组(不限)	**35**	**586**	**569**	**57929**	**35**	
建筑环境与能源应用工程	3	571	570	56969	3	
建筑电气与智能化	2	573	571	56021	2	
储能科学与工程	3	572	571	56021	3	
工程管理	2	575	570	56969	2	
自动化	3	575	575	52350	3	
计算机科学与技术	2	586	580	47955	2	
机器人工程	3	572	570	56969	3	
电气工程及其自动化	3	577	576	51456	3	
机械类	3	572	569	57929	3	
智能制造工程	2	576	570	56969	2	
安全工程	3	571	569	57929	3	
光电信息科学与工程	2	578	572	55138	2	
数据科学与大数据技术	2	574	573	54146	2	
工业设计	2	574	570	56969	2	
02专业组(不限)(中外合作办学)	**6**	**552**	**545**	**80935**	**6**	
计算机科学与技术(中外合作办学)	2	552	549	77083	2	
建筑电气与智能化(中外合作办学)	2	548	545	80935	2	
工程管理(中外合作办学)	2	550	549	77083	2	
03专业组(不限)	**5**	**603**	**578**	**49756**	**5**	
建筑学	4	603	580	47955	4	
风景园林	1	578	578	49756	1	
04专业组(化学)	**38**	**581**	**532**	**94094**	**38**	
土木工程	4	581	547	78999	4	
城市地下空间工程	3	542	532	94094	3	
交通运输	2	554	548	78085	2	
交通工程	2	547	543	82963	2	
智能建造	3	555	553	73153	3	
给排水科学与工程	3	572	535	91099	3	
环境工程	2	532	532	94094	2	
环境科学	2	576	532	94094	2	
材料成型及控制工程	2	554	538	87986	2	
冶金工程	3	536	533	93122	3	
金属材料工程	2	538	536	90081	2	
新能源材料与器件	2	546	538	87986	2	
材料类	4	536	532	94094	4	
化工与制药类	4	545	539	86937	4	
05专业组(化学)(中外合作办学)	**2**	**559**	**533**	**93122**	**2**	
土木工程(中外合作办学)	2	559	533	93122	2	
7109 西北政法大学	**7**				**7**	
02专业组(不限)	**7**	**628**	**620**	**18503**	**7**	
法学(民商法)	2	628	624	16213	2	
法学(经济法)	3	626	621	17908	3	
法学(刑事法)	2	624	620	18503	2	
7110 西安工程大学	**86**				**83**	**3**
03专业组(不限)	**54**	**584**	**544**	**81927**	**51**	**3**
数学类	5	574	551	75103	3	2
应用物理学	4	584	544	81927	3	1
机械工程	2	563	562	64501	2	
智能制造工程	3	563	551	75103	3	
电气工程及其自动化	5	569	562	64501	5	
电子信息类	5	566	557	69274	5	
人工智能	5	559	554	72168	5	
机器人工程	2	558	558	68331	2	
计算机类	8	570	559	67392	8	
土木类	5	550	549	77083	5	
大数据管理与应用	3	558	552	74112	3	
工商管理	3	552	549	77083	3	
微电子科学与工程	4	551	550	76117	4	
04专业组(化学)	**23**	**529**	**515**	**111340**	**23**	
材料类	2	529	526	100234	2	
纺织工程	5	525	519	107387	5	
纺织类	10	520	515	111340	10	
服装设计与工程	2	525	523	103299	2	
轻化工程	4	523	520	106376	4	
05专业组(化学或生物)	**9**	**540**	**528**	**98180**	**9**	
化学工程与工艺	4	537	528	98180	4	
环境工程	2	538	535	91099	2	
生物工程	3	540	535	91099	3	
7111 西安财经大学	**13**				**13**	
02专业组(不限)	**8**	**573**	**558**	**68331**	**8**	
会计学	2	573	566	60725	2	
统计学	3	562	559	67392	3	
网络工程	3	559	558	68331	3	
03专业组(不限)(中外合作办学)	**5**	**552**	**544**	**81927**	**5**	
金融学(中外合作办学)	5	552	544	81927	5	
7112 西安理工大学	**103**				**103**	
01专业组(不限)	**103**	**597**	**576**	**51456**	**103**	
材料成型及控制工程	4	579	578	49756	4	
机械设计制造及其自动化	5	583	581	47114	5	
车辆工程	4	580	579	48832	4	
测控技术与仪器	4	585	583	45410	4	
光电信息科学与工程	3	581	579	48832	3	

院校、专业组、专业名称	录取数	最高分	最低分	最低分位次	平行志愿	征求志愿
智能制造工程	6	580	577	50595	6	
电子信息工程	3	594	584	44516	3	
电气工程与智能控制	3	584	581	47114	3	
电子科学与技术	5	595	584	44516	5	
机器人工程	3	579	578	49756	3	
水利水电工程	6	586	581	47114	6	
给排水科学与工程	6	578	577	50595	6	
数据科学与大数据技术	4	583	582	46258	4	
软件工程	4	591	584	44516	4	
网络工程	2	580	576	51456	2	
人工智能	6	581	579	48832	6	
工业设计	6	577	576	51456	6	
土木工程	8	581	576	51456	8	
工程管理	4	577	577	50595	4	
电气类	5	584	581	47114	5	
储能科学与工程	2	589	580	47955	2	
工业工程	1	576	576	51456	1	
自动化	5	597	584	44516	5	
计算机科学与技术	4	594	592	37932	4	
7113 西安石油大学	**59**				**59**	
02专业组(不限)	**53**	**582**	**546**	**79957**	**53**	
石油工程	2	572	563	63654	2	
油气储运工程	2	560	560	66452	2	
海洋油气工程	2	554	552	74112	2	
资源勘查工程	1	582	582	46258	1	
勘查技术与工程	3	548	546	79957	3	
地质工程	2	551	550	76117	2	
地球信息科学与技术	2	554	554	72168	2	
测控技术与仪器	2	552	552	74112	2	
电气工程及其自动化	2	575	562	64501	2	
人工智能	2	557	553	73153	2	
自动化	2	562	554	72168	2	
机械设计制造及其自动化	2	564	557	69274	2	
机械电子工程	2	550	549	77083	2	
过程装备与控制工程	2	549	547	78999	2	
材料类	3	550	546	79957	3	
新能源科学与工程	2	553	552	74112	2	
新能源材料与器件	1	549	549	77083	1	
储能科学与工程	2	550	549	77083	2	
计算机类	5	561	554	72168	5	
通信工程	2	561	554	72168	2	
土木工程	2	549	548	78085	2	
工程管理	2	549	548	78085	2	
光电信息科学与工程	2	553	553	73153	2	
工商管理类	2	550	548	78085	2	
电子商务	2	547	547	78999	2	
03专业组(化学)	**6**	**542**	**536**	**90081**	**6**	
化学工程与工艺	4	542	539	86937	4	
环境工程	2	536	536	90081	2	
7114 西安医学院	**4**				**4**	
02专业组(化学和生物)	**4**	**592**	**592**	**37932**	**4**	
临床医学	2	592	592	37932	2	
医学影像学	2	592	592	37932	2	
7115 西安工业大学	**39**				**39**	
02专业组(不限)	**35**	**634**	**578**	**49756**	**35**	
数学与应用数学	2	634	582	46258	2	
信息与计算科学	4	590	583	45410	4	
应用物理学	2	599	580	47955	2	
机械电子工程	2	585	584	44516	2	
工业设计	4	584	579	48832	4	
测控技术与仪器	2	582	582	46258	2	
电子科学与技术	2	584	583	45410	2	
光电信息科学与工程	2	582	580	47955	2	
机器人工程	2	583	583	45410	2	
软件工程	2	585	584	44516	2	
智能科学与技术	2	587	582	46258	2	
土木工程	2	579	579	48832	2	
武器系统与工程	2	592	590	39519	2	
生物医学工程	2	580	578	49756	2	
工商管理类	2	580	578	49756	2	
英语	1	578	578	49756	1	
03专业组(化学)	**4**	**581**	**570**	**56969**	**4**	
材料类	4	581	570	56969	4	
7116 西安邮电大学	**24**				**24**	
03专业组(不限)	**24**	**603**	**595**	**35651**	**24**	
通信工程	3	603	600	31866	3	
电信工程及管理	2	598	595	35651	2	
光电信息科学与工程	2	599	598	33367	2	
集成电路设计与集成系统	2	601	600	31866	2	
软件工程	2	603	601	31135	2	
测控技术与仪器	2	597	597	34107	2	
智能科学与技术	2	598	597	34107	2	
信息安全	2	600	598	33367	2	
信息对抗技术	2	598	597	34107	2	
邮政管理	2	596	595	35651	2	
应用物理学	3	595	595	35651	3	
7117 西安外国语大学	**23**				**23**	
04专业组(不限)	**23**	**582**	**554**	**72168**	**23**	
经济学	1	558	558	68331	1	
金融学	2	563	557	69274	2	
国际经济与贸易	1	556	556	70201	1	
汉语国际教育	1	555	555	71148	1	
英语	5	577	559	67392	5	
德语	3	563	554	72168	3	
法语	2	581	566	60725	2	
西班牙语	1	582	582	46258	1	
商务英语	3	572	557	69274	3	
英语(师范)	4	577	566	60725	4	

2023年普通类(物理等科目类)本科院校

院校、专业组、专业名称	录取数	最高分	最低分	最低分位次	平行志愿	征求志愿
7118 西安科技大学	40				40	
01专业组(不限)	30	582	565	61774	30	
建筑环境与能源应用工程	2	570	568	58808	2	
应急技术与管理	3	569	565	61774	3	
给排水科学与工程	2	567	567	59799	2	
机械设计制造及其自动化	2	571	571	56021	2	
机械电子工程	2	575	570	56969	2	
自动化	2	573	571	56021	2	
电气工程及其自动化	2	573	573	54146	2	
电子信息工程	3	582	573	54146	3	
数据科学与大数据技术	2	571	571	56021	2	
环境工程	2	566	566	60725	2	
材料科学与工程	2	570	569	57929	2	
无机非金属材料工程	2	565	565	61774	2	
高分子材料与工程	2	566	565	61774	2	
物流管理	2	566	565	61774	2	
02专业组(不限)(中外合作办学)	4	536	528	98180	4	
土木工程(中外合作办学)	4	536	528	98180	4	
03专业组(化学或地理)	6	573	564	62693	6	
测绘工程	2	567	564	62693	2	
遥感科学与技术	2	573	567	59799	2	
地理信息科学	2	570	564	62693	2	
7122 西安文理学院	16				16	
03专业组(不限)	8	556	521	105373	8	
软件工程	4	529	523	103299	4	
电子信息工程	4	556	521	105373	4	
04专业组(化学或生物)	8	517	506	120487	8	
机器人工程	4	516	512	114463	4	
环境生态工程	4	517	506	120487	4	
7131 西安航空学院	20				20	
01专业组(不限)	14	554	530	96124	14	
飞行器制造工程	4	554	535	91099	4	
测控技术与仪器	3	531	530	96124	3	
车辆工程	3	539	532	94094	3	
能源与动力工程	4	543	531	95098	4	
02专业组(不限)(中外合作办学)	6	516	506	120487	6	
机械电子工程(中外合作办学)	6	516	506	120487	6	
7138 陕西中医药大学	12				12	
01专业组(不限)	4	571	561	65452	4	
中医学	2	571	564	62693	2	
中医康复学	2	564	561	65452	2	
02专业组(化学或生物)	8	589	577	50595	8	
临床医学	4	580	578	49756	4	
医学影像学	2	589	578	49756	2	
中西医临床医学	2	577	577	50595	2	
7140 渭南师范学院	6				6	
02专业组(不限)	6	521	515	111340	6	
数学与应用数学(师范)	2	518	515	111340	2	
小学教育(师范)	1	521	521	105373	1	
物理学(师范)	2	521	520	106376	2	
电气工程及其自动化	1	521	521	105373	1	
7141 西北农林科技大学	84				84	
02专业组(不限)	32	633	613	22857	32	
动物科学	2	630	618	19695	2	
水产养殖学	2	619	619	19103	2	
动物医学类	2	621	615	21590	2	
林业工程类(林产化工、木材科学与工程)	3	619	613	22857	3	
城乡规划	2	620	616	20903	2	
水利类(含水文与水资源工程、农业水利工程等4个专业)	2	626	620	18503	2	
电气工程及其自动化	2	633	628	14097	2	
土木工程	2	622	620	18503	2	
智慧水利	2	619	618	19695	2	
机械类	2	623	621	17908	2	
电子信息工程	2	626	625	15652	2	
计算机类	2	630	630	13101	2	
信息与计算科学	2	627	622	17335	2	
光电信息科学与工程	2	624	620	18503	2	
数学与应用数学	3	621	618	19695	3	
03专业组(不限)	8	622	606	27545	8	
社会学类	2	611	608	26161	2	
公共管理类(劳动与社会保障、公共事业管理)	2	612	609	25496	2	
工商管理类	2	622	606	27545	2	
经济学类	2	610	608	26161	2	
04专业组(化学)	2	619	614	22200	2	
化学类(应用化学、化学生物学)	2	619	614	22200	2	
05专业组(化学或生物)	29	624	608	26161	29	
农学	2	621	618	19695	2	
植物保护	2	616	612	23568	2	
园艺	3	608	608	26161	3	
设施农业科学与工程	2	617	609	25496	2	
草业科学	2	611	608	26161	2	
林学类(林学、森林保护)	2	620	612	23568	2	
智慧林业	2	609	609	25496	2	
园林	2	616	610	24841	2	
资源环境科学	3	624	608	26161	3	
食品科学与工程类(食品科学与工程、食品质量与安全)	2	612	610	24841	2	
食品营养与健康	3	610	609	25496	3	
葡萄与葡萄酒工程	2	619	618	19695	2	
生物科学类	2	624	613	22857	2	
06专业组(化学或生物)(中外	11	599	592	37932	11	

院校、专业组、专业名称	录取数	最高分	最低分	最低分位次	平行志愿	征求志愿
合作办学)						
植物保护(中外合作办学)	4	594	592	37932	4	
环境科学(中外合作办学)	4	599	593	37179	4	
食品科学与工程(中外合作办学)	3	597	594	36407	3	
07专业组(化学或地理)	**2**	**618**	**618**	**19695**	**2**	
地理信息科学	2	618	618	19695	2	
7142 延安大学	**30**				**30**	
03专业组(不限)	**26**	**543**	**525**	**101269**	**26**	
工商管理	2	530	529	97145	2	
会计学	2	530	527	99221	2	
人力资源管理	2	526	525	101269	2	
旅游管理	2	526	526	100234	2	
数学与应用数学(师范)	2	543	542	83978	2	
信息与计算科学	2	537	533	93122	2	
计算机科学与技术	2	541	537	89032	2	
自动化	2	535	534	92079	2	
智能制造工程	2	533	530	96124	2	
环境工程	2	526	526	100234	2	
工程管理	2	529	528	98180	2	
应用心理学(师范)	2	526	525	101269	2	
运动康复	2	527	525	101269	2	
04专业组(化学或生物)	**4**	**530**	**524**	**102241**	**4**	
生物科学(师范)	2	530	525	101269	2	
生物技术	2	525	524	102241	2	
7150 陕西学前师范学院	**8**				**8**	
03专业组(不限)	**4**	**509**	**506**	**120487**	**4**	
数字媒体技术	2	509	507	119496	2	
心理学(师范)	2	506	506	120487	2	
04专业组(化学)	**2**	**492**	**492**	**134437**	**2**	
应用化学	2	492	492	134437	2	
05专业组(化学或地理)	**2**	**496**	**487**	**139209**	**2**	
人文地理与城乡规划	2	496	487	139209	2	
7151 陕西科技大学	**49**				**49**	
02专业组(不限)	**39**	**576**	**563**	**63654**	**39**	
数学类	4	565	564	62693	4	
机械类	4	570	567	59799	4	
材料类	6	565	564	62693	6	
能源动力类	4	566	566	60725	4	
电气类	5	571	567	59799	5	
电子信息类	4	572	570	56969	4	
计算机类	3	576	572	55138	3	
化工与制药类	3	567	564	62693	3	
环境科学与工程类	3	565	564	62693	3	
生物工程	3	566	563	63654	3	
03专业组(不限)(中外合作办学)	**10**	**562**	**541**	**84968**	**10**	
机械设计制造及其自动化(中外合作办学)	3	549	543	82963	3	

院校、专业组、专业名称	录取数	最高分	最低分	最低分位次	平行志愿	征求志愿
工业设计(中外合作办学)	4	542	541	84968	4	
计算机科学与技术(中外合作办学)	3	562	551	75103	3	
7162 宝鸡文理学院	**33**				**33**	
02专业组(不限)	**33**	**522**	**488**	**138275**	**33**	
经济学	2	500	500	126589	2	
统计学	2	495	493	133442	2	
机械设计制造及其自动化	4	496	492	134437	4	
材料成型及控制工程	2	491	490	136410	2	
工业设计	2	490	490	136410	2	
测控技术与仪器	3	493	488	138275	3	
材料物理	2	490	488	138275	2	
电气工程及其自动化	5	514	493	133442	5	
电子信息类	3	522	514	112372	3	
人工智能	2	501	499	127539	2	
计算机科学与技术	4	507	504	122564	4	
给排水科学与工程	2	491	489	137355	2	
7165 咸阳师范学院	**2**				**2**	
02专业组(不限)	**2**	**497**	**493**	**133442**	**2**	
数字经济	2	497	493	133442	2	
7166 商洛学院	**8**				**8**	
02专业组(不限)	**6**	**497**	**491**	**135455**	**6**	
电子信息科学与技术	2	497	497	129553	2	
人工智能	2	494	492	134437	2	
资源循环科学与工程	2	494	491	135455	2	
03专业组(不限)(中外合作办学)	**2**	**486**	**482**	**143883**	**2**	
电气工程及其自动化(中外合作办学)	2	486	482	143883	2	
7167 陕西理工大学	**46**				**45**	**1**
05专业组(不限)	**6**	**545**	**493**	**133442**	**5**	**1**
应用心理学	1	527	527	99221	1	
工商管理	1	493	493	133442		1
物流管理	1	537	537	89032	1	
教育技术学	1	529	529	97145	1	
信息与计算科学	1	545	545	80935	1	
应用统计学	1	526	526	100234	1	
06专业组(化学)(中外合作办学)	**30**	**535**	**475**	**150470**	**30**	
电气工程及其自动化(中外合作办学)	10	535	488	138275	10	
机械设计制造及其自动化(中外合作办学)	10	497	478	147717	10	
网络工程(中外合作办学)	10	513	475	150470	10	
07专业组(化学)	**8**	**544**	**537**	**89032**	**8**	
机械设计制造及其自动化	1	544	544	81927	1	
高分子材料与工程	2	539	537	89032	2	
能源与动力工程	1	540	540	85962	1	
电子信息工程	1	542	542	83978	1	

院校、专业组、专业名称	录取数	最高分	最低分	最低分位次	平行志愿	征求志愿
通信工程	1	541	541	84968	1	
人工智能	1	541	541	84968	1	
土木工程	1	537	537	89032	1	
08专业组(化学或生物)	**1**	**527**	**527**	**99221**	**1**	
环境工程	1	527	527	99221	1	
09专业组(化学或地理)	**1**	**543**	**543**	**82963**	**1**	
地理科学(师范)	1	543	543	82963	1	
7201 兰州大学	**118**				**118**	
05专业组(不限)	**59**	**649**	**632**	**12050**	**59**	
经济学类(含经济学等4个专业)	6	634	633	11593	6	
数学类	10	642	637	9657	10	
物理学类	18	649	637	9657	18	
应用物理学(原子核物理基地班)	4	642	637	9657	4	
大气科学类	5	639	634	11118	5	
理论与应用力学	6	637	636	10154	6	
核工程与核技术	4	637	635	10612	4	
环境科学与工程类	4	634	632	12050	4	
新闻传播学类	2	633	633	11593	2	
06专业组(化学)	**49**	**641**	**632**	**12050**	**49**	
化学类	5	639	634	11118	5	
应用化学(放射化学基地班)	5	636	633	11593	5	
生物科学类	6	635	634	11118	6	
电子信息类	12	641	634	11118	12	
计算机类	8	640	636	10154	8	
化工与制药类	3	634	632	12050	3	
材料类	10	636	632	12050	10	
07专业组(化学或生物)	**6**	**636**	**632**	**12050**	**6**	
口腔医学	6	636	632	12050	6	
08专业组(生物或地理)	**4**	**632**	**631**	**12572**	**4**	
工商管理类(含市场营销、人力资源管理等4个专业)	4	632	631	12572	4	
7202 兰州理工大学	**124**				**124**	
03专业组(不限)	**72**	**567**	**538**	**87986**	**72**	
国际经济与贸易	4	545	541	84968	4	
机械设计制造及其自动化	10	550	543	82963	10	
新能源科学与工程	4	549	544	81927	4	
电气工程及其自动化	5	557	550	76117	5	
电子信息科学与技术	4	552	547	78999	4	
自动化	3	567	548	78085	3	
机器人工程	3	550	547	78999	3	
计算机科学与技术	4	559	551	75103	4	
软件工程	8	551	544	81927	8	
物联网工程	4	548	543	82963	4	
数据科学与大数据技术	5	545	540	85962	5	
土木工程	6	550	539	86937	6	
建筑学	2	539	539	86937	2	
大数据管理与应用	2	544	543	82963	2	
市场营销	2	539	539	86937	2	
财务管理	4	542	539	86937	4	
工业工程	2	539	538	87986	2	
04专业组(不限)	**29**	**545**	**537**	**89032**	**29**	
信息与计算科学	3	541	539	86937	3	
工业设计	2	540	540	85962	2	
智能制造工程	4	543	540	85962	4	
测控技术与仪器	4	540	539	86937	4	
微电子科学与工程	2	545	543	82963	2	
网络空间安全	4	544	541	84968	4	
测绘工程	4	539	537	89032	4	
工程管理	6	539	537	89032	6	
05专业组(化学)	**14**	**536**	**524**	**102241**	**14**	
应用化学	4	531	526	100234	4	
材料成型及控制工程	2	536	536	90081	2	
化学工程与工艺	3	534	527	99221	3	
环境工程	3	525	524	102241	3	
智能建造	2	528	527	99221	2	
06专业组(化学)	**4**	**538**	**529**	**97145**	**4**	
给排水科学与工程	4	538	529	97145	4	
07专业组(化学或生物)	**2**	**535**	**534**	**92079**	**2**	
食品科学与工程	2	535	534	92079	2	
08专业组(生物)	**3**	**536**	**535**	**91099**	**3**	
生物工程	3	536	535	91099	3	
7203 兰州财经大学	**17**				**17**	
02专业组(不限)	**17**	**543**	**519**	**107387**	**17**	
保险学	2	531	521	105373	2	
电子信息工程	3	532	526	100234	3	
会计学	3	543	533	93122	3	
国际经济与贸易	2	524	520	106376	2	
财政学	2	528	528	98180	2	
物流管理	2	523	522	104328	2	
旅游管理	1	519	519	107387	1	
社会工作	2	526	519	107387	2	
7204 兰州交通大学	**72**				**72**	
02专业组(不限)	**56**	**592**	**549**	**77083**	**56**	
信息管理与信息系统	2	553	552	74112	2	
建筑环境与能源应用工程	3	551	551	75103	3	
土木工程	3	592	562	64501	3	
工程造价	2	558	552	74112	2	
水利水电工程	3	562	550	76117	3	
工程力学	2	552	552	74112	2	
铁道工程	3	561	559	67392	3	
道路桥梁与渡河工程	2	566	553	73153	2	
机械设计制造及其自动化	3	562	555	71148	3	
车辆工程	3	568	567	59799	3	
测控技术与仪器	1	550	550	76117	1	
能源与动力工程	2	562	553	73153	2	
应用物理学	2	551	549	77083	2	

2023年普通类(物理等科目类)本科院校

院校、专业组、专业名称	录取数	最高分	最低分	最低分位次	平行志愿	征求志愿
电气工程及其自动化	3	590	584	44516	3	
自动化	3	581	570	56969	3	
轨道交通信号与控制	4	584	576	51456	4	
电子信息工程	2	574	562	64501	2	
通信工程	3	566	563	63654	3	
计算机科学与技术	2	567	561	65452	2	
物联网工程	2	551	551	75103	2	
新能源科学与工程	2	556	555	71148	2	
工业工程	2	554	549	77083	2	
数据科学与大数据技术	2	554	550	76117	2	
03专业组(化学)	14	577	530	96124	14	
交通运输	4	577	550	76117	4	
交通工程	2	546	538	87986	2	
给排水科学与工程	2	534	531	95098	2	
化学工程与工艺	2	532	530	96124	2	
材料科学与工程	2	535	531	95098	2	
材料成型及控制工程	2	535	532	94094	2	
04专业组(地理)	2	545	544	81927	2	
遥感科学与技术	2	545	544	81927	2	
7205 西北民族大学	38				38	
03专业组(不限)	32	531	512	114463	32	
电子信息类	2	521	519	107387	2	
化工与制药类	4	514	512	114463	4	
教育技术学	2	514	514	112372	2	
动物科学	2	516	514	112372	2	
生物工程	2	522	513	113413	2	
计算机类	6	530	515	111340	6	
土木工程	2	514	513	113413	2	
电气工程及其自动化	2	531	522	104328	2	
自动化	2	521	519	107387	2	
高分子材料与工程	2	514	513	113413	2	
人工智能	2	516	515	111340	2	
环境工程	2	514	512	114463	2	
应用心理学	2	514	513	113413	2	
04专业组(化学)	2	510	506	120487	2	
应用化学	2	510	506	120487	2	
05专业组(化学或生物)	4	516	506	120487	4	
生物技术	4	516	506	120487	4	
7206 甘肃农业大学	7				7	
02专业组(不限)	3	520	516	110349	3	
金融学	3	520	516	110349	3	
03专业组(化学或生物)	4	511	502	124506	4	
草坪科学与工程	4	511	502	124506	4	
7207 甘肃政法大学	13				13	
03专业组(不限)	13	581	539	86937	13	
社会工作	1	543	543	82963	1	
人工智能	1	544	544	81927	1	
网络空间安全	1	544	544	81927	1	
会计学	1	542	542	83978	1	

院校、专业组、专业名称	录取数	最高分	最低分	最低分位次	平行志愿	征求志愿
法学	6	581	546	79957	6	
国际经贸规则	1	541	541	84968	1	
经济统计学	1	539	539	86937	1	
数据科学与大数据技术	1	541	541	84968	1	
7211 陇东学院	15				15	
02专业组(不限)	11	495	481	144815	11	
学前教育(师范)	1	486	486	140151	1	
会计学	2	495	493	133442	2	
过程装备与控制工程	2	488	482	143883	2	
机械设计制造及其自动化	2	485	485	141125	2	
电子信息工程	2	484	484	142060	2	
健康服务与管理	2	484	481	144815	2	
03专业组(化学或生物)	2	493	485	141125	2	
化学工程与工艺	2	493	485	141125	2	
04专业组(化学和生物)	2	491	487	139209	2	
生物制药	2	491	487	139209	2	
7214 西北师范大学	20				20	
03专业组(不限)	12	569	535	91099	12	
法学	2	541	538	87986	2	
会计学	2	540	539	86937	2	
物理学(师范)	2	569	544	81927	2	
工商管理类	2	535	535	91099	2	
特殊教育(师范)	2	543	538	87986	2	
数学与应用数学(师范)	2	553	552	74112	2	
04专业组(化学)	2	530	530	96124	2	
化学工程与工艺	2	530	530	96124	2	
05专业组(化学或生物)	2	531	530	96124	2	
生物技术	2	531	530	96124	2	
06专业组(化学或地理)	2	555	553	73153	2	
地理科学(师范)	2	555	553	73153	2	
07专业组(生物)	2	535	529	97145	2	
心理学类(师范)	2	535	529	97145	2	
7216 天水师范学院	9				9	
02专业组(不限)	6	501	488	138275	6	
电气工程及其自动化	3	501	489	137355	3	
土木工程	3	489	488	138275	3	
03专业组(化学)	3	514	499	127539	3	
化学(师范)	3	514	499	127539	3	
7217 兰州工业学院	27				27	
01专业组(不限)	25	500	487	139209	25	
商务英语	2	490	488	138275	2	
材料成型及控制工程	2	489	488	138275	2	
车辆工程	2	492	492	134437	2	
测控技术与仪器	2	489	487	139209	2	
电气工程及其自动化	2	493	492	134437	2	
通信工程	3	494	489	137355	3	
网络工程	2	489	488	138275	2	
物联网工程	2	490	488	138275	2	
数字媒体技术	2	488	488	138275	2	

院校、专业组、专业名称	录取数	最高分	最低分	最低分位次	平行志愿	征求志愿
智能科学与技术	2	500	487	139209	2	
数据科学与大数据技术	2	493	491	135455	2	
财务管理	2	490	487	139209	2	
02专业组(化学)	**2**	**485**	**483**	**142975**	**2**	
土木工程	2	485	483	142975	2	
7218 兰州城市学院	**14**				**14**	
03专业组(不限)	**10**	**499**	**487**	**139209**	**10**	
数学与应用数学(师范)	1	488	488	138275	1	
机械设计制造及其自动化	4	496	491	135455	4	
机器人工程	4	490	487	139209	4	
会计学	1	499	499	127539	1	
04专业组(化学或生物)	**3**	**495**	**481**	**144815**	**3**	
环境工程	3	495	481	144815	3	
05专业组(生物或地理)	**1**	**485**	**485**	**141125**	**1**	
城乡规划	1	485	485	141125	1	
7219 兰州文理学院	**5**				**5**	
02专业组(不限)	**5**	**503**	**498**	**128536**	**5**	
软件工程	1	503	503	123514	1	
数字媒体技术	1	500	500	126589	1	
数据科学与大数据技术	1	499	499	127539	1	
电子信息工程	1	498	498	128536	1	
广播电视工程	1	498	498	128536	1	
7220 甘肃医学院	**12**				**12**	
01专业组(化学)	**4**	**528**	**506**	**120487**	**4**	
预防医学	1	528	528	98180	1	
中药学	1	506	506	120487	1	
药学	1	506	506	120487	1	
医学检验技术	1	514	514	112372	1	
02专业组(化学或生物)	**8**	**578**	**561**	**65452**	**8**	
临床医学	6	578	562	64501	6	
儿科学	2	562	561	65452	2	
7222 兰州石化职业技术大学	**5**				**5**	
02专业组(不限)	**2**	**489**	**487**	**139209**	**2**	
数字媒体技术	1	489	489	137355	1	
油气储运工程	1	487	487	139209	1	
03专业组(化学)	**3**	**485**	**480**	**145763**	**3**	
应用化工技术(石油炼制)	1	485	485	141125	1	
现代分析测试技术	1	481	481	144815	1	
应用化工技术(化学工程与工艺)	1	480	480	145763	1	
7223 兰州资源环境职业技术大学	**5**				**5**	
01专业组(不限)	**5**	**492**	**487**	**139209**	**5**	
自动化技术与应用	2	492	491	135455	2	
应用化工技术	3	490	487	139209	3	
7224 甘肃中医药大学	**25**				**24**	**1**
01专业组(不限)	**3**	**507**	**496**	**130482**	**3**	
健康服务与管理	1	507	507	119496	1	
医学信息工程	1	496	496	130482	1	
软件工程	1	500	500	126589	1	
02专业组(化学)	**4**	**525**	**504**	**122564**	**4**	
康复治疗学	1	517	517	109393	1	
中药学	2	525	507	119496	2	
卫生检验与检疫	1	504	504	122564	1	
03专业组(化学或生物)	**16**	**560**	**511**	**115420**	**15**	**1**
中医学(5+3一体化)	2	560	560	66452	2	
中医学	2	556	547	78999	2	
中医骨伤科学	1	538	538	87986	1	
中西医临床医学	1	539	539	86937	1	
中医康复学	1	540	540	85962	1	
临床医学	2	554	537	89032	2	
医学影像学	1	536	536	90081	1	
中草药栽培与鉴定	2	535	534	92079	2	
药学	1	533	533	93122	1	
助产学	3	531	511	115420	2	1
04专业组(生物)	**2**	**556**	**554**	**72168**	**2**	
针灸推拿学	2	556	554	72168	2	
7301 青海大学	**8**				**8**	
01专业组(不限)	**6**	**602**	**590**	**39519**	**6**	
自动化	1	590	590	39519	1	
电气工程及其自动化	1	595	595	35651	1	
计算机科学与技术	1	593	593	37179	1	
动物医学	1	602	602	30377	1	
工商管理类	1	590	590	39519	1	
机械设计制造及其自动化	1	594	594	36407	1	
02专业组(化学)	**1**	**590**	**590**	**39519**	**1**	
化学工程与工艺	1	590	590	39519	1	
03专业组(化学或生物)	**1**	**606**	**606**	**27545**	**1**	
临床医学	1	606	606	27545	1	
7302 青海民族大学	**14**				**14**	
02专业组(不限)	**4**	**519**	**506**	**120487**	**4**	
法学	2	519	516	110349	2	
材料物理	2	515	506	120487	2	
03专业组(化学或生物)	**2**	**511**	**510**	**116464**	**2**	
药物制剂	2	511	510	116464	2	
04专业组(思想政治或地理)(中外合作办学)	**6**	**480**	**464**	**160212**	**6**	
土地资源管理(中外合作办学)	6	480	464	160212	6	
05专业组(思想政治或地理)	**2**	**505**	**502**	**124506**	**2**	
经济学	2	505	502	124506	2	
7303 青海师范大学	**4**				**4**	
02专业组(不限)	**2**	**515**	**511**	**115420**	**2**	
经济学	2	515	511	115420	2	
03专业组(化学)	**2**	**497**	**497**	**129553**	**2**	
应用化学	2	497	497	129553	2	
7401 北方民族大学	**16**				**16**	
03专业组(不限)	**9**	**524**	**511**	**115420**	**9**	

院校、专业组、专业名称	录取数	最高分	最低分	最低分位次	平行志愿	征求志愿
电子信息类	2	518	512	114463	2	
机械类	2	517	512	114463	2	
化工与制药类	2	515	514	112372	2	
土木类	1	511	511	115420	1	
数学类	1	513	513	113413	1	
数据科学与大数据技术	1	524	524	102241	1	
04专业组(不限)	**3**	**510**	**504**	**122564**	**3**	
日语	1	510	510	116464	1	
电子商务	2	507	504	122564	2	
05专业组(不限)(中外合作办学)	**2**	**513**	**509**	**117454**	**2**	
软件工程(中外合作办学)	2	513	509	117454	2	
06专业组(化学)	**1**	**528**	**528**	**98180**	**1**	
医学影像技术	1	528	528	98180	1	
07专业组(化学或生物)	**1**	**517**	**517**	**109393**	**1**	
生物科学类	1	517	517	109393	1	
7402 宁夏大学	**18**				**18**	
02专业组(不限)	**14**	**600**	**585**	**43657**	**14**	
数学与应用数学(师范)	2	600	595	35651	2	
信息与计算科学	2	588	587	42009	2	
电气工程及其自动化	2	592	592	37932	2	
新能源材料与器件	2	593	591	38768	2	
化学工程与工艺	2	587	585	43657	2	
过程装备与控制工程	2	587	585	43657	2	
农业水利工程	2	588	585	43657	2	
03专业组(不限)(中外合作办学)	**2**	**576**	**574**	**53221**	**2**	
机械工程(中外合作办学)	2	576	574	53221	2	
04专业组(化学)	**2**	**592**	**590**	**39519**	**2**	
交通运输	2	592	590	39519	2	
7403 宁夏医科大学	**16**				**16**	
01专业组(化学)	**2**	**534**	**530**	**96124**	**2**	
中药学	1	530	530	96124	1	
医学检验技术	1	534	534	92079	1	
02专业组(化学或生物)	**14**	**591**	**567**	**59799**	**14**	
临床医学	4	591	576	51456	4	
麻醉学	1	585	585	43657	1	
医学影像学	1	573	573	54146	1	
眼视光医学	1	573	573	54146	1	
儿科学	1	572	572	55138	1	
临床医学(卓越医生实验班)	1	588	588	41159	1	
基础医学	1	571	571	56021	1	
口腔医学	1	575	575	52350	1	
口腔医学(卓越医生实验班)	1	577	577	50595	1	
预防医学	2	569	567	59799	2	
7501 新疆大学	**47**				**46**	**1**
03专业组(不限)	**40**	**599**	**516**	**110349**	**39**	**1**
汉语言文学	1	574	574	53221	1	
英语	3	573	516	110349	2	1

院校、专业组、专业名称	录取数	最高分	最低分	最低分位次	平行志愿	征求志愿
数学与应用数学	2	596	589	40322	2	
信息与计算科学	2	581	580	47955	2	
物理学	1	593	593	37179	1	
环境科学	1	579	579	48832	1	
电子信息工程	1	596	596	34854	1	
计算机科学与技术	1	599	599	32622	1	
通信工程	1	585	585	43657	1	
信息安全	1	583	583	45410	1	
机械类(西安交通大学机械工程专业联合培养)	1	591	591	38768	1	
机械类	2	580	573	54146	2	
机械类(智能制造)	2	586	577	50595	2	
自动化	1	581	581	47114	1	
土木工程	1	572	572	55138	1	
资源勘查工程	1	589	589	40322	1	
软件工程	18	596	573	54146	18	
04专业组(化学)	**4**	**573**	**568**	**58808**	**4**	
能源化学工程	1	573	573	54146	1	
交通工程	3	568	568	58808	3	
05专业组(思想政治)	**1**	**565**	**565**	**61774**	**1**	
思想政治教育	1	565	565	61774	1	
06专业组(地理)	**2**	**585**	**568**	**58808**	**2**	
地理信息科学	1	585	585	43657	1	
自然地理与资源环境	1	568	568	58808	1	
7502 新疆师范大学	**79**				**76**	**3**
03专业组(不限)	**30**	**552**	**486**	**140151**	**28**	**2**
教育技术学(师范)	2	522	511	115420	2	
数学与应用数学(师范)	7	552	516	110349	7	
信息与计算科学	3	513	505	121517	3	
物理学(师范)	9	525	511	115420	9	
电子信息科学与技术	9	526	486	140151	7	2
04专业组(不限)	**15**	**534**	**476**	**149566**	**14**	**1**
经济学	5	488	478	147717	5	
国际商务	8	492	476	149566	7	1
小学教育(师范)	1	534	534	92079	1	
英语(师范)	1	515	515	111340	1	
05专业组(化学)	**20**	**521**	**481**	**144815**	**20**	
计算机科学与技术(师范)	6	511	481	144815	6	
软件工程	8	520	482	143883	8	
化学(师范)	3	521	493	133442	3	
化学工程与工艺	1	481	481	144815	1	
环境工程	2	485	484	142060	2	
06专业组(化学或生物)	**3**	**531**	**524**	**102241**	**3**	
生物科学(师范)	3	531	524	102241	3	
07专业组(化学或地理)	**9**	**513**	**498**	**128536**	**9**	
地理科学(师范)	3	513	506	120487	3	
地理信息科学	6	505	498	128536	6	
08专业组(生物)	**2**	**504**	**503**	**123514**	**2**	
心理学(师范)	2	504	503	123514	2	

院校、专业组、专业名称	录取数	最高分	最低分	最低分位次	平行志愿	征求志愿
7503 新疆农业大学	**115**				**115**	
04专业组(不限)	**75**	**527**	**489**	**137355**	**75**	
数学与应用数学	10	499	490	136410	10	
电气工程及其自动化	5	527	504	122564	5	
电子信息科学与技术	5	515	500	126589	5	
物联网工程	5	511	496	130482	5	
土木工程	10	506	490	136410	10	
水利水电工程	15	517	497	129553	15	
农业水利工程	10	497	489	137355	10	
动物科学	10	513	493	133442	10	
动物医学	5	511	500	126589	5	
05专业组(不限)	**15**	**502**	**483**	**142975**	**15**	
食品科学与工程	5	502	487	139209	5	
食品质量与安全	5	494	484	142060	5	
葡萄与葡萄酒工程	5	484	483	142975	5	
06专业组(不限)(中外合作办学)	**5**	**484**	**475**	**150470**	**5**	
土木工程(中外合作办学)	5	484	475	150470	5	
07专业组(化学或生物)	**20**	**510**	**490**	**136410**	**20**	
农学	5	507	497	129553	5	
植物保护	5	497	490	136410	5	
种子科学与工程	5	496	491	135455	5	
药学	5	510	491	135455	5	
7504 中国石油大学(北京)克拉玛依校区	**49**				**49**	
01专业组(不限)	**49**	**602**	**570**	**56969**	**49**	
资源勘查工程	2	582	579	48832	2	
勘查技术与工程	2	581	578	49756	2	
石油工程	5	594	581	47114	5	
计算机类	6	602	587	42009	6	
化学工程与工艺	3	576	576	51456	3	
能源化学工程	2	576	574	53221	2	
机械类	5	594	577	50595	5	
油气储运工程	2	597	580	47955	2	
环境工程	2	590	574	53221	2	
自动化	2	590	587	42009	2	
新能源科学与工程	2	581	577	50595	2	
数学与应用数学	3	590	571	56021	3	
统计学	3	576	570	56969	3	
英语	2	573	571	56021	2	
经济学	2	574	570	56969	2	
金融学	3	571	570	56969	3	
会计学	3	573	571	56021	3	
7505 新疆财经大学	**48**				**47**	**1**
02专业组(不限)	**48**	**532**	**479**	**146748**	**47**	**1**
金融学	2	532	502	124506	2	
金融科技	2	491	488	138275	2	
金融工程	2	485	483	142975	2	
保险学	1	479	479	146748	1	
经济统计学	3	495	480	145763	3	
统计学	2	509	501	125542	2	
金融数学	4	493	481	144815	4	
数据科学与大数据技术	4	507	482	143883	4	
人力资源管理	1	484	484	142060	1	
会计学	2	513	505	121517	2	
财务管理	3	499	493	133442	3	
审计学	1	526	526	100234	1	
经济学	2	499	489	137355	2	
数字经济	2	481	480	145763	2	
财政学	2	514	491	135455	2	
税收学	1	489	489	137355	1	
行政管理	2	483	481	144815	2	
旅游管理	1	489	489	137355	1	
法学	2	529	508	118485	2	
信息管理与信息系统	3	483	479	146748	2	1
电子商务	1	483	483	142975	1	
计算机科学与技术	4	501	486	140151	4	
网络空间安全	1	501	501	125542	1	
7507 昌吉学院	**30**				**30**	
02专业组(不限)	**30**	**488**	**472**	**153185**	**30**	
教育技术学(师范)	10	482	473	152316	10	
网络与新媒体	5	485	478	147717	5	
物理学(师范)	5	481	474	151398	5	
计算机科学与技术	5	488	482	143883	5	
电子商务	5	481	472	153185	5	
7509 新疆工程学院	**50**				**50**	
01专业组(不限)	**40**	**507**	**480**	**145763**	**40**	
轨道交通信号与控制	2	496	496	130482	2	
自动化	4	493	487	139209	4	
采矿工程	3	481	480	145763	3	
地质工程	3	481	481	144815	3	
电气工程及其自动化	3	501	496	130482	3	
能源与动力工程	3	495	488	138275	3	
新能源科学与工程	3	489	487	139209	3	
土木工程	4	507	481	144815	4	
测绘工程	4	484	481	144815	4	
数据科学与大数据技术	3	490	485	141125	3	
通信工程	4	486	482	143883	4	
物联网工程	4	486	481	144815	4	
02专业组(化学)	**10**	**482**	**471**	**154058**	**10**	
安全工程	4	479	474	151398	4	
消防工程	3	473	471	154058	3	
测控技术与仪器	3	482	473	152316	3	
7511 石河子大学	**58**				**53**	**5**
01专业组(不限)	**24**	**591**	**559**	**67392**	**22**	**2**
会计学	2	565	561	65452	2	
计算机类	4	591	572	55138	4	
工商管理类	4	571	560	66452	4	

院校、专业组、专业名称	录取数	最高分	最低分	最低分位次	平行志愿	征求志愿
经济学类	6	570	559	67392	5	1
农林经济管理	4	567	560	66452	4	
广播电视学	2	566	563	63654	1	1
汉语言文学	2	568	565	61774	2	
02专业组(化学)	**12**	**583**	**553**	**73153**	**12**	
化学工程与工艺	2	578	566	60725	2	
化学(师范)	2	566	555	71148	2	
机械设计制造及其自动化	2	568	567	59799	2	
土木类	4	583	553	73153	4	
储能科学与工程	2	570	566	60725	2	
03专业组(化学或生物)	**22**	**593**	**505**	**121517**	**19**	**3**
食品科学与工程类	4	579	558	68331	4	
植物生产类	6	563	505	121517	3	3
动物科学	2	565	560	66452	2	
动物医学	4	579	567	59799	4	
临床医学	4	593	584	44516	4	
口腔医学	2	592	589	40322	2	
7512 新疆科技学院	**45**				**45**	
04专业组(不限)	**29**	**484**	**468**	**156710**	**29**	
会计学	3	480	473	152316	3	
财务管理	3	474	470	154932	3	
税收学	2	473	473	152316	2	
金融学	3	473	471	154058	3	
国际经济与贸易	3	481	469	155786	3	
人力资源管理	2	472	471	154058	2	
市场营销	2	471	470	154932	2	
法学	2	469	468	156710	2	
旅游管理	2	470	468	156710	2	
计算机科学与技术	3	479	472	153185	3	
信息安全	2	484	475	150470	2	
电子商务	2	476	475	150470	2	
05专业组(化学)	**10**	**475**	**467**	**157549**	**10**	
化学工程与工艺	2	475	471	154058	2	
纺织工程	2	472	468	156710	2	
轻化工程	2	473	470	154932	2	
药学	2	473	468	156710	2	
康复治疗学	2	467	467	157549	2	
06专业组(化学和生物)	**2**	**484**	**465**	**159349**	**2**	
工程审计	2	484	465	159349	2	
07专业组(生物)	**2**	**492**	**484**	**142060**	**2**	
护理学	2	492	484	142060	2	
08专业组(思想政治)	**2**	**466**	**463**	**161011**	**2**	
医疗保险	2	466	463	161011	2	
7513 新疆理工学院	**72**				**71**	**1**
02专业组(不限)	**69**	**497**	**470**	**154932**	**68**	**1**
信息与计算科学	4	481	477	148670	4	
金融学	3	478	477	148670	3	
市场营销	2	475	475	150470	2	
旅游管理	2	474	473	152316	2	
物流管理	2	473	473	152316	2	
法学	2	484	483	142975	2	
机械设计制造及其自动化	2	488	484	142060	2	
机械电子工程	2	483	480	145763	2	
机器人工程	2	478	477	148670	2	
土木工程	5	489	476	149566	5	
电气工程及其自动化	5	490	481	144815	5	
测控技术与仪器	2	475	475	150470	2	
物流工程	2	473	473	152316	2	
工程管理	2	475	472	153185	2	
材料成型及控制工程	2	472	472	153185	2	
通信工程	2	487	478	147717	2	
计算机科学与技术	3	492	477	148670	3	
软件工程	2	485	484	142060	2	
智能科学与技术	2	478	475	150470	2	
数字媒体技术	2	476	473	152316	2	
信息管理与信息系统	2	476	474	151398	2	
过程装备与控制工程	3	475	472	153185	3	
能源化学工程	2	476	475	150470	2	
能源服务工程	2	475	472	153185	2	
材料化学	2	472	471	154058	2	
储能科学与工程	2	477	472	153185	2	
食品营养与检验教育	3	477	470	154932	3	
食品安全与检测	3	497	472	153185	2	1
03专业组(化学或生物)	**3**	**482**	**475**	**150470**	**3**	
食品卫生与营养学	3	482	475	150470	3	
7521 伊犁师范大学	**165**				**163**	**2**
03专业组(不限)	**114**	**518**	**467**	**157549**	**112**	**2**
机械电子工程	2	487	483	142975	2	
电子信息工程	6	484	479	146748	6	
法学	6	518	479	146748	6	
材料化学	4	492	476	149566	4	
环境工程	9	480	476	149566	9	
环境科学	8	482	476	149566	8	
数字经济	3	478	476	149566	3	
应用统计学	4	479	477	148670	4	
数据科学与大数据技术	2	487	480	145763	2	
英语(师范)	5	514	480	145763	5	
俄语	2	479	477	148670	2	
小学教育(师范)	4	506	483	142975	4	
翻译	2	480	467	157549		2
应用心理学(师范)	4	483	479	146748	4	
计算机科学与技术	8	500	484	142060	8	
物联网工程	6	483	477	148670	6	
信息管理与信息系统	4	484	478	147717	4	
物理学(师范)	3	499	489	137355	3	
应用物理学	2	482	481	144815	2	
土木工程	2	484	481	144815	2	
广播电视学	3	480	476	149566	3	

院校、专业组、专业名称	录取数	最高分	最低分	最低分位次	平行志愿	征求志愿
食品质量与安全	6	490	477	148670	6	
生物工程	4	493	483	142975	4	
数学与应用数学(师范)	15	511	482	143883	15	
04专业组(化学)	**18**	**480**	**474**	**151398**	**18**	
化学(师范)	8	477	474	151398	8	
应用化学	10	480	474	151398	10	
05专业组(化学或生物)	**12**	**486**	**476**	**149566**	**12**	
生物科学(师范)	6	486	478	147717	6	
植物保护	6	483	476	149566	6	
06专业组(化学或地理)	**17**	**496**	**466**	**158487**	**17**	
地理科学(师范)	6	496	478	147717	6	
自然地理与资源环境	11	480	466	158487	11	
07专业组(地理)	**4**	**476**	**468**	**156710**	**4**	
地理信息科学	4	476	468	156710	4	
7526 塔里木大学	**16**				**14**	**2**
02专业组(化学)	**12**	**487**	**467**	**157549**	**10**	**2**
化学工程与工艺	5	486	477	148670	5	
纺织工程	4	478	467	157549	2	2
网络空间安全	3	487	479	146748	3	
03专业组(化学或生物)	**4**	**487**	**484**	**142060**	**4**	
智慧农业	4	487	484	142060	4	
7527 新疆医科大学	**60**				**60**	
01专业组(化学)	**14**	**578**	**497**	**129553**	**14**	
口腔医学	1	578	578	49756	1	
医学检验技术	2	518	505	121517	2	
药学	4	518	497	129553	4	
临床药学	1	530	530	96124	1	
基础医学	2	547	534	92079	2	
医学影像技术	3	529	515	111340	3	
康复治疗学	1	512	512	114463	1	
02专业组(化学或生物)	**27**	**594**	**574**	**53221**	**27**	
临床医学(5+3一体化)	1	594	594	36407	1	
临床医学(儿科学)(5+3一体化)	1	588	588	41159	1	
临床医学	16	588	580	47955	16	
儿科学	2	576	575	52350	2	
麻醉学	2	579	578	49756	2	
医学影像学	3	578	574	53221	3	
精神医学	1	574	574	53221	1	
眼视光医学	1	579	579	48832	1	
03专业组(化学和生物)	**19**	**559**	**522**	**104328**	**19**	
中西医临床医学	5	548	533	93122	5	
中医学	5	559	539	86937	5	
针灸推拿学	3	530	524	102241	3	
预防医学	2	525	522	104328	2	
中药学	3	540	523	103299	3	
生物医学工程	1	523	523	103299	1	
7529 喀什大学	**16**				**16**	
04专业组(不限)	**11**	**497**	**484**	**142060**	**11**	
教育学(师范)	1	485	485	141125	1	
学前教育(师范)	1	484	484	142060	1	
数学与应用数学(师范)	2	497	488	138275	2	
物理学(师范)	2	492	484	142060	2	
电气工程及其自动化	2	489	487	139209	2	
通信工程	2	485	484	142060	2	
旅游管理	1	484	484	142060	1	
05专业组(化学)	**2**	**494**	**488**	**138275**	**2**	
化学(师范)	2	494	488	138275	2	
06专业组(化学或生物)	**2**	**499**	**489**	**137355**	**2**	
生物科学(师范)	2	499	489	137355	2	
07专业组(思想政治或地理)	**1**	**491**	**491**	**135455**	**1**	
汉语言文学(师范)	1	491	491	135455	1	
7531 新疆政法学院	**31**				**31**	
03专业组(不限)	**26**	**532**	**475**	**150470**	**26**	
法学	7	532	481	144815	7	
工商管理	3	479	475	150470	3	
国际经济与贸易	2	481	475	150470	2	
计算机科学与技术	8	490	476	149566	8	
监狱学	2	485	484	142060	2	
社区矫正	2	475	475	150470	2	
财务管理	2	479	477	148670	2	
04专业组(化学)	**5**	**504**	**477**	**148670**	**5**	
网络空间安全	5	504	477	148670	5	
8001 上海杉达学院	**53**				**53**	
03专业组(不限)	**53**	**529**	**466**	**158487**	**53**	
金融学	1	487	487	139209	1	
国际经济与贸易	1	479	479	146748	1	
会计学	3	505	500	126589	3	
食品质量与安全	2	491	485	141125	2	
计算机科学与技术	11	529	475	150470	11	
数据科学与大数据技术	9	492	470	154932	9	
软件工程	5	504	473	152316	5	
电子商务	1	466	466	158487	1	
英语	2	493	480	145763	2	
工程管理	1	468	468	156710	1	
机械电子工程	3	480	468	156710	3	
建筑电气与智能化	4	470	467	157549	4	
土木工程	3	470	466	158487	3	
电气工程与智能控制	3	473	472	153185	3	
风景园林	4	469	466	158487	4	
8002 上海建桥学院	**52**				**51**	**1**
03专业组(不限)	**52**	**525**	**462**	**161814**	**51**	**1**
数字经济	3	476	468	156710	3	
金融工程	3	504	474	151398	3	
国际经济与贸易	3	498	469	155786	3	
英语	2	488	471	154058	2	
日语	2	487	469	155786	2	
传播学	2	486	473	152316	2	

院校、专业组、专业名称	录取数	最高分	最低分	最低分位次	平行志愿	征求志愿
电子商务	3	469	462	161814	2	1
工程管理	3	477	474	151398	3	
机械设计制造及其自动化	4	480	473	152316	4	
汽车服务工程	3	479	468	156710	3	
电子科学与技术	6	496	469	155786	6	
微电子科学与工程	4	506	471	154058	4	
物联网工程	6	490	471	154058	6	
数字媒体技术	4	502	483	142975	4	
计算机科学与技术	4	525	504	122564	4	
8003 上海兴伟学院	**18**				**10**	**8**
02专业组(不限)	**18**	**463**	**451**	**170595**	**10**	**8**
英语	11	458	451	170595	7	4
国际商务	7	463	451	170595	3	4
8004 上海视觉艺术学院	**2**				**2**	
02专业组(不限)	**2**	**506**	**501**	**125542**	**2**	
文化产业管理	2	506	501	125542	2	
8005 上海外国语大学贤达经济人文学院	**34**				**34**	
02专业组(不限)	**34**	**508**	**458**	**165042**	**34**	
英语	2	491	477	148670	2	
日语	2	467	464	160212	2	
朝鲜语	2	458	458	165042	2	
国际经济与贸易	4	482	466	158487	4	
会计学	6	508	466	158487	6	
金融学	6	477	460	163420	6	
工商管理	5	465	459	164241	5	
旅游管理	2	458	458	165042	2	
文化产业管理	1	476	476	149566	1	
广告学	2	460	458	165042	2	
新闻学	2	463	458	165042	2	
8006 上海师范大学天华学院	**67**				**65**	**2**
02专业组(不限)	**67**	**507**	**456**	**166665**	**65**	**2**
小学教育(中外合作办学)(师范)	2	507	489	137355	2	
应用心理学	5	468	459	164241	5	
机械电子工程	7	490	456	166665	7	
电子信息工程	8	481	460	163420	8	
通信工程	7	488	456	166665	7	
集成电路设计与集成系统	8	470	456	166665	8	
人工智能	8	499	459	164241	8	
财务管理(国际注册会计师)	4	502	469	155786	4	
财务管理(特许金融分析师)	3	477	464	160212	3	
金融数学	15	471	456	166665	13	2
8023 上海立达学院	**16**				**7**	**9**
03专业组(不限)	**16**	**464**	**453**	**169035**	**7**	**9**
金融科技	1	456	456	166665		1
人工智能	6	464	453	169035	2	4
数据科学与大数据技术	3	460	453	169035	2	1
会计学	6	463	453	169035	3	3

院校、专业组、专业名称	录取数	最高分	最低分	最低分位次	平行志愿	征求志愿
8029 上海中侨职业技术大学	**12**				**12**	
03专业组(不限)	**12**	**482**	**461**	**162621**	**12**	
工程造价	2	474	461	162621	2	
数字媒体技术	3	470	465	159349	3	
物联网工程技术	1	470	470	154932	1	
大数据工程技术	2	462	461	162621	2	
人工智能工程技术	2	477	461	162621	2	
智能制造工程技术	1	482	482	143883	1	
食品质量与安全	1	461	461	162621	1	
8030 浙江万里学院	**216**				**216**	
03专业组(不限)	**111**	**531**	**477**	**148670**	**111**	
社会工作	5	489	478	147717	5	
财务管理	5	501	495	131453	5	
国际经济与贸易	6	499	484	142060	6	
国际商务	5	489	478	147717	5	
会计学	10	523	503	123514	10	
金融学类	5	501	489	137355	5	
会展经济与管理	5	506	478	147717	5	
资产评估	10	506	478	147717	10	
创业管理	5	497	487	139209	5	
日语	5	523	477	148670	5	
商务英语	5	492	478	147717	5	
英语	5	531	485	141125	5	
汉语言文学	5	512	503	123514	5	
新闻传播学类	5	516	478	147717	5	
电子商务类	5	496	488	138275	5	
物流管理	5	503	486	140151	5	
数字经济	5	489	482	143883	5	
工商管理	10	491	478	147717	10	
供应链管理	5	491	481	144815	5	
04专业组(不限)	**76**	**521**	**494**	**132434**	**76**	
电气工程及其自动化	8	511	499	127539	8	
物联网工程	12	511	495	131453	12	
电子信息类	10	514	497	129553	10	
机械电子工程	5	498	494	132434	5	
网络空间安全	10	511	494	132434	10	
人工智能	10	508	495	131453	10	
计算机类	12	513	502	124506	12	
统计学	5	511	495	131453	5	
区块链工程	4	521	494	132434	4	
05专业组(不限)(中外合作办学)	**6**	**465**	**452**	**169838**	**6**	
广告学(中外合作办学)	6	465	452	169838	6	
06专业组(化学)	**5**	**501**	**470**	**154932**	**5**	
智能影像工程	5	501	470	154932	5	
07专业组(化学或生物)	**18**	**502**	**475**	**150470**	**18**	
生物工程类	5	501	488	138275	5	
环境科学与工程类	8	490	475	150470	8	
食品科学与工程类	5	502	479	146748	5	

院校、专业组、专业名称	录取数	最高分	最低分	最低分位次	平行志愿	征求志愿
8031 浙江树人学院	**221**				**218**	**3**
02专业组(不限)	**186**	**507**	**460**	**163420**	**183**	**3**
工商管理	20	468	460	163420	20	
市场营销	16	465	460	163420	16	
财务管理	20	478	461	162621	20	
公共事业管理	5	469	460	163420	5	
物流管理	3	463	461	162621	3	
土木工程	45	480	460	163420	45	
建筑学	10	474	460	163420	10	
英语	2	478	468	156710	2	
商务英语	2	461	460	163420	2	
汉语言文学	1	477	477	148670	1	
网络与新媒体	2	475	469	155786	2	
国际经济与贸易	10	473	461	162621	10	
投资学	5	469	460	163420	5	
国际商务	5	465	460	163420	5	
社会工作	5	507	460	163420	2	3
人工智能	6	480	470	154932	6	
通信工程	5	485	476	149566	5	
数字媒体技术	5	502	483	142975	5	
物联网工程	5	476	468	156710	5	
数据科学与大数据技术	5	477	472	153185	5	
计算机科学与技术	9	483	473	152316	9	
03专业组(化学或生物)	**35**	**498**	**459**	**164241**	**35**	
生物工程	10	481	462	161814	10	
食品科学与工程	5	498	461	162621	5	
环境工程	20	472	459	164241	20	
8032 浙江越秀外国语学院	**88**				**81**	**7**
03专业组(不限)	**75**	**472**	**454**	**168262**	**68**	**7**
网络与新媒体	2	466	464	160212	2	
酒店管理	5	458	457	165877	5	
金融工程	2	459	457	165877	2	
英语	4	464	459	164241	4	
商务英语	4	466	459	164241	4	
翻译	5	459	457	165877	5	
日语	3	465	458	165042	3	
朝鲜语	1	458	458	165042	1	
法语	7	458	456	166665	4	3
西班牙语	2	467	464	160212	2	
俄语	5	457	454	168262	1	4
德语	2	460	457	165877	2	
工商管理	1	459	459	164241	1	
国际商务	2	459	458	165042	2	
大数据管理与应用	2	460	459	164241	2	
税收学	6	458	457	165877	6	
经济统计学	2	467	465	159349	2	
数字经济	1	459	459	164241	1	
国际经济与贸易	3	459	458	165042	3	
物流管理	1	459	459	164241	1	
电子商务	3	465	461	162621	3	
传播学	4	459	457	165877	4	
新闻学	2	472	458	165042	2	
会展经济与管理	6	459	458	165042	6	
04专业组(不限)(中外合作办学)	**13**	**468**	**455**	**167464**	**13**	
大数据管理与应用(中外合作办学)	8	468	457	165877	8	
网络与新媒体(中外合作办学)	5	456	455	167464	5	
8033 宁波财经学院	**43**				**43**	
02专业组(不限)	**43**	**481**	**459**	**164241**	**43**	
财务管理	2	475	464	160212	2	
会计学	3	477	461	162621	3	
国际经济与贸易	2	479	459	164241	2	
电子商务	2	464	459	164241	2	
物流管理	2	464	464	160212	2	
市场营销	2	460	459	164241	2	
金融工程	3	477	460	163420	3	
信息管理与信息系统	2	481	459	164241	2	
软件工程	6	478	459	164241	6	
数据科学与大数据技术	5	474	459	164241	5	
计算机科学与技术	7	466	459	164241	7	
数字媒体技术	3	462	459	164241	3	
机械电子工程	2	460	459	164241	2	
工业设计	2	467	463	161011	2	
8036 浙江工业大学之江学院	**58**				**58**	
02专业组(不限)	**58**	**500**	**465**	**159349**	**58**	
市场营销	2	500	473	152316	2	
计算机科学与技术	6	481	474	151398	6	
软件工程	5	483	470	154932	5	
电子信息工程	7	485	469	155786	7	
电气工程与智能控制	5	480	471	154058	5	
机械工程	12	474	466	158487	12	
智能制造工程	8	469	465	159349	8	
日语	2	467	467	157549	2	
工业设计	4	471	465	159349	4	
数据科学与大数据技术	5	477	471	154058	5	
旅游管理	2	467	465	159349	2	
8037 浙江师范大学行知学院	**25**				**25**	
02专业组(不限)	**18**	**494**	**477**	**148670**	**18**	
机械设计制造及其自动化	7	481	477	148670	7	
电子信息工程	4	483	479	146748	4	
计算机科学与技术	1	494	494	132434	1	
网络空间安全	5	485	478	147717	5	
人工智能	1	481	481	144815	1	
03专业组(化学)	**3**	**477**	**465**	**159349**	**3**	
应用化学	2	477	466	158487	2	
材料科学与工程	1	465	465	159349	1	

院校、专业组、专业名称	录取数	最高分	最低分	最低分位次	平行志愿	征求志愿
04专业组(化学或生物)	**4**	**482**	**477**	**148670**	**4**	
生物技术	2	482	477	148670	2	
环境工程	1	477	477	148670	1	
食品质量与安全	1	479	479	146748	1	
8038 宁波大学科学技术学院	**59**				**59**	
02专业组(不限)	**55**	**491**	**462**	**161814**	**55**	
工商管理	1	465	465	159349	1	
会计学	1	482	482	143883	1	
金融学	1	477	477	148670	1	
国际经济与贸易	1	464	464	160212	1	
电子商务	1	464	464	160212	1	
英语	1	472	472	153185	1	
翻译	1	465	465	159349	1	
日语	1	481	481	144815	1	
计算机科学与技术	5	491	468	156710	5	
软件工程	3	474	466	158487	3	
电子信息工程	2	468	468	156710	2	
人工智能	3	476	469	155786	3	
环境工程	2	466	464	160212	2	
机器人工程	2	471	466	158487	2	
机械设计制造及其自动化	8	484	464	160212	8	
智能制造工程	2	468	465	159349	2	
机械电子工程	5	471	464	160212	5	
电气工程及其自动化	3	482	468	156710	3	
土木工程	7	465	462	161814	7	
建筑学	2	469	463	161011	2	
工程管理	3	468	462	161814	3	
03专业组(化学)	**2**	**477**	**463**	**161011**	**2**	
应用化学	2	477	463	161011	2	
04专业组(化学或生物)	**2**	**477**	**476**	**149566**	**2**	
生物技术	2	477	476	149566	2	
8039 杭州电子科技大学信息工程学院	**65**				**65**	
01专业组(不限)	**65**	**581**	**478**	**147717**	**65**	
计算机类	23	581	483	142975	23	
管理科学与工程类	2	478	478	147717	2	
通信工程	4	501	489	137355	4	
电子信息类	14	484	478	147717	14	
自动化	8	487	478	147717	8	
电气工程及其自动化	6	490	483	142975	6	
机械设计制造及其自动化	8	483	478	147717	8	
8040 浙江理工大学科技与艺术学院	**31**				**30**	**1**
01专业组(不限)	**24**	**507**	**461**	**162621**	**23**	**1**
国际经济与贸易	2	463	461	162621	2	
会计学	5	507	462	161814	5	
工商管理	2	463	461	162621	2	
英语	2	465	463	161011	1	1
行政管理	3	468	463	161011	3	

院校、专业组、专业名称	录取数	最高分	最低分	最低分位次	平行志愿	征求志愿
电子信息工程	2	473	465	159349	2	
计算机科学与技术	2	473	466	158487	2	
建筑学	3	487	464	160212	3	
土木工程	3	463	462	161814	3	
02专业组(化学)	**7**	**465**	**460**	**163420**	**7**	
纺织工程	3	464	461	162621	3	
服装设计与工程	2	465	461	162621	2	
应用化学	2	462	460	163420	2	
8042 浙江农林大学暨阳学院	**45**				**44**	**1**
02专业组(不限)	**45**	**475**	**461**	**162621**	**44**	**1**
机械设计制造及其自动化	10	473	461	162621	10	
计算机科学与技术	11	467	461	162621	11	
电子信息工程	5	473	461	162621	5	
数据科学与大数据技术	5	468	461	162621	4	1
园林	4	468	464	160212	4	
土木工程	4	464	461	162621	4	
食品科学与工程	6	475	461	162621	6	
8043 温州医科大学仁济学院	**20**				**20**	
01专业组(不限)	**20**	**513**	**461**	**162621**	**20**	
英语	3	475	469	155786	3	
日语	3	467	465	159349	3	
信息管理与信息系统	6	474	461	162621	6	
市场营销	4	464	461	162621	4	
公共事业管理	4	513	474	151398	4	
8046 绍兴文理学院元培学院	**35**				**35**	
02专业组(不限)	**35**	**486**	**461**	**162621**	**35**	
中国语言文学类	1	462	462	161814	1	
英语	1	486	486	140151	1	
翻译	1	466	466	158487	1	
会计学	1	475	475	150470	1	
国际经济与贸易	2	477	463	161011	2	
计算机类	3	476	467	157549	3	
数据科学与大数据技术	4	467	464	160212	4	
电子信息工程	4	479	464	160212	4	
机械类	10	466	461	162621	10	
土木工程	5	466	461	162621	5	
管理科学与工程类	3	468	462	161814	3	
8048 浙江工商大学杭州商学院	**41**				**40**	**1**
02专业组(不限)	**41**	**501**	**460**	**163420**	**40**	**1**
工商管理	1	472	472	153185	1	
市场营销	1	470	470	154932	1	
人力资源管理	2	468	466	158487	2	
会计学	5	487	477	148670	5	
财务管理	5	488	469	155786	5	
旅游管理	1	467	467	157549	1	
经济统计学	1	468	468	156710	1	
金融学	2	487	482	143883	2	
互联网金融	3	470	467	157549	3	

院校、专业组、专业名称	录取数	最高分	最低分	最低分位次	平行志愿	征求志愿
国际经济与贸易	4	475	467	157549	4	
英语	3	492	467	157549	3	
商务英语	1	467	467	157549	1	
计算机科学与技术	8	501	466	158487	8	
电子商务	2	466	465	159349	2	
跨境电子商务	2	466	460	163420	1	1
8050 中国计量大学现代科技学院	**5**				**5**	
01专业组(不限)	**5**	**527**	**518**	**108392**	**5**	
电气工程及其自动化	1	520	520	106376	1	
质量管理工程	1	527	527	99221	1	
测控技术与仪器	1	527	527	99221	1	
电子信息工程	1	522	522	104328	1	
工业设计	1	518	518	108392	1	
8051 浙江财经大学东方学院	**63**				**63**	
02专业组(不限)	**63**	**489**	**461**	**162621**	**63**	
金融学	8	475	463	161011	8	
保险学	2	472	469	155786	2	
经济学	1	469	469	155786	1	
跨境电子商务	2	465	461	162621	2	
财政学	2	466	465	159349	2	
税收学	6	474	463	161011	6	
工商管理	4	464	462	161814	4	
工程管理	1	467	467	157549	1	
市场营销	2	470	464	160212	2	
物流管理	1	465	465	159349	1	
会计学	5	489	483	142975	5	
审计学	3	483	479	146748	3	
财务管理	1	478	478	147717	1	
计算机科学与技术	6	474	466	158487	6	
电子商务	11	467	461	162621	11	
互联网金融	6	466	462	161814	6	
英语	2	463	461	162621	2	
8052 温州商学院	**15**				**12**	**3**
03专业组(不限)	**15**	**480**	**459**	**164241**	**12**	**3**
金融学	1	465	465	159349	1	
金融科技	1	459	459	164241		1
税收学	2	473	466	158487	2	
国际经济与贸易	1	460	460	163420	1	
会计学	7	480	460	163420	7	
计算机类	3	466	460	163420	1	2
8054 上海财经大学浙江学院	**39**				**39**	
02专业组(不限)	**39**	**504**	**471**	**154058**	**39**	
会计学	2	493	493	133442	2	
财务管理	5	486	478	147717	5	
金融学	3	504	479	146748	3	
保险学	3	475	472	153185	3	
投资学	2	483	482	143883	2	
数据科学与大数据技术	4	478	473	152316	4	

院校、专业组、专业名称	录取数	最高分	最低分	最低分位次	平行志愿	征求志愿
国际经济与贸易	3	484	475	150470	3	
物流管理	1	473	473	152316	1	
人力资源管理	5	475	471	154058	5	
跨境电子商务	2	475	474	151398	2	
经济学	2	479	477	148670	2	
电子商务	4	475	473	152316	4	
软件工程	3	476	471	154058	3	
8077 浙江广厦建设职业技术大学	**13**				**13**	
02专业组(不限)	**13**	**462**	**459**	**164241**	**13**	
建筑工程	2	462	460	163420	2	
智能建造工程	1	462	462	161814	1	
工程造价	2	459	459	164241	2	
建设工程管理	1	459	459	164241	1	
机器人技术	2	461	460	163420	2	
建筑电气与智能化工程	1	459	459	164241	1	
软件工程技术	2	462	459	164241	2	
计算机应用工程	2	460	460	163420	2	
8080 安徽三联学院	**45**				**45**	
02专业组(不限)	**25**	**473**	**461**	**162621**	**25**	
计算机科学与技术	10	470	463	161011	10	
财务管理	5	473	462	161814	5	
会计学	5	467	462	161814	5	
国际经济与贸易	5	462	461	162621	5	
03专业组(不限)	**20**	**487**	**469**	**155786**	**20**	
电子信息工程	10	487	469	155786	10	
电气工程及其自动化	10	480	471	154058	10	
8081 安徽新华学院	**249**				**249**	
02专业组(不限)	**249**	**482**	**460**	**163420**	**249**	
电子信息工程	20	474	461	162621	20	
通信工程	16	468	460	163420	16	
电气工程及其自动化	20	479	466	158487	20	
机器人工程	18	474	460	163420	18	
计算机科学与技术	23	482	466	158487	23	
数据科学与大数据技术	18	469	461	162621	18	
数字媒体技术	18	477	460	163420	18	
人工智能	20	474	461	162621	20	
安全工程	15	467	460	163420	15	
建筑学	10	464	460	163420	10	
制药工程	20	473	460	163420	20	
电子商务	10	466	460	163420	10	
大数据管理与应用	18	471	460	163420	18	
财务管理	8	471	462	161814	8	
经济与金融	10	466	460	163420	10	
英语	5	474	461	162621	5	
8082 安徽文达信息工程学院	**8**				**8**	
02专业组(不限)	**8**	**467**	**461**	**162621**	**8**	
财务管理	4	467	461	162621	4	
国际经济与贸易	4	465	461	162621	4	

院校、专业组、专业名称	录取数	最高分	最低分	最低分位次	平行志愿	征求志愿
8083 安徽外国语学院	**9**				**8**	**1**
02专业组(不限)	**9**	**486**	**459**	**164241**	**8**	**1**
日语	2	468	467	157549	2	
英语	3	486	469	155786	3	
德语	1	468	468	156710	1	
西班牙语	1	466	466	158487	1	
法语	2	465	459	164241	1	1
8084 蚌埠工商学院	**10**				**10**	
02专业组(不限)	**10**	**475**	**467**	**157549**	**10**	
会计学	2	475	470	154932	2	
金融学	2	469	468	156710	2	
财务管理	2	467	467	157549	2	
国际经济与贸易	2	474	471	154058	2	
计算机科学与技术	2	469	469	155786	2	
8086 安徽信息工程学院	**35**				**35**	
01专业组(不限)	**35**	**507**	**477**	**148670**	**35**	
计算机科学与技术	5	507	483	142975	5	
软件工程	5	491	482	143883	5	
人工智能	5	482	479	146748	5	
数据科学与大数据技术	5	481	478	147717	5	
电气工程及其自动化	5	493	481	144815	5	
机械设计制造及其自动化	5	485	478	147717	5	
智能制造工程	5	478	477	148670	5	
8087 马鞍山学院	**16**				**16**	
02专业组(不限)	**16**	**482**	**475**	**150470**	**16**	
电气工程及其自动化	4	482	477	148670	4	
计算机科学与技术	4	477	476	149566	4	
软件工程	4	477	476	149566	4	
财务管理	4	476	475	150470	4	
8088 合肥城市学院	**48**				**48**	
02专业组(不限)	**46**	**495**	**464**	**160212**	**46**	
土木工程	4	467	465	159349	4	
建筑环境与能源应用工程	4	466	464	160212	4	
给排水科学与工程	2	467	466	158487	2	
建筑电气与智能化	4	476	465	159349	4	
智能建造	2	464	464	160212	2	
安全工程	2	465	465	159349	2	
建筑学	2	487	465	159349	2	
城乡规划	2	464	464	160212	2	
风景园林	4	467	464	160212	4	
机械设计制造及其自动化	4	495	469	155786	4	
机械电子工程	2	467	467	157549	2	
汽车服务工程	2	468	467	157549	2	
电气工程及其自动化	2	482	476	149566	2	
物联网工程	2	474	468	156710	2	
工程管理	4	468	465	159349	4	
工程造价	2	476	471	154058	2	
工程审计	2	465	465	159349	2	
03专业组(化学)	**2**	**466**	**463**	**161011**	**2**	
无机非金属材料工程	2	466	463	161011	2	
8091 安徽医科大学临床医学院	**10**				**10**	
01专业组(不限)	**10**	**589**	**485**	**141125**	**10**	
公共事业管理	10	589	485	141125	10	
8094 皖江工学院	**187**				**187**	
03专业组(不限)	**164**	**512**	**462**	**161814**	**164**	
水利水电工程	8	512	474	151398	8	
水文与水资源工程	8	506	466	158487	8	
港口航道与海岸工程	7	468	462	161814	7	
水务工程	9	471	463	161011	9	
土木工程	5	471	464	160212	5	
给排水科学与工程	7	482	463	161011	7	
测绘工程	5	472	463	161011	5	
地质工程	5	473	462	161814	5	
安全工程	4	466	462	161814	4	
地理空间信息工程	5	468	463	161011	5	
电气工程及其自动化	5	477	471	154058	5	
通信工程	5	469	465	159349	5	
自动化	5	470	466	158487	5	
计算机科学与技术	7	476	467	157549	7	
机械工程	10	469	465	159349	10	
车辆工程	5	471	464	160212	5	
汽车服务工程	5	464	463	161011	5	
能源与动力工程	5	466	464	160212	5	
新能源科学与工程	4	470	465	159349	4	
国际经济与贸易	4	465	463	161011	4	
会计学	5	482	473	152316	5	
财务管理	5	473	468	156710	5	
信息管理与信息系统	12	469	463	161011	12	
工程管理	10	463	462	161814	10	
工程造价	5	475	462	161814	5	
人力资源管理	5	467	462	161814	5	
健康服务与管理	2	469	463	161011	2	
酒店管理	2	463	462	161814	2	
04专业组(化学)	**20**	**471**	**461**	**162621**	**20**	
交通工程	10	471	462	161814	10	
人工智能	10	467	461	162621	10	
05专业组(化学或生物)	**3**	**472**	**465**	**159349**	**3**	
农业资源与环境	3	472	465	159349	3	
8120 厦门华厦学院	**13**				**13**	
02专业组(不限)	**13**	**469**	**459**	**164241**	**13**	
金融学	1	463	463	161011	1	
商务英语	1	462	462	161814	1	
网络与新媒体	1	460	460	163420	1	
机械设计制造及其自动化	2	467	462	161814	2	
通信工程	1	460	460	163420	1	
环境科学与工程	1	469	469	155786	1	
会计学	1	462	462	161814	1	

院校、专业组、专业名称	录取数	最高分	最低分	最低分位次	平行志愿	征求志愿
财务管理	1	462	462	161814	1	
物流工程	1	459	459	164241	1	
供应链管理	2	460	459	164241	2	
会展经济与管理	1	459	459	164241	1	
8121 闽南理工学院	**5**				**5**	
02专业组(不限)	**5**	**460**	**458**	**165042**	**5**	
机械设计制造及其自动化	2	458	458	165042	2	
数据科学与大数据技术	1	458	458	165042	1	
电气工程及其自动化	1	458	458	165042	1	
财务管理	1	460	460	163420	1	
8122 闽南科技学院	**4**				**4**	
01专业组(不限)	**4**	**458**	**458**	**165042**	**4**	
投资学	1	458	458	165042	1	
电子信息工程	2	458	458	165042	2	
计算机科学与技术	1	458	458	165042	1	
8124 厦门工学院	**34**				**34**	
02专业组(不限)	**34**	**479**	**458**	**165042**	**34**	
机械工程	2	471	462	161814	2	
新能源材料与器件	2	466	460	163420	2	
电气工程及其自动化	3	479	473	152316	3	
电子信息工程	2	463	462	161814	2	
通信工程	2	465	460	163420	2	
物联网工程	2	464	462	161814	2	
土木工程	2	463	461	162621	2	
工程管理	2	459	458	165042	2	
工程造价	2	466	460	163420	2	
建筑学	2	466	459	164241	2	
国际经济与贸易	2	459	459	164241	2	
财务管理	2	460	458	165042	2	
信息管理与信息系统	3	459	459	164241	3	
广告学	2	461	458	165042	2	
应用统计学	2	463	460	163420	2	
软件工程	2	466	462	161814	2	
8125 阳光学院	**29**				**27**	**2**
03专业组(不限)	**24**	**464**	**456**	**166665**	**22**	**2**
计算机科学与技术	3	460	458	165042	3	
电子信息工程	5	464	457	165877	5	
人工智能	2	458	458	165042	2	
数据科学与大数据技术	2	458	457	165877	2	
工商管理	2	458	457	165877	2	
电子商务	2	459	457	165877	2	
跨境电子商务	3	458	456	166665	1	2
商务英语	3	457	456	166665	3	
网络与新媒体	2	456	456	166665	2	
04专业组(不限)(中外合作办学)	**5**	**456**	**454**	**168262**	**5**	
电子商务(中外合作办学)	5	456	454	168262	5	
8126 厦门大学嘉庚学院	**126**				**125**	**1**
02专业组(不限)	**88**	**519**	**469**	**155786**	**88**	
机械设计制造及其自动化	5	501	479	146748	5	
机械电子工程	3	478	473	152316	3	
车辆工程	4	474	471	154058	4	
电气工程及其自动化	5	519	480	145763	5	
电子信息工程	3	482	476	149566	3	
通信工程	3	480	478	147717	3	
光电信息科学与工程	3	485	477	148670	3	
自动化	2	490	487	139209	2	
机器人工程	6	491	474	151398	6	
计算机科学与技术	5	501	481	144815	5	
软件工程	3	497	491	135455	3	
物联网工程	3	480	477	148670	3	
智能科学与技术	3	476	472	153185	3	
数据科学与大数据技术	3	510	479	146748	3	
土木工程	8	474	471	154058	8	
给排水科学与工程	4	478	471	154058	4	
环境科学与工程	6	473	470	154932	6	
资源环境科学	2	474	470	154932	2	
信息管理与信息系统	7	481	470	154932	7	
工程造价	8	476	469	155786	8	
大数据管理与应用	2	479	476	149566	2	
03专业组(不限)	**38**	**521**	**461**	**162621**	**37**	**1**
财政学	1	491	491	135455	1	
税收学	2	493	485	141125	2	
金融学	2	517	484	142060	2	
国际经济与贸易	2	485	484	142060	2	
英语	2	473	470	154932	2	
日语	2	469	465	159349	2	
新闻学	2	462	461	162621	2	
广告学	2	479	465	159349	1	1
建筑学	3	478	463	161011	3	
城乡规划	3	488	479	146748	3	
风景园林	3	472	466	158487	3	
工商管理	2	466	466	158487	2	
市场营销	2	463	462	161814	2	
会计学	2	521	494	132434	2	
国际商务	2	477	468	156710	2	
行政管理	2	484	464	160212	2	
物流管理	2	487	466	158487	2	
电子商务	2	474	472	153185	2	
8127 福州大学至诚学院	**117**				**117**	
02专业组(不限)	**105**	**487**	**459**	**164241**	**105**	
安全工程	5	463	460	163420	5	
材料成型及控制工程	4	465	460	163420	4	
财务管理	5	468	461	162621	5	
电气工程及其自动化	8	473	462	161814	8	
电子信息工程	6	474	463	161011	6	
环境工程	4	460	459	164241	4	
机械设计制造及其自动化	7	476	461	162621	7	

院校、专业组、专业名称	录取数	最高分	最低分	最低分位次	平行志愿	征求志愿
计算机科学与技术	7	480	468	156710	7	
建筑学	3	472	460	163420	3	
金融工程	3	460	459	164241	3	
金融科技	3	460	459	164241	3	
软件工程	7	471	461	162621	7	
食品科学与工程	4	465	460	163420	4	
数据科学与大数据技术	6	473	460	163420	6	
数字媒体技术	5	479	462	161814	5	
通信工程	6	468	460	163420	6	
土木工程	4	460	460	163420	4	
网络与新媒体	3	469	461	162621	3	
物流管理	3	487	459	164241	3	
信息与计算科学	6	466	459	164241	6	
自动化	6	485	465	159349	6	
03专业组(化学)	**12**	**466**	**459**	**164241**	**12**	
化学工程与工艺	6	466	461	162621	6	
应用化学	6	464	459	164241	6	
8128 集美大学诚毅学院	**57**				**57**	
02专业组(不限)	**57**	**523**	**465**	**159349**	**57**	
财政学	2	472	467	157549	2	
金融学	2	485	476	149566	2	
金融工程	1	479	479	146748	1	
机械工程	2	471	466	158487	2	
智能制造工程	3	470	466	158487	3	
电子信息工程	4	523	465	159349	4	
通信工程	2	474	467	157549	2	
自动化	4	479	465	159349	4	
计算机科学与技术	14	493	466	158487	14	
软件工程	4	478	467	157549	4	
网络工程	1	502	502	124506	1	
数字媒体技术	8	483	468	156710	8	
数据科学与大数据技术	1	490	490	136410	1	
会计学	8	486	466	158487	8	
供应链管理	1	472	472	153185	1	
8130 福州外语外贸学院	**6**				**6**	
02专业组(不限)	**6**	**461**	**456**	**166665**	**6**	
金融工程	1	461	461	162621	1	
人工智能	3	461	456	166665	3	
财务管理	2	458	456	166665	2	
8132 仰恩大学	**3**				**3**	
02专业组(不限)	**3**	**480**	**471**	**154058**	**3**	
财务管理	3	480	471	154058	3	
8133 泉州信息工程学院	**18**				**18**	
01专业组(不限)	**18**	**469**	**459**	**164241**	**18**	
电子信息工程	12	469	459	164241	12	
集成电路设计与集成系统	3	468	460	163420	3	
机械设计制造及其自动化	2	467	465	159349	2	
物联网工程	1	468	468	156710	1	
8170 江西科技学院	**79**				**79**	
03专业组(不限)	**79**	**483**	**457**	**165877**	**79**	
汽车服务工程	4	458	458	165042	4	
机器人工程	10	468	457	165877	10	
智能制造工程	6	460	458	165042	6	
数据科学与大数据技术	13	483	458	165042	13	
人工智能	13	461	457	165877	13	
软件工程	11	466	457	165877	11	
虚拟现实技术	3	459	457	165877	3	
土木工程	4	462	458	165042	4	
工程造价	2	462	458	165042	2	
会计学	13	478	458	165042	13	
8172 南昌理工学院	**43**				**42**	**1**
02专业组(不限)	**43**	**482**	**463**	**161011**	**42**	**1**
机械设计制造及其自动化	3	469	464	160212	3	
智能制造工程	3	473	467	157549	3	
新能源汽车工程	5	482	464	160212	5	
电气工程及其自动化	12	478	463	161011	12	
智能电网信息工程	1	467	467	157549	1	
人工智能	3	469	464	160212	3	
计算机科学与技术	10	481	464	160212	9	1
软件工程	2	473	467	157549	2	
数据科学与大数据技术	1	469	469	155786	1	
工程造价	1	464	464	160212	1	
会计学	1	463	463	161011	1	
财务管理	1	474	474	151398	1	
8173 江西应用科技学院	**24**				**24**	
03专业组(不限)	**24**	**469**	**457**	**165877**	**24**	
宝石及材料工艺学	5	466	458	165042	5	
机械设计制造及其自动化	8	469	458	165042	8	
财务管理	3	458	458	165042	3	
电子商务	4	461	457	165877	4	
市场营销	4	457	457	165877	4	
8174 江西服装学院	**17**				**10**	**7**
02专业组(不限)	**17**	**466**	**457**	**165877**	**10**	**7**
数据科学与大数据技术	17	466	457	165877	10	7
8175 南昌工学院	**80**				**79**	**1**
03专业组(不限)	**80**	**484**	**458**	**165042**	**79**	**1**
英语	2	475	473	152316	2	
数学与应用数学	11	484	459	164241	11	
机械设计制造及其自动化	11	468	458	165042	11	
材料成型及控制工程	5	461	458	165042	5	
机械电子工程	3	473	461	162621	3	
电气工程及其自动化	15	471	458	165042	15	
电子信息工程	3	460	458	165042	3	
机器人工程	2	461	460	163420	2	
软件工程	7	466	458	165042	6	1
网络工程	1	459	459	164241	1	
物联网工程	2	459	459	164241	2	
数字媒体技术	6	466	459	164241	6	

院校、专业组、专业名称	录取数	最高分	最低分	最低分位次	平行志愿	征求志愿
数据科学与大数据技术	5	463	459	164241	5	
土木工程	3	472	460	163420	3	
会计学	4	479	459	164241	4	
8176 南昌大学科学技术学院	**35**				**35**	
02专业组(不限)	**35**	**486**	**467**	**157549**	**35**	
新闻学	1	468	468	156710	1	
国际经济与贸易	1	467	467	157549	1	
会计学	2	482	467	157549	2	
财务管理	2	471	467	157549	2	
金融学	1	473	473	152316	1	
机械设计制造及其自动化	9	474	467	157549	9	
生物工程	4	473	469	155786	4	
制药工程	3	477	471	154058	3	
电气工程及其自动化	6	474	467	157549	6	
电子信息工程	2	480	467	157549	2	
通信工程	2	486	469	155786	2	
软件工程	2	475	471	154058	2	
8177 南昌大学共青学院	**13**				**13**	
02专业组(不限)	**8**	**483**	**463**	**161011**	**8**	
商务英语	1	464	464	160212	1	
电子信息工程	3	483	463	161011	3	
计算机科学与技术	3	464	463	161011	3	
电子商务	1	463	463	161011	1	
03专业组(化学)	**5**	**453**	**450**	**171363**	**5**	
服装设计与工程	5	453	450	171363	5	
8178 南昌交通学院	**22**				**21**	**1**
02专业组(不限)	**20**	**531**	**460**	**163420**	**19**	**1**
电气工程及其自动化	2	531	474	151398	2	
铁道工程	4	462	460	163420	4	
工程管理	2	461	461	162621	2	
工程造价	2	466	460	163420	1	1
软件工程	2	470	466	158487	2	
机械设计制造及其自动化	4	470	461	162621	4	
材料成型及控制工程	2	460	460	163420	2	
机器人工程	2	460	460	163420	2	
03专业组(化学)	**2**	**468**	**464**	**160212**	**2**	
交通运输	2	468	464	160212	2	
8180 南昌航空大学科技学院	**40**				**39**	**1**
02专业组(不限)	**40**	**509**	**466**	**158487**	**39**	**1**
飞行器制造工程	3	486	473	152316	3	
机械设计制造及其自动化	2	476	475	150470	2	
材料成型及控制工程	2	486	471	154058	2	
焊接技术与工程	2	470	466	158487	2	
金属材料工程	2	469	469	155786	2	
土木工程	2	479	466	158487	2	
测控技术与仪器	2	509	467	157549	2	
自动化	2	479	473	152316	2	
电子信息工程	3	473	467	157549	3	
计算机科学与技术	2	479	470	154932	2	
软件工程	2	472	470	154932	2	
网络空间安全	2	466	466	158487	2	
电子商务	1	472	472	153185	1	
工商管理	1	467	467	157549		1
市场营销	1	466	466	158487	1	
会计学	1	476	476	149566	1	
智能制造工程	4	474	470	154932	4	
光电信息材料与器件	4	467	466	158487	4	
智能测控工程	2	471	470	154932	2	
8183 江西农业大学南昌商学院	**26**				**26**	
02专业组(不限)	**26**	**475**	**460**	**163420**	**26**	
数字经济	1	462	462	161814	1	
国际经济与贸易	1	461	461	162621	1	
日语	1	462	462	161814	1	
广告学	1	460	460	163420	1	
电子信息工程	7	472	460	163420	7	
物联网工程	4	475	460	163420	4	
工程管理	1	464	464	160212	1	
大数据管理与应用	4	467	460	163420	4	
会计学	1	464	464	160212	1	
人力资源管理	1	460	460	163420	1	
电子商务	2	470	461	162621	2	
旅游管理	1	460	460	163420	1	
园林	1	461	461	162621	1	
8185 江西师范大学科学技术学院	**16**				**16**	
02专业组(不限)	**16**	**472**	**465**	**159349**	**16**	
经济统计学	1	472	472	153185	1	
金融工程	1	465	465	159349	1	
国际经济与贸易	2	469	466	158487	2	
工商管理	1	467	467	157549	1	
物流管理	1	471	471	154058	1	
财务管理	1	472	472	153185	1	
会计学	2	472	470	154932	2	
电子商务	1	466	466	158487	1	
翻译	2	470	467	157549	2	
日语	1	472	472	153185	1	
广告学	1	466	466	158487	1	
电子信息工程	2	469	467	157549	2	
8186 景德镇艺术职业大学	**12**				**12**	
02专业组(不限)	**12**	**463**	**459**	**164241**	**12**	
金融学	2	462	459	164241	2	
电子科学与技术	3	460	460	163420	3	
建筑设计	1	459	459	164241	1	
机械设计制造及自动化	1	459	459	164241	1	
计算机应用工程	3	460	459	164241	3	
应用英语	2	463	462	161814	2	
8187 南昌应用技术师范学院	**11**				**11**	

院校、专业组、专业名称	录取数	最高分	最低分	最低分位次	平行志愿	征求志愿
03专业组(不限)	**11**	**472**	**460**	**163420**	**11**	
财务管理	1	472	472	153185	1	
电子信息工程	2	466	463	161011	2	
计算机科学与技术	4	465	460	163420	4	
软件工程	2	464	464	160212	2	
数字媒体技术	2	467	465	159349	2	
8188 江西财经大学现代经济管理学院	**43**				**43**	
02专业组(不限)	**43**	**485**	**460**	**163420**	**43**	
会计学	3	485	474	151398	3	
财务管理	2	467	467	157549	2	
工程审计	3	469	467	157549	3	
金融学	3	479	467	157549	3	
国际经济与贸易	2	465	463	161011	2	
电子商务	2	468	465	159349	2	
金融科技	2	463	463	161011	2	
保险学	1	462	462	161814	1	
工程管理	2	463	461	162621	2	
工程造价	4	467	461	162621	4	
市场营销	1	461	461	162621	1	
人力资源管理	1	466	466	158487	1	
物流管理	1	467	467	157549	1	
新闻学(新媒体)	1	465	465	159349	1	
商务英语	2	462	460	163420	2	
计算机科学与技术	3	471	466	158487	3	
大数据管理与应用	3	471	463	161011	3	
经济统计学	2	461	461	162621	2	
数字经济	1	460	460	163420	1	
会计学(智能会计)	2	472	468	156710	2	
财务管理(智能财务)	2	466	466	158487	2	
8210 齐鲁医药学院	**15**				**15**	
02专业组(不限)	**15**	**509**	**467**	**157549**	**15**	
应用心理学	3	509	469	155786	3	
食品科学与工程	3	470	467	157549	3	
健康服务与管理	3	484	473	152316	3	
医疗保险	3	482	467	157549	3	
养老服务管理	3	486	471	154058	3	
8211 青岛滨海学院	**40**				**38**	**2**
02专业组(不限)	**40**	**482**	**460**	**163420**	**38**	**2**
机械设计制造及其自动化	5	470	460	163420	5	
智能制造工程	4	464	460	163420	4	
电气工程及其自动化	4	482	467	157549	4	
电子科学与技术	1	467	467	157549	1	
人工智能	5	464	460	163420	5	
计算机科学与技术	3	467	461	162621	3	
物联网工程	5	461	460	163420	5	
数据科学与大数据技术	4	464	460	163420	4	
土木工程	2	467	465	159349	2	
建筑环境与能源应用工程	1	464	464	160212	1	

院校、专业组、专业名称	录取数	最高分	最低分	最低分位次	平行志愿	征求志愿
工程管理	3	466	462	161814	1	2
工程造价	3	465	460	163420	3	
8212 烟台南山学院	**25**				**22**	**3**
03专业组(不限)	**19**	**477**	**466**	**158487**	**19**	
金属材料工程	6	469	466	158487	6	
自动化	2	476	474	151398	2	
人工智能	3	471	468	156710	3	
机械设计制造及其自动化	2	477	472	153185	2	
计算机科学与技术	2	475	474	151398	2	
化学工程与工艺	2	476	466	158487	2	
高分子材料与工程	2	467	467	157549	2	
04专业组(化学)	**6**	**470**	**458**	**165042**	**3**	**3**
纺织工程	6	470	458	165042	3	3
8213 潍坊科技学院	**8**				**8**	
02专业组(不限)	**8**	**481**	**469**	**155786**	**8**	
化学工程与工艺	2	472	471	154058	2	
机械设计制造及其自动化	4	481	473	152316	4	
土木工程	2	470	469	155786	2	
8214 山东英才学院	**76**				**50**	**26**
02专业组(不限)	**76**	**470**	**453**	**169035**	**50**	**26**
机械设计制造及其自动化	10	465	459	164241	10	
电子信息工程	7	460	459	164241	7	
计算机科学与技术	8	460	459	164241	8	
物流管理	9	459	458	165042	9	
汽车服务工程	36	470	453	169035	10	26
数据科学与大数据技术	6	467	459	164241	6	
8215 青岛恒星科技学院	**27**				**27**	
03专业组(不限)	**27**	**474**	**459**	**164241**	**27**	
机器人工程	10	471	459	164241	10	
软件工程	7	463	459	164241	7	
网络工程	1	459	459	164241	1	
人工智能	1	459	459	164241	1	
工程造价	2	459	459	164241	2	
金融工程	1	459	459	164241	1	
人力资源管理	2	463	460	163420	2	
工商管理	2	474	459	164241	2	
旅游管理	1	467	467	157549	1	
8216 青岛黄海学院	**35**				**32**	**3**
03专业组(不限)	**35**	**487**	**461**	**162621**	**32**	**3**
机械设计制造及其自动化	10	487	461	162621	9	1
电气工程及其自动化	8	485	461	162621	6	2
人工智能	3	471	465	159349	3	
计算机科学与技术	7	474	463	161011	7	
物联网工程	1	461	461	162621	1	
会计学	4	472	463	161011	4	
财务管理	2	474	465	159349	2	
8217 山东现代学院	**40**				**40**	
02专业组(不限)	**40**	**469**	**460**	**163420**	**40**	
市场营销	1	460	460	163420	1	

院校、专业组、专业名称	录取数	最高分	最低分	最低分位次	平行志愿	征求志愿
财务管理	6	467	460	163420	6	
计算机科学与技术	15	468	460	163420	15	
人工智能	6	469	460	163420	6	
电子信息工程	4	465	461	162621	4	
数字媒体技术	2	464	460	163420	2	
土木工程	3	461	460	163420	3	
数据科学与大数据技术	3	466	460	163420	3	
8218 山东协和学院	**29**				**29**	
02专业组(不限)	**29**	**470**	**462**	**161814**	**29**	
机械设计制造及其自动化	4	469	463	161011	4	
土木工程	1	464	464	160212	1	
电气工程及其自动化	5	468	462	161814	5	
计算机科学与技术	5	467	463	161011	5	
物联网工程	1	464	464	160212	1	
软件工程	3	467	462	161814	3	
人工智能	1	465	465	159349	1	
电子信息工程	1	462	462	161814	1	
数据科学与大数据技术	2	470	467	157549	2	
英语	1	468	468	156710	1	
会计学	4	466	463	161011	4	
审计学	1	466	466	158487	1	
8219 烟台理工学院	**7**				**7**	
02专业组(不限)	**7**	**485**	**472**	**153185**	**7**	
计算机科学与技术	5	485	472	153185	5	
软件工程	2	477	474	151398	2	
8220 青岛城市学院	**24**				**24**	
02专业组(不限)	**20**	**476**	**460**	**163420**	**20**	
土木工程	2	464	462	161814	2	
智能建造	1	468	468	156710	1	
工程造价	3	465	462	161814	3	
工程管理	2	460	460	163420	2	
机械设计制造及其自动化	3	472	467	157549	3	
电气工程及其自动化	2	476	471	154058	2	
机器人工程	2	465	461	162621	2	
计算机科学与技术	1	461	461	162621	1	
软件工程	1	474	474	151398	1	
网络工程	1	466	466	158487	1	
物联网工程	1	460	460	163420	1	
数据科学与大数据技术	1	467	467	157549	1	
03专业组(不限)	**4**	**466**	**458**	**165042**	**4**	
建筑学	3	461	458	165042	3	
城乡规划	1	466	466	158487	1	
8223 泰山科技学院	**14**				**13**	**1**
03专业组(不限)	**14**	**470**	**459**	**164241**	**13**	**1**
计算机科学与技术	9	470	459	164241	8	1
智能车辆工程	2	468	459	164241	2	
人工智能	1	460	460	163420	1	
财务管理	2	459	459	164241	2	
8225 青岛工学院	**79**				**79**	
02专业组(不限)	**79**	**487**	**460**	**163420**	**79**	
机械设计制造及其自动化	5	470	464	160212	5	
自动化	5	467	462	161814	5	
电气工程及其自动化	6	474	464	160212	6	
计算机科学与技术	4	467	463	161011	4	
电子信息工程	3	461	461	162621	3	
通信工程	4	461	461	162621	4	
软件工程	3	475	462	161814	3	
数字媒体技术	3	469	462	161814	3	
网络工程	4	461	460	163420	4	
信息安全	3	462	461	162621	3	
土木工程	4	479	460	163420	4	
工程管理	2	460	460	163420	2	
建筑学	4	460	460	163420	4	
食品科学与工程	5	487	461	162621	5	
食品质量与安全	3	464	460	163420	3	
英语	2	461	460	163420	2	
日语	2	471	461	162621	2	
市场营销	2	460	460	163420	2	
汉语言文学	2	480	469	155786	2	
人工智能	4	460	460	163420	4	
财务管理	2	461	461	162621	2	
数据科学与大数据技术	5	472	460	163420	5	
应用心理学	2	463	460	163420	2	
8226 青岛农业大学海都学院	**21**				**21**	
03专业组(不限)	**20**	**477**	**464**	**160212**	**20**	
财务管理	5	473	464	160212	5	
大数据管理与应用	1	464	464	160212	1	
电气工程及其自动化	6	467	464	160212	6	
机械设计制造及其自动化	1	465	465	159349	1	
集成电路设计与集成系统	1	466	466	158487	1	
食品科学与工程	3	470	466	158487	3	
食品质量与安全	1	477	477	148670	1	
园林	2	468	464	160212	2	
04专业组(化学或生物)	**1**	**474**	**474**	**151398**	**1**	
园艺	1	474	474	151398	1	
8227 齐鲁理工学院	**72**				**72**	
03专业组(不限)	**72**	**478**	**460**	**163420**	**72**	
计算机科学与技术	18	473	460	163420	18	
电子信息工程	2	463	461	162621	2	
数据科学与大数据技术	2	466	460	163420	2	
通信工程	3	471	460	163420	3	
人工智能	3	464	460	163420	3	
自动化	1	462	462	161814	1	
电气工程及其自动化	9	471	460	163420	9	
机器人工程	1	460	460	163420	1	
机械设计制造及其自动化	2	463	461	162621	2	
生物工程	4	464	460	163420	4	
生物制药	3	466	460	163420	3	

院校、专业组、专业名称	录取数	最高分	最低分	最低分位次	平行志愿	征求志愿
生物医学工程	2	467	463	161011	2	
土木工程	2	466	461	162621	2	
测绘工程	1	461	461	162621	1	
工程造价	2	460	460	163420	2	
会计学	6	470	460	163420	6	
汉语言文学	8	478	461	162621	8	
英语	2	470	460	163420	2	
日语	1	464	464	160212	1	
8228 山东财经大学东方学院	17				17	
02专业组(不限)	17	475	465	159349	17	
会计学	2	475	473	152316	2	
税收学	2	468	467	157549	2	
金融学	2	471	470	154932	2	
电子商务	2	467	465	159349	2	
数据科学与大数据技术	4	473	466	158487	4	
工商管理	3	469	468	156710	3	
市场营销	2	472	465	159349	2	
8230 烟台科技学院	4				4	
02专业组(不限)	4	485	480	145763	4	
机械设计制造及其自动化	4	485	480	145763	4	
8249 山东工程职业技术大学	10				10	
02专业组(不限)	10	476	463	161011	10	
建筑设计	2	469	465	159349	2	
智能制造工程技术	2	472	471	154058	2	
云计算技术	2	476	471	154058	2	
大数据与财务管理	4	476	463	161011	4	
8260 北京城市学院	23				23	
02专业组(不限)	22	506	456	166665	22	
工业设计	2	475	467	157549	2	
外国语言文学类	1	456	456	166665	1	
计算机科学与技术	3	473	471	154058	3	
物联网工程	4	486	457	165877	4	
土木工程	1	462	462	161814	1	
工程造价	6	468	456	166665	6	
金融学类	1	506	506	120487	1	
国际经济与贸易	1	462	462	161814	1	
工商管理类	1	485	485	141125	1	
会展经济与管理	1	466	466	158487	1	
供应链管理	1	465	465	159349	1	
03专业组(化学或地理)	1	478	478	147717	1	
地理信息科学	1	478	478	147717	1	
8262 首都师范大学科德学院	14				8	6
02专业组(不限)	14	457	451	170595	8	6
会展经济与管理	3	452	451	170595		3
汉语言文学	11	457	451	170595	8	3
8263 北京工商大学嘉华学院	28				12	16
02专业组(不限)	28	458	452	169838	12	16
金融学	7	457	452	169838	3	4
金融科技	1	452	452	169838		1

院校、专业组、专业名称	录取数	最高分	最低分	最低分位次	平行志愿	征求志愿
数字经济	1	454	454	168262	1	
会计学	4	458	453	169035	3	1
审计学	1	453	453	169035		1
计算机科学与技术	13	456	452	169838	4	9
数据科学与大数据技术	1	458	458	165042	1	
8264 北京邮电大学世纪学院	76				65	11
02专业组(不限)	76	485	455	167464	65	11
英语	1	459	459	164241	1	
机械电子工程	11	467	455	167464	8	3
通信工程	21	467	455	167464	18	3
自动化	6	466	457	165877	6	
计算机科学与技术	13	485	457	165877	13	
软件工程	11	459	455	167464	7	4
物联网工程	6	466	457	165877	5	1
数字媒体技术	1	457	457	165877	1	
财务管理	4	469	457	165877	4	
物流工程	1	459	459	164241	1	
电子商务	1	459	459	164241	1	
8265 北京工业大学耿丹学院	20				15	5
02专业组(不限)	20	473	453	169035	15	5
国际经济与贸易	2	456	455	167464	2	
财务管理	3	460	456	166665	3	
金融工程	2	454	454	168262		2
机械设计制造及其自动化	3	473	456	166665	3	
电子信息类	2	459	456	166665	2	
数字媒体技术	1	463	463	161011	1	
计算机类	5	460	453	169035	2	3
应用心理学	2	470	462	161814	2	
8266 北京第二外国语学院中瑞酒店管理学院	67				33	34
02专业组(不限)	67	461	451	170595	33	34
酒店管理	12	458	451	170595	4	8
金融学	18	456	451	170595	7	11
财务管理	20	454	451	170595	10	10
人力资源管理	10	454	451	170595	7	3
市场营销	2	453	452	169838	1	1
健康服务与管理	5	461	451	170595	4	1
8290 天津天狮学院	4				4	
03专业组(不限)	4	464	459	164241	4	
工商管理类	2	459	459	164241	2	
电子信息类	1	461	461	162621	1	
计算机科学与技术	1	464	464	160212	1	
8291 天津外国语大学滨海外事学院	5				4	1
02专业组(不限)	5	491	458	165042	4	1
英语	1	491	491	135455	1	
俄语	1	464	464	160212		1
德语	1	473	473	152316	1	
朝鲜语	1	460	460	163420	1	

院校、专业组、专业名称	录取数	最高分	最低分	最低分位次	平行志愿	征求志愿
金融学	1	458	458	165042	1	
8293 天津商业大学宝德学院	**18**				**18**	
02专业组(不限)	**18**	**464**	**457**	**165877**	**18**	
英语	1	459	459	164241	1	
商务英语	2	458	458	165042	2	
日语	2	461	459	164241	2	
金融学类	5	464	457	165877	5	
工商管理类	3	458	458	165042	3	
工商管理类(会计学、财务管理、审计学)	5	459	458	165042	5	
8294 天津医科大学临床医学院	**15**				**15**	
02专业组(不限)	**15**	**479**	**459**	**164241**	**15**	
公共事业管理	8	479	463	161011	8	
市场营销	7	472	459	164241	7	
8297 天津理工大学中环信息学院	**64**				**64**	
02专业组(不限)	**64**	**477**	**462**	**161814**	**64**	
自动化	9	474	463	161011	9	
电气工程及其自动化	19	474	463	161011	19	
电气工程与智能控制	1	462	462	161814	1	
智能电网信息工程	1	475	475	150470	1	
机械设计制造及其自动化	5	476	463	161011	5	
机器人工程	3	465	462	161814	3	
电子信息科学与技术	1	470	470	154932	1	
电子信息工程	4	469	465	159349	4	
通信工程	3	466	463	161011	3	
物联网工程	3	469	462	161814	3	
人工智能	2	472	463	161011	2	
计算机科学与技术	4	477	469	155786	4	
软件工程	3	473	466	158487	3	
数据科学与大数据技术	3	464	462	161814	3	
工程管理	3	471	465	159349	3	
8298 北京科技大学天津学院	**101**				**101**	
02专业组(不限)	**101**	**484**	**460**	**163420**	**101**	
土木工程	3	473	467	157549	3	
工程造价	2	461	460	163420	2	
材料科学与工程	4	470	460	163420	4	
环境工程	1	478	478	147717	1	
机械工程	4	470	461	162621	4	
通信工程	5	474	460	163420	5	
自动化	5	483	462	161814	5	
智能制造工程	10	473	460	163420	10	
计算机科学与技术	30	484	460	163420	30	
人工智能	9	475	460	163420	9	
无人驾驶航空器系统工程	6	470	463	161011	6	
金融工程	1	468	468	156710	1	
会计学	10	478	461	162621	10	
财务管理	4	474	460	163420	4	
英语	7	475	461	162621	7	
8299 天津仁爱学院	**185**				**180**	**5**
02专业组(不限)	**185**	**480**	**456**	**166665**	**180**	**5**
英语	3	461	459	164241	3	
机械设计制造及其自动化	10	469	458	165042	10	
智能制造工程	7	459	457	165877	7	
智能交互设计	5	458	457	165877	5	
自动化	7	458	457	165877	7	
电子信息工程	7	460	458	165042	7	
通信工程	7	458	457	165877	7	
电气工程及其自动化	8	474	459	164241	8	
物联网工程	3	463	461	162621	3	
物联网工程(智能物联)	6	461	456	166665	6	
人工智能	9	457	456	166665	9	
软件工程	12	470	457	165877	12	
数据科学与大数据技术	6	462	457	165877	6	
计算机科学与技术	19	469	457	165877	19	
数据科学与大数据技术(数据分析应用)	7	460	456	166665	7	
建筑学	1	459	459	164241	1	
土木工程	7	467	456	166665	5	2
给排水科学与工程	5	459	456	166665	5	
水利水电工程	6	464	456	166665	6	
港口航道与海岸工程	2	480	457	165877	2	
物流工程	4	464	457	165877	3	1
信息管理与信息系统	6	471	456	166665	5	1
工程管理	4	462	457	165877	3	1
财务管理	8	465	458	165042	8	
金融工程	5	458	457	165877	5	
化学工程与工艺	3	466	457	165877	3	
制药工程	8	466	457	165877	8	
新能源科学与工程	8	459	456	166665	8	
传播学	2	458	457	165877	2	
8301 天津财经大学珠江学院	**44**				**44**	
02专业组(不限)	**44**	**488**	**459**	**164241**	**44**	
会计学	30	488	459	164241	30	
财务管理	2	460	459	164241	2	
工商管理	1	459	459	164241	1	
人力资源管理	4	462	460	163420	4	
酒店管理	1	459	459	164241	1	
国际经济与贸易	3	480	461	162621	3	
金融学	3	464	459	164241	3	
8313 河北科技学院	**32**				**29**	**3**
02专业组(不限)	**32**	**481**	**458**	**165042**	**29**	**3**
财务管理	6	469	458	165042	6	
土木工程	3	462	459	164241	2	1
电子商务	2	459	458	165042	2	
计算机科学与技术	12	481	458	165042	10	2
数据科学与大数据技术	3	461	458	165042	3	

院校、专业组、专业名称	录取数	最高分	最低分	最低分位次	平行志愿	征求志愿
机械设计制造及其自动化	6	463	458	165042	6	
8314 河北外国语学院	**18**				**10**	**8**
02专业组(不限)	**18**	**470**	**454**	**168262**	**10**	**8**
西班牙语	5	470	454	168262	4	1
英语	9	460	454	168262	3	6
法语	4	465	456	166665	3	1
8316 华北理工大学轻工学院	**31**				**31**	
02专业组(不限)	**31**	**470**	**458**	**165042**	**31**	
工商管理	2	470	459	164241	2	
能源与动力工程	7	461	458	165042	7	
机械设计制造及其自动化	5	462	458	165042	5	
工程造价	1	458	458	165042	1	
土木工程	1	459	459	164241	1	
电气工程及其自动化	9	466	458	165042	9	
计算机科学与技术	6	460	458	165042	6	
8318 河北经贸大学经济管理学院	**10**				**10**	
02专业组(不限)	**10**	**482**	**458**	**165042**	**10**	
国际经济与贸易	10	482	458	165042	10	
8320 河北工程大学科信学院	**30**				**29**	**1**
02专业组(不限)	**27**	**490**	**471**	**154058**	**26**	**1**
机械设计制造及其自动化	2	490	488	138275	2	
材料成型及控制工程	2	476	475	150470	2	
车辆工程	2	474	472	153185	2	
能源与动力工程	2	477	472	153185	2	
电气工程及其自动化	2	474	472	153185	2	
通信工程	2	476	474	151398	2	
自动化	2	474	472	153185	2	
计算机科学与技术	2	490	486	140151	2	
土木工程	2	479	471	154058	2	
建筑环境与能源应用工程	3	476	472	153185	2	1
给排水科学与工程	2	474	474	151398	2	
水利水电工程	2	489	475	150470	2	
工程管理	2	474	472	153185	2	
03专业组(化学)	**1**	**475**	**475**	**150470**	**1**	
交通工程	1	475	475	150470	1	
04专业组(化学或生物)	**2**	**479**	**476**	**149566**	**2**	
化学工程与工艺	2	479	476	149566	2	
8323 石家庄铁道大学四方学院	**22**				**22**	
02专业组(不限)	**17**	**512**	**477**	**148670**	**17**	
电气工程及其自动化	5	512	493	133442	5	
自动化	4	501	485	141125	4	
土木工程	5	511	479	146748	5	
工程管理	3	480	477	148670	3	
03专业组(化学)	**5**	**481**	**476**	**149566**	**5**	
交通工程	5	481	476	149566	5	
8324 河北地质大学华信学院	**10**				**10**	
02专业组(不限)	**10**	**469**	**458**	**165042**	**10**	

院校、专业组、专业名称	录取数	最高分	最低分	最低分位次	平行志愿	征求志愿
国际经济与贸易	1	469	469	155786	1	
计算机类	6	467	459	164241	6	
物流管理	3	463	458	165042	3	
8326 保定理工学院	**52**				**43**	**9**
03专业组(不限)	**12**	**473**	**461**	**162621**	**12**	
地质学	1	469	469	155786	1	
机械设计制造及其自动化	2	463	461	162621	2	
电气工程及其自动化	3	473	461	162621	3	
会计学	3	469	466	158487	3	
计算机科学与技术	3	469	461	162621	3	
04专业组(不限)(中外合作办学)	**40**	**459**	**452**	**169838**	**31**	**9**
土木工程(中外合作办学)	40	459	452	169838	31	9
8328 北京中医药大学东方学院	**15**				**14**	**1**
02专业组(不限)	**15**	**476**	**459**	**164241**	**14**	**1**
工商管理	4	465	459	164241	4	
市场营销	3	476	461	162621	2	1
公共事业管理	1	468	468	156710	1	
健康服务与管理	7	467	459	164241	7	
8329 沧州交通学院	**70**				**68**	**2**
02专业组(不限)	**70**	**501**	**460**	**163420**	**68**	**2**
工商管理	2	474	469	155786	2	
财务管理	2	469	460	163420	2	
金融工程	2	466	464	160212	2	
计算机科学与技术	14	476	460	163420	14	
软件工程	5	477	460	163420	5	
物联网工程	3	465	461	162621	3	
电子商务	1	465	465	159349	1	
数据科学与大数据技术	3	471	464	160212	3	
轨道交通信号与控制	12	501	460	163420	12	
自动化	3	468	464	160212	1	2
电气工程及其自动化	8	496	461	162621	8	
土木工程	1	461	461	162621	1	
机械工程	2	473	463	161011	2	
智能制造工程	3	466	461	162621	3	
化学工程与工艺	3	464	460	163420	3	
制药工程	6	473	460	163420	6	
8330 河北东方学院	**3**				**3**	
02专业组(不限)	**3**	**474**	**464**	**160212**	**3**	
人工智能	2	474	464	160212	2	
软件工程	1	466	466	158487	1	
8360 山西应用科技学院	**10**				**9**	**1**
02专业组(不限)	**10**	**469**	**459**	**164241**	**9**	**1**
风景园林	3	461	459	164241	3	
财务管理	2	469	465	159349	2	
电子商务	3	465	460	163420	2	1
物流管理	2	468	461	162621	2	
8363 晋中信息学院	**5**				**5**	

院校、专业组、专业名称	录取数	最高分	最低分	最低分位次	平行志愿	征求志愿
02专业组(不限)	**5**	**482**	**474**	**151398**	**5**	
计算机科学与技术	2	475	474	151398	2	
机械设计制造及其自动化	1	474	474	151398	1	
电气工程及其自动化	2	482	475	150470	2	
8364 山西晋中理工学院	**10**				**10**	
02专业组(不限)	**10**	**475**	**465**	**159349**	**10**	
通信工程	4	475	466	158487	4	
电子与计算机工程	6	472	465	159349	6	
8365 山西科技学院	**7**				**7**	
02专业组(不限)	**5**	**502**	**493**	**133442**	**5**	
信息管理与信息系统	2	498	493	133442	2	
会计学	2	502	500	126589	2	
经济学	1	496	496	130482	1	
03专业组(化学)	**2**	**510**	**505**	**121517**	**2**	
计算机科学与技术	2	510	505	121517	2	
8366 山西工商学院	**17**				**17**	
02专业组(不限)	**17**	**469**	**461**	**162621**	**17**	
财务管理	5	469	461	162621	5	
软件工程	12	463	461	162621	12	
8379 运城职业技术大学	**5**				**5**	
02专业组(不限)	**5**	**467**	**463**	**161011**	**5**	
建筑装饰工程	1	464	464	160212	1	
建筑工程	1	465	465	159349	1	
机械设计制造及自动化	1	467	467	157549	1	
网络工程技术	1	466	466	158487	1	
大数据与财务管理	1	463	463	161011	1	
8401 辽宁对外经贸学院	**80**				**42**	**38**
02专业组(不限)	**80**	**468**	**451**	**170595**	**42**	**38**
国际经济与贸易	2	461	461	162621	2	
金融学	2	455	455	167464	2	
物流管理	2	457	454	168262	2	
电子商务	2	455	455	167464	2	
英语	1	455	455	167464	1	
商务英语	1	455	455	167464	1	
日语	12	460	452	169838	3	9
俄语	1	468	468	156710	1	
朝鲜语	9	454	451	170595	1	8
西班牙语	10	456	451	170595	2	8
会计学	3	458	456	166665	3	
财务管理	3	458	456	166665	3	
资产评估	3	457	455	167464	3	
市场营销	2	457	454	168262	2	
人力资源管理	2	458	455	167464	2	
旅游管理	2	454	454	168262	2	
会展经济与管理	10	455	452	169838	4	6
养老服务管理	9	456	452	169838	2	7
信息管理与信息系统	4	455	455	167464	4	
8402 大连理工大学城市学院	**56**				**48**	**8**
02专业组(不限)	**56**	**481**	**455**	**167464**	**48**	**8**
计算机科学与技术	2	481	477	148670	2	
软件工程	4	475	459	164241	4	
网络工程	2	470	460	163420	2	
数字媒体技术	2	459	459	164241	2	
数据科学与大数据技术	2	464	458	165042	2	
虚拟现实技术	4	472	456	166665	1	3
电气工程及其自动化	2	469	460	163420	2	
电子信息工程	3	469	459	164241	3	
通信工程	3	458	457	165877	3	
自动化	4	465	459	164241	4	
物联网工程	2	459	458	165042	2	
信息管理与信息系统	3	458	458	165042	3	
大数据管理与应用	2	458	458	165042	2	
工商管理	2	458	457	165877		2
市场营销	1	457	457	165877	1	
物流管理	1	457	457	165877	1	
跨境电子商务	1	457	457	165877	1	
土木工程	3	463	458	165042	3	
测绘工程	2	463	458	165042	2	
地理空间信息工程	2	467	461	162621	2	
建筑学	1	459	459	164241	1	
风景园林	1	457	457	165877	1	
工程造价	4	459	455	167464	1	3
英语	1	457	457	165877	1	
日语	1	466	466	158487	1	
网络与新媒体	1	466	466	158487	1	
8404 沈阳工学院	**52**				**40**	**12**
02专业组(不限)	**52**	**483**	**457**	**165877**	**40**	**12**
机械设计制造及其自动化	11	467	457	165877	7	4
新能源汽车工程	7	460	457	165877	5	2
智能制造工程	2	483	458	165042	1	1
机器人工程	5	461	457	165877	5	
会计学	2	459	457	165877	2	
电气工程及其自动化	18	471	457	165877	13	5
计算机类	2	467	460	163420	2	
兵器类	5	469	458	165042	5	
8405 大连工业大学艺术与信息工程学院	**10**				**4**	**6**
02专业组(不限)	**10**	**459**	**454**	**168262**	**4**	**6**
国际经济与贸易	2	457	456	166665	2	
英语	3	456	454	168262	1	2
计算机科学与技术	5	459	454	168262	1	4
8406 大连科技学院	**203**				**150**	**53**
02专业组(不限)	**203**	**474**	**454**	**168262**	**150**	**53**
机械设计制造及其自动化	51	474	454	168262	30	21
机械电子工程	3	458	457	165877	3	
智能制造工程	6	468	456	166665	6	
车辆工程	4	463	457	165877	4	
轨道交通信号与控制	10	466	456	166665	10	

院校、专业组、专业名称	录取数	最高分	最低分	最低分位次	平行志愿	征求志愿
电气工程及其自动化	36	470	455	167464	28	8
通信工程	6	461	457	165877	6	
自动化	9	464	456	166665	9	
计算机科学与技术	45	474	454	168262	21	24
软件工程	6	462	456	166665	6	
网络工程	2	463	458	165042	2	
物联网工程	3	468	456	166665	3	
数据科学与大数据技术	8	460	456	166665	8	
会计学	11	469	456	166665	11	
工业设计	3	459	458	165042	3	
8407 沈阳城市建设学院	**68**				**60**	**8**
02专业组(不限)	**68**	**465**	**454**	**168262**	**60**	**8**
建筑学	3	457	456	166665	3	
城乡规划	1	456	456	166665	1	
风景园林	1	459	459	164241	1	
土木工程	4	459	455	167464	3	1
道路桥梁与渡河工程	1	460	460	163420	1	
电气工程及其自动化	23	459	454	168262	16	7
通信工程	2	455	455	167464	2	
自动化	4	465	455	167464	4	
计算机科学与技术	13	460	455	167464	13	
机械设计制造及其自动化	5	457	455	167464	5	
物流工程	2	455	455	167464	2	
智能制造工程	2	461	456	166665	2	
会计学	5	458	455	167464	5	
工程造价	1	460	460	163420	1	
互联网金融	1	457	457	165877	1	
8408 大连医科大学中山学院	**25**				**25**	
02专业组(不限)	**25**	**474**	**455**	**167464**	**25**	
计算机科学与技术	6	462	456	166665	6	
数字媒体技术	6	456	455	167464	6	
医学信息工程	6	463	455	167464	6	
公共事业管理	2	474	466	158487	2	
劳动与社会保障	3	458	456	166665	3	
健康服务与管理	2	458	457	165877	2	
8411 大连财经学院	**18**				**18**	
02专业组(不限)	**18**	**472**	**457**	**165877**	**18**	
会计学	2	472	469	155786	2	
财务管理	2	464	462	161814	2	
金融学	2	458	457	165877	2	
投资学	1	459	459	164241	1	
国际经济与贸易	2	459	457	165877	2	
商务英语	2	458	457	165877	2	
市场营销	1	458	458	165042	1	
人力资源管理	1	458	458	165042	1	
供应链管理	1	458	458	165042	1	
数字经济	1	458	458	165042	1	
互联网金融	1	457	457	165877	1	
大数据管理与应用	2	459	459	164241	2	

院校、专业组、专业名称	录取数	最高分	最低分	最低分位次	平行志愿	征求志愿
8412 沈阳城市学院	**49**				**38**	**11**
02专业组(不限)	**49**	**463**	**452**	**169838**	**38**	**11**
国际经济与贸易	2	457	455	167464	2	
人工智能	5	458	456	166665	5	
机器人工程	6	458	455	167464	6	
电影制作	12	455	452	169838	4	8
建筑环境与能源应用工程	3	457	455	167464	3	
建筑电气与智能化	3	457	455	167464	3	
建筑学	4	463	455	167464	4	
工程造价	2	458	455	167464	2	
工商管理	2	455	454	168262	2	
健康服务与管理	2	459	454	168262	2	
旅游管理	5	454	452	169838	2	3
酒店管理	3	454	454	168262	3	
8416 大连东软信息学院	**25**				**25**	
03专业组(不限)	**25**	**484**	**456**	**166665**	**25**	
软件工程	5	484	461	162621	5	
信息管理与信息系统	5	460	456	166665	5	
财务管理	2	458	457	165877	2	
电子商务	3	458	456	166665	3	
电子信息工程	5	467	459	164241	5	
微电子科学与工程	5	459	457	165877	5	
8417 辽宁师范大学海华学院	**5**				**5**	
02专业组(不限)	**5**	**471**	**460**	**163420**	**5**	
汉语言文学	4	471	460	163420	4	
英语	1	462	462	161814	1	
8440 吉林外国语大学	**90**				**63**	**27**
03专业组(不限)	**74**	**494**	**452**	**169838**	**54**	**20**
国际经济与贸易	3	473	457	165877	3	
汉语言文学	2	494	476	149566	2	
英语	3	486	480	145763	3	
俄语	3	468	456	166665	3	
德语	4	466	456	166665	2	2
法语	5	467	453	169035	1	4
西班牙语	2	457	456	166665	2	
阿拉伯语	6	457	453	169035	2	4
日语	3	492	469	155786	3	
印度尼西亚语	5	456	452	169838	1	4
泰语	4	457	452	169838	1	3
葡萄牙语	2	457	457	165877	2	
商务英语	2	461	460	163420	2	
新闻传播学类	2	467	461	162621	2	
人工智能	6	486	457	165877	6	
数字媒体技术	4	462	459	164241	4	
数据科学与大数据技术	3	468	458	165042	3	
工商管理类	3	470	459	164241	3	
会计学	2	465	465	159349	2	
电子商务	3	459	457	165877	3	
旅游管理类	4	456	452	169838	1	3

院校、专业组、专业名称	录取数	最高分	最低分	最低分位次	平行志愿	征求志愿
金融科技	3	459	456	166665	3	
04专业组(不限)(中外合作办学)	**16**	**476**	**450**	**171363**	**9**	**7**
金融学(中外合作办学)	3	456	453	169035	3	
俄语(中外合作办学)	2	476	456	166665	2	
德语(中外合作办学)	2	453	453	169035	2	
朝鲜语(中外合作办学)	9	453	450	171363	2	7
8441 长春光华学院	**95**				**73**	**22**
02专业组(不限)	**95**	**466**	**453**	**169035**	**73**	**22**
工商管理	8	466	454	168262	4	4
英语	5	458	454	168262	4	1
机械设计制造及其自动化	17	460	454	168262	17	
电气工程及其自动化	15	459	455	167464	15	
电子信息工程	3	458	455	167464	3	
计算机科学与技术	29	458	453	169035	12	17
财务管理	2	455	455	167464	2	
会计学	10	466	455	167464	10	
应用心理学	4	458	457	165877	4	
智能制造工程	2	457	455	167464	2	
8442 长春工业大学人文信息学院	**76**				**48**	**28**
02专业组(不限)	**76**	**521**	**453**	**169035**	**48**	**28**
机械工程	8	458	454	168262	4	4
机械设计制造及其自动化	7	458	454	168262	6	1
智能制造工程	2	457	456	166665	2	
车辆工程	1	456	456	166665	1	
新能源汽车工程	1	455	455	167464	1	
电气工程及其自动化	19	458	454	168262	9	10
轨道交通信号与控制	3	455	455	167464	3	
机器人工程	1	456	456	166665	1	
自动化	7	456	454	168262	4	3
计算机科学与技术	14	460	453	169035	4	10
数据科学与大数据技术	1	521	521	105373	1	
软件工程	2	457	455	167464	2	
电子信息工程	3	457	455	167464	3	
人工智能	1	457	457	165877	1	
制药工程	2	456	456	166665	2	
英语	1	455	455	167464	1	
土木工程	1	458	458	165042	1	
会计学	1	456	456	166665	1	
财务管理	1	457	457	165877	1	
8443 长春电子科技学院	**101**				**86**	**15**
02专业组(不限)	**101**	**483**	**454**	**168262**	**86**	**15**
新能源科学与工程	5	458	455	167464	5	
电子科学与技术	2	458	455	167464	2	
电子信息工程	9	460	455	167464	9	
通信工程	3	458	455	167464	3	
自动化	2	458	457	165877	2	
电气工程及其自动化	32	472	454	168262	23	9
轨道交通信号与控制	3	458	455	167464	3	
计算机科学与技术	18	483	454	168262	12	6
软件工程	7	459	455	167464	7	
物联网工程	2	458	456	166665	2	
机械设计制造及其自动化	3	456	455	167464	3	
机器人工程	1	456	456	166665	1	
光电信息科学与工程(工学)	11	467	455	167464	11	
光电信息科学与工程(理学)	3	456	455	167464	3	
8444 长春财经学院	**102**				**67**	**35**
03专业组(不限)	**94**	**464**	**453**	**169035**	**63**	**31**
会计学	6	464	456	166665	6	
审计学	3	460	455	167464	3	
财务管理	2	455	455	167464	2	
金融学	6	456	454	168262	6	
税收学	2	454	454	168262	2	
投资学	2	454	454	168262	2	
国际经济与贸易	2	454	454	168262	2	
跨境电子商务	11	455	453	169035	3	8
经济学	2	454	454	168262	2	
经济统计学	13	454	453	169035	5	8
数据科学与大数据技术	3	457	454	168262	3	
数字经济	8	454	453	169035	2	6
工商管理	7	456	453	169035	2	5
市场营销	6	454	453	169035	2	4
物流管理	3	463	454	168262	3	
人力资源管理	3	454	454	168262	3	
网络与新媒体	2	454	454	168262	2	
计算机科学与技术	4	455	455	167464	4	
电子商务	2	454	454	168262	2	
物联网工程	2	455	455	167464	2	
人工智能	2	458	454	168262	2	
英语	3	457	454	168262	3	
04专业组(不限)(中外合作办学)	**8**	**464**	**451**	**170595**	**4**	**4**
金融工程(中外合作办学)	8	464	451	170595	4	4
8445 吉林建筑科技学院	**131**				**108**	**23**
03专业组(不限)	**126**	**472**	**452**	**169838**	**103**	**23**
建筑学	2	466	456	166665	2	
城乡规划	2	461	455	167464	2	
土木工程	12	459	454	168262	12	
城市地下空间工程	6	459	454	168262	6	
测绘工程	5	456	454	168262	5	
道路桥梁与渡河工程	2	455	454	168262	2	
建筑环境与能源应用工程	8	456	454	168262	8	
给排水科学与工程	4	457	454	168262	4	
安全工程	2	455	454	168262	2	
环境工程	4	455	454	168262	4	
新能源科学与工程	2	459	456	166665	2	
电气工程及其自动化	3	460	457	165877	3	

院校、专业组、专业名称	录取数	最高分	最低分	最低分位次	平行志愿	征求志愿
自动化	3	459	456	166665	3	
建筑电气与智能化	3	456	455	167464	3	
机器人工程	3	455	455	167464	3	
电子信息工程	3	456	455	167464	3	
机械设计制造及其自动化	4	464	456	166665	4	
计算机科学与技术	4	457	456	166665	4	
软件工程	2	455	455	167464	2	
物联网工程	2	458	456	166665	2	
数据科学与大数据技术	2	456	455	167464	2	
人工智能	4	472	458	165042	4	
工程管理	4	454	454	168262	4	
工程造价	5	455	454	168262	5	
财务管理	2	460	457	165877	2	
资产评估	2	455	454	168262	2	
审计学	2	457	456	166665	2	
智能建造	6	455	454	168262	6	
风景园林	23	455	452	169838		23
04专业组(化学)	**5**	**459**	**456**	**166665**	**5**	
交通工程	3	458	456	166665	3	
智慧交通	2	459	456	166665	2	
8446 长春建筑学院	**72**				**51**	**21**
02专业组(不限)	**72**	**471**	**453**	**169035**	**51**	**21**
电气工程及其自动化	6	465	457	165877	6	
通信工程	3	457	456	166665	3	
自动化	3	458	454	168262	3	
机器人工程	3	460	454	168262	3	
计算机科学与技术	3	456	455	167464	3	
物联网工程	3	455	455	167464	3	
智能科学与技术	3	457	455	167464	3	
数据科学与大数据技术	3	454	454	168262	3	
土木工程	6	455	454	168262	6	
测绘工程	3	456	454	168262	3	
建筑学	3	471	454	168262	3	
城乡规划	3	454	454	168262	3	
风景园林	12	459	453	169035	2	10
工程管理	12	456	453	169035	1	11
房地产开发与管理	3	454	454	168262	3	
工程造价	3	456	454	168262	3	
8447 长春科技学院	**162**				**128**	**34**
02专业组(不限)	**162**	**483**	**454**	**168262**	**128**	**34**
电子信息科学与技术	56	483	454	168262	37	19
人工智能	11	469	455	167464	11	
自动化	18	464	454	168262	13	5
轨道交通信号与控制	5	461	454	168262	5	
生物工程	10	463	454	168262	6	4
动物科学	4	472	455	167464	4	
计算机类	18	461	454	168262	18	
机械设计制造及其自动化	19	458	454	168262	13	6
网络与新媒体	2	455	454	168262	2	

院校、专业组、专业名称	录取数	最高分	最低分	最低分位次	平行志愿	征求志愿
食品科学与工程类	5	461	454	168262	5	
金融学	1	458	458	165042	1	
园林	3	457	454	168262	3	
工程造价	1	455	455	167464	1	
人力资源管理	1	456	456	166665	1	
英语	5	458	455	167464	5	
日语	3	466	455	167464	3	
8448 吉林动画学院	**39**				**32**	**7**
02专业组(不限)	**39**	**468**	**455**	**167464**	**32**	**7**
软件工程	5	467	456	166665	5	
数字媒体技术	8	467	456	166665	8	
虚拟现实技术	4	458	455	167464	3	1
飞行器制造工程	13	468	456	166665	9	4
飞行器控制与信息工程	3	468	456	166665	3	
飞行器动力工程	6	460	456	166665	4	2
8449 吉林师范大学博达学院	**80**				**28**	**52**
02专业组(不限)	**80**	**463**	**452**	**169838**	**28**	**52**
商务英语	2	463	457	165877	2	
市场营销	25	461	452	169838	2	23
财务管理	6	459	454	168262	6	
软件工程	4	456	454	168262	4	
数字媒体技术	4	458	455	167464	4	
食品科学与工程	32	456	452	169838	3	29
食品质量与安全	3	459	454	168262	3	
数据科学与大数据技术	4	457	454	168262	4	
8450 长春大学旅游学院	**44**				**22**	**22**
02专业组(不限)	**44**	**457**	**452**	**169838**	**22**	**22**
旅游管理	8	455	452	169838	2	6
酒店管理	1	453	453	169035		1
文化产业管理	2	452	452	169838		2
会计学	3	457	456	166665	3	
财务管理	2	456	455	167464	2	
英语	4	452	452	169838		4
风景园林	11	455	452	169838	2	9
网络工程	1	455	455	167464	1	
物联网工程	3	455	454	168262	3	
数据科学与大数据技术	9	455	454	168262	9	
8451 长春人文学院	**43**				**24**	**19**
02专业组(不限)	**41**	**481**	**453**	**169035**	**22**	**19**
英语	16	455	453	169035	4	12
计算机科学与技术	5	471	455	167464	5	
数字媒体技术	10	470	453	169035	3	7
数学与应用数学	8	456	454	168262	8	
电气工程及其自动化	2	481	459	164241	2	
03专业组(生物)	**2**	**469**	**462**	**161814**	**2**	
应用心理学	2	469	462	161814	2	
8470 黑龙江东方学院	**5**				**5**	
02专业组(不限)	**5**	**461**	**457**	**165877**	**5**	
电子信息工程	5	461	457	165877	5	

院校、专业组、专业名称	录取数	最高分	最低分	最低分位次	平行志愿	征求志愿
8472 黑龙江财经学院	**35**				**18**	**17**
02专业组(不限)	**35**	**460**	**452**	**169838**	**18**	**17**
金融学	2	460	455	167464	2	
金融工程	9	456	453	169035	1	8
投资学	9	452	452	169838		9
互联网金融	1	455	455	167464	1	
国际经济与贸易	1	455	455	167464	1	
电子信息工程	2	457	456	166665	2	
数据科学与大数据技术	2	456	456	166665	2	
会计学	2	460	457	165877	2	
财务管理	2	455	455	167464	2	
审计学	2	459	456	166665	2	
资产评估	1	455	455	167464	1	
物流管理	1	455	455	167464	1	
电子商务	1	455	455	167464	1	
8473 哈尔滨石油学院	**4**				**2**	**2**
02专业组(不限)	**4**	**478**	**454**	**168262**	**2**	**2**
机械类	4	478	454	168262	2	2
8474 哈尔滨广厦学院	**14**				**7**	**7**
02专业组(不限)	**14**	**480**	**454**	**168262**	**7**	**7**
计算机科学与技术	5	469	458	165042	5	
会计学	9	480	454	168262	2	7
8475 哈尔滨华德学院	**62**				**55**	**7**
02专业组(不限)	**35**	**465**	**455**	**167464**	**35**	
数据科学与大数据技术	18	460	455	167464	18	
电子信息工程	17	465	455	167464	17	
03专业组(不限)	**27**	**461**	**453**	**169035**	**20**	**7**
车辆工程	14	461	454	168262	14	
智能制造工程	13	460	453	169035	6	7
8483 黑龙江工商学院	**28**				**25**	**3**
02专业组(不限)	**28**	**466**	**455**	**167464**	**25**	**3**
机械电子工程	13	464	455	167464	10	3
电气工程及其自动化	5	465	461	162621	5	
电子信息工程	5	459	458	165042	5	
计算机科学与技术	5	466	461	162621	5	
8501 黄河科技学院	**12**				**12**	
02专业组(不限)	**12**	**466**	**460**	**163420**	**12**	
建筑学	6	466	461	162621	6	
城乡规划	6	461	460	163420	6	
8504 郑州财经学院	**4**				**4**	
02专业组(不限)	**4**	**482**	**470**	**154932**	**4**	
会计学	1	476	476	149566	1	
电子商务	1	482	482	143883	1	
网络与新媒体	1	472	472	153185	1	
数据科学与大数据技术	1	470	470	154932	1	
8505 商丘工学院	**20**				**20**	
01专业组(不限)	**20**	**476**	**464**	**160212**	**20**	
通信工程	10	476	465	159349	10	
物联网工程	10	467	464	160212	10	
8508 郑州工商学院	**39**				**39**	
02专业组(不限)	**39**	**483**	**465**	**159349**	**39**	
机械设计制造及其自动化	11	483	469	155786	11	
电子信息工程	11	475	466	158487	11	
计算机科学与技术	11	477	468	156710	11	
数据科学与大数据技术	6	475	465	159349	6	
8510 郑州商学院	**12**				**12**	
02专业组(不限)	**10**	**479**	**464**	**160212**	**10**	
工商管理	2	467	467	157549	2	
财务管理	2	479	467	157549	2	
会计学	2	478	467	157549	2	
商务英语	2	465	464	160212	2	
工程造价	2	475	465	159349	2	
03专业组(化学)	**2**	**474**	**474**	**151398**	**2**	
计算机科学与技术	2	474	474	151398	2	
8518 郑州西亚斯学院	**12**				**12**	
02专业组(不限)(中外合作办学)	**12**	**479**	**457**	**165877**	**12**	
金融学(中外合作办学)	2	461	460	163420	2	
国际经济与贸易(中外合作办学)	2	460	460	163420	2	
英语(中外合作办学)	3	460	458	165042	3	
信息管理与信息系统(中外合作办学)	2	477	468	156710	2	
工商管理(中外合作办学)	3	479	457	165877	3	
8550 武汉东湖学院	**62**				**62**	
03专业组(不限)	**62**	**508**	**460**	**163420**	**62**	
电气工程及其自动化	3	477	470	154932	3	
机械电子工程	2	474	466	158487	2	
机械设计制造及其自动化	3	473	469	155786	3	
自动化	2	475	470	154932	2	
电子信息类	16	471	460	163420	16	
计算机类	6	508	464	160212	6	
软件工程	2	479	472	153185	2	
数据科学与大数据技术	8	466	460	163420	8	
生物制药	3	461	460	163420	3	
财务管理	3	461	460	163420	3	
电子商务	1	463	463	161011	1	
人力资源管理	1	461	461	162621	1	
大数据管理与应用	3	461	460	163420	3	
金融学	1	468	468	156710	1	
网络与新媒体	2	466	461	162621	2	
新闻学	1	465	465	159349	1	
税收学	1	461	461	162621	1	
工程管理	1	462	462	161814	1	
智能制造工程	2	466	466	158487	2	
数字经济	1	460	460	163420	1	
8552 武昌首义学院	**45**				**45**	
03专业组(不限)	**45**	**485**	**460**	**163420**	**45**	

院校、专业组、专业名称	录取数	最高分	最低分	最低分位次	平行志愿	征求志愿
计算机科学与技术	6	481	470	154932	6	
软件工程	3	475	467	157549	3	
物联网工程	3	485	463	161011	3	
电子信息工程	3	470	467	157549	3	
数据科学与大数据技术	2	477	468	156710	2	
人工智能	2	483	461	162621	2	
电气工程及其自动化	2	481	473	152316	2	
机械电子工程	2	463	461	162621	2	
自动化	2	465	464	160212	2	
机械设计制造及其自动化	2	478	468	156710	2	
机器人工程	2	465	462	161814	2	
土木工程	2	462	461	162621	2	
给排水科学与工程	2	472	469	155786	2	
工程造价	2	466	465	159349	2	
环境工程	2	461	461	162621	2	
生物工程	2	461	461	162621	2	
智能建造	2	460	460	163420	2	
金融学	2	473	471	154058	2	
汉语言文学	2	482	461	162621	2	
8553 武昌理工学院	**29**				**29**	
02专业组(不限)	**29**	**478**	**459**	**164241**	**29**	
智能科学与技术	7	469	459	164241	7	
数据科学与大数据技术	3	462	460	163420	3	
软件工程	4	472	459	164241	4	
机械电子工程	2	467	460	163420	2	
计算机科学与技术	8	475	459	164241	8	
建筑学	1	460	460	163420	1	
生物工程	4	478	465	159349	4	
8554 武汉生物工程学院	**37**				**35**	**2**
03专业组(不限)	**21**	**480**	**463**	**161011**	**21**	
环境工程	4	477	463	161011	4	
计算机科学与技术	10	480	464	160212	10	
物联网工程	2	472	465	159349	2	
机械设计制造及其自动化	2	466	464	160212	2	
大数据管理与应用	2	470	469	155786	2	
土木工程	1	469	469	155786	1	
04专业组(化学或生物)	**16**	**487**	**466**	**158487**	**14**	**2**
生物工程	5	481	466	158487	4	1
生物技术	1	482	482	143883	1	
生物制药	5	482	474	151398	4	1
制药工程	5	487	474	151398	5	
8555 武汉晴川学院	**42**				**41**	**1**
02专业组(不限)	**42**	**473**	**459**	**164241**	**41**	**1**
电气工程及其自动化	9	472	459	164241	8	1
机械电子工程	1	465	465	159349	1	
机械设计制造及其自动化	3	463	459	164241	3	
电子信息工程	6	465	459	164241	6	
通信工程	1	460	460	163420	1	
物联网工程	2	464	460	163420	2	
计算机科学与技术	5	473	459	164241	5	
软件工程	4	469	460	163420	4	
数据科学与大数据技术	2	469	459	164241	2	
英语	1	465	465	159349	1	
翻译	1	460	460	163420	1	
会计学	3	468	463	161011	3	
网络与新媒体	4	464	459	164241	4	
8556 湖北大学知行学院	**29**				**28**	**1**
02专业组(不限)	**25**	**487**	**464**	**160212**	**24**	**1**
会计学	1	466	466	158487	1	
审计学	1	464	464	160212	1	
财务管理	1	464	464	160212	1	
金融学	1	465	465	159349	1	
国际经济与贸易	1	464	464	160212	1	
工程造价	1	467	467	157549	1	
英语	1	464	464	160212	1	
商务英语	1	485	485	141125		1
法语	1	464	464	160212	1	
食品科学与工程类	1	467	467	157549	1	
汉语言文学	2	487	471	154058	2	
新闻传播学类	1	484	484	142060	1	
机械设计制造及其自动化	3	483	464	160212	3	
机械电子工程	1	465	465	159349	1	
机器人工程	2	465	464	160212	2	
电子信息类	1	466	466	158487	1	
计算机类	1	466	466	158487	1	
化学工程与工艺	1	465	465	159349	1	
生物工程	2	472	467	157549	2	
风景园林	1	475	475	150470	1	
03专业组(化学)	**1**	**467**	**467**	**157549**	**1**	
应用化学	1	467	467	157549	1	
04专业组(化学或生物)	**3**	**482**	**473**	**152316**	**3**	
生物技术	3	482	473	152316	3	
8557 武汉城市学院	**23**				**23**	
02专业组(不限)	**22**	**487**	**461**	**162621**	**22**	
英语	1	487	487	139209	1	
商务英语	1	465	465	159349	1	
机械设计制造及其自动化	5	474	463	161011	5	
电气工程及其自动化	2	474	466	158487	2	
自动化	3	467	463	161011	3	
计算机科学与技术	5	468	462	161814	5	
软件工程	2	466	461	162621	2	
工程造价	1	467	467	157549	1	
会计学	1	465	465	159349	1	
物流管理	1	463	463	161011	1	
03专业组(化学)	**1**	**459**	**459**	**164241**	**1**	
应用化学	1	459	459	164241	1	
8558 三峡大学科技学院	**29**				**28**	**1**
02专业组(不限)	**29**	**497**	**468**	**156710**	**28**	**1**

院校、专业组、专业名称	录取数	最高分	最低分	最低分位次	平行志愿	征求志愿
水利水电工程	4	479	477	148670	4	
机械设计制造及其自动化	4	473	472	153185	4	
电气工程及其自动化	4	497	481	144815	4	
电子信息工程	3	476	474	151398	3	
计算机科学与技术	3	479	475	150470	3	
制药工程	3	471	468	156710	3	
生物工程	3	471	468	156710	2	1
新能源材料与器件	2	474	473	152316	2	
工程管理	3	471	469	155786	3	
8559 湖北工业大学工程技术学院	**33**				**33**	
02专业组(不限)	**33**	**496**	**460**	**163420**	**33**	
智能制造工程	4	467	462	161814	4	
新能源汽车工程	4	478	462	161814	4	
电子信息工程	9	496	461	162621	9	
物联网工程	2	461	461	162621	2	
高分子材料与工程	3	460	460	163420	3	
生物工程	5	466	463	161011	5	
土木工程	4	462	460	163420	4	
智能建造	2	463	463	161011	2	
8560 武汉工程大学邮电与信息工程学院	**32**				**32**	
02专业组(不限)	**23**	**480**	**466**	**158487**	**23**	
电气工程及其自动化	5	480	475	150470	5	
机械设计制造及其自动化(工业机器人)	3	474	474	151398	3	
机械设计制造及其自动化(智能制造)	4	470	468	156710	4	
通信工程	2	471	469	155786	2	
工程造价	6	473	466	158487	6	
土木工程	3	472	467	157549	3	
03专业组(化学)	**9**	**472**	**461**	**162621**	**9**	
高分子材料与工程	1	469	469	155786	1	
高分子材料与工程(光电信息材料)	6	466	461	162621	6	
化学工程与工艺	2	472	469	155786	2	
8561 武汉纺织大学外经贸学院	**26**				**25**	**1**
03专业组(不限)	**26**	**473**	**458**	**165042**	**25**	**1**
工商管理	5	461	459	164241	5	
会计学	2	459	458	165042	2	
物流管理	2	459	458	165042	2	
英语	3	459	458	165042	3	
电气工程及其自动化	5	460	458	165042	5	
数字媒体技术	6	473	459	164241	5	1
电子信息工程	3	459	458	165042	3	
8562 武昌工学院	**13**				**13**	
02专业组(不限)	**13**	**480**	**467**	**157549**	**13**	
智能制造工程	4	471	469	155786	4	
电子信息工程	3	480	471	154058	3	
数据科学与大数据技术	3	469	468	156710	3	
大数据管理与应用	3	476	467	157549	3	
8563 武汉工商学院	**41**				**41**	
02专业组(不限)	**41**	**474**	**460**	**163420**	**41**	
财务管理	11	469	460	163420	11	
金融学	3	474	461	162621	3	
网络与新媒体	1	472	472	153185	1	
电子商务	3	471	461	162621	3	
计算机科学与技术	10	468	460	163420	10	
电子信息工程	4	473	462	161814	4	
软件工程	4	473	469	155786	4	
机械电子工程	2	471	463	161011	2	
机器人工程	1	467	467	157549	1	
大数据管理与应用	2	465	463	161011	2	
8565 长江大学文理学院	**12**				**12**	
02专业组(不限)	**12**	**484**	**468**	**156710**	**12**	
机械设计制造及其自动化	5	475	468	156710	5	
计算机类	5	484	470	154932	5	
会计学	2	474	472	153185	2	
8568 湖北医药学院药护学院	**20**				**20**	
01专业组(不限)	**20**	**513**	**458**	**165042**	**20**	
公共事业管理	11	499	458	165042	11	
信息资源管理	9	513	458	165042	9	
8570 湖北经济学院法商学院	**19**				**19**	
02专业组(不限)	**19**	**478**	**458**	**165042**	**19**	
金融学	9	467	458	165042	9	
会计学	10	478	461	162621	10	
8571 武汉体育学院体育科技学院	**18**				**8**	**10**
02专业组(不限)	**18**	**463**	**455**	**167464**	**8**	**10**
经济学	14	463	455	167464	4	10
网络与新媒体	4	459	457	165877	4	
8572 湖北文理学院理工学院	**13**				**13**	
02专业组(不限)	**13**	**475**	**462**	**161814**	**13**	
国际经济与贸易	3	474	466	158487	3	
机械设计制造及其自动化	6	475	462	161814	6	
电子信息工程	3	469	464	160212	3	
数据科学与大数据技术	1	463	463	161011	1	
8573 文华学院	**42**				**42**	
02专业组(不限)	**42**	**482**	**459**	**164241**	**42**	
智能制造工程	4	468	460	163420	4	
电气工程及其自动化	3	473	466	158487	3	
能源与动力工程	3	476	464	160212	3	
智能电网信息工程	2	461	460	163420	2	
机械设计制造及其自动化	3	476	466	158487	3	
机器人工程	3	462	460	163420	3	
建筑学	1	460	460	163420	1	
给排水科学与工程	1	482	482	143883	1	

院校、专业组、专业名称	录取数	最高分	最低分	最低分位次	平行志愿	征求志愿
工程管理	1	459	459	164241	1	
环境工程	1	474	474	151398	1	
通信工程	3	471	460	163420	3	
电子信息工程	4	467	460	163420	4	
光电信息科学与工程	3	468	460	163420	3	
计算机科学与技术	2	471	470	154932	2	
软件工程	2	476	467	157549	2	
物联网工程	5	475	463	161011	5	
金融学	1	460	460	163420	1	
8574 武汉工程科技学院	**32**				**31**	**1**
03专业组(不限)	**32**	**473**	**461**	**162621**	**31**	**1**
土木工程	1	461	461	162621	1	
工程造价	1	461	461	162621	1	
电子信息工程	6	472	461	162621	6	
机械设计制造及其自动化	5	465	461	162621	4	1
计算机科学与技术	9	473	461	162621	9	
软件工程	4	466	461	162621	4	
数据科学与大数据技术	4	467	462	161814	4	
人工智能	2	469	465	159349	2	
8575 武汉华夏理工学院	**62**				**60**	**2**
02专业组(不限)	**62**	**482**	**459**	**164241**	**60**	**2**
工商管理	2	459	459	164241	2	
大数据管理与应用	4	460	459	164241	4	
计算机科学与技术	22	482	459	164241	21	1
软件工程	2	478	459	164241	1	1
电子信息工程	8	472	459	164241	8	
通信工程	2	462	459	164241	2	
数据科学与大数据技术	2	460	459	164241	2	
人工智能	2	462	461	162621	2	
机械类	1	464	464	160212	1	
土木工程	1	461	461	162621	1	
工程造价	3	463	459	164241	3	
城乡规划	2	461	459	164241	2	
制药工程	3	469	459	164241	3	
生物制药	8	469	459	164241	8	
8576 武汉传媒学院	**3**				**3**	
02专业组(不限)	**2**	**486**	**478**	**147717**	**2**	
数据科学与大数据技术	2	486	478	147717	2	
03专业组(不限)	**1**	**466**	**466**	**158487**	**1**	
广播电视学	1	466	466	158487	1	
8577 武汉设计工程学院	**8**				**7**	**1**
02专业组(不限)	**8**	**468**	**459**	**164241**	**7**	**1**
生物工程	2	468	466	158487	2	
数字媒体技术	3	466	461	162621	3	
园林	3	462	459	164241	2	1
8601 长沙医学院	**11**				**8**	**3**
02专业组(不限)	**11**	**515**	**460**	**163420**	**8**	**3**
计算机科学与技术	7	515	460	163420	5	2
汉语言文学	4	486	460	163420	3	1
8602 湖南涉外经济学院	**63**				**53**	**10**
02专业组(不限)	**63**	**472**	**453**	**169035**	**53**	**10**
金融学	4	458	456	166665	4	
国际经济与贸易	6	457	454	168262	3	3
汉语言文学	1	467	467	157549	1	
日语	2	456	456	166665	2	
机械设计制造及其自动化	4	458	457	165877	4	
电子信息工程	1	457	457	165877	1	
通信工程	3	457	457	165877	3	
电子信息科学与技术	2	459	458	165042	2	
计算机科学与技术	3	459	458	165042	3	
软件工程	4	461	458	165042	4	
工商管理	2	458	456	166665	2	
会计学	4	464	457	165877	4	
财务管理	2	458	457	165877	2	
人力资源管理	2	456	456	166665	2	
文化产业管理	4	456	453	169035	1	3
电子商务	4	457	456	166665	4	
酒店管理	4	454	453	169035		4
网络与新媒体	6	466	457	165877	6	
物联网工程	3	457	456	166665	3	
商务英语	2	472	456	166665	2	
8603 湘潭大学兴湘学院	**6**				**6**	
02专业组(不限)	**4**	**486**	**479**	**146748**	**4**	
计算机科学与技术	2	486	480	145763	2	
机械设计制造及其自动化	2	484	479	146748	2	
03专业组(化学)	**2**	**480**	**474**	**151398**	**2**	
制药工程	2	480	474	151398	2	
8604 湖南工业大学科技学院	**19**				**19**	
02专业组(不限)	**17**	**480**	**470**	**154932**	**17**	
电气工程及其自动化	4	480	476	149566	4	
土木工程	2	473	472	153185	2	
机械设计制造及其自动化	4	476	470	154932	4	
数字媒体技术	2	479	472	153185	2	
计算机科学与技术	3	476	472	153185	3	
电子信息工程	2	472	471	154058	2	
03专业组(化学)	**2**	**468**	**467**	**157549**	**2**	
包装工程	2	468	467	157549	2	
8605 湖南科技大学潇湘学院	**4**				**4**	
02专业组(不限)	**4**	**487**	**479**	**146748**	**4**	
机械设计制造及其自动化	1	485	485	141125	1	
电子信息工程	1	487	487	139209	1	
通信工程	1	483	483	142975	1	
新闻学	1	479	479	146748	1	
8606 南华大学船山学院	**6**				**6**	
02专业组(不限)	**6**	**478**	**472**	**153185**	**6**	
机械设计制造及其自动化	2	478	475	150470	2	
软件工程	4	478	472	153185	4	
8607 湘潭理工学院	**4**				**4**	

院校、专业组、专业名称	录取数	最高分	最低分	最低分位次	平行志愿	征求志愿
02专业组(不限)	**4**	**488**	**461**	**162621**	**4**	
国际经济与贸易	1	461	461	162621	1	
工商管理	1	488	488	138275	1	
物流管理	2	463	463	161011	2	
8608 湖南农业大学东方科技学院	**6**				**6**	
01专业组(化学或生物)	**6**	**476**	**470**	**154932**	**6**	
生物技术	6	476	470	154932	6	
8609 湖南文理学院芙蓉学院	**4**				**4**	
02专业组(不限)	**4**	**481**	**476**	**149566**	**4**	
机械设计制造及其自动化	2	479	476	149566	2	
电子信息科学与技术	2	481	480	145763	2	
8610 湖南理工学院南湖学院	**15**				**14**	**1**
03专业组(不限)	**15**	**474**	**466**	**158487**	**14**	**1**
电子信息工程	5	474	468	156710	5	
机械设计制造及其自动化	5	471	467	157549	5	
土木工程	5	471	466	158487	4	1
8612 湖南工程学院应用技术学院	**5**				**5**	
01专业组(不限)	**5**	**478**	**459**	**164241**	**5**	
经济学	2	478	466	158487	2	
金融工程	3	465	459	164241	3	
8614 长沙理工大学城南学院	**22**				**22**	
02专业组(不限)	**22**	**512**	**473**	**152316**	**22**	
机械设计制造及其自动化	2	476	475	150470	2	
汽车服务工程	2	477	476	149566	2	
能源与动力工程	2	482	478	147717	2	
电气工程及其自动化	2	512	484	142060	2	
电子信息工程	2	484	475	150470	2	
自动化	2	478	475	150470	2	
计算机科学与技术	2	485	479	146748	2	
土木工程	4	477	473	152316	4	
工程管理	2	475	473	152316	2	
物流工程	2	474	473	152316	2	
8640 广东白云学院	**24**				**14**	**10**
02专业组(不限)	**24**	**478**	**454**	**168262**	**14**	**10**
计算机科学与技术	14	475	454	168262	5	9
软件工程	1	463	463	161011	1	
机械设计制造及其自动化	4	472	455	167464	3	1
智能制造工程	2	467	463	161011	2	
电气工程及其自动化	2	478	460	163420	2	
工程造价	1	458	458	165042	1	
8641 电子科技大学中山学院	**104**				**78**	**26**
02专业组(不限)	**91**	**518**	**453**	**169035**	**73**	**18**
电子信息工程	4	489	467	157549	4	
电子科学与技术	4	461	458	165042	4	
通信工程	4	464	458	165042	4	
光电信息科学与工程	14	477	453	169035	5	9
自动化	10	481	459	164241	10	

院校、专业组、专业名称	录取数	最高分	最低分	最低分位次	平行志愿	征求志愿
电气工程及其自动化	7	474	463	161011	7	
机械电子工程	4	462	458	165042	4	
机械设计制造及其自动化	8	474	459	164241	8	
计算机科学与技术	8	518	464	160212	8	
软件工程	8	476	458	165042	8	
人工智能	5	465	461	162621	5	
环境工程	9	453	453	169035		9
食品质量与安全	6	467	458	165042	6	
03专业组(化学)	**13**	**464**	**452**	**169838**	**5**	**8**
应用化学	13	464	452	169838	5	8
8642 广东东软学院	**22**				**22**	
02专业组(不限)	**22**	**467**	**455**	**167464**	**22**	
软件工程	10	467	455	167464	10	
网络工程	4	466	457	165877	4	
财务管理	3	459	456	166665	3	
大数据管理与应用	5	462	455	167464	5	
8643 广州城市理工学院	**42**				**26**	**16**
02专业组(不限)	**28**	**483**	**454**	**168262**	**16**	**12**
机械工程	7	483	455	167464	4	3
机器人工程	5	456	454	168262		5
人工智能	2	458	458	165042	2	
新能源科学与工程	5	460	458	165042	5	
软件工程	3	477	459	164241	3	
数据科学与大数据技术	3	460	455	167464	1	2
土木工程	1	454	454	168262		1
宝石及材料工艺学	2	458	454	168262	1	1
03专业组(化学)	**14**	**463**	**452**	**169838**	**10**	**4**
车辆工程	3	459	457	165877	3	
新能源汽车工程	6	463	456	166665	6	
智能车辆工程	3	458	453	169035	1	2
物流工程	2	452	452	169838		2
8644 广州软件学院	**8**				**8**	
02专业组(不限)	**6**	**475**	**471**	**154058**	**6**	
软件工程	4	475	473	152316	4	
计算机科学与技术	2	473	471	154058	2	
03专业组(不限)	**2**	**478**	**477**	**148670**	**2**	
网络工程	1	478	478	147717	1	
智能科学与技术	1	477	477	148670	1	
8645 广州南方学院	**15**				**13**	**2**
02专业组(不限)	**13**	**465**	**457**	**165877**	**11**	**2**
行政管理	1	459	459	164241	1	
会计学	3	458	457	165877	3	
电子商务	1	458	458	165042	1	
计算机科学与技术	6	460	457	165877	4	2
软件工程	1	465	465	159349	1	
数字媒体技术	1	458	458	165042	1	
03专业组(不限)(中外合作办学)	**2**	**481**	**464**	**160212**	**2**	
数据科学与大数据技术(中	2	481	464	160212	2	

院校、专业组、专业名称	录取数	最高分	最低分	最低分位次	平行志愿	征求志愿
外合作办学)						
8646 广东外语外贸大学南国商学院	**10**				**4**	**6**
02专业组(不限)	**10**	**459**	**452**	**169838**	**4**	**6**
金融学	3	459	455	167464	3	
物联网工程	7	456	452	169838	1	6
8649 北京理工大学珠海学院	**6**				**6**	
02专业组(不限)	**6**	**508**	**476**	**149566**	**6**	
集成电路设计与集成系统	2	508	499	127539	2	
生物工程	2	500	491	135455	2	
土木工程	2	490	476	149566	2	
8650 珠海科技学院	**10**				**10**	
02专业组(不限)	**10**	**518**	**475**	**150470**	**10**	
投资学	1	498	498	128536	1	
金融工程	1	478	478	147717	1	
电子信息科学与技术	2	476	476	149566	2	
计算机科学与技术	6	518	475	150470	6	
8651 广州工商学院	**20**				**15**	**5**
02专业组(不限)	**10**	**456**	**453**	**169035**	**5**	**5**
跨境电子商务	3	456	453	169035	1	2
网络工程	7	456	453	169035	4	3
03专业组(不限)(中外合作办学)	**10**	**465**	**452**	**169838**	**10**	
数据科学与大数据技术(中外合作办学)	7	465	452	169838	7	
软件工程(中外合作办学)	1	452	452	169838	1	
通信工程(中外合作办学)	2	458	453	169035	2	
8652 东莞城市学院	**22**				**13**	**9**
02专业组(不限)	**20**	**471**	**453**	**169035**	**11**	**9**
机械电子工程	7	457	453	169035	2	5
计算机科学与技术	3	471	457	165877	3	
数据科学与大数据技术	5	456	453	169035	2	3
土木工程	3	459	453	169035	2	1
工程造价	2	456	455	167464	2	
03专业组(化学或地理)	**2**	**463**	**457**	**165877**	**2**	
人文地理与城乡规划	2	463	457	165877	2	
8659 华南农业大学珠江学院	**6**				**4**	**2**
02专业组(不限)	**6**	**465**	**454**	**168262**	**4**	**2**
计算机科学与技术	6	465	454	168262	4	2
8661 广州华立学院	**6**				**6**	
02专业组(不限)	**6**	**473**	**463**	**161011**	**6**	
电气工程及其自动化	3	465	463	161011	3	
计算机科学与技术	3	473	467	157549	3	
8665 广州新华学院	**13**				**10**	**3**
02专业组(不限)	**13**	**471**	**454**	**168262**	**10**	**3**
汉语言文学	1	467	467	157549	1	
公共关系学	2	459	457	165877	2	
国际经济与贸易	2	471	466	158487	2	
电子信息科学与技术	1	470	470	154932	1	
软件工程	1	462	462	161814	1	
计算机科学与技术	2	463	457	165877	2	
网络与新媒体	4	460	454	168262	1	3
8668 广东理工学院	**12**				**10**	**2**
02专业组(不限)	**12**	**470**	**458**	**165042**	**10**	**2**
工程管理	2	458	458	165042	2	
电气工程及其自动化	8	470	458	165042	6	2
软件工程	2	464	463	161011	2	
8710 南宁学院	**10**				**10**	
02专业组(不限)	**10**	**467**	**458**	**165042**	**10**	
土木工程	2	459	458	165042	2	
通信工程	2	460	460	163420	2	
智能科学与技术	2	461	461	162621	2	
软件工程	2	467	463	161011	2	
财务管理	2	458	458	165042	2	
8713 柳州工学院	**75**				**70**	**5**
02专业组(不限)	**70**	**480**	**455**	**167464**	**68**	**2**
电子信息工程	5	458	457	165877	5	
自动化	10	457	456	166665	10	
软件工程	5	462	457	165877	5	
物联网工程	10	462	456	166665	10	
化学工程与工艺	5	480	455	167464	5	
食品科学与工程	5	459	455	167464	5	
食品质量与安全	5	458	456	166665	5	
智能车辆工程	5	458	456	166665	5	
道路桥梁与渡河工程	5	457	456	166665	5	
机械类	15	458	455	167464	13	2
03专业组(化学)	**5**	**462**	**455**	**167464**	**2**	**3**
化妆品技术与工程	5	462	455	167464	2	3
8714 桂林学院	**33**				**29**	**4**
02专业组(不限)	**33**	**483**	**457**	**165877**	**29**	**4**
数字媒体技术	3	459	457	165877	3	
工程造价	3	461	457	165877	3	
计算机科学与技术	3	466	462	161814	3	
软件工程	2	467	459	164241	2	
数据科学与大数据技术	3	459	459	164241	3	
电子信息工程	4	469	459	164241	4	
物联网工程	3	458	457	165877	3	
电子商务	2	460	458	165042	2	
物流工程	5	460	457	165877	1	4
新闻传播学类	2	483	458	165042	2	
城乡规划	3	458	457	165877	3	
8715 广西中医药大学赛恩斯新医药学院	**22**				**22**	
03专业组(不限)	**8**	**460**	**455**	**167464**	**8**	
市场营销	8	460	455	167464	8	
04专业组(化学或生物)	**14**	**467**	**457**	**165877**	**14**	
食品质量与安全	14	467	457	165877	14	
8716 桂林信息科技学院	**73**				**39**	**34**

院校、专业组、专业名称	录取数	最高分	最低分	最低分位次	平行志愿	征求志愿
02专业组(不限)	**73**	**470**	**452**	**169838**	**39**	**34**
通信工程	4	458	456	166665	4	
计算机科学与技术	4	470	459	164241	4	
软件工程	3	457	457	165877	3	
数据科学与大数据技术	4	457	456	166665	4	
电子信息工程	4	456	455	167464	4	
物联网工程	3	467	455	167464	3	
机械设计制造及其自动化	4	459	455	167464	4	
智能制造工程	2	458	456	166665	2	
机械电子工程	2	457	457	165877	2	
电气工程及其自动化	4	457	456	166665	4	
市场营销	20	457	452	169838	2	18
国际经济与贸易	19	455	452	169838	3	16
8718 广西外国语学院	**18**				**16**	**2**
02专业组(不限)	**18**	**473**	**454**	**168262**	**16**	**2**
国际经济与贸易	1	457	457	165877	1	
经济与金融	2	456	454	168262		2
金融科技	1	458	458	165042	1	
财务管理	2	473	466	158487	2	
审计学	1	459	459	164241	1	
软件工程	3	460	458	165042	3	
网络工程	1	457	457	165877	1	
计算机科学与技术	3	468	459	164241	3	
人工智能	4	470	459	164241	4	
8740 海口经济学院	**33**				**20**	**13**
04专业组(不限)	**33**	**475**	**452**	**169838**	**20**	**13**
会计学	2	475	456	166665	2	
数据科学与大数据技术	2	457	456	166665	2	
旅游管理类	8	457	452	169838	3	5
金融工程	4	467	454	168262	4	
英语	5	453	452	169838		5
工程造价	8	454	452	169838	5	3
电子信息工程	4	455	454	168262	4	
8741 三亚学院	**83**				**37**	**46**
04专业组(不限)	**44**	**494**	**453**	**169035**	**20**	**24**
新能源科学与工程	8	468	455	167464	4	4
电子信息工程	8	465	453	169035	4	4
通信工程	7	494	453	169035	1	6
智能科学与技术	7	459	453	169035	3	4
数据科学与大数据技术	9	454	453	169035	4	5
虚拟现实技术	2	456	456	166665	2	
工程管理	1	454	454	168262	1	
测控技术与仪器	1	455	455	167464	1	
区块链工程	1	454	454	168262		1
05专业组(不限)	**28**	**461**	**452**	**169838**	**13**	**15**
应用心理学	4	461	455	167464	4	
保险学	3	455	452	169838		3
经济与金融	4	455	452	169838	1	3
会计学	9	461	452	169838	3	6

院校、专业组、专业名称	录取数	最高分	最低分	最低分位次	平行志愿	征求志愿
网络与新媒体	4	458	455	167464	4	
风景园林	3	456	453	169035	1	2
城乡规划	1	452	452	169838		1
06专业组(不限)	**11**	**456**	**452**	**169838**	**4**	**7**
国际经济与贸易(中外合作办学)	5	455	452	169838		5
金融科技	4	454	453	169035	3	1
投资学	2	456	454	168262	1	1
8757 海南科技职业大学	**18**				**12**	**6**
04专业组(不限)	**18**	**460**	**452**	**169838**	**12**	**6**
建筑工程	1	457	457	165877	1	
机械设计制造及自动化	8	460	454	168262	8	
应用化工技术	9	456	452	169838	3	6
8760 成都东软学院	**13**				**13**	
02专业组(不限)	**13**	**488**	**464**	**160212**	**13**	
计算机类	6	488	464	160212	6	
软件工程	6	483	465	159349	6	
财务管理	1	464	464	160212	1	
8761 电子科技大学成都学院	**50**				**50**	
02专业组(不限)	**50**	**508**	**478**	**147717**	**50**	
通信工程	4	494	482	143883	4	
微电子科学与工程	4	498	483	142975	4	
人工智能	5	508	484	142060	5	
计算机科学与技术	9	507	482	143883	9	
网络工程	4	483	481	144815	4	
信息安全	4	486	480	145763	4	
物联网工程	4	487	482	143883	4	
数字媒体技术	4	490	482	143883	4	
智能科学与技术	4	482	478	147717	4	
飞行器动力工程	4	484	480	145763	4	
计算机科学与技术(联合学士学位培养项目)	4	482	479	146748	4	
8762 成都理工大学工程技术学院	**26**				**26**	
02专业组(不限)	**26**	**494**	**466**	**158487**	**26**	
核工程与核技术	6	494	471	154058	6	
土木工程	4	473	469	155786	4	
自动化	4	478	472	153185	4	
机器人工程	4	469	466	158487	4	
物联网工程	4	475	467	157549	4	
电子信息工程	4	479	469	155786	4	
8764 成都银杏酒店管理学院	**10**				**7**	**3**
03专业组(不限)	**10**	**478**	**458**	**165042**	**7**	**3**
酒店管理	6	478	458	165042	3	3
工商管理类	4	465	458	165042	4	
8767 四川外国语大学成都学院	**24**				**20**	**4**
02专业组(不限)	**24**	**502**	**457**	**165877**	**20**	**4**
国际经济与贸易	1	468	468	156710	1	

院校、专业组、专业名称	录取数	最高分	最低分	最低分位次	平行志愿	征求志愿
汉语言文学	1	476	476	149566	1	
汉语国际教育	2	472	465	159349	2	
英语	1	491	491	135455	1	
俄语	2	471	458	165042		2
德语	1	487	487	139209	1	
法语	1	458	458	165042	1	
西班牙语	1	465	465	159349	1	
阿拉伯语	2	502	459	164241	2	
日语	1	470	470	154932	1	
朝鲜语	1	458	458	165042	1	
马来语	2	457	457	165877		2
泰语	1	459	459	164241	1	
翻译	1	461	461	162621	1	
商务英语	1	472	472	153185	1	
国际新闻与传播	1	459	459	164241	1	
财务管理	1	461	461	162621	1	
物流管理	1	458	458	165042	1	
跨境电子商务	1	458	458	165042	1	
会展经济与管理	1	460	460	163420	1	
8769 成都锦城学院	**28**				**28**	
02专业组(不限)	**28**	**504**	**468**	**156710**	**28**	
建筑学	1	470	470	154932	1	
工程造价	1	473	473	152316	1	
给排水科学与工程	1	471	471	154058	1	
大数据管理与应用	2	472	468	156710	2	
审计学	5	483	473	152316	5	
经济统计学	1	492	492	134437	1	
物联网工程	6	504	477	148670	6	
机械设计制造及其自动化	2	485	469	155786	2	
机械电子工程	4	480	469	155786	4	
机器人工程	4	495	469	155786	4	
金融学类	1	472	472	153185	1	
8770 西南财经大学天府学院	**29**				**28**	**1**
03专业组(不限)	**29**	**476**	**460**	**163420**	**28**	**1**
会计学	10	476	463	161011	10	
财务管理	2	470	463	161011	2	
金融学	5	466	460	163420	4	1
计算机科学与技术	10	472	460	163420	10	
金融学(联合学士学位培养项目)	2	463	462	161814	2	
8771 四川大学锦江学院	**9**				**9**	
02专业组(不限)	**9**	**480**	**462**	**161814**	**9**	
机器人工程	7	480	462	161814	7	
酿酒工程	1	463	463	161011	1	
智能科学与技术	1	467	467	157549	1	
8774 西南交通大学希望学院	**11**				**11**	
02专业组(不限)	**9**	**484**	**469**	**155786**	**9**	
建筑电气与智能化	1	470	470	154932	1	
工程管理	1	473	473	152316	1	
土木工程	2	476	469	155786	2	
机械设计制造及其自动化	1	477	477	148670	1	
电气工程及其自动化	2	484	475	150470	2	
车辆工程	1	476	476	149566	1	
轨道交通信号与控制	1	474	474	151398	1	
03专业组(化学)	**2**	**463**	**462**	**161814**	**2**	
交通运输	2	463	462	161814	2	
8781 吉利学院	**7**				**7**	
02专业组(不限)	**7**	**467**	**459**	**164241**	**7**	
车辆工程	7	467	459	164241	7	
8802 重庆外语外事学院	**10**				**8**	**2**
02专业组(不限)	**10**	**466**	**458**	**165042**	**8**	**2**
翻译	5	466	458	165042	5	
法语	1	458	458	165042	1	
日语	2	458	458	165042		2
商务英语	1	462	462	161814	1	
国际经济与贸易	1	461	461	162621	1	
8803 重庆对外经贸学院	**45**				**44**	**1**
03专业组(不限)	**43**	**486**	**460**	**163420**	**42**	**1**
经济学	7	468	460	163420	7	
商务英语	1	467	467	157549	1	
计算机科学与技术	12	479	460	163420	12	
财务管理	3	482	462	161814	3	
审计学	7	475	460	163420	7	
物流管理	1	464	464	160212	1	
网络与新媒体	3	471	461	162621	3	
应用统计学	3	465	461	162621	3	
金融学类	2	471	465	159349	1	1
新闻学	3	468	463	161011	3	
虚拟现实技术	1	486	486	140151	1	
04专业组(化学或地理)	**2**	**482**	**472**	**153185**	**2**	
人文地理与城乡规划	2	482	472	153185	2	
8804 重庆财经学院	**13**				**13**	
02专业组(不限)	**9**	**495**	**472**	**153185**	**9**	
会计学	2	486	483	142975	2	
金融学	3	476	473	152316	3	
金融科技	2	473	472	153185	2	
电子商务	2	495	473	152316	2	
03专业组(不限)	**4**	**495**	**492**	**134437**	**4**	
软件工程	2	494	492	134437	2	
计算机类	2	495	492	134437	2	
8805 重庆工商大学派斯学院	**15**				**15**	
02专业组(不限)	**15**	**475**	**463**	**161011**	**15**	
软件工程	10	474	463	161011	10	
会计学	5	475	466	158487	5	
8806 重庆移通学院	**88**				**85**	**3**
02专业组(不限)	**30**	**485**	**469**	**155786**	**30**	
通信工程	4	477	470	154932	4	
电气类	2	473	472	153185	2	

2023年普通类(物理等科目类)本科院校

院校、专业组、专业名称	录取数	最高分	最低分	最低分位次	平行志愿	征求志愿
计算机科学与技术	10	475	469	155786	10	
数字媒体技术	5	485	472	153185	5	
物联网工程	1	472	472	153185	1	
信息安全	2	473	469	155786	2	
软件工程	6	479	469	155786	6	
03专业组(不限)(中外合作办学)	58	467	453	169035	55	3
电气工程及其自动化(中外合作办学)	40	467	453	169035	40	
机械设计制造及其自动化(中外合作办学)	18	465	453	169035	15	3
8808 重庆人文科技学院	6				6	
02专业组(不限)	6	484	476	149566	6	
软件工程	3	484	477	148670	3	
数据科学与大数据技术	3	477	476	149566	3	
8841 贵阳人文科技学院	16				16	
02专业组(不限)	16	472	459	164241	16	
工程造价	4	466	462	161814	4	
土木工程	4	472	459	164241	4	
人工智能	4	467	460	163420	4	
数据科学与大数据技术	4	467	459	164241	4	
8848 茅台学院	10				10	
01专业组(化学或生物)	10	498	480	145763	10	
白酒酿造工程	2	498	495	131453	2	
食品质量与安全	2	486	485	141125	2	
资源循环科学与工程	2	481	480	145763	2	
环境科学与工程	2	481	480	145763	2	
自动化	2	493	488	138275	2	
8849 贵阳信息科技学院	5				5	
01专业组(不限)	5	466	459	164241	5	
财务管理	3	466	459	164241	3	
电子商务	2	464	461	162621	2	
8870 云南大学滇池学院	32				21	11
02专业组(不限)	32	477	456	166665	21	11
金融学	2	467	458	165042	2	
国际经济与贸易	2	477	461	162621	2	
数学与应用数学	3	468	456	166665	1	2
电子信息工程	6	467	458	165042	4	2
计算机科学与技术	13	469	456	166665	6	7
物联网工程	1	457	457	165877	1	
建筑学	1	458	458	165042	1	
会计学	2	468	461	162621	2	
财务管理	2	460	457	165877	2	
8871 丽江文化旅游学院	108				61	47
03专业组(不限)	108	472	453	169035	61	47
经济学	4	460	455	167464	4	
金融学	11	459	453	169035	2	9
电子商务	1	456	456	166665	1	
会计学	5	470	456	166665	5	
财务管理	1	455	455	167464	1	
审计学	3	458	456	166665	3	
旅游管理	1	456	456	166665	1	
酒店管理	1	456	456	166665	1	
泰语	1	458	458	165042	1	
汉语言文学	8	469	455	167464	8	
新闻学	1	456	456	166665	1	
网络与新媒体	1	457	457	165877	1	
信息管理与信息系统	1	456	456	166665	1	
电子信息工程	18	467	453	169035	5	13
计算机科学与技术	28	462	453	169035	11	17
物联网工程	2	458	457	165877	2	
软件工程	8	472	453	169035	5	3
数据科学与大数据技术	3	456	455	167464	3	
人工智能	10	461	453	169035	5	5
8875 昆明文理学院	8				7	1
02专业组(不限)	8	462	456	166665	7	1
互联网金融	1	458	458	165042	1	
数学与应用数学	3	457	456	166665	3	
智能科学与技术	4	462	456	166665	3	1
8876 昆明理工大学津桥学院	38				33	5
02专业组(不限)	37	494	455	167464	32	5
计算机科学与技术	10	465	456	166665	10	
电子信息科学与技术	1	475	475	150470	1	
电气工程及其自动化	4	460	457	165877	4	
自动化	1	457	457	165877	1	
软件工程	4	458	456	166665	4	
数字媒体技术	3	458	457	165877	3	
城乡规划	1	457	457	165877	1	
土木工程	1	456	456	166665	1	
水利水电工程	3	460	456	166665	3	
食品质量与安全	1	456	456	166665		1
会计学	7	494	455	167464	3	4
英语	1	457	457	165877	1	
03专业组(化学)	1	457	457	165877	1	
交通运输	1	457	457	165877	1	
8878 云南经济管理学院	7				7	
03专业组(不限)	7	459	457	165877	7	
会计学	2	458	458	165042	2	
电气工程及其自动化	3	458	457	165877	3	
人工智能	1	457	457	165877	1	
英语	1	459	459	164241	1	
8901 西安培华学院	8				8	
02专业组(不限)	8	476	470	154932	8	
英语	1	472	472	153185	1	
计算机科学与技术	3	476	471	154058	3	
软件工程	2	473	470	154932	2	
数据科学与大数据技术	2	474	473	152316	2	
8902 西安欧亚学院	37				27	10

2023年普通类(物理等科目类)本科院校

院校、专业组、专业名称	录取数	最高分	最低分	最低分位次	平行志愿	征求志愿
02专业组(不限)	35	480	454	168262	25	10
经济统计学	2	458	458	165042	2	
英语	2	462	458	165042	2	
网络与新媒体	2	464	459	164241	2	
数字出版	2	459	458	165042	2	
应用心理学	2	460	458	165042	2	
电子信息工程	3	463	460	163420	3	
软件工程	3	459	458	165042	3	
数据科学与大数据技术	2	480	465	159349	2	
工程管理	4	458	455	167464	2	2
财务管理	4	458	455	167464	2	2
人力资源管理	2	458	458	165042	2	
体育经济与管理	7	458	454	168262	1	6
03专业组(不限)(中外合作办学)	2	462	460	163420	2	
软件工程(中外合作办学)	2	462	460	163420	2	
8903 西安外事学院	27				23	4
03专业组(不限)	27	499	455	167464	23	4
计算机科学与技术	21	499	455	167464	17	4
机器人工程	2	462	461	162621	2	
财务管理	4	466	456	166665	4	
8905 西京学院	5				5	
02专业组(不限)	5	506	475	150470	5	
计算机科学与技术	3	487	475	150470	3	
数据科学与大数据技术	2	506	482	143883	2	
8906 西安思源学院	17				17	
02专业组(不限)	17	465	458	165042	17	
中国语言文学类	2	463	462	161814	2	
增材制造工程	2	458	458	165042	2	
电子信息工程	4	458	458	165042	4	
计算机类	2	465	458	165042	2	
建筑学	2	458	458	165042	2	
工程造价	3	464	459	164241	3	
大数据管理与应用	2	459	459	164241	2	
8907 陕西国际商贸学院	9				3	6
03专业组(不限)	9	457	455	167464	3	6
数据科学与大数据技术	7	457	455	167464	2	5
大数据管理与应用	2	457	457	165877	1	1
8910 西安交通大学城市学院	44				44	
02专业组(不限)	44	480	461	162621	44	
经济学类	2	467	466	158487	2	
国际经济与贸易	2	462	462	161814	2	
网络与新媒体	2	463	461	162621	2	
机械设计制造及其自动化	7	480	463	161011	7	
机器人工程	4	471	464	160212	4	
土木工程	2	463	462	161814	2	
建筑环境与能源应用工程	1	462	462	161814	1	
电气工程及其自动化	4	478	469	155786	4	
电子信息工程	2	466	465	159349	2	
通信工程	5	473	464	160212	5	
计算机科学与技术	4	471	467	157549	4	
软件工程	5	466	463	161011	5	
会计学	3	475	465	159349	3	
财务管理	1	462	462	161814	1	
8911 西北大学现代学院	1				1	
02专业组(不限)	1	469	469	155786	1	
财务管理	1	469	469	155786	1	
8912 西安建筑科技大学华清学院	8				8	
02专业组(不限)	8	511	462	161814	8	
建筑学	2	466	462	161814	2	
土木工程	2	511	469	155786	2	
给排水科学与工程	2	466	462	161814	2	
自动化	2	474	467	157549	2	
8913 西安财经大学行知学院	5				4	1
02专业组(不限)	5	464	459	164241	4	1
经济统计学	1	459	459	164241	1	
数据科学与大数据技术	4	464	460	163420	3	1
8914 西安工商学院	12				11	1
03专业组(不限)	12	473	458	165042	11	1
计算机科学与技术	3	463	461	162621	3	
软件工程	3	470	460	163420	3	
电气工程及其自动化	3	468	461	162621	3	
机械设计制造及其自动化	1	463	463	161011	1	
数字媒体技术	2	473	458	165042	1	1
8915 延安大学西安创新学院	9				9	
01专业组(不限)	9	465	458	165042	9	
计算机科学与技术	8	465	458	165042	8	
制药工程	1	461	461	162621	1	
8916 西安明德理工学院	7				7	
02专业组(不限)	7	464	459	164241	7	
数据科学与大数据技术	4	461	459	164241	4	
人工智能	3	464	459	164241	3	
8918 西安科技大学高新学院	9				9	
02专业组(不限)	9	473	467	157549	9	
电气工程及其自动化	8	473	467	157549	8	
大数据管理与应用	1	473	473	152316	1	
8940 兰州工商学院	29				19	10
02专业组(不限)	29	462	454	168262	19	10
经济与金融	14	462	454	168262	4	10
土木工程	5	459	456	166665	5	
电子商务	3	457	455	167464	3	
工商管理	2	455	455	167464	2	
会计学	3	458	455	167464	3	
财务管理	2	461	458	165042	2	
8941 兰州博文科技学院	16				12	4
02专业组(不限)	16	473	454	168262	12	4
机械设计制造及其自动化	2	463	462	161814	2	

2023年普通类(物理等科目类)本科院校

院校、专业组、专业名称	录取数	最高分	最低分	最低分位次	平行志愿	征求志愿
电气工程及其自动化	2	473	465	159349	2	
物联网工程	2	460	460	163420	2	
土木工程	4	461	455	167464	2	2
道路桥梁与渡河工程	2	466	461	162621	2	
工程造价	4	459	454	168262	2	2
8942 兰州信息科技学院	**10**				**10**	
02专业组(不限)	10	463	458	165042	10	
人工智能	5	463	458	165042	5	
机械电子工程	4	463	458	165042	4	
人力资源管理	1	459	459	164241	1	
8970 宁夏理工学院	**145**				**111**	**34**
03专业组(不限)	141	468	454	168262	107	34
会计学	2	461	458	165042	2	
财务管理	2	461	457	165877	2	
电气工程及其自动化	12	468	458	165042	12	
电子信息工程	7	463	456	166665	7	
自动化	9	462	455	167464	9	
物联网工程	8	464	455	167464	8	
机器人工程	3	456	455	167464	3	
计算机类	12	462	456	166665	12	
机械工程	20	460	455	167464	8	12
能源与动力工程	6	459	455	167464	6	
材料成型及控制工程	18	459	454	168262	7	11
智能制造工程	6	460	455	167464	6	
土木工程	4	456	455	167464	4	
安全工程	14	460	454	168262	3	11
工程管理	2	456	456	166665	2	
给排水科学与工程	5	462	455	167464	5	
智能建造	2	467	457	165877	2	
制药工程	2	457	456	166665	2	
材料化学	2	456	456	166665	2	
英语	1	457	457	165877	1	
日语	2	467	456	166665	2	
汉语言文学	2	457	456	166665	2	
04专业组(化学)	4	466	457	165877	4	
交通运输(机场运行)	2	466	459	164241	2	
交通运输(航空物流)	2	457	457	165877	2	
8971 宁夏大学新华学院	**9**				**9**	
02专业组(不限)	9	474	462	161814	9	
财务管理	3	467	462	161814	3	
电气工程及其自动化	3	468	464	160212	3	
电子信息工程	3	474	463	161011	3	
8972 银川能源学院	**10**				**8**	**2**
02专业组(不限)	10	469	456	166665	8	2
化学工程与工艺	1	456	456	166665	1	
电气工程及其自动化	6	469	456	166665	6	
机械设计制造及其自动化	3	458	457	165877	1	2
9112 香港珠海学院	**6**				**6**	
02专业组(不限)	6	511	483	142975	6	
商学院(含会计及银行、工商管理学等4个专业)	4	511	492	134437	4	
理工学院(含资讯科学、土木工程等4个专业)	2	500	483	142975	2	

(六)普通类(物理等科目类)高职(专科)院校

院校、专业组、专业名称	录取数	最高分	最低分	平行志愿	征求志愿
0306 中国民用航空飞行学院	**4**			**4**	
08专业组(不限)	**4**	**488**	**456**	**4**	
飞机机电设备维修	4	488	456	4	
1136 南京工业职业技术大学	**644**			**643**	**1**
06专业组(不限)	**644**	**488**	**435**	**643**	**1**
机电一体化技术	184	472	442	184	
分布式发电与智能微电网技术	92	457	439	92	
电力系统自动化技术	92	488	442	92	
建筑智能化工程技术	184	460	435	184	
飞行器数字化制造技术	92	484	435	91	1
1150 江苏海事职业技术学院	**519**			**517**	**2**
05专业组(不限)	**414**	**467**	**430**	**412**	**2**
航海技术	63	461	433	63	
轮机工程技术	34	467	431	34	
船舶电子电气技术	9	454	433	9	
船舶工程技术	12	452	435	12	
海洋工程装备技术	15	437	430	15	
邮轮内装技术	3	447	432	3	
电气自动化技术	23	457	441	23	
机电一体化技术	25	449	434	25	
工业机器人技术	7	438	433	7	
机械制造及自动化	43	454	431	43	
软件技术	46	451	431	46	
电子信息工程技术	11	455	438	11	
现代移动通信技术	19	456	430	19	
大数据技术	29	466	430	29	
云计算技术应用	15	458	430	13	2
人工智能技术应用	12	442	430	12	
国际邮轮乘务管理	5	445	431	5	
关务与外贸服务	8	450	432	8	
港口与航运管理	11	448	432	11	
水路运输安全管理	4	440	430	4	
国际经济与贸易	6	451	433	6	
电子商务	3	443	430	3	
现代物流管理	4	438	430	4	
商务英语	7	456	430	7	
06专业组(不限)(定向培养军士)	**50**	**579**	**421**	**50**	
轮机工程技术(水面舰艇人员合格)(海军)(只招男生)	15	478	440	15	
港口机械与智能控制(水面舰艇人员合格)(海军)(只招男生)	5	579	445	5	
轮机工程技术(水面舰艇人员合格)(武警部队)(只招男生)	15	476	427	15	
船舶电子电气技术(水面舰艇人员合格)(武警部队)(只招男生)	15	444	421	15	
07专业组(不限)(分段培养项目)	**40**	**480**	**456**	**40**	
电气自动化技术(与南京工程学院分段培养项目)	40	480	456	40	
08专业组(不限)(中外合作办学)	**15**	**457**	**427**	**15**	
电子信息工程技术(中外合作办学)	15	457	427	15	
1152 南京交通职业技术学院	**511**			**510**	**1**
04专业组(不限)(分段培养项目)	**60**	**464**	**452**	**60**	
汽车检测与维修技术(与金陵科技学院分段培养项目)	40	460	452	40	
现代物流管理(与金陵科技学院分段培养项目)	20	464	452	20	
05专业组(不限)(分段培养项目)	**85**	**475**	**453**	**85**	
大数据与会计(与南京工程学院分段培养项目)	20	471	456	20	
城市轨道车辆应用技术(与南京工程学院分段培养项目)	45	475	453	45	
工程造价(与南京工程学院分段培养项目)	20	470	454	20	
06专业组(不限)	**366**	**463**	**434**	**365**	**1**
城市轨道车辆应用技术	20	463	442	20	
建筑工程技术	29	452	434	29	
道路工程造价	29	446	434	29	
道路与桥梁工程技术	55	451	434	54	1
工程造价	15	452	440	15	
城市轨道交通机电技术	14	447	440	14	
大数据技术	35	454	436	35	
智能交通技术	19	451	435	19	
智能网联汽车技术	35	451	434	35	
城市轨道交通工程技术	30	449	438	30	
城市轨道交通通信信号技术	14	453	440	14	
汽车检测与维修技术	25	443	434	25	
安全技术与管理	15	440	434	15	
现代通信技术	19	447	435	19	
新能源汽车检测与维修技术	12	448	439	12	
1153 南京科技职业学院	**293**			**292**	**1**
03专业组(不限)(分段培养项目)	**125**	**488**	**451**	**124**	**1**
电气自动化技术(与南通理工学院分段培养项目)	30	479	452	30	
无人机应用技术(与常州工学院分段培养项目)	30	459	451	30	
软件技术(与南京工业职业技术大学分段培养项目)	30	460	452	30	
数字媒体技术(与南京传媒学院分段培养项目)	35	488	451	34	1
04专业组(不限)	**168**	**453**	**430**	**168**	
高分子材料智能制造技术	8	453	433	8	
应用化工技术	13	446	432	13	
精细化工技术	4	431	431	4	
环境监测技术	5	434	431	5	

院校、专业组、专业名称	录取数	最高分	最低分	平行志愿	征求志愿
环境管理与评价	3	432	431	3	
化妆品技术	6	450	431	6	
药学	12	440	430	12	
健康管理	6	445	432	6	
数字化设计与制造技术	10	453	432	10	
机械制造及自动化	14	452	433	14	
汽车检测与维修技术	2	439	433	2	
机电一体化技术	8	446	433	8	
电子信息工程技术	21	446	432	21	
计算机应用技术	18	450	434	18	
大数据与财务管理	10	444	431	10	
大数据与会计	6	447	432	6	
电子商务	3	435	431	3	
现代物流管理	6	431	431	6	
建筑工程技术	5	432	431	5	
工程造价	8	448	430	8	
1154 南京信息职业技术学院	**505**			**505**	
06专业组(不限)	**410**	**478**	**445**	**410**	
人工智能技术应用	52	478	445	52	
电子信息工程技术	41	466	451	41	
新能源汽车技术	55	453	445	55	
移动应用开发	36	461	446	36	
机电一体化技术	29	459	445	29	
电气自动化技术	28	459	446	28	
机械制造及自动化	24	455	445	24	
城市轨道交通通信信号技术	24	454	445	24	
软件技术	20	467	452	20	
数字媒体技术	14	462	447	14	
商务数据分析与应用	9	453	447	9	
光伏工程技术	7	451	445	7	
智能光电技术应用	7	452	445	7	
电子产品检测技术	7	456	446	7	
嵌入式技术应用	7	452	446	7	
集成电路技术	7	451	446	7	
智能物流技术	7	456	447	7	
工业机器人技术	7	450	445	7	
虚拟现实技术应用	6	451	445	6	
质量管理与认证	6	447	446	6	
云计算技术应用	5	457	446	5	
大数据与会计	4	475	456	4	
现代通信技术	3	458	457	3	
大数据技术	3	458	449	3	
计算机应用技术	2	475	459	2	
07专业组(不限)(定向培养军士)	**50**	**514**	**419**	**50**	
计算机网络技术(水面舰艇人员合格)(海军)(只招男生)	21	514	435	21	
大数据技术(水面舰艇人员合格)(海军)(只招男生)	29	439	419	29	
08专业组(不限)(定向培养军士)	**17**	**460**	**445**	**17**	
电子信息工程技术(火箭军)(只招男生)	7	453	448	7	
计算机网络技术(火箭军)(只招男生)	10	460	445	10	
09专业组(不限)(定向培养军士)	**3**	**496**	**484**	**3**	
计算机网络技术(火箭军)(只招女生)	3	496	484	3	
10专业组(不限)(分段培养项目)	**25**	**480**	**463**	**25**	
物联网应用技术(与江苏理工学院分段培养项目)	25	480	463	25	
1155 南京铁道职业技术学院	**260**			**255**	**5**
04专业组(不限)(分段培养项目)	**102**	**510**	**458**	**101**	**1**
现代通信技术(与南京工业职业技术大学分段培养项目)	32	491	461	32	
铁道供电技术(与南京工业职业技术大学分段培养项目)	70	510	458	69	1
05专业组(不限)	**108**	**541**	**447**	**104**	**4**
铁道运输类(铁道交通运营管理、铁道信号自动控制、动车组检修技术、铁道供电技术、高速铁路施工与维护)	42	541	461	42	
城市轨道交通运营管理	3	470	468	3	
城市轨道交通通信信号技术	3	462	460	3	
城市轨道车辆应用技术	16	484	458	16	
铁道机车运用与维护	8	502	476	8	
城市轨道交通供配电技术	8	460	455	8	
城市轨道交通工程技术	12	465	452	10	2
铁道工程技术	8	473	457	8	
高速铁路综合维修技术	8	458	447	6	2
06专业组(不限)(中外合作办学)	**50**	**464**	**443**	**50**	
铁道信号自动控制(中外合作办学)	30	464	445	30	
铁道交通运营管理(中外合作办学)	20	461	443	20	
1156 江苏经贸职业技术学院	**403**			**401**	**2**
04专业组(不限)	**373**	**465**	**429**	**371**	**2**
大数据与会计	20	464	448	20	
大数据与财务管理	15	451	444	15	
大数据与审计	10	450	445	10	
财税大数据应用	8	444	442	8	
金融服务与管理	12	443	437	12	
国际金融	5	444	436	5	
金融科技应用	15	440	429	15	
工商企业管理	40	445	429	39	1
中小企业创业与经营	5	437	430	5	
人力资源管理	10	453	433	10	
法律事务	10	465	441	10	
制冷与空调技术	30	445	429	29	1
物联网应用技术	30	452	436	30	
人工智能技术应用	30	451	433	30	
康复治疗技术	5	440	434	5	
食品药品监督管理	15	448	430	15	
食品检验检测技术	12	449	433	12	
健康管理	3	432	430	3	
智慧健康养老服务与管理	8	440	431	8	

院校、专业组、专业名称	录取数	最高分	最低分	平行志愿	征求志愿
文化产业经营与管理	10	439	429	10	
空中乘务	7	444	430	7	
商务英语	6	442	438	6	
商务日语	5	443	432	5	
旅游管理	6	439	430	6	
连锁经营与管理	13	436	429	13	
国际经济与贸易	4	443	439	4	
市场营销	10	455	430	10	
电子商务	6	461	442	6	
跨境电子商务	10	440	429	10	
移动商务	6	440	431	6	
现代物流管理	7	440	432	7	
05专业组(不限)(分段培养项目)	**15**	**464**	**454**	**15**	
金融服务与管理(与金陵科技学院分段培养项目)	15	464	454	15	
06专业组(不限)(分段培养项目)	**15**	**469**	**451**	**15**	
市场营销(与南京工程学院分段培养项目)	15	469	451	15	
1158 江苏卫生健康职业学院	**1245**			**1233**	**12**
05专业组(不限)(分段培养项目)	**37**	**495**	**469**	**37**	
护理(与徐州医科大学分段培养项目)	15	495	478	15	
药学(与徐州医科大学分段培养项目)	22	485	469	22	
06专业组(不限)	**829**	**479**	**429**	**828**	**1**
临床医学	170	471	431	170	
护理	180	467	438	180	
助产	18	441	436	18	
药学	100	456	430	100	
中医学	80	479	429	80	
针灸推拿	10	450	441	10	
中药学	47	458	429	46	1
中医康复技术	7	452	430	7	
医学检验技术	50	462	435	50	
医学影像技术	37	465	442	37	
放射治疗技术	6	441	434	6	
医学美容技术	24	446	430	24	
康复治疗技术	50	448	429	50	
预防医学	40	443	429	40	
医学营养	10	453	429	10	
07专业组(不限)	**82**	**458**	**416**	**82**	
健康管理	15	434	421	15	
卫生信息管理	10	450	420	10	
健康大数据管理与服务	12	458	416	12	
婴幼儿托育服务与管理	10	420	416	10	
老年保健与管理	10	428	418	10	
智能医疗装备技术	15	439	419	15	
药品经营与管理	10	445	418	10	
08专业组(不限)	**297**	**546**	**291**	**286**	**11**
临床医学(为南京市江宁区定向培养)	8	489	456	8	
临床医学(为南京市浦口区定向培养)	4	505	450	4	

院校、专业组、专业名称	录取数	最高分	最低分	平行志愿	征求志愿
临床医学(为南京市六合区定向培养)	10	499	452	10	
临床医学(为南通市如东县定向培养)	16	458	362	15	1
临床医学(为南通市启东市定向培养)	13	528	437	13	
临床医学(为南通市海安市定向培养)	15	505	437	15	
临床医学(为南通市如皋市定向培养)	44	489	291	38	6
临床医学(为南通市海门区定向培养)	15	489	425	15	
临床医学(为南通市通州区定向培养)	9	546	451	9	
临床医学(为扬州市高邮市定向培养)	10	518	453	10	
临床医学(为镇江市丹阳市定向培养)	10	531	444	10	
临床医学(为泰州市靖江市定向培养)	15	486	447	15	
临床医学(为泰州市姜堰区定向培养)	8	530	451	8	
中医学(为南京市高淳区定向培养)	1	492	492	1	
中医学(为徐州市贾汪区定向培养)	1	450	450	1	
中医学(为徐州市新沂市定向培养)	1	451	451	1	
中医学(为徐州市沛县定向培养)	5	457	448	5	
中医学(为徐州市丰县定向培养)	3	454	448	3	
中医学(为徐州市铜山区定向培养)	8	482	422	8	
中医学(为南通市海门区定向培养)	2	453	449	2	
中医学(为南通市通州区定向培养)	4	451	395	3	1
针灸推拿(为南京市高淳区定向培养)	1	455	455	1	
针灸推拿(为南京市浦口区定向培养)	2	449	449	2	
针灸推拿(为徐州市睢宁县定向培养)	2	453	449	2	
针灸推拿(为徐州市贾汪区定向培养)	1	447	447	1	
针灸推拿(为徐州市新沂市定向培养)	1	449	449	1	
针灸推拿(为徐州市沛县定向培养)	1	448	448	1	
针灸推拿(为徐州市丰县定向培养)	1	468	468	1	
针灸推拿(为徐州市邳州市定向培养)	2	456	451	2	
针灸推拿(为徐州市铜山区定向培养)	4	440	428	4	
针灸推拿(为常州市溧阳市定向培养)	2	453	448	2	
针灸推拿(为常州市金坛区定向培养)	1	448	448	1	
针灸推拿(为苏州市张家港市定向培养)	1	451	451	1	
针灸推拿(为南通市如皋市定向培养)	2	417	398	2	
针灸推拿(为连云港市东海县定向培养)	3	452	451	3	
针灸推拿(为连云港市灌云县定向培养)	2	448	447	2	
针灸推拿(为连云港市灌南县定向培养)	3	456	447	3	
针灸推拿(为连云港市赣榆区定向培养)	1	470	470	1	
针灸推拿(为镇江市扬中市定向培养)	1	448	448	1	
针灸推拿(为泰州市泰兴市定向培养)	1	464	464	1	
针灸推拿(为宿迁市沭阳县定向培养)	4	442	425	4	
针灸推拿(为宿迁市泗阳县定向培养)	2	450	449	2	
针灸推拿(为宿迁市宿豫区定向培养)	1	453	453	1	
针灸推拿(为宿迁市宿城区定向培养)	1	448	448	1	
医学影像技术(为徐州市睢宁县定向培养)	7	482	447	7	

院校、专业组、专业名称	录取数	最高分	最低分	平行志愿	征求志愿
医学影像技术(为徐州市贾汪区定向培养)	3	463	439	3	
医学影像技术(为徐州市沛县定向培养)	1	468	468	1	
医学影像技术(为徐州市丰县定向培养)	2	453	452	2	
医学影像技术(为徐州市邳州市定向培养)	2	452	450	2	
医学影像技术(为徐州市铜山区定向培养)	8	477	417	6	2
医学影像技术(为连云港市灌南县定向培养)	4	453	448	4	
医学影像技术(为泰州市泰兴市定向培养)	3	509	437	2	1
预防医学(为南京市高淳区定向培养)	2	454	449	2	
预防医学(为南京市六合区定向培养)	2	451	451	2	
预防医学(为常州市新北区定向培养)	6	424	404	6	
预防医学(为南通市通州区定向培养)	5	474	451	5	
预防医学(为镇江市句容市定向培养)	2	485	485	2	
预防医学(为镇江市扬中市定向培养)	2	449	439	2	
预防医学(为镇江市丹徒区定向培养)	2	442	442	2	
预防医学(为宿迁市沭阳县定向培养)	1	428	428	1	
预防医学(为宿迁市泗阳县定向培养)	3	449	444	3	
1159 南京机电职业技术学院	**91**			**91**	
02专业组(不限)	**91**	**463**	**435**	**91**	
机电一体化技术	10	446	439	10	
电气自动化技术	10	445	438	10	
供用电技术	10	443	435	10	
智能控制技术	1	453	453	1	
机械制造及自动化	8	463	437	8	
数控技术	4	444	437	4	
工业设计	1	435	435	1	
机械设计与制造	4	437	435	4	
智能制造装备技术	1	437	437	1	
电子信息工程技术	10	445	438	10	
物联网应用技术	3	453	438	3	
智能产品开发与应用	1	435	435	1	
无人机应用技术	2	449	437	2	
软件技术	10	451	437	10	
现代通信技术	1	438	438	1	
移动商务	1	443	443	1	
云计算技术应用	2	435	435	2	
卫星通信与导航技术	1	435	435	1	
大数据与会计	3	438	435	3	
数字媒体技术	5	446	438	5	
金融科技应用	3	437	435	3	
1160 南京旅游职业学院	**95**			**95**	
04专业组(不限)(分段培养项目)	**20**	**454**	**447**	**20**	
酒店管理与数字化运营(与江苏第二师范学院分段培养项目)	20	454	447	20	
05专业组(不限)(分段培养项目)	**15**	**451**	**444**	**15**	
旅游管理(与南京工业职业技术大学分段培养项目)	15	451	444	15	
06专业组(不限)	**60**	**472**	**419**	**60**	
酒店管理与数字化运营	8	429	420	8	
大数据与财务管理	14	431	420	14	
大数据技术	9	438	420	9	
葡萄酒文化与营销	1	423	423	1	
旅游管理	4	431	420	4	
电子商务	2	428	420	2	
空中乘务	4	440	426	4	
会展策划与管理	2	424	419	2	
烹饪工艺与营养	2	421	420	2	
西式烹饪工艺	4	423	420	4	
中西面点工艺	6	472	421	6	
旅游英语	3	422	419	3	
旅游日语	1	431	431	1	
1171 江苏城市职业学院	**395**			**390**	**5**
02专业组(不限)	**395**	**453**	**416**	**390**	**5**
现代物流管理	8	427	422	8	
大数据与会计	40	444	424	40	
电子商务	15	427	420	15	
跨境电子商务	8	439	419	8	
连锁经营与管理	8	428	418	8	
采购与供应管理	4	418	418	4	
建筑工程技术	40	440	416	40	
城市轨道交通工程技术	35	436	421	35	
工程造价	14	445	421	14	
建设工程管理	9	423	417	9	
建筑装饰工程技术	7	442	416	5	2
建筑室内设计	15	451	420	15	
建筑设备工程技术	8	428	416	8	
建筑智能化工程技术	7	422	416	7	
软件技术	45	440	420	45	
计算机网络技术	17	440	424	17	
电子信息工程技术	16	453	422	16	
物联网应用技术	28	429	418	28	
机电一体化技术	13	429	424	13	
工业机器人技术	9	435	422	9	
环境监测技术	16	432	416	16	
环境工程技术	5	436	416	5	
环境管理与评价	5	439	418	3	2
园林技术	5	432	419	5	
风景园林设计	13	426	416	13	
化妆品经营与管理	3	421	418	3	
休闲服务与管理	2	439	416	1	1
1172 南京城市职业学院	**61**			**61**	
02专业组(不限)	**61**	**446**	**431**	**61**	

院校、专业组、专业名称	录取数	最高分	最低分	平行志愿	征求志愿
金融服务与管理	4	446	432	4	
大数据与财务管理	4	443	436	4	
大数据与会计	3	446	443	3	
现代物流管理	2	431	431	2	
智能控制技术	6	436	431	6	
新能源汽车技术	2	442	439	2	
电子信息工程技术	4	442	433	4	
计算机应用技术	8	445	433	8	
计算机网络技术	8	435	432	8	
软件技术	10	443	431	10	
云计算技术应用	2	433	432	2	
康复治疗技术	2	439	431	2	
工程造价	4	441	431	4	
建筑工程技术	2	431	431	2	
1210 江苏信息职业技术学院	**621**			**619**	**2**
04专业组(不限)	**406**	**481**	**417**	**404**	**2**
电子信息工程技术	40	444	425	40	
集成电路技术	30	436	418	30	
微电子技术	41	481	418	41	
机电一体化技术	7	443	429	7	
智能网联汽车技术	15	430	418	15	
现代移动通信技术	15	422	417	15	
物联网应用技术	43	438	421	43	
计算机网络技术	25	437	423	25	
软件技术	25	443	424	25	
信息安全技术应用	15	460	420	15	
人工智能技术应用	15	439	420	15	
大数据技术	15	432	421	15	
金融服务与管理	10	449	419	10	
大数据与财务管理	10	428	425	10	
大数据与会计	15	446	428	15	
国际经济与贸易	5	427	418	5	
市场营销	5	424	420	5	
电子商务	23	436	417	23	
现代物流管理	15	420	418	15	
工程造价	37	442	417	35	2
05专业组(不限)(定向培养军士)	**30**	**459**	**440**	**30**	
物联网应用技术(空军)(只招男生)	20	459	440	20	
现代移动通信技术(空军)(只招男生)	10	457	442	10	
06专业组(不限)(分段培养项目)	**45**	**455**	**449**	**45**	
新能源汽车技术(与南通理工学院分段培养项目)	45	455	449	45	
07专业组(不限)(分段培养项目)	**140**	**467**	**450**	**140**	
模具设计与制造(与常州大学分段培养项目)	40	454	450	40	
物联网应用技术(与常州大学分段培养项目)	40	465	451	40	
软件技术(与南京工程学院分段培养项目)	40	467	451	40	

院校、专业组、专业名称	录取数	最高分	最低分	平行志愿	征求志愿
现代物流管理(与南京工程学院分段培养项目)	20	453	450	20	
1211 无锡职业技术学院	**810**			**807**	**3**
04专业组(不限)(分段培养项目)	**30**	**473**	**453**	**30**	
汽车检测与维修技术(与江苏理工学院分段培养项目)	25	466	453	25	
商务英语(与江苏理工学院分段培养项目)	5	473	459	5	
05专业组(不限)	**757**	**491**	**437**	**755**	**2**
机械制造及自动化	43	459	446	43	
数控技术	45	490	444	45	
机电一体化技术	73	474	441	73	
数字化设计与制造技术	45	446	440	45	
电气自动化技术	40	478	446	40	
工业过程自动化技术	40	449	438	40	
智能控制技术	40	452	438	40	
工业机器人技术	27	452	438	27	
电子信息工程技术	31	469	444	31	
集成电路技术	19	446	439	19	
物联网应用技术	36	479	448	36	
计算机网络技术	20	466	447	20	
软件技术	20	478	450	20	
云计算技术应用	36	449	439	36	
大数据技术	36	453	441	36	
人工智能技术应用	24	448	440	24	
工业互联网技术	29	452	438	29	
工商企业管理	5	444	437	5	
市场营销	5	446	439	5	
电子商务	5	447	443	5	
现代物流管理	10	444	439	10	
跨境电子商务	5	453	437	5	
金融服务与管理	10	445	437	10	
大数据与财务管理	5	451	446	5	
大数据与会计	10	491	447	10	
汽车电子技术	20	442	437	20	
新能源汽车技术	18	451	441	18	
汽车制造与试验技术	17	461	437	15	2
智能网联汽车技术	17	442	437	17	
旅游管理	5	455	437	5	
酒店管理与数字化运营	8	438	437	8	
商务英语	8	454	440	8	
商务日语	5	445	437	5	
06专业组(不限)(中外合作办学)	**23**	**443**	**425**	**22**	**1**
数字化设计与制造技术(中外合作办学)	6	440	426	6	
机电一体化技术(中外合作办学)	7	436	427	7	
应用电子技术(中外合作办学)	8	441	425	7	1
大数据与财务管理(中外合作办学)	2	443	436	2	
1212 无锡商业职业技术学院	**236**			**235**	**1**

院校、专业组、专业名称	录取数	最高分	最低分	平行志愿	征求志愿
03专业组(不限)(分段培养项目)	**85**	**459**	**448**	**84**	**1**
大数据与会计(与南京工业职业技术大学分段培养项目)	14	459	451	14	
国际经济与贸易(与盐城师范学院分段培养项目)	15	457	449	15	
跨境电子商务(与南京传媒学院分段培养项目)	12	454	448	11	1
数字媒体技术(与南京传媒学院分段培养项目)	14	457	450	14	
应用电子技术(与南京工业职业技术大学分段培养项目)	30	453	448	30	
04专业组(不限)	**151**	**473**	**427**	**151**	
市场营销	5	448	432	5	
国际经济与贸易	5	440	430	5	
电子商务	10	434	428	10	
商务数据分析与应用	5	430	427	5	
商务英语	5	434	428	5	
大数据与会计	10	446	438	10	
大数据与会计(中外合作办学)	4	430	429	4	
大数据与财务管理	8	442	432	8	
大数据与审计	10	438	433	10	
旅游管理	4	429	428	4	
酒店管理与数字化运营	4	432	427	4	
建筑室内设计	6	473	428	6	
工程造价	8	442	428	8	
物联网应用技术	7	440	432	7	
软件技术	12	442	431	12	
电气自动化技术	6	451	436	6	
计算机网络技术	9	440	430	9	
云计算技术应用	9	453	428	9	
机电一体化技术	10	435	431	10	
工业机器人技术	7	442	429	7	
智能网联汽车技术	7	434	428	7	
1213 无锡科技职业学院	**697**			**685**	**12**
03专业组(不限)(分段培养项目)	**25**	**457**	**450**	**25**	
模具设计与制造(与江苏理工学院分段培养项目)	25	457	450	25	
04专业组(不限)	**672**	**443**	**409**	**660**	**12**
软件技术	70	440	416	70	
大数据技术	50	429	412	50	
云计算技术应用	50	424	409	50	
人工智能技术应用	30	432	412	30	
物联网应用技术	55	436	412	55	
应用电子技术	36	427	410	36	
移动互联应用技术	50	430	409	50	
智能产品开发与应用	49	419	409	49	
集成电路技术	40	428	409	40	
微电子技术	22	427	409	22	
数控技术	38	437	412	38	
模具设计与制造	10	425	415	10	
机电一体化技术	37	440	418	37	
工业互联网应用	21	417	409	21	
新能源汽车技术	15	433	415	15	
安全技术与管理	12	413	409	12	
大数据与会计	6	437	433	6	
商务数据分析与应用	5	443	412	5	
现代物流管理	10	430	411	10	
酒店管理与数字化运营	5	413	409	5	
会展策划与管理	16	420	409	16	
商务英语	20	428	410	16	4
现代文秘	10	425	409	2	8
虚拟现实技术应用	15	420	410	15	
1214 无锡城市职业技术学院	**269**			**266**	**3**
04专业组(不限)	**28**	**449**	**416**	**28**	
学前教育(师范)	28	449	416	28	
05专业组(不限)	**167**	**445**	**415**	**164**	**3**
物联网应用技术	30	427	415	30	
计算机应用技术	25	438	416	25	
信息安全技术应用	4	417	415	4	
软件技术	2	429	428	2	
计算机网络技术	20	422	415	20	
旅游管理	4	435	415	4	
电子商务	1	431	431	1	
电气自动化技术	17	441	421	17	
智能控制技术	2	418	416	2	
建筑室内设计	7	442	418	7	
工程造价	14	440	416	14	
建筑工程技术	13	426	415	10	3
机电一体化技术	28	445	417	28	
06专业组(不限)	**24**	**427**	**415**	**24**	
无人机应用技术	3	425	419	3	
应用电子技术	14	421	415	14	
大数据与会计	2	427	424	2	
休闲服务与管理	2	415	415	2	
动漫制作技术	3	422	418	3	
07专业组(不限)(分段培养项目)	**50**	**467**	**448**	**50**	
学前教育(与江苏师范大学分段培养项目)(师范)	5	467	457	5	
会展策划与管理(与南京传媒学院分段培养项目)	20	452	448	20	
机电一体化技术(与江苏理工学院分段培养项目)	25	454	448	25	
1215 无锡工艺职业技术学院	**156**			**150**	**6**
03专业组(不限)	**126**	**478**	**407**	**120**	**6**
材料工程技术	4	412	408	4	
陶瓷制造技术与工艺	4	425	407	4	
服装设计与工艺	10	414	407	10	
机电一体化技术	4	440	420	4	

院校、专业组、专业名称	录取数	最高分	最低分	平行志愿	征求志愿
数控技术	4	420	413	4	
眼视光技术	8	428	408	8	
电线电缆制造技术	4	408	407	4	
软件技术	4	416	410	4	
大数据技术	4	420	410	4	
电气自动化技术	4	478	418	4	
工业机器人技术	8	412	408	8	
物联网应用技术	8	416	408	8	
计算机网络技术	8	417	408	8	
电子商务	4	439	408	4	
市场营销	8	408	407	8	
大数据与财务管理	6	410	408	6	
国际经济与贸易	2	415	408	2	
旅游管理	10	407	407	10	
酒店管理与数字化运营	8	413	407	6	2
会计信息管理	6	422	407	6	
社区管理与服务	8	428	407	4	4
04专业组(不限)(分段培养项目)	**30**	**451**	**442**	**30**	
国际经济与贸易(与南京工程学院分段培养项目)	15	450	443	15	
市场营销(与南京工程学院分段培养项目)	15	451	442	15	
1216 江阴职业技术学院	**327**			**317**	**10**
03专业组(不限)(分段培养项目)	**25**	**451**	**443**	**25**	
环境工程技术(与江苏理工学院分段培养项目)	25	451	443	25	
04专业组(不限)	**302**	**453**	**397**	**292**	**10**
环境监测技术	10	422	400	10	
高分子材料智能制造技术	8	408	403	8	
化妆品技术	8	406	397	8	
现代纺织技术	10	408	397	10	
纺织品检验与贸易	10	405	397	10	
工业过程自动化技术	13	453	399	13	
工业机器人技术	13	408	402	13	
应用电子技术	15	431	401	15	
计算机应用技术	8	409	406	8	
计算机网络技术	16	406	400	16	
软件技术	14	424	406	14	
大数据与财务管理	10	421	401	10	
市场营销	10	404	397	10	
电子商务	10	407	398	10	
现代物流管理	10	407	397	10	
旅游管理	10	404	398	10	
研学旅行管理与服务	15	401	399	15	
网络营销与直播电商	18	408	398	18	
建筑室内设计	10	433	398	10	
建筑工程技术	15	450	397	15	
建设工程管理	15	405	397	15	
服装设计与工艺	15	426	397	15	

院校、专业组、专业名称	录取数	最高分	最低分	平行志愿	征求志愿
国际经济与贸易	15	403	397	15	
商务英语	24	408	397	14	10
1230 江苏建筑职业技术学院	**262**			**261**	**1**
02专业组(不限)	**102**	**453**	**421**	**101**	**1**
装配式建筑工程技术	5	427	421	5	
智能建造技术	10	441	421	10	
建筑设计	10	452	423	10	
建筑装饰工程技术	10	447	425	10	
建筑电气工程技术	5	425	422	5	
建筑智能化工程技术	5	435	421	5	
水利工程	5	437	421	5	
工程造价	25	453	426	25	
道路与桥梁工程技术	10	448	421	9	1
城市轨道交通工程技术	10	449	425	10	
电子信息工程技术	4	439	435	4	
软件技术	3	447	441	3	
03专业组(不限)(分段培养项目)	**40**	**463**	**447**	**40**	
建筑工程技术(与淮阴工学院分段培养项目)	40	463	447	40	
04专业组(不限)(分段培养项目)	**40**	**453**	**449**	**40**	
机电一体化技术(与淮阴工学院分段培养项目)	40	453	449	40	
05专业组(不限)(分段培养项目)	**80**	**456**	**449**	**80**	
电气自动化技术(与南京工业职业技术大学分段培养项目)	80	456	449	80	
1231 徐州工业职业技术学院	**389**			**387**	**2**
03专业组(不限)	**269**	**449**	**410**	**267**	**2**
高分子材料智能制造技术	17	444	413	17	
建筑装饰工程技术	13	441	410	13	
建筑工程技术	22	419	410	22	
工程造价	6	445	420	6	
建设工程管理	8	439	410	8	
机械制造及自动化	8	442	419	8	
机电一体化技术	16	449	418	16	
工业机器人技术	8	433	413	8	
电气自动化技术	15	442	420	15	
智能制造装备技术	13	426	410	13	
汽车制造与试验技术	14	420	410	14	
新能源汽车技术	12	426	412	12	
环境工程技术	4	449	412	4	
药品生物技术	10	421	411	10	
药品生产技术	10	433	411	10	
生物制药技术	12	435	411	12	
计算机应用技术	7	427	417	7	
软件技术	7	423	417	7	
大数据技术	10	426	412	10	
物联网应用技术	19	430	412	19	
大数据与财务管理	5	412	410	5	
大数据与会计	17	437	412	17	

2023年普通类(物理等科目类)高职(专科)院校

院校、专业组、专业名称	录取数	最高分	最低分	平行志愿	征求志愿
电子商务	6	414	410	6	
现代物流管理	10	447	410	8	2
04专业组(不限)(分段培养项目)	**20**	**451**	**443**	**20**	
现代物流管理(与南京工业职业技术大学分段培养项目)	20	451	443	20	
05专业组(不限)(分段培养项目)	**20**	**460**	**448**	**20**	
工程造价(与徐州工程学院分段培养项目)	20	460	448	20	
06专业组(不限)(分段培养项目)	**40**	**453**	**446**	**40**	
物联网应用技术(与南京工业职业技术大学分段培养项目)	40	453	446	40	
07专业组(不限)(分段培养项目)	**40**	**451**	**443**	**40**	
橡胶智能制造技术(与常州大学分段培养项目)	40	451	443	40	
1232 徐州幼儿师范高等专科学校	**257**			**252**	**5**
05专业组(不限)(分段培养项目)	**25**	**468**	**451**	**25**	
学前教育(与南京晓庄学院分段培养项目)(师范)	15	468	452	15	
特殊教育(与南京特殊教育师范学院分段培养项目)(师范)	10	462	451	10	
06专业组(不限)	**185**	**449**	**395**	**181**	**4**
早期教育(师范)	20	429	405	20	
学前教育(师范)	150	449	395	146	4
特殊教育(师范)	10	440	420	10	
音乐教育(师范)	5	418	408	5	
07专业组(不限)	**47**	**412**	**377**	**46**	**1**
婴幼儿托育服务与管理	20	393	378	20	
智慧健康养老服务与管理	5	412	392	5	
老年保健与管理	11	407	387	11	
现代家政服务与管理	11	409	377	10	1
1233 徐州生物工程职业技术学院	**282**			**266**	**16**
03专业组(不限)	**237**	**457**	**405**	**221**	**16**
护理	12	446	419	12	
康复治疗技术	2	426	423	2	
药学	5	442	421	5	
中药学	10	444	415	10	
生物制药技术	10	157	409	10	
药品生产技术	3	411	410	3	
现代农业技术	9	437	406	9	
园艺技术	6	417	408	6	
植物保护与检疫技术	13	412	407	13	
园林技术	6	413	406	6	
工程造价	12	416	406	12	
动物医学	11	444	429	11	
宠物医疗技术	11	429	419	11	
畜牧兽医	11	439	419	11	
宠物养护与驯导	6	418	413	6	
医用电子仪器技术	8	449	406	8	
智能医疗装备技术	12	408	406	12	
医疗器械维护与管理	12	412	407	12	
康复工程技术	12	413	406	12	
机电一体化技术	14	423	406	14	
环境监测技术	9	432	406	6	3
环境工程技术	13	445	405	4	9
物联网应用技术	5	419	406	5	
计算机应用技术	10	444	407	10	
大数据技术	4	412	406	4	
大数据与会计	7	414	408	7	
电子商务	4	408	406		4
04专业组(不限)(分段培养项目)	**45**	**452**	**446**	**45**	
计算机应用技术(与南京传媒学院分段培养项目)	30	450	446	30	
大数据与会计(与南通理工学院分段培养项目)	15	452	447	15	
1234 江苏安全技术职业学院	**263**			**260**	**3**
03专业组(不限)	**235**	**443**	**396**	**232**	**3**
安全智能监测技术	13	418	399	13	
电梯工程技术	9	408	398	9	
工业机器人技术	12	405	399	12	
机电一体化技术	18	409	402	18	
智能安防运营管理	7	398	396	7	
智能机电技术	7	405	398	7	
智能控制技术	8	409	398	8	
材料成型及控制技术	6	406	397	5	1
工业设计	8	400	396	8	
机械制造及自动化	13	409	401	13	
数控技术	8	413	401	8	
智能制造装备技术	10	398	396	10	
人工智能技术应用	4	412	401	4	
数字媒体技术	10	442	397	10	
信息安全技术应用	8	438	400	8	
云计算技术应用	6	407	399	6	
安全技术与管理	11	434	398	11	
工程安全评价与监理	10	443	396	8	2
建筑消防技术	5	404	396	5	
消防救援技术	11	396	396	11	
应急救援技术	4	406	396	4	
职业健康安全技术	10	398	396	10	
城市轨道交通机电技术	5	412	405	5	
城市轨道交通运营管理	3	405	404	3	
汽车检测与维修技术	9	404	397	9	
新能源汽车检测与维修技术	9	411	398	9	
智能网联汽车技术	5	414	397	5	
电子商务	3	403	396	3	
婴幼儿托育服务与管理	3	407	399	3	
04专业组(不限)(分段培养项目)	**28**	**463**	**445**	**28**	
安全技术与管理(与盐城工学院分段培养项目)	28	463	445	28	

院校、专业组、专业名称	录取数	最高分	最低分	平行志愿	征求志愿
1250 常州信息职业技术学院	**675**			**675**	
03专业组(不限)	**623**	**476**	**424**	**623**	
电子商务	5	441	435	5	
金融科技应用	4	436	424	4	
跨境电子商务	4	431	427	4	
软件技术	194	472	427	194	
移动互联应用技术	5	434	425	5	
大数据技术	22	434	426	22	
人工智能技术应用	3	476	433	3	
云计算技术应用	19	433	424	19	
现代通信技术	12	433	425	12	
信息安全技术应用	9	445	428	9	
计算机网络技术	14	445	437	14	
物联网应用技术	8	449	434	8	
计算机应用技术	56	453	426	56	
光伏工程技术	4	439	436	4	
电子信息工程技术	49	449	432	49	
汽车智能技术	9	431	425	9	
集成电路技术	6	440	431	6	
智能控制技术	12	434	425	12	
机械设计与制造	37	447	425	37	
机电一体化技术	65	455	428	65	
工业互联网应用	25	428	424	25	
动漫制作技术	11	447	431	11	
虚拟现实技术应用	10	450	424	10	
电气自动化技术	35	476	435	35	
数字化设计与制造技术	5	438	428	5	
04专业组(不限)(中外合作办学)	**22**	**447**	**424**	**22**	
电气自动化技术(中外合作办学)	22	447	424	22	
05专业组(不限)(分段培养项目)	**30**	**482**	**455**	**30**	
软件技术(与常州大学分段培养项目)	30	482	455	30	
1251 常州纺织服装职业技术学院	**232**			**230**	**2**
03专业组(不限)	**217**	**424**	**396**	**215**	**2**
数字媒体技术	2	410	408	2	
现代纺织技术	5	422	405	5	
纺织品设计	5	407	404	5	
纺织品检验与贸易	9	410	403	9	
药品生产技术	2	424	412	2	
数字化染整技术	5	415	403	5	
环境工程技术	10	408	402	10	
高分子材料智能制造技术	2	412	406	2	
服装设计与工艺	17	415	400	17	
国际经济与贸易	22	411	398	22	
大数据与会计	7	414	406	7	
大数据与财务管理	5	406	404	5	
电子商务	15	416	398	15	
现代物流管理	15	407	398	15	
市场营销	10	402	397	10	
酒店管理与数字化运营	8	399	396	8	

院校、专业组、专业名称	录取数	最高分	最低分	平行志愿	征求志愿
机电一体化技术	2	424	423	2	
大数据技术	5	411	405	5	
工业机器人技术	5	409	405	5	
计算机网络技术	2	412	408	2	
机械制造及自动化	5	416	408	5	
计算机应用技术	2	411	408	2	
数控技术	5	412	407	5	
模具设计与制造	5	408	404	5	
婴幼儿托育服务与管理	17	411	396	16	1
智慧健康养老服务与管理	10	408	396	10	
商务英语	20	406	396	19	1
04专业组(不限)(分段培养项目)	**15**	**452**	**444**	**15**	
商务英语(与江苏理工学院分段培养项目)	15	452	444	15	
1252 常州工程职业技术学院	**260**			**260**	
02专业组(不限)	**260**	**465**	**418**	**260**	
分析检验技术	20	453	423	20	
药品质量与安全	20	430	422	20	
食品质量与安全	16	428	420	16	
环境工程技术	15	450	419	15	
大数据与会计	5	465	430	5	
酒店管理与数字化运营	5	425	419	5	
电子商务	5	428	422	5	
商务数据分析与应用	5	422	419	5	
建筑装饰工程技术	5	449	420	5	
数字媒体技术	10	450	428	10	
电气自动化技术	10	433	429	10	
物联网应用技术	10	430	427	10	
机电一体化技术	13	430	424	13	
软件技术	6	442	428	6	
汽车制造与试验技术	4	430	424	4	
理化测试与质检技术	13	438	419	13	
机械制造及自动化	5	448	426	5	
应用化工技术	20	442	419	20	
药品生产技术	20	446	419	20	
生物制药技术	5	430	423	5	
光伏材料制备技术	5	434	421	5	
高分子材料智能制造技术	5	427	420	5	
建筑材料工程技术	8	418	418	8	
建筑工程技术	20	428	418	20	
工程造价	10	446	432	10	
1253 常州工业职业技术学院	**551**			**549**	**2**
04专业组(不限)	**315**	**450**	**413**	**315**	
电气自动化技术	82	437	413	82	
工业机器人技术	4	425	415	4	
机电一体化技术	42	441	413	42	
无人机应用技术	6	419	413	6	
智能控制技术	4	422	414	4	
电子信息工程技术	22	425	413	22	

院校、专业组、专业名称	录取数	最高分	最低分	平行志愿	征求志愿
大数据技术	6	423	414	6	
人工智能技术应用	11	427	413	11	
计算机网络技术	15	424	413	15	
物联网应用技术	8	440	414	8	
软件技术	24	442	413	24	
电子商务	4	429	413	4	
城市轨道车辆应用技术	6	431	414	6	
城市轨道交通运营管理	4	424	413	4	
汽车检测与维修技术	1	420	420	1	
新能源汽车检测与维修技术	10	431	413	10	
数控技术	7	422	414	7	
模具设计与制造	2	417	417	2	
机械制造及自动化	12	428	413	12	
数字化设计与制造技术	1	414	414	1	
高分子材料智能制造技术	1	414	414	1	
化妆品技术	4	427	414	4	
环境工程技术	1	417	417	1	
药品生产技术	3	420	416	3	
新能源材料应用技术	3	439	413	3	
旅游管理	1	450	450	1	
烹饪工艺与营养	1	414	414	1	
大数据与会计	24	433	413	24	
跨境电子商务	1	416	416	1	
市场营销	1	416	416	1	
金融服务与管理	1	413	413	1	
现代物流管理	1	416	416	1	
建筑装饰工程技术	2	418	414	2	
05专业组(不限)(分段培养项目)	**206**	**456**	**440**	**204**	**2**
高分子材料智能制造技术(与盐城工学院分段培养项目)	20	449	445	20	
酒店管理与数字化运营(与江苏理工学院分段培养项目)	18	445	441	18	
国际商务(与南京工业职业技术大学分段培养项目)	48	451	440	46	2
软件技术(与常州工学院分段培养项目)	40	452	445	40	
机械设计与制造(与南京工业职业技术大学分段培养项目)	80	456	442	80	
06专业组(不限)(中外合作办学)	**30**	**439**	**393**	**30**	
软件技术(中外合作办学)	30	439	393	30	
1254 常州机电职业技术学院	**467**			**466**	**1**
03专业组(不限)	**397**	**450**	**421**	**396**	**1**
电气自动化技术	14	450	441	14	
工业机器人技术	12	440	431	12	
机电一体化技术	44	449	432	44	
智能制造装备技术	20	434	423	20	
智能机器人技术	10	438	423	10	
数字化设计与制造技术	10	437	423	10	
数控技术	26	446	426	26	
机械制造及自动化	28	442	428	28	
模具设计与制造	47	436	421	47	
工业产品质量检测技术	20	425	421	20	
航空材料精密成型技术	20	429	421	20	
汽车检测与维修技术	15	428	421	15	
现代农业装备应用技术	3	421	421	3	
新能源汽车技术	49	440	421	49	
智能工程机械运用技术	4	426	421	4	
工业互联网技术	12	445	421	11	1
计算机网络技术	10	444	424	10	
软件技术	14	441	426	14	
物联网应用技术	20	431	422	20	
云计算技术应用	6	424	423	6	
工业设计	5	427	421	5	
建筑装饰工程技术	3	429	421	3	
虚拟现实技术应用	5	437	422	5	
04专业组(不限)(分段培养项目)	**70**	**464**	**449**	**70**	
汽车检测与维修技术(在常州机电职业技术学院学习三年,考核合格者可转入江苏理工学院学习两年,毕业后颁发江苏理工学院本科文凭)	30	464	449	30	
物联网应用技术(在常州机电职业技术学院学习五年,其中前三年高职阶段教育考核合格者,后两年本科阶段教育继续在高职院校内学习,由本科院校与高职院校联合实施教学,毕业后颁发常州大学本科文凭)	40	459	450	40	
1255 江苏城乡建设职业学院	**299**			**297**	**2**
03专业组(不限)	**221**	**433**	**394**	**221**	
园林技术	11	430	394	11	
测绘地理信息技术	5	405	395	5	
无人机测绘技术	12	407	394	12	
环境工程技术	4	404	394	4	
生态保护技术	3	409	395	3	
环境管理与评价	2	396	394	2	
建筑设计	4	429	395	4	
建筑装饰工程技术	3	406	395	3	
古建筑工程技术	3	411	394	3	
园林工程技术	4	414	395	4	
风景园林设计	3	405	398	3	
建筑室内设计	13	405	394	13	
建筑工程技术	10	414	395	10	
装配式建筑工程技术	1	402	402	1	
建筑钢结构工程技术	1	397	397	1	
智能建造技术	2	406	395	2	
地下与隧道工程技术	1	404	404	1	
建筑设备工程技术	1	432	432	1	
建筑电气工程技术	12	419	394	12	
建筑智能化工程技术	2	407	395	2	

院校、专业组、专业名称	录取数	最高分	最低分	平行志愿	征求志愿
工程造价	29	433	394	29	
建设工程管理	2	416	396	2	
给排水工程技术	2	403	399	2	
城市燃气工程技术	3	410	394	3	
房地产经营与管理	1	396	396	1	
现代物业管理	2	395	395	2	
道路与桥梁工程技术	3	406	396	3	
交通运营管理	2	406	397	2	
城市轨道交通运营管理	17	415	394	17	
物联网应用技术	11	409	394	11	
移动互联应用技术	7	404	394	7	
计算机网络技术	17	410	394	17	
大数据与会计	28	413	394	28	
04专业组(不限)(分段培养项目)	**78**	**453**	**439**	**76**	**2**
环境工程技术(与常州大学分段培养项目)	40	453	442	40	
房地产经营与管理(与徐州工程学院分段培养项目)	38	450	439	36	2
1256 常州幼儿师范高等专科学校	**5**			**5**	
02专业组(不限)	**5**	**462**	**445**	**5**	
学前教育(师范)	5	462	445	5	
1270 苏州职业大学	**735**			**732**	**3**
04专业组(不限)	**649**	**521**	**432**	**646**	**3**
数控技术	9	450	439	9	
机械制造及自动化	33	458	436	33	
数字化设计与制造技术	10	450	433	10	
机电一体化技术	47	455	436	47	
智能控制技术	10	445	435	10	
工业机器人技术	9	459	436	9	
电气自动化技术	40	457	443	40	
智能机器人技术	10	453	433	10	
新能源汽车技术	16	451	435	16	
服装设计与工艺	2	460	448	2	
食品检验检测技术	20	458	433	20	
电子信息工程技术	30	455	439	30	
物联网应用技术	25	454	436	25	
应用电子技术	10	449	433	10	
智能产品开发与应用	9	443	432	9	
计算机应用技术	27	454	439	27	
计算机网络技术	23	521	435	23	
软件技术	35	456	439	35	
大数据技术	30	450	433	30	
虚拟现实技术应用	10	446	432	10	
人工智能技术应用	10	460	436	10	
工业互联网技术	10	439	433	10	
动漫制作技术	16	454	438	16	
现代通信技术	15	443	432	15	
集成电路技术	10	440	433	10	
金融服务与管理	5	433	432	5	
大数据与财务管理	22	450	433	22	
大数据与会计	46	455	436	46	
国际经济与贸易	3	437	436	3	
市场营销	5	434	432	5	
电子商务	4	455	438	4	
跨境电子商务	2	438	432	2	
现代物流管理	5	444	432	5	
网络新闻与传播	5	445	434	5	
学前教育(师范)	16	458	432	13	3
商务英语	30	450	432	30	
应用英语	10	452	432	10	
商务日语	15	447	432	15	
法律事务	10	447	433	10	
人力资源管理	5	435	432	5	
05专业组(不限)(分段培养项目)	**45**	**490**	**460**	**45**	
电气自动化技术(与苏州科技大学分段培养项目)	45	490	460	45	
06专业组(不限)(中外合作办学)	**31**	**441**	**416**	**31**	
机电一体化技术(中外合作办学)	12	432	417	12	
大数据与会计(中外合作办学)	14	441	417	14	
学前教育(中外合作办学)(师范)	5	421	416	5	
07专业组(化学或生物)	**10**	**448**	**436**	**10**	
生物制药技术	10	448	436	10	
1272 苏州农业职业技术学院	**86**			**86**	
03专业组(不限)	**66**	**461**	**420**	**66**	
园林技术	4	437	422	4	
建设工程管理	2	432	422	2	
风景园林设计	4	431	422	4	
建筑设计	3	439	424	3	
园林工程技术	3	427	421	3	
建筑室内设计	2	461	444	2	
大数据与会计	4	443	426	4	
大数据与财务管理	3	425	423	3	
跨境电子商务	2	423	422	2	
园艺技术	4	429	421	4	
茶叶生产与加工技术	3	421	420	3	
计算机网络技术	4	434	426	4	
无人机应用技术	4	429	422	4	
生态农业技术	3	440	421	3	
环境工程技术	3	425	423	3	
环境监测技术	3	423	421	3	
食品检验检测技术	2	447	423	2	
药品生产技术	2	424	423	2	
商务日语	5	425	420	5	
商务英语	3	427	421	3	
法律文秘	3	428	425	3	
04专业组(不限)(分段培养项目)	**20**	**450**	**443**	**20**	
旅游管理(与泰州学院分段培养项目)	20	450	443	20	
1273 苏州工业职业技术学院	**435**			**431**	**4**

院校、专业组、专业名称	录取数	最高分	最低分	平行志愿	征求志愿
03专业组(不限)	**345**	**463**	**425**	**341**	**4**
数控技术	15	450	433	15	
机械制造及自动化	40	448	431	40	
工业工程技术	35	434	425	35	
模具设计与制造	10	433	429	10	
智能制造装备技术	5	446	430	5	
机电一体化技术	30	452	433	30	
智能控制技术	25	440	428	25	
工业机器人技术	30	443	427	30	
电气自动化技术	5	446	441	5	
工业互联网应用	15	433	425	15	
物联网应用技术	10	463	431	10	
智能产品开发与应用	25	431	425	25	
现代通信技术	15	448	429	15	
集成电路技术	10	438	429	10	
软件技术	5	448	438	5	
大数据技术	15	438	429	15	
人工智能技术应用	20	440	426	20	
建筑工程技术	25	438	425	21	4
新能源汽车技术	10	442	429	10	
04专业组(不限)(分段培养项目)	**90**	**472**	**451**	**90**	
数控技术(与南京工程学院分段培养项目)	45	464	451	45	
电子信息工程技术[与苏州城市学院(原苏州大学文正学院)分段培养项目]	45	472	451	45	
1274 苏州经贸职业技术学院	**584**			**581**	**3**
03专业组(不限)(分段培养项目)	**180**	**466**	**446**	**178**	**2**
纺织品检验与贸易(在苏州经贸职业技术学院学习三年,考核合格者可转入盐城工学院学习两年,毕业后颁发盐城工学院本科文凭)	20	451	446	20	
大数据与财务管理(在苏州经贸职业技术学院学习三年,考核合格者可转入泰州学院学习两年,毕业后颁发泰州学院本科文凭)	20	463	451	20	
国际经济与贸易[在苏州经贸职业技术学院学习五年,其中前三年高职阶段教育考核合格者,后两年本科阶段教育继续在高职院校内学习,由本科院校与高职院校联合实施教学,毕业后颁发苏州城市学院(原苏州大学文正学院)本科文凭]	40	457	446	38	2
现代物流管理(在苏州经贸职业技术学院学习五年,其中前三年高职阶段教育考核合格者,后两年本科阶段教育继续在高职院校内学习,由本科院校与高职院校联合实施教学,毕业后颁发南京工业职业技术大学本科文凭)	40	452	446	40	
软件技术(在苏州经贸职业技术学院	60	466	448	60	

院校、专业组、专业名称	录取数	最高分	最低分	平行志愿	征求志愿
学习五年,其中前三年高职阶段教育考核合格者,后两年本科阶段教育继续在高职院校内学习,由本科院校与高职院校联合实施教学,毕业后颁发南京工业职业技术大学本科文凭)					
04专业组(不限)	**404**	**458**	**424**	**403**	**1**
市场营销	3	439	430	3	
电子商务	5	441	427	5	
跨境电子商务	6	425	424	6	
连锁经营与管理	4	429	424	3	1
网络营销与直播电商	10	441	424	10	
现代物流管理	6	433	429	6	
大数据技术	16	448	430	16	
计算机应用技术	30	448	432	30	
软件技术	31	443	430	31	
物联网应用技术	10	452	429	10	
人工智能技术应用	10	451	427	10	
信息安全技术应用	25	436	425	25	
金融服务与管理	11	436	429	11	
财富管理	6	434	428	6	
大数据与会计	44	458	438	44	
大数据与财务管理	8	451	437	8	
国际经济与贸易	2	436	436	2	
应用电子技术	16	435	424	16	
机电一体化技术	56	439	424	56	
工业互联网应用	2	429	427	2	
制冷与空调技术	5	440	424	5	
智能产品开发与应用	20	434	424	20	
数字化设计与制造技术	5	431	424	5	
服装设计与工艺	3	437	430	3	
现代纺织技术	9	424	424	9	
纺织品检验与贸易	8	452	424	8	
数字化染整技术	2	432	425	2	
分析检验技术	2	433	432	2	
旅游管理	11	435	424	11	
定制旅行管理与服务	2	429	426	2	
酒店管理与数字化运营	8	442	424	8	
会展策划与管理	7	448	427	7	
现代文秘	5	436	434	5	
商务英语	16	447	425	16	
1275 苏州卫生职业技术学院	**1106**			**1047**	**59**
05专业组(不限)(分段培养项目)	**35**	**496**	**462**	**35**	
中药学(在苏州卫生职业技术学院学习五年,其中前三年高职阶段教育考核合格者,后两年本科阶段教育继续在高职院校内学习,由本科院校与高职院校联合实施教学,毕业后颁发南京中医药大学本科文凭)	20	478	462	20	
医学检验技术(在苏州卫生职业技术	15	496	466	15	

院校、专业组、专业名称	录取数	最高分	最低分	平行志愿	征求志愿
学院学习三年,考核合格者可转入徐州医科大学学习两年,毕业后颁发徐州医科大学本科文凭)					
06专业组(不限)	870	556	405	812	58
临床医学	55	509	447	55	
预防医学	25	454	439	25	
医学影像技术	13	466	448	13	
康复治疗技术	60	460	435	60	
中医学	2	499	486	2	
护理	201	473	443	201	
助产	20	456	439	20	
老年保健与管理	6	446	433	6	
药学	181	494	406	129	52
中药学	35	451	433	35	
中药材生产与加工	6	444	405		6
医学检验技术	68	464	441	68	
医学营养	4	454	437	4	
医学生物技术	4	439	434	4	
口腔医学	80	556	466	80	
口腔医学技术	40	461	437	40	
眼视光技术	70	455	433	70	
07专业组(不限)	25	433	422	25	
大数据与会计	6	431	427	6	
卫生信息管理	9	430	422	9	
酒店管理与数字化运营	10	433	422	10	
08专业组(不限)	176	555	387	175	1
临床医学(为无锡市宜兴市定向培养)	9	470	440	9	
临床医学(为常州市武进区定向培养)	5	459	444	5	
临床医学(为常州市溧阳市定向培养)	3	499	466	3	
临床医学(为常州市金坛区定向培养)	1	469	469	1	
临床医学(为常州市新北区定向培养)	10	523	387	10	
临床医学(为苏州市张家港市定向培养)	10	467	448	10	
临床医学(为苏州市常熟市定向培养)	5	555	498	5	
临床医学(为连云港市东海县定向培养)	6	493	460	6	
临床医学(为镇江市句容市定向培养)	9	538	494	9	
临床医学(为镇江市扬中市定向培养)	5	474	446	5	
临床医学(为镇江市丹徒区定向培养)	3	453	450	3	
临床医学(为泰州市泰兴市定向培养)	13	504	448	13	
临床医学(为泰州市兴化市定向培养)	17	498	450	17	
临床医学(为泰州市海陵区定向培养)	3	490	452	3	
临床医学[为泰州市医药高新区(高港区)定向培养]	3	468	453	3	
临床医学(为宿迁市沭阳县定向培养)	10	477	439	10	
临床医学(为宿迁市泗阳县定向培养)	5	484	451	5	
临床医学(为宿迁市泗洪县定向培养)	2	484	458	2	
临床医学(为宿迁市宿豫区定向培养)	2	450	448	2	
临床医学(为宿迁市宿城区定向培养)	3	455	452	3	
预防医学(为徐州市贾汪区定向培养)	3	460	454	3	
预防医学(为徐州市沛县定向培养)	1	455	455	1	
预防医学(为徐州市丰县定向培养)	3	477	449	3	
预防医学(为徐州市邳州市定向培养)	4	461	450	4	
预防医学(为徐州市铜山区定向培养)	3	431	428	3	
预防医学(为苏州市张家港市定向培养)	1	449	449	1	
医学影像技术(为徐州市新沂市定向培养)	1	451	451	1	
医学影像技术(为常州市金坛区定向培养)	2	481	466	2	
医学影像技术(为常州市新北区定向培养)	1	465	465	1	
医学影像技术(为常州市天宁区定向培养)	1	448	448	1	
医学影像技术(为苏州市常熟市定向培养)	1	471	471	1	
医学影像技术(为南通市如东县定向培养)	2	534	489	2	
医学影像技术(为南通市海安市定向培养)	1	541	541	1	
医学影像技术(为南通市海门区定向培养)	1	493	493	1	
医学影像技术(为连云港市灌云县定向培养)	1	448	448	1	
医学影像技术(为连云港市赣榆区定向培养)	4	477	454	4	
医学影像技术(为连云港市海州区定向培养)	1	451	451	1	
医学影像技术(为镇江市扬中市定向培养)	4	458	443	4	
中医学(为徐州市邳州市定向培养)	5	460	448	5	
中医学(为苏州市张家港市定向培养)	5	460	446	5	
中医学(为南通市海安市定向培养)	1	408	408		1
中医学(为南通市如皋市定向培养)	2	530	451	2	
中医学(为扬州市仪征市定向培养)	2	481	452	2	
中医学(为镇江市句容市定向培养)	2	489	488	2	
1276 苏州工业园区服务外包职业学院	87			87	
03专业组(不限)	62	449	414	62	
智能产品开发与应用	12	433	415	12	
大数据技术	8	439	416	8	
大数据与会计	10	437	420	10	
商务日语	6	442	414	6	
电子商务	5	449	414	5	
商务管理	10	423	414	10	
生物制药技术	11	433	415	11	
04专业组(不限)(分段培养项目)	25	455	449	25	
软件技术(与无锡太湖学院分段培养项目)	25	455	449	25	

2023年普通类(物理等科目类)高职(专科)院校

院校、专业组、专业名称	录取数	最高分	最低分	平行志愿	征求志愿
1277 苏州信息职业技术学院	163			160	3
04专业组(不限)	123	453	411	120	3
电气自动化技术	4	441	439	4	
机电一体化技术	20	449	425	20	
工业机器人技术	3	437	424	3	
大数据与会计	3	431	426	3	
国际经济与贸易	3	425	423	3	
酒店管理与数字化运营	3	423	423	1	2
电子商务	3	426	422	3	
市场营销	3	429	411	2	1
现代物流管理	3	426	423	3	
现代通信技术	10	434	423	10	
电子信息工程技术	30	441	422	30	
物联网应用技术	20	453	424	20	
计算机网络技术	3	445	435	3	
动漫制作技术	15	440	422	15	
05专业组(不限)(分段培养项目)	20	466	455	20	
物联网应用技术(与江苏理工学院分段培养项目)	20	466	455	20	
06专业组(不限)(分段培养项目)	20	458	453	20	
计算机应用技术[与苏州城市学院(原苏州大学文正学院)分段培养项目]	20	458	453	20	
1278 沙洲职业工学院	111			111	
02专业组(不限)	111	427	397	111	
现代纺织技术	28	423	397	28	
纺织品检验与贸易	18	405	397	18	
计算机网络技术	14	427	406	14	
新能源汽车技术	23	423	399	23	
大数据与会计	18	427	401	18	
国际经济与贸易	10	407	397	10	
1279 苏州健雄职业技术学院	320			318	2
04专业组(不限)(分段培养项目)	170	458	445	170	
机电一体化技术(在苏州健雄职业技术学院学习三年,考核合格者可转入常熟理工学院学习两年,毕业后颁发常熟理工学院本科文凭)	35	458	448	35	
工业机器人技术(在苏州健雄职业技术学院学习三年,考核合格者可转入江苏理工学院学习两年,毕业后颁发江苏理工学院本科文凭)	25	451	447	25	
分析检验技术(在苏州健雄职业技术学院学习三年,考核合格者可转入江苏理工学院学习两年,毕业后颁发江苏理工学院本科文凭)	25	451	445	25	
药品生物技术(在苏州健雄职业技术学院学习五年,其中前三年高职阶段教育考核合格者,后两年本科阶段教育继续在高职院校内学习,由本科院校与高职院校联合实施教学,毕业后颁发常州大学本科文凭)	30	451	445	30	
药品生产技术(在苏州健雄职业技术学院学习五年,其中前三年高职阶段教育考核合格者,后两年本科阶段教育继续在高职院校内学习,由本科院校与高职院校联合实施教学,毕业后颁发盐城工学院本科文凭)	25	449	445	25	
软件技术(在苏州健雄职业技术学院学习五年,其中前三年高职阶段教育考核合格者,后两年本科阶段教育继续在高职院校内学习,由本科院校与高职院校联合实施教学,毕业后颁发常州大学本科文凭)	30	453	446	30	
05专业组(不限)	139	442	409	137	2
工业机器人技术	6	429	412	6	
数控技术	3	418	414	3	
机电一体化技术	3	425	422	3	
药品质量与安全	6	416	409	6	
医学生物技术	12	439	409	12	
药学	16	442	410	16	
生物信息技术	9	419	409	9	
大数据技术	12	416	410	12	
软件技术	11	422	411	11	
物联网应用技术	6	430	412	6	
人工智能技术应用	5	414	411	5	
虚拟现实技术应用	10	426	409	10	
大数据与会计	8	422	414	8	
大数据与财务管理	4	418	411	4	
现代物流管理	12	413	409	12	
人力资源管理	8	422	409	8	
标准化技术	8	436	409	6	2
06专业组(不限)(中外合作办学)	11	435	391	11	
机电一体化技术(中外合作办学)	11	435	391	11	
1290 苏州幼儿师范高等专科学校	73			71	2
04专业组(不限)	56	471	402	54	2
学前教育(师范)	24	471	440	24	
早期教育(师范)	7	456	438	7	
音乐教育(师范)	9	439	430	9	
特殊教育(师范)	7	443	431	7	
婴幼儿托育服务与管理	9	436	402	7	2
05专业组(不限)(分段培养项目)	8	482	461	8	
学前教育(与南京晓庄学院分段培养项目)(师范)	8	482	461	8	
06专业组(不限)(分段培养项目)	9	469	457	9	
学前教育(与苏州科技大学分段培养项目)(师范)	9	469	457	9	
1310 南通职业大学	200			200	
02专业组(不限)	200	451	416	200	
环境工程技术	6	427	417	6	

院校、专业组、专业名称	录取数	最高分	最低分	平行志愿	征求志愿
安全技术与管理	3	451	418	3	
建筑装饰工程技术	1	439	439	1	
建筑工程技术	5	437	420	5	
智能建造技术	3	418	416	3	
工程造价	11	432	417	11	
机械制造及自动化	16	440	417	16	
模具设计与制造	2	450	420	2	
智能制造装备技术	1	417	417	1	
机电一体化技术	40	439	416	40	
工业机器人技术	5	428	417	5	
无人机应用技术	1	432	432	1	
新能源汽车技术	10	439	416	10	
服装设计与工艺	1	417	417	1	
药品生产技术	6	426	417	6	
高速铁路客运服务	7	422	417	7	
道路与桥梁工程技术	1	416	416	1	
汽车检测与维修技术	1	423	423	1	
城市轨道交通机电技术	3	422	416	3	
城市轨道交通运营管理	5	426	418	5	
电子信息工程技术	11	441	416	11	
物联网应用技术	5	427	417	5	
汽车智能技术	1	418	418	1	
计算机应用技术	17	433	416	17	
现代移动通信技术	2	449	422	2	
大数据与会计	16	432	416	16	
现代物流管理	3	443	429	3	
全媒体广告策划与营销	4	445	417	4	
商务英语	8	432	417	8	
商务日语	5	439	418	5	
1311 江苏航运职业技术学院	**190**			**187**	**3**
05专业组(不限)	**130**	**446**	**413**	**127**	**3**
航海技术	5	446	427	5	
轮机工程技术	5	445	429	5	
船舶电子电气技术	3	428	425	3	
水路运输安全管理	5	425	415	5	
船舶动力工程技术	3	427	423	3	
船舶工程技术	5	431	424	5	
海洋工程装备技术	3	424	421	3	
港口与航道工程技术	5	434	421	5	
建筑工程技术	3	423	414	3	
城市轨道交通工程技术	3	421	417	3	
交通运营管理	3	420	415	3	
港口与航运管理	3	438	424	3	
关务与外贸服务	5	422	414	5	
大数据与会计	5	423	414	5	
现代物流管理	5	420	417	5	
电子商务	3	416	414	3	
港口机械与智能控制	3	443	419	3	
新能源汽车检测与维修技术	3	421	419	3	
智能网联汽车技术	5	417	414	5	
城市轨道车辆应用技术	7	432	414	7	
城市轨道交通机电技术	3	423	419	3	
城市轨道交通通信信号技术	3	423	419	3	
工业机器人技术	5	416	415	5	
智能制造装备技术	5	425	418	5	
无人机应用技术	5	420	414	5	
飞机机电设备维修	3	441	422	3	
机场运行服务与管理	5	416	413	5	
大数据技术	3	431	418	3	
物联网应用技术	3	420	414	3	
国际邮轮乘务管理	5	427	414	2	3
高速铁路客运服务	5	438	415	5	
建筑室内设计	3	424	415	3	
06专业组(不限)(分段培养项目)	**20**	**459**	**443**	**20**	
港口与航道工程技术(与南通理工学院分段培养项目)	20	459	443	20	
07专业组(不限)(分段培养项目)	**20**	**452**	**444**	**20**	
船舶工程技术(与南通理工学院分段培养项目)	20	452	444	20	
08专业组(不限)(分段培养项目)	**20**	**450**	**445**	**20**	
物联网应用技术(与南通理工学院分段培养项目)	20	450	445	20	
1312 江苏工程职业技术学院	**351**			**350**	**1**
02专业组(不限)	**311**	**446**	**408**	**310**	**1**
建筑装饰工程技术	2	409	408	2	
城市轨道交通运营管理	3	432	413	3	
化妆品技术	5	429	408	5	
新能源汽车技术	17	430	408	17	
现代纺织技术	6	420	409	6	
电子信息工程技术	6	430	422	6	
机电一体化技术	8	439	415	8	
物联网应用技术	8	434	408	8	
大数据与会计	21	423	408	21	
国际经济与贸易	5	418	412	5	
市场营销	7	439	408	7	
智慧健康养老服务与管理	6	419	408	6	
工程造价	2	436	420	2	
建筑设计	8	414	409	8	
城市轨道交通机电技术	4	413	411	4	
材料工程技术	6	412	408	6	
环境监测技术	5	441	408	4	1
新能源装备技术	12	425	408	12	
电气自动化技术	8	433	424	8	
计算机应用技术	7	420	417	7	
机械制造及自动化	13	422	408	13	
电子商务	15	422	408	15	
旅游管理	2	411	410	2	
现代物流管理	6	415	408	6	

2023年普通类(物理等科目类)高职(专科)院校

院校、专业组、专业名称	录取数	最高分	最低分	平行志愿	征求志愿
城市轨道交通工程技术	13	418	408	13	
建设工程管理	3	411	409	3	
建筑智能化工程技术	3	412	408	3	
飞机机电设备维修	16	446	408	16	
服装设计与工艺	5	410	408	5	
无人机应用技术	7	416	408	7	
生物制药技术	9	431	408	9	
大数据技术	6	422	408	6	
工业机器人技术	5	417	411	5	
软件技术	21	417	408	21	
智能控制技术	5	423	408	5	
现代非织造技术	4	409	408	4	
工商企业管理	7	413	408	7	
酒店管理与数字化运营	7	411	408	7	
道路与桥梁工程技术	6	439	412	6	
建筑工程技术	12	439	408	12	
03专业组(不限)(分段培养项目)	40	456	441	40	
道路与桥梁工程技术(与淮阴工学院分段培养项目)	40	456	441	40	
1313 南通科技职业学院	170			167	3
04专业组(不限)	125	440	408	122	3
机械制造及自动化	5	430	413	5	
机电一体化技术	5	421	413	5	
电气自动化技术	5	424	418	5	
电梯工程技术	5	435	411	5	
汽车制造与试验技术	5	412	408	5	
新能源汽车技术	5	440	413	5	
建筑智能化工程技术	4	412	409	4	
计算机应用技术	3	422	413	3	
软件技术	3	434	420	3	
云计算技术应用	3	427	409	3	
计算机网络技术	3	413	412	3	
工业互联网技术	8	417	408	8	
空中乘务	3	418	408	3	
大数据与会计	3	423	412	3	
网络营销与直播电商	3	413	412	3	
电子商务	3	412	409	3	
现代物流管理	3	415	412	3	
旅游管理	3	411	411	3	
酒店管理与数字化运营	3	411	408	3	
城市轨道交通运营管理	3	424	411	3	
工程造价	3	416	411	3	
园艺技术	3	410	410	3	
园林技术	3	410	409	3	
园林工程技术	3	409	408	3	
市政工程技术	5	428	408	5	
风景园林设计	3	414	408	3	
植物保护与检疫技术	2	412	412		2
现代农业技术	3	412	408	3	

院校、专业组、专业名称	录取数	最高分	最低分	平行志愿	征求志愿
环境监测技术	3	408	408	3	
环境工程技术	3	422	408	3	
药品生物技术	3	429	408	3	
食品智能加工技术	3	413	408	3	
食品检验检测技术	3	420	409	3	
药品经营与管理	2	431	409	2	
环境管理与评价	3	412	408	2	1
农产品加工与质量检测	2	408	408	2	
05专业组(不限)(分段培养项目)	20	455	443	20	
环境工程技术(与泰州学院分段培养项目)	20	455	443	20	
06专业组(不限)(分段培养项目)	25	456	449	25	
软件技术(与南通理工学院分段培养项目)	25	456	449	25	
1314 江苏商贸职业学院	301			291	10
03专业组(不限)(分段培养项目)	15	449	443	15	
关务与外贸服务(与盐城工学院分段培养项目)	15	449	443	15	
04专业组(不限)	286	449	399	276	10
大数据与会计	20	447	409	20	
大数据与审计	5	410	408	5	
大数据与财务管理	5	424	408	5	
金融服务与管理	8	411	405	8	
财富管理	5	405	404	5	
关务与外贸服务	9	423	403	9	
国际经济与贸易	6	408	402	6	
跨境电子商务	5	402	402	5	
市场营销	5	407	402	5	
电子商务	6	418	405	6	
移动商务	5	402	401	5	
网络营销与直播电商	7	416	401	7	
现代物流管理	4	409	405	4	
供应链运营	6	404	400	6	
旅游管理	6	418	400	6	
婴幼儿托育服务与管理	15	402	400	15	
高速铁路客运服务	8	408	399	8	
空中乘务	6	407	404	6	
电气自动化技术	9	430	407	9	
电子信息工程技术	14	418	406	14	
无人机应用技术	8	414	404	8	
物联网应用技术	7	415	406	7	
人工智能技术应用	13	437	404	13	
计算机网络技术	4	414	409	4	
信息安全技术应用	8	408	403	8	
软件技术	7	416	406	7	
移动应用开发	7	403	400	7	
大数据技术	3	407	405	3	
工程造价	7	429	406	7	
建筑工程技术	10	406	401	10	

院校、专业组、专业名称	录取数	最高分	最低分	平行志愿	征求志愿
建设工程管理	8	405	399	8	
建筑装饰工程技术	15	449	399	11	4
建筑室内设计	18	411	399	15	3
动漫制作技术	17	422	399	14	3
1315 南通师范高等专科学校	**276**			**265**	**11**
05专业组(不限)	**191**	**454**	**407**	**180**	**11**
学前教育(师范)	60	447	414	60	
计算机网络技术	17	452	412	17	
大数据技术	41	446	407	37	4
计算机应用技术	13	438	410	13	
大数据与财务管理	10	442	411	10	
大数据与会计	25	436	412	25	
云计算技术应用	25	454	407	18	7
06专业组(不限)(分段培养项目)	**50**	**469**	**455**	**50**	
小学数学教育(与江苏第二师范学院分段培养项目)(师范)	50	469	455	50	
07专业组(不限)(分段培养项目)	**15**	**458**	**452**	**15**	
学前教育(与南京晓庄学院分段培养项目)(师范)	15	458	452	15	
08专业组(不限)(分段培养项目)	**20**	**453**	**449**	**20**	
大数据与财务管理(与南通理工学院分段培养项目)	20	453	449	20	
1330 连云港师范高等专科学校	**1360**			**1297**	**63**
03专业组(不限)	**1315**	**450**	**365**	**1252**	**63**
学前教育(师范)	70	434	400	70	
早期教育(师范)	70	435	388	70	
美术教育(师范)	30	430	391	30	
音乐教育(师范)	6	439	397	6	
大数据技术	45	408	386	45	
软件技术	36	412	388	36	
动漫制作技术	36	450	384	36	
数字媒体技术	36	443	385	36	
大数据与会计	52	411	385	52	
机电一体化技术	83	413	386	83	
应用电子技术	55	392	373	55	
生物制药技术	55	439	384	55	
药品生产技术	55	406	375	55	
药品生物技术	26	422	375	26	
药品质量与安全	55	401	377	55	
婴幼儿托育服务与管理	72	400	366	71	1
青少年工作与管理	51	433	366	46	5
人力资源管理	49	412	366	43	6
智慧健康养老服务与管理	55	411	365	51	4
食品营养与健康	53	416	368	48	5
中文	80	442	366	76	4
现代文秘	38	404	366	28	10
心理咨询	60	430	367	60	
电子商务	75	408	366	65	10
应用英语	72	433	366	54	18

院校、专业组、专业名称	录取数	最高分	最低分	平行志愿	征求志愿
04专业组(不限)(分段培养项目)	**10**	**456**	**451**	**10**	
学前教育(与南京晓庄学院分段培养项目)(师范)	10	456	451	10	
05专业组(不限)(分段培养项目)	**35**	**461**	**446**	**35**	
生物制药技术(与盐城师范学院分段培养项目)	35	461	446	35	
1331 连云港职业技术学院	**959**			**944**	**15**
03专业组(不限)	**819**	**446**	**377**	**804**	**15**
机电一体化技术	50	418	392	50	
电气自动化技术	40	423	388	40	
工业机器人技术	34	425	377	34	
数控技术	20	414	378	20	
无人机应用技术	15	411	377	15	
汽车检测与维修技术	10	395	377	10	
应用化工技术	15	392	378	15	
石油化工技术	20	410	378	20	
环境监测技术	10	397	378	10	
复合材料智能制造技术	10	395	379	10	
材料工程技术	20	391	377	20	
药品生产技术	10	401	390	10	
生物制药技术	20	398	382	20	
药品质量与安全	20	397	377	20	
药品经营与管理	10	397	377	10	
现代文秘	40	403	377	38	2
人力资源管理	20	399	377	20	
全媒体广告策划与营销	20	387	377	20	
融媒体技术与运营	20	388	380	20	
婴幼儿托育服务与管理	25	399	377	17	8
大数据与会计	10	412	391	10	
大数据与财务管理	5	391	386	5	
市场营销	20	390	377	20	
跨境电子商务	20	383	377	20	
电子商务	20	394	377	20	
现代物流管理	20	411	377	20	
园林技术	10	402	377	10	
计算机应用技术	25	426	383	25	
计算机网络技术	25	392	378	25	
软件技术	25	400	384	25	
大数据技术	10	406	383	10	
数字媒体技术	20	408	379	20	
人工智能技术应用	25	395	377	25	
物联网应用技术	25	395	378	25	
旅游管理	10	390	377	10	
酒店管理与数字化运营	20	388	377	20	
会展策划与管理	25	400	377	24	1
建筑工程技术	5	391	385	5	
工程造价	5	418	392	5	
建筑室内设计	15	399	377	15	
市政工程技术	5	393	382	5	

院校、专业组、专业名称	录取数	最高分	最低分	平行志愿	征求志愿
空中乘务	15	405	378	11	4
高速铁路客运服务	15	446	377	15	
商务英语	15	422	377	15	
04专业组(不限)(分段培养项目)	**140**	**449**	**438**	**140**	
机电一体化技术(与南通理工学院分段培养项目)	30	444	441	30	
应用化工技术(与江苏理工学院分段培养项目)	30	449	438	30	
药品生产技术(与泰州学院分段培养项目)	40	445	438	40	
跨境电子商务(与南京传媒学院分段培养项目)	20	446	438	20	
建筑工程技术(与南通理工学院分段培养项目)	20	445	438	20	
1332 江苏财会职业学院	**823**			**793**	**30**
03专业组(不限)	**808**	**443**	**365**	**778**	**30**
大数据与会计	205	443	376	205	
统计与会计核算	20	398	375	20	
大数据与财务管理	45	397	372	45	
金融服务与管理	20	404	366	20	
市场营销	31	409	366	23	8
连锁经营与管理	12	399	366	12	
现代物流管理	12	392	370	12	
国际经济与贸易	10	393	372	10	
电子商务	35	388	366	35	
网络营销与直播电商	24	409	365	19	5
软件技术	90	407	369	90	
大数据技术	65	432	368	65	
信息安全技术应用	37	416	367	37	
人工智能技术应用	28	393	369	28	
大数据与审计	55	396	369	55	
财税大数据应用	20	395	366	20	
应用韩语	22	395	366	13	9
网络新闻与传播	41	413	366	41	
网络直播与运营	17	396	365	17	
传播与策划	19	402	365	11	8
04专业组(不限)(分段培养项目)	**15**	**452**	**449**	**15**	
金融服务与管理(与江苏理工学院分段培养项目)	15	452	449	15	
1350 江苏电子信息职业学院	**529**			**518**	**11**
03专业组(不限)	**459**	**452**	**397**	**448**	**11**
建筑室内设计	15	405	400	15	
模具设计与制造	10	405	399	10	
电气自动化技术	35	443	407	35	
新能源汽车检测与维修技术	15	452	402	15	
城市轨道交通运营管理	5	422	405	5	
电子产品制造技术	15	418	399	15	
软件技术	40	434	402	40	
云计算技术应用	20	410	398	20	
现代通信技术	16	408	398	16	
国际经济与贸易	5	420	398	5	
现代物流管理	10	428	397	10	
数字化设计与制造技术	10	429	397	10	
机电一体化技术	33	427	403	33	
工业互联网应用	10	399	397	10	
城市轨道交通机电技术	8	431	402	8	
电子信息工程技术	40	438	401	40	
计算机应用技术	13	429	404	13	
数字媒体技术	20	437	397	20	
信息安全技术应用	16	409	397	16	
集成电路技术	15	403	397	15	
连锁经营与管理	5	398	397	5	
数控技术	11	404	397	11	
智能控制技术	5	406	400	5	
汽车检测与维修技术	10	420	398	10	
城市轨道交通通信信号技术	5	418	405	5	
物联网应用技术	5	416	403	5	
计算机网络技术	25	431	397	25	
大数据技术	12	419	400	12	
动漫制作技术	10	426	399	10	
财税大数据应用	10	428	397	8	2
电子商务	10	445	401	1	9
04专业组(不限)(分段培养项目)	**70**	**455**	**445**	**70**	
电子信息工程技术(与淮阴工学院分段培养项目)	30	455	447	30	
物联网应用技术(与泰州学院分段培养项目)	30	451	445	30	
电子商务(与淮阴工学院分段培养项目)	10	449	445	10	
1351 江苏食品药品职业技术学院	**495**			**488**	**7**
04专业组(不限)	**375**	**447**	**399**	**371**	**4**
农产品加工与质量检测	10	412	404	10	
食品智能加工技术	30	440	401	30	
食品质量与安全	20	427	403	20	
食品营养与健康	10	404	400	10	
食品检验检测技术	10	438	403	10	
食品药品监督管理	40	432	399	40	
药学	66	444	403	66	
中药学	30	421	404	30	
生物制药技术	24	425	401	24	
药品质量与安全	10	408	400	10	
卫生检验与检疫技术	10	409	402	10	
酒店管理与数字化运营	10	404	399	10	
中医养生保健	10	415	400	10	
婴幼儿托育服务与管理	10	406	399	6	4
大数据与财务管理	5	406	403	5	
大数据与会计	5	447	407	5	
市场营销	10	436	399	10	

2023年普通类(物理等科目类)高职(专科)院校

院校、专业组、专业名称	录取数	最高分	最低分	平行志愿	征求志愿
电子商务	10	428	399	10	
电气自动化技术	5	411	406	5	
制药设备应用技术	5	428	403	5	
护理	45	430	407	45	
05专业组(不限)(分段培养项目)	90	466	446	87	3
药学(与常州大学分段培养项目)	30	465	450	30	
生物制药技术(与淮阴师范学院分段培养项目)	30	451	446	27	3
中医康复技术(与无锡太湖学院分段培养项目)	20	454	448	20	
护理(与无锡太湖学院分段培养项目)	10	466	451	10	
06专业组(不限)(中外合作办学)	30	408	381	30	
药学(中外合作办学)	30	408	381	30	
1352 江苏财经职业技术学院	**801**			**798**	**3**
04专业组(不限)	757	453	388	754	3
大数据与会计	207	453	392	207	
会计信息管理	16	399	391	16	
大数据与审计	24	440	393	24	
统计与会计核算	13	417	391	13	
财税大数据应用	10	392	391	10	
大数据与财务管理	41	419	390	41	
金融服务与管理	17	413	390	17	
金融科技应用	17	408	390	17	
工程造价	28	425	390	28	
工商企业管理	10	410	390	10	
市场营销	14	424	389	14	
电子商务	11	413	390	11	
商务英语	15	427	389	15	
法律事务	41	436	389	41	
婴幼儿托育服务与管理	31	393	389	31	
数字媒体技术	15	410	393	15	
机电一体化技术	17	408	395	17	
电气自动化技术	30	416	394	30	
新能源汽车技术	6	408	393	6	
物联网应用技术	13	405	393	13	
计算机应用技术	49	432	391	49	
计算机网络技术	25	407	391	25	
大数据技术	9	413	391	9	
高速铁路客运服务	23	414	391	23	
城市轨道交通运营管理	23	407	390	23	
现代物流管理	12	394	390	12	
航空物流管理	12	403	388	12	
旅游管理	11	425	389	8	3
粮食工程技术与管理	11	419	389	11	
食品药品监督管理	6	398	395	6	
05专业组(不限)(分段培养项目)	18	451	447	18	
金融服务与管理(与淮阴工学院分段培养项目)	18	451	447	18	
06专业组(化学或生物)	26	421	398	26	
药品质量与安全	26	421	398	26	
1353 江苏护理职业学院	**769**			**762**	**7**
04专业组(不限)	706	457	410	700	6
护理	300	450	418	300	
助产	10	423	417	10	
中医学	10	441	424	10	
药学	98	457	414	98	
中药学	48	450	414	45	3
预防医学	16	427	416	16	
医学检验技术	72	451	416	72	
口腔医学技术	40	457	421	40	
医学美容技术	37	456	410	34	3
卫生检验与检疫技术	2	416	416	2	
康复治疗技术	63	451	414	63	
中医康复技术	10	422	416	10	
05专业组(不限)(分段培养项目)	24	482	452	24	
康复治疗技术(与徐州医科大学分段培养项目)	12	482	454	12	
康复治疗技术(与南京特殊教育师范学院分段培养项目)	12	454	452	12	
06专业组(不限)	39	505	424	38	1
中医学(为淮安市淮安区定向培养)	1	484	484	1	
中医学(为淮安市盱眙县定向培养)	1	460	460	1	
中医学(为扬州市宝应县定向培养)	2	469	468	2	
中医学(为扬州市高邮市定向培养)	2	457	453	2	
中医学(为宿迁市沭阳县定向培养)	4	429	424	3	1
中医学(为宿迁市泗阳县定向培养)	4	451	444	4	
中医学(为宿迁市泗洪县定向培养)	1	456	456	1	
中医学(为宿迁市宿城区定向培养)	1	436	436	1	
预防医学(为连云港市东海县定向培养)	4	480	452	4	
预防医学(为连云港市灌云县定向培养)	1	438	438	1	
预防医学(为连云港市灌南县定向培养)	3	459	443	3	
预防医学(为连云港市赣榆区定向培养)	2	456	453	2	
预防医学(为连云港市海州区定向培养)	2	446	440	2	
预防医学(为淮安市洪泽区定向培养)	1	452	452	1	
预防医学(为淮安市淮安区定向培养)	4	457	453	4	
预防医学(为扬州市宝应县定向培养)	2	462	461	2	
预防医学(为扬州市仪征市定向培养)	2	505	486	2	
预防医学(为扬州市邗江区定向培养)	2	458	452	2	
1370 盐城工业职业技术学院	**185**			**185**	
05专业组(不限)(分段培养项目)	15	448	443	15	
现代物流管理(与盐城师范学院分段培养项目)	15	448	443	15	
06专业组(不限)(分段培养项目)	40	451	440	40	

院校、专业组、专业名称	录取数	最高分	最低分	平行志愿	征求志愿
汽车技术服务与营销(与盐城工学院分段培养项目)	40	451	440	40	
07专业组(不限)	**120**	**444**	**395**	**120**	
纺织品设计	10	406	395	10	
智能控制技术	10	432	397	10	
电气自动化技术	10	444	408	10	
大数据与会计	10	421	400	10	
汽车制造与试验技术	10	407	395	10	
机械制造及自动化	10	408	400	10	
建筑设计	10	405	395	10	
智能建造技术	10	417	395	10	
工程造价	10	414	395	10	
婴幼儿托育服务与管理	10	396	395	10	
大数据技术	10	406	397	10	
信息安全技术应用	10	401	395	10	
08专业组(不限)(中外合作办学)	**10**	**436**	**376**	**10**	
汽车检测与维修技术(中外合作办学)	10	436	376	10	
1371 江苏医药职业学院	**1273**			**1242**	**31**
04专业组(不限)	**877**	**491**	**401**	**850**	**27**
护理	275	467	422	275	
助产	25	446	423	25	
药学	111	449	422	111	
临床医学	103	491	435	103	
口腔医学	32	463	447	32	
中医学	10	452	437	10	
中药学	75	461	403	55	20
预防医学	74	446	422	74	
医学检验技术	43	450	430	43	
卫生信息管理	3	442	426	3	
医学影像技术	66	450	433	66	
放射治疗技术	18	435	425	18	
康复治疗技术	15	441	429	15	
言语听觉康复技术	13	441	401	6	7
中医康复技术	14	444	424	14	
05专业组(不限)(中外合作办学)	**22**	**442**	**402**	**22**	
药学(中外合作办学)	11	428	403	11	
康复治疗技术(中外合作办学)	11	442	402	11	
06专业组(不限)	**234**	**554**	**404**	**232**	**2**
临床医学(为徐州市贾汪区定向培养)	2	454	449	2	
临床医学(为徐州市新沂市定向培养)	4	460	453	4	
临床医学(为徐州市沛县定向培养)	10	520	449	10	
临床医学(为徐州市丰县定向培养)	8	508	449	8	
临床医学(为徐州市邳州市定向培养)	11	554	457	11	
临床医学(为徐州市铜山区定向培养)	24	540	436	24	
临床医学(为连云港市灌云县定向培养)	6	451	438	6	
临床医学(为连云港市灌南县定向培养)	4	478	460	4	
临床医学(为连云港市赣榆区定向培养)	10	506	456	10	
临床医学(为淮安市洪泽区定向培养)	4	450	447	4	
临床医学(为淮安市淮安区定向培养)	5	521	462	5	
临床医学(为淮安市淮阴区定向培养)	2	522	475	2	
临床医学(为淮安市盱眙县定向培养)	10	472	446	10	
临床医学(为淮安市涟水县定向培养)	8	478	451	8	
临床医学(为盐城市响水县定向培养)	22	475	438	22	
临床医学(为盐城市滨海县定向培养)	7	506	459	7	
临床医学(为盐城市建湖县定向培养)	3	519	485	3	
临床医学(为盐城市东台市定向培养)	9	536	481	9	
临床医学(为盐城市亭湖区定向培养)	5	491	404	3	2
临床医学(为扬州市江都区定向培养)	8	517	452	8	
临床医学(为扬州市仪征市定向培养)	3	477	451	3	
临床医学(为扬州市邗江区定向培养)	3	485	451	3	
预防医学(为盐城市滨海县定向培养)	2	454	454	2	
预防医学(为盐城市东台市定向培养)	4	472	463	4	
预防医学(为泰州市靖江市定向培养)	2	456	450	2	
预防医学(为泰州市泰兴市定向培养)	5	447	442	5	
预防医学(为泰州市兴化市定向培养)	5	449	447	5	
中医学(为连云港市东海县定向培养)	2	451	449	2	
中医学(为盐城市滨海县定向培养)	3	455	453	3	
中医学(为盐城市阜宁县定向培养)	3	523	484	3	
中医学(为盐城市建湖县定向培养)	4	466	462	4	
中医学(为盐城市东台市定向培养)	2	473	460	2	
中医学(为泰州市靖江市定向培养)	2	453	451	2	
中医学(为泰州市泰兴市定向培养)	2	444	440	2	
中医学(为泰州市兴化市定向培养)	2	450	446	2	
中医学(为泰州市海陵区定向培养)	2	458	454	2	
中医学[为泰州市医药高新区(高港区)定向培养]	2	450	448	2	
医学影像技术(为淮安市洪泽区定向培养)	1	452	452	1	
医学影像技术(为淮安市淮安区定向培养)	3	461	456	3	
医学影像技术(为淮安市盱眙县定向培养)	4	452	447	4	
医学影像技术(为扬州市仪征市定向培养)	2	457	453	2	
医学影像技术(为泰州市海陵区定向培养)	2	490	467	2	
医学影像技术(为宿迁市沭阳县定向培养)	9	459	427	9	
医学影像技术(为宿迁市泗阳县定向培养)	3	478	451	3	
07专业组(不限)(分段培养项目)	**140**	**485**	**453**	**138**	**2**
药学(在江苏医药职业学院学习三年,考核合格者可转入徐州医科大学学习两年,毕业后颁发徐州医科大学本科文凭)	30	465	456	30	
医学影像技术(在江苏医药职业学院	30	485	459	30	

院校、专业组、专业名称	录取数	最高分	最低分	平行志愿	征求志愿
学习三年,考核合格者可转入徐州医科大学学习两年,毕业后颁发徐州医科大学本科文凭)					
中药学(在江苏医药职业学院学习五年,其中前三年高职阶段教育考核合格者,后两年本科阶段教育继续在高职院校内学习,由本科院校与高职院校联合实施教学,毕业后颁发南京中医药大学本科文凭)	40	459	453	40	
康复治疗技术(在江苏医药职业学院学习五年,其中前三年高职阶段教育考核合格者,后两年本科阶段教育继续在高职院校内学习,由本科院校与高职院校联合实施教学,毕业后颁发南京中医药大学本科文凭)	40	478	453	38	2
1372 盐城幼儿师范高等专科学校	**790**			**784**	**6**
05专业组(不限)(分段培养项目)	**32**	**463**	**449**	**32**	
学前教育(与南京晓庄学院分段培养项目)(师范)	18	454	450	18	
美术教育(与盐城师范学院分段培养项目)(师范)	14	463	449	14	
06专业组(不限)(分段培养项目)	**14**	**449**	**443**	**14**	
商务英语(与江苏理工学院分段培养项目)	14	449	443	14	
07专业组(不限)(分段培养项目)	**58**	**450**	**440**	**58**	
工程造价(与盐城工学院分段培养项目)	18	450	444	18	
智能产品开发与应用(与泰州学院分段培养项目)	40	449	440	40	
08专业组(不限)	**686**	**467**	**358**	**680**	**6**
学前教育(师范)	120	467	389	120	
早期教育(师范)	9	402	388	9	
智慧健康养老服务与管理	17	408	379	17	
美术教育(师范)	7	412	388	7	
音乐教育(师范)	7	420	396	7	
工程造价	39	405	379	39	
智能产品开发与应用	94	400	358	94	
大数据技术	38	397	379	38	
移动应用开发	4	393	385	4	
市政工程技术	41	424	358	40	1
建筑装饰工程技术	31	393	359	31	
建筑工程技术	53	402	358	52	1
建设工程管理	52	407	358	50	2
建设工程监理	24	382	358	24	
酒店管理与数字化运营	54	392	358	54	
旅游管理	34	401	358	33	1
休闲服务与管理	13	391	358	13	
商务英语	27	399	371	27	
应用韩语	22	406	359	21	1

院校、专业组、专业名称	录取数	最高分	最低分	平行志愿	征求志愿
1390 扬州市职业大学	**449**			**448**	**1**
06专业组(不限)	**173**	**450**	**422**	**173**	
机械制造及自动化	8	446	433	8	
数控技术	5	436	430	5	
模具设计与制造	5	430	424	5	
智能控制技术	16	432	422	16	
工业机器人技术	5	438	427	5	
电气自动化技术	8	442	437	8	
汽车制造与试验技术	14	428	422	14	
现代通信技术	5	436	428	5	
应用电子技术	7	434	423	7	
电子信息工程技术	10	446	428	10	
智能光电技术应用	14	426	422	14	
大数据技术	10	437	422	10	
云计算技术应用	5	431	423	5	
软件技术	5	443	431	5	
旅游管理	1	430	430	1	
酒店管理与数字化运营	1	429	429	1	
护理	30	450	423	30	
药学	10	442	425	10	
康复治疗技术	5	429	423	5	
统计与大数据分析	9	433	422	9	
07专业组(不限)	**196**	**454**	**415**	**195**	**1**
建筑工程技术	10	444	420	10	
智能建造技术	14	428	415	14	
工程造价	10	443	421	10	
道路与桥梁工程技术	10	427	415	10	
环境工程技术	7	436	415	7	
国土空间规划与测绘	2	432	419	2	
服装设计与工艺	3	426	420	3	
应用化工技术	13	437	415	13	
市场营销	3	424	415	3	
电子商务	5	448	420	5	
大数据与会计	11	454	435	11	
金融服务与管理	5	432	421	5	
大数据与财务管理	5	438	428	5	
国际经济与贸易	2	431	429	2	
商务英语	10	443	418	10	
应用英语	5	445	415	5	
商务日语	5	420	418	5	
新闻采编与制作	3	439	425	3	
传播与策划	7	423	418	7	
婴幼儿托育服务与管理	7	416	415	7	
学前教育(师范)	39	452	415	38	1
人力资源管理	3	430	423	3	
现代农业技术	5	423	415	5	
园艺技术	9	425	415	9	
风景园林设计	3	420	420	3	
08专业组(不限)(分段培养项目)	**50**	**467**	**451**	**50**	

院校、专业组、专业名称	录取数	最高分	最低分	平行志愿	征求志愿
工业机器人技术(与江苏理工学院分段培养项目)	15	459	452	15	
现代文秘(与泰州学院分段培养项目)	20	467	451	20	
医学检验技术(与徐州医科大学分段培养项目)	15	459	453	15	
09专业组(不限)(分段培养项目)	**20**	**453**	**448**	**20**	
应用化工技术(与盐城工学院分段培养项目)	20	453	448	20	
10专业组(不限)(中外合作办学)	**10**	**407**	**396**	**10**	
酒店管理与数字化运营(中外合作办学)	10	407	396	10	
1392 扬州工业职业技术学院	**401**			**399**	**2**
04专业组(不限)	**121**	**446**	**414**	**121**	
建筑工程技术	5	427	418	5	
工程造价	15	446	415	15	
城市轨道交通工程技术	5	430	419	5	
道路与桥梁工程技术	8	423	415	8	
建筑消防技术	10	436	414	10	
建筑装饰工程技术	10	427	414	10	
智能建造技术	5	417	415	5	
机械制造及自动化	10	443	426	10	
智能控制技术	8	440	420	8	
工业机器人技术	5	437	418	5	
机电设备技术	5	431	422	5	
大数据技术	5	441	417	5	
人工智能技术应用	10	436	417	10	
商务数据分析与应用	5	435	415	5	
汽车检测与维修技术	5	424	414	5	
城市轨道交通机电技术	5	430	418	5	
网络营销与直播电商	5	440	414	5	
05专业组(不限)(分段培养项目)	**235**	**466**	**444**	**233**	**2**
工业机器人技术(与南京工程学院分段培养项目)	40	457	446	40	
电气自动化技术(与盐城工学院分段培养项目)	35	465	448	35	
云计算技术应用(与南京工程学院分段培养项目)	40	455	445	40	
计算机网络技术(与南京工业职业技术大学分段培养项目)	40	454	445	40	
新能源汽车技术(与南京工程学院分段培养项目)	40	466	445	40	
电子商务(与徐州工程学院分段培养项目)	20	452	444	18	2
金融科技应用(与南京工程学院分段培养项目)	20	448	444	20	
06专业组(化学)	**5**	**443**	**430**	**5**	
分析检验技术	5	443	430	5	
07专业组(化学)(分段培养项目)	**40**	**457**	**438**	**40**	
分析检验技术(与泰州学院分段培养项目)	40	457	438	40	
1394 江苏旅游职业学院	**173**			**173**	
02专业组(不限)	**133**	**436**	**395**	**133**	
建筑室内设计	4	410	398	4	
电子信息工程技术	18	418	396	18	
物联网应用技术	18	411	396	18	
计算机网络技术	18	407	396	18	
云计算技术应用	18	411	395	18	
金融服务与管理	4	400	395	4	
大数据与财务管理	4	408	404	4	
大数据与会计	4	416	407	4	
连锁经营与管理	5	399	395	5	
市场营销	4	401	397	4	
电子商务	5	403	396	5	
现代物流管理	4	397	396	4	
旅游管理	5	411	397	5	
导游	5	418	396	5	
酒店管理与数字化运营	5	405	396	5	
烹饪工艺与营养	4	410	400	4	
中西面点工艺	4	436	405	4	
西式烹饪工艺	4	413	401	4	
03专业组(不限)(分段培养项目)	**40**	**453**	**448**	**40**	
计算机网络技术(与泰州学院分段培养项目)	40	453	448	40	
1410 镇江市高等专科学校	**520**			**514**	**6**
03专业组(不限)	**485**	**447**	**397**	**479**	**6**
工程安全评价与监理	10	408	399	10	
职业健康安全技术	25	406	401	25	
机械制造及自动化	20	418	397	20	
机电一体化技术	10	431	406	10	
工业机器人技术	26	427	397	26	
电气自动化技术	25	435	403	25	
汽车制造与试验技术	12	406	397	12	
新能源汽车技术	30	425	397	30	
药品生产技术	7	424	399	7	
药物制剂技术	10	421	398	10	
药品质量与安全	12	406	397	12	
医疗器械维护与管理	10	412	397	10	
物联网应用技术	18	411	398	18	
计算机应用技术	12	411	398	12	
护理	43	447	409	43	
助产	10	432	403	10	
医学检验技术	24	436	408	24	
健康管理	6	403	401	6	
眼视光技术	12	439	401	12	
财富管理	10	405	399	10	
大数据与会计	20	424	403	20	
大数据与审计	20	410	397	20	
电子商务	5	405	398	5	

院校、专业组、专业名称	录取数	最高分	最低分	平行志愿	征求志愿
现代物流管理	6	407	398	6	
酒店管理与数字化运营	6	406	398	6	
学前教育(师范)	59	446	397	59	
旅游英语	4	398	398	4	
法律事务	9	429	406	9	
知识产权管理	20	425	398	14	6
现代文秘	4	409	404	4	
04专业组(不限)(分段培养项目)	**35**	**469**	**451**	**35**	
护理(在镇江市高等专科学校学习五年,其中前三年高职阶段教育考核合格者,后两年本科阶段教育继续在高职院校内学习,由本科院校与高职院校联合实施教学,毕业后颁发南京中医药大学本科文凭)	20	469	453	20	
学前教育(在镇江市高等专科学校学习三年,考核合格者可转入江苏理工学院学习两年,毕业后颁发江苏理工学院本科文凭)(师范)	15	457	451	15	
1411 江苏农林职业技术学院	**205**			**204**	**1**
03专业组(不限)(分段培养项目)	**25**	**468**	**453**	**25**	
畜牧兽医(与金陵科技学院分段培养项目)	25	468	453	25	
04专业组(不限)	**180**	**455**	**421**	**179**	**1**
园林技术	8	445	430	8	
林业技术	6	429	423	6	
园林工程技术	2	429	428	2	
家具设计与制造	2	428	426	2	
木业产品设计与制造	4	425	421	4	
工程造价	4	429	427	4	
现代农业技术	4	455	434	4	
园艺技术	4	437	427	4	
动物医学	13	454	438	13	
宠物医疗技术	5	448	437	5	
宠物养护与驯导	3	436	432	3	
畜牧兽医	3	438	438	3	
食品检验检测技术	4	442	429	4	
食品智能加工技术	4	428	423	4	
农产品加工与质量检测	2	433	425	2	
农业生物技术	2	428	425	2	
茶叶生产与加工技术	2	448	422	2	
茶艺与茶文化	4	437	427	4	
大数据与财务管理	3	436	428	3	
现代物流管理	2	429	428	2	
市场营销	2	437	425	2	
酒店管理与数字化运营	2	424	424	2	
电子商务	2	426	421	2	
新能源汽车技术	6	436	423	6	
机械制造及自动化	12	427	422	12	
机电一体化技术	7	431	425	7	
现代农业装备应用技术	9	429	421	9	
电气自动化技术	4	435	430	4	
计算机应用技术	20	440	422	20	
数字媒体技术	8	443	435	8	
物联网应用技术	17	442	421	16	1
电子信息工程技术	10	432	421	10	
1412 江苏航空职业技术学院	**698**			**697**	**1**
02专业组(不限)	**698**	**449**	**366**	**697**	**1**
无人机测绘技术	24	425	390	24	
航空复合材料成型与加工技术	25	438	381	25	
飞行器数字化制造技术	46	405	373	46	
飞行器数字化装配技术	41	409	366	41	
航空发动机制造技术	27	420	373	27	
飞机机载设备装配调试技术	47	420	366	47	
飞行器维修技术	19	429	387	19	
航空发动机维修技术	60	430	371	60	
无人机应用技术	47	419	380	47	
航空材料精密成型技术	30	398	366	30	
民航运输服务	12	412	381	12	
民航通信技术	16	414	388	16	
空中乘务	30	409	377	30	
民航安全技术管理	19	391	370	19	
民航空中安全保卫	30	401	366	30	
机场运行服务与管理	22	391	371	22	
飞机机电设备维修	42	419	375	42	
飞机电子设备维修	45	449	368	45	
通用航空器维修	48	447	366	47	1
飞机结构修理	28	410	370	28	
航空物流管理	40	408	368	40	
1431 泰州职业技术学院	**554**			**549**	**5**
03专业组(不限)	**60**	**484**	**449**	**60**	
口腔医学	60	484	449	60	
04专业组(不限)(分段培养项目)	**120**	**456**	**444**	**120**	
机电一体化技术(在泰州职业技术学院学习三年,考核合格者可转入泰州学院学习两年,毕业后颁发泰州学院本科文凭)	40	453	445	40	
药品生产技术(在泰州职业技术学院学习三年,考核合格者可转入泰州学院学习两年,毕业后颁发泰州学院本科文凭)	40	456	444	40	
计算机应用技术(在泰州职业技术学院学习五年,其中前三年高职阶段教育考核合格者,后两年本科阶段教育继续在高职院校内学习,由本科院校与高职院校联合实施教学,毕业后颁发南京工业职业技术大学本科文凭)	40	449	444	40	
05专业组(不限)	**374**	**448**	**409**	**369**	**5**
护理	100	447	415	100	

院校、专业组、专业名称	录取数	最高分	最低分	平行志愿	征求志愿
助产	30	420	412	30	
口腔医学技术	5	438	424	5	
康复治疗技术	15	442	414	15	
药学	10	441	417	10	
机电一体化技术	5	444	427	5	
数控技术	5	429	417	5	
汽车制造与试验技术	5	427	410	5	
工业机器人技术	11	423	410	11	
智能控制技术	5	416	409	5	
市场营销	3	420	411	3	
现代物流管理	4	423	411	4	
大数据与会计	5	431	425	5	
计算机应用技术	5	438	420	5	
电子信息工程技术	5	436	418	5	
智能医疗装备技术	5	418	411	5	
软件技术	12	440	414	12	
物联网应用技术	8	423	412	8	
药品生产技术	15	416	410	15	
药品质量与安全	29	448	410	29	
药物制剂技术	22	417	409	22	
药品经营与管理	13	421	409	13	
生物制药技术	22	445	409	22	
中药学	8	434	417	8	
建筑工程技术	8	433	409	5	3
建筑设计	5	414	410	5	
工程造价	5	415	410	5	
智能建造技术	5	436	410	3	2
城市轨道交通工程技术	4	420	413	4	
1432 江苏农牧科技职业学院	**724**			**697**	**27**
02专业组(不限)	**609**	**463**	**399**	**582**	**27**
畜牧兽医	20	461	441	20	
动物营养与饲料	20	446	408	20	
动物防疫与检疫	20	463	423	20	
药品质量与安全	20	425	406	20	
生物制药技术	20	440	409	20	
中药制药	20	430	411	20	
药物制剂技术	20	414	403	20	
动物药学	20	438	414	20	
食品智能加工技术	20	430	402	20	
食品药品监督管理	20	420	401	20	
宠物医疗技术	20	451	430	20	
宠物养护与驯导	20	428	410	20	
现代农业技术	20	439	399	20	
中草药栽培与加工技术	20	449	399	20	
园艺技术	20	427	399	20	
园林技术	20	420	403	20	
水生动物医学	20	424	405	20	
水产养殖技术	20	448	401	20	
大数据与会计	15	443	410	15	
电子商务	17	432	399	17	
现代物流管理	20	422	399	20	
休闲农业经营与管理	20	408	402	20	
物联网应用技术	20	427	407	20	
机电一体化技术	20	439	410	20	
数控技术	117	442	399	93	24
现代农业装备应用技术	20	442	403	17	3
03专业组(不限)(分段培养项目)	**45**	**455**	**448**	**45**	
食品检验检测技术(与金陵科技学院分段培养项目)	45	455	448	45	
04专业组(不限)(分段培养项目)	**40**	**450**	**445**	**40**	
计算机应用技术(与无锡太湖学院分段培养项目)	40	450	445	40	
05专业组(不限)(分段培养项目)	**30**	**466**	**450**	**30**	
计算机网络技术(与江苏理工学院分段培养项目)	30	466	450	30	
1950 钟山职业技术学院	**161**			**157**	**4**
04专业组(不限)	**1**	**304**	**304**	**1**	
学前教育(师范)	1	304	304	1	
05专业组(不限)	**150**	**409**	**365**	**146**	**4**
食品营养与健康	5	390	384	5	
药学	3	406	400	3	
中医康复技术	3	396	391	3	
康复治疗技术	3	409	397	3	
现代家政服务与管理	5	382	365	5	
智慧健康养老服务与管理	11	391	366	11	
政府采购管理	5	383	366	5	
大数据与会计	10	393	385	10	
大数据与审计	5	393	384	5	
市场营销	5	389	370	5	
电子商务	8	376	366	8	
旅游管理	5	374	365	5	
建筑室内设计	5	399	371	5	
数字媒体技术	5	388	374	5	
婴幼儿托育服务与管理	1	381	381	1	
建筑工程技术	25	396	365	21	4
工程造价	5	385	374	5	
机电一体化技术	5	398	388	5	
康复工程技术	11	384	365	11	
汽车检测与维修技术	5	386	374	5	
计算机应用技术	5	394	384	5	
大数据技术	15	387	368	15	
06专业组(不限)	**10**	**424**	**413**	**10**	
护理	10	424	413	10	
1951 正德职业技术学院	**883**			**883**	
02专业组(不限)	**883**	**427**	**297**	**883**	
建筑装饰工程技术	20	388	297	20	
建筑室内设计	65	399	297	65	
建筑消防技术	10	374	301	10	

院校、专业组、专业名称	录取数	最高分	最低分	平行志愿	征求志愿
工程造价	45	392	298	45	
数控技术	37	393	301	37	
机电一体化技术	113	410	298	113	
工业机器人技术	8	359	305	8	
电气自动化技术	79	400	297	79	
无人机应用技术	11	355	305	11	
空中乘务	17	359	300	17	
飞机机电设备维修	9	371	312	9	
城市轨道交通通信信号技术	28	378	298	28	
城市轨道交通运营管理	22	427	305	22	
电子信息工程技术	39	380	298	39	
智能产品开发与应用	3	384	301	3	
计算机应用技术	57	402	298	57	
计算机网络技术	31	387	305	31	
软件技术	27	368	298	27	
数字媒体技术	58	377	300	58	
动漫制作技术	23	364	299	23	
婴幼儿托育服务与管理	12	356	309	12	
大数据与会计	130	410	298	130	
国际经济与贸易	4	360	305	4	
市场营销	8	349	302	8	
网络营销与直播电商	9	388	302	9	
酒店管理与数字化运营	7	386	303	7	
新闻采编与制作	11	372	308	11	
1952 金肯职业技术学院	**239**			**233**	**6**
02专业组(不限)	**239**	**451**	**319**	**233**	**6**
消防救援技术	23	395	323	17	6
建筑室内设计	12	369	335	12	
建筑工程技术	4	361	326	4	
建筑消防技术	2	342	325	2	
工程造价	16	360	319	16	
建设工程管理	2	361	356	2	
数控技术	6	396	331	6	
机械制造及自动化	9	384	328	9	
机电一体化技术	27	380	321	27	
工业机器人技术	2	354	333	2	
电气自动化技术	19	370	320	19	
无人机应用技术	5	385	319	5	
汽车制造与试验技术	1	331	331	1	
新能源汽车技术	8	394	324	8	
空中乘务	6	354	326	6	
城市轨道交通运营管理	9	382	328	9	
电子信息工程技术	14	380	320	14	
计算机应用技术	9	379	326	9	
数字媒体技术	13	359	333	13	
大数据技术	6	405	322	6	
人工智能技术应用	5	365	346	5	
婴幼儿托育服务与管理	5	372	324	5	
大数据与会计	23	381	319	23	

院校、专业组、专业名称	录取数	最高分	最低分	平行志愿	征求志愿
工商企业管理	1	347	347	1	
市场营销	1	399	399	1	
电子商务	7	383	328	7	
酒店管理与数字化运营	1	357	357	1	
电子竞技运动与管理	3	451	327	3	
1953 应天职业技术学院	**65**			**58**	**7**
02专业组(不限)	**65**	**415**	**368**	**58**	**7**
计算机网络技术	41	412	368	41	
数字媒体技术	15	415	368	15	
酒店管理与数字化运营	9	409	369	2	7
1954 南京视觉艺术职业学院	**27**			**27**	
02专业组(不限)	**27**	**406**	**370**	**27**	
建筑设计	5	402	370	5	
建筑室内设计	5	392	372	5	
数字媒体技术	7	405	372	7	
视觉传达设计	3	406	380	3	
广播影视节目制作	2	372	372	2	
摄影摄像技术	4	391	373	4	
网络直播与运营	1	395	395	1	
1957 无锡南洋职业技术学院	**406**			**321**	**85**
02专业组(不限)	**406**	**410**	**223**	**321**	**85**
汽车检测与维修技术	14	393	320	14	
新能源汽车技术	15	394	333	15	
汽车智能技术	14	336	304	14	
汽车技术服务与营销	12	322	283	12	
交通运营管理	13	339	281	13	
智能网联汽车技术	14	344	252	14	
工程造价	14	381	299	14	
建设工程管理	12	396	223	10	2
建筑装饰工程技术	14	392	223	10	4
建筑工程技术	14	375	259	14	
云计算技术应用	12	393	302	12	
计算机应用技术	12	410	338	12	
软件技术	12	382	311	12	
智能控制技术	14	405	277	14	
电气自动化技术	14	404	330	14	
机电一体化技术	14	381	329	14	
电子信息工程技术	13	317	274	13	
大数据与会计	15	363	298	15	
金融服务与管理	14	392	225	8	6
市场营销	14	389	287	5	9
电子商务	14	385	231	14	
人力资源管理	14	391	254	6	8
空中乘务	15	384	252	13	2
高速铁路客运服务	14	351	292	14	
烹饪工艺与营养	14	387	284	3	11
中西面点工艺	14	395	279	5	9
酒店管理与数字化运营	12	393	296	2	10
民航安全技术管理	12	379	284	2	10

院校、专业组、专业名称	录取数	最高分	最低分	平行志愿	征求志愿
婴幼儿托育服务与管理	15	389	247	6	9
应用英语	12	392	288	7	5
1958 江南影视艺术职业学院	**406**			**272**	**134**
03专业组(不限)	**366**	**419**	**221**	**232**	**134**
软件技术	88	419	221	36	52
动漫制作技术	64	400	239	51	13
网络新闻与传播	13	354	253	13	
影视多媒体技术	27	403	249	21	6
虚拟现实技术应用	9	411	240	9	
网络营销与直播电商	12	393	266	7	5
无人机应用技术	15	384	239	8	7
高速铁路客运服务	18	380	288	12	6
空中乘务	6	365	291	6	
民航安全技术管理	4	376	361		4
酒店管理与数字化运营	5	370	310	3	2
机场运行服务与管理	4	357	316	4	
航空物流管理	2	359	300	1	1
数字媒体技术	58	392	252	36	22
婴幼儿托育服务与管理	8	355	276	8	
大数据与会计	33	393	251	17	16
04专业组(不限)(分段培养项目)	**40**	**445**	**432**	**40**	
空中乘务[与苏州城市学院(原苏州大学文正学院)分段培养项目]	10	438	432	10	
数字媒体技术(与南通理工学院分段培养项目)	30	445	433	30	
1959 太湖创意职业技术学院	**434**			**384**	**50**
03专业组(不限)	**384**	**435**	**232**	**334**	**50**
建筑装饰工程技术	19	382	257	12	7
建筑工程技术	17	405	289	13	4
建设工程管理	3	334	232	3	
机械设计与制造	14	347	243	14	
工业设计	2	388	356	2	
机电一体化技术	51	406	241	25	26
高速铁路客运服务	8	415	305	8	
空中乘务	4	361	314	4	
应用电子技术	1	317	317	1	
计算机应用技术	28	429	247	18	10
计算机网络技术	4	363	310	4	
动漫制作技术	9	380	271	9	
集成电路技术	6	350	233	6	
护理	171	435	234	171	
婴幼儿托育服务与管理	4	362	298	4	
大数据与会计	28	432	262	25	3
国际经济与贸易	3	416	344	3	
市场营销	3	383	261	3	
电子商务	3	304	244	3	
网络营销与直播电商	2	323	294	2	
商务英语	3	398	271	3	
智慧健康养老服务与管理	1	355	355	1	
04专业组(不限)(分段培养项目)	**50**	**451**	**439**	**50**	
大数据与会计(与无锡太湖学院分段培养项目)	35	451	439	35	
护理(与无锡太湖学院分段培养项目)	15	450	441	15	
1962 九州职业技术学院	**771**			**397**	**374**
02专业组(不限)	**771**	**409**	**227**	**397**	**374**
机电一体化技术	49	401	255	49	
机械制造及自动化	7	384	300	7	
电气自动化技术	16	394	244	16	
城市轨道交通通信信号技术	10	388	239	10	
计算机应用技术	14	374	227	14	
计算机网络技术	8	358	296	8	
汽车检测与维修技术	2	354	338	2	
新能源汽车技术	12	359	275	12	
建筑工程技术	83	409	248	2	81
工程造价	59	385	247	14	45
道路与桥梁工程技术	15	387	251	3	12
建筑装饰工程技术	10	363	274		10
城市轨道交通工程技术	35	391	273	5	30
建筑消防技术	2	367	355		2
电子商务	27	383	251	8	19
市场营销	7	366	276	1	6
大数据与会计	75	393	247	16	59
金融服务与管理	5	366	283	2	3
法律事务	18	372	264	8	10
酒店管理与数字化运营	2	314	313		2
婴幼儿托育服务与管理	19	381	278	9	10
旅游管理	1	292	292	1	
应用英语	4	355	307	1	3
空中乘务	4	370	282	1	3
高速铁路客运服务	17	371	251	3	14
民航安全技术管理	6	382	280	1	5
飞机机电设备维修	14	387	272	3	11
现代物流管理	8	393	332		8
护理	172	406	248	172	
康复治疗技术	27	398	254	27	
社区康复	5	372	336		5
应用电子技术	25	394	285		25
大数据与财务管理	13	361	246	2	11
1965 建东职业技术学院	**261**			**198**	**63**
02专业组(不限)	**261**	**425**	**222**	**198**	**63**
空中乘务	15	390	273	10	5
机场运行服务与管理	1	277	277	1	
高速铁路客运服务	19	391	311	13	6
航空物流管理	4	387	362		4
机械制造及自动化	38	386	277	17	21
机电一体化技术	33	397	236	33	
无人机应用技术	15	364	283	13	2
电气自动化技术	20	380	236	20	

2023年普通类（物理等科目类）高职（专科）院校

院校、专业组、专业名称	录取数	最高分	最低分	平行志愿	征求志愿
航空地面设备维修	2	312	289	2	
计算机应用技术	15	358	222	15	
城市轨道交通运营管理	6	384	291	5	1
城市轨道交通机电技术	5	392	359	1	4
应用电子技术	5	385	331	1	4
汽车制造与试验技术	2	364	298	1	1
汽车技术服务与营销	1	315	315	1	
现代物流管理	7	366	251	6	1
市场营销	2	384	362	1	1
国际商务	4	425	255	4	
大数据与会计	27	393	276	22	5
电子商务	3	385	282	1	2
健身指导与管理	3	319	251	3	
建筑消防技术	2	351	317	2	
工程造价	16	386	224	14	2
建筑室内设计	10	379	296	7	3
建筑工程技术	6	365	289	5	1
1968 苏州工业园区职业技术学院	851			829	22
03专业组(不限)	816	431	314	794	22
机械设计与制造	36	421	350	36	
数控技术	30	397	345	30	
模具设计与制造	30	414	333	30	
智能制造装备技术	30	379	320	30	
机电一体化技术	30	409	363	30	
工业机器人技术	31	385	344	31	
汽车检测与维修技术	30	365	323	30	
智能控制技术	30	361	317	30	
电气自动化技术	30	425	360	30	
药品生物技术	30	386	347	30	
城市轨道交通通信信号技术	33	386	330	33	
电子信息工程技术	30	391	337	30	
物联网应用技术	30	402	328	30	
计算机网络技术	30	424	342	30	
软件技术	32	402	352	32	
人工智能技术应用	30	388	328	30	
集成电路技术	30	378	316	30	
金融科技应用	30	412	316	30	
大数据与会计	30	431	357	30	
国际经济与贸易	30	416	315	30	
关务与外贸服务	13	394	315	13	
市场营销	18	396	316	18	
现代物流管理	25	413	314	25	
旅游管理	17	408	316	8	9
建筑装饰工程技术	21	365	318	21	
建筑工程技术	39	401	318	26	13
工程造价	30	419	334	30	
商务英语	25	389	318	25	
应用日语	16	417	318	16	
04专业组(不限)(分段培养项目)	35	453	444	35	
电气自动化技术(与盐城工学院分段培养项目)	35	453	444	35	
1969 苏州托普信息职业技术学院	697			257	440
02专业组(不限)	697	420	221	257	440
建筑消防技术	38	383	249	9	29
机械制造及自动化	81	420	235	30	51
机电一体化技术	148	401	224	46	102
无人机应用技术	22	378	251	6	16
汽车电子技术	11	382	234	3	8
药品经营与管理	51	389	227	22	29
高速铁路客运服务	64	393	242	21	43
移动互联应用技术	6	372	293	4	2
计算机应用技术	54	392	245	20	34
软件技术	56	410	222	22	34
大数据技术	14	386	285	6	8
虚拟现实技术应用	3	372	273	2	1
人工智能技术应用	15	398	285	6	9
动漫制作技术	43	400	221	21	22
婴幼儿托育服务与管理	16	362	250	8	8
大数据与会计	45	405	274	16	29
工商企业管理	6	348	284	4	2
电子商务	11	371	232	7	4
电子竞技运动与管理	6	388	266	1	5
人力资源管理	7	367	316	3	4
1970 苏州高博软件技术职业学院	359			359	
02专业组(不限)	359	423	309	359	
软件技术	43	423	309	43	
计算机网络技术	12	414	309	12	
大数据技术	3	351	314	3	
计算机应用技术	2	369	352	2	
人工智能技术应用	5	382	311	5	
数字媒体技术	7	379	316	7	
城市轨道交通运营管理	11	385	315	11	
电梯工程技术	5	356	329	5	
机电一体化技术	14	386	311	14	
工业机器人技术	2	359	342	2	
无人机应用技术	2	320	317	2	
汽车检测与维修技术	1	317	317	1	
新能源汽车技术	10	369	320	10	
建筑室内设计	9	373	313	9	
环境艺术设计	4	343	310	4	
影视动画	3	401	316	3	
数字媒体艺术设计	6	391	336	6	
视觉传达设计	6	388	312	6	
电子商务	2	383	329	2	
跨境电子商务	1	348	348	1	
空中乘务	1	341	341	1	
高速铁路客运服务	5	372	317	5	
大数据与会计	11	368	310	11	

院校、专业组、专业名称	录取数	最高分	最低分	平行志愿	征求志愿
护理	178	409	309	178	
婴幼儿托育服务与管理	2	331	322	2	
药品经营与管理	8	374	309	8	
应用英语	1	311	311	1	
休闲体育	4	397	346	4	
舞蹈表演	1	318	318	1	
1971 苏州百年职业学院	**72**			**51**	**21**
02专业组(不限)(中外合作办学)	**72**	**418**	**238**	**51**	**21**
机电一体化技术(中外合作办学)	23	386	238	16	7
智能控制技术(中外合作办学)	10	403	271	8	2
软件技术(中外合作办学)	10	383	281	7	3
大数据技术(中外合作办学)	11	418	246	7	4
云计算技术应用(中外合作办学)	5	379	329	4	1
信息安全技术应用(中外合作办学)	3	358	312	3	
人工智能技术应用(中外合作办学)	10	350	263	6	4
1973 昆山登云科技职业学院	**221**			**168**	**53**
02专业组(不限)	**221**	**395**	**223**	**168**	**53**
新能源汽车技术	35	395	230	35	
城市轨道交通运营管理	10	363	249	10	
汽车检测与维修技术	5	367	288	5	
计算机应用技术	22	391	244	22	
计算机网络技术	12	363	267	12	
人工智能技术应用	2	351	259	2	
机电一体化技术	13	374	227	13	
工业机器人技术	1	351	351	1	
模具设计与制造	4	336	272	4	
数控技术	5	351	278	5	
建筑室内设计	12	360	256	12	
建筑工程技术	29	384	248	2	27
工程造价	11	363	223	11	
动漫制作技术	7	354	240	7	
大数据与财务管理	7	388	278	7	
市场营销	4	356	308	4	
电子商务	4	371	263	4	
现代物流管理	18	390	294	4	14
酒店管理与数字化运营	7	368	270	3	4
高速铁路客运服务	1	319	319	1	
婴幼儿托育服务与管理	3	297	282	3	
智慧健康养老服务与管理	9	362	238	1	8
1974 硅湖职业技术学院	**488**			**248**	**240**
02专业组(不限)	**488**	**424**	**226**	**248**	**240**
建筑室内设计	50	383	238	25	25
建筑工程技术	2	309	266	2	
工程造价	13	387	259	13	
建设工程管理	3	363	285	3	
机械制造及自动化	17	359	256	17	
机电一体化技术	117	403	226	32	85
工业机器人技术	2	313	291	2	
电气自动化技术	27	367	233	27	
新能源汽车技术	32	400	238	14	18
服装设计与工艺	4	370	289	4	
药品质量与安全	43	384	228	16	27
汽车检测与维修技术	5	373	308	5	
计算机应用技术	69	424	251	23	46
计算机网络技术	5	378	284	5	
数字媒体技术	9	368	242	9	
大数据技术	4	329	231	4	
虚拟现实技术应用	1	276	276	1	
人工智能技术应用	6	366	280	6	
婴幼儿托育服务与管理	7	350	248	2	5
大数据与会计	52	390	231	21	31
工商企业管理	1	287	287	1	
市场营销	4	366	266	4	
电子商务	2	308	287	2	
网络营销与直播电商	1	302	302	1	
现代物流管理	4	327	277	4	
旅游管理	1	229	229	1	
酒店管理与数字化运营	1	305	305	1	
运动健康指导	6	347	254	3	3
1982 炎黄职业技术学院	**62**			**35**	**27**
02专业组(不限)	**62**	**386**	**220**	**35**	**27**
休闲农业经营与管理	3	366	349		3
建筑装饰工程技术	3	365	315	1	2
建筑室内设计	3	361	345	1	2
建筑工程技术	1	351	351		1
工程造价	4	352	249	3	1
建设工程监理	1	285	285	1	
数控技术	6	377	251	3	3
机械制造及自动化	2	381	321	1	1
机电一体化技术	11	380	256	6	5
电气自动化技术	2	386	367	1	1
道路与桥梁工程技术	2	323	298	2	
空中乘务	2	366	234	2	
电子信息工程技术	2	381	284	1	1
计算机应用技术	1	323	323	1	
计算机网络技术	2	331	315	1	1
婴幼儿托育服务与管理	1	363	363		1
大数据与会计	11	384	288	7	4
电子商务	1	236	236	1	
旅游管理	1	358	358	1	
烹饪工艺与营养	3	356	220	2	1
1985 明达职业技术学院	**99**			**53**	**46**
02专业组(不限)	**99**	**390**	**226**	**53**	**46**
建筑工程技术	11	390	288	3	8
模具设计与制造	4	357	301	1	3
机电一体化技术	21	367	265	10	11
电气自动化技术	11	366	260	8	3
无人机应用技术	5	384	249	2	3

院校、专业组、专业名称	录取数	最高分	最低分	平行志愿	征求志愿
汽车制造与试验技术	1	343	343		1
高速铁路客运服务	10	363	226	4	6
空中乘务	2	337	274	2	
应用电子技术	1	378	378		1
计算机应用技术	6	354	329	6	
计算机网络技术	4	372	341	2	2
人工智能技术应用	1	285	285	1	
动漫制作技术	7	353	264	6	1
婴幼儿托育服务与管理	1	321	321		1
大数据与会计	9	387	286	4	5
市场营销	1	285	285	1	
现代物流管理	1	308	308	1	
广告艺术设计	3	345	277	2	1
1988 江海职业技术学院	**467**			**210**	**257**
03专业组(不限)	**437**	**429**	**226**	**180**	**257**
机电一体化技术	109	413	235	38	71
数控技术	24	402	256	8	16
汽车检测与维修技术	7	429	291	4	3
工业机器人技术	5	362	310	2	3
新能源汽车技术	24	390	258	9	15
飞机部件修理	5	358	268	4	1
电气自动化技术	44	412	226	19	25
无人机应用技术	7	399	258	3	4
计算机应用技术	24	392	272	5	19
应用电子技术	4	391	341	1	3
物联网应用技术	14	376	239	5	9
人工智能技术应用	3	355	255		3
建筑工程技术	5	350	233	3	2
工程造价	17	382	237	8	9
道路与桥梁工程技术	4	362	284	2	2
建筑消防技术	3	349	300	2	1
市场营销	5	366	277	2	3
现代物流管理	10	387	298	5	5
电子商务	9	346	251	4	5
大数据与会计	47	385	226	20	27
大数据与审计	9	367	269	2	7
旅游管理	3	362	338	3	
空中乘务	4	391	298	2	2
烹饪工艺与营养	7	374	300	5	2
高速铁路客运服务	19	400	301	13	6
西式烹饪工艺	3	352	316	2	1
建筑室内设计	11	380	244	6	5
婴幼儿托育服务与管理	2	352	339		2
智慧健康养老服务与管理	8	390	226	3	5
现代家政服务与管理	1	329	329		1
04专业组(不限)(分段培养项目)	**30**	**442**	**429**	**30**	
空中乘务(与常州工学院分段培养项目)	20	442	429	20	
旅游管理(与江苏理工学院分段培养	10	439	434	10	

院校、专业组、专业名称	录取数	最高分	最低分	平行志愿	征求志愿
项目)					
1989 扬州中瑞酒店职业学院	**44**			**28**	**16**
02专业组(不限)	**44**	**407**	**269**	**28**	**16**
酒店管理与数字化运营	5	378	321	4	1
西式烹饪工艺	8	383	269	7	1
烹饪工艺与营养	4	363	292	2	2
高速铁路客运服务	4	382	285	2	2
建设工程管理	3	407	353	2	1
工程造价	3	381	278	1	2
现代物业管理	1	354	354	1	
大数据与会计	5	384	315	2	3
大数据与财务管理	1	319	319		1
婴幼儿托育服务与管理	1	333	333	1	
计算机网络技术	2	340	312	2	
电子商务	4	350	306	1	3
软件技术	3	369	331	3	
1991 金山职业技术学院	**201**			**61**	**140**
02专业组(不限)	**201**	**410**	**226**	**61**	**140**
数控技术	17	387	230	8	9
机电一体化技术	39	388	240	12	27
工业机器人技术	7	390	228	1	6
电气自动化技术	21	400	266	4	17
无人机应用技术	7	355	265	1	6
新能源汽车技术	17	392	255	4	13
汽车电子技术	2	348	297	1	1
城市轨道交通运营管理	9	364	252	3	6
计算机网络技术	22	392	261	5	17
建筑室内设计	4	350	248	1	3
工程造价	7	350	259	5	2
建设工程管理	1	277	277	1	
数字媒体技术	5	353	311		5
民航运输服务	6	305	226	6	
大数据与会计	19	367	262	4	15
电子商务	2	356	312	1	1
现代物流管理	2	335	286	1	1
高速铁路客运服务	5	364	293	1	4
婴幼儿托育服务与管理	5	377	338		5
应用英语	4	410	324	2	2
1996 宿迁职业技术学院	**192**			**133**	**59**
02专业组(不限)	**192**	**450**	**225**	**133**	**59**
建筑装饰工程技术	20	408	242	14	6
智能产品开发与应用	9	364	257	6	3
计算机应用技术	30	431	225	27	3
计算机网络技术	20	376	250	7	13
软件技术	24	412	246	17	7
数字媒体技术	21	382	262	14	7
大数据技术	25	381	243	18	7
云计算技术应用	3	365	351	1	2
虚拟现实技术应用	3	321	303	2	1

院校、专业组、专业名称	录取数	最高分	最低分	平行志愿	征求志愿
人工智能技术应用	9	393	231	7	2
移动应用开发	1	376	376	1	
动漫制作技术	11	364	261	7	4
智能互联网络技术	7	450	348	6	1
网络营销与直播电商	9	385	289	6	3
1997 宿迁泽达职业技术学院	**61**			**35**	**26**
02专业组(不限)	**61**	**383**	**243**	**35**	**26**
建筑装饰工程技术	4	356	306		4
建筑工程技术	4	373	323	2	2
工程造价	5	361	262	3	2
动漫制作技术	5	374	293	3	2
物联网应用技术	1	362	362		1
软件技术	6	371	293	5	1
计算机应用技术	8	357	280	4	4
数控技术	3	358	324	1	2
机电一体化技术	10	383	243	4	6
无人机应用技术	2	283	266	2	
汽车检测与维修技术	4	359	248	4	
大数据与会计	3	383	277	3	
电子商务	2	333	320	1	1
人力资源管理	1	321	321		1
高速铁路客运服务	2	334	318	2	
旅游管理	1	324	324	1	
2132 上海出版印刷高等专科学校	**12**			**12**	
02专业组(不限)	**12**	**452**	**426**	**12**	
数字媒体技术	2	452	451	2	
人工智能技术应用	2	442	430	2	
移动应用开发	2	430	427	2	
大数据与会计	2	439	426	2	
文化产业经营与管理	2	431	427	2	
数字图文信息处理技术	2	430	427	2	
2134 上海旅游高等专科学校	**21**			**18**	**3**
02专业组(不限)	**21**	**452**	**390**	**18**	**3**
大数据与财务管理	3	422	414	3	
大数据与会计	2	429	422	2	
电子商务	3	434	409	3	
酒店管理与数字化运营	2	424	412	2	
葡萄酒文化与营销	2	409	402	1	1
全媒体广告策划与营销	2	422	421	2	
旅游英语	3	441	411	3	
应用韩语	2	408	390	1	1
应用西班牙语	2	452	395	1	1
2138 上海电子信息职业技术学院	**18**			**18**	
02专业组(不限)	**18**	**454**	**432**	**18**	
智能控制技术	3	445	439	3	
电子竞技运动与管理	3	439	434	3	
金融服务与管理	4	438	434	4	
大数据技术	2	454	443	2	
现代通信技术	4	435	432	4	

院校、专业组、专业名称	录取数	最高分	最低分	平行志愿	征求志愿
计算机网络技术	2	446	436	2	
2146 上海工艺美术职业学院	**7**			**7**	
02专业组(不限)	**7**	**455**	**425**	**7**	
文物修复与保护	2	430	425	2	
数字媒体技术	2	455	432	2	
虚拟现实技术应用	1	427	427	1	
宝玉石鉴定与加工	1	433	433	1	
风景园林设计	1	428	428	1	
2149 上海科学技术职业学院	**53**			**53**	
02专业组(不限)	**53**	**448**	**413**	**53**	
现代通信技术	2	428	418	2	
信息安全技术应用	6	432	421	6	
移动互联应用技术	2	418	415	2	
人工智能技术应用	3	433	420	3	
物联网应用技术	2	427	424	2	
汽车检测与维修技术	2	417	417	2	
智能网联汽车技术	4	420	414	4	
新能源汽车技术	1	448	448	1	
机电一体化技术	2	428	426	2	
机械制造及自动化	11	421	414	11	
工业机器人技术	1	413	413	1	
智能控制技术	4	417	413	4	
网络营销与直播电商	2	423	415	2	
跨境电子商务	1	417	417	1	
大数据与会计	7	423	413	7	
旅游管理	1	420	420	1	
社会工作	2	433	415	2	
2150 上海农林职业技术学院	**5**			**5**	
02专业组(不限)	**5**	**423**	**411**	**5**	
园艺技术	3	420	411	3	
宠物养护与驯导	2	423	414	2	
2154 上海交通职业技术学院	**28**			**27**	**1**
02专业组(不限)	**28**	**452**	**418**	**27**	**1**
城市轨道车辆应用技术	3	428	426	3	
城市轨道交通机电技术	3	429	422	3	
汽车检测与维修技术	3	447	418	3	
新能源汽车技术	5	452	420	5	
智能网联汽车技术	3	419	418	3	
城市燃气工程技术	3	426	421	3	
港口机械与智能控制	3	423	418	3	
大数据技术	5	441	418	4	1
2155 上海城建职业学院	**12**			**12**	
02专业组(不限)	**12**	**441**	**426**	**12**	
建筑工程技术	2	428	428	2	
安全技术与管理	2	432	427	2	
园林技术	2	428	427	2	
计算机应用技术	2	441	432	2	
建筑装饰工程技术	4	438	426	4	
2166 上海行健职业学院	**5**			**5**	

2023年普通类(物理等科目类)高职(专科)院校

院校、专业组、专业名称	录取数	最高分	最低分	平行志愿	征求志愿
02专业组(不限)	5	437	424	5	
计算机网络技术	3	427	424	3	
机电一体化技术	2	437	426	2	
2167 上海民航职业技术学院	44			44	
02专业组(不限)	44	454	428	44	
民航运输服务	4	443	434	4	
航空物流管理	4	451	433	4	
飞机机电设备维修	10	454	440	10	
飞机结构修理	5	440	432	5	
航空地面设备维修	4	434	429	4	
无人机应用技术	4	434	428	4	
飞行器数字化制造技术	5	445	431	5	
航空发动机装配调试技术	4	437	429	4	
航空复合材料成型与加工技术	4	430	428	4	
2170 上海现代化工职业学院	1			1	
02专业组(不限)	1	436	436	1	
数字化设计与制造技术	1	436	436	1	
2217 浙江经贸职业技术学院	8			8	
02专业组(不限)	8	437	425	8	
电子商务	1	434	434	1	
大数据与会计	1	435	435	1	
现代物流管理	1	430	430	1	
酒店管理与数字化运营	1	434	434	1	
食品检验检测技术	2	437	429	2	
食品营养与健康	2	426	425	2	
2226 浙江邮电职业技术学院	9			9	
02专业组(不限)	9	431	419	9	
现代通信技术	2	429	419	2	
现代移动通信技术	2	431	419	2	
智能产品开发与应用	2	422	419	2	
信息安全技术应用	2	430	420	2	
市场营销	1	420	420	1	
2238 浙江国际海运职业技术学院	6			6	
02专业组(不限)	6	414	406	6	
航海技术	4	412	406	4	
轮机工程技术	2	414	408	2	
2247 浙江交通职业技术学院	35			35	
02专业组(不限)(定向培养军士)	35	471	404	35	
轮机工程技术(水面舰艇人员合格)(海军)(只招男生)	15	471	407	15	
现代通信技术(水面舰艇人员合格)(海军)(只招男生)	5	416	409	5	
智能控制技术(水面舰艇人员合格)(海军)(只招男生)	5	438	407	5	
航海技术(水面舰艇人员合格)(武警部队)(只招男生)	5	438	413	5	
轮机工程技术(水面舰艇人员合格)(武警部队)(只招男生)	5	421	404	5	
2253 浙江金融职业学院	5			5	
02专业组(不限)	5	443	437	5	
金融服务与管理	2	442	442	2	
财富管理	2	440	437	2	
大数据与会计	1	443	443	1	
2260 浙江建设职业技术学院	5			5	
02专业组(不限)(定向培养军士)	5	439	429	5	
地籍测绘与土地管理(陆军)(只招男生)	5	439	429	5	
2314 安徽医学高等专科学校	30			30	
01专业组(不限)	10	442	397	10	
智能医疗装备技术	10	442	397	10	
02专业组(化学或生物)	20	431	393	20	
生物制药技术	20	431	393	20	
2315 安徽中医药高等专科学校	5			5	
02专业组(不限)	5	444	408	5	
药物制剂技术	2	444	443	2	
药品质量与安全	2	422	408	2	
药品经营与管理	1	409	409	1	
2317 安徽电气工程职业技术学院	5			5	
01专业组(不限)	5	461	418	5	
输配电工程技术	3	461	418	3	
发电运行技术	2	436	421	2	
2328 安徽商贸职业技术学院	8			8	
02专业组(不限)	8	390	378	8	
大数据与财务管理	2	390	385	2	
市场营销	2	387	379	2	
电子商务	2	382	378	2	
智能物流技术	2	385	381	2	
2329 安徽审计职业学院	5			5	
02专业组(不限)	5	452	419	5	
大数据与审计	2	432	426	2	
大数据与会计	3	452	419	3	
2334 淮南联合大学	3			3	
02专业组(不限)	3	460	393	3	
建筑室内设计	3	460	393	3	
2337 合肥通用职业技术学院	3			3	
02专业组(不限)	3	394	382	3	
安全技术与管理	1	394	394	1	
工业机器人技术	2	386	382	2	
2339 滁州职业技术学院	10			10	
02专业组(不限)	10	401	367	10	
光伏工程技术	10	401	367	10	
2344 安徽工业经济职业技术学院	5			5	
02专业组(不限)	5	434	396	5	
计算机网络技术	3	434	399	3	
大数据与会计	2	397	396	2	
2357 马鞍山职业技术学院	15			15	
02专业组(不限)	15	424	378	15	
工业机器人技术	4	397	385	4	
工程造价	4	395	379	4	

院校、专业组、专业名称	录取数	最高分	最低分	平行志愿	征求志愿
新能源汽车技术	3	424	382	3	
大数据与会计	2	395	392	2	
旅游管理	2	384	378	2	
2363 安徽冶金科技职业学院	**15**			**15**	
02专业组(不限)	**15**	**396**	**364**	**15**	
钢铁冶金设备维护	3	374	366	3	
钢铁智能冶金技术	2	396	374	2	
汽车制造与试验技术	2	389	375	2	
数控技术	1	382	382	1	
工业机器人技术	3	367	364	3	
电气自动化技术	4	381	371	4	
2365 合肥幼儿师范高等专科学校	**5**			**5**	
01专业组(不限)	**5**	**384**	**375**	**5**	
大数据技术	5	384	375	5	
2371 铜陵职业技术学院	**5**			**4**	**1**
02专业组(不限)	**5**	**404**	**363**	**4**	**1**
建筑工程技术	1	364	364	1	
机电一体化技术	1	379	379	1	
信息安全技术应用	1	376	376	1	
电子商务	1	404	404		1
动漫设计	1	363	363	1	
2376 淮南职业技术学院	**10**			**10**	
02专业组(不限)	**10**	**381**	**360**	**10**	
大数据与会计	5	381	366	5	
无人机应用技术	5	368	360	5	
2379 安徽粮食工程职业学院	**2**			**2**	
02专业组(不限)	**2**	**428**	**426**	**2**	
粮食储运与质量安全	2	428	426	2	
2382 合肥职业技术学院	**10**			**10**	
01专业组(不限)	**10**	**446**	**408**	**10**	
机电一体化技术	5	428	409	5	
新能源汽车技术	5	446	408	5	
2384 安徽卫生健康职业学院	**20**			**20**	
02专业组(不限)	**20**	**450**	**377**	**20**	
药品经营与管理	20	450	377	20	
2417 厦门海洋职业技术学院	**3**			**2**	**1**
01专业组(不限)	**3**	**437**	**404**	**2**	**1**
环境管理与评价	2	437	420	2	
国际商务	1	404	404		1
2436 泉州经贸职业技术学院	**30**			**30**	
02专业组(不限)	**30**	**440**	**353**	**30**	
软件技术	8	440	361	8	
大数据与会计	10	365	354	10	
市场营销	5	365	353	5	
电子商务	2	358	354	2	
现代物流管理	5	368	355	5	
2455 福州墨尔本理工职业学院	**4**			**4**	
02专业组(不限)(中外合作办学)	**4**	**417**	**360**	**4**	
计算机应用技术(中外合作办学)	3	417	360	3	
休闲服务与管理(中外合作办学)	1	363	363	1	
2502 华东交通大学	**10**			**10**	
09专业组(不限)	**10**	**520**	**451**	**10**	
铁道机车运用与维护	2	463	454	2	
铁道车辆技术	3	452	452	3	
铁道工程技术	3	452	451	3	
道路与桥梁工程技术	1	451	451	1	
铁道交通运营管理	1	520	520	1	
2518 江西制造职业技术学院	**10**			**10**	
01专业组(不限)	**10**	**392**	**373**	**10**	
数控技术	2	378	373	2	
机械制造及自动化	2	383	381	2	
模具设计与制造	2	382	378	2	
机电一体化技术	2	392	387	2	
新能源汽车技术	2	383	382	2	
2519 江西电力职业技术学院	**9**			**9**	
02专业组(不限)	**9**	**450**	**423**	**9**	
电力系统自动化技术	5	450	429	5	
发电厂及电力系统	4	431	423	4	
2520 江西信息应用职业技术学院	**1**			**1**	
02专业组(不限)(中外合作办学)	**1**	**407**	**407**	**1**	
大气科学技术(中外合作办学)	1	407	407	1	
2525 江西现代职业技术学院	**10**			**10**	
02专业组(不限)	**10**	**387**	**364**	**10**	
建筑工程技术	2	387	381	2	
工程造价	4	380	364	4	
计算机网络技术	4	384	365	4	
2533 江西应用技术职业学院	**2**			**2**	
02专业组(不限)	**2**	**400**	**398**	**2**	
工业机器人技术	2	400	398	2	
2545 赣州师范高等专科学校	**3**			**3**	
02专业组(不限)	**3**	**384**	**375**	**3**	
软件技术	1	381	381	1	
统计与会计核算	2	384	375	2	
2562 江西财经职业学院	**5**			**5**	
02专业组(不限)	**5**	**437**	**401**	**5**	
大数据与会计	3	437	411	3	
大数据与审计	2	412	401	2	
2563 九江职业技术学院	**9**			**9**	
02专业组(不限)	**9**	**435**	**398**	**9**	
数字化设计与制造技术	3	403	398	3	
电子信息工程技术	3	435	401	3	
工业机器人技术	1	403	403	1	
新能源汽车技术	2	404	401	2	
2564 江西建设职业技术学院	**20**			**20**	
02专业组(不限)	**20**	**393**	**356**	**20**	
工程测量技术	2	380	356	2	
建筑工程技术	5	393	368	5	
工程造价	5	392	360	5	

2023年普通类(物理等科目类)高职(专科)院校

院校、专业组、专业名称	录取数	最高分	最低分	平行志愿	征求志愿
建设工程管理	2	366	357	2	
市政工程技术	2	361	358	2	
道路与桥梁工程技术	4	365	356	4	
2565 江西交通职业技术学院	6			6	
02专业组(不限)	6	393	371	6	
道路与桥梁工程技术	4	386	371	4	
云计算技术应用	2	393	373	2	
2569 江西机电职业技术学院	20			20	
02专业组(不限)	20	396	359	20	
工业产品质量检测技术	4	380	360	4	
光伏工程技术	3	396	371	3	
智能控制技术	3	367	361	3	
物联网应用技术	10	384	359	10	
2576 江西工程职业学院	25			25	
02专业组(不限)	25	392	358	25	
工程造价	2	369	366	2	
建筑工程技术	2	364	362	2	
电子商务	5	366	360	5	
网络营销与直播电商	2	360	358	2	
大数据与会计	3	375	363	3	
大数据与财务管理	2	362	358	2	
软件技术	3	392	363	3	
计算机应用技术	3	386	362	3	
机电一体化技术	3	372	361	3	
2578 吉安职业技术学院	10			10	
02专业组(不限)	10	386	341	10	
研学旅行管理与服务	5	358	347	5	
民宿管理与运营	5	386	341	5	
2584 江西婺源茶业职业学院	8			8	
02专业组(不限)	8	376	355	8	
茶艺与茶文化	2	357	356	2	
茶叶生产与加工技术	2	358	355	2	
食品检验检测技术	2	376	360	2	
计算机网络技术	2	364	356	2	
2593 江西工业工程职业技术学院	16			16	
02专业组(不限)	16	383	366	16	
机械设计与制造	5	383	366	5	
机电一体化技术	10	381	366	10	
增材制造技术	1	371	371	1	
2594 江西工业贸易职业技术学院	7			7	
02专业组(不限)	7	389	363	7	
数字媒体技术	3	389	363	3	
软件技术	2	376	365	2	
计算机网络技术	2	377	363	2	
2597 江西农业工程职业学院	5			4	1
02专业组(不限)	5	428	393	4	1
中草药栽培与加工技术	2	394	393	2	
畜牧兽医	2	428	393	2	
电子商务	1	395	395		1
2618 山东胜利职业学院	93			89	4
02专业组(不限)	93	395	352	89	4
酒店管理与数字化运营	9	362	352	9	
烹饪工艺与营养	9	382	353	9	
中西面点工艺	8	394	353	5	3
石油工程技术	9	385	354	9	
油气储运技术	9	387	352	9	
环境工程技术	9	364	353	9	
油气智能开采技术	9	361	355	9	
工业互联网应用	3	365	353	3	
计算机应用技术	3	376	363	3	
物联网应用技术	3	374	364	3	
电气自动化技术	3	388	372	3	
现代物流管理	9	395	352	8	1
电子商务	5	365	357	5	
建筑工程技术	5	370	354	5	
2636 山东畜牧兽医职业学院	2			2	
02专业组(不限)	2	438	433	2	
畜牧兽医	2	438	433	2	
2639 东营职业学院	2			2	
02专业组(不限)	2	396	383	2	
工程造价	2	396	383	2	
2640 青岛港湾职业技术学院	3			3	
02专业组(不限)	3	421	411	3	
港口机械与智能控制	1	415	415	1	
机电一体化技术	2	421	411	2	
2644 聊城职业技术学院	3			3	
02专业组(不限)	3	414	401	3	
建筑工程技术	1	414	414	1	
大数据与会计	2	402	401	2	
2646 山东职业学院	34			34	
02专业组(不限)	28	464	418	28	
铁道机车运用与维护	20	464	418	20	
铁道车辆技术	5	439	425	5	
城市轨道车辆应用技术	3	437	423	3	
03专业组(不限)(中外合作办学)	6	407	370	6	
铁道供电技术(中外合作办学)	2	407	380	2	
铁道信号自动控制(中外合作办学)	3	401	370	3	
铁道工程技术(中外合作办学)	1	375	375	1	
2647 日照职业技术学院	5			5	
02专业组(不限)	5	407	404	5	
大数据与财务管理	1	404	404	1	
机电一体化技术	3	407	405	3	
工程造价	1	406	406	1	
2658 济南工程职业技术学院	5			5	
02专业组(不限)	5	436	389	5	
建筑工程技术	4	391	389	4	
大数据与会计	1	436	436	1	
2659 山东水利职业学院	18			18	

院校、专业组、专业名称	录取数	最高分	最低分	平行志愿	征求志愿
02专业组(不限)	**18**	**434**	**392**	**18**	
水利工程	12	434	392	12	
工程造价	1	395	395	1	
大数据与会计	2	393	392	2	
电气自动化技术	3	399	394	3	
2665 枣庄科技职业学院	**12**			**12**	
02专业组(不限)	**12**	**381**	**361**	**12**	
智能建造技术	5	377	362	5	
工业互联网应用	4	381	362	4	
人工智能技术应用	3	365	361	3	
2685 滨州职业学院	**10**			**10**	
02专业组(不限)(定向培养军士)	**10**	**419**	**398**	**10**	
航海技术(水面舰艇人员合格)(海军)(只招男生)	5	419	400	5	
轮机工程技术(水面舰艇人员合格)(海军)(只招男生)	5	400	398	5	
2719 威海海洋职业学院	**10**			**10**	
02专业组(不限)	**10**	**418**	**379**	**10**	
水产养殖技术	3	390	379	3	
药品生物技术	5	418	387	5	
药品经营与管理	2	387	385	2	
2756 山东化工职业学院	**7**			**7**	
02专业组(不限)	**7**	**402**	**381**	**7**	
应用化工技术	3	384	381	3	
机电一体化技术	3	402	384	3	
大数据与会计	1	389	389	1	
2758 潍坊工程职业学院	**15**			**15**	
01专业组(不限)(定向培养军士)	**15**	**426**	**416**	**15**	
机电一体化技术(陆军)(只招男生)	5	426	421	5	
汽车检测与维修技术(陆军)(只招男生)	10	421	416	10	
2759 山东信息职业技术学院	**27**			**27**	
03专业组(不限)	**16**	**408**	**361**	**16**	
信息安全技术应用	1	408	408	1	
软件技术	4	402	383	4	
动漫制作技术	1	381	381	1	
虚拟现实技术应用	2	372	364	2	
机电一体化技术	4	405	368	4	
智能控制技术	1	361	361	1	
城市轨道交通运营管理	2	378	369	2	
应用电子技术	1	378	378	1	
04专业组(不限)(定向培养军士)	**11**	**444**	**431**	**11**	
无人机应用技术(陆军)(只招男生)	5	440	436	5	
现代通信技术(陆军)(只招男生)	3	444	432	3	
电子信息工程技术(陆军)(只招男生)	3	437	431	3	
3168 北京工业职业技术学院	**3**			**3**	
02专业组(不限)	**3**	**445**	**440**	**3**	
工程测量技术	3	445	440	3	
3176 北京社会管理职业学院	**2**			**2**	
02专业组(不限)	**2**	**419**	**416**	**2**	

院校、专业组、专业名称	录取数	最高分	最低分	平行志愿	征求志愿
人力资源管理	2	419	416	2	
3205 中国民航大学	**1**			**1**	
06专业组(不限)	**1**	**284**	**284**	**1**	
民航空中安全保卫	1	284	284	1	
3220 天津商务职业学院	**9**			**9**	
02专业组(不限)	**9**	**452**	**396**	**9**	
国际经济与贸易	1	430	430	1	
国际商务	1	408	408	1	
关务与外贸服务	1	400	400	1	
港口与航运管理	1	396	396	1	
市场营销	1	403	403	1	
商务数据分析与应用	1	396	396	1	
金融类	3	452	408	3	
3224 天津市职业大学	**6**			**6**	
02专业组(不限)	**6**	**450**	**431**	**6**	
包装策划与设计	1	438	438	1	
现代通信技术	2	442	440	2	
电子信息工程技术	3	450	431	3	
3226 天津交通职业学院	**7**			**7**	
02专业组(不限)	**7**	**436**	**409**	**7**	
新能源汽车技术	2	436	420	2	
工业机器人技术	3	412	409	3	
城市轨道交通机电技术	2	415	415	2	
3227 天津轻工职业技术学院	**1**			**1**	
01专业组(不限)	**1**	**414**	**414**	**1**	
大数据与会计	1	414	414	1	
3231 天津公安警官职业学院	**5**			**5**	
02专业组(不限)	**5**	**418**	**414**	**5**	
信息安全技术应用(非公安类招生)	5	418	414	5	
3232 天津石油职业技术学院	**4**			**4**	
02专业组(不限)	**4**	**437**	**400**	**4**	
石油工程技术	2	437	407	2	
云计算技术应用	2	404	400	2	
3234 天津现代职业技术学院	**2**			**2**	
02专业组(不限)	**2**	**418**	**413**	**2**	
大数据技术	2	418	413	2	
3235 天津电子信息职业技术学院	**5**			**5**	
01专业组(不限)	**5**	**447**	**422**	**5**	
软件技术	5	447	422	5	
3237 天津海运职业学院	**6**			**6**	
02专业组(不限)	**6**	**425**	**383**	**6**	
航海技术	2	404	383	2	
轮机工程技术	4	425	383	4	
3238 天津铁道职业技术学院	**26**			**26**	
02专业组(不限)	**26**	**444**	**422**	**26**	
高速铁路施工与维护	2	433	430	2	
铁道信号自动控制	2	444	440	2	
城市轨道车辆应用技术	11	440	422	11	
城市轨道交通运营管理	11	444	422	11	

院校、专业组、专业名称	录取数	最高分	最低分	平行志愿	征求志愿
3239 天津城市职业学院	**2**			**2**	
01专业组(不限)	**2**	**400**	**399**	**2**	
云计算技术应用	1	399	399	1	
信息安全技术应用	1	400	400	1	
3241 天津国土资源和房屋职业学院	**2**			**2**	
02专业组(不限)	**2**	**393**	**387**	**2**	
建筑设备工程技术	2	393	387	2	
3243 天津工业职业学院	**10**			**10**	
02专业组(不限)	**10**	**409**	**388**	**10**	
钢铁智能冶金技术	1	391	391	1	
机械制造及自动化	5	409	391	5	
大数据技术	3	392	388	3	
智能互联网络技术	1	394	394	1	
3244 天津城市建设管理职业技术学院	**4**			**4**	
02专业组(不限)	**4**	**386**	**373**	**4**	
建筑工程技术	4	386	373	4	
3309 石家庄邮电职业技术学院	**25**			**25**	
11专业组(不限)	**3**	**473**	**457**	**3**	
机电一体化技术(邮政装备智能化方向)(面向南京地区就业)	2	473	461	2	
邮政快递智能技术(面向南京地区就业)	1	457	457	1	
12专业组(不限)	**3**	**456**	**454**	**3**	
电子商务类(跨境电子商务)(面向徐州地区就业)	1	456	456	1	
机电一体化技术(邮政装备智能化方向)(面向徐州地区就业)	1	454	454	1	
邮政快递运营管理(面向徐州地区就业)	1	456	456	1	
13专业组(不限)	**1**	**458**	**458**	**1**	
物流类[现代物流管理(仓储运营管理方向)(面向常州地区就业)]	1	458	458	1	
14专业组(不限)	**1**	**455**	**455**	**1**	
机电一体化技术(邮政装备智能化方向)(面向苏州地区就业)	1	455	455	1	
15专业组(不限)	**2**	**457**	**455**	**2**	
机电一体化技术(邮政装备智能化方向)(面向南通地区就业)	1	457	457	1	
邮政快递运营管理(面向南通地区就业)	1	455	455	1	
16专业组(不限)	**3**	**452**	**452**	**3**	
电子商务类(跨境电子商务)(面向连云港地区就业)	1	452	452	1	
金融类[金融服务与管理(邮政金融方向)(面向连云港地区就业)]	1	452	452	1	
物流类(现代物流管理)(面向连云港地区就业)	1	452	452	1	
17专业组(不限)	**2**	**456**	**452**	**2**	
邮政快递运营管理(面向淮安地区就业)	1	452	452	1	
邮政快递智能技术(面向淮安地区就业)	1	456	456	1	
18专业组(不限)	**1**	**461**	**461**	**1**	
金融类[金融服务与管理(邮政金融方向)(面向盐城地区就业)]	1	461	461	1	
19专业组(不限)	**1**	**453**	**453**	**1**	
机电一体化技术(邮政装备智能化方向)(面向扬州地区就业)	1	453	453	1	
20专业组(不限)	**1**	**452**	**452**	**1**	
物流类(现代物流管理)(面向镇江地区就业)	1	452	452	1	
21专业组(不限)	**2**	**457**	**452**	**2**	
物流类[现代物流管理(仓储运营管理方向)(面向泰州地区就业)]	1	452	452	1	
邮政快递运营管理(面向泰州地区就业)	1	457	457	1	
22专业组(不限)	**5**	**489**	**452**	**5**	
市场营销(数字营销方向)(面向宿迁地区就业)	1	460	460	1	
电子商务类(网络营销与直播电商)(面向宿迁地区就业)	1	452	452	1	
金融类[金融服务与管理(邮政金融方向)(面向宿迁地区就业)]	1	489	489	1	
邮政快递运营管理(面向宿迁地区就业)	1	452	452	1	
邮政快递智能技术(面向宿迁地区就业)	1	458	458	1	
3323 秦皇岛职业技术学院	**8**			**8**	
01专业组(不限)	**8**	**403**	**376**	**8**	
电气自动化技术	8	403	376	8	
3329 河北交通职业技术学院	**9**			**9**	
02专业组(不限)	**9**	**400**	**384**	**9**	
汽车制造与试验技术	2	390	388	2	
汽车电子技术	2	388	387	2	
汽车检测与维修技术	2	400	399	2	
机电一体化技术	3	387	384	3	
3330 河北对外经贸职业学院	**8**			**8**	
02专业组(不限)	**8**	**389**	**318**	**8**	
会展策划与管理	2	360	350	2	
融媒体技术与运营	2	357	339	2	
应用韩语	2	354	318	2	
应用日语	2	389	361	2	
3354 河北轨道运输职业技术学院	**15**			**15**	
02专业组(不限)	**15**	**446**	**395**	**15**	
铁道交通运营管理	3	418	402	3	
铁道信号自动控制	3	446	397	3	
高速铁路综合维修技术	5	400	395	5	
铁道机车运用与维护	2	403	399	2	

2023年普通类(物理等科目类)高职(专科)院校

院校、专业组、专业名称	录取数	最高分	最低分	平行志愿	征求志愿
铁道供电技术	2	399	395	2	
3355 廊坊职业技术学院	**8**			**8**	
02专业组(不限)	8	386	368	8	
大数据与会计	4	386	372	4	
电气自动化技术	4	380	368	4	
3360 石家庄铁路职业技术学院	**12**			**12**	
02专业组(不限)	12	446	415	12	
现代通信技术	3	425	419	3	
人工智能技术应用	3	430	415	3	
电气自动化技术	3	446	415	3	
动车组检修技术	3	426	421	3	
3376 河北化工医药职业技术学院	**6**			**6**	
02专业组(不限)	6	430	362	6	
化工技术类	2	368	364	2	
化妆品经营与管理	2	430	367	2	
自动化类	2	362	362	2	
3379 河北科技工程职业技术大学	**10**			**10**	
03专业组(不限)	10	424	390	10	
机械设计与制造	4	421	390	4	
大数据技术	3	424	393	3	
移动互联应用技术	3	404	396	3	
3380 河北工业职业技术大学	**5**			**5**	
04专业组(不限)	5	433	390	5	
金属材料检测技术	1	404	404	1	
机械设计制造类	1	422	422	1	
市场营销	2	396	390	2	
物联网应用技术	1	433	433	1	
3425 山西职业技术学院	**9**			**9**	
02专业组(不限)	9	386	369	9	
大数据与会计	4	386	371	4	
建筑室内设计	1	384	384	1	
大数据技术	2	385	369	2	
工程造价	2	381	377	2	
3435 临汾职业技术学院	**5**			**5**	
02专业组(不限)	5	366	357	5	
计算机应用技术	4	364	357	4	
动漫设计	1	366	366	1	
3518 包头铁道职业技术学院	**5**			**5**	
01专业组(不限)	5	398	373	5	
高速铁路施工与维护	5	398	373	5	
3519 赤峰工业职业技术学院	**6**			**6**	
02专业组(不限)	6	417	279	6	
大数据与财务管理	3	417	303	3	
动漫制作技术	3	317	279	3	
4155 渤海船舶职业学院	**25**			**25**	
01专业组(不限)	5	403	378	5	
船舶工程技术	5	403	378	5	
02专业组(不限)(定向培养军士)	20	443	390	20	
轮机工程技术(水面舰艇人员合格)(海军)(只招男生)	10	443	392	10	
船舶电气工程技术(水面舰艇人员合格)(海军)(只招男生)	10	413	390	10	
4218 吉林工业职业技术学院	**1**			**1**	
02专业组(不限)	1	407	407	1	
机械设计与制造	1	407	407	1	
4221 长春金融高等专科学校	**7**			**7**	
02专业组(不限)	7	445	380	7	
金融服务与管理	2	445	397	2	
国际金融	1	390	390	1	
财富管理	1	380	380	1	
大数据与会计	1	404	404	1	
大数据与财务管理	2	384	381	2	
4244 吉林司法警官职业学院	**5**			**5**	
02专业组(不限)	5	405	382	5	
建筑消防技术(非公安类招生)	5	405	382	5	
4245 吉林电子信息职业技术学院	**1**			**1**	
02专业组(不限)	1	387	387	1	
大数据技术	1	387	387	1	
4247 白城职业技术学院	**2**			**2**	
01专业组(不限)	2	369	355	2	
新能源汽车技术	2	369	355	2	
4286 长春医学高等专科学校	**1**			**1**	
02专业组(不限)	1	398	398	1	
药物制剂技术	1	398	398	1	
4316 哈尔滨电力职业技术学院	**15**			**14**	**1**
01专业组(不限)	15	449	404	14	1
发电运行技术	2	449	422	2	
热能动力工程技术	2	409	405	2	
生物质能应用技术	2	420	404	1	1
发电厂及电力系统	3	412	405	3	
电力系统继电保护技术	2	412	410	2	
供用电技术	2	411	407	2	
光伏工程技术	2	414	409	2	
4317 哈尔滨铁道职业技术学院	**10**			**10**	
02专业组(不限)	10	446	403	10	
高速铁路施工与维护	5	446	403	5	
铁道信号自动控制	5	416	404	5	
4320 黑龙江建筑职业技术学院	**10**			**10**	
02专业组(不限)	10	383	357	10	
建筑工程技术	3	370	357	3	
道路与桥梁工程技术	1	383	383	1	
建筑设计	2	359	357	2	
建筑室内设计	1	365	365	1	
工程造价	1	364	364	1	
大数据与会计	2	367	365	2	
4328 黑龙江交通职业技术学院	**15**			**15**	
02专业组(不限)	15	411	374	15	
铁道工程技术	2	411	391	2	

院校、专业组、专业名称	录取数	最高分	最低分	平行志愿	征求志愿
铁道机车运用与维护	6	393	376	6	
铁道车辆技术	3	388	383	3	
铁道供电技术	2	385	379	2	
铁道交通运营管理	2	374	374	2	
4334 大兴安岭职业学院	**13**			**13**	
02专业组(不限)	**8**	**373**	**349**	**8**	
计算机网络技术	5	373	357	5	
电子商务	3	356	349	3	
03专业组(化学)	**5**	**345**	**312**	**5**	
飞机机电设备维修	5	345	312	5	
4338 黑龙江农业工程职业学院	**10**			**10**	
02专业组(不限)	**10**	**419**	**347**	**10**	
工业机器人技术	5	419	353	5	
数字媒体技术	5	352	347	5	
5108 郑州电力高等专科学校	**10**			**10**	
01专业组(不限)	**10**	**451**	**437**	**10**	
电力系统自动化技术	5	451	443	5	
电力系统继电保护技术	5	448	437	5	
5116 郑州铁路职业技术学院	**5**			**5**	
02专业组(不限)	**5**	**455**	**435**	**5**	
城市轨道交通供配电技术	5	455	435	5	
5121 济源职业技术学院	**3**			**3**	
02专业组(不限)	**3**	**377**	**368**	**3**	
新能源汽车技术	3	377	368	3	
5135 周口职业技术学院	**3**			**3**	
02专业组(不限)	**3**	**351**	**338**	**3**	
港口与航道工程技术	3	351	338	3	
5166 河南交通职业技术学院	**10**			**10**	
01专业组(不限)(定向培养军士)	**10**	**452**	**431**	**10**	
计算机网络技术(军委国防动员部)(只招男生)	10	452	431	10	
5169 河南测绘职业学院	**4**			**4**	
02专业组(不限)	**4**	**410**	**368**	**4**	
测绘地理信息技术	2	410	370	2	
国土资源调查与管理	2	369	368	2	
5189 永城职业学院	**3**			**3**	
02专业组(不限)	**3**	**428**	**404**	**3**	
计算机网络技术	3	428	404	3	
5194 信阳职业技术学院	**10**			**10**	
02专业组(不限)	**10**	**436**	**355**	**10**	
智能机电技术	5	436	369	5	
新能源汽车技术	5	394	355	5	
5224 湖北国土资源职业学院	**5**			**5**	
02专业组(不限)	**5**	**408**	**398**	**5**	
水文与工程地质	3	408	398	3	
工程造价	2	408	408	2	
5225 汉江师范学院	**11**			**11**	
05专业组(不限)	**11**	**433**	**405**	**11**	
旅游管理	3	409	405	3	
大数据与会计	4	433	419	4	
电子商务	4	430	406	4	
5227 武汉船舶职业技术学院	**28**			**28**	
03专业组(不限)	**24**	**435**	**397**	**24**	
机械设计与制造	2	435	412	2	
工业机器人技术	2	408	405	2	
船舶工程技术	2	417	413	2	
机电一体化技术	2	416	402	2	
电气自动化技术	2	404	401	2	
船舶电气工程技术	2	409	403	2	
现代通信技术	2	405	401	2	
大数据与会计	2	397	397	2	
建筑工程技术	2	401	398	2	
工程造价	2	410	400	2	
软件技术	2	399	398	2	
大数据技术	2	406	397	2	
04专业组(不限)(定向培养军士)	**4**	**409**	**399**	**4**	
轮机工程技术(水面舰艇人员合格)(武警部队)(只招男生)	2	409	399	2	
船舶电子电气技术(水面舰艇人员合格)(武警部队)(只招男生)	2	406	403	2	
5231 武汉工程职业技术学院	**18**			**18**	
02专业组(不限)	**18**	**406**	**386**	**18**	
机械制造及自动化	4	399	392	4	
机电一体化技术	3	406	389	3	
智能控制技术	3	387	386	3	
电气自动化技术	3	406	389	3	
汽车制造与试验技术	1	388	388	1	
新能源汽车技术	2	399	388	2	
大数据与会计	2	401	386	2	
5232 湖北生态工程职业技术学院	**5**			**5**	
02专业组(不限)	**5**	**386**	**373**	**5**	
园林技术	3	381	373	3	
云计算技术应用	2	386	377	2	
5233 武汉航海职业技术学院	**12**			**12**	
02专业组(不限)	**12**	**401**	**380**	**12**	
航海技术	3	401	393	3	
轮机工程技术	3	386	382	3	
船舶工程技术	6	394	380	6	
5234 湖北城市建设职业技术学院	**12**			**12**	
02专业组(不限)	**12**	**419**	**373**	**12**	
装配式建筑工程技术	3	392	373	3	
智能建造技术	5	394	374	5	
摄影测量与遥感技术	1	381	381	1	
道路与桥梁工程技术	3	419	383	3	
5236 武汉交通职业学院	**36**			**35**	**1**
04专业组(不限)	**15**	**407**	**385**	**15**	
船舶工程技术	3	407	397	3	
船舶动力工程技术	3	394	391	3	

院校、专业组、专业名称	录取数	最高分	最低分	平行志愿	征求志愿
港口与航运管理	3	392	385	3	
汽车智能技术	4	398	386	4	
大数据与会计	2	387	386	2	
05专业组(不限)(定向培养军士)	**12**	**456**	**424**	**11**	**1**
现代通信技术(战略支援部队)(只招男生)	3	456	434	3	
计算机网络技术(联勤保障部队)(只招男生)	3	434	427	3	
现代物流管理(联勤保障部队)(只招男生)	3	425	424	2	1
无人机应用技术(联勤保障部队)(只招男生)	3	430	428	3	
06专业组(不限)(定向培养军士)	**9**	**418**	**399**	**9**	
轮机工程技术(水面舰艇人员合格)(陆军)(只招男生)	3	412	407	3	
船舶电子电气技术(水面舰艇人员合格)(陆军)(只招男生)	3	418	403	3	
航海技术(水面舰艇人员合格)(陆军)(只招男生)	3	401	399	3	
5237 湖北水利水电职业技术学院	**13**			**13**	
02专业组(不限)	**13**	**427**	**385**	**13**	
光伏工程技术	5	427	386	5	
水利水电建筑工程	3	395	386	3	
工业机器人技术	2	394	387	2	
大数据技术	3	392	385	3	
5246 湖北交通职业技术学院	**24**			**24**	
04专业组(不限)	**17**	**420**	**370**	**17**	
航空装备类	4	401	380	4	
大数据技术	6	420	370	6	
跨境电子商务	2	390	371	2	
物流类	2	400	372	2	
建筑工程技术	2	378	374	2	
供热通风与空调工程技术	1	375	375	1	
05专业组(不限)(定向培养军士)	**3**	**437**	**421**	**3**	
航海技术(空军)(只招男生)	3	437	421	3	
06专业组(不限)(定向培养军士)	**4**	**421**	**401**	**4**	
航海技术(水面舰艇人员合格)(武警部队)(只招男生)	4	421	401	4	
5252 武汉铁路职业技术学院	**35**			**35**	
02专业组(不限)	**35**	**456**	**430**	**35**	
城市轨道交通运营管理	3	449	442	3	
现代物流管理	1	431	431	1	
铁路物流管理	1	450	450	1	
动车组检修技术	1	456	456	1	
铁道车辆技术	2	454	447	2	
城市轨道车辆应用技术	1	446	446	1	
铁道信号自动控制	3	448	445	3	
城市轨道交通通信信号技术	1	443	443	1	
现代通信技术	2	442	432	2	

院校、专业组、专业名称	录取数	最高分	最低分	平行志愿	征求志愿
轨道交通通信信号设备制造与维护	1	438	438	1	
城市轨道交通供配电技术	2	441	440	2	
高速铁路综合维修技术	1	448	448	1	
铁道工程技术	4	446	435	4	
测绘工程技术	1	441	441	1	
软件技术	1	455	455	1	
电气自动化技术	2	444	444	2	
智能控制技术	3	440	431	3	
工业互联网应用	1	433	433	1	
大数据与会计	2	433	433	2	
金融科技应用	1	431	431	1	
商务数据分析与应用	1	430	430	1	
5253 恩施职业技术学院	**50**			**50**	
03专业组(不限)	**50**	**367**	**339**	**50**	
机械制造及自动化	10	365	353	10	
工业机器人技术	10	367	341	10	
新能源汽车技术	10	358	341	10	
信息安全技术应用	10	363	345	10	
大数据与会计	10	361	339	10	
5259 长江工程职业技术学院	**8**			**8**	
02专业组(不限)	**8**	**389**	**371**	**8**	
智慧水利技术	4	388	371	4	
软件技术	2	389	379	2	
工业机器人技术	2	385	373	2	
5266 三峡电力职业学院	**16**			**16**	
02专业组(不限)	**16**	**428**	**413**	**16**	
工程造价	4	415	413	4	
电力系统继电保护技术	5	424	417	5	
电力系统自动化技术	4	426	416	4	
机电一体化技术	3	428	416	3	
5272 武汉城市职业学院	**2**			**2**	
02专业组(不限)	**2**	**391**	**386**	**2**	
融媒体技术与运营	2	391	386	2	
5273 武汉警官职业学院	**14**			**14**	
02专业组(不限)	**14**	**436**	**395**	**14**	
应急救援技术(非公安类招生)	1	413	413	1	
消防救援技术(非公安类招生)	1	398	398	1	
物联网应用技术(非公安类招生)	1	396	396	1	
计算机应用技术(非公安类招生)	2	403	401	2	
计算机网络技术(非公安类招生)	2	408	404	2	
软件技术(非公安类招生)	2	400	397	2	
大数据技术(非公安类招生)	2	398	397	2	
信息安全技术应用(非公安类招生)	2	436	410	2	
区块链技术应用(非公安类招生)	1	395	395	1	
5283 湖北铁道运输职业学院	**55**			**55**	
02专业组(不限)	**55**	**456**	**388**	**55**	
机电一体化技术	8	404	388	8	
城市轨道交通供配电技术	12	429	389	12	
城市轨道车辆应用技术	14	456	389	14	

院校、专业组、专业名称	录取数	最高分	最低分	平行志愿	征求志愿
铁道机车运用与维护	10	404	388	10	
城市轨道交通运营管理	11	429	390	11	
5284 荆州理工职业学院	**5**			**5**	
02专业组(不限)	**5**	**357**	**345**	**5**	
大数据技术	3	350	345	3	
中小企业创业与经营	2	357	351	2	
5286 咸宁职业技术学院	**5**			**5**	
02专业组(不限)	**5**	**392**	**351**	**5**	
农产品加工与质量检测	1	380	380	1	
智能建造技术	2	392	351	2	
酒店管理与数字化运营	2	372	361	2	
5288 武汉铁路桥梁职业学院	**13**			**13**	
02专业组(不限)	**13**	**439**	**377**	**13**	
铁道桥梁隧道工程技术	2	413	385	2	
道路与桥梁工程技术	1	439	439	1	
建筑工程技术	2	393	384	2	
道路工程检测技术	4	381	377	4	
建设工程管理	2	379	378	2	
机电设备技术	2	379	377	2	
5291 襄阳职业技术学院	**5**			**5**	
02专业组(不限)	**5**	**428**	**404**	**5**	
建筑工程技术	2	408	404	2	
人工智能技术应用	3	428	404	3	
5298 仙桃职业学院	**5**			**5**	
01专业组(不限)	**5**	**401**	**386**	**5**	
工业机器人技术	2	395	386	2	
物联网应用技术	3	401	393	3	
5311 长沙航空职业技术学院	**20**			**20**	
02专业组(不限)(定向培养军士)	**20**	**445**	**422**	**20**	
航空发动机维修技术(陆军)(只招男生)	10	445	424	10	
无人机应用技术(陆军)(只招男生)	7	440	422	7	
无人机应用技术(武警)(只招男生)	3	431	427	3	
5312 长沙民政职业技术学院	**9**			**8**	**1**
02专业组(不限)	**9**	**471**	**421**	**8**	**1**
物联网应用技术	1	436	436	1	
应用电子技术	1	437	437	1	
计算机网络技术	2	448	427	2	
社会工作	1	450	450	1	
人力资源管理	1	440	440	1	
婚庆服务与管理	1	439	439	1	
现代殡葬技术与管理	1	471	471	1	
机电一体化技术	1	421	421		1
5313 湖南大众传媒职业技术学院	**4**			**4**	
02专业组(不限)	**4**	**423**	**411**	**4**	
数字媒体技术	2	423	419	2	
移动互联应用技术	2	416	411	2	
5317 湖南城建职业技术学院	**2**			**2**	
02专业组(不限)	**2**	**380**	**371**	**2**	
建筑工程技术	2	380	371	2	
5318 湖南邮电职业技术学院	**2**			**2**	
02专业组(不限)	**2**	**419**	**403**	**2**	
现代通信技术	2	419	403	2	
5319 湖南工业职业技术学院	**5**			**5**	
02专业组(不限)	**5**	**430**	**388**	**5**	
工业产品质量检测技术	2	392	390	2	
软件技术	3	430	388	3	
5333 湖南高速铁路职业技术学院	**22**			**22**	
02专业组(不限)	**22**	**454**	**400**	**22**	
铁道工程技术	4	440	429	4	
城市轨道交通工程技术	2	407	401	2	
铁道桥梁隧道工程技术	2	402	401	2	
铁道交通运营管理	3	413	402	3	
城市轨道交通运营管理	3	437	409	3	
铁道信号自动控制	1	427	427	1	
城市轨道交通通信信号技术	2	402	400	2	
铁道通信与信息化技术	1	417	417	1	
铁道供电技术	2	454	408	2	
动车组检修技术	2	415	414	2	
5353 湖南石油化工职业技术学院	**3**			**3**	
02专业组(不限)	**3**	**436**	**379**	**3**	
石油化工技术	3	436	379	3	
5356 张家界航空工业职业技术学院	**12**			**12**	
03专业组(不限)	**6**	**414**	**396**	**6**	
飞机电子设备维修	5	414	398	5	
飞机机载设备装配调试技术	1	396	396	1	
04专业组(不限)(定向培养军士)	**6**	**452**	**419**	**6**	
飞机电子设备维修(海军)(只招男生)	6	452	419	6	
5360 湖南安全技术职业学院	**4**			**4**	
02专业组(不限)	**4**	**403**	**383**	**4**	
计算机网络技术	4	403	383	4	
5366 湖南铁路科技职业技术学院	**12**			**12**	
02专业组(不限)	**12**	**444**	**397**	**12**	
城市轨道车辆应用技术	6	408	397	6	
城市轨道交通运营管理	2	403	402	2	
铁道信号自动控制	2	444	413	2	
城市轨道交通通信信号技术	2	405	405	2	
5367 湖南国防工业职业技术学院	**10**			**10**	
03专业组(不限)	**5**	**393**	**374**	**5**	
机械制造及自动化	5	393	374	5	
04专业组(不限)(定向培养军士)	**5**	**417**	**414**	**5**	
无人机应用技术(陆军)(只招男生)	5	417	414	5	
5372 湖南体育职业学院	**10**			**10**	
02专业组(不限)(定向培养军士)	**10**	**419**	**405**	**10**	
运动训练(武警部队)(只招男生)	10	419	405	10	
5378 湖南化工职业技术学院	**10**			**10**	
02专业组(不限)	**10**	**395**	**388**	**10**	
高分子材料智能制造技术	1	392	392	1	
应用化工技术	1	392	392	1	

2023年普通类(物理等科目类)高职(专科)院校

院校、专业组、专业名称	录取数	最高分	最低分	平行志愿	征求志愿
分析检验技术	2	392	388	2	
机械制造及自动化	2	389	388	2	
机电一体化技术	2	395	394	2	
电气自动化技术	2	393	393	2	
5392 湖南交通职业技术学院	6			6	
02专业组(不限)	6	445	377	6	
工程造价	2	445	435	2	
城市轨道交通运营管理	4	401	377	4	
5394 湖南铁道职业技术学院	13			12	1
02专业组(不限)	13	435	400	12	1
移动互联应用技术	1	413	413	1	
人工智能技术应用	1	400	400	1	
电子商务	1	410	410		1
动车组检修技术	5	415	402	5	
铁道机车运用与维护	5	435	404	5	
5395 湖南工程职业技术学院	5			5	
02专业组(不限)	5	379	366	5	
工程测量技术	1	379	379	1	
钻探工程技术	1	366	366	1	
岩土工程技术	1	371	371	1	
工程造价	1	372	372	1	
大数据与会计	1	369	369	1	
5415 广州民航职业技术学院	14			14	
02专业组(不限)	8	455	431	8	
飞机机电设备维修	2	441	438	2	
飞机部件修理	1	451	451	1	
民航运输服务	1	431	431	1	
无人机应用技术	1	433	433	1	
电子信息工程技术	1	455	455	1	
计算机应用技术	1	434	434	1	
通用航空航务技术	1	438	438	1	
03专业组(不限)(中外合作办学)	6	448	416	6	
飞机机电设备维修(中外合作办学)	3	448	435	3	
飞机结构修理(中外合作办学)	2	440	416	2	
飞机电子设备维修(中外合作办学)	1	418	418	1	
5474 广州铁路职业技术学院	20			20	
01专业组(不限)	20	426	405	20	
铁道运输类	5	426	414	5	
电气自动化技术	5	420	405	5	
道路与桥梁工程技术	5	413	405	5	
计算机类	5	414	406	5	
5475 江门职业技术学院	8			8	
02专业组(不限)	8	399	369	8	
高分子材料智能制造技术	1	371	371	1	
数字化染整技术	1	369	369	1	
食品检验检测技术	1	383	383	1	
大数据技术	1	399	399	1	
电气自动化技术	1	378	378	1	
物联网应用技术	1	374	374	1	
机械设计与制造	1	383	383	1	
机电一体化技术	1	388	388	1	
5483 广州科技贸易职业学院	2			2	
02专业组(不限)	2	399	374	2	
现代物流管理	1	374	374	1	
大数据与财务管理	1	399	399	1	
5512 桂林理工大学	19			19	
08专业组(不限)	19	454	434	19	
建筑智能化工程技术	4	454	435	4	
电气自动化技术	4	443	437	4	
应用化工技术	4	441	434	4	
大数据技术	3	451	435	3	
现代通信技术	4	435	434	4	
5521 桂林航天工业学院	4			4	
04专业组(不限)	4	440	431	4	
汽车检测与维修技术	2	433	431	2	
无人机应用技术	2	440	435	2	
5526 广西机电职业技术学院	14			13	1
02专业组(不限)	14	392	341	13	1
机电设备技术	3	384	366	3	
工业机器人技术	3	363	350	3	
计算机应用技术	5	357	341	5	
电子商务	3	392	341	2	1
5528 柳州铁道职业技术学院	12			12	
02专业组(化学或生物)	12	441	381	12	
城市轨道车辆应用技术	3	396	393	3	
城市轨道交通通信信号技术	3	441	382	3	
城市轨道交通运营管理	3	393	381	3	
铁道机车运用与维护	3	398	394	3	
5537 广西电力职业技术学院	3			3	
02专业组(不限)	3	384	370	3	
计算机应用技术	3	384	370	3	
5541 广西建设职业技术学院	3			3	
02专业组(不限)	3	372	329	3	
工程造价	3	372	329	3	
5613 海南软件职业技术学院	10			10	
02专业组(不限)	10	392	356	10	
软件技术	6	384	356	6	
数字媒体艺术设计	2	392	359	2	
大数据与会计	1	358	358	1	
汽车制造与试验技术	1	382	382	1	
5614 海南经贸职业技术学院	14			14	
02专业组(不限)	14	397	362	14	
大数据与财务管理	2	384	380	2	
电子商务	4	397	362	4	
计算机网络技术	1	392	392	1	
数字媒体技术	1	390	390	1	
软件技术	1	383	383	1	
机电一体化技术	1	384	384	1	

院校、专业组、专业名称	录取数	最高分	最低分	平行志愿	征求志愿
电气自动化技术	1	369	369	1	
新能源汽车技术	1	365	365	1	
商务英语	2	368	363	2	
5631 海南职业技术学院	10			10	
02专业组(不限)	10	375	345	10	
工程造价	5	357	346	5	
计算机网络技术	2	358	348	2	
港口与航运管理	2	375	345	2	
现代物流管理	1	354	354	1	
6125 四川交通职业技术学院	1			1	
02专业组(不限)	1	441	441	1	
大数据与会计	1	441	441	1	
6126 四川建筑职业技术学院	5			5	
02专业组(化学或地理)	5	429	407	5	
建筑工程技术	5	429	407	5	
6135 四川工程职业技术学院	2			1	1
02专业组(不限)	2	440	405	1	1
机电一体化技术	1	440	440	1	
城市轨道交通机电技术	1	405	405		1
6138 成都航空职业技术学院	4			4	
01专业组(不限)	4	456	442	4	
电气自动化技术	2	456	442	2	
飞机机电设备维修	2	456	448	2	
6146 四川航天职业技术学院	2			2	
02专业组(不限)	2	420	404	2	
飞行器数字化制造技术	2	420	404	2	
6152 泸州职业技术学院	5			5	
01专业组(生物)	5	396	310	5	
酿酒技术	5	396	310	5	
6188 四川文化产业职业学院	5			5	
01专业组(不限)	5	439	364	5	
移动商务	5	439	364	5	
6189 资阳环境科技职业学院	17			17	
02专业组(不限)	17	386	273	17	
环境工程技术	2	343	295	2	
建筑消防技术	1	283	283	1	
宠物医疗技术	12	386	273	12	
大数据与会计	2	336	281	2	
6216 重庆三峡医药高等专科学校	4			4	
02专业组(不限)	4	446	430	4	
智能医疗装备技术	2	446	443	2	
食品检验检测技术	2	432	430	2	
6225 重庆城市管理职业学院	1			1	
02专业组(不限)	1	442	442	1	
现代殡葬技术与管理	1	442	442	1	
6228 重庆电子工程职业学院	20			20	
02专业组(不限)	20	451	405	20	
建设工程管理类	5	422	408	5	
自动化类	5	425	412	5	
航空装备类	5	422	405	5	
电子信息类	5	451	425	5	
6234 重庆工程职业技术学院	6			6	
01专业组(不限)	6	443	415	6	
机电一体化技术	2	426	415	2	
计算机类	2	443	427	2	
药品质量与安全	2	432	425	2	
6237 重庆水利电力职业技术学院	5			5	
02专业组(不限)	5	433	415	5	
水利水电建筑工程	5	433	415	5	
6239 重庆电力高等专科学校	15			14	1
02专业组(不限)	15	455	406	14	1
发电厂及电力系统	5	455	438	5	
电力系统继电保护技术	5	451	431	5	
工业互联网应用	5	431	406	4	1
6322 遵义职业技术学院	3			3	
02专业组(不限)	3	366	356	3	
人工智能技术应用	3	366	356	3	
6433 云南工商学院	23			9	14
02专业组(不限)	23	402	232	9	14
机电一体化技术	19	402	265	8	11
电子商务	4	381	232	1	3
6504 西藏职业技术学院	15			14	1
02专业组(不限)	15	412	312	14	1
园艺技术	5	346	328	5	
工程造价	5	390	312	4	1
导游	5	412	328	5	
7128 陕西航空职业技术学院	13			13	
02专业组(不限)	13	430	378	13	
机械设计与制造	6	430	378	6	
智能制造装备技术	1	387	387	1	
航空材料精密成型技术	3	384	380	3	
飞机机电设备维修	2	395	390	2	
飞机电子设备维修	1	401	401	1	
7129 陕西交通职业技术学院	14			14	
02专业组(不限)	14	427	394	14	
汽车检测与维修技术	2	395	394	2	
城市轨道交通工程技术	2	404	399	2	
城市轨道车辆应用技术	2	427	407	2	
城市轨道交通机电技术	1	402	402	1	
城市轨道交通通信信号技术	2	403	400	2	
城市轨道交通运营管理	1	400	400	1	
计算机网络技术	4	408	395	4	
7130 西安铁路职业技术学院	15			15	
02专业组(不限)	15	449	409	15	
动车组检修技术	10	433	409	10	
铁道交通运营管理	5	449	411	5	
7132 西安航空职业技术学院	5			5	
01专业组(不限)(定向培养军士)	5	440	425	5	

院校、专业组、专业名称	录取数	最高分	最低分	平行志愿	征求志愿
无人机应用技术(陆军)(只招男生)	5	440	425	5	
7145 陕西能源职业技术学院	**5**			**5**	
02专业组(不限)	**5**	**419**	**385**	**5**	
工程造价	1	419	419	1	
新能源汽车技术	2	388	385	2	
物联网应用技术	2	388	385	2	
7146 陕西铁路工程职业技术学院	**4**			**4**	
02专业组(不限)	**4**	**444**	**414**	**4**	
铁道工程技术	2	444	419	2	
铁道机车运用与维护	1	421	421	1	
城市轨道车辆应用技术	1	414	414	1	
7152 陕西财经职业技术学院	**3**			**3**	
02专业组(不限)	**3**	**423**	**396**	**3**	
大数据与会计	3	423	396	3	
7153 西安职业技术学院	**3**			**3**	
02专业组(不限)	**3**	**446**	**387**	**3**	
现代物流管理	3	446	387	3	
7171 陕西邮电职业技术学院	**5**			**5**	
02专业组(不限)	**5**	**423**	**379**	**5**	
信息安全技术应用	1	423	423	1	
通信工程设计与监理	1	385	385	1	
大数据与财务管理	1	391	391	1	
市场营销	1	381	381	1	
电子商务	1	379	379	1	
7174 商洛职业技术学院	**5**			**5**	
01专业组(不限)	**5**	**355**	**338**	**5**	
新能源汽车技术	5	355	338	5	
7213 甘肃工业职业技术学院	**1**			**1**	
02专业组(不限)	**1**	**363**	**363**	**1**	
工业机器人技术	1	363	363	1	
7222 兰州石化职业技术大学	**2**			**2**	
04专业组(不限)	**2**	**449**	**449**	**2**	
石油炼制技术	1	449	449	1	
水环境智能监测与治理	1	449	449	1	
7518 新疆职业大学	**4**			**4**	
02专业组(不限)	**4**	**435**	**390**	**4**	
电气自动化技术	2	435	395	2	
计算机应用技术	2	390	390	2	
7523 和田师范专科学校	**8**			**7**	**1**
02专业组(不限)	**8**	**393**	**341**	**7**	**1**
大数据技术	2	356	356	2	
农产品加工与质量检测	1	350	350	1	
应用化工技术	1	341	341	1	
旅游管理	1	393	393		1
计算机网络技术	2	359	353	2	
计算机应用技术	1	356	356	1	
8001 上海杉达学院	**3**			**3**	
04专业组(不限)	**3**	**454**	**431**	**3**	
机电一体化技术	2	433	431	2	
智能控制技术	1	454	454	1	
8002 上海建桥学院	**21**			**21**	
04专业组(不限)	**21**	**448**	**403**	**21**	
计算机应用技术	10	448	403	10	
国际商务	4	442	411	4	
工商企业管理	4	419	406	4	
现代物流管理	3	441	404	3	
8017 上海东海职业技术学院	**25**			**25**	
02专业组(不限)	**25**	**423**	**345**	**25**	
财税大数据应用	4	387	347	4	
关务与外贸服务	1	371	371	1	
机电一体化技术	8	423	349	8	
工业机器人技术	1	387	387	1	
机械制造及自动化	2	388	345	2	
计算机应用技术	8	398	346	8	
大数据技术	1	393	393	1	
8018 上海工商职业技术学院	**15**			**15**	
02专业组(不限)	**15**	**437**	**378**	**15**	
机电一体化技术	7	401	381	7	
智能网联汽车技术	1	383	383	1	
计算机应用技术	5	437	379	5	
大数据与会计	2	382	378	2	
8019 上海震旦职业学院	**16**			**16**	
02专业组(不限)	**16**	**411**	**349**	**16**	
虚拟现实技术应用	3	375	372	3	
无人机测绘技术	3	378	368	3	
大数据与会计	3	391	360	3	
电子商务	4	411	356	4	
传播与策划	3	371	349	3	
8022 上海思博职业技术学院	**11**			**11**	
02专业组(不限)	**11**	**386**	**351**	**11**	
大数据与会计	3	368	354	3	
新能源汽车技术	5	371	351	5	
机电一体化技术	3	386	351	3	
8023 上海立达学院	**15**			**15**	
04专业组(不限)	**15**	**438**	**406**	**15**	
工业机器人技术	2	421	406	2	
计算机应用技术	5	424	406	5	
大数据与会计	8	438	406	8	
8024 上海济光职业技术学院	**20**			**20**	
02专业组(不限)	**20**	**399**	**343**	**20**	
建筑设计	4	384	349	4	
数字媒体技术	1	346	346	1	
工程造价	2	377	373	2	
大数据与会计	2	399	356	2	
计算机网络技术	2	395	343	2	
软件技术	6	395	353	6	
建筑室内设计	3	363	349	3	
8025 上海工商外国语职业学院	**8**			**8**	

院校、专业组、专业名称	录取数	最高分	最低分	平行志愿	征求志愿
02专业组(不限)	**8**	**453**	**399**	**8**	
应用英语	3	433	408	3	
商务英语	1	399	399	1	
大数据与会计	2	453	423	2	
大数据技术	2	429	414	2	
8029 上海中侨职业技术大学	**16**			**16**	
04专业组(不限)	**16**	**427**	**397**	**16**	
大数据与会计	9	427	397	9	
计算机应用技术	2	400	400	2	
数字媒体技术	3	416	398	3	
机电一体化技术	2	424	399	2	
8052 温州商学院	**3**			**3**	
04专业组(不限)	**3**	**433**	**429**	**3**	
国际金融	1	429	429	1	
大数据与会计	2	433	433	2	
8072 绍兴职业技术学院	**1**			**1**	
02专业组(不限)	**1**	**396**	**396**	**1**	
国际经济与贸易	1	396	396	1	
8106 安徽矿业职业技术学院	**10**			**8**	**2**
02专业组(不限)	**10**	**401**	**351**	**8**	**2**
高速铁路客运服务	4	369	356	4	
空中乘务	3	364	352	3	
数字媒体艺术设计	3	401	351	1	2
8113 合肥共达职业技术学院	**7**			**7**	
02专业组(不限)	**7**	**380**	**348**	**7**	
工程造价	1	358	358	1	
新能源装备技术	1	380	380	1	
电梯工程技术	1	357	357	1	
汽车制造与试验技术	1	357	357	1	
计算机网络技术	1	356	356	1	
动漫制作技术	1	358	358	1	
电子商务	1	348	348	1	
8114 蚌埠经济技术职业学院	**10**			**10**	
02专业组(不限)	**10**	**369**	**342**	**10**	
工程造价	2	369	364	2	
大数据与会计	4	361	343	4	
计算机应用技术	2	353	348	2	
高速铁路客运服务	2	343	342	2	
8115 宿州航空职业学院	**5**			**5**	
02专业组(不限)	**5**	**346**	**320**	**5**	
空中乘务	2	346	322	2	
民航安全技术管理	2	322	320	2	
人工智能技术应用	1	327	327	1	
8119 合肥科技职业学院	**25**			**25**	
02专业组(不限)	**25**	**375**	**336**	**25**	
新能源汽车技术	9	375	351	9	
计算机网络技术	9	370	339	9	
电子商务	7	348	336	7	
8149 泉州纺织服装职业学院	**2**			**2**	
02专业组(不限)	**2**	**355**	**308**	**2**	
服装设计与工艺	1	355	355	1	
鞋类设计与工艺	1	308	308	1	
8150 泉州华光职业学院	**3**				**3**
01专业组(不限)	**3**	**355**	**297**		**3**
播音与主持	1	345	345		1
摄影摄像技术	2	355	297		2
8152 厦门华天涉外职业技术学院	**3**			**1**	**2**
02专业组(不限)	**3**	**364**	**300**	**1**	**2**
计算机应用技术	3	364	300	1	2
8153 厦门软件职业技术学院	**1**			**1**	
01专业组(不限)	**1**	**375**	**375**	**1**	
软件技术	1	375	375	1	
8154 厦门南洋职业学院	**17**			**11**	**6**
02专业组(不限)	**17**	**375**	**262**	**11**	**6**
无人机应用技术	9	371	289	3	6
软件技术	8	375	262	8	
8155 厦门东海职业技术学院	**2**				**2**
02专业组(不限)	**2**	**341**	**331**		**2**
空中乘务	2	341	331		2
8156 漳州科技职业学院	**8**			**2**	**6**
02专业组(不限)	**8**	**410**	**315**	**2**	**6**
工程造价	3	385	315	1	2
计算机应用技术	2	367	357		2
大数据与会计	2	410	366	1	1
室内艺术设计	1	351	351		1
8157 武夷山职业学院	**5**			**2**	**3**
02专业组(不限)	**5**	**349**	**255**	**2**	**3**
计算机应用技术	3	344	294		3
茶艺与茶文化	2	349	255	2	
8158 泉州海洋职业学院	**3**			**3**	
02专业组(不限)	**3**	**378**	**336**	**3**	
航海技术	3	378	336	3	
8168 泉州轻工职业学院	**11**				**11**
02专业组(不限)	**11**	**368**	**272**		**11**
食品质量与安全	2	368	366		2
动漫制作技术	3	364	351		3
现代物流管理	2	338	322		2
数字媒体艺术设计	2	330	277		2
广告艺术设计	2	281	272		2
8170 江西科技学院	**1**			**1**	
04专业组(不限)	**1**	**421**	**421**	**1**	
软件技术	1	421	421	1	
8172 南昌理工学院	**6**			**6**	
03专业组(不限)	**6**	**420**	**396**	**6**	
城市轨道交通机电技术	1	408	408	1	
计算机应用技术	3	420	396	3	
软件技术	2	407	397	2	
8173 江西应用科技学院	**2**				**2**

院校、专业组、专业名称	录取数	最高分	最低分	平行志愿	征求志愿
04专业组(不限)(中外合作办学)	2	368	307		2
大数据与财务管理(中外合作办学)	2	368	307		2
8175 南昌工学院	10			10	
04专业组(不限)	10	399	354	10	
工程造价	3	366	354	3	
机电一体化技术	3	393	365	3	
计算机网络技术	4	399	365	4	
8187 南昌应用技术师范学院	9			9	
04专业组(不限)	9	402	331	9	
大数据与财务管理	1	338	338	1	
软件技术	5	402	331	5	
大数据技术	2	351	344	2	
电子信息工程技术	1	340	340	1	
8190 潍坊环境工程职业学院	20			20	
02专业组(不限)	20	394	255	20	
环境监测技术	3	347	265	3	
工业机器人技术	3	323	303	3	
光伏工程技术	4	310	255	4	
物联网应用技术	6	394	299	6	
大数据与财务管理	4	329	315	4	
8196 江西航空职业技术学院	10			10	
01专业组(不限)	10	351	323	10	
飞行器数字化制造技术	2	336	334	2	
无人机测绘技术	2	331	329	2	
信息安全技术应用	2	335	323	2	
大数据技术	2	350	325	2	
材料成型及控制技术(3D打印方向)	2	351	327	2	
8197 江西科技职业学院	2				2
02专业组(不限)(中外合作办学)	2	349	310		2
电子商务(中外合作办学)	2	349	310		2
8198 南昌职业大学	16			16	
02专业组(不限)	16	353	295	16	
机电一体化技术	9	344	296	9	
计算机网络技术	3	353	295	3	
软件技术	3	328	301	3	
电子竞技运动与管理	1	304	304	1	
8201 赣西科技职业学院	8				8
02专业组(不限)	8	392	364		8
工程安全评价与监理	2	368	365		2
应急救援技术	1	376	376		1
光伏工程技术	3	377	364		3
社会体育	1	392	392		1
社区康复	1	364	364		1
8202 九江理工职业学院	5			5	
02专业组(不限)	5	398	284	5	
建筑室内设计	3	352	284	3	
大数据与会计	1	398	398	1	
机电一体化技术	1	333	333	1	
8208 江西洪州职业学院	1			1	

院校、专业组、专业名称	录取数	最高分	最低分	平行志愿	征求志愿
01专业组(不限)	1	339	339	1	
大数据与会计	1	339	339	1	
8213 潍坊科技学院	10			10	
03专业组(不限)(定向培养军士)	10	423	413	10	
数字媒体技术(战略支援部队)(只招男生)	10	423	413	10	
8215 青岛恒星科技学院	3			3	
04专业组(不限)	3	431	397	3	
电气自动化技术	3	431	397	3	
8223 泰山科技学院	33			23	10
04专业组(不限)	33	436	289	23	10
计算机网络技术	8	421	316	6	2
软件技术	1	436	436		1
机械制造及自动化	4	393	358	4	
电气自动化技术	15	422	289	11	4
旅游管理	2	325	298	1	1
大数据与会计	3	378	308	1	2
8226 青岛农业大学海都学院	8			8	
05专业组(不限)	8	393	381	8	
大数据技术	1	389	389	1	
大数据与财务管理	1	393	393	1	
电气自动化技术	3	389	386	3	
机械制造及自动化	1	381	381	1	
建筑工程技术	1	393	393	1	
食品检验检测技术	1	386	386	1	
8227 齐鲁理工学院	1			1	
04专业组(不限)	1	448	448	1	
大数据与会计	1	448	448	1	
8244 曲阜远东职业技术学院	6			6	
02专业组(不限)	6	354	236	6	
工程造价	2	354	336	2	
无人机应用技术	2	274	236	2	
大数据与会计	2	335	304	2	
8246 山东力明科技职业学院	25			25	
02专业组(不限)	25	444	400	25	
药品生物技术	21	444	400	21	
药品经营与管理	4	409	401	4	
8249 山东工程职业技术大学	15			15	
03专业组(不限)	15	454	395	15	
电子信息工程技术	5	454	436	5	
工程造价	5	434	421	5	
汽车检测与维修技术	5	423	395	5	
8250 青岛求实职业技术学院	14			14	
02专业组(不限)	14	402	359	14	
空中乘务	5	402	361	5	
城市轨道交通运营管理	3	390	364	3	
机电一体化技术	5	386	359	5	
电子商务	1	364	364	1	
8252 山东外国语职业技术大学	1			1	

院校、专业组、专业名称	录取数	最高分	最低分	平行志愿	征求志愿
02专业组(不限)	**1**	**352**	**352**	**1**	
市场营销	1	352	352	1	
8253 潍坊工商职业学院	**12**			**12**	
02专业组(不限)	**12**	**389**	**334**	**12**	
大数据与会计	2	351	334	2	
电气自动化技术	1	355	355	1	
新能源汽车技术	2	380	342	2	
工程造价	2	351	338	2	
动漫制作技术	2	389	338	2	
计算机应用技术	3	360	348	3	
8256 山东海事职业学院	**14**			**14**	
02专业组(不限)	**14**	**395**	**353**	**14**	
大数据与会计	1	382	382	1	
物联网应用技术	3	390	356	3	
高速铁路客运服务	2	395	388	2	
轮机工程技术	8	383	353	8	
8259 日照航海工程职业学院	**6**			**6**	
02专业组(不限)	**6**	**343**	**327**	**6**	
智能控制技术	2	337	332	2	
电子信息工程技术	4	343	327	4	
8286 北京培黎职业学院	**2**			**2**	
02专业组(不限)	**2**	**390**	**384**	**2**	
金融服务与管理	2	390	384	2	
8290 天津天狮学院	**4**			**4**	
04专业组(不限)	**4**	**377**	**365**	**4**	
现代通信技术	2	377	376	2	
计算机应用技术	2	366	365	2	
8326 保定理工学院	**13**			**7**	**6**
05专业组(不限)	**13**	**452**	**269**	**7**	**6**
工程造价	4	374	269	2	2
计算机应用技术	3	400	285	3	
电子商务	2	385	357	1	1
国土资源调查与管理	2	416	355		2
现代物流管理	1	370	370		1
机械制造及自动化	1	452	452	1	
8348 石家庄城市经济职业学院	**2**			**1**	**1**
02专业组(不限)	**2**	**365**	**230**	**1**	**1**
大数据与会计	2	365	230	1	1
8349 石家庄理工职业学院	**5**			**4**	**1**
02专业组(不限)	**5**	**394**	**320**	**4**	**1**
大数据技术	4	382	320	4	
人工智能技术应用	1	394	394		1
8350 石家庄科技信息职业学院	**5**			**5**	
02专业组(不限)	**5**	**374**	**355**	**5**	
计算机网络技术	2	364	362	2	
软件技术	1	374	374	1	
大数据技术	2	364	355	2	
8351 石家庄医学高等专科学校	**23**			**22**	**1**
02专业组(不限)	**23**	**448**	**398**	**22**	**1**

院校、专业组、专业名称	录取数	最高分	最低分	平行志愿	征求志愿
药品生产技术	17	434	404	17	
药品经营与管理	3	448	404	3	
医疗器械维护与管理	3	405	398	2	1
8358 渤海理工职业学院	**5**			**1**	**4**
02专业组(不限)	**5**	**393**	**353**	**1**	**4**
现代物流管理	5	393	353	1	4
8367 山西同文职业技术学院	**7**			**2**	**5**
02专业组(不限)	**7**	**448**	**270**	**2**	**5**
工业机器人技术	5	393	385		5
铁道机车运用与维护	1	448	448	1	
软件技术	1	270	270	1	
8416 大连东软信息学院	**3**			**3**	
04专业组(不限)	**3**	**420**	**384**	**3**	
计算机应用技术	2	387	384	2	
软件技术	1	420	420	1	
8445 吉林建筑科技学院	**8**			**8**	
05专业组(不限)	**8**	**425**	**294**	**8**	
建筑工程技术	2	425	335	2	
工程造价	2	370	338	2	
建设工程管理	2	307	305	2	
智能建造技术	2	324	294	2	
8465 长春信息技术职业学院	**5**			**5**	
02专业组(不限)	**5**	**379**	**360**	**5**	
汽车制造与试验技术	2	379	361	2	
软件技术	3	378	360	3	
8469 长春健康职业学院	**5**			**4**	**1**
02专业组(不限)	**5**	**394**	**276**	**4**	**1**
智能机器人技术	1	394	394		1
智能产品开发与应用	1	276	276	1	
大数据技术	1	295	295	1	
休闲体育	1	336	336	1	
电子竞技运动与管理	1	300	300	1	
8482 哈尔滨北方航空职业技术学院	**1**			**1**	
02专业组(不限)	**1**	**354**	**354**	**1**	
通用航空器维修	1	354	354	1	
8531 郑州电力职业技术学院	**5**			**5**	
02专业组(不限)	**5**	**432**	**387**	**5**	
供用电技术	3	432	387	3	
机电一体化技术	2	411	394	2	
8550 武汉东湖学院	**25**			**25**	
04专业组(不限)	**25**	**421**	**352**	**25**	
机械制造及自动化	2	409	385	2	
工业机器人技术	2	380	364	2	
电子信息工程技术	2	412	380	2	
应用电子技术	6	373	353	6	
计算机应用技术	3	421	379	3	
药品生物技术	1	363	363	1	
大数据与会计	5	366	353	5	
工程造价	2	360	360	2	

院校、专业组、专业名称	录取数	最高分	最低分	平行志愿	征求志愿
金融服务与管理	1	384	384	1	
商务英语	1	352	352	1	
8552 武昌首义学院	**6**			**6**	
04专业组(不限)	**6**	**426**	**412**	**6**	
计算机应用技术	2	423	414	2	
电气自动化技术	3	426	412	3	
大数据与财务管理	1	418	418	1	
8554 武汉生物工程学院	**9**			**9**	
05专业组(不限)	**9**	**442**	**412**	**9**	
药品生物技术	4	442	412	4	
计算机应用技术	4	429	413	4	
工程造价	1	414	414	1	
8558 三峡大学科技学院	**4**			**4**	
03专业组(不限)	**4**	**431**	**409**	**4**	
水利水电建筑工程	2	431	430	2	
发电厂及电力系统	2	410	409	2	
8561 武汉纺织大学外经贸学院	**5**			**5**	
04专业组(不限)	**5**	**405**	**393**	**5**	
大数据与会计	2	394	393	2	
应用英语	2	405	395	2	
软件技术	1	393	393	1	
8574 武汉工程科技学院	**5**			**5**	
04专业组(不限)	**5**	**403**	**366**	**5**	
建筑工程技术	5	403	366	5	
8591 武汉外语外事职业学院	**2**			**2**	
02专业组(不限)	**2**	**406**	**404**	**2**	
商务英语	2	406	404	2	
8592 武昌职业学院	**26**			**26**	
04专业组(不限)	**5**	**400**	**367**	**5**	
电子信息工程技术	5	400	367	5	
05专业组(不限)(定向培养军士)	**18**	**434**	**411**	**18**	
现代通信技术(陆军)(只招男生)	3	434	418	3	
无人机应用技术(陆军)(只招男生)	3	419	414	3	
人工智能技术应用(陆军)(只招男生)	6	415	411	6	
电子信息工程技术(战略支援部队)(只招男生)	6	423	412	6	
06专业组(不限)(定向培养军士)	**3**	**457**	**447**	**3**	
电子信息工程技术(陆军)(只招女生)	3	457	447	3	
8593 武汉商贸职业学院	**6**			**6**	
02专业组(不限)	**6**	**348**	**330**	**6**	
酒店管理与数字化运营	1	338	338	1	
计算机网络技术	4	348	330	4	
智能控制技术	1	330	330	1	
8596 武汉科技职业学院	**3**			**3**	
02专业组(不限)	**3**	**403**	**393**	**3**	
城市轨道车辆应用技术	2	403	396	2	
计算机应用技术	1	393	393	1	
8598 长江艺术工程职业学院	**5**			**2**	**3**
02专业组(不限)	**5**	**355**	**285**	**2**	**3**

院校、专业组、专业名称	录取数	最高分	最低分	平行志愿	征求志愿
智能网联汽车技术	3	355	285	1	2
大数据技术	2	344	292	1	1
8628 湖南外国语职业学院	**7**			**5**	**2**
02专业组(不限)	**7**	**433**	**264**	**5**	**2**
商务英语	2	358	280	2	
应用法语	2	382	381	1	1
应用西班牙语	2	316	264	1	1
跨境电子商务	1	433	433	1	
8630 湖南三一工业职业技术学院	**5**			**5**	
02专业组(不限)	**5**	**356**	**266**	**5**	
机电一体化技术	1	356	356	1	
新能源汽车技术	1	307	307	1	
智能工程机械运用技术	1	302	302	1	
电子商务	1	266	266	1	
现代物流管理	1	337	337	1	
8666 广州华立科技职业学院	**8**			**4**	**4**
02专业组(不限)	**8**	**364**	**258**	**4**	**4**
计算机应用技术	6	364	258	3	3
测绘地理信息技术	1	284	284	1	
电子商务	1	307	307		1
8709 广东酒店管理职业技术学院	**3**			**2**	**1**
02专业组(不限)	**3**	**382**	**236**	**2**	**1**
计算机应用技术	1	236	236		1
电子商务	1	309	309	1	
烹饪工艺与营养	1	382	382	1	
8729 广西英华国际职业学院	**2**			**1**	**1**
01专业组(不限)	**2**	**328**	**299**	**1**	**1**
建筑室内设计	2	328	299	1	1
8734 广西经济职业学院	**2**			**2**	
02专业组(不限)	**2**	**438**	**363**	**2**	
建筑工程技术	2	438	363	2	
8740 海口经济学院	**12**			**7**	**5**
05专业组(不限)	**12**	**391**	**245**	**7**	**5**
大数据与会计	3	355	318	3	
计算机网络技术	2	357	308	1	1
电子竞技运动与管理	2	352	245	2	
民航运输服务	2	351	349		2
会展策划与管理(数字会展)	2	391	277	1	1
电子商务(商业分析与大数据)	1	342	342		1
8754 三亚航空旅游职业学院	**13**			**11**	**2**
02专业组(不限)	**13**	**427**	**295**	**11**	**2**
无人机应用技术	4	354	295	4	
新能源汽车技术	1	339	339	1	
空中乘务	1	306	306	1	
机场运行服务与管理	2	363	359	2	
飞机机电设备维修	3	427	328	2	1
飞机电子设备维修	1	340	340	1	
机场场务技术与管理	1	353	353		1
8755 三亚理工职业学院	**4**			**4**	

院校、专业组、专业名称	录取数	最高分	最低分	平行志愿	征求志愿
02专业组(不限)	**4**	**336**	**305**	**4**	
会展策划与管理	2	321	305	2	
大数据与会计	1	336	336	1	
计算机网络技术	1	335	335	1	
8759 三亚中瑞酒店管理职业学院	**8**			**3**	**5**
02专业组(不限)	**8**	**383**	**243**	**3**	**5**
酒店管理与数字化运营	2	383	245	2	
大数据与会计	5	358	332		5
烹饪工艺与营养	1	243	243	1	
8764 成都银杏酒店管理学院	**2**			**1**	**1**
04专业组(不限)	**2**	**327**	**293**	**1**	**1**
酒店管理与数字化运营	1	293	293	1	
烹饪工艺与营养	1	327	327		1
8770 西南财经大学天府学院	**8**			**8**	
04专业组(不限)	**8**	**445**	**404**	**8**	
大数据与会计	8	445	404	8	
8777 天府新区航空旅游职业学院	**3**				**3**
02专业组(不限)	**3**	**355**	**338**		**3**
空中乘务	1	351	351		1
高速铁路客运服务	1	355	355		1
计算机应用技术	1	338	338		1
8778 眉山药科职业学院	**15**			**15**	
02专业组(不限)	**15**	**361**	**269**	**15**	
药品质量与安全	8	361	292	8	
药品生产技术	7	358	269	7	
8779 德阳农业科技职业学院	**2**			**1**	**1**
02专业组(不限)	**2**	**344**	**300**	**1**	**1**
供用电技术	2	344	300	1	1
8780 广元中核职业技术学院	**4**			**4**	
02专业组(不限)	**4**	**390**	**361**	**4**	
电气自动化技术	4	390	361	4	
8782 四川西南航空职业学院	**26**			**25**	**1**
03专业组(不限)	**17**	**429**	**315**	**17**	
人工智能技术应用	8	429	315	8	
无人机应用技术	2	369	344	2	
民航安全技术管理	3	322	319	3	
飞机机电设备维修	3	342	316	3	
飞行器数字化制造技术	1	341	341	1	
04专业组(不限)	**9**	**354**	**286**	**8**	**1**
空中乘务	6	354	296	5	1
民航空中安全保卫	3	339	286	3	
8783 四川希望汽车职业学院	**2**				**2**
02专业组(不限)	**2**	**314**	**297**		**2**
新能源汽车技术	1	297	297		1
城市轨道交通运营管理	1	314	314		1
8785 四川国际标榜职业学院	**4**				**4**
02专业组(不限)	**4**	**387**	**309**		**4**
大数据技术	4	387	309		4
8790 绵阳飞行职业学院	**6**			**2**	**4**
02专业组(不限)	**6**	**378**	**255**	**2**	**4**
消防救援技术	3	322	255	1	2
无人机应用技术	2	378	350		2
空中乘务	1	365	365	1	
8791 泸州医疗器械职业学院	**6**			**5**	**1**
02专业组(不限)	**6**	**384**	**327**	**5**	**1**
医疗器械维护与管理	2	366	349	2	
医疗器械经营与服务	2	332	330	2	
人工智能技术应用	2	384	327	1	1
8792 德阳城市轨道交通职业学院	**13**			**4**	**9**
02专业组(不限)	**13**	**387**	**241**	**4**	**9**
城市轨道交通运营管理	4	367	348	1	3
城市轨道交通车辆制造与维护	2	370	336		2
城市轨道交通工程技术	2	373	241		2
城市轨道交通通信信号技术	2	387	281	1	1
会计信息管理	1	286	286	1	
城市轨道交通机电技术	2	367	312	1	1
8793 四川电子机械职业技术学院	**13**			**2**	**11**
02专业组(不限)	**13**	**383**	**274**	**2**	**11**
电子信息工程技术	5	383	281	1	4
计算机应用技术	2	369	274	1	1
机械制造及自动化	2	370	352		2
电子商务	1	288	288		1
工程造价	1	322	322		1
建筑设计	2	316	283		2
8795 民办四川天一学院	**2**				**2**
02专业组(不限)	**2**	**366**	**301**		**2**
软件技术	2	366	301		2
8796 巴中职业技术学院	**6**			**6**	
02专业组(不限)	**6**	**370**	**316**	**6**	
新能源汽车技术	5	369	316	5	
智能机电技术	1	370	370	1	
8798 四川华新现代职业学院	**5**			**5**	
02专业组(不限)	**5**	**384**	**344**	**5**	
计算机应用技术	5	384	344	5	
8822 重庆电讯职业学院	**2**			**2**	
02专业组(不限)	**2**	**360**	**341**	**2**	
现代移动通信技术	1	360	360	1	
城市轨道交通运营管理	1	341	341	1	
8827 重庆建筑科技职业学院	**8**			**8**	
02专业组(不限)	**8**	**376**	**357**	**8**	
装配式建筑工程技术	1	357	357	1	
工程造价	3	371	358	3	
智能控制技术	3	376	358	3	
物联网应用技术	1	374	374	1	
8829 重庆科创职业学院	**7**			**7**	
03专业组(不限)	**6**	**349**	**322**	**6**	
工业机器人技术	4	349	322	4	
大数据技术	2	340	327	2	

院校、专业组、专业名称	录取数	最高分	最低分	平行志愿	征求志愿
04专业组(不限)(中外合作办学)	**1**	**347**	**347**	**1**	
计算机应用技术(中外合作办学)	1	347	347	1	
8871 丽江文化旅游学院	**3**			**2**	**1**
04专业组(不限)	**3**	**339**	**291**	**2**	**1**
大数据与财务管理	1	339	339	1	
大数据技术	2	317	291	1	1
8878 云南经济管理学院	**4**			**4**	
04专业组(不限)	**4**	**403**	**269**	**4**	
电子商务	1	269	269	1	
国际经济与贸易	1	403	403	1	
现代通信技术	2	355	298	2	
8880 云南理工职业学院	**9**			**8**	**1**
02专业组(不限)	**9**	**362**	**237**	**8**	**1**
城市轨道交通运营管理	2	362	268	2	
城市轨道交通通信信号技术	2	318	273	1	1
软件技术	1	237	237	1	
新能源汽车技术	4	338	318	4	
8903 西安外事学院	**5**			**5**	
04专业组(不限)	**5**	**463**	**411**	**5**	
大数据与会计	3	421	411	3	
大数据技术	2	463	428	2	
8914 西安工商学院	**19**			**14**	**5**
04专业组(不限)	**19**	**433**	**334**	**14**	**5**
智能机器人技术	6	404	349	6	
集成电路技术	3	379	334	1	2
中文	1	355	355		1
大数据与财务管理	3	390	361	1	2
跨境电子商务	1	433	433	1	
网络新闻与传播	2	350	344	2	
大数据与会计	3	396	364	3	
8931 西安高新科技职业学院	**11**			**11**	
02专业组(不限)	**11**	**392**	**281**	**11**	
机械制造及自动化	3	392	354	3	
机电一体化技术	2	361	339	2	
道路与桥梁工程技术	1	370	370	1	
计算机网络技术	3	361	305	3	
软件技术	1	377	377	1	
大数据技术	1	281	281	1	
8932 西安汽车职业大学	**12**			**12**	
02专业组(不限)	**12**	**385**	**326**	**12**	
工业机器人技术	2	385	351	2	
新能源汽车技术	3	355	331	3	
智能网联汽车技术	3	349	330	3	
汽车智能技术	1	346	346	1	
云计算技术应用	3	344	326	3	
8934 西安城市建设职业学院	**15**			**15**	
02专业组(不限)	**15**	**372**	**304**	**15**	
建筑设计	6	361	310	6	
建筑室内设计	2	342	304	2	
工程造价	4	324	305	4	
数字媒体技术	1	315	315	1	
动漫制作技术	2	372	330	2	
8935 榆林能源科技职业学院	**5**			**5**	
02专业组(不限)	**5**	**394**	**321**	**5**	
安全技术与管理	2	394	354	2	
化工自动化技术	3	379	321	3	
8936 西安海棠职业学院	**18**			**18**	
02专业组(不限)	**18**	**388**	**326**	**18**	
动物医学	14	388	326	14	
建筑消防技术	2	338	328	2	
工程造价	1	335	335	1	
大数据与会计	1	352	352	1	
8938 西安信息职业大学	**5**			**5**	
02专业组(不限)	**5**	**383**	**357**	**5**	
工业机器人技术	1	369	369	1	
电子信息工程技术	2	375	357	2	
人工智能技术应用	2	383	369	2	
8939 陕西电子信息职业技术学院	**12**			**12**	
02专业组(不限)	**12**	**416**	**298**	**12**	
建筑智能化工程技术	3	336	298	3	
机电一体化技术	5	416	311	5	
计算机网络技术	2	402	353	2	
软件技术	2	391	373	2	
8943 兰州外语职业学院	**9**				**9**
02专业组(不限)	**9**	**363**	**341**		**9**
计算机应用技术	9	363	341		9
8950 内蒙古北方职业技术学院	**10**			**5**	**5**
01专业组(不限)	**10**	**388**	**259**	**5**	**5**
药品经营与管理	3	384	315	3	
大数据与会计	3	379	259	2	1
信息安全技术应用	2	380	368		2
计算机网络技术	2	388	387		2

三、2023年在江苏招生的普通高校艺术类专业录取情况

(一)艺术类(历史等科目类)本科院校第1小批

以下为传统(顺序)志愿，使用专业校考成绩录取的院校，经教育部批准的部分独立设置本科艺术院校（含部分艺术类本科专业参照执行的少数高校）的艺术类本科专业录取最低控制分数线由各校自行划定，下列表中的“最高分(最低分)”为文化分，其专业分为校考合格以上。

院校、专业组、专业名称	录取数	最高分	最低分	传统志愿	征求志愿
0306 中国民用航空飞行学院	**2**			**2**	
09专业组(不限)	**2**	**482**	**427**	**2**	
航空服务艺术与管理	2	482	427	2	
1105 河海大学	**7**			**7**	
12专业组(不限)	**7**	**499**	**367**	**7**	
播音与主持艺术	7	499	367	7	
1107 南京农业大学	**18**			**18**	
06专业组(不限)	**18**	**468**	**350**	**18**	
表演	18	468	350	18	
1108 南京师范大学	**32**			**32**	
31专业组(不限)	**32**	**583**	**337**	**32**	
播音与主持艺术	16	583	457	16	
舞蹈学(师范)	16	458	337	16	
1118 南京艺术学院	**255**			**255**	
03专业组(不限)	**255**	**513**	**237**	**255**	
书法学	9	503	448	9	
音乐表演(声乐演唱)	10	443	362	10	
音乐表演(中国乐器演奏)	18	480	358	18	
音乐表演(管弦与打击乐器演奏)	21	452	361	21	
音乐表演(钢琴与键盘乐器演奏)	6	455	359	6	
音乐表演(歌舞剧)	4	393	373	4	
作曲与作曲技术理论	7	453	356	7	
音乐学	5	455	411	5	
音乐教育(师范)	17	513	404	17	
流行音乐	34	513	357	34	
音乐学(音乐传播)	23	501	403	23	
音乐学(乐器修造)	11	463	405	11	
表演	16	502	356	16	
播音与主持艺术	7	513	408	7	
戏剧影视导演	1	388	388	1	
舞蹈编导	9	417	326	9	
舞蹈表演	26	430	237	26	
舞蹈教育(师范)	11	430	291	11	
舞蹈学	11	508	399	11	
录音艺术	9	471	394	9	
1201 江南大学	**1**			**1**	
10专业组(不限)	**1**	**409**	**409**	**1**	
舞蹈编导	1	409	409	1	
1261 苏州大学	**15**			**15**	
35专业组(不限)	**15**	**540**	**360**	**15**	
播音与主持艺术	6	540	388	6	
音乐表演	9	490	360	9	
2105 东华大学	**46**			**46**	
04专业组(不限)	**46**	**563**	**343**	**46**	
视觉传达设计	4	546	494	4	
环境设计	3	522	472	3	
环境设计(中外合作办学)(中英合作)	3	515	445	3	
产品设计	4	521	502	4	
服装与服饰设计	13	563	475	13	
服装与服饰设计(中外合作办学)(中日合作)	7	539	471	7	
服装与服饰设计(中外合作办学)(中英合作)	6	523	482	6	
数字媒体艺术	2	535	498	2	
艺术与科技	3	512	470	3	
表演(服装表演)	1	343	343	1	
2112 上海大学	**47**			**47**	
06专业组(不限)	**10**	**462**	**367**	**10**	
中国画	1	444	444	1	
绘画(油画)	2	386	367	2	
绘画(版画)	1	396	396	1	
雕塑	1	462	462	1	
音乐表演(声乐演唱)	2	410	410	2	
音乐表演(钢琴)	2	426	409	2	
音乐表演(竹笛)	1	402	402	1	
07专业组(不限)	**37**	**597**	**422**	**37**	
视觉传达设计	3	525	512	3	
环境设计	3	513	500	3	
数字媒体艺术	3	571	485	3	
艺术与科技	1	508	508	1	
美术学(美术史论)	3	554	529	3	
产品设计	1	492	492	1	
实验艺术	1	422	422	1	
工艺美术	1	423	423	1	
艺术设计学	2	506	499	2	
广播电视编导	3	597	587	3	
戏剧影视文学	3	584	577	3	
动画	3	575	529	3	
戏剧影视美术设计	3	556	543	3	
影视摄影与制作	3	557	504	3	

2023年艺术类(历史等科目类)本科院校第1小批

院校、专业组、专业名称	录取数	最高分	最低分	传统志愿	征求志愿
音乐学	4	531	491	4	
2121 上海戏剧学院	**9**			**9**	
01专业组(不限)	**9**	**528**	**309**	**9**	
戏剧影视美术设计	2	455	424	2	
数字媒体艺术	1	528	528	1	
舞蹈表演(中国舞)	1	360	360	1	
舞蹈表演(国标舞)	3	458	342	3	
舞蹈编导	2	334	309	2	
2122 上海音乐学院	**33**			**33**	
01专业组(不限)	**33**	**528**	**341**	**33**	
音乐学	2	528	451	2	
音乐教育	3	493	431	3	
音乐表演(声乐演唱)	6	496	362	6	
音乐表演(钢琴演奏)	2	450	409	2	
音乐表演(打击乐演奏)	1	429	429	1	
音乐表演(管弦乐器演奏)	3	462	364	3	
音乐表演(中国乐器演奏)	5	463	352	5	
音乐剧	1	353	353	1	
录音艺术(音乐设计与制作)	2	499	473	2	
录音艺术(中外合作办学)(多媒体艺术设计)	6	445	341	6	
录音艺术(中外合作办学)(音乐与传媒)	1	341	341	1	
数字媒体艺术	1	350	350	1	
2203 浙江理工大学	**39**			**39**	
05专业组(不限)	**39**	**504**	**373**	**39**	
服装与服饰设计	9	504	390	9	
设计学类(视觉传达设计、环境设计、产品设计、数字媒体艺术)	23	488	389	23	
产品设计(纺织品艺术设计)	3	494	404	3	
服装与服饰设计(中外合作办学)	3	445	373	3	
视觉传达设计(中外合作办学)	1	433	433	1	
2205 中国美术学院	**58**			**58**	
03专业组(不限)	**58**	**594**	**377**	**58**	
中国画	3	569	416	3	
书法学	2	543	397	2	
美术学类(造型艺术类)	15	522	377	15	
设计学类(设计艺术类)	23	594	445	23	
戏剧与影视学类(图像与媒体艺术类)	14	585	458	14	
建筑学	1	570	570	1	
2211 浙江传媒学院	**32**			**32**	
06专业组(不限)	**32**	**565**	**445**	**32**	
播音与主持艺术	3	486	469	3	
播音与主持艺术(礼仪文化)	3	507	445	3	
播音与主持艺术(双语播音)	5	512	482	5	
录音艺术	2	484	471	2	
广播电视编导	4	565	557	4	
影视摄影与制作(电视节目制作)	2	554	552	2	
影视摄影与制作(电视摄像)	3	550	545	3	
影视摄影与制作(电影摄影与制作)	4	564	535	4	

院校、专业组、专业名称	录取数	最高分	最低分	传统志愿	征求志愿
摄影	6	548	536	6	
2243 浙江音乐学院	**23**			**23**	
01专业组(不限)	**23**	**563**	**355**	**23**	
音乐学(音乐理论)	1	407	407	1	
音乐学(钢琴与声乐)(师范)	4	462	387	4	
音乐表演(钢琴)	3	563	358	3	
音乐表演(美声)	1	418	418	1	
音乐表演(竹笛)	1	362	362	1	
音乐表演(唢呐)	1	355	355	1	
音乐表演(二胡)	1	394	394	1	
音乐表演(民乐低音提琴)	1	413	413	1	
音乐表演(琵琶)	1	498	498	1	
音乐表演(阮)	1	395	395	1	
音乐表演(小提琴)	3	451	378	3	
音乐表演(流行钢琴)	1	409	409	1	
音乐表演(爵士鼓)	1	372	372	1	
音乐表演(流行吉他)	1	401	401	1	
舞蹈编导	2	378	373	2	
2531 景德镇陶瓷大学	**47**			**47**	
05专业组(不限)	**47**	**499**	**347**	**47**	
绘画	1	395	395	1	
雕塑	9	434	384	9	
书法学	2	426	369	2	
陶瓷艺术设计	13	454	347	13	
动画	2	499	393	2	
视觉传达设计	4	436	411	4	
环境设计	5	458	369	5	
产品设计	5	481	396	5	
公共艺术	4	454	358	4	
数字媒体艺术	2	449	411	2	
2608 山东工艺美术学院	**94**			**94**	
04专业组(不限)	**94**	**452**	**376**	**94**	
视觉传达设计	14	452	385	14	
视觉传达设计(印刷设计)	4	435	404	4	
环境设计	15	437	378	15	
产品设计	13	441	376	13	
产品设计(应用设计)	5	417	379	5	
服装与服饰设计	2	384	383	2	
工艺美术	7	434	376	7	
艺术与科技	5	438	407	5	
公共艺术	2	445	422	2	
公共艺术(装置艺术)	2	408	386	2	
绘画	2	413	387	2	
动画	3	407	401	3	
数字媒体艺术	5	436	397	5	
数字媒体艺术(交互设计)	3	416	385	3	
戏剧影视美术设计	3	422	381	3	
戏剧影视美术设计(妆扮)	2	414	380	2	
影视摄影与制作	2	392	381	2	

2023年艺术类(历史等科目类)本科院校第1小批

院校、专业组、专业名称	录取数	最高分	最低分	传统志愿	征求志愿
中国画	5	436	387	5	
2612 山东艺术学院	**45**			**45**	
01专业组(不限)	45	489	259	45	
音乐表演(钢琴演奏)	1	399	399	1	
绘画	9	427	378	9	
中国画	3	439	419	3	
书法学	1	422	422	1	
播音与主持艺术	1	362	362	1	
戏剧学	1	457	457	1	
音乐学(师范)	1	352	352	1	
音乐表演(音乐剧)	1	399	399	1	
视觉传达设计	7	464	420	7	
环境设计	7	444	396	7	
工艺美术	4	489	424	4	
舞蹈表演	5	368	259	5	
广播电视编导	2	457	452	2	
数字媒体艺术	2	463	435	2	
3102 中国人民大学	**1**			**1**	
05专业组(不限)	1	498	498	1	
音乐表演(非声乐)	1	498	498	1	
3103 清华大学	**7**			**7**	
05专业组(不限)	7	655	531	7	
设计学类	1	606	606	1	
美术学类	5	598	531	5	
艺术史论	1	655	655	1	
3104 北京师范大学	**1**			**1**	
06专业组(不限)	1	569	569	1	
音乐学(钢琴)	1	569	569	1	
3123 中国传媒大学	**32**			**32**	
09专业组(不限)	32	615	356	32	
播音与主持艺术	2	554	499	2	
播音与主持艺术(中英双语播音主持)	1	587	587	1	
广播电视编导(电视编辑)	1	615	615	1	
广播电视编导(全媒体摄制)	1	600	600	1	
广播电视编导(文艺编导)	1	590	590	1	
戏剧影视文学	7	615	565	7	
表演	1	356	356	1	
摄影	1	573	573	1	
环境设计(光影空间艺术)	1	512	512	1	
动画	4	523	493	4	
动画(游戏艺术)	1	540	540	1	
数字媒体艺术	2	571	569	2	
艺术与科技(数字娱乐)	1	569	569	1	
录音艺术(录音工程)	2	541	540	2	
录音艺术(音响导演)	1	516	516	1	
音乐学(音乐编辑)	2	524	454	2	
视觉传达设计(中外合作办学)	3	462	412	3	
3124 中央美术学院	**13**			**13**	
01专业组(不限)	13	588	421	13	

院校、专业组、专业名称	录取数	最高分	最低分	传统志愿	征求志愿
艺术学理论类(艺术史论、艺术管理)	1	558	558	1	
艺术学理论类(中外合作办学)(艺术史论、艺术管理、美术学)	7	588	501	7	
文物保护与修复	1	441	441	1	
设计学类(艺术设计)	3	509	422	3	
设计学类(城市艺术设计)	1	421	421	1	
3125 中央戏剧学院	**2**			**2**	
01专业组(不限)	2	459	379	2	
戏剧影视美术设计(演艺影像设计)	1	459	459	1	
表演(舞剧表演)	1	379	379	1	
3126 中央音乐学院	**5**			**5**	
01专业组(不限)	5	506	372	5	
音乐学(音乐学)	1	498	498	1	
音乐学(音教)	1	451	451	1	
音乐学(音疗)	1	506	506	1	
音乐表演(管弦系各招考方向)	1	372	372	1	
音乐表演(民乐系各招考方向)	1	457	457	1	
3129 中央民族大学	**11**			**11**	
06专业组(不限)	11	453	354	11	
美术学类	5	452	365	5	
设计学类	3	453	375	3	
舞蹈学	1	370	370	1	
舞蹈表演	1	393	393	1	
音乐表演(器乐)	1	354	354	1	
3138 北京服装学院	**4**			**4**	
02专业组(不限)	4	486	417	4	
设计学类	3	486	426	3	
美术学类	1	417	417	1	
3139 北京印刷学院	**2**			**2**	
03专业组(不限)	2	453	429	2	
绘画	1	453	453	1	
视觉传达设计	1	429	429	1	
3148 北京电影学院	**21**			**21**	
03专业组(不限)	21	572	403	21	
戏剧影视文学(创意策划)	3	567	522	3	
戏剧影视文学(剧作)	1	512	512	1	
戏剧影视导演	1	526	526	1	
表演	1	403	403	1	
影视摄影与制作	1	412	412	1	
录音艺术(电影录音)	1	572	572	1	
录音艺术(音乐录音)	1	517	517	1	
作曲与作曲技术理论	1	438	438	1	
戏剧影视美术设计	1	495	495	1	
电影学(制片与市场)	2	535	519	2	
摄影	1	528	528	1	
动画	2	542	410	2	
戏剧影视文学(动漫策划)	1	572	572	1	
广播电视编导	3	547	481	3	
播音与主持艺术	1	463	463	1	

院校、专业组、专业名称	录取数	最高分	最低分	传统志愿	征求志愿
3149 北京舞蹈学院	**8**			**8**	
01专业组(不限)	**8**	**495**	**269**	**8**	
舞蹈表演(中国古典舞)	1	384	384	1	
舞蹈表演(中国民族民间舞)	2	286	284	2	
舞蹈表演(芭蕾舞)	1	324	324	1	
舞蹈编导	2	495	347	2	
舞蹈教育	2	338	269	2	
3150 中国戏曲学院	**10**			**10**	
01专业组(不限)	**10**	**476**	**218**	**10**	
表演(昆曲表演)	1	218	218	1	
表演(昆曲器乐)	1	352	352	1	
表演(戏曲形体教育)	1	321	321	1	
音乐表演(民族器乐)	1	333	333	1	
戏剧影视美术设计(戏曲舞台设计)	1	465	465	1	
戏剧影视美术设计(化装造型设计)	1	476	476	1	
服装与服饰设计(戏曲服装设计)	1	430	430	1	
动画	1	453	453	1	
数字媒体艺术	2	470	424	2	
3151 中国音乐学院	**9**			**9**	
01专业组(不限)	**9**	**548**	**389**	**9**	
音乐学(音乐学理论)	2	516	498	2	
音乐教育(音教声乐特长)	1	525	525	1	
音乐教育(音教钢琴特长)	1	548	548	1	
艺术管理(音乐管理)	1	476	476	1	
音乐表演(中国声乐美声)	1	389	389	1	
音乐表演(管弦乐器演奏)	1	431	431	1	
音乐表演(中国乐器演奏)	2	403	390	2	
3205 中国民航大学	**4**			**4**	
07专业组(不限)	**4**	**419**	**374**	**4**	
航空服务艺术与管理	4	419	374	4	
3206 天津工业大学	**11**			**11**	
04专业组(不限)	**11**	**513**	**451**	**11**	
视觉传达设计	4	513	471	4	
环境设计	4	485	451	4	
服装与服饰设计	3	501	459	3	
3215 天津美术学院	**28**			**28**	
01专业组(不限)	**28**	**591**	**396**	**28**	
美术学类(绘画类，其中雕塑学制五年)	14	591	396	14	
设计学类(设计类)	8	486	406	8	
书法学	1	462	462	1	
数字媒体艺术(中外合作办学)	3	505	441	3	
艺术设计学	1	510	510	1	
艺术管理	1	499	499	1	
3216 天津音乐学院	**11**			**11**	
01专业组(不限)	**11**	**497**	**269**	**11**	
音乐教育(声乐主项)	1	497	497	1	
音乐表演(二胡)	1	353	353	1	
音乐表演(琵琶)	1	419	419	1	
音乐表演(柳琴)	1	349	349	1	
音乐表演(钢琴)	1	361	361	1	
舞蹈表演	6	333	269	6	
4106 沈阳音乐学院	**30**			**30**	
01专业组(不限)	**30**	**439**	**337**	**30**	
音乐学(音乐学系音乐学理论)	2	402	358	2	
音乐表演(声乐歌剧系美声演唱)	1	375	375	1	
音乐表演(民族声乐系民族声乐演唱)	1	410	410	1	
音乐表演(管弦系小提琴演奏)	1	436	436	1	
音乐表演(民族器乐系柳琴演奏)	1	366	366	1	
音乐表演(现代音乐学院流行演唱)	3	378	346	3	
艺术与科技(音乐科技系弦乐器制作)	2	391	365	2	
艺术与科技(音乐科技系乐音与健康)	3	439	375	3	
舞蹈学(舞蹈学院)	1	395	395	1	
表演(戏剧影视学院音乐剧)	1	411	411	1	
影视摄影与制作(戏剧影视学院)	2	384	379	2	
播音与主持艺术(戏剧影视学院)	2	383	363	2	
音乐学(音教系)	1	337	337	1	
音乐学(声乐教育系)	3	403	352	3	
音乐学(民族器乐教育系)	2	396	361	2	
音乐表演(声乐系美声演唱)	1	371	371	1	
舞蹈表演(舞蹈系中国民族民间舞表演)	1	350	350	1	
舞蹈学(舞蹈系)	1	397	397	1	
音乐表演(中外合作办学)(国际学院流行演唱)	1	351	351	1	
4119 鲁迅美术学院	**23**			**23**	
01专业组(不限)	**23**	**506**	**364**	**23**	
绘画	2	450	399	2	
雕塑	1	388	388	1	
摄影	1	367	367	1	
动画	4	457	364	4	
产品设计	3	410	372	3	
环境设计	1	374	374	1	
视觉传达设计	6	506	371	6	
数字媒体艺术	1	439	439	1	
艺术与科技	1	435	435	1	
书法学	2	443	420	2	
艺术设计学	1	502	502	1	
4219 吉林艺术学院	**20**			**20**	
01专业组(不限)	**20**	**446**	**322**	**20**	
音乐表演	2	360	322	2	
绘画	2	433	429	2	
视觉传达设计	2	430	360	2	
环境设计	2	435	404	2	
服装与服饰设计	1	399	399	1	
产品设计	1	433	433	1	
播音与主持艺术	1	422	422	1	
数字媒体艺术	6	446	369	6	

2023年艺术类(历史等科目类)本科院校第1小批

院校、专业组、专业名称	录取数	最高分	最低分	传统志愿	征求志愿
动画	3	412	373	3	
4318 哈尔滨音乐学院	3			3	
01专业组(不限)	3	397	359	3	
音乐表演(柳琴)	1	359	359	1	
音乐学(音乐学理论)	2	397	373	2	
5210 湖北美术学院	14			14	
01专业组(不限)	14	481	396	14	
中国画	1	397	397	1	
绘画(油画)	1	451	451	1	
绘画(壁画与综合材料绘画)	2	465	429	2	
跨媒体艺术	1	414	414	1	
数字媒体艺术	1	481	481	1	
雕塑	1	437	437	1	
陶瓷艺术设计	1	396	396	1	
工艺美术	1	412	412	1	
艺术与科技	1	413	413	1	
戏剧影视美术设计	1	435	435	1	
产品设计	1	430	430	1	
书法学	2	427	422	2	
5214 武汉音乐学院	16			16	
01专业组(不限)	16	473	322	16	
音乐表演(钢琴演奏)	2	402	363	2	
音乐表演(低音提琴)	1	354	354	1	
音乐表演(古筝)	2	394	347	2	
音乐表演(唢呐)	1	371	371	1	
音乐表演(阮)	1	340	340	1	
音乐表演(民族打击乐器)	1	434	434	1	
音乐表演(竹笛)	3	438	322	3	
音乐表演(双簧管)	1	387	387	1	
音乐表演(通俗声乐演唱与编导)	1	368	368	1	
音乐表演(电子管风琴)	1	389	389	1	
音乐教育	2	473	421	2	
5408 广州美术学院	5			5	
03专业组(不限)	5	464	348	5	
书法学	1	441	441	1	
绘画(水彩)	1	464	464	1	
雕塑	1	464	464	1	
中国画	1	423	423	1	
产品设计(染织艺术设计)	1	348	348	1	
5409 星海音乐学院	11			11	
01专业组(不限)	11	487	292	11	
音乐表演(美声演唱)	1	487	487	1	
音乐表演(民族声乐演唱)	1	334	334	1	
音乐表演(管弦系圆号演奏)	1	372	372	1	
音乐表演(国乐系二胡演奏)	1	345	345	1	
舞蹈表演	1	292	292	1	
舞蹈学(舞蹈与音乐)	1	306	306	1	
舞蹈编导	2	383	372	2	
表演(音乐剧)	1	383	383	1	

院校、专业组、专业名称	录取数	最高分	最低分	传统志愿	征求志愿
艺术与科技(音乐科技)	2	448	435	2	
5506 广西艺术学院	17			17	
02专业组(不限)	17	483	291	17	
美术教育(师范)	1	406	406	1	
绘画	1	363	363	1	
视觉传达设计	1	393	393	1	
广播电视编导	2	440	410	2	
音乐表演(演奏)	2	353	332	2	
音乐教育(演奏)(师范)	1	336	336	1	
艺术管理(演奏)	1	402	402	1	
舞蹈学	1	483	483	1	
舞蹈表演(表演与教育)	5	395	291	5	
舞蹈表演(国标舞)	2	373	362	2	
6109 四川音乐学院	28			28	
03专业组(不限)	28	403	337	28	
戏剧影视美术设计	3	403	360	3	
雕塑	3	368	359	3	
绘画	3	366	362	3	
动画	2	364	343	2	
数字媒体艺术	2	364	363	2	
公共艺术	3	377	357	3	
环境设计	2	370	348	2	
视觉传达设计	3	368	347	3	
产品设计	3	373	337	3	
艺术与科技	4	365	338	4	
6211 四川美术学院	30			30	
03专业组(不限)	30	545	404	30	
戏剧影视美术设计	1	494	494	1	
动画	3	480	438	3	
影视摄影与制作	3	444	408	3	
绘画	7	496	404	7	
实验艺术	1	418	418	1	
视觉传达设计	3	504	454	3	
环境设计	1	441	441	1	
产品设计	1	449	449	1	
公共艺术	3	545	478	3	
工艺美术	2	457	455	2	
艺术与科技	3	480	447	3	
书法学	2	473	450	2	
6403 云南艺术学院	12			12	
02专业组(不限)	12	454	276	12	
音乐表演(键盘演奏)	1	415	415	1	
音乐表演(管弦打击乐小提琴)	1	393	393	1	
舞蹈学(教育)	4	342	324	4	
舞蹈编导	1	363	363	1	
舞蹈表演	1	276	276	1	
表演(戏剧影视表演)	1	373	373	1	
戏剧影视导演	1	453	453	1	
播音与主持艺术	1	395	395	1	

2023年艺术类(历史等科目类)本科院校第1小批

院校、专业组、专业名称	录取数	最高分	最低分	传统志愿	征求志愿
录音艺术	1	454	454	1	
7119 西安美术学院	**28**			**28**	
01专业组(不限)	28	532	433	28	
美术学类	7	529	454	7	
设计学类	16	532	433	16	
美术学	3	512	488	3	
音乐学	2	477	463	2	
7120 西安音乐学院	**8**			**8**	
01专业组(不限)	8	529	398	8	
音乐表演	3	422	401	3	
音乐学(师范)	3	529	491	3	
作曲与作曲技术理论	1	398	398	1	
艺术与科技	1	426	426	1	
7508 新疆艺术学院	**12**			**12**	
01专业组(不限)	12	502	385	12	
音乐学	2	502	425	2	
美术学	2	425	411	2	
绘画	1	385	385	1	
雕塑	1	455	455	1	
视觉传达设计	1	412	412	1	
环境设计	1	404	404	1	
服装与服饰设计	1	413	413	1	
数字媒体艺术	1	422	422	1	
动画	1	394	394	1	
戏剧影视美术设计	1	408	408	1	
8004 上海视觉艺术学院	**13**			**13**	
03专业组(不限)	13	512	338	13	
广播电视编导	7	512	429	7	
表演(影视与话剧表演)	2	343	338	2	
表演(时尚表演与推广)	1	366	366	1	
流行音乐(流行演唱)	2	357	350	2	
流行音乐(流行器乐)	1	341	341	1	
8577 武汉设计工程学院	**31**			**31**	
03专业组(不限)	31	476	336	31	
表演	1	355	355	1	
播音与主持艺术	15	476	336	15	
戏剧影视美术设计	15	374	336	15	

(二)艺术类(历史等科目类)本科院校第2小批

以下为使用美术类专业省统考成绩录取的院校，下列表中的"最高分(最低分)"为文化分和专业分按一定比例构成的综合分。

院校、专业组、专业名称	录取数	最高分	最低分	最低分位次	平行志愿	征求志愿
1102 东南大学	28				28	
07专业组(不限)	28	616	600	63	28	
设计学类	28	616	600	63	28	
1103 南京航空航天大学	24				24	
09专业组(不限)	24	577	559	546	24	
戏剧影视美术设计	12	563	559	546	12	
环境设计	12	577	560	520	12	
1104 南京理工大学	16				16	
09专业组(不限)(南京校区)	16	590	562	476	16	
设计学类(环境设计、视觉传达设计)	16	590	562	476	16	
1106 南京信息工程大学	170				170	
19专业组(不限)	143	561	534	1467	143	
动画	37	551	535	1411	37	
数字媒体艺术	27	556	540	1184	27	
艺术与科技	32	540	534	1467	32	
环境设计	20	540	534	1467	20	
美术学(师范)	27	561	536	1368	27	
20专业组(不限)(中外合作办学)	27	542	508	3612	27	
数字媒体艺术(中外合作办学)	27	542	508	3612	27	
1108 南京师范大学	102				102	
33专业组(不限)	102	603	564	436	102	
美术学类(美术学、绘画、中国画)(师范)	58	603	568	361	58	
跨媒体艺术	3	591	573	296	3	
设计学类(视觉传达设计、环境设计、产品设计)	41	583	564	436	41	
1110 南京工业大学	129				129	
11专业组(不限)	129	535	522	2275	129	
设计学类(环境设计、视觉传达设计、产品设计、数字媒体艺术、艺术与科技)	129	535	522	2275	129	
1111 南京邮电大学	61				61	
09专业组(不限)	61	561	542	1103	61	
数字媒体艺术	44	561	544	1005	44	
动画	17	551	542	1103	17	
1114 南京工程学院	260				260	
08专业组(不限)	260	521	500	4617	260	
设计学类(视觉传达设计、环境设计、产品设计、工艺美术)	214	521	500	4617	214	
动画	46	514	500	4617	46	
1115 南京林业大学	536				536	
13专业组(不限)(南京校区)	116	563	542	1103	116	
设计学类(视觉传达设计、环境设计、公共艺术、数字媒体艺术)	88	563	543	1049	88	
产品设计	28	557	542	1103	28	
14专业组(不限)(淮安校区)	420	543	514	2983	420	
设计学类(视觉传达设计、环境设计、公共艺术、数字媒体艺术)	350	543	515	2882	350	
产品设计	70	540	514	2983	70	
1116 南京财经大学	136				136	
07专业组(不限)	136	531	511	3288	136	
动画	42	525	512	3196	42	
视觉传达设计	46	531	514	2983	46	
环境设计	48	530	511	3288	48	
1118 南京艺术学院	586				586	
05专业组(不限)	514	589	519	2531	514	
绘画	72	589	520	2446	72	
中国画	19	564	519	2531	19	
雕塑	13	563	522	2275	13	
公共艺术	26	549	519	2531	26	
环境设计	56	551	519	2531	56	
视觉传达设计	56	567	534	1467	56	
服装与服饰设计	19	549	519	2531	19	
工艺美术	58	549	519	2531	58	
产品设计	56	548	519	2531	56	
艺术与科技	35	542	520	2446	35	
戏剧影视美术设计	12	546	531	1638	12	
摄影	14	543	519	2531	14	
动画	45	567	530	1691	45	
数字媒体艺术	33	568	550	783	33	
06专业组(不限)(联合培养项目)	27	508	492	5856	27	
工艺美术(与苏州工艺美术职业技术学院联合培养项目,在苏州工艺美术职业技术学院学习)	27	508	492	5856	27	
07专业组(不限)(中外合作办学)	45	541	505	3957	45	
数字媒体艺术(中外合作办学)	45	541	505	3957	45	
1120 南京晓庄学院	94				94	
22专业组(不限)	94	532	507	3723	94	
美术学(师范)	50	532	508	3612	50	
环境设计	23	508	507	3723	23	
视觉传达设计	21	514	509	3505	21	

2023年艺术类(历史等科目类)本科院校第2小批

院校、专业组、专业名称	录取数	最高分	最低分	最低分位次	平行志愿	征求志愿
1128 金陵科技学院	282				282	
11专业组(不限)	282	517	493	5698	282	
动画	24	517	496	5207	24	
数字媒体艺术	53	508	498	4902	53	
视觉传达设计	53	508	497	5053	53	
产品设计	27	498	494	5549	27	
环境设计	24	501	494	5549	24	
服装与服饰设计	48	496	493	5698	48	
艺术与科技	26	497	493	5698	26	
包装设计	27	497	493	5698	27	
1131 江苏第二师范学院	172				172	
21专业组(不限)	21	550	500	4617	21	
美术学(师范)(为盐城市东台市定向培养)	1	524	524	2116	1	
美术学(师范)(为泰州市泰兴市定向培养)	2	506	500	4617	2	
美术学(师范)(为泰州市兴化市定向培养)	3	538	523	2193	3	
美术学(师范)(为徐州市丰县定向培养)	1	529	529	1765	1	
美术学(师范)(为徐州市铜山区定向培养)	5	543	522	2275	5	
美术学(师范)(为徐州市睢宁县定向培养)	1	520	520	2446	1	
美术学(师范)(为连云港市赣榆区定向培养)	2	550	522	2275	2	
美术学(师范)(为淮安市洪泽区定向培养)	1	518	518	2613	1	
美术学(师范)(为宿迁市沭阳县定向培养)	5	522	504	4081	5	
22专业组(不限)	151	521	500	4617	151	
美术学(师范)	20	521	505	3957	20	
环境设计	23	505	500	4617	23	
视觉传达设计	23	510	502	4323	23	
数字媒体艺术	85	511	500	4617	85	
1133 南京特殊教育师范学院	148				148	
07专业组(不限)	148	517	484	7232	148	
美术学(师范)	36	517	493	5698	36	
服装与服饰设计	42	492	484	7232	42	
视觉传达设计	70	493	486	6887	70	
1136 南京工业职业技术大学	360				360	
07专业组(不限)	360	504	475	8921	360	
产品设计	80	491	476	8735	80	
数字媒体艺术	70	504	481	7800	70	
视觉传达设计	105	493	478	8349	105	
环境艺术设计	105	491	475	8921	105	
1201 江南大学	51				51	
12专业组(不限)	51	600	571	321	51	
视觉传达设计	8	593	579	214	8	
环境设计	5	579	576	256	5	
产品设计	6	600	589	108	6	
服装与服饰设计	8	579	571	321	8	
公共艺术	8	578	572	310	8	
数字媒体艺术	8	595	580	204	8	
美术学(师范)	8	579	573	296	8	
1203 无锡学院	134				134	
04专业组(不限)(中外合作办学)	60	491	466	10607	60	
数字媒体艺术(中外合作办学)	60	491	466	10607	60	
05专业组(不限)	74	515	492	5856	74	
数字媒体艺术	37	515	495	5382	37	
艺术与科技	37	498	492	5856	37	
1221 中国矿业大学	12				12	
08专业组(不限)	12	561	553	694	12	
环境设计	12	561	553	694	12	
1222 江苏师范大学	62				62	
17专业组(不限)	62	546	513	3086	62	
美术学(师范)	31	546	518	2613	31	
设计学类(视觉传达设计、环境设计)	31	539	513	3086	31	
1224 徐州工程学院	217				217	
09专业组(不限)	188	507	483	7426	188	
视觉传达设计	49	507	486	6887	49	
环境设计	48	501	483	7426	48	
产品设计	43	490	483	7426	43	
服装与服饰设计	19	485	483	7426	19	
数字媒体艺术	29	497	487	6726	29	
10专业组(不限)(联合培养项目)	29	479	469	10063	29	
视觉传达设计(与江苏建筑职业技术学院联合培养项目,在江苏建筑职业技术学院学习)	29	479	469	10063	29	
1242 常州大学	124				124	
12专业组(不限)	124	519	506	3845	124	
视觉传达设计	20	516	509	3505	20	
环境设计(景观设计)	21	513	506	3845	21	
环境设计(室内设计)	16	510	506	3845	16	
美术学	14	510	506	3845	14	
产品设计	22	510	507	3723	22	
数字媒体艺术	31	519	508	3612	31	
1243 常州工学院	227				227	
11专业组(不限)	147	504	487	6726	147	
产品设计	40	498	488	6523	40	
数字媒体艺术	20	502	491	6017	20	
环境设计	26	491	487	6726	26	
视觉传达设计	61	504	489	6347	61	

院校、专业组、专业名称	录取数	最高分	最低分	最低分位次	平行志愿	征求志愿
12专业组(不限)(高校中外学分互认联合培养项目)	**20**	**469**	**440**	**14672**	**20**	
数字媒体艺术(中美学分互认联合培养项目)	20	469	440	14672	20	
13专业组(不限)(联合培养项目)	**60**	**490**	**467**	**10435**	**60**	
环境设计(与常州纺织服装职业技术学院联合培养项目,在常州纺织服装职业技术学院学习)	30	478	467	10435	30	
视觉传达设计(与南通职业大学联合培养项目,在南通职业大学学习)	30	490	467	10435	30	
1244 江苏理工学院	**123**				**123**	
14专业组(不限)	**95**	**508**	**494**	**5549**	**95**	
环境设计	18	499	494	5549	18	
数字媒体艺术	18	505	498	4902	18	
服装与服饰设计(师范)	18	498	494	5549	18	
产品设计	18	499	495	5382	18	
美术学(师范)	23	508	496	5207	23	
15专业组(不限)(联合培养项目)	**28**	**478**	**465**	**10767**	**28**	
服装与服饰设计(与常州纺织服装职业技术学院联合培养项目,在常州纺织服装职业技术学院学习)	28	478	465	10767	28	
1261 苏州大学	**43**				**43**	
37专业组(不限)	**43**	**590**	**566**	**400**	**43**	
视觉传达设计	7	586	582	188	7	
环境设计	7	575	567	378	7	
产品设计	6	581	575	271	6	
服装与服饰设计	6	574	566	400	6	
数字媒体艺术	4	590	582	188	4	
美术学(师范)	7	580	568	361	7	
美术学	2	570	568	361	2	
艺术设计学	4	573	567	378	4	
1262 苏州科技大学	**107**				**107**	
14专业组(不限)	**107**	**541**	**511**	**3288**	**107**	
美术学(师范)	10	541	518	2613	10	
美术学	14	516	511	3288	14	
视觉传达设计	32	529	513	3086	32	
环境设计	28	521	511	3288	28	
动画	4	522	516	2783	4	
数字媒体艺术	19	529	514	2983	19	
1263 常熟理工学院	**166**				**165**	**1**
14专业组(不限)	**166**	**513**	**486**	**6887**	**165**	**1**
视觉传达设计	41	504	491	6017	41	
环境设计	46	492	486	6887	46	
产品设计	35	492	487	6726	35	
服装与服饰设计	44	513	486	6887	43	1
1267 苏州城市学院	**70**				**70**	
11专业组(不限)	**70**	**506**	**489**	**6347**	**70**	
视觉传达设计	28	506	492	5856	28	
环境设计	14	496	489	6347	14	
产品设计	28	502	489	6347	28	
1301 南通大学	**161**				**161**	
26专业组(不限)	**161**	**531**	**507**	**3723**	**161**	
美术学(师范)	28	531	511	3288	28	
视觉传达设计	87	529	508	3612	87	
环境设计	22	519	507	3723	22	
服装与服饰设计	24	514	507	3723	24	
1321 江苏海洋大学	**131**				**131**	
10专业组(不限)	**131**	**503**	**490**	**6168**	**131**	
产品设计	26	500	490	6168	26	
环境设计	32	500	490	6168	32	
视觉传达设计	36	500	491	6017	36	
数字媒体艺术	37	503	492	5856	37	
1341 淮阴师范学院	**151**				**151**	
17专业组(不限)	**124**	**523**	**494**	**5549**	**124**	
美术学(师范)	32	523	498	4902	32	
数字媒体艺术	15	504	498	4902	15	
视觉传达设计	22	506	497	5053	22	
环境设计	55	505	494	5549	55	
18专业组(不限)	**27**	**578**	**467**	**10435**	**27**	
美术学(师范)(为南京市六合区定向培养)	2	538	528	1827	2	
美术学(师范)(为南京市高淳区定向培养)	4	553	535	1411	4	
美术学(师范)(为苏州市太仓市定向培养)	1	534	534	1467	1	
美术学(师范)(为苏州市吴江区定向培养)	1	536	536	1368	1	
美术学(师范)(为南通市海安市定向培养)	1	564	564	436	1	
美术学(师范)(为南通市如皋市定向培养)	2	557	527	1902	2	
美术学(师范)(为南通市如东县定向培养)	1	556	556	608	1	
美术学(师范)(为南通市海门区定向培养)	1	553	553	694	1	
美术学(师范)(为南通市通州区定向培养)	1	578	578	227	1	
美术学(师范)(为镇江市扬中市定向培养)	1	520	520	2446	1	
美术学(师范)(为扬州市宝应县定向培养)	2	542	528	1827	2	
美术学(师范)(为扬州市高邮市定向培养)	3	507	467	10435	3	

院校、专业组、专业名称	录取数	最高分	最低分	最低分位次	平行志愿	征求志愿
美术学(师范)(为扬州市江都区定向培养)	4	550	506	3845	4	
美术学(师范)(为扬州市邗江区定向培养)	2	578	563	455	2	
美术学(师范)(为扬州市仪征市定向培养)	1	506	506	3845	1	
1342 淮阴工学院	**181**				**181**	
08专业组(不限)	**181**	**497**	**481**	**7800**	**181**	
视觉传达设计	46	497	483	7426	46	
环境设计	41	489	481	7800	41	
产品设计	46	486	481	7800	46	
数字媒体艺术	48	491	482	7614	48	
1361 盐城工学院	**96**				**96**	
05专业组(不限)	**96**	**509**	**480**	**7991**	**96**	
视觉传达设计	25	509	483	7426	25	
环境设计	24	488	481	7800	24	
产品设计	25	486	481	7800	25	
服装与服饰设计	22	482	480	7991	22	
1362 盐城师范学院	**180**				**180**	
19专业组(不限)	**151**	**517**	**487**	**6726**	**151**	
美术学(师范)	44	517	492	5856	44	
视觉传达设计	29	497	491	6017	29	
环境设计	49	497	487	6726	49	
艺术与科技	29	495	487	6726	29	
20专业组(不限)(联合培养项目)	**29**	**474**	**464**	**10936**	**29**	
环境设计(与盐城工业职业技术学院联合培养项目,在盐城工业职业技术学院学习)	29	474	464	10936	29	
1381 扬州大学	**137**				**137**	
34专业组(不限)	**137**	**542**	**516**	**2783**	**137**	
数字媒体艺术	24	536	525	2031	24	
美术学(师范)	26	542	523	2193	26	
环境设计	58	528	516	2783	58	
服装与服饰设计	13	523	516	2783	13	
公共艺术	16	524	516	2783	16	
1401 江苏大学	**163**				**163**	
30专业组(不限)	**163**	**538**	**510**	**3380**	**163**	
产品设计	37	527	511	3288	37	
视觉传达设计	26	530	513	3086	26	
美术学(师范)	32	538	513	3086	32	
环境设计	31	515	510	3380	31	
数字媒体艺术	18	536	518	2613	18	
动画	19	525	511	3288	19	
1421 泰州学院	**217**				**217**	
07专业组(不限)	**187**	**508**	**481**	**7800**	**187**	
绘画(师范)	70	508	483	7426	70	
视觉传达设计	40	494	483	7426	40	
环境设计	77	488	481	7800	77	

院校、专业组、专业名称	录取数	最高分	最低分	最低分位次	平行志愿	征求志愿
08专业组(不限)(联合培养项目)	**30**	**475**	**464**	**10936**	**30**	
环境设计(与苏州农业职业技术学院联合培养项目,在苏州农业职业技术学院学习)	30	475	464	10936	30	
1426 宿迁学院	**237**				**237**	
09专业组(不限)	**237**	**510**	**476**	**8735**	**237**	
产品设计	48	497	477	8539	48	
环境设计	48	487	476	8735	48	
美术学	58	481	476	8735	58	
美术学(师范)	35	505	481	7800	35	
数字媒体艺术	48	510	479	8163	48	
1802 东南大学成贤学院	**212**				**212**	
07专业组(不限)	**212**	**500**	**472**	**9520**	**212**	
环境设计	90	484	472	9520	90	
动画	61	484	472	9520	61	
视觉传达设计	61	500	475	8921	61	
1803 南京航空航天大学金城学院	**189**				**184**	**5**
13专业组(不限)	**189**	**491**	**461**	**11473**	**184**	**5**
视觉传达设计	86	477	461	11473	86	
产品设计	16	491	461	11473	11	5
环境设计	12	475	462	11300	12	
数字媒体艺术	75	475	461	11473	75	
1807 南京审计大学金审学院	**335**				**335**	
03专业组(不限)	**335**	**494**	**459**	**11808**	**335**	
环境设计	88	475	459	11808	88	
视觉传达设计	108	480	460	11648	108	
数字媒体艺术	139	494	460	11648	139	
1810 南京工业大学浦江学院	**198**				**198**	
11专业组(不限)	**198**	**481**	**458**	**11958**	**198**	
视觉传达设计	48	477	459	11808	48	
产品设计	23	472	458	11958	23	
环境设计	51	472	458	11958	51	
艺术与科技	18	481	458	11958	18	
数字媒体艺术	58	475	459	11808	58	
1826 中国矿业大学徐海学院	**42**				**42**	
03专业组(不限)	**42**	**483**	**463**	**11114**	**42**	
环境设计	34	473	463	11114	34	
视觉传达设计	8	483	467	10435	8	
1827 江苏师范大学科文学院	**69**				**69**	
06专业组(不限)	**69**	**482**	**458**	**11958**	**69**	
视觉传达设计	69	482	458	11958	69	
1834 苏州大学应用技术学院	**80**				**80**	
06专业组(不限)	**80**	**478**	**454**	**12645**	**80**	
服装与服饰设计	40	469	454	12645	40	
视觉传达设计	40	478	457	12171	40	
1835 苏州科技大学天平学院	**56**				**56**	
07专业组(不限)	**56**	**479**	**465**	**10767**	**56**	

院校、专业组、专业名称	录取数	最高分	最低分	最低分位次	平行志愿	征求志愿
视觉传达设计	28	475	466	10607	28	
环境设计	28	479	465	10767	28	
1838 南通大学杏林学院	232				232	
05专业组(不限)	232	476	450	13284	232	
动画	58	473	450	13284	58	
视觉传达设计	58	476	452	12970	58	
环境设计	58	459	450	13284	58	
产品设计	58	462	450	13284	58	
1844 扬州大学广陵学院	234				234	
05专业组(不限)	234	480	455	12480	234	
视觉传达设计	74	480	458	11958	74	
环境设计	75	471	456	12326	75	
服装与服饰设计	85	458	455	12480	85	
1845 江苏大学京江学院	66				66	
04专业组(不限)	66	484	455	12480	66	
环境设计	16	484	455	12480	16	
视觉传达设计	50	473	455	12480	50	
1847 南京师范大学泰州学院	90				90	
06专业组(不限)	90	494	467	10435	90	
美术学(师范)	30	494	472	9520	30	
视觉传达设计	20	480	470	9869	20	
数字媒体艺术	20	477	468	10255	20	
摄影	20	469	467	10435	20	
1848 南京理工大学泰州科技学院	190				190	
09专业组(不限)	190	476	453	12806	190	
环境设计	47	473	454	12645	47	
数字媒体艺术	143	476	453	12806	143	
1855 常州大学怀德学院	99				99	
03专业组(不限)	99	469	451	13124	99	
视觉传达设计	33	469	453	12806	33	
环境设计	33	459	452	12970	33	
产品设计	33	455	451	13124	33	
1858 南京师范大学中北学院	132				132	
07专业组(不限)	132	480	461	11473	132	
美术学	31	480	462	11300	31	
环境设计	66	466	461	11473	66	
视觉传达设计	35	477	464	10936	35	
1901 南京传媒学院	519				519	
03专业组(不限)	519	506	467	10435	519	
数字媒体艺术	68	506	479	8163	68	
艺术与科技(电竞游戏策划与设计)	6	481	478	8349	6	
戏剧影视美术设计	7	502	481	7800	7	
动画	145	500	468	10255	145	
漫画	43	488	467	10435	43	
新媒体艺术	65	505	471	9696	65	
绘画	53	489	467	10435	53	
设计学类(视觉传达设计、环境设计、产品设计、服装与服饰设计)	132	495	471	9696	132	
1911 三江学院	215				215	
04专业组(不限)	215	486	450	13284	215	
公共艺术	22	463	450	13284	22	
视觉传达设计	70	486	452	12970	70	
动画	22	458	451	13124	22	
环境设计	49	465	450	13284	49	
数字媒体艺术	48	473	453	12806	48	
摄影	4	455	450	13284	4	
1915 无锡太湖学院	420				418	2
06专业组(不限)	420	476	446	13869	418	2
视觉传达设计	62	467	449	13429	62	
环境设计	60	458	448	13574	60	
产品设计	57	476	447	13727	57	
服装与服饰设计	56	466	446	13869	56	
数字媒体艺术	59	473	449	13429	59	
艺术与科技	54	455	447	13727	54	
影视摄影与制作	72	458	446	13869	70	2
1928 南通理工学院	444				444	
04专业组(不限)	444	480	441	14568	444	
环境设计	109	475	442	14426	109	
数字媒体艺术	139	461	443	14318	139	
视觉传达设计	118	480	443	14318	118	
包装设计	78	446	441	14568	78	
2102 同济大学	3				3	
07专业组(不限)	2	626	620	前50名	2	
动画	2	626	620	前50名	2	
08专业组(不限)	1	641	641	前50名	1	
设计学类[含视觉传达设计+人工智能(双学士学位培养项目)]	1	641	641	前50名	1	
2103 上海交通大学	3				3	
05专业组(不限)	3	672	634	前50名	3	
视觉传达设计	3	672	634	前50名	3	
2104 华东理工大学	6				6	
06专业组(不限)	6	581	574	282	6	
设计学类	6	581	574	282	6	
2106 华东师范大学	8				8	
10专业组(不限)	8	627	610	前50名	8	
美术学类	4	627	610	前50名	4	
设计学类	4	616	611	前50名	4	
2111 上海师范大学	16				16	
07专业组(不限)	16	560	551	748	16	
美术学(师范)	4	560	556	608	4	
设计学类(视觉传达设计、环境设计)	4	558	554	661	4	
绘画	2	554	551	748	2	
中国画(师范)	2	555	552	720	2	

院校、专业组、专业名称	录取数	最高分	最低分	最低分位次	平行志愿	征求志愿
动画	4	554	552	720	4	
2115 上海理工大学	**10**				**10**	
05专业组(不限)	**10**	**561**	**552**	**720**	**10**	
设计学类	10	561	552	720	10	
2117 上海海事大学	**6**				**6**	
05专业组(不限)	**6**	**524**	**516**	**2783**	**6**	
绘画	6	524	516	2783	6	
2120 上海工程技术大学	**12**				**12**	
04专业组(不限)	**10**	**534**	**505**	**3957**	**10**	
摄影	2	508	505	3957	2	
服装与服饰设计	5	513	509	3505	5	
设计学类	3	534	516	2783	3	
05专业组(不限)(中外合作办学)	**2**	**505**	**502**	**4323**	**2**	
产品设计(中外合作办学)	1	505	505	3957	1	
视觉传达设计(中外合作办学)	1	502	502	4323	1	
2123 上海应用技术大学	**7**				**7**	
03专业组(不限)	**7**	**510**	**506**	**3845**	**7**	
视觉传达设计	2	510	507	3723	2	
环境设计	2	506	506	3845	2	
产品设计	1	506	506	3845	1	
绘画	2	508	506	3845	2	
2124 上海第二工业大学	**3**				**3**	
04专业组(不限)	**3**	**524**	**516**	**2783**	**3**	
视觉传达设计	1	519	519	2531	1	
产品设计	1	524	524	2116	1	
环境设计	1	516	516	2783	1	
2136 上海电机学院	**5**				**5**	
03专业组(不限)	**5**	**512**	**497**	**5053**	**5**	
产品设计	5	512	497	5053	5	
2141 上海商学院	**6**				**6**	
05专业组(不限)	**6**	**505**	**503**	**4208**	**6**	
视觉传达设计	3	505	504	4081	3	
环境设计	3	504	503	4208	3	
2201 浙江大学	**4**				**4**	
06专业组(不限)	**4**	**633**	**620**	**前50名**	**4**	
艺术与科技	4	633	620	前50名	4	
2202 中国计量大学	**5**				**5**	
05专业组(不限)	**5**	**533**	**517**	**2692**	**5**	
视觉传达设计	3	533	519	2531	3	
环境设计	2	518	517	2692	2	
2204 浙江工业大学	**16**				**16**	
06专业组(不限)	**16**	**541**	**534**	**1467**	**16**	
设计学类(环境设计、公共艺术、视觉传达设计、数字媒体艺术)	16	541	534	1467	16	
2205 中国美术学院	**3**				**3**	
05专业组(不限)(中外合作办学)	**3**	**589**	**575**	**271**	**3**	
产品设计(中外合作办学)	1	581	581	196	1	
环境设计(中外合作办学)	1	589	589	108	1	
艺术与科技(中外合作办学)	1	575	575	271	1	
2206 浙江师范大学	**29**				**29**	
08专业组(不限)	**29**	**543**	**524**	**2116**	**29**	
动画	5	532	524	2116	5	
美术学(师范)	4	543	529	1765	4	
设计学类(视觉传达设计、环境设计、产品设计)	10	531	526	1978	10	
数字媒体艺术	6	534	527	1902	6	
艺术与科技	4	528	524	2116	4	
2207 浙江工商大学	**10**				**10**	
03专业组(不限)	**10**	**533**	**519**	**2531**	**10**	
视觉传达设计	4	524	520	2446	4	
环境设计	2	519	519	2531	2	
数字媒体艺术	4	533	522	2275	4	
2211 浙江传媒学院	**12**				**12**	
08专业组(不限)	**12**	**537**	**525**	**2031**	**12**	
动画	4	537	531	1638	4	
动画(漫插画)	2	531	526	1978	2	
设计学类(视觉传达设计、产品设计)	3	526	525	2031	3	
服装与服饰设计	1	530	530	1691	1	
戏剧影视美术设计	2	527	525	2031	2	
2212 浙江科技学院	**12**				**12**	
05专业组(不限)	**12**	**507**	**502**	**4323**	**12**	
设计学类	12	507	502	4323	12	
2214 浙江农林大学	**9**				**9**	
06专业组(不限)	**9**	**517**	**509**	**3505**	**9**	
视觉传达设计	2	512	511	3288	2	
服装与服饰设计	4	517	509	3505	4	
数字媒体艺术	3	511	510	3380	3	
2221 宁波大学	**11**				**11**	
03专业组(不限)	**11**	**548**	**544**	**1005**	**11**	
美术学(师范)	3	546	544	1005	3	
视觉传达设计	8	548	544	1005	8	
2223 绍兴文理学院	**5**				**5**	
03专业组(不限)	**5**	**496**	**492**	**5856**	**5**	
设计学类	5	496	492	5856	5	
2228 温州大学	**12**				**12**	
04专业组(不限)	**12**	**515**	**505**	**3957**	**12**	
美术学(师范)	6	510	506	3845	6	
视觉传达设计	2	508	506	3845	2	
环境设计	1	505	505	3957	1	
服装与服饰设计	3	515	506	3845	3	
2240 浙江外国语学院	**2**				**2**	
05专业组(不限)	**2**	**517**	**509**	**3505**	**2**	
美术学(师范)	2	517	509	3505	2	

2023年艺术类（历史等科目类）本科院校第2小批

院校、专业组、专业名称	录取数	最高分	最低分	最低分位次	平行志愿	征求志愿
2261 湖州师范学院	10				10	
07专业组(不限)	8	505	494	5549	8	
视觉传达设计	2	499	495	5382	2	
环境设计	2	505	495	5382	2	
产品设计	2	500	495	5382	2	
服装与服饰设计	2	497	494	5549	2	
08专业组(不限)	2	513	506	3845	2	
美术学(师范)	2	513	506	3845	2	
2268 丽水学院	11				11	
07专业组(不限)	11	490	481	7800	11	
美术学(师范)	3	490	482	7614	3	
摄影	2	481	481	7800	2	
视觉传达设计	2	487	483	7426	2	
环境设计	2	485	483	7426	2	
陶瓷艺术设计	2	481	481	7800	2	
2277 嘉兴南湖学院	4				4	
04专业组(不限)	4	490	484	7232	4	
数字媒体艺术	4	490	484	7232	4	
2302 合肥工业大学	8				8	
05专业组(不限)	8	558	553	694	8	
视觉传达设计	3	558	556	608	3	
环境设计	5	558	553	694	5	
2303 安徽大学	14				14	
04专业组(不限)	14	563	549	813	14	
视觉传达设计	5	556	549	813	5	
环境设计	5	563	551	748	5	
产品设计	2	552	549	813	2	
绘画	2	560	559	546	2	
2305 安徽建筑大学	26				26	
06专业组(不限)	26	507	498	4902	26	
动画	3	507	499	4769	3	
视觉传达设计	8	505	500	4617	8	
环境设计	13	500	498	4902	13	
公共艺术	2	498	498	4902	2	
2306 安徽农业大学	7				7	
10专业组(不限)	7	513	501	4477	7	
环境设计	7	513	501	4477	7	
2308 安徽工程大学	12				12	
03专业组(不限)	12	511	498	4902	12	
服装与服饰设计	1	506	506	3845	1	
环境设计	3	501	498	4902	3	
视觉传达设计	1	509	509	3505	1	
工艺美术	3	510	499	4769	3	
产品设计	3	504	500	4617	3	
数字媒体艺术	1	511	511	3288	1	
2309 安徽师范大学	10				10	
08专业组(不限)	10	525	505	3957	10	
美术学类(绘画、雕塑)	2	506	505	3957	2	
美术学(师范)	3	518	507	3723	3	
设计学类(视觉传达设计、环境设计、工艺美术)	5	525	506	3845	5	
2321 安徽财经大学	8				8	
07专业组(不限)	8	500	497	5053	8	
绘画	4	497	497	5053	4	
设计学类	4	500	498	4902	4	
2327 合肥学院	10				10	
05专业组(不限)	10	501	489	6347	10	
动画	2	490	489	6347	2	
视觉传达设计	2	501	492	5856	2	
环境设计	2	491	489	6347	2	
产品设计	2	492	489	6347	2	
艺术与科技	2	491	490	6168	2	
2331 阜阳师范大学	30				30	
04专业组(不限)	30	493	482	7614	30	
美术学(师范)	10	491	485	7031	10	
视觉传达设计	10	489	483	7426	10	
环境设计	5	483	482	7614	5	
绘画	5	493	482	7614	5	
2333 皖西学院	25				25	
03专业组(不限)	25	488	474	9112	25	
美术学(师范)	10	483	475	8921	10	
环境设计	10	478	474	9112	10	
视觉传达设计	5	488	477	8539	5	
2342 宿州学院	6				6	
06专业组(不限)	6	477	475	8921	6	
环境设计	6	477	475	8921	6	
2348 池州学院	6				6	
03专业组(不限)	6	476	474	9112	6	
美术学(师范)	2	476	475	8921	2	
视觉传达设计	2	475	475	8921	2	
环境设计	2	475	474	9112	2	
2351 淮北师范大学	21				21	
09专业组(不限)	21	510	490	6168	21	
美术学(师范)	5	510	495	5382	5	
绘画	2	494	494	5549	2	
视觉传达设计	5	493	491	6017	5	
环境设计	5	491	490	6168	5	
服装与服饰设计	4	494	490	6168	4	
2361 安徽工业大学	16				16	
05专业组(不限)	16	510	499	4769	16	
环境设计	8	502	499	4769	8	
视觉传达设计	5	510	501	4477	5	
数字媒体艺术	3	503	503	4208	3	
2362 淮南师范学院	16				16	
06专业组(不限)	16	497	480	7991	16	
美术学(师范)	4	497	486	6887	4	
视觉传达设计	4	486	483	7426	4	
环境设计	4	482	480	7991	4	

院校、专业组、专业名称	录取数	最高分	最低分	最低分位次	平行志愿	征求志愿
产品设计	4	487	481	7800	4	
2367 巢湖学院	**50**				**50**	
01专业组(不限)	**50**	**488**	**473**	**9307**	**50**	
美术学(师范)	17	488	473	9307	17	
视觉传达设计	20	481	473	9307	20	
环境设计	13	483	473	9307	13	
2372 滁州学院	**15**				**15**	
02专业组(不限)	**15**	**496**	**477**	**8539**	**15**	
美术学(师范)	3	496	483	7426	3	
视觉传达设计	3	480	479	8163	3	
环境设计	3	478	478	8349	3	
产品设计	3	479	477	8539	3	
数字媒体艺术	3	487	480	7991	3	
2381 黄山学院	**8**				**8**	
07专业组(不限)	**8**	**480**	**474**	**9112**	**8**	
视觉传达设计	2	480	478	8349	2	
环境设计	2	477	474	9112	2	
产品设计	2	477	476	8735	2	
数字媒体艺术	2	479	477	8539	2	
2401 福州大学	**25**				**25**	
04专业组(不限)	**25**	**565**	**547**	**876**	**25**	
美术学类	4	550	547	876	4	
设计学类	21	565	547	876	21	
2402 福建农林大学	**2**				**2**	
08专业组(不限)	**2**	**502**	**502**	**4323**	**2**	
环境设计	2	502	502	4323	2	
2404 福建师范大学	**8**				**8**	
01专业组(不限)	**8**	**525**	**500**	**4617**	**8**	
设计学类	5	522	500	4617	5	
美术学(师范)	3	525	518	2613	3	
2405 福建理工大学	**8**				**8**	
02专业组(不限)	**8**	**531**	**487**	**6726**	**8**	
环境设计	2	489	487	6726	2	
视觉传达设计	2	531	490	6168	2	
数字媒体艺术	2	490	490	6168	2	
产品设计	2	488	487	6726	2	
2408 龙岩学院	**2**				**2**	
02专业组(不限)	**2**	**480**	**473**	**9307**	**2**	
美术学(师范)	2	480	473	9307	2	
2409 闽江学院	**18**				**18**	
02专业组(不限)	**18**	**488**	**475**	**8921**	**18**	
数字媒体艺术	2	488	483	7426	2	
环境设计	4	482	477	8539	4	
视觉传达设计	2	486	484	7232	2	
绘画	3	480	475	8921	3	
雕塑	2	477	477	8539	2	
服装与服饰设计	5	487	476	8735	5	
2411 厦门大学	**11**				**11**	
10专业组(不限)(中外合作办学)	**8**	**586**	**564**	**436**	**8**	
视觉传达设计(中外合作办学)	2	566	564	436	2	
环境设计(中外合作办学)	2	583	566	400	2	
数字媒体艺术(中外合作办学)	4	586	566	400	4	
11专业组(不限)	**3**	**595**	**591**	**95**	**3**	
绘画	3	595	591	95	3	
2412 集美大学	**3**				**3**	
09专业组(不限)	**3**	**534**	**531**	**1638**	**3**	
视觉传达设计	3	534	531	1638	3	
2413 厦门理工学院	**8**				**8**	
04专业组(不限)	**8**	**500**	**494**	**5549**	**8**	
设计学类	3	500	496	5207	3	
服装与服饰设计	2	496	494	5549	2	
数字媒体艺术	3	499	497	5053	3	
2421 莆田学院	**8**				**8**	
04专业组(不限)	**8**	**481**	**474**	**9112**	**8**	
工艺美术	2	479	475	8921	2	
视觉传达设计	2	481	477	8539	2	
环境设计	2	476	474	9112	2	
美术学(师范)	2	475	474	9112	2	
2432 福建江夏学院	**8**				**8**	
01专业组(不限)	**8**	**479**	**472**	**9520**	**8**	
动画	4	479	473	9307	4	
艺术设计学	4	474	472	9520	4	
2443 泉州师范学院	**8**				**8**	
07专业组(不限)	**8**	**486**	**478**	**8349**	**8**	
美术学(师范)	2	486	481	7800	2	
视觉传达设计	2	480	480	7991	2	
产品设计	2	485	479	8163	2	
数字媒体艺术	1	482	482	7614	1	
服装与服饰设计	1	478	478	8349	1	
2501 江西财经大学	**7**				**7**	
09专业组(不限)	**7**	**508**	**504**	**4081**	**7**	
环境设计	3	505	504	4081	3	
数字媒体艺术	4	508	505	3957	4	
2502 华东交通大学	**12**				**12**	
11专业组(不限)	**12**	**504**	**497**	**5053**	**12**	
环境设计	4	497	497	5053	4	
数字媒体艺术	8	504	498	4902	8	
2505 南昌大学	**13**				**13**	
07专业组(不限)	**13**	**552**	**546**	**903**	**13**	
绘画	5	547	546	903	5	
设计学类	8	552	547	876	8	
2506 南昌航空大学	**6**				**6**	
04专业组(不限)	**6**	**505**	**495**	**5382**	**6**	
环境设计	2	495	495	5382	2	
视觉传达设计	2	498	497	5053	2	

院校、专业组、专业名称	录取数	最高分	最低分	最低分位次	平行志愿	征求志愿
动画	2	505	496	5207	2	
2507 江西科技师范大学	17				17	
08专业组(不限)	17	496	484	7232	17	
美术学(师范)	3	490	485	7031	3	
视觉传达设计	3	487	484	7232	3	
服装与服饰设计	3	489	484	7232	3	
环境设计	8	496	486	6887	8	
2508 江西农业大学	2				2	
08专业组(不限)	2	497	493	5698	2	
环境设计	1	493	493	5698	1	
数字媒体艺术	1	497	497	5053	1	
2510 江西师范大学	12				12	
11专业组(不限)	12	505	500	4617	12	
动画	3	505	504	4081	3	
绘画	4	504	500	4617	4	
产品设计	2	505	502	4323	2	
美术学(师范)	3	505	501	4477	3	
2511 南昌工程学院	6				6	
04专业组(不限)	6	479	475	8921	6	
设计学类	6	479	475	8921	6	
2521 江西理工大学	2				2	
06专业组(不限)	2	495	494	5549	2	
设计学类	2	495	494	5549	2	
2523 赣南师范大学	11				11	
10专业组(不限)	11	489	476	8735	11	
美术学(师范)	5	489	476	8735	5	
产品设计	4	487	476	8735	4	
数字媒体艺术	2	480	479	8163	2	
2527 新余学院	2				2	
04专业组(不限)	2	479	475	8921	2	
视觉传达设计	2	479	475	8921	2	
2539 豫章师范学院	3				3	
01专业组(不限)	3	475	473	9307	3	
绘画	2	474	473	9307	2	
视觉传达设计	1	475	475	8921	1	
2541 东华理工大学	6				6	
04专业组(不限)	6	495	493	5698	6	
设计学类	6	495	493	5698	6	
2542 萍乡学院	2				2	
05专业组(不限)	2	477	473	9307	2	
美术学(师范)	2	477	473	9307	2	
2543 南昌师范学院	3				3	
07专业组(不限)	3	481	480	7991	3	
美术学(师范)	1	481	481	7800	1	
艺术设计学	2	481	480	7991	2	
2551 宜春学院	11				11	
06专业组(不限)	11	474	465	10767	11	
美术学(师范)	3	474	465	10767	3	
视觉传达设计	4	473	469	10063	4	

院校、专业组、专业名称	录取数	最高分	最低分	最低分位次	平行志愿	征求志愿
环境设计	4	472	467	10435	4	
2561 九江学院	20				20	
04专业组(不限)	16	478	471	9696	16	
视觉传达设计	3	477	475	8921	3	
环境设计	7	478	471	9696	7	
美术学(师范)	4	478	474	9112	4	
绘画	2	473	473	9307	2	
05专业组(不限)(中外合作办学)	4	466	460	11648	4	
视觉传达设计(中外合作办学)	4	466	460	11648	4	
2571 上饶师范学院	4				4	
06专业组(不限)	4	473	464	10936	4	
美术学(师范)	2	473	464	10936	2	
环境设计	2	470	465	10767	2	
2572 赣东学院	4				4	
03专业组(不限)	4	473	466	10607	4	
服装与服饰设计	2	471	466	10607	2	
数字媒体艺术	2	473	472	9520	2	
2573 赣南科技学院	3				3	
04专业组(不限)	3	469	468	10255	3	
设计学类	3	469	468	10255	3	
2581 井冈山大学	5				5	
05专业组(不限)	5	485	480	7991	5	
美术学(师范)	2	485	480	7991	2	
视觉传达设计	3	483	482	7614	3	
2596 景德镇学院	7				7	
03专业组(不限)	7	482	461	11473	7	
工艺美术	3	482	471	9696	3	
环境设计	2	470	461	11473	2	
美术学(师范)	2	474	461	11473	2	
2601 山东大学	8				8	
10专业组(不限)	8	590	581	196	8	
美术学	3	587	583	171	3	
视觉传达设计	2	590	581	196	2	
产品设计	3	589	582	188	3	
2602 济南大学	8				8	
12专业组(不限)	8	519	507	3723	8	
美术学(师范)	2	507	507	3723	2	
环境设计	2	507	507	3723	2	
视觉传达设计	2	509	508	3612	2	
产品设计	2	519	508	3612	2	
2606 山东财经大学	6				6	
03专业组(不限)	6	502	496	5207	6	
美术学	6	502	496	5207	6	
2607 山东建筑大学	5				5	
05专业组(不限)	5	501	497	5053	5	
视觉传达设计	5	501	497	5053	5	
2610 齐鲁工业大学	2				2	

院校、专业组、专业名称	录取数	最高分	最低分	最低分位次	平行志愿	征求志愿
03专业组(不限)	**2**	**506**	**504**	**4081**	**2**	
设计学类	2	506	504	4081	2	
2611 山东理工大学	**20**				**20**	
05专业组(不限)	**20**	**505**	**498**	**4902**	**20**	
美术学(师范)	10	505	499	4769	10	
视觉传达设计	5	503	500	4617	5	
环境设计	5	500	498	4902	5	
2622 青岛理工大学	**11**				**11**	
06专业组(不限)	**11**	**508**	**501**	**4477**	**11**	
视觉传达设计	1	504	504	4081	1	
产品设计	3	505	501	4477	3	
环境设计	5	508	501	4477	5	
绘画	2	503	501	4477	2	
2623 青岛科技大学	**24**				**24**	
04专业组(不限)	**14**	**506**	**502**	**4323**	**14**	
产品设计	3	506	502	4323	3	
绘画	3	505	504	4081	3	
视觉传达设计	3	506	504	4081	3	
环境设计	3	505	502	4323	3	
公共艺术	2	505	502	4323	2	
05专业组(不限)(中外合作办学)	**10**	**490**	**481**	**7800**	**10**	
动画(中外合作办学)	10	490	481	7800	10	
2624 青岛大学	**10**				**10**	
05专业组(不限)	**10**	**514**	**510**	**3380**	**10**	
绘画	2	514	512	3196	2	
视觉传达设计	2	511	511	3288	2	
环境设计	2	510	510	3380	2	
服装与服饰设计	2	510	510	3380	2	
动画	2	514	512	3196	2	
2633 山东科技大学	**6**				**6**	
05专业组(不限)	**6**	**510**	**506**	**3845**	**6**	
视觉传达设计	3	510	506	3845	3	
产品设计	3	508	506	3845	3	
2635 潍坊学院	**10**				**10**	
08专业组(不限)	**10**	**481**	**478**	**8349**	**10**	
美术学(师范)	5	481	479	8163	5	
视觉传达设计	5	480	478	8349	5	
2642 聊城大学	**35**				**35**	
06专业组(不限)	**35**	**497**	**482**	**7614**	**35**	
数字媒体艺术	5	495	489	6347	5	
美术学(师范)	15	497	482	7614	15	
视觉传达设计	8	488	484	7232	8	
环境设计	7	489	482	7614	7	
2645 临沂大学	**7**				**7**	
08专业组(不限)	**7**	**505**	**493**	**5698**	**7**	
美术学(师范)	4	505	493	5698	4	
视觉传达设计	3	499	496	5207	3	
2653 鲁东大学	**10**				**10**	
04专业组(不限)	**10**	**514**	**496**	**5207**	**10**	
美术学(师范)	10	514	496	5207	10	
2661 山东大学威海分校	**8**				**8**	
05专业组(不限)	**8**	**574**	**563**	**455**	**8**	
美术学	2	570	568	361	2	
视觉传达设计	2	565	564	436	2	
环境设计	4	574	563	455	4	
2671 曲阜师范大学	**10**				**10**	
05专业组(不限)	**10**	**505**	**498**	**4902**	**10**	
视觉传达设计	10	505	498	4902	10	
2683 德州学院	**20**				**20**	
03专业组(不限)	**20**	**479**	**470**	**9869**	**20**	
美术学(师范)	10	478	471	9696	10	
服装与服饰设计	10	479	470	9869	10	
2710 齐鲁师范学院	**10**				**10**	
03专业组(不限)	**10**	**495**	**488**	**6523**	**10**	
美术学(师范)	10	495	488	6523	10	
2711 山东师范大学	**4**				**4**	
09专业组(不限)	**4**	**538**	**528**	**1827**	**4**	
美术学(师范)	4	538	528	1827	4	
3102 中国人民大学	**2**				**2**	
07专业组(不限)	**2**	**618**	**617**	**前50名**	**2**	
设计学类(含视觉传达设计等3个专业)	2	618	617	前50名	2	
3106 北京航空航天大学	**1**				**1**	
04专业组(不限)	**1**	**615**	**615**	**前50名**	**1**	
设计学类	1	615	615	前50名	1	
3107 北京理工大学	**1**				**1**	
05专业组(不限)	**1**	**609**	**609**	**前50名**	**1**	
设计学类	1	609	609	前50名	1	
3109 北京化工大学	**10**				**10**	
04专业组(不限)	**10**	**558**	**554**	**661**	**10**	
设计学类	10	558	554	661	10	
3111 中国地质大学(北京)	**1**				**1**	
04专业组(不限)	**1**	**589**	**589**	**108**	**1**	
产品设计	1	589	589	108	1	
3114 北京林业大学	**8**				**8**	
05专业组(不限)	**8**	**565**	**561**	**498**	**8**	
设计学类	8	565	561	498	8	
3117 北京语言大学	**2**				**2**	
06专业组(不限)	**2**	**527**	**505**	**3957**	**2**	
绘画	2	527	505	3957	2	
3120 中央财经大学	**4**				**4**	
03专业组(不限)	**4**	**579**	**563**	**455**	**4**	
视觉传达设计	4	579	563	455	4	
3129 中央民族大学	**6**				**6**	
08专业组(不限)(中外合作办学)	**6**	**562**	**540**	**1184**	**6**	
视觉传达设计(中外合作办	3	562	551	748	3	

院校、专业组、专业名称	录取数	最高分	最低分	最低分位次	平行志愿	征求志愿
学)						
服装与服饰设计(中外合作办学)	3	551	540	1184	3	
3134 北京工业大学	**6**				**6**	
02专业组(不限)	**6**	**560**	**559**	**546**	**6**	
设计学类	6	560	559	546	6	
3139 北京印刷学院	**3**				**3**	
05专业组(不限)	**3**	**534**	**528**	**1827**	**3**	
产品设计	2	530	528	1827	2	
新媒体艺术	1	534	534	1467	1	
3153 华北科技学院	**7**				**7**	
08专业组(不限)	**7**	**477**	**468**	**10255**	**7**	
环境设计	7	477	468	10255	7	
3202 天津大学	**3**				**3**	
04专业组(不限)	**3**	**590**	**589**	**108**	**3**	
环境设计	3	590	589	108	3	
3204 天津师范大学	**18**				**18**	
09专业组(不限)	**18**	**510**	**505**	**3957**	**18**	
绘画	3	505	505	3957	3	
视觉传达设计	2	510	510	3380	2	
环境设计	5	507	505	3957	5	
数字媒体艺术	4	508	507	3723	4	
服装与服饰设计	4	507	505	3957	4	
3206 天津工业大学	**6**				**6**	
06专业组(不限)	**6**	**530**	**526**	**1978**	**6**	
动画	6	530	526	1978	6	
3207 天津商业大学	**6**				**6**	
04专业组(不限)	**6**	**499**	**494**	**5549**	**6**	
动画	2	496	495	5382	2	
设计学类	4	499	494	5549	4	
3208 天津科技大学	**16**				**16**	
10专业组(不限)	**16**	**506**	**500**	**4617**	**16**	
视觉传达设计	3	506	504	4081	3	
环境设计	2	502	500	4617	2	
产品设计	3	502	502	4323	3	
服装与服饰设计	3	501	500	4617	3	
公共艺术	2	502	501	4477	2	
动画	3	504	504	4081	3	
3209 天津财经大学	**7**				**7**	
03专业组(不限)	**7**	**505**	**502**	**4323**	**7**	
视觉传达设计	3	505	504	4081	3	
环境设计	2	504	503	4208	2	
产品设计	2	503	502	4323	2	
3210 天津城建大学	**9**				**9**	
05专业组(不限)	**9**	**495**	**485**	**7031**	**9**	
设计学类	9	495	485	7031	9	
3211 天津外国语大学	**2**				**2**	
07专业组(不限)	**2**	**505**	**503**	**4208**	**2**	
动画	1	503	503	4208	1	
数字媒体艺术	1	505	505	3957	1	
3213 天津农学院	**3**				**3**	
04专业组(不限)	**3**	**480**	**478**	**8349**	**3**	
环境设计	3	480	478	8349	3	
3214 天津理工大学	**21**				**21**	
03专业组(不限)	**21**	**509**	**500**	**4617**	**21**	
视觉传达设计	5	509	504	4081	5	
环境设计	5	501	500	4617	5	
产品设计	8	504	500	4617	8	
摄影	3	502	500	4617	3	
3218 天津职业技术师范大学	**12**				**12**	
03专业组(不限)	**12**	**498**	**487**	**6726**	**12**	
动画(师范)	5	498	488	6523	5	
视觉传达设计(师范)	2	494	491	6017	2	
产品设计(师范)	4	490	487	6726	4	
艺术与科技(师范)	1	487	487	6726	1	
3302 河北科技师范学院	**6**				**6**	
05专业组(不限)	**6**	**475**	**472**	**9520**	**6**	
环境设计	3	474	472	9520	3	
视觉传达设计	3	475	474	9112	3	
3304 河北科技大学	**4**				**4**	
05专业组(不限)	**4**	**495**	**489**	**6347**	**4**	
视觉传达设计	1	491	491	6017	1	
环境设计	1	490	490	6168	1	
产品设计	2	495	489	6347	2	
3306 廊坊师范学院	**23**				**22**	**1**
01专业组(不限)	**23**	**478**	**463**	**11114**	**22**	**1**
美术学(师范)	9	478	468	10255	9	
设计学类	14	475	463	11114	13	1
3307 河北工业大学	**4**				**4**	
05专业组(不限)	**4**	**551**	**548**	**844**	**4**	
设计学类	4	551	548	844	4	
3320 河北环境工程学院	**4**				**4**	
07专业组(不限)	**4**	**473**	**468**	**10255**	**4**	
环境设计	2	473	472	9520	2	
视觉传达设计	2	469	468	10255	2	
3332 华北理工大学	**10**				**10**	
07专业组(不限)	**10**	**496**	**488**	**6523**	**10**	
视觉传达设计	3	496	491	6017	3	
环境设计	2	490	489	6347	2	
产品设计	2	495	489	6347	2	
公共艺术	3	489	488	6523	3	
3333 衡水学院	**8**				**8**	
08专业组(不限)	**8**	**487**	**469**	**10063**	**8**	
美术学(师范)	4	487	471	9696	4	
动画	2	470	469	10063	2	
环境设计	2	473	472	9520	2	
3344 邯郸学院	**10**				**10**	
03专业组(不限)	**10**	**473**	**468**	**10255**	**10**	

院校、专业组、专业名称	录取数	最高分	最低分	最低分位次	平行志愿	征求志愿
美术学(师范)	5	473	468	10255	5	
视觉传达设计	5	472	469	10063	5	
3351 河北工程大学	**3**				**3**	
04专业组(不限)	**3**	**490**	**484**	**7232**	**3**	
环境设计	3	490	484	7232	3	
3362 邢台学院	**24**				**24**	
03专业组(不限)	**24**	**474**	**459**	**11808**	**24**	
美术学(师范)	8	470	459	11808	8	
视觉传达设计	8	471	460	11648	8	
环境设计	8	474	461	11473	8	
3401 山西大学	**8**				**8**	
06专业组(不限)	**8**	**514**	**508**	**3612**	**8**	
设计学类	8	514	508	3612	8	
3405 太原理工大学	**10**				**10**	
07专业组(不限)	**10**	**546**	**535**	**1411**	**10**	
工艺美术	1	546	546	903	1	
环境设计	2	539	537	1322	2	
视觉传达设计	2	546	545	956	2	
绘画	2	540	537	1322	2	
数字媒体艺术	1	535	535	1411	1	
服装与服饰设计	2	539	537	1322	2	
3406 太原工业学院	**12**				**12**	
04专业组(不限)	**12**	**475**	**465**	**10767**	**12**	
视觉传达设计	3	475	470	9869	3	
环境设计	3	472	467	10435	3	
产品设计	3	467	465	10767	3	
艺术与科技	3	468	467	10435	3	
3410 山西农业大学	**2**				**2**	
11专业组(不限)	**2**	**485**	**485**	**7031**	**2**	
视觉传达设计	1	485	485	7031	1	
环境设计	1	485	485	7031	1	
3412 山西传媒学院	**7**				**7**	
03专业组(不限)	**7**	**487**	**474**	**9112**	**7**	
动画	2	487	481	7800	2	
摄影	3	475	474	9112	3	
漫画	2	478	475	8921	2	
3416 太原师范学院	**20**				**20**	
10专业组(不限)	**20**	**479**	**468**	**10255**	**20**	
美术学(师范)	10	479	470	9869	10	
视觉传达设计	5	475	469	10063	5	
环境设计	5	476	468	10255	5	
3418 运城学院	**15**				**15**	
05专业组(不限)	**15**	**473**	**464**	**10936**	**15**	
美术学(师范)	5	473	466	10607	5	
产品设计	5	468	464	10936	5	
视觉传达设计	5	469	465	10767	5	
3432 晋中学院	**3**				**3**	
03专业组(不限)	**3**	**474**	**463**	**11114**	**3**	
视觉传达设计	1	464	464	10936	1	
环境设计	1	474	474	9112	1	
美术学(师范)	1	463	463	11114	1	
3502 内蒙古师范大学	**14**				**14**	
01专业组(不限)	**14**	**485**	**470**	**9869**	**14**	
视觉传达设计	4	481	470	9869	4	
环境设计	3	482	472	9520	3	
服装与服饰设计	1	485	485	7031	1	
数字媒体艺术	3	478	472	9520	3	
艺术与科技	3	473	470	9869	3	
3511 内蒙古科技大学	**12**				**12**	
05专业组(不限)	**12**	**474**	**465**	**10767**	**12**	
美术学	3	470	465	10767	3	
视觉传达设计	3	474	468	10255	3	
环境设计	4	468	466	10607	4	
产品设计	2	466	465	10767	2	
4107 沈阳化工大学	**20**				**20**	
04专业组(不限)	**20**	**478**	**468**	**10255**	**20**	
设计学类	20	478	468	10255	20	
4108 沈阳工业大学	**6**				**6**	
05专业组(不限)	**6**	**482**	**479**	**8163**	**6**	
环境设计	6	482	479	8163	6	
4109 沈阳理工大学	**6**				**6**	
07专业组(不限)	**6**	**484**	**479**	**8163**	**6**	
视觉传达设计	2	484	483	7426	2	
环境设计	2	481	479	8163	2	
产品设计	2	484	482	7614	2	
4110 沈阳航空航天大学	**8**				**8**	
03专业组(不限)	**8**	**493**	**488**	**6523**	**8**	
产品设计	4	493	490	6168	4	
环境设计	4	491	488	6523	4	
4111 沈阳建筑大学	**6**				**6**	
04专业组(不限)	**6**	**492**	**486**	**6887**	**6**	
视觉传达设计	1	487	487	6726	1	
环境设计	3	486	486	6887	3	
产品设计	1	487	487	6726	1	
动画	1	492	492	5856	1	
4120 沈阳大学	**33**				**33**	
05专业组(不限)	**33**	**489**	**474**	**9112**	**33**	
绘画	10	485	474	9112	10	
环境设计	8	489	480	7991	8	
公共艺术	15	484	475	8921	15	
4134 大连医科大学	**10**				**10**	
02专业组(不限)	**10**	**490**	**478**	**8349**	**10**	
摄影	5	483	478	8349	5	
视觉传达设计	5	490	480	7991	5	
4136 大连大学	**12**				**12**	
04专业组(不限)	**12**	**501**	**495**	**5382**	**12**	
美术学(师范)	3	501	496	5207	3	
视觉传达设计	3	499	497	5053	3	

院校、专业组、专业名称	录取数	最高分	最低分	最低分位次	平行志愿	征求志愿
环境设计	3	497	496	5207	3	
服装与服饰设计	3	495	495	5382	3	
4138 大连工业大学	**3**				**3**	
10专业组(不限)	**3**	**506**	**500**	**4617**	**3**	
设计学类	3	506	500	4617	3	
4139 大连交通大学	**4**				**4**	
05专业组(不限)	**4**	**493**	**492**	**5856**	**4**	
产品设计	2	493	492	5856	2	
动画	2	493	492	5856	2	
4161 辽宁工程技术大学	**10**				**10**	
03专业组(不限)	**10**	**482**	**446**	**13869**	**10**	
动画	10	482	446	13869	10	
4201 吉林大学	**5**				**5**	
16专业组(不限)	**3**	**545**	**535**	**1411**	**3**	
绘画	3	545	535	1411	3	
17专业组(不限)	**2**	**580**	**569**	**346**	**2**	
设计学类(视觉传达设计、环境设计、产品设计)	2	580	569	346	2	
4202 东北师范大学	**31**				**31**	
07专业组(不限)	**31**	**555**	**528**	**1827**	**31**	
美术学	13	554	528	1827	13	
美术学(师范)	2	555	552	720	2	
雕塑	2	544	530	1691	2	
设计学类	14	545	528	1827	14	
4205 长春工业大学	**14**				**14**	
04专业组(不限)	**14**	**482**	**471**	**9696**	**14**	
环境设计	5	480	476	8735	5	
视觉传达设计	3	482	480	7991	3	
服装与服饰设计	6	480	471	9696	6	
4207 长春师范大学	**16**				**16**	
07专业组(不限)	**12**	**494**	**475**	**8921**	**12**	
环境设计	4	494	475	8921	4	
绘画	4	488	480	7991	4	
美术学(师范)	4	484	477	8539	4	
08专业组(不限)(中外合作办学)	**4**	**472**	**460**	**11648**	**4**	
视觉传达设计(中外合作办学)	4	472	460	11648	4	
4208 长春理工大学	**7**				**7**	
06专业组(不限)	**7**	**499**	**482**	**7614**	**7**	
设计学类	7	499	482	7614	7	
4209 长春工程学院	**16**				**16**	
05专业组(不限)	**16**	**472**	**457**	**12171**	**16**	
环境设计	5	472	464	10936	5	
服装与服饰设计	11	463	457	12171	11	
4210 吉林建筑大学	**16**				**16**	
09专业组(思想政治或地理)	**16**	**479**	**466**	**10607**	**16**	
产品设计	2	470	469	10063	2	
公共艺术	2	469	466	10607	2	
环境设计	10	477	469	10063	10	
视觉传达设计	2	479	478	8349	2	
4212 吉林工程技术师范学院	**30**				**30**	
04专业组(不限)	**20**	**469**	**454**	**12645**	**20**	
美术学(师范)	10	469	454	12645	10	
设计学类	10	463	454	12645	10	
05专业组(不限)(中外合作办学)	**10**	**449**	**433**	**15394**	**10**	
动画(中外合作办学)	10	449	433	15394	10	
4215 吉林师范大学	**4**				**4**	
07专业组(不限)	**4**	**491**	**483**	**7426**	**4**	
美术学(师范)	2	491	485	7031	2	
绘画	1	485	485	7031	1	
环境设计	1	483	483	7426	1	
4231 东北电力大学	**20**				**20**	
06专业组(不限)	**20**	**490**	**477**	**8539**	**20**	
视觉传达设计	4	487	483	7426	4	
环境设计	4	486	479	8163	4	
服装与服饰设计	8	482	477	8539	8	
数字媒体艺术	4	490	487	6726	4	
4232 北华大学	**23**				**23**	
06专业组(不限)	**23**	**485**	**473**	**9307**	**23**	
产品设计	4	480	475	8921	4	
环境设计	4	481	474	9112	4	
绘画	3	473	473	9307	3	
美术学(师范)	8	485	474	9112	8	
视觉传达设计	4	485	477	8539	4	
4241 白城师范学院	**16**				**16**	
09专业组(不限)	**16**	**461**	**449**	**13429**	**16**	
美术学(师范)	12	461	449	13429	12	
视觉传达设计	4	461	459	11808	4	
4301 哈尔滨工业大学	**3**				**3**	
08专业组(不限)	**2**	**596**	**592**	**91**	**2**	
数字媒体艺术	1	596	596	70	1	
环境设计	1	592	592	91	1	
09专业组(不限)(中外合作办学)	**1**	**607**	**607**	**前50名**	**1**	
数字媒体艺术(中外合作办学)	1	607	607	前50名	1	
4303 东北林业大学	**4**				**4**	
05专业组(不限)	**4**	**545**	**539**	**1227**	**4**	
环境设计	2	542	539	1227	2	
产品设计	2	545	539	1227	2	
4306 黑龙江工程学院	**16**				**16**	
04专业组(不限)	**16**	**468**	**457**	**12171**	**16**	
设计学类	6	465	458	11958	6	
动画	8	468	457	12171	8	
工艺美术	2	459	457	12171	2	
4311 黑龙江大学	**14**				**14**	

院校、专业组、专业名称	录取数	最高分	最低分	最低分位次	平行志愿	征求志愿
08专业组(不限)	14	501	482	7614	14	
绘画	2	490	488	6523	2	
环境设计	4	486	482	7614	4	
服装与服饰设计	4	489	483	7426	4	
工艺美术	4	501	482	7614	4	
4312 哈尔滨师范大学	18				18	
05专业组(不限)	18	512	493	5698	18	
环境设计	4	502	494	5549	4	
绘画	3	502	495	5382	3	
美术学(师范)	8	503	493	5698	8	
视觉传达设计	3	512	494	5549	3	
4314 牡丹江师范学院	41				40	1
06专业组(不限)	41	477	455	12480	40	1
环境设计	9	464	459	11808	9	
视觉传达设计	10	476	462	11300	10	
公共艺术	7	458	455	12480	7	
动画	10	466	455	12480	10	
绘画	5	477	457	12171	4	1
4321 东北石油大学	6				6	
03专业组(不限)	6	482	478	8349	6	
环境设计	6	482	478	8349	6	
4323 哈尔滨学院	16				16	
04专业组(不限)	16	474	461	11473	16	
设计学类	13	474	461	11473	13	
绘画	3	466	461	11473	3	
4324 大庆师范学院	25				24	1
03专业组(不限)	25	476	458	11958	24	1
美术学(师范)	3	474	465	10767	3	
视觉传达设计	8	468	460	11648	8	
环境设计	8	460	458	11958	8	
绘画	6	476	458	11958	5	1
4332 齐齐哈尔大学	11				11	
06专业组(不限)	11	487	466	10607	11	
美术学(师范)	1	470	470	9869	1	
绘画	2	484	472	9520	2	
视觉传达设计	2	487	475	8921	2	
环境设计	2	470	469	10063	2	
产品设计	2	473	472	9520	2	
服装与服饰设计	2	470	466	10607	2	
4333 黑河学院	25				25	
01专业组(不限)	25	462	450	13284	25	
环境设计	7	457	452	12970	7	
绘画	8	462	451	13124	8	
美术学(师范)	1	458	458	11958	1	
工艺美术	2	453	450	13284	2	
视觉传达设计	7	454	450	13284	7	
4337 绥化学院	51				51	
01专业组(不限)	51	463	448	13574	51	
视觉传达设计	20	463	452	12970	20	

院校、专业组、专业名称	录取数	最高分	最低分	最低分位次	平行志愿	征求志愿
环境设计	31	459	448	13574	31	
5101 郑州大学	5				5	
05专业组(不限)	5	545	544	1005	5	
雕塑	5	545	544	1005	5	
5102 华北水利水电大学	20				20	
03专业组(不限)	20	491	485	7031	20	
绘画	5	489	485	7031	5	
设计学类	15	491	485	7031	15	
5103 中原工学院	19				19	
05专业组(不限)	19	487	474	9112	19	
视觉传达设计	5	487	478	8349	5	
环境设计	5	478	476	8735	5	
产品设计	4	483	477	8539	4	
服装与服饰设计	5	477	474	9112	5	
5104 河南工业大学	6				6	
10专业组(不限)	6	503	499	4769	6	
设计学类	6	503	499	4769	6	
5105 郑州航空工业管理学院	10				10	
05专业组(不限)(中外合作办学)	10	469	457	12171	10	
环境设计(中外合作办学)	5	469	461	11473	5	
产品设计(中外合作办学)	5	460	457	12171	5	
5106 郑州轻工业大学	17				17	
08专业组(不限)	17	499	493	5698	17	
动画	2	494	493	5698	2	
美术学类	2	493	493	5698	2	
设计学类	13	499	494	5549	13	
5110 河南科技学院	19				19	
04专业组(不限)	19	480	470	9869	19	
动画	6	480	470	9869	6	
视觉传达设计	3	473	472	9520	3	
环境设计	3	471	471	9696	3	
美术学(师范)	3	480	472	9520	3	
服装与服饰设计(师范)	4	474	470	9869	4	
5118 信阳师范大学	5				5	
05专业组(不限)	5	481	479	8163	5	
视觉传达设计	5	481	479	8163	5	
5119 河南财经政法大学	21				21	
07专业组(不限)	21	495	485	7031	21	
绘画	5	493	485	7031	5	
设计学类	16	495	485	7031	16	
5122 河南工程学院	16				16	
06专业组(不限)	16	479	473	9307	16	
视觉传达设计	3	479	475	8921	3	
环境设计	3	479	473	9307	3	
产品设计	3	475	473	9307	3	
服装与服饰设计	4	475	473	9307	4	
数字媒体艺术	3	476	473	9307	3	
5125 周口师范学院	12				12	

院校、专业组、专业名称	录取数	最高分	最低分	最低分位次	平行志愿	征求志愿
07专业组(不限)	12	485	470	9869	12	
服装与服饰设计	2	471	471	9696	2	
环境设计	2	472	472	9520	2	
绘画	2	471	470	9869	2	
美术学(师范)	4	485	474	9112	4	
视觉传达设计	2	474	473	9307	2	
5151 河南理工大学	2				2	
07专业组(不限)	2	489	483	7426	2	
设计学类	2	489	483	7426	2	
5162 安阳师范学院	18				18	
05专业组(不限)	18	475	468	10255	18	
美术学类[含美术学(师范类)、摄影、绘画]	12	475	468	10255	12	
设计学类(含环境设计、视觉传达设计)	6	474	469	10063	6	
5174 许昌学院	7				7	
05专业组(不限)	7	475	472	9520	7	
美术学(师范)	2	473	472	9520	2	
环境设计	5	475	472	9520	5	
5181 南阳师范学院	22				22	
09专业组(不限)	16	475	466	10607	16	
视觉传达设计	6	474	471	9696	6	
环境设计	6	475	470	9869	6	
工艺美术	4	475	466	10607	4	
10专业组(不限)	6	490	478	8349	6	
美术学(师范)	6	490	478	8349	6	
5182 南阳理工学院	3				3	
12专业组(不限)	3	478	473	9307	3	
视觉传达设计	1	478	478	8349	1	
环境设计	2	475	473	9307	2	
5191 黄淮学院	10				10	
06专业组(不限)	10	485	472	9520	10	
数字媒体艺术	5	485	472	9520	5	
美术学(师范)	5	476	472	9520	5	
5193 河南城建学院	7				7	
04专业组(不限)	7	474	470	9869	7	
设计学类(视觉传达设计、环境设计、产品设计)	7	474	470	9869	7	
5198 商丘师范学院	2				2	
07专业组(不限)	2	489	478	8349	2	
美术学(师范)	2	489	478	8349	2	
5202 华中科技大学	5				5	
04专业组(不限)	5	603	595	74	5	
产品设计	1	600	600	63	1	
环境设计	3	600	595	74	3	
数字媒体艺术	1	603	603	前50名	1	
5204 华中农业大学	7				7	
06专业组(不限)	7	552	550	783	7	
视觉传达设计	3	550	550	783	3	
数字媒体艺术	4	552	551	748	4	
5205 中国地质大学(武汉)	13				13	
06专业组(不限)	13	560	557	588	13	
设计学类	11	560	557	588	11	
产品设计	2	560	559	546	2	
5206 中南财经政法大学	6				6	
09专业组(不限)(中外合作办学)	6	546	535	1411	6	
动画(中外合作办学)	6	546	535	1411	6	
5207 武汉理工大学	9				9	
07专业组(不限)	9	571	562	476	9	
动画	2	566	565	418	2	
设计学类(艺术设计学、视觉传达设计、环境设计、产品设计)	7	571	562	476	7	
5208 中南民族大学	16				16	
05专业组(不限)	16	507	502	4323	16	
动画	3	505	504	4081	3	
美术学	3	507	502	4323	3	
视觉传达设计	4	507	504	4081	4	
环境设计	3	504	502	4323	3	
服装与服饰设计	3	507	504	4081	3	
5209 湖北大学	7				7	
05专业组(不限)	7	517	513	3086	7	
设计学类(视觉传达设计、环境设计、产品设计、数字媒体艺术)	7	517	513	3086	7	
5212 武汉纺织大学	8				8	
04专业组(不限)(中外合作办学)	6	504	492	5856	6	
视觉传达设计(中外合作办学)	2	497	495	5382	2	
环境设计(中外合作办学)	2	492	492	5856	2	
数字媒体艺术(中外合作办学)	2	504	502	4323	2	
05专业组(不限)(中外合作办学)	2	527	522	2275	2	
服装与服饰设计(中外合作办学)	2	527	522	2275	2	
5213 武汉体育学院	2				2	
05专业组(不限)	2	484	482	7614	2	
视觉传达设计	2	484	482	7614	2	
5215 武汉工程大学	16				16	
05专业组(不限)	16	507	503	4208	16	
产品设计	5	506	504	4081	5	
环境设计	4	504	503	4208	4	
视觉传达设计	4	507	504	4081	4	
动画	3	505	503	4208	3	
5216 武汉轻工大学	10				10	

院校、专业组、专业名称	录取数	最高分	最低分	最低分位次	平行志愿	征求志愿
04专业组(不限)	10	507	497	5053	10	
设计学类(视觉传达设计、环境设计、产品设计)	10	507	497	5053	10	
5217 武汉科技大学	15				15	
02专业组(不限)	12	530	508	3612	12	
设计学类(视觉传达设计、环境设计、产品设计、公共艺术)	10	530	508	3612	10	
绘画	2	509	508	3612	2	
03专业组(不限)(中外合作办学)	3	501	494	5549	3	
公共艺术(中外合作办学)	3	501	494	5549	3	
5218 江汉大学	15				15	
02专业组(不限)	10	502	496	5207	10	
美术学类(美术学、绘画)	3	499	497	5053	3	
公共艺术	1	497	497	5053	1	
设计学类(视觉传达设计、环境设计、产品设计、服装与服饰设计)	6	502	496	5207	6	
03专业组(不限)(中外合作办学)	5	492	487	6726	5	
视觉传达设计(中外合作办学)	5	492	487	6726	5	
5219 湖北工业大学	4				4	
04专业组(不限)	4	515	510	3380	4	
视觉传达设计	3	515	510	3380	3	
数字媒体艺术	1	513	513	3086	1	
5221 湖北经济学院	14				14	
03专业组(不限)	11	485	476	8735	11	
设计学类(视觉传达设计、环境设计、数字媒体艺术)	11	485	476	8735	11	
04专业组(不限)(中外合作办学)	3	468	461	11473	3	
环境设计(中外合作办学)	3	468	461	11473	3	
5243 长江大学	4				4	
06专业组(不限)	4	508	493	5698	4	
设计学类(环境设计、视觉传达设计)	2	494	493	5698	2	
数字媒体艺术	2	508	496	5207	2	
5251 三峡大学	6				6	
06专业组(不限)	6	500	490	6168	6	
设计学类(环境设计、视觉传达设计)	4	500	490	6168	4	
美术学	2	491	490	6168	2	
5255 湖北汽车工业学院	8				8	
03专业组(不限)	8	470	463	11114	8	
产品设计	4	467	463	11114	4	
视觉传达设计	4	470	464	10936	4	
5261 湖北师范大学	10				10	
08专业组(不限)	10	502	491	6017	10	
美术学(师范)	5	502	495	5382	5	
设计学类(视觉传达设计、环境设计、产品设计)	5	496	491	6017	5	
5269 黄冈师范学院	19				19	
01专业组(不限)	19	482	450	13284	19	
美术学(师范)	6	479	474	9112	6	
视觉传达设计	7	482	466	10607	7	
环境设计	6	472	450	13284	6	
5285 荆楚理工学院	8				8	
04专业组(不限)	8	474	467	10435	8	
视觉传达设计	3	474	470	9869	3	
环境设计	3	469	467	10435	3	
产品设计	2	468	467	10435	2	
5287 湖北科技学院	13				13	
04专业组(不限)	13	485	470	9869	13	
美术学(师范)	5	475	471	9696	5	
设计学类(视觉传达设计、环境设计、产品设计)	8	485	470	9869	8	
5290 湖北文理学院	15				15	
04专业组(不限)	15	475	469	10063	15	
美术学(师范)	6	475	470	9869	6	
设计学类(视觉传达设计、环境设计、产品设计)	9	474	469	10063	9	
5295 湖北工程学院	15				14	1
05专业组(不限)	15	473	409	16737	14	1
美术学	4	468	409	16737	4	
视觉传达设计	4	473	472	9520	4	
环境设计	4	470	420	16362	3	1
产品设计	3	471	430	15681	3	
5302 中南大学	8				8	
07专业组(不限)	8	587	582	188	8	
设计学类(产品设计)	8	587	582	188	8	
5303 湖南师范大学	6				6	
10专业组(不限)(中外合作办学)	4	548	537	1322	4	
艺术设计学(中外合作办学)	4	548	537	1322	4	
11专业组(不限)	2	555	555	635	2	
美术学(师范)	1	555	555	635	1	
艺术设计学	1	555	555	635	1	
5305 湖南农业大学	2				2	
06专业组(不限)	2	501	499	4769	2	
设计学类	2	501	499	4769	2	
5306 湖南工商大学	3				3	
05专业组(不限)	3	497	494	5549	3	
视觉传达设计	1	495	495	5382	1	
环境设计	1	497	497	5053	1	
服装与服饰设计	1	494	494	5549	1	
5307 长沙理工大学	8				8	

2023年艺术类(历史等科目类)本科院校第2小批

院校、专业组、专业名称	录取数	最高分	最低分	最低分位次	平行志愿	征求志愿
06专业组(不限)	8	510	506	3845	8	
环境设计	2	508	507	3723	2	
工艺美术	2	506	506	3845	2	
数字媒体艺术	2	510	509	3505	2	
视觉传达设计	2	508	506	3845	2	
5308 长沙学院	13				13	
07专业组(不限)	13	488	479	8163	13	
视觉传达设计	4	484	480	7991	4	
环境设计	5	488	480	7991	5	
服装与服饰设计	4	483	479	8163	4	
5310 湖南人文科技学院	27				27	
10专业组(不限)	27	474	464	10936	27	
美术学	7	467	464	10936	7	
视觉传达设计	8	468	465	10767	8	
环境设计	7	472	464	10936	7	
数字媒体艺术	5	474	470	9869	5	
5321 湖南科技大学	4				4	
07专业组(不限)	4	497	459	11808	4	
美术学	1	497	497	5053	1	
雕塑	1	459	459	11808	1	
环境设计	1	493	493	5698	1	
产品设计	1	488	488	6523	1	
5322 湖南工程学院	29				29	
05专业组(不限)	29	479	450	13284	29	
视觉传达设计	8	478	471	9696	8	
环境设计	8	470	463	11114	8	
产品设计	5	469	458	11958	5	
服装与服饰设计	8	479	450	13284	8	
5331 中南林业科技大学	9				9	
04专业组(不限)	9	500	497	5053	9	
视觉传达设计	1	498	498	4902	1	
环境设计	4	498	497	5053	4	
产品设计	4	500	498	4902	4	
5332 湖南工业大学	6				6	
09专业组(不限)	5	516	502	4323	5	
包装设计	2	516	512	3196	2	
产品设计	2	511	503	4208	2	
视觉传达设计	1	502	502	4323	1	
10专业组(不限)(中外合作办学)	1	493	493	5698	1	
视觉传达设计(中外合作办学)	1	493	493	5698	1	
5341 南华大学	5				5	
07专业组(不限)	5	499	494	5549	5	
设计学类(视觉传达设计、环境设计、产品设计、数字媒体艺术)	5	499	494	5549	5	
5342 衡阳师范学院	12				11	1
06专业组(不限)	12	478	406	16781	11	1
美术学(师范)	2	478	476	8735	2	
绘画	3	469	466	10607	3	
视觉传达设计	3	476	471	9696	3	
环境设计	4	466	406	16781	3	1
5349 湖南第一师范学院	4				4	
04专业组(不限)	4	496	493	5698	4	
美术学(师范)	2	495	493	5698	2	
视觉传达设计	1	496	496	5207	1	
环境设计	1	493	493	5698	1	
5351 湖南理工学院	15				15	
04专业组(不限)	15	497	478	8349	15	
视觉传达设计	5	489	481	7800	5	
环境设计	5	497	479	8163	5	
服装与服饰设计	5	481	478	8349	5	
5355 湖南城市学院	22				22	
04专业组(不限)	2	472	469	10063	2	
美术学(师范)	2	472	469	10063	2	
05专业组(不限)(中外合作办学)	20	461	446	13869	20	
视觉传达设计(中外合作办学)	20	461	446	13869	20	
5361 吉首大学	18				18	
07专业组(不限)	18	485	473	9307	18	
美术学(师范)	6	482	478	8349	6	
视觉传达设计	4	485	477	8539	4	
数字媒体艺术	2	477	476	8735	2	
环境设计	6	482	473	9307	6	
5371 邵阳学院	43				43	
06专业组(不限)	43	471	457	12171	43	
美术学(师范)	4	470	468	10255	4	
视觉传达设计	13	471	465	10767	13	
环境设计	18	464	457	12171	18	
产品设计	8	468	458	11958	8	
5381 湘南学院	10				10	
07专业组(不限)	10	479	462	11300	10	
美术学(师范)	3	479	463	11114	3	
视觉传达设计	4	475	471	9696	4	
环境设计	3	468	462	11300	3	
5385 怀化学院	15				15	
10专业组(不限)	15	479	467	10435	15	
美术学(师范)	5	479	468	10255	5	
视觉传达设计	3	476	471	9696	3	
环境设计	3	469	467	10435	3	
产品设计	2	470	467	10435	2	
数字媒体艺术	2	475	469	10063	2	
5391 湖南科技学院	12				12	
06专业组(不限)	12	475	469	10063	12	
视觉传达设计	3	475	469	10063	3	
环境设计	6	475	469	10063	6	

院校、专业组、专业名称	录取数	最高分	最低分	最低分位次	平行志愿	征求志愿
产品设计	3	473	470	9869	3	
5393 湖南女子学院	**20**				**20**	
03专业组(不限)	**20**	**475**	**463**	**11114**	**20**	
美术学	2	473	463	11114	2	
视觉传达设计	6	475	466	10607	6	
服装与服饰设计	10	466	463	11114	10	
产品设计	2	466	464	10936	2	
5402 华南理工大学	**7**				**7**	
08专业组(不限)	**7**	**601**	**590**	**101**	**7**	
环境设计	3	596	591	95	3	
产品设计	2	601	596	70	2	
服装与服饰设计	2	594	590	101	2	
5404 广东外语外贸大学	**3**				**3**	
04专业组(不限)	**3**	**543**	**516**	**2783**	**3**	
视觉传达设计	3	543	516	2783	3	
5421 汕头大学	**14**				**14**	
04专业组(不限)	**14**	**519**	**505**	**3957**	**14**	
艺术设计学	2	507	506	3845	2	
视觉传达设计	3	510	507	3723	3	
环境设计	3	508	506	3845	3	
产品设计	2	519	506	3845	2	
公共艺术	2	505	505	3957	2	
数字媒体艺术	2	517	512	3196	2	
5431 广东海洋大学	**7**				**7**	
08专业组(不限)	**7**	**495**	**490**	**6168**	**7**	
美术学	3	495	490	6168	3	
视觉传达设计	3	495	490	6168	3	
产品设计	1	493	493	5698	1	
5451 深圳大学	**8**				**8**	
04专业组(不限)	**8**	**581**	**559**	**546**	**8**	
设计学类	8	581	559	546	8	
5504 南宁师范大学	**2**				**2**	
06专业组(思想政治或地理)	**2**	**493**	**493**	**5698**	**2**	
美术学(师范)	2	493	493	5698	2	
5505 玉林师范学院	**15**				**15**	
07专业组(不限)	**15**	**471**	**454**	**12645**	**15**	
美术学(师范)	5	471	455	12480	5	
视觉传达设计	2	464	461	11473	2	
环境设计	5	469	454	12645	5	
服装与服饰设计	1	468	468	10255	1	
工艺美术	2	456	455	12480	2	
5507 北部湾大学	**12**				**11**	**1**
08专业组(不限)	**12**	**479**	**464**	**10936**	**11**	**1**
美术学	3	469	465	10767	3	
视觉传达设计	3	473	467	10435	3	
产品设计	3	479	477	8539	3	
环境设计	3	475	464	10936	2	1
5509 百色学院	**17**				**17**	
02专业组(不限)	**17**	**464**	**450**	**13284**	**17**	
美术学(师范)	4	455	451	13124	4	
视觉传达设计	3	458	453	12806	3	
环境设计	4	461	454	12645	4	
产品设计	3	462	451	13124	3	
服装与服饰设计	3	464	450	13284	3	
5511 广西师范大学	**17**				**17**	
09专业组(不限)	**13**	**501**	**483**	**7426**	**13**	
美术学(师范)	4	501	486	6887	4	
绘画	3	495	484	7232	3	
动画	2	490	487	6726	2	
产品设计	2	484	483	7426	2	
服装与服饰设计	2	485	483	7426	2	
10专业组(不限)(中外合作办学)	**4**	**480**	**427**	**15937**	**4**	
视觉传达设计(中外合作办学)	4	480	427	15937	4	
5512 桂林理工大学	**6**				**6**	
09专业组(不限)	**6**	**491**	**479**	**8163**	**6**	
设计学类	6	491	479	8163	6	
5513 桂林电子科技大学	**5**				**5**	
06专业组(不限)	**5**	**495**	**482**	**7614**	**5**	
产品设计	2	495	483	7426	2	
环境设计	3	484	482	7614	3	
5519 贺州学院	**21**				**21**	
03专业组(不限)	**21**	**473**	**455**	**12480**	**21**	
视觉传达设计	5	462	456	12326	5	
环境设计	5	473	457	12171	5	
产品设计	3	459	455	12480	3	
服装与服饰设计	3	466	457	12171	3	
数字媒体艺术	5	464	456	12326	5	
5527 广西科技师范学院	**4**				**4**	
06专业组(不限)	**4**	**455**	**449**	**13429**	**4**	
美术学(师范)	2	454	452	12970	2	
艺术设计学	2	455	449	13429	2	
5531 广西科技大学	**15**				**15**	
07专业组(不限)	**15**	**479**	**465**	**10767**	**15**	
环境设计	5	479	466	10607	5	
服装与服饰设计	5	468	465	10767	5	
产品设计	5	474	466	10607	5	
5532 广西民族大学	**6**				**6**	
09专业组(不限)	**4**	**484**	**476**	**8735**	**4**	
设计学类	4	484	476	8735	4	
10专业组(不限)	**2**	**480**	**473**	**9307**	**2**	
美术学	2	480	473	9307	2	
5602 海南师范大学	**8**				**8**	
11专业组(不限)	**6**	**497**	**490**	**6168**	**6**	
设计学类	6	497	490	6168	6	
12专业组(思想政治或地理)	**2**	**504**	**503**	**4208**	**2**	
美术学(师范)	2	504	503	4208	2	

院校、专业组、专业名称	录取数	最高分	最低分	最低分位次	平行志愿	征求志愿
5604 海南热带海洋学院	6				6	
11专业组(不限)	6	485	470	9869	6	
视觉传达设计	3	481	471	9696	3	
环境设计	3	485	470	9869	3	
5619 琼台师范学院	3				3	
05专业组(不限)	3	469	467	10435	3	
美术学(师范)	3	469	467	10435	3	
6102 西南交通大学	15				15	
09专业组(不限)	15	558	554	661	15	
绘画	1	557	557	588	1	
设计学类(产品设计、环境设计、数字媒体艺术)	14	558	554	661	14	
6103 西南财经大学	2				2	
05专业组(不限)	2	550	550	783	2	
数字媒体艺术	2	550	550	783	2	
6106 成都理工大学	2				2	
09专业组(不限)	2	535	532	1580	2	
视觉传达设计	2	535	532	1580	2	
6110 西华大学	16				16	
07专业组(不限)	16	518	496	5207	16	
美术学	3	507	496	5207	3	
动画	3	518	501	4477	3	
设计学类	10	505	496	5207	10	
6114 成都大学	4				4	
09专业组(不限)	4	513	510	3380	4	
视觉传达设计	2	513	510	3380	2	
环境设计	2	510	510	3380	2	
6115 四川轻化工大学	3				3	
07专业组(不限)	3	488	485	7031	3	
美术学	1	485	485	7031	1	
视觉传达设计	1	486	486	6887	1	
环境设计	1	488	488	6523	1	
6117 西昌学院	6				6	
03专业组(不限)	6	468	462	11300	6	
美术学	2	463	462	11300	2	
视觉传达设计	2	468	465	10767	2	
环境设计	2	463	462	11300	2	
6129 成都师范学院	3				3	
05专业组(不限)	3	485	485	7031	3	
艺术设计学	3	485	485	7031	3	
6131 西南科技大学	16				16	
06专业组(不限)	16	495	486	6887	16	
设计学类	16	495	486	6887	16	
6140 四川师范大学	7				7	
09专业组(不限)	7	525	507	3723	7	
视觉传达设计	3	522	507	3723	3	
产品设计	2	517	510	3380	2	
数字媒体艺术	2	525	513	3086	2	
6144 绵阳师范学院	10				10	

院校、专业组、专业名称	录取数	最高分	最低分	最低分位次	平行志愿	征求志愿
04专业组(不限)	10	472	463	11114	10	
美术学(师范)	6	470	463	11114	6	
环境设计	4	472	463	11114	4	
6151 乐山师范学院	3				3	
04专业组(不限)	3	468	461	11473	3	
环境设计	1	468	468	10255	1	
产品设计	2	465	461	11473	2	
6181 宜宾学院	3				3	
04专业组(不限)	3	468	464	10936	3	
环境设计	3	468	464	10936	3	
6201 重庆大学	6				6	
05专业组(不限)	6	589	586	134	6	
设计学类(产品设计、视觉传达设计、环境设计)	6	589	586	134	6	
6206 重庆工商大学	33				33	
03专业组(不限)	26	499	490	6168	26	
环境设计	11	495	490	6168	11	
服装与服饰设计	5	497	490	6168	5	
产品设计	5	499	493	5698	5	
动画	5	496	492	5856	5	
04专业组(不限)(中外合作办学)	7	492	483	7426	7	
视觉传达设计(中外合作办学)	7	492	483	7426	7	
6210 重庆师范大学	4				4	
09专业组(不限)	4	512	507	3723	4	
数字媒体艺术	4	512	507	3723	4	
6213 重庆三峡学院	8				8	
06专业组(不限)	8	480	475	8921	8	
环境设计	1	476	476	8735	1	
视觉传达设计	3	480	476	8735	3	
服装与服饰设计	1	476	476	8735	1	
美术学	3	477	475	8921	3	
6214 长江师范学院	3				3	
03专业组(不限)	3	482	478	8349	3	
设计学类	3	482	478	8349	3	
6221 重庆科技学院	4				4	
03专业组(不限)	4	488	487	6726	4	
设计学类	4	488	487	6726	4	
6301 贵州大学	17				17	
06专业组(思想政治和地理)	17	534	519	2531	17	
视觉传达设计	7	528	522	2275	7	
环境设计	3	528	519	2531	3	
绘画	7	534	519	2531	7	
6305 贵州民族大学	11				10	1
02专业组(不限)	11	480	468	10255	10	1
美术学	5	474	469	10063	5	
环境设计	2	470	468	10255	2	
服装与服饰设计	2	480	468	10255	1	1

院校、专业组、专业名称	录取数	最高分	最低分	最低分位次	平行志愿	征求志愿
产品设计	2	478	470	9869	2	
6306 贵州师范大学	**18**				**18**	
01专业组(不限)	**18**	**500**	**479**	**8163**	**18**	
美术学(师范)	10	500	480	7991	10	
环境设计	3	486	479	8163	3	
视觉传达设计	3	488	481	7800	3	
动画	2	484	482	7614	2	
6310 黔南民族师范学院	**16**				**11**	**5**
06专业组(不限)	**4**	**468**	**459**	**11808**	**4**	
美术学(师范)	2	463	459	11808	2	
设计学类	2	468	460	11648	2	
07专业组(不限)(中外合作办学)	**12**	**430**	**417**	**16495**	**7**	**5**
产品设计(中外合作办学)	12	430	417	16495	7	5
6317 遵义师范学院	**3**				**3**	
03专业组(不限)	**3**	**473**	**464**	**10936**	**3**	
美术学(师范)	3	473	464	10936	3	
6401 云南大学	**14**				**14**	
09专业组(不限)	**11**	**545**	**533**	**1522**	**11**	
绘画	5	545	533	1522	5	
视觉传达设计	3	541	535	1411	3	
环境设计	3	540	533	1522	3	
10专业组(不限)(中外合作办学)	**3**	**527**	**505**	**3957**	**3**	
环境设计(中外合作办学)	3	527	505	3957	3	
6403 云南艺术学院	**19**				**19**	
04专业组(不限)	**19**	**507**	**486**	**6887**	**19**	
戏剧影视美术设计	1	498	498	4902	1	
美术学(史论)	1	490	490	6168	1	
绘画	4	491	487	6726	4	
中国画	2	490	488	6523	2	
摄影	2	491	486	6887	2	
视觉传达设计	2	499	494	5549	2	
环境设计	2	490	489	6347	2	
产品设计	2	507	495	5382	2	
服装与服饰设计	1	493	493	5698	1	
数字媒体艺术	2	500	498	4902	2	
6404 昆明理工大学	**13**				**13**	
06专业组(不限)	**8**	**498**	**494**	**5549**	**8**	
视觉传达设计	8	498	494	5549	8	
07专业组(地理)	**5**	**494**	**488**	**6523**	**5**	
环境设计	5	494	488	6523	5	
6407 玉溪师范学院	**4**				**4**	
04专业组(不限)	**4**	**467**	**463**	**11114**	**4**	
美术学(师范)	2	467	464	10936	2	
设计学类	2	464	463	11114	2	
6408 云南财经大学	**10**				**10**	
03专业组(不限)	**10**	**484**	**479**	**8163**	**10**	
环境设计	3	483	482	7614	3	
视觉传达设计	3	484	480	7991	3	
产品设计	2	479	479	8163	2	
数字媒体艺术	2	484	480	7991	2	
6413 红河学院	**8**				**8**	
05专业组(不限)	**8**	**464**	**454**	**12645**	**8**	
绘画	3	463	459	11808	3	
工艺美术	5	464	454	12645	5	
6417 曲靖师范学院	**4**				**4**	
04专业组(思想政治或地理)	**4**	**467**	**455**	**12480**	**4**	
美术学(师范)	2	467	461	11473	2	
视觉传达设计	2	467	455	12480	2	
7103 陕西师范大学	**2**				**2**	
09专业组(不限)	**2**	**559**	**556**	**608**	**2**	
美术学类(含师范)	2	559	556	608	2	
7104 西安交通大学	**8**				**8**	
06专业组(不限)	**8**	**602**	**591**	**95**	**8**	
环境设计	8	602	591	95	8	
7108 西安建筑科技大学	**2**				**2**	
06专业组(不限)	**2**	**517**	**516**	**2783**	**2**	
设计学类	2	517	516	2783	2	
7110 西安工程大学	**17**				**17**	
06专业组(不限)	**10**	**501**	**496**	**5207**	**10**	
设计学类	10	501	496	5207	10	
07专业组(不限)(中外合作办学)	**7**	**494**	**444**	**14169**	**7**	
服装与服饰设计(中外合作办学)	7	494	444	14169	7	
7111 西安财经大学	**10**				**10**	
04专业组(不限)	**10**	**495**	**489**	**6347**	**10**	
环境设计	10	495	489	6347	10	
7112 西安理工大学	**5**				**5**	
02专业组(不限)	**5**	**508**	**505**	**3957**	**5**	
设计学类(视觉传达设计、环境设计、产品设计)	5	508	505	3957	5	
7113 西安石油大学	**10**				**10**	
04专业组(不限)	**10**	**501**	**489**	**6347**	**10**	
设计学类(视觉传达设计、环境设计)	10	501	489	6347	10	
7115 西安工业大学	**3**				**3**	
04专业组(不限)	**3**	**501**	**499**	**4769**	**3**	
环境设计	1	500	500	4617	1	
产品设计	1	499	499	4769	1	
数字媒体艺术	1	501	501	4477	1	
7117 西安外国语大学	**1**				**1**	
05专业组(不限)	**1**	**505**	**505**	**3957**	**1**	
视觉传达设计	1	505	505	3957	1	
7118 西安科技大学	**4**				**4**	
04专业组(思想政治或地理)	**4**	**501**	**500**	**4617**	**4**	
设计学类	4	501	500	4617	4	

院校、专业组、专业名称	录取数	最高分	最低分	最低分位次	平行志愿	征求志愿
7140 渭南师范学院	**16**				**16**	
03专业组(不限)	**12**	**477**	**464**	**10936**	**12**	
美术学(师范)	2	477	474	9112	2	
动画	2	466	464	10936	2	
戏剧影视美术设计	2	471	468	10255	2	
数字媒体艺术	2	475	474	9112	2	
环境设计	2	466	464	10936	2	
视觉传达设计	2	471	471	9696	2	
04专业组(不限)(中外合作办学)	**4**	**463**	**457**	**12171**	**4**	
美术学(中外合作办学)(师范)	4	463	457	12171	4	
7141 西北农林科技大学	**4**				**4**	
08专业组(不限)	**4**	**561**	**557**	**588**	**4**	
环境设计	4	561	557	588	4	
7150 陕西学前师范学院	**4**				**4**	
06专业组(不限)	**4**	**475**	**466**	**10607**	**4**	
美术学(师范)	2	475	469	10063	2	
绘画	2	468	466	10607	2	
7151 陕西科技大学	**10**				**10**	
04专业组(不限)	**10**	**518**	**502**	**4323**	**10**	
设计学类	10	518	502	4323	10	
7162 宝鸡文理学院	**22**				**22**	
04专业组(不限)	**22**	**475**	**460**	**11648**	**22**	
美术学(师范)	12	475	460	11648	12	
设计学类(视觉传达设计、环境设计、服装与服饰设计)	10	471	461	11473	10	
7165 咸阳师范学院	**27**				**26**	**1**
03专业组(不限)	**27**	**480**	**461**	**11473**	**26**	**1**
美术学(师范)	14	480	462	11300	14	
视觉传达设计(师范)	9	477	461	11473	8	1
环境设计	4	468	461	11473	4	
7167 陕西理工大学	**30**				**30**	
10专业组(不限)	**30**	**485**	**469**	**10063**	**30**	
美术学(师范)	10	485	469	10063	10	
视觉传达设计	10	480	472	9520	10	
环境设计	10	479	471	9696	10	
7202 兰州理工大学	**6**				**6**	
09专业组(不限)	**6**	**484**	**477**	**8539**	**6**	
视觉传达设计	2	484	481	7800	2	
产品设计	4	481	477	8539	4	
7203 兰州财经大学	**6**				**6**	
03专业组(不限)	**6**	**475**	**460**	**11648**	**6**	
绘画	2	474	473	9307	2	
服装与服饰设计	2	475	471	9696	2	
公共艺术	2	462	460	11648	2	
7204 兰州交通大学	**7**				**7**	
05专业组(不限)	**7**	**495**	**482**	**7614**	**7**	
视觉传达设计	1	495	495	5382	1	
环境设计	2	488	484	7232	2	
产品设计	2	490	482	7614	2	
动画	1	483	483	7426	1	
绘画	1	484	484	7232	1	
7207 甘肃政法大学	**6**				**6**	
04专业组(不限)	**6**	**482**	**474**	**9112**	**6**	
绘画	2	474	474	9112	2	
视觉传达设计	2	478	477	8539	2	
环境设计	2	482	474	9112	2	
7214 西北师范大学	**4**				**4**	
08专业组(不限)(中外合作办学)	**4**	**481**	**466**	**10607**	**4**	
环境设计(中外合作办学)	4	481	466	10607	4	
7401 北方民族大学	**8**				**8**	
08专业组(不限)	**8**	**483**	**456**	**12326**	**8**	
动画	2	481	469	10063	2	
中国画	1	456	456	12326	1	
视觉传达设计	2	483	474	9112	2	
环境设计	2	469	464	10936	2	
绘画	1	476	476	8735	1	
7402 宁夏大学	**3**				**3**	
05专业组(不限)	**3**	**534**	**516**	**2783**	**3**	
绘画	3	534	516	2783	3	
7502 新疆师范大学	**5**				**4**	**1**
09专业组(不限)	**5**	**484**	**444**	**14169**	**4**	**1**
美术学(师范)	2	484	484	7232	2	
绘画	1	444	444	14169		1
视觉传达设计	1	479	479	8163	1	
环境设计	1	470	470	9869	1	
7507 昌吉学院	**25**				**25**	
03专业组(不限)	**25**	**463**	**442**	**14426**	**25**	
美术学(师范)	10	463	445	14022	10	
视觉传达设计	6	458	453	12806	6	
环境设计	9	449	442	14426	9	
7511 石河子大学	**4**				**4**	
04专业组(不限)	**4**	**522**	**500**	**4617**	**4**	
美术学(师范)	2	522	501	4477	2	
设计学类	2	501	500	4617	2	
7529 喀什大学	**5**				**5**	
08专业组(不限)	**5**	**461**	**450**	**13284**	**5**	
美术学(师范)	3	459	454	12645	3	
艺术设计学	2	461	450	13284	2	
7531 新疆政法学院	**2**				**2**	
05专业组(不限)	**2**	**461**	**448**	**13574**	**2**	
美术学	2	461	448	13574	2	
8001 上海杉达学院	**12**				**12**	
05专业组(不限)	**12**	**462**	**444**	**14169**	**12**	
视觉传达设计	3	455	448	13574	3	
环境设计	2	445	445	14022	2	
产品设计	3	447	444	14169	3	

院校、专业组、专业名称	录取数	最高分	最低分	最低分位次	平行志愿	征求志愿
数字媒体艺术	2	462	451	13124	2	
服装与服饰设计	2	447	444	14169	2	
8002 上海建桥学院	**20**				**20**	
05专业组(不限)	**20**	**488**	**446**	**13869**	**20**	
视觉传达设计	6	465	450	13284	6	
环境设计	6	464	446	13869	6	
数字媒体艺术	8	488	447	13727	8	
8004 上海视觉艺术学院	**30**				**30**	
05专业组(不限)	**30**	**523**	**496**	**5207**	**30**	
视觉传达设计	3	515	509	3505	3	
环境设计	3	503	502	4323	3	
产品设计	3	505	504	4081	3	
艺术与科技	8	502	498	4902	8	
服装与服饰设计	5	523	500	4617	5	
工艺美术	3	500	498	4902	3	
数字媒体艺术	3	511	506	3845	3	
文物保护与修复	2	499	496	5207	2	
8005 上海外国语大学贤达经济人文学院	**10**				**10**	
03专业组(不限)	**10**	**446**	**428**	**15859**	**10**	
数字媒体艺术	5	440	430	15681	5	
环境设计	5	446	428	15859	5	
8006 上海师范大学天华学院	**9**				**9**	
03专业组(不限)	**9**	**482**	**463**	**11114**	**9**	
视觉传达设计	3	482	467	10435	3	
环境设计	3	466	463	11114	3	
数字媒体艺术	3	472	465	10767	3	
8023 上海立达学院	**2**				**1**	**1**
05专业组(不限)	**2**	**439**	**438**	**14888**	**1**	**1**
视觉传达设计	2	439	438	14888	1	1
8029 上海中侨职业技术大学	**2**				**2**	
05专业组(不限)	**2**	**447**	**439**	**14782**	**2**	
数字媒体艺术	2	447	439	14782	2	
8030 浙江万里学院	**20**				**20**	
08专业组(不限)	**16**	**475**	**463**	**11114**	**16**	
产品设计	4	475	467	10435	4	
动画	4	467	464	10936	4	
环境设计	4	466	463	11114	4	
视觉传达设计	4	468	466	10607	4	
09专业组(不限)(中外合作办学)	**4**	**463**	**457**	**12171**	**4**	
视觉传达设计(中外合作办学)	4	463	457	12171	4	
8033 宁波财经学院	**26**				**26**	
03专业组(不限)	**26**	**489**	**438**	**14888**	**26**	
设计学类	21	489	438	14888	21	
数字媒体艺术	5	448	440	14672	5	
8036 浙江工业大学之江学院	**13**				**13**	
03专业组(不限)	**13**	**469**	**451**	**13124**	**13**	
环境设计	3	453	452	12970	3	
产品设计	4	453	451	13124	4	
数字媒体艺术	3	469	454	12645	3	
服装与服饰设计	3	451	451	13124	3	
8052 温州商学院	**6**				**6**	
05专业组(不限)	**6**	**454**	**439**	**14782**	**6**	
设计学类	6	454	439	14782	6	
8082 安徽文达信息工程学院	**20**				**20**	
03专业组(不限)	**20**	**449**	**442**	**14426**	**20**	
动画	10	449	442	14426	10	
视觉传达设计	10	448	443	14318	10	
8086 安徽信息工程学院	**15**				**15**	
02专业组(不限)	**15**	**453**	**444**	**14169**	**15**	
视觉传达设计	5	453	446	13869	5	
环境设计	5	446	444	14169	5	
产品设计	5	450	444	14169	5	
8087 马鞍山学院	**24**				**24**	
03专业组(不限)	**24**	**450**	**445**	**14022**	**24**	
产品设计	8	450	445	14022	8	
视觉传达设计	8	449	447	13727	8	
环境设计	8	449	445	14022	8	
8088 合肥城市学院	**12**				**12**	
04专业组(不限)	**12**	**462**	**448**	**13574**	**12**	
动画	4	450	448	13574	4	
视觉传达设计	4	462	448	13574	4	
环境设计	4	448	448	13574	4	
8094 皖江工学院	**19**				**19**	
06专业组(不限)	**19**	**485**	**445**	**14022**	**19**	
环境设计	7	448	445	14022	7	
数字媒体艺术	7	450	446	13869	7	
产品设计	5	485	445	14022	5	
8120 厦门华厦学院	**8**				**8**	
03专业组(不限)	**8**	**443**	**438**	**14888**	**8**	
视觉传达设计	3	443	439	14782	3	
环境设计	2	439	438	14888	2	
数字媒体艺术	3	442	438	14888	3	
8124 厦门工学院	**4**				**4**	
03专业组(不限)	**4**	**442**	**439**	**14782**	**4**	
产品设计	2	442	440	14672	2	
动画	2	439	439	14782	2	
8125 阳光学院	**4**				**4**	
05专业组(不限)	**4**	**437**	**435**	**15206**	**4**	
数字媒体艺术	4	437	435	15206	4	
8126 厦门大学嘉庚学院	**14**				**14**	
04专业组(不限)	**14**	**476**	**462**	**11300**	**14**	
动画	3	463	462	11300	3	
视觉传达设计	4	472	465	10767	4	
环境设计	5	466	462	11300	5	
产品设计	2	476	466	10607	2	

院校、专业组、专业名称	录取数	最高分	最低分	最低分位次	平行志愿	征求志愿
8127 福州大学至诚学院	8				8	
04专业组(不限)	8	474	444	14169	8	
产品设计	8	474	444	14169	8	
8128 集美大学诚毅学院	9				9	
03专业组(不限)	9	460	455	12480	9	
视觉传达设计	9	460	455	12480	9	
8130 福州外语外贸学院	4				4	
03专业组(不限)	2	437	437	15002	2	
视觉传达设计	2	437	437	15002	2	
04专业组(不限)(中外合作办学)	2	445	431	15598	2	
服装与服饰设计(中外合作办学)	2	445	431	15598	2	
8133 泉州信息工程学院	15				15	
02专业组(不限)	6	443	436	15112	6	
视觉传达设计	2	437	437	15002	2	
环境设计	2	437	436	15112	2	
数字媒体艺术	2	443	437	15002	2	
03专业组(不限)(中外合作办学)	9	429	419	16409	9	
视觉传达设计(中外合作办学)	3	424	420	16362	3	
环境设计(中外合作办学)	3	421	419	16409	3	
数字媒体艺术(中外合作办学)	3	429	425	16087	3	
8170 江西科技学院	120				119	1
05专业组(不限)	120	445	430	15681	119	1
视觉传达设计	102	445	430	15681	101	1
环境设计	17	440	430	15681	17	
服装与服饰设计	1	437	437	15002	1	
8172 南昌理工学院	4				3	1
05专业组(不限)	4	442	439	14782	3	1
环境设计	4	442	439	14782	3	1
8173 江西应用科技学院	20				20	
05专业组(不限)	20	440	429	15781	20	
视觉传达设计	10	440	432	15499	10	
动画	10	435	429	15781	10	
8174 江西服装学院	2				2	
03专业组(不限)	2	440	429	15781	2	
服装与服饰设计	2	440	429	15781	2	
8175 南昌工学院	9				9	
07专业组(不限)	9	444	437	15002	9	
视觉传达设计	9	444	437	15002	9	
8176 南昌大学科学技术学院	36				36	
03专业组(不限)	36	460	447	13727	36	
环境设计	9	454	447	13727	9	
数字媒体艺术	14	454	447	13727	14	
视觉传达设计	13	460	447	13727	13	
8177 南昌大学共青学院	13				13	
04专业组(不限)	13	448	444	14169	13	
环境设计	8	448	444	14169	8	
产品设计	5	446	444	14169	5	
8178 南昌交通学院	5				5	
04专业组(不限)	5	447	441	14568	5	
视觉传达设计	2	447	442	14426	2	
环境设计	3	443	441	14568	3	
8180 南昌航空大学科技学院	12				12	
05专业组(不限)	12	454	449	13429	12	
环境设计	6	454	449	13429	6	
视觉传达设计	3	454	453	12806	3	
动画	3	453	449	13429	3	
8183 江西农业大学南昌商学院	3				3	
03专业组(不限)	3	451	449	13429	3	
环境设计	3	451	449	13429	3	
8185 江西师范大学科学技术学院	4				4	
03专业组(不限)	4	496	455	12480	4	
动画	2	460	455	12480	2	
视觉传达设计	2	496	460	11648	2	
8186 景德镇艺术职业大学	33				33	
03专业组(不限)	33	453	439	14782	33	
陶瓷艺术设计	1	440	440	14672	1	
视觉传达设计	14	453	439	14782	14	
数字媒体艺术	13	444	439	14782	13	
产品设计	2	441	440	14672	2	
数字动画	3	446	441	14568	3	
8187 南昌应用技术师范学院	3				3	
07专业组(不限)	3	445	440	14672	3	
视觉传达设计	2	441	440	14672	2	
环境设计	1	445	445	14022	1	
8188 江西财经大学现代经济管理学院	4				4	
03专业组(不限)	4	448	448	13574	4	
产品设计	4	448	448	13574	4	
8212 烟台南山学院	15				15	
05专业组(不限)	15	449	446	13869	15	
动画	5	449	446	13869	5	
视觉传达设计	5	449	447	13727	5	
工艺美术	5	447	446	13869	5	
8214 山东英才学院	16				16	
03专业组(不限)	16	444	436	15112	16	
视觉传达设计	8	444	437	15002	8	
环境设计	8	440	436	15112	8	
8215 青岛恒星科技学院	11				11	
05专业组(不限)	11	442	437	15002	11	
数字媒体艺术	8	442	438	14888	8	
视觉传达设计	3	440	437	15002	3	

院校、专业组、专业名称	录取数	最高分	最低分	最低分位次	平行志愿	征求志愿
8216 青岛黄海学院	8				8	
04专业组(不限)	8	445	444	14169	8	
环境设计	3	444	444	14169	3	
视觉传达设计	5	445	444	14169	5	
8218 山东协和学院	11				11	
03专业组(不限)	11	448	441	14568	11	
环境设计	2	445	444	14169	2	
数字媒体艺术	6	444	441	14568	6	
视觉传达设计	3	448	441	14568	3	
8220 青岛城市学院	7				7	
04专业组(不限)	7	456	444	14169	7	
环境设计	1	446	446	13869	1	
动画	3	456	444	14169	3	
数字媒体艺术	3	446	445	14022	3	
8227 齐鲁理工学院	34				34	
05专业组(不限)	34	480	437	15002	34	
视觉传达设计	31	480	437	15002	31	
环境设计	1	439	439	14782	1	
产品设计	2	439	438	14888	2	
8260 北京城市学院	2				2	
04专业组(不限)	2	466	452	12970	2	
文物保护与修复	2	466	452	12970	2	
8262 首都师范大学科德学院	6				5	1
03专业组(不限)	6	445	412	16673	5	1
数字媒体艺术	4	419	417	16495	4	
环境设计	2	445	412	16673	1	1
8263 北京工商大学嘉华学院	26				22	4
03专业组(不限)	26	420	402	16812	22	4
艺术与科技	6	420	402	16812	6	
数字媒体艺术	11	420	406	16781	9	2
视觉传达设计	9	419	404	16803	7	2
8264 北京邮电大学世纪学院	28				23	5
03专业组(不限)	28	442	425	16087	23	5
数字媒体艺术	28	442	425	16087	23	5
8265 北京工业大学耿丹学院	23				21	2
03专业组(不限)	23	438	419	16409	21	2
设计学类	19	431	420	16362	18	1
动画	3	438	419	16409	2	1
戏剧影视美术设计	1	423	423	16208	1	
8290 天津天狮学院	2				2	
05专业组(不限)	2	436	435	15206	2	
动画	2	436	435	15206	2	
8293 天津商业大学宝德学院	20				20	
03专业组(不限)	20	444	438	14888	20	
设计学类	20	444	438	14888	20	
8298 北京科技大学天津学院	4				4	
03专业组(不限)	4	450	445	14022	4	
视觉传达设计	4	450	445	14022	4	
8299 天津仁爱学院	19				19	
05专业组(不限)	19	440	435	15206	19	
环境设计	6	437	435	15206	6	
产品设计	5	437	435	15206	5	
动画	5	436	435	15206	5	
数字媒体艺术	3	440	438	14888	3	
8301 天津财经大学珠江学院	7				7	
03专业组(不限)	7	440	439	14782	7	
环境设计	7	440	439	14782	7	
8326 保定理工学院	12				11	1
08专业组(不限)	12	458	436	15112	11	1
环境设计	3	440	436	15112	2	1
数字媒体艺术	2	441	440	14672	2	
视觉传达设计	7	458	438	14888	7	
8401 辽宁对外经贸学院	10				10	
03专业组(不限)	10	439	428	15859	10	
环境设计	4	439	430	15681	4	
视觉传达设计	4	428	428	15859	4	
新媒体艺术	2	436	428	15859	2	
8402 大连理工大学城市学院	10				10	
03专业组(不限)	10	444	436	15112	10	
环境设计	3	437	436	15112	3	
数字媒体艺术	7	444	437	15002	7	
8404 沈阳工学院	20				20	
03专业组(不限)	20	441	432	15499	20	
设计学类	20	441	432	15499	20	
8405 大连工业大学艺术与信息工程学院	5				5	
03专业组(不限)	5	436	435	15206	5	
视觉传达设计	4	436	435	15206	4	
数字媒体艺术	1	435	435	15206	1	
8408 大连医科大学中山学院	8				8	
03专业组(不限)	8	437	433	15394	8	
视觉传达设计	3	437	435	15206	3	
环境设计	2	435	435	15206	2	
服装与服饰设计	3	434	433	15394	3	
8414 大连艺术学院	10				10	
01专业组(不限)	10	458	439	14782	10	
绘画	1	458	458	11958	1	
中国画	1	448	448	13574	1	
视觉传达设计	8	454	439	14782	8	
8440 吉林外国语大学	4				4	
05专业组(不限)	4	464	446	13869	4	
视觉传达设计	4	464	446	13869	4	
8441 长春光华学院	43				43	
03专业组(不限)	43	439	431	15598	43	
产品设计	5	436	432	15499	5	
环境设计	10	437	431	15598	10	
摄影	2	432	431	15598	2	
视觉传达设计	10	438	432	15499	10	

院校、专业组、专业名称	录取数	最高分	最低分	最低分位次	平行志愿	征求志愿
数字媒体艺术	11	439	432	15499	11	
影视摄影与制作	5	431	431	15598	5	
8442 长春工业大学人文信息学院	**20**				**20**	
03专业组(不限)	**20**	**435**	**429**	**15781**	**20**	
视觉传达设计	13	434	429	15781	13	
环境设计	2	434	430	15681	2	
数字媒体艺术	5	435	429	15781	5	
8443 长春电子科技学院	**10**				**10**	
03专业组(不限)	**10**	**436**	**429**	**15781**	**10**	
环境设计	5	433	429	15781	5	
视觉传达设计	5	436	429	15781	5	
8445 吉林建筑科技学院	**64**				**64**	
06专业组(不限)	**64**	**440**	**427**	**15937**	**64**	
环境设计	34	436	427	15937	34	
视觉传达设计	16	440	430	15681	16	
公共艺术	2	431	427	15937	2	
动画	12	430	427	15937	12	
8446 长春建筑学院	**28**				**28**	
03专业组(不限)	**28**	**440**	**432**	**15499**	**28**	
动画	5	437	433	15394	5	
视觉传达设计	3	440	437	15002	3	
环境设计	10	436	432	15499	10	
公共艺术	2	435	433	15394	2	
工艺美术	3	437	433	15394	3	
数字媒体艺术	3	436	435	15206	3	
艺术与科技	2	434	433	15394	2	
8447 长春科技学院	**34**				**34**	
03专业组(不限)	**34**	**444**	**428**	**15859**	**34**	
美术学	7	434	428	15859	7	
视觉传达设计	13	444	429	15781	13	
环境设计	1	428	428	15859	1	
数字媒体艺术	13	435	429	15781	13	
8448 吉林动画学院	**16**				**16**	
03专业组(不限)	**12**	**518**	**466**	**10607**	**12**	
动画	7	518	473	9307	7	
数字媒体艺术	5	468	466	10607	5	
04专业组(不限)(中外合作办学)	**4**	**454**	**436**	**15112**	**4**	
动画(中外合作办学)	4	454	436	15112	4	
8449 吉林师范大学博达学院	**10**				**10**	
03专业组(不限)	**10**	**436**	**434**	**15305**	**10**	
视觉传达设计	5	436	435	15206	5	
环境设计	5	434	434	15305	5	
8450 长春大学旅游学院	**20**				**20**	
03专业组(不限)	**20**	**434**	**427**	**15937**	**20**	
视觉传达设计	18	434	427	15937	18	
环境设计	2	430	429	15781	2	
8507 信阳学院	**12**				**12**	

院校、专业组、专业名称	录取数	最高分	最低分	最低分位次	平行志愿	征求志愿
01专业组(不限)	**12**	**461**	**447**	**13727**	**12**	
环境设计	2	452	449	13429	2	
视觉传达设计	10	461	447	13727	10	
8509 郑州经贸学院	**10**				**10**	
02专业组(不限)	**10**	**450**	**445**	**14022**	**10**	
环境设计	10	450	445	14022	10	
8552 武昌首义学院	**14**				**14**	
05专业组(不限)	**14**	**449**	**440**	**14672**	**14**	
设计学类	14	449	440	14672	14	
8553 武昌理工学院	**8**				**8**	
03专业组(不限)	**8**	**440**	**438**	**14888**	**8**	
设计学类	4	440	438	14888	4	
数字媒体艺术	4	440	439	14782	4	
8555 武汉晴川学院	**13**				**13**	
03专业组(不限)	**13**	**460**	**438**	**14888**	**13**	
数字媒体艺术	12	460	438	14888	12	
产品设计	1	439	439	14782	1	
8556 湖北大学知行学院	**8**				**8**	
05专业组(不限)	**8**	**447**	**441**	**14568**	**8**	
设计学类	8	447	441	14568	8	
8557 武汉城市学院	**2**				**2**	
04专业组(不限)	**2**	**453**	**453**	**12806**	**2**	
视觉传达设计	2	453	453	12806	2	
8558 三峡大学科技学院	**6**				**6**	
04专业组(不限)	**6**	**446**	**440**	**14672**	**6**	
环境设计	3	444	441	14568	3	
视觉传达设计	3	446	440	14672	3	
8559 湖北工业大学工程技术学院	**14**				**14**	
03专业组(不限)	**14**	**454**	**442**	**14426**	**14**	
视觉传达设计	4	454	444	14169	4	
环境设计	4	447	442	14426	4	
产品设计	3	444	443	14318	3	
动画	3	443	442	14426	3	
8561 武汉纺织大学外经贸学院	**44**				**44**	
05专业组(不限)	**44**	**447**	**436**	**15112**	**44**	
动画	2	444	439	14782	2	
视觉传达设计	19	447	436	15112	19	
环境设计	1	437	437	15002	1	
服装与服饰设计	1	440	440	14672	1	
产品设计	2	442	439	14782	2	
数字媒体艺术	19	440	436	15112	19	
8565 长江大学文理学院	**5**				**5**	
03专业组(不限)	**5**	**465**	**446**	**13869**	**5**	
设计学类	5	465	446	13869	5	
8566 湖北商贸学院	**10**				**10**	
01专业组(不限)	**10**	**446**	**437**	**15002**	**10**	
设计学类	10	446	437	15002	10	

2023年艺术类(历史等科目类)本科院校第2小批

院校、专业组、专业名称	录取数	最高分	最低分	最低分位次	平行志愿	征求志愿
8572 湖北文理学院理工学院	60				36	24
03专业组(不限)	60	466	434	15305	36	24
视觉传达设计	57	466	434	15305	35	22
环境设计	3	443	435	15206	1	2
8573 文华学院	24				24	
03专业组(不限)	24	452	439	14782	24	
环境设计	4	442	439	14782	4	
视觉传达设计	9	447	439	14782	9	
数字媒体艺术	6	445	440	14672	6	
产品设计	5	452	439	14782	5	
8574 武汉工程科技学院	13				12	1
05专业组(不限)	13	441	437	15002	12	1
视觉传达设计	10	441	437	15002	10	
环境设计	1	441	441	14568	1	
产品设计	2	440	438	14888	1	1
8575 武汉华夏理工学院	28				28	
05专业组(不限)	28	448	437	15002	28	
视觉传达设计	16	443	437	15002	16	
环境设计	3	440	437	15002	3	
数字媒体艺术	9	448	437	15002	9	
8576 武汉传媒学院	47				47	
04专业组(不限)	47	467	453	12806	47	
戏剧影视美术设计	4	462	457	12171	4	
动画	5	461	456	12326	5	
影视摄影与制作	8	456	453	12806	8	
摄影	6	457	454	12645	6	
视觉传达设计	7	463	459	11808	7	
环境设计	7	461	456	12326	7	
数字媒体艺术	10	467	461	11473	10	
8577 武汉设计工程学院	18				18	
05专业组(不限)	18	466	441	14568	18	
环境设计	3	445	443	14318	3	
服装与服饰设计	3	446	441	14568	3	
视觉传达设计	3	466	452	12970	3	
动画	2	445	444	14169	2	
数字媒体艺术	2	462	446	13869	2	
产品设计	2	449	446	13869	2	
工艺美术	3	450	443	14318	3	
8604 湖南工业大学科技学院	15				15	
04专业组(不限)	15	458	444	14169	15	
包装设计	3	454	445	14022	3	
环境设计	3	446	444	14169	3	
视觉传达设计	4	458	446	13869	4	
产品设计	5	446	444	14169	5	
8606 南华大学船山学院	1				1	
03专业组(不限)	1	447	447	13727	1	
环境设计	1	447	447	13727	1	
8613 吉首大学张家界学院	5				5	
02专业组(不限)	5	454	447	13727	5	
视觉传达设计	2	452	447	13727	2	
美术学	3	454	447	13727	3	
8614 长沙理工大学城南学院	2				2	
03专业组(不限)	2	455	453	12806	2	
环境设计	2	455	453	12806	2	
8641 电子科技大学中山学院	10				10	
04专业组(不限)	10	440	434	15305	10	
视觉传达设计	5	440	435	15206	5	
产品设计	5	435	434	15305	5	
8645 广州南方学院	14				14	
04专业组(不限)	14	445	430	15681	14	
设计学类	14	445	430	15681	14	
8648 广州应用科技学院	15				15	
01专业组(不限)	15	437	429	15781	15	
动画	7	437	429	15781	7	
视觉传达设计	6	433	429	15781	6	
环境设计	1	433	433	15394	1	
产品设计	1	429	429	15781	1	
8650 珠海科技学院	5				5	
03专业组(不限)	5	437	430	15681	5	
视觉传达设计	5	437	430	15681	5	
8659 华南农业大学珠江学院	39				11	28
03专业组(不限)	39	427	407	16772	11	28
视觉传达设计	24	425	412	16673	4	20
数字媒体艺术	15	427	407	16772	7	8
8710 南宁学院	2				2	
03专业组(不限)	2	436	433	15394	2	
新媒体艺术	2	436	433	15394	2	
8711 北海艺术设计学院	135				135	
01专业组(不限)	135	446	425	16087	135	
动画	23	441	425	16087	23	
美术学	9	433	429	15781	9	
雕塑	4	429	425	16087	4	
视觉传达设计	68	446	425	16087	68	
环境设计	4	433	425	16087	4	
产品设计	2	429	426	16026	2	
服装与服饰设计	1	429	429	15781	1	
数字媒体艺术	24	441	425	16087	24	
8714 桂林学院	3				3	
03专业组(不限)	3	443	438	14888	3	
设计学类	3	443	438	14888	3	
8716 桂林信息科技学院	13				13	
03专业组(不限)	13	439	435	15206	13	
视觉传达设计	2	436	436	15112	2	
环境设计	3	436	435	15206	3	
产品设计	3	439	435	15206	3	
数字媒体艺术	2	438	436	15112	2	
动画	3	437	435	15206	3	
8718 广西外国语学院	18				16	2

院校、专业组、专业名称	录取数	最高分	最低分	最低分位次	平行志愿	征求志愿
03专业组(不限)	**18**	**437**	**428**	**15859**	**16**	**2**
艺术设计学	6	433	428	15859	6	
环境设计	5	433	428	15859	5	
美术学	7	437	428	15859	5	2
8740 海口经济学院	**45**				**32**	**13**
09专业组(不限)	**45**	**438**	**417**	**16495**	**32**	**13**
视觉传达设计	20	438	418	16453	15	5
环境设计	6	424	418	16453	4	2
产品设计	1	423	423	16208	1	
服装与服饰设计	1	424	424	16158	1	
艺术与科技	4	422	417	16495		4
数字媒体艺术	6	428	422	16267	6	
动画	7	427	419	16409	5	2
8741 三亚学院	**15**				**15**	
09专业组(不限)	**15**	**464**	**429**	**15781**	**15**	
环境设计	4	464	429	15781	4	
视觉传达设计	3	432	429	15781	3	
动画	4	434	430	15681	4	
数字媒体艺术	3	433	430	15681	3	
产品设计	1	429	429	15781	1	
8760 成都东软学院	**2**				**2**	
03专业组(不限)	**2**	**459**	**456**	**12326**	**2**	
动画	1	456	456	12326	1	
数字媒体艺术	1	459	459	11808	1	
8761 电子科技大学成都学院	**8**				**8**	
03专业组(不限)	**8**	**451**	**445**	**14022**	**8**	
动画	4	449	445	14022	4	
艺术与科技	4	451	445	14022	4	
8763 四川传媒学院	**1**				**1**	
01专业组(不限)	**1**	**479**	**479**	**8163**	**1**	
视觉传达设计	1	479	479	8163	1	
8771 四川大学锦江学院	**4**				**4**	
05专业组(不限)	**4**	**457**	**453**	**12806**	**4**	
环境设计	1	453	453	12806	1	
视觉传达设计	3	457	453	12806	3	
8772 四川文化艺术学院	**5**				**5**	
01专业组(不限)	**1**	**424**	**424**	**16158**	**1**	
绘画	1	424	424	16158	1	
02专业组(不限)(中外合作办学)	**4**	**428**	**413**	**16636**	**4**	
视觉传达设计(中外合作办学)	4	428	413	16636	4	
8775 四川电影电视学院	**11**				**11**	
01专业组(不限)	**7**	**472**	**455**	**12480**	**7**	
数字媒体艺术	4	472	459	11808	4	
影视摄影与制作	3	459	455	12480	3	
02专业组(不限)(中外合作办学)	**4**	**444**	**421**	**16318**	**4**	
数字媒体艺术(中外合作办	4	444	421	16318	4	
学)						
8781 吉利学院	**7**				**7**	
03专业组(不限)	**7**	**436**	**431**	**15598**	**7**	
设计学类	7	436	431	15598	7	
8841 贵阳人文科技学院	**2**				**2**	
03专业组(不限)	**2**	**444**	**442**	**14426**	**2**	
美术学	2	444	442	14426	2	
8870 云南大学滇池学院	**10**				**9**	**1**
03专业组(不限)	**10**	**439**	**430**	**15681**	**9**	**1**
视觉传达设计	7	434	430	15681	7	
环境设计	1	439	439	14782		1
艺术与科技	2	439	432	15499	2	
8871 丽江文化旅游学院	**36**				**33**	**3**
05专业组(不限)	**36**	**439**	**425**	**16087**	**33**	**3**
动画	3	430	425	16087	3	
视觉传达设计	17	434	426	16026	15	2
环境设计	4	427	426	16026	4	
产品设计	1	439	439	14782	1	
服装与服饰设计	2	427	427	15937	2	
数字媒体艺术	8	436	426	16026	7	1
美术学	1	426	426	16026	1	
8874 云南艺术学院文华学院	**6**				**6**	
02专业组(不限)	**6**	**434**	**429**	**15781**	**6**	
绘画	2	430	429	15781	2	
视觉传达设计	4	434	429	15781	4	
8902 西安欧亚学院	**5**				**5**	
04专业组(不限)	**5**	**439**	**433**	**15394**	**5**	
环境设计	5	439	433	15394	5	
8906 西安思源学院	**9**				**9**	
03专业组(不限)	**9**	**442**	**437**	**15002**	**9**	
环境设计	3	438	438	14888	3	
数字媒体艺术	6	442	437	15002	6	
8908 陕西服装工程学院	**2**				**2**	
01专业组(不限)	**2**	**439**	**436**	**15112**	**2**	
环境设计	2	439	436	15112	2	
8910 西安交通大学城市学院	**35**				**35**	
03专业组(不限)	**35**	**467**	**438**	**14888**	**35**	
动画	6	444	440	14672	6	
中国画	5	467	438	14888	5	
视觉传达设计	10	453	443	14318	10	
环境设计	14	445	438	14888	14	
8911 西北大学现代学院	**5**				**5**	
03专业组(不限)	**5**	**440**	**435**	**15206**	**5**	
数字媒体艺术	5	440	435	15206	5	
8912 西安建筑科技大学华清学院	**4**				**4**	
03专业组(不限)	**4**	**443**	**438**	**14888**	**4**	
环境设计	2	443	438	14888	2	
视觉传达设计	2	439	438	14888	2	

2023年艺术类(历史等科目类)本科院校第2小批

院校、专业组、专业名称	录取数	最高分	最低分	最低分位次	平行志愿	征求志愿
8913 西安财经大学行知学院	14				14	
03专业组(不限)	14	439	436	15112	14	
环境设计	5	438	436	15112	5	
产品设计	9	439	436	15112	9	
8915 延安大学西安创新学院	11				11	
02专业组(不限)	11	441	434	15305	11	
美术学	3	437	434	15305	3	
视觉传达设计	2	435	435	15206	2	
环境设计	1	435	435	15206	1	
数字媒体艺术	5	441	434	15305	5	
8916 西安明德理工学院	17				14	3
03专业组(不限)	17	437	433	15394	14	3
视觉传达设计	16	437	433	15394	13	3
产品设计	1	436	436	15112	1	
8918 西安科技大学高新学院	2				2	
03专业组(不限)	2	444	442	14426	2	
数字媒体艺术	2	444	442	14426	2	
8940 兰州工商学院	10				10	
03专业组(不限)	10	442	437	15002	10	
视觉传达设计	5	442	438	14888	5	
环境设计	5	439	437	15002	5	

以下为使用音乐类专业省统考成绩录取的院校(主试类型为声乐),下列表中的"最高分(最低分)"为专业分。

院校、专业组、专业名称	录取数	最高分	最低分	最低分位次	平行志愿	征求志愿
1103 南京航空航天大学	12				12	
10专业组(不限)	12	230	219	100	12	
音乐表演	12	230	219	100	12	
1108 南京师范大学	34				34	
35专业组(不限)	34	238	226	48	34	
音乐学(师范)	34	238	226	48	34	
1120 南京晓庄学院	64				64	
24专业组(不限)	18	220	167	1753	18	
音乐学(师范)(为淮安市淮阴区定向培养)	1	214	214	159	1	
音乐学(师范)(为淮安市洪泽区定向培养)	1	220	220	88	1	
音乐学(师范)(为宿迁市沭阳县定向培养)	4	218	214	159	4	
音乐学(师范)(为泰州市靖江市定向培养)	3	209	167	1753	3	
音乐学(师范)(为泰州市泰兴市定向培养)	1	192	192	843	1	
音乐学(师范)(为泰州市兴化市定向培养)	1	209	209	274	1	
音乐学(师范)(为泰州市姜堰区定向培养)	2	216	208	300	2	
音乐学(师范)(为盐城市东台市定向培养)	1	214	214	159	1	
音乐学(师范)(为盐城市射阳县定向培养)	1	195	195	732	1	
音乐学(师范)(为连云港市灌南县定向培养)	1	184	184	1235	1	
音乐学(师范)(为连云港市赣榆区定向培养)	2	207	203	424	2	
25专业组(不限)	46	218	208	300	46	
音乐学(师范)	46	218	208	300	46	
1131 江苏第二师范学院	44				44	
25专业组(不限)	19	218	189	977	19	
音乐学(师范)(为南京市高淳区定向培养)	1	191	191	887	1	
音乐学(师范)(为苏州市太仓市定向培养)	1	202	202	452	1	
音乐学(师范)(为南通市如皋市定向培养)	1	189	189	977	1	
音乐学(师范)(为南通市海门区定向培养)	1	214	214	159	1	
音乐学(师范)(为南通市通州区定向培养)	1	192	192	843	1	
音乐学(师范)(为扬州市宝应县定向培养)	2	204	200	535	2	
音乐学(师范)(为扬州市高邮市定向培养)	1	197	197	647	1	
音乐学(师范)(为扬州市江都区定向培养)	3	218	192	843	3	
音乐学(师范)(为扬州市邗江区定向培养)	2	201	198	603	2	
音乐学(师范)(为扬州市仪征市定向培养)	1	216	216	132	1	
音乐学(师范)(为徐州市丰县定向培养)	1	201	201	489	1	
音乐学(师范)(为徐州市铜山区定向培养)	4	218	204	396	4	
26专业组(不限)	25	212	206	343	25	
音乐学(师范)	25	212	206	343	25	
1133 南京特殊教育师范学院	70				70	
09专业组(不限)	70	206	195	732	70	
音乐学(师范)	70	206	195	732	70	
1201 江南大学	9				9	
14专业组(不限)	9	223	222	73	9	
音乐学(师范)	9	223	222	73	9	
1221 中国矿业大学	3				3	
09专业组(不限)	3	221	220	88	3	
音乐学	3	221	220	88	3	
1222 江苏师范大学	40				40	
19专业组(不限)	40	215	212	204	40	
音乐学(师范)	40	215	212	204	40	

院校、专业组、专业名称	录取数	最高分	最低分	最低分位次	平行志愿	征求志愿
1224 徐州工程学院	25				25	
13专业组(不限)	25	201	195	732	25	
音乐学	12	197	195	732	12	
音乐学(师范)	13	201	198	603	13	
1242 常州大学	9				9	
14专业组(不限)	9	209	207	322	9	
音乐学	9	209	207	322	9	
1243 常州工学院	30				30	
16专业组(不限)	30	202	196	689	30	
音乐学(师范)	30	202	196	689	30	
1261 苏州大学	11				11	
39专业组(不限)	11	226	223	59	11	
音乐学(师范)	11	226	223	59	11	
1262 苏州科技大学	30				30	
16专业组(不限)	30	215	209	274	30	
音乐学(师范)	13	215	210	249	13	
流行音乐	17	212	209	274	17	
1263 常熟理工学院	22				22	
16专业组(不限)	22	206	202	452	22	
音乐学(师范)	22	206	202	452	22	
1301 南通大学	11				11	
28专业组(不限)	8	215	210	249	8	
音乐学(师范)	3	215	211	225	3	
音乐表演	5	211	210	249	5	
29专业组(不限)(中外合作办学)	3	205	202	452	3	
音乐表演(中外合作办学)	3	205	202	452	3	
1341 淮阴师范学院	27				27	
21专业组(不限)	27	206	203	424	27	
音乐学(师范)	27	206	203	424	27	
1362 盐城师范学院	78				78	
23专业组(不限)	59	206	199	567	59	
音乐学(师范)	44	206	200	535	44	
音乐表演	15	200	199	567	15	
24专业组(不限)(中外合作办学)	19	197	181	1374	19	
音乐表演(中外合作办学)	19	197	181	1374	19	
1381 扬州大学	21				21	
36专业组(不限)	21	221	216	132	21	
音乐表演	7	218	216	132	7	
音乐学(师范)	14	221	216	132	14	
1421 泰州学院	90				90	
09专业组(不限)	90	198	191	887	90	
音乐学(师范)	45	198	193	811	45	
音乐学	45	194	191	887	45	
1426 宿迁学院	45				45	
11专业组(不限)	45	197	189	977	45	
音乐学	27	191	189	977	27	
音乐学(师范)	18	197	191	887	18	
1803 南京航空航天大学金城学院	20				19	1
15专业组(不限)	20	184	181	1374	19	1
音乐表演	20	184	181	1374	19	1
1835 苏州科技大学天平学院	14				14	
09专业组(不限)	14	190	184	1235	14	
音乐学	14	190	184	1235	14	
1847 南京师范大学泰州学院	40				40	
08专业组(不限)	40	192	185	1178	40	
音乐学(师范)	40	192	185	1178	40	
1858 南京师范大学中北学院	24				24	
09专业组(不限)	24	190	182	1329	24	
音乐学	13	187	182	1329	13	
音乐教育	11	190	184	1235	11	
1901 南京传媒学院	46				46	
05专业组(不限)	46	194	182	1329	46	
流行音乐	26	194	182	1329	26	
音乐表演	20	191	184	1235	20	
1911 三江学院	10				10	
06专业组(不限)	10	181	180	1417	10	
音乐表演	10	181	180	1417	10	
2111 上海师范大学	5				5	
08专业组(不限)	5	224	222	73	5	
音乐学(师范)	5	224	222	73	5	
2206 浙江师范大学	5				5	
09专业组(不限)	3	219	218	107	3	
音乐学(师范)	3	219	218	107	3	
10专业组(不限)(中外合作办学)	2	214	213	182	2	
音乐学(中外合作办学)(师范)	2	214	213	182	2	
2211 浙江传媒学院	2				2	
10专业组(不限)	2	211	208	300	2	
音乐表演	2	211	208	300	2	
2221 宁波大学	7				7	
05专业组(不限)	7	220	218	107	7	
音乐学(师范)	7	220	218	107	7	
2228 温州大学	2				2	
06专业组(不限)	2	210	209	274	2	
音乐学(师范)	2	210	209	274	2	
2240 浙江外国语学院	2				2	
06专业组(不限)	2	206	206	343	2	
音乐学(师范)	2	206	206	343	2	
2261 湖州师范学院	6				6	
10专业组(不限)	6	206	203	424	6	
音乐学(师范)	6	206	203	424	6	
2268 丽水学院	3				3	
08专业组(不限)	3	201	198	603	3	
音乐学(师范)	3	201	198	603	3	
2309 安徽师范大学	3				3	

院校、专业组、专业名称	录取数	最高分	最低分	最低分位次	平行志愿	征求志愿
09专业组(不限)	3	212	212	204	3	
音乐学(师范)	3	212	212	204	3	
2333 皖西学院	10				10	
04专业组(不限)	10	191	189	977	10	
音乐学(师范)	10	191	189	977	10	
2342 宿州学院	5				5	
07专业组(不限)	5	190	189	977	5	
音乐学(师范)	5	190	189	977	5	
2351 淮北师范大学	4				4	
10专业组(不限)	4	206	205	371	4	
音乐学(师范)	4	206	205	371	4	
2359 合肥师范学院	10				10	
01专业组(不限)	10	202	199	567	10	
音乐学(师范)	10	202	199	567	10	
2362 淮南师范学院	5				5	
07专业组(不限)	5	194	194	764	5	
音乐表演	2	194	194	764	2	
音乐学(师范)	3	194	194	764	3	
2381 黄山学院	2				2	
09专业组(不限)	2	193	191	887	2	
音乐学	2	193	191	887	2	
2408 龙岩学院	3				3	
04专业组(不限)	3	188	188	1016	3	
音乐学(师范)	3	188	188	1016	3	
2409 闽江学院	2				2	
03专业组(不限)	2	191	190	932	2	
音乐学(师范)	2	191	190	932	2	
2411 厦门大学	6				6	
13专业组(不限)	6	241	236	前10名	6	
音乐学	4	241	236	前10名	4	
音乐表演	2	240	236	前10名	2	
2443 泉州师范学院	1				1	
08专业组(不限)	1	194	194	764	1	
音乐学(师范)	1	194	194	764	1	
2501 江西财经大学	2				2	
11专业组(不限)	2	206	206	343	2	
音乐学	2	206	206	343	2	
2504 江西中医药大学	8				8	
07专业组(不限)	8	200	193	811	8	
音乐治疗	8	200	193	811	8	
2505 南昌大学	4				4	
09专业组(不限)	4	221	216	132	4	
音乐学	4	221	216	132	4	
2506 南昌航空大学	3				3	
05专业组(不限)	3	201	201	489	3	
音乐学	3	201	201	489	3	
2508 江西农业大学	1				1	
10专业组(不限)	1	194	194	764	1	
音乐学	1	194	194	764	1	
2511 南昌工程学院	2				2	
05专业组(不限)	2	190	190	932	2	
音乐学	2	190	190	932	2	
2523 赣南师范大学	4				4	
11专业组(不限)(中外合作办学)	4	189	188	1016	4	
音乐学(中外合作办学)(师范)	4	189	188	1016	4	
2539 豫章师范学院	2				2	
02专业组(不限)	2	188	188	1016	2	
音乐学(师范)	2	188	188	1016	2	
2543 南昌师范学院	1				1	
08专业组(思想政治)	1	195	195	732	1	
音乐学(师范)	1	195	195	732	1	
2551 宜春学院	7				7	
08专业组(不限)	2	189	188	1016	2	
音乐学(师范)	2	189	188	1016	2	
09专业组(不限)(中外合作办学)	5	188	181	1374	5	
音乐学(中外合作办学)(师范)	5	188	181	1374	5	
2561 九江学院	3				3	
06专业组(不限)	3	198	188	1016	3	
音乐学(师范)	3	198	188	1016	3	
2571 上饶师范学院	2				2	
07专业组(不限)	2	188	188	1016	2	
音乐学(师范)	2	188	188	1016	2	
2581 井冈山大学	2				2	
07专业组(不限)	2	198	194	764	2	
音乐学(师范)	2	198	194	764	2	
2613 枣庄学院	5				5	
04专业组(不限)	5	191	191	887	5	
音乐学(师范)	5	191	191	887	5	
2635 潍坊学院	5				5	
09专业组(不限)	5	199	191	887	5	
音乐学(师范)	5	199	191	887	5	
2642 聊城大学	7				7	
07专业组(不限)	7	204	200	535	7	
音乐学(师范)	7	201	200	535	7	
2671 曲阜师范大学	3				3	
06专业组(不限)	3	207	206	343	3	
音乐学(师范)	3	207	206	343	3	
3306 廊坊师范学院	5				5	
03专业组(不限)	5	193	188	1016	5	
音乐学(师范)	5	193	188	1016	5	
3333 衡水学院	9				9	
10专业组(不限)	2	187	187	1074	2	
音乐学(师范)	2	187	187	1074	2	
11专业组(不限)(中外合作办学)	7	184	170	1694	7	
音乐学(中外合作办学)	2	184	183	1292	2	

院校、专业组、专业名称	录取数	最高分	最低分	最低分位次	平行志愿	征求志愿
音乐表演(中外合作办学)	5	174	170	1694	5	
3362 邢台学院	4				4	
05专业组(不限)	4	189	188	1016	4	
音乐学(师范)	4	189	188	1016	4	
4120 沈阳大学	3				3	
06专业组(不限)	3	202	197	647	3	
音乐表演	3	202	197	647	3	
4136 大连大学	7				7	
06专业组(不限)	1	202	202	452	1	
音乐表演	1	202	202	452	1	
07专业组(不限)	6	206	202	452	6	
音乐学(师范)	6	206	202	452	6	
4207 长春师范大学	3				3	
09专业组(不限)	3	198	197	647	3	
音乐学(师范)	3	198	197	647	3	
4232 北华大学	2				2	
08专业组(不限)	2	194	193	811	2	
音乐学(师范)	2	194	193	811	2	
4233 通化师范学院	10				10	
07专业组(不限)	10	190	184	1235	10	
音乐学(师范)	10	190	184	1235	10	
4241 白城师范学院	5				5	
10专业组(不限)	5	188	183	1292	5	
音乐学(师范)	5	188	183	1292	5	
4314 牡丹江师范学院	5				5	
07专业组(不限)	5	184	182	1329	5	
音乐表演	5	184	182	1329	5	
4324 大庆师范学院	4				4	
04专业组(不限)	4	184	182	1329	4	
音乐表演	2	184	182	1329	2	
音乐教育(师范)	2	182	182	1329	2	
4337 绥化学院	21				21	
02专业组(不限)	21	187	181	1374	21	
音乐学	15	184	181	1374	15	
音乐学(师范)	6	187	182	1329	6	
5118 信阳师范大学	3				3	
06专业组(不限)	3	195	195	732	3	
音乐学(师范)	3	195	195	732	3	
5125 周口师范学院	4				4	
08专业组(不限)	4	195	188	1016	4	
音乐表演	1	188	188	1016	1	
音乐学(师范)	3	195	188	1016	3	
5141 河南大学	2				2	
11专业组(不限)	2	212	211	225	2	
音乐表演	2	212	211	225	2	
5174 许昌学院	5				5	
06专业组(不限)	5	191	188	1016	5	
音乐学(师范)	5	191	188	1016	5	
5181 南阳师范学院	11				11	
11专业组(不限)	5	190	187	1074	5	
音乐表演	5	190	187	1074	5	
12专业组(不限)	6	194	190	932	6	
音乐学(师范)	6	194	190	932	6	
5191 黄淮学院	5				5	
07专业组(不限)	5	187	187	1074	5	
音乐表演	5	187	187	1074	5	
5198 商丘师范学院	4				4	
08专业组(不限)	4	190	189	977	4	
音乐表演	2	190	189	977	2	
音乐学(师范)	2	189	189	977	2	
5205 中国地质大学(武汉)	1				1	
07专业组(不限)	1	223	223	59	1	
音乐学	1	223	223	59	1	
5220 湖北第二师范学院	6				6	
06专业组(不限)	6	201	198	603	6	
音乐学(师范)	6	201	198	603	6	
5261 湖北师范大学	9				9	
09专业组(不限)	9	207	202	452	9	
音乐学(师范)	9	207	202	452	9	
5269 黄冈师范学院	16				16	
02专业组(不限)	16	189	187	1074	16	
音乐学(师范)	10	189	187	1074	10	
音乐表演	6	188	187	1074	6	
5287 湖北科技学院	6				6	
05专业组(不限)	6	187	186	1136	6	
音乐学(师范)	6	187	186	1136	6	
5295 湖北工程学院	5				5	
06专业组(不限)	5	187	186	1136	5	
音乐学	5	187	186	1136	5	
5308 长沙学院	2				2	
09专业组(不限)	2	196	194	764	2	
音乐学	2	196	194	764	2	
5310 湖南人文科技学院	5				5	
12专业组(不限)	5	187	186	1136	5	
音乐学	5	187	186	1136	5	
5321 湖南科技大学	3				3	
09专业组(不限)	3	203	201	489	3	
音乐学	3	203	201	489	3	
5342 衡阳师范学院	5				5	
07专业组(不限)	5	192	190	932	5	
音乐学(师范)	5	192	190	932	5	
5351 湖南理工学院	4				4	
05专业组(不限)	4	202	190	932	4	
音乐学	2	194	190	932	2	
音乐教育(师范)	2	202	194	764	2	
5355 湖南城市学院	4				4	
06专业组(不限)	4	188	187	1074	4	
音乐表演	2	188	188	1016	2	

2023年艺术类(历史等科目类)本科院校第2小批

院校、专业组、专业名称	录取数	最高分	最低分	最低分位次	平行志愿	征求志愿
音乐学(师范)	2	188	187	1074	2	
5361 吉首大学	3				3	
08专业组(不限)	3	200	198	603	3	
音乐学	3	200	198	603	3	
5371 邵阳学院	20				20	
07专业组(不限)	20	186	184	1235	20	
音乐学(师范)	20	186	184	1235	20	
5381 湘南学院	3				3	
09专业组(不限)	3	188	187	1074	3	
音乐学(师范)	3	188	187	1074	3	
5385 怀化学院	8				8	
12专业组(不限)	8	187	185	1178	8	
音乐学(师范)	8	187	185	1178	8	
5391 湖南科技学院	8				8	
08专业组(不限)	8	187	185	1178	8	
音乐学	8	187	185	1178	8	
5393 湖南女子学院	3				3	
04专业组(不限)	3	186	185	1178	3	
音乐表演	3	186	185	1178	3	
5431 广东海洋大学	3				3	
09专业组(不限)	3	199	196	689	3	
音乐学	3	199	196	689	3	
5504 南宁师范大学	2				2	
07专业组(不限)	2	196	195	732	2	
音乐学(师范)	2	196	195	732	2	
5505 玉林师范学院	7				7	
08专业组(不限)	7	186	183	1292	7	
音乐学(师范)	7	186	183	1292	7	
5507 北部湾大学	5				5	
09专业组(不限)	3	187	185	1178	3	
音乐学(师范)	3	187	185	1178	3	
10专业组(不限)	2	182	181	1374	2	
音乐表演	2	182	181	1374	2	
5511 广西师范大学	5				5	
13专业组(不限)	5	205	204	396	5	
音乐学(师范)	5	205	204	396	5	
5519 贺州学院	5				5	
04专业组(不限)	5	185	183	1292	5	
音乐学(师范)	5	185	183	1292	5	
5527 广西科技师范学院	3				3	
07专业组(不限)	3	184	183	1292	3	
音乐学(师范)	3	184	183	1292	3	
5601 海南大学	5				5	
09专业组(不限)	5	218	213	182	5	
音乐表演	5	218	213	182	5	
5602 海南师范大学	9				9	
14专业组(不限)	9	204	198	603	9	
音乐学(师范)	7	204	198	603	7	
音乐表演	2	201	199	567	2	
5604 海南热带海洋学院	5				4	1
12专业组(不限)	5	191	184	1235	4	1
音乐表演	2	191	184	1235	1	1
音乐学(师范)	3	188	184	1235	3	
6114 成都大学	5				5	
10专业组(不限)	5	209	204	396	5	
音乐表演	5	209	204	396	5	
6115 四川轻化工大学	5				5	
09专业组(不限)	5	198	193	811	5	
音乐表演	3	198	193	811	3	
音乐学	2	196	195	732	2	
6131 西南科技大学	5				5	
07专业组(不限)	5	201	198	603	5	
音乐学	5	201	198	603	5	
6214 长江师范学院	8				7	1
05专业组(不限)	8	195	192	843	7	1
音乐学(师范)	4	195	193	811	4	
音乐表演	4	193	192	843	3	1
6215 重庆文理学院	2				2	
06专业组(不限)	2	193	192	843	2	
音乐学(师范)	2	193	192	843	2	
6306 贵州师范大学	2				2	
02专业组(不限)(中外合作办学)	2	192	192	843	2	
音乐学(中外合作办学)(师范)	2	192	192	843	2	
6310 黔南民族师范学院	5				5	
08专业组(不限)	5	184	183	1292	5	
音乐学(师范)	5	184	183	1292	5	
6401 云南大学	1				1	
13专业组(不限)	1	214	214	159	1	
音乐学	1	214	214	159	1	
7140 渭南师范学院	6				6	
05专业组(不限)	2	187	186	1136	2	
音乐学(师范)	2	187	186	1136	2	
06专业组(不限)(中外合作办学)	4	181	178	1486	4	
音乐学(中外合作办学)(师范)	4	181	178	1486	4	
7162 宝鸡文理学院	5				5	
05专业组(不限)	5	191	184	1235	5	
音乐学(师范)	5	191	184	1235	5	
7165 咸阳师范学院	7				7	
04专业组(不限)	7	188	187	1074	7	
音乐学(师范)	7	188	187	1074	7	
7167 陕西理工大学	8				8	
11专业组(不限)	8	197	191	887	8	
音乐学(师范)	8	197	191	887	8	
7203 兰州财经大学	2				2	
04专业组(不限)	2	188	186	1136	2	
音乐表演	2	188	186	1136	2	

院校、专业组、专业名称	录取数	最高分	最低分	最低分位次	平行志愿	征求志愿
7219 兰州文理学院	1				1	
04专业组(不限)	1	180	180	1417	1	
音乐表演	1	180	180	1417	1	
7507 昌吉学院	22				22	
04专业组(不限)	22	182	178	1486	22	
音乐表演	2	180	180	1417	2	
音乐学(师范)	20	182	178	1486	20	
7511 石河子大学	2				2	
06专业组(不限)	2	212	201	489	2	
音乐表演	2	212	201	489	2	
8005 上海外国语大学贤达经济人文学院	6				6	
04专业组(不限)	6	197	178	1486	6	
音乐学	6	197	178	1486	6	
8120 厦门华厦学院	2				2	
04专业组(不限)	2	180	178	1486	2	
音乐学	2	180	178	1486	2	
8124 厦门工学院	3				3	
04专业组(不限)	3	177	176	1555	3	
音乐表演	3	177	176	1555	3	
8125 阳光学院	4				4	
06专业组(不限)	4	175	174	1602	4	
音乐学	4	175	174	1602	4	
8126 厦门大学嘉庚学院	3				3	
05专业组(不限)	3	182	181	1374	3	
音乐学	3	182	181	1374	3	
8127 福州大学至诚学院	6				6	
05专业组(不限)	6	179	178	1486	6	
音乐学	6	179	178	1486	6	
8170 江西科技学院	15				15	
07专业组(不限)	15	179	176	1555	15	
音乐学	15	179	176	1555	15	
8172 南昌理工学院	5				5	
06专业组(不限)	5	179	178	1486	5	
音乐学	5	179	178	1486	5	
8173 江西应用科技学院	5				5	
07专业组(不限)	5	178	176	1555	5	
音乐学	5	178	176	1555	5	
8178 南昌交通学院	3				3	
06专业组(不限)	3	183	179	1458	3	
音乐表演	3	183	179	1458	3	
8186 景德镇艺术职业大学	6				6	
04专业组(不限)	6	179	177	1523	6	
音乐表演	6	179	177	1523	6	
8214 山东英才学院	5				5	
05专业组(不限)	5	176	175	1583	5	
音乐表演	5	176	175	1583	5	
8215 青岛恒星科技学院	8				8	
07专业组(不限)	8	177	176	1555	8	
音乐学	8	177	176	1555	8	
8218 山东协和学院	8				8	
05专业组(不限)	8	180	178	1486	8	
音乐学	8	180	178	1486	8	
8290 天津天狮学院	1				1	
06专业组(不限)	1	177	177	1523	1	
音乐表演	1	177	177	1523	1	
8298 北京科技大学天津学院	2				2	
04专业组(不限)	2	181	179	1458	2	
音乐表演	2	181	179	1458	2	
8414 大连艺术学院	5				5	
02专业组(不限)	5	182	178	1486	5	
音乐表演	2	180	180	1417	2	
音乐学	2	182	179	1458	2	
流行音乐	1	178	178	1486	1	
8551 汉口学院	19				3	16
01专业组(不限)	19	187	178	1486	3	16
音乐学	19	187	178	1486	3	16
8558 三峡大学科技学院	3				3	
05专业组(不限)	3	179	178	1486	3	
音乐学	3	179	178	1486	3	
8576 武汉传媒学院	4				4	
06专业组(不限)	4	181	178	1486	4	
音乐学	4	181	178	1486	4	
8613 吉首大学张家界学院	4				4	
03专业组(不限)	4	182	180	1417	4	
音乐学	4	182	180	1417	4	
8740 海口经济学院	6				4	2
11专业组(不限)	6	178	175	1583	4	2
音乐表演	3	178	175	1583	2	1
音乐学	3	177	175	1583	2	1
8741 三亚学院	5				5	
11专业组(不限)	5	176	171	1670	5	
音乐表演	5	176	171	1670	5	
8772 四川文化艺术学院	2				2	
04专业组(不限)	2	180	180	1417	2	
音乐表演	1	180	180	1417	1	
音乐学	1	180	180	1417	1	
8874 云南艺术学院文华学院	6				5	1
04专业组(不限)	6	179	174	1602	5	1
音乐表演	6	179	174	1602	5	1

以下为使用音乐类专业省统考成绩录取的院校(主试类型为器乐)，下列表中的“最高分(最低分)”为专业分。

院校、专业组、专业名称	录取数	最高分	最低分	最低分位次	平行志愿	征求志愿
1108 南京师范大学	68				68	
37专业组(不限)	68	251	226	87	68	
音乐学(师范)	68	251	226	87	68	

院校、专业组、专业名称	录取数	最高分	最低分	最低分位次	平行志愿	征求志愿
1120 南京晓庄学院	**71**				**71**	
28专业组(不限)	**6**	**217**	**186**	**882**	**6**	
音乐学(师范)(为淮安市淮阴区定向培养)	1	186	186	882	1	
音乐学(师范)(为宿迁市沭阳县定向培养)	1	213	213	280	1	
音乐学(师范)(为泰州市泰兴市定向培养)	1	198	198	576	1	
音乐学(师范)(为泰州市兴化市定向培养)	1	194	194	678	1	
音乐学(师范)(为盐城市阜宁县定向培养)	1	217	217	207	1	
音乐学(师范)(为连云港市赣榆区定向培养)	1	207	207	378	1	
29专业组(不限)	**65**	**219**	**210**	**329**	**65**	
音乐学(师范)	65	219	210	329	65	
1131 江苏第二师范学院	**37**				**37**	
29专业组(不限)	**9**	**228**	**180**	**1034**	**9**	
音乐学(师范)(为苏州市吴江区定向培养)	1	228	228	73	1	
音乐学(师范)(为南通市海安市定向培养)	1	225	225	95	1	
音乐学(师范)(为扬州市宝应县定向培养)	1	203	203	460	1	
音乐学(师范)(为扬州市高邮市定向培养)	1	221	221	140	1	
音乐学(师范)(为扬州市江都区定向培养)	1	180	180	1034	1	
音乐学(师范)(为徐州市丰县定向培养)	1	210	210	329	1	
音乐学(师范)(为徐州市铜山区定向培养)	2	220	214	262	2	
音乐学(师范)(为徐州市睢宁县定向培养)	1	213	213	280	1	
30专业组(不限)	**28**	**215**	**207**	**378**	**28**	
音乐学(师范)	28	215	207	378	28	
1133 南京特殊教育师范学院	**45**				**45**	
11专业组(不限)	**45**	**205**	**193**	**705**	**45**	
音乐学(师范)	37	203	194	678	37	
音乐治疗	8	205	193	705	8	
1201 江南大学	**9**				**9**	
16专业组(不限)	**9**	**225**	**224**	**106**	**9**	
音乐学(师范)	9	225	224	106	9	
1221 中国矿业大学	**6**				**6**	
10专业组(不限)	**6**	**223**	**219**	**175**	**6**	
音乐学	6	223	219	175	6	
1222 江苏师范大学	**12**				**12**	
21专业组(不限)	**12**	**221**	**217**	**207**	**12**	
音乐学(师范)	12	221	217	207	12	

院校、专业组、专业名称	录取数	最高分	最低分	最低分位次	平行志愿	征求志愿
1224 徐州工程学院	**24**				**24**	
15专业组(不限)	**24**	**201**	**192**	**733**	**24**	
音乐学	11	198	192	733	11	
音乐学(师范)	13	201	193	705	13	
1242 常州大学	**9**				**9**	
16专业组(不限)	**9**	**223**	**206**	**401**	**9**	
音乐学	9	223	206	401	9	
1243 常州工学院	**30**				**30**	
18专业组(不限)	**30**	**207**	**193**	**705**	**30**	
音乐学(师范)	30	207	193	705	30	
1261 苏州大学	**7**				**7**	
41专业组(不限)	**7**	**238**	**225**	**95**	**7**	
音乐学(师范)	7	238	225	95	7	
1262 苏州科技大学	**14**				**14**	
18专业组(不限)	**14**	**219**	**214**	**262**	**14**	
音乐学(师范)	5	219	218	194	5	
流行音乐	9	217	214	262	9	
1263 常熟理工学院	**4**				**4**	
18专业组(不限)	**4**	**206**	**205**	**418**	**4**	
音乐学(师范)	4	206	205	418	4	
1301 南通大学	**42**				**42**	
31专业组(不限)	**31**	**216**	**206**	**401**	**31**	
音乐学(师范)	16	216	208	358	16	
音乐表演	15	209	206	401	15	
32专业组(不限)(中外合作办学)	**11**	**203**	**194**	**678**	**11**	
音乐表演(中外合作办学)	11	203	194	678	11	
1341 淮阴师范学院	**17**				**17**	
23专业组(不限)	**17**	**207**	**203**	**460**	**17**	
音乐学(师范)	17	207	203	460	17	
1362 盐城师范学院	**46**				**46**	
27专业组(不限)	**46**	**204**	**199**	**558**	**46**	
音乐学(师范)	33	204	200	532	33	
音乐表演	13	200	199	558	13	
1381 扬州大学	**20**				**20**	
38专业组(不限)	**20**	**224**	**218**	**194**	**20**	
音乐表演	6	220	218	194	6	
音乐学(师范)	14	224	219	175	14	
1421 泰州学院	**30**				**30**	
10专业组(不限)	**30**	**200**	**190**	**784**	**30**	
音乐学(师范)	20	200	191	767	20	
音乐学	10	191	190	784	10	
1426 宿迁学院	**45**				**45**	
13专业组(不限)	**45**	**193**	**186**	**882**	**45**	
音乐学	27	193	186	882	27	
音乐学(师范)	18	192	188	827	18	
1835 苏州科技大学天平学院	**10**				**10**	
11专业组(不限)	**10**	**192**	**180**	**1034**	**10**	
音乐学	10	192	180	1034	10	

院校、专业组、专业名称	录取数	最高分	最低分	最低分位次	平行志愿	征求志愿
1847 南京师范大学泰州学院	30				30	
09专业组(不限)	30	193	182	983	30	
音乐学(师范)	30	193	182	983	30	
1858 南京师范大学中北学院	54				54	
11专业组(不限)	54	189	177	1106	54	
音乐学	27	185	177	1106	27	
音乐教育	27	189	178	1077	27	
1901 南京传媒学院	2				2	
07专业组(不限)	2	188	188	827	2	
流行音乐	2	188	188	827	2	
2111 上海师范大学	9				9	
09专业组(不限)	5	224	223	117	5	
音乐学(师范)	5	224	223	117	5	
10专业组(不限)(中外合作办学)	4	223	221	140	4	
音乐表演(中外合作办学)	4	223	221	140	4	
2206 浙江师范大学	4				4	
11专业组(不限)(中外合作办学)	2	219	217	207	2	
音乐学(中外合作办学)(师范)	2	219	217	207	2	
12专业组(不限)	2	223	223	117	2	
音乐学(师范)	2	223	223	117	2	
2211 浙江传媒学院	1				1	
12专业组(不限)	1	217	217	207	1	
艺术与科技	1	217	217	207	1	
2221 宁波大学	6				6	
07专业组(不限)	6	223	222	130	6	
音乐学(师范)	6	223	222	130	6	
2223 绍兴文理学院	5				5	
04专业组(不限)	5	197	192	733	5	
音乐学(师范)	5	197	192	733	5	
2228 温州大学	2				2	
08专业组(不限)	2	217	216	228	2	
音乐学(师范)	2	217	216	228	2	
2261 湖州师范学院	6				6	
11专业组(不限)	6	206	203	460	6	
音乐学(师范)	6	206	203	460	6	
2268 丽水学院	2				2	
09专业组(不限)	2	194	193	705	2	
音乐学(师范)	2	194	193	705	2	
2342 宿州学院	5				5	
08专业组(不限)	5	190	189	807	5	
音乐学(师范)	5	190	189	807	5	
2343 安庆师范大学	5				5	
02专业组(不限)	5	202	198	576	5	
音乐学(师范)	5	202	198	576	5	
2351 淮北师范大学	4				4	
11专业组(不限)	4	205	202	479	4	
音乐学(师范)	4	205	202	479	4	
2359 合肥师范学院	10				10	
02专业组(不限)	10	198	195	648	10	
音乐学(师范)	10	198	195	648	10	
2372 滁州学院	10				10	
03专业组(不限)	10	191	186	882	10	
音乐学(师范)	10	191	186	882	10	
2501 江西财经大学	2				2	
13专业组(不限)	2	217	205	418	2	
音乐学	2	217	205	418	2	
2506 南昌航空大学	3				3	
06专业组(不限)	3	203	202	479	3	
音乐学	3	203	202	479	3	
2511 南昌工程学院	2				2	
06专业组(不限)	2	192	192	733	2	
音乐学	2	192	192	733	2	
2523 赣南师范大学	6				6	
12专业组(不限)(中外合作办学)	6	187	184	935	6	
音乐学(中外合作办学)(师范)	6	187	184	935	6	
2527 新余学院	2				2	
05专业组(不限)	2	184	183	959	2	
音乐学(师范)	2	184	183	959	2	
2543 南昌师范学院	2				2	
09专业组(思想政治)	2	191	189	807	2	
音乐学(师范)	2	191	189	807	2	
2561 九江学院	3				3	
07专业组(不限)	3	188	185	914	3	
音乐学(师范)	3	188	185	914	3	
2571 上饶师范学院	2				2	
08专业组(不限)	2	188	188	827	2	
音乐学(师范)	2	188	188	827	2	
2581 井冈山大学	2				2	
09专业组(不限)	2	195	193	705	2	
音乐学(师范)	2	195	193	705	2	
2596 景德镇学院	2				2	
04专业组(不限)	2	190	188	827	2	
音乐学(师范)	2	190	188	827	2	
2642 聊城大学	8				8	
08专业组(不限)	8	197	193	705	8	
音乐学(师范)	8	197	193	705	8	
2653 鲁东大学	5				5	
05专业组(不限)	5	199	198	576	5	
音乐学(师范)	5	199	198	576	5	
3306 廊坊师范学院	3				3	
05专业组(不限)	3	186	185	914	3	
音乐学(师范)	3	186	185	914	3	
3333 衡水学院	3				3	
12专业组(不限)	3	181	179	1053	3	
音乐表演	2	181	179	1053	2	

院校、专业组、专业名称	录取数	最高分	最低分	最低分位次	平行志愿	征求志愿
音乐学(师范)	1	181	181	1012	1	
3362 邢台学院	3				3	
07专业组(不限)	3	184	182	983	3	
音乐学(师范)	3	184	182	983	3	
3418 运城学院	5				5	
06专业组(不限)	5	183	182	983	5	
音乐学(师范)	5	183	182	983	5	
4136 大连大学	3				3	
09专业组(不限)	3	214	203	460	3	
音乐表演	3	214	203	460	3	
4215 吉林师范大学	4				4	
08专业组(不限)	4	206	201	505	4	
音乐学(师范)	4	206	201	505	4	
4233 通化师范学院	5				5	
08专业组(不限)	5	184	181	1012	5	
音乐学(师范)	5	184	181	1012	5	
4314 牡丹江师范学院	6				6	
08专业组(不限)	6	182	177	1106	6	
音乐表演	6	182	177	1106	6	
4337 绥化学院	8				8	
03专业组(不限)	8	178	176	1119	8	
音乐表演	8	178	176	1119	8	
5118 信阳师范大学	2				2	
07专业组(不限)	2	195	195	648	2	
音乐学(师范)	2	195	195	648	2	
5125 周口师范学院	4				4	
09专业组(不限)	4	191	188	827	4	
音乐表演	2	191	188	827	2	
音乐学(师范)	2	190	189	807	2	
5141 河南大学	2				2	
12专业组(不限)	2	214	214	262	2	
音乐表演	2	214	214	262	2	
5174 许昌学院	5				5	
07专业组(不限)	5	186	185	914	5	
音乐学(师范)	5	186	185	914	5	
5205 中国地质大学(武汉)	1				1	
09专业组(不限)	1	221	221	140	1	
音乐学	1	221	221	140	1	
5220 湖北第二师范学院	4				4	
07专业组(不限)	4	201	201	505	4	
音乐学(师范)	4	201	201	505	4	
5251 三峡大学	3				3	
07专业组(不限)	3	200	196	625	3	
音乐学	3	200	196	625	3	
5285 荆楚理工学院	5				5	
05专业组(不限)	5	182	179	1053	5	
音乐表演	5	182	179	1053	5	
5290 湖北文理学院	8				8	
05专业组(不限)	8	185	176	1119	8	
音乐表演	8	185	176	1119	8	
5295 湖北工程学院	5				5	
07专业组(不限)	5	188	184	935	5	
音乐学	5	188	184	935	5	
5306 湖南工商大学	4				4	
07专业组(不限)	4	200	189	807	4	
音乐表演	4	200	189	807	4	
5308 长沙学院	2				2	
10专业组(不限)	2	187	187	858	2	
音乐学	2	187	187	858	2	
5321 湖南科技大学	3				3	
10专业组(不限)	3	204	204	441	3	
音乐学	3	204	204	441	3	
5332 湖南工业大学	8				8	
13专业组(不限)	8	202	197	610	8	
音乐学	8	202	197	610	8	
5351 湖南理工学院	6				6	
06专业组(不限)	6	196	188	827	6	
音乐学	3	196	188	827	3	
音乐教育	3	190	188	827	3	
5355 湖南城市学院	5				5	
07专业组(不限)	5	186	183	959	5	
音乐表演	2	183	183	959	2	
音乐学(师范)	3	186	183	959	3	
5361 吉首大学	3				3	
09专业组(不限)	3	198	192	733	3	
音乐学	3	198	192	733	3	
5385 怀化学院	4				4	
13专业组(不限)	4	185	183	959	4	
音乐学(师范)	4	185	183	959	4	
5391 湖南科技学院	4				4	
09专业组(不限)	4	180	177	1106	4	
音乐学	4	180	177	1106	4	
5393 湖南女子学院	2				2	
05专业组(不限)	2	178	178	1077	2	
音乐表演	2	178	178	1077	2	
5505 玉林师范学院	7				7	
09专业组(不限)	7	182	180	1034	7	
音乐学(师范)	7	182	180	1034	7	
5602 海南师范大学	7				7	
16专业组(不限)	7	205	202	479	7	
音乐学(师范)	3	205	202	479	3	
音乐表演	4	205	202	479	4	
5604 海南热带海洋学院	2				2	
13专业组(不限)	2	182	182	983	2	
音乐表演	2	182	182	983	2	
6214 长江师范学院	5				5	
07专业组(不限)	5	200	192	733	5	
音乐学(师范)	2	200	194	678	2	

2023年艺术类(历史等科目类)本科院校第2小批

院校、专业组、专业名称	录取数	最高分	最低分	最低分位次	平行志愿	征求志愿
音乐表演	3	192	192	733	3	
6306 贵州师范大学	11				11	
03专业组(不限)(中外合作办学)	11	188	179	1053	11	
音乐学(中外合作办学)(师范)	11	188	179	1053	11	
6317 遵义师范学院	4				4	
04专业组(不限)	4	189	184	935	4	
音乐学(师范)	4	189	184	935	4	
6410 昆明学院	2				2	
07专业组(不限)	2	176	176	1119	2	
音乐表演	2	176	176	1119	2	
7103 陕西师范大学	1				1	
11专业组(不限)	1	221	221	140	1	
音乐表演	1	221	221	140	1	
7105 西安电子科技大学	2				2	
02专业组(不限)	2	219	219	175	2	
录音艺术	2	219	219	175	2	
7140 渭南师范学院	2				2	
07专业组(不限)	2	182	182	983	2	
音乐表演	2	182	182	983	2	
7162 宝鸡文理学院	3				3	
06专业组(不限)	3	186	182	983	3	
音乐学(师范)	3	186	182	983	3	
7165 咸阳师范学院	7				7	
05专业组(不限)	7	188	183	959	7	
音乐学(师范)	7	188	183	959	7	
7167 陕西理工大学	7				7	
12专业组(不限)	7	192	190	784	7	
音乐学(师范)	7	192	190	784	7	
7219 兰州文理学院	1				1	
05专业组(不限)	1	176	176	1119	1	
音乐表演	1	176	176	1119	1	
7511 石河子大学	2				2	
07专业组(不限)	2	200	198	576	2	
音乐学(师范)	2	200	198	576	2	
8120 厦门华厦学院	1				1	
05专业组(不限)	1	176	176	1119	1	
音乐学	1	176	176	1119	1	
8126 厦门大学嘉庚学院	3				3	
06专业组(不限)	3	182	180	1034	3	
音乐表演	3	182	180	1034	3	
8128 集美大学诚毅学院	3				3	
05专业组(不限)	3	187	178	1077	3	
音乐学	3	187	178	1077	3	
8214 山东英才学院	5				5	
06专业组(不限)	5	176	175	1139	5	
音乐表演	5	176	175	1139	5	
8290 天津天狮学院	1				1	
07专业组(不限)	1	177	177	1106	1	
音乐表演	1	177	177	1106	1	
8310 河北传媒学院	1				1	
01专业组(不限)	1	176	176	1119	1	
音乐表演	1	176	176	1119	1	
8772 四川文化艺术学院	1				1	
05专业组(不限)	1	177	177	1106	1	
音乐表演	1	177	177	1106	1	

以下为使用广播电视编导专业省统考成绩录取的院校，下列表中的"最高分(最低分)"为文化分和专业分按一定比例构成的综合分。

院校、专业组、专业名称	录取数	最高分	最低分	最低分位次	平行志愿	征求志愿
1108 南京师范大学	29				29	
39专业组(不限)	29	588	559	85	29	
广播电视编导	29	588	559	85	29	
1118 南京艺术学院	35				35	
11专业组(不限)	35	553	533	288	35	
广播电视编导	35	553	533	288	35	
1120 南京晓庄学院	63				63	
32专业组(不限)	63	537	519	497	63	
广播电视编导	63	537	519	497	63	
1222 江苏师范大学	35				35	
23专业组(不限)	35	534	523	424	35	
影视摄影与制作	35	534	523	424	35	
1243 常州工学院	57				57	
20专业组(不限)	57	521	506	814	57	
广播电视编导	57	521	506	814	57	
1341 淮阴师范学院	28				28	
25专业组(不限)	28	527	512	674	28	
广播电视编导	28	527	512	674	28	
1803 南京航空航天大学金城学院	50				50	
16专业组(不限)	50	506	490	1330	50	
广播电视编导	50	506	490	1330	50	
1827 江苏师范大学科文学院	73				73	
08专业组(不限)	73	513	486	1456	73	
广播电视编导	33	513	489	1365	33	
影视摄影与制作	40	503	486	1456	40	
1847 南京师范大学泰州学院	22				22	
10专业组(不限)	22	510	498	1071	22	
广播电视编导	22	510	498	1071	22	
1858 南京师范大学中北学院	44				44	
13专业组(不限)	44	509	491	1293	44	
广播电视编导	44	509	491	1293	44	
1901 南京传媒学院	129				129	
09专业组(不限)	72	529	506	814	72	
广播电视编导(电视编导)	35	524	507	796	35	
广播电视编导(文艺编导)	17	529	507	796	17	
广播电视编导(网络视听节	20	522	506	814	20	

2023年艺术类(历史等科目类)本科院校第2小批

院校、专业组、专业名称	录取数	最高分	最低分	最低分位次	平行志愿	征求志愿	院校、专业组、专业名称	录取数	最高分	最低分	最低分位次	平行志愿	征求志愿
目编导)							学)						
10专业组(不限)(中外合作办学)	57	513	495	1165	57		广播电视编导(中外合作办学)	5	509	503	911	5	
广播电视编导(中外合作办学)	57	513	495	1165	57		2645 临沂大学	5				5	
1911 三江学院	57				57		10专业组(不限)	5	536	511	697	5	
08专业组(不限)	57	500	486	1456	57		广播电视编导	5	536	511	697	5	
广播电视编导	57	500	486	1456	57		2711 山东师范大学	1				1	
2102 同济大学	1				1		10专业组(不限)	1	552	552	121	1	
11专业组(不限)	1	610	610	前50名	1		广播电视编导	1	552	552	121	1	
广播电视编导	1	610	610	前50名	1		3204 天津师范大学	16				16	
2106 华东师范大学	2				2		10专业组(不限)	16	537	530	321	16	
12专业组(不限)	2	599	598	前50名	2		戏剧影视文学	10	533	530	321	10	
广播电视编导	2	599	598	前50名	2		广播电视编导	6	537	530	321	6	
2111 上海师范大学	5				5		3206 天津工业大学	6				6	
11专业组(不限)	5	561	554	108	5		08专业组(不限)	6	548	543	188	6	
广播电视编导	5	561	554	108	5		广播电视编导	6	548	543	188	6	
2125 上海政法学院	3				3		3362 邢台学院	4				4	
03专业组(不限)	3	554	551	130	3		09专业组(不限)	4	500	490	1330	4	
广播电视编导(纪录片)	2	554	552	121	2		戏剧影视文学	4	500	490	1330	4	
广播电视编导(摄影摄像)	1	551	551	130	1		3412 山西传媒学院	4				4	
2211 浙江传媒学院	7				7		04专业组(不限)	4	508	503	911	4	
14专业组(不限)	7	556	550	133	7		广播电视编导	4	508	503	911	4	
数字媒体艺术	4	556	551	130	4		4120 沈阳大学	4				4	
戏剧影视文学	3	552	550	133	3		07专业组(不限)	4	521	510	712	4	
2348 池州学院	4				4		广播电视编导	4	521	510	712	4	
04专业组(不限)	4	506	503	911	4		4241 白城师范学院	4				4	
广播电视编导	4	506	503	911	4		11专业组(不限)	4	494	491	1293	4	
2381 黄山学院	6				6		广播电视编导	4	494	491	1293	4	
11专业组(不限)	6	505	503	911	6		4311 黑龙江大学	2				2	
广播电视编导	3	505	504	886	3		09专业组(不限)	2	528	527	367	2	
播音与主持艺术	3	505	503	911	3		广播电视编导	2	528	527	367	2	
2404 福建师范大学	5				5		5103 中原工学院	4				4	
02专业组(不限)	5	539	537	246	5		06专业组(不限)	4	509	504	886	4	
广播电视编导	5	539	537	246	5		广播电视编导	4	509	504	886	4	
2523 赣南师范大学	2				2		5141 河南大学	2				2	
13专业组(不限)	2	517	512	674	2		13专业组(不限)	2	544	542	197	2	
广播电视编导	2	517	512	674	2		广播电视编导	2	544	542	197	2	
2542 萍乡学院	2				2		5162 安阳师范学院	11				11	
06专业组(不限)	2	502	499	1036	2		06专业组(不限)	11	509	498	1071	11	
广播电视编导	2	502	499	1036	2		广播电视编导	11	509	498	1071	11	
2571 上饶师范学院	3				3		5173 新乡学院	10				10	
09专业组(不限)	3	503	500	1005	3		08专业组(不限)	10	500	496	1138	10	
广播电视编导	3	503	500	1005	3		广播电视编导	10	500	496	1138	10	
2581 井冈山大学	2				2		5181 南阳师范学院	10				10	
11专业组(不限)	2	508	506	814	2		13专业组(不限)	6	505	501	977	6	
广播电视编导	2	508	506	814	2		广播电视编导	6	505	501	977	6	
2642 聊城大学	5				5		14专业组(不限)(中外合作办学)	4	495	494	1196	4	
09专业组(不限)(中外合作办	5	509	503	911	5		广播电视编导(中外合作办	4	495	494	1196	4	

2023年艺术类(历史等科目类)本科院校第2小批

院校、专业组、专业名称	录取数	最高分	最低分	最低分位次	平行志愿	征求志愿
学)						
5191 黄淮学院	5				5	
08专业组(不限)	5	496	495	1165	5	
广播电视编导	5	496	495	1165	5	
5201 武汉大学	2				2	
08专业组(不限)	2	605	601	前50名	2	
戏剧影视文学	2	605	601	前50名	2	
5206 中南财经政法大学	7				7	
11专业组(不限)(中外合作办学)	7	558	554	108	7	
电影学(中外合作办学)	7	558	554	108	7	
5213 武汉体育学院	5				5	
06专业组(不限)	5	509	507	796	5	
广播电视编导	5	509	507	796	5	
5307 长沙理工大学	6				6	
07专业组(不限)	6	542	526	383	6	
影视摄影与制作	6	542	526	383	6	
5308 长沙学院	4				4	
11专业组(不限)	4	518	516	584	4	
广播电视编导	4	518	516	584	4	
5332 湖南工业大学	3				3	
14专业组(不限)	3	524	523	424	3	
戏剧影视文学	3	524	523	424	3	
5391 湖南科技学院	6				6	
10专业组(不限)	6	501	499	1036	6	
广播电视编导	6	501	499	1036	6	
5532 广西民族大学	3				3	
12专业组(不限)	3	517	505	855	3	
广播电视编导	3	517	505	855	3	
5602 海南师范大学	4				4	
18专业组(不限)(中外合作办学)	2	521	512	674	2	
广播电视编导(中外合作办学)	2	521	512	674	2	
19专业组(不限)	2	530	522	441	2	
广播电视编导	2	530	522	441	2	
6106 成都理工大学	2				2	
11专业组(不限)	2	549	548	145	2	
广播电视编导	2	549	548	145	2	
6114 成都大学	2				2	
11专业组(不限)	2	538	534	278	2	
广播电视编导	2	538	534	278	2	
6140 四川师范大学	3				3	
10专业组(不限)	3	547	538	231	3	
广播电视编导	3	547	538	231	3	
6141 西南石油大学	3				3	
05专业组(不限)	3	542	539	214	3	
广播电视编导	3	542	539	214	3	
6201 重庆大学	2				2	
07专业组(不限)	2	593	584	前50名	2	
戏剧与影视学类(广播电视编导、戏剧影视文学、戏剧影视导演、影视摄影与制作)	2	593	584	前50名	2	
6403 云南艺术学院	5				5	
06专业组(不限)	5	516	509	729	5	
广播电视编导	5	516	509	729	5	
7110 西安工程大学	2				2	
08专业组(不限)	2	528	527	367	2	
广播电视编导	2	528	527	367	2	
7117 西安外国语大学	1				1	
06专业组(不限)	1	548	548	145	1	
广播电视编导	1	548	548	145	1	
7162 宝鸡文理学院	5				5	
07专业组(不限)	5	494	492	1264	5	
广播电视编导	5	494	492	1264	5	
7205 西北民族大学	3				3	
06专业组(不限)	3	515	501	977	3	
广播电视编导	3	515	501	977	3	
7214 西北师范大学	6				6	
09专业组(不限)	6	523	516	584	6	
广播电视编导	6	523	516	584	6	
8006 上海师范大学天华学院	3				3	
04专业组(不限)	3	506	492	1264	3	
影视摄影与制作	3	506	492	1264	3	
8033 宁波财经学院	4				4	
04专业组(不限)	4	491	487	1433	4	
广播电视编导	4	491	487	1433	4	
8170 江西科技学院	47				45	2
09专业组(不限)	47	487	472	1853	45	2
广播电视编导	47	487	472	1853	45	2
8172 南昌理工学院	19				17	2
07专业组(不限)	19	489	472	1853	17	2
广播电视编导	18	489	472	1853	16	2
影视摄影与制作	1	483	483	1544	1	
8175 南昌工学院	4				4	
08专业组(不限)	4	478	477	1733	4	
广播电视编导	4	478	477	1733	4	
8178 南昌交通学院	5				4	1
08专业组(不限)	5	483	471	1870	4	1
广播电视编导	5	483	471	1870	4	1
8180 南昌航空大学科技学院	5				5	
07专业组(不限)	5	486	483	1544	5	
广播电视编导	5	486	483	1544	5	
8183 江西农业大学南昌商学院	3				3	
05专业组(不限)	3	486	482	1574	3	
广播电视编导	3	486	482	1574	3	
8262 首都师范大学科德学院	7				6	1

院校、专业组、专业名称	录取数	最高分	最低分	最低分位次	平行志愿	征求志愿
05专业组(不限)	**7**	**492**	**467**	**1918**	**6**	**1**
广播电视编导	7	492	467	1918	6	1
8263 北京工商大学嘉华学院	**8**				**8**	
05专业组(不限)	**8**	**485**	**466**	**1926**	**8**	
广播电视编导	8	485	466	1926	8	
8293 天津商业大学宝德学院	**8**				**8**	
05专业组(不限)	**8**	**496**	**481**	**1609**	**8**	
戏剧影视文学	4	496	481	1609	4	
广播电视编导	4	487	482	1574	4	
8441 长春光华学院	**28**				**28**	
04专业组(不限)	**28**	**484**	**471**	**1870**	**28**	
广播电视编导	20	484	471	1870	20	
戏剧影视文学	8	474	472	1853	8	
8448 吉林动画学院	**4**				**4**	
05专业组(不限)	**4**	**484**	**484**	**1509**	**4**	
广播电视编导	4	484	484	1509	4	
8449 吉林师范大学博达学院	**4**				**4**	
04专业组(不限)	**4**	**476**	**474**	**1813**	**4**	
广播电视编导	2	476	475	1789	2	
影视摄影与制作	2	475	474	1813	2	
8451 长春人文学院	**8**				**8**	
04专业组(不限)	**8**	**484**	**474**	**1813**	**8**	
广播电视编导	8	484	474	1813	8	
8506 河南开封科技传媒学院	**5**				**5**	
01专业组(不限)	**5**	**488**	**482**	**1574**	**5**	
广播电视编导	5	488	482	1574	5	
8509 郑州经贸学院	**5**				**5**	
03专业组(不限)	**5**	**484**	**483**	**1544**	**5**	
广播电视编导	5	484	483	1544	5	
8551 汉口学院	**5**				**2**	**3**
02专业组(不限)	**5**	**485**	**481**	**1609**	**2**	**3**
广播电视编导	5	485	481	1609	2	3
8552 武昌首义学院	**3**				**3**	
07专业组(不限)	**3**	**486**	**485**	**1481**	**3**	
广播电视编导	3	486	485	1481	3	
8553 武昌理工学院	**10**				**10**	
01专业组(不限)	**10**	**485**	**481**	**1609**	**10**	
广播电视编导	10	485	481	1609	10	
8555 武汉晴川学院	**15**				**15**	
04专业组(不限)	**15**	**486**	**478**	**1697**	**15**	
广播电视编导	15	486	478	1697	15	
8556 湖北大学知行学院	**8**				**8**	
07专业组(不限)	**8**	**486**	**482**	**1574**	**8**	
广播电视编导	8	486	482	1574	8	
8571 武汉体育学院体育科技学院	**3**				**3**	
03专业组(不限)	**3**	**484**	**480**	**1634**	**3**	
广播电视编导	3	484	480	1634	3	
8572 湖北文理学院理工学院	**23**				**13**	**10**
05专业组(不限)	**23**	**486**	**471**	**1870**	**13**	**10**
广播电视编导	23	486	471	1870	13	10
8576 武汉传媒学院	**21**				**20**	**1**
08专业组(不限)	**21**	**499**	**474**	**1813**	**20**	**1**
戏剧影视文学	8	499	489	1365	8	
广播电视编导	7	499	491	1293	7	
戏剧影视导演	6	499	474	1813	5	1
8714 桂林学院	**3**				**3**	
05专业组(不限)	**3**	**482**	**481**	**1609**	**3**	
广播电视编导	3	482	481	1609	3	
8740 海口经济学院	**2**				**2**	
12专业组(不限)	**2**	**484**	**480**	**1634**	**2**	
广播电视编导	2	484	480	1634	2	
8763 四川传媒学院	**1**				**1**	
02专业组(不限)	**1**	**503**	**503**	**911**	**1**	
广播电视编导	1	503	503	911	1	
8769 成都锦城学院	**2**				**2**	
03专业组(不限)	**2**	**494**	**493**	**1237**	**2**	
广播电视编导	2	494	493	1237	2	
8775 四川电影电视学院	**5**				**5**	
05专业组(不限)	**5**	**506**	**500**	**1005**	**5**	
戏剧影视导演	2	506	502	954	2	
戏剧影视文学	2	502	500	1005	2	
影视技术	1	502	502	954	1	
8841 贵阳人文科技学院	**2**				**2**	
05专业组(不限)	**2**	**484**	**483**	**1544**	**2**	
广播电视编导	2	484	483	1544	2	
8911 西北大学现代学院	**11**				**11**	
04专业组(不限)	**11**	**486**	**480**	**1634**	**11**	
广播电视编导	7	486	482	1574	7	
戏剧影视导演	4	483	480	1634	4	

(三)艺术类(历史等科目类)本科院校第3小批

以下为传统(顺序)志愿，使用专业校考成绩录取的院校，下列表中的“最高分(最低分)”为文化分，其专业分为校考合格以上。

院校、专业组、专业名称	录取数	最高分	最低分	传统志愿	征求志愿
1117 南京体育学院	**33**			**33**	
10专业组(不限)	**33**	**488**	**337**	**33**	
表演	9	390	342	9	
舞蹈表演	24	488	337	24	
1222 江苏师范大学	**45**			**45**	
25专业组(不限)	**45**	**520**	**336**	**45**	
舞蹈编导(师范)	14	457	342	14	
书法学	21	491	355	21	
播音与主持艺术	10	520	336	10	
1242 常州大学	**16**			**16**	
18专业组(不限)	**16**	**483**	**337**	**16**	
舞蹈表演	7	483	337	7	
表演	9	441	365	9	
1803 南京航空航天大学金城学院	**297**			**297**	
18专业组(不限)	**297**	**477**	**336**	**297**	
播音与主持艺术	297	477	336	297	
1827 江苏师范大学科文学院	**110**			**110**	
10专业组(不限)	**110**	**479**	**336**	**110**	
播音与主持艺术	110	479	336	110	
1847 南京师范大学泰州学院	**60**			**60**	
12专业组(不限)	**60**	**521**	**339**	**60**	
播音与主持艺术	18	467	368	18	
舞蹈编导	5	397	343	5	
书法学	23	479	353	23	
舞蹈编导(体育舞蹈)	14	521	339	14	
1901 南京传媒学院	**287**			**287**	
13专业组(不限)	**287**	**504**	**336**	**287**	
播音与主持艺术	18	472	352	18	
播音与主持艺术(双语主持与直播)	14	485	370	14	
摄影	27	465	341	27	
影视摄影与制作(电视摄影)	21	479	339	21	
影视摄影与制作(照明艺术)	17	452	343	17	
影视摄影与制作(航空摄影)	25	483	339	25	
表演(配音)	1	358	358	1	
录音艺术	9	503	336	9	
戏剧影视导演	14	503	339	14	
戏剧影视文学	45	496	343	45	
表演(服装表演)	5	419	341	5	
电影学(影视制片)	20	474	374	20	
电影学(影视宣发)	14	504	377	14	
播音与主持艺术(电子竞技解说与主播)	16	478	347	16	
舞蹈表演	23	432	338	23	
舞蹈编导	18	396	336	18	
2111 上海师范大学	**7**			**7**	
12专业组(不限)	**7**	**419**	**343**	**7**	
书法学(师范)	3	419	374	3	
表演(师范)	1	343	343	1	
播音与主持艺术	3	413	383	3	
2211 浙江传媒学院	**3**			**3**	
16专业组(不限)	**3**	**427**	**347**	**3**	
表演	3	427	347	3	
4205 长春工业大学	**18**			**18**	
05专业组(不限)	**18**	**479**	**359**	**18**	
动画	18	479	359	18	
4213 吉林体育学院	**52**			**52**	
05专业组(不限)	**52**	**431**	**336**	**52**	
表演	52	431	336	52	
5105 郑州航空工业管理学院	**13**			**12**	**1**
07专业组(不限)	**13**	**445**	**344**	**12**	**1**
航空服务艺术与管理	13	445	344	12	1
7110 西安工程大学	**1**			**1**	
09专业组(不限)	**1**	**513**	**513**	**1**	
表演	1	513	513	1	
8023 上海立达学院	**104**			**103**	**1**
06专业组(不限)	**104**	**443**	**337**	**103**	**1**
表演	7	426	352	7	
播音与主持艺术	36	443	337	36	
摄影	61	440	337	60	1
8174 江西服装学院	**96**			**90**	**6**
05专业组(不限)	**96**	**414**	**336**	**90**	**6**
播音与主持艺术	2	414	361	2	
动画	94	413	336	88	6
8180 南昌航空大学科技学院	**5**			**5**	
09专业组(不限)	**5**	**406**	**342**	**5**	
航空服务艺术与管理	5	406	342	5	
8231 青岛电影学院	**49**			**49**	
01专业组(不限)	**49**	**465**	**336**	**49**	
戏剧影视文学	8	465	374	8	
播音与主持艺术	6	449	352	6	
戏剧影视导演	4	407	365	4	
影视技术	1	389	389	1	
表演	2	415	388	2	
摄影	5	431	352	5	
影视摄影与制作	11	428	348	11	
录音艺术	6	443	336	6	
电影学	6	408	365	6	
8260 北京城市学院	**23**			**22**	**1**
05专业组(不限)	**23**	**464**	**341**	**22**	**1**
表演(影视表演)	1	415	415	1	

院校、专业组、专业名称	录取数	最高分	最低分	传统志愿	征求志愿
表演(模特表演)	2	383	341	2	
播音与主持艺术	1	381	381	1	
摄影	3	418	358	3	
影视摄影与制作	5	464	379	5	
航空服务艺术与管理	2	412	357	1	1
舞蹈表演	1	451	451	1	
书法学	8	459	355	8	
8262 首都师范大学科德学院	**21**			**21**	
07专业组(不限)	**21**	**442**	**339**	**21**	
播音与主持艺术(新闻节目主持、文艺节目主持、口语传播)	1	437	437	1	
摄影(影视摄影、图片摄影、无人机航拍)	6	407	339	6	
电影学(电影导演和制作)	10	442	344	10	
航空服务艺术与管理	2	414	355	2	
舞蹈表演(歌舞剧)	2	398	390	2	
8263 北京工商大学嘉华学院	**3**			**3**	
07专业组(不限)	**3**	**406**	**339**	**3**	
摄影	1	406	406	1	
表演	2	372	339	2	
8292 天津传媒学院	**184**			**184**	
02专业组(不限)	**184**	**456**	**336**	**184**	
舞蹈学	8	386	337	8	
表演	9	401	339	9	
戏剧影视文学	40	456	336	40	
戏剧影视导演	15	434	341	15	
录音艺术	21	429	337	21	
播音与主持艺术	27	456	336	27	
动画	24	387	337	24	
影视摄影与制作	40	450	336	40	
8310 河北传媒学院	**144**			**144**	
03专业组(不限)	**144**	**501**	**337**	**144**	
表演	4	400	366	4	
表演(学前表演)	2	374	337	2	
表演(服装设计与表演)	3	397	379	3	
戏剧影视文学	15	441	375	15	
广播电视编导	40	501	386	40	
戏剧影视导演	10	472	366	10	
戏剧影视美术设计	10	371	339	10	
录音艺术	7	452	387	7	
播音与主持艺术	24	493	342	24	
动画	9	397	339	9	
影视摄影与制作	8	446	376	8	
摄影	8	455	395	8	
书法学	4	419	339	4	
8312 河北美术学院	**55**			**55**	
01专业组(不限)	**55**	**450**	**336**	**55**	
书法学	17	450	337	17	
雕塑	5	369	337	5	
动画	12	448	338	12	
艺术与科技	9	402	343	9	
影视摄影与制作	8	439	336	8	
播音与主持艺术	2	403	356	2	
表演	2	391	356	2	
8327 燕京理工学院	**108**			**108**	
01专业组(不限)	**108**	**484**	**336**	**108**	
表演	5	431	339	5	
戏剧影视文学	13	404	337	13	
戏剧影视导演	9	403	350	9	
播音与主持艺术	33	446	336	33	
动画	13	382	336	13	
影视技术	8	408	342	8	
摄影	27	484	340	27	
8414 大连艺术学院	**10**			**9**	**1**
03专业组(不限)	**10**	**414**	**338**	**9**	**1**
舞蹈表演	1	338	338	1	
舞蹈编导	3	387	348	3	
播音与主持艺术	2	414	390	2	
书法学	4	400	342	3	1
8448 吉林动画学院	**17**			**17**	
06专业组(不限)	**17**	**444**	**337**	**17**	
摄影	1	398	398	1	
戏剧影视文学	2	388	372	2	
表演	1	369	369	1	
影视摄影与制作	7	444	350	7	
录音艺术	6	350	337	6	
8451 长春人文学院	**7**			**7**	
05专业组(不限)	**7**	**420**	**370**	**7**	
影视摄影与制作	7	420	370	7	
8502 郑州科技学院	**37**			**37**	
01专业组(不限)	**37**	**434**	**337**	**37**	
舞蹈编导	5	434	337	5	
播音与主持艺术	11	417	338	11	
动画	21	415	337	21	
8550 武汉东湖学院	**26**			**26**	
05专业组(不限)	**26**	**449**	**336**	**26**	
播音与主持艺术	26	449	336	26	
8551 汉口学院	**22**			**22**	
03专业组(不限)	**22**	**431**	**340**	**22**	
表演	22	431	340	22	
8562 武昌工学院	**34**			**34**	
03专业组(不限)	**34**	**448**	**337**	**34**	
摄影	21	420	342	21	
书法学	13	448	337	13	
8574 武汉工程科技学院	**32**			**32**	
06专业组(不限)	**32**	**437**	**338**	**32**	
摄影	26	436	338	26	
播音与主持艺术	6	437	338	6	

2023年艺术类(历史等科目类)本科院校第3小批

院校、专业组、专业名称	录取数	最高分	最低分	传统志愿	征求志愿
8619 湖南信息学院	24			23	1
01专业组(不限)	24	452	338	23	1
舞蹈表演	11	452	342	10	1
播音与主持艺术	13	442	338	13	
8659 华南农业大学珠江学院	18			18	
04专业组(不限)	18	440	339	18	
戏剧影视美术设计	4	365	339	4	
表演	1	347	347	1	
播音与主持艺术	3	350	339	3	
摄影	3	412	357	3	
影视摄影与制作	3	440	366	3	
书法学	4	391	346	4	
8711 北海艺术设计学院	7			7	
02专业组(不限)	7	421	341	7	
摄影	3	394	341	3	
书法学	4	421	351	4	
8717 南宁理工学院	46			46	
01专业组(不限)	46	430	337	46	
播音与主持艺术	8	405	343	8	
表演	4	385	344	4	
摄影	34	430	337	34	
8740 海口经济学院	11			10	1
13专业组(不限)	11	402	341	10	1
播音与主持艺术	2	378	346	1	1
摄影	1	402	402	1	
摄影(影视摄影)	1	348	348	1	
舞蹈学	2	353	351	2	
舞蹈学(体育舞蹈)	4	355	341	4	
播音与主持艺术(电子竞技方向)	1	352	352	1	
8763 四川传媒学院	103			103	
04专业组(不限)	94	466	336	94	
艺术管理	3	465	376	3	
表演	3	384	362	3	
电影学	2	426	355	2	
戏剧影视文学	6	434	371	6	
戏剧影视导演	2	413	383	2	
戏剧影视美术设计	3	382	350	3	
播音与主持艺术	25	460	339	25	
动画	7	410	336	7	
影视摄影与制作	20	463	339	20	
影视技术	9	454	336	9	
摄影	14	466	353	14	
05专业组(不限)(中外合作办学)	9	454	340	9	
影视摄影与制作(中外合作办学)	9	454	340	9	
8765 成都文理学院	50			50	
01专业组(不限)	50	458	337	50	
表演	7	452	355	7	
播音与主持艺术	10	407	339	10	
摄影	24	458	337	24	
书法学	9	422	340	9	
8766 四川工商学院	92			92	
01专业组(不限)	92	427	336	92	
舞蹈表演	92	427	336	92	
8772 四川文化艺术学院	69			69	
06专业组(不限)	69	442	337	69	
舞蹈表演	1	369	369	1	
舞蹈学	5	402	347	5	
戏剧影视文学	5	442	393	5	
戏剧影视美术设计	6	388	344	6	
录音艺术	5	407	350	5	
播音与主持艺术	2	428	394	2	
动画	13	369	337	13	
影视摄影与制作	4	419	356	4	
摄影	10	408	337	10	
书法学	15	431	340	15	
舞蹈编导	3	408	337	3	
8775 四川电影电视学院	6			6	
07专业组(不限)	6	403	336	6	
播音与主持艺术	4	403	350	4	
表演	2	382	336	2	
8781 吉利学院	7			7	
04专业组(不限)	7	384	338	7	
表演	7	384	338	7	
8786 成都艺术职业大学	47			47	
01专业组(不限)	47	455	341	47	
舞蹈表演与编导	4	366	344	4	
播音与主持	12	417	347	12	
影视摄影与制作	31	455	341	31	
8801 重庆城市科技学院	316			316	
01专业组(不限)	316	471	336	316	
播音与主持艺术	57	458	336	57	
摄影	222	471	336	222	
书法学	37	415	337	37	
8872 昆明城市学院	37			35	2
01专业组(不限)	37	462	336	35	2
舞蹈学	8	381	336	8	
播音与主持艺术	12	417	340	12	
摄影	12	462	357	11	1
表演	5	409	345	4	1
8874 云南艺术学院文华学院	26			26	
06专业组(不限)	26	436	337	26	
舞蹈表演	3	436	360	3	
表演(戏剧影视表演)	3	410	353	3	
表演(商务礼仪)	4	391	337	4	
播音与主持艺术	9	383	338	9	
录音艺术	3	400	339	3	
影视摄影与制作	4	398	355	4	
8901 西安培华学院	97			97	

院校、专业组、专业名称	录取数	最高分	最低分	传统志愿	征求志愿
03专业组(不限)	97	447	336	97	
戏剧影视文学	81	447	336	81	
播音与主持艺术	16	429	339	16	
8903 西安外事学院	22			21	1
05专业组(不限)	22	427	336	21	1
表演	5	404	336	5	
播音与主持艺术	17	427	336	16	1
8904 西安翻译学院	90			90	
01专业组(不限)	90	455	336	90	
戏剧影视文学	72	453	336	72	
播音与主持艺术	15	455	342	15	
表演	3	376	340	3	
8914 西安工商学院	26			26	
05专业组(不限)	26	467	337	26	
播音与主持艺术	9	414	341	9	
影视摄影与制作	17	467	337	17	
8916 西安明德理工学院	19			19	
04专业组(不限)	19	431	339	19	
播音与主持艺术	19	431	339	19	
8973 银川科技学院	20			20	
01专业组(不限)	20	410	336	20	
摄影	17	410	336	17	
播音与主持艺术	3	377	345	3	

2023年艺术类(历史等科目类)高职(专科)院校(使用省统考成绩录取)

(四)艺术类(历史等科目类)高职(专科)院校(使用省统考成绩录取)

以下为使用美术类专业省统考成绩录取的院校,下列表中的"最高分(最低分)"为文化分和专业分按一定比例构成的综合分。

院校、专业组、专业名称	录取数	最高分	最低分	平行志愿	征求志愿
1136 南京工业职业技术大学	64			64	
08专业组(不限)	64	481	444	64	
视觉传达设计	32	481	450	32	
环境艺术设计	32	464	444	32	
1150 江苏海事职业技术学院	71			71	
09专业组(不限)	43	448	433	43	
艺术设计	43	448	433	43	
10专业组(不限)(分段培养项目)	28	469	455	28	
艺术设计(与南京传媒学院分段培养项目)	28	469	455	28	
1152 南京交通职业技术学院	25			25	
07专业组(不限)(分段培养项目)	25	478	461	25	
室内艺术设计(与南京工程学院分段培养项目)	25	478	461	25	
1153 南京科技职业学院	32			32	
05专业组(不限)	32	455	433	32	
视觉传达设计	15	455	436	15	
环境艺术设计	17	441	433	17	
1154 南京信息职业技术学院	66			66	
11专业组(不限)	66	468	440	66	
视觉传达设计	39	468	440	39	
数字媒体艺术设计	19	467	442	19	
影视动画	8	449	440	8	
1155 南京铁道职业技术学院	56			56	
07专业组(不限)	56	465	435	56	
室内艺术设计	13	447	437	13	
环境艺术设计	15	444	435	15	
广告艺术设计	15	443	435	15	
数字媒体艺术设计	13	465	443	13	
1156 江苏经贸职业技术学院	90			90	
09专业组(不限)	60	466	434	60	
数字媒体艺术设计	37	466	437	37	
产品艺术设计	10	454	435	10	
环境艺术设计	3	450	437	3	
广告艺术设计	10	447	434	10	
10专业组(不限)(分段培养项目)	30	484	467	30	
数字媒体艺术设计(与金陵科技学院分段培养项目)	30	484	467	30	
1159 南京机电职业技术学院	25			25	
03专业组(不限)	25	436	428	25	
视觉传达设计	10	436	431	10	
环境艺术设计	15	433	428	15	
1160 南京旅游职业学院	30			30	
07专业组(不限)(分段培养项目)	30	467	447	30	
环境艺术设计(与南京传媒学院分段培养项目)	30	467	447	30	
1171 江苏城市职业学院	171			130	41
03专业组(不限)	171	461	411	130	41
环境艺术设计	32	437	423	32	
人物形象设计	3	437	426	3	
广告艺术设计	4	440	426	4	
视觉传达设计	32	441	411	6	26
数字媒体艺术设计	42	439	411	33	9
影视动画	15	430	423	15	
室内艺术设计	43	461	412	37	6
1172 南京城市职业学院	116			115	1
03专业组(不限)	40	463	430	39	1
艺术设计	5	442	437	5	
视觉传达设计	11	463	439	11	
产品艺术设计	19	448	430	18	1
环境艺术设计	5	433	430	5	
04专业组(不限)(分段培养项目)	76	466	450	76	
视觉传达设计(与南京传媒学院分段培养项目)	38	466	455	38	
产品艺术设计(与南京传媒学院分段培养项目)	38	454	450	38	
1210 江苏信息职业技术学院	94			94	
08专业组(不限)(分段培养项目)	40	478	452	40	
视觉传达设计(与南京传媒学院分段培养项目)	40	478	452	40	
09专业组(不限)	54	452	424	54	
视觉传达设计	29	446	426	29	
环境艺术设计	25	452	424	25	
1211 无锡职业技术学院	130			130	
07专业组(不限)	130	465	432	130	
广告艺术设计	25	450	436	25	
数字媒体艺术设计	25	465	444	25	
产品艺术设计	25	455	435	25	
室内艺术设计	55	443	432	55	
1212 无锡商业职业技术学院	30			30	
05专业组(不限)	30	449	429	30	
室内艺术设计	10	442	429	10	
视觉传达设计	20	449	429	20	
1213 无锡科技职业学院	88			88	
05专业组(不限)	88	441	421	88	
数字媒体艺术设计	30	441	424	30	
动漫设计	58	430	421	58	
1214 无锡城市职业技术学院	130			128	2
08专业组(不限)	90	435	412	88	2
数字媒体艺术设计	8	435	427	8	
环境艺术设计	28	422	412	26	2

2023年艺术类(历史等科目类)高职(专科)院校(使用省统考成绩录取)

院校、专业组、专业名称	录取数	最高分	最低分	平行志愿	征求志愿
广告艺术设计	14	432	420	14	
室内艺术设计	15	427	420	15	
视觉传达设计	25	430	422	25	
09专业组(不限)(分段培养项目)	**40**	**466**	**450**	**40**	
视觉传达设计(与南京传媒学院分段培养项目)	40	466	450	40	
1215 无锡工艺职业技术学院	**438**			**433**	**5**
05专业组(不限)(分段培养项目)	**215**	**488**	**424**	**212**	**3**
陶瓷设计与工艺(与南京艺术学院分段培养项目)	25	466	454	25	
视觉传达设计(与南京艺术学院分段培养项目)	30	488	464	30	
服装与服饰设计(与南京艺术学院分段培养项目)	25	462	452	25	
环境艺术设计(与南京工程学院分段培养项目)	35	464	451	35	
室内艺术设计(与南京工程学院分段培养项目)	35	463	452	35	
艺术设计(与南京工程学院分段培养项目)	35	469	454	35	
服装与服饰设计(与常熟理工学院分段培养项目)	30	464	424	27	3
06专业组(不限)	**223**	**461**	**412**	**221**	**2**
陶瓷设计与工艺	19	443	423	19	
书画艺术	11	444	426	11	
雕塑设计	11	428	424	11	
工艺美术品设计	11	447	424	11	
视觉传达设计	28	461	430	28	
广告艺术设计	17	435	425	17	
数字媒体艺术设计	20	459	431	20	
游戏艺术设计	20	430	423	20	
动漫设计	20	437	424	20	
室内艺术设计	18	446	426	18	
产品艺术设计	11	429	425	11	
环境艺术设计	5	429	427	5	
展示艺术设计	11	424	423	11	
艺术设计	6	438	424	6	
服装与服饰设计	5	432	426	5	
服装陈列与展示设计	10	428	412	8	2
1216 江阴职业技术学院	**35**			**35**	
05专业组(不限)	**35**	**424**	**413**	**35**	
视觉传达设计	10	424	415	10	
服装与服饰设计	15	415	413	15	
影视多媒体技术	10	424	414	10	
1230 江苏建筑职业技术学院	**35**			**35**	
06专业组(不限)	**35**	**459**	**426**	**35**	
环境艺术设计	6	438	428	6	
室内艺术设计	6	431	426	6	
家具艺术设计	4	428	426	4	
视觉传达设计	5	430	428	5	
数字媒体艺术设计	4	435	431	4	
产品艺术设计	5	459	427	5	
广告艺术设计	5	435	426	5	
1231 徐州工业职业技术学院	**10**			**10**	
08专业组(不限)	**10**	**432**	**418**	**10**	
室内艺术设计	10	432	418	10	
1232 徐州幼儿师范高等专科学校	**28**			**28**	
10专业组(不限)	**28**	**449**	**416**	**28**	
艺术设计	9	449	419	9	
视觉传达设计	19	421	416	19	
1234 江苏安全技术职业学院	**6**			**6**	
05专业组(不限)	**6**	**420**	**415**	**6**	
室内艺术设计	6	420	415	6	
1250 常州信息职业技术学院	**9**			**9**	
06专业组(不限)	**9**	**445**	**432**	**9**	
视觉传达设计	2	436	435	2	
影视动画	3	433	432	3	
数字媒体艺术设计	2	445	436	2	
环境艺术设计	2	439	432	2	
1251 常州纺织服装职业技术学院	**122**			**120**	**2**
05专业组(不限)	**107**	**432**	**413**	**105**	**2**
影视动画	23	432	414	23	
视觉传达设计	7	427	421	7	
工艺美术品设计	8	414	414	8	
环境艺术设计	8	420	417	8	
室内艺术设计	11	426	416	11	
产品艺术设计	10	422	415	10	
服装与服饰设计	14	416	413	14	
人物形象设计	8	423	413	8	
艺术设计	9	416	413	9	
服装陈列与展示设计	9	418	413	7	2
06专业组(不限)(分段培养项目)	**15**	**463**	**456**	**15**	
影视动画(与常州大学分段培养项目)	15	463	456	15	
1252 常州工程职业技术学院	**26**			**26**	
04专业组(不限)	**26**	**444**	**425**	**26**	
艺术设计	15	437	425	15	
视觉传达设计	11	444	425	11	
1253 常州工业职业技术学院	**99**			**99**	
07专业组(不限)	**75**	**435**	**417**	**75**	
环境艺术设计	13	424	417	13	
数字媒体艺术设计	41	435	417	41	
室内艺术设计	9	427	418	9	
广告艺术设计	1	421	421	1	
影视动画	11	422	417	11	
08专业组(不限)(分段培养项目)	**24**	**465**	**456**	**24**	
数字媒体艺术设计(与江苏理工学院分段培养项目)	24	465	456	24	
1254 常州机电职业技术学院	**85**			**84**	**1**

2023年艺术类(历史等科目类)高职(专科)院校(使用省统考成绩录取)

院校、专业组、专业名称	录取数	最高分	最低分	平行志愿	征求志愿
05专业组(不限)	49	458	423	48	1
环境艺术设计	18	435	423	18	
视觉传达设计	13	458	427	13	
数字媒体艺术设计	1	433	433	1	
艺术设计	17	450	423	16	1
06专业组(不限)(分段培养项目)	36	475	459	36	
视觉传达设计(与常州大学分段培养项目)	36	475	459	36	
1255 江苏城乡建设职业学院	29			29	
05专业组(不限)	29	438	413	29	
数字媒体艺术设计	25	421	413	25	
环境艺术设计	4	438	415	4	
1256 常州幼儿师范高等专科学校	38			38	
03专业组(不限)	38	430	412	38	
艺术设计	38	430	412	38	
1270 苏州职业大学	114			114	
10专业组(不限)	114	469	431	114	
视觉传达设计	47	469	435	47	
环境艺术设计	26	444	432	26	
室内艺术设计	41	441	431	41	
1271 苏州工艺美术职业技术学院	721			718	3
01专业组(不限)	571	492	432	569	2
艺术设计	5	465	445	5	
视觉传达设计	80	492	449	80	
数字媒体艺术设计	48	475	451	48	
产品艺术设计	27	463	441	27	
服装与服饰设计	40	463	432	40	
环境艺术设计	81	466	433	81	
书画艺术	35	456	432	35	
游戏艺术设计	28	451	436	28	
工艺美术品设计	10	464	445	10	
广告艺术设计	46	459	435	46	
室内艺术设计	85	461	432	85	
家具艺术设计	5	451	437	5	
动漫设计	14	467	447	14	
摄影与摄像艺术	28	456	432	28	
雕刻艺术设计	5	451	432	5	
刺绣设计与工艺	5	438	432	5	
雕塑设计	5	442	437	5	
民族美术	12	472	432	10	2
影视动画	12	459	443	12	
02专业组(不限)(分段培养项目)	150	497	467	149	1
数字媒体艺术设计(与南京艺术学院分段培养项目)	30	497	478	30	
产品艺术设计(与南京艺术学院分段培养项目)	30	483	472	30	
服装与服饰设计(与南京艺术学院分段培养项目)	30	488	467	29	1
书画艺术(与南京艺术学院分段培养项目)	30	492	467	30	
室内艺术设计(与南京艺术学院分段培养项目)	30	482	469	30	
1272 苏州农业职业技术学院	3			3	
05专业组(不限)	3	439	434	3	
数字媒体艺术设计	3	439	434	3	
1273 苏州工业职业技术学院	45			45	
05专业组(不限)	45	442	429	45	
数字媒体艺术设计	23	442	430	23	
环境艺术设计	22	431	429	22	
1274 苏州经贸职业技术学院	106			106	
05专业组(不限)	106	459	428	106	
服装与服饰设计	6	432	428	6	
环境艺术设计	26	434	428	26	
数字媒体艺术设计	52	459	429	52	
视觉传达设计	22	455	430	22	
1276 苏州工业园区服务外包职业学院	20			20	
05专业组(不限)	20	430	422	20	
数字媒体艺术设计(与无锡太湖学院分段培养项目)	20	430	422	20	
1278 沙洲职业工学院	48			48	
03专业组(不限)	48	420	411	48	
环境艺术设计	48	420	411	48	
1279 苏州健雄职业技术学院	25			25	
07专业组(不限)	25	428	417	25	
环境艺术设计	10	424	418	10	
广告艺术设计	15	428	417	15	
1290 苏州幼儿师范高等专科学校	81			81	
07专业组(不限)	81	464	421	81	
书画艺术	45	449	421	45	
视觉传达设计	36	464	422	36	
1310 南通职业大学	20			20	
03专业组(不限)	20	450	428	20	
视觉传达设计	16	436	428	16	
室内艺术设计	4	450	428	4	
1311 江苏航运职业技术学院	15			15	
09专业组(不限)	15	431	421	15	
环境艺术设计	6	431	421	6	
视觉传达设计	9	428	422	9	
1312 江苏工程职业技术学院	177			177	
04专业组(不限)	142	452	413	142	
服装与服饰设计	7	423	415	7	
视觉传达设计	20	441	419	20	
服装陈列与展示设计	6	452	413	6	
产品艺术设计	24	437	413	24	
室内艺术设计	51	424	413	51	
环境艺术设计	22	418	413	22	
艺术设计	12	417	413	12	
05专业组(不限)(分段培养项目)	35	450	441	35	

2023年艺术类(历史等科目类)高职(专科)院校(使用省统考成绩录取)

院校、专业组、专业名称	录取数	最高分	最低分	平行志愿	征求志愿
环境艺术设计(与南通理工学院分段培养项目)	35	450	441	35	
1313 南通科技职业学院	**24**			**24**	
07专业组(不限)	**24**	**433**	**419**	**24**	
室内艺术设计	8	430	419	8	
数字媒体艺术设计	8	433	422	8	
环境艺术设计	8	426	419	8	
1314 江苏商贸职业学院	**58**			**58**	
05专业组(不限)(分段培养项目)	**42**	**452**	**443**	**42**	
视觉传达设计(与南京传媒学院分段培养项目)	42	452	443	42	
06专业组(不限)	**16**	**460**	**419**	**16**	
视觉传达设计	8	430	419	8	
数字媒体艺术设计	8	460	420	8	
1315 南通师范高等专科学校	**45**			**45**	
11专业组(不限)(分段培养项目)	**45**	**464**	**443**	**45**	
艺术设计(与南通理工学院分段培养项目)	45	464	443	45	
1330 连云港师范高等专科学校	**148**			**144**	**4**
08专业组(不限)	**148**	**466**	**393**	**144**	**4**
广告艺术设计	49	466	402	49	
环境艺术设计	49	451	397	49	
书画艺术	50	441	393	46	4
1331 连云港职业技术学院	**95**			**93**	**2**
05专业组(不限)	**20**	**449**	**412**	**20**	
室内艺术设计	10	431	412	10	
数字媒体艺术设计	10	449	413	10	
06专业组(不限)(分段培养项目)	**75**	**465**	**423**	**73**	**2**
室内艺术设计(与南京传媒学院分段培养项目)	25	445	438	25	
数字媒体艺术设计(与南京传媒学院分段培养项目)	25	465	441	25	
服装与服饰设计(与南京传媒学院分段培养项目)	25	443	423	23	2
1350 江苏电子信息职业学院	**30**			**30**	
05专业组(不限)	**30**	**423**	**411**	**30**	
广告艺术设计	30	423	411	30	
1351 江苏食品药品职业技术学院	**60**			**60**	
09专业组(不限)	**20**	**457**	**412**	**20**	
艺术设计	20	457	412	20	
10专业组(不限)(分段培养项目)	**40**	**454**	**439**	**40**	
艺术设计(与南京传媒学院分段培养项目)	40	454	439	40	
1352 江苏财经职业技术学院	**20**			**20**	
07专业组(不限)	**20**	**433**	**416**	**20**	
视觉传达设计	20	433	416	20	
1370 盐城工业职业技术学院	**100**			**100**	
11专业组(不限)	**100**	**423**	**407**	**100**	
服装与服饰设计	20	420	408	20	

院校、专业组、专业名称	录取数	最高分	最低分	平行志愿	征求志愿
室内艺术设计	20	423	410	20	
广告艺术设计	20	420	409	20	
环境艺术设计	20	413	408	20	
工艺美术品设计	20	419	407	20	
1372 盐城幼儿师范高等专科学校	**127**			**127**	
11专业组(不限)	**127**	**457**	**407**	**127**	
艺术设计	12	416	409	12	
视觉传达设计	56	457	409	56	
书画艺术	24	422	408	24	
展示艺术设计	20	420	407	20	
影视动画	15	438	408	15	
1390 扬州市职业大学	**157**			**157**	
13专业组(不限)	**73**	**450**	**421**	**73**	
环境艺术设计	20	450	427	20	
服装与服饰设计	47	431	421	47	
室内艺术设计	6	441	429	6	
14专业组(不限)(分段培养项目)	**50**	**472**	**446**	**50**	
视觉传达设计(与南京传媒学院分段培养项目)	25	462	448	25	
室内艺术设计(与南京传媒学院分段培养项目)	25	472	446	25	
15专业组(不限)(中外合作办学)	**34**	**425**	**411**	**34**	
视觉传达设计(中外合作办学)	34	425	411	34	
1392 扬州工业职业技术学院	**158**			**158**	
08专业组(不限)	**118**	**443**	**416**	**118**	
艺术设计	19	442	418	19	
环境艺术设计	34	443	416	34	
室内艺术设计	25	436	416	25	
数字媒体艺术设计	40	436	419	40	
09专业组(不限)(分段培养项目)	**40**	**473**	**448**	**40**	
环境艺术设计(与南京工程学院分段培养项目)	40	473	448	40	
1394 江苏旅游职业学院	**29**			**29**	
06专业组(不限)	**29**	**421**	**412**	**29**	
艺术设计	13	420	412	13	
数字媒体艺术设计	16	421	413	16	
1410 镇江市高等专科学校	**38**			**38**	
07专业组(不限)	**38**	**452**	**411**	**38**	
数字媒体艺术设计	11	452	413	11	
环境艺术设计	12	424	412	12	
广告艺术设计	3	420	412	3	
室内艺术设计	12	423	411	12	
1411 江苏农林职业技术学院	**16**			**16**	
05专业组(不限)	**16**	**432**	**419**	**16**	
环境艺术设计	16	432	419	16	
1431 泰州职业技术学院	**40**			**40**	
06专业组(不限)	**40**	**439**	**415**	**40**	
环境艺术设计	20	427	415	20	
广告艺术设计	10	428	415	10	

2023年艺术类(历史等科目类)高职(专科)院校(使用省统考成绩录取)

院校、专业组、专业名称	录取数	最高分	最低分	平行志愿	征求志愿
数字媒体艺术设计	10	439	420	10	
1432 江苏农牧科技职业学院	**13**			**13**	
06专业组(不限)	**13**	**428**	**417**	**13**	
环境艺术设计	13	428	417	13	
1951 正德职业技术学院	**116**			**80**	**36**
03专业组(不限)	**116**	**428**	**382**	**80**	**36**
环境艺术设计	116	428	382	80	36
1952 金肯职业技术学院	**20**			**20**	
03专业组(不限)	**20**	**414**	**393**	**20**	
艺术设计	15	414	394	15	
动漫设计	5	406	393	5	
1954 南京视觉艺术职业学院	**94**			**94**	
05专业组(不限)	**94**	**430**	**405**	**94**	
数字媒体艺术设计	66	422	405	66	
环境艺术设计	6	422	405	6	
书画艺术	2	422	409	2	
广告艺术设计	4	430	406	4	
室内艺术设计	6	409	405	6	
影视动画	10	415	405	10	
1957 无锡南洋职业技术学院	**15**			**15**	
03专业组(不限)	**15**	**408**	**387**	**15**	
艺术设计	5	405	387	5	
环境艺术设计	5	408	388	5	
影视多媒体技术	5	399	390	5	
1958 江南影视艺术职业学院	**240**			**240**	
07专业组(不限)	**160**	**442**	**388**	**160**	
影视动画	42	442	388	42	
动漫设计	21	425	390	21	
广告艺术设计	36	424	389	36	
服装与服饰设计	5	409	391	5	
室内艺术设计	34	425	388	34	
环境艺术设计	19	406	392	19	
人物形象设计	3	404	395	3	
08专业组(不限)(分段培养项目)	**80**	**449**	**429**	**80**	
广告艺术设计(与南通理工学院分段培养项目)	40	449	432	40	
环境艺术设计(与南通理工学院分段培养项目)	40	448	429	40	
1959 太湖创意职业技术学院	**35**			**34**	**1**
05专业组(不限)	**35**	**429**	**373**	**34**	**1**
艺术设计	30	429	373	29	1
服装与服饰设计	5	416	375	5	
1962 九州职业技术学院	**40**			**15**	**25**
03专业组(不限)	**40**	**410**	**369**	**15**	**25**
环境艺术设计	40	410	369	15	25
1965 建东职业技术学院	**53**			**17**	**36**
03专业组(不限)	**53**	**416**	**374**	**17**	**36**
视觉传达设计	53	416	374	17	36
1968 苏州工业园区职业技术学院	**65**			**65**	
05专业组(不限)	**65**	**427**	**396**	**65**	
数字媒体艺术设计	40	427	400	40	
环境艺术设计	25	416	396	25	
1969 苏州托普信息职业技术学院	**37**			**28**	**9**
03专业组(不限)	**37**	**425**	**369**	**28**	**9**
广告艺术设计	15	418	369	10	5
室内艺术设计	13	410	377	9	4
影视动画	9	425	380	9	
1971 苏州百年职业学院	**9**			**6**	**3**
03专业组(不限)(中外合作办学)	**9**	**413**	**370**	**6**	**3**
数字媒体艺术设计(中外合作办学)	7	413	370	4	3
广告艺术设计(中外合作办学)	2	383	378	2	
1973 昆山登云科技职业学院	**34**			**16**	**18**
03专业组(不限)	**34**	**409**	**364**	**16**	**18**
数字媒体艺术设计	31	409	364	15	16
广告艺术设计	3	403	384	1	2
1974 硅湖职业技术学院	**39**			**24**	**15**
03专业组(不限)	**39**	**409**	**365**	**24**	**15**
艺术设计	19	408	366	12	7
服装与服饰设计	4	400	390	1	3
环境艺术设计	10	406	365	6	4
影视动画	6	409	367	5	1
1982 炎黄职业技术学院	**4**			**2**	**2**
03专业组(不限)	**4**	**400**	**380**	**2**	**2**
人物形象设计	4	400	380	2	2
1988 江海职业技术学院	**37**			**18**	**19**
07专业组(不限)	**37**	**411**	**365**	**18**	**19**
艺术设计	13	407	373	7	6
首饰设计与工艺	3	410	370	1	2
产品艺术设计	3	409	396	2	1
数字媒体艺术设计	18	411	365	8	10
1989 扬州中瑞酒店职业学院	**2**			**1**	**1**
03专业组(不限)	**2**	**394**	**378**	**1**	**1**
艺术设计	1	394	394	1	
室内艺术设计	1	378	378		1
1991 金山职业技术学院	**19**			**11**	**8**
05专业组(不限)	**19**	**411**	**367**	**11**	**8**
艺术设计	10	405	367	7	3
广告艺术设计	9	411	384	4	5
1996 宿迁职业技术学院	**44**			**37**	**7**
03专业组(不限)	**44**	**413**	**367**	**37**	**7**
艺术设计	20	413	379	20	
环境艺术设计	14	409	367	10	4
游戏艺术设计	10	412	387	7	3
1997 宿迁泽达职业技术学院	**4**			**2**	**2**
03专业组(不限)	**4**	**401**	**378**	**2**	**2**
数字媒体艺术设计	4	401	378	2	2
2146 上海工艺美术职业学院	**40**			**37**	**3**
03专业组(不限)	**40**	**475**	**414**	**37**	**3**

2023年艺术类(历史等科目类)高职(专科)院校(使用省统考成绩录取)

院校、专业组、专业名称	录取数	最高分	最低分	平行志愿	征求志愿
动漫设计	3	460	441	3	
艺术设计	2	437	433	2	
数字媒体艺术设计	3	470	463	3	
广告艺术设计	3	444	431	3	
视觉传达设计	3	443	442	3	
环境艺术设计	5	448	431	5	
公共艺术设计	5	465	435	5	
首饰设计与工艺	2	444	433	2	
陶瓷设计与工艺	3	435	430	3	
雕刻艺术设计	2	458	431	2	
产品艺术设计	2	475	466	2	
服装与服饰设计	2	450	443	2	
皮具艺术设计	3	431	420	2	1
雕塑设计	2	427	414		2
2149 上海科学技术职业学院	5			5	
03专业组(不限)	5	428	422	5	
数字媒体艺术设计	5	428	422	5	
2154 上海交通职业技术学院	8			8	
03专业组(不限)	8	439	423	8	
广告艺术设计	3	431	425	3	
数字媒体艺术设计	3	439	428	3	
游戏艺术设计	2	425	423	2	
2555 江西陶瓷工艺美术职业技术学院	4			4	
01专业组(不限)	4	435	421	4	
工艺美术品设计	2	422	421	2	
数字媒体艺术设计	2	435	429	2	
3224 天津市职业大学	4			4	
03专业组(不限)	4	435	422	4	
产品艺术设计	2	429	422	2	
视觉传达设计	2	435	422	2	
3234 天津现代职业技术学院	2			2	
03专业组(不限)	2	417	413	2	
视觉传达设计	2	417	413	2	
3236 天津工艺美术职业学院	10			10	
01专业组(不限)	10	418	412	10	
产品艺术设计	2	418	416	2	
包装艺术设计	2	416	414	2	
工艺美术品设计	2	415	412	2	
影视动画	2	417	413	2	
摄影与摄像艺术	2	412	412	2	
3325 天津滨海职业学院	1			1	
01专业组(不限)	1	429	429	1	
广告艺术设计	1	429	429	1	
3366 河北工艺美术职业学院	10			10	
01专业组(不限)	10	416	406	10	
视觉传达设计	5	416	408	5	
展示艺术设计	5	410	406	5	
3517 满洲里俄语职业学院	14			2	12
02专业组(不限)	14	411	381	2	12

院校、专业组、专业名称	录取数	最高分	最低分	平行志愿	征求志愿
视觉传达设计	6	410	381	2	4
环境艺术设计	8	411	406		8
5226 武汉职业技术学院	3			3	
02专业组(不限)	3	437	431	3	
艺术设计类	3	437	431	3	
5236 武汉交通职业学院	4			4	
07专业组(不限)	4	422	413	4	
环境艺术设计	2	422	417	2	
广告艺术设计	2	416	413	2	
5286 咸宁职业技术学院	1			1	
03专业组(不限)	1	407	407	1	
艺术设计	1	407	407	1	
5373 湖南工艺美术职业学院	20			19	1
01专业组(不限)	20	457	404	19	1
服装与服饰设计	5	412	405	5	
环境艺术设计	5	457	406	5	
室内艺术设计	5	407	405	5	
刺绣设计与工艺	5	410	404	4	1
5614 海南经贸职业技术学院	7			7	
03专业组(不限)	7	410	401	7	
艺术设计	3	410	401	3	
服装与服饰设计	2	406	406	2	
环境艺术设计	2	409	408	2	
6189 资阳环境科技职业学院	5			4	1
05专业组(不限)	5	431	379	4	1
环境艺术设计	5	431	379	4	1
7172 陕西艺术职业学院	3			3	
01专业组(不限)	3	422	411	3	
环境艺术设计	3	422	411	3	
8017 上海东海职业技术学院	3			2	1
03专业组(不限)	3	440	406	2	1
影视多媒体技术	3	440	406	2	1
8018 上海工商职业技术学院	5			5	
03专业组(不限)	5	416	404	5	
广告艺术设计	1	405	405	1	
室内艺术设计	4	416	404	4	
8020 上海民远职业技术学院	2			1	1
02专业组(不限)	2	392	377	1	1
艺术设计	2	392	377	1	1
8022 上海思博职业技术学院	2			1	1
05专业组(不限)	2	391	354	1	1
广告艺术设计	2	391	354	1	1
8024 上海济光职业技术学院	7			7	
03专业组(不限)	7	423	372	7	
广告艺术设计	3	399	395	3	
动漫设计	1	407	407	1	
室内艺术设计	3	423	372	3	
8025 上海工商外国语职业学院	2			2	
03专业组(不限)	2	430	417	2	

2023年艺术类(历史等科目类)高职(专科)院校(使用省统考成绩录取)

院校、专业组、专业名称	录取数	最高分	最低分	平行志愿	征求志愿
视觉传达设计	2	430	417	2	
8026 上海邦德职业技术学院	2			2	
02专业组(不限)	2	408	396	2	
游戏艺术设计	2	408	396	2	
8028 上海电影艺术职业学院	1				1
01专业组(不限)	1	395	395		1
影视多媒体技术	1	395	395		1
8029 上海中侨职业技术大学	3			3	
06专业组(不限)	3	427	414	3	
数字媒体艺术设计	3	427	414	3	
8149 泉州纺织服装职业学院	5			4	1
05专业组(不限)	5	401	368	4	1
服装与服饰设计	3	388	368	3	
视觉传达设计	2	401	388	1	1
8150 泉州华光职业学院	1				1
02专业组(不限)	1	401	401		1
摄影与摄像艺术	1	401	401		1
8151 厦门演艺职业学院	3			2	1
01专业组(不限)	3	405	382	2	1
环境艺术设计	3	405	382	2	1
8154 厦门南洋职业学院	1			1	
05专业组(不限)	1	384	384	1	
数字媒体艺术设计	1	384	384	1	
8155 厦门东海职业技术学院	4			3	1
03专业组(不限)	4	406	373	3	1
艺术设计	4	406	373	3	1
8190 潍坊环境工程职业学院	6			6	
03专业组(不限)	6	406	401	6	
数字媒体艺术设计	6	406	401	6	
8216 青岛黄海学院	8			8	
05专业组(不限)	8	417	400	8	
艺术设计	8	417	400	8	
8223 泰山科技学院	6			5	1
05专业组(不限)	6	434	394	5	1
数字媒体艺术设计	3	434	394	3	
视觉传达设计	3	410	394	2	1
8243 山东文化产业职业学院	3			3	
01专业组(不限)	3	398	385	3	
书画艺术	3	398	385	3	
8290 天津天狮学院	3			3	
08专业组(不限)	3	386	379	3	
数字媒体艺术设计	3	386	379	3	
8312 河北美术学院	10			9	1
03专业组(不限)	10	446	410	9	1
环境艺术设计	10	446	410	9	1
8326 保定理工学院	6			6	
10专业组(不限)	6	410	385	6	
视觉传达设计	5	410	385	5	
环境艺术设计	1	395	395	1	

院校、专业组、专业名称	录取数	最高分	最低分	平行志愿	征求志愿
8414 大连艺术学院	3			3	
05专业组(不限)	3	410	402	3	
广告艺术设计	1	402	402	1	
人物形象设计	2	410	403	2	
8561 武汉纺织大学外经贸学院	6			6	
07专业组(不限)	6	429	406	6	
视觉传达设计	2	427	426	2	
广告艺术设计	4	429	406	4	
8577 武汉设计工程学院	6			6	
06专业组(不限)	6	456	407	6	
展示艺术设计	4	456	407	4	
服装与服饰设计	2	436	410	2	
8740 海口经济学院	4			3	1
15专业组(不限)	4	402	368	3	1
数字媒体艺术设计	3	402	368	3	
影视动画	1	378	378		1
8772 四川文化艺术学院	3			3	
08专业组(不限)	3	436	413	3	
视觉传达设计	3	436	413	3	
8775 四川电影电视学院	3			3	
09专业组(不限)	3	426	404	3	
摄影摄像技术	3	426	404	3	
8827 重庆建筑科技职业学院	2			2	
03专业组(不限)	2	400	396	2	
环境艺术设计	1	396	396	1	
数字媒体艺术设计	1	400	400	1	
8914 西安工商学院	5			2	3
07专业组(不限)	5	409	392	2	3
广告艺术设计	5	409	392	2	3

以下为使用音乐类专业省统考成绩录取的院校(主试类型为声乐),下列表中的"最高分(最低分)"为专业分。

院校、专业组、专业名称	录取数	最高分	最低分	平行志愿	征求志愿
1154 南京信息职业技术学院	5			5	
13专业组(不限)	5	211	196	5	
录音技术与艺术	5	211	196	5	
1232 徐州幼儿师范高等专科学校	4			4	
11专业组(不限)	4	213	194	4	
音乐表演	4	213	194	4	
1270 苏州职业大学	33			33	
12专业组(不限)	33	209	180	33	
音乐表演	33	209	180	33	
1290 苏州幼儿师范高等专科学校	20			20	
09专业组(不限)	20	213	188	20	
音乐表演	20	213	188	20	
1330 连云港师范高等专科学校	59			55	4
10专业组(不限)	59	196	156	55	4
音乐表演	59	196	156	55	4

2023年艺术类(历史等科目类)高职(专科)院校(使用省统考成绩录取)

院校、专业组、专业名称	录取数	最高分	最低分	平行志愿	征求志愿
1372 盐城幼儿师范高等专科学校	9			9	
13专业组(不限)	9	211	175	9	
音乐表演	9	211	175	9	
1390 扬州市职业大学	25			25	
19专业组(不限)	25	210	172	25	
音乐表演	25	210	172	25	
1431 泰州职业技术学院	10			10	
08专业组(不限)	10	182	171	10	
音乐表演	10	182	171	10	
1954 南京视觉艺术职业学院	10			10	
07专业组(不限)	10	170	139	10	
音乐表演	6	170	151	6	
现代流行音乐	4	169	139	4	
1958 江南影视艺术职业学院	2			2	
11专业组(不限)	2	168	165	2	
现代流行音乐	1	168	168	1	
音乐表演	1	165	165	1	
2390 安徽黄梅戏艺术职业学院	2			2	
01专业组(不限)	2	169	167	2	
音乐表演	2	169	167	2	
2577 上饶职业技术学院	3			3	
03专业组(不限)	3	170	135	3	
音乐表演	3	170	135	3	
8028 上海电影艺术职业学院	2			2	
02专业组(不限)	2	169	159	2	
音乐剧表演	2	169	159	2	
8772 四川文化艺术学院	1			1	
10专业组(不限)	1	183	183	1	
音乐表演	1	183	183	1	
8775 四川电影电视学院	2			2	
11专业组(不限)	2	171	168	2	
音乐表演	2	171	168	2	

以下为使用音乐类专业省统考成绩录取的院校(主试类型为器乐)，下列表中的“最高分(最低分)”为专业分。

院校、专业组、专业名称	录取数	最高分	最低分	平行志愿	征求志愿
1154 南京信息职业技术学院	8			8	
15专业组(不限)	8	200	173	8	
录音技术与艺术	8	200	173	8	
1232 徐州幼儿师范高等专科学校	4			4	
12专业组(不限)	4	187	173	4	
音乐表演	4	187	173	4	
1270 苏州职业大学	33			33	
14专业组(不限)	33	215	171	33	
音乐表演	33	215	171	33	
1290 苏州幼儿师范高等专科学校	16			16	
11专业组(不限)	16	230	169	16	
音乐表演	16	230	169	16	
1315 南通师范高等专科学校	3			3	
12专业组(不限)	3	168	164	3	
音乐表演	3	168	164	3	
1330 连云港师范高等专科学校	15			13	2
12专业组(不限)	15	214	149	13	2
音乐表演	15	214	149	13	2
1372 盐城幼儿师范高等专科学校	9			9	
15专业组(不限)	9	194	152	9	
音乐表演	9	194	152	9	
1390 扬州市职业大学	9			9	
21专业组(不限)	9	199	170	9	
音乐表演	9	199	170	9	
1952 金肯职业技术学院	1			1	
07专业组(不限)	1	151	151	1	
音乐表演	1	151	151	1	
1954 南京视觉艺术职业学院	3			3	
09专业组(不限)	3	169	167	3	
音乐表演	3	169	167	3	
1958 江南影视艺术职业学院	4			4	
13专业组(不限)	4	165	125	4	
音乐表演	4	165	125	4	
4344 黑龙江艺术职业学院	1				1
02专业组(不限)	1	152	152		1
音乐表演	1	152	152		1
8026 上海邦德职业技术学院	1			1	
03专业组(不限)	1	167	167	1	
钢琴调律	1	167	167	1	

以下为使用广播电视编导专业省统考成绩录取的院校，下列表中的“最高分(最低分)”为文化分和专业分按一定比例构成的综合分。

院校、专业组、专业名称	录取数	最高分	最低分	平行志愿	征求志愿
1171 江苏城市职业学院	5			5	
05专业组(不限)	5	472	459	5	
广播影视节目制作	5	472	459	5	
1214 无锡城市职业技术学院	38			35	3
11专业组(不限)	3	470	456	3	
影视编导	3	470	456	3	
12专业组(不限)(分段培养项目)	35	487	451	32	3
广播影视节目制作(与南京传媒学院分段培养项目)	35	487	451	32	3
1954 南京视觉艺术职业学院	2			2	
11专业组(不限)	2	470	460	2	
影视编导	2	470	460	2	
8172 南昌理工学院	1			1	
08专业组(不限)	1	460	460	1	
影视编导	1	460	460	1	
8772 四川文化艺术学院	1			1	
14专业组(不限)	1	467	467	1	

院校、专业组、专业名称	录取数	最高分	最低分	平行志愿	征求志愿
影视编导	1	467	467	1	
8775 四川电影电视学院	3			3	
13专业组(不限)	3	**468**	**462**	3	
影视编导	3	468	462	3	

(五)艺术类(历史等科目类)高职(专科)院校(使用校考成绩录取)

以下为传统(顺序)志愿,使用专业校考成绩录取的院校,下列表中的"最高分(最低分)"为文化分,其专业分为校考合格以上。

院校、专业组、专业名称	录取数	最高分	最低分	传统志愿	征求志愿
1954 南京视觉艺术职业学院	142			142	
13专业组(不限)	142	442	231	142	
摄影与摄像艺术	28	372	244	28	
舞蹈表演	50	341	231	50	
国际标准舞	21	367	265	21	
播音与主持	43	442	245	43	
1958 江南影视艺术职业学院	302			175	127
17专业组(不限)	302	401	222	175	127
戏剧影视表演	94	370	227	64	30
舞蹈表演	31	353	239	20	11
舞蹈编导	12	331	227	8	4
播音与主持	46	401	251	32	14
摄影摄像技术	86	388	222	32	54
录音技术与艺术	14	355	254	14	
影视照明技术与艺术	19	367	236	5	14
3148 北京电影学院	3			3	
05专业组(不限)	3	294	269	3	
戏剧影视表演	3	294	269	3	
8028 上海电影艺术职业学院	5			5	
03专业组(不限)	5	338	246	5	
国际标准舞	1	290	290	1	
舞蹈表演	2	293	273	2	
播音与主持	2	338	246	2	
8914 西安工商学院	3			3	
08专业组(不限)	3	360	249	3	
播音与主持	3	360	249	3	

(六)艺术类(物理等科目类)本科院校第1小批

以下为传统(顺序)志愿,使用专业校考成绩录取的院校,经教育部批准的部分独立设置本科艺术院校(含部分艺术类本科专业参照执行的少数高校)的艺术类本科专业录取最低控制分数线由各校自行划定,下列表中的"最高分(最低分)"为文化分,其专业分为校考合格以上。

院校、专业组、专业名称	录取数	最高分	最低分	传统志愿	征求志愿
1105 河海大学	2			2	
13专业组(不限)	2	567	539	2	
播音与主持艺术	2	567	539	2	
1107 南京农业大学	2			2	
07专业组(不限)	2	429	428	2	
表演	2	429	428	2	
1108 南京师范大学	4			4	
32专业组(不限)	4	542	498	4	
播音与主持艺术	4	542	498	4	
1118 南京艺术学院	45			45	
04专业组(不限)	45	526	315	45	
书法学	1	489	489	1	
音乐表演(中国乐器演奏)	2	476	373	2	
音乐表演(管弦与打击乐器演奏)	4	405	343	4	
音乐表演(钢琴与键盘乐器演奏)	4	491	339	4	
音乐表演(歌舞剧)	2	487	415	2	
作曲与作曲技术理论	1	386	386	1	
音乐学	3	526	399	3	
音乐教育(师范)	3	473	446	3	
流行音乐	4	453	364	4	
音乐学(音乐传播)	6	495	387	6	
表演	2	406	391	2	
播音与主持艺术	2	481	425	2	
舞蹈教育(师范)	1	315	315	1	
舞蹈学	2	408	372	2	
录音艺术	8	525	362	8	
1261 苏州大学	2			2	
36专业组(不限)	2	516	398	2	
播音与主持艺术	1	516	516	1	
音乐表演	1	398	398	1	
2105 东华大学	11			11	
05专业组(不限)	11	530	376	11	
视觉传达设计	1	521	521	1	
环境设计	1	508	508	1	
环境设计(中外合作办学)(中英合作)	2	518	507	2	
产品设计	1	511	511	1	
服装与服饰设计	1	530	530	1	
服装与服饰设计(中外合作办学)(中日合作)	1	468	468	1	
服装与服饰设计(中外合作办学)(中英合作)	2	526	513	2	
数字媒体艺术	1	529	529	1	
表演(影视戏剧)	1	376	376	1	
2121 上海戏剧学院	3			3	
02专业组(不限)	3	493	405	3	
表演(戏剧影视)	1	405	405	1	
戏剧影视美术设计	1	493	493	1	
数字媒体艺术	1	440	440	1	
2122 上海音乐学院	2			2	
02专业组(不限)	2	549	473	2	
录音艺术(音乐设计与制作)	1	549	549	1	
数字媒体艺术	1	473	473	1	
2203 浙江理工大学	2			2	
06专业组(不限)	2	435	411	2	
设计学类(视觉传达设计、环境设计、产品设计、数字媒体艺术)	1	435	435	1	
服装与服饰设计(中外合作办学)	1	411	411	1	
2205 中国美术学院	12			12	
04专业组(不限)	12	595	461	12	
美术学类(造型艺术类)	1	510	510	1	
设计学类(设计艺术类)	5	536	496	5	
戏剧与影视学类(图像与媒体艺术类)	2	569	546	2	
建筑学	3	595	581	3	
环境设计(环境艺术)	1	461	461	1	
2211 浙江传媒学院	14			14	
07专业组(不限)	14	577	480	14	
播音与主持艺术	2	559	520	2	
播音与主持艺术(影视配音)	1	480	480	1	
播音与主持艺术(双语播音)	2	528	495	2	
广播电视编导	3	577	567	3	
影视摄影与制作(电视节目制作)	1	564	564	1	
影视摄影与制作(电视摄像)	1	560	560	1	
影视摄影与制作(电影摄影与制作)	2	539	536	2	
摄影	2	537	527	2	
2243 浙江音乐学院	3			3	
02专业组(不限)	3	458	383	3	
音乐学(钢琴与声乐)(师范)	1	458	458	1	
音乐表演(钢琴)	1	433	433	1	
音乐表演(笙)	1	383	383	1	
2531 景德镇陶瓷大学	1			1	
06专业组(不限)	1	496	496	1	
动画	1	496	496	1	
2612 山东艺术学院	17			17	
02专业组(不限)	17	537	361	17	
绘画	2	495	460	2	
中国画	1	429	429	1	

院校、专业组、专业名称	录取数	最高分	最低分	传统志愿	征求志愿
表演	1	375	375	1	
播音与主持艺术	1	361	361	1	
视觉传达设计	4	483	420	4	
环境设计	4	477	425	4	
工艺美术	2	471	442	2	
广播电视编导	1	537	537	1	
数字媒体艺术	1	508	508	1	
3103 清华大学	**4**			**4**	
06专业组(不限)	**4**	**601**	**579**	**4**	
设计学类	4	601	579	4	
3123 中国传媒大学	**11**			**11**	
10专业组(不限)	**11**	**641**	**459**	**11**	
广播电视编导(电视编辑)	1	604	604	1	
广播电视编导(全媒体摄制)	1	594	594	1	
戏剧影视文学	1	578	578	1	
戏剧影视导演	1	506	506	1	
影视摄影与制作	1	551	551	1	
数字媒体艺术	2	579	552	2	
艺术与科技(数字娱乐)	3	641	547	3	
表演(音乐剧双学位班)	1	459	459	1	
3124 中央美术学院	**3**			**3**	
02专业组(不限)	**3**	**538**	**459**	**3**	
艺术学理论类(中外合作办学)(艺术史论、艺术管理、美术学)	1	538	538	1	
设计学类(城市艺术设计)	2	478	459	2	
3125 中央戏剧学院	**2**			**2**	
02专业组(不限)	**2**	**585**	**402**	**2**	
戏剧影视美术设计(舞台技术)	1	402	402	1	
戏剧影视导演(电影导演)	1	585	585	1	
3129 中央民族大学	**2**			**2**	
07专业组(不限)	**2**	**503**	**438**	**2**	
美术学类	1	503	503	1	
设计学类	1	438	438	1	
3138 北京服装学院	**2**			**2**	
03专业组(不限)	**2**	**476**	**424**	**2**	
设计学类	1	476	476	1	
美术学类	1	424	424	1	
3148 北京电影学院	**4**			**4**	
04专业组(不限)	**4**	**498**	**474**	**4**	
摄影	1	474	474	1	
动画	2	482	477	2	
漫画	1	498	498	1	
3205 中国民航大学	**1**			**1**	
08专业组(不限)	**1**	**451**	**451**	**1**	
航空服务艺术与管理	1	451	451	1	
3206 天津工业大学	**5**			**5**	
05专业组(不限)	**5**	**508**	**355**	**5**	
视觉传达设计	4	508	501	4	
表演(服表与营销)	1	355	355	1	

院校、专业组、专业名称	录取数	最高分	最低分	传统志愿	征求志愿
3215 天津美术学院	**1**			**1**	
02专业组(不限)	**1**	**472**	**472**	**1**	
设计学类(设计类)	1	472	472	1	
3216 天津音乐学院	**3**			**3**	
02专业组(不限)	**3**	**499**	**379**	**3**	
音乐教育(钢琴主项)	2	499	444	2	
音乐学(音乐商务与音乐传媒)	1	379	379	1	
4219 吉林艺术学院	**7**			**7**	
02专业组(不限)	**7**	**473**	**391**	**7**	
绘画	1	473	473	1	
视觉传达设计	1	391	391	1	
环境设计	1	394	394	1	
服装与服饰设计	1	447	447	1	
产品设计	1	393	393	1	
数字媒体艺术	1	409	409	1	
动画	1	461	461	1	
4318 哈尔滨音乐学院	**1**			**1**	
02专业组(不限)	**1**	**349**	**349**	**1**	
音乐表演(美声唱法)	1	349	349	1	
5210 湖北美术学院	**2**			**2**	
02专业组(不限)	**2**	**529**	**473**	**2**	
绘画(油画)	1	529	529	1	
动画	1	473	473	1	
5214 武汉音乐学院	**2**			**2**	
02专业组(不限)	**2**	**464**	**409**	**2**	
音乐表演(美声)	1	409	409	1	
音乐学(音乐学理论)	1	464	464	1	
5408 广州美术学院	**1**			**1**	
04专业组(不限)	**1**	**537**	**537**	**1**	
书法学	1	537	537	1	
5506 广西艺术学院	**1**			**1**	
03专业组(不限)	**1**	**431**	**431**	**1**	
书法学	1	431	431	1	
6109 四川音乐学院	**7**			**7**	
04专业组(不限)	**7**	**436**	**363**	**7**	
戏剧影视美术设计	1	378	378	1	
绘画	1	363	363	1	
动画	1	396	396	1	
数字媒体艺术	1	390	390	1	
环境设计	1	436	436	1	
产品设计	1	388	388	1	
艺术与科技	1	420	420	1	
6211 四川美术学院	**3**			**3**	
04专业组(不限)	**3**	**527**	**510**	**3**	
艺术史论	1	515	515	1	
艺术设计学	2	527	510	2	
7119 西安美术学院	**3**			**3**	
02专业组(不限)	**3**	**527**	**466**	**3**	
美术学类	1	501	501	1	

2023年艺术类(物理等科目类)本科院校第1小批

院校、专业组、专业名称	录取数	最高分	最低分	传统志愿	征求志愿
设计学类	2	527	466	2	
7120 西安音乐学院	**1**			**1**	
02专业组(不限)	**1**	**511**	**511**	**1**	
音乐学(师范)	1	511	511	1	
7508 新疆艺术学院	**9**			**9**	
02专业组(不限)	**9**	**463**	**409**	**9**	
音乐学	2	463	421	2	
美术学	1	426	426	1	
绘画	1	451	451	1	
视觉传达设计	1	439	439	1	
环境设计	1	442	442	1	
服装与服饰设计	1	438	438	1	
数字媒体艺术	1	409	409	1	
动画	1	410	410	1	
8004 上海视觉艺术学院	**2**			**2**	
04专业组(不限)	**2**	**439**	**344**	**2**	
播音与主持艺术	2	439	344	2	
8577 武汉设计工程学院	**4**			**4**	
04专业组(不限)	**4**	**385**	**341**	**4**	
播音与主持艺术	2	385	343	2	
戏剧影视美术设计	2	375	341	2	

(七)艺术类(物理等科目类)本科院校第2小批

以下为使用美术类专业省统考成绩录取的院校，下列表中的"最高分(最低分)"为文化分和专业分按一定比例构成的综合分。

院校、专业组、专业名称	录取数	最高分	最低分	最低分位次	平行志愿	征求志愿
1102 东南大学	4				4	
08专业组(不限)	4	611	605	前50名	4	
设计学类	4	611	605	前50名	4	
1108 南京师范大学	14				14	
34专业组(不限)	14	599	577	105	14	
美术学类(美术学、绘画、中国画)(师范)	7	599	580	97	7	
跨媒体艺术	2	586	579	103	2	
设计学类(视觉传达设计、环境设计、产品设计)	5	597	577	105	5	
1110 南京工业大学	12				12	
12专业组(不限)	12	568	555	224	12	
设计学类(环境设计、视觉传达设计、产品设计、数字媒体艺术、艺术与科技)	12	568	555	224	12	
1118 南京艺术学院	65				65	
08专业组(不限)	57	575	548	278	57	
绘画	8	565	548	278	8	
中国画	2	562	557	211	2	
雕塑	1	549	549	271	1	
公共艺术	3	564	553	243	3	
环境设计	6	553	548	278	6	
视觉传达设计	6	569	555	224	6	
服装与服饰设计	2	567	552	253	2	
工艺美术	6	566	551	262	6	
产品设计	6	565	554	233	6	
艺术与科技	5	554	549	271	5	
戏剧影视美术设计	1	567	567	153	1	
摄影	2	563	552	253	2	
动画	5	571	554	233	5	
数字媒体艺术	4	575	571	130	4	
09专业组(不限)(联合培养项目)	3	533	525	521	3	
工艺美术(与苏州工艺美术职业技术学院联合培养项目,在苏州工艺美术职业技术学院学习)	3	533	525	521	3	
10专业组(不限)(中外合作办学)	5	544	539	353	5	
数字媒体艺术(中外合作办学)	5	544	539	353	5	
1120 南京晓庄学院	17				17	
23专业组(不限)	17	552	536	383	17	
美术学(师范)	7	545	538	363	7	
环境设计	5	538	536	383	5	
视觉传达设计	5	552	539	353	5	
1131 江苏第二师范学院	23				22	1
23专业组(不限)	12	564	480	1482	11	1
美术学(师范)(为盐城市东台市定向培养)	1	564	564	178	1	
美术学(师范)(为盐城市射阳县定向培养)	1	519	519	617	1	
美术学(师范)(为泰州市泰兴市定向培养)	1	505	505	880	1	
美术学(师范)(为泰州市兴化市定向培养)	2	510	480	1482	2	
美术学(师范)(为徐州市丰县定向培养)	2	538	537	372	2	
美术学(师范)(为徐州市铜山区定向培养)	2	541	492	1186	1	1
美术学(师范)(为连云港市灌南县定向培养)	1	514	514	704	1	
美术学(师范)(为连云港市赣榆区定向培养)	2	506	502	952	2	
24专业组(不限)	11	533	530	449	11	
美术学(师范)	2	533	533	416	2	
环境设计	2	533	530	449	2	
视觉传达设计	2	533	532	427	2	
数字媒体艺术	5	533	530	449	5	
1133 南京特殊教育师范学院	10				10	
08专业组(不限)	10	527	519	617	10	
美术学(师范)	10	527	519	617	10	
1201 江南大学	8				8	
13专业组(不限)	8	593	582	90	8	
环境设计	3	584	582	90	3	
产品设计	2	591	590	73	2	
数字媒体艺术	3	593	588	76	3	
1203 无锡学院	6				6	
06专业组(不限)	6	518	515	682	6	
数字媒体艺术	3	518	517	648	3	
艺术与科技	3	516	515	682	3	
1222 江苏师范大学	12				12	
18专业组(不限)	12	557	537	372	12	
美术学(师范)	7	557	537	372	7	
设计学类(视觉传达设计、环境设计)	5	542	537	372	5	
1224 徐州工程学院	9				9	
11专业组(不限)	8	529	516	663	8	
视觉传达设计	2	529	521	589	2	
环境设计	2	517	516	663	2	
产品设计	2	519	519	617	2	

2023年艺术类(物理等科目类)本科院校第2小批

院校、专业组、专业名称	录取数	最高分	最低分	最低分位次	平行志愿	征求志愿
服装与服饰设计	1	519	519	617	1	
数字媒体艺术	1	523	523	557	1	
12专业组(不限)(联合培养项目)	1	506	506	855	1	
视觉传达设计(与江苏建筑职业技术学院联合培养项目,在江苏建筑职业技术学院学习)	1	506	506	855	1	
1242 常州大学	12				12	
13专业组(不限)	12	551	535	394	12	
视觉传达设计	2	551	539	353	2	
环境设计(景观设计)	2	536	535	394	2	
环境设计(室内设计)	2	538	536	383	2	
数字媒体艺术	2	543	541	338	2	
产品设计	2	536	536	383	2	
美术学	2	538	537	372	2	
1243 常州工学院	65				65	
14专业组(不限)	60	532	510	780	60	
产品设计	25	525	510	780	25	
数字媒体艺术	20	526	515	682	20	
环境设计	10	515	511	765	10	
视觉传达设计	5	532	516	663	5	
15专业组(不限)(高校中外学分互认联合培养项目)	5	507	474	1633	5	
数字媒体艺术(中美学分互认联合培养项目)	5	507	474	1633	5	
1244 江苏理工学院	12				12	
16专业组(不限)	10	530	525	521	10	
环境设计	2	529	528	478	2	
数字媒体艺术	2	529	529	462	2	
服装与服饰设计(师范)	2	526	525	521	2	
产品设计	2	530	527	488	2	
美术学(师范)	2	526	526	501	2	
17专业组(不限)(联合培养项目)	2	498	497	1067	2	
服装与服饰设计(与常州纺织服装职业技术学院联合培养项目,在常州纺织服装职业技术学院学习)	2	498	497	1067	2	
1261 苏州大学	10				10	
38专业组(不限)	10	590	577	105	10	
视觉传达设计	1	581	581	93	1	
环境设计	1	585	585	82	1	
产品设计	1	583	583	85	1	
服装与服饰设计	1	577	577	105	1	
数字媒体艺术	4	590	583	85	4	
美术学(师范)	1	581	581	93	1	
美术学	1	580	580	97	1	
1262 苏州科技大学	12				12	
15专业组(不限)	12	552	542	330	12	
美术学(师范)	2	544	542	330	2	
美术学	2	542	542	330	2	
视觉传达设计	2	552	549	271	2	
环境设计	2	543	543	319	2	
动画	2	546	543	319	2	
数字媒体艺术	2	547	546	295	2	
1263 常熟理工学院	12				12	
15专业组(不限)	12	526	518	636	12	
视觉传达设计	3	526	523	557	3	
环境设计	3	522	520	601	3	
产品设计	3	522	520	601	3	
服装与服饰设计	3	520	518	636	3	
1267 苏州城市学院	25				25	
12专业组(不限)	25	525	508	813	25	
视觉传达设计	10	525	512	738	10	
环境设计	5	513	509	795	5	
产品设计	10	510	508	813	10	
1301 南通大学	15				15	
27专业组(不限)	15	547	534	403	15	
美术学(师范)	2	547	535	394	2	
视觉传达设计	5	547	536	383	5	
环境设计	2	535	535	394	2	
服装与服饰设计	6	534	534	403	6	
1321 江苏海洋大学	18				18	
11专业组(不限)	18	525	517	648	18	
产品设计	4	522	517	648	4	
环境设计	4	522	517	648	4	
视觉传达设计	4	525	519	617	4	
数字媒体艺术	6	524	518	636	6	
1341 淮阴师范学院	17				17	
19专业组(不限)	12	529	523	557	12	
美术学(师范)	3	529	525	521	3	
数字媒体艺术	3	529	526	501	3	
视觉传达设计	3	526	524	541	3	
环境设计	3	524	523	557	3	
20专业组(不限)	5	560	521	589	5	
美术学(师范)(为南京市高淳区定向培养)	1	552	552	253	1	
美术学(师范)(为南通市海安市定向培养)	1	560	560	201	1	
美术学(师范)(为南通市通州区定向培养)	1	541	541	338	1	
美术学(师范)(为扬州市邗江区定向培养)	2	559	521	589	2	
1342 淮阴工学院	10				10	
09专业组(不限)	10	517	507	835	10	
环境设计	5	508	507	835	5	
数字媒体艺术	5	517	509	795	5	

院校、专业组、专业名称	录取数	最高分	最低分	最低分位次	平行志愿	征求志愿
1361 盐城工学院	**10**				**10**	
06专业组(不限)	**10**	**514**	**508**	**813**	**10**	
视觉传达设计	2	514	514	704	2	
环境设计	3	512	508	813	3	
产品设计	3	512	511	765	3	
服装与服饰设计	2	508	508	813	2	
1362 盐城师范学院	**6**				**6**	
21专业组(不限)	**5**	**528**	**523**	**557**	**5**	
美术学(师范)	2	528	526	501	2	
环境设计	1	523	523	557	1	
视觉传达设计	1	525	525	521	1	
艺术与科技	1	525	525	521	1	
22专业组(不限)(联合培养项目)	**1**	**499**	**499**	**1029**	**1**	
环境设计(与盐城工业职业技术学院联合培养项目,在盐城工业职业技术学院学习)	1	499	499	1029	1	
1381 扬州大学	**12**				**12**	
35专业组(不限)	**12**	**569**	**548**	**278**	**12**	
数字媒体艺术	3	569	555	224	3	
美术学(师范)	3	562	552	253	3	
环境设计	2	553	550	267	2	
服装与服饰设计	2	550	548	278	2	
公共艺术	2	555	548	278	2	
1401 江苏大学	**12**				**12**	
31专业组(不限)	**12**	**565**	**544**	**312**	**12**	
产品设计	2	553	549	271	2	
视觉传达设计	2	547	546	295	2	
美术学(师范)	2	546	546	295	2	
环境设计	2	545	544	312	2	
数字媒体艺术	2	565	551	262	2	
动画	2	546	545	306	2	
1426 宿迁学院	**13**				**13**	
10专业组(不限)	**13**	**516**	**507**	**835**	**13**	
产品设计	2	507	507	835	2	
环境设计	2	512	507	835	2	
美术学	2	512	510	780	2	
美术学(师范)	5	516	512	738	5	
数字媒体艺术	2	509	508	813	2	
1802 东南大学成贤学院	**7**				**7**	
08专业组(不限)	**7**	**516**	**504**	**901**	**7**	
环境设计	3	506	504	901	3	
动画	2	516	504	901	2	
视觉传达设计	2	507	504	901	2	
1803 南京航空航天大学金城学院	**10**				**10**	
14专业组(不限)	**10**	**503**	**500**	**1000**	**10**	
视觉传达设计	2	502	502	952	2	
产品设计	1	501	501	976	1	
环境设计	1	500	500	1000	1	
数字媒体艺术	6	503	500	1000	6	
1807 南京审计大学金审学院	**10**				**10**	
04专业组(不限)	**10**	**502**	**496**	**1087**	**10**	
环境设计	2	499	499	1029	2	
视觉传达设计	2	502	499	1029	2	
数字媒体艺术	6	502	496	1087	6	
1810 南京工业大学浦江学院	**12**				**12**	
12专业组(不限)	**12**	**499**	**495**	**1114**	**12**	
视觉传达设计	2	496	496	1087	2	
产品设计	2	496	495	1114	2	
环境设计	4	497	495	1114	4	
艺术与科技	2	495	495	1114	2	
数字媒体艺术	2	499	497	1067	2	
1826 中国矿业大学徐海学院	**8**				**8**	
04专业组(不限)	**8**	**505**	**492**	**1186**	**8**	
环境设计	4	493	492	1186	4	
视觉传达设计	4	505	493	1165	4	
1827 江苏师范大学科文学院	**24**				**24**	
07专业组(不限)	**24**	**500**	**488**	**1282**	**24**	
视觉传达设计	24	500	488	1282	24	
1834 苏州大学应用技术学院	**4**				**4**	
07专业组(不限)	**4**	**502**	**494**	**1142**	**4**	
服装与服饰设计	2	495	494	1142	2	
视觉传达设计	2	502	500	1000	2	
1835 苏州科技大学天平学院	**4**				**4**	
08专业组(不限)	**4**	**506**	**503**	**930**	**4**	
视觉传达设计	2	506	503	930	2	
环境设计	2	503	503	930	2	
1838 南通大学杏林学院	**8**				**8**	
06专业组(不限)	**8**	**495**	**491**	**1214**	**8**	
动画	2	495	492	1186	2	
视觉传达设计	2	492	492	1186	2	
环境设计	2	492	491	1214	2	
产品设计	2	491	491	1214	2	
1844 扬州大学广陵学院	**21**				**21**	
06专业组(不限)	**21**	**502**	**489**	**1261**	**21**	
视觉传达设计	7	495	491	1214	7	
环境设计	7	502	490	1242	7	
服装与服饰设计	7	494	489	1261	7	
1847 南京师范大学泰州学院	**14**				**14**	
07专业组(不限)	**14**	**509**	**496**	**1087**	**14**	
美术学(师范)	8	509	496	1087	8	
数字媒体艺术	6	503	496	1087	6	
1848 南京理工大学泰州科技学院	**10**				**10**	
10专业组(不限)	**10**	**499**	**494**	**1142**	**10**	
环境设计	1	494	494	1142	1	
数字媒体艺术	9	499	494	1142	9	

院校、专业组、专业名称	录取数	最高分	最低分	最低分位次	平行志愿	征求志愿
1855 常州大学怀德学院	**9**				**9**	
04专业组(不限)	**9**	**499**	**492**	**1186**	**9**	
视觉传达设计	3	499	494	1142	3	
环境设计	3	499	492	1186	3	
产品设计	3	493	492	1186	3	
1858 南京师范大学中北学院	**6**				**6**	
08专业组(不限)	**6**	**495**	**492**	**1186**	**6**	
美术学	2	492	492	1186	2	
环境设计	2	493	492	1186	2	
视觉传达设计	2	495	494	1142	2	
1901 南京传媒学院	**17**				**17**	
04专业组(不限)	**17**	**522**	**504**	**901**	**17**	
数字媒体艺术	2	522	517	648	2	
艺术与科技(电竞游戏策划与设计)	2	506	505	880	2	
戏剧影视美术设计	2	505	504	901	2	
动画	3	521	506	855	3	
漫画	2	505	504	901	2	
新媒体艺术	2	509	507	835	2	
绘画	2	505	504	901	2	
设计学类(视觉传达设计、环境设计、产品设计、服装与服饰设计)	2	515	511	765	2	
1911 三江学院	**31**				**31**	
05专业组(不限)	**31**	**493**	**486**	**1338**	**31**	
公共艺术	3	487	486	1338	3	
视觉传达设计	9	492	488	1282	9	
动画	5	489	487	1320	5	
环境设计	5	491	486	1338	5	
数字媒体艺术	7	493	488	1282	7	
摄影	2	486	486	1338	2	
1915 无锡太湖学院	**22**				**22**	
07专业组(不限)	**22**	**502**	**487**	**1320**	**22**	
视觉传达设计	5	494	489	1261	5	
环境设计	2	488	488	1282	2	
产品设计	5	491	488	1282	5	
服装与服饰设计	5	488	487	1320	5	
数字媒体艺术	2	502	497	1067	2	
艺术与科技	3	500	488	1282	3	
1928 南通理工学院	**8**				**8**	
05专业组(不限)	**8**	**504**	**489**	**1261**	**8**	
环境设计	2	504	492	1186	2	
数字媒体艺术	2	497	494	1142	2	
视觉传达设计	2	493	492	1186	2	
包装设计	2	490	489	1261	2	
2102 同济大学	**5**				**5**	
09专业组(不限)	**3**	**657**	**637**	**前50名**	**3**	
设计学类[含视觉传达设计+人工智能(双学士学位培养项目)]	3	657	637	前50名	3	
10专业组(不限)	**2**	**633**	**613**	**前50名**	**2**	
动画	2	633	613	前50名	2	
2103 上海交通大学	**7**				**7**	
06专业组(不限)	**7**	**649**	**617**	**前50名**	**7**	
视觉传达设计	7	649	617	前50名	7	
2104 华东理工大学	**4**				**4**	
07专业组(不限)	**4**	**593**	**588**	**76**	**4**	
设计学类	4	593	588	76	4	
2106 华东师范大学	**7**				**7**	
11专业组(不限)	**7**	**610**	**600**	**前50名**	**7**	
美术学类	3	604	600	前50名	3	
设计学类	4	610	605	前50名	4	
2124 上海第二工业大学	**3**				**3**	
05专业组(不限)	**3**	**557**	**541**	**338**	**3**	
产品设计	1	557	557	211	1	
环境设计	1	541	541	338	1	
数字媒体艺术	1	541	541	338	1	
2141 上海商学院	**6**				**6**	
06专业组(不限)	**6**	**526**	**518**	**636**	**6**	
视觉传达设计	3	526	521	589	3	
环境设计	3	522	518	636	3	
2201 浙江大学	**3**				**3**	
07专业组(不限)	**3**	**615**	**612**	**前50名**	**3**	
艺术与科技	3	615	612	前50名	3	
2211 浙江传媒学院	**6**				**6**	
09专业组(不限)	**6**	**566**	**547**	**287**	**6**	
动画	1	566	566	162	1	
动画(漫插画)	1	552	552	253	1	
设计学类(视觉传达设计、产品设计)	2	553	549	271	2	
服装与服饰设计	1	547	547	287	1	
戏剧影视美术设计	1	548	548	278	1	
2212 浙江科技学院	**3**				**3**	
06专业组(不限)	**3**	**529**	**529**	**462**	**3**	
设计学类	3	529	529	462	3	
2221 宁波大学	**2**				**2**	
04专业组(不限)	**2**	**567**	**565**	**172**	**2**	
视觉传达设计	2	567	565	172	2	
2228 温州大学	**5**				**5**	
05专业组(不限)	**5**	**534**	**530**	**449**	**5**	
美术学(师范)	3	534	531	436	3	
服装与服饰设计	2	533	530	449	2	
2261 湖州师范学院	**4**				**4**	
09专业组(不限)	**4**	**515**	**513**	**722**	**4**	
视觉传达设计	1	514	514	704	1	
环境设计	1	513	513	722	1	
产品设计	1	515	515	682	1	
服装与服饰设计	1	514	514	704	1	

院校、专业组、专业名称	录取数	最高分	最低分	最低分位次	平行志愿	征求志愿
2303 安徽大学	**4**				**4**	
05专业组(不限)	**4**	**576**	**568**	**145**	**4**	
视觉传达设计	1	568	568	145	1	
环境设计	1	569	569	138	1	
产品设计	1	576	576	111	1	
绘画	1	569	569	138	1	
2305 安徽建筑大学	**4**				**4**	
07专业组(不限)	**4**	**530**	**527**	**488**	**4**	
动画	1	528	528	478	1	
视觉传达设计	1	530	530	449	1	
环境设计	1	528	528	478	1	
公共艺术	1	527	527	488	1	
2306 安徽农业大学	**3**				**3**	
11专业组(不限)	**3**	**533**	**525**	**521**	**3**	
环境设计	3	533	525	521	3	
2308 安徽工程大学	**6**				**6**	
04专业组(不限)	**6**	**526**	**523**	**557**	**6**	
服装与服饰设计	1	524	524	541	1	
环境设计	1	523	523	557	1	
视觉传达设计	1	525	525	521	1	
工艺美术	1	523	523	557	1	
产品设计	1	524	524	541	1	
数字媒体艺术	1	526	526	501	1	
2321 安徽财经大学	**2**				**2**	
08专业组(不限)	**2**	**524**	**522**	**571**	**2**	
设计学类	2	524	522	571	2	
2361 安徽工业大学	**6**				**6**	
06专业组(不限)	**6**	**531**	**527**	**488**	**6**	
环境设计	2	530	527	488	2	
视觉传达设计	2	529	528	478	2	
数字媒体艺术	2	531	531	436	2	
2381 黄山学院	**4**				**4**	
08专业组(不限)	**4**	**508**	**506**	**855**	**4**	
视觉传达设计	1	508	508	813	1	
环境设计	1	506	506	855	1	
产品设计	1	506	506	855	1	
数字媒体艺术	1	506	506	855	1	
2401 福州大学	**5**				**5**	
05专业组(不限)	**5**	**570**	**567**	**153**	**5**	
美术学类	1	567	567	153	1	
设计学类	4	570	567	153	4	
2405 福建理工大学	**4**				**4**	
03专业组(不限)	**4**	**514**	**508**	**813**	**4**	
环境设计	1	508	508	813	1	
视觉传达设计	1	513	513	722	1	
数字媒体艺术	1	514	514	704	1	
产品设计	1	509	509	795	1	
2408 龙岩学院	**1**				**1**	
03专业组(不限)	**1**	**504**	**504**	**901**	**1**	
美术学(师范)	1	504	504	901	1	
2411 厦门大学	**6**				**6**	
12专业组(不限)(中外合作办学)	**6**	**588**	**572**	**125**	**6**	
视觉传达设计(中外合作办学)	2	576	573	121	2	
环境设计(中外合作办学)	2	572	572	125	2	
数字媒体艺术(中外合作办学)	2	588	580	97	2	
2413 厦门理工学院	**2**				**2**	
05专业组(不限)	**2**	**522**	**522**	**571**	**2**	
设计学类	1	522	522	571	1	
数字媒体艺术	1	522	522	571	1	
2432 福建江夏学院	**2**				**2**	
02专业组(不限)	**2**	**499**	**496**	**1087**	**2**	
动画	1	499	499	1029	1	
艺术设计学	1	496	496	1087	1	
2501 江西财经大学	**3**				**3**	
10专业组(不限)	**3**	**546**	**527**	**488**	**3**	
产品设计	3	546	527	488	3	
2505 南昌大学	**3**				**3**	
08专业组(不限)	**3**	**566**	**566**	**162**	**3**	
设计学类	3	566	566	162	3	
2508 江西农业大学	**2**				**2**	
09专业组(不限)	**2**	**516**	**512**	**738**	**2**	
环境设计	1	516	516	663	1	
数字媒体艺术	1	512	512	738	1	
2551 宜春学院	**2**				**2**	
07专业组(不限)	**2**	**506**	**503**	**930**	**2**	
美术学(师范)	1	503	503	930	1	
视觉传达设计	1	506	506	855	1	
2572 赣东学院	**2**				**2**	
04专业组(不限)	**2**	**499**	**494**	**1142**	**2**	
服装与服饰设计	1	494	494	1142	1	
数字媒体艺术	1	499	499	1029	1	
2573 赣南科技学院	**3**				**3**	
05专业组(不限)	**3**	**501**	**500**	**1000**	**3**	
设计学类	3	501	500	1000	3	
2581 井冈山大学	**5**				**5**	
06专业组(不限)	**5**	**507**	**503**	**930**	**5**	
美术学(师范)	2	507	503	930	2	
视觉传达设计	3	506	504	901	3	
2602 济南大学	**4**				**4**	
13专业组(不限)	**4**	**537**	**536**	**383**	**4**	
美术学(师范)	1	536	536	383	1	
环境设计	1	536	536	383	1	
视觉传达设计	1	537	537	372	1	
产品设计	1	536	536	383	1	
2606 山东财经大学	**4**				**4**	

2023年艺术类(物理等科目类)本科院校第2小批

院校、专业组、专业名称	录取数	最高分	最低分	最低分位次	平行志愿	征求志愿
04专业组(不限)	4	526	505	880	4	
美术学	4	526	505	880	4	
2610 齐鲁工业大学	2				2	
04专业组(不限)	2	533	530	449	2	
设计学类	2	533	530	449	2	
2622 青岛理工大学	7				7	
07专业组(不限)	7	535	531	436	7	
视觉传达设计	1	535	535	394	1	
产品设计	2	532	531	436	2	
环境设计	3	532	531	436	3	
绘画	1	531	531	436	1	
2645 临沂大学	8				8	
09专业组(不限)	8	522	510	780	8	
美术学(师范)	6	522	510	780	6	
视觉传达设计	2	514	511	765	2	
3106 北京航空航天大学	1				1	
05专业组(不限)	1	609	609	前50名	1	
设计学类	1	609	609	前50名	1	
3107 北京理工大学	1				1	
06专业组(不限)	1	603	603	前50名	1	
设计学类	1	603	603	前50名	1	
3109 北京化工大学	6				6	
05专业组(不限)	6	583	571	130	6	
设计学类	6	583	571	130	6	
3111 中国地质大学(北京)	1				1	
05专业组(不限)	1	574	574	116	1	
产品设计	1	574	574	116	1	
3114 北京林业大学	3				3	
06专业组(不限)	3	582	576	111	3	
设计学类	3	582	576	111	3	
3202 天津大学	1				1	
05专业组(不限)	1	599	599	前50名	1	
环境设计	1	599	599	前50名	1	
3206 天津工业大学	2				2	
07专业组(不限)	2	558	549	271	2	
动画	2	558	549	271	2	
3210 天津城建大学	9				9	
06专业组(不限)	9	520	502	952	9	
设计学类	9	520	502	952	9	
3211 天津外国语大学	2				2	
08专业组(不限)	2	534	534	403	2	
动画	1	534	534	403	1	
数字媒体艺术	1	534	534	403	1	
3213 天津农学院	2				2	
05专业组(不限)	2	503	498	1058	2	
环境设计	2	503	498	1058	2	
3214 天津理工大学	5				5	
04专业组(不限)	5	536	530	449	5	
视觉传达设计	1	533	533	416	1	
环境设计	1	536	536	383	1	
产品设计	2	531	530	449	2	
摄影	1	530	530	449	1	
3302 河北科技师范学院	4				4	
06专业组(不限)	4	504	499	1029	4	
环境设计	2	499	499	1029	2	
视觉传达设计	2	504	500	1000	2	
3306 廊坊师范学院	2				2	
02专业组(不限)	2	504	504	901	2	
美术学(师范)	1	504	504	901	1	
设计学类	1	504	504	901	1	
3307 河北工业大学	3				3	
06专业组(不限)	3	570	566	162	3	
设计学类	3	570	566	162	3	
3320 河北环境工程学院	2				2	
08专业组(不限)	2	503	496	1087	2	
视觉传达设计	2	503	496	1087	2	
3332 华北理工大学	5				5	
08专业组(不限)	5	524	513	722	5	
视觉传达设计	2	524	519	617	2	
环境设计	1	513	513	722	1	
产品设计	1	515	515	682	1	
公共艺术	1	513	513	722	1	
3333 衡水学院	4				4	
09专业组(不限)	4	500	497	1067	4	
环境设计	2	500	497	1067	2	
视觉传达设计	2	499	497	1067	2	
3344 邯郸学院	10				10	
04专业组(不限)	10	503	495	1114	10	
美术学(师范)	5	503	495	1114	5	
视觉传达设计	5	501	495	1114	5	
3351 河北工程大学	3				3	
05专业组(不限)	3	505	502	952	3	
环境设计	3	505	502	952	3	
3362 邢台学院	6				6	
04专业组(不限)	6	505	497	1067	6	
美术学(师范)	2	501	498	1058	2	
视觉传达设计	2	505	499	1029	2	
环境设计	2	501	497	1067	2	
3405 太原理工大学	1				1	
08专业组(不限)	1	559	559	202	1	
服装与服饰设计	1	559	559	202	1	
3410 山西农业大学	2				2	
12专业组(不限)	2	503	503	930	2	
视觉传达设计	1	503	503	930	1	
环境设计	1	503	503	930	1	
3432 晋中学院	3				3	
04专业组(不限)	3	502	498	1058	3	
视觉传达设计	1	498	498	1058	1	

2023年艺术类(物理等科目类)本科院校第2小批

院校、专业组、专业名称	录取数	最高分	最低分	最低分位次	平行志愿	征求志愿
环境设计	1	498	498	1058	1	
美术学(师范)	1	502	502	952	1	
4136 大连大学	4				4	
05专业组(不限)	4	527	526	501	4	
美术学(师范)	1	526	526	501	1	
视觉传达设计	1	527	527	488	1	
环境设计	1	527	527	488	1	
服装与服饰设计	1	526	526	501	1	
4138 大连工业大学	2				2	
11专业组(不限)	2	530	525	521	2	
设计学类	2	530	525	521	2	
4139 大连交通大学	3				3	
06专业组(不限)	3	525	523	557	3	
产品设计	1	523	523	557	1	
动画	2	525	524	541	2	
4201 吉林大学	2				2	
18专业组(不限)	1	593	593	61	1	
绘画	1	593	593	61	1	
19专业组(不限)	1	593	593	61	1	
设计学类(视觉传达设计、环境设计、产品设计)	1	593	593	61	1	
4202 东北师范大学	4				4	
08专业组(不限)	4	569	556	218	4	
美术学	2	569	556	218	2	
设计学类	2	557	556	218	2	
4208 长春理工大学	7				7	
07专业组(不限)	7	535	507	835	7	
设计学类	7	535	507	835	7	
4231 东北电力大学	20				20	
07专业组(不限)	20	520	501	976	20	
视觉传达设计	6	513	504	901	6	
环境设计	6	506	502	952	6	
服装与服饰设计	4	520	501	976	4	
数字媒体艺术	4	506	504	901	4	
4232 北华大学	17				17	
07专业组(不限)	17	503	499	1029	17	
产品设计	3	502	502	952	3	
环境设计	3	503	501	976	3	
绘画	3	500	499	1029	3	
美术学(师范)	5	501	500	1000	5	
视觉传达设计	3	501	501	976	3	
4301 哈尔滨工业大学	4				4	
10专业组(不限)	2	594	594	58	2	
数字媒体艺术	1	594	594	58	1	
环境设计	1	594	594	58	1	
11专业组(不限)(中外合作办学)	2	598	597	前50名	2	
数字媒体艺术(中外合作办学)	2	598	597	前50名	2	
4303 东北林业大学	4				4	
06专业组(不限)	4	563	544	312	4	
环境设计	2	563	548	278	2	
产品设计	2	547	544	312	2	
4306 黑龙江工程学院	3				3	
05专业组(不限)	3	500	495	1114	3	
设计学类	1	495	495	1114	1	
动画	1	500	500	1000	1	
工艺美术	1	496	496	1087	1	
4312 哈尔滨师范大学	4				4	
06专业组(不限)	4	527	521	589	4	
环境设计	1	521	521	589	1	
绘画	1	527	527	488	1	
美术学(师范)	1	525	525	521	1	
视觉传达设计	1	522	522	571	1	
4323 哈尔滨学院	2				2	
05专业组(不限)	2	497	495	1114	2	
设计学类	1	495	495	1114	1	
绘画	1	497	497	1067	1	
4333 黑河学院	5				5	
02专业组(不限)	5	494	489	1261	5	
环境设计	1	491	491	1214	1	
绘画	1	494	494	1142	1	
美术学(师范)	1	492	492	1186	1	
工艺美术	1	489	489	1261	1	
视觉传达设计	1	493	493	1165	1	
5105 郑州航空工业管理学院	4				4	
06专业组(不限)(中外合作办学)	4	492	487	1320	4	
环境设计(中外合作办学)	2	492	487	1320	2	
产品设计(中外合作办学)	2	490	490	1242	2	
5119 河南财经政法大学	4				4	
08专业组(不限)	4	512	510	780	4	
绘画	1	511	511	765	1	
设计学类	3	512	510	780	3	
5151 河南理工大学	1				1	
08专业组(不限)	1	528	528	478	1	
设计学类	1	528	528	478	1	
5182 南阳理工学院	3				3	
13专业组(不限)	3	503	502	952	3	
视觉传达设计	1	503	503	930	1	
环境设计	2	503	502	952	2	
5201 武汉大学	4				4	
07专业组(不限)	4	605	599	前50名	4	
设计学类(环境设计、产品设计)	4	605	599	前50名	4	
5202 华中科技大学	3				3	
05专业组(不限)	3	605	600	前50名	3	
产品设计	1	603	603	前50名	1	

2023年艺术类(物理等科目类)本科院校第2小批

院校、专业组、专业名称	录取数	最高分	最低分	最低分位次	平行志愿	征求志愿
环境设计	1	600	600	前50名	1	
数字媒体艺术	1	605	605	前50名	1	
5206 中南财经政法大学	4				4	
10专业组(不限)(中外合作办学)	4	548	543	319	4	
动画(中外合作办学)	4	548	543	319	4	
5217 武汉科技大学	8				8	
04专业组(不限)	6	544	538	363	6	
设计学类(视觉传达设计、环境设计、产品设计、公共艺术)	4	544	540	348	4	
绘画	2	539	538	363	2	
05专业组(不限)(中外合作办学)	2	534	528	478	2	
公共艺术(中外合作办学)	2	534	528	478	2	
5219 湖北工业大学	2				2	
05专业组(不限)	2	541	534	403	2	
产品设计	2	541	534	403	2	
5221 湖北经济学院	11				11	
05专业组(不限)	9	507	501	976	9	
设计学类(视觉传达设计、环境设计、数字媒体艺术)	9	507	501	976	9	
06专业组(不限)(中外合作办学)	2	490	485	1357	2	
环境设计(中外合作办学)	2	490	485	1357	2	
5305 湖南农业大学	3				3	
07专业组(不限)	3	516	512	738	3	
设计学类	3	516	512	738	3	
5306 湖南工商大学	1				1	
06专业组(不限)	1	520	520	601	1	
环境设计	1	520	520	601	1	
5308 长沙学院	5				5	
08专业组(不限)	5	506	504	901	5	
视觉传达设计	2	506	505	880	2	
环境设计	2	505	504	901	2	
服装与服饰设计	1	504	504	901	1	
5310 湖南人文科技学院	5				5	
11专业组(不限)	5	500	496	1087	5	
美术学	1	496	496	1087	1	
视觉传达设计	1	497	497	1067	1	
环境设计	2	496	496	1087	2	
数字媒体艺术	1	500	500	1000	1	
5321 湖南科技大学	2				2	
08专业组(不限)	2	511	510	780	2	
雕塑	1	511	511	765	1	
绘画	1	510	510	780	1	
5322 湖南工程学院	7				7	
06专业组(不限)	7	504	498	1058	7	
视觉传达设计	2	504	503	930	2	
环境设计	2	500	499	1029	2	
产品设计	1	502	502	952	1	
服装与服饰设计	2	499	498	1058	2	
5331 中南林业科技大学	3				3	
05专业组(不限)	3	529	528	478	3	
视觉传达设计	1	529	529	462	1	
环境设计	1	528	528	478	1	
产品设计	1	528	528	478	1	
5332 湖南工业大学	3				3	
11专业组(不限)	2	531	520	601	2	
视觉传达设计	2	531	520	601	2	
12专业组(不限)(中外合作办学)	1	517	517	648	1	
视觉传达设计(中外合作办学)	1	517	517	648	1	
5381 湘南学院	3				3	
08专业组(不限)	3	497	493	1165	3	
美术学(师范)	1	493	493	1165	1	
视觉传达设计	1	497	497	1067	1	
环境设计	1	493	493	1165	1	
5385 怀化学院	5				5	
11专业组(不限)	5	500	496	1087	5	
视觉传达设计	1	499	499	1029	1	
环境设计	1	497	497	1067	1	
产品设计	1	496	496	1087	1	
数字媒体艺术	2	500	499	1029	2	
5391 湖南科技学院	8				8	
07专业组(不限)	8	496	493	1165	8	
环境设计	5	495	494	1142	5	
产品设计	3	496	493	1165	3	
5402 华南理工大学	7				7	
09专业组(不限)	7	597	593	61	7	
环境设计	2	597	596	56	2	
产品设计	3	597	594	58	3	
服装与服饰设计	2	593	593	61	2	
5404 广东外语外贸大学	3				3	
05专业组(不限)	3	538	531	436	3	
视觉传达设计	3	538	531	436	3	
5511 广西师范大学	6				6	
11专业组(不限)	4	516	505	880	4	
视觉传达设计	2	516	509	795	2	
环境设计	2	507	505	880	2	
12专业组(不限)(中外合作办学)	2	504	495	1114	2	
视觉传达设计(中外合作办学)	2	504	495	1114	2	
5512 桂林理工大学	4				4	
10专业组(不限)	4	500	498	1058	4	
设计学类	4	500	498	1058	4	

院校、专业组、专业名称	录取数	最高分	最低分	最低分位次	平行志愿	征求志愿
5532 广西民族大学	1				1	
11专业组(不限)	1	497	497	1067	1	
设计学类	1	497	497	1067	1	
5602 海南师范大学	2				2	
13专业组(不限)	2	511	511	765	2	
设计学类	2	511	511	765	2	
6102 西南交通大学	4				4	
10专业组(不限)	4	577	572	125	4	
设计学类(产品设计、环境设计、数字媒体艺术)	4	577	572	125	4	
6103 西南财经大学	1				1	
06专业组(不限)	1	570	570	135	1	
数字媒体艺术	1	570	570	135	1	
6106 成都理工大学	2				2	
10专业组(不限)	2	559	556	218	2	
视觉传达设计	2	559	556	218	2	
6110 西华大学	3				3	
08专业组(不限)	3	530	525	521	3	
设计学类	3	530	525	521	3	
6115 四川轻化工大学	3				3	
08专业组(不限)	3	507	506	855	3	
美术学	1	506	506	855	1	
视觉传达设计	1	507	507	835	1	
环境设计	1	507	507	835	1	
6129 成都师范学院	2				2	
06专业组(不限)	2	524	523	557	2	
艺术设计学	2	524	523	557	2	
6151 乐山师范学院	1				1	
05专业组(不限)	1	497	497	1067	1	
环境设计	1	497	497	1067	1	
6201 重庆大学	2				2	
06专业组(不限)	2	597	597	前50名	2	
设计学类(产品设计、视觉传达设计、环境设计)	2	597	597	前50名	2	
6210 重庆师范大学	1				1	
10专业组(不限)	1	534	534	403	1	
数字媒体艺术	1	534	534	403	1	
6213 重庆三峡学院	4				4	
07专业组(不限)	4	500	494	1142	4	
环境设计	2	500	497	1067	2	
服装与服饰设计	2	495	494	1142	2	
6214 长江师范学院	2				2	
04专业组(不限)	2	507	507	835	2	
设计学类	2	507	507	835	2	
6221 重庆科技学院	1				1	
04专业组(不限)	1	508	508	813	1	
设计学类	1	508	508	813	1	
6401 云南大学	5				5	
11专业组(不限)	4	566	557	211	4	
视觉传达设计	2	565	563	183	2	
环境设计	2	566	557	211	2	
12专业组(不限)(中外合作办学)	1	555	555	224	1	
环境设计(中外合作办学)	1	555	555	224	1	
6403 云南艺术学院	4				4	
05专业组(不限)	4	524	516	663	4	
绘画	2	519	516	663	2	
视觉传达设计	1	524	524	541	1	
环境设计	1	520	520	601	1	
6405 云南农业大学	2				2	
08专业组(不限)	2	519	501	976	2	
环境设计	2	519	501	976	2	
6413 红河学院	6				6	
06专业组(不限)	6	491	483	1405	6	
绘画	2	491	488	1282	2	
工艺美术	4	491	483	1405	4	
7103 陕西师范大学	1				1	
10专业组(不限)	1	568	568	145	1	
美术学类(含师范)	1	568	568	145	1	
7104 西安交通大学	3				3	
07专业组(不限)	3	599	598	前50名	3	
环境设计	3	599	598	前50名	3	
7115 西安工业大学	5				5	
05专业组(不限)	5	531	525	521	5	
环境设计	1	525	525	521	1	
产品设计	2	527	526	501	2	
数字媒体艺术	2	531	525	521	2	
7204 兰州交通大学	3				3	
06专业组(不限)	3	504	501	976	3	
视觉传达设计	1	504	504	901	1	
环境设计	1	501	501	976	1	
产品设计	1	501	501	976	1	
7217 兰州工业学院	8				8	
03专业组(不限)	8	495	491	1214	8	
视觉传达设计	4	495	493	1165	4	
环境设计	4	493	491	1214	4	
7219 兰州文理学院	3				3	
03专业组(不限)	3	495	491	1214	3	
视觉传达设计	1	495	495	1114	1	
环境设计	2	493	491	1214	2	
7502 新疆师范大学	1				1	
10专业组(不限)	1	495	495	1114	1	
美术学(师范)	1	495	495	1114	1	
7511 石河子大学	6				6	
05专业组(不限)	6	521	506	855	6	
美术学(师范)	2	516	512	738	2	
设计学类	4	521	506	855	4	
7529 喀什大学	3				3	

2023年艺术类（物理等科目类）本科院校第2小批

院校、专业组、专业名称	录取数	最高分	最低分	最低分位次	平行志愿	征求志愿
09专业组(不限)	3	477	471	1701	3	
艺术设计学	1	473	473	1659	1	
美术学(师范)	2	477	471	1701	2	
7531 新疆政法学院	2				2	
06专业组(不限)	2	481	472	1675	2	
美术学	2	481	472	1675	2	
8004 上海视觉艺术学院	15				15	
06专业组(不限)	15	542	496	1087	15	
视觉传达设计	2	523	518	636	2	
环境设计	2	504	500	1000	2	
产品设计	2	542	517	648	2	
艺术与科技	2	513	508	813	2	
服装与服饰设计	2	505	499	1029	2	
工艺美术	2	503	500	1000	2	
数字媒体艺术	2	527	514	704	2	
文物保护与修复	1	496	496	1087	1	
8030 浙江万里学院	6				6	
10专业组(不限)	4	498	494	1142	4	
产品设计	1	495	495	1114	1	
动画	1	498	498	1058	1	
环境设计	1	495	495	1114	1	
视觉传达设计	1	494	494	1142	1	
11专业组(不限)(中外合作办学)	2	499	479	1504	2	
视觉传达设计(中外合作办学)	2	499	479	1504	2	
8052 温州商学院	3				3	
06专业组(不限)	3	484	477	1558	3	
设计学类	3	484	477	1558	3	
8087 马鞍山学院	6				6	
04专业组(不限)	6	489	485	1357	6	
产品设计	2	486	485	1357	2	
视觉传达设计	2	489	486	1338	2	
环境设计	2	485	485	1357	2	
8088 合肥城市学院	12				12	
05专业组(不限)	12	490	479	1504	12	
动画	4	481	479	1504	4	
视觉传达设计	4	490	482	1434	4	
环境设计	4	485	479	1504	4	
8094 皖江工学院	16				16	
07专业组(不限)	16	488	483	1405	16	
环境设计	6	487	484	1382	6	
数字媒体艺术	5	488	485	1357	5	
产品设计	5	484	483	1405	5	
8128 集美大学诚毅学院	3				3	
04专业组(不限)	3	494	492	1186	3	
视觉传达设计	3	494	492	1186	3	
8170 江西科技学院	5				5	
06专业组(不限)	5	485	476	1585	5	
视觉传达设计	4	485	476	1585	4	
环境设计	1	477	477	1558	1	
8173 江西应用科技学院	5				5	
06专业组(不限)	5	481	476	1585	5	
动画	5	481	476	1585	5	
8174 江西服装学院	2				2	
04专业组(不限)	2	474	473	1659	2	
服装与服饰设计	2	474	473	1659	2	
8178 南昌交通学院	5				5	
05专业组(不限)	5	478	477	1558	5	
视觉传达设计	3	478	477	1558	3	
环境设计	2	478	477	1558	2	
8180 南昌航空大学科技学院	3				3	
06专业组(不限)	3	488	485	1357	3	
环境设计	1	488	488	1282	1	
视觉传达设计	1	486	486	1338	1	
动画	1	485	485	1357	1	
8183 江西农业大学南昌商学院	2				2	
04专业组(不限)	2	484	483	1405	2	
环境设计	2	484	483	1405	2	
8185 江西师范大学科学技术学院	4				4	
04专业组(不限)	4	487	483	1405	4	
动画	2	484	483	1405	2	
视觉传达设计	2	487	486	1338	2	
8188 江西财经大学现代经济管理学院	2				2	
04专业组(不限)	2	485	483	1405	2	
数字媒体艺术	2	485	483	1405	2	
8214 山东英才学院	4				4	
04专业组(不限)	4	476	474	1633	4	
视觉传达设计	2	476	474	1633	2	
环境设计	2	474	474	1633	2	
8215 青岛恒星科技学院	4				4	
06专业组(不限)	4	480	478	1531	4	
数字媒体艺术	2	480	479	1504	2	
视觉传达设计	2	479	478	1531	2	
8218 山东协和学院	10				10	
04专业组(不限)	10	489	479	1504	10	
环境设计	4	489	479	1504	4	
数字媒体艺术	3	481	479	1504	3	
视觉传达设计	3	481	479	1504	3	
8227 齐鲁理工学院	6				6	
06专业组(不限)	6	484	480	1482	6	
视觉传达设计	5	484	480	1482	5	
产品设计	1	480	480	1482	1	
8262 首都师范大学科德学院	3				3	
04专业组(不限)	3	469	463	1870	3	

2023年艺术类(物理等科目类)本科院校第2小批

院校、专业组、专业名称	录取数	最高分	最低分	最低分位次	平行志愿	征求志愿
视觉传达设计	1	468	468	1768	1	
数字媒体艺术	2	469	463	1870	2	
8263 北京工商大学嘉华学院	18				14	4
04专业组(不限)	18	472	435	2249	14	4
艺术与科技	4	472	453	2059	3	1
数字媒体艺术	7	462	441	2209	5	2
视觉传达设计	7	471	435	2249	6	1
8264 北京邮电大学世纪学院	5				5	
04专业组(不限)	5	469	465	1839	5	
数字媒体艺术	5	469	465	1839	5	
8293 天津商业大学宝德学院	5				5	
04专业组(不限)	5	484	480	1482	5	
设计学类	5	484	480	1482	5	
8299 天津仁爱学院	9				9	
06专业组(不限)	9	488	470	1724	9	
环境设计	3	473	470	1724	3	
产品设计	3	474	470	1724	3	
动画	2	471	470	1724	2	
数字媒体艺术	1	488	488	1282	1	
8301 天津财经大学珠江学院	3				3	
04专业组(不限)	3	483	481	1451	3	
环境设计	3	483	481	1451	3	
8326 保定理工学院	8				8	
09专业组(不限)	8	480	476	1585	8	
环境设计	2	480	477	1558	2	
数字媒体艺术	3	478	476	1585	3	
视觉传达设计	3	479	476	1585	3	
8401 辽宁对外经贸学院	6				6	
04专业组(不限)	6	477	471	1701	6	
环境设计	2	477	471	1701	2	
视觉传达设计	2	473	472	1675	2	
新媒体艺术	2	472	471	1701	2	
8402 大连理工大学城市学院	8				8	
04专业组(不限)	8	486	477	1558	8	
环境设计	2	478	477	1558	2	
数字媒体艺术	6	486	478	1531	6	
8404 沈阳工学院	5				5	
04专业组(不限)	5	488	475	1615	5	
设计学类	5	488	475	1615	5	
8552 武昌首义学院	3				3	
06专业组(不限)	3	482	480	1482	3	
设计学类	3	482	480	1482	3	
8556 湖北大学知行学院	6				6	
06专业组(不限)	6	481	477	1558	6	
设计学类	6	481	477	1558	6	
8557 武汉城市学院	3				3	
05专业组(不限)	3	483	481	1451	3	
环境设计	2	483	483	1405	2	
服装与服饰设计	1	481	481	1451	1	
8559 湖北工业大学工程技术学院	4				4	
04专业组(不限)	4	483	482	1434	4	
视觉传达设计	2	483	483	1405	2	
环境设计	2	482	482	1434	2	
8561 武汉纺织大学外经贸学院	22				22	
06专业组(不限)	22	480	474	1633	22	
动画	8	478	475	1615	8	
视觉传达设计	8	480	475	1615	8	
服装与服饰设计	1	476	476	1585	1	
数字媒体艺术	5	479	474	1633	5	
8565 长江大学文理学院	5				5	
04专业组(不限)	5	485	481	1451	5	
设计学类	5	485	481	1451	5	
8566 湖北商贸学院	5				5	
02专业组(不限)	5	479	476	1585	5	
设计学类	5	479	476	1585	5	
8572 湖北文理学院理工学院	4				4	
04专业组(不限)	4	491	483	1405	4	
视觉传达设计	2	488	483	1405	2	
环境设计	2	491	483	1405	2	
8573 文华学院	6				6	
04专业组(不限)	6	482	478	1531	6	
视觉传达设计	3	479	478	1531	3	
数字媒体艺术	3	482	479	1504	3	
8576 武汉传媒学院	19				19	
05专业组(不限)	19	491	481	1451	19	
戏剧影视美术设计	1	483	483	1405	1	
影视摄影与制作	4	491	482	1434	4	
摄影	2	483	481	1451	2	
视觉传达设计	4	491	484	1382	4	
环境设计	3	486	482	1434	3	
数字媒体艺术	5	488	485	1357	5	
8604 湖南工业大学科技学院	2				2	
05专业组(不限)	2	483	483	1405	2	
产品设计	2	483	483	1405	2	
8645 广州南方学院	1				1	
05专业组(不限)	1	476	476	1585	1	
设计学类	1	476	476	1585	1	
8714 桂林学院	2				2	
04专业组(不限)	2	482	481	1451	2	
设计学类	2	482	481	1451	2	
8716 桂林信息科技学院	6				5	1
04专业组(不限)	6	489	475	1615	5	1
视觉传达设计	2	489	475	1615	1	1
环境设计	2	476	476	1585	2	
数字媒体艺术	2	476	475	1615	2	
8740 海口经济学院	3				3	

院校、专业组、专业名称	录取数	最高分	最低分	最低分位次	平行志愿	征求志愿
10专业组(不限)	**3**	**471**	**468**	**1768**	**3**	
视觉传达设计	3	471	468	1768	3	
8741 三亚学院	**12**				**10**	**2**
10专业组(不限)	**12**	**489**	**471**	**1701**	**10**	**2**
产品设计	3	489	472	1675	1	2
环境设计	3	477	471	1701	3	
数字媒体艺术	2	477	472	1675	2	
视觉传达设计	2	474	473	1659	2	
动画	2	472	471	1701	2	
8760 成都东软学院	**2**				**2**	
04专业组(不限)	**2**	**490**	**484**	**1382**	**2**	
数字媒体艺术	2	490	484	1382	2	
8761 电子科技大学成都学院	**4**				**4**	
04专业组(不限)	**4**	**485**	**481**	**1451**	**4**	
动画	2	485	483	1405	2	
艺术与科技	2	484	481	1451	2	
8771 四川大学锦江学院	**2**				**2**	
06专业组(不限)	**2**	**485**	**484**	**1382**	**2**	
环境设计	1	484	484	1382	1	
视觉传达设计	1	485	485	1357	1	
8772 四川文化艺术学院	**1**				**1**	
03专业组(不限)(中外合作办学)	**1**	**475**	**475**	**1615**	**1**	
视觉传达设计(中外合作办学)	1	475	475	1615	1	
8775 四川电影电视学院	**3**				**3**	
03专业组(不限)	**2**	**487**	**484**	**1382**	**2**	
数字媒体艺术	1	487	487	1320	1	
影视摄影与制作	1	484	484	1382	1	
04专业组(不限)(中外合作办学)	**1**	**463**	**463**	**1870**	**1**	
数字媒体艺术(中外合作办学)	1	463	463	1870	1	
8841 贵阳人文科技学院	**2**				**2**	
04专业组(不限)	**2**	**485**	**481**	**1451**	**2**	
环境设计	2	485	481	1451	2	
8871 丽江文化旅游学院	**19**				**16**	**3**
06专业组(不限)	**19**	**482**	**469**	**1746**	**16**	**3**
视觉传达设计	9	480	470	1724	9	
环境设计	1	473	473	1659	1	
产品设计	1	474	474	1633	1	
数字媒体艺术	8	482	469	1746	5	3

以下为使用音乐类专业省统考成绩录取的院校(主试类型为声乐)，下列表中的“最高分(最低分)”为专业分。

院校、专业组、专业名称	录取数	最高分	最低分	最低分位次	平行志愿	征求志愿
1108 南京师范大学	**1**				**1**	
36专业组(不限)	**1**	**229**	**229**	**前10名**	**1**	
音乐学(师范)	1	229	229	前10名	1	
1120 南京晓庄学院	**7**				**7**	
26专业组(不限)	**2**	**194**	**188**	**128**	**2**	
音乐学(师范)(为泰州市兴化市定向培养)	1	194	194	94	1	
音乐学(师范)(为盐城市东台市定向培养)	1	188	188	128	1	
27专业组(不限)	**5**	**219**	**210**	**18**	**5**	
音乐学(师范)	5	219	210	18	5	
1131 江苏第二师范学院	**6**				**6**	
27专业组(不限)	**4**	**208**	**179**	**170**	**4**	
音乐学(师范)(为南通市海安市定向培养)	1	179	179	170	1	
音乐学(师范)(为扬州市邗江区定向培养)	1	206	206	30	1	
音乐学(师范)(为徐州市丰县定向培养)	1	208	208	26	1	
音乐学(师范)(为徐州市铜山区定向培养)	1	207	207	28	1	
28专业组(不限)	**2**	**206**	**205**	**32**	**2**	
音乐学(师范)	2	206	205	32	2	
1133 南京特殊教育师范学院	**6**				**6**	
10专业组(不限)	**6**	**203**	**200**	**63**	**6**	
音乐学(师范)	6	203	200	63	6	
1201 江南大学	**1**				**1**	
15专业组(不限)	**1**	**226**	**226**	**前10名**	**1**	
音乐学(师范)	1	226	226	前10名	1	
1222 江苏师范大学	**6**				**6**	
20专业组(不限)	**6**	**217**	**211**	**17**	**6**	
音乐学(师范)	6	217	211	17	6	
1224 徐州工程学院	**3**				**3**	
14专业组(不限)	**3**	**204**	**201**	**59**	**3**	
音乐学	1	201	201	59	1	
音乐学(师范)	2	204	203	45	2	
1242 常州大学	**1**				**1**	
15专业组(不限)	**1**	**210**	**210**	**18**	**1**	
音乐学	1	210	210	18	1	
1243 常州工学院	**5**				**5**	
17专业组(不限)	**5**	**204**	**202**	**50**	**5**	
音乐学(师范)	5	204	202	50	5	
1261 苏州大学	**1**				**1**	
40专业组(不限)	**1**	**226**	**226**	**前10名**	**1**	
音乐学(师范)	1	226	226	前10名	1	
1262 苏州科技大学	**2**				**2**	
17专业组(不限)	**2**	**213**	**209**	**24**	**2**	
音乐学(师范)	1	213	213	14	1	
流行音乐	1	209	209	24	1	
1263 常熟理工学院	**3**				**3**	
17专业组(不限)	**3**	**205**	**202**	**50**	**3**	

院校、专业组、专业名称	录取数	最高分	最低分	最低分位次	平行志愿	征求志愿
音乐学(师范)	3	205	202	50	3	
1301 南通大学	**2**				**2**	
30专业组(不限)	**2**	**209**	**208**	**26**	**2**	
音乐学(师范)	1	209	209	24	1	
音乐表演	1	208	208	26	1	
1341 淮阴师范学院	**2**				**2**	
22专业组(不限)	**2**	**205**	**205**	**32**	**2**	
音乐学(师范)	2	205	205	32	2	
1362 盐城师范学院	**3**				**3**	
25专业组(不限)	**2**	**205**	**204**	**38**	**2**	
音乐学(师范)	1	204	204	38	1	
音乐表演	1	205	205	32	1	
26专业组(不限)(中外合作办学)	**1**	**199**	**199**	**67**	**1**	
音乐表演(中外合作办学)	1	199	199	67	1	
1381 扬州大学	**2**				**2**	
37专业组(不限)	**2**	**225**	**221**	**前10名**	**2**	
音乐表演	1	221	221	前10名	1	
音乐学(师范)	1	225	225	前10名	1	
1426 宿迁学院	**5**				**5**	
12专业组(不限)	**5**	**199**	**197**	**77**	**5**	
音乐学	3	198	197	77	3	
音乐学(师范)	2	199	199	67	2	
1835 苏州科技大学天平学院	**1**				**1**	
10专业组(不限)	**1**	**199**	**199**	**67**	**1**	
音乐学	1	199	199	67	1	
1858 南京师范大学中北学院	**4**				**4**	
10专业组(不限)	**4**	**194**	**190**	**118**	**4**	
音乐学	2	194	194	94	2	
音乐教育	2	191	190	118	2	
1901 南京传媒学院	**6**				**6**	
06专业组(不限)	**6**	**202**	**190**	**118**	**6**	
流行音乐	4	193	190	118	4	
音乐表演	2	202	195	89	2	
1911 三江学院	**2**				**2**	
07专业组(不限)	**2**	**192**	**191**	**111**	**2**	
音乐表演	2	192	191	111	2	
2211 浙江传媒学院	**1**				**1**	
11专业组(不限)	**1**	**204**	**204**	**38**	**1**	
音乐表演	1	204	204	38	1	
2221 宁波大学	**2**				**2**	
06专业组(不限)	**2**	**224**	**223**	**前10名**	**2**	
音乐学(师范)	2	224	223	前10名	2	
2228 温州大学	**2**				**2**	
07专业组(不限)	**2**	**210**	**205**	**32**	**2**	
音乐学(师范)	2	210	205	32	2	
2381 黄山学院	**1**				**1**	
10专业组(不限)	**1**	**194**	**194**	**94**	**1**	
音乐学	1	194	194	94	1	
2408 龙岩学院	**2**				**2**	
05专业组(不限)	**2**	**197**	**196**	**83**	**2**	
音乐学(师范)	2	197	196	83	2	
2501 江西财经大学	**1**				**1**	
12专业组(不限)	**1**	**204**	**204**	**38**	**1**	
音乐学	1	204	204	38	1	
2508 江西农业大学	**1**				**1**	
11专业组(不限)	**1**	**201**	**201**	**59**	**1**	
音乐学	1	201	201	59	1	
2551 宜春学院	**6**				**6**	
10专业组(不限)	**2**	**194**	**193**	**101**	**2**	
音乐学(师范)	2	194	193	101	2	
11专业组(不限)(中外合作办学)	**4**	**189**	**182**	**154**	**4**	
音乐学(中外合作办学)(师范)	4	189	182	154	4	
2581 井冈山大学	**2**				**2**	
08专业组(不限)	**2**	**202**	**199**	**67**	**2**	
音乐学(师范)	2	202	199	67	2	
3306 廊坊师范学院	**1**				**1**	
04专业组(不限)	**1**	**199**	**199**	**67**	**1**	
音乐学(师范)	1	199	199	67	1	
3362 邢台学院	**2**				**2**	
06专业组(不限)	**2**	**194**	**194**	**94**	**2**	
音乐学(师范)	2	194	194	94	2	
4136 大连大学	**1**				**1**	
08专业组(不限)	**1**	**203**	**203**	**45**	**1**	
音乐学(师范)	1	203	203	45	1	
4232 北华大学	**2**				**2**	
09专业组(不限)	**2**	**197**	**196**	**83**	**2**	
音乐学(师范)	2	197	196	83	2	
5205 中国地质大学(武汉)	**1**				**1**	
08专业组(不限)	**1**	**220**	**220**	**前10名**	**1**	
音乐学	1	220	220	前10名	1	
5310 湖南人文科技学院	**5**				**5**	
13专业组(不限)	**5**	**196**	**193**	**101**	**5**	
音乐学	5	196	193	101	5	
5381 湘南学院	**1**				**1**	
10专业组(不限)	**1**	**196**	**196**	**83**	**1**	
音乐学(师范)	1	196	196	83	1	
5602 海南师范大学	**3**				**3**	
15专业组(不限)	**3**	**204**	**200**	**63**	**3**	
音乐学(师范)	2	204	202	50	2	
音乐表演	1	200	200	63	1	
6115 四川轻化工大学	**5**				**5**	
10专业组(不限)	**5**	**199**	**195**	**89**	**5**	
音乐表演	3	197	195	89	3	
音乐学	2	199	196	83	2	
6214 长江师范学院	**3**				**3**	
06专业组(不限)	**3**	**200**	**197**	**77**	**3**	

院校、专业组、专业名称	录取数	最高分	最低分	最低分位次	平行志愿	征求志愿
音乐学(师范)	1	200	200	63	1	
音乐表演	2	197	197	77	2	
7507 昌吉学院	5				5	
05专业组(不限)	5	192	189	122	5	
音乐学(师范)	5	192	189	122	5	
8170 江西科技学院	10				10	
08专业组(不限)	10	189	180	161	10	
音乐学	10	189	180	161	10	
8178 南昌交通学院	3				3	
07专业组(不限)	3	189	187	132	3	
音乐表演	3	189	187	132	3	
8215 青岛恒星科技学院	2				2	
08专业组(不限)	2	186	186	136	2	
音乐学	2	186	186	136	2	
8218 山东协和学院	7				7	
06专业组(不限)	7	190	185	145	7	
音乐学	7	190	185	145	7	
8576 武汉传媒学院	1				1	
07专业组(不限)	1	187	187	132	1	
音乐学	1	187	187	132	1	
8741 三亚学院	5				5	
12专业组(不限)	5	183	177	182	5	
音乐表演	5	183	177	182	5	
8874 云南艺术学院文华学院	1				1	
05专业组(不限)	1	189	189	122	1	
音乐表演	1	189	189	122	1	

以下为使用音乐类专业省统考成绩录取的院校(主试类型为器乐)，下列表中的“最高分(最低分)”为专业分。

院校、专业组、专业名称	录取数	最高分	最低分	最低分位次	平行志愿	征求志愿
1108 南京师范大学	2				2	
38专业组(不限)	2	240	238	前10名	2	
音乐学(师范)	2	240	238	前10名	2	
1120 南京晓庄学院	6				6	
30专业组(不限)	1	198	198	56	1	
音乐学(师范)(为泰州市兴化市定向培养)	1	198	198	56	1	
31专业组(不限)	5	217	210	31	5	
音乐学(师范)	5	217	210	31	5	
1131 江苏第二师范学院	2				2	
31专业组(不限)	2	204	203	43	2	
音乐学(师范)	2	204	203	43	2	
1133 南京特殊教育师范学院	7				7	
12专业组(不限)	7	203	189	76	7	
音乐学(师范)	7	203	189	76	7	
1201 江南大学	1				1	
17专业组(不限)	1	224	224	前10名	1	
音乐学(师范)	1	224	224	前10名	1	
1222 江苏师范大学	5				5	
22专业组(不限)	5	214	212	29	5	
音乐学(师范)	5	214	212	29	5	
1224 徐州工程学院	3				3	
16专业组(不限)	3	186	185	86	3	
音乐学	1	186	186	80	1	
音乐学(师范)	2	186	185	86	2	
1242 常州大学	1				1	
17专业组(不限)	1	207	207	36	1	
音乐学	1	207	207	36	1	
1243 常州工学院	5				5	
19专业组(不限)	5	202	185	86	5	
音乐学(师范)	5	202	185	86	5	
1261 苏州大学	1				1	
42专业组(不限)	1	230	230	前10名	1	
音乐学(师范)	1	230	230	前10名	1	
1262 苏州科技大学	2				2	
19专业组(不限)	2	219	210	31	2	
音乐学(师范)	1	219	219	17	1	
流行音乐	1	210	210	31	1	
1263 常熟理工学院	3				3	
19专业组(不限)	3	199	197	60	3	
音乐学(师范)	3	199	197	60	3	
1301 南通大学	3				3	
33专业组(不限)	2	209	206	38	2	
音乐学(师范)	1	206	206	38	1	
音乐表演	1	209	209	35	1	
34专业组(不限)(中外合作办学)	1	189	189	76	1	
音乐表演(中外合作办学)	1	189	189	76	1	
1341 淮阴师范学院	2				2	
24专业组(不限)	2	203	199	53	2	
音乐学(师范)	2	203	199	53	2	
1362 盐城师范学院	2				2	
28专业组(不限)	2	193	190	75	2	
音乐表演	1	193	193	70	1	
音乐学(师范)	1	190	190	75	1	
1381 扬州大学	2				2	
39专业组(不限)	2	221	220	15	2	
音乐表演	1	220	220	15	1	
音乐学(师范)	1	221	221	14	1	
1426 宿迁学院	5				5	
14专业组(不限)	5	184	183	97	5	
音乐学	3	184	183	97	3	
音乐学(师范)	2	184	184	91	2	
1835 苏州科技大学天平学院	5				5	
12专业组(不限)	5	181	179	116	5	
音乐学	5	181	179	116	5	
1858 南京师范大学中北学院	4				4	

2023年艺术类（物理等科目类）本科院校第2小批

院校、专业组、专业名称	录取数	最高分	最低分	最低分位次	平行志愿	征求志愿
12专业组(不限)	4	185	180	110	4	
音乐学	2	180	180	110	2	
音乐教育	2	185	181	106	2	
1901 南京传媒学院	2				2	
08专业组(不限)	2	183	178	121	2	
流行音乐	2	183	178	121	2	
2211 浙江传媒学院	1				1	
13专业组(不限)	1	205	205	39	1	
艺术与科技	1	205	205	39	1	
2221 宁波大学	2				2	
08专业组(不限)	2	222	220	15	2	
音乐学(师范)	2	222	220	15	2	
2228 温州大学	2				2	
09专业组(不限)	2	204	203	43	2	
音乐学(师范)	2	204	203	43	2	
2501 江西财经大学	1				1	
14专业组(不限)	1	200	200	52	1	
音乐学	1	200	200	52	1	
2581 井冈山大学	2				2	
10专业组(不限)	2	186	185	86	2	
音乐学(师范)	2	186	185	86	2	
2596 景德镇学院	2				2	
05专业组(不限)	2	184	181	106	2	
音乐学(师范)	2	184	181	106	2	
3306 廊坊师范学院	1				1	
06专业组(不限)	1	183	183	97	1	
音乐学(师范)	1	183	183	97	1	
3333 衡水学院	3				3	
13专业组(不限)(中外合作办学)	3	175	169	153	3	
音乐学(中外合作办学)	1	175	175	134	1	
音乐表演(中外合作办学)	2	170	169	153	2	
3362 邢台学院	1				1	
08专业组(不限)	1	182	182	104	1	
音乐学(师范)	1	182	182	104	1	
4136 大连大学	1				1	
10专业组(不限)	1	197	197	60	1	
音乐表演	1	197	197	60	1	
5205 中国地质大学(武汉)	1				1	
10专业组(不限)	1	222	222	12	1	
音乐学	1	222	222	12	1	
5602 海南师范大学	4				4	
17专业组(不限)	4	207	192	72	4	
音乐学(师范)	2	207	201	50	2	
音乐表演	2	198	192	72	2	
6214 长江师范学院	2				2	
08专业组(不限)	2	184	183	97	2	
音乐学(师范)	1	184	184	91	1	
音乐表演	1	183	183	97	1	
7103 陕西师范大学	1				1	
12专业组(不限)	1	223	223	11	1	
音乐表演	1	223	223	11	1	
7105 西安电子科技大学	2				2	
03专业组(不限)	2	214	214	22	2	
录音艺术	2	214	214	22	2	
7507 昌吉学院	3				3	
06专业组(不限)	3	181	180	110	3	
音乐表演	3	181	180	110	3	
7511 石河子大学	2				2	
08专业组(不限)	2	196	196	62	2	
音乐学(师范)	2	196	196	62	2	
8310 河北传媒学院	1				1	
02专业组(不限)	1	177	177	123	1	
音乐表演	1	177	177	123	1	

以下为使用广播电视编导专业省统考成绩录取的院校，下列表中的"最高分(最低分)"为文化分和专业分按一定比例构成的综合分。

院校、专业组、专业名称	录取数	最高分	最低分	最低分位次	平行志愿	征求志愿
1108 南京师范大学	10				10	
40专业组(不限)	10	584	561	前50名	10	
广播电视编导	10	584	561	前50名	10	
1118 南京艺术学院	8				8	
12专业组(不限)	8	546	535	101	8	
广播电视编导	8	546	535	101	8	
1120 南京晓庄学院	10				10	
33专业组(不限)	10	533	518	192	10	
广播电视编导	10	533	518	192	10	
1222 江苏师范大学	25				25	
24专业组(不限)	25	531	512	237	25	
影视摄影与制作	25	531	512	237	25	
1341 淮阴师范学院	3				3	
26专业组(不限)	3	510	509	267	3	
广播电视编导	3	510	509	267	3	
1803 南京航空航天大学金城学院	2				2	
17专业组(不限)	2	498	498	387	2	
广播电视编导	2	498	498	387	2	
1827 江苏师范大学科文学院	31				28	3
09专业组(不限)	31	497	471	601	28	3
广播电视编导	15	497	484	521	15	
影视摄影与制作	16	496	471	601	13	3
1847 南京师范大学泰州学院	3				3	
11专业组(不限)	3	502	498	387	3	
广播电视编导	3	502	498	387	3	
1858 南京师范大学中北学院	2				2	
14专业组(不限)	2	501	494	424	2	
广播电视编导	2	501	494	424	2	

2023年艺术类(物理等科目类)本科院校第2小批

院校、专业组、专业名称	录取数	最高分	最低分	最低分位次	平行志愿	征求志愿
1901 南京传媒学院	19				19	
11专业组(不限)	15	530	500	366	15	
广播电视编导(电视编导)	5	530	509	267	5	
广播电视编导(文艺编导)	5	529	503	336	5	
广播电视编导(网络视听节目编导)	5	504	500	366	5	
12专业组(不限)(中外合作办学)	4	512	500	366	4	
广播电视编导(中外合作办学)	4	512	500	366	4	
1911 三江学院	8				8	
09专业组(不限)	8	491	486	505	8	
广播电视编导	8	491	486	505	8	
2102 同济大学	1				1	
12专业组(不限)	1	597	597	前50名	1	
广播电视编导	1	597	597	前50名	1	
2106 华东师范大学	1				1	
13专业组(不限)	1	592	592	前50名	1	
广播电视编导	1	592	592	前50名	1	
2125 上海政法学院	3				3	
04专业组(不限)	3	560	553	前50名	3	
广播电视编导(纪录片)	1	554	554	前50名	1	
广播电视编导(摄影摄像)	2	560	553	前50名	2	
2211 浙江传媒学院	3				3	
15专业组(不限)	3	552	549	59	3	
数字媒体艺术	2	552	550	57	2	
戏剧影视文学	1	549	549	59	1	
2381 黄山学院	4				4	
12专业组(不限)	4	503	499	374	4	
广播电视编导	2	499	499	374	2	
播音与主持艺术	2	503	499	374	2	
2581 井冈山大学	3				3	
12专业组(不限)	3	511	504	323	3	
广播电视编导	3	511	504	323	3	
3362 邢台学院	1				1	
10专业组(不限)	1	500	500	366	1	
戏剧影视文学	1	500	500	366	1	
5206 中南财经政法大学	3				3	
12专业组(不限)(中外合作办学)	3	559	545	70	3	
电影学(中外合作办学)	3	559	545	70	3	
5307 长沙理工大学	2				2	
08专业组(不限)	2	536	535	101	2	
影视摄影与制作	2	536	535	101	2	
5308 长沙学院	2				2	
12专业组(不限)	2	516	508	283	2	
广播电视编导	2	516	508	283	2	
5391 湖南科技学院	4				4	
11专业组(不限)	4	506	492	438	4	
广播电视编导	4	506	492	438	4	
5532 广西民族大学	2				2	
13专业组(不限)	2	507	506	301	2	
广播电视编导	2	507	506	301	2	
6106 成都理工大学	2				2	
12专业组(不限)	2	558	553	前50名	2	
广播电视编导	2	558	553	前50名	2	
6141 西南石油大学	2				2	
06专业组(不限)	2	539	539	86	2	
广播电视编导	2	539	539	86	2	
6201 重庆大学	1				1	
08专业组(不限)	1	581	581	前50名	1	
戏剧与影视学类(广播电视编导、戏剧影视文学、戏剧影视导演、影视摄影与制作)	1	581	581	前50名	1	
6403 云南艺术学院	2				2	
07专业组(不限)	2	524	514	227	2	
广播电视编导	2	524	514	227	2	
8170 江西科技学院	2				2	
10专业组(不限)	2	485	481	539	2	
广播电视编导	2	485	481	539	2	
8178 南昌交通学院	1				1	
09专业组(不限)	1	471	471	601	1	
广播电视编导	1	471	471	601	1	
8180 南昌航空大学科技学院	1				1	
08专业组(不限)	1	476	476	581	1	
广播电视编导	1	476	476	581	1	
8263 北京工商大学嘉华学院	1				1	
06专业组(不限)	1	483	483	526	1	
广播电视编导	1	483	483	526	1	
8555 武汉晴川学院	1				1	
05专业组(不限)	1	474	474	590	1	
广播电视编导	1	474	474	590	1	
8556 湖北大学知行学院	1				1	
08专业组(不限)	1	479	479	559	1	
广播电视编导	1	479	479	559	1	
8576 武汉传媒学院	6				6	
09专业组(不限)	6	505	487	495	6	
戏剧影视文学	2	493	487	495	2	
广播电视编导	3	497	489	470	3	
戏剧影视导演	1	505	505	311	1	
8714 桂林学院	1				1	
06专业组(不限)	1	470	470	605	1	
广播电视编导	1	470	470	605	1	
8763 四川传媒学院	1				1	
03专业组(不限)	1	513	513	235	1	
广播电视编导	1	513	513	235	1	
8769 成都锦城学院	2				2	
04专业组(不限)	2	485	478	569	2	

2023年艺术类(物理等科目类)本科院校第2小批

院校、专业组、专业名称	录取数	最高分	最低分	最低分位次	平行志愿	征求志愿
广播电视编导	2	485	478	569	2	
8775 四川电影电视学院	3				3	
06专业组(不限)	3	506	496	409	3	
戏剧影视导演	1	504	504	323	1	
戏剧影视文学	1	506	506	301	1	
影视技术	1	496	496	409	1	
8911 西北大学现代学院	2				2	
05专业组(不限)	2	491	482	529	2	
广播电视编导	1	491	491	448	1	
戏剧影视导演	1	482	482	529	1	

(八)艺术类(物理等科目类)本科院校第3小批

以下为传统(顺序)志愿，使用专业校考成绩录取的院校，下列表中的"最高分(最低分)"为文化分，其专业分为校考合格以上。

院校、专业组、专业名称	录取数	最高分	最低分	传统志愿	征求志愿
1222 江苏师范大学	7			7	
26专业组(不限)	7	459	367	7	
舞蹈编导(师范)	1	367	367	1	
书法学	2	459	412	2	
播音与主持艺术	4	448	387	4	
1242 常州大学	1			1	
19专业组(不限)	1	398	398	1	
表演	1	398	398	1	
1803 南京航空航天大学金城学院	66			66	
19专业组(不限)	66	463	340	66	
播音与主持艺术	66	463	340	66	
1827 江苏师范大学科文学院	15			15	
11专业组(不限)	15	464	347	15	
播音与主持艺术	15	464	347	15	
1847 南京师范大学泰州学院	5			5	
13专业组(不限)	5	457	340	5	
播音与主持艺术	1	372	372	1	
舞蹈编导	1	457	457	1	
书法学	1	340	340	1	
舞蹈编导(体育舞蹈)	2	422	365	2	
1901 南京传媒学院	51			51	
14专业组(不限)	51	510	337	51	
播音与主持艺术	8	510	344	8	
播音与主持艺术(双语主持与直播)	4	483	418	4	
摄影	7	459	370	7	
影视摄影与制作(电视摄影)	7	453	344	7	
影视摄影与制作(照明艺术)	5	424	351	5	
影视摄影与制作(航空摄影)	3	443	337	3	
表演(配音)	1	355	355	1	
录音艺术	5	439	406	5	
戏剧影视导演	1	358	358	1	
戏剧影视文学	1	434	434	1	
电影学(影视制片)	3	455	366	3	
电影学(影视宣发)	1	396	396	1	
播音与主持艺术(电子竞技解说与主播)	4	428	361	4	
舞蹈编导	1	357	357	1	
4205 长春工业大学	2			2	
06专业组(不限)	2	423	416	2	
动画	2	423	416	2	
8023 上海立达学院	27			27	
07专业组(不限)	27	438	348	27	
表演	2	382	358	2	
播音与主持艺术	5	438	374	5	
摄影	20	438	348	20	
8174 江西服装学院	10			9	1
06专业组(不限)	10	420	336	9	1
播音与主持艺术	1	379	379	1	
动画	9	420	336	8	1
8180 南昌航空大学科技学院	1			1	
10专业组(不限)	1	379	379	1	
航空服务艺术与管理	1	379	379	1	
8231 青岛电影学院	19			19	
02专业组(不限)	19	443	342	19	
戏剧影视文学	2	431	383	2	
播音与主持艺术	3	392	358	3	
戏剧影视导演	1	443	443	1	
表演	2	431	404	2	
摄影	6	408	342	6	
影视摄影与制作	1	354	354	1	
录音艺术	1	363	363	1	
电影学	3	392	384	3	
8260 北京城市学院	4			4	
06专业组(不限)	4	423	336	4	
摄影	1	421	421	1	
航空服务艺术与管理	1	336	336	1	
书法学	2	423	346	2	
8262 首都师范大学科德学院	2			2	
08专业组(不限)	2	426	349	2	
航空服务艺术与管理	2	426	349	2	
8292 天津传媒学院	27			27	
03专业组(不限)	27	456	341	27	
戏剧影视文学	2	426	413	2	
戏剧影视导演	4	445	380	4	
录音艺术	2	435	342	2	
播音与主持艺术	9	456	341	9	
动画	3	366	342	3	
影视摄影与制作	7	425	351	7	
8310 河北传媒学院	23			23	
04专业组(不限)	23	481	342	23	
表演	1	406	406	1	
戏剧影视文学	2	479	431	2	
广播电视编导	4	476	448	4	
戏剧影视导演	1	413	413	1	
戏剧影视美术设计	2	399	367	2	
录音艺术	1	441	441	1	
播音与主持艺术	3	409	357	3	
动画	1	467	467	1	
影视摄影与制作	2	481	422	2	
摄影	4	457	391	4	

院校、专业组、专业名称	录取数	最高分	最低分	传统志愿	征求志愿
书法学	2	382	342	2	
8312 河北美术学院	**5**			**5**	
02专业组(不限)	**5**	**413**	**358**	**5**	
书法学	4	413	358	4	
雕塑	1	399	399	1	
8327 燕京理工学院	**29**			**29**	
02专业组(不限)	**29**	**446**	**338**	**29**	
表演	3	396	352	3	
戏剧影视文学	1	399	399	1	
戏剧影视导演	1	433	433	1	
播音与主持艺术	7	446	341	7	
动画	4	409	342	4	
影视技术	4	434	354	4	
摄影	9	372	338	9	
8414 大连艺术学院	**3**			**3**	
04专业组(不限)	**3**	**417**	**349**	**3**	
表演(影视表演)	2	417	349	2	
播音与主持艺术	1	415	415	1	
8448 吉林动画学院	**1**			**1**	
07专业组(不限)	**1**	**390**	**390**	**1**	
戏剧影视文学	1	390	390	1	
8502 郑州科技学院	**8**			**8**	
02专业组(不限)	**8**	**393**	**339**	**8**	
播音与主持艺术	4	351	339	4	
动画	4	393	343	4	
8550 武汉东湖学院	**4**			**4**	
06专业组(不限)	**4**	**399**	**343**	**4**	
播音与主持艺术	4	399	343	4	
8551 汉口学院	**2**			**2**	
04专业组(不限)	**2**	**419**	**368**	**2**	
表演	2	419	368	2	
8562 武昌工学院	**5**			**5**	
04专业组(不限)	**5**	**372**	**350**	**5**	
书法学	4	372	364	4	
摄影	1	350	350	1	
8574 武汉工程科技学院	**7**			**7**	
07专业组(不限)	**7**	**406**	**336**	**7**	
摄影	6	406	336	6	
播音与主持艺术	1	372	372	1	
8619 湖南信息学院	**2**			**1**	**1**
02专业组(不限)	**2**	**384**	**351**	**1**	**1**
舞蹈表演	1	351	351	1	
播音与主持艺术	1	384	384		1
8659 华南农业大学珠江学院	**1**				**1**
05专业组(不限)	**1**	**422**	**422**		**1**
播音与主持艺术	1	422	422		1
8717 南宁理工学院	**7**			**7**	
02专业组(不限)	**7**	**407**	**339**	**7**	
播音与主持艺术	1	400	400	1	
表演	1	399	399	1	
摄影	5	407	339	5	
8763 四川传媒学院	**22**			**22**	
06专业组(不限)	**21**	**492**	**344**	**21**	
戏剧影视文学	2	380	377	2	
戏剧影视美术设计	1	375	375	1	
播音与主持艺术	9	492	344	9	
影视摄影与制作	4	443	347	4	
摄影	5	454	400	5	
07专业组(不限)(中外合作办学)	**1**	**406**	**406**	**1**	
影视摄影与制作(中外合作办学)	1	406	406	1	
8765 成都文理学院	**3**			**3**	
02专业组(不限)	**3**	**378**	**366**	**3**	
表演	1	378	378	1	
播音与主持艺术	1	370	370	1	
书法学	1	366	366	1	
8766 四川工商学院	**2**			**2**	
02专业组(不限)	**2**	**375**	**363**	**2**	
舞蹈表演	2	375	363	2	
8772 四川文化艺术学院	**13**			**13**	
07专业组(不限)	**13**	**471**	**340**	**13**	
戏剧影视美术设计	4	372	340	4	
录音艺术	2	363	341	2	
动画	1	355	355	1	
摄影	1	350	350	1	
书法学	4	471	344	4	
舞蹈编导	1	403	403	1	
8781 吉利学院	**1**			**1**	
05专业组(不限)	**1**	**416**	**416**	**1**	
表演	1	416	416	1	
8786 成都艺术职业大学	**7**			**7**	
02专业组(不限)	**7**	**415**	**345**	**7**	
舞蹈表演与编导	1	345	345	1	
播音与主持	1	385	385	1	
影视摄影与制作	5	415	353	5	
8801 重庆城市科技学院	**19**			**19**	
02专业组(不限)	**19**	**436**	**342**	**19**	
播音与主持艺术	4	436	342	4	
摄影	14	426	352	14	
书法学	1	412	412	1	
8872 昆明城市学院	**2**			**2**	
02专业组(不限)	**2**	**400**	**349**	**2**	
播音与主持艺术	1	400	400	1	
表演	1	349	349	1	
8874 云南艺术学院文华学院	**1**			**1**	
07专业组(不限)	**1**	**371**	**371**	**1**	
影视摄影与制作	1	371	371	1	
8901 西安培华学院	**7**			**7**	
04专业组(不限)	**7**	**394**	**339**	**7**	

院校、专业组、专业名称	录取数	最高分	最低分	传统志愿	征求志愿
戏剧影视文学	6	394	339	6	
播音与主持艺术	1	394	394	1	
8903 西安外事学院	1			1	
06专业组(不限)	1	406	406	1	
播音与主持艺术	1	406	406	1	
8904 西安翻译学院	29			29	
02专业组(不限)	29	443	349	29	
戏剧影视文学	20	443	349	20	
播音与主持艺术	3	359	354	3	
表演	6	424	354	6	
8914 西安工商学院	6			6	
06专业组(不限)	6	417	362	6	
播音与主持艺术	1	403	403	1	
影视摄影与制作	5	417	362	5	
8916 西安明德理工学院	3			3	
05专业组(不限)	3	390	340	3	
播音与主持艺术	3	390	340	3	

(九)艺术类(物理等科目类)高职(专科)院校(使用省统考成绩录取)

以下为使用美术类专业省统考成绩录取的院校，下列表中的"最高分(最低分)"为文化分和专业分按一定比例构成的综合分。

院校、专业组、专业名称	录取数	最高分	最低分	平行志愿	征求志愿
1150 江苏海事职业技术学院	4			4	
11专业组(不限)	2	502	478	2	
艺术设计	2	502	478	2	
12专业组(不限)(分段培养项目)	2	500	489	2	
艺术设计(与南京传媒学院分段培养项目)	2	500	489	2	
1152 南京交通职业技术学院	10			10	
08专业组(不限)(分段培养项目)	10	507	490	10	
室内艺术设计(与南京工程学院分段培养项目)	10	507	490	10	
1153 南京科技职业学院	10			10	
06专业组(不限)	10	485	472	10	
视觉传达设计	5	485	476	5	
环境艺术设计	5	476	472	5	
1154 南京信息职业技术学院	3			3	
12专业组(不限)	3	510	485	3	
视觉传达设计	1	485	485	1	
数字媒体艺术设计	1	510	510	1	
影视动画	1	485	485	1	
1155 南京铁道职业技术学院	4			4	
08专业组(不限)	4	488	479	4	
室内艺术设计	2	480	479	2	
数字媒体艺术设计	2	488	481	2	
1156 江苏经贸职业技术学院	27			27	
11专业组(不限)	22	489	471	22	
数字媒体艺术设计	10	485	475	10	
产品艺术设计	5	489	471	5	
环境艺术设计	2	474	474	2	
广告艺术设计	5	472	471	5	
12专业组(不限)(分段培养项目)	5	501	496	5	
数字媒体艺术设计(与金陵科技学院分段培养项目)	5	501	496	5	
1159 南京机电职业技术学院	4			4	
04专业组(不限)	4	470	468	4	
视觉传达设计	2	470	469	2	
环境艺术设计	2	469	468	2	
1171 江苏城市职业学院	13			13	
04专业组(不限)	13	472	467	13	
环境艺术设计	3	467	467	3	
人物形象设计	1	467	467	1	
广告艺术设计	1	468	468	1	
视觉传达设计	1	471	471	1	
数字媒体艺术设计	2	472	469	2	
影视动画	2	469	468	2	
室内艺术设计	3	468	467	3	
1172 南京城市职业学院	4			4	
05专业组(不限)(分段培养项目)	4	498	487	4	
视觉传达设计(与南京传媒学院分段培养项目)	2	498	490	2	
产品艺术设计(与南京传媒学院分段培养项目)	2	490	487	2	
1211 无锡职业技术学院	40			40	
08专业组(不限)	40	492	469	40	
广告艺术设计	10	474	470	10	
数字媒体艺术设计	10	492	478	10	
产品艺术设计	10	477	471	10	
室内艺术设计	10	477	469	10	
1213 无锡科技职业学院	10			10	
06专业组(不限)	10	472	466	10	
数字媒体艺术设计	5	472	466	5	
动漫设计	5	468	466	5	
1214 无锡城市职业技术学院	5			5	
10专业组(不限)(分段培养项目)	5	504	485	5	
视觉传达设计(与南京传媒学院分段培养项目)	5	504	485	5	
1215 无锡工艺职业技术学院	10			10	
07专业组(不限)	10	480	468	10	
陶瓷设计与工艺	2	476	470	2	
视觉传达设计	3	480	477	3	
室内艺术设计	3	473	469	3	
服装陈列与展示设计	2	469	468	2	
1216 江阴职业技术学院	35			32	3
06专业组(不限)	35	469	440	32	3
视觉传达设计	10	469	455	10	
服装与服饰设计	15	462	444	12	3
影视多媒体技术	10	461	440	10	
1230 江苏建筑职业技术学院	15			15	
07专业组(不限)	15	485	461	15	
环境艺术设计	4	485	467	4	
室内艺术设计	4	468	462	4	
家具艺术设计	3	462	461	3	
产品艺术设计	4	474	463	4	
1231 徐州工业职业技术学院	5			5	
09专业组(不限)	5	467	459	5	
室内艺术设计	5	467	459	5	
1251 常州纺织服装职业技术学院	118			115	3
07专业组(不限)	103	469	440	100	3
影视动画	23	465	451	23	
视觉传达设计	7	469	459	7	
工艺美术品设计	8	451	445	8	
环境艺术设计	8	461	455	8	

2023年艺术类(物理等科目类)高职(专科)院校(使用省统考成绩录取)

院校、专业组、专业名称	录取数	最高分	最低分	平行志愿	征求志愿
室内艺术设计	10	462	450	10	
产品艺术设计	9	458	448	9	
服装与服饰设计	13	460	443	13	
人物形象设计	8	448	440	8	
艺术设计	8	460	440	7	1
服装陈列与展示设计	9	459	440	7	2
08专业组(不限)(分段培养项目)	**15**	**497**	**482**	**15**	
影视动画(与常州大学分段培养项目)	15	497	482	15	
1253 常州工业职业技术学院	**21**			**21**	
09专业组(不限)	**15**	**482**	**465**	**15**	
环境艺术设计	1	465	465	1	
数字媒体艺术设计	10	482	465	10	
室内艺术设计	2	469	465	2	
影视动画	2	465	465	2	
10专业组(不限)(分段培养项目)	**6**	**492**	**486**	**6**	
数字媒体艺术设计(与江苏理工学院分段培养项目)	6	492	486	6	
1255 江苏城乡建设职业学院	**10**			**10**	
06专业组(不限)	**10**	**462**	**457**	**10**	
数字媒体艺术设计	10	462	457	10	
1256 常州幼儿师范高等专科学校	**2**			**2**	
04专业组(不限)	**2**	**463**	**462**	**2**	
艺术设计	2	463	462	2	
1270 苏州职业大学	**12**			**12**	
11专业组(不限)	**12**	**480**	**472**	**12**	
视觉传达设计	4	480	479	4	
环境艺术设计	4	478	473	4	
室内艺术设计	4	477	472	4	
1272 苏州农业职业技术学院	**2**			**2**	
06专业组(不限)	**2**	**477**	**474**	**2**	
数字媒体艺术设计	2	477	474	2	
1274 苏州经贸职业技术学院	**10**			**10**	
06专业组(不限)	**10**	**498**	**473**	**10**	
服装与服饰设计	2	474	473	2	
环境艺术设计	2	477	476	2	
数字媒体艺术设计	3	498	478	3	
视觉传达设计	3	475	474	3	
1278 沙洲职业工学院	**24**			**24**	
04专业组(不限)	**24**	**451**	**429**	**24**	
环境艺术设计	24	451	429	24	
1290 苏州幼儿师范高等专科学校	**9**			**9**	
08专业组(不限)	**9**	**478**	**459**	**9**	
视觉传达设计	9	478	459	9	
1311 江苏航运职业技术学院	**6**			**6**	
10专业组(不限)	**6**	**468**	**463**	**6**	
环境艺术设计	3	468	463	3	
视觉传达设计	3	468	464	3	
1312 江苏工程职业技术学院	**7**			**7**	
06专业组(不限)	**7**	**459**	**452**	**7**	
服装陈列与展示设计	5	459	452	5	
服装与服饰设计	2	456	455	2	
1313 南通科技职业学院	**6**			**6**	
08专业组(不限)	**6**	**468**	**462**	**6**	
室内艺术设计	2	463	462	2	
数字媒体艺术设计	2	466	463	2	
环境艺术设计	2	468	463	2	
1314 江苏商贸职业学院	**16**			**16**	
07专业组(不限)(分段培养项目)	**8**	**490**	**481**	**8**	
视觉传达设计(与南京传媒学院分段培养项目)	8	490	481	8	
08专业组(不限)	**8**	**471**	**463**	**8**	
视觉传达设计	4	471	463	4	
数字媒体艺术设计	4	466	463	4	
1330 连云港师范高等专科学校	**30**			**30**	
09专业组(不限)	**30**	**471**	**417**	**30**	
广告艺术设计	10	456	429	10	
环境艺术设计	10	471	431	10	
书画艺术	10	461	417	10	
1331 连云港职业技术学院	**107**			**99**	**8**
07专业组(不限)	**92**	**472**	**401**	**85**	**7**
室内艺术设计	40	459	401	33	7
数字媒体艺术设计	52	472	423	52	
08专业组(不限)(分段培养项目)	**15**	**482**	**476**	**14**	**1**
室内艺术设计(与南京传媒学院分段培养项目)	5	480	476	5	
数字媒体艺术设计(与南京传媒学院分段培养项目)	5	482	480	5	
服装与服饰设计(与南京传媒学院分段培养项目)	5	480	476	4	1
1350 江苏电子信息职业学院	**5**			**5**	
06专业组(不限)	**5**	**454**	**437**	**5**	
广告艺术设计	5	454	437	5	
1351 江苏食品药品职业技术学院	**40**			**40**	
11专业组(不限)	**20**	**476**	**432**	**20**	
艺术设计	20	476	432	20	
12专业组(不限)(分段培养项目)	**20**	**480**	**473**	**20**	
艺术设计(与南京传媒学院分段培养项目)	20	480	473	20	
1352 江苏财经职业技术学院	**20**			**20**	
08专业组(不限)	**20**	**467**	**444**	**20**	
视觉传达设计	20	467	444	20	
1372 盐城幼儿师范高等专科学校	**15**			**15**	
12专业组(不限)	**15**	**457**	**443**	**15**	
艺术设计	1	453	453	1	
视觉传达设计	7	457	450	7	
书画艺术	2	448	448	2	
展示艺术设计	3	446	443	3	
影视动画	2	449	449	2	

2023年艺术类(物理等科目类)高职(专科)院校(使用省统考成绩录取)

院校、专业组、专业名称	录取数	最高分	最低分	平行志愿	征求志愿
1390 扬州市职业大学	29			29	
16专业组(不限)	14	472	466	14	
环境艺术设计	5	469	468	5	
服装与服饰设计	7	468	466	7	
室内艺术设计	2	472	469	2	
17专业组(不限)(分段培养项目)	10	485	480	10	
视觉传达设计(与南京传媒学院分段培养项目)	5	485	483	5	
室内艺术设计(与南京传媒学院分段培养项目)	5	483	480	5	
18专业组(不限)(中外合作办学)	5	468	457	5	
视觉传达设计(中外合作办学)	5	468	457	5	
1392 扬州工业职业技术学院	9			9	
10专业组(不限)	9	471	464	9	
艺术设计	3	471	465	3	
室内艺术设计	3	465	464	3	
数字媒体艺术设计	3	468	466	3	
1394 江苏旅游职业学院	6			6	
07专业组(不限)	6	464	460	6	
艺术设计	3	464	460	3	
数字媒体艺术设计	3	464	462	3	
1410 镇江市高等专科学校	18			18	
08专业组(不限)	18	474	438	18	
数字媒体艺术设计	5	457	453	5	
环境艺术设计	5	447	439	5	
广告艺术设计	2	474	448	2	
室内艺术设计	6	454	438	6	
1411 江苏农林职业技术学院	8			8	
06专业组(不限)	8	468	459	8	
环境艺术设计	8	468	459	8	
1431 泰州职业技术学院	17			17	
07专业组(不限)	17	461	443	17	
环境艺术设计	7	452	445	7	
广告艺术设计	5	449	443	5	
数字媒体艺术设计	5	461	458	5	
1432 江苏农牧科技职业学院	2			2	
07专业组(不限)	2	462	460	2	
环境艺术设计	2	462	460	2	
1951 正德职业技术学院	6			2	4
04专业组(不限)	6	439	423	2	4
环境艺术设计	6	439	423	2	4
1952 金肯职业技术学院	3			2	1
04专业组(不限)	3	445	426	2	1
艺术设计	1	426	426	1	
动漫设计	2	445	427	1	1
1954 南京视觉艺术职业学院	14			14	
06专业组(不限)	14	461	452	14	
数字媒体艺术设计	11	461	452	11	
广告艺术设计	1	458	458	1	
室内艺术设计	1	453	453	1	
影视动画	1	455	455	1	
1957 无锡南洋职业技术学院	4			1	3
04专业组(不限)	4	448	404	1	3
艺术设计	2	448	406		2
影视多媒体技术	2	417	404	1	1
1958 江南影视艺术职业学院	37			29	8
09专业组(不限)	17	459	393	9	8
影视动画	6	453	416	4	2
动漫设计	2	459	436	2	
广告艺术设计	4	441	413	1	3
服装与服饰设计	1	393	393	1	
室内艺术设计	1	433	433		1
环境艺术设计	1	453	453	1	
人物形象设计	2	448	412	2	
10专业组(不限)(分段培养项目)	20	474	466	20	
广告艺术设计(与南通理工学院分段培养项目)	10	474	469	10	
环境艺术设计(与南通理工学院分段培养项目)	10	470	466	10	
1959 太湖创意职业技术学院	1				1
06专业组(不限)	1	436	436		1
艺术设计	1	436	436		1
1965 建东职业技术学院	1				1
04专业组(不限)	1	432	432		1
视觉传达设计	1	432	432		1
1968 苏州工业园区职业技术学院	11			11	
06专业组(不限)	11	452	413	11	
数字媒体艺术设计	8	452	413	8	
环境艺术设计	3	443	416	3	
1971 苏州百年职业学院	1			1	
04专业组(不限)(中外合作办学)	1	444	444	1	
数字媒体艺术设计(中外合作办学)	1	444	444	1	
1973 昆山登云科技职业学院	3			2	1
04专业组(不限)	3	458	413	2	1
数字媒体艺术设计	3	458	413	2	1
1974 硅湖职业技术学院	2			2	
04专业组(不限)	2	425	405	2	
艺术设计	2	425	405	2	
1988 江海职业技术学院	2			1	1
08专业组(不限)	2	445	431	1	1
数字媒体艺术设计	2	445	431	1	1
1991 金山职业技术学院	1				1
06专业组(不限)	1	442	442		1
广告艺术设计	1	442	442		1
3224 天津市职业大学	4			4	
04专业组(不限)	4	465	457	4	
产品艺术设计	2	459	457	2	
视觉传达设计	2	465	460	2	

2023年艺术类(物理等科目类)高职(专科)院校(使用省统考成绩录取)

院校、专业组、专业名称	录取数	最高分	最低分	平行志愿	征求志愿
5226 武汉职业技术学院	2			2	
03专业组(不限)	2	472	460	2	
艺术设计类	2	472	460	2	
5236 武汉交通职业学院	4			4	
08专业组(不限)	4	457	432	4	
环境艺术设计	2	457	440	2	
广告艺术设计	2	438	432	2	
5286 咸宁职业技术学院	1			1	
04专业组(不限)	1	434	434	1	
艺术设计	1	434	434	1	
8024 上海济光职业技术学院	1			1	
04专业组(不限)	1	420	420	1	
动漫设计	1	420	420	1	
8025 上海工商外国语职业学院	2			2	
04专业组(不限)	2	464	459	2	
视觉传达设计	2	464	459	2	
8029 上海中侨职业技术大学	2			2	
07专业组(不限)	2	503	467	2	
数字媒体艺术设计	2	503	467	2	
8223 泰山科技学院	1			1	
06专业组(不限)	1	444	444	1	
视觉传达设计	1	444	444	1	
8224 烟台黄金职业学院	3			2	1
02专业组(不限)	3	447	415	2	1
数字媒体艺术设计	3	447	415	2	1
8290 天津天狮学院	1			1	
09专业组(不限)	1	428	428	1	
数字媒体艺术设计	1	428	428	1	
8326 保定理工学院	2			1	1
11专业组(不限)	2	465	424	1	1
视觉传达设计	1	424	424		1
环境艺术设计	1	465	465	1	
8561 武汉纺织大学外经贸学院	1			1	
08专业组(不限)	1	450	450	1	
视觉传达设计	1	450	450	1	
8775 四川电影电视学院	1			1	
10专业组(不限)	1	462	462	1	
摄影摄像技术	1	462	462	1	

以下为使用音乐类专业省统考成绩录取的院校(主试类型为声乐)，下列表中的“最高分(最低分)”为专业分。

院校、专业组、专业名称	录取数	最高分	最低分	平行志愿	征求志愿
1154 南京信息职业技术学院	1			1	
14专业组(不限)	1	206	206	1	
录音技术与艺术	1	206	206	1	
1270 苏州职业大学	2			2	
13专业组(不限)	2	210	206	2	
音乐表演	2	210	206	2	
1290 苏州幼儿师范高等专科学校	5			5	
10专业组(不限)	5	206	198	5	
音乐表演	5	206	198	5	
1330 连云港师范高等专科学校	18			5	13
11专业组(不限)	18	197	165	5	13
音乐表演	18	197	165	5	13
1372 盐城幼儿师范高等专科学校	1			1	
14专业组(不限)	1	196	196	1	
音乐表演	1	196	196	1	
1390 扬州市职业大学	5			5	
20专业组(不限)	5	202	196	5	
音乐表演	5	202	196	5	
1952 金肯职业技术学院	2			2	
06专业组(不限)	2	192	182	2	
音乐表演	2	192	182	2	
1954 南京视觉艺术职业学院	5			5	
08专业组(不限)	5	187	180	5	
音乐表演	5	187	180	5	
1957 无锡南洋职业技术学院	6			6	
06专业组(不限)	6	180	162	6	
音乐表演	6	180	162	6	
1958 江南影视艺术职业学院	4			4	
12专业组(不限)	4	180	176	4	
现代流行音乐	3	180	176	3	
音乐表演	1	176	176	1	
2390 安徽黄梅戏艺术职业学院	2			2	
02专业组(不限)	2	185	184	2	
音乐表演	2	185	184	2	
2577 上饶职业技术学院	2			2	
04专业组(不限)	2	181	181	2	
音乐表演	2	181	181	2	
8349 石家庄理工职业学院	3			3	
04专业组(不限)	3	175	171	3	
音乐表演	3	175	171	3	
8772 四川文化艺术学院	1			1	
11专业组(不限)	1	192	192	1	
音乐表演	1	192	192	1	
8775 四川电影电视学院	2			2	
12专业组(不限)	2	185	178	2	
音乐表演	2	185	178	2	

以下为使用音乐类专业省统考成绩录取的院校(主试类型为器乐)，下列表中的“最高分(最低分)”为专业分。

院校、专业组、专业名称	录取数	最高分	最低分	平行志愿	征求志愿
1154 南京信息职业技术学院	1			1	
16专业组(不限)	1	206	206	1	
录音技术与艺术	1	206	206	1	
1270 苏州职业大学	2			2	

2023年艺术类(物理等科目类)高职(专科)院校(使用省统考成绩录取)

院校、专业组、专业名称	录取数	最高分	最低分	平行志愿	征求志愿
15专业组(不限)	2	210	193	2	
音乐表演	2	210	193	2	
1290 苏州幼儿师范高等专科学校	4			4	
12专业组(不限)	4	181	177	4	
音乐表演	4	181	177	4	
1330 连云港师范高等专科学校	12			5	7
13专业组(不限)	12	218	159	5	7
音乐表演	12	218	159	5	7
1372 盐城幼儿师范高等专科学校	1			1	
16专业组(不限)	1	184	184	1	
音乐表演	1	184	184	1	
1390 扬州市职业大学	1			1	
22专业组(不限)	1	189	189	1	
音乐表演	1	189	189	1	
1952 金肯职业技术学院	2			2	
08专业组(不限)	2	187	175	2	
音乐表演	2	187	175	2	
1958 江南影视艺术职业学院	2			2	
14专业组(不限)	2	166	164	2	
音乐表演	2	166	164	2	
2390 安徽黄梅戏艺术职业学院	2			2	
04专业组(不限)	2	223	176	2	
音乐表演	2	223	176	2	
8772 四川文化艺术学院	1			1	
13专业组(不限)	1	167	167	1	
音乐表演	1	167	167	1	

(十)艺术类(物理等科目类)高职(专科)院校(使用校考成绩录取)

以下为传统(顺序)志愿，使用专业校考成绩录取的院校，下列表中的"最高分(最低分)"为文化分，其专业分为校考合格以上。

院校、专业组、专业名称	录取数	最高分	最低分	传统志愿	征求志愿
1954 南京视觉艺术职业学院	16			16	
14专业组(不限)	16	371	259	16	
摄影与摄像艺术	9	371	259	9	
舞蹈表演	1	327	327	1	
播音与主持	6	358	294	6	
1958 江南影视艺术职业学院	79			45	34
18专业组(不限)	79	397	221	45	34
戏剧影视表演	18	359	221	18	
舞蹈表演	1	323	323		1
舞蹈编导	1	342	342		1
播音与主持	13	352	234	10	3
摄影摄像技术	22	351	231	13	9
录音技术与艺术	12	362	270	3	9
影视照明技术与艺术	12	397	286	1	11
8914 西安工商学院	2			2	
09专业组(不限)	2	332	220	2	
播音与主持	2	332	220	2	

四、2023年在江苏招生的普通高校体育类专业录取情况

(一)体育类(历史等科目类)本科院校

以下为使用体育类专业省统考成绩录取的院校，下列表中的“最高分(最低分)”为文化分和专业分按一定比例构成的综合分。

院校、专业组、专业名称	录取数	最高分	最低分	最低分位次	平行志愿	征求志愿
1108 南京师范大学	**66**				**66**	
29专业组(不限)	**66**	**580**	**533**	**134**	**66**	
体育教育(师范)	51	580	533	134	51	
社会体育指导与管理	15	574	533	134	15	
1117 南京体育学院	**79**				**79**	
08专业组(不限)	**79**	**522**	**491**	**717**	**79**	
体育教育(师范)	60	522	494	649	60	
社会体育指导与管理	4	494	493	674	4	
体能训练	15	494	491	717	15	
1120 南京晓庄学院	**53**				**53**	
18专业组(不限)	**18**	**534**	**450**	**1385**	**18**	
体育教育(师范)(为苏州市太仓市定向培养)	1	496	496	610	1	
体育教育(师范)(为苏州市吴江区定向培养)	2	525	496	610	2	
体育教育(师范)(为盐城市东台市定向培养)	1	534	534	128	1	
体育教育(师范)(为盐城市射阳县定向培养)	1	528	528	170	1	
体育教育(师范)(为连云港市赣榆区定向培养)	2	524	522	226	2	
体育教育(师范)(为宿迁市沭阳县定向培养)	5	498	450	1385	5	
体育教育(师范)(为淮安市淮阴区定向培养)	1	528	528	170	1	
体育教育(师范)(为扬州市宝应县定向培养)	1	533	533	134	1	
体育教育(师范)(为扬州市江都区定向培养)	2	526	518	269	2	
体育教育(师范)(为扬州市邗江区定向培养)	1	504	504	472	1	
体育教育(师范)(为扬州市仪征市定向培养)	1	525	525	200	1	
19专业组(不限)	**35**	**521**	**510**	**391**	**35**	
体育教育(师范)	35	521	510	391	35	
1131 江苏第二师范学院	**45**				**45**	
19专业组(不限)	**45**	**509**	**499**	**550**	**45**	
体育教育(师范)	45	509	499	550	45	
1133 南京特殊教育师范学院	**37**				**37**	
05专业组(不限)	**37**	**502**	**485**	**862**	**37**	
体育教育(师范)	37	502	485	862	37	
1222 江苏师范大学	**65**				**65**	
15专业组(不限)	**65**	**534**	**513**	**341**	**65**	
体育教育(师范)	65	534	513	341	65	
1224 徐州工程学院	**44**				**44**	
07专业组(不限)	**44**	**494**	**471**	**1153**	**44**	
社会体育指导与管理	44	494	471	1153	44	
1242 常州大学	**28**				**28**	
10专业组(不限)	**28**	**499**	**484**	**887**	**28**	
休闲体育	28	499	484	887	28	
1261 苏州大学	**50**				**50**	
33专业组(不限)	**50**	**563**	**535**	**117**	**50**	
体育教育(师范)	50	563	535	117	50	
1301 南通大学	**88**				**88**	
24专业组(不限)	**88**	**523**	**504**	**472**	**88**	
体育教育(师范)	88	523	504	472	88	
1321 江苏海洋大学	**22**				**22**	
08专业组(不限)	**22**	**484**	**473**	**1114**	**22**	
休闲体育	22	484	473	1114	22	
1341 淮阴师范学院	**161**				**161**	
15专业组(不限)	**161**	**499**	**479**	**991**	**161**	
体育教育(师范)	107	499	484	887	107	
社会体育指导与管理	54	489	479	991	54	
1362 盐城师范学院	**96**				**96**	
15专业组(不限)	**18**	**553**	**476**	**1047**	**18**	
体育教育(师范)(为南京市六合区定向培养)	1	544	544	70	1	
体育教育(师范)(为南京市高淳区定向培养)	1	517	517	282	1	
体育教育(师范)(为镇江市丹徒区定向培养)	1	505	505	452	1	
体育教育(师范)(为南通市海安市定向培养)	2	533	521	235	2	
体育教育(师范)(为南通市如东县定向培养)	1	497	497	594	1	
体育教育(师范)(为南通市海门区定向培养)	1	523	523	219	1	
体育教育(师范)(为南通市通州区定向培养)	1	553	553	前50名	1	
体育教育(师范)(为徐州市丰县定向培养)	2	510	501	520	2	
体育教育(师范)(为徐州市铜山区定向培养)	3	503	497	594	3	
体育教育(师范)(为泰州市靖	1	542	542	76	1	

2023年体育类(历史等科目类)本科院校

院校、专业组、专业名称	录取数	最高分	最低分	最低分位次	平行志愿	征求志愿
江市定向培养)						
体育教育(师范)(为泰州市泰兴市定向培养)	1	512	512	367	1	
体育教育(师范)(为泰州市兴化市定向培养)	3	511	476	1047	3	
16专业组(不限)	78	504	480	971	78	
体育教育(师范)	40	504	487	808	40	
社会体育指导与管理	38	487	480	971	38	
1381 扬州大学	90				90	
32专业组(不限)	90	533	515	304	90	
体育教育(师范)	60	533	522	226	60	
社会体育指导与管理	30	527	515	304	30	
1402 江苏科技大学	15				15	
20专业组(不限)(镇江校区)	15	501	488	781	15	
体育学类(社会体育指导与管理、休闲体育)	15	501	488	781	15	
1426 宿迁学院	30				30	
07专业组(不限)	30	496	477	1027	30	
体育教育(师范)	30	496	477	1027	30	
1837 江苏科技大学苏州理工学院	36				36	
04专业组(不限)	36	471	467	1222	36	
社会体育指导与管理	36	471	467	1222	36	
1847 南京师范大学泰州学院	39				39	
04专业组(不限)	39	491	472	1137	39	
体育教育(师范)	39	491	472	1137	39	
2106 华东师范大学	3				3	
08专业组(不限)	3	626	598	前50名	3	
体育学类	3	626	598	前50名	3	
2119 上海体育大学	2				2	
04专业组(不限)	2	574	561	前50名	2	
体育学类	2	574	561	前50名	2	
2206 浙江师范大学	2				2	
06专业组(不限)	2	530	517	282	2	
社会体育指导与管理	2	530	517	282	2	
2261 湖州师范学院	3				3	
05专业组(不限)	3	502	498	573	3	
体育教育(师范)	3	502	498	573	3	
2333 皖西学院	5				5	
01专业组(不限)	5	486	480	971	5	
体育教育(师范)	5	486	480	971	5	
2443 泉州师范学院	4				4	
05专业组(不限)	4	477	476	1047	4	
体育教育(师范)	2	477	477	1027	2	
社会体育指导与管理	2	477	476	1047	2	
2501 江西财经大学	2				2	
07专业组(不限)	2	502	498	573	2	
社会体育指导与管理	2	502	498	573	2	
2504 江西中医药大学	1				1	
05专业组(不限)	1	499	499	550	1	
运动康复	1	499	499	550	1	
2505 南昌大学	2				2	
06专业组(不限)	2	533	533	134	2	
体育教育(师范)	2	533	533	134	2	
2512 江西警察学院	4				4	
03专业组(不限)	4	474	470	1170	4	
社会体育指导与管理	4	474	470	1170	4	
2523 赣南师范大学	2				2	
08专业组(不限)	2	495	493	674	2	
体育教育(师范)	2	495	493	674	2	
2542 萍乡学院	2				2	
04专业组(不限)	2	477	476	1047	2	
体育教育(师范)	2	477	476	1047	2	
2602 济南大学	3				3	
10专业组(不限)	3	510	507	420	3	
体育学类(含师范)	3	510	507	420	3	
2642 聊城大学	3				3	
04专业组(不限)	3	500	491	717	3	
体育教育(师范)	3	500	491	717	3	
2645 临沂大学	15				15	
07专业组(不限)(中外合作办学)	15	475	464	1255	15	
社会体育指导与管理(中外合作办学)(高尔夫)	15	475	464	1255	15	
3127 北京体育大学	8				8	
10专业组(不限)	8	588	555	前50名	8	
体育教育	5	581	555	前50名	5	
休闲体育	1	558	558	前50名	1	
体能训练	1	556	556	前50名	1	
冰雪运动	1	588	588	前50名	1	
3217 天津体育学院	6				6	
03专业组(不限)	6	500	493	674	6	
体育教育	3	500	493	674	3	
社会体育指导与管理	3	496	493	674	3	
3320 河北环境工程学院	3				3	
05专业组(不限)	3	471	469	1187	3	
休闲体育	3	471	469	1187	3	
3333 衡水学院	5				5	
06专业组(不限)	5	477	472	1137	5	
体育教育(师范)	3	477	474	1089	3	
社会体育指导与管理	2	473	472	1137	2	
3402 中北大学	2				2	
05专业组(不限)	2	481	469	1187	2	
社会体育指导与管理	2	481	469	1187	2	
3405 太原理工大学	2				2	
05专业组(不限)	2	534	532	143	2	
体育教育	2	534	532	143	2	
3415 山西师范大学	3				3	

2023年体育类(历史等科目类)本科院校

院校、专业组、专业名称	录取数	最高分	最低分	最低分位次	平行志愿	征求志愿
08专业组(不限)	3	485	475	1070	3	
体育教育(师范)	1	485	485	862	1	
社会体育指导与管理	1	475	475	1070	1	
体育旅游	1	477	477	1027	1	
3416 太原师范学院	5				5	
08专业组(不限)	5	486	481	948	5	
体育教育(师范)	5	486	481	948	5	
4203 吉林农业大学	4				4	
07专业组(不限)	4	488	477	1027	4	
体育教育	4	488	477	1027	4	
4213 吉林体育学院	8				8	
02专业组(不限)	8	475	470	1170	8	
社会体育指导与管理	4	475	470	1170	4	
休闲体育	4	471	470	1170	4	
5106 郑州轻工业大学	5				5	
07专业组(不限)	5	474	471	1153	5	
社会体育指导与管理	5	474	471	1153	5	
5141 河南大学	4				4	
09专业组(不限)	4	525	522	226	4	
体育教育(师范)	4	525	522	226	4	
5151 河南理工大学	3				3	
05专业组(不限)	3	481	475	1070	3	
社会体育指导与管理	3	481	475	1070	3	
5198 商丘师范学院	2				2	
06专业组(不限)	2	476	475	1070	2	
社会体育指导与管理	1	475	475	1070	1	
体育教育(师范)	1	476	476	1047	1	
5205 中国地质大学(武汉)	2				2	
05专业组(不限)	2	531	531	152	2	
社会体育指导与管理	2	531	531	152	2	
5209 湖北大学	4				4	
04专业组(不限)	4	507	502	501	4	
体育学类(社会体育指导与管理、运动人体科学)	4	507	502	501	4	
5303 湖南师范大学	2				2	
08专业组(不限)(中外合作办学)	2	530	527	184	2	
体育教育(中外合作办学)(师范)	2	530	527	184	2	
5310 湖南人文科技学院	6				6	
08专业组(不限)	6	478	473	1114	6	
体育教育(师范)	6	478	473	1114	6	
5332 湖南工业大学	2				2	
07专业组(不限)	2	492	490	739	2	
体育教育(师范)	1	492	492	695	1	
社会体育指导与管理	1	490	490	739	1	
5355 湖南城市学院	4				4	
03专业组(不限)	4	476	472	1137	4	
体育教育(师范)	2	476	473	1114	2	

院校、专业组、专业名称	录取数	最高分	最低分	最低分位次	平行志愿	征求志愿
社会体育指导与管理	2	472	472	1137	2	
5361 吉首大学	2				2	
05专业组(不限)	2	496	494	649	2	
体育教育(师范)	2	496	494	649	2	
5381 湘南学院	1				1	
05专业组(不限)	1	477	477	1027	1	
体育教育(师范)	1	477	477	1027	1	
5385 怀化学院	3				3	
08专业组(不限)	3	477	476	1047	3	
体育教育(师范)	3	477	476	1047	3	
5391 湖南科技学院	3				3	
05专业组(不限)	3	480	473	1114	3	
体育教育(师范)	3	480	473	1114	3	
5423 广州体育学院	1				1	
01专业组(不限)	1	503	503	490	1	
运动康复	1	503	503	490	1	
5511 广西师范大学	5				5	
07专业组(不限)(中外合作办学)	3	485	465	1244	3	
体育教育(中外合作办学)(师范)	3	485	465	1244	3	
08专业组(不限)	2	493	491	717	2	
体育教育(师范)	2	493	491	717	2	
5522 桂林旅游学院	2				2	
07专业组(不限)	2	470	470	1170	2	
休闲体育	2	470	470	1170	2	
5602 海南师范大学	4				4	
07专业组(不限)	2	471	470	1170	2	
社会体育指导与管理(高尔夫)	2	471	470	1170	2	
08专业组(不限)	2	491	491	717	2	
体育教育(师范)	2	491	491	717	2	
6106 成都理工大学	5				5	
07专业组(不限)	5	521	511	380	5	
体育学类	5	521	511	380	5	
6114 成都大学	12				12	
07专业组(不限)(中外合作办学)	7	501	462	1292	7	
休闲体育(中外合作办学)	7	501	462	1292	7	
08专业组(不限)	5	501	492	695	5	
体育教育(师范)	5	501	492	695	5	
6115 四川轻化工大学	3				2	1
05专业组(不限)	3	490	469	1187	2	1
体育教育(师范)	3	490	469	1187	2	1
6140 四川师范大学	3				3	
08专业组(不限)	3	513	513	341	3	
体育教育	3	513	513	341	3	
6141 西南石油大学	3				3	
03专业组(不限)	3	520	519	257	3	

院校、专业组、专业名称	录取数	最高分	最低分	最低分位次	平行志愿	征求志愿
体育教育	3	520	519	257	3	
6181 宜宾学院	2				2	
03专业组(不限)	2	471	471	1153	2	
社会体育指导与管理	2	471	471	1153	2	
6213 重庆三峡学院	2				2	
04专业组(不限)	2	482	478	1014	2	
体育教育(师范)	2	482	478	1014	2	
6310 黔南民族师范学院	1				1	
04专业组(不限)	1	473	473	1114	1	
体育教育(师范)	1	473	473	1114	1	
6401 云南大学	1				1	
07专业组(不限)	1	532	532	143	1	
体育教育	1	532	532	143	1	
8175 南昌工学院	2				2	
05专业组(不限)	2	467	467	1222	2	
社会体育指导与管理	2	467	467	1222	2	
8180 南昌航空大学科技学院	2				2	
03专业组(不限)	2	466	466	1234	2	
休闲体育	2	466	466	1234	2	
8299 天津仁爱学院	3				3	
03专业组(不限)	3	466	464	1255	3	
休闲体育	3	466	464	1255	3	
8575 武汉华夏理工学院	2				2	
03专业组(不限)	2	470	469	1187	2	
体育教育	2	470	469	1187	2	
8740 海口经济学院	2				1	1
06专业组(不限)	2	467	464	1255	1	1
休闲体育	2	467	464	1255	1	1
8741 三亚学院	4				3	1
07专业组(不限)	4	474	463	1274	3	1
休闲体育	4	474	463	1274	3	1

(二)体育类(历史等科目类)高职(专科)院校

以下为使用体育类专业省统考成绩录取的院校,下列表中的"最高分(最低分)"为文化分和专业分按一定比例构成的综合分。

院校、专业组、专业名称	录取数	最高分	最低分	平行志愿	征求志愿
1156 江苏经贸职业技术学院	30			30	
07专业组(不限)	30	508	464	30	
体育运营与管理	30	508	464	30	
1232 徐州幼儿师范高等专科学校	23			23	
08专业组(不限)	23	478	453	23	
体育教育(师范)	15	478	458	15	
体育保健与康复	8	458	453	8	
1252 常州工程职业技术学院	57			56	1
03专业组(不限)	57	467	419	56	1
体育运营与管理	23	467	439	23	
体育保健与康复	34	465	419	33	1
1270 苏州职业大学	31			31	
08专业组(不限)	31	502	476	31	
体育教育(师范)	31	502	476	31	
1315 南通师范高等专科学校	67			63	4
09专业组(不限)	67	479	451	63	4
体育教育(师范)	30	479	460	30	
体育运营与管理	37	460	451	33	4
1330 连云港师范高等专科学校	78			72	6
06专业组(不限)	78	492	421	72	6
体育教育(师范)	71	492	421	65	6
社会体育	7	455	428	7	
1351 江苏食品药品职业技术学院	9			9	
07专业组(不限)	9	484	432	9	
体育保健与康复	9	484	432	9	
1370 盐城工业职业技术学院	3			3	
09专业组(不限)	3	472	447	3	
社会体育	3	472	447	3	
1372 盐城幼儿师范高等专科学校	38			38	
09专业组(不限)	38	465	438	38	
体育教育(师范)	21	465	449	21	
社会体育	17	448	438	17	
1390 扬州市职业大学	60			60	
11专业组(不限)	60	475	461	60	
体育教育(师范)	35	475	464	35	
体育运营与管理	25	463	461	25	
1394 江苏旅游职业学院	3			3	
04专业组(不限)	3	443	431	3	
休闲体育	3	443	431	3	
1410 镇江市高等专科学校	3			3	
05专业组(不限)	3	456	442	3	
运动健康指导	3	456	442	3	
3242 天津体育职业学院	9			8	1
01专业组(不限)	9	469	436	8	1
运动训练	4	469	449	4	
体育保健与康复	3	454	440	3	
体能训练	2	457	436	1	1
4213 吉林体育学院	8			8	
04专业组(不限)	8	483	454	8	
体育保健与康复	6	483	456	6	
运动防护	2	467	454	2	
5372 湖南体育职业学院	2			2	
03专业组(不限)	2	471	442	2	
运动训练	2	471	442	2	
8172 南昌理工学院	2			2	
04专业组(不限)	2	463	456	2	
体育运营与管理	2	463	456	2	
8740 海口经济学院	1			1	
08专业组(不限)	1	427	427	1	
运动训练	1	427	427	1	
8771 四川大学锦江学院	4			4	
03专业组(不限)	4	462	437	4	
休闲体育	4	462	437	4	

(三)体育类(物理等科目类)本科院校

以下为使用体育类专业省统考成绩录取的院校,下列表中的"最高分(最低分)"为文化分和专业分按一定比例构成的综合分。

院校、专业组、专业名称	录取数	最高分	最低分	最低分位次	平行志愿	征求志愿
1108 南京师范大学	35				35	
30专业组(不限)	35	618	562	76	35	
体育教育(师范)	30	618	562	76	30	
社会体育指导与管理	5	591	563	72	5	
1117 南京体育学院	80				80	
09专业组(不限)	80	539	509	554	80	
体育教育(师范)	60	539	512	504	60	
社会体育指导与管理	5	512	511	521	5	
体能训练	15	511	509	554	15	
1120 南京晓庄学院	52				52	
20专业组(不限)	21	556	457	1191	21	
体育教育(师范)(为苏州市太仓市定向培养)	1	511	511	521	1	
体育教育(师范)(为苏州市吴江区定向培养)	2	550	536	218	2	
体育教育(师范)(为盐城市东台市定向培养)	1	556	556	94	1	
体育教育(师范)(为盐城市建湖县定向培养)	1	528	528	303	1	
体育教育(师范)(为盐城市阜宁县定向培养)	2	511	498	758	2	
体育教育(师范)(为连云港市灌南县定向培养)	1	509	509	554	1	
体育教育(师范)(为连云港市赣榆区定向培养)	2	532	528	303	2	
体育教育(师范)(为宿迁市沭阳县定向培养)	2	520	503	663	2	
体育教育(师范)(为淮安市淮阴区定向培养)	1	457	457	1191	1	
体育教育(师范)(为淮安市洪泽区定向培养)	1	531	531	275	1	
体育教育(师范)(为扬州市宝应县定向培养)	1	536	536	218	1	
体育教育(师范)(为扬州市高邮市定向培养)	2	524	520	390	2	
体育教育(师范)(为扬州市江都区定向培养)	2	532	515	460	2	
体育教育(师范)(为扬州市邗江区定向培养)	2	509	501	705	2	
21专业组(不限)	31	547	524	344	31	
体育教育(师范)	31	547	524	344	31	
1131 江苏第二师范学院	5				5	
20专业组(不限)	5	537	523	357	5	
体育教育(师范)	5	537	523	357	5	
1133 南京特殊教育师范学院	6				6	
06专业组(不限)	6	521	514	476	6	
体育教育(师范)	6	521	514	476	6	
1221 中国矿业大学	8				8	
07专业组(不限)	8	561	548	136	8	
社会体育指导与管理	8	561	548	136	8	
1222 江苏师范大学	17				17	
16专业组(不限)	17	546	540	181	17	
体育教育(师范)	17	546	540	181	17	
1224 徐州工程学院	16				16	
08专业组(不限)	16	508	502	684	16	
社会体育指导与管理	16	508	502	684	16	
1242 常州大学	3				3	
11专业组(不限)	3	539	523	357	3	
休闲体育	3	539	523	357	3	
1261 苏州大学	15				15	
34专业组(不限)	15	594	567	61	15	
体育教育(师范)	15	594	567	61	15	
1301 南通大学	89				88	1
25专业组(不限)	89	541	506	604	88	1
体育教育(师范)	89	541	506	604	88	1
1321 江苏海洋大学	22				22	
09专业组(不限)	22	509	498	758	22	
休闲体育	22	509	498	758	22	
1341 淮阴师范学院	13				13	
16专业组(不限)	13	522	519	408	13	
体育教育(师范)	8	522	520	390	8	
社会体育指导与管理	5	520	519	408	5	
1362 盐城师范学院	59				59	
17专业组(不限)	23	568	503	663	23	
体育教育(师范)(为南京市六合区定向培养)	3	554	505	629	3	
体育教育(师范)(为南京市高淳区定向培养)	1	546	546	148	1	
体育教育(师范)(为镇江市扬中市定向培养)	1	518	518	425	1	
体育教育(师范)(为南通市海安市定向培养)	1	563	563	72	1	
体育教育(师范)(为南通市如皋市定向培养)	3	552	531	275	3	
体育教育(师范)(为南通市如东县定向培养)	1	508	508	571	1	
体育教育(师范)(为南通市通州区定向培养)	1	568	568	59	1	
体育教育(师范)(为徐州市丰县定向培养)	1	522	522	365	1	

院校、专业组、专业名称	录取数	最高分	最低分	最低分位次	平行志愿	征求志愿
体育教育(师范)(为徐州市铜山区定向培养)	4	563	521	378	4	
体育教育(师范)(为徐州市睢宁县定向培养)	1	534	534	245	1	
体育教育(师范)(为泰州市靖江市定向培养)	2	560	543	162	2	
体育教育(师范)(为泰州市泰兴市定向培养)	2	541	510	537	2	
体育教育(师范)(为泰州市兴化市定向培养)	2	543	503	663	2	
18专业组(不限)	**36**	**537**	**507**	**589**	**36**	
体育教育(师范)	19	537	512	504	19	
社会体育指导与管理	17	512	507	589	17	
1381 扬州大学	**40**				**40**	
33专业组(不限)	**40**	**566**	**541**	**175**	**40**	
体育教育(师范)	30	566	547	140	30	
社会体育指导与管理	10	546	541	175	10	
1402 江苏科技大学	**14**				**14**	
21专业组(不限)(镇江校区)	**14**	**522**	**514**	**476**	**14**	
体育学类(社会体育指导与管理、休闲体育)	14	522	514	476	14	
1426 宿迁学院	**10**				**10**	
08专业组(不限)	**10**	**521**	**508**	**571**	**10**	
体育教育(师范)	10	521	508	571	10	
1837 江苏科技大学苏州理工学院	**5**				**5**	
05专业组(不限)	**5**	**501**	**498**	**758**	**5**	
社会体育指导与管理	5	501	498	758	5	
1847 南京师范大学泰州学院	**15**				**15**	
05专业组(不限)	**15**	**519**	**502**	**684**	**15**	
体育教育(师范)	15	519	502	684	15	
2106 华东师范大学	**4**				**4**	
09专业组(不限)	**4**	**646**	**619**	**前50名**	**4**	
体育学类	4	646	619	前50名	4	
2111 上海师范大学	**12**				**12**	
06专业组(不限)	**12**	**612**	**554**	**107**	**12**	
体育教育(师范)	12	612	554	107	12	
2119 上海体育大学	**2**				**2**	
05专业组(不限)	**2**	**589**	**569**	**55**	**2**	
体育学类	2	589	569	55	2	
2206 浙江师范大学	**2**				**2**	
07专业组(不限)	**2**	**539**	**539**	**190**	**2**	
社会体育指导与管理	2	539	539	190	2	
2261 湖州师范学院	**1**				**1**	
06专业组(不限)	**1**	**522**	**522**	**365**	**1**	
体育教育(师范)	1	522	522	365	1	
2333 皖西学院	**5**				**5**	
02专业组(不限)	**5**	**513**	**507**	**589**	**5**	
体育教育(师范)	5	513	507	589	5	
2351 淮北师范大学	**10**				**10**	
08专业组(不限)	**10**	**521**	**508**	**571**	**10**	
体育教育(师范)	5	521	513	492	5	
社会体育指导与管理	5	511	508	571	5	
2443 泉州师范学院	**4**				**4**	
06专业组(不限)	**4**	**502**	**501**	**705**	**4**	
体育教育(师范)	2	502	501	705	2	
社会体育指导与管理	2	501	501	705	2	
2501 江西财经大学	**2**				**2**	
08专业组(不限)	**2**	**513**	**512**	**504**	**2**	
社会体育指导与管理	2	513	512	504	2	
2502 华东交通大学	**5**				**5**	
10专业组(不限)	**5**	**523**	**519**	**408**	**5**	
体育教育(师范)	5	523	519	408	5	
2504 江西中医药大学	**1**				**1**	
06专业组(不限)	**1**	**515**	**515**	**460**	**1**	
运动康复	1	515	515	460	1	
2507 江西科技师范大学	**4**				**4**	
07专业组(不限)	**4**	**508**	**503**	**663**	**4**	
社会体育指导与管理	1	503	503	663	1	
体育教育(师范)	3	508	503	663	3	
2512 江西警察学院	**4**				**4**	
04专业组(不限)	**4**	**498**	**497**	**778**	**4**	
社会体育指导与管理	4	498	497	778	4	
2523 赣南师范大学	**4**				**4**	
09专业组(不限)	**4**	**513**	**505**	**629**	**4**	
体育教育(师范)	4	513	505	629	4	
2543 南昌师范学院	**2**				**2**	
06专业组(生物)	**2**	**532**	**512**	**504**	**2**	
体育教育(师范)	2	532	512	504	2	
2601 山东大学	**5**				**5**	
09专业组(不限)	**5**	**586**	**571**	**前50名**	**5**	
社会体育指导与管理	5	586	571	前50名	5	
2602 济南大学	**2**				**2**	
11专业组(不限)	**2**	**538**	**535**	**229**	**2**	
体育学类(含师范)	2	538	535	229	2	
2624 青岛大学	**2**				**2**	
04专业组(不限)	**2**	**538**	**538**	**203**	**2**	
体育教育(师范)	2	538	538	203	2	
2635 潍坊学院	**8**				**8**	
07专业组(不限)	**8**	**507**	**505**	**629**	**8**	
体育教育(师范)	8	507	505	629	8	
2642 聊城大学	**5**				**4**	**1**
05专业组(不限)	**5**	**528**	**506**	**604**	**4**	**1**
体育教育(师范)	2	512	510	537	2	
运动康复	3	528	506	604	2	1
2653 鲁东大学	**6**				**6**	
03专业组(不限)	**6**	**527**	**514**	**476**	**6**	
体育教育(师范)	6	527	514	476	6	

院校、专业组、专业名称	录取数	最高分	最低分	最低分位次	平行志愿	征求志愿
3127 北京体育大学	6				6	
11专业组(不限)	6	614	590	前50名	6	
体育教育	4	614	590	前50名	4	
休闲体育	1	598	598	前50名	1	
体能训练	1	597	597	前50名	1	
3153 华北科技学院	3				3	
07专业组(不限)	3	501	496	800	3	
社会体育指导与管理	3	501	496	800	3	
3217 天津体育学院	7				7	
04专业组(不限)	7	518	505	629	7	
体育教育	4	518	506	604	4	
社会体育指导与管理	3	508	505	629	3	
3302 河北科技师范学院	5				5	
04专业组(不限)	5	499	496	800	5	
运动康复	5	499	496	800	5	
3320 河北环境工程学院	3				3	
06专业组(不限)	3	496	495	811	3	
休闲体育	3	496	495	811	3	
3333 衡水学院	5				5	
07专业组(不限)	5	502	497	778	5	
体育教育(师范)	3	502	499	743	3	
社会体育指导与管理	2	498	497	778	2	
3405 太原理工大学	8				8	
06专业组(不限)	8	556	545	152	8	
体育教育	8	556	545	152	8	
3415 山西师范大学	3				3	
09专业组(不限)	3	513	508	571	3	
体育教育(师范)	1	513	513	492	1	
社会体育指导与管理	1	508	508	571	1	
体育旅游	1	509	509	554	1	
3416 太原师范学院	5				5	
09专业组(不限)	5	506	502	684	5	
体育教育(师范)	5	506	502	684	5	
4116 沈阳体育学院	16				16	
02专业组(不限)	16	512	501	705	16	
体育教育(师范)	5	512	501	705	5	
社会体育指导与管理(师范)	6	509	501	705	6	
休闲体育(师范)	5	506	501	705	5	
4203 吉林农业大学	4				4	
08专业组(不限)	4	502	500	726	4	
体育教育	4	502	500	726	4	
4213 吉林体育学院	5				5	
03专业组(不限)	5	499	497	778	5	
运动人体科学	5	499	497	778	5	
4215 吉林师范大学	4				4	
06专业组(不限)	4	506	504	650	4	
体育教育(师范)	4	506	504	650	4	
4325 哈尔滨体育学院	2				2	
01专业组(不限)	2	500	499	743	2	
体育教育	2	500	499	743	2	
5141 河南大学	6				6	
10专业组(不限)	6	552	539	190	6	
体育教育(师范)	6	552	539	190	6	
5151 河南理工大学	3				3	
06专业组(不限)	3	511	502	684	3	
社会体育指导与管理	3	511	502	684	3	
5174 许昌学院	5				5	
04专业组(不限)	5	505	500	726	5	
体育教育(师范)	5	505	500	726	5	
5203 华中师范大学	2				2	
07专业组(不限)	2	568	564	69	2	
体育教育	2	568	564	69	2	
5213 武汉体育学院	8				8	
04专业组(不限)	8	541	517	434	8	
体育教育	2	541	530	287	2	
体能训练	2	530	520	390	2	
社会体育指导与管理	2	528	524	344	2	
休闲体育(高尔夫)	2	518	517	434	2	
5243 长江大学	2				2	
05专业组(不限)	2	526	522	365	2	
体育教育(师范)	1	526	526	328	1	
社会体育指导与管理	1	522	522	365	1	
5261 湖北师范大学	4				4	
07专业组(不限)	4	521	514	476	4	
体育教育	4	521	514	476	4	
5290 湖北文理学院	4				4	
03专业组(不限)	4	501	497	778	4	
体育学类(体育教育、社会体育指导与管理)	4	501	497	778	4	
5303 湖南师范大学	2				2	
09专业组(不限)(中外合作办学)	2	551	547	140	2	
体育教育(中外合作办学)(师范)	2	551	547	140	2	
5310 湖南人文科技学院	2				2	
09专业组(不限)	2	498	497	778	2	
体育教育(师范)	2	498	497	778	2	
5332 湖南工业大学	2				2	
08专业组(不限)	2	508	507	589	2	
社会体育指导与管理	1	507	507	589	1	
体育教育(师范)	1	508	508	571	1	
5361 吉首大学	2				2	
06专业组(不限)	2	510	505	629	2	
体育教育(师范)	2	510	505	629	2	
5381 湘南学院	3				3	
06专业组(不限)	3	500	498	758	3	
体育教育(师范)	3	500	498	758	3	
5385 怀化学院	5				5	

院校、专业组、专业名称	录取数	最高分	最低分	最低分位次	平行志愿	征求志愿
09专业组(不限)	5	504	498	758	5	
体育教育(师范)	5	504	498	758	5	
5423 广州体育学院	1				1	
02专业组(不限)	1	502	502	684	1	
运动康复	1	502	502	684	1	
5509 百色学院	12				12	
01专业组(不限)	12	499	495	811	12	
体育教育(师范)	8	499	495	811	8	
社会体育指导与管理	4	497	495	811	4	
5522 桂林旅游学院	2				2	
08专业组(不限)	2	494	494	827	2	
体育旅游	2	494	494	827	2	
5527 广西科技师范学院	3				3	
05专业组(不限)	3	519	498	758	3	
体育教育(师范)	3	519	498	758	3	
5602 海南师范大学	4				4	
09专业组(不限)	2	502	498	758	2	
社会体育指导与管理(高尔夫)	2	502	498	758	2	
10专业组(不限)	2	515	499	743	2	
体育教育(师范)	2	515	499	743	2	
5604 海南热带海洋学院	7				7	
10专业组(不限)	7	497	494	827	7	
社会体育指导与管理	4	497	495	811	4	
休闲体育	3	495	494	827	3	
6106 成都理工大学	5				5	
08专业组(不限)	5	552	536	218	5	
体育学类	5	552	536	218	5	
6108 成都体育学院	10				10	
04专业组(不限)	10	532	505	629	10	
体育教育(师范)	4	510	506	604	4	
社会体育指导与管理	2	507	506	604	2	
休闲体育	2	532	505	629	2	
体能训练	2	522	506	604	2	
6115 四川轻化工大学	3				3	
06专业组(不限)	3	507	504	650	3	
体育教育(师范)	3	507	504	650	3	
6131 西南科技大学	2				2	
05专业组(不限)	2	506	503	663	2	
运动康复	2	506	503	663	2	
6141 西南石油大学	2				2	
04专业组(不限)	2	535	532	262	2	
体育教育	2	535	532	262	2	
6209 重庆邮电大学	3				3	
03专业组(不限)	3	518	517	434	3	
社会体育指导与管理	3	518	517	434	3	
6213 重庆三峡学院	3				3	
05专业组(不限)	3	503	502	684	3	
体育教育(师范)	3	503	502	684	3	
6303 贵州医科大学	1				1	
03专业组(不限)	1	514	514	476	1	
社会体育指导与管理	1	514	514	476	1	
6310 黔南民族师范学院	1				1	
05专业组(不限)	1	498	498	758	1	
体育教育(师范)	1	498	498	758	1	
6401 云南大学	1				1	
08专业组(不限)	1	556	556	94	1	
体育教育	1	556	556	94	1	
7103 陕西师范大学	4				4	
08专业组(不限)	4	564	557	91	4	
体育教育(师范)	4	564	557	91	4	
7121 西安体育学院	13				13	
01专业组(不限)	13	511	501	705	13	
体育教育(师范)	5	505	501	705	5	
社会体育指导与管理(师范)	2	506	504	650	2	
运动康复	2	506	503	663	2	
休闲体育	2	511	506	604	2	
体能训练	2	506	501	705	2	
7162 宝鸡文理学院	4				4	
03专业组(不限)	4	502	498	758	4	
体育教育(师范)	4	502	498	758	4	
8175 南昌工学院	1				1	
06专业组(不限)	1	494	494	827	1	
社会体育指导与管理	1	494	494	827	1	
8180 南昌航空大学科技学院	1				1	
04专业组(不限)	1	494	494	827	1	
休闲体育	1	494	494	827	1	
8299 天津仁爱学院	2				2	
04专业组(不限)	2	493	493	842	2	
休闲体育	2	493	493	842	2	
8575 武汉华夏理工学院	2				2	
04专业组(不限)	2	494	494	827	2	
休闲体育	2	494	494	827	2	
8740 海口经济学院	2				1	1
07专业组(不限)	2	502	493	842	1	1
社会体育指导与管理	2	502	493	842	1	1
8741 三亚学院	5				4	1
08专业组(不限)	5	495	492	853	4	1
休闲体育	5	495	492	853	4	1

(四)体育类(物理等科目类)高职(专科)院校

以下为使用体育类专业省统考成绩录取的院校,下列表中的"最高分(最低分)"为文化分和专业分按一定比例构成的综合分。

院校、专业组、专业名称	录取数	最高分	最低分	平行志愿	征求志愿
156 江苏经贸职业技术学院	10			10	
08专业组(不限)	10	493	490	10	
体育运营与管理	10	493	490	10	
232 徐州幼儿师范高等专科学校	24			24	
09专业组(不限)	24	493	447	24	
体育教育(师范)	15	493	475	15	
体育保健与康复	9	474	447	9	
270 苏州职业大学	4			4	
09专业组(不限)	4	507	499	4	
体育教育(师范)	4	507	499	4	
315 南通师范高等专科学校	45			43	2
10专业组(不限)	45	497	466	43	2
体育教育(师范)	19	497	482	19	
体育运营与管理	26	482	466	24	2
330 连云港师范高等专科学校	12			12	
07专业组(不限)	12	492	455	12	
体育教育(师范)	10	492	459	10	
社会体育	2	457	455	2	
351 江苏食品药品职业技术学院	1			1	
08专业组(不限)	1	474	474	1	
体育保健与康复	1	474	474	1	
372 盐城幼儿师范高等专科学校	9			8	1
10专业组(不限)	9	492	462	8	1
体育教育(师范)	8	491	462	8	
社会体育	1	492	492		1
390 扬州市职业大学	24			24	
12专业组(不限)	24	501	486	24	
体育运营与管理	9	489	486	9	
体育教育(师范)	15	501	488	15	
242 天津体育职业学院	1			1	
02专业组(不限)	1	496	496	1	
体育保健与康复	1	496	496	1	
771 四川大学锦江学院	1			1	
04专业组(不限)	1	474	474	1	
休闲体育	1	474	474	1	

五、2022年在江苏招生的普通高校普通类录取情况

(一)普通类(历史等科目类)提前录取本科院校

院校、专业组名称	录取数	最高分	最低分	平行志愿	征求志愿
0102 国防科技大学	**3**			**3**	
01专业组(不限)	2	599	592	2	
02专业组(不限)	1	628	628	1	
0110 陆军勤务学院	**1**			**1**	
01专业组(不限)	1	572	572	1	
0151 战略支援部队信息工程大学	**6**			**5**	**1**
01专业组(不限)	2	611	596	2	
02专业组(不限)	1	572	572		1
03专业组(思想政治)	2	596	572	2	
04专业组(思想政治)	1	580	580	1	
0170 武警警官学院	**1**			**1**	
01专业组(思想政治)	1	571	571	1	
0172 武警海警学院	**3**			**3**	
01专业组(思想政治)	2	569	560	2	
02专业组(思想政治)	1	573	573	1	
0201 中国人民公安大学	**33**			**33**	
01专业组(思想政治)	28	608	583	28	
02专业组(思想政治)	5	620	607	5	
0202 中国刑事警察学院	**8**			**8**	
01专业组(思想政治)	6	581	571	6	
02专业组(思想政治)	2	606	589	2	
0203 中国人民警察大学	**1**			**1**	
01专业组(思想政治)	1	583	583	1	
0205 铁道警察学院	**12**			**12**	
01专业组(思想政治)	11	528	527	11	
02专业组(思想政治)	1	581	581	1	
0206 南京森林警察学院	**142**			**141**	**1**
01专业组(思想政治)	109	588	528	109	
02专业组(思想政治)	18	591	581	17	1
03专业组(思想政治)	10	533	526	10	
04专业组(思想政治)	4	568	542	4	
05专业组(思想政治)	1	597	597	1	
0301 国际关系学院	**12**			**12**	
01专业组(不限)	6	590	584	6	
02专业组(不限)	6	587	558	6	
0303 北京电子科技学院	**2**			**2**	
01专业组(不限)	2	615	611	2	
0305 中央司法警官学院	**15**			**15**	
01专业组(不限)	7	562	534	7	
02专业组(不限)	3	578	573	3	
03专业组(不限)	1	516	516	1	
04专业组(思想政治)	3	531	524	3	
05专业组(思想政治)	1	582	582	1	
0307 中国消防救援学院	**3**			**3**	
01专业组(思想政治)	3	580	575	3	
1101 南京大学	**15**			**15**	
01专业组(不限)	13	609	604	13	
02专业组(思想政治)	2	609	609	2	
1106 南京信息工程大学	**13**			**13**	
01专业组(不限)	13	559	555	13	
1108 南京师范大学	**47**			**41**	**6**
01专业组(思想政治)	12	595	584	12	
02专业组(不限)	30	590	573	24	6
03专业组(思想政治)	5	591	583	5	
1110 南京工业大学	**9**			**9**	
01专业组(不限)	9	552	542	9	
1111 南京邮电大学	**15**			**12**	**3**
01专业组(不限)	15	559	552	12	3
1113 南京中医药大学	**23**			**23**	
01专业组(化学或生物)(南京校区)	8	559	542	8	
02专业组(化学或生物)(泰州校区)	15	556	522	15	
1120 南京晓庄学院	**230**			**230**	
01专业组(不限)	173	589	507	173	
02专业组(化学或地理)	20	550	516	20	
03专业组(思想政治)	37	566	526	37	
1122 江苏警官学院	**619**			**618**	**1**
01专业组(思想政治)	527	603	533	526	1
02专业组(思想政治)	92	606	583	92	
1131 江苏第二师范学院	**267**			**265**	**2**
01专业组(不限)	188	587	517	188	
02专业组(化学或地理)	28	589	520	27	1
03专业组(思想政治)	51	571	504	50	1
1133 南京特殊教育师范学院	**8**			**8**	
01专业组(不限)	8	573	524	8	
1222 江苏师范大学	**148**			**138**	**10**
01专业组(不限)	31	560	537	23	8
02专业组(不限)	117	581	514	115	2
1261 苏州大学	**20**			**14**	**6**
01专业组(不限)	17	596	572	11	6
02专业组(生物)	3	566	552	3	
1301 南通大学	**122**			**119**	**3**
01专业组(不限)	122	588	535	119	3

2022年普通类(历史等科目类)本科院校

院校、专业组名称	录取数	最高分	最低分	平行志愿	征求志愿
1341 淮阴师范学院	**140**			**139**	**1**
01专业组(不限)	132	592	500	131	1
02专业组(化学或地理)	8	564	536	8	
1362 盐城师范学院	**148**			**148**	
01专业组(不限)	93	583	501	93	
02专业组(思想政治)	55	573	530	55	
1381 扬州大学	**62**			**55**	**7**
01专业组(不限)	15	566	549	8	7
02专业组(不限)	6	570	568	6	
03专业组(思想政治)	2	565	564	2	
04专业组(不限)	39	592	541	39	
2101 复旦大学	**10**			**10**	
01专业组(不限)	8	623	620	8	
02专业组(思想政治)	2	617	616	2	
2131 上海海关学院	**14**			**13**	**1**
01专业组(不限)	9	599	582	8	1
02专业组(不限)	5	598	596	5	
2309 安徽师范大学	**2**			**2**	
01专业组(思想政治)	2	549	548	2	
2510 江西师范大学	**1**			**1**	
01专业组(思想政治)	1	549	549	1	
3101 北京大学	**8**			**8**	
01专业组(不限)	6	633	632	6	
02专业组(思想政治)	2	633	632	2	
3102 中国人民大学	**4**			**4**	
01专业组(不限)	2	617	617	2	
02专业组(思想政治)	2	622	621	2	
3103 清华大学	**1**			**1**	
01专业组(思想政治)	1	633	633	1	
3117 北京语言大学	**6**			**6**	
01专业组(不限)	6	577	571	6	
3119 对外经济贸易大学	**7**			**7**	
01专业组(不限)	7	599	593	7	
3123 中国传媒大学	**2**			**2**	
01专业组(不限)	2	589	589	2	
3131 外交学院	**11**			**10**	**1**
01专业组(不限)	8	598	592	7	1
02专业组(思想政治)	3	599	596	3	
3201 南开大学	**5**			**5**	
01专业组(不限)	5	604	599	5	
3204 天津师范大学	**2**			**2**	
01专业组(思想政治)	2	561	553	2	
4201 吉林大学	**2**			**2**	
01专业组(思想政治)	2	593	593	2	
4311 黑龙江大学	**16**			**15**	**1**
01专业组(不限)	16	571	517	15	1
6201 武汉大学	**4**			**4**	
01专业组(思想政治)	4	608	606	4	
6206 中南财经政法大学	**2**			**1**	**1**

院校、专业组名称	录取数	最高分	最低分	平行志愿	征求志愿
01专业组(思想政治)	2	568	561	1	1
5456 香港中文大学(深圳)	**3**			**3**	
02专业组(不限)	3	601	599	3	
6101 四川大学	**2**			**2**	
01专业组(思想政治)	2	600	596	2	
6212 四川外国语大学	**9**			**6**	**3**
01专业组(不限)	9	575	546	6	3
7117 西安外国语大学	**7**			**6**	**1**
01专业组(不限)	7	553	545	6	1
9102 香港中文大学	**5**			**5**	
02专业组(不限)	5	607	599	5	
9106 香港城市大学	**1**			**1**	
01专业组(不限)	1	590	590	1	

(二)普通类(历史等科目类)本科院校

院校、专业组名称	录取数	最高分	最低分	平行志愿	征求志愿
0306 中国民用航空飞行学院	**4**			**4**	
02专业组(不限)	3	517	514	3	
03专业组(思想政治)	1	535	535	1	
1101 南京大学	**188**			**188**	
03专业组(不限)	188	629	612	188	
1102 东南大学	**69**			**69**	
02专业组(不限)	69	609	602	69	
1103 南京航空航天大学	**150**			**150**	
01专业组(不限)	120	599	576	120	
02专业组(思想政治)	30	601	582	30	
1104 南京理工大学	**63**			**63**	
01专业组(不限)(南京校区)	63	589	577	63	
1105 河海大学	**214**			**214**	
01专业组(不限)	108	596	572	108	
02专业组(不限)(常州校区)	96	579	569	96	
03专业组(思想政治)	10	580	577	10	
1106 南京信息工程大学	**512**			**512**	
02专业组(不限)	487	580	554	487	
03专业组(不限)(中外合作办学)	25	549	536	25	
1107 南京农业大学	**200**			**200**	
01专业组(不限)	200	585	569	200	
1108 南京师范大学	**804**			**804**	
04专业组(不限)	236	607	590	236	
05专业组(不限)	399	592	579	399	
06专业组(不限)(中外高校学分互认联合培养项目)	14	570	559	14	
07专业组(不限)(中外高校学分互认联合培养项目)	5	565	560	5	
08专业组(不限)(中外高校学分互认联合培养项目)	15	570	561	15	
09专业组(化学或地理)	40	599	589	40	

2022年普通类(历史等科目类)本科院校

院校、专业组名称	录取数	最高分	最低分	平行志愿	征求志愿
10专业组(思想政治)	95	598	586	95	
1109 中国药科大学	126			126	
01专业组(不限)	126	576	566	126	
1110 南京工业大学	497			497	
02专业组(不限)	482	574	532	482	
03专业组(不限)(中外高校学分互认联合培养项目)	15	538	522	15	
1111 南京邮电大学	409			409	
02专业组(不限)	409	571	550	409	
1112 南京医科大学	104			104	
01专业组(不限)	104	561	542	104	
1113 南京中医药大学	440			439	1
03专业组(不限)(南京校区)	213	569	527	212	1
04专业组(不限)(中外合作办学)(南京校区)	96	534	514	96	
05专业组(化学或生物)(南京校区)	25	600	570	25	
06专业组(化学或生物)(南京校区)	47	571	555	47	
07专业组(化学或生物)(泰州校区)	59	554	531	59	
1114 南京工程学院	206			206	
01专业组(不限)	186	545	520	186	
02专业组(不限)(联合培养项目)	20	519	505	20	
1115 南京林业大学	870			870	
01专业组(不限)(南京校区)	200	573	557	200	
02专业组(不限)(淮安校区)	670	562	539	670	
1116 南京财经大学	819			819	
01专业组(不限)	697	575	545	697	
02专业组(不限)(中外合作办学)	100	553	530	100	
03专业组(不限)(中外合作办学)	22	544	522	22	
1117 南京体育学院	84			84	
01专业组(不限)	24	520	508	24	
02专业组(不限)(中外合作办学)	60	500	479	60	
1118 南京艺术学院	305			305	
01专业组(不限)	305	537	502	305	
1119 南京审计大学	831			829	2
01专业组(不限)	732	580	542	730	2
02专业组(不限)(中外合作办学)	26	565	557	26	
03专业组(不限)(中外合作办学)	25	557	549	25	
04专业组(不限)(联合培养项目)	16	548	519	16	
05专业组(不限)(联合培养项目)	16	538	515	16	
06专业组(不限)(联合培养项目)	16	538	514	16	
1120 南京晓庄学院	813			813	
04专业组(不限)	765	572	528	765	
05专业组(不限)(中外合作办学)	25	530	517	25	
06专业组(化学或地理)	14	555	543	14	
07专业组(思想政治)	9	552	549	9	
1122 江苏警官学院	61			61	
03专业组(不限)	61	557	528	61	
1128 金陵科技学院	366			356	10
01专业组(不限)	127	535	520	127	
02专业组(不限)	239	527	500	229	10
1131 江苏第二师范学院	524			524	
04专业组(不限)	447	557	526	447	
05专业组(化学或地理)	43	551	536	43	
06专业组(思想政治)	34	550	538	34	
1133 南京特殊教育师范学院	271			271	
02专业组(不限)	271	535	516	271	
1136 南京工业职业技术大学	380			380	
01专业组(不限)	278	531	500	278	
02专业组(不限)(联合培养项目)	40	505	496	40	
03专业组(思想政治或地理)	62	515	499	62	
1201 江南大学	204			204	
01专业组(不限)	121	577	568	121	
02专业组(不限)	64	581	574	64	
03专业组(不限)(中外合作办学)	8	566	560	8	
04专业组(思想政治)	11	578	574	11	
1203 无锡学院	217			217	
01专业组(不限)	217	536	512	217	
1221 中国矿业大学	69			69	
01专业组(不限)	69	575	567	69	
1222 江苏师范大学	819			819	
03专业组(不限)	697	576	534	697	
04专业组(不限)(中外合作办学)	28	527	515	28	
05专业组(化学或地理)	61	573	550	61	
06专业组(思想政治)	33	564	556	33	
1223 徐州医科大学	139			138	1
01专业组(不限)	79	546	522	79	
02专业组(不限)(联合培养项目)	60	525	500	59	1
1224 徐州工程学院	1051			1050	1
01专业组(不限)	1051	527	507	1050	1
1242 常州大学	410			410	
01专业组(不限)	410	546	526	410	
1243 常州工学院	571			568	3
01专业组(不限)	302	523	510	302	
02专业组(不限)	237	522	503	236	1
03专业组(不限)(中外高校学分互认联合培养项目)	20	503	489	20	
04专业组(化学)	12	503	472	10	2
1244 江苏理工学院	606			606	
01专业组(不限)	210	538	524	210	
02专业组(不限)	366	528	510	366	
03专业组(不限)(联合培养项目)	30	508	501	30	
1261 苏州大学	819			819	
03专业组(不限)	193	596	580	193	
04专业组(不限)	497	596	574	497	
05专业组(不限)(中外合作办学)	30	587	570	30	
06专业组(不限)(中外合作办学)	57	570	561	57	
07专业组(生物)	19	573	554	19	
08专业组(思想政治)	23	586	580	23	

院校、专业组名称	录取数	最高分	最低分	平行志愿	征求志愿
1262 苏州科技大学	**818**			**818**	
01专业组(不限)	693	575	529	693	
02专业组(不限)(中外合作办学)	21	524	510	21	
03专业组(化学或地理)	72	547	531	72	
04专业组(思想政治)	32	555	541	32	
1263 常熟理工学院	**397**			**397**	
01专业组(不限)	217	527	513	217	
02专业组(不限)	170	564	527	170	
03专业组(不限)(中外高校学分互认联合培养项目)	10	507	496	10	
1265 中国人民大学(苏州校区)	**15**			**15**	
01专业组(不限)(中外合作办学)	15	600	594	15	
1267 苏州城市学院	**622**			**620**	**2**
01专业组(不限)	537	531	510	535	2
02专业组(不限)(中外高校学分互认联合培养项目)	55	509	490	55	
03专业组(不限)(联合培养项目)	30	509	493	30	
1301 南通大学	**985**			**985**	
02专业组(不限)	910	563	530	910	
03专业组(不限)(中外合作办学)	5	522	516	5	
04专业组(不限)(中外高校学分互认联合培养项目)	20	519	509	20	
05专业组(思想政治)	50	553	545	50	
1321 江苏海洋大学	**426**			**425**	**1**
01专业组(不限)	421	532	507	420	1
02专业组(化学或地理)	5	528	523	5	
1341 淮阴师范学院	**978**			**969**	**9**
03专业组(不限)	835	548	507	826	9
04专业组(化学或地理)	34	536	525	34	
05专业组(思想政治)	109	545	520	109	
1342 淮阴工学院	**500**			**500**	
01专业组(不限)	482	519	502	482	
02专业组(化学或生物)	18	508	501	18	
1361 盐城工学院	**361**			**359**	**2**
01专业组(不限)	361	537	502	359	2
1362 盐城师范学院	**1188**			**1186**	**2**
03专业组(不限)	968	550	514	966	2
04专业组(不限)(联合培养项目)	10	509	497	10	
05专业组(化学或地理)	93	537	520	93	
06专业组(思想政治)	117	538	523	117	
1381 扬州大学	**1036**			**1034**	**2**
05专业组(不限)	174	581	566	174	
06专业组(不限)	642	569	533	640	2
07专业组(不限)	87	541	528	87	
08专业组(不限)(中外合作办学)	60	529	518	60	
09专业组(思想政治)	73	577	564	73	
1401 江苏大学	**740**			**740**	
01专业组(不限)	95	565	553	95	
02专业组(不限)	484	557	533	484	
03专业组(不限)	10	558	532	10	
04专业组(不限)(中外高校学分互认联合培养项目)	15	546	517	15	
05专业组(不限)(中外高校学分互认联合培养项目)	20	517	506	20	
06专业组(不限)(联合培养项目)	60	525	498	60	
07专业组(思想政治)	56	562	550	56	
1402 江苏科技大学	**726**			**722**	**4**
01专业组(不限)(镇江校区)	228	545	506	224	4
02专业组(不限)(中外合作办学)(镇江校区)	57	521	508	57	
03专业组(不限)(张家港校区)	210	531	518	210	
04专业组(不限)(联合培养项目)	70	517	493	70	
05专业组(不限)(联合培养项目)	5	518	508	5	
06专业组(不限)(联合培养项目)	45	522	500	45	
07专业组(不限)(联合培养项目)	70	527	496	70	
08专业组(思想政治)(镇江校区)	41	537	525	41	
1421 泰州学院	**789**			**788**	**1**
01专业组(不限)	764	531	501	763	1
02专业组(不限)(联合培养项目)	25	511	502	25	
1426 宿迁学院	**989**			**985**	**4**
01专业组(不限)	919	528	503	915	4
02专业组(思想政治)	70	524	513	70	
1802 东南大学成贤学院	**331**			**329**	**2**
01专业组(不限)	39	529	500	39	
02专业组(不限)	283	524	497	282	1
03专业组(化学)	9	494	471	8	1
1803 南京航空航天大学金城学院	**628**			**625**	**3**
01专业组(不限)	456	508	488	455	1
02专业组(不限)	172	514	487	170	2
1804 南京理工大学紫金学院	**700**			**700**	
01专业组(不限)	700	518	494	700	
1807 南京审计大学金审学院	**616**			**616**	
01专业组(不限)	616	520	495	616	
1810 南京工业大学浦江学院	**301**			**299**	**2**
01专业组(不限)	256	499	483	255	1
02专业组(不限)(中外合作办学)	45	486	474	44	1
1816 南京财经大学红山学院	**786**			**782**	**4**
01专业组(不限)	786	506	482	782	4
1826 中国矿业大学徐海学院	**343**			**340**	**3**
01专业组(不限)	343	504	482	340	3
1827 江苏师范大学科文学院	**1172**			**1170**	**2**
01专业组(不限)	1172	510	485	1170	2
1834 苏州大学应用技术学院	**240**			**240**	
01专业组(不限)	239	500	481	239	
02专业组(化学)(中外合作办学)	1	473	473	1	
1835 苏州科技大学天平学院	**146**			**146**	
01专业组(不限)	136	544	490	136	
02专业组(化学或地理)	10	498	494	10	

院校、专业组名称	录取数	最高分	最低分	平行志愿	征求志愿
1837 江苏科技大学苏州理工学院	**65**			**65**	
01专业组(不限)	65	508	484	65	
1838 南通大学杏林学院	**702**			**695**	**7**
01专业组(不限)	702	517	479	695	7
1844 扬州大学广陵学院	**495**			**495**	
01专业组(不限)	495	528	492	495	
1845 江苏大学京江学院	**468**			**463**	**5**
01专业组(不限)	468	517	481	463	5
1846 南京医科大学康达学院	**453**			**449**	**4**
01专业组(不限)	453	513	486	449	4
1847 南京师范大学泰州学院	**723**			**722**	**1**
01专业组(不限)	723	527	498	722	1
1848 南京理工大学泰州科技学院	**576**			**576**	
01专业组(不限)	576	507	484	576	
1850 南京邮电大学通达学院	**362**			**357**	**5**
01专业组(不限)	362	499	482	357	5
1855 常州大学怀德学院	**396**			**395**	**1**
01专业组(不限)	396	498	479	395	1
1858 南京师范大学中北学院	**298**			**298**	
01专业组(不限)	297	517	493	297	
02专业组(化学)	1	475	475	1	
1901 南京传媒学院	**275**			**274**	**1**
01专业组(不限)	275	521	488	274	1
1911 三江学院	**677**			**676**	**1**
01专业组(不限)	677	512	485	676	1
1915 无锡太湖学院	**630**			**630**	
01专业组(不限)	630	509	481	630	
1921 西交利物浦大学	**350**			**350**	
01专业组(不限)(中外合作办学)	346	582	519	346	
02专业组(思想政治)(中外合作办学)	4	559	547	4	
1928 南通理工学院	**417**			**417**	
01专业组(不限)	412	500	477	412	
02专业组(化学)	5	478	472	5	
2101 复旦大学	**32**			**32**	
03专业组(不限)	2	634	634	2	
04专业组(不限)	30	632	623	30	
2102 同济大学	**14**			**14**	
01专业组(不限)	10	607	606	10	
02专业组(思想政治)	4	609	608	4	
2103 上海交通大学	**1**			**1**	
01专业组(不限)	1	633	633	1	
2104 华东理工大学	**78**			**78**	
01专业组(不限)	78	588	570	78	
2105 东华大学	**40**			**40**	
01专业组(不限)	40	584	573	40	
2106 华东师范大学	**48**			**48**	
01专业组(不限)	41	611	601	41	
02专业组(化学或地理)	2	609	607	2	
03专业组(思想政治)	5	608	605	5	
2107 华东政法大学	**42**			**42**	
01专业组(不限)	42	611	592	42	
2109 上海外国语大学	**42**			**42**	
01专业组(不限)	37	606	592	37	
02专业组(思想政治)	5	598	595	5	
2110 上海财经大学	**30**			**30**	
01专业组(不限)	30	611	597	30	
2111 上海师范大学	**72**			**72**	
01专业组(不限)	61	578	563	61	
02专业组(不限)(中外合作办学)	5	558	551	5	
03专业组(化学或生物)(中外合作办学)	6	534	523	6	
2112 上海大学	**16**			**16**	
01专业组(不限)	16	592	584	16	
2114 上海对外经贸大学	**16**			**16**	
01专业组(不限)	10	585	568	10	
02专业组(不限)(中外合作办学)	6	563	553	6	
2115 上海理工大学	**25**			**25**	
01专业组(不限)	21	571	560	21	
02专业组(不限)(中外合作办学)	4	552	546	4	
2116 上海海洋大学	**27**			**27**	
01专业组(不限)	27	570	558	27	
2117 上海海事大学	**13**			**13**	
01专业组(不限)	13	577	562	13	
2118 上海电力大学	**6**			**6**	
01专业组(不限)	6	561	550	6	
2119 上海体育学院	**9**			**9**	
01专业组(不限)	9	555	540	9	
2120 上海工程技术大学	**7**			**7**	
01专业组(不限)	7	545	529	7	
2124 上海第二工业大学	**8**			**8**	
01专业组(不限)	8	530	526	8	
2125 上海政法学院	**36**			**35**	**1**
01专业组(不限)	36	577	543	35	1
2136 上海电机学院	**14**			**14**	
01专业组(不限)	14	526	519	14	
2137 上海立信会计金融学院	**26**			**26**	
01专业组(不限)	26	575	557	26	
2141 上海商学院	**19**			**19**	
01专业组(不限)	13	535	527	13	
02专业组(不限)(中外合作办学)	6	516	507	6	
2201 浙江大学	**39**			**39**	
01专业组(不限)	39	627	610	39	
2202 中国计量大学	**4**			**4**	
01专业组(不限)	4	560	556	4	
2203 浙江理工大学	**10**			**10**	
01专业组(不限)	10	550	542	10	
2204 浙江工业大学	**3**			**3**	
01专业组(不限)	3	565	563	3	
2205 中国美术学院	**5**			**5**	

2022年普通类(历史等科目类)本科院校

院校、专业组名称	录取数	最高分	最低分	平行志愿	征求志愿
01专业组(不限)	5	562	545	5	
2206 浙江师范大学	5			5	
01专业组(不限)	5	578	571	5	
2207 浙江工商大学	33			33	
01专业组(不限)	33	573	559	33	
2209 杭州师范大学	10			10	
01专业组(不限)	7	559	552	7	
02专业组(不限)	3	532	528	3	
2211 浙江传媒学院	20			20	
01专业组(不限)	17	559	543	17	
02专业组(不限)(中外合作办学)	3	537	532	3	
2212 浙江科技学院	3			3	
01专业组(不限)	3	526	524	3	
2213 浙江财经大学	40			39	1
01专业组(不限)	33	571	548	33	
02专业组(不限)(中外合作办学)	7	544	515	6	1
2214 浙江农林大学	5			5	
01专业组(不限)	5	541	532	5	
2216 浙江中医药大学	4			4	
01专业组(不限)	1	535	535	1	
02专业组(化学或生物)	3	542	539	3	
2221 宁波大学	1			1	
01专业组(不限)	1	570	570	1	
2223 绍兴文理学院	20			20	
01专业组(不限)	20	522	509	20	
2228 温州大学	8			8	
01专业组(不限)	8	545	533	8	
2231 嘉兴学院	12			12	
01专业组(不限)	12	528	520	12	
2240 浙江外国语学院	19			19	
01专业组(不限)	19	542	529	19	
2245 宁波诺丁汉大学	13			13	
01专业组(不限)(中外合作办学)	12	567	528	12	
02专业组(思想政治)(中外合作办学)	1	566	566	1	
2248 温州肯恩大学	8			8	
01专业组(不限)(中外合作办学)	8	523	517	8	
2249 浙大城市学院	21			21	
01专业组(不限)	21	535	526	21	
2250 浙大宁波理工学院	6			6	
01专业组(不限)(中外合作办学)	6	515	506	6	
2251 浙江海洋大学	7			7	
01专业组(不限)	7	525	522	7	
2261 湖州师范学院	8			7	1
01专业组(不限)	8	532	507	7	1
2268 丽水学院	17			17	
01专业组(不限)	14	534	510	14	
02专业组(思想政治)	3	522	520	3	
2272 浙江水利水电学院	8			8	
01专业组(不限)	8	523	514	8	
2275 湖州学院	8			8	
01专业组(不限)	8	523	511	8	
2302 合肥工业大学	11			10	1
01专业组(不限)	8	567	566	7	1
02专业组(思想政治)	3	574	570	3	
2303 安徽大学	31			31	
01专业组(不限)	31	581	567	31	
2304 安徽医科大学	5			5	
01专业组(化学或生物)	3	546	537	3	
02专业组(化学和生物)	2	524	513	2	
2305 安徽建筑大学	10			10	
01专业组(不限)	10	531	522	10	
2306 安徽农业大学	23			23	
01专业组(不限)	13	540	527	13	
02专业组(化学或生物)	10	537	525	10	
2307 安徽中医药大学	5			5	
01专业组(不限)	5	551	530	5	
2309 安徽师范大学	35			35	
02专业组(不限)	33	565	541	33	
03专业组(思想政治)	2	561	560	2	
2321 安徽财经大学	32			32	
01专业组(不限)	23	557	533	23	
02专业组(不限)	9	549	531	9	
2327 合肥学院	16			16	
01专业组(不限)	16	524	512	16	
2331 阜阳师范大学	5			5	
01专业组(不限)	3	531	515	3	
02专业组(不限)(中外合作办学)	2	507	505	2	
2332 蚌埠医学院	4			4	
01专业组(不限)	2	520	519	2	
02专业组(化学)	2	489	487	2	
2342 宿州学院	8			8	
01专业组(不限)	5	515	509	5	
02专业组(化学或地理)	3	519	516	3	
2343 安庆师范大学	10			10	
01专业组(不限)	10	523	516	10	
2348 池州学院	6			6	
01专业组(不限)	6	503	497	6	
2351 淮北师范大学	24			24	
01专业组(不限)	15	541	523	15	
02专业组(思想政治)	5	535	526	5	
03专业组(思想政治或地理)	3	539	536	3	
04专业组(地理)	1	534	534	1	
2356 铜陵学院	5			5	
01专业组(不限)	5	521	508	5	
2361 安徽工业大学	11			11	
01专业组(不限)	11	530	523	11	
2362 淮南师范学院	11			11	
01专业组(不限)	10	526	516	10	

503

院校、专业组名称	录取数	最高分	最低分	平行志愿	征求志愿
02专业组(思想政治)	1	528	528	1	
2372 滁州学院	**20**			**20**	
01专业组(不限)	18	520	507	18	
02专业组(化学或地理)	2	521	520	2	
2381 黄山学院	**31**			**31**	
01专业组(思想政治或地理)	8	502	500	8	
02专业组(思想政治或地理)(中外合作办学)	10	493	474	10	
03专业组(思想政治和地理)	13	502	499	13	
2383 合肥工业大学(宣城校区)	**6**			**6**	
01专业组(不限)	6	566	565	6	
2401 福州大学	**12**			**12**	
01专业组(不限)	12	574	567	12	
2402 福建农林大学	**2**			**2**	
01专业组(不限)	2	539	531	2	
2410 三明学院	**7**			**7**	
01专业组(不限)	7	504	500	7	
2411 厦门大学	**24**			**24**	
01专业组(不限)	11	607	604	11	
02专业组(不限)	7	609	608	7	
03专业组(不限)	6	582	570	6	
2412 集美大学	**9**			**9**	
01专业组(不限)	9	548	535	9	
2413 厦门理工学院	**8**			**8**	
01专业组(不限)	8	530	522	8	
2421 莆田学院	**8**			**8**	
01专业组(不限)	6	502	502	6	
02专业组(不限)(中外合作办学)	2	486	483	2	
2422 华侨大学	**40**			**40**	
01专业组(不限)	34	556	532	34	
02专业组(思想政治)	2	547	541	2	
03专业组(思想政治或地理)	4	539	535	4	
2437 武夷学院	**9**			**9**	
01专业组(不限)	9	502	500	9	
2501 江西财经大学	**35**			**34**	**1**
01专业组(不限)	35	580	530	34	1
2502 华东交通大学	**13**			**13**	
01专业组(不限)	9	532	525	9	
02专业组(不限)	4	528	526	4	
2504 江西中医药大学	**7**			**7**	
01专业组(不限)	5	525	514	5	
02专业组(化学或生物)	2	532	530	2	
2505 南昌大学	**17**			**17**	
01专业组(不限)	17	574	566	17	
2506 南昌航空大学	**8**			**7**	**1**
01专业组(不限)	8	527	501	7	1
2507 江西科技师范大学	**17**			**17**	
01专业组(不限)	11	534	523	11	
02专业组(化学或生物)	4	517	511	4	
03专业组(思想政治)	2	534	532	2	
2508 江西农业大学	**16**			**16**	
01专业组(不限)	4	525	517	4	
02专业组(化学或生物)	10	525	514	10	
03专业组(化学或地理)	2	527	525	2	
2510 江西师范大学	**33**			**33**	
02专业组(不限)	30	551	530	30	
03专业组(化学或地理)	1	553	553	1	
04专业组(生物)	1	538	538	1	
05专业组(思想政治)	1	562	562	1	
2511 南昌工程学院	**12**			**12**	
01专业组(不限)	12	507	501	12	
2512 江西警察学院	**3**			**3**	
01专业组(不限)	3	518	517	3	
2521 江西理工大学	**26**			**26**	
01专业组(不限)	26	529	514	26	
2522 赣南医学院	**11**			**11**	
01专业组(不限)	11	512	504	11	
2523 赣南师范大学	**48**			**48**	
01专业组(不限)	38	530	512	38	
02专业组(化学或地理)	4	527	517	4	
03专业组(思想政治)	6	522	517	6	
2527 新余学院	**6**			**6**	
01专业组(不限)	5	505	502	5	
02专业组(化学)	1	494	494	1	
2531 景德镇陶瓷大学	**15**			**15**	
01专业组(不限)	10	534	501	10	
02专业组(思想政治)	2	513	509	2	
03专业组(地理)	3	526	515	3	
2541 东华理工大学	**9**			**9**	
01专业组(不限)	9	519	509	9	
2542 萍乡学院	**4**			**4**	
01专业组(不限)	4	503	500	4	
2543 南昌师范学院	**10**			**10**	
01专业组(不限)	6	509	506	6	
02专业组(思想政治)	2	523	517	2	
03专业组(思想政治或地理)	2	505	504	2	
2551 宜春学院	**38**			**38**	
01专业组(不限)	32	509	502	32	
02专业组(化学或地理)	2	503	502	2	
03专业组(思想政治)	4	508	506	4	
2561 九江学院	**27**			**27**	
01专业组(不限)	27	507	500	27	
2571 上饶师范学院	**27**			**27**	
01专业组(不限)	23	514	505	23	
02专业组(思想政治)	4	520	516	4	
2572 赣东学院	**12**			**12**	
01专业组(不限)	12	503	499	12	
2573 赣南科技学院	**12**			**12**	

2022年普通类(历史等科目类)本科院校

院校、专业组名称	录取数	最高分	最低分	平行志愿	征求志愿
01专业组(不限)	12	504	499	12	
2574 南昌医学院	4			4	
01专业组(不限)	2	519	519	2	
02专业组(不限)	1	529	529	1	
03专业组(不限)	1	544	544	1	
2581 井冈山大学	19			19	
01专业组(不限)	19	517	508	19	
2596 景德镇学院	9			9	
01专业组(不限)	9	513	508	9	
2601 山东大学	49			49	
01专业组(不限)	45	605	596	45	
02专业组(思想政治)	4	597	596	4	
2602 济南大学	15			14	1
01专业组(不限)	14	553	534	13	1
02专业组(思想政治)	1	555	555	1	
2603 北京交通大学(威海校区)	3			3	
01专业组(不限)(中外合作办学)	3	567	562	3	
2605 山东中医药大学	2			2	
01专业组(不限)	1	529	529	1	
02专业组(化学或生物)	1	545	545	1	
2606 山东财经大学	16			16	
01专业组(不限)	16	556	542	16	
2607 山东建筑大学	2			2	
01专业组(不限)	2	523	521	2	
2608 山东工艺美术学院	5			5	
01专业组(不限)	5	502	499	5	
2609 山东交通学院	4			4	
01专业组(不限)	4	508	505	4	
2610 齐鲁工业大学	10			10	
01专业组(不限)	5	530	523	5	
02专业组(化学或生物)	5	522	512	5	
2611 山东理工大学	2			2	
01专业组(不限)	2	526	524	2	
2621 中国海洋大学	18			18	
01专业组(不限)	18	594	586	18	
2622 青岛理工大学	12			12	
01专业组(不限)	12	538	526	12	
2624 青岛大学	9			9	
01专业组(不限)	6	557	543	6	
02专业组(不限)(中外合作办学)	3	530	519	3	
2631 山东农业大学	16			16	
01专业组(不限)	16	531	522	16	
2633 山东科技大学	5			5	
01专业组(不限)(中外合作办学)	5	513	509	5	
2635 潍坊学院	17			17	
01专业组(不限)	14	512	507	14	
02专业组(思想政治)	3	515	513	3	
2642 聊城大学	6			6	
01专业组(不限)	6	526	515	6	
2643 青岛农业大学	7			7	
01专业组(不限)	5	523	518	5	
02专业组(化学或生物)	2	521	521	2	
2645 临沂大学	6			6	
01专业组(不限)	6	534	521	6	
2650 滨州学院	3			3	
01专业组(不限)	3	505	503	3	
2651 烟台大学	10			10	
01专业组(不限)	10	550	526	10	
2652 山东工商学院	13			13	
01专业组(不限)	12	511	509	12	
02专业组(思想政治)	1	511	511	1	
2653 鲁东大学	16			15	1
01专业组(不限)	16	528	502	15	1
2661 山东大学威海分校	21			21	
01专业组(不限)	16	594	590	16	
02专业组(不限)(中外合作办学)	2	590	588	2	
03专业组(思想政治)	3	594	593	3	
2669 菏泽学院	4			4	
01专业组(不限)	3	513	511	3	
02专业组(化学或生物)	1	501	501	1	
2671 曲阜师范大学	19			19	
01专业组(不限)	19	554	529	19	
2683 德州学院	5			5	
01专业组(不限)	5	519	515	5	
2691 山东第一医科大学	15			15	
01专业组(不限)	15	514	505	15	
2701 山东女子学院	9			9	
01专业组(不限)	9	508	498	9	
2702 济宁学院	5			5	
01专业组(不限)	5	509	505	5	
2710 齐鲁师范学院	5			5	
01专业组(不限)	5	524	520	5	
2711 山东师范大学	13			13	
01专业组(不限)	11	566	558	11	
02专业组(不限)(中外合作办学)	1	505	505	1	
03专业组(化学或地理)	1	560	560	1	
2755 山东石油化工学院	4			4	
01专业组(不限)	4	507	505	4	
3101 北京大学	28			28	
03专业组(不限)	28	658	631	28	
3102 中国人民大学	31			31	
03专业组(不限)	29	636	624	29	
04专业组(思想政治)	2	627	624	2	
3103 清华大学	4			4	
02专业组(不限)	4	643	639	4	
3104 北京师范大学	16			16	
01专业组(不限)	14	618	606	14	
02专业组(不限)	2	600	599	2	

院校、专业组名称	录取数	最高分	最低分	平行志愿	征求志愿
3105 北京交通大学	**9**			**9**	
01专业组(不限)	9	594	584	9	
3106 北京航空航天大学	**8**			**8**	
01专业组(不限)	8	603	602	8	
3107 北京理工大学	**12**			**12**	
01专业组(不限)	12	599	596	12	
3108 北京科技大学	**15**			**15**	
01专业组(不限)	15	585	575	15	
3109 北京化工大学	**11**			**11**	
01专业组(不限)	11	571	565	11	
3110 中国农业大学	**9**			**9**	
01专业组(不限)(中外合作办学)	5	581	573	5	
02专业组(不限)	4	596	593	4	
3112 中国政法大学	**42**			**42**	
01专业组(不限)	38	620	597	38	
02专业组(思想政治)	4	601	595	4	
3114 北京林业大学	**25**			**25**	
01专业组(不限)	25	582	568	25	
3115 北京大学医学部	**2**			**2**	
01专业组(不限)	2	630	629	2	
3116 北京外国语大学	**20**			**20**	
02专业组(不限)	16	609	595	16	
03专业组(思想政治)	2	603	597	2	
04专业组(思想政治)(中外合作办学)	2	592	591	2	
3117 北京语言大学	**10**			**10**	
02专业组(不限)	9	575	568	9	
03专业组(思想政治)	1	568	568	1	
3118 中国石油大学(北京)	**6**			**6**	
01专业组(不限)	4	569	568	4	
02专业组(思想政治)	2	573	572	2	
3119 对外经济贸易大学	**25**			**25**	
02专业组(不限)	25	608	596	25	
3120 中央财经大学	**23**			**23**	
01专业组(不限)	23	611	595	23	
3121 北京中医药大学	**5**			**5**	
01专业组(不限)	4	584	570	4	
02专业组(化学或生物)	1	570	570	1	
3122 中国矿业大学(北京)	**8**			**8**	
01专业组(不限)	8	573	567	8	
3123 中国传媒大学	**17**			**17**	
02专业组(不限)	13	607	594	13	
03专业组(不限)(中外合作办学)	4	587	582	4	
3127 北京体育大学	**15**			**15**	
01专业组(不限)	14	572	564	14	
02专业组(思想政治)	1	566	566	1	
3128 华北电力大学(北京)	**6**			**6**	
01专业组(不限)	6	573	569	6	
3129 中央民族大学	**33**			**33**	
01专业组(不限)	33	593	586	33	
3132 北京第二外国语学院	**13**			**13**	
01专业组(不限)	13	569	561	13	
3133 首都师范大学	**10**			**10**	
01专业组(不限)	10	577	569	10	
3136 北京物资学院	**2**			**2**	
01专业组(不限)	2	531	531	2	
3139 北京印刷学院	**2**			**2**	
01专业组(不限)	2	540	529	2	
3142 北京工商大学	**10**			**10**	
01专业组(不限)	10	562	546	10	
3144 北京联合大学	**1**			**1**	
01专业组(不限)	1	533	533	1	
3148 北京电影学院	**2**			**2**	
01专业组(不限)	2	587	578	2	
3153 华北科技学院	**25**			**24**	**1**
01专业组(不限)	25	516	505	24	1
3154 首都经济贸易大学	**5**			**5**	
01专业组(不限)	5	571	566	5	
3169 中国劳动关系学院	**17**			**17**	
01专业组(不限)	17	544	525	17	
3201 南开大学	**28**			**28**	
02专业组(不限)	28	609	602	28	
3203 天津医科大学	**1**			**1**	
01专业组(化学和生物)	1	525	525	1	
3204 天津师范大学	**33**			**33**	
02专业组(不限)	25	567	556	25	
03专业组(化学或地理)	2	558	556	2	
04专业组(思想政治)	6	563	556	6	
3205 中国民航大学	**10**			**10**	
01专业组(不限)	8	546	538	8	
02专业组(化学)	1	505	505	1	
03专业组(思想政治)	1	540	540	1	
3206 天津工业大学	**4**			**4**	
01专业组(不限)	4	554	552	4	
3207 天津商业大学	**16**			**16**	
01专业组(不限)	12	539	526	12	
02专业组(不限)(中外合作办学)	4	505	500	4	
3208 天津科技大学	**18**			**18**	
01专业组(不限)	14	533	528	14	
02专业组(化学或生物)	4	528	526	4	
3209 天津财经大学	**16**			**16**	
01专业组(不限)	16	565	550	16	
3211 天津外国语大学	**27**			**27**	
01专业组(不限)	22	552	538	22	
02专业组(不限)	3	542	536	3	
03专业组(思想政治)	2	553	539	2	
3212 天津中医药大学	**7**			**7**	
01专业组(不限)	3	534	530	3	
02专业组(化学)	1	528	528	1	

院校、专业组名称	录取数	最高分	最低分	平行志愿	征求志愿
03专业组(化学或生物)	3	552	550	3	
3213 天津农学院	**10**			**10**	
01专业组(不限)	10	517	503	10	
3217 天津体育学院	**9**			**9**	
01专业组(不限)	9	508	502	9	
3218 天津职业技术师范大学	**4**			**4**	
01专业组(不限)	4	529	516	4	
3301 石家庄铁道大学	**2**			**2**	
01专业组(不限)	2	523	520	2	
3302 河北科技师范学院	**15**			**15**	
01专业组(不限)	10	515	506	10	
02专业组(不限)	5	505	499	5	
3305 河北地质大学	**20**			**20**	
01专业组(不限)	20	516	508	20	
3307 河北工业大学	**3**			**3**	
01专业组(不限)	3	567	566	3	
3310 河北经贸大学	**36**			**36**	
01专业组(不限)	31	528	511	31	
02专业组(不限)	5	520	508	5	
3311 华北电力大学(保定)	**8**			**8**	
01专业组(不限)	8	571	564	8	
3312 河北大学	**13**			**13**	
01专业组(不限)	10	545	533	10	
02专业组(思想政治)	3	552	549	3	
3314 河北师范大学	**10**			**10**	
01专业组(不限)	4	536	528	4	
02专业组(不限)	4	542	539	4	
03专业组(思想政治或地理)	2	552	545	2	
3315 河北金融学院	**11**			**11**	
01专业组(不限)	9	511	504	9	
02专业组(不限)(中外合作办学)	2	506	504	2	
3318 防灾科技学院	**12**			**12**	
01专业组(不限)	12	527	509	12	
3320 河北环境工程学院	**12**			**12**	
01专业组(不限)	9	499	496	9	
02专业组(思想政治)	3	500	500	3	
3321 燕山大学	**10**			**10**	
01专业组(不限)	10	539	534	10	
3322 东北大学秦皇岛分校	**4**			**4**	
01专业组(不限)	4	580	574	4	
3332 华北理工大学	**24**			**24**	
01专业组(不限)	12	525	519	12	
02专业组(不限)	3	518	516	3	
03专业组(化学)	3	518	485	3	
04专业组(化学或生物)	6	548	529	6	
3333 衡水学院	**8**			**8**	
01专业组(不限)	4	507	503	4	
02专业组(化学或生物)	2	499	498	2	
03专业组(思想政治)	2	502	501	2	

院校、专业组名称	录取数	最高分	最低分	平行志愿	征求志愿
3341 北华航天工业学院	**10**			**10**	
01专业组(不限)	10	519	502	10	
3350 张家口学院	**3**			**3**	
01专业组(不限)	3	505	504	3	
3362 邢台学院	**6**			**5**	**1**
01专业组(不限)	6	502	498	5	1
3365 沧州师范学院	**8**			**8**	
01专业组(不限)	8	518	507	8	
3378 河北石油职业技术大学	**3**			**3**	
01专业组(不限)	3	496	494	3	
3379 河北科技工程职业技术大学	**4**			**2**	**2**
01专业组(不限)	4	504	499	2	2
3401 山西大学	**7**			**7**	
01专业组(不限)	1	555	555	1	
02专业组(思想政治)	2	553	548	2	
03专业组(思想政治或地理)	3	559	555	3	
04专业组(地理)	1	561	561	1	
3402 中北大学	**3**			**3**	
01专业组(不限)	3	528	524	3	
3403 山西财经大学	**24**			**24**	
01专业组(不限)	21	541	524	21	
02专业组(不限)(中外合作办学)	3	524	508	3	
3404 太原科技大学	**6**			**6**	
01专业组(不限)	6	530	513	6	
3405 太原理工大学	**1**			**1**	
01专业组(不限)	1	567	567	1	
3406 太原工业学院	**7**			**7**	
01专业组(不限)	7	501	499	7	
3408 山西中医药大学	**6**			**6**	
01专业组(不限)	4	528	525	4	
02专业组(化学)	1	496	496	1	
03专业组(化学或生物)	1	529	529	1	
3410 山西农业大学	**10**			**9**	**1**
01专业组(不限)	6	515	507	5	1
02专业组(化学)	2	486	473	2	
03专业组(生物或地理)	2	512	512	2	
3412 山西传媒学院	**15**			**15**	
01专业组(不限)	15	519	499	15	
3415 山西师范大学	**10**			**10**	
01专业组(不限)	6	533	525	6	
02专业组(化学或地理)	2	529	523	2	
03专业组(思想政治)	2	540	536	2	
3416 太原师范学院	**28**			**28**	
01专业组(不限)	19	528	516	19	
02专业组(化学或地理)	3	525	522	3	
03专业组(思想政治)	6	517	513	6	
3417 山西大同大学	**15**			**15**	
01专业组(思想政治)	15	512	506	15	
3418 运城学院	**14**			**14**	

院校、专业组名称	录取数	最高分	最低分	平行志愿	征求志愿
01专业组(不限)	9	511	504	9	
02专业组(思想政治)	5	512	508	5	
3431 吕梁学院	**11**			**11**	
01专业组(不限)	9	500	499	9	
02专业组(思想政治)	2	508	507	2	
3432 晋中学院	**11**			**11**	
01专业组(不限)	11	499	497	11	
3433 山西工程技术学院	**6**			**6**	
01专业组(不限)	4	499	498	4	
02专业组(化学或地理)	2	501	501	2	
3501 内蒙古大学	**1**			**1**	
01专业组(思想政治)	1	558	558	1	
3506 内蒙古民族大学	**4**			**4**	
01专业组(不限)	2	499	496	2	
02专业组(思想政治)	2	503	498	2	
3507 内蒙古财经大学	**2**			**2**	
01专业组(不限)	2	497	495	2	
3511 内蒙古科技大学	**3**			**3**	
01专业组(不限)	2	509	506	2	
02专业组(思想政治)	1	505	505	1	
3515 赤峰学院	**6**			**6**	
01专业组(不限)	6	506	496	6	
4101 东北大学	**9**			**9**	
01专业组(不限)	9	582	576	9	
4102 辽宁大学	**13**			**13**	
01专业组(不限)	5	571	566	5	
02专业组(不限)	3	564	554	3	
03专业组(不限)(中外合作办学)	2	550	550	2	
04专业组(不限)	2	566	563	2	
05专业组(不限)(中外合作办学)	1	552	552	1	
4104 沈阳药科大学	**5**			**5**	
01专业组(不限)	2	541	524	2	
02专业组(化学)	2	511	501	2	
03专业组(化学或生物)	1	514	514	1	
4108 沈阳工业大学	**11**			**11**	
01专业组(不限)	11	521	512	11	
4109 沈阳理工大学	**4**			**4**	
01专业组(不限)	4	515	512	4	
4112 鞍山师范学院	**5**			**5**	
01专业组(不限)	5	502	497	5	
4113 沈阳医学院	**4**			**4**	
01专业组(不限)	1	519	519	1	
02专业组(化学)	2	503	494	2	
03专业组(化学或生物)	1	524	524	1	
4114 辽宁中医药大学	**5**			**5**	
01专业组(不限)	2	506	499	2	
02专业组(不限)	2	523	520	2	
03专业组(不限)	1	522	522	1	
4117 沈阳师范大学	**17**			**17**	

院校、专业组名称	录取数	最高分	最低分	平行志愿	征求志愿
01专业组(不限)	12	532	523	12	
02专业组(不限)	5	511	502	5	
4126 辽宁师范大学	**2**			**2**	
01专业组(不限)(中外合作办学)	2	516	515	2	
4131 大连理工大学	**17**			**17**	
01专业组(不限)	17	591	580	17	
4132 大连海事大学	**13**			**13**	
01专业组(不限)	13	583	569	13	
4133 东北财经大学	**12**			**12**	
01专业组(不限)	7	573	566	7	
02专业组(不限)(中外合作办学)	3	562	553	3	
03专业组(不限)(中外合作办学)	2	562	557	2	
4135 大连外国语大学	**16**			**16**	
01专业组(不限)	15	559	544	15	
02专业组(不限)(中外合作办学)	1	546	546	1	
4136 大连大学	**10**			**10**	
01专业组(不限)	10	531	519	10	
4139 大连交通大学	**2**			**2**	
01专业组(不限)	2	526	525	2	
4140 大连民族大学	**6**			**6**	
01专业组(不限)	6	515	503	6	
4152 渤海大学	**2**			**2**	
01专业组(不限)	2	515	514	2	
4161 辽宁工程技术大学	**4**			**4**	
01专业组(不限)	4	509	504	4	
4162 大连理工大学(盘锦校区)	**3**			**3**	
01专业组(不限)	3	579	574	3	
4201 吉林大学	**25**			**25**	
02专业组(不限)	16	603	590	16	
03专业组(思想政治)	5	592	590	5	
04专业组(地理)	4	597	593	4	
4202 东北师范大学	**6**			**6**	
01专业组(不限)(中外合作办学)	3	564	559	3	
02专业组(不限)	3	577	577	3	
4203 吉林农业大学	**10**			**10**	
01专业组(不限)	10	516	508	10	
4204 长春大学	**8**			**8**	
01专业组(不限)	6	513	509	6	
02专业组(不限)(中外合作办学)	2	509	504	2	
4206 吉林财经大学	**14**			**14**	
01专业组(不限)	10	532	521	10	
02专业组(不限)(中外合作办学)	4	527	511	4	
4207 长春师范大学	**23**			**23**	
01专业组(不限)	12	525	509	12	
02专业组(不限)	6	525	509	6	
03专业组(不限)	5	506	502	5	
4210 吉林建筑大学	**8**			**8**	
01专业组(不限)	6	506	501	6	
02专业组(生物或地理)	2	506	502	2	

院校、专业组名称	录取数	最高分	最低分	平行志愿	征求志愿
4212 吉林工程技术师范学院	**15**			**15**	
01专业组(不限)	15	504	499	15	
4215 吉林师范大学	**8**			**8**	
01专业组(不限)	3	534	523	3	
02专业组(不限)	3	522	516	3	
03专业组(化学或地理)	1	538	538	1	
04专业组(思想政治)	1	513	513	1	
4220 吉林警察学院	**8**			**8**	
01专业组(不限)	8	509	507	8	
4225 吉林农业科技学院	**4**			**4**	
01专业组(不限)	4	499	497	4	
4228 吉林医药学院	**7**			**7**	
01专业组(不限)	7	504	501	7	
4231 东北电力大学	**4**			**4**	
01专业组(不限)	4	517	506	4	
4232 北华大学	**12**			**12**	
01专业组(不限)	10	521	517	10	
02专业组(思想政治)	2	524	521	2	
4233 通化师范学院	**17**			**16**	**1**
01专业组(不限)	17	505	500	16	1
4235 吉林化工学院	**3**			**3**	
01专业组(不限)	2	501	500	2	
02专业组(化学或生物)	1	502	502	1	
4237 吉林工商学院	**10**			**10**	
01专业组(不限)	10	502	500	10	
4241 白城师范学院	**19**			**19**	
01专业组(不限)	6	502	498	6	
02专业组(不限)	2	503	503	2	
03专业组(化学或地理)	6	510	505	6	
04专业组(思想政治)	5	505	502	5	
4302 哈尔滨工程大学	**5**			**5**	
01专业组(不限)	5	569	561	5	
4303 东北林业大学	**8**			**8**	
01专业组(不限)	8	564	562	8	
4304 东北农业大学	**3**			**3**	
01专业组(不限)	3	566	561	3	
4306 黑龙江工程学院	**4**			**3**	**1**
01专业组(不限)	3	501	500	2	1
02专业组(化学或地理)	1	515	515	1	
4307 哈尔滨商业大学	**8**			**8**	
01专业组(不限)	8	521	506	8	
4309 哈尔滨医科大学	**6**			**6**	
01专业组(不限)	2	534	529	2	
02专业组(化学)	4	505	491	4	
4310 黑龙江科技大学	**27**			**27**	
01专业组(不限)	25	510	502	25	
02专业组(思想政治)	2	509	509	2	
4311 黑龙江大学	**14**			**14**	
02专业组(不限)	8	560	541	8	
03专业组(思想政治)	2	535	534	2	
04专业组(思想政治或地理)	4	537	534	4	
4312 哈尔滨师范大学	**18**			**18**	
01专业组(不限)	18	519	507	18	
4314 牡丹江师范学院	**23**			**23**	
01专业组(不限)	18	504	498	18	
02专业组(地理)	5	516	503	5	
4315 哈尔滨金融学院	**9**			**9**	
01专业组(不限)	9	512	505	9	
4323 哈尔滨学院	**10**			**9**	**1**
01专业组(不限)	6	509	499	5	1
02专业组(不限)	4	510	502	4	
4332 齐齐哈尔大学	**17**			**17**	
01专业组(不限)	15	512	503	15	
02专业组(思想政治)	2	517	516	2	
4371 延边大学	**7**			**7**	
01专业组(不限)	7	561	555	7	
5101 郑州大学	**9**			**9**	
01专业组(不限)	9	587	573	9	
5103 中原工学院	**9**			**9**	
01专业组(不限)	9	505	501	9	
5104 河南工业大学	**19**			**19**	
01专业组(不限)	17	532	521	17	
02专业组(不限)	2	519	519	2	
5105 郑州航空工业管理学院	**22**			**21**	**1**
01专业组(不限)	22	515	504	21	1
5106 郑州轻工业大学	**25**			**24**	**1**
01专业组(不限)	25	524	512	24	1
5110 河南科技学院	**6**			**6**	
01专业组(不限)	6	506	504	6	
5114 河南中医药大学	**4**			**4**	
01专业组(不限)	4	534	531	4	
5117 河南农业大学	**10**			**9**	**1**
01专业组(不限)	10	523	513	9	1
5118 信阳师范学院	**15**			**15**	
01专业组(不限)	5	509	498	5	
02专业组(不限)(中外合作办学)	10	501	493	10	
5119 河南财经政法大学	**12**			**12**	
01专业组(不限)	6	549	535	6	
02专业组(不限)(中外合作办学)	4	522	519	4	
03专业组(化学或地理)(中外合作办学)	2	516	513	2	
5122 河南工程学院	**10**			**10**	
01专业组(不限)	10	508	500	10	
5125 周口师范学院	**20**			**20**	
01专业组(不限)	14	510	502	14	
02专业组(生物或思想政治)	2	506	505	2	
03专业组(思想政治)	4	513	508	4	
5131 洛阳理工学院	**26**			**26**	
01专业组(不限)	26	508	502	26	

院校、专业组名称	录取数	最高分	最低分	平行志愿	征求志愿
5132 河南科技大学	**16**			**16**	
01专业组(不限)	16	537	524	16	
5133 洛阳师范学院	**12**			**12**	
01专业组(不限)	12	524	509	12	
5134 平顶山学院	**5**			**5**	
01专业组(不限)	5	501	498	5	
5141 河南大学	**20**			**20**	
01专业组(不限)	10	569	561	10	
02专业组(思想政治)	4	563	562	4	
03专业组(思想政治或地理)	4	572	566	4	
04专业组(地理)	2	565	565	2	
5151 河南理工大学	**6**			**6**	
01专业组(不限)	6	523	520	6	
5153 河南师范大学	**23**			**23**	
01专业组(不限)	10	544	528	10	
02专业组(不限)	9	528	524	9	
03专业组(思想政治)	2	542	536	2	
04专业组(思想政治)	2	551	549	2	
5161 安阳工学院	**6**			**6**	
01专业组(不限)	3	500	498	3	
02专业组(地理)(中外合作办学)	3	496	492	3	
5162 安阳师范学院	**8**			**8**	
01专业组(不限)	8	522	502	8	
5172 郑州工程技术学院	**8**			**8**	
01专业组(不限)	5	506	496	5	
02专业组(化学或地理)	3	485	479	3	
5173 新乡学院	**16**			**16**	
01专业组(不限)	12	502	497	12	
02专业组(思想政治和地理)	4	498	497	4	
5174 许昌学院	**47**			**47**	
01专业组(不限)	47	512	504	47	
5181 南阳师范学院	**40**			**40**	
01专业组(不限)	30	523	504	30	
02专业组(化学或地理)	4	513	508	4	
03专业组(思想政治)	6	505	502	6	
5182 南阳理工学院	**10**			**10**	
01专业组(不限)	7	502	501	7	
02专业组(不限)	3	509	505	3	
5191 黄淮学院	**20**			**20**	
01专业组(不限)	20	505	500	20	
5193 河南城建学院	**5**			**5**	
01专业组(不限)	5	505	499	5	
5198 商丘师范学院	**20**			**20**	
01专业组(不限)	19	515	504	19	
02专业组(思想政治)	1	520	520	1	
5201 武汉大学	**50**			**50**	
02专业组(不限)	50	620	608	50	
5202 华中科技大学	**39**			**39**	
01专业组(不限)	39	606	596	39	

院校、专业组名称	录取数	最高分	最低分	平行志愿	征求志愿
5203 华中师范大学	**29**			**29**	
01专业组(不限)	26	592	577	26	
02专业组(思想政治)	3	589	582	3	
5204 华中农业大学	**20**			**20**	
01专业组(不限)	20	571	565	20	
5205 中国地质大学(武汉)	**4**			**4**	
01专业组(不限)	3	572	571	3	
02专业组(思想政治)	1	571	571	1	
5206 中南财经政法大学	**75**			**75**	
03专业组(不限)	72	600	583	72	
04专业组(不限)	3	599	594	3	
5207 武汉理工大学	**35**			**35**	
01专业组(不限)	35	574	567	35	
5208 中南民族大学	**22**			**22**	
01专业组(不限)	16	549	536	16	
02专业组(思想政治)	6	544	536	6	
5209 湖北大学	**9**			**9**	
01专业组(不限)	9	549	540	9	
5211 湖北中医药大学	**24**			**24**	
01专业组(不限)	12	533	516	12	
02专业组(化学或生物)	12	547	537	12	
5212 武汉纺织大学	**7**			**7**	
01专业组(不限)	7	532	522	7	
5213 武汉体育学院	**12**			**12**	
01专业组(不限)	12	510	503	12	
5215 武汉工程大学	**4**			**4**	
01专业组(不限)	4	542	533	4	
5216 武汉轻工大学	**16**			**16**	
01专业组(不限)	16	528	519	16	
5220 湖北第二师范学院	**16**			**16**	
01专业组(不限)	13	527	513	13	
02专业组(不限)(中外合作办学)	3	513	507	3	
5221 湖北经济学院	**10**			**10**	
01专业组(不限)	10	529	518	10	
5243 长江大学	**8**			**8**	
01专业组(不限)	8	534	526	8	
5251 三峡大学	**15**			**15**	
01专业组(不限)	15	528	520	15	
5261 湖北师范大学	**8**			**7**	**1**
01专业组(不限)	6	541	527	5	1
02专业组(化学或地理)	2	535	534	2	
5265 湖北理工学院	**6**			**6**	
01专业组(不限)	6	510	507	6	
5271 湖北警官学院	**8**			**8**	
01专业组(思想政治)	8	528	521	8	
5285 荆楚理工学院	**7**			**7**	
01专业组(不限)	7	500	498	7	
5287 湖北科技学院	**10**			**10**	
01专业组(不限)	10	504	502	10	

院校、专业组名称	录取数	最高分	最低分	平行志愿	征求志愿
5290 湖北文理学院	**9**			**9**	
01专业组(不限)	9	511	507	9	
5295 湖北工程学院	**11**			**11**	
01专业组(不限)	11	506	502	11	
5301 湖南大学	**28**			**28**	
01专业组(不限)	28	599	592	28	
5302 中南大学	**23**			**23**	
01专业组(不限)	23	598	592	23	
5303 湖南师范大学	**46**			**46**	
01专业组(不限)	39	588	571	39	
02专业组(化学或地理)	2	580	580	2	
03专业组(思想政治)	5	579	574	5	
5305 湖南农业大学	**17**			**17**	
01专业组(不限)	14	525	517	14	
02专业组(生物或地理)	3	526	524	3	
5306 湖南工商大学	**23**			**23**	
01专业组(不限)	21	532	519	21	
02专业组(化学或地理)	2	525	519	2	
5307 长沙理工大学	**8**			**8**	
01专业组(不限)	4	548	540	4	
02专业组(不限)	4	538	532	4	
5308 长沙学院	**22**			**22**	
01专业组(不限)	22	529	507	22	
5310 湖南人文科技学院	**27**			**27**	
01专业组(不限)	23	505	499	23	
02专业组(不限)(中外合作办学)	4	498	492	4	
5320 湖南财政经济学院	**14**			**14**	
01专业组(不限)	14	519	515	14	
5321 湖南科技大学	**24**			**24**	
01专业组(不限)	23	539	524	23	
02专业组(化学或地理)	1	530	530	1	
5322 湖南工程学院	**7**			**7**	
01专业组(不限)	7	502	500	7	
5323 湘潭大学	**31**			**31**	
01专业组(不限)	31	567	552	31	
5327 湖南工学院	**16**			**16**	
01专业组(不限)	6	501	501	6	
02专业组(思想政治)	3	505	502	3	
03专业组(思想政治或地理)	7	506	501	7	
5331 中南林业科技大学	**18**			**18**	
01专业组(不限)	18	532	518	18	
5332 湖南工业大学	**28**			**28**	
01专业组(不限)	28	530	516	28	
5341 南华大学	**10**			**10**	
01专业组(不限)	10	539	520	10	
5342 衡阳师范学院	**17**			**17**	
01专业组(不限)	16	521	508	16	
02专业组(思想政治)	1	523	523	1	
5343 湖南文理学院	**22**			**22**	
01专业组(不限)	16	512	504	16	
02专业组(化学或地理)	3	521	517	3	
03专业组(思想政治)	3	507	504	3	
5349 湖南第一师范学院	**9**			**9**	
01专业组(不限)	8	541	525	8	
02专业组(思想政治)	1	531	531	1	
5351 湖南理工学院	**25**			**25**	
01专业组(不限)	25	523	506	25	
5355 湖南城市学院	**14**			**14**	
01专业组(不限)	10	504	501	10	
02专业组(思想政治)	2	513	510	2	
03专业组(地理)	2	510	507	2	
5361 吉首大学	**7**			**7**	
01专业组(不限)	7	522	513	7	
5371 邵阳学院	**8**			**8**	
01专业组(不限)	4	499	499	4	
02专业组(思想政治)	4	506	504	4	
5380 长沙师范学院	**2**			**2**	
01专业组(不限)	2	515	514	2	
5381 湘南学院	**37**			**37**	
01专业组(不限)	33	521	500	33	
02专业组(化学)	4	494	483	4	
5385 怀化学院	**31**			**31**	
01专业组(不限)	23	513	500	23	
02专业组(化学或生物)	2	496	496	2	
03专业组(思想政治)	6	507	504	6	
5391 湖南科技学院	**32**			**32**	
01专业组(不限)	29	506	500	29	
02专业组(思想政治)	3	511	510	3	
5393 湖南女子学院	**63**			**62**	**1**
01专业组(不限)	63	504	494	62	1
5401 中山大学	**33**			**33**	
01专业组(不限)	21	608	601	21	
02专业组(不限)	6	609	607	6	
03专业组(思想政治)	6	603	600	6	
5402 华南理工大学	**12**			**12**	
01专业组(不限)	12	596	593	12	
5404 广东外语外贸大学	**17**			**17**	
01专业组(不限)	14	570	561	14	
02专业组(思想政治)	3	557	556	3	
5407 暨南大学	**21**			**21**	
01专业组(不限)	12	588	575	12	
02专业组(不限)	3	578	574	3	
03专业组(不限)	3	579	578	3	
04专业组(不限)	3	584	581	3	
5408 广州美术学院	**2**			**2**	
01专业组(不限)	2	532	529	2	
5412 广东金融学院	**3**			**3**	
01专业组(不限)	3	531	527	3	

院校、专业组名称	录取数	最高分	最低分	平行志愿	征求志愿
5413 华南师范大学	**11**			**11**	
01专业组(不限)	11	584	577	11	
5414 广东财经大学	**2**			**2**	
01专业组(不限)	2	553	551	2	
5418 哈尔滨工业大学(深圳)	**3**			**3**	
01专业组(不限)	3	601	600	3	
5420 广州中医药大学	**2**			**2**	
01专业组(化学或生物)	2	552	551	2	
5421 汕头大学	**14**			**14**	
01专业组(不限)	14	569	549	14	
5422 南方医科大学	**17**			**17**	
01专业组(不限)	17	603	538	17	
5431 广东海洋大学	**8**			**8**	
01专业组(不限)	6	528	519	6	
02专业组(思想政治或地理)	2	529	528	2	
5437 韶关学院	**2**			**2**	
01专业组(不限)	2	507	505	2	
5451 深圳大学	**10**			**10**	
01专业组(不限)	10	577	570	10	
5461 北京师范大学-香港浸会大学联合国际学院	**9**			**9**	
01专业组(不限)	9	562	539	9	
5477 岭南师范学院	**4**			**4**	
01专业组(不限)	4	509	506	4	
5478 广东工业大学	**2**			**2**	
01专业组(不限)	2	535	535	2	
5479 深圳技术大学	**6**			**6**	
01专业组(不限)	6	540	532	6	
5502 广西中医药大学	**5**			**5**	
01专业组(不限)	2	541	533	2	
02专业组(不限)	1	523	523	1	
03专业组(生物)	2	528	524	2	
5504 南宁师范大学	**12**			**12**	
01专业组(不限)	10	521	515	10	
02专业组(思想政治或地理)	2	521	519	2	
5505 玉林师范学院	**20**			**20**	
01专业组(不限)	15	502	498	15	
02专业组(不限)	5	500	498	5	
5506 广西艺术学院	**3**			**3**	
01专业组(不限)	3	497	495	3	
5507 北部湾大学	**2**			**2**	
01专业组(不限)	2	507	504	2	
5510 桂林医学院	**2**			**2**	
01专业组(不限)	2	515	515	2	
5511 广西师范大学	**27**			**27**	
01专业组(不限)	22	547	531	22	
02专业组(思想政治)	5	537	529	5	
5512 桂林理工大学	**16**			**16**	
01专业组(不限)	16	509	503	16	
5517 右江民族医学院	**1**			**1**	
01专业组(不限)	1	506	506	1	
5518 广西民族师范学院	**17**			**17**	
01专业组(不限)	17	499	495	17	
5519 贺州学院	**16**			**16**	
01专业组(不限)	16	499	496	16	
5521 桂林航天工业学院	**2**			**2**	
01专业组(不限)	2	505	504	2	
5522 桂林旅游学院	**12**			**12**	
01专业组(不限)	7	501	498	7	
02专业组(不限)(中外合作办学)	3	479	477	3	
03专业组(化学或地理)	2	499	498	2	
5527 广西科技师范学院	**13**			**13**	
01专业组(不限)	9	504	499	9	
02专业组(思想政治或地理)	4	513	507	4	
5531 广西科技大学	**5**			**5**	
01专业组(不限)	5	507	497	5	
5532 广西民族大学	**14**			**14**	
01专业组(不限)	9	526	509	9	
02专业组(不限)	2	508	506	2	
03专业组(不限)	2	512	511	2	
04专业组(思想政治)	1	507	507	1	
5561 梧州学院	**6**			**6**	
01专业组(不限)	4	502	499	4	
02专业组(思想政治或地理)	2	500	499	2	
5601 海南大学	**33**			**32**	**1**
01专业组(不限)	24	566	563	23	1
02专业组(不限)(中外合作办学)	4	554	536	4	
03专业组(不限)(中外合作办学)	2	549	537	2	
04专业组(化学或地理)(中外合作办学)	2	550	546	2	
05专业组(思想政治)	1	572	572	1	
5602 海南师范大学	**18**			**18**	
01专业组(不限)	16	533	524	16	
02专业组(不限)(中外合作办学)	2	508	506	2	
5603 海南医学院	**3**			**3**	
01专业组(不限)	2	506	506	2	
02专业组(化学)	1	477	477	1	
5604 海南热带海洋学院	**34**			**34**	
01专业组(不限)	28	508	500	28	
02专业组(不限)(中外合作办学)	2	495	491	2	
03专业组(不限)(中外合作办学)	2	492	484	2	
04专业组(思想政治)	2	507	506	2	
5619 琼台师范学院	**6**			**6**	
01专业组(不限)	5	515	509	5	
02专业组(思想政治)	1	509	509	1	
6101 四川大学	**25**			**25**	
02专业组(不限)	20	607	594	20	
03专业组(不限)	3	586	564	3	
04专业组(思想政治)	2	597	595	2	

2022年普通类(历史等科目类)本科院校

院校、专业组名称	录取数	最高分	最低分	平行志愿	征求志愿
6102 西南交通大学	23			23	
01专业组(不限)	20	574	567	20	
02专业组(思想政治)	3	574	570	3	
6103 西南财经大学	29			29	
01专业组(不限)	29	592	584	29	
6105 西南民族大学	12			12	
01专业组(不限)	12	548	534	12	
6106 成都理工大学	8			8	
01专业组(不限)	8	561	549	8	
6107 成都信息工程大学	4			4	
01专业组(不限)	4	528	523	4	
6108 成都体育学院	12			10	2
01专业组(不限)	12	537	499	10	2
6109 四川音乐学院	15			15	
01专业组(不限)	15	509	496	15	
6110 西华大学	14			13	1
01专业组(不限)	11	542	523	10	1
02专业组(思想政治)	3	543	529	3	
6114 成都大学	8			7	1
01专业组(不限)	5	532	528	5	
02专业组(不限)(中外合作办学)	3	515	500	2	1
6115 四川轻化工大学	8			8	
01专业组(不限)	8	519	489	8	
6117 西昌学院	2			2	
01专业组(不限)	2	498	496	2	
6120 四川警察学院	2			2	
01专业组(思想政治)	2	521	519	2	
6129 成都师范学院	7			7	
01专业组(不限)	5	521	518	5	
02专业组(化学或地理)	2	524	523	2	
6131 西南科技大学	12			12	
01专业组(不限)	12	531	518	12	
6140 四川师范大学	3			3	
01专业组(不限)	1	560	560	1	
02专业组(思想政治或地理)	2	565	561	2	
6142 西华师范大学	4			4	
01专业组(不限)	4	509	506	4	
6144 绵阳师范学院	2			2	
01专业组(不限)	2	505	503	2	
6151 乐山师范学院	10			10	
01专业组(不限)	10	525	502	10	
6161 川北医学院	10			10	
01专业组(不限)	10	522	508	10	
6181 宜宾学院	6			6	
01专业组(不限)	6	507	502	6	
6187 攀枝花学院	2			2	
01专业组(不限)	2	504	504	2	
6201 重庆大学	10			10	
01专业组(不限)	10	601	594	10	
6202 西南大学	14			14	
01专业组(不限)	12	585	575	12	
02专业组(化学或生物)	1	543	543	1	
03专业组(化学或地理)	1	577	577	1	
6203 西南政法大学	49			49	
01专业组(不限)	46	602	584	46	
02专业组(不限)(中外合作办学)	3	588	586	3	
6205 重庆医科大学	2			2	
01专业组(化学或生物)	2	548	542	2	
6206 重庆工商大学	10			10	
01专业组(不限)	7	539	533	7	
02专业组(不限)(中外合作办学)	1	521	521	1	
03专业组(思想政治或地理)	2	543	538	2	
6207 重庆交通大学	10			10	
01专业组(不限)	10	548	532	10	
6208 重庆理工大学	10			10	
01专业组(不限)	10	530	525	10	
6209 重庆邮电大学	2			2	
01专业组(不限)	2	545	543	2	
6210 重庆师范大学	33			32	1
01专业组(不限)	29	556	524	28	1
02专业组(化学或地理)	1	563	563	1	
03专业组(思想政治)	3	549	545	3	
6211 四川美术学院	4			4	
01专业组(不限)	4	536	527	4	
6212 四川外国语大学	19			19	
02专业组(不限)	10	558	552	10	
03专业组(不限)	4	563	560	4	
04专业组(不限)(中外合作办学)	2	526	526	2	
05专业组(不限)(中外合作办学)	2	542	538	2	
06专业组(思想政治)	1	555	555	1	
6213 重庆三峡学院	14			14	
01专业组(不限)	14	522	509	14	
6214 长江师范学院	11			11	
01专业组(不限)	11	520	510	11	
6215 重庆文理学院	2			2	
01专业组(不限)	2	512	509	2	
6221 重庆科技学院	6			6	
01专业组(不限)	6	522	509	6	
6301 贵州大学	2			2	
01专业组(不限)	2	563	562	2	
6302 贵州中医药大学	2			2	
01专业组(不限)	2	517	506	2	
6303 贵州医科大学	1			1	
01专业组(不限)	1	520	520	1	
6304 贵州财经大学	7			7	
01专业组(不限)	2	521	517	2	
02专业组(不限)(中外合作办学)	5	502	498	5	
6306 贵州师范大学	5			5	

513

院校、专业组名称	录取数	最高分	最低分	平行志愿	征求志愿
01专业组(思想政治)	5	533	526	5	
6308 安顺学院	**5**			**5**	
01专业组(不限)	3	499	498	3	
02专业组(思想政治)	1	503	503	1	
03专业组(思想政治或地理)	1	502	502	1	
6310 黔南民族师范学院	**9**			**9**	
01专业组(不限)	9	503	487	9	
6315 贵州工程应用技术学院	**5**			**5**	
01专业组(不限)	5	501	498	5	
6316 贵州商学院	**6**			**6**	
01专业组(不限)	4	498	497	4	
02专业组(不限)(中外合作办学)	2	499	492	2	
6319 贵州理工学院	**2**			**2**	
01专业组(不限)	2	508	496	2	
6320 六盘水师范学院	**2**			**2**	
01专业组(不限)	2	498	498	2	
6323 贵州警察学院	**2**			**2**	
01专业组(思想政治)	2	514	512	2	
6324 贵阳康养职业大学	**2**			**2**	
01专业组(不限)	2	496	494	2	
6401 云南大学	**8**			**8**	
01专业组(不限)	8	573	564	8	
6402 云南师范大学	**10**			**10**	
01专业组(不限)	4	541	529	4	
02专业组(化学或地理)	4	560	538	4	
03专业组(地理)	2	540	538	2	
6403 云南艺术学院	**6**			**6**	
01专业组(不限)	6	517	484	6	
6404 昆明理工大学	**10**			**10**	
01专业组(不限)	10	531	520	10	
6405 云南农业大学	**10**			**10**	
01专业组(不限)	7	517	510	7	
02专业组(不限)(中外合作办学)	2	507	502	2	
03专业组(化学或生物)	1	506	506	1	
6407 玉溪师范学院	**4**			**4**	
01专业组(不限)	4	508	504	4	
6408 云南财经大学	**40**			**40**	
01专业组(不限)	40	545	514	40	
6409 楚雄师范学院	**4**			**4**	
01专业组(不限)	4	505	502	4	
6410 昆明学院	**12**			**12**	
01专业组(不限)	8	503	499	8	
02专业组(地理)	4	524	513	4	
6411 大理大学	**12**			**12**	
01专业组(不限)	4	513	508	4	
02专业组(不限)	4	518	507	4	
03专业组(思想政治)	2	518	514	2	
04专业组(思想政治或地理)	2	509	508	2	
6413 红河学院	**11**			**10**	**1**
01专业组(不限)	11	500	497	10	1
6414 云南民族大学	**6**			**6**	
01专业组(不限)	6	513	510	6	
6417 曲靖师范学院	**2**			**2**	
01专业组(化学或地理)	2	516	513	2	
6419 普洱学院	**5**			**5**	
01专业组(不限)	5	499	498	5	
6420 文山学院	**6**			**6**	
01专业组(思想政治或地理)	6	510	504	6	
6421 云南警官学院	**3**			**3**	
01专业组(思想政治)	3	520	517	3	
7101 西北大学	**23**			**23**	
01专业组(不限)	17	580	569	17	
02专业组(不限)	1	591	591	1	
03专业组(思想政治)	3	573	570	3	
04专业组(思想政治或地理)	2	583	579	2	
7102 西北工业大学	**12**			**12**	
01专业组(不限)	12	590	582	12	
7103 陕西师范大学	**15**			**15**	
01专业组(不限)	12	578	573	12	
02专业组(思想政治)	3	579	577	3	
7104 西安交通大学	**10**			**10**	
01专业组(不限)	3	600	599	3	
02专业组(思想政治)	7	601	600	7	
7107 长安大学	**7**			**7**	
01专业组(不限)	7	570	567	7	
7109 西北政法大学	**50**			**50**	
01专业组(不限)	50	583	573	50	
7110 西安工程大学	**13**			**13**	
01专业组(不限)	10	536	519	10	
02专业组(化学)	3	494	471	3	
7111 西安财经大学	**7**			**7**	
01专业组(不限)	7	542	528	7	
7113 西安石油大学	**6**			**6**	
01专业组(不限)	6	539	523	6	
7114 西安医学院	**8**			**8**	
01专业组(不限)	8	521	513	8	
7115 西安工业大学	**4**			**4**	
01专业组(不限)	4	537	528	4	
7116 西安邮电大学	**5**			**5**	
01专业组(不限)	5	536	528	5	
7117 西安外国语大学	**36**			**36**	
02专业组(不限)	36	572	543	36	
7122 西安文理学院	**9**			**9**	
01专业组(不限)	9	507	502	9	
7138 陕西中医药大学	**2**			**2**	
01专业组(不限)	2	549	545	2	
7140 渭南师范学院	**6**			**6**	
01专业组(不限)	1	517	517	1	

院校、专业组名称	录取数	最高分	最低分	平行志愿	征求志愿
02专业组(不限)(中外合作办学)	5	497	490	5	
7141 西北农林科技大学	**8**			**8**	
01专业组(不限)	7	582	574	7	
02专业组(化学或生物)	1	575	575	1	
7142 延安大学	**10**			**10**	
01专业组(不限)	4	529	523	4	
02专业组(思想政治)	4	541	523	4	
03专业组(思想政治或地理)	2	526	517	2	
7150 陕西学前师范学院	**8**			**8**	
01专业组(不限)	5	501	480	5	
02专业组(地理)	3	511	494	3	
7151 陕西科技大学	**8**			**8**	
01专业组(不限)	8	524	521	8	
7162 宝鸡文理学院	**14**			**14**	
01专业组(不限)	14	502	499	14	
7165 咸阳师范学院	**2**			**2**	
01专业组(不限)(中外合作办学)	2	492	491	2	
7167 陕西理工大学	**20**			**20**	
01专业组(不限)	12	525	509	12	
02专业组(思想政治)	4	522	517	4	
03专业组(思想政治或地理)	4	522	516	4	
7201 兰州大学	**39**			**39**	
01专业组(不限)	16	591	584	16	
02专业组(生物或地理)	6	588	581	6	
03专业组(思想政治)	7	589	581	7	
04专业组(思想政治或地理)	4	584	583	4	
05专业组(地理)	6	593	586	6	
7202 兰州理工大学	**9**			**9**	
01专业组(不限)	5	516	510	5	
02专业组(不限)	4	524	520	4	
7203 兰州财经大学	**15**			**15**	
01专业组(不限)	15	519	511	15	
7204 兰州交通大学	**10**			**10**	
01专业组(不限)	10	522	517	10	
7205 西北民族大学	**16**			**16**	
01专业组(不限)	12	527	504	12	
02专业组(思想政治)	4	506	503	4	
7206 甘肃农业大学	**2**			**2**	
01专业组(不限)	2	509	506	2	
7207 甘肃政法大学	**21**			**21**	
01专业组(不限)	18	545	527	18	
02专业组(思想政治)	3	526	525	3	
7211 陇东学院	**1**			**1**	
01专业组(不限)	1	496	496	1	
7214 西北师范大学	**15**			**15**	
01专业组(不限)	15	539	527	15	
7216 天水师范学院	**6**			**6**	
01专业组(不限)	6	514	508	6	
7218 兰州城市学院	**8**			**8**	
01专业组(不限)	6	506	500	6	
02专业组(地理)	2	496	487	2	
7219 兰州文理学院	**5**			**5**	
01专业组(不限)	5	502	499	5	
7302 青海民族大学	**8**			**8**	
01专业组(不限)	8	508	498	8	
7303 青海师范大学	**5**			**5**	
01专业组(不限)	5	518	508	5	
7401 北方民族大学	**6**			**6**	
01专业组(不限)	6	508	506	6	
7402 宁夏大学	**6**			**5**	**1**
01专业组(不限)	6	566	522	5	1
7501 新疆大学	**5**			**5**	
01专业组(不限)	5	563	550	5	
7502 新疆师范大学	**23**			**23**	
01专业组(不限)	16	521	506	16	
02专业组(思想政治)	7	523	508	7	
7503 新疆农业大学	**75**			**65**	**10**
01专业组(不限)	70	505	486	60	10
02专业组(化学或地理)	5	499	495	5	
7505 新疆财经大学	**26**			**26**	
01专业组(不限)	26	522	499	26	
7507 昌吉学院	**7**			**7**	
01专业组(不限)	7	503	496	7	
7511 石河子大学	**10**			**10**	
01专业组(不限)	10	549	537	10	
7512 新疆科技学院	**27**			**23**	**4**
01专业组(不限)	27	497	491	23	4
7513 新疆理工学院	**2**			**2**	
01专业组(不限)	2	495	494	2	
7521 伊犁师范大学	**61**			**60**	**1**
01专业组(不限)	56	513	495	55	1
02专业组(思想政治)	5	507	499	5	
7529 喀什大学	**8**			**8**	
01专业组(不限)	4	494	493	4	
02专业组(思想政治)	2	499	496	2	
03专业组(思想政治或地理)	2	498	498	2	
8001 上海杉达学院	**25**			**25**	
01专业组(不限)	25	521	481	25	
8002 上海建桥学院	**49**			**49**	
01专业组(不限)	49	508	477	49	
8003 上海兴伟学院	**5**			**2**	**3**
01专业组(不限)	5	492	475	2	3
8004 上海视觉艺术学院	**6**			**6**	
01专业组(不限)	6	505	500	6	
8005 上海外国语大学贤达经济人文学院	**67**			**67**	
01专业组(不限)	67	495	475	67	
8006 上海师范大学天华学院	**63**			**59**	**4**

院校、专业组名称	录取数	最高分	最低分	平行志愿	征求志愿
01专业组(不限)	63	516	474	59	4
8023 上海立达学院	**11**			**10**	**1**
01专业组(不限)	11	478	474	10	1
8029 上海中侨职业技术大学	**18**			**18**	
01专业组(不限)	18	478	473	18	
8030 浙江万里学院	**170**			**170**	
01专业组(不限)	170	513	492	170	
8031 浙江树人学院	**109**			**108**	**1**
01专业组(不限)	109	501	477	108	1
8032 浙江越秀外国语学院	**126**			**126**	
01专业组(不限)	121	487	475	121	
02专业组(不限)(中外合作办学)	5	482	478	5	
8033 宁波财经学院	**27**			**27**	
01专业组(不限)	27	503	478	27	
8036 浙江工业大学之江学院	**6**			**6**	
01专业组(不限)	6	501	479	6	
8037 浙江师范大学行知学院	**6**			**6**	
01专业组(不限)	6	481	479	6	
8038 宁波大学科学技术学院	**9**			**9**	
01专业组(不限)	9	491	480	9	
8042 浙江农林大学暨阳学院	**6**			**6**	
01专业组(不限)	6	481	478	6	
8046 绍兴文理学院元培学院	**25**			**25**	
01专业组(不限)	25	489	478	25	
8048 浙江工商大学杭州商学院	**29**			**29**	
01专业组(不限)	29	502	481	29	
8051 浙江财经大学东方学院	**12**			**12**	
01专业组(不限)	12	503	480	12	
8052 温州商学院	**13**			**13**	
01专业组(不限)	13	483	476	13	
8054 上海财经大学浙江学院	**23**			**23**	
01专业组(不限)	23	496	485	23	
8077 浙江广厦建设职业技术大学	**7**			**7**	
01专业组(不限)	7	481	475	7	
8080 安徽三联学院	**40**			**40**	
01专业组(不限)	40	482	476	40	
8081 安徽新华学院	**119**			**119**	
01专业组(不限)	119	482	475	119	
8082 安徽文达信息工程学院	**8**			**8**	
01专业组(不限)	8	478	477	8	
8083 安徽外国语学院	**10**			**10**	
01专业组(不限)	10	502	494	10	
8084 蚌埠工商学院	**10**			**10**	
01专业组(不限)	10	490	481	10	
8085 安徽大学江淮学院	**10**			**10**	
01专业组(不限)	10	500	490	10	
8087 马鞍山学院	**4**			**4**	
01专业组(不限)	4	484	479	4	
8088 合肥城市学院	**16**			**16**	
01专业组(不限)	16	502	478	16	
8090 安徽师范大学皖江学院	**20**			**20**	
01专业组(不限)	20	505	495	20	
8094 皖江工学院	**27**			**27**	
01专业组(不限)	25	483	477	25	
02专业组(化学或生物)	2	477	477	2	
8120 厦门华厦学院	**9**			**9**	
01专业组(不限)	9	478	475	9	
8121 闽南理工学院	**3**			**3**	
01专业组(不限)	3	480	475	3	
8124 厦门工学院	**24**			**24**	
01专业组(不限)	24	488	475	24	
8125 阳光学院	**11**			**11**	
01专业组(不限)	6	475	474	6	
02专业组(不限)(中外合作办学)	5	474	471	5	
8126 厦门大学嘉庚学院	**79**			**79**	
01专业组(不限)	79	505	491	79	
8127 福州大学至诚学院	**15**			**15**	
01专业组(不限)	15	487	479	15	
8128 集美大学诚毅学院	**27**			**27**	
01专业组(不限)	27	502	488	27	
8130 福州外语外贸学院	**2**			**2**	
01专业组(不限)	2	478	475	2	
8132 仰恩大学	**2**			**2**	
01专业组(不限)	2	485	481	2	
8170 江西科技学院	**56**			**56**	
01专业组(不限)	56	483	474	56	
8172 南昌理工学院	**14**			**14**	
01专业组(不限)	14	500	476	14	
8173 江西应用科技学院	**6**			**6**	
01专业组(不限)	6	478	472	6	
8175 南昌工学院	**25**			**24**	**1**
01专业组(不限)	25	495	476	24	1
8176 南昌大学科学技术学院	**21**			**21**	
01专业组(不限)	21	491	479	21	
8177 南昌大学共青学院	**15**			**15**	
01专业组(不限)	15	483	478	15	
8178 南昌交通学院	**6**			**6**	
01专业组(不限)	6	478	475	6	
8180 南昌航空大学科技学院	**12**			**12**	
01专业组(不限)	12	489	478	12	
8183 江西农业大学南昌商学院	**14**			**14**	
01专业组(不限)	14	487	477	14	
8185 江西师范大学科学技术学院	**16**			**16**	
01专业组(不限)	16	492	479	16	
8186 景德镇艺术职业大学	**7**			**7**	
01专业组(不限)	7	476	474	7	
8187 南昌应用技术师范学院	**6**			**5**	**1**
01专业组(不限)	6	487	476	5	1

院校、专业组名称	录取数	最高分	最低分	平行志愿	征求志愿
8188 江西财经大学现代经济管理学院	**32**			**32**	
01专业组(不限)	32	481	477	32	
8210 齐鲁医药学院	**9**			**9**	
01专业组(不限)	9	502	481	9	
8211 青岛滨海学院	**45**			**44**	**1**
01专业组(不限)	45	491	474	44	1
8212 烟台南山学院	**21**			**18**	**3**
01专业组(不限)	20	495	476	17	3
02专业组(化学)	1	473	473	1	
8213 潍坊科技学院	**12**			**12**	
01专业组(不限)	12	485	478	12	
8214 山东英才学院	**58**			**58**	
01专业组(不限)	58	477	473	58	
8215 青岛恒星科技学院	**29**			**29**	
01专业组(不限)	29	482	474	29	
8216 青岛黄海学院	**22**			**22**	
01专业组(不限)	22	478	474	22	
8217 山东现代学院	**28**			**26**	**2**
01专业组(不限)	28	481	474	26	2
8218 山东协和学院	**12**			**12**	
01专业组(不限)	12	478	476	12	
8219 烟台理工学院	**8**			**8**	
01专业组(不限)	8	487	478	8	
8220 青岛城市学院	**11**			**11**	
01专业组(不限)	11	483	476	11	
8223 泰山科技学院	**6**			**6**	
01专业组(不限)	6	476	475	6	
8225 青岛工学院	**30**			**30**	
01专业组(不限)	30	484	476	30	
8226 青岛农业大学海都学院	**5**			**5**	
01专业组(不限)	5	480	477	5	
8227 齐鲁理工学院	**18**			**18**	
01专业组(不限)	18	483	475	18	
8228 山东财经大学东方学院	**25**			**25**	
01专业组(不限)	25	481	478	25	
8230 烟台科技学院	**16**			**16**	
01专业组(不限)	16	483	479	16	
8231 青岛电影学院	**1**			**1**	
01专业组(不限)	1	477	477	1	
8249 山东工程职业技术大学	**3**			**3**	
01专业组(不限)	3	483	471	3	
8260 北京城市学院	**7**			**7**	
01专业组(不限)	7	498	490	7	
8262 首都师范大学科德学院	**7**			**4**	**3**
01专业组(不限)	7	474	471	4	3
8263 北京工商大学嘉华学院	**8**			**5**	**3**
01专业组(不限)	8	479	471	5	3
8264 北京邮电大学世纪学院	**12**			**10**	**2**
01专业组(不限)	12	487	474	10	2
8265 北京工业大学耿丹学院	**6**			**5**	**1**
01专业组(不限)	6	474	473	5	1
8266 北京第二外国语学院中瑞酒店管理学院	**37**			**22**	**15**
01专业组(不限)	37	479	471	22	15
8290 天津天狮学院	**3**			**3**	
01专业组(不限)	3	476	476	3	
8291 天津外国语大学滨海外事学院	**9**			**9**	
01专业组(不限)	8	497	481	8	
02专业组(思想政治)	1	484	484	1	
8292 天津传媒学院	**6**			**6**	
01专业组(不限)	6	488	481	6	
8293 天津商业大学宝德学院	**21**			**21**	
01专业组(不限)	21	479	475	21	
8294 天津医科大学临床医学院	**16**			**16**	
01专业组(不限)	16	483	476	16	
8297 天津理工大学中环信息学院	**33**			**33**	
01专业组(不限)	33	479	475	33	
8298 北京科技大学天津学院	**34**			**33**	**1**
01专业组(不限)	34	488	476	33	1
8299 天津仁爱学院	**16**			**16**	
01专业组(不限)	16	478	474	16	
8301 天津财经大学珠江学院	**48**			**48**	
01专业组(不限)	48	498	476	48	
8313 河北科技学院	**10**			**10**	
01专业组(不限)	10	485	471	10	
8314 河北外国语学院	**10**			**10**	
01专业组(不限)	10	494	473	10	
8316 华北理工大学轻工学院	**9**			**9**	
01专业组(不限)	9	476	473	9	
8318 河北经贸大学经济管理学院	**10**			**10**	
01专业组(不限)	10	491	479	10	
8323 石家庄铁道大学四方学院	**3**			**3**	
01专业组(不限)	3	509	494	3	
8324 河北地质大学华信学院	**12**			**12**	
01专业组(不限)	12	495	475	12	
8326 保定理工学院	**15**			**15**	
01专业组(不限)	15	476	473	15	
8327 燕京理工学院	**1**			**1**	
01专业组(不限)	1	489	489	1	
8328 北京中医药大学东方学院	**15**			**13**	**2**
01专业组(不限)	15	482	475	13	2
8329 沧州交通学院	**30**			**30**	
01专业组(不限)	30	479	475	30	
8330 河北东方学院	**2**			**2**	
01专业组(不限)	2	491	487	2	
8360 山西应用科技学院	**8**			**8**	
01专业组(不限)	8	476	474	8	
8363 晋中信息学院	**10**			**10**	

院校、专业组名称	录取数	最高分	最低分	平行志愿	征求志愿
01专业组(不限)	9	483	478	9	
02专业组(化学或生物)	1	476	476	1	
8364 山西晋中理工学院	**4**			**4**	
01专业组(不限)	4	476	474	4	
8365 山西科技学院	**2**			**2**	
01专业组(不限)	2	495	493	2	
8366 山西工商学院	**8**			**8**	
01专业组(思想政治或地理)	8	480	476	8	
8379 运城职业技术大学	**2**			**2**	
01专业组(不限)	2	477	474	2	
8401 辽宁对外经贸学院	**44**			**44**	
01专业组(不限)	44	482	471	44	
8402 大连理工大学城市学院	**9**			**9**	
01专业组(不限)	9	480	474	9	
8404 沈阳工学院	**13**			**13**	
01专业组(不限)	13	481	473	13	
8405 大连工业大学艺术与信息工程学院	**1**			**1**	
01专业组(不限)	1	473	473	1	
8406 大连科技学院	**70**			**69**	**1**
01专业组(不限)	70	482	472	69	1
8407 沈阳城市建设学院	**16**			**16**	
01专业组(不限)	16	473	471	16	
8408 大连医科大学中山学院	**7**			**7**	
01专业组(不限)	7	479	473	7	
8411 大连财经学院	**17**			**16**	**1**
01专业组(不限)	17	480	474	16	1
8412 沈阳城市学院	**15**			**15**	
01专业组(不限)	15	478	472	15	
8416 大连东软信息学院	**5**			**5**	
01专业组(不限)	5	473	471	5	
8417 辽宁师范大学海华学院	**5**			**3**	**2**
01专业组(不限)	5	483	476	3	2
8440 吉林外国语大学	**93**			**93**	
01专业组(不限)	83	502	478	83	
02专业组(不限)(中外合作办学)	10	490	477	10	
8441 长春光华学院	**36**			**36**	
01专业组(不限)	36	478	472	36	
8442 长春工业大学人文信息学院	**30**			**30**	
01专业组(不限)	30	476	471	30	
8443 长春电子科技学院	**24**			**24**	
01专业组(不限)	24	474	471	24	
8444 长春财经学院	**51**			**50**	**1**
01专业组(不限)	51	481	472	50	1
8445 吉林建筑科技学院	**26**			**26**	
01专业组(不限)	26	483	471	26	
8446 长春建筑学院	**18**			**18**	
01专业组(不限)	18	473	471	18	
8447 长春科技学院	**32**			**32**	
01专业组(不限)	32	474	471	32	
8448 吉林动画学院	**11**			**11**	
01专业组(不限)	11	474	471	11	
8449 吉林师范大学博达学院	**56**			**56**	
01专业组(不限)	56	480	471	56	
8450 长春大学旅游学院	**19**			**19**	
01专业组(不限)	19	472	471	19	
8451 长春人文学院	**40**			**40**	
01专业组(不限)	40	476	472	40	
8470 黑龙江东方学院	**15**			**15**	
01专业组(不限)	15	475	471	15	
8472 黑龙江财经学院	**21**			**21**	
01专业组(不限)	21	497	473	21	
8473 哈尔滨石油学院	**3**			**2**	**1**
01专业组(不限)	3	486	471	2	1
8474 哈尔滨广厦学院	**5**			**5**	
01专业组(不限)	5	476	472	5	
8475 哈尔滨华德学院	**8**			**5**	**3**
01专业组(不限)	8	485	471	5	3
8483 黑龙江工商学院	**5**			**5**	
01专业组(不限)	5	473	472	5	
8501 黄河科技学院	**11**			**11**	
01专业组(不限)	11	478	475	11	
8504 郑州财经学院	**3**			**3**	
01专业组(不限)	3	492	490	3	
8508 郑州工商学院	**50**			**50**	
01专业组(不限)	50	496	476	50	
8509 郑州经贸学院	**25**			**25**	
01专业组(不限)	25	481	476	25	
8510 郑州商学院	**8**			**8**	
01专业组(不限)	8	489	477	8	
8518 郑州西亚斯学院	**16**			**16**	
01专业组(不限)(中外合作办学)	16	498	475	16	
8550 武汉东湖学院	**26**			**26**	
01专业组(不限)	26	493	475	26	
8551 汉口学院	**1**			**1**	
01专业组(不限)	1	477	477	1	
8552 武昌首义学院	**30**			**30**	
01专业组(不限)	30	494	478	30	
8553 武昌理工学院	**10**			**10**	
01专业组(不限)	10	482	476	10	
8554 武汉生物工程学院	**17**			**17**	
01专业组(不限)	17	481	477	17	
8555 武汉晴川学院	**21**			**21**	
01专业组(不限)	21	501	475	21	
8556 湖北大学知行学院	**18**			**18**	
01专业组(不限)	18	500	478	18	
8557 武汉城市学院	**15**			**15**	
01专业组(不限)	15	487	475	15	

院校、专业组名称	录取数	最高分	最低分	平行志愿	征求志愿
8558 三峡大学科技学院	**18**			**18**	
01专业组(不限)	18	486	477	18	
8559 湖北工业大学工程技术学院	**15**			**15**	
01专业组(不限)	15	496	475	15	
8560 武汉工程大学邮电与信息工程学院	**8**			**8**	
01专业组(不限)	8	481	475	8	
8561 武汉纺织大学外经贸学院	**10**			**10**	
01专业组(不限)	10	478	474	10	
8562 武昌工学院	**10**			**10**	
01专业组(不限)	10	484	474	10	
8563 武汉工商学院	**17**			**17**	
01专业组(不限)	17	479	475	17	
8565 长江大学文理学院	**13**			**13**	
01专业组(不限)	13	497	480	13	
8567 湖北汽车工业学院科技学院	**6**			**6**	
01专业组(不限)	6	476	474	6	
8570 湖北经济学院法商学院	**27**			**27**	
01专业组(不限)	27	482	475	27	
8571 武汉体育学院体育科技学院	**11**			**11**	
01专业组(不限)	11	494	475	11	
8572 湖北文理学院理工学院	**10**			**10**	
01专业组(不限)	10	480	474	10	
8573 文华学院	**28**			**28**	
01专业组(不限)	28	500	477	28	
8574 武汉工程科技学院	**39**			**38**	**1**
01专业组(不限)	39	489	474	38	1
8575 武汉华夏理工学院	**24**			**24**	
01专业组(不限)	24	484	474	24	
8576 武汉传媒学院	**4**			**4**	
01专业组(不限)	4	487	481	4	
8577 武汉设计工程学院	**6**			**6**	
01专业组(不限)	6	477	474	6	
8601 长沙医学院	**10**			**9**	**1**
01专业组(不限)	10	485	477	9	1
8602 湖南涉外经济学院	**33**			**28**	**5**
01专业组(不限)	33	488	473	28	5
8603 湘潭大学兴湘学院	**4**			**4**	
01专业组(不限)	4	492	489	4	
8604 湖南工业大学科技学院	**9**			**9**	
01专业组(不限)	9	490	479	9	
8605 湖南科技大学潇湘学院	**2**			**2**	
01专业组(不限)	2	486	486	2	
8606 南华大学船山学院	**8**			**8**	
01专业组(不限)	8	493	479	8	
8607 湘潭理工学院	**4**			**4**	
01专业组(不限)	4	482	473	4	
8609 湖南文理学院芙蓉学院	**2**			**2**	
01专业组(不限)	2	478	477	2	

院校、专业组名称	录取数	最高分	最低分	平行志愿	征求志愿
8610 湖南理工学院南湖学院	**25**			**25**	
01专业组(不限)	25	479	476	25	
8613 吉首大学张家界学院	**6**			**6**	
01专业组(不限)	6	482	477	6	
8614 长沙理工大学城南学院	**10**			**10**	
01专业组(不限)	10	489	481	10	
8640 广东白云学院	**16**			**16**	
01专业组(不限)	16	479	473	16	
8641 电子科技大学中山学院	**32**			**32**	
01专业组(不限)	32	489	473	32	
8642 广东东软学院	**8**			**8**	
01专业组(不限)	8	474	472	8	
8643 广州城市理工学院	**9**			**9**	
01专业组(不限)	9	479	474	9	
8644 广州软件学院	**4**			**4**	
01专业组(不限)	4	473	472	4	
8645 广州南方学院	**8**			**8**	
01专业组(不限)	8	494	473	8	
8646 广东外语外贸大学南国商学院	**6**			**6**	
01专业组(不限)	6	481	472	6	
8649 北京理工大学珠海学院	**4**			**4**	
01专业组(不限)	4	499	497	4	
8650 珠海科技学院	**12**			**12**	
01专业组(不限)	12	509	479	12	
8651 广州工商学院	**7**			**7**	
01专业组(不限)	7	473	472	7	
8652 东莞城市学院	**8**			**8**	
01专业组(不限)	8	474	472	8	
8661 广州华立学院	**5**			**5**	
01专业组(不限)	5	474	472	5	
8665 广州新华学院	**10**			**10**	
01专业组(不限)	10	477	475	10	
8710 南宁学院	**6**			**6**	
01专业组(不限)	6	477	473	6	
8713 柳州工学院	**20**			**19**	**1**
01专业组(不限)	20	485	474	19	1
8714 桂林学院	**9**			**8**	**1**
01专业组(不限)	9	483	474	8	1
8715 广西中医药大学赛恩斯新医药学院	**15**			**15**	
01专业组(不限)	5	484	474	5	
02专业组(化学或生物)	10	477	471	10	
8716 桂林信息科技学院	**31**			**31**	
01专业组(不限)	31	475	472	31	
8718 广西外国语学院	**36**			**36**	
01专业组(不限)	36	491	471	36	
8740 海口经济学院	**32**			**13**	**19**
01专业组(不限)	32	477	471	13	19
8741 三亚学院	**56**			**52**	**4**

院校、专业组名称	录取数	最高分	最低分	平行志愿	征求志愿
01专业组(不限)	33	487	474	32	1
02专业组(不限)	19	481	471	17	2
03专业组(不限)	2	475	471	1	1
04专业组(不限)(中外合作办学)	2	473	473	2	
8757 海南科技职业大学	**6**			**5**	**1**
01专业组(不限)	6	475	471	5	1
8760 成都东软学院	**8**			**8**	
01专业组(不限)	8	481	476	8	
8761 电子科技大学成都学院	**15**			**15**	
01专业组(不限)	15	490	480	15	
8762 成都理工大学工程技术学院	**14**			**14**	
01专业组(不限)	14	492	478	14	
8764 成都银杏酒店管理学院	**9**			**9**	
01专业组(不限)	9	478	473	9	
8767 四川外国语大学成都学院	**41**			**41**	
01专业组(不限)	41	540	481	41	
8769 成都锦城学院	**11**			**11**	
01专业组(不限)	11	495	490	11	
8770 西南财经大学天府学院	**25**			**25**	
01专业组(不限)	25	502	477	25	
8771 四川大学锦江学院	**6**			**6**	
01专业组(不限)	6	481	479	6	
8774 西南交通大学希望学院	**3**			**3**	
01专业组(不限)	3	482	479	3	
8781 吉利学院	**3**			**3**	
01专业组(不限)	3	494	476	3	
8801 重庆城市科技学院	**28**			**27**	**1**
01专业组(不限)	28	491	477	27	1
8802 重庆外语外事学院	**10**			**10**	
01专业组(不限)	10	500	487	10	
8803 重庆对外经贸学院	**50**			**49**	**1**
01专业组(不限)	36	497	476	35	1
02专业组(化学或地理)	4	488	483	4	
03专业组(思想政治)	10	483	478	10	
8804 重庆财经学院	**17**			**16**	**1**
01专业组(不限)	17	499	481	16	1
8805 重庆工商大学派斯学院	**15**			**15**	
01专业组(不限)	10	483	477	10	
02专业组(化学或地理)	5	478	475	5	
8806 重庆移通学院	**38**			**34**	**4**
01专业组(不限)	38	491	475	34	4
8808 重庆人文科技学院	**8**			**6**	**2**
01专业组(不限)	8	491	478	6	2
8841 贵阳人文科技学院	**10**			**10**	
01专业组(不限)	10	479	473	10	
8870 云南大学滇池学院	**18**			**18**	
01专业组(不限)	18	478	474	18	
8871 丽江文化旅游学院	**47**			**42**	**5**
01专业组(不限)	47	482	472	42	5
8873 昆明医科大学海源学院	**15**			**14**	**1**
01专业组(不限)	15	488	474	14	1
8874 云南艺术学院文华学院	**8**			**5**	**3**
01专业组(不限)	8	479	471	5	3
8875 昆明文理学院	**7**			**7**	
01专业组(不限)	7	481	475	7	
8876 昆明理工大学津桥学院	**7**			**6**	**1**
01专业组(不限)	7	476	471	6	1
8878 云南经济管理学院	**4**			**4**	
01专业组(不限)	4	475	474	4	
8901 西安培华学院	**16**			**16**	
01专业组(不限)	16	484	477	16	
8902 西安欧亚学院	**34**			**33**	**1**
01专业组(不限)	34	488	473	33	1
8903 西安外事学院	**6**			**6**	
01专业组(不限)	6	487	477	6	
8905 西京学院	**8**			**8**	
01专业组(不限)	8	506	477	8	
8906 西安思源学院	**11**			**9**	**2**
01专业组(不限)	11	489	474	9	2
8907 陕西国际商贸学院	**9**			**7**	**2**
01专业组(不限)	9	477	471	7	2
8910 西安交通大学城市学院	**11**			**11**	
01专业组(不限)	11	491	477	11	
8911 西北大学现代学院	**1**			**1**	
01专业组(不限)	1	475	475	1	
8912 西安建筑科技大学华清学院	**8**			**8**	
01专业组(不限)	8	480	478	8	
8913 西安财经大学行知学院	**27**			**27**	
01专业组(不限)	27	479	475	27	
8914 西安工商学院	**6**			**5**	**1**
01专业组(不限)	6	498	476	5	1
8915 延安大学西安创新学院	**4**			**3**	**1**
01专业组(不限)	4	497	476	3	1
8916 西安明德理工学院	**6**			**6**	
01专业组(不限)	6	474	473	6	
8918 西安科技大学高新学院	**7**			**7**	
01专业组(不限)	7	476	472	7	
8940 兰州工商学院	**13**			**13**	
01专业组(不限)	13	478	473	13	
8941 兰州博文科技学院	**6**			**6**	
01专业组(不限)	6	475	474	6	
8970 宁夏理工学院	**67**			**63**	**4**
01专业组(不限)	67	486	471	63	4
8971 宁夏大学新华学院	**10**			**10**	
01专业组(不限)	10	482	475	10	
8972 银川能源学院	**2**			**2**	
01专业组(不限)	2	473	471	2	

(三)普通类(历史等科目类)高职(专科)院校

院校、专业组名称	录取数	最高分	最低分	平行志愿	征求志愿
1136 南京工业职业技术大学	**296**			**296**	
04专业组(不限)	296	493	448	296	
1150 江苏海事职业技术学院	**452**			**446**	**6**
01专业组(不限)	380	484	446	374	6
02专业组(不限)(定向培养军士)	52	479	427	52	
03专业组(不限)(中外合作办学)	20	467	408	20	
1152 南京交通职业技术学院	**325**			**324**	**1**
01专业组(不限)(分段培养项目)	20	485	471	20	
02专业组(不限)(分段培养项目)	55	491	471	55	
03专业组(不限)	250	480	449	249	1
1153 南京科技职业学院	**204**			**203**	**1**
01专业组(不限)(分段培养项目)	55	488	469	55	
02专业组(不限)	131	478	448	130	1
03专业组(不限)(中外合作办学)	10	466	431	10	
04专业组(化学)	8	460	411	8	
1154 南京信息职业技术学院	**169**			**169**	
01专业组(不限)	132	490	467	132	
02专业组(不限)(定向培养军士)	10	494	469	10	
03专业组(不限)(定向培养军士)	18	479	444	18	
04专业组(不限)(定向培养军士)	4	489	470	4	
05专业组(不限)(分段培养项目)	5	499	477	5	
1155 南京铁道职业技术学院	**126**			**121**	**5**
01专业组(不限)(分段培养项目)	34	497	476	34	
02专业组(不限)	68	498	454	63	5
03专业组(不限)(中外合作办学)	24	470	464	24	
1156 江苏经贸职业技术学院	**677**			**677**	
01专业组(不限)	607	491	454	607	
02专业组(不限)(分段培养项目)	30	477	472	30	
03专业组(不限)(分段培养项目)	30	490	470	30	
04专业组(化学或生物)	10	465	449	10	
1158 江苏卫生健康职业学院	**801**			**795**	**6**
01专业组(不限)(分段培养项目)	40	506	471	39	1
02专业组(不限)	586	501	452	583	3
03专业组(不限)	175	512	429	173	2
1159 南京机电职业技术学院	**50**			**48**	**2**
01专业组(不限)	50	466	451	48	2
1160 南京旅游职业学院	**137**			**137**	
01专业组(不限)(分段培养项目)	30	470	467	30	
02专业组(不限)(分段培养项目)	25	475	465	25	
03专业组(不限)	82	466	438	82	
1171 江苏城市职业学院	**766**			**748**	**18**
01专业组(不限)	766	477	422	748	18
1172 南京城市职业学院	**78**			**75**	**3**
01专业组(不限)	78	470	445	75	3
1210 江苏信息职业技术学院	**288**			**287**	**1**
01专业组(不限)	235	466	429	234	1
02专业组(不限)(定向培养军士)	8	472	464	8	
03专业组(不限)(分段培养项目)	45	476	468	45	
1211 无锡职业技术学院	**648**			**646**	**2**
01专业组(不限)(分段培养项目)	30	497	472	30	
02专业组(不限)	552	499	450	551	1
03专业组(不限)(中外合作办学)	36	468	426	35	1
04专业组(思想政治或地理)	30	477	465	30	
1212 无锡商业职业技术学院	**451**			**446**	**5**
01专业组(不限)(分段培养项目)	161	473	461	161	
02专业组(不限)	290	470	432	285	5
1213 无锡科技职业学院	**480**			**462**	**18**
01专业组(不限)	470	470	413	452	18
02专业组(不限)(分段培养项目)	10	473	470	10	
1214 无锡城市职业技术学院	**298**			**285**	**13**
01专业组(不限)(分段培养项目)	55	478	452	47	8
02专业组(不限)	243	466	426	238	5
1215 无锡工艺职业技术学院	**342**			**342**	
01专业组(不限)(分段培养项目)	55	476	459	55	
02专业组(不限)	287	455	384	287	
1216 江阴职业技术学院	**375**			**373**	**2**
01专业组(不限)	375	451	381	373	2
1230 江苏建筑职业技术学院	**134**			**134**	
01专业组(不限)	134	474	427	134	
1231 徐州工业职业技术学院	**351**			**349**	**2**
01专业组(不限)	263	453	378	261	2
02专业组(不限)(分段培养项目)	75	468	458	75	
03专业组(不限)(中外合作办学)	13	455	299	13	
1232 徐州幼儿师范高等专科学校	**469**			**464**	**5**
01专业组(不限)(分段培养项目)	40	514	471	40	
02专业组(不限)	279	471	444	279	
03专业组(不限)	150	453	369	145	5
1233 徐州生物工程职业技术学院	**337**			**322**	**15**
01专业组(不限)	287	464	416	272	15
02专业组(不限)(分段培养项目)	50	469	463	50	
1234 江苏安全技术职业学院	**142**			**142**	
01专业组(不限)	135	465	367	135	
02专业组(不限)(分段培养项目)	7	470	468	7	
1250 常州信息职业技术学院	**392**			**392**	
01专业组(不限)	392	472	435	392	
1251 常州纺织服装职业技术学院	**175**			**175**	
01专业组(不限)	160	467	401	160	
02专业组(不限)(分段培养项目)	15	470	467	15	
1252 常州工程职业技术学院	**396**			**394**	**2**
01专业组(不限)	396	466	406	394	2
1253 常州工业职业技术学院	**176**			**175**	**1**
01专业组(不限)	109	455	416	109	
02专业组(不限)(分段培养项目)	59	474	466	58	1
03专业组(不限)(中外合作办学)	8	438	371	8	

院校、专业组名称	录取数	最高分	最低分	平行志愿	征求志愿
1254 常州机电职业技术学院	**273**			**271**	**2**
01专业组(不限)	243	472	415	241	2
02专业组(不限)(分段培养项目)	30	470	464	30	
1255 江苏城乡建设职业学院	**521**			**521**	
01专业组(不限)	517	467	366	517	
02专业组(不限)(分段培养项目)	4	474	471	4	
1256 常州幼儿师范高等专科学校	**70**			**70**	
01专业组(不限)	70	471	455	70	
1270 苏州职业大学	**406**			**402**	**4**
01专业组(不限)	341	489	459	337	4
02专业组(不限)(分段培养项目)	45	483	471	45	
03专业组(不限)(中外合作办学)	20	469	445	20	
1272 苏州农业职业技术学院	**98**			**97**	**1**
01专业组(不限)	58	469	447	57	1
02专业组(不限)(分段培养项目)	40	471	462	40	
1273 苏州工业职业技术学院	**121**			**119**	**2**
01专业组(不限)	121	470	438	119	2
1274 苏州经贸职业技术学院	**445**			**444**	**1**
01专业组(不限)(分段培养项目)	115	476	465	115	
02专业组(不限)	330	477	450	329	1
1275 苏州卫生职业技术学院	**893**			**885**	**8**
01专业组(不限)(分段培养项目)	50	512	476	50	
02专业组(不限)	704	479	454	699	5
03专业组(不限)	55	478	445	54	1
04专业组(不限)	84	538	442	82	2
1276 苏州工业园区服务外包职业学院	**114**			**114**	
01专业组(不限)	74	462	435	74	
02专业组(不限)(分段培养项目)	40	473	461	40	
1277 苏州信息职业技术学院	**177**			**176**	**1**
01专业组(不限)	168	483	433	167	1
02专业组(不限)(分段培养项目)	9	474	471	9	
1278 沙洲职业工学院	**400**			**399**	**1**
01专业组(不限)	400	452	366	399	1
1279 苏州健雄职业技术学院	**157**			**155**	**2**
01专业组(不限)(分段培养项目)	45	471	464	43	2
02专业组(不限)	112	467	415	112	
1290 苏州幼儿师范高等专科学校	**236**			**236**	
01专业组(不限)	168	475	460	168	
02专业组(不限)(分段培养项目)	32	497	476	32	
03专业组(不限)(分段培养项目)	36	500	473	36	
1310 南通职业大学	**260**			**260**	
01专业组(不限)	210	471	432	210	
02专业组(不限)(分段培养项目)	50	471	467	50	
1311 江苏航运职业技术学院	**326**			**326**	
01专业组(不限)	265	478	389	265	
02专业组(不限)(分段培养项目)	25	470	461	25	
03专业组(不限)(分段培养项目)	25	472	459	25	
04专业组(生物或思想政治)	11	459	428	11	
1312 江苏工程职业技术学院	**368**			**365**	**3**
01专业组(不限)	364	467	395	361	3
02专业组(化学或生物)	4	435	430	4	
1313 南通科技职业学院	**184**			**184**	
01专业组(不限)(分段培养项目)	33	481	463	33	
02专业组(不限)	151	451	401	151	
1314 江苏商贸职业学院	**425**			**425**	
01专业组(不限)(分段培养项目)	20	471	466	20	
02专业组(不限)(分段培养项目)	25	472	469	25	
03专业组(不限)(分段培养项目)	20	468	464	20	
04专业组(不限)(分段培养项目)	20	471	464	20	
05专业组(不限)	340	470	381	340	
1315 南通师范高等专科学校	**243**			**236**	**7**
01专业组(不限)	138	489	433	134	4
02专业组(不限)(分段培养项目)	105	500	468	102	3
1330 连云港师范高等专科学校	**149**			**142**	**7**
01专业组(不限)	129	471	431	122	7
02专业组(不限)(分段培养项目)	20	492	472	20	
1331 连云港职业技术学院	**931**			**930**	**1**
01专业组(不限)	916	454	337	915	1
02专业组(不限)(分段培养项目)	15	463	459	15	
1332 江苏财会职业学院	**707**			**707**	
01专业组(不限)	692	472	360	692	
02专业组(不限)(分段培养项目)	15	471	469	15	
1350 江苏电子信息职业学院	**433**			**432**	**1**
01专业组(不限)	393	454	366	393	
02专业组(不限)(分段培养项目)	40	472	463	39	1
1351 江苏食品药品职业技术学院	**480**			**471**	**9**
01专业组(不限)	370	470	390	364	6
02专业组(不限)(分段培养项目)	110	473	454	107	3
1352 江苏财经职业技术学院	**566**			**565**	**1**
01专业组(不限)	536	477	401	535	1
02专业组(不限)(分段培养项目)	20	479	468	20	
03专业组(化学或生物)	10	453	388	10	
1353 江苏护理职业学院	**630**			**629**	**1**
01专业组(不限)	590	471	437	589	1
02专业组(不限)(分段培养项目)	40	483	474	40	
1370 盐城工业职业技术学院	**301**			**301**	
01专业组(不限)(分段培养项目)	55	467	457	55	
02专业组(不限)	240	451	352	240	
03专业组(不限)(中外合作办学)	6	363	301	6	
1371 江苏医药职业学院	**629**			**622**	**7**
01专业组(不限)	509	495	443	502	7
02专业组(不限)	120	506	420	120	
1372 盐城幼儿师范高等专科学校	**505**			**474**	**31**
01专业组(不限)(分段培养项目)	77	489	465	76	1
02专业组(不限)	428	469	385	398	30
1390 扬州市职业大学	**593**			**587**	**6**
01专业组(不限)	223	470	439	219	4
02专业组(不限)	255	476	442	253	2

院校、专业组名称	录取数	最高分	最低分	平行志愿	征求志愿
03专业组(不限)(中外合作办学)	12	457	420	12	
04专业组(生物)	10	471	461	10	
05专业组(生物)(分段培养项目)	15	476	472	15	
06专业组(思想政治)	78	473	452	78	
1392 扬州工业职业技术学院	**330**			**330**	
01专业组(不限)	300	456	390	300	
02专业组(不限)(分段培养项目)	25	471	464	25	
03专业组(化学或生物)	5	456	438	5	
1394 江苏旅游职业学院	**335**			**335**	
01专业组(不限)	325	451	358	325	
02专业组(不限)(分段培养项目)	10	471	470	10	
1410 镇江市高等专科学校	**780**			**768**	**12**
01专业组(不限)	745	480	387	733	12
02专业组(不限)(分段培养项目)	35	475	471	35	
1411 江苏农林职业技术学院	**416**			**412**	**4**
01专业组(不限)(分段培养项目)	25	473	468	25	
02专业组(不限)	387	478	409	383	4
03专业组(化学)	4	371	327	4	
1412 江苏航空职业技术学院	**660**			**659**	**1**
01专业组(不限)	660	455	314	659	1
1431 泰州职业技术学院	**677**			**663**	**14**
01专业组(不限)(分段培养项目)	70	471	458	69	1
02专业组(不限)	577	482	409	564	13
03专业组(化学或生物)	30	494	462	30	
1432 江苏农牧科技职业学院	**226**			**220**	**6**
01专业组(不限)	226	471	403	220	6
1950 钟山职业技术学院	**345**			**332**	**13**
01专业组(不限)	27	452	376	27	
02专业组(不限)	303	440	255	290	13
03专业组(不限)	15	447	428	15	
1951 正德职业技术学院	**699**			**401**	**298**
01专业组(不限)	699	444	222	401	298
1952 金肯职业技术学院	**256**			**176**	**80**
01专业组(不限)	256	452	230	176	80
1953 应天职业技术学院	**60**			**59**	**1**
01专业组(不限)	60	464	426	59	1
1954 南京视觉艺术职业学院	**280**			**278**	**2**
01专业组(不限)	280	443	285	278	2
1957 无锡南洋职业技术学院	**196**			**127**	**69**
01专业组(不限)(分段培养项目)	25	466	456	25	
02专业组(不限)	171	417	239	102	69
1958 江南影视艺术职业学院	**335**			**335**	
01专业组(不限)	195	425	283	195	
02专业组(不限)(分段培养项目)	140	464	434	140	
1959 太湖创意职业技术学院	**285**			**233**	**52**
01专业组(不限)	220	447	220	168	52
02专业组(不限)(分段培养项目)	65	467	453	65	
1962 九州职业技术学院	**234**			**174**	**60**
01专业组(不限)	234	435	223	174	60
1965 建东职业技术学院	**65**			**39**	**26**
01专业组(不限)	65	418	235	39	26
1968 苏州工业园区职业技术学院	**706**			**585**	**121**
01专业组(不限)	676	456	226	555	121
02专业组(不限)(分段培养项目)	30	465	454	30	
1969 苏州托普信息职业技术学院	**369**			**244**	**125**
01专业组(不限)	369	434	227	244	125
1970 苏州高博软件技术职业学院	**329**			**241**	**88**
01专业组(不限)	329	430	228	241	88
1971 苏州百年职业学院	**51**			**41**	**10**
01专业组(不限)(中外合作办学)	51	466	250	41	10
1973 昆山登云科技职业学院	**366**			**266**	**100**
01专业组(不限)	366	427	232	266	100
1974 硅湖职业技术学院	**233**			**190**	**43**
01专业组(不限)	233	437	220	190	43
1982 炎黄职业技术学院	**16**			**10**	**6**
01专业组(不限)	16	379	245	10	6
1985 明达职业技术学院	**27**			**20**	**7**
01专业组(不限)	27	357	241	20	7
1988 江海职业技术学院	**167**			**124**	**43**
01专业组(不限)	167	443	230	124	43
1989 扬州中瑞酒店职业学院	**29**			**20**	**9**
01专业组(不限)	29	405	266	20	9
1991 金山职业技术学院	**40**			**29**	**11**
01专业组(不限)	40	418	221	29	11
1996 宿迁职业技术学院	**123**			**109**	**14**
01专业组(不限)	123	471	229	109	14
1997 宿迁泽达职业技术学院	**22**			**11**	**11**
01专业组(不限)	22	385	251	11	11
2132 上海出版印刷高等专科学校	**26**			**26**	
01专业组(不限)	26	477	442	26	
2134 上海旅游高等专科学校	**30**			**30**	
01专业组(不限)	30	464	422	30	
2138 上海电子信息职业技术学院	**6**			**6**	
01专业组(不限)	6	466	451	6	
2146 上海工艺美术职业学院	**8**			**8**	
01专业组(不限)	8	471	453	8	
2149 上海科学技术职业学院	**46**			**46**	
01专业组(不限)	46	465	420	46	
2150 上海农林职业技术学院	**6**			**6**	
01专业组(不限)	6	433	423	6	
2154 上海交通职业技术学院	**22**			**22**	
01专业组(不限)	22	471	437	22	
2155 上海城建职业学院	**14**			**14**	
01专业组(不限)	14	469	447	14	
2166 上海行健职业学院	**7**			**7**	
01专业组(不限)	7	437	419	7	
2167 上海民航职业技术学院	**14**			**14**	
01专业组(不限)	14	471	451	14	

院校、专业组名称	录取数	最高分	最低分	平行志愿	征求志愿
2217 浙江经贸职业技术学院	**10**			**10**	
01专业组(不限)	10	473	448	10	
2226 浙江邮电职业技术学院	**1**			**1**	
01专业组(不限)	1	432	432	1	
2238 浙江国际海运职业技术学院	**2**			**2**	
01专业组(不限)	2	447	444	2	
2247 浙江交通职业技术学院	**8**			**8**	
01专业组(不限)(定向培养军士)	8	440	413	8	
2252 浙江商业职业技术学院	**5**			**5**	
01专业组(不限)	5	454	445	5	
2253 浙江金融职业学院	**6**			**6**	
01专业组(不限)	6	470	460	6	
2259 嘉兴职业技术学院	**10**			**10**	
01专业组(不限)	10	450	417	10	
2260 浙江建设职业技术学院	**5**			**5**	
01专业组(不限)(定向培养军士)	5	461	449	5	
2315 安徽中医药高等专科学校	**5**			**5**	
01专业组(不限)	5	463	442	5	
2323 安徽新闻出版职业技术学院	**12**			**11**	**1**
01专业组(不限)	8	440	336	7	1
02专业组(生物)	2	405	342	2	
03专业组(思想政治)	2	444	443	2	
2328 安徽商贸职业技术学院	**12**			**12**	
01专业组(不限)	12	389	294	12	
2329 安徽审计职业学院	**5**			**5**	
01专业组(不限)	5	452	438	5	
2334 淮南联合大学	**9**			**9**	
01专业组(不限)	9	440	412	9	
2337 合肥通用职业技术学院	**1**			**1**	
01专业组(不限)	1	409	409	1	
2339 滁州职业技术学院	**24**			**24**	
01专业组(不限)	24	420	246	24	
2344 安徽工业经济职业技术学院	**5**			**5**	
01专业组(不限)	5	433	399	5	
2357 马鞍山职业技术学院	**20**			**13**	**7**
01专业组(不限)	20	423	223	13	7
2363 安徽冶金科技职业学院	**31**			**14**	**17**
01专业组(不限)	31	406	288	14	17
2371 铜陵职业技术学院	**30**			**24**	**6**
01专业组(不限)	30	407	256	24	6
2376 淮南职业技术学院	**30**			**11**	**19**
01专业组(不限)	30	435	251	11	19
2379 安徽粮食工程职业学院	**1**			**1**	
01专业组(不限)	1	466	466	1	
2384 安徽卫生健康职业学院	**15**			**15**	
01专业组(不限)	15	439	362	15	
2391 宣城职业技术学院	**10**			**10**	
01专业组(不限)	10	438	282	10	
2417 厦门海洋职业技术学院	**2**			**2**	
01专业组(不限)	2	440	419	2	
2436 泉州经贸职业技术学院	**30**			**6**	**24**
01专业组(不限)	30	415	252	6	24
2455 福州墨尔本理工职业学院	**10**			**9**	**1**
01专业组(不限)(中外合作办学)	10	444	286	9	1
2519 江西电力职业技术学院	**4**			**4**	
01专业组(不限)	4	467	456	4	
2520 江西信息应用职业技术学院	**1**			**1**	
01专业组(不限)	1	423	423	1	
2525 江西现代职业技术学院	**10**			**5**	**5**
01专业组(不限)	10	398	282	5	5
2533 江西应用技术职业学院	**3**				**3**
01专业组(不限)	3	361	340		3
2545 赣州师范高等专科学校	**5**			**5**	
01专业组(不限)	5	441	306	5	
2562 江西财经职业学院	**5**			**5**	
01专业组(不限)	5	458	433	5	
2563 九江职业技术学院	**6**			**2**	**4**
01专业组(不限)	6	392	302	2	4
2564 江西建设职业技术学院	**13**			**12**	**1**
01专业组(不限)	13	414	250	12	1
2565 江西交通职业技术学院	**4**			**4**	
01专业组(不限)	4	398	353	4	
2567 九江职业大学	**2**			**2**	
01专业组(不限)	2	411	406	2	
2569 江西机电职业技术学院	**39**			**26**	**13**
01专业组(不限)	39	425	242	26	13
2576 江西工程职业学院	**10**			**10**	
01专业组(不限)	10	426	316	10	
2578 吉安职业技术学院	**5**			**1**	**4**
01专业组(不限)	5	387	222	1	4
2580 赣州职业技术学院	**7**			**4**	**3**
01专业组(不限)	7	362	250	4	3
2583 江西中医药高等专科学校	**10**			**10**	
01专业组(不限)	10	421	370	10	
2584 江西婺源茶业职业学院	**6**			**2**	**4**
01专业组(不限)	6	377	329	2	4
2593 江西工业工程职业技术学院	**20**			**3**	**17**
01专业组(不限)	20	404	312	3	17
2597 江西农业工程职业学院	**5**			**5**	
01专业组(不限)	5	411	362	5	
2618 山东胜利职业学院	**13**			**13**	
01专业组(不限)	13	414	227	13	
2636 山东畜牧兽医职业学院	**3**			**3**	
01专业组(不限)	3	446	434	3	
2639 东营职业学院	**2**			**2**	
01专业组(不限)	2	395	393	2	
2640 青岛港湾职业技术学院	**8**			**8**	
01专业组(不限)	8	389	328	8	

2022年普通类(历史等科目类)高职(专科)院校

院校、专业组名称	录取数	最高分	最低分	平行志愿	征求志愿
2644 聊城职业技术学院	3			3	
01专业组(不限)	3	431	390	3	
2646 山东职业学院	19			19	
01专业组(不限)	13	469	434	13	
02专业组(不限)(中外合作办学)	6	411	291	6	
2647 日照职业技术学院	10			10	
01专业组(不限)	10	439	411	10	
2658 济南工程职业技术学院	3			3	
01专业组(不限)	3	436	422	3	
2659 山东水利职业学院	15			15	
01专业组(不限)	15	431	355	15	
2665 枣庄科技职业学院	12			5	7
01专业组(不限)	12	407	228	5	7
2670 菏泽家政职业学院	4			4	
01专业组(不限)	4	386	360	4	
2694 山东外贸职业学院	2			2	
01专业组(不限)	2	463	441	2	
2719 威海海洋职业学院	10			10	
01专业组(不限)	10	359	325	10	
2756 山东化工职业学院	7			7	
01专业组(不限)	7	395	249	7	
2759 山东信息职业技术学院	12			12	
01专业组(不限)(定向培养军士)	12	459	426	12	
3168 北京工业职业技术学院	2			2	
01专业组(不限)	2	466	461	2	
3220 天津商务职业学院	3			3	
01专业组(不限)	3	422	415	3	
3224 天津市职业大学	4			4	
01专业组(不限)	4	459	456	4	
3226 天津交通职业学院	3			3	
01专业组(不限)	3	433	411	3	
3232 天津石油职业技术学院	6			6	
01专业组(不限)	6	430	325	6	
3234 天津现代职业技术学院	2			2	
01专业组(不限)	2	464	432	2	
3238 天津铁道职业技术学院	14			14	
01专业组(不限)	14	453	427	14	
3241 天津国土资源和房屋职业学院	8			8	
01专业组(不限)	8	396	293	8	
3243 天津工业职业学院	4			4	
01专业组(不限)	4	434	419	4	
3244 天津城市建设管理职业技术学院	4			4	
01专业组(不限)	4	392	375	4	
3309 石家庄邮电职业技术学院	17			17	
01专业组(不限)	17	483	468	17	
3320 河北环境工程学院	5			5	
03专业组(不限)	5	452	394	5	
3324 河北能源职业技术学院	5			1	4
01专业组(不限)	5	376	347	1	4
3329 河北交通职业技术学院	4			4	
01专业组(不限)	4	421	269	4	
3330 河北对外经贸职业学院	6			6	
01专业组(不限)	6	463	302	6	
3354 河北轨道运输职业技术学院	22			22	
01专业组(不限)	22	437	291	22	
3355 廊坊职业技术学院	3			3	
01专业组(不限)	3	373	321	3	
3360 石家庄铁路职业技术学院	9			9	
01专业组(不限)	9	456	435	9	
3376 河北化工医药职业技术学院	1			1	
01专业组(不限)	1	318	318	1	
3378 河北石油职业技术大学	3			3	
02专业组(不限)	3	405	402	3	
3379 河北科技工程职业技术大学	15			8	7
03专业组(不限)	15	432	273	8	7
3380 河北工业职业技术大学	5			5	
01专业组(不限)	5	438	386	5	
3425 山西职业技术学院	8			7	1
01专业组(不限)	8	388	296	7	1
3435 临汾职业技术学院	6			6	
01专业组(不限)	6	385	325	6	
3438 太原幼儿师范高等专科学校	2			2	
01专业组(不限)	2	390	342	2	
3517 满洲里俄语职业学院	5			2	3
01专业组(不限)	5	440	252	2	3
4124 辽宁经济职业技术学院	10			7	3
01专业组(不限)	10	362	265	7	3
4213 吉林体育学院	2			2	
01专业组(不限)	2	441	413	2	
4217 吉林交通职业技术学院	5			5	
01专业组(不限)	5	373	304	5	
4218 吉林工业职业技术学院	1			1	
01专业组(不限)	1	379	379	1	
4220 吉林警察学院	3			3	
02专业组(不限)	3	470	458	3	
4221 长春金融高等专科学校	8			7	1
01专业组(不限)	8	445	311	7	1
4244 吉林司法警官职业学院	10			10	
01专业组(不限)	10	422	372	10	
4245 吉林电子信息职业技术学院	2			1	1
01专业组(不限)	2	347	308	1	1
4286 长春医学高等专科学校	1			1	
01专业组(不限)	1	430	430	1	
4317 哈尔滨铁道职业技术学院	15			15	
01专业组(不限)	15	445	345	15	
4320 黑龙江建筑职业技术学院	65			6	59
01专业组(不限)	65	419	278	6	59
4328 黑龙江交通职业技术学院	15			7	8

院校、专业组名称	录取数	最高分	最低分	平行志愿	征求志愿
01专业组(不限)	15	416	276	7	8
4334 大兴安岭职业学院	**7**			**1**	**6**
01专业组(不限)	7	300	240	1	6
4338 黑龙江农业工程职业学院	**10**			**4**	**6**
01专业组(不限)	10	435	282	4	6
5116 郑州铁路职业技术学院	**5**			**5**	
01专业组(不限)	5	465	443	5	
5121 济源职业技术学院	**3**			**2**	**1**
01专业组(不限)	3	374	267	2	1
5165 河南工业贸易职业学院	**5**			**3**	**2**
01专业组(不限)	5	393	231	3	2
5167 河南医学高等专科学校	**10**			**10**	
01专业组(不限)(定向培养军士)	10	458	419	10	
5169 河南测绘职业学院	**6**			**2**	**4**
01专业组(不限)	6	429	282	2	4
5177 商丘医学高等专科学校	**3**			**3**	
01专业组(化学或生物)	3	422	386	3	
5189 永城职业学院	**2**			**2**	
01专业组(不限)	2	450	315	2	
5224 湖北国土资源职业学院	**6**			**6**	
01专业组(不限)	6	440	301	6	
5225 汉江师范学院	**9**			**9**	
01专业组(不限)	9	458	428	9	
5226 武汉职业技术学院	**5**			**5**	
01专业组(不限)	5	465	450	5	
5227 武汉船舶职业技术学院	**52**			**52**	
01专业组(不限)	28	439	334	28	
02专业组(不限)(定向培养军士)	24	442	366	24	
5232 湖北生态工程职业技术学院	**6**			**6**	
01专业组(不限)	6	428	374	6	
5233 武汉航海职业技术学院	**7**			**7**	
01专业组(不限)	7	416	324	7	
5234 湖北城市建设职业技术学院	**12**			**12**	
01专业组(不限)	12	376	285	12	
5236 武汉交通职业学院	**14**			**14**	
01专业组(不限)	8	432	371	8	
02专业组(不限)(定向培养军上)	6	395	386	6	
5237 湖北水利水电职业技术学院	**12**			**7**	**5**
01专业组(不限)	12	405	249	7	5
5246 湖北交通职业技术学院	**26**			**25**	**1**
01专业组(不限)(定向培养军士)	8	460	360	8	
02专业组(不限)	18	409	269	17	1
5250 武汉软件工程职业学院	**2**			**2**	
01专业组(不限)	2	445	443	2	
5252 武汉铁路职业技术学院	**26**			**26**	
01专业组(不限)	26	467	442	26	
5253 恩施职业技术学院	**18**			**18**	
01专业组(不限)	18	431	252	18	
5254 湖北三峡职业技术学院	**5**			**5**	

院校、专业组名称	录取数	最高分	最低分	平行志愿	征求志愿
01专业组(不限)	5	430	383	5	
5259 长江工程职业技术学院	**6**			**4**	**2**
01专业组(不限)	6	414	341	4	2
5266 三峡电力职业学院	**15**			**15**	
01专业组(不限)	15	427	391	15	
5272 武汉城市职业学院	**3**			**3**	
01专业组(不限)	3	428	426	3	
5273 武汉警官职业学院	**13**			**13**	
01专业组(不限)	13	482	427	13	
5283 湖北铁道运输职业学院	**41**			**41**	
01专业组(不限)	41	469	308	41	
5284 荆州理工职业学院	**10**			**1**	**9**
01专业组(不限)	10	397	286	1	9
5286 咸宁职业技术学院	**3**				**3**
01专业组(不限)	3	353	308		3
5288 武汉铁路桥梁职业学院	**10**			**10**	
01专业组(不限)	10	452	294	10	
5291 襄阳职业技术学院	**5**			**5**	
01专业组(不限)	5	460	431	5	
5299 随州职业技术学院	**50**			**27**	**23**
01专业组(不限)	50	425	280	27	23
5311 长沙航空职业技术学院	**10**			**9**	**1**
01专业组(不限)(定向培养军士)	10	459	422	9	1
5312 长沙民政职业技术学院	**9**			**8**	**1**
01专业组(不限)	9	469	414	8	1
5313 湖南大众传媒职业技术学院	**6**			**6**	
01专业组(不限)	6	470	440	6	
5315 湖南商务职业技术学院	**1**			**1**	
01专业组(不限)	1	372	372	1	
5317 湖南城建职业技术学院	**2**			**1**	**1**
01专业组(不限)	2	392	319	1	1
5318 湖南邮电职业技术学院	**3**			**3**	
01专业组(不限)	3	448	418	3	
5319 湖南工业职业技术学院	**4**			**4**	
01专业组(不限)	4	460	396	4	
5333 湖南高速铁路职业技术学院	**30**			**30**	
01专业组(不限)	30	464	347	30	
5353 湖南石油化工职业技术学院	**2**			**2**	
01专业组(不限)	2	412	389	2	
5356 张家界航空工业职业技术学院	**5**			**5**	
01专业组(不限)	5	347	320	5	
5366 湖南铁路科技职业技术学院	**18**			**18**	
01专业组(不限)	18	457	385	18	
5367 湖南国防工业职业技术学院	**10**			**10**	
01专业组(不限)	5	418	364	5	
02专业组(不限)(定向培养军士)	5	424	415	5	
5372 湖南体育职业学院	**10**			**10**	
01专业组(不限)(定向培养军士)	10	417	400	10	
5378 湖南化工职业技术学院	**10**			**7**	**3**

2022年普通类（历史等科目类）高职（专科）院校

院校、专业组名称	录取数	最高分	最低分	平行志愿	征求志愿
01专业组(不限)	10	388	282	7	3
5382 长沙职业技术学院	1			1	
01专业组(不限)	1	268	268	1	
5392 湖南交通职业技术学院	5			5	
01专业组(不限)	5	397	358	5	
5394 湖南铁道职业技术学院	16			16	
01专业组(不限)	16	463	422	16	
5395 湖南工程职业技术学院	5			5	
01专业组(不限)	5	407	283	5	
5415 广州民航职业技术学院	6			6	
01专业组(不限)	6	462	445	6	
5416 广东轻工职业技术学院	4			4	
01专业组(不限)	4	457	447	4	
5475 江门职业技术学院	1			1	
01专业组(不限)	1	395	395	1	
5512 桂林理工大学	15			15	
02专业组(不限)	15	480	439	15	
5526 广西机电职业技术学院	5			3	2
01专业组(不限)	5	345	270	3	2
5528 柳州铁道职业技术学院	3			3	
01专业组(化学或生物)	3	389	338	3	
5537 广西电力职业技术学院	1				1
01专业组(不限)	1	450	450		1
5541 广西建设职业技术学院	2			1	1
01专业组(不限)	2	382	253	1	1
5613 海南软件职业技术学院	10			5	5
01专业组(不限)	10	396	263	5	5
5614 海南经贸职业技术学院	12			12	
01专业组(不限)	12	411	231	12	
5631 海南职业技术学院	10			10	
01专业组(不限)	10	359	289	10	
6125 四川交通职业技术学院	1			1	
01专业组(不限)	1	465	465	1	
6135 四川工程职业技术学院	2			2	
01专业组(不限)	2	448	361	2	
6138 成都航空职业技术学院	2			2	
01专业组(不限)	2	431	431	2	
6189 资阳环境科技职业学院	16			7	9
01专业组(不限)	15	410	238	7	8
02专业组(思想政治或地理)	1	404	404		1
6216 重庆三峡医药高等专科学校	2			2	
01专业组(不限)	2	390	386	2	
6225 重庆城市管理职业学院	1			1	
01专业组(不限)	1	452	452	1	
6228 重庆电子工程职业学院	20			20	
01专业组(不限)	20	466	402	20	
6237 重庆水利电力职业技术学院	5			5	
01专业组(不限)	5	439	405	5	
6239 重庆电力高等专科学校	5			5	

院校、专业组名称	录取数	最高分	最低分	平行志愿	征求志愿
01专业组(不限)	5	454	424	5	
6322 遵义职业技术学院	3			2	1
01专业组(不限)	3	350	277	2	1
7128 陕西航空职业技术学院	9			1	8
01专业组(不限)	9	390	339	1	8
7129 陕西交通职业技术学院	14			9	5
01专业组(不限)	14	463	266	9	5
7130 西安铁路职业技术学院	55			55	
01专业组(不限)	55	445	258	55	
7145 陕西能源职业技术学院	6			6	
01专业组(不限)	6	446	360	6	
7146 陕西铁路工程职业技术学院	2			2	
01专业组(不限)	2	451	414	2	
7152 陕西财经职业技术学院	3			3	
01专业组(不限)	3	450	354	3	
7153 西安职业技术学院	3			3	
01专业组(不限)	3	415	407	3	
7171 陕西邮电职业技术学院	8			4	4
01专业组(不限)	8	425	275	4	4
7173 陕西工商职业学院	5			5	
01专业组(不限)	5	325	264	5	
7213 甘肃工业职业技术学院	2			2	
01专业组(不限)	2	387	326	2	
7222 兰州石化职业技术大学	1			1	
01专业组(不限)	1	329	329	1	
7518 新疆职业大学	3			2	1
01专业组(思想政治或地理)	3	359	354	2	1
8001 上海杉达学院	3			3	
02专业组(不限)	3	438	427	3	
8002 上海建桥学院	22			22	
02专业组(不限)	22	469	333	22	
8017 上海东海职业技术学院	20			14	6
01专业组(不限)	20	423	274	14	6
8018 上海工商职业技术学院	19			17	2
01专业组(不限)	19	431	242	17	2
8019 上海震旦职业学院	9			8	1
01专业组(不限)	9	419	321	8	1
8020 上海民远职业技术学院	2			2	
01专业组(不限)	2	427	238	2	
8022 上海思博职业技术学院	20			19	1
01专业组(不限)	20	418	281	19	1
8023 上海立达学院	51			45	6
02专业组(不限)	51	459	242	45	6
8024 上海济光职业技术学院	25			17	8
01专业组(不限)	25	436	246	17	8
8025 上海工商外国语职业学院	22			19	3
01专业组(不限)	21	463	244	18	3
02专业组(不限)(中外合作办学)	1	381	381	1	
8026 上海邦德职业技术学院	14			13	1

院校、专业组名称	录取数	最高分	最低分	平行志愿	征求志愿
01专业组(不限)	14	382	222	13	1
8029 上海中侨职业技术大学	**14**			**13**	**1**
02专业组(不限)	14	460	235	13	1
8052 温州商学院	**3**			**3**	
02专业组(不限)	3	460	453	3	
8072 绍兴职业技术学院	**3**			**3**	
01专业组(不限)	3	419	385	3	
8106 安徽矿业职业技术学院	**12**			**7**	**5**
01专业组(不限)	12	353	245	7	5
8113 合肥共达职业技术学院	**4**			**1**	**3**
01专业组(不限)	4	353	280	1	3
8114 蚌埠经济技术职业学院	**4**				**4**
01专业组(不限)	4	385	306		4
8119 合肥科技职业学院	**15**			**5**	**10**
01专业组(不限)	15	396	275	5	10
8149 泉州纺织服装职业学院	**3**			**1**	**2**
01专业组(不限)	3	318	303	1	2
8152 厦门华天涉外职业技术学院	**4**			**4**	
01专业组(不限)	4	341	279	4	
8153 厦门软件职业技术学院	**2**			**2**	
01专业组(不限)	2	285	278	2	
8154 厦门南洋职业学院	**2**			**2**	
01专业组(不限)	2	406	399	2	
8155 厦门东海职业技术学院	**4**			**4**	
01专业组(不限)	4	327	257	4	
8156 漳州科技职业学院	**1**				**1**
01专业组(不限)	1	315	315		1
8158 泉州海洋职业学院	**7**			**7**	
01专业组(不限)	7	359	262	7	
8168 泉州轻工职业学院	**3**			**2**	**1**
01专业组(不限)	3	297	250	2	1
8170 江西科技学院	**2**			**2**	
02专业组(不限)	2	419	400	2	
8173 江西应用科技学院	**5**			**5**	
02专业组(不限)(中外合作办学)	5	372	228	5	
8175 南昌工学院	**5**			**5**	
02专业组(不限)	5	434	376	5	
8178 南昌交通学院	**4**			**1**	**3**
02专业组(不限)	4	410	294	1	3
8190 潍坊环境工程职业学院	**6**			**3**	**3**
01专业组(不限)	6	358	253	3	3
8196 江西航空职业技术学院	**1**			**1**	
01专业组(不限)	1	294	294	1	
8198 南昌职业大学	**1**			**1**	
01专业组(不限)	1	356	356	1	
8202 九江理工职业学院	**3**			**2**	**1**
01专业组(不限)	3	354	273	2	1
8215 青岛恒星科技学院	**2**			**2**	
02专业组(不限)	2	334	252	2	

院校、专业组名称	录取数	最高分	最低分	平行志愿	征求志愿
8216 青岛黄海学院	**21**			**21**	
02专业组(不限)	21	472	295	21	
8217 山东现代学院	**15**			**14**	**1**
03专业组(不限)	15	442	282	14	1
8223 泰山科技学院	**8**			**6**	**2**
02专业组(不限)	8	373	235	6	2
8224 烟台黄金职业学院	**6**			**2**	**4**
01专业组(不限)	6	325	241	2	4
8225 青岛工学院	**19**			**14**	**5**
02专业组(不限)	19	467	286	14	5
8226 青岛农业大学海都学院	**7**			**6**	**1**
02专业组(不限)	7	416	229	6	1
8227 齐鲁理工学院	**4**			**4**	
02专业组(不限)	4	407	309	4	
8243 山东文化产业职业学院	**1**			**1**	
01专业组(不限)	1	310	310	1	
8244 曲阜远东职业技术学院	**2**			**1**	**1**
01专业组(不限)	2	302	292	1	1
8246 山东力明科技职业学院	**25**			**25**	
01专业组(不限)	25	463	357	25	
8247 山东圣翰财贸职业学院	**4**			**2**	**2**
01专业组(不限)	4	320	268	2	2
8249 山东工程职业技术大学	**14**			**13**	**1**
02专业组(不限)	14	458	261	13	1
8250 青岛求实职业技术学院	**23**			**20**	**3**
01专业组(不限)	23	421	220	20	3
8252 山东外国语职业技术大学	**3**			**3**	
01专业组(不限)	3	355	315	3	
8253 潍坊工商职业学院	**25**			**13**	**12**
01专业组(不限)	25	376	260	13	12
8256 山东海事职业学院	**28**			**12**	**16**
01专业组(不限)	28	371	274	12	16
8259 日照航海工程职业学院	**2**			**1**	**1**
01专业组(不限)	2	247	237	1	1
8286 北京培黎职业学院	**2**			**2**	
01专业组(不限)	2	408	276	2	
8287 北京艺术传媒职业学院	**2**			**2**	
01专业组(不限)	2	451	387	2	
8290 天津天狮学院	**2**			**2**	
02专业组(不限)	2	309	266	2	
8326 保定理工学院	**4**			**3**	**1**
02专业组(不限)	4	407	229	3	1
8348 石家庄城市经济职业学院	**1**			**1**	
01专业组(不限)	1	376	376	1	
8351 石家庄医学高等专科学校	**50**			**41**	**9**
01专业组(不限)	50	469	280	41	9
8367 山西同文职业技术学院	**1**				**1**
01专业组(不限)	1	305	305		1
8416 大连东软信息学院	**4**			**2**	**2**

院校、专业组名称	录取数	最高分	最低分	平行志愿	征求志愿
02专业组(不限)	4	424	295	2	2
8445 吉林建筑科技学院	**5**			**5**	
02专业组(不限)	5	326	244	5	
8465 长春信息技术职业学院	**5**			**4**	**1**
01专业组(不限)	5	361	278	4	1
8469 长春健康职业学院	**2**				**2**
01专业组(不限)	2	343	336		2
8502 郑州科技学院	**1**			**1**	
01专业组(不限)	1	350	350	1	
8531 郑州电力职业技术学院	**2**			**2**	
01专业组(不限)	2	433	422	2	
8542 长垣烹饪职业技术学院	**5**			**5**	
01专业组(不限)	5	331	258	5	
8550 武汉东湖学院	**21**			**13**	**8**
02专业组(不限)	21	467	265	13	8
8552 武昌首义学院	**4**			**4**	
02专业组(不限)	4	376	264	4	
8554 武汉生物工程学院	**8**			**7**	**1**
02专业组(不限)	8	457	364	7	1
8561 武汉纺织大学外经贸学院	**6**			**6**	
02专业组(不限)	6	448	407	6	
8574 武汉工程科技学院	**5**			**5**	
02专业组(不限)	5	451	422	5	
8591 武汉外语外事职业学院	**3**			**3**	
01专业组(不限)	3	453	395	3	
8592 武昌职业学院	**19**			**19**	
01专业组(不限)	5	458	298	5	
02专业组(不限)(定向培养军士)	12	462	415	12	
03专业组(不限)(定向培养军士)	2	470	470	2	
8596 武汉科技职业学院	**2**				**2**
01专业组(不限)	2	326	307		2
8598 长江艺术工程职业学院	**1**				**1**
01专业组(不限)	1	342	342		1
8628 湖南外国语职业学院	**3**			**3**	
01专业组(不限)	3	413	322	3	
8630 湖南三一工业职业技术学院	**2**			**2**	
01专业组(不限)	2	288	282	2	
8658 珠海艺术职业学院	**1**			**1**	
01专业组(不限)	1	325	325	1	
8666 广州华立科技职业学院	**5**			**3**	**2**
01专业组(不限)	5	375	311	3	2
8709 广东酒店管理职业技术学院	**3**			**3**	
01专业组(不限)	3	376	343	3	
8718 广西外国语学院	**9**			**9**	
02专业组(不限)	9	446	289	9	
8733 广西工程职业学院	**4**			**4**	
01专业组(不限)	4	446	269	4	
8734 广西经济职业学院	**4**			**3**	**1**
01专业组(不限)	4	424	277	3	1
8736 广西培贤国际职业学院	**1**			**1**	
01专业组(不限)	1	379	379	1	
8740 海口经济学院	**8**			**8**	
02专业组(不限)	8	334	247	8	
8754 三亚航空旅游职业学院	**4**			**3**	**1**
01专业组(不限)	4	387	284	3	1
8755 三亚理工职业学院	**5**			**5**	
01专业组(不限)	5	441	296	5	
8756 三亚城市职业学院	**2**			**2**	
01专业组(不限)	2	336	235	2	
8757 海南科技职业大学	**4**			**4**	
03专业组(不限)	4	385	297	4	
8759 三亚中瑞酒店管理职业学院	**2**			**2**	
01专业组(不限)	2	268	253	2	
8760 成都东软学院	**2**			**2**	
02专业组(不限)	2	322	275	2	
8770 西南财经大学天府学院	**6**			**6**	
02专业组(不限)	6	438	374	6	
8771 四川大学锦江学院	**1**			**1**	
02专业组(不限)	1	321	321	1	
8777 天府新区航空旅游职业学院	**1**			**1**	
01专业组(不限)	1	431	431	1	
8778 眉山药科职业学院	**8**			**6**	**2**
01专业组(不限)	8	374	305	6	2
8779 德阳农业科技职业学院	**2**			**2**	
01专业组(不限)	2	326	286	2	
8780 广元中核职业技术学院	**2**			**2**	
01专业组(不限)	2	378	356	2	
8782 四川西南航空职业学院	**2**			**2**	
01专业组(不限)	2	407	245	2	
8785 四川国际标榜职业学院	**8**			**7**	**1**
01专业组(不限)	8	426	235	7	1
8786 成都艺术职业大学	**15**			**15**	
01专业组(不限)	15	390	276	15	
8790 绵阳飞行职业学院	**1**			**1**	
01专业组(不限)	1	305	305	1	
8791 泸州医疗器械职业学院	**3**			**2**	**1**
01专业组(不限)	3	347	267	2	1
8794 四川汽车职业技术学院	**1**				**1**
01专业组(不限)	1	381	381		1
8796 巴中职业技术学院	**5**			**5**	
01专业组(不限)	5	434	271	5	
8798 四川华新现代职业学院	**1**			**1**	
01专业组(不限)	1	288	288	1	
8822 重庆电讯职业学院	**2**			**1**	**1**
01专业组(不限)	2	295	279	1	1
8827 重庆建筑科技职业学院	**9**			**5**	**4**
01专业组(不限)	9	371	275	5	4
8829 重庆科创职业学院	**1**			**1**	

2022年普通类(物理等科目类)提前录取本科院校

院校、专业组名称	录取数	最高分	最低分	平行志愿	征求志愿
01专业组(不限)	1	311	311	1	
8838 重庆资源与环境保护职业学院	4			3	1
01专业组(不限)	4	389	297	3	1
8850 贵州工贸职业学院	4			4	
01专业组(不限)	4	344	300	4	
8871 丽江文化旅游学院	3			2	1
02专业组(不限)	3	352	263	2	1
8878 云南经济管理学院	7			6	1
02专业组(不限)	7	430	287	6	1
8903 西安外事学院	15			15	
02专业组(不限)	15	471	421	15	
8914 西安工商学院	21			18	3
02专业组(不限)	21	437	231	18	3
8931 西安高新科技职业学院	3			2	1
01专业组(不限)	3	314	282	2	1
8932 西安汽车职业大学	3			3	
01专业组(不限)	3	304	278	3	
8934 西安城市建设职业学院	20			17	3
01专业组(不限)	20	422	226	17	3
8936 西安海棠职业学院	1				1
01专业组(不限)	1	351	351		1
8938 西安信息职业大学	5			4	1
01专业组(不限)	5	399	294	4	1

(四)普通类(物理等科目类)提前录取本科院校

院校、专业组名称	录取数	最高分	最低分	平行志愿	征求志愿
0102 国防科技大学	84			82	2
03专业组(不限)	64	636	604	62	2
04专业组(不限)	4	631	622	4	
05专业组(不限)	11	605	602	11	
06专业组(不限)	1	614	614	1	
07专业组(化学)	1	610	610	1	
08专业组(化学或生物)	1	607	607	1	
09专业组(思想政治)	2	590	577	2	
0105 陆军工程大学	42			40	2
01专业组(不限)	41	602	578	39	2
02专业组(不限)	1	594	594	1	
0108 陆军步兵学院	16			16	
01专业组(不限)	16	583	562	16	
0110 陆军勤务学院	2			2	
02专业组(化学)	2	572	571	2	
0111 陆军装甲兵学院	12			12	
01专业组(不限)	12	587	565	12	
0115 陆军炮兵防空兵学院	32			32	
01专业组(不限)	32	575	563	32	
0116 陆军特种作战学院	5			5	
01专业组(不限)	5	563	556	5	
0121 陆军军事交通学院	12			11	1
01专业组(不限)	10	584	570	9	1
02专业组(化学)	2	567	565	2	
0131 海军军医大学	15			13	2
01专业组(不限)	1	597	597	1	
02专业组(化学或生物)	12	643	595	10	2
03专业组(化学或生物)	2	618	617	2	
0132 陆军军医大学	9			9	
01专业组(不限)	2	588	585	2	
02专业组(化学或生物)	6	597	592	6	
03专业组(化学或生物)	1	599	599	1	
0133 空军军医大学	11			10	1
01专业组(化学和生物)	10	608	588	9	1
02专业组(化学和生物)	1	618	618	1	
0139 海军工程大学	30			30	
01专业组(不限)	23	624	574	23	
02专业组(不限)	2	605	597	2	
03专业组(化学)	5	574	563	5	
0141 海军大连舰艇学院	16			16	
01专业组(不限)	11	600	578	11	
02专业组(不限)	1	594	594	1	
03专业组(化学)	4	593	577	4	
0142 海军潜艇学院	15			15	
01专业组(不限)	10	568	557	10	
02专业组(不限)	5	554	549	5	
0143 海军航空大学	9			9	
01专业组(不限)	9	595	573	9	
0144 空军工程大学	68			67	1
01专业组(不限)	66	600	573	65	1
02专业组(不限)	2	599	590	2	
0145 空军预警学院	18			18	
01专业组(不限)	18	573	568	18	
0146 战略支援部队航天工程大学	21			21	
01专业组(不限)	16	592	576	16	
02专业组(不限)	5	604	593	5	
0151 战略支援部队信息工程大学	29			28	1
05专业组(不限)	22	605	578	21	1
06专业组(不限)	6	599	591	6	
07专业组(思想政治)	1	589	589	1	
0152 火箭军工程大学	25			24	1
01专业组(不限)	23	596	571	22	1
02专业组(不限)	1	590	590	1	
03专业组(化学)	1	571	571	1	
0154 武警工程大学	7			7	
01专业组(不限)	6	591	573	6	
02专业组(不限)	1	594	594	1	
0170 武警警官学院	25			25	
02专业组(不限)	21	587	564	21	

院校、专业组名称	录取数	最高分	最低分	平行志愿	征求志愿
03专业组(思想政治)	4	568	550	4	
0171 武警特种警察学院	**23**			**23**	
01专业组(不限)	23	573	557	23	
0172 武警海警学院	**8**			**8**	
03专业组(不限)	5	571	565	5	
04专业组(化学)	2	567	561	2	
05专业组(思想政治)	1	548	548	1	
0201 中国人民公安大学	**57**			**57**	
03专业组(不限)	33	642	620	33	
04专业组(不限)	6	635	627	6	
05专业组(思想政治)	16	610	590	16	
06专业组(思想政治)	2	620	611	2	
0202 中国刑事警察学院	**22**			**20**	**2**
03专业组(不限)	19	619	603	18	1
04专业组(不限)	2	626	610	1	1
05专业组(思想政治)	1	585	585	1	
0203 中国人民警察大学	**15**			**14**	**1**
02专业组(不限)	6	617	585	5	1
03专业组(思想政治)	9	575	548	9	
0205 铁道警察学院	**18**			**18**	
03专业组(不限)	11	602	585	11	
04专业组(不限)	2	605	604	2	
05专业组(思想政治)	4	551	549	4	
06专业组(思想政治)	1	584	584	1	
0206 南京森林警察学院	**80**			**80**	
06专业组(不限)	37	598	587	37	
07专业组(不限)	10	613	605	10	
08专业组(不限)	2	599	591	2	
09专业组(思想政治)	24	571	552	24	
10专业组(思想政治)	3	554	550	3	
11专业组(思想政治)	2	591	588	2	
12专业组(思想政治)	2	553	551	2	
0301 国际关系学院	**8**			**8**	
03专业组(不限)	4	606	599	4	
04专业组(不限)	4	600	597	4	
0303 北京电子科技学院	**8**			**5**	**3**
02专业组(不限)	8	634	621	5	3
0305 中央司法警官学院	**37**			**36**	**1**
06专业组(不限)	26	601	580	26	
07专业组(不限)	3	601	597	3	
08专业组(不限)	1	578	578		1
09专业组(不限)	1	588	588	1	
10专业组(思想政治)	5	561	546	5	
11专业组(思想政治)	1	586	586	1	
0307 中国消防救援学院	**14**			**14**	
02专业组(不限)	5	592	579	5	
03专业组(化学)	6	596	577	6	
04专业组(化学)	1	609	609	1	
05专业组(思想政治)	2	601	562	2	

院校、专业组名称	录取数	最高分	最低分	平行志愿	征求志愿
1101 南京大学	**3**			**3**	
04专业组(不限)	3	635	622	3	
1106 南京信息工程大学	**186**			**186**	
04专业组(不限)	48	591	577	48	
05专业组(化学或地理)	5	576	572	5	
06专业组(不限)	50	618	541	50	
07专业组(化学)	41	601	527	41	
08专业组(化学或地理)	42	576	534	42	
1107 南京农业大学	**8**			**8**	
02专业组(化学或生物)	8	595	585	8	
1108 南京师范大学	**56**			**35**	**21**
11专业组(不限)	34	617	589	20	14
12专业组(化学)	6	599	596	5	1
13专业组(化学或生物)	12	607	584	6	6
14专业组(化学或地理)	4	602	599	4	
1110 南京工业大学	**56**			**35**	**21**
04专业组(不限)	37	577	555	16	21
05专业组(化学)	19	570	554	19	
1111 南京邮电大学	**51**			**43**	**8**
03专业组(不限)	31	600	585	23	8
04专业组(化学)	12	584	572	12	
05专业组(化学或地理)	8	579	574	8	
1112 南京医科大学	**113**			**96**	**17**
02专业组(化学或生物)	63	627	599	46	17
03专业组(化学或生物)	50	599	551	50	
1113 南京中医药大学	**163**			**154**	**9**
08专业组(化学)(南京校区)	24	571	545	22	2
09专业组(化学或生物)(南京校区)	34	583	571	29	5
10专业组(化学或生物)(泰州校区)	105	590	480	103	2
1115 南京林业大学	**65**			**47**	**18**
03专业组(不限)(南京校区)	27	582	561	16	11
04专业组(化学)(南京校区)	20	576	551	15	5
05专业组(化学或生物)(南京校区)	18	573	556	16	2
1120 南京晓庄学院	**276**			**273**	**3**
08专业组(不限)	153	604	520	151	2
09专业组(化学或生物)	68	595	512	67	1
10专业组(化学或地理)	42	559	507	42	
11专业组(思想政治)	13	562	506	13	
1122 江苏警官学院	**629**			**628**	**1**
04专业组(不限)	298	620	589	298	
05专业组(不限)	51	644	607	50	1
06专业组(化学或生物)	127	626	588	127	
07专业组(化学或生物)	23	628	608	23	
08专业组(思想政治)	110	604	557	110	
09专业组(思想政治)	20	620	589	20	
1131 江苏第二师范学院	**379**			**375**	**4**
07专业组(不限)	278	590	509	274	4
08专业组(化学)	42	590	514	42	
09专业组(化学或生物)	41	566	515	41	

院校、专业组名称	录取数	最高分	最低分	平行志愿	征求志愿
10专业组(化学或地理)	18	593	535	18	
1133 南京特殊教育师范学院	**5**			**5**	
03专业组(不限)	5	583	531	5	
1222 江苏师范大学	**231**			**223**	**8**
07专业组(不限)	24	563	545	21	3
08专业组(化学)	5	541	539	5	
09专业组(化学或生物)	5	551	540	5	
10专业组(不限)	197	602	516	192	5
1223 徐州医科大学	**90**			**87**	**3**
03专业组(化学或生物)	90	625	536	87	3
1261 苏州大学	**89**			**79**	**10**
09专业组(不限)	18	610	595	11	7
10专业组(化学)	16	596	586	14	2
11专业组(化学或生物)	6	598	590	5	1
12专业组(化学和生物)	4	602	600	4	
13专业组(生物)	5	588	575	5	
14专业组(化学或生物)	10	588	560	10	
15专业组(化学和生物)	30	578	533	30	
1301 南通大学	**288**			**274**	**14**
06专业组(不限)	34	571	551	33	1
07专业组(化学)	20	548	531	20	
08专业组(化学或生物)	6	565	551	4	2
09专业组(化学或地理)	6	557	549	5	1
10专业组(不限)	117	602	530	109	8
11专业组(化学或生物)	105	580	542	103	2
1341 淮阴师范学院	**232**			**230**	**2**
06专业组(不限)	152	600	515	150	2
07专业组(化学或生物)	43	600	529	43	
08专业组(化学或地理)	37	613	544	37	
1362 盐城师范学院	**114**			**114**	
07专业组(不限)	75	600	504	75	
08专业组(化学或生物)	39	595	524	39	
1381 扬州大学	**246**			**236**	**10**
10专业组(不限)	30	569	554	24	6
11专业组(不限)	4	587	583	3	1
12专业组(化学)	5	569	552	5	
13专业组(化学或生物)	4	579	557	2	2
14专业组(不限)	83	609	551	83	
15专业组(化学)	40	569	501	40	
16专业组(化学或生物)	80	598	530	79	1
1401 江苏大学	**151**			**136**	**15**
08专业组(不限)	22	572	555	17	5
09专业组(不限)	4	562	550	4	
10专业组(化学)	14	578	558	7	7
11专业组(化学)	22	563	548	19	3
12专业组(化学)	4	548	544	4	
13专业组(化学)	85	585	503	85	
1846 南京医科大学康达学院	**230**			**225**	**5**
02专业组(化学或生物)	230	580	475	225	5

院校、专业组名称	录取数	最高分	最低分	平行志愿	征求志愿
2117 上海海事大学	**16**			**16**	
02专业组(化学)	16	567	531	16	
2131 上海海关学院	**16**			**15**	**1**
03专业组(不限)	12	624	611	12	
04专业组(不限)	4	627	617	3	1
2412 集美大学	**10**			**10**	
02专业组(化学)	5	531	519	5	
03专业组(化学)	5	529	516	5	
3101 北京大学	**2**			**2**	
04专业组(不限)	2	665	663	2	
3103 清华大学	**3**			**3**	
03专业组(不限)	3	666	663	3	
3117 北京语言大学	**6**			**5**	**1**
04专业组(不限)	6	588	575	5	1
3119 对外经济贸易大学	**4**			**4**	
03专业组(不限)	4	618	611	4	
3123 中国传媒大学	**6**			**6**	
04专业组(不限)	6	609	596	6	
3131 外交学院	**6**			**5**	**1**
03专业组(不限)	5	621	609	4	1
04专业组(思想政治)	1	608	608	1	
3410 山西农业大学	**2**			**2**	
04专业组(化学)	2	554	515	2	
4132 大连海事大学	**4**			**4**	
02专业组(不限)	4	575	559	4	
4201 吉林大学	**2**			**2**	
05专业组(思想政治)	2	599	598	2	
4311 黑龙江大学	**7**			**7**	
05专业组(不限)	7	544	525	7	
5206 中南财经政法大学	**1**				**1**
05专业组(思想政治)	1	555	555		1
5207 武汉理工大学	**2**			**2**	
02专业组(不限)	2	587	582	2	
5301 湖南大学	**3**			**3**	
03专业组(思想政治)	3	608	586	3	
5456 香港中文大学(深圳)	**5**			**5**	
04专业组(不限)	5	628	623	5	
6212 四川外国语大学	**8**			**7**	**1**
07专业组(不限)	8	583	558	7	1
7117 西安外国语大学	**6**			**5**	**1**
03专业组(不限)	6	573	556	5	1
8757 海南科技职业大学	**2**			**2**	
04专业组(不限)	2	458	457	2	
9102 香港中文大学	**15**			**15**	
03专业组(不限)	1	647	647	1	
04专业组(不限)	14	642	626	14	
9106 香港城市大学	**5**			**5**	
02专业组(不限)	4	623	616	4	
03专业组(化学或生物)	1	614	614	1	

(五)普通类(物理等科目类)本科院校

院校、专业组名称	录取数	最高分	最低分	平行志愿	征求志愿
0105 陆军工程大学	**4**			**3**	**1**
03专业组(不限)	4	581	571	3	1
0131 海军军医大学	**26**			**26**	
04专业组(不限)	1	569	569	1	
05专业组(化学)	4	594	588	4	
06专业组(化学或生物)	21	636	604	21	
0201 中国人民公安大学	**4**			**4**	
07专业组(不限)	4	601	598	4	
0203 中国人民警察大学	**15**			**15**	
04专业组(不限)	15	572	535	15	
0306 中国民用航空飞行学院	**50**			**50**	
05专业组(不限)	17	539	521	17	
06专业组(不限)	5	519	504	5	
07专业组(化学)	27	558	515	27	
08专业组(思想政治)	1	498	498	1	
1101 南京大学	**717**			**717**	
06专业组(不限)	375	654	638	375	
07专业组(化学)	262	667	642	262	
08专业组(化学)	40	643	637	40	
09专业组(化学或生物)	40	650	638	40	
1102 东南大学	**501**			**501**	
05专业组(不限)	334	648	631	334	
06专业组(化学或生物)	167	630	617	167	
1103 南京航空航天大学	**472**			**471**	**1**
04专业组(不限)	20	629	625	20	
05专业组(不限)	30	628	622	30	
06专业组(不限)	87	625	618	87	
07专业组(不限)	259	622	614	258	1
08专业组(不限)(中外合作办学)	76	603	574	76	
1104 南京理工大学	**580**			**580**	
02专业组(不限)(南京校区)	20	628	623	20	
03专业组(不限)(南京校区)	288	626	615	288	
04专业组(不限)(中外合作办学)(南京校区)	30	595	580	30	
05专业组(不限)(江阴校区)	189	614	600	189	
06专业组(不限)(中外合作办学)(江阴校区)	53	587	574	53	
1105 河海大学	**948**			**945**	**3**
04专业组(不限)	31	624	615	31	
05专业组(不限)	297	622	608	295	2
06专业组(不限)	46	610	596	45	1
07专业组(不限)(常州校区)	54	599	588	54	
08专业组(不限)(常州校区)	417	603	590	417	
09专业组(不限)(中外合作办学)	36	586	572	36	
10专业组(化学)	32	610	605	32	
11专业组(化学)(中外合作办学)	20	583	571	20	

院校、专业组名称	录取数	最高分	最低分	平行志愿	征求志愿
12专业组(化学或地理)	15	607	604	15	
1106 南京信息工程大学	**2860**			**2860**	
09专业组(不限)	15	613	603	15	
10专业组(不限)	30	608	599	30	
11专业组(不限)	1133	603	577	1133	
12专业组(不限)	1281	599	573	1281	
13专业组(不限)(中外合作办学)	130	570	553	130	
14专业组(不限)(中外合作办学)	145	572	550	145	
15专业组(化学)(中外合作办学)	15	550	543	15	
16专业组(化学或地理)	91	593	573	91	
17专业组(化学或地理)(中外合作办学)	20	555	547	20	
1107 南京农业大学	**579**			**579**	
03专业组(不限)	384	609	581	384	
04专业组(化学或生物)	195	607	581	195	
1108 南京师范大学	**1518**			**1517**	**1**
15专业组(不限)	194	647	611	194	
16专业组(不限)	420	613	596	420	
17专业组(不限)	402	608	588	401	1
18专业组(不限)(中外合作办学)	85	589	569	85	
19专业组(不限)(中外高校学分互认联合培养项目)	6	573	568	6	
20专业组(不限)(中外高校学分互认联合培养项目)	10	570	557	10	
21专业组(不限)(中外高校学分互认联合培养项目)	15	583	570	15	
22专业组(不限)(中外高校学分互认联合培养项目)	30	602	572	30	
23专业组(化学)	79	613	598	79	
24专业组(化学或生物)	173	615	595	173	
25专业组(化学或地理)	84	617	605	84	
26专业组(思想政治)	20	601	593	20	
1109 中国药科大学	**427**			**424**	**3**
02专业组(化学)	150	617	593	150	
03专业组(化学)	5	626	617	5	
04专业组(化学或生物)	247	613	585	244	3
05专业组(化学或生物)(中外合作办学)	25	591	578	25	
1110 南京工业大学	**2427**			**2424**	**3**
06专业组(不限)	1401	587	565	1398	3
07专业组(不限)(中外合作办学)	264	551	523	264	
08专业组(不限)(中外高校学分互认联合培养项目)	60	566	533	60	
09专业组(不限)(中外高校学分互认联合培养项目)	15	532	526	15	
10专业组(化学)	290	586	557	290	
11专业组(化学或生物)	397	590	558	397	
1111 南京邮电大学	**2146**			**2146**	
06专业组(不限)	1902	613	580	1902	
07专业组(不限)(中外合作办学)	240	584	560	240	
08专业组(化学)	2	607	595	2	

院校、专业组名称	录取数	最高分	最低分	平行志愿	征求志愿
09专业组(化学或地理)	2	604	595	2	
1112 南京医科大学	**1726**			**1723**	**3**
04专业组(不限)	247	589	546	246	1
05专业组(化学)	327	591	554	325	2
06专业组(化学或生物)	159	647	623	159	
07专业组(化学或生物)	993	626	591	993	
1113 南京中医药大学	**1481**			**1479**	**2**
11专业组(不限)(南京校区)	288	587	545	288	
12专业组(不限)(中外合作办学)(南京校区)	24	535	519	24	
13专业组(化学)(南京校区)	159	602	544	159	
14专业组(化学)(中外合作办学)(南京校区)	85	540	472	85	
15专业组(化学或生物)(南京校区)	86	617	595	86	
16专业组(化学或生物)(南京校区)	172	594	578	172	
17专业组(化学和生物)(南京校区)	71	581	548	71	
18专业组(化学)(泰州校区)	60	563	533	60	
19专业组(化学或生物)(泰州校区)	296	575	538	296	
20专业组(化学或生物)(中外合作办学)(泰州校区)	120	554	487	119	1
21专业组(化学和生物)(中外合作办学)(泰州校区)	120	512	431	119	1
1114 南京工程学院	**3527**			**3518**	**9**
03专业组(不限)	3184	601	525	3176	8
04专业组(不限)(联合培养项目)	60	542	499	60	
05专业组(不限)(中外合作办学)	123	574	528	122	1
06专业组(化学)	160	552	521	160	
1115 南京林业大学	**2710**			**2710**	
06专业组(不限)(南京校区)	706	587	568	706	
07专业组(不限)(淮安校区)	1304	580	554	1304	
08专业组(化学)(南京校区)	67	573	563	67	
09专业组(化学)(淮安校区)	297	562	545	297	
10专业组(化学或生物)(南京校区)	118	577	565	118	
11专业组(化学或生物)(淮安校区)	198	565	547	198	
12专业组(化学或生物)(中外合作办学)(南京校区)	20	548	532	20	
1116 南京财经大学	**1655**			**1655**	
04专业组(不限)	1458	588	548	1458	
05专业组(不限)(中外合作办学)	185	561	536	185	
06专业组(不限)(中外合作办学)	12	553	530	12	
1117 南京体育学院	**92**			**92**	
03专业组(不限)(中外合作办学)	60	485	447	60	
04专业组(化学)	14	510	492	14	
05专业组(生物)	18	528	502	18	
1118 南京艺术学院	**69**			**69**	
02专业组(不限)	69	562	516	69	
1119 南京审计大学	**1620**			**1619**	**1**
07专业组(不限)	1382	605	554	1381	1
08专业组(不限)(中外合作办学)	141	580	549	141	
09专业组(不限)(中外合作办学)	25	560	550	25	
10专业组(不限)(联合培养项目)	24	573	513	24	
11专业组(不限)(联合培养项目)	24	563	509	24	
12专业组(不限)(联合培养项目)	24	552	507	24	
1120 南京晓庄学院	**862**			**859**	**3**
12专业组(不限)	756	581	504	753	3
13专业组(不限)(中外合作办学)	15	535	521	15	
14专业组(化学)	39	559	539	39	
15专业组(化学或生物)	25	561	541	25	
16专业组(化学或地理)	22	554	540	22	
17专业组(思想政治)	5	553	548	5	
1122 江苏警官学院	**79**			**79**	
10专业组(不限)	79	572	530	79	
1128 金陵科技学院	**2407**			**2397**	**10**
03专业组(不限)	217	546	520	217	
04专业组(不限)	1847	543	489	1838	9
05专业组(不限)(中外合作办学)	130	516	472	129	1
06专业组(不限)	46	519	511	46	
07专业组(化学)	82	530	503	82	
08专业组(化学或生物)	45	514	505	45	
09专业组(化学或生物)(中外合作办学)	40	494	453	40	
1131 江苏第二师范学院	**531**			**531**	
11专业组(不限)	350	568	526	350	
12专业组(化学)	70	552	525	70	
13专业组(化学或生物)	87	556	530	87	
14专业组(化学或地理)	17	560	549	17	
15专业组(思想政治)	7	548	546	7	
1133 南京特殊教育师范学院	**224**			**224**	
04专业组(不限)	206	551	515	206	
05专业组(化学)	18	513	501	18	
1136 南京工业职业技术大学	**1569**			**1569**	
05专业组(不限)	1449	530	485	1449	
06专业组(不限)(联合培养项目)	120	500	478	120	
1201 江南大学	**716**			**716**	
05专业组(不限)	310	611	589	310	
06专业组(不限)	138	600	580	138	
07专业组(不限)(中外合作办学)	12	569	564	12	
08专业组(化学)	96	588	574	96	
09专业组(化学)	70	601	586	70	
10专业组(化学)	38	600	579	38	
11专业组(化学)(中外合作办学)	20	575	562	20	
12专业组(化学或生物)	26	613	594	26	
13专业组(思想政治)	6	597	578	6	
1203 无锡学院	**1453**			**1453**	
02专业组(不限)	1340	555	508	1340	
03专业组(化学)	113	522	499	113	
1221 中国矿业大学	**507**			**507**	
02专业组(不限)	434	610	585	434	
03专业组(不限)(中外合作办学)	18	574	561	18	

院校、专业组名称	录取数	最高分	最低分	平行志愿	征求志愿
04专业组(化学)	47	601	580	47	
05专业组(化学或地理)	8	592	587	8	
1222 江苏师范大学	**2462**			**2459**	**3**
11专业组(不限)	1511	597	520	1508	3
12专业组(不限)(中外合作办学)	358	528	484	358	
13专业组(化学)	214	583	513	214	
14专业组(化学或生物)	246	578	541	246	
15专业组(化学或地理)	92	575	556	92	
16专业组(思想政治)	41	570	552	41	
1223 徐州医科大学	**2450**			**2434**	**16**
04专业组(不限)	633	570	516	633	
05专业组(不限)(联合培养项目)	60	548	478	57	3
06专业组(化学)	327	565	509	324	3
07专业组(化学)(联合培养项目)	30	520	492	29	1
08专业组(化学或生物)	636	613	580	636	
09专业组(化学或生物)	379	583	556	379	
10专业组(化学或生物)	265	562	506	257	8
11专业组(化学或生物)(联合培养项目)	120	536	488	119	1
1224 徐州工程学院	**2838**			**2830**	**8**
02专业组(不限)	2515	532	492	2508	7
03专业组(不限)(中外合作办学)	103	495	467	103	
04专业组(不限)(联合培养项目)	70	498	482	69	1
05专业组(化学)	150	503	483	150	
1242 常州大学	**2512**			**2512**	
02专业组(不限)	381	559	528	381	
03专业组(不限)	1194	566	533	1194	
04专业组(不限)(中外合作办学)	122	536	519	122	
05专业组(不限)(联合培养项目)	90	545	500	90	
06专业组(化学)	294	556	520	294	
07专业组(化学或生物)	355	557	526	355	
08专业组(化学或生物)(中外合作办学)	46	518	502	46	
09专业组(化学或生物)(联合培养项目)	30	517	490	30	
1243 常州工学院	**2104**			**2104**	
06专业组(不限)	873	533	507	873	
07专业组(不限)	870	538	497	870	
08专业组(不限)(中外合作办学)	160	514	473	160	
09专业组(不限)(联合培养项目)	60	504	482	60	
10专业组(化学)	141	518	490	141	
1244 江苏理工学院	**2161**			**2161**	
04专业组(不限)	200	550	528	200	
05专业组(不限)	1455	540	514	1455	
06专业组(不限)(联合培养项目)	60	500	483	60	
07专业组(不限)(中外合作办学)	145	521	467	145	
08专业组(不限)(中外高校学分互认联合培养项目)	60	495	447	60	
09专业组(化学)	15	528	520	15	
10专业组(化学)	30	514	509	30	
11专业组(化学或生物)	146	525	504	146	
12专业组(化学或生物)(联合培养项目)	30	502	474	30	

院校、专业组名称	录取数	最高分	最低分	平行志愿	征求志愿
13专业组(化学或生物)(中外合作办学)	20	487	463	20	
1261 苏州大学	**2730**			**2729**	**1**
16专业组(不限)	40	614	607	40	
17专业组(不限)	99	614	608	99	
18专业组(不限)	231	613	603	231	
19专业组(不限)	337	619	581	337	
20专业组(不限)	872	613	591	872	
21专业组(不限)(中外合作办学)	30	598	584	30	
22专业组(不限)(中外合作办学)	40	585	573	40	
23专业组(化学)	25	607	601	25	
24专业组(化学)	509	616	564	508	1
25专业组(化学)	80	601	585	80	
26专业组(化学)(中外合作办学)	53	591	567	53	
27专业组(化学或生物)	18	602	593	18	
28专业组(化学或生物)	132	616	587	132	
29专业组(化学和生物)	93	626	613	93	
30专业组(化学和生物)	144	615	599	144	
31专业组(生物)	27	583	576	27	
1262 苏州科技大学	**2552**			**2552**	
05专业组(不限)	1830	575	538	1830	
06专业组(不限)(中外合作办学)	176	536	512	176	
07专业组(化学)	260	567	526	260	
08专业组(化学或生物)	232	565	533	232	
09专业组(化学或地理)	52	558	540	52	
10专业组(思想政治)	2	554	551	2	
1263 常熟理工学院	**2301**			**2281**	**20**
04专业组(不限)	1792	572	498	1788	4
05专业组(不限)(中外合作办学)	190	508	471	190	
06专业组(不限)(中外高校学分互认联合培养项目)	70	502	441	56	14
07专业组(化学)	89	517	491	89	
08专业组(化学或生物)	140	526	503	140	
09专业组(化学或生物)(中外高校学分互认联合培养项目)	20	482	442	18	2
1265 中国人民大学(苏州校区)	**15**			**15**	
02专业组(不限)(中外合作办学)	15	629	619	15	
1267 苏州城市学院	**897**			**896**	**1**
04专业组(不限)	100	531	512	100	
05专业组(不限)	360	540	507	359	1
06专业组(不限)(中外合作办学)	200	502	468	200	
07专业组(不限)(中外高校学分互认联合培养项目)	30	494	468	30	
08专业组(不限)(联合培养项目)	15	497	477	15	
09专业组(化学)	147	523	501	147	
10专业组(化学)(联合培养项目)	45	501	469	45	
1301 南通大学	**3639**			**3638**	**1**
12专业组(不限)	2226	585	541	2226	
13专业组(不限)(中外合作办学)	45	525	510	45	
14专业组(不限)(中外高校学分互认联	65	531	499	65	

院校、专业组名称	录取数	最高分	最低分	平行志愿	征求志愿
合培养项目)					
15专业组(化学)	401	557	510	401	
16专业组(化学或生物)	218	602	578	218	
17专业组(化学或生物)	533	598	544	532	1
18专业组(化学或地理)	139	563	540	139	
19专业组(思想政治)	12	573	548	12	
1321 江苏海洋大学	**2447**			**2430**	**17**
03专业组(不限)	1876	548	492	1861	15
04专业组(不限)(中外合作办学)	112	513	475	112	
05专业组(不限)(联合培养项目)	230	500	475	230	
06专业组(化学)	195	522	478	193	2
07专业组(化学或地理)	34	528	519	34	
1341 淮阴师范学院	**2101**			**2075**	**26**
09专业组(不限)	1523	554	481	1501	22
10专业组(不限)(联合培养项目)	115	498	476	115	
11专业组(不限)(中外合作办学)	40	524	501	40	
12专业组(化学)	138	537	475	137	1
13专业组(化学或生物)	150	540	520	150	
14专业组(化学或地理)	117	542	483	114	3
15专业组(思想政治)	18	541	507	18	
1342 淮阴工学院	**3240**			**3236**	**4**
03专业组(不限)	2773	531	485	2770	3
04专业组(不限)(中外合作办学)	50	479	457	50	
05专业组(不限)(联合培养项目)	40	495	482	40	
06专业组(化学)	154	500	476	153	1
07专业组(化学或生物)	223	512	484	223	
1361 盐城工学院	**3658**			**3600**	**58**
02专业组(不限)	3111	542	476	3064	47
03专业组(不限)(中外合作办学)	200	500	461	200	
04专业组(化学)	317	515	467	307	10
05专业组(化学)(联合培养项目)	30	482	472	29	1
1362 盐城师范学院	**1956**			**1951**	**5**
09专业组(不限)	1577	562	476	1572	5
10专业组(不限)(联合培养项目)	10	489	479	10	
11专业组(化学)	74	537	489	74	
12专业组(化学或生物)	190	549	491	190	
13专业组(化学或地理)	105	540	518	105	
1381 扬州大学	**3883**			**3868**	**15**
17专业组(不限)	243	601	572	243	
18专业组(不限)	247	580	519	245	2
19专业组(不限)	1416	579	544	1411	5
20专业组(不限)	97	559	536	97	
21专业组(不限)	58	559	540	58	
22专业组(不限)(中外合作办学)	40	550	521	40	
23专业组(化学)	201	592	523	197	4
24专业组(化学或生物)	332	563	540	332	
25专业组(化学或生物)	668	599	560	668	
26专业组(化学或生物)	581	580	527	577	4
1401 江苏大学	**2398**			**2393**	**5**

院校、专业组名称	录取数	最高分	最低分	平行志愿	征求志愿
14专业组(不限)	1358	583	529	1353	5
15专业组(不限)	43	565	555	43	
16专业组(不限)	30	555	544	30	
17专业组(不限)(中外合作办学)	60	546	519	60	
18专业组(不限)(中外高校学分互认联合培养项目)	55	558	520	55	
19专业组(不限)(中外高校学分互认联合培养项目)	30	520	509	30	
20专业组(不限)(联合培养项目)	180	564	499	180	
21专业组(不限)(联合培养项目)	120	539	489	120	
22专业组(化学)	211	590	565	211	
23专业组(化学)	221	574	552	221	
24专业组(化学)	30	555	547	30	
25专业组(化学)(中外高校学分互认联合培养项目)	30	519	488	30	
26专业组(化学)(中外高校学分互认联合培养项目)	30	505	446	30	
1402 江苏科技大学	**2477**			**2473**	**4**
09专业组(不限)(镇江校区)	1413	567	507	1409	4
10专业组(不限)(中外合作办学)(镇江校区)	30	524	514	30	
11专业组(不限)(中外合作办学)(镇江校区)	35	537	517	35	
12专业组(不限)(张家港校区)	510	550	529	510	
13专业组(不限)(联合培养项目)	10	490	481	10	
14专业组(不限)(联合培养项目)	35	507	485	35	
15专业组(不限)(联合培养项目)	40	527	479	40	
16专业组(不限)(联合培养项目)	5	518	506	5	
17专业组(不限)(联合培养项目)	10	528	488	10	
18专业组(化学)(镇江校区)	103	544	521	103	
19专业组(化学)(联合培养项目)	40	491	470	40	
20专业组(化学)(联合培养项目)	50	512	470	50	
21专业组(化学)(联合培养项目)	50	491	468	50	
22专业组(化学或生物)(镇江校区)	144	552	526	144	
23专业组(思想政治)(镇江校区)	2	537	537	2	
1421 泰州学院	**1240**			**1236**	**4**
03专业组(不限)	1065	542	475	1062	3
04专业组(不限)(联合培养项目)	15	509	491	15	
05专业组(化学)	120	515	482	120	
06专业组(化学)(联合培养项目)	40	484	456	39	1
1426 宿迁学院	**1944**			**1935**	**9**
03专业组(不限)	1806	527	484	1797	9
04专业组(化学)	78	504	477	78	
05专业组(化学和生物)	50	496	471	50	
06专业组(思想政治)	10	521	514	10	
1802 东南大学成贤学院	**1206**			**1162**	**44**
04专业组(不限)	273	522	485	273	
05专业组(不限)	317	513	480	316	1
06专业组(不限)	211	514	475	211	

院校、专业组名称	录取数	最高分	最低分	平行志愿	征求志愿
07专业组(不限)	30	518	492	30	
08专业组(不限)	169	516	469	169	
09专业组(不限)	109	513	481	108	1
10专业组(化学)	97	501	449	55	42
1803 南京航空航天大学金城学院	**1721**			**1709**	**12**
04专业组(不限)	647	514	473	641	6
05专业组(不限)	256	500	470	253	3
06专业组(不限)	561	510	466	560	1
07专业组(不限)	114	498	472	113	1
08专业组(不限)	45	484	470	45	
09专业组(化学)	98	479	455	97	1
1804 南京理工大学紫金学院	**1444**			**1444**	
02专业组(不限)	230	533	488	230	
03专业组(不限)	389	503	478	389	
04专业组(不限)	145	519	484	145	
05专业组(不限)	616	571	478	616	
06专业组(化学)	64	485	470	64	
1807 南京审计大学金审学院	**452**			**448**	**4**
02专业组(不限)	452	559	472	448	4
1810 南京工业大学浦江学院	**743**			**743**	
03专业组(不限)	185	522	473	185	
04专业组(不限)	216	495	468	216	
05专业组(不限)	81	476	463	81	
06专业组(不限)	85	498	467	85	
07专业组(不限)(中外合作办学)	30	464	443	30	
08专业组(化学)	24	478	460	24	
09专业组(化学或生物)	122	481	463	122	
1816 南京财经大学红山学院	**507**			**506**	**1**
02专业组(不限)	507	502	461	506	1
1826 中国矿业大学徐海学院	**994**			**988**	**6**
02专业组(不限)	974	554	456	968	6
03专业组(化学)	20	466	450	20	
1827 江苏师范大学科文学院	**1310**			**1310**	
02专业组(不限)	1184	540	455	1184	
03专业组(化学)	126	481	449	126	
1834 苏州大学应用技术学院	**563**			**559**	**4**
03专业组(不限)	438	540	465	434	4
04专业组(不限)(中外合作办学)	90	524	451	90	
05专业组(化学)(中外合作办学)	35	455	434	35	
1835 苏州科技大学天平学院	**364**			**364**	
03专业组(不限)	276	526	465	276	
04专业组(化学)	40	469	449	40	
05专业组(化学或生物)	38	491	461	38	
06专业组(化学或地理)	10	476	466	10	
1837 江苏科技大学苏州理工学院	**329**			**328**	**1**
02专业组(不限)	319	535	464	318	1
03专业组(化学)	10	472	464	10	
1838 南通大学杏林学院	**1210**			**1195**	**15**
02专业组(不限)	934	504	453	923	11

院校、专业组名称	录取数	最高分	最低分	平行志愿	征求志愿
03专业组(化学)	186	505	450	184	2
04专业组(化学或生物)	90	536	494	88	2
1844 扬州大学广陵学院	**940**			**936**	**4**
02专业组(不限)	865	531	464	861	4
03专业组(化学)	10	510	461	10	
04专业组(化学或生物)	65	484	463	65	
1845 江苏大学京江学院	**1122**			**1115**	**7**
02专业组(不限)	1019	493	457	1012	7
03专业组(化学)	86	500	459	86	
04专业组(化学或生物)	17	474	462	17	
1846 南京医科大学康达学院	**1377**			**1372**	**5**
03专业组(不限)	287	514	471	286	1
04专业组(化学)	704	506	447	701	3
05专业组(化学或生物)	386	557	499	385	1
1847 南京师范大学泰州学院	**500**			**497**	**3**
02专业组(不限)	481	524	473	478	3
03专业组(化学)	19	484	470	19	
1848 南京理工大学泰州科技学院	**565**			**565**	
02专业组(不限)	93	504	476	93	
03专业组(不限)	93	501	480	93	
04专业组(不限)	93	493	478	93	
05专业组(不限)	93	489	468	93	
06专业组(不限)	100	499	476	100	
07专业组(化学)	50	487	465	50	
08专业组(化学或生物)	43	484	469	43	
1850 南京邮电大学通达学院	**1183**			**1175**	**8**
02专业组(不限)	485	516	470	477	8
03专业组(不限)	678	511	467	678	
04专业组(化学)	20	480	465	20	
1855 常州大学怀德学院	**864**			**862**	**2**
02专业组(不限)	822	492	453	821	1
03专业组(化学)	42	465	449	41	1
1858 南京师范大学中北学院	**571**			**566**	**5**
03专业组(不限)	478	513	462	477	1
04专业组(化学)	53	474	449	49	4
05专业组(化学或生物)	40	485	464	40	
1901 南京传媒学院	**395**			**395**	
02专业组(不限)	395	516	459	395	
1911 三江学院	**1448**			**1447**	**1**
02专业组(不限)	1289	511	458	1288	1
03专业组(化学)	159	471	438	159	
1915 无锡太湖学院	**928**			**899**	**29**
02专业组(不限)	593	503	461	564	29
03专业组(不限)(中外合作办学)	300	466	433	300	
04专业组(化学)	35	475	457	35	
1921 西交利物浦大学	**897**			**897**	
03专业组(不限)(中外合作办学)	822	606	521	822	
04专业组(化学)(中外合作办学)	8	577	547	8	
05专业组(化学或生物)(中外合作办学)	67	575	521	67	

院校、专业组名称	录取数	最高分	最低分	平行志愿	征求志愿
1928 南通理工学院	**3249**			**3170**	**79**
03专业组(不限)	2779	499	445	2735	44
04专业组(化学)	470	484	436	435	35
2101 复旦大学	**98**			**98**	
05专业组(不限)	7	673	669	7	
06专业组(不限)	55	672	653	55	
07专业组(化学)	36	663	651	36	
2102 同济大学	**120**			**120**	
03专业组(不限)	87	649	635	87	
04专业组(不限)(中外合作办学)	7	633	630	7	
05专业组(化学)	14	635	633	14	
06专业组(化学或生物)	12	647	634	12	
2103 上海交通大学	**202**			**202**	
02专业组(不限)	7	672	671	7	
03专业组(不限)	116	673	654	116	
04专业组(不限)	79	655	646	79	
2104 华东理工大学	**174**			**173**	**1**
02专业组(不限)	114	623	606	113	1
03专业组(不限)(中外合作办学)	25	607	587	25	
04专业组(化学)	8	613	606	8	
05专业组(化学或生物)	27	615	604	27	
2105 东华大学	**117**			**117**	
02专业组(不限)	100	608	595	100	
03专业组(化学)	17	600	588	17	
2106 华东师范大学	**119**			**119**	
04专业组(不限)	105	640	622	105	
05专业组(化学)	2	631	630	2	
06专业组(化学或生物)	6	630	624	6	
07专业组(化学或地理)	6	630	626	6	
2107 华东政法大学	**30**			**30**	
02专业组(不限)	30	626	612	30	
2109 上海外国语大学	**58**			**58**	
03专业组(不限)	58	626	602	58	
2110 上海财经大学	**62**			**62**	
02专业组(不限)	62	645	620	62	
2111 上海师范大学	**67**			**67**	
04专业组(不限)	33	600	578	33	
05专业组(不限)(中外合作办学)	21	568	548	21	
06专业组(化学)	6	588	586	6	
07专业组(化学或生物)(中外合作办学)	7	547	543	7	
2112 上海大学	**78**			**78**	
02专业组(不限)(中外合作办学)	40	604	584	40	
03专业组(不限)	31	615	607	31	
04专业组(化学)	4	608	604	4	
05专业组(化学)(中外合作办学)	3	587	576	3	
2113 上海中医药大学	**14**			**14**	
01专业组(不限)	10	624	605	10	
02专业组(化学或生物)(中外合作办学)	4	580	568	4	
2114 上海对外经贸大学	**21**			**21**	
03专业组(不限)	15	596	585	15	
04专业组(不限)(中外合作办学)	6	581	570	6	
2115 上海理工大学	**48**			**48**	
03专业组(不限)	32	592	577	32	
04专业组(不限)(中外合作办学)	16	579	566	16	
2116 上海海洋大学	**87**			**87**	
02专业组(不限)	66	584	571	66	
03专业组(不限)(中外合作办学)	21	566	550	21	
2117 上海海事大学	**27**			**27**	
03专业组(不限)	23	584	575	23	
04专业组(化学)	4	576	575	4	
2118 上海电力大学	**72**			**71**	**1**
02专业组(不限)	63	609	573	62	1
03专业组(不限)(中外合作办学)	9	591	586	9	
2119 上海体育学院	**7**			**7**	
02专业组(不限)	7	559	540	7	
2120 上海工程技术大学	**48**			**48**	
02专业组(不限)	40	564	542	40	
03专业组(化学)	8	542	532	8	
2123 上海应用技术大学	**31**			**31**	
01专业组(不限)	28	551	538	28	
02专业组(化学)	3	566	559	3	
2124 上海第二工业大学	**16**			**16**	
02专业组(不限)	16	553	538	16	
2125 上海政法学院	**40**			**40**	
02专业组(不限)	40	598	575	40	
2128 复旦大学医学院	**33**			**33**	
01专业组(化学或生物)	5	666	665	5	
02专业组(化学或生物)	28	665	651	28	
2135 上海健康医学院	**120**			**119**	**1**
01专业组(不限)	95	539	508	95	
02专业组(化学)	25	551	484	24	1
2136 上海电机学院	**34**			**34**	
02专业组(不限)	34	565	552	34	
2137 上海立信会计金融学院	**74**			**74**	
02专业组(不限)	60	581	566	60	
03专业组(化学或生物)	6	574	570	6	
04专业组(化学或生物)(中外合作办学)	8	565	554	8	
2139 上海交通大学医学院	**23**			**23**	
01专业组(化学)	10	649	642	10	
02专业组(化学)	10	662	657	10	
03专业组(化学)	3	672	666	3	
2141 上海商学院	**27**			**27**	
03专业组(不限)	23	543	529	23	
04专业组(不限)(中外合作办学)	4	536	518	4	
2201 浙江大学	**40**			**40**	
04专业组(不限)	36	664	651	36	
05专业组(化学或生物)	4	662	656	4	
2202 中国计量大学	**61**			**61**	

2022年普通类(物理等科目类)本科院校

院校、专业组名称	录取数	最高分	最低分	平行志愿	征求志愿
02专业组(不限)	55	575	561	55	
03专业组(化学)	3	558	556	3	
04专业组(化学或生物)	3	562	558	3	
2203 浙江理工大学	99			99	
02专业组(不限)	68	577	567	68	
03专业组(化学)	29	556	446	29	
04专业组(化学或生物)	2	574	573	2	
2204 浙江工业大学	51			51	
02专业组(不限)	31	592	576	31	
03专业组(化学)	20	581	568	20	
2205 中国美术学院	5			5	
02专业组(不限)	5	597	587	5	
2206 浙江师范大学	13			13	
02专业组(不限)	8	592	581	8	
03专业组(不限)	3	598	587	3	
04专业组(化学或生物)	2	586	584	2	
2207 浙江工商大学	67			67	
02专业组(不限)	67	587	552	67	
2208 杭州电子科技大学	60			60	
01专业组(不限)	53	595	578	53	
02专业组(不限)(中外合作办学)	7	581	577	7	
2209 杭州师范大学	72			71	1
03专业组(不限)	17	572	559	17	
04专业组(不限)	14	575	569	14	
05专业组(不限)	4	565	558	4	
06专业组(不限)	3	563	554	3	
07专业组(不限)	3	566	551	3	
08专业组(化学)	6	567	541	6	
09专业组(化学或生物)	20	568	525	19	1
10专业组(化学和生物)	5	577	575	5	
2211 浙江传媒学院	35			35	
03专业组(不限)	33	584	538	33	
04专业组(不限)(中外合作办学)	2	540	536	2	
2212 浙江科技学院	62			62	
02专业组(不限)	39	543	526	39	
03专业组(不限)(中外合作办学)	20	523	485	20	
04专业组(化学)	3	524	517	3	
2213 浙江财经大学	67			67	
03专业组(不限)	59	574	553	59	
04专业组(不限)(中外合作办学)	8	546	542	8	
2214 浙江农林大学	35			35	
02专业组(不限)	15	560	542	15	
03专业组(化学)	10	540	530	10	
04专业组(化学或生物)	7	552	540	7	
05专业组(化学或生物)(中外合作办学)	3	520	516	3	
2216 浙江中医药大学	17			17	
03专业组(不限)	2	550	548	2	
04专业组(化学)	10	578	559	10	
05专业组(化学或生物)	5	575	566	5	
2221 宁波大学	20			20	
02专业组(不限)	15	580	576	15	
03专业组(化学)	2	575	573	2	
04专业组(化学或生物)	3	593	585	3	
2222 宁波工程学院	45			45	
01专业组(不限)	31	525	513	31	
02专业组(不限)	8	513	507	8	
03专业组(化学)	6	517	504	6	
2223 绍兴文理学院	20			20	
02专业组(化学)	20	500	480	20	
2228 温州大学	18			18	
02专业组(不限)	18	553	537	18	
2231 嘉兴学院	96			96	
02专业组(不限)	36	524	512	36	
03专业组(化学)	29	511	485	29	
04专业组(化学或生物)	31	557	531	31	
2240 浙江外国语学院	26			26	
02专业组(不限)	26	572	530	26	
2241 温州医科大学	15			15	
01专业组(化学或生物)	13	602	583	13	
02专业组(化学或生物)(中外合作办学)	2	590	589	2	
2242 浙江大学医学院	16			16	
01专业组(化学或生物)	16	655	649	16	
2245 宁波诺丁汉大学	23			23	
03专业组(不限)(中外合作办学)	18	583	554	18	
04专业组(不限)(中外合作办学)	5	583	564	5	
2248 温州肯恩大学	17			17	
02专业组(不限)(中外合作办学)	17	532	518	17	
2249 浙大城市学院	59			59	
02专业组(不限)	59	546	526	59	
2250 浙大宁波理工学院	104			104	
02专业组(不限)	104	530	513	104	
2251 浙江海洋大学	73			73	
02专业组(不限)	38	547	528	38	
03专业组(不限)(中外合作办学)	2	517	515	2	
04专业组(化学)	14	528	518	14	
05专业组(化学或生物)	19	530	524	19	
2261 湖州师范学院	34			34	
02专业组(不限)	25	528	514	25	
03专业组(不限)	5	515	512	5	
04专业组(化学或生物)	4	552	549	4	
2268 丽水学院	56			55	1
03专业组(不限)	29	523	501	29	
04专业组(不限)	7	501	494	7	
05专业组(化学)	4	499	493	4	
06专业组(化学或生物)	16	564	512	15	1
2272 浙江水利水电学院	42			42	
02专业组(不限)	40	538	521	40	
03专业组(化学或地理)	2	530	529	2	

院校、专业组名称	录取数	最高分	最低分	平行志愿	征求志愿
2275 湖州学院	**82**			**82**	
02专业组(不限)	82	510	493	82	
2276 温州理工学院	**60**			**60**	
01专业组(不限)	60	519	501	60	
2277 嘉兴南湖学院	**81**			**81**	
01专业组(不限)	81	519	495	81	
2301 中国科学技术大学	**35**			**35**	
01专业组(不限)	28	660	649	28	
02专业组(化学)	7	666	649	7	
2302 合肥工业大学	**254**			**253**	**1**
03专业组(不限)	220	609	577	219	1
04专业组(化学)	20	590	579	20	
05专业组(化学或生物)	14	586	579	14	
2303 安徽大学	**67**			**67**	
02专业组(不限)	39	603	583	39	
03专业组(不限)(中外合作办学)	28	572	556	28	
2304 安徽医科大学	**18**			**18**	
03专业组(化学或生物)	3	578	564	3	
04专业组(化学和生物)	15	591	583	15	
2305 安徽建筑大学	**104**			**104**	
02专业组(不限)	81	552	526	81	
03专业组(化学)	17	526	517	17	
04专业组(化学或生物)	4	526	524	4	
05专业组(地理)	2	535	535	2	
2306 安徽农业大学	**47**			**47**	
03专业组(不限)	19	543	532	19	
04专业组(化学)	1	529	529	1	
05专业组(化学或生物)	27	546	528	27	
2307 安徽中医药大学	**15**			**15**	
02专业组(不限)	10	551	535	10	
03专业组(不限)	2	546	534	2	
04专业组(生物)	3	563	557	3	
2308 安徽工程大学	**48**			**48**	
01专业组(不限)	21	538	530	21	
02专业组(化学)	27	523	502	27	
2309 安徽师范大学	**60**			**60**	
04专业组(不限)	45	577	545	45	
05专业组(化学)	2	553	552	2	
06专业组(化学或生物)	9	566	549	9	
07专业组(化学或地理)	4	574	565	4	
2310 安徽科技学院	**52**			**50**	**2**
01专业组(不限)	21	517	503	20	1
02专业组(化学)	24	500	475	23	1
03专业组(化学或生物)	7	504	496	7	
2321 安徽财经大学	**75**			**75**	
03专业组(不限)	35	561	535	35	
04专业组(不限)	31	545	531	31	
05专业组(不限)	7	534	530	7	
06专业组(不限)(中外合作办学)	2	531	530	2	

院校、专业组名称	录取数	最高分	最低分	平行志愿	征求志愿
2327 合肥学院	**22**			**22**	
02专业组(不限)	10	527	524	10	
03专业组(化学)	10	516	496	10	
04专业组(化学或生物)	2	522	519	2	
2331 阜阳师范大学	**15**			**15**	
03专业组(不限)	6	516	509	6	
04专业组(思想政治或地理)	9	508	500	9	
2332 蚌埠医学院	**26**			**26**	
03专业组(不限)	3	534	527	3	
04专业组(化学)	3	536	532	3	
05专业组(化学或生物)	20	573	553	20	
2341 安徽理工大学	**115**			**115**	
01专业组(不限)	41	545	531	41	
02专业组(不限)	12	529	525	12	
03专业组(不限)(中外合作办学)	4	517	513	4	
04专业组(化学)	43	538	519	43	
05专业组(化学或生物)	4	549	537	4	
06专业组(化学和生物)	2	573	562	2	
07专业组(地理)	9	537	530	9	
2342 宿州学院	**32**			**32**	
03专业组(不限)	17	492	483	17	
04专业组(化学)	5	488	478	5	
05专业组(化学或生物)	10	493	483	10	
2347 蚌埠学院	**2**			**2**	
01专业组(不限)	2	508	507	2	
2348 池州学院	**4**			**4**	
02专业组(不限)	4	485	483	4	
2349 皖南医学院	**55**			**53**	**2**
01专业组(化学)	6	533	520	6	
02专业组(化学或生物)	49	579	495	47	2
2351 淮北师范大学	**31**			**31**	
05专业组(不限)	3	518	512	3	
06专业组(不限)	1	518	518	1	
07专业组(化学)	16	529	517	16	
08专业组(化学或生物)	11	530	520	11	
2356 铜陵学院	**5**			**5**	
02专业组(不限)	5	502	487	5	
2361 安徽工业大学	**54**			**54**	
02专业组(不限)	46	556	534	46	
03专业组(化学)	4	550	534	4	
04专业组(化学或生物)	4	553	534	4	
2362 淮南师范学院	**33**			**33**	
03专业组(不限)	31	527	501	31	
04专业组(化学)	2	518	518	2	
2381 黄山学院	**9**			**9**	
04专业组(思想政治或地理)	2	486	482	2	
05专业组(思想政治或地理)(中外合作办学)	5	469	454	5	
06专业组(思想政治和地理)	2	483	483	2	

院校、专业组名称	录取数	最高分	最低分	平行志愿	征求志愿
2383 合肥工业大学(宣城校区)	**62**			**62**	
02专业组(不限)	45	599	584	45	
03专业组(化学)	8	582	577	8	
04专业组(化学或生物)	9	583	577	9	
2401 福州大学	**60**			**60**	
02专业组(不限)	44	607	584	44	
03专业组(化学)	16	589	574	16	
2402 福建农林大学	**18**			**18**	
02专业组(不限)	8	538	525	8	
03专业组(不限)	2	554	543	2	
04专业组(化学或生物)	6	536	531	6	
05专业组(化学或生物)	2	536	531	2	
2405 福建工程学院	**18**			**18**	
01专业组(不限)	18	531	504	18	
2406 福建医科大学	**31**			**31**	
01专业组(不限)	9	557	532	9	
02专业组(化学)	10	557	538	10	
03专业组(化学或生物)	12	591	576	12	
2407 福建中医药大学	**10**			**10**	
01专业组(不限)	2	558	552	2	
02专业组(化学)	6	526	505	6	
03专业组(化学或生物)	2	567	567	2	
2408 龙岩学院	**4**			**4**	
01专业组(不限)	4	503	492	4	
2409 闽江学院	**10**			**10**	
01专业组(不限)	10	536	510	10	
2410 三明学院	**13**			**13**	
02专业组(不限)	13	506	484	13	
2411 厦门大学	**113**			**113**	
04专业组(不限)	43	631	622	43	
05专业组(不限)	26	642	624	26	
06专业组(不限)	14	604	584	14	
07专业组(化学)	13	637	621	13	
08专业组(化学或生物)	14	625	620	14	
09专业组(化学或生物)	3	584	580	3	
2412 集美大学	**58**			**58**	
04专业组(不限)	35	560	548	35	
05专业组(不限)	4	569	549	4	
06专业组(化学)	9	547	536	9	
07专业组(化学或生物)	7	554	535	7	
08专业组(化学或地理)	3	549	546	3	
2413 厦门理工学院	**19**			**19**	
02专业组(不限)	19	535	528	19	
2421 莆田学院	**2**			**2**	
03专业组(不限)(中外合作办学)	2	459	455	2	
2422 华侨大学	**78**			**78**	
04专业组(不限)	78	573	543	78	
2437 武夷学院	**11**			**11**	
02专业组(不限)	8	496	482	8	

院校、专业组名称	录取数	最高分	最低分	平行志愿	征求志愿
03专业组(化学)	1	488	488	1	
04专业组(化学或生物)	2	495	494	2	
2443 泉州师范学院	**15**			**15**	
01专业组(不限)	7	522	508	7	
02专业组(化学)	3	512	498	3	
03专业组(化学或生物)	4	500	494	4	
04专业组(地理)	1	526	526	1	
2448 闽南师范大学	**16**			**16**	
01专业组(不限)	9	535	514	9	
02专业组(化学或生物)	7	513	500	7	
2501 江西财经大学	**52**			**51**	**1**
02专业组(不限)	52	583	552	51	1
2502 华东交通大学	**79**			**79**	
03专业组(不限)	64	570	542	64	
04专业组(不限)(中外合作办学)	3	531	521	3	
05专业组(化学)	12	551	527	12	
2504 江西中医药大学	**18**			**18**	
03专业组(不限)	5	530	499	5	
04专业组(化学)	7	534	519	7	
05专业组(化学或生物)	6	557	549	6	
2505 南昌大学	**77**			**77**	
02专业组(不限)	51	590	580	51	
03专业组(化学和生物)	14	598	584	14	
04专业组(化学和生物)	9	581	573	9	
05专业组(化学和生物)(中外合作办学)	3	590	582	3	
2506 南昌航空大学	**88**			**87**	**1**
02专业组(不限)	60	549	531	59	1
03专业组(化学)	28	531	512	28	
2507 江西科技师范大学	**56**			**56**	
04专业组(不限)	35	535	507	35	
05专业组(化学)	10	516	497	10	
06专业组(化学或生物)	11	522	503	11	
2508 江西农业大学	**65**			**65**	
04专业组(不限)	22	533	519	22	
05专业组(化学)	18	520	494	18	
06专业组(化学或生物)	23	523	511	23	
07专业组(化学或地理)	2	526	526	2	
2510 江西师范大学	**39**			**39**	
06专业组(不限)	31	568	532	31	
07专业组(化学)	2	548	542	2	
08专业组(化学或生物)	4	545	540	4	
09专业组(化学或地理)	1	570	570	1	
10专业组(生物)	1	568	568	1	
2511 南昌工程学院	**44**			**44**	
02专业组(不限)	40	525	503	40	
03专业组(不限)(中外合作办学)	4	500	493	4	
2512 江西警察学院	**9**			**9**	
02专业组(不限)	9	524	512	9	
2521 江西理工大学	**82**			**82**	

院校、专业组名称	录取数	最高分	最低分	平行志愿	征求志愿
02专业组(不限)	45	538	528	45	
03专业组(不限)(中外合作办学)	4	524	519	4	
04专业组(不限)	2	536	530	2	
05专业组(化学)	28	524	500	28	
06专业组(化学或地理)	3	530	528	3	
2522 赣南医学院	**34**			**34**	
02专业组(不限)	4	505	493	4	
03专业组(化学)	7	510	502	7	
04专业组(化学或生物)	7	512	482	7	
05专业组(生物)	16	562	548	16	
2523 赣南师范大学	**53**			**52**	**1**
04专业组(不限)	36	543	503	36	
05专业组(化学)	6	507	473	5	1
06专业组(化学或生物)	7	519	501	7	
07专业组(化学或地理)	4	512	507	4	
2527 新余学院	**13**			**13**	
03专业组(不限)	13	496	482	13	
2531 景德镇陶瓷大学	**25**			**25**	
04专业组(不限)	17	517	498	17	
05专业组(化学)	6	496	482	6	
06专业组(化学或生物)	2	492	490	2	
2541 东华理工大学	**63**			**63**	
02专业组(不限)	63	541	518	63	
2542 萍乡学院	**5**			**5**	
02专业组(不限)	2	488	486	2	
03专业组(化学)	3	477	476	3	
2543 南昌师范学院	**12**			**12**	
04专业组(不限)	9	522	514	9	
05专业组(化学或生物)	3	526	518	3	
2551 宜春学院	**52**			**50**	**2**
04专业组(不限)	26	494	482	26	
05专业组(化学)	8	505	470	8	
06专业组(化学或生物)	18	537	476	16	2
2561 九江学院	**37**			**37**	
02专业组(不限)	34	497	482	34	
03专业组(化学或生物)	3	503	497	3	
2571 上饶师范学院	**30**			**30**	
03专业组(不限)	23	519	495	23	
04专业组(化学)	3	514	513	3	
05专业组(化学或地理)	4	516	511	4	
2572 赣东学院	**20**			**20**	
02专业组(不限)	20	490	481	20	
2573 赣南科技学院	**32**			**32**	
02专业组(不限)	30	495	480	30	
03专业组(化学)	2	474	473	2	
2574 南昌医学院	**6**			**6**	
04专业组(不限)	1	536	536	1	
05专业组(不限)	1	535	535	1	
06专业组(化学)	2	549	547	2	

院校、专业组名称	录取数	最高分	最低分	平行志愿	征求志愿
07专业组(化学)	1	518	518	1	
08专业组(化学或生物)	1	545	545	1	
2581 井冈山大学	**63**			**58**	**5**
03专业组(不限)	45	522	473	44	1
04专业组(化学)	8	509	472	5	3
05专业组(化学或生物)	10	542	510	9	1
2596 景德镇学院	**5**			**5**	
02专业组(不限)	5	499	495	5	
2601 山东大学	**133**			**132**	**1**
03专业组(不限)	107	629	609	106	1
04专业组(化学)	12	617	612	12	
05专业组(化学或生物)	6	624	617	6	
06专业组(化学和生物)	8	625	621	8	
2602 济南大学	**71**			**55**	**16**
03专业组(不限)	25	574	563	25	
04专业组(不限)	12	572	483	12	
05专业组(不限)	6	579	567	6	
06专业组(化学)	27	555	466	11	16
07专业组(思想政治)	1	565	565	1	
2603 北京交通大学(威海校区)	**12**			**12**	
02专业组(不限)(中外合作办学)	12	590	584	12	
2605 山东中医药大学	**18**			**17**	**1**
03专业组(不限)	10	559	542	10	
04专业组(化学)	3	532	497	2	1
05专业组(化学)(中外合作办学)	1	518	518	1	
06专业组(化学或生物)	4	554	552	4	
2606 山东财经大学	**44**			**44**	
02专业组(不限)	44	561	544	44	
2607 山东建筑大学	**33**			**33**	
02专业组(不限)	33	536	526	33	
2608 山东工艺美术学院	**19**			**19**	
02专业组(不限)	19	507	481	19	
2609 山东交通学院	**22**			**22**	
02专业组(不限)	20	523	511	20	
03专业组(不限)	2	525	521	2	
2610 齐鲁工业大学	**66**			**66**	
03专业组(不限)	51	561	528	51	
04专业组(化学)	10	538	508	10	
05专业组(化学或生物)	5	527	524	5	
2611 山东理工大学	**31**			**31**	
02专业组(不限)	17	553	533	17	
03专业组(化学)	10	534	525	10	
04专业组(化学或生物)	4	532	527	4	
2613 枣庄学院	**25**			**25**	
01专业组(不限)	5	525	519	5	
02专业组(化学)	5	482	478	5	
03专业组(化学或生物)	15	510	482	15	
2614 潍坊医学院	**27**			**27**	
01专业组(不限)	5	525	515	5	

院校、专业组名称	录取数	最高分	最低分	平行志愿	征求志愿
02专业组(化学)	7	527	513	7	
03专业组(化学或生物)	15	569	555	15	
2621 中国海洋大学	**94**			**94**	
02专业组(不限)	34	612	606	34	
03专业组(不限)	18	613	605	18	
04专业组(不限)	9	613	606	9	
05专业组(不限)	5	610	602	5	
06专业组(不限)(中外合作办学)	4	604	600	4	
07专业组(不限)(中外合作办学)	3	599	599	3	
08专业组(不限)(中外合作办学)	2	597	596	2	
09专业组(化学)	5	606	597	5	
10专业组(化学或生物)	12	607	604	12	
11专业组(化学或生物)(中外合作办学)	2	594	587	2	
2622 青岛理工大学	**53**			**52**	**1**
02专业组(不限)	47	553	535	46	1
03专业组(化学)	4	541	530	4	
04专业组(化学或生物)	2	533	532	2	
2623 青岛科技大学	**44**			**44**	
01专业组(不限)	14	553	546	14	
02专业组(化学)	24	547	526	24	
03专业组(化学或生物)	6	542	536	6	
2624 青岛大学	**19**			**18**	**1**
03专业组(不限)	10	571	565	10	
04专业组(化学)	8	572	488	7	1
05专业组(化学或生物)	1	564	564	1	
2631 山东农业大学	**64**			**64**	
02专业组(不限)	32	544	524	32	
03专业组(化学或生物)	32	534	523	32	
2633 山东科技大学	**49**			**49**	
02专业组(不限)	30	563	549	30	
03专业组(不限)(中外合作办学)	15	560	521	15	
04专业组(化学)	2	550	545	2	
05专业组(化学或地理)	2	559	557	2	
2635 潍坊学院	**40**			**39**	**1**
03专业组(不限)	29	526	474	28	1
04专业组(化学)	7	513	489	7	
05专业组(化学或生物)	4	514	510	4	
2641 中国石油大学(华东)	**96**			**96**	
01专业组(不限)	77	591	581	77	
02专业组(化学)	17	585	577	17	
03专业组(化学或地理)	2	585	584	2	
2642 聊城大学	**15**			**15**	
02专业组(不限)	15	527	518	15	
2643 青岛农业大学	**18**			**18**	
03专业组(不限)	14	529	517	14	
04专业组(化学或生物)	4	524	516	4	
2645 临沂大学	**49**			**49**	
02专业组(不限)	22	527	517	22	
03专业组(不限)(中外合作办学)	10	495	459	10	
04专业组(化学)	15	512	498	15	
05专业组(化学或生物)	2	516	508	2	
2650 滨州学院	**17**			**17**	
02专业组(不限)	17	496	482	17	
2651 烟台大学	**38**			**36**	**2**
03专业组(不限)	25	563	494	23	2
05专业组(化学)	5	523	519	5	
06专业组(化学或生物)	8	528	525	8	
2652 山东工商学院	**32**			**32**	
03专业组(不限)	32	515	497	32	
2653 鲁东大学	**43**			**43**	
02专业组(不限)	43	545	522	43	
2661 山东大学威海分校	**59**			**59**	
04专业组(不限)	53	617	610	53	
05专业组(不限)(中外合作办学)	6	612	608	6	
2662 哈尔滨工业大学(威海)	**90**			**90**	
01专业组(不限)	85	629	618	85	
02专业组(不限)(中外合作办学)	5	599	596	5	
2669 菏泽学院	**6**			**6**	
03专业组(不限)	2	512	510	2	
04专业组(化学)	3	510	507	3	
05专业组(化学或生物)	1	481	481	1	
2671 曲阜师范大学	**38**			**38**	
02专业组(不限)	31	559	527	31	
03专业组(化学)	3	566	556	3	
04专业组(化学或地理)	4	558	551	4	
2681 滨州医学院	**10**			**7**	**3**
01专业组(化学)	4	525	516	4	
02专业组(化学或生物)	6	530	474	3	3
2683 德州学院	**5**			**5**	
02专业组(不限)	5	494	487	5	
2691 山东第一医科大学	**20**			**19**	**1**
02专业组(不限)	5	547	523	5	
03专业组(化学)	15	579	516	14	1
2695 济宁医学院	**40**			**40**	
01专业组(不限)	9	541	526	9	
02专业组(化学)	6	548	513	6	
03专业组(化学或生物)	25	558	551	25	
2701 山东女子学院	**3**			**3**	
02专业组(不限)	3	493	486	3	
2702 济宁学院	**5**			**5**	
02专业组(不限)	5	494	487	5	
2706 泰山学院	**23**			**23**	
01专业组(不限)	11	511	495	11	
02专业组(化学)	9	489	476	9	
03专业组(化学或生物)	3	491	485	3	
2710 齐鲁师范学院	**5**			**5**	
02专业组(化学)	5	524	515	5	
2711 山东师范大学	**32**			**32**	

院校、专业组名称	录取数	最高分	最低分	平行志愿	征求志愿
04专业组(不限)	21	579	546	21	
05专业组(不限)(中外合作办学)	2	519	511	2	
06专业组(不限)(中外合作办学)	1	534	534	1	
07专业组(化学)	4	580	571	4	
08专业组(化学或生物)	3	575	572	3	
09专业组(化学或地理)	1	564	564	1	
2713 山东青年政治学院	**10**			**10**	
01专业组(不限)	10	506	494	10	
2755 山东石油化工学院	**26**			**25**	**1**
02专业组(不限)	26	497	475	25	1
3101 北京大学	**20**			**20**	
05专业组(不限)	20	697	674	20	
3102 中国人民大学	**29**			**29**	
05专业组(不限)	29	661	647	29	
3103 清华大学	**40**			**40**	
04专业组(不限)	34	692	674	34	
05专业组(化学)	6	681	674	6	
3104 北京师范大学	**23**			**23**	
03专业组(不限)	11	633	625	11	
04专业组(化学)	12	634	622	12	
3105 北京交通大学	**37**			**37**	
02专业组(不限)	28	617	610	28	
03专业组(不限)	9	620	615	9	
3106 北京航空航天大学	**87**			**87**	
02专业组(不限)	87	660	631	87	
3107 北京理工大学	**91**			**91**	
02专业组(不限)	79	642	628	79	
03专业组(不限)(中外合作办学)	8	614	607	8	
04专业组(不限)(中外合作办学)	4	615	612	4	
3108 北京科技大学	**81**			**81**	
02专业组(不限)	54	618	606	54	
03专业组(不限)	25	613	605	25	
04专业组(化学)	2	603	603	2	
3109 北京化工大学	**103**			**103**	
02专业组(不限)	49	599	587	49	
03专业组(化学)	54	604	583	54	
3110 中国农业大学	**78**			**78**	
03专业组(不限)	38	616	608	38	
04专业组(化学)	14	617	607	14	
05专业组(化学或生物)	26	621	608	26	
3111 中国地质大学(北京)	**59**			**59**	
01专业组(不限)	29	603	580	29	
02专业组(化学)	27	586	575	27	
03专业组(地理)	3	597	595	3	
3112 中国政法大学	**36**			**36**	
03专业组(不限)	36	640	608	36	
3113 北京邮电大学	**48**			**48**	
01专业组(不限)	48	630	621	48	
3114 北京林业大学	**93**			**93**	
02专业组(不限)	78	605	577	78	
03专业组(化学或生物)	13	591	578	13	
04专业组(化学或地理)	2	598	592	2	
3115 北京大学医学部	**17**			**17**	
02专业组(不限)	2	664	661	2	
03专业组(化学)	15	681	665	15	
3116 北京外国语大学	**17**			**17**	
06专业组(不限)	17	620	609	17	
3117 北京语言大学	**13**			**13**	
05专业组(不限)	13	587	573	13	
3118 中国石油大学(北京)	**65**			**65**	
03专业组(不限)	56	593	581	56	
04专业组(化学)	3	581	578	3	
05专业组(化学或生物)	6	581	580	6	
3119 对外经济贸易大学	**36**			**36**	
04专业组(不限)	22	627	616	22	
05专业组(不限)	14	623	615	14	
3120 中央财经大学	**52**			**52**	
02专业组(不限)	52	628	616	52	
3121 北京中医药大学	**27**			**27**	
03专业组(不限)	4	580	575	4	
04专业组(化学或生物)	23	622	582	23	
3122 中国矿业大学(北京)	**68**			**68**	
02专业组(不限)	68	608	579	68	
3123 中国传媒大学	**34**			**34**	
05专业组(不限)	25	618	602	25	
06专业组(不限)(中外合作办学)	5	592	567	5	
07专业组(不限)(中外合作办学)	4	607	598	4	
3127 北京体育大学	**16**			**16**	
03专业组(不限)	9	581	575	9	
04专业组(化学)	2	580	574	2	
05专业组(生物)	5	591	578	5	
3128 华北电力大学(北京)	**85**			**85**	
02专业组(不限)	64	628	604	64	
03专业组(不限)	15	606	587	15	
04专业组(化学)	6	601	598	6	
3129 中央民族大学	**55**			**55**	
02专业组(不限)	47	616	599	47	
03专业组(不限)(中外合作办学)	4	598	587	4	
04专业组(化学或生物)	4	605	602	4	
3130 北京协和医学院	**10**			**10**	
01专业组(不限)	10	583	573	10	
3132 北京第二外国语学院	**13**			**13**	
02专业组(不限)	13	574	564	13	
3133 首都师范大学	**12**			**12**	
02专业组(不限)	12	586	577	12	
3134 北京工业大学	**13**			**13**	
01专业组(不限)	13	611	604	13	
3135 首都医科大学	**19**			**19**	

院校、专业组名称	录取数	最高分	最低分	平行志愿	征求志愿
01专业组(化学)	16	633	614	16	
02专业组(化学)	3	580	576	3	
3136 北京物资学院	**4**			**4**	
02专业组(不限)	4	533	530	4	
3137 北京信息科技大学	**20**			**20**	
01专业组(不限)	20	575	570	20	
3138 北京服装学院	**2**			**2**	
01专业组(化学)	2	512	510	2	
3139 北京印刷学院	**2**			**2**	
02专业组(化学)	2	521	515	2	
3140 北京邮电大学(宏福校区)	**4**			**4**	
01专业组(不限)(中外合作办学)	4	621	609	4	
3141 北京石油化工学院	**24**			**24**	
01专业组(不限)	12	534	521	12	
02专业组(化学或生物)	12	523	515	12	
3142 北京工商大学	**45**			**45**	
02专业组(不限)	35	568	557	35	
03专业组(不限)(中外合作办学)	5	552	522	5	
04专业组(化学)	5	553	542	5	
3144 北京联合大学	**7**			**7**	
02专业组(不限)	7	548	536	7	
3145 北京建筑大学	**10**			**10**	
01专业组(不限)	10	594	567	10	
3148 北京电影学院	**4**			**4**	
02专业组(不限)	2	603	590	2	
03专业组(不限)	2	609	606	2	
3153 华北科技学院	**80**			**80**	
02专业组(不限)	65	536	501	65	
03专业组(化学)	15	494	450	15	
3154 首都经济贸易大学	**14**			**14**	
02专业组(不限)	14	595	574	14	
3156 中国科学院大学	**5**			**5**	
05专业组(不限)	4	660	656	4	
06专业组(化学)	1	662	662	1	
3169 中国劳动关系学院	**18**			**18**	
02专业组(不限)	18	548	520	18	
3201 南开大学	**63**			**63**	
03专业组(不限)	49	635	625	49	
04专业组(化学或生物)	14	630	624	14	
3202 天津大学	**106**			**106**	
01专业组(不限)	54	628	623	54	
02专业组(不限)	48	627	621	48	
03专业组(化学)	4	624	620	4	
3203 天津医科大学	**21**			**21**	
02专业组(化学)	2	585	582	2	
03专业组(化学或生物)	3	610	608	3	
04专业组(化学或生物)	2	593	591	2	
05专业组(化学和生物)	8	619	610	8	
06专业组(化学和生物)	6	593	585	6	

院校、专业组名称	录取数	最高分	最低分	平行志愿	征求志愿
3204 天津师范大学	**90**			**88**	**2**
05专业组(不限)	62	572	524	60	2
06专业组(化学)	9	572	552	9	
07专业组(化学或生物)	15	572	545	15	
08专业组(化学或地理)	4	546	544	4	
3205 中国民航大学	**139**			**139**	
04专业组(不限)	128	591	536	128	
05专业组(化学)	11	578	546	11	
3206 天津工业大学	**73**			**73**	
02专业组(不限)	46	582	573	46	
03专业组(化学)	27	571	555	27	
3207 天津商业大学	**31**			**31**	
03专业组(不限)	26	536	523	26	
04专业组(不限)(中外合作办学)	5	522	519	5	
3208 天津科技大学	**65**			**65**	
03专业组(不限)	22	555	550	22	
04专业组(不限)	10	547	537	10	
05专业组(不限)	8	549	536	8	
06专业组(不限)(中外合作办学)	3	548	545	3	
07专业组(化学)	6	536	524	6	
08专业组(化学或生物)	13	551	536	13	
09专业组(化学或生物)(中外合作办学)	3	516	513	3	
3209 天津财经大学	**33**			**33**	
02专业组(不限)	33	566	546	33	
3210 天津城建大学	**48**			**48**	
01专业组(不限)	34	536	520	34	
02专业组(不限)(中外合作办学)	8	511	498	8	
03专业组(化学)	5	513	506	5	
04专业组(化学或地理)	1	517	517	1	
3211 天津外国语大学	**24**			**24**	
04专业组(不限)	21	563	531	21	
05专业组(不限)	2	538	536	2	
06专业组(思想政治)	1	526	526	1	
3212 天津中医药大学	**48**			**48**	
04专业组(不限)	3	551	550	3	
05专业组(不限)	2	544	542	2	
06专业组(化学)	12	559	534	12	
07专业组(化学或生物)	13	577	556	13	
08专业组(化学或生物)	13	594	578	13	
09专业组(化学或生物)(中外合作办学)	2	556	542	2	
10专业组(化学和生物)	3	580	576	3	
3213 天津农学院	**73**			**72**	**1**
02专业组(不限)	26	518	495	26	
03专业组(化学或生物)	47	524	475	46	1
3214 天津理工大学	**76**			**74**	**2**
01专业组(不限)	68	562	511	67	1
02专业组(化学)	8	533	517	7	1
3217 天津体育学院	**10**			**10**	
02专业组(不限)	10	497	485	10	

院校、专业组名称	录取数	最高分	最低分	平行志愿	征求志愿
3218 天津职业技术师范大学	**25**			**25**	
02专业组(不限)	25	548	517	25	
3301 石家庄铁道大学	**34**			**34**	
02专业组(不限)	25	558	539	25	
03专业组(不限)	4	535	532	4	
04专业组(化学)	5	543	539	5	
3302 河北科技师范学院	**40**			**39**	**1**
03专业组(不限)	30	518	474	29	1
04专业组(不限)	10	525	479	10	
3303 河北建筑工程学院	**10**			**10**	
01专业组(不限)	10	519	490	10	
3304 河北科技大学	**40**			**40**	
01专业组(不限)	12	531	524	12	
02专业组(不限)(中外合作办学)	14	503	464	14	
03专业组(化学)	12	502	484	12	
04专业组(化学或生物)	2	529	521	2	
3305 河北地质大学	**45**			**45**	
02专业组(不限)	43	520	505	43	
03专业组(化学或地理)	2	541	541	2	
3307 河北工业大学	**41**			**40**	**1**
02专业组(不限)	33	590	576	32	1
03专业组(不限)(中外合作办学)	6	577	559	6	
04专业组(化学)	2	579	579	2	
3310 河北经贸大学	**49**			**49**	
03专业组(不限)	32	539	517	32	
04专业组(不限)	5	521	517	5	
05专业组(化学)	12	537	511	12	
3311 华北电力大学(保定)	**90**			**88**	**2**
02专业组(不限)	70	617	596	68	2
03专业组(不限)	14	595	576	14	
04专业组(化学)	6	594	576	6	
3312 河北大学	**47**			**47**	
03专业组(不限)	45	556	546	45	
04专业组(思想政治)	2	547	546	2	
3313 河北医科大学	**35**			**34**	**1**
01专业组(不限)	5	530	523	5	
02专业组(化学)	12	541	513	11	1
03专业组(化学或生物)	2	574	572	2	
04专业组(化学和生物)	16	599	591	16	
3314 河北师范大学	**25**			**25**	
04专业组(不限)	16	557	535	16	
05专业组(不限)	5	534	512	5	
06专业组(化学)	4	552	543	4	
3315 河北金融学院	**19**			**19**	
03专业组(不限)	9	510	499	9	
04专业组(不限)	6	499	495	6	
05专业组(不限)(中外合作办学)	2	510	498	2	
06专业组(化学)	2	498	484	2	
3318 防灾科技学院	**46**			**46**	

院校、专业组名称	录取数	最高分	最低分	平行志愿	征求志愿
02专业组(不限)	28	524	511	28	
03专业组(不限)	12	517	499	12	
04专业组(化学)	6	531	498	6	
3320 河北环境工程学院	**18**			**18**	
04专业组(不限)	9	489	481	9	
05专业组(化学)	9	486	473	9	
3321 燕山大学	**88**			**88**	
02专业组(不限)	48	574	552	48	
03专业组(不限)(中外合作办学)	20	542	510	20	
04专业组(不限)	6	551	547	6	
05专业组(化学)	6	552	547	6	
06专业组(化学或生物)	8	553	542	8	
3322 东北大学秦皇岛分校	**78**			**78**	
02专业组(不限)	68	607	593	68	
03专业组(不限)(中外合作办学)	10	600	591	10	
3326 河北水利电力学院	**5**			**5**	
01专业组(不限)	5	480	475	5	
3332 华北理工大学	**101**			**99**	**2**
05专业组(不限)	68	547	516	67	1
06专业组(不限)	6	532	520	5	1
07专业组(化学或生物)	27	574	544	27	
3333 衡水学院	**29**			**29**	
04专业组(不限)	21	484	479	21	
05专业组(不限)(中外合作办学)	4	474	444	4	
06专业组(化学或生物)	4	495	489	4	
3341 北华航天工业学院	**40**			**39**	**1**
02专业组(不限)	40	521	496	39	1
3348 河北中医学院	**10**			**10**	
01专业组(不限)	6	550	537	6	
02专业组(化学)	2	528	525	2	
03专业组(化学或生物)	2	551	543	2	
3349 河北北方学院	**10**			**10**	
01专业组(化学)	3	511	510	3	
02专业组(化学或生物)	7	551	546	7	
3350 张家口学院	**3**			**3**	
02专业组(不限)	3	513	490	3	
3351 河北工程大学	**81**			**81**	
01专业组(不限)	51	574	520	51	
02专业组(不限)	18	519	503	18	
03专业组(化学)	12	514	500	12	
3353 承德医学院	**2**			**2**	
01专业组(化学和生物)	2	564	564	2	
3362 邢台学院	**14**			**14**	
02专业组(不限)	14	490	480	14	
3365 沧州师范学院	**10**			**10**	
02专业组(不限)	10	509	492	10	
3378 河北石油职业技术大学	**7**			**7**	
03专业组(不限)	5	494	475	5	
04专业组(不限)	2	474	474	2	

院校、专业组名称	录取数	最高分	最低分	平行志愿	征求志愿
3379 河北科技工程职业技术大学	**6**			**6**	
04专业组(不限)	6	486	483	6	
3380 河北工业职业技术大学	**10**			**10**	
02专业组(不限)	10	480	475	10	
3401 山西大学	**20**			**20**	
05专业组(不限)	12	582	565	12	
06专业组(化学)	5	560	552	5	
07专业组(化学或生物)	3	575	556	3	
3402 中北大学	**59**			**59**	
02专业组(不限)	48	570	538	48	
03专业组(化学)	11	533	516	11	
3403 山西财经大学	**36**			**36**	
03专业组(不限)	33	555	533	33	
04专业组(不限)(中外合作办学)	3	533	522	3	
3404 太原科技大学	**69**			**69**	
02专业组(不限)	69	549	521	69	
3405 太原理工大学	**83**			**82**	**1**
02专业组(不限)	39	587	571	38	1
03专业组(化学)	40	589	578	40	
04专业组(化学或生物)	4	577	576	4	
3406 太原工业学院	**54**			**54**	
02专业组(不限)	30	506	483	30	
03专业组(化学)	20	485	473	20	
04专业组(化学或生物)	4	486	481	4	
3407 山西医科大学	**10**			**10**	
01专业组(化学和生物)	10	581	565	10	
3408 山西中医药大学	**18**			**17**	**1**
04专业组(不限)	5	533	517	4	1
05专业组(化学)	11	535	508	11	
06专业组(化学或生物)	2	545	542	2	
3410 山西农业大学	**64**			**64**	
05专业组(不限)	15	519	509	15	
06专业组(化学)	26	512	486	26	
07专业组(化学或生物)	1	505	505	1	
08专业组(化学和生物)	18	514	479	18	
09专业组(化学或地理)	2	513	509	2	
10专业组(生物或地理)	2	514	510	2	
3412 山西传媒学院	**7**			**7**	
02专业组(不限)	7	495	477	7	
3413 忻州师范学院	**65**			**65**	
01专业组(不限)	37	506	481	37	
02专业组(化学)	7	485	475	7	
03专业组(化学或生物)	2	479	476	2	
04专业组(化学或地理)	3	491	484	3	
05专业组(生物)	10	493	479	10	
06专业组(生物或地理)	1	509	509	1	
07专业组(思想政治或地理)	5	477	475	5	
3415 山西师范大学	**24**			**24**	
04专业组(不限)	14	525	512	14	
05专业组(化学或生物)	6	517	505	6	
06专业组(化学或地理)	3	525	515	3	
07专业组(思想政治)	1	545	545	1	
3416 太原师范学院	**27**			**27**	
04专业组(不限)	15	536	517	15	
05专业组(化学)	4	521	515	4	
06专业组(化学或生物)	4	531	522	4	
07专业组(化学或地理)	4	524	520	4	
3417 山西大同大学	**10**			**10**	
02专业组(化学和生物)	10	538	527	10	
3418 运城学院	**46**			**46**	
03专业组(不限)	43	494	479	43	
04专业组(化学)	3	475	475	3	
3429 山西工程科技职业大学	**9**			**9**	
01专业组(不限)	9	479	475	9	
3431 吕梁学院	**19**			**17**	**2**
03专业组(不限)	13	486	472	11	2
04专业组(化学或生物)	5	484	476	5	
05专业组(思想政治)	1	507	507	1	
3432 晋中学院	**23**			**22**	**1**
02专业组(不限)	23	482	475	22	1
3433 山西工程技术学院	**29**			**29**	
03专业组(不限)	29	485	480	29	
3439 山西工学院	**2**			**2**	
01专业组(不限)	2	485	481	2	
3501 内蒙古大学	**9**			**9**	
02专业组(不限)	4	579	574	4	
03专业组(化学)	3	567	563	3	
04专业组(化学或生物)	2	579	572	2	
3503 内蒙古农业大学	**10**			**10**	
01专业组(不限)	6	514	498	6	
02专业组(化学或生物)	4	497	492	4	
3504 内蒙古工业大学	**10**			**10**	
01专业组(不限)	4	503	496	4	
02专业组(化学)	4	484	472	4	
03专业组(化学或生物)	2	510	500	2	
3506 内蒙古民族大学	**6**			**6**	
03专业组(化学)	2	496	488	2	
04专业组(化学或生物)	4	489	475	4	
3507 内蒙古财经大学	**3**			**3**	
02专业组(不限)	3	505	500	3	
3511 内蒙古科技大学	**45**			**44**	**1**
03专业组(不限)	35	512	472	34	1
04专业组(化学)	10	486	464	10	
3516 内蒙古医科大学	**5**			**5**	
01专业组(化学和生物)	5	558	547	5	
4101 东北大学	**87**			**87**	
02专业组(不限)	85	615	605	85	
03专业组(化学)	2	608	605	2	

院校、专业组名称	录取数	最高分	最低分	平行志愿	征求志愿
4102 辽宁大学	**21**			**21**	
06专业组(不限)	6	584	579	6	
07专业组(不限)(中外合作办学)	4	567	559	4	
08专业组(不限)(中外合作办学)	1	581	581	1	
09专业组(不限)(中外合作办学)	1	561	561	1	
10专业组(不限)(中外合作办学)	2	555	549	2	
11专业组(化学或生物)	4	563	560	4	
12专业组(化学或生物)	3	577	575	3	
4103 中国医科大学	**31**			**31**	
01专业组(化学或生物)	24	608	587	24	
02专业组(化学或生物)(中外合作办学)	7	564	532	7	
4104 沈阳药科大学	**15**			**15**	
04专业组(不限)	1	556	556	1	
05专业组(化学)	11	568	547	11	
06专业组(化学或生物)(中外合作办学)	3	536	516	3	
4105 沈阳农业大学	**10**			**10**	
01专业组(不限)	6	521	513	6	
02专业组(化学或生物)	4	530	517	4	
4107 沈阳化工大学	**62**			**61**	**1**
01专业组(不限)	41	522	508	40	1
02专业组(化学)	6	508	495	6	
03专业组(化学或生物)	15	534	502	15	
4108 沈阳工业大学	**73**			**73**	
02专业组(不限)	57	555	524	57	
03专业组(不限)(中外合作办学)	8	518	509	8	
04专业组(化学或生物)	8	524	518	8	
4109 沈阳理工大学	**47**			**47**	
02专业组(不限)	32	541	525	32	
03专业组(不限)(中外合作办学)	8	495	474	8	
04专业组(化学)	4	522	511	4	
05专业组(化学)(中外合作办学)	2	469	468	2	
06专业组(化学或生物)	1	524	524	1	
4110 沈阳航空航天大学	**36**			**35**	**1**
01专业组(不限)	33	571	540	32	1
02专业组(化学)	3	575	573	3	
4111 沈阳建筑大学	**21**			**21**	
01专业组(不限)	18	551	523	18	
02专业组(生物或地理)	3	560	545	3	
4112 鞍山师范学院	**5**			**5**	
02专业组(不限)	5	474	471	5	
4113 沈阳医学院	**14**			**14**	
04专业组(不限)	2	516	513	2	
05专业组(化学)	2	511	507	2	
06专业组(化学或生物)	10	568	550	10	
4114 辽宁中医药大学	**30**			**30**	
04专业组(不限)	11	512	504	11	
05专业组(不限)	8	542	508	8	
06专业组(不限)	3	516	511	3	
07专业组(不限)	2	504	503	2	

院校、专业组名称	录取数	最高分	最低分	平行志愿	征求志愿
08专业组(不限)	1	514	514	1	
09专业组(化学)	4	498	438	4	
10专业组(化学或生物)	1	537	537	1	
4115 辽宁工业大学	**20**			**20**	
01专业组(不限)	15	527	516	15	
02专业组(不限)	1	512	512	1	
03专业组(化学)	4	507	495	4	
4116 沈阳体育学院	**8**			**8**	
01专业组(不限)	8	488	477	8	
4117 沈阳师范大学	**23**			**23**	
03专业组(不限)	8	528	493	8	
04专业组(不限)	7	532	520	7	
05专业组(不限)	4	522	519	4	
06专业组(不限)	2	497	487	2	
07专业组(化学或生物)	2	542	540	2	
4120 沈阳大学	**13**			**13**	
01专业组(不限)(中外合作办学)	8	503	497	8	
02专业组(化学)	5	517	490	5	
4122 沈阳工程学院	**10**			**10**	
01专业组(不限)	10	557	536	10	
4126 辽宁师范大学	**2**			**2**	
02专业组(不限)(中外合作办学)	2	512	510	2	
4131 大连理工大学	**146**			**146**	
02专业组(不限)	127	622	612	127	
03专业组(不限)(中外合作办学)	5	612	608	5	
04专业组(化学)	14	616	610	14	
4132 大连海事大学	**87**			**87**	
03专业组(不限)	73	601	579	73	
04专业组(不限)(中外合作办学)	14	572	558	14	
4133 东北财经大学	**18**			**18**	
04专业组(不限)	13	603	574	13	
05专业组(不限)(中外合作办学)	3	573	563	3	
06专业组(不限)(中外合作办学)	2	580	577	2	
4134 大连医科大学	**8**			**8**	
01专业组(化学)	8	604	599	8	
4135 大连外国语大学	**14**			**14**	
03专业组(不限)	13	558	509	13	
04专业组(思想政治)	1	560	560	1	
4136 大连大学	**32**			**31**	**1**
02专业组(不限)	28	543	503	27	1
03专业组(化学)	4	522	520	4	
4137 大连海洋大学	**25**			**25**	
01专业组(不限)	25	525	508	25	
4138 大连工业大学	**47**			**47**	
01专业组(不限)	6	522	517	6	
02专业组(不限)(中外合作办学)	5	516	510	5	
03专业组(不限)	3	526	524	3	
04专业组(化学)	9	522	499	9	
05专业组(化学)	8	518	508	8	

院校、专业组名称	录取数	最高分	最低分	平行志愿	征求志愿
06专业组(化学)	7	513	503	7	
07专业组(化学)	7	536	501	7	
08专业组(化学或生物)	2	521	520	2	
4139 大连交通大学	**61**			**59**	**2**
02专业组(不限)	56	554	517	54	2
03专业组(化学)	5	539	526	5	
4140 大连民族大学	**14**			**14**	
02专业组(不限)	14	527	511	14	
4141 锦州医科大学	**15**			**15**	
01专业组(化学)	3	519	512	3	
02专业组(化学或生物)	8	561	553	8	
03专业组(生物)(中外合作办学)	4	476	445	4	
4152 渤海大学	**8**			**8**	
02专业组(不限)	6	522	515	6	
03专业组(不限)	2	521	513	2	
4161 辽宁工程技术大学	**16**			**16**	
02专业组(不限)	16	536	521	16	
4162 大连理工大学(盘锦校区)	**7**			**7**	
02专业组(不限)	5	605	603	5	
03专业组(化学)(中外合作办学)	2	592	587	2	
4171 辽宁科技大学	**20**			**20**	
01专业组(不限)	17	532	519	17	
02专业组(不限)(中外合作办学)	3	486	478	3	
4181 辽宁石油化工大学	**15**			**15**	
01专业组(不限)	9	511	503	9	
02专业组(化学)	5	513	496	5	
03专业组(化学或生物)	1	514	514	1	
4192 辽宁科技学院	**10**			**10**	
01专业组(不限)	8	521	483	8	
02专业组(化学或生物)	2	482	480	2	
4201 吉林大学	**213**			**212**	**1**
06专业组(不限)	59	621	606	58	1
07专业组(化学)	117	626	608	117	
08专业组(化学)(中外合作办学)	4	596	587	4	
09专业组(化学或生物)	25	616	603	25	
10专业组(化学和生物)	5	605	602	5	
11专业组(思想政治)	3	609	600	3	
4202 东北师范大学	**11**			**11**	
03专业组(不限)(中外合作办学)	3	569	560	3	
04专业组(不限)(中外合作办学)	3	571	565	3	
05专业组(化学)(中外合作办学)	2	571	570	2	
06专业组(化学或生物)	3	582	580	3	
4203 吉林农业大学	**62**			**62**	
02专业组(不限)	17	512	499	17	
03专业组(化学)	10	518	493	10	
04专业组(化学或生物)	20	534	503	20	
05专业组(化学或生物)(中外合作办学)	8	496	466	8	
06专业组(化学或生物)(中外合作办学)	5	497	469	5	
07专业组(化学和生物)	2	521	493	2	

院校、专业组名称	录取数	最高分	最低分	平行志愿	征求志愿
4204 长春大学	**36**			**36**	
03专业组(不限)	20	519	508	20	
04专业组(不限)(中外合作办学)	9	496	483	9	
05专业组(不限)(中外合作办学)	5	487	479	5	
06专业组(化学或生物)(中外合作办学)	2	465	460	2	
4205 长春工业大学	**41**			**41**	
01专业组(不限)	9	526	520	9	
02专业组(不限)	9	523	509	9	
03专业组(不限)	8	507	490	8	
04专业组(不限)	4	530	526	4	
05专业组(化学)	3	500	494	3	
06专业组(化学)	1	501	501	1	
07专业组(化学或生物)	4	514	503	4	
08专业组(化学或生物)	2	524	519	2	
09专业组(化学或生物)	1	516	516	1	
4206 吉林财经大学	**26**			**26**	
03专业组(不限)	22	554	520	22	
04专业组(不限)(中外合作办学)	4	530	514	4	
4207 长春师范大学	**25**			**24**	**1**
04专业组(不限)	17	528	513	16	1
05专业组(化学)	4	543	522	4	
06专业组(化学或生物)	4	533	529	4	
4208 长春理工大学	**77**			**76**	**1**
01专业组(不限)	52	572	541	51	1
02专业组(不限)	13	526	497	13	
03专业组(不限)(中外合作办学)	6	525	510	6	
04专业组(化学)	4	525	519	4	
05专业组(化学或生物)	2	526	525	2	
4209 长春工程学院	**63**			**63**	
02专业组(不限)	63	531	481	63	
4210 吉林建筑大学	**76**			**75**	**1**
03专业组(不限)	18	517	499	18	
04专业组(不限)	8	516	478	7	1
05专业组(不限)(中外合作办学)	2	504	500	2	
06专业组(化学)	39	515	479	39	
07专业组(化学)(中外合作办学)	2	482	479	2	
08专业组(化学或地理)	7	506	495	7	
4212 吉林工程技术师范学院	**45**			**45**	
02专业组(不限)	25	508	479	25	
03专业组(不限)(中外合作办学)	10	467	456	10	
04专业组(不限)(中外合作办学)	10	470	458	10	
4214 长春中医药大学	**15**			**15**	
01专业组(化学或生物)	15	553	517	15	
4215 吉林师范大学	**6**			**6**	
05专业组(不限)	5	510	503	5	
06专业组(化学)	1	504	504	1	
4220 吉林警察学院	**17**			**17**	
03专业组(不限)	17	511	485	17	
4225 吉林农业科技学院	**11**			**11**	

院校、专业组名称	录取数	最高分	最低分	平行志愿	征求志愿
02专业组(不限)	5	507	489	5	
03专业组(不限)	4	486	481	4	
04专业组(不限)	2	480	478	2	
4228 吉林医药学院	**53**			**51**	**2**
02专业组(不限)	12	511	473	10	2
03专业组(化学)	13	532	500	13	
04专业组(化学或生物)	22	543	525	22	
05专业组(化学或生物)(中外合作办学)	2	486	478	2	
06专业组(化学和生物)	4	530	506	4	
4231 东北电力大学	**93**			**92**	**1**
02专业组(不限)	71	586	529	70	1
03专业组(不限)(中外合作办学)	11	566	522	11	
04专业组(不限)	4	524	506	4	
05专业组(化学)	7	526	521	7	
4232 北华大学	**44**			**42**	**2**
03专业组(不限)	31	524	480	30	1
04专业组(化学)	6	498	474	5	1
05专业组(化学或生物)	7	557	543	7	
4233 通化师范学院	**16**			**15**	**1**
02专业组(不限)	5	482	477	4	1
03专业组(不限)(中外合作办学)	4	459	437	4	
04专业组(不限)	3	492	488	3	
05专业组(化学)	2	511	508	2	
06专业组(化学或地理)	2	511	505	2	
4235 吉林化工学院	**37**			**36**	**1**
03专业组(不限)	20	501	479	20	
04专业组(化学)	12	485	472	12	
05专业组(化学或生物)	5	487	476	4	1
4237 吉林工商学院	**30**			**30**	
02专业组(不限)	18	502	477	18	
03专业组(不限)	12	484	477	12	
4241 白城师范学院	**32**			**32**	
05专业组(不限)	17	481	472	17	
06专业组(化学或生物)	11	489	473	11	
07专业组(化学或地理)	4	511	501	4	
4301 哈尔滨工业大学	**95**			**95**	
01专业组(不限)	83	649	624	83	
02专业组(不限)(中外合作办学)	10	617	598	10	
03专业组(不限)(中外合作办学)	2	614	613	2	
4302 哈尔滨工程大学	**73**			**73**	
02专业组(不限)	62	612	598	62	
03专业组(不限)(中外合作办学)	11	585	580	11	
4303 东北林业大学	**23**			**23**	
02专业组(不限)	11	580	573	11	
03专业组(不限)(中外合作办学)	5	567	555	5	
04专业组(化学或生物)	7	575	572	7	
4304 东北农业大学	**19**			**19**	
02专业组(不限)	9	581	572	9	
03专业组(化学)	6	573	570	6	
04专业组(化学或生物)	4	575	572	4	
4305 黑龙江中医药大学	**40**			**40**	
01专业组(不限)	20	574	532	20	
02专业组(化学或生物)	20	552	518	20	
4306 黑龙江工程学院	**27**			**27**	
03专业组(不限)	24	499	481	24	
04专业组(化学)	2	480	474	2	
05专业组(化学或地理)	1	493	493	1	
4307 哈尔滨商业大学	**62**			**62**	
02专业组(不限)	50	527	480	50	
03专业组(化学)	6	497	475	6	
04专业组(化学或生物)	6	513	487	6	
4308 哈尔滨理工大学	**101**			**101**	
01专业组(不限)	82	565	529	82	
02专业组(化学)	13	545	526	13	
03专业组(化学或生物)	6	538	525	6	
4309 哈尔滨医科大学	**44**			**44**	
03专业组(不限)	2	545	537	2	
04专业组(化学)	7	523	516	7	
05专业组(化学和生物)	18	609	595	18	
06专业组(化学和生物)	14	573	536	14	
07专业组(化学和生物)	3	549	544	3	
4310 黑龙江科技大学	**43**			**41**	**2**
03专业组(不限)	39	525	478	37	2
04专业组(化学)	4	488	476	4	
4311 黑龙江大学	**29**			**29**	
06专业组(不限)	21	545	530	21	
07专业组(化学)	8	530	516	8	
4312 哈尔滨师范大学	**38**			**37**	**1**
02专业组(不限)	7	533	480	6	1
03专业组(化学或生物)	5	543	536	5	
04专业组(化学或地理)	26	533	506	26	
4314 牡丹江师范学院	**18**			**18**	
03专业组(不限)	8	485	477	8	
04专业组(化学)	2	478	471	2	
05专业组(化学或生物)	8	495	477	8	
4315 哈尔滨金融学院	**11**			**10**	**1**
02专业组(不限)	11	504	479	10	1
4321 东北石油大学	**19**			**19**	
01专业组(不限)	15	529	520	15	
02专业组(化学)	2	518	515	2	
03专业组(化学或生物)	2	518	516	2	
4323 哈尔滨学院	**17**			**17**	
03专业组(不限)	11	490	480	11	
04专业组(不限)	4	485	481	4	
05专业组(化学)	2	495	482	2	
4324 大庆师范学院	**23**			**23**	
01专业组(不限)	8	479	470	8	
02专业组(化学)	10	488	470	10	

院校、专业组名称	录取数	最高分	最低分	平行志愿	征求志愿
03专业组(化学或生物)	5	479	459	5	
4331 齐齐哈尔医学院	**20**			**20**	
01专业组(化学或生物)	20	554	539	20	
4332 齐齐哈尔大学	**42**			**42**	
03专业组(不限)	30	516	493	30	
04专业组(化学)	10	504	477	10	
05专业组(化学或地理)	2	523	520	2	
4341 黑龙江工业学院	**20**			**19**	**1**
01专业组(不限)	20	491	476	19	1
4351 佳木斯大学	**40**			**39**	**1**
01专业组(化学)	20	518	480	19	1
02专业组(化学或生物)	10	535	509	10	
03专业组(化学和生物)	10	557	537	10	
4352 黑龙江八一农垦大学	**30**			**30**	
01专业组(不限)	14	518	491	14	
02专业组(不限)	5	484	467	5	
03专业组(化学)	2	483	480	2	
04专业组(化学或生物)	5	494	486	5	
05专业组(化学或生物)	4	500	485	4	
4371 延边大学	**18**			**18**	
02专业组(不限)	6	572	569	6	
03专业组(不限)	3	566	564	3	
04专业组(化学)	4	568	561	4	
05专业组(化学或生物)	5	581	578	5	
4381 牡丹江医学院	**40**			**40**	
01专业组(化学)	16	496	476	16	
02专业组(化学或生物)	2	523	518	2	
03专业组(化学和生物)	22	543	526	22	
5101 郑州大学	**61**			**61**	
02专业组(不限)	36	601	584	36	
03专业组(化学)	19	597	568	19	
04专业组(化学或生物)	6	588	580	6	
5102 华北水利水电大学	**70**			**70**	
01专业组(不限)	51	551	527	51	
02专业组(化学)	19	550	526	19	
5103 中原工学院	**63**			**63**	
02专业组(不限)	35	501	483	35	
03专业组(不限)(中外合作办学)	23	491	475	23	
04专业组(化学)	5	483	473	5	
5104 河南工业大学	**95**			**95**	
03专业组(不限)	27	540	527	27	
04专业组(不限)	10	533	523	10	
05专业组(不限)(中外合作办学)	8	515	501	8	
06专业组(化学)	40	521	497	40	
07专业组(化学)(中外合作办学)	2	479	475	2	
08专业组(化学和生物)	6	520	511	6	
09专业组(化学和生物)(中外合作办学)	2	483	471	2	
5105 郑州航空工业管理学院	**89**			**89**	
02专业组(不限)	67	528	487	67	
03专业组(化学)	16	512	487	16	
04专业组(化学)(中外合作办学)	6	482	464	6	
5106 郑州轻工业大学	**73**			**72**	**1**
02专业组(不限)	47	537	524	46	1
03专业组(不限)(中外合作办学)	15	510	499	15	
04专业组(化学)	7	518	500	7	
05专业组(化学或生物)	4	542	524	4	
5110 河南科技学院	**12**			**12**	
02专业组(不限)	8	487	480	8	
03专业组(化学)	4	475	470	4	
5114 河南中医药大学	**6**			**6**	
02专业组(不限)	2	521	520	2	
03专业组(化学或生物)	4	551	542	4	
5117 河南农业大学	**30**			**30**	
02专业组(不限)	12	533	525	12	
03专业组(化学)	5	524	512	5	
04专业组(化学或生物)(中外合作办学)	5	498	483	5	
05专业组(化学或生物)	8	545	531	8	
5118 信阳师范学院	**15**			**12**	**3**
03专业组(不限)	5	496	487	5	
04专业组(化学)(中外合作办学)	10	471	429	7	3
5119 河南财经政法大学	**23**			**23**	
04专业组(不限)	14	546	531	14	
05专业组(不限)(中外合作办学)	4	530	524	4	
06专业组(化学或地理)(中外合作办学)	5	509	500	5	
5122 河南工程学院	**44**			**44**	
02专业组(不限)	13	504	489	13	
03专业组(不限)	6	503	487	6	
04专业组(化学)	23	490	473	23	
05专业组(地理)	2	494	493	2	
5125 周口师范学院	**28**			**27**	**1**
04专业组(不限)	22	499	480	22	
05专业组(化学)	4	496	485	3	1
06专业组(化学或生物)	2	520	517	2	
5131 洛阳理工学院	**74**			**74**	
02专业组(不限)	62	507	485	62	
03专业组(化学)	12	500	479	12	
5132 河南科技大学	**67**			**67**	
02专业组(不限)	40	550	530	40	
03专业组(化学)	23	529	519	23	
04专业组(化学或地理)	4	526	525	4	
5133 洛阳师范学院	**12**			**12**	
02专业组(不限)	8	530	522	8	
03专业组(化学)	4	523	515	4	
5134 平顶山学院	**15**			**15**	
02专业组(不限)	15	494	483	15	
5141 河南大学	**34**			**34**	
05专业组(不限)	18	571	565	18	
06专业组(化学)	9	573	564	9	

院校、专业组名称	录取数	最高分	最低分	平行志愿	征求志愿
07专业组(化学或生物)	4	572	567	4	
08专业组(化学或地理)	3	582	570	3	
5151 河南理工大学	**50**			**48**	**2**
02专业组(不限)	27	550	527	25	2
03专业组(化学)	13	520	510	13	
04专业组(地理)	10	527	523	10	
5153 河南师范大学	**12**			**12**	
05专业组(不限)	4	555	539	4	
06专业组(化学)	2	564	559	2	
07专业组(化学或生物)	6	529	514	6	
5161 安阳工学院	**12**			**12**	
03专业组(不限)	2	493	493	2	
04专业组(化学)(中外合作办学)	3	460	458	3	
05专业组(化学)(中外合作办学)	3	461	446	3	
06专业组(化学)	2	484	474	2	
07专业组(化学)	2	486	472	2	
5162 安阳师范学院	**22**			**22**	
02专业组(不限)	17	505	492	17	
03专业组(化学)	2	506	505	2	
04专业组(化学或生物)	3	491	484	3	
5171 河南工学院	**10**			**10**	
01专业组(不限)	10	493	482	10	
5172 郑州工程技术学院	**17**			**17**	
03专业组(不限)	12	516	485	12	
04专业组(化学)	2	488	480	2	
05专业组(化学和生物)	2	476	475	2	
06专业组(化学或地理)	1	478	478	1	
5173 新乡学院	**39**			**38**	**1**
03专业组(不限)	19	486	473	18	1
04专业组(化学)	12	484	473	12	
05专业组(化学或生物)	8	487	480	8	
5174 许昌学院	**26**			**26**	
02专业组(不限)	21	506	481	21	
03专业组(化学或地理)	5	518	511	5	
5181 南阳师范学院	**53**			**53**	
04专业组(不限)	20	504	475	20	
05专业组(不限)	13	515	487	13	
06专业组(化学)	5	477	476	5	
07专业组(化学或生物)	11	490	479	11	
08专业组(化学或地理)	4	504	499	4	
5182 南阳理工学院	**69**			**69**	
03专业组(不限)	43	499	483	43	
04专业组(不限)(中外合作办学)	2	493	480	2	
05专业组(不限)	2	513	504	2	
06专业组(化学)	14	493	477	14	
07专业组(化学和生物)	4	480	475	4	
08专业组(化学或地理)	4	483	480	4	
5191 黄淮学院	**90**			**90**	
02专业组(不限)	75	502	478	75	
03专业组(不限)(中外合作办学)	15	485	470	15	
5192 新乡医学院	**21**			**21**	
01专业组(化学或生物)	21	572	558	21	
5193 河南城建学院	**35**			**35**	
02专业组(不限)	28	491	478	28	
03专业组(化学或地理)	7	485	478	7	
5198 商丘师范学院	**33**			**33**	
03专业组(不限)	25	522	482	25	
04专业组(化学)	4	499	474	4	
05专业组(化学或生物)	2	530	524	2	
06专业组(生物)	2	482	482	2	
5201 武汉大学	**151**			**151**	
03专业组(不限)	115	639	627	115	
04专业组(不限)(中外合作办学)	4	614	611	4	
05专业组(化学)	28	640	626	28	
06专业组(化学或生物)	4	626	624	4	
5202 华中科技大学	**201**			**201**	
02专业组(不限)	179	640	628	179	
03专业组(化学或生物)	22	648	635	22	
5203 华中师范大学	**51**			**51**	
03专业组(不限)	37	602	589	37	
04专业组(化学)	5	609	597	5	
05专业组(化学或生物)	7	602	595	7	
06专业组(地理)	2	601	600	2	
5204 华中农业大学	**79**			**79**	
02专业组(不限)	29	597	578	29	
03专业组(化学)	5	588	580	5	
04专业组(化学或生物)	42	607	577	42	
05专业组(化学或地理)	3	585	582	3	
5205 中国地质大学(武汉)	**84**			**84**	
03专业组(不限)	74	597	581	74	
04专业组(化学)	9	593	575	9	
05专业组(化学)(中外合作办学)	1	550	550	1	
5206 中南财经政法大学	**90**			**90**	
06专业组(不限)	84	614	594	84	
07专业组(不限)	6	615	610	6	
5207 武汉理工大学	**279**			**279**	
03专业组(不限)	8	615	608	8	
04专业组(不限)	224	610	595	224	
05专业组(化学)	43	602	589	43	
06专业组(化学或生物)(中外合作办学)	4	576	574	4	
5208 中南民族大学	**54**			**53**	**1**
03专业组(不限)	49	555	534	48	1
04专业组(化学或生物)	5	536	532	5	
5209 湖北大学	**14**			**14**	
02专业组(不限)	14	564	551	14	
5211 湖北中医药大学	**41**			**41**	
03专业组(不限)	5	544	527	5	
04专业组(化学)	8	545	532	8	

院校、专业组名称	录取数	最高分	最低分	平行志愿	征求志愿
05专业组(化学或生物)	28	572	531	28	
5212 武汉纺织大学	**67**			**67**	
02专业组(不限)	48	532	521	48	
03专业组(化学)	19	523	493	19	
5213 武汉体育学院	**14**			**14**	
02专业组(不限)	10	498	489	10	
03专业组(化学)	2	500	491	2	
04专业组(生物)	2	502	497	2	
5215 武汉工程大学	**23**			**23**	
02专业组(不限)	10	563	558	10	
03专业组(化学或生物)	8	550	544	8	
04专业组(化学或生物)(中外合作办学)	5	532	513	5	
5216 武汉轻工大学	**29**			**29**	
02专业组(不限)	18	538	532	18	
03专业组(化学)	2	521	520	2	
04专业组(化学或生物)	9	531	525	9	
5217 武汉科技大学	**39**			**39**	
01专业组(不限)	29	578	568	29	
02专业组(化学)	10	572	556	10	
5218 江汉大学	**13**			**13**	
01专业组(不限)	13	542	534	13	
5219 湖北工业大学	**24**			**24**	
01专业组(不限)	12	557	546	12	
02专业组(不限)	12	568	553	12	
5220 湖北第二师范学院	**10**			**10**	
03专业组(不限)	6	499	489	6	
04专业组(不限)(中外合作办学)	2	511	509	2	
05专业组(不限)(中外合作办学)	2	484	483	2	
5221 湖北经济学院	**20**			**20**	
02专业组(不限)	20	528	515	20	
5225 汉江师范学院	**3**			**3**	
02专业组(不限)	3	525	523	3	
5243 长江大学	**31**			**31**	
02专业组(不限)	28	536	525	28	
03专业组(化学)	1	524	524	1	
04专业组(化学或生物)	2	534	523	2	
5251 三峡大学	**52**			**52**	
02专业组(不限)	36	580	556	36	
03专业组(不限)(中外合作办学)	4	569	558	4	
04专业组(化学)	8	548	522	8	
05专业组(化学或生物)	4	549	539	4	
5255 湖北汽车工业学院	**15**			**15**	
01专业组(不限)	10	513	490	10	
02专业组(不限)(中外合作办学)	5	493	467	5	
5256 湖北医药学院	**15**			**15**	
01专业组(化学或生物)	15	559	545	15	
5261 湖北师范大学	**23**			**23**	
03专业组(不限)	5	517	513	5	
04专业组(不限)(中外合作办学)	8	505	491	8	

院校、专业组名称	录取数	最高分	最低分	平行志愿	征求志愿
05专业组(化学)	6	514	505	6	
06专业组(化学或生物)	2	524	521	2	
07专业组(化学或地理)	2	535	534	2	
5265 湖北理工学院	**29**			**29**	
02专业组(不限)	27	503	485	27	
03专业组(化学)	2	478	448	2	
5271 湖北警官学院	**22**			**22**	
02专业组(不限)	22	520	503	22	
5285 荆楚理工学院	**8**			**8**	
02专业组(不限)(中外合作办学)	5	482	455	5	
03专业组(不限)	3	505	488	3	
5287 湖北科技学院	**21**			**21**	
02专业组(不限)	6	521	519	6	
03专业组(化学或生物)	15	532	522	15	
5290 湖北文理学院	**17**			**17**	
02专业组(不限)	17	516	495	17	
5295 湖北工程学院	**19**			**19**	
02专业组(不限)	13	506	499	13	
03专业组(化学)	3	475	473	3	
04专业组(化学或生物)	3	502	495	3	
5301 湖南大学	**134**			**134**	
04专业组(不限)	106	622	610	106	
06专业组(化学)	22	610	604	22	
07专业组(化学或生物)	6	611	609	6	
5302 中南大学	**151**			**151**	
02专业组(不限)	74	623	615	74	
03专业组(不限)(中外合作办学)	16	609	600	16	
04专业组(化学)	40	624	610	40	
05专业组(化学和生物)	18	631	618	18	
06专业组(化学和生物)	3	640	636	3	
5303 湖南师范大学	**71**			**70**	**1**
04专业组(不限)	47	596	578	47	
05专业组(化学)	14	595	554	13	1
06专业组(化学或生物)	8	583	577	8	
07专业组(化学或地理)	2	593	591	2	
5304 湖南中医药大学	**60**			**60**	
01专业组(不限)	40	577	519	40	
02专业组(化学)	2	538	533	2	
03专业组(化学或生物)	18	575	550	18	
5305 湖南农业大学	**58**			**58**	
03专业组(不限)	41	545	520	41	
04专业组(化学)	4	528	519	4	
05专业组(化学或生物)	13	546	520	13	
5306 湖南工商大学	**54**			**54**	
03专业组(不限)	50	548	515	50	
04专业组(化学或地理)	4	523	518	4	
5307 长沙理工大学	**36**			**36**	
03专业组(不限)	16	573	561	16	
04专业组(不限)	6	577	569	6	

院校、专业组名称	录取数	最高分	最低分	平行志愿	征求志愿
05专业组(不限)	4	585	578	4	
06专业组(不限)(中外合作办学)	3	544	542	3	
07专业组(不限)(中外合作办学)	3	562	561	3	
08专业组(不限)	2	566	556	2	
09专业组(不限)	2	560	553	2	
5308 长沙学院	**51**			**50**	**1**
02专业组(不限)	25	511	502	25	
03专业组(不限)	16	509	493	16	
04专业组(化学)	4	492	482	4	
05专业组(化学或生物)	6	502	474	5	1
5310 湖南人文科技学院	**58**			**58**	
03专业组(不限)	26	484	477	26	
04专业组(不限)(中外合作办学)	4	501	482	4	
05专业组(化学)	14	489	473	14	
06专业组(化学或生物)	14	483	475	14	
5320 湖南财政经济学院	**16**			**16**	
02专业组(不限)	16	526	512	16	
5321 湖南科技大学	**84**			**84**	
03专业组(不限)	76	552	527	76	
04专业组(化学或生物)	4	527	524	4	
05专业组(化学或地理)	3	533	529	3	
06专业组(思想政治)	1	542	542	1	
5322 湖南工程学院	**32**			**32**	
02专业组(不限)	27	505	489	27	
03专业组(化学)	5	490	476	5	
5323 湘潭大学	**38**			**38**	
02专业组(不限)	38	586	567	38	
5327 湖南工学院	**59**			**59**	
04专业组(不限)	32	501	484	32	
05专业组(化学)	25	517	480	25	
06专业组(化学或生物)	2	488	484	2	
5331 中南林业科技大学	**60**			**60**	
02专业组(不限)	41	537	519	41	
03专业组(化学或生物)	19	534	517	19	
5332 湖南工业大学	**153**			**153**	
02专业组(不限)	88	546	522	88	
03专业组(不限)	26	536	515	26	
04专业组(不限)	18	526	504	18	
05专业组(化学)	19	518	492	19	
06专业组(化学或生物)	2	526	523	2	
5341 南华大学	**95**			**95**	
02专业组(不限)	84	553	523	84	
03专业组(不限)	4	526	524	4	
04专业组(化学或生物)	7	541	527	7	
5342 衡阳师范学院	**24**			**24**	
03专业组(不限)	16	501	492	16	
04专业组(化学)	3	495	484	3	
05专业组(化学或地理)	5	507	502	5	
5343 湖南文理学院	**47**			**47**	

院校、专业组名称	录取数	最高分	最低分	平行志愿	征求志愿
04专业组(不限)	38	501	485	38	
05专业组(化学或生物)	9	503	482	9	
5348 湖南医药学院	**5**			**5**	
01专业组(化学)	2	532	516	2	
02专业组(化学或生物)	3	547	528	3	
5349 湖南第一师范学院	**20**			**20**	
03专业组(不限)	20	546	519	20	
5351 湖南理工学院	**66**			**66**	
02专业组(不限)	64	524	503	64	
03专业组(化学)(中外合作办学)	2	464	463	2	
5355 湖南城市学院	**51**			**51**	
04专业组(不限)	35	505	484	35	
05专业组(化学)	8	493	481	8	
06专业组(思想政治)	2	485	478	2	
07专业组(地理)	6	505	481	6	
5361 吉首大学	**11**			**11**	
02专业组(不限)	6	535	517	6	
03专业组(化学)	2	515	512	2	
04专业组(化学或生物)	3	517	509	3	
5371 邵阳学院	**47**			**47**	
03专业组(不限)	31	500	482	31	
04专业组(不限)(中外合作办学)	4	469	463	4	
05专业组(化学)	3	503	501	3	
06专业组(化学或生物)	7	489	478	7	
07专业组(化学和生物)	2	540	538	2	
5380 长沙师范学院	**12**			**12**	
02专业组(不限)	10	499	489	10	
03专业组(化学)	2	480	480	2	
5381 湘南学院	**76**			**69**	**7**
03专业组(不限)	52	520	475	46	6
04专业组(化学)	19	528	471	18	1
05专业组(化学或生物)	5	483	480	5	
5385 怀化学院	**31**			**31**	
04专业组(不限)	17	492	482	17	
05专业组(不限)	3	501	500	3	
06专业组(不限)	3	519	514	3	
07专业组(化学)	2	512	508	2	
08专业组(化学或生物)	6	497	483	6	
5391 湖南科技学院	**44**			**44**	
03专业组(不限)	31	512	488	31	
04专业组(化学)	10	492	473	10	
05专业组(化学或生物)	3	516	513	3	
5401 中山大学	**67**			**67**	
04专业组(不限)	32	636	623	32	
05专业组(化学)	35	654	622	35	
5402 华南理工大学	**50**			**50**	
05专业组(不限)	33	625	621	33	
06专业组(化学)	13	620	614	13	
07专业组(化学或生物)	4	620	619	4	

院校、专业组名称	录取数	最高分	最低分	平行志愿	征求志愿
5403 华南农业大学	**16**			**16**	
01专业组(不限)	16	574	568	16	
5404 广东外语外贸大学	**21**			**21**	
03专业组(不限)	21	571	549	21	
5405 广东医科大学	**23**			**23**	
01专业组(化学)	6	553	539	6	
02专业组(化学或生物)	17	587	574	17	
5406 广东药科大学	**8**			**8**	
01专业组(化学或生物)	8	567	558	8	
5407 暨南大学	**49**			**49**	
05专业组(不限)	23	607	597	23	
06专业组(不限)	19	610	582	19	
07专业组(不限)	2	604	598	2	
08专业组(化学)	3	581	577	3	
09专业组(化学或生物)	2	603	603	2	
5408 广州美术学院	**3**			**3**	
02专业组(不限)	3	572	562	3	
5411 广州航海学院	**10**			**10**	
01专业组(化学)	10	507	477	10	
5412 广东金融学院	**3**			**3**	
02专业组(不限)	3	546	533	3	
5413 华南师范大学	**11**			**11**	
02专业组(不限)	9	596	589	9	
03专业组(化学)	2	600	598	2	
5414 广东财经大学	**2**			**2**	
02专业组(不限)	2	559	553	2	
5418 哈尔滨工业大学(深圳)	**42**			**42**	
02专业组(不限)	42	643	631	42	
5419 广州大学	**40**			**40**	
01专业组(不限)	40	576	546	40	
5420 广州中医药大学	**9**			**9**	
02专业组(化学)	5	570	565	5	
03专业组(化学或生物)	3	578	576	3	
04专业组(化学或生物)	1	594	594	1	
5421 汕头大学	**29**			**28**	**1**
02专业组(不限)	18	561	545	17	1
03专业组(化学或生物)	11	598	572	11	
5422 南方医科大学	**23**			**23**	
02专业组(化学或生物)	23	627	592	23	
5427 东莞理工学院	**6**			**6**	
01专业组(不限)(中外合作办学)	6	524	509	6	
5431 广东海洋大学	**53**			**53**	
03专业组(不限)	12	526	516	12	
04专业组(不限)	5	528	520	5	
05专业组(不限)	3	529	524	3	
06专业组(不限)	8	539	522	8	
07专业组(化学)	4	515	508	4	
08专业组(化学)	2	516	514	2	
09专业组(化学或生物)	11	523	515	11	

院校、专业组名称	录取数	最高分	最低分	平行志愿	征求志愿
10专业组(化学或生物)	2	519	510	2	
11专业组(化学和生物)	6	505	488	6	
5437 韶关学院	**2**			**2**	
02专业组(不限)	2	500	491	2	
5438 广东以色列理工学院	**22**			**20**	**2**
01专业组(不限)(中外合作办学)	17	614	506	15	2
02专业组(化学或生物)(中外合作办学)	5	575	500	5	
5441 广东石油化工学院	**12**			**12**	
01专业组(不限)	12	498	486	12	
5451 深圳大学	**22**			**22**	
02专业组(不限)	20	629	595	20	
03专业组(化学或生物)	2	603	601	2	
5461 北京师范大学-香港浸会大学联合国际学院	**13**			**13**	
02专业组(不限)	13	565	527	13	
5478 广东工业大学	**8**			**8**	
02专业组(不限)	8	579	574	8	
5479 深圳技术大学	**27**			**27**	
02专业组(不限)	27	582	558	27	
5480 深圳北理莫斯科大学	**2**			**2**	
06专业组(不限)(中外合作办学)	2	563	533	2	
5501 广西大学	**23**			**23**	
01专业组(不限)	23	581	576	23	
5502 广西中医药大学	**20**			**20**	
04专业组(不限)	6	569	552	6	
05专业组(不限)	1	517	517	1	
06专业组(化学)	2	524	521	2	
07专业组(化学或生物)	5	561	553	5	
08专业组(化学或生物)	4	526	525	4	
09专业组(生物)	2	540	539	2	
5504 南宁师范大学	**16**			**16**	
03专业组(不限)	12	524	501	12	
04专业组(化学或生物)	4	514	503	4	
5505 玉林师范学院	**35**			**35**	
03专业组(不限)	10	480	476	10	
04专业组(化学)	10	483	471	10	
05专业组(化学或生物)	10	480	472	10	
06专业组(生物)	5	477	472	5	
5507 北部湾大学	**26**			**24**	**2**
02专业组(不限)(中外合作办学)	17	462	444	16	1
03专业组(不限)(中外合作办学)	2	468	468	2	
04专业组(不限)	2	529	503	2	
05专业组(化学或生物)	3	482	478	2	1
06专业组(化学或地理)(中外合作办学)	2	456	454	2	
5508 广西医科大学	**9**			**9**	
01专业组(不限)	9	515	503	9	
5510 桂林医学院	**13**			**13**	
02专业组(化学)	1	519	519	1	
03专业组(化学或生物)	12	563	546	12	

院校、专业组名称	录取数	最高分	最低分	平行志愿	征求志愿
5511 广西师范大学	**33**			**31**	**2**
03专业组(不限)	13	545	478	12	1
04专业组(化学)	10	540	524	10	
05专业组(化学或生物)	6	542	489	5	1
06专业组(化学或地理)	4	541	533	4	
5512 桂林理工大学	**59**			**58**	**1**
03专业组(不限)	41	529	516	40	1
04专业组(不限)(中外合作办学)	5	497	486	5	
05专业组(化学)	13	515	492	13	
5513 桂林电子科技大学	**85**			**85**	
02专业组(不限)	49	570	540	49	
04专业组(化学)	32	543	527	32	
05专业组(化学或生物)	4	529	525	4	
5517 右江民族医学院	**19**			**19**	
02专业组(不限)	1	501	501	1	
03专业组(化学)	4	517	480	4	
04专业组(化学)	1	482	482	1	
05专业组(化学或生物)	4	519	499	4	
06专业组(化学或生物)	1	514	514	1	
07专业组(化学和生物)	8	536	525	8	
5518 广西民族师范学院	**23**			**23**	
02专业组(不限)	14	504	476	14	
03专业组(化学)	6	474	466	6	
04专业组(生物)	3	512	509	3	
5519 贺州学院	**10**			**10**	
02专业组(不限)	10	482	477	10	
5521 桂林航天工业学院	**3**			**3**	
02专业组(不限)	3	546	543	3	
5522 桂林旅游学院	**17**			**17**	
04专业组(不限)	13	484	472	13	
05专业组(不限)(中外合作办学)	2	450	449	2	
06专业组(化学或地理)	2	475	474	2	
5527 广西科技师范学院	**24**			**24**	
03专业组(不限)	20	492	481	20	
04专业组(化学)	2	513	510	2	
05专业组(化学或生物)	2	472	471	2	
5531 广西科技人学	**44**			**42**	**2**
02专业组(不限)	26	510	475	24	2
03专业组(不限)(中外合作办学)	7	482	469	7	
04专业组(化学)	4	489	484	4	
05专业组(化学或生物)	5	495	488	5	
06专业组(化学和生物)	2	534	526	2	
5532 广西民族大学	**39**			**39**	
05专业组(不限)	21	523	496	21	
06专业组(不限)	5	498	493	5	
07专业组(化学)	13	511	471	13	
5561 梧州学院	**24**			**24**	
03专业组(不限)	24	492	476	24	
5601 海南大学	**64**			**64**	
06专业组(不限)	33	585	575	33	
07专业组(化学)	15	584	572	15	
08专业组(化学或生物)	12	576	572	12	
09专业组(化学和生物)	4	574	569	4	
5602 海南师范大学	**28**			**26**	**2**
03专业组(不限)	21	538	520	21	
04专业组(不限)(中外合作办学)	2	509	493	1	1
05专业组(化学)	5	518	441	4	1
5603 海南医学院	**63**			**46**	**17**
03专业组(化学)	23	572	549	23	
04专业组(化学)	23	543	469	6	17
05专业组(化学)	3	572	564	3	
06专业组(化学或生物)	10	522	505	10	
07专业组(化学或生物)	2	512	436	2	
08专业组(化学或生物)	2	509	497	2	
5604 海南热带海洋学院	**46**			**44**	**2**
05专业组(不限)	20	497	480	20	
06专业组(不限)(中外合作办学)	2	471	465	2	
07专业组(不限)(中外合作办学)	2	466	455	2	
08专业组(化学或生物)	22	496	475	20	2
5619 琼台师范学院	**9**			**9**	
03专业组(不限)	7	491	481	7	
04专业组(化学或生物)	2	489	484	2	
6101 四川大学	**203**			**203**	
05专业组(不限)	118	627	615	118	
06专业组(不限)(中外合作办学)	18	615	607	18	
07专业组(不限)(中外合作办学)	5	609	605	5	
08专业组(化学)	39	620	607	39	
09专业组(化学)	5	634	632	5	
10专业组(化学或生物)	14	621	610	14	
11专业组(化学或生物)	4	648	643	4	
6102 西南交通大学	**271**			**270**	**1**
03专业组(不限)	189	609	577	188	1
04专业组(不限)(中外合作办学)	12	595	576	12	
05专业组(不限)(中外合作办学)	6	575	564	6	
06专业组(化学)	44	607	582	44	
07专业组(化学或生物)	14	595	584	14	
08专业组(化学或生物)(中外合作办学)	5	574	563	5	
09专业组(思想政治)	1	586	586	1	
6103 西南财经大学	**51**			**51**	
02专业组(不限)	38	615	600	38	
03专业组(不限)(中外合作办学)	13	591	578	13	
6104 电子科技大学	**62**			**62**	
01专业组(不限)	62	635	626	62	
6105 西南民族大学	**18**			**18**	
02专业组(不限)	18	560	532	18	
6106 成都理工大学	**49**			**49**	
02专业组(不限)	35	582	570	35	
03专业组(不限)	6	572	568	6	

院校、专业组名称	录取数	最高分	最低分	平行志愿	征求志愿
04专业组(化学)	4	571	564	4	
05专业组(化学或生物)	4	565	564	4	
6107 成都信息工程大学	**24**			**24**	
02专业组(不限)	24	568	559	24	
6108 成都体育学院	**13**			**12**	**1**
03专业组(不限)	12	510	474	11	1
04专业组(化学)	1	506	506	1	
6109 四川音乐学院	**6**			**6**	
02专业组(不限)	6	552	489	6	
6110 西华大学	**17**			**17**	
03专业组(不限)	4	534	531	4	
04专业组(化学)	4	525	520	4	
05专业组(化学或生物)	6	526	523	6	
06专业组(化学或生物)	3	528	523	3	
6111 成都中医药大学	**13**			**13**	
01专业组(化学)	4	554	543	4	
02专业组(化学或生物)	9	595	575	9	
6112 电子科技大学(沙河校区)	**56**			**56**	
01专业组(不限)	39	626	624	39	
02专业组(不限)(中外合作办学)	17	625	617	17	
6113 四川农业大学	**22**			**22**	
01专业组(不限)	12	578	570	12	
02专业组(化学或生物)	7	576	571	7	
03专业组(生物或地理)	3	585	574	3	
6114 成都大学	**18**			**18**	
03专业组(不限)	4	551	539	4	
04专业组(不限)(中外合作办学)	6	519	507	6	
05专业组(化学)	4	527	522	4	
06专业组(化学或生物)	4	547	530	4	
6115 四川轻化工大学	**10**			**10**	
02专业组(不限)	4	527	526	4	
03专业组(化学)	4	517	511	4	
04专业组(化学或生物)	2	517	517	2	
6116 成都医学院	**9**			**9**	
01专业组(化学)	5	528	523	5	
02专业组(化学或生物)	4	528	525	4	
6117 西昌学院	**7**			**7**	
02专业组(不限)	7	480	465	7	
6120 四川警察学院	**3**			**3**	
02专业组(思想政治)	3	508	502	3	
6129 成都师范学院	**18**			**18**	
03专业组(不限)	15	515	493	15	
04专业组(化学或地理)	3	530	522	3	
6131 西南科技大学	**40**			**39**	**1**
02专业组(不限)	33	550	526	32	1
03专业组(化学)	3	523	522	3	
04专业组(化学或生物)	4	527	523	4	
6140 四川师范大学	**16**			**16**	
03专业组(不限)	10	572	563	10	

院校、专业组名称	录取数	最高分	最低分	平行志愿	征求志愿
04专业组(化学)	2	560	559	2	
05专业组(化学或生物)	4	554	549	4	
6141 西南石油大学	**16**			**16**	
01专业组(不限)	10	580	560	10	
02专业组(化学)	6	562	557	6	
6142 西华师范大学	**16**			**16**	
02专业组(不限)	13	518	498	13	
03专业组(化学或生物)	3	504	499	3	
6143 西南医科大学	**10**			**10**	
01专业组(化学)	10	574	558	10	
6144 绵阳师范学院	**3**			**3**	
02专业组(不限)	2	496	488	2	
03专业组(化学或生物)	1	490	490	1	
6151 乐山师范学院	**15**			**15**	
02专业组(不限)	11	499	487	11	
03专业组(化学或生物)	4	504	483	4	
6161 川北医学院	**25**			**25**	
02专业组(不限)	5	544	538	5	
03专业组(化学或生物)	15	566	550	15	
04专业组(化学或生物)	5	572	555	5	
6181 宜宾学院	**3**			**3**	
02专业组(化学或生物)	3	489	485	3	
6187 攀枝花学院	**3**			**3**	
02专业组(不限)	3	483	482	3	
6201 重庆大学	**123**			**123**	
02专业组(不限)	118	624	612	118	
03专业组(不限)(中外合作办学)	5	620	606	5	
6202 西南大学	**68**			**68**	
04专业组(不限)	42	605	587	42	
05专业组(化学)	12	586	568	12	
06专业组(化学或生物)	13	586	580	13	
07专业组(化学或地理)	1	592	592	1	
6203 西南政法大学	**41**			**41**	
03专业组(不限)	39	619	598	39	
04专业组(不限)(中外合作办学)	2	604	604	2	
6205 重庆医科大学	**28**			**28**	
02专业组(化学)	18	597	581	18	
03专业组(化学)(中外合作办学)	5	592	582	5	
04专业组(化学)	3	620	606	3	
05专业组(化学或生物)	2	576	574	2	
6206 重庆工商大学	**13**			**13**	
04专业组(不限)	10	541	535	10	
05专业组(不限)(中外合作办学)	1	529	529	1	
06专业组(思想政治或地理)	2	532	528	2	
6207 重庆交通大学	**90**			**89**	**1**
02专业组(不限)	72	569	529	71	1
03专业组(化学)	18	547	530	18	
6208 重庆理工大学	**51**			**51**	
02专业组(不限)	51	549	535	51	

院校、专业组名称	录取数	最高分	最低分	平行志愿	征求志愿
6209 重庆邮电大学	**45**			**45**	
02专业组(不限)	40	582	573	40	
03专业组(不限)	5	588	578	5	
6210 重庆师范大学	**62**			**60**	**2**
04专业组(不限)	50	564	487	48	2
05专业组(化学)	6	550	543	6	
06专业组(化学或生物)	3	554	552	3	
07专业组(化学或地理)	2	557	550	2	
08专业组(思想政治)	1	555	555	1	
6211 四川美术学院	**2**			**2**	
02专业组(不限)	2	554	554	2	
6212 四川外国语大学	**20**			**20**	
08专业组(不限)	11	575	537	11	
09专业组(不限)	4	574	571	4	
10专业组(不限)(中外合作办学)	2	527	520	2	
11专业组(不限)(中外合作办学)	2	546	537	2	
12专业组(思想政治)	1	562	562	1	
6213 重庆三峡学院	**52**			**49**	**3**
02专业组(不限)	50	518	474	47	3
03专业组(化学或生物)	2	513	513	2	
6214 长江师范学院	**36**			**36**	
02专业组(不限)	36	517	489	36	
6215 重庆文理学院	**32**			**32**	
02专业组(不限)	22	518	504	22	
03专业组(化学)	2	501	499	2	
04专业组(化学或生物)	6	501	496	6	
05专业组(生物或地理)	2	510	508	2	
6221 重庆科技学院	**44**			**43**	**1**
02专业组(不限)	44	528	504	43	1
6301 贵州大学	**10**			**10**	
02专业组(不限)	10	580	574	10	
6302 贵州中医药大学	**20**			**20**	
02专业组(不限)	5	547	536	5	
03专业组(化学)	3	515	513	3	
04专业组(化学或生物)	10	537	530	10	
05专业组(化学或生物)(中外合作办学)	2	519	505	2	
6303 贵州医科大学	**4**			**4**	
02专业组(化学或生物)	4	574	566	4	
6304 贵州财经大学	**12**			**11**	**1**
03专业组(不限)	7	520	509	7	
04专业组(不限)(中外合作办学)	5	507	473	4	1
6305 贵州民族大学	**7**			**7**	
01专业组(不限)	7	500	493	7	
6306 贵州师范大学	**17**			**17**	
02专业组(化学)	5	528	498	5	
03专业组(化学或生物)	10	528	502	10	
04专业组(思想政治)	2	526	518	2	
6308 安顺学院	**5**			**5**	
04专业组(不限)	3	478	477	3	

院校、专业组名称	录取数	最高分	最低分	平行志愿	征求志愿
05专业组(化学)	1	489	489	1	
06专业组(地理)	1	480	480	1	
6309 贵阳学院	**16**			**15**	**1**
01专业组(不限)	11	488	473	10	1
02专业组(化学)	5	478	463	5	
6310 黔南民族师范学院	**4**			**4**	
02专业组(不限)	3	482	478	3	
03专业组(化学)	1	460	460	1	
6314 遵义医科大学	**28**			**28**	
01专业组(化学或生物)	28	580	568	28	
6315 贵州工程应用技术学院	**8**			**8**	
02专业组(不限)	8	480	475	8	
6316 贵州商学院	**8**			**8**	
03专业组(不限)	6	481	476	6	
04专业组(不限)(中外合作办学)	2	484	459	2	
6317 遵义师范学院	**8**			**8**	
01专业组(不限)	8	513	499	8	
6319 贵州理工学院	**8**			**8**	
02专业组(不限)	4	507	487	4	
03专业组(化学)	2	486	479	2	
04专业组(化学和生物)	2	480	475	2	
6320 六盘水师范学院	**8**			**8**	
02专业组(不限)	4	501	492	4	
03专业组(化学)	2	488	486	2	
04专业组(化学和生物)	2	472	471	2	
6323 贵州警察学院	**2**			**2**	
02专业组(思想政治)	2	505	494	2	
6324 贵阳康养职业大学	**5**			**5**	
02专业组(化学)	3	471	457	3	
03专业组(化学和生物)	2	460	452	2	
6401 云南大学	**17**			**17**	
02专业组(不限)	9	589	583	9	
03专业组(化学)	4	578	577	4	
04专业组(化学或生物)	3	581	578	3	
05专业组(化学和生物)	1	593	593	1	
6402 云南师范大学	**26**			**26**	
01专业组(不限)	22	558	527	22	
05专业组(化学)	4	543	529	4	
6404 昆明理工大学	**79**			**79**	
02专业组(不限)	41	572	542	41	
03专业组(化学)	24	552	521	24	
04专业组(化学或生物)	7	562	557	7	
05专业组(思想政治和地理)	7	534	503	7	
6405 云南农业大学	**35**			**35**	
04专业组(不限)	22	528	510	22	
05专业组(不限)(中外合作办学)	4	498	485	4	
06专业组(化学或生物)	9	543	515	9	
6406 昆明医科大学	**15**			**15**	
01专业组(不限)(中外合作办学)	1	511	511	1	

院校、专业组名称	录取数	最高分	最低分	平行志愿	征求志愿
02专业组(化学)	3	537	515	3	
03专业组(化学或生物)	4	553	549	4	
04专业组(化学和生物)	7	582	577	7	
6407 玉溪师范学院	**8**			**8**	
02专业组(不限)	6	497	480	6	
03专业组(不限)	2	498	498	2	
6408 云南财经大学	**70**			**67**	**3**
02专业组(不限)	70	538	479	67	3
6409 楚雄师范学院	**8**			**7**	**1**
02专业组(不限)	8	502	476	7	1
6410 昆明学院	**20**			**20**	
03专业组(不限)	10	492	484	10	
04专业组(化学)	4	482	478	4	
05专业组(化学或生物)	2	510	507	2	
06专业组(化学和生物)	4	524	518	4	
6411 大理大学	**28**			**28**	
05专业组(不限)	12	513	504	12	
06专业组(化学)	2	500	494	2	
07专业组(化学或生物)	12	545	534	12	
08专业组(化学或生物)	2	529	511	2	
6413 红河学院	**25**			**24**	**1**
02专业组(不限)	19	498	475	19	
03专业组(化学)	2	472	470	1	1
04专业组(化学或生物)	4	491	475	4	
6414 云南民族大学	**4**			**4**	
02专业组(不限)	4	519	507	4	
6415 西南林业大学	**30**			**30**	
01专业组(不限)	12	516	509	12	
02专业组(化学)	4	505	493	4	
03专业组(化学或生物)	5	502	499	5	
04专业组(化学和生物)	2	493	484	2	
05专业组(生物)	4	510	503	4	
06专业组(生物和地理)	1	519	519	1	
07专业组(思想政治或地理)	2	518	516	2	
6417 曲靖师范学院	**4**			**4**	
02专业组(不限)	2	487	484	2	
03专业组(化学)	2	469	469	2	
6419 普洱学院	**5**			**5**	
02专业组(不限)	5	503	497	5	
6420 文山学院	**5**			**5**	
02专业组(地理)	5	481	474	5	
6421 云南警官学院	**2**			**2**	
02专业组(不限)	2	515	507	2	
7101 西北大学	**38**			**38**	
05专业组(不限)	8	584	578	8	
06专业组(不限)(中外合作办学)	3	577	570	3	
07专业组(不限)	2	583	582	2	
08专业组(不限)	9	600	588	9	
09专业组(化学)	8	598	581	8	

院校、专业组名称	录取数	最高分	最低分	平行志愿	征求志愿
10专业组(化学)	2	594	586	2	
11专业组(化学或生物)	2	584	580	2	
12专业组(化学或地理)	4	588	584	4	
7102 西北工业大学	**206**			**205**	**1**
02专业组(不限)	188	632	618	187	1
03专业组(不限)(中外合作办学)	10	608	601	10	
04专业组(化学或生物)	8	622	615	8	
7103 陕西师范大学	**33**			**33**	
03专业组(不限)	22	597	577	22	
04专业组(化学)	2	597	596	2	
05专业组(化学或生物)	5	603	596	5	
06专业组(生物)	2	591	590	2	
07专业组(地理)	2	595	595	2	
7104 西安交通大学	**203**			**203**	
03专业组(不限)	157	650	627	157	
04专业组(不限)(中外合作办学)	20	616	606	20	
05专业组(化学)	24	634	626	24	
06专业组(化学或生物)	2	636	634	2	
7105 西安电子科技大学	**182**			**182**	
01专业组(不限)	182	626	613	182	
7107 长安大学	**111**			**111**	
02专业组(不限)	55	590	580	55	
03专业组(化学)	51	589	579	51	
04专业组(化学或地理)	5	589	578	5	
7108 西安建筑科技大学	**83**			**83**	
01专业组(不限)	39	577	547	39	
02专业组(不限)(中外合作办学)	6	537	532	6	
03专业组(化学)	36	558	511	36	
04专业组(化学)(中外合作办学)	2	551	545	2	
7110 西安工程大学	**80**			**80**	
03专业组(不限)	53	557	534	53	
04专业组(化学)	21	521	489	21	
05专业组(化学或生物)	6	528	519	6	
7111 西安财经大学	**13**			**13**	
02专业组(不限)	8	550	538	8	
03专业组(不限)(中外合作办学)	5	531	522	5	
7112 西安理工大学	**99**			**99**	
01专业组(不限)	99	572	550	99	
7113 西安石油大学	**55**			**55**	
02专业组(不限)	49	553	527	49	
03专业组(化学)	6	522	518	6	
7114 西安医学院	**4**			**4**	
02专业组(化学和生物)	4	585	570	4	
7115 西安工业大学	**37**			**37**	
02专业组(不限)	37	578	557	37	
7116 西安邮电大学	**32**			**32**	
03专业组(不限)	32	575	557	32	
7117 西安外国语大学	**23**			**23**	
04专业组(不限)	23	560	541	23	

院校、专业组名称	录取数	最高分	最低分	平行志愿	征求志愿
7118 西安科技大学	**38**			**38**	
01专业组(不限)	32	547	539	32	
02专业组(化学或地理)	6	545	537	6	
7122 西安文理学院	**9**			**9**	
02专业组(不限)	3	509	503	3	
03专业组(化学)	3	492	486	3	
04专业组(化学或生物)	3	500	491	3	
7131 西安航空学院	**20**			**20**	
01专业组(不限)	17	519	510	17	
02专业组(不限)(中外合作办学)	3	504	489	3	
7138 陕西中医药大学	**10**			**10**	
02专业组(化学)	2	529	527	2	
03专业组(化学或生物)	8	558	547	8	
7140 渭南师范学院	**1**			**1**	
03专业组(不限)	1	502	502	1	
7141 西北农林科技大学	**78**			**78**	
03专业组(不限)	41	605	587	41	
04专业组(化学)	2	593	586	2	
05专业组(化学或生物)	27	602	584	27	
06专业组(化学或生物)(中外合作办学)	6	576	573	6	
07专业组(化学或地理)	2	590	588	2	
7142 延安大学	**30**			**30**	
04专业组(不限)	16	536	514	16	
05专业组(不限)	10	514	502	10	
06专业组(化学或生物)	4	509	505	4	
7150 陕西学前师范学院	**7**			**7**	
03专业组(不限)	2	504	501	2	
04专业组(化学)	3	473	445	3	
05专业组(生物)	2	512	499	2	
7151 陕西科技大学	**44**			**44**	
02专业组(不限)	34	558	544	34	
03专业组(不限)(中外合作办学)	7	527	521	7	
04专业组(化学)	3	540	535	3	
7162 宝鸡文理学院	**24**			**24**	
02专业组(不限)	24	503	478	24	
7166 商洛学院	**10**			**10**	
01专业组(不限)	8	485	479	8	
02专业组(不限)(中外合作办学)	2	455	451	2	
7167 陕西理工大学	**46**			**46**	
04专业组(不限)	13	524	510	13	
05专业组(不限)(中外合作办学)	12	510	481	12	
06专业组(化学)	11	519	509	11	
07专业组(化学)(中外合作办学)	6	465	432	6	
08专业组(化学或生物)	2	508	507	2	
09专业组(化学或地理)	2	528	527	2	
7201 兰州大学	**117**			**117**	
06专业组(不限)	54	613	605	54	
07专业组(化学)	57	609	602	57	
08专业组(化学或生物)	6	615	603	6	
7202 兰州理工大学	**112**			**112**	
03专业组(不限)	68	537	522	68	
04专业组(不限)	25	532	516	25	
05专业组(化学)	10	523	514	10	
06专业组(化学)	4	512	509	4	
07专业组(化学或生物)	2	518	515	2	
08专业组(生物)	3	522	514	3	
7203 兰州财经大学	**22**			**22**	
02专业组(不限)	22	515	499	22	
7204 兰州交通大学	**68**			**68**	
02专业组(不限)	55	553	530	55	
03专业组(化学)	11	570	520	11	
04专业组(生物)	2	524	521	2	
7205 西北民族大学	**37**			**37**	
03专业组(不限)	31	524	493	31	
04专业组(化学)	2	491	481	2	
05专业组(化学或生物)	4	495	489	4	
7206 甘肃农业大学	**5**			**5**	
02专业组(不限)	3	507	498	3	
03专业组(化学或生物)	2	500	498	2	
7207 甘肃政法大学	**13**			**12**	**1**
03专业组(不限)	13	540	523	12	1
7211 陇东学院	**14**			**13**	**1**
02专业组(不限)	8	482	476	8	
03专业组(化学或生物)	2	477	476	2	
04专业组(化学和生物)	4	482	469	3	1
7214 西北师范大学	**7**			**7**	
02专业组(不限)	7	533	507	7	
7216 天水师范学院	**7**			**7**	
02专业组(不限)	4	477	475	4	
03专业组(化学)	3	504	490	3	
7217 兰州工业学院	**24**			**24**	
01专业组(不限)	22	492	478	22	
02专业组(化学)	2	475	474	2	
7218 兰州城市学院	**11**			**11**	
03专业组(不限)	5	503	490	5	
04专业组(化学)	5	478	472	5	
05专业组(地理)	1	478	478	1	
7219 兰州文理学院	**10**			**10**	
02专业组(不限)	10	487	477	10	
7220 甘肃医学院	**10**			**10**	
01专业组(化学)	3	508	505	3	
02专业组(化学或生物)	7	542	538	7	
7222 兰州石化职业技术大学	**2**			**2**	
02专业组(化学)	2	466	462	2	
7301 青海大学	**10**			**10**	
01专业组(不限)	7	577	567	7	
02专业组(化学)	1	565	565	1	
03专业组(化学或生物)	2	574	572	2	

2022年普通类(物理等科目类)本科院校

院校、专业组名称	录取数	最高分	最低分	平行志愿	征求志愿
7302 青海民族大学	12			12	
02专业组(不限)	4	499	485	4	
03专业组(化学或生物)	2	486	483	2	
04专业组(思想政治或地理)(中外合作办学)	4	459	449	4	
05专业组(思想政治或地理)	2	488	482	2	
7303 青海师范大学	4			4	
02专业组(化学)	4	487	475	4	
7401 北方民族大学	17			17	
02专业组(不限)	9	504	489	9	
03专业组(不限)	4	507	481	4	
04专业组(不限)(中外合作办学)	2	485	479	2	
05专业组(化学)	1	509	509	1	
06专业组(化学或生物)	1	499	499	1	
7402 宁夏大学	15			15	
02专业组(不限)	11	576	570	11	
03专业组(化学)	2	571	568	2	
04专业组(化学或生物)	2	573	570	2	
7403 宁夏医科大学	16			16	
01专业组(化学)	4	527	515	4	
02专业组(化学或生物)	12	567	545	12	
7501 新疆大学	47			46	1
02专业组(不限)	41	578	548	40	1
03专业组(化学)	5	547	537	5	
04专业组(地理)	1	563	563	1	
7502 新疆师范大学	75			73	2
03专业组(不限)	32	531	472	31	1
04专业组(化学)	23	515	471	22	1
05专业组(化学或生物)	6	516	507	6	
06专业组(化学或地理)	5	503	493	5	
07专业组(生物)	9	511	477	9	
7503 新疆农业大学	125			122	3
03专业组(不限)	75	505	473	73	2
04专业组(不限)	15	479	471	15	
05专业组(不限)(中外合作办学)	5	470	459	5	
06专业组(化学或生物)	30	485	463	29	1
7504 中国石油大学(北京)克拉玛依校区	44			44	
01专业组(不限)	36	572	544	36	
02专业组(化学或生物)	8	544	541	8	
7505 新疆财经大学	34			33	1
02专业组(不限)	34	517	473	33	1
7507 昌吉学院	13			13	
02专业组(不限)	13	480	467	13	
7509 新疆工程学院	50			50	
01专业组(不限)	45	489	469	45	
02专业组(化学)	5	477	469	5	
7511 石河子大学	50			48	2
02专业组(不限)	12	553	545	12	
03专业组(化学)	8	555	540	8	
04专业组(化学或生物)	30	566	541	28	2
7512 新疆科技学院	39			29	10
02专业组(不限)	33	498	461	23	10
03专业组(化学)	6	470	462	6	
7513 新疆理工学院	128			128	
02专业组(不限)	99	487	462	99	
03专业组(不限)	6	470	463	6	
04专业组(化学或生物)	23	472	456	23	
7521 伊犁师范大学	129			125	4
03专业组(不限)	104	500	462	101	3
04专业组(化学)	10	482	461	10	
05专业组(化学或生物)	10	496	465	9	1
06专业组(化学或地理)	5	500	487	5	
7526 塔里木大学	20			20	
01专业组(不限)	8	477	469	8	
02专业组(化学)	12	476	464	12	
7527 新疆医科大学	50			50	
01专业组(化学)	11	543	514	11	
02专业组(化学或生物)	25	586	546	25	
03专业组(化学和生物)	14	533	508	14	
7529 喀什大学	22			22	
04专业组(不限)	14	498	470	14	
05专业组(化学)	3	471	467	3	
06专业组(化学或生物)	3	491	473	3	
07专业组(思想政治或地理)	2	498	485	2	
8001 上海杉达学院	55			55	
03专业组(不限)	47	502	453	47	
04专业组(化学)	3	445	443	3	
05专业组(化学或生物)	5	465	450	5	
8002 上海建桥学院	52			52	
03专业组(不限)	52	514	460	52	
8003 上海兴伟学院	5			4	1
02专业组(不限)	5	453	440	4	1
8004 上海视觉艺术学院	4			4	
02专业组(不限)	4	495	453	4	
8005 上海外国语大学贤达经济人文学院	29			29	
02专业组(不限)	29	498	446	29	
8006 上海师范大学天华学院	60			57	3
02专业组(不限)	60	506	449	57	3
8023 上海立达学院	18			17	1
03专业组(不限)	18	461	443	17	1
8029 上海中侨职业技术大学	2			2	
03专业组(不限)	2	462	458	2	
8030 浙江万里学院	210			207	3
02专业组(不限)	192	515	464	189	3
03专业组(化学或生物)	18	501	477	18	
8031 浙江树人学院	221			221	

院校、专业组名称	录取数	最高分	最低分	平行志愿	征求志愿
02专业组(不限)	186	483	444	186	
03专业组(化学)	15	462	442	15	
04专业组(化学或生物)	20	504	447	20	
8032 浙江越秀外国语学院	**80**			**80**	
03专业组(不限)	67	460	441	67	
04专业组(不限)(中外合作办学)	13	444	439	13	
8033 宁波财经学院	**43**			**43**	
02专业组(不限)	43	464	447	43	
8036 浙江工业大学之江学院	**56**			**56**	
02专业组(不限)	56	475	451	56	
8037 浙江师范大学行知学院	**25**			**25**	
02专业组(不限)	20	469	455	20	
03专业组(化学)	1	459	459	1	
04专业组(化学或生物)	4	475	464	4	
8038 宁波大学科学技术学院	**58**			**58**	
02专业组(不限)	54	478	450	54	
03专业组(化学)	2	461	457	2	
04专业组(化学或生物)	2	471	465	2	
8039 杭州电子科技大学信息工程学院	**65**			**65**	
01专业组(不限)	65	539	462	65	
8040 浙江理工大学科技与艺术学院	**31**			**30**	**1**
01专业组(不限)	24	466	447	24	
02专业组(化学)	7	447	443	6	1
8042 浙江农林大学暨阳学院	**43**			**43**	
02专业组(不限)	43	462	444	43	
8043 温州医科大学仁济学院	**20**			**20**	
01专业组(不限)	20	479	454	20	
8046 绍兴文理学院元培学院	**35**			**35**	
02专业组(不限)	35	491	448	35	
8048 浙江工商大学杭州商学院	**41**			**41**	
02专业组(不限)	41	502	454	41	
8050 中国计量大学现代科技学院	**5**			**5**	
01专业组(不限)	5	519	508	5	
8051 浙江财经大学东方学院	**63**			**63**	
02专业组(不限)	63	502	448	63	
8052 温州商学院	**13**			**12**	**1**
03专业组(不限)	13	464	444	12	1
8054 上海财经大学浙江学院	**39**			**39**	
02专业组(不限)	39	545	456	39	
8077 浙江广厦建设职业技术大学	**13**			**13**	
02专业组(不限)	13	476	443	13	
8080 安徽三联学院	**45**			**45**	
02专业组(不限)	45	471	447	45	
8081 安徽新华学院	**233**			**231**	**2**
02专业组(不限)	233	479	443	231	2
8082 安徽文达信息工程学院	**8**			**8**	
02专业组(不限)	8	463	446	8	
8083 安徽外国语学院	**10**			**7**	**3**
02专业组(不限)	10	491	429	7	3
8084 蚌埠工商学院	**14**			**14**	
02专业组(不限)	14	470	457	14	
8085 安徽大学江淮学院	**10**			**10**	
02专业组(不限)	10	479	459	10	
8086 安徽信息工程学院	**15**			**15**	
01专业组(不限)	15	476	467	15	
8087 马鞍山学院	**16**			**16**	
02专业组(不限)	16	475	461	16	
8088 合肥城市学院	**40**			**40**	
02专业组(不限)	26	473	452	26	
03专业组(化学)	14	452	447	14	
8091 安徽医科大学临床医学院	**10**			**10**	
01专业组(不限)	10	503	469	10	
8094 皖江工学院	**186**			**186**	
03专业组(不限)	173	489	445	173	
04专业组(化学)	10	446	442	10	
05专业组(化学或生物)	3	460	447	3	
8120 厦门华厦学院	**15**			**15**	
02专业组(不限)	15	464	445	15	
8121 闽南理工学院	**5**			**5**	
02专业组(不限)	5	443	442	5	
8122 闽南科技学院	**4**			**4**	
01专业组(不限)	4	446	442	4	
8124 厦门工学院	**38**			**37**	**1**
02专业组(不限)	38	479	446	37	1
8125 阳光学院	**26**			**26**	
03专业组(不限)	22	457	441	22	
04专业组(不限)(中外合作办学)	4	439	436	4	
8126 厦门大学嘉庚学院	**121**			**121**	
02专业组(不限)	121	496	456	121	
8127 福州大学至诚学院	**126**			**126**	
02专业组(不限)	114	476	444	114	
03专业组(化学)	12	490	442	12	
8128 集美大学诚毅学院	**58**			**58**	
02专业组(不限)	58	507	452	58	
8130 福州外语外贸学院	**4**			**4**	
02专业组(不限)	4	447	440	4	
8132 仰恩大学	**3**			**3**	
02专业组(不限)	3	455	450	3	
8133 泉州信息工程学院	**19**			**19**	
01专业组(不限)	19	457	444	19	
8170 江西科技学院	**63**			**63**	
03专业组(不限)	63	463	441	63	
8172 南昌理工学院	**35**			**34**	**1**
02专业组(不限)	35	494	450	34	1
8173 江西应用科技学院	**11**			**11**	
03专业组(不限)	11	445	439	11	
8174 江西服装学院	**8**			**5**	**3**
02专业组(不限)	5	469	441	4	1

院校、专业组名称	录取数	最高分	最低分	平行志愿	征求志愿
03专业组(化学)	3	443	439	1	2
8175 南昌工学院	**65**			**62**	**3**
03专业组(不限)	63	472	442	60	3
04专业组(化学)	2	441	441	2	
8176 南昌大学科学技术学院	**33**			**33**	
02专业组(不限)	33	469	452	33	
8177 南昌大学共青学院	**14**			**14**	
02专业组(不限)	14	454	450	14	
8178 南昌交通学院	**18**			**18**	
03专业组(不限)	16	481	443	16	
04专业组(化学)	2	442	440	2	
8180 南昌航空大学科技学院	**38**			**38**	
02专业组(不限)	38	511	450	38	
8183 江西农业大学南昌商学院	**16**			**16**	
02专业组(不限)	16	476	448	16	
8185 江西师范大学科学技术学院	**16**			**16**	
02专业组(不限)	16	468	451	16	
8186 景德镇艺术职业大学	**11**			**11**	
02专业组(不限)	11	449	442	11	
8187 南昌应用技术师范学院	**11**			**11**	
02专业组(不限)	11	466	452	11	
8188 江西财经大学现代经济管理学院	**44**			**42**	**2**
02专业组(不限)	44	480	447	42	2
8210 齐鲁医药学院	**16**			**15**	**1**
02专业组(不限)	16	482	449	15	1
8211 青岛滨海学院	**40**			**39**	**1**
02专业组(不限)	40	475	443	39	1
8212 烟台南山学院	**24**			**24**	
03专业组(不限)	24	471	448	24	
8213 潍坊科技学院	**8**			**8**	
02专业组(不限)	8	468	450	8	
8214 山东英才学院	**52**			**52**	
02专业组(不限)	52	455	440	52	
8215 青岛恒星科技学院	**29**			**29**	
03专业组(不限)	29	457	441	29	
8216 青岛黄海学院	**26**			**26**	
03专业组(不限)	26	458	443	26	
8217 山东现代学院	**52**			**47**	**5**
04专业组(不限)	52	460	442	47	5
8218 山东协和学院	**29**			**27**	**2**
02专业组(不限)	29	464	448	27	2
8219 烟台理工学院	**7**			**7**	
02专业组(不限)	7	466	451	7	
8220 青岛城市学院	**24**			**24**	
02专业组(不限)	24	452	444	24	
8223 泰山科技学院	**14**			**13**	**1**
03专业组(不限)	14	478	443	13	1
8225 青岛工学院	**70**			**69**	**1**
03专业组(不限)	70	477	444	69	1

院校、专业组名称	录取数	最高分	最低分	平行志愿	征求志愿
8226 青岛农业大学海都学院	**20**			**20**	
03专业组(不限)	19	462	450	19	
04专业组(化学或生物)	1	444	444	1	
8227 齐鲁理工学院	**72**			**72**	
03专业组(不限)	72	460	442	72	
8228 山东财经大学东方学院	**15**			**15**	
02专业组(不限)	15	470	452	15	
8230 烟台科技学院	**4**			**4**	
02专业组(不限)	4	479	468	4	
8249 山东工程职业技术大学	**7**			**7**	
03专业组(不限)	7	465	457	7	
8260 北京城市学院	**16**			**16**	
02专业组(不限)	15	479	453	15	
03专业组(化学或地理)	1	453	453	1	
8262 首都师范大学科德学院	**1**			**1**	
02专业组(不限)	1	437	437	1	
8263 北京工商大学嘉华学院	**16**			**10**	**6**
02专业组(不限)	16	481	436	10	6
8264 北京邮电大学世纪学院	**80**			**71**	**9**
02专业组(不限)	80	465	439	71	9
8265 北京工业大学耿丹学院	**23**			**16**	**7**
02专业组(不限)	23	452	437	16	7
8266 北京第二外国语学院中瑞酒店管理学院	**35**			**24**	**11**
02专业组(不限)	35	440	433	24	11
8290 天津天狮学院	**4**			**4**	
03专业组(不限)	4	455	444	4	
8291 天津外国语大学滨海外事学院	**5**			**5**	
03专业组(不限)	5	474	457	5	
8293 天津商业大学宝德学院	**18**			**18**	
02专业组(不限)	18	461	445	18	
8294 天津医科大学临床医学院	**15**			**15**	
02专业组(不限)	15	474	450	15	
8297 天津理工大学中环信息学院	**65**			**65**	
02专业组(不限)	65	466	444	65	
8298 北京科技大学天津学院	**94**			**92**	**2**
02专业组(不限)	94	471	445	92	2
8299 天津仁爱学院	**194**			**192**	**2**
02专业组(不限)	194	455	440	192	2
8301 天津财经大学珠江学院	**45**			**45**	
02专业组(不限)	45	471	446	45	
8313 河北科技学院	**30**			**30**	
02专业组(不限)	30	453	442	30	
8314 河北外国语学院	**10**			**10**	
02专业组(不限)	10	460	440	10	
8316 华北理工大学轻工学院	**31**			**30**	**1**
02专业组(不限)	31	474	442	30	1
8318 河北经贸大学经济管理学院	**10**			**10**	
02专业组(不限)	10	472	448	10	

院校、专业组名称	录取数	最高分	最低分	平行志愿	征求志愿
8320 河北工程大学科信学院	**30**			**28**	**2**
02专业组(不限)	27	479	459	25	2
03专业组(化学)	1	456	456	1	
04专业组(化学或生物)	2	448	448	2	
8323 石家庄铁道大学四方学院	**22**			**21**	**1**
02专业组(不限)	17	490	465	16	1
03专业组(化学)	5	465	456	5	
8324 河北地质大学华信学院	**8**			**8**	
02专业组(不限)	8	466	443	8	
8326 保定理工学院	**43**			**30**	**13**
03专业组(不限)	21	456	442	21	
04专业组(不限)(中外合作办学)	22	450	429	9	13
8327 燕京理工学院	**1**			**1**	
02专业组(不限)	1	462	462	1	
8328 北京中医药大学东方学院	**15**			**11**	**4**
02专业组(不限)	15	508	443	11	4
8329 沧州交通学院	**70**			**70**	
02专业组(不限)	70	478	445	70	
8330 河北东方学院	**3**			**3**	
02专业组(不限)	3	461	449	3	
8360 山西应用科技学院	**10**			**8**	**2**
02专业组(不限)	10	460	446	8	2
8363 晋中信息学院	**5**			**5**	
03专业组(不限)	5	461	454	5	
8364 山西晋中理工学院	**10**			**10**	
02专业组(不限)	10	462	447	10	
8365 山西科技学院	**7**			**7**	
02专业组(不限)	7	485	483	7	
8366 山西工商学院	**17**			**17**	
02专业组(不限)	10	455	448	10	
03专业组(思想政治或地理)	7	456	446	7	
8379 运城职业技术大学	**7**			**7**	
02专业组(不限)	7	454	445	7	
8401 辽宁对外经贸学院	**40**			**39**	**1**
02专业组(不限)	40	453	437	39	1
8402 大连理工大学城市学院	**52**			**47**	**5**
02专业组(不限)	52	483	442	47	5
8404 沈阳工学院	**41**			**41**	
02专业组(不限)	41	463	440	41	
8405 大连工业大学艺术与信息工程学院	**8**			**8**	
02专业组(不限)	8	446	439	8	
8406 大连科技学院	**150**			**149**	**1**
02专业组(不限)	150	460	439	149	1
8407 沈阳城市建设学院	**54**			**54**	
02专业组(不限)	54	456	438	54	
8408 大连医科大学中山学院	**25**			**24**	**1**
02专业组(不限)	25	485	441	24	1
8411 大连财经学院	**18**			**18**	
02专业组(不限)	18	454	441	18	
8412 沈阳城市学院	**35**			**34**	**1**
02专业组(不限)	35	458	438	34	1
8416 大连东软信息学院	**25**			**25**	
03专业组(不限)	25	464	440	25	
8417 辽宁师范大学海华学院	**5**			**5**	
02专业组(不限)	5	448	439	5	
8440 吉林外国语大学	**63**			**62**	**1**
03专业组(不限)	54	488	443	54	
04专业组(不限)(中外合作办学)	9	458	438	8	1
8441 长春光华学院	**73**			**73**	
02专业组(不限)	73	454	439	73	
8442 长春工业大学人文信息学院	**48**			**48**	
02专业组(不限)	48	446	438	48	
8443 长春电子科技学院	**86**			**86**	
02专业组(不限)	86	488	437	86	
8444 长春财经学院	**64**			**64**	
02专业组(不限)	64	460	439	64	
8445 吉林建筑科技学院	**110**			**110**	
03专业组(不限)	105	456	437	105	
04专业组(化学)	5	438	437	5	
8446 长春建筑学院	**54**			**54**	
02专业组(不限)	54	467	437	54	
8447 长春科技学院	**134**			**134**	
02专业组(不限)	111	455	437	111	
03专业组(化学或生物)	23	459	439	23	
8448 吉林动画学院	**21**			**21**	
02专业组(不限)	21	454	438	21	
8449 吉林师范大学博达学院	**27**			**27**	
02专业组(不限)	27	443	438	27	
8450 长春大学旅游学院	**16**			**16**	
02专业组(不限)	16	441	436	16	
8451 长春人文学院	**25**			**25**	
02专业组(不限)	25	482	439	25	
8470 黑龙江东方学院	**5**			**5**	
02专业组(不限)	5	447	442	5	
8472 黑龙江财经学院	**19**			**19**	
02专业组(不限)	19	451	440	19	
8473 哈尔滨石油学院	**2**			**2**	
02专业组(不限)	2	448	445	2	
8474 哈尔滨广厦学院	**9**			**8**	**1**
02专业组(不限)	9	450	438	8	1
8475 哈尔滨华德学院	**55**			**53**	**2**
02专业组(不限)	55	461	437	53	2
8483 黑龙江工商学院	**25**			**25**	
02专业组(不限)	25	447	437	25	
8501 黄河科技学院	**19**			**19**	
02专业组(不限)	19	461	445	19	
8504 郑州财经学院	**4**			**4**	

2022年普通类(物理等科目类)本科院校

院校、专业组名称	录取数	最高分	最低分	平行志愿	征求志愿
02专业组(不限)	4	475	466	4	
8505 商丘工学院	20			20	
01专业组(不限)	20	467	448	20	
8508 郑州工商学院	30			30	
02专业组(不限)	30	472	450	30	
8510 郑州商学院	12			12	
02专业组(不限)	12	466	453	12	
8518 郑州西亚斯学院	6			6	
02专业组(不限)(中外合作办学)	6	479	450	6	
8550 武汉东湖学院	69			68	1
03专业组(不限)	69	476	443	68	1
8552 武昌首义学院	43			43	
03专业组(不限)	43	482	452	43	
8553 武昌理工学院	30			30	
02专业组(不限)	30	454	444	30	
8554 武汉生物工程学院	38			38	
03专业组(不限)	22	468	452	22	
04专业组(化学或生物)	16	497	459	16	
8555 武汉晴川学院	32			32	
02专业组(不限)	32	460	443	32	
8556 湖北大学知行学院	18			18	
02专业组(不限)	16	470	450	16	
03专业组(化学)	1	457	457	1	
04专业组(化学或生物)	1	471	471	1	
8557 武汉城市学院	23			22	1
02专业组(不限)	22	460	447	21	1
03专业组(化学)	1	455	455	1	
8558 三峡大学科技学院	26			26	
02专业组(不限)	26	462	447	26	
8559 湖北工业大学工程技术学院	28			28	
02专业组(不限)	22	463	446	22	
03专业组(化学)	3	450	448	3	
04专业组(生物)	3	459	452	3	
8560 武汉工程大学邮电与信息工程学院	30			30	
02专业组(不限)	21	463	451	21	
03专业组(化学)	9	457	443	9	
8561 武汉纺织大学外经贸学院	17			17	
03专业组(不限)	17	447	442	17	
8562 武昌工学院	9			9	
02专业组(不限)	9	461	449	9	
8563 武汉工商学院	38			38	
02专业组(不限)	38	460	442	38	
8565 长江大学文理学院	12			11	1
02专业组(不限)	12	472	450	11	1
8567 湖北汽车工业学院科技学院	16			16	
02专业组(不限)	16	481	451	16	
8568 湖北医药学院药护学院	22			22	
01专业组(不限)	22	488	443	22	

院校、专业组名称	录取数	最高分	最低分	平行志愿	征求志愿
8570 湖北经济学院法商学院	18			18	
02专业组(不限)	18	489	444	18	
8571 武汉体育学院体育科技学院	8			8	
02专业组(不限)	8	450	444	8	
8572 湖北文理学院理工学院	12			12	
02专业组(不限)	12	454	449	12	
8573 文华学院	42			42	
02专业组(不限)	42	466	446	42	
8574 武汉工程科技学院	26			24	2
03专业组(不限)	26	471	446	24	2
8575 武汉华夏理工学院	60			60	
02专业组(不限)	60	467	443	60	
8576 武汉传媒学院	1			1	
02专业组(不限)	1	457	457	1	
8577 武汉设计工程学院	7			7	
02专业组(不限)	7	454	445	7	
8601 长沙医学院	10			10	
02专业组(不限)	10	492	447	10	
8602 湖南涉外经济学院	56			54	2
02专业组(不限)	56	461	439	54	2
8603 湘潭大学兴湘学院	6			6	
02专业组(不限)	4	481	460	4	
03专业组(化学)	2	455	454	2	
8604 湖南工业大学科技学院	18			16	2
02专业组(不限)	16	479	454	14	2
03专业组(化学)	2	450	448	2	
8605 湖南科技大学潇湘学院	4			4	
02专业组(不限)	4	476	465	4	
8606 南华大学船山学院	6			6	
02专业组(不限)	6	462	453	6	
8607 湘潭理工学院	4			4	
02专业组(不限)	2	459	450	2	
03专业组(地理)	2	452	440	2	
8608 湖南农业大学东方科技学院	6			6	
01专业组(化学或生物)	6	467	457	6	
8609 湖南文理学院芙蓉学院	4			4	
02专业组(不限)	4	472	455	4	
8610 湖南理工学院南湖学院	15			15	
02专业组(不限)	15	481	450	15	
8612 湖南工程学院应用技术学院	5			5	
01专业组(不限)	5	461	450	5	
8614 长沙理工大学城南学院	22			22	
02专业组(不限)	22	480	456	22	
8640 广东白云学院	14			14	
02专业组(不限)	6	444	441	6	
03专业组(化学)	8	446	441	8	
8641 电子科技大学中山学院	78			77	1
02专业组(不限)	69	478	443	68	1
03专业组(化学)	5	441	439	5	

院校、专业组名称	录取数	最高分	最低分	平行志愿	征求志愿
04专业组(化学或生物)	4	442	441	4	
8642 广东东软学院	**22**			**22**	
02专业组(不限)	22	448	440	22	
8643 广州城市理工学院	**41**			**41**	
02专业组(不限)	33	485	442	33	
03专业组(化学)	8	445	440	8	
8644 广州软件学院	**10**			**10**	
02专业组(不限)	10	463	452	10	
8645 广州南方学院	**15**			**15**	
02专业组(不限)	13	464	440	13	
03专业组(不限)(中外合作办学)	2	436	435	2	
8646 广东外语外贸大学南国商学院	**4**			**4**	
02专业组(不限)	4	445	442	4	
8649 北京理工大学珠海学院	**6**			**6**	
02专业组(不限)	6	496	475	6	
8650 珠海科技学院	**18**			**18**	
02专业组(不限)	18	492	464	18	
8651 广州工商学院	**3**			**3**	
02专业组(不限)	3	445	442	3	
8652 东莞城市学院	**10**			**10**	
02专业组(不限)	10	442	439	10	
8661 广州华立学院	**7**			**7**	
02专业组(不限)	7	443	441	7	
8665 广州新华学院	**10**			**10**	
02专业组(不限)	10	472	441	10	
8710 南宁学院	**9**			**9**	
02专业组(不限)	9	469	449	9	
8713 柳州工学院	**70**			**63**	**7**
02专业组(不限)	55	468	441	49	6
03专业组(化学)	15	454	439	14	1
8714 桂林学院	**27**			**26**	**1**
02专业组(不限)	27	467	442	26	1
8715 广西中医药大学赛恩斯新医药学院	**15**			**14**	**1**
03专业组(不限)	5	509	443	5	
04专业组(化学或生物)	10	456	443	9	1
8716 桂林信息科技学院	**40**			**40**	
02专业组(不限)	40	449	439	40	
8718 广西外国语学院	**17**			**17**	
03专业组(不限)	17	445	436	17	
8740 海口经济学院	**36**			**19**	**17**
03专业组(不限)	36	457	437	19	17
8741 三亚学院	**42**			**40**	**2**
05专业组(不限)	17	454	441	16	1
06专业组(不限)	17	461	442	17	
07专业组(不限)	4	451	438	3	1
08专业组(不限)	2	454	438	2	
09专业组(不限)(中外合作办学)	2	449	448	2	
8757 海南科技职业大学	**12**			**10**	**2**
05专业组(不限)	8	462	439	8	
06专业组(化学和生物)	4	453	434	2	2
8760 成都东软学院	**13**			**13**	
03专业组(不限)	13	466	454	13	
8761 电子科技大学成都学院	**47**			**46**	**1**
02专业组(不限)	47	503	468	46	1
8762 成都理工大学工程技术学院	**26**			**26**	
02专业组(不限)	26	463	452	26	
8764 成都银杏酒店管理学院	**8**			**8**	
03专业组(不限)	8	453	442	8	
8767 四川外国语大学成都学院	**27**			**26**	**1**
02专业组(不限)	27	506	452	26	1
8769 成都锦城学院	**29**			**29**	
02专业组(不限)	29	501	460	29	
8770 西南财经大学天府学院	**29**			**29**	
03专业组(不限)	29	485	448	29	
8771 四川大学锦江学院	**8**			**8**	
03专业组(不限)	8	464	452	8	
8774 西南交通大学希望学院	**14**			**14**	
02专业组(化学)	14	505	444	14	
8781 吉利学院	**10**			**9**	**1**
02专业组(不限)	10	465	443	9	1
8801 重庆城市科技学院	**88**			**83**	**5**
02专业组(不限)	88	475	445	83	5
8802 重庆外语外事学院	**10**			**10**	
02专业组(不限)	10	475	448	10	
8803 重庆对外经贸学院	**40**			**39**	**1**
04专业组(不限)	31	470	447	31	
05专业组(化学或地理)	2	468	465	2	
06专业组(思想政治)	7	454	445	6	1
8804 重庆财经学院	**13**			**12**	**1**
02专业组(不限)	13	489	472	12	1
8805 重庆工商大学派斯学院	**15**			**15**	
03专业组(不限)	10	450	445	10	
04专业组(化学或地理)	5	458	447	5	
8806 重庆移通学院	**76**			**71**	**5**
02专业组(不限)	47	475	448	45	2
03专业组(不限)(中外合作办学)	29	446	436	26	3
8808 重庆人文科技学院	**9**			**9**	
02专业组(不限)	9	471	456	9	
8841 贵阳人文科技学院	**16**			**16**	
02专业组(不限)	16	461	438	16	
8848 茅台学院	**10**			**10**	
01专业组(化学或生物)	10	478	465	10	
8849 贵阳信息科技学院	**5**			**5**	
01专业组(不限)	5	446	442	5	
8870 云南大学滇池学院	**22**			**20**	**2**
02专业组(不限)	22	464	441	20	2
8871 丽江文化旅游学院	**73**			**68**	**5**

院校、专业组名称	录取数	最高分	最低分	平行志愿	征求志愿
03专业组(不限)	73	456	437	68	5
8875 昆明文理学院	**8**			**7**	**1**
02专业组(不限)	8	468	442	7	1
8876 昆明理工大学津桥学院	**33**			**32**	**1**
02专业组(不限)	32	460	441	31	1
03专业组(化学)	1	439	439	1	
8878 云南经济管理学院	**6**			**5**	**1**
03专业组(不限)	6	461	439	5	1
8901 西安培华学院	**8**			**8**	
02专业组(不限)	8	464	450	8	
8902 西安欧亚学院	**26**			**24**	**2**
02专业组(不限)	16	452	441	15	1
03专业组(不限)	10	452	441	9	1
8903 西安外事学院	**10**			**10**	
03专业组(不限)	10	453	445	10	
8905 西京学院	**7**			**7**	
02专业组(不限)	7	473	452	7	
8906 西安思源学院	**15**			**15**	
02专业组(不限)	15	465	444	15	
8907 陕西国际商贸学院	**6**			**6**	
03专业组(不限)	6	443	441	6	
8910 西安交通大学城市学院	**31**			**31**	
02专业组(不限)	31	467	451	31	
8911 西北大学现代学院	**1**				**1**
02专业组(不限)	1	452	452		1
8912 西安建筑科技大学华清学院	**8**			**8**	
02专业组(不限)	8	468	448	8	
8913 西安财经大学行知学院	**4**			**4**	
02专业组(不限)	4	449	446	4	
8914 西安工商学院	**14**			**12**	**2**
03专业组(不限)	14	467	442	12	2
8915 延安大学西安创新学院	**9**			**9**	
02专业组(不限)	9	463	443	9	
8916 西安明德理工学院	**8**			**8**	
02专业组(不限)	8	443	441	8	
8918 西安科技大学高新学院	**9**			**9**	
02专业组(不限)	9	458	443	9	
8940 兰州工商学院	**9**			**9**	
02专业组(不限)	9	465	443	9	
8941 兰州博文科技学院	**14**			**10**	**4**
03专业组(不限)	14	472	442	10	4
8942 兰州信息科技学院	**11**			**11**	
01专业组(不限)	11	471	443	11	
8970 宁夏理工学院	**93**			**93**	
02专业组(不限)	89	454	439	89	
03专业组(化学)	4	442	438	4	
8971 宁夏大学新华学院	**9**			**9**	
02专业组(不限)	9	456	445	9	
8972 银川能源学院	**8**			**8**	
02专业组(不限)	8	444	441	8	

(六)普通类(物理等科目类)高职(专科)院校

院校、专业组名称	录取数	最高分	最低分	平行志愿	征求志愿
0306 中国民用航空飞行学院	**4**			**4**	
09专业组(不限)	4	458	439	4	
1136 南京工业职业技术大学	**263**			**263**	
07专业组(不限)	263	470	428	263	
1150 江苏海事职业技术学院	**553**			**543**	**10**
04专业组(不限)(定向培养军士)	63	452	395	63	
05专业组(不限)	354	475	412	345	9
06专业组(不限)(中外合作办学)	10	432	403	10	
07专业组(化学或生物)	81	440	419	80	1
08专业组(化学或生物)(分段培养项目)	45	471	440	45	
1152 南京交通职业技术学院	**492**			**492**	
04专业组(不限)(分段培养项目)	60	464	436	60	
05专业组(不限)(分段培养项目)	80	474	437	80	
06专业组(不限)	352	436	416	352	
1153 南京科技职业学院	**262**			**255**	**7**
05专业组(不限)(分段培养项目)	120	470	435	119	1
06专业组(不限)	108	468	414	102	6
07专业组(不限)(中外合作办学)	10	428	399	10	
08专业组(化学)	24	453	409	24	
1154 南京信息职业技术学院	**269**			**269**	
06专业组(不限)	196	479	433	196	
07专业组(不限)(定向培养军士)	15	460	429	15	
08专业组(不限)(定向培养军士)	27	474	412	27	
09专业组(不限)(定向培养军士)	6	456	436	6	
10专业组(不限)(分段培养项目)	25	473	445	25	
1155 南京铁道职业技术学院	**303**			**298**	**5**
04专业组(不限)(分段培养项目)	176	492	437	174	2
05专业组(不限)	91	508	432	89	2
06专业组(不限)(中外合作办学)	36	435	414	35	1
1156 江苏经贸职业技术学院	**331**			**330**	**1**
05专业组(不限)	279	452	417	278	1
06专业组(不限)(分段培养项目)	15	455	440	15	
07专业组(不限)(分段培养项目)	15	462	438	15	
08专业组(化学或生物)	22	434	413	22	
1158 江苏卫生健康职业学院	**924**			**918**	**6**
04专业组(不限)(分段培养项目)	50	485	444	49	1
05专业组(不限)	656	453	412	653	3
06专业组(不限)	218	530	351	216	2
1159 南京机电职业技术学院	**90**			**87**	**3**
02专业组(不限)	90	439	413	87	3
1160 南京旅游职业学院	**67**			**67**	
04专业组(不限)(分段培养项目)	20	437	428	20	

院校、专业组名称	录取数	最高分	最低分	平行志愿	征求志愿
05专业组(不限)(分段培养项目)	15	435	429	15	
06专业组(不限)	32	433	403	32	
1171 江苏城市职业学院	380			367	13
02专业组(不限)	380	437	393	367	13
1172 南京城市职业学院	46			44	2
02专业组(不限)	46	432	408	44	2
1210 江苏信息职业技术学院	470			465	5
04专业组(不限)	293	435	395	289	4
05专业组(不限)(定向培养军士)	22	434	421	22	
06专业组(不限)(分段培养项目)	155	471	434	154	1
1211 无锡职业技术学院	804			799	5
05专业组(不限)(分段培养项目)	30	469	437	27	3
06专业组(不限)	715	473	418	713	2
07专业组(不限)(中外合作办学)	15	425	392	15	
08专业组(化学)	44	435	414	44	
1212 无锡商业职业技术学院	225			225	
03专业组(不限)(分段培养项目)	99	452	429	99	
04专业组(不限)	126	441	403	126	
1213 无锡科技职业学院	581			556	25
03专业组(不限)	561	434	379	536	25
04专业组(不限)(分段培养项目)	20	443	436	20	
1214 无锡城市职业技术学院	239			219	20
03专业组(不限)(分段培养项目)	70	438	423	55	15
04专业组(不限)	169	434	389	164	5
1215 无锡工艺职业技术学院	229			229	
03专业组(不限)(分段培养项目)	25	431	421	25	
04专业组(不限)	204	416	362	204	
1216 江阴职业技术学院	375			365	10
02专业组(不限)	375	433	353	365	10
1230 江苏建筑职业技术学院	256			255	1
02专业组(不限)	136	440	400	135	1
03专业组(不限)(分段培养项目)	40	437	432	40	
04专业组(不限)(分段培养项目)	80	456	432	80	
1231 徐州工业职业技术学院	326			326	
04专业组(不限)	151	449	384	151	
05专业组(不限)(分段培养项目)	45	435	422	45	
06专业组(不限)(分段培养项目)	120	435	421	120	
07专业组(不限)(中外合作办学)	10	413	364	10	
1232 徐州幼儿师范高等专科学校	280			267	13
04专业组(不限)(分段培养项目)	20	471	441	20	
05专业组(不限)	180	436	395	179	1
06专业组(不限)	80	413	234	68	12
1233 徐州生物工程职业技术学院	425			413	12
03专业组(不限)	380	429	356	368	12
04专业组(不限)(分段培养项目)	45	460	426	45	
1234 江苏安全技术职业学院	116			116	
03专业组(不限)	88	420	358	88	
04专业组(不限)(分段培养项目)	28	449	425	28	
1250 常州信息职业技术学院	764			764	

院校、专业组名称	录取数	最高分	最低分	平行志愿	征求志愿
02专业组(不限)	735	462	396	735	
03专业组(化学)	29	432	408	29	
1251 常州纺织服装职业技术学院	175			175	
03专业组(不限)	160	422	345	160	
04专业组(不限)(分段培养项目)	15	435	430	15	
1252 常州工程职业技术学院	60			60	
02专业组(不限)	20	444	407	20	
03专业组(不限)(分段培养项目)	40	441	434	40	
1253 常州工业职业技术学院	480			480	
04专业组(不限)	246	447	386	246	
05专业组(不限)(分段培养项目)	216	441	427	216	
06专业组(不限)(中外合作办学)	18	430	323	18	
1254 常州机电职业技术学院	310			302	8
03专业组(不限)	240	431	396	232	8
04专业组(不限)(分段培养项目)	70	451	432	70	
1255 江苏城乡建设职业学院	631			631	
03专业组(不限)	515	423	339	515	
04专业组(不限)(分段培养项目)	116	442	425	116	
1256 常州幼儿师范高等专科学校	10			10	
02专业组(不限)	10	449	424	10	
1270 苏州职业大学	732			728	4
04专业组(不限)	656	456	416	652	4
05专业组(不限)(分段培养项目)	45	472	443	45	
06专业组(不限)(中外合作办学)	31	421	379	31	
1272 苏州农业职业技术学院	125			124	1
03专业组(不限)	85	439	397	84	1
04专业组(不限)(分段培养项目)	40	434	421	40	
1273 苏州工业职业技术学院	348			338	10
02专业组(不限)	258	446	400	248	10
03专业组(不限)(分段培养项目)	90	443	434	90	
1274 苏州经贸职业技术学院	540			540	
03专业组(不限)(分段培养项目)	140	446	425	140	
04专业组(不限)	400	439	402	400	
1275 苏州卫生职业技术学院	1147			1129	18
05专业组(不限)(分段培养项目)	50	500	435	49	1
06专业组(不限)	798	533	414	784	14
07专业组(不限)	35	421	394	35	
08专业组(不限)	264	529	354	261	3
1276 苏州工业园区服务外包职业学院	76			76	
03专业组(不限)	36	437	389	36	
04专业组(不限)(分段培养项目)	40	439	430	40	
1277 苏州信息职业技术学院	99			98	1
03专业组(不限)	78	429	399	77	1
04专业组(不限)(分段培养项目)	21	450	437	21	
1278 沙洲职业工学院	410			409	1
02专业组(不限)	410	424	332	409	1
1279 苏州健雄职业技术学院	285			284	1
03专业组(不限)(分段培养项目)	150	442	424	149	1
04专业组(不限)	135	418	377	135	

2022年普通类(物理等科目类)高职(专科)院校

院校、专业组名称	录取数	最高分	最低分	平行志愿	征求志愿
1290 苏州幼儿师范高等专科学校	**59**			**59**	
04专业组(不限)	42	450	426	42	
05专业组(不限)(分段培养项目)	8	493	459	8	
06专业组(不限)(分段培养项目)	9	459	447	9	
1310 南通职业大学	**150**			**150**	
03专业组(不限)(分段培养项目)	35	438	431	35	
04专业组(不限)	115	437	396	115	
1311 江苏航运职业技术学院	**155**			**155**	
05专业组(不限)	111	436	386	111	
06专业组(不限)(分段培养项目)	20	438	425	20	
07专业组(不限)(分段培养项目)	20	434	422	20	
08专业组(生物或思想政治)	4	420	413	4	
1312 江苏工程职业技术学院	**282**			**281**	**1**
03专业组(不限)	278	427	375	277	1
04专业组(化学或生物)	4	418	416	4	
1313 南通科技职业学院	**173**			**173**	
03专业组(不限)(分段培养项目)	57	437	430	57	
04专业组(不限)	116	419	372	116	
1314 江苏商贸职业学院	**380**			**380**	
06专业组(不限)(分段培养项目)	15	434	426	15	
07专业组(不限)(分段培养项目)	20	436	432	20	
08专业组(不限)(分段培养项目)	20	433	425	20	
09专业组(不限)(分段培养项目)	25	434	429	25	
10专业组(不限)	300	434	354	300	
1315 南通师范高等专科学校	**174**			**169**	**5**
03专业组(不限)	94	431	405	93	1
04专业组(不限)(分段培养项目)	80	485	430	76	4
1330 连云港师范高等专科学校	**211**			**199**	**12**
03专业组(不限)	156	447	370	146	10
04专业组(不限)(分段培养项目)	55	468	432	53	2
1331 连云港职业技术学院	**890**			**828**	**62**
03专业组(不限)	875	435	221	813	62
04专业组(不限)(分段培养项目)	15	432	419	15	
1332 江苏财会职业学院	**733**			**453**	**280**
03专业组(不限)	718	434	222	438	280
04专业组(不限)(分段培养项目)	15	437	433	15	
1350 江苏电子信息职业学院	**341**			**341**	
03专业组(不限)	301	421	352	301	
04专业组(不限)(分段培养项目)	40	437	429	40	
1351 江苏食品药品职业技术学院	**325**			**319**	**6**
03专业组(不限)	205	464	360	203	2
04专业组(不限)(分段培养项目)	120	443	421	116	4
1352 江苏财经职业技术学院	**463**			**463**	
04专业组(不限)	433	433	335	433	
05专业组(不限)(分段培养项目)	20	438	433	20	
06专业组(化学或生物)	10	421	373	10	
1353 江苏护理职业学院	**477**			**475**	**2**
03专业组(不限)	417	436	390	416	1
04专业组(不限)(分段培养项目)	60	458	435	59	1

院校、专业组名称	录取数	最高分	最低分	平行志愿	征求志愿
1370 盐城工业职业技术学院	**207**			**206**	**1**
04专业组(不限)(分段培养项目)	55	445	419	54	1
05专业组(不限)	148	425	347	148	
06专业组(不限)(中外合作办学)	4	377	288	4	
1371 江苏医药职业学院	**1163**			**1144**	**19**
03专业组(不限)	764	471	398	752	12
04专业组(不限)	229	510	361	224	5
05专业组(不限)(分段培养项目)	170	505	434	168	2
1372 盐城幼儿师范高等专科学校	**405**			**381**	**24**
03专业组(不限)(分段培养项目)	68	473	427	67	1
04专业组(不限)	337	450	352	314	23
1390 扬州市职业大学	**441**			**439**	**2**
07专业组(不限)	219	450	399	219	
08专业组(不限)	175	436	390	173	2
09专业组(不限)(中外合作办学)	15	410	347	15	
10专业组(生物)	15	434	420	15	
11专业组(生物)(分段培养项目)	15	466	441	15	
12专业组(思想政治)	2	428	427	2	
1392 扬州工业职业技术学院	**423**			**423**	
04专业组(不限)	108	431	388	108	
05专业组(不限)(分段培养项目)	275	454	425	275	
06专业组(化学或生物)(分段培养项目)	40	437	424	40	
1394 江苏旅游职业学院	**181**			**181**	
03专业组(不限)	106	415	350	106	
04专业组(不限)(分段培养项目)	75	440	427	75	
1410 镇江市高等专科学校	**513**			**505**	**8**
03专业组(不限)	478	435	347	470	8
04专业组(不限)(分段培养项目)	35	450	436	35	
1411 江苏农林职业技术学院	**92**			**89**	**3**
04专业组(不限)(分段培养项目)	20	453	434	20	
05专业组(不限)	70	450	408	67	3
06专业组(化学)	2	417	396	2	
1412 江苏航空职业技术学院	**734**			**559**	**175**
02专业组(不限)	734	428	234	559	175
1431 泰州职业技术学院	**555**			**547**	**8**
04专业组(不限)(分段培养项目)	60	436	425	60	
05专业组(不限)	445	435	367	437	8
06专业组(化学或生物)	50	506	426	50	
1432 江苏农牧科技职业学院	**214**			**207**	**7**
02专业组(不限)	139	443	390	133	6
03专业组(不限)(分段培养项目)	75	460	429	74	1
1950 钟山职业技术学院	**116**			**96**	**20**
04专业组(不限)	6	382	223	3	3
05专业组(不限)	105	434	240	88	17
06专业组(不限)	5	400	375	5	
1951 正德职业技术学院	**354**			**105**	**249**
02专业组(不限)	354	398	222	105	249
1952 金肯职业技术学院	**147**			**71**	**76**
02专业组(不限)	147	417	221	71	76

院校、专业组名称	录取数	最高分	最低分	平行志愿	征求志愿
1953 应天职业技术学院	**40**			**40**	
02专业组(不限)	40	430	336	40	
1954 南京视觉艺术职业学院	**18**			**18**	
02专业组(不限)	18	400	327	18	
1957 无锡南洋职业技术学院	**153**			**67**	**86**
03专业组(不限)(分段培养项目)	25	430	418	25	
04专业组(不限)	128	414	229	42	86
1958 江南影视艺术职业学院	**63**			**63**	
03专业组(不限)	43	430	258	43	
04专业组(不限)(分段培养项目)	20	426	409	20	
1959 太湖创意职业技术学院	**106**			**70**	**36**
03专业组(不限)	71	433	236	35	36
04专业组(不限)(分段培养项目)	35	436	413	35	
1962 九州职业技术学院	**61**			**21**	**40**
02专业组(不限)	61	412	253	21	40
1965 建东职业技术学院	**22**			**3**	**19**
02专业组(不限)	22	395	280	3	19
1968 苏州工业园区职业技术学院	**425**			**284**	**141**
03专业组(不限)	390	418	221	249	141
04专业组(不限)(分段培养项目)	35	436	420	35	
1969 苏州托普信息职业技术学院	**165**			**67**	**98**
02专业组(不限)	165	433	222	67	98
1970 苏州高博软件技术职业学院	**45**			**16**	**29**
02专业组(不限)	45	401	228	16	29
1971 苏州百年职业学院	**14**			**10**	**4**
02专业组(不限)(中外合作办学)	14	368	248	10	4
1973 昆山登云科技职业学院	**162**			**65**	**97**
02专业组(不限)	162	421	220	65	97
1974 硅湖职业技术学院	**75**			**45**	**30**
02专业组(不限)	75	399	245	45	30
1982 炎黄职业技术学院	**8**			**4**	**4**
02专业组(不限)	8	402	228	4	4
1985 明达职业技术学院	**16**			**10**	**6**
02专业组(不限)	16	367	221	10	6
1988 江海职业技术学院	**73**			**38**	**35**
02专业组(不限)	73	399	222	38	35
1989 扬州中瑞酒店职业学院	**11**			**8**	**3**
02专业组(不限)	11	378	261	8	3
1991 金山职业技术学院	**16**			**8**	**8**
02专业组(不限)	16	390	222	8	8
1996 宿迁职业技术学院	**35**			**31**	**4**
02专业组(不限)	35	364	259	31	4
1997 宿迁泽达职业技术学院	**9**			**5**	**4**
02专业组(不限)	9	361	225	5	4
2132 上海出版印刷高等专科学校	**18**			**18**	
02专业组(不限)	18	435	396	18	
2134 上海旅游高等专科学校	**25**			**25**	
02专业组(不限)	25	428	373	25	
2138 上海电子信息职业技术学院	**10**			**10**	
02专业组(不限)	10	442	417	10	
2146 上海工艺美术职业学院	**7**			**7**	
02专业组(不限)	7	419	408	7	
2149 上海科学技术职业学院	**40**			**40**	
02专业组(不限)	40	431	389	40	
2150 上海农林职业技术学院	**4**			**4**	
02专业组(不限)	4	433	382	4	
2154 上海交通职业技术学院	**32**			**29**	**3**
02专业组(不限)	32	419	389	29	3
2155 上海城建职业学院	**12**			**12**	
02专业组(不限)	12	437	405	12	
2166 上海行健职业学院	**3**			**3**	
02专业组(不限)	3	418	401	3	
2167 上海民航职业技术学院	**32**			**31**	**1**
02专业组(不限)	32	441	407	31	1
2217 浙江经贸职业技术学院	**10**			**10**	
02专业组(不限)	10	422	403	10	
2226 浙江邮电职业技术学院	**9**			**8**	**1**
02专业组(不限)	9	431	400	8	1
2238 浙江国际海运职业技术学院	**8**			**8**	
02专业组(不限)	8	403	370	8	
2247 浙江交通职业技术学院	**7**			**7**	
02专业组(不限)(定向培养军士)	7	410	392	7	
2252 浙江商业职业技术学院	**5**			**5**	
02专业组(不限)	5	421	411	5	
2253 浙江金融职业学院	**6**			**6**	
02专业组(不限)	6	428	422	6	
2259 嘉兴职业技术学院	**20**			**20**	
02专业组(不限)	20	411	357	20	
2260 浙江建设职业技术学院	**5**			**5**	
02专业组(不限)(定向培养军士)	5	424	400	5	
2314 安徽医学高等专科学校	**28**			**28**	
01专业组(不限)	10	380	335	10	
02专业组(化学)	18	433	274	18	
2315 安徽中医药高等专科学校	**5**			**5**	
02专业组(不限)	5	423	376	5	
2317 安徽电气工程职业技术学院	**5**			**5**	
01专业组(不限)	5	415	397	5	
2328 安徽商贸职业技术学院	**8**			**8**	
02专业组(不限)	8	388	256	8	
2329 安徽审计职业学院	**5**			**5**	
02专业组(不限)	5	419	392	5	
2337 合肥通用职业技术学院	**4**			**4**	
02专业组(不限)	4	346	310	4	
2344 安徽工业经济职业技术学院	**5**			**5**	
02专业组(不限)	5	355	317	5	
2357 马鞍山职业技术学院	**10**			**10**	
02专业组(不限)	10	385	279	10	
2363 安徽冶金科技职业学院	**19**			**4**	**15**

2022年普通类(物理等科目类)高职(专科)院校

院校、专业组名称	录取数	最高分	最低分	平行志愿	征求志愿
02专业组(不限)	19	408	313	4	15
2365 合肥幼儿师范高等专科学校	5			3	2
01专业组(不限)	5	406	298	3	2
2379 安徽粮食工程职业学院	1				1
02专业组(不限)	1	400	400		1
2382 合肥职业技术学院	10			10	
01专业组(不限)	10	414	383	10	
2384 安徽卫生健康职业学院	25			25	
02专业组(不限)	25	386	321	25	
2391 宣城职业技术学院	10			4	6
02专业组(不限)	10	413	251	4	6
2417 厦门海洋职业技术学院	1			1	
02专业组(不限)	1	395	395	1	
2436 泉州经贸职业技术学院	29			10	19
02专业组(不限)	29	419	262	10	19
2455 福州墨尔本理工职业学院	4			4	
02专业组(不限)(中外合作办学)	4	382	316	4	
2502 华东交通大学	10			10	
06专业组(不限)	10	519	433	10	
2519 江西电力职业技术学院	6			6	
02专业组(不限)	6	427	396	6	
2520 江西信息应用职业技术学院	1			1	
02专业组(不限)	1	411	411	1	
2525 江西现代职业技术学院	10			2	8
02专业组(不限)	10	391	285	2	8
2533 江西应用技术职业学院	2			2	
02专业组(不限)	2	336	318	2	
2545 赣州师范高等专科学校	3			3	
02专业组(不限)	3	355	329	3	
2562 江西财经职业学院	5			5	
02专业组(不限)	5	395	327	5	
2563 九江职业技术学院	9			9	
02专业组(不限)	9	413	368	9	
2564 江西建设职业技术学院	17			5	12
02专业组(不限)	17	409	251	5	12
2565 江西交通职业技术学院	6			3	3
02专业组(不限)	6	404	293	3	3
2567 九江职业大学	2			2	
02专业组(不限)	2	428	415	2	
2569 江西机电职业技术学院	21			3	18
02专业组(不限)	21	393	316	3	18
2575 抚州幼儿师范高等专科学校	5			1	4
01专业组(不限)	5	369	337	1	4
2576 江西工程职业学院	3			3	
02专业组(不限)	3	348	302	3	
2578 吉安职业技术学院	5				5
02专业组(不限)	5	347	318		5
2584 江西婺源茶业职业学院	4			1	3
02专业组(不限)	4	352	333	1	3
2593 江西工业工程职业技术学院	14			1	13
02专业组(不限)	14	353	337	1	13
2597 江西农业工程职业学院	5			4	1
02专业组(不限)	5	426	295	4	1
2618 山东胜利职业学院	1			1	
02专业组(不限)	1	317	317	1	
2636 山东畜牧兽医职业学院	2			2	
02专业组(不限)	2	405	391	2	
2639 东营职业学院	2			2	
02专业组(不限)	2	349	281	2	
2640 青岛港湾职业技术学院	2			2	
02专业组(不限)	2	377	365	2	
2644 聊城职业技术学院	3			3	
02专业组(不限)	3	390	386	3	
2646 山东职业学院	21			21	
03专业组(不限)	15	433	395	15	
04专业组(不限)(中外合作办学)	6	422	314	6	
2647 日照职业技术学院	10			10	
02专业组(不限)	10	430	372	10	
2658 济南工程职业技术学院	2			2	
02专业组(不限)	2	368	355	2	
2659 山东水利职业学院	15			15	
02专业组(不限)	15	413	356	15	
2665 枣庄科技职业学院	8			3	5
02专业组(不限)	8	374	302	3	5
2694 山东外贸职业学院	1			1	
02专业组(不限)	1	351	351	1	
2719 威海海洋职业学院	10			10	
02专业组(不限)	10	386	289	10	
2756 山东化工职业学院	3			1	2
02专业组(不限)	3	377	337	1	2
2758 潍坊工程职业学院	10			10	
01专业组(不限)(定向培养军士)	10	411	387	10	
2759 山东信息职业技术学院	13			13	
02专业组(不限)(定向培养军士)	13	420	409	13	
3168 北京工业职业技术学院	3			3	
02专业组(不限)	3	443	426	3	
3176 北京社会管理职业学院	2			2	
01专业组(不限)	2	424	390	2	
3220 天津商务职业学院	8			8	
02专业组(不限)	8	432	365	8	
3224 天津市职业大学	4			4	
02专业组(不限)	4	437	414	4	
3226 天津交通职业学院	7			7	
02专业组(不限)	7	388	377	7	
3227 天津轻工职业技术学院	1			1	
01专业组(不限)	1	381	381	1	
3231 天津公安警官职业学院	5			5	
01专业组(不限)	5	431	392	5	

院校、专业组名称	录取数	最高分	最低分	平行志愿	征求志愿
3232 天津石油职业技术学院	**4**			**4**	
02专业组(不限)	4	416	351	4	
3234 天津现代职业技术学院	**2**			**2**	
02专业组(不限)	2	403	396	2	
3235 天津电子信息职业技术学院	**5**			**5**	
01专业组(不限)	5	407	387	5	
3238 天津铁道职业技术学院	**20**			**20**	
02专业组(不限)	20	433	399	20	
3239 天津城市职业学院	**2**			**2**	
01专业组(不限)	2	359	347	2	
3241 天津国土资源和房屋职业学院	**2**			**2**	
02专业组(不限)	2	412	383	2	
3243 天津工业职业学院	**16**			**16**	
02专业组(不限)	16	379	321	16	
3244 天津城市建设管理职业技术学院	**4**			**2**	**2**
02专业组(不限)	4	372	300	2	2
3309 石家庄邮电职业技术学院	**23**			**23**	
02专业组(不限)	23	463	435	23	
3320 河北环境工程学院	**5**			**5**	
06专业组(不限)	5	422	385	5	
3323 秦皇岛职业技术学院	**8**			**2**	**6**
01专业组(不限)	8	389	300	2	6
3329 河北交通职业技术学院	**6**			**2**	**4**
02专业组(不限)	6	374	352	2	4
3330 河北对外经贸职业学院	**1**			**1**	
02专业组(不限)	1	352	352	1	
3354 河北轨道运输职业技术学院	**18**			**15**	**3**
02专业组(不限)	18	435	271	15	3
3355 廊坊职业技术学院	**7**				**7**
02专业组(不限)	7	403	333		7
3360 石家庄铁路职业技术学院	**11**			**11**	
02专业组(不限)	11	429	391	11	
3376 河北化工医药职业技术学院	**2**			**2**	
02专业组(不限)	2	365	257	2	
3378 河北石油职业技术大学	**7**			**5**	**2**
05专业组(不限)	7	400	303	5	2
3379 河北科技工程职业技术大学	**15**			**15**	
05专业组(不限)	15	415	314	15	
3380 河北工业职业技术大学	**5**			**5**	
03专业组(不限)	5	415	343	5	
3425 山西职业技术学院	**7**			**7**	
02专业组(不限)	7	399	334	7	
3435 临汾职业技术学院	**5**			**5**	
02专业组(不限)	5	347	295	5	
3518 包头铁道职业技术学院	**5**			**3**	**2**
01专业组(化学)	5	323	297	3	2
4155 渤海船舶职业学院	**15**			**13**	**2**
01专业组(不限)	15	390	295	13	2
4218 吉林工业职业技术学院	**1**			**1**	

院校、专业组名称	录取数	最高分	最低分	平行志愿	征求志愿
02专业组(不限)	1	375	375	1	
4220 吉林警察学院	**3**			**3**	
04专业组(不限)	3	418	413	3	
4221 长春金融高等专科学校	**7**			**7**	
02专业组(不限)	7	421	280	7	
4222 长春汽车工业高等专科学校	**2**			**2**	
01专业组(不限)	2	355	351	2	
4244 吉林司法警官职业学院	**5**			**5**	
02专业组(不限)	5	366	339	5	
4245 吉林电子信息职业技术学院	**3**				**3**
02专业组(不限)	3	395	339		3
4286 长春医学高等专科学校	**1**			**1**	
02专业组(不限)	1	359	359	1	
4316 哈尔滨电力职业技术学院	**15**			**15**	
01专业组(不限)	15	411	375	15	
4317 哈尔滨铁道职业技术学院	**10**			**10**	
02专业组(不限)	10	413	355	10	
4320 黑龙江建筑职业技术学院	**35**			**17**	**18**
02专业组(不限)	35	393	244	17	18
4328 黑龙江交通职业技术学院	**15**			**9**	**6**
02专业组(不限)	15	357	270	9	6
4334 大兴安岭职业学院	**8**			**2**	**6**
02专业组(不限)	8	336	315	2	6
4338 黑龙江农业工程职业学院	**10**			**3**	**7**
02专业组(不限)	10	454	265	3	7
5108 郑州电力高等专科学校	**10**			**10**	
01专业组(不限)	10	431	410	10	
5116 郑州铁路职业技术学院	**10**			**8**	**2**
02专业组(不限)	10	475	398	8	2
5121 济源职业技术学院	**2**				**2**
02专业组(不限)	2	355	351		2
5166 河南交通职业技术学院	**10**			**10**	
01专业组(不限)(定向培养军士)	10	434	401	10	
5167 河南医学高等专科学校	**10**			**10**	
02专业组(不限)(定向培养军士)	10	421	383	10	
5169 河南测绘职业学院	**4**			**4**	
02专业组(不限)	4	394	307	4	
5177 商丘医学高等专科学校	**2**			**2**	
02专业组(化学或生物)	2	393	377	2	
5189 永城职业学院	**2**			**2**	
02专业组(不限)	2	404	387	2	
5224 湖北国土资源职业学院	**4**			**4**	
02专业组(不限)	4	414	381	4	
5225 汉江师范学院	**11**			**11**	
03专业组(不限)	11	417	384	11	
5227 武汉船舶职业技术学院	**18**			**18**	
03专业组(不限)	12	420	352	12	
04专业组(不限)(定向培养军士)	6	393	380	6	
5232 湖北生态工程职业技术学院	**2**			**2**	

院校、专业组名称	录取数	最高分	最低分	平行志愿	征求志愿
02专业组(不限)	2	371	344	2	
5233 武汉航海职业技术学院	**12**			**8**	**4**
02专业组(不限)	12	417	320	8	4
5234 湖北城市建设职业技术学院	**13**			**4**	**9**
02专业组(不限)	13	397	302	4	9
5236 武汉交通职业学院	**21**			**21**	
03专业组(不限)	12	417	318	12	
04专业组(不限)(定向培养军士)	9	386	373	9	
5237 湖北水利水电职业技术学院	**8**			**8**	
02专业组(不限)	8	399	346	8	
5246 湖北交通职业技术学院	**24**			**10**	**14**
03专业组(不限)(定向培养军士)	7	421	371	7	
04专业组(不限)	17	393	300	3	14
5250 武汉软件工程职业学院	**3**			**3**	
02专业组(不限)	3	428	424	3	
5252 武汉铁路职业技术学院	**34**			**34**	
02专业组(不限)	34	434	396	34	
5253 恩施职业技术学院	**1**			**1**	
02专业组(不限)	1	268	268	1	
5259 长江工程职业技术学院	**9**			**3**	**6**
02专业组(不限)	9	409	338	3	6
5266 三峡电力职业学院	**11**			**11**	
02专业组(不限)	11	421	378	11	
5272 武汉城市职业学院	**2**			**2**	
02专业组(不限)	2	396	380	2	
5273 武汉警官职业学院	**27**			**27**	
02专业组(不限)	27	417	359	27	
5283 湖北铁道运输职业学院	**39**			**39**	
02专业组(不限)	39	426	338	39	
5286 咸宁职业技术学院	**5**			**2**	**3**
02专业组(不限)	5	356	300	2	3
5288 武汉铁路桥梁职业学院	**13**			**9**	**4**
02专业组(不限)	13	390	253	9	4
5291 襄阳职业技术学院	**5**			**5**	
02专业组(不限)	5	385	349	5	
5298 仙桃职业学院	**5**			**5**	
01专业组(不限)	5	406	351	5	
5311 长沙航空职业技术学院	**20**			**20**	
02专业组(不限)(定向培养军士)	20	424	393	20	
5312 长沙民政职业技术学院	**11**			**10**	**1**
02专业组(不限)	11	439	386	10	1
5313 湖南大众传媒职业技术学院	**4**			**4**	
02专业组(不限)	4	424	398	4	
5315 湖南商务职业技术学院	**4**			**1**	**3**
02专业组(不限)	4	369	330	1	3
5317 湖南城建职业技术学院	**2**			**2**	
02专业组(不限)	2	339	294	2	
5318 湖南邮电职业技术学院	**2**			**2**	
02专业组(不限)	2	347	334	2	
5319 湖南工业职业技术学院	**6**			**4**	**2**
02专业组(不限)	6	409	259	4	2
5333 湖南高速铁路职业技术学院	**30**			**30**	
02专业组(不限)	30	431	335	30	
5353 湖南石油化工职业技术学院	**3**			**3**	
02专业组(不限)	3	391	300	3	
5356 张家界航空工业职业技术学院	**5**			**5**	
02专业组(不限)	5	435	368	5	
5360 湖南安全技术职业学院	**5**				**5**
01专业组(不限)	5	373	364		5
5366 湖南铁路科技职业技术学院	**32**			**32**	
02专业组(不限)	32	431	308	32	
5367 湖南国防工业职业技术学院	**10**			**10**	
03专业组(不限)	5	349	286	5	
04专业组(不限)(定向培养军士)	5	398	389	5	
5372 湖南体育职业学院	**10**			**10**	
02专业组(不限)(定向培养军士)	10	400	373	10	
5378 湖南化工职业技术学院	**10**				**10**
02专业组(不限)	10	383	347		10
5392 湖南交通职业技术学院	**7**			**7**	
02专业组(不限)	7	433	271	7	
5394 湖南铁道职业技术学院	**44**			**44**	
02专业组(不限)	44	428	350	44	
5395 湖南工程职业技术学院	**2**			**2**	
02专业组(不限)	2	359	314	2	
5415 广州民航职业技术学院	**14**			**14**	
02专业组(不限)	6	433	402	6	
03专业组(不限)(中外合作办学)	8	424	376	8	
5416 广东轻工职业技术学院	**4**			**4**	
02专业组(不限)	2	461	441	2	
03专业组(不限)	2	433	433	2	
5474 广州铁路职业技术学院	**10**			**10**	
01专业组(不限)	10	431	372	10	
5475 江门职业技术学院	**9**			**7**	**2**
02专业组(不限)	8	421	291	7	1
03专业组(不限)	1	328	328		1
5512 桂林理工大学	**15**			**15**	
06专业组(不限)	15	434	418	15	
5526 广西机电职业技术学院	**15**			**3**	**12**
02专业组(不限)	15	407	250	3	12
5528 柳州铁道职业技术学院	**7**			**6**	**1**
02专业组(化学或生物)	7	415	280	6	1
5537 广西电力职业技术学院	**1**			**1**	
02专业组(不限)	1	300	300	1	
5541 广西建设职业技术学院	**3**			**3**	
02专业组(不限)	3	422	364	3	
5613 海南软件职业技术学院	**10**			**10**	
02专业组(不限)	10	415	298	10	
5614 海南经贸职业技术学院	**11**			**8**	**3**

2022年普通类(物理等科目类)高职(专科)院校

院校、专业组名称	录取数	最高分	最低分	平行志愿	征求志愿
02专业组(不限)	11	413	253	8	3
5631 海南职业技术学院	10			3	7
02专业组(不限)	10	386	271	3	7
6114 成都大学	10			10	
07专业组(不限)(中外合作办学)	10	429	418	10	
6125 四川交通职业技术学院	2			2	
02专业组(不限)	2	421	411	2	
6126 四川建筑职业技术学院	8			8	
01专业组(不限)	8	423	364	8	
6135 四川工程职业技术学院	2			2	
02专业组(不限)	2	427	423	2	
6138 成都航空职业技术学院	8			8	
02专业组(不限)	3	430	420	3	
03专业组(不限)(定向培养军士)	5	427	414	5	
6188 四川文化产业职业学院	5			5	
01专业组(不限)	5	386	327	5	
6189 资阳环境科技职业学院	13			2	11
03专业组(不限)	12	369	237	2	10
04专业组(化学或生物)	1	326	326		1
6216 重庆三峡医药高等专科学校	2			2	
02专业组(不限)	2	427	407	2	
6225 重庆城市管理职业学院	1			1	
02专业组(不限)	1	437	437	1	
6228 重庆电子工程职业学院	30			30	
02专业组(不限)	30	438	352	30	
6234 重庆工程职业技术学院	3			3	
01专业组(不限)	3	423	395	3	
6237 重庆水利电力职业技术学院	5			5	
02专业组(不限)	5	405	375	5	
6238 重庆航天职业技术学院	15			15	
01专业组(不限)(定向培养军士)	15	442	382	15	
6239 重庆电力高等专科学校	10			10	
02专业组(不限)	10	421	396	10	
6322 遵义职业技术学院	3				3
02专业组(不限)	3	370	334		3
6504 西藏职业技术学院	10			2	8
01专业组(不限)	10	417	296	2	8
7128 陕西航空职业技术学院	12			12	
02专业组(不限)	12	412	332	12	
7129 陕西交通职业技术学院	10			10	
02专业组(不限)	10	428	311	10	
7130 西安铁路职业技术学院	5			5	
02专业组(不限)	5	382	346	5	
7132 西安航空职业技术学院	5			5	
01专业组(不限)(定向培养军士)	5	423	384	5	
7145 陕西能源职业技术学院	5			3	2
02专业组(不限)	5	368	287	3	2
7146 陕西铁路工程职业技术学院	4			4	
02专业组(不限)	4	422	399	4	
7152 陕西财经职业技术学院	2			2	
02专业组(不限)	2	375	334	2	
7153 西安职业技术学院	3			3	
02专业组(不限)	3	390	359	3	
7171 陕西邮电职业技术学院	2			2	
02专业组(不限)	2	416	320	2	
7222 兰州石化职业技术大学	1			1	
03专业组(不限)	1	466	466	1	
7518 新疆职业大学	2			2	
02专业组(化学或思想政治)	2	361	359	2	
7523 和田师范专科学校	9			1	8
01专业组(不限)	9	416	237	1	8
8001 上海杉达学院	3			3	
06专业组(不限)	3	411	406	3	
8002 上海建桥学院	21			21	
04专业组(不限)	21	430	376	21	
8017 上海东海职业技术学院	20			15	5
02专业组(不限)	20	411	293	15	5
8018 上海工商职业技术学院	6			6	
02专业组(不限)	6	389	337	6	
8019 上海震旦职业学院	4			4	
02专业组(不限)	4	392	326	4	
8022 上海思博职业技术学院	18			11	7
02专业组(不限)	18	412	252	11	7
8023 上海立达学院	5			5	
04专业组(不限)	5	426	407	5	
8024 上海济光职业技术学院	14			12	2
02专业组(不限)	14	386	258	12	2
8025 上海工商外国语职业学院	2			2	
03专业组(不限)	2	432	396	2	
8029 上海中侨职业技术大学	13			13	
04专业组(不限)	13	426	354	13	
8052 温州商学院	2			2	
04专业组(不限)	2	427	409	2	
8072 绍兴职业技术学院	2			1	1
02专业组(不限)	2	322	321	1	1
8106 安徽矿业职业技术学院	6				6
02专业组(不限)	6	379	316		6
8107 民办合肥经济技术职业学院	1			1	
02专业组(不限)	1	425	425	1	
8113 合肥共达职业技术学院	5				5
02专业组(不限)	5	345	317		5
8114 蚌埠经济技术职业学院	2				2
02专业组(不限)	2	325	314		2
8119 合肥科技职业学院	13			6	7
02专业组(不限)	13	361	247	6	7
8152 厦门华天涉外职业技术学院	3			2	1
02专业组(不限)	3	398	279	2	1
8153 厦门软件职业技术学院	4			3	1

院校、专业组名称	录取数	最高分	最低分	平行志愿	征求志愿
02专业组(不限)	4	392	295	3	1
8154 厦门南洋职业学院	3			2	1
02专业组(不限)	3	311	278	2	1
8158 泉州海洋职业学院	2				2
02专业组(不限)	2	349	328		2
8170 江西科技学院	1			1	
04专业组(不限)	1	313	313	1	
8172 南昌理工学院	6			6	
03专业组(不限)	6	437	325	6	
8175 南昌工学院	10			8	2
05专业组(不限)	10	395	239	8	2
8178 南昌交通学院	7			2	5
05专业组(不限)	7	343	286	2	5
8190 潍坊环境工程职业学院	3				3
02专业组(不限)	3	309	294		3
8196 江西航空职业技术学院	4			1	3
02专业组(不限)	4	361	292	1	3
8198 南昌职业大学	7			6	1
02专业组(不限)	7	405	277	6	1
8213 潍坊科技学院	10			10	
03专业组(不限)(定向培养军士)	10	397	376	10	
8215 青岛恒星科技学院	2			1	1
04专业组(不限)	2	340	337	1	1
8217 山东现代学院	20			13	7
05专业组(不限)	20	394	272	13	7
8223 泰山科技学院	4			4	
04专业组(不限)	4	425	388	4	
8225 青岛工学院	13			9	4
04专业组(不限)	13	392	273	9	4
8226 青岛农业大学海都学院	8			6	2
05专业组(不限)	8	410	310	6	2
8227 齐鲁理工学院	6			6	
04专业组(不限)	6	412	351	6	
8242 滨州科技职业学院	2			1	1
02专业组(不限)	2	354	349	1	1
8244 曲阜远东职业技术学院	3			3	
02专业组(不限)	3	361	295	3	
8246 山东力明科技职业学院	25			25	
02专业组(不限)	25	399	316	25	
8249 山东工程职业技术大学	13			8	5
04专业组(不限)	13	436	280	8	5
8250 青岛求实职业技术学院	6			4	2
02专业组(不限)	6	391	269	4	2
8256 山东海事职业学院	2			1	1
02专业组(不限)	2	363	342	1	1
8259 日照航海工程职业学院	1				1
02专业组(不限)	1	318	318		1
8286 北京培黎职业学院	1			1	
02专业组(不限)	1	405	405	1	
8326 保定理工学院	4			4	
05专业组(不限)	4	424	386	4	
8349 石家庄理工职业学院	1			1	
02专业组(不限)	1	375	375	1	
8350 石家庄科技信息职业学院	1				1
02专业组(不限)	1	338	338		1
8351 石家庄医学高等专科学校	15			15	
02专业组(不限)	15	420	328	15	
8367 山西同文职业技术学院	1			1	
02专业组(不限)	1	435	435	1	
8416 大连东软信息学院	2			1	1
04专业组(不限)	2	350	348	1	1
8445 吉林建筑科技学院	2			2	
05专业组(不限)	2	397	293	2	
8465 长春信息技术职业学院	2			2	
02专业组(不限)	2	343	339	2	
8469 长春健康职业学院	1			1	
02专业组(不限)	1	294	294	1	
8482 哈尔滨北方航空职业技术学院	2			1	1
01专业组(不限)	2	376	310	1	1
8502 郑州科技学院	1				1
02专业组(不限)	1	294	294		1
8531 郑州电力职业技术学院	2			2	
02专业组(不限)	2	396	376	2	
8542 长垣烹饪职业技术学院	2			2	
02专业组(不限)	2	380	330	2	
8550 武汉东湖学院	22			18	4
04专业组(不限)	22	438	272	18	4
8552 武昌首义学院	5			5	
04专业组(不限)	5	416	404	5	
8554 武汉生物工程学院	6			6	
05专业组(不限)	6	434	390	6	
8561 武汉纺织大学外经贸学院	7			4	3
04专业组(不限)	7	408	279	4	3
8574 武汉工程科技学院	5			4	1
04专业组(不限)	5	403	382	4	1
8591 武汉外语外事职业学院	1			1	
02专业组(不限)	1	287	287	1	
8592 武昌职业学院	26			26	
04专业组(不限)	5	420	242	5	
05专业组(不限)(定向培养军士)	18	421	367	18	
06专业组(不限)(定向培养军士)	3	435	424	3	
8593 武汉商贸职业学院	2			2	
02专业组(不限)	2	378	288	2	
8596 武汉科技职业学院	1			1	
02专业组(不限)	1	389	389	1	
8709 广东酒店管理职业技术学院	2			2	
02专业组(不限)	2	270	263	2	
8718 广西外国语学院	5			5	

院校、专业组名称	录取数	最高分	最低分	平行志愿	征求志愿
04专业组(不限)	5	406	288	5	
8729 广西英华国际职业学院	**1**			**1**	
02专业组(不限)	1	290	290	1	
8734 广西经济职业学院	**3**			**2**	**1**
02专业组(不限)	3	375	321	2	1
8740 海口经济学院	**3**			**3**	
04专业组(不限)	3	368	301	3	
8754 三亚航空旅游职业学院	**4**			**3**	**1**
02专业组(不限)	4	412	300	3	1
8755 三亚理工职业学院	**4**			**1**	**3**
02专业组(不限)	4	357	281	1	3
8757 海南科技职业大学	**1**			**1**	
07专业组(不限)	1	335	335	1	
8760 成都东软学院	**4**			**4**	
04专业组(不限)	4	394	332	4	
8764 成都银杏酒店管理学院	**1**			**1**	
04专业组(不限)	1	381	381	1	
8770 西南财经大学天府学院	**4**			**4**	
04专业组(不限)	4	414	390	4	
8771 四川大学锦江学院	**1**			**1**	
04专业组(不限)	1	413	413	1	
8778 眉山药科职业学院	**2**			**1**	**1**
02专业组(不限)	2	332	259	1	1
8779 德阳农业科技职业学院	**1**				**1**
02专业组(不限)	1	299	299		1
8780 广元中核职业技术学院	**3**			**3**	
02专业组(不限)	3	387	300	3	
8782 四川西南航空职业学院	**5**			**5**	
03专业组(不限)	2	370	340	2	
04专业组(化学)	1	301	301	1	
05专业组(思想政治)	2	327	304	2	
8786 成都艺术职业大学	**3**			**2**	**1**
02专业组(不限)	3	352	266	2	1
8791 泸州医疗器械职业学院	**1**			**1**	
02专业组(不限)	1	330	330	1	
8796 巴中职业技术学院	**3**				**3**
02专业组(不限)	3	322	305		3
8798 四川华新现代职业学院	**1**			**1**	
02专业组(不限)	1	330	330	1	
8822 重庆电讯职业学院	**2**			**1**	**1**
02专业组(不限)	2	369	282	1	1
8827 重庆建筑科技职业学院	**4**			**2**	**2**
02专业组(不限)	4	406	319	2	2
8829 重庆科创职业学院	**4**			**2**	**2**
02专业组(不限)	4	328	252	2	2
8850 贵州工贸职业学院	**1**			**1**	
02专业组(不限)	1	275	275	1	
8871 丽江文化旅游学院	**1**			**1**	
04专业组(不限)	1	351	351	1	

院校、专业组名称	录取数	最高分	最低分	平行志愿	征求志愿
8878 云南经济管理学院	**3**			**3**	
04专业组(不限)	3	397	291	3	
8880 云南理工职业学院	**3**			**3**	
03专业组(不限)	3	346	298	3	
8903 西安外事学院	**5**			**5**	
04专业组(不限)	5	420	374	5	
8909 西安交通工程学院	**2**			**2**	
01专业组(不限)	2	388	328	2	
8914 西安工商学院	**7**			**5**	**2**
04专业组(不限)	7	431	244	5	2
8931 西安高新科技职业学院	**1**			**1**	
02专业组(不限)	1	366	366	1	
8932 西安汽车职业大学	**2**			**1**	**1**
02专业组(不限)	2	331	290	1	1
8934 西安城市建设职业学院	**3**			**1**	**2**
02专业组(不限)	3	380	283	1	2
8935 榆林能源科技职业学院	**1**				**1**
02专业组(不限)	1	338	338		1
8936 西安海棠职业学院	**2**			**1**	**1**
02专业组(不限)	2	341	320	1	1
8938 西安信息职业大学	**5**			**5**	
02专业组(不限)	5	345	287	5	

六、2021年在江苏招生的普通高校普通类录取情况

(一)普通类(历史等科目类)提前录取本科院校

院校、专业组名称	录取数	最高分	最低分	平行志愿	征求志愿
0102 国防科技大学	**2**			**2**	
01专业组(思想政治)	1	587	587	1	
02专业组(思想政治)	1	606	606	1	
0110 陆军勤务学院	**2**			**2**	
01专业组(不限)	1	541	541	1	
02专业组(不限)	1	579	579	1	
0151 战略支援部队信息工程大学	**3**			**3**	
01专业组(不限)	2	590	584	2	
02专业组(不限)	1	583	583	1	
0170 武警警官学院	**4**			**4**	
01专业组(不限)	2	558	542	2	
02专业组(思想政治)	2	562	538	2	
0172 武警海警学院	**3**			**3**	
01专业组(思想政治)	2	556	544	2	
02专业组(思想政治)	1	572	572	1	
0201 中国人民公安大学	**31**			**31**	
01专业组(思想政治)	27	614	586	27	
02专业组(思想政治)	3	628	613	3	
03专业组(思想政治)	1	583	583	1	
0202 中国刑事警察学院	**4**			**4**	
01专业组(思想政治)	3	583	578	3	
02专业组(思想政治)	1	606	606	1	
0205 铁道警察学院	**7**			**7**	
01专业组(思想政治)	6	535	525	6	
02专业组(思想政治)	1	583	583	1	
0206 南京森林警察学院	**141**			**140**	**1**
01专业组(思想政治)	107	579	517	106	1
02专业组(思想政治)	21	597	583	21	
03专业组(思想政治)	3	572	553	3	
04专业组(思想政治)	10	533	517	10	
0301 国际关系学院	**8**			**8**	
01专业组(不限)	4	605	591	4	
02专业组(不限)	4	601	596	4	
0303 北京电子科技学院	**1**			**1**	
01专业组(不限)	1	622	622	1	
0305 中央司法警官学院	**22**			**21**	**1**
01专业组(不限)	14	566	524	13	1
02专业组(不限)	2	592	580	2	
03专业组(思想政治)	5	549	521	5	
04专业组(思想政治)	1	587	587	1	
0307 中国消防救援学院	**4**			**3**	**1**
01专业组(思想政治)	3	583	561	2	1
02专业组(思想政治)	1	592	592	1	
1101 南京大学	**24**			**24**	
02专业组(不限)	20	614	603	20	
03专业组(思想政治)	4	616	615	4	
1106 南京信息工程大学	**13**			**13**	
01专业组(不限)	13	574	559	13	
1108 南京师范大学	**28**			**25**	**3**
01专业组(不限)	23	596	579	21	2
02专业组(思想政治)	5	593	581	4	1
1110 南京工业大学	**9**			**9**	
01专业组(不限)	9	555	552	9	
1111 南京邮电大学	**13**			**12**	**1**
01专业组(不限)	13	563	555	12	1
1113 南京中医药大学	**34**			**33**	**1**
01专业组(不限)	8	569	545	8	
02专业组(化学或生物)	9	571	548	9	
03专业组(化学或生物)(泰州校区)	17	573	481	16	1
1120 南京晓庄学院	**218**			**214**	**4**
01专业组(不限)	161	590	509	159	2
02专业组(思想政治)	35	566	520	34	1
03专业组(地理)	22	556	528	21	1
1122 江苏警官学院	**620**			**616**	**4**
01专业组(思想政治)	527	601	525	525	2
02专业组(思想政治)	93	612	586	91	2
1131 江苏第二师范学院	**269**			**264**	**5**
01专业组(不限)	214	603	515	209	5
02专业组(化学或地理)	13	539	519	13	
03专业组(思想政治)	42	569	506	42	
1222 江苏师范大学	**169**			**159**	**10**
01专业组(不限)	37	561	545	30	7
02专业组(不限)	132	599	512	129	3
1261 苏州大学	**20**			**16**	**4**
01专业组(不限)	17	595	578	13	4
02专业组(生物)	3	562	553	3	
1301 南通大学	**79**			**74**	**5**
01专业组(不限)	79	594	544	74	5
1341 淮阴师范学院	**155**			**154**	**1**
01专业组(不限)	133	556	504	132	1
02专业组(地理或化学)	22	574	501	22	
1362 盐城师范学院	**198**			**193**	**5**

2021年普通类(历史等科目类)本科院校

院校、专业组名称	录取数	最高分	最低分	平行志愿	征求志愿
01专业组(不限)	140	585	523	135	5
02专业组(化学或地理)	14	587	522	14	
03专业组(思想政治)	44	584	516	44	
1381 扬州大学	77			76	1
01专业组(不限)	7	577	569	7	
02专业组(不限)	13	568	554	13	
03专业组(思想政治)	2	570	568	2	
04专业组(不限)	55	586	526	54	1
2101 复旦大学	10			10	
01专业组(不限)	8	628	626	8	
02专业组(思想政治)	2	623	621	2	
2131 上海海关学院	14			14	
01专业组(不限)	10	601	586	10	
02专业组(不限)	4	604	602	4	
2309 安徽师范大学	2			2	
01专业组(思想政治)	2	559	556	2	
2510 江西师范大学	1			1	
01专业组(思想政治)	1	552	552	1	
3101 北京大学	6			6	
01专业组(不限)	6	638	634	6	
3102 中国人民大学	4			4	
01专业组(不限)	2	623	622	2	
02专业组(思想政治)	2	625	624	2	
3117 北京语言大学	7			6	1
01专业组(不限)	7	588	579	6	1
3119 对外经济贸易大学	7			7	
01专业组(不限)	7	608	602	7	
3123 中国传媒大学	5			5	
01专业组(不限)	5	601	596	5	
3131 外交学院	11			11	
01专业组(不限)	7	606	602	7	
02专业组(思想政治)	4	610	603	4	
3201 南开大学	5			5	
01专业组(不限)	5	611	608	5	
4311 黑龙江大学	16			15	1
01专业组(不限)	16	558	538	15	1
5201 武汉大学	4			4	
01专业组(思想政治)	4	614	612	4	
5206 中南财经政法大学	5			5	
01专业组(思想政治)	5	584	552	5	
5456 香港中文大学(深圳)	3			3	
02专业组(不限)	3	615	609	3	
6101 四川大学	1			1	
01专业组(思想政治)	1	605	605	1	
6212 四川外国语大学	9			5	4
01专业组(不限)	9	575	558	5	4
7117 西安外国语大学	17			17	
01专业组(不限)	17	579	557	17	
9102 香港中文大学	7			7	
01专业组(不限)	1	612	612	1	
02专业组(不限)	6	612	603	6	
9106 香港城市大学	1			1	
01专业组(不限)	1	601	601	1	

(二)普通类(历史等科目类)本科院校

院校、专业组名称	录取数	最高分	最低分	平行志愿	征求志愿
0306 中国民用航空飞行学院	2			2	
02专业组(不限)	1	529	529	1	
03专业组(思想政治)	1	535	535	1	
1101 南京大学	140			140	
04专业组(不限)	140	631	619	140	
1102 东南大学	79			79	
02专业组(不限)	79	615	608	79	
1103 南京航空航天大学	139			139	
01专业组(不限)	105	602	585	105	
02专业组(思想政治)	34	602	593	34	
1104 南京理工大学	37			37	
01专业组(不限)(南京校区)	37	594	584	37	
1105 河海大学	205			205	
01专业组(不限)	102	601	583	102	
02专业组(不限)(常州校区)	99	588	576	99	
03专业组(思想政治)	4	587	586	4	
1106 南京信息工程大学	535			534	1
02专业组(不限)	510	583	561	509	1
03专业组(不限)(中外合作办学)	25	556	542	25	
1107 南京农业大学	165			165	
01专业组(不限)	165	591	581	165	
1108 南京师范大学	759			759	
03专业组(不限)	224	615	597	224	
04专业组(不限)	378	604	589	378	
05专业组(不限)(中外高校学分互认联合培养项目)	13	581	566	13	
06专业组(不限)(中外高校学分互认联合培养项目)	10	571	562	10	
07专业组(不限)(中外高校学分互认联合培养项目)	15	585	567	15	
08专业组(化学或地理)	32	612	596	32	
09专业组(思想政治)	87	605	593	87	
1109 中国药科大学	126			126	
01专业组(不限)	126	583	575	126	
1110 南京工业大学	490			490	
02专业组(不限)	475	570	547	475	
03专业组(不限)(中外高校学分互认联合培养项目)	15	551	530	15	
1111 南京邮电大学	521			521	
02专业组(不限)	521	580	557	521	

2021年普通类(历史等科目类)本科院校

院校、专业组名称	录取数	最高分	最低分	平行志愿	征求志愿
1112 南京医科大学	104			104	
01专业组(不限)	104	574	545	104	
1113 南京中医药大学	427			427	
04专业组(不限)	204	580	534	204	
05专业组(不限)(中外合作办学)	81	544	514	81	
06专业组(化学或生物)	25	608	580	25	
07专业组(化学或生物)	72	580	561	72	
08专业组(化学或生物)(泰州校区)	45	556	542	45	
1114 南京工程学院	352			352	
01专业组(不限)	332	558	527	332	
02专业组(不限)(联合培养项目)	20	530	510	20	
1115 南京林业大学	816			816	
01专业组(不限)	202	578	563	202	
02专业组(不限)(淮安校区)	614	566	544	614	
1116 南京财经大学	840			838	2
01专业组(不限)	722	585	562	720	2
02专业组(不限)(中外合作办学)	118	567	534	118	
1117 南京体育学院	155			155	
01专业组(不限)	70	524	509	70	
02专业组(不限)(中外合作办学)	60	502	481	60	
03专业组(思想政治或地理)	25	526	507	25	
1118 南京艺术学院	301			301	
01专业组(不限)	301	547	502	301	
1119 南京审计大学	819			818	1
01专业组(不限)	768	589	561	767	1
02专业组(不限)(中外合作办学)	25	564	557	25	
03专业组(不限)(中外合作办学)	26	572	563	26	
1120 南京晓庄学院	1004			1004	
04专业组(不限)	937	572	534	937	
05专业组(不限)(中外合作办学)	25	543	528	25	
06专业组(思想政治)	18	562	552	18	
07专业组(地理)	24	560	550	24	
1122 江苏警官学院	53			53	
03专业组(不限)	53	557	535	53	
1128 金陵科技学院	384			383	1
01专业组(不限)	127	548	530	127	
02专业组(不限)	257	539	523	256	1
1131 江苏第二师范学院	406			406	
04专业组(不限)	343	564	536	343	
05专业组(化学或地理)	40	559	545	40	
06专业组(思想政治)	23	553	547	23	
1133 南京特殊教育师范学院	366			366	
01专业组(不限)	366	547	519	366	
1136 南京工业职业技术大学	76			76	
01专业组(不限)	76	523	508	76	
1201 江南大学	191			191	
01专业组(不限)	183	589	579	183	
02专业组(不限)(中外合作办学)	8	571	565	8	
1203 无锡学院	128			127	1
01专业组(不限)	128	540	518	127	1
1221 中国矿业大学	80			80	
01专业组(不限)	80	583	576	80	
1222 江苏师范大学	1066			1066	
03专业组(不限)	882	585	551	882	
04专业组(不限)(中外合作办学)	30	539	521	30	
05专业组(化学或地理)	106	582	554	106	
06专业组(思想政治)	48	568	559	48	
1223 徐州医科大学	140			139	1
01专业组(不限)	80	550	526	79	1
02专业组(不限)(联合培养项目)	60	540	507	60	
1224 徐州工程学院	1082			1081	1
01专业组(不限)	1082	545	504	1081	1
1242 常州大学	375			375	
01专业组(不限)	375	569	536	375	
1243 常州工学院	633			633	
01专业组(不限)	603	544	512	603	
02专业组(不限)(中外高校学分互认联合培养项目)	18	512	491	18	
03专业组(化学)	12	512	500	12	
1244 江苏理工学院	694			694	
01专业组(不限)	296	554	529	296	
02专业组(不限)	368	545	518	368	
03专业组(不限)(联合培养项目)	30	527	505	30	
1261 苏州大学	825			825	
03专业组(不限)	693	606	584	693	
04专业组(不限)(中外合作办学)	103	585	572	103	
05专业组(生物)	14	584	566	14	
06专业组(思想政治)	15	592	589	15	
1262 苏州科技大学	846			844	2
01专业组(不限)	720	573	538	718	2
02专业组(不限)(中外合作办学)	16	535	509	16	
03专业组(化学或地理)	80	552	541	80	
04专业组(思想政治)	30	557	547	30	
1263 常熟理工学院	468			468	
01专业组(不限)	458	570	523	458	
02专业组(不限)(中外高校学分互认联合培养项目)	10	508	496	10	
1265 中国人民大学(苏州校区)	13			13	
01专业组(不限)(中外合作办学)	13	607	602	13	
1267 苏州城市学院	607			606	1
01专业组(不限)	552	537	515	551	1
02专业组(不限)(中外高校学分互认联合培养项目)	55	516	489	55	
1301 南通大学	684			684	
02专业组(不限)	609	572	541	609	
03专业组(不限)(中外高校学分互认联合培养项目)	20	540	513	20	
04专业组(不限)(中外合作办学)	10	538	513	10	

院校、专业组名称	录取数	最高分	最低分	平行志愿	征求志愿
05专业组(思想政治)	45	560	551	45	
1321 江苏海洋大学	426			426	
01专业组(不限)	416	545	519	416	
02专业组(化学或地理)	10	535	528	10	
1341 淮阴师范学院	1089			1087	2
03专业组(不限)	941	556	510	939	2
04专业组(思想政治)	79	544	533	79	
05专业组(地理或化学)	69	542	526	69	
1342 淮阴工学院	400			400	
01专业组(不限)	385	532	505	385	
02专业组(化学或生物	15	521	509	15	
1361 盐城工学院	400			400	
01专业组(不限)	400	531	506	400	
1362 盐城师范学院	1139			1132	7
04专业组(不限)	933	559	505	926	7
05专业组(不限)(联合培养项目)	10	517	506	10	
06专业组(化学或地理)	56	545	527	56	
07专业组(生物或地理)	12	533	519	12	
08专业组(思想政治)	128	552	531	128	
1381 扬州大学	939			938	1
05专业组(不限)	196	588	573	196	
06专业组(不限)	561	576	516	560	1
07专业组(不限)	43	562	543	43	
08专业组(不限)(中外合作办学)	70	551	530	70	
09专业组(思想政治)	69	583	570	69	
1401 江苏大学	808			807	1
01专业组(不限)	618	575	546	618	
02专业组(不限)(中外高校学分互认联合培养项目)	60	542	501	59	1
03专业组(不限)(中外高校学分互认联合培养项目)	10	541	522	10	
04专业组(不限)(联合培养项目)	60	525	503	60	
05专业组(思想政治)	60	570	554	60	
1402 江苏科技大学	508			507	1
01专业组(不限)(镇江校区)	295	549	529	294	1
02专业组(不限)(中外合作办学)(镇江校区)	58	532	514	58	
03专业组(不限)(张家港校区)	70	544	529	70	
04专业组(不限)(联合培养项目)	40	521	504	40	
05专业组(思想政治)(镇江校区)	45	545	535	45	
1421 泰州学院	543			542	1
01专业组(不限)	343	545	515	343	
02专业组(不限)	200	536	511	199	1
1426 宿迁学院	1273			1271	2
01专业组(不限)	1193	545	506	1191	2
02专业组(思想政治)	80	530	519	80	
1802 东南大学成贤学院	328			327	1
01专业组(不限)	296	537	503	295	1
02专业组(化学	32	505	482	32	
1803 南京航空航天大学金城学院	406			399	7
01专业组(不限)	326	524	493	320	6
02专业组(不限)	80	511	497	79	1
1804 南京理工大学紫金学院	489			489	
01专业组(不限)	489	564	499	489	
1807 南京审计大学金审学院	554			551	3
01专业组(不限)	554	541	496	551	3
1810 南京工业大学浦江学院	297			296	1
01专业组(不限)	248	514	489	247	1
02专业组(不限)(中外合作办学)	49	489	483	49	
1816 南京财经大学红山学院	789			784	5
01专业组(不限)	789	527	486	784	5
1826 中国矿业大学徐海学院	276			275	1
01专业组(不限)	276	513	488	275	1
1827 江苏师范大学科文学院	493			491	2
01专业组(不限)	493	520	490	491	2
1834 苏州大学应用技术学院	216			215	1
01专业组(不限)	206	526	486	206	
02专业组(化学)(中外合作办学)	10	484	477	9	1
1835 苏州科技大学天平学院	249			248	1
01专业组(不限)	234	517	488	233	1
02专业组(化学或地理)	15	516	496	15	
1837 江苏科技大学苏州理工学院	199			199	
01专业组(不限)	199	508	485	199	
1838 南通大学杏林学院	814			807	7
01专业组(不限)	814	517	480	807	7
1844 扬州大学广陵学院	423			423	
01专业组(不限)	423	551	496	423	
1845 江苏大学京江学院	486			486	
01专业组(不限)	486	512	480	486	
1846 南京医科大学康达学院	309			309	
01专业组(不限)	309	537	489	309	
1847 南京师范大学泰州学院	703			700	3
01专业组(不限)	703	536	500	700	3
1848 南京理工大学泰州科技学院	546			546	
01专业组(不限)	546	517	487	546	
1850 南京邮电大学通达学院	357			357	
01专业组(不限)	357	515	487	357	
1855 常州大学怀德学院	380			378	2
01专业组(不限)	380	504	482	378	2
1858 南京师范大学中北学院	295			292	3
01专业组(不限)	290	567	496	287	3
02专业组(化学)	5	499	484	5	
1901 南京传媒学院	291			291	
01专业组(不限)	291	548	488	291	
1911 三江学院	677			677	
01专业组(不限)	677	520	489	677	
1915 无锡太湖学院	630			630	
01专业组(不限)	630	518	488	630	

2021年普通类(历史等科目类)本科院校

院校、专业组名称	录取数	最高分	最低分	平行志愿	征求志愿
1921 西交利物浦大学	487			487	
01专业组(不限)(中外合作办学)	482	595	514	482	
02专业组(思想政治)(中外合作办学)	5	565	551	5	
1928 南通理工学院	390			390	
01专业组(不限)	380	508	480	380	
02专业组(化学)	10	493	482	10	
2101 复旦大学	43			43	
03专业组(不限)	9	637	637	9	
04专业组(不限)	34	638	631	34	
2102 同济大学	14			14	
01专业组(不限)	10	618	613	10	
02专业组(思想政治)	4	618	613	4	
2103 上海交通大学	1			1	
01专业组(不限)	1	631	631	1	
2104 华东理工大学	78			78	
01专业组(不限)	78	600	583	78	
2105 东华大学	43			43	
01专业组(不限)	43	599	586	43	
2106 华东师范大学	51			51	
01专业组(不限)	45	620	612	45	
02专业组(化学或地理)	2	614	613	2	
03专业组(思想政治)	4	612	612	4	
2107 华东政法大学	39			39	
01专业组(不限)	39	621	606	39	
2109 上海外国语大学	53			53	
01专业组(不限)	51	615	602	51	
02专业组(思想政治)	2	604	603	2	
2110 上海财经大学	26			26	
01专业组(不限)	26	629	610	26	
2111 上海师范大学	62			62	
01专业组(不限)	54	588	578	54	
02专业组(不限)(中外合作办学)	4	569	564	4	
03专业组(化学或生物)(中外合作办学)	4	558	530	4	
2112 上海大学	16			16	
01专业组(不限)	16	607	600	16	
2114 上海对外经贸大学	13			13	
01专业组(不限)	13	589	580	13	
2115 上海理工大学	25			25	
01专业组(不限)	21	579	572	21	
02专业组(不限)(中外合作办学)	4	565	559	4	
2116 上海海洋大学	27			27	
01专业组(不限)	27	577	566	27	
2117 上海海事大学	12			12	
01专业组(不限)	12	577	574	12	
2118 上海电力大学	6			6	
01专业组(不限)	6	572	562	6	
2119 上海体育学院	6			6	
01专业组(不限)	6	566	548	6	
2120 上海工程技术大学	7			7	

院校、专业组名称	录取数	最高分	最低分	平行志愿	征求志愿
01专业组(不限)	7	554	535	7	
2124 上海第二工业大学	8			8	
01专业组(不限)	8	556	534	8	
2125 上海政法学院	36			36	
01专业组(不限)	36	588	578	36	
2136 上海电机学院	13			13	
01专业组(不限)	13	545	534	13	
2137 上海立信会计金融学院	28			28	
01专业组(不限)	28	587	572	28	
2141 上海商学院	22			22	
01专业组(不限)	16	559	538	16	
02专业组(不限)(中外合作办学)	6	538	504	6	
2201 浙江大学	36			36	
01专业组(不限)	36	626	618	36	
2202 中国计量大学	2			2	
01专业组(不限)	2	571	569	2	
2203 浙江理工大学	10			10	
01专业组(不限)	10	569	557	10	
2204 浙江工业大学	3			3	
01专业组(不限)	3	574	567	3	
2206 浙江师范大学	7			7	
01专业组(不限)	7	584	579	7	
2207 浙江工商大学	33			33	
01专业组(不限)	33	579	571	33	
2209 杭州师范大学	12			11	1
01专业组(不限)	12	576	535	11	1
2211 浙江传媒学院	20			19	1
01专业组(不限)	19	561	514	18	1
02专业组(不限)(中外合作办学)	1	544	544	1	
2212 浙江科技学院	7			7	
01专业组(不限)	7	543	532	7	
2213 浙江财经大学	40			40	
01专业组(不限)	33	578	562	33	
02专业组(不限)(中外合作办学)	7	559	544	7	
2214 浙江农林大学	5			5	
01专业组(不限)	5	565	551	5	
2216 浙江中医药大学	3			3	
01专业组(不限)	1	556	556	1	
02专业组(化学或生物)	2	566	560	2	
2221 宁波大学	2			2	
01专业组(不限)	2	579	578	2	
2223 绍兴文理学院	25			25	
01专业组(不限)	25	532	518	25	
2228 温州大学	9			9	
01专业组(不限)	9	543	537	9	
2231 嘉兴学院	14			14	
01专业组(不限)	14	533	528	14	
2240 浙江外国语学院	20			20	
01专业组(不限)	19	551	538	19	

院校、专业组名称	录取数	最高分	最低分	平行志愿	征求志愿
02专业组(不限)(中外合作办学)	1	532	532	1	
2245 宁波诺丁汉大学	**18**			**17**	**1**
01专业组(不限)(中外合作办学)	17	573	511	16	1
02专业组(思想政治)(中外合作办学)	1	571	571	1	
2248 温州肯恩大学	**9**			**9**	
01专业组(不限)(中外合作办学)	9	536	518	9	
2249 浙大城市学院	**21**			**21**	
01专业组(不限)	19	540	532	19	
02专业组(不限)(中外合作办学)	2	522	515	2	
2251 浙江海洋大学	**11**			**11**	
01专业组(不限)	11	537	531	11	
2261 湖州师范学院	**7**			**7**	
01专业组(不限)	7	534	530	7	
2268 丽水学院	**18**			**18**	
01专业组(不限)	16	526	517	16	
02专业组(思想政治)	2	529	527	2	
2272 浙江水利水电学院	**5**			**5**	
01专业组(不限)	4	531	524	4	
02专业组(化学或地理)	1	527	527	1	
2275 湖州学院	**25**			**25**	
01专业组(不限)	25	519	514	25	
2276 温州理工学院	**12**			**12**	
01专业组(不限)	12	523	512	12	
2277 嘉兴南湖学院	**10**			**10**	
01专业组(不限)	10	518	514	10	
2302 合肥工业大学	**11**			**11**	
01专业组(不限)	8	577	575	8	
02专业组(思想政治)	3	578	576	3	
2303 安徽大学	**33**			**33**	
01专业组(不限)	33	590	579	33	
2304 安徽医科大学	**5**			**5**	
01专业组(化学或生物)	3	552	549	3	
02专业组(化学和生物)	2	518	515	2	
2305 安徽建筑大学	**12**			**12**	
01专业组(不限)	12	540	532	12	
2306 安徽农业大学	**19**			**19**	
01专业组(不限)	11	542	534	11	
02专业组(化学)	1	506	506	1	
03专业组(化学或生物)	7	533	528	7	
2307 安徽中医药大学	**6**			**6**	
01专业组(不限)	3	538	535	3	
02专业组(生物)	3	556	544	3	
2309 安徽师范大学	**39**			**39**	
02专业组(不限)	31	578	556	31	
03专业组(不限)	4	564	563	4	
04专业组(思想政治)	4	570	564	4	
2321 安徽财经大学	**31**			**31**	
01专业组(不限)	23	555	541	23	
02专业组(不限)	8	543	536	8	
2327 合肥学院	**14**			**13**	**1**
01专业组(不限)	14	534	508	13	1
2331 阜阳师范大学	**3**			**3**	
01专业组(不限)	3	520	519	3	
2342 宿州学院	**4**			**4**	
01专业组(化学或地理)	4	526	522	4	
2343 安庆师范大学	**10**			**10**	
01专业组(不限)	10	533	524	10	
2351 淮北师范大学	**22**			**22**	
01专业组(不限)	15	540	532	15	
02专业组(思想政治)	4	541	534	4	
03专业组(思想政治或地理)	2	545	542	2	
04专业组(地理)	1	541	541	1	
2361 安徽工业大学	**11**			**11**	
01专业组(不限)	11	550	535	11	
2362 淮南师范学院	**13**			**13**	
01专业组(不限)	12	530	525	12	
02专业组(思想政治)	1	537	537	1	
2372 滁州学院	**20**			**20**	
01专业组(不限)	18	546	512	18	
02专业组(化学或地理)	2	532	528	2	
2381 黄山学院	**31**			**31**	
01专业组(思想政治或地理)	8	513	504	8	
02专业组(思想政治或地理)(中外合作办学)	10	502	498	10	
03专业组(思想政治和地理)	13	519	505	13	
2383 合肥工业大学(宣城校区)	**6**			**6**	
01专业组(不限)	6	576	575	6	
2401 福州大学	**15**			**15**	
01专业组(不限)	15	583	578	15	
2402 福建农林大学	**2**			**2**	
01专业组(不限)	2	539	538	2	
2406 福建医科大学	**7**			**7**	
01专业组(不限)	4	537	531	4	
02专业组(化学)	3	514	506	3	
2410 三明学院	**6**			**6**	
01专业组(不限)	6	512	506	6	
2411 厦门大学	**26**			**26**	
01专业组(不限)	13	618	613	13	
02专业组(不限)	7	617	615	7	
03专业组(不限)	6	603	574	6	
2412 集美大学	**9**			**9**	
01专业组(不限)	9	574	550	9	
2413 厦门理工学院	**8**			**8**	
01专业组(不限)	8	540	531	8	
2421 莆田学院	**17**			**17**	
01专业组(不限)	17	511	506	17	
2422 华侨大学	**37**			**37**	
01专业组(不限)	33	564	548	33	

院校、专业组名称	录取数	最高分	最低分	平行志愿	征求志愿
02专业组(思想政治或地理)	4	560	548	4	
2437 武夷学院	**9**			**9**	
01专业组(不限)	9	509	504	9	
2501 江西财经大学	**22**			**22**	
01专业组(不限)	22	577	571	22	
2502 华东交通大学	**13**			**13**	
01专业组(不限)	13	540	533	13	
2504 江西中医药大学	**5**			**5**	
01专业组(不限)	1	537	537	1	
02专业组(化学或生物)	4	542	539	4	
2505 南昌大学	**24**			**24**	
01专业组(不限)	24	585	577	24	
2506 南昌航空大学	**10**			**10**	
01专业组(不限)	10	541	529	10	
2507 江西科技师范大学	**14**			**14**	
01专业组(不限)	9	537	530	9	
02专业组(化学或生物)	3	530	521	3	
03专业组(思想政治)	2	533	533	2	
2508 江西农业大学	**12**			**12**	
01专业组(不限)	3	540	530	3	
02专业组(化学或生物)	8	540	519	8	
03专业组(化学或地理)	1	535	535	1	
2510 江西师范大学	**30**			**30**	
02专业组(不限)	27	578	545	27	
03专业组(化学或地理)	1	555	555	1	
04专业组(生物)	1	550	550	1	
05专业组(思想政治)	1	567	567	1	
2511 南昌工程学院	**10**			**10**	
01专业组(不限)	10	518	505	10	
2512 江西警察学院	**3**			**3**	
01专业组(不限)	3	530	527	3	
2521 江西理工大学	**25**			**25**	
01专业组(不限)	25	541	511	25	
2522 赣南医学院	**11**			**11**	
01专业组(不限)	11	526	509	11	
2523 赣南师范大学	**53**			**53**	
01专业组(不限)	46	535	518	46	
02专业组(思想政治)	7	531	523	7	
2527 新余学院	**8**			**8**	
01专业组(不限)	7	514	506	7	
02专业组(化学)	1	497	497	1	
2531 景德镇陶瓷大学	**7**			**7**	
01专业组(不限)	4	531	516	4	
02专业组(思想政治)	2	520	519	2	
03专业组(地理)	1	519	519	1	
2541 东华理工大学	**13**			**12**	**1**
01专业组(不限)	13	540	476	12	1
2542 萍乡学院	**4**			**4**	
01专业组(不限)	4	513	508	4	

院校、专业组名称	录取数	最高分	最低分	平行志愿	征求志愿
2543 南昌师范学院	**10**			**10**	
01专业组(不限)	6	520	514	6	
02专业组(思想政治)	2	525	522	2	
03专业组(思想政治或地理)	2	513	512	2	
2551 宜春学院	**33**			**33**	
01专业组(不限)	29	514	502	29	
02专业组(化学或地理)	2	514	508	2	
03专业组(思想政治)	2	519	518	2	
2561 九江学院	**24**			**24**	
01专业组(不限)	24	517	503	24	
2571 上饶师范学院	**39**			**39**	
01专业组(不限)	33	527	509	33	
02专业组(思想政治)	6	529	524	6	
2572 赣东学院	**8**			**8**	
01专业组(不限)	8	512	507	8	
2573 赣南科技学院	**10**			**10**	
01专业组(不限)	10	510	506	10	
2574 南昌医学院	**4**			**4**	
01专业组(不限)	2	542	530	2	
02专业组(不限)	2	529	528	2	
2581 井冈山大学	**21**			**21**	
01专业组(不限)	19	527	516	19	
02专业组(化学)	2	513	512	2	
2596 景德镇学院	**11**			**11**	
01专业组(不限)	11	530	515	11	
2601 山东大学	**40**			**40**	
01专业组(不限)	38	610	603	38	
02专业组(思想政治)	2	603	603	2	
2602 济南大学	**19**			**19**	
01专业组(不限)	16	569	559	16	
02专业组(不限)	2	563	561	2	
03专业组(思想政治)	1	560	560	1	
2605 山东中医药大学	**2**			**2**	
01专业组(不限)	1	538	538	1	
02专业组(化学或生物)	1	554	554	1	
2606 山东财经大学	**25**			**25**	
01专业组(不限)	25	566	543	25	
2608 山东工艺美术学院	**5**			**5**	
01专业组(不限)	5	505	503	5	
2610 齐鲁工业大学	**11**			**11**	
01专业组(不限)	6	539	532	6	
02专业组(化学或生物)	5	535	525	5	
2611 山东理工大学	**2**			**2**	
01专业组(不限)	2	532	530	2	
2621 中国海洋大学	**13**			**13**	
01专业组(不限)	13	604	598	13	
2622 青岛理工大学	**11**			**11**	
01专业组(不限)	11	542	534	11	
2624 青岛大学	**8**			**8**	

院校、专业组名称	录取数	最高分	最低分	平行志愿	征求志愿
01专业组(不限)	5	564	558	5	
02专业组(不限)(中外合作办学)	3	530	512	3	
2631 山东农业大学	**22**			**22**	
01专业组(不限)	22	542	528	22	
2635 潍坊学院	**18**			**18**	
01专业组(不限)	14	518	511	14	
02专业组(思想政治)	4	519	516	4	
2642 聊城大学	**6**			**5**	**1**
01专业组(不限)	6	532	503	5	1
2643 青岛农业大学	**8**			**8**	
01专业组(不限)	4	532	528	4	
02专业组(化学或生物)	4	527	522	4	
2645 临沂大学	**23**			**23**	
01专业组(不限)	18	543	526	18	
02专业组(思想政治)	5	537	531	5	
2650 滨州学院	**3**			**3**	
01专业组(不限)	3	508	505	3	
2651 烟台大学	**10**			**9**	**1**
01专业组(不限)	10	549	513	9	1
2652 山东工商学院	**13**			**13**	
01专业组(不限)	12	529	515	12	
02专业组(思想政治)	1	517	517	1	
2653 鲁东大学	**14**			**14**	
01专业组(不限)	14	534	529	14	
2661 山东大学威海分校	**23**			**23**	
01专业组(不限)	21	600	595	21	
02专业组(不限)(中外合作办学)	2	598	593	2	
2669 菏泽学院	**3**			**3**	
01专业组(不限)	2	521	520	2	
02专业组(化学或生物)	1	504	504	1	
2671 曲阜师范大学	**24**			**24**	
01专业组(不限)	24	559	542	24	
2683 德州学院	**5**			**5**	
01专业组(不限)	5	530	521	5	
2701 山东女子学院	**8**			**8**	
01专业组(不限)	8	517	506	8	
2702 济宁学院	**2**			**2**	
01专业组(不限)	2	513	512	2	
2710 齐鲁师范学院	**5**			**5**	
01专业组(不限)	5	539	527	5	
2711 山东师范大学	**13**			**13**	
01专业组(不限)	12	575	568	12	
02专业组(化学或地理)	1	569	569	1	
2755 山东石油化工学院	**4**			**4**	
01专业组(不限)	4	512	509	4	
3101 北京大学	**28**			**28**	
02专业组(不限)	26	650	638	26	
03专业组(不限)	2	656	652	2	
3102 中国人民大学	**30**			**30**	

院校、专业组名称	录取数	最高分	最低分	平行志愿	征求志愿
03专业组(不限)	28	638	629	28	
04专业组(思想政治)	2	632	629	2	
3103 清华大学	**2**			**2**	
01专业组(不限)	2	656	646	2	
3104 北京师范大学	**16**			**16**	
01专业组(不限)	14	621	614	14	
02专业组(不限)	2	601	600	2	
3105 北京交通大学	**7**			**7**	
01专业组(不限)	7	601	599	7	
3106 北京航空航天大学	**7**			**7**	
01专业组(不限)	7	610	607	7	
3107 北京理工大学	**12**			**12**	
01专业组(不限)	12	607	603	12	
3108 北京科技大学	**15**			**15**	
01专业组(不限)	15	598	584	15	
3109 北京化工大学	**13**			**12**	**1**
01专业组(不限)	13	580	540	12	1
3110 中国农业大学	**8**			**8**	
01专业组(不限)(中外合作办学)	5	591	583	5	
02专业组(不限)	3	600	599	3	
3112 中国政法大学	**42**			**42**	
01专业组(不限)	38	627	606	38	
02专业组(思想政治)	4	609	605	4	
3114 北京林业大学	**25**			**25**	
01专业组(不限)	25	594	580	25	
3115 北京大学医学部	**2**			**2**	
01专业组(不限)	2	632	630	2	
3116 北京外国语大学	**20**			**20**	
02专业组(不限)	15	627	605	15	
03专业组(思想政治)(中外合作办学)	3	602	599	3	
04专业组(思想政治)	2	608	607	2	
3117 北京语言大学	**9**			**9**	
02专业组(不限)	9	591	578	9	
3118 中国石油大学(北京)	**6**			**6**	
01专业组(不限)	4	578	577	4	
02专业组(思想政治)	2	583	581	2	
3119 对外经济贸易大学	**27**			**27**	
02专业组(不限)	27	628	608	27	
3120 中央财经大学	**20**			**20**	
01专业组(不限)	20	614	606	20	
3121 北京中医药大学	**8**			**8**	
01专业组(不限)	3	592	584	3	
02专业组(化学或生物)	5	608	594	5	
3122 中国矿业大学(北京)	**7**			**7**	
01专业组(不限)	7	582	579	7	
3123 中国传媒大学	**16**			**16**	
02专业组(不限)	12	614	602	12	
03专业组(不限)(中外合作办学)	4	598	595	4	
3127 北京体育大学	**17**			**17**	

院校、专业组名称	录取数	最高分	最低分	平行志愿	征求志愿
01专业组(不限)	16	580	573	16	
02专业组(思想政治)	1	572	572	1	
3128 华北电力大学(北京)	**6**			**6**	
01专业组(不限)	6	596	578	6	
3129 中央民族大学	**25**			**25**	
01专业组(不限)	25	601	597	25	
3132 北京第二外国语学院	**14**			**14**	
01专业组(不限)	14	580	572	14	
3133 首都师范大学	**8**			**8**	
01专业组(不限)	8	585	580	8	
3136 北京物资学院	**2**			**2**	
01专业组(不限)	2	537	536	2	
3138 北京服装学院	**2**			**2**	
01专业组(不限)	2	528	527	2	
3139 北京印刷学院	**2**			**2**	
01专业组(不限)	2	531	527	2	
3142 北京工商大学	**10**			**10**	
01专业组(不限)	10	569	562	10	
3144 北京联合大学	**2**			**2**	
01专业组(不限)	2	571	538	2	
3148 北京电影学院	**2**			**2**	
01专业组(不限)	2	595	595	2	
3153 华北科技学院	**24**			**24**	
01专业组(不限)	24	526	510	24	
3154 首都经济贸易大学	**5**			**5**	
01专业组(不限)	5	597	580	5	
3169 中国劳动关系学院	**19**			**19**	
01专业组(不限)	19	590	531	19	
3201 南开大学	**26**			**26**	
02专业组(不限)	26	618	611	26	
3203 天津医科大学	**1**			**1**	
01专业组(化学和生物)	1	522	522	1	
3204 天津师范大学	**28**			**28**	
01专业组(不限)	26	572	555	26	
02专业组(思想政治)	2	570	558	2	
3205 中国民航大学	**9**			**9**	
01专业组(不限)	8	573	550	8	
02专业组(化学)	1	524	524	1	
3206 天津工业大学	**4**			**4**	
01专业组(不限)	4	565	560	4	
3207 天津商业大学	**14**			**14**	
01专业组(不限)	10	541	534	10	
02专业组(不限)(中外合作办学)	4	515	508	4	
3208 天津科技大学	**17**			**17**	
01专业组(不限)	13	553	540	13	
02专业组(化学或生物)	4	544	534	4	
3209 天津财经大学	**16**			**16**	
01专业组(不限)	16	575	564	16	
3211 天津外国语大学	**25**			**25**	

院校、专业组名称	录取数	最高分	最低分	平行志愿	征求志愿
01专业组(不限)	18	567	542	18	
02专业组(不限)	4	542	536	4	
03专业组(思想政治)	3	551	541	3	
3212 天津中医药大学	**9**			**9**	
01专业组(不限)	3	542	535	3	
02专业组(化学)	2	537	530	2	
03专业组(化学或生物)	4	579	561	4	
3213 天津农学院	**13**			**13**	
01专业组(不限)	13	521	508	13	
3217 天津体育学院	**9**			**9**	
01专业组(不限)	9	515	507	9	
3218 天津职业技术师范大学	**4**			**4**	
01专业组(不限)	4	534	526	4	
3301 石家庄铁道大学	**2**			**2**	
01专业组(不限)	2	527	526	2	
3302 河北科技师范学院	**15**			**13**	**2**
01专业组(不限)	15	529	504	13	2
3305 河北地质大学	**17**			**17**	
01专业组(不限)	17	536	512	17	
3307 河北工业大学	**3**			**3**	
01专业组(不限)	3	578	576	3	
3311 华北电力大学(保定)	**9**			**9**	
01专业组(不限)	9	575	574	9	
3312 河北大学	**13**			**13**	
01专业组(不限)	10	556	545	10	
02专业组(思想政治)	3	560	554	3	
3314 河北师范大学	**8**			**8**	
01专业组(不限)	6	552	542	6	
02专业组(思想政治或地理)	2	550	550	2	
3315 河北金融学院	**10**			**10**	
01专业组(不限)	8	524	512	8	
02专业组(不限)(中外合作办学)	2	512	506	2	
3318 防灾科技学院	**13**			**13**	
01专业组(不限)	12	527	515	12	
02专业组(化学或地理)	1	526	526	1	
3320 河北环境工程学院	**8**			**8**	
01专业组(不限)	4	513	506	4	
02专业组(思想政治)	4	506	505	4	
3321 燕山大学	**8**			**8**	
01专业组(不限)	8	563	549	8	
3322 东北大学秦皇岛分校	**4**			**4**	
01专业组(不限)	4	585	583	4	
3332 华北理工大学	**19**			**19**	
01专业组(不限)	12	539	524	12	
02专业组(化学或生物)	7	548	537	7	
3333 衡水学院	**10**			**10**	
01专业组(不限)	8	508	503	8	
02专业组(思想政治)	2	508	507	2	
3341 北华航天工业学院	**11**			**11**	

院校、专业组名称	录取数	最高分	最低分	平行志愿	征求志愿
01专业组(不限)	11	513	503	11	
3350 张家口学院	**3**			**3**	
01专业组(不限)	3	524	515	3	
3362 邢台学院	**6**			**6**	
01专业组(不限)	6	509	503	6	
3365 沧州师范学院	**7**			**7**	
01专业组(不限)	7	520	516	7	
3401 山西大学	**10**			**10**	
01专业组(不限)	5	556	549	5	
02专业组(思想政治)	4	550	546	4	
03专业组(思想政治或地理)	1	559	559	1	
3402 中北大学	**3**			**3**	
01专业组(不限)	3	538	534	3	
3403 山西财经大学	**22**			**22**	
01专业组(不限)	22	548	535	22	
3404 太原科技大学	**6**			**6**	
01专业组(不限)	6	524	518	6	
3405 太原理工大学	**1**			**1**	
01专业组(不限)	1	574	574	1	
3406 太原工业学院	**4**			**4**	
01专业组(不限)	4	509	503	4	
3410 山西农业大学	**10**			**10**	
01专业组(不限)	4	521	518	4	
02专业组(化学)	4	513	494	4	
03专业组(生物或地理)	2	519	516	2	
3412 山西传媒学院	**15**			**15**	
01专业组(不限)	15	514	503	15	
3415 山西师范大学	**8**			**8**	
01专业组(不限)	5	541	531	5	
02专业组(化学或地理)	2	534	532	2	
03专业组(思想政治)	1	542	542	1	
3416 太原师范学院	**24**			**24**	
01专业组(不限)	9	539	527	9	
02专业组(不限)	9	529	523	9	
03专业组(不限)	3	526	523	3	
04专业组(化学或地理)	3	534	530	3	
3417 山西大同大学	**15**			**15**	
01专业组(不限)	15	517	507	15	
3418 运城学院	**13**			**13**	
01专业组(不限)	8	516	511	8	
02专业组(思想政治)	5	520	516	5	
3431 吕梁学院	**8**			**8**	
01专业组(不限)	6	507	503	6	
02专业组(思想政治)	2	513	513	2	
3432 晋中学院	**3**			**3**	
01专业组(不限)	3	510	505	3	
3433 山西工程技术学院	**5**			**5**	
01专业组(不限)	2	503	503	2	
02专业组(化学或地理)	3	524	504	3	

院校、专业组名称	录取数	最高分	最低分	平行志愿	征求志愿
3506 内蒙古民族大学	**4**			**4**	
01专业组(不限)	2	505	503	2	
02专业组(思想政治)	2	508	505	2	
3507 内蒙古财经大学	**2**			**2**	
01专业组(不限)	2	515	514	2	
3511 内蒙古科技大学	**4**			**4**	
01专业组(不限)	4	513	509	4	
4101 东北大学	**9**			**9**	
01专业组(不限)	9	594	588	9	
4102 辽宁大学	**16**			**16**	
01专业组(不限)	11	582	576	11	
02专业组(不限)	2	579	579	2	
03专业组(不限)(中外合作办学)	2	556	554	2	
04专业组(不限)(中外合作办学)	1	562	562	1	
4104 沈阳药科大学	**4**			**4**	
01专业组(化学)	4	512	499	4	
4105 沈阳农业大学	**2**			**2**	
01专业组(化学或生物)	2	513	509	2	
4108 沈阳工业大学	**15**			**15**	
01专业组(不限)	15	541	506	15	
4109 沈阳理工大学	**2**			**2**	
01专业组(不限)	2	515	512	2	
4112 鞍山师范学院	**5**			**5**	
01专业组(不限)	5	508	503	5	
4113 沈阳医学院	**4**			**4**	
01专业组(不限)	1	529	529	1	
02专业组(化学)	2	511	508	2	
03专业组(化学或生物)	1	535	535	1	
4114 辽宁中医药大学	**6**			**6**	
01专业组(化学或生物)	3	536	535	3	
02专业组(化学或生物)	3	535	527	3	
4117 沈阳师范大学	**17**			**17**	
01专业组(不限)	12	540	532	12	
02专业组(不限)	5	524	505	5	
4120 沈阳大学	**3**			**3**	
01专业组(不限)	3	527	515	3	
4126 辽宁师范大学	**2**			**2**	
01专业组(不限)(中外合作办学)	2	514	512	2	
4131 大连理工大学	**17**			**17**	
01专业组(不限)	17	599	593	17	
4132 大连海事大学	**13**			**13**	
01专业组(不限)	13	592	578	13	
4133 东北财经大学	**12**			**12**	
01专业组(不限)	8	589	579	8	
02专业组(不限)(中外合作办学)	2	564	563	2	
03专业组(不限)(中外合作办学)	2	575	566	2	
4135 大连外国语大学	**16**			**16**	
01专业组(不限)	15	572	564	15	
02专业组(不限)(中外合作办学)	1	557	557	1	

院校、专业组名称	录取数	最高分	最低分	平行志愿	征求志愿
4136 大连大学	**13**			**13**	
01专业组(不限)	13	542	530	13	
4139 大连交通大学	**2**			**2**	
01专业组(不限)	2	532	529	2	
4140 大连民族大学	**6**			**6**	
01专业组(不限)	6	516	511	6	
4152 渤海大学	**2**			**2**	
01专业组(不限)	2	521	520	2	
4161 辽宁工程技术大学	**4**			**4**	
01专业组(不限)	4	526	515	4	
4162 大连理工大学(盘锦校区)	**2**			**2**	
01专业组(不限)	2	590	588	2	
4201 吉林大学	**32**			**32**	
01专业组(不限)	23	612	600	23	
02专业组(思想政治)	5	603	601	5	
03专业组(地理)	4	602	601	4	
4202 东北师范大学	**5**			**5**	
01专业组(不限)	3	586	585	3	
02专业组(不限)(中外合作办学)	2	561	560	2	
4203 吉林农业大学	**10**			**10**	
01专业组(不限)	10	525	508	10	
4204 长春大学	**8**			**8**	
01专业组(不限)	6	522	517	6	
02专业组(不限)(中外合作办学)	2	519	516	2	
4205 长春工业大学	**6**			**6**	
01专业组(不限)	6	526	519	6	
4206 吉林财经大学	**15**			**15**	
01专业组(不限)	15	549	525	15	
4207 长春师范大学	**23**			**23**	
01专业组(不限)	18	535	520	18	
02专业组(不限)	5	518	498	5	
4210 吉林建筑大学	**8**			**8**	
01专业组(不限)	6	521	509	6	
02专业组(生物或地理)	2	531	509	2	
4212 吉林工程技术师范学院	**12**			**12**	
01专业组(不限)	12	507	502	12	
4215 吉林师范大学	**9**			**9**	
01专业组(不限)	4	534	529	4	
02专业组(不限)	3	532	528	3	
03专业组(化学或地理)	1	544	544	1	
04专业组(思想政治)	1	522	522	1	
4220 吉林警察学院	**8**			**8**	
01专业组(不限)	8	521	516	8	
4225 吉林农业科技学院	**4**			**4**	
01专业组(不限)	4	508	502	4	
4228 吉林医药学院	**7**			**7**	
01专业组(不限)	7	514	508	7	
4231 东北电力大学	**4**			**4**	
01专业组(不限)	4	531	503	4	
4232 北华大学	**18**			**18**	
01专业组(不限)	16	527	518	16	
02专业组(思想政治)	2	529	528	2	
4233 通化师范学院	**17**			**17**	
01专业组(不限)	17	515	502	17	
4235 吉林化工学院	**3**			**3**	
01专业组(不限)	2	502	501	2	
02专业组(化学或生物)	1	507	507	1	
4237 吉林工商学院	**10**			**10**	
01专业组(不限)	10	511	502	10	
4241 白城师范学院	**19**			**19**	
01专业组(不限)	8	511	506	8	
02专业组(不限)	2	513	510	2	
03专业组(化学或地理)	4	518	513	4	
04专业组(思想政治)	5	517	513	5	
4303 东北林业大学	**7**			**7**	
01专业组(不限)	7	575	573	7	
4304 东北农业大学	**3**			**3**	
01专业组(不限)	3	572	571	3	
4306 黑龙江工程学院	**5**			**5**	
01专业组(不限)	4	508	506	4	
02专业组(化学或地理)	1	507	507	1	
4307 哈尔滨商业大学	**8**			**8**	
01专业组(不限)	4	531	502	4	
02专业组(不限)	4	543	535	4	
4309 哈尔滨医科大学	**6**			**6**	
01专业组(不限)	2	541	538	2	
02专业组(化学)	4	545	513	4	
4310 黑龙江科技大学	**34**			**34**	
01专业组(不限)	32	541	501	32	
02专业组(思想政治)	2	517	511	2	
4311 黑龙江大学	**17**			**17**	
02专业组(不限)	10	563	539	10	
03专业组(思想政治)	2	543	538	2	
04专业组(思想政治或地理)	5	549	545	5	
4312 哈尔滨师范大学	**13**			**13**	
01专业组(不限)	13	538	502	13	
4314 牡丹江师范学院	**23**			**23**	
01专业组(不限)	18	517	501	18	
02专业组(地理)	5	517	513	5	
4315 哈尔滨金融学院	**9**			**9**	
01专业组(不限)	9	519	512	9	
4323 哈尔滨学院	**10**			**10**	
01专业组(不限)	10	518	510	10	
4332 齐齐哈尔大学	**16**			**16**	
01专业组(不限)	14	521	513	14	
02专业组(思想政治)	2	525	518	2	
4352 黑龙江八一农垦大学	**3**			**3**	
01专业组(不限)	3	502	502	3	

院校、专业组名称	录取数	最高分	最低分	平行志愿	征求志愿
4371 延边大学	**4**			**4**	
01专业组(不限)	4	569	565	4	
5101 郑州大学	**10**			**10**	
01专业组(不限)	10	585	582	10	
5103 中原工学院	**15**			**15**	
01专业组(不限)	10	515	506	10	
02专业组(不限)(中外合作办学)	5	503	496	5	
5104 河南工业大学	**13**			**13**	
01专业组(不限)	13	559	529	13	
5105 郑州航空工业管理学院	**18**			**18**	
01专业组(不限)	18	524	505	18	
5106 郑州轻工业大学	**27**			**27**	
01专业组(不限)	27	532	518	27	
5114 河南中医药大学	**4**			**4**	
01专业组(不限)	4	573	534	4	
5117 河南农业大学	**10**			**10**	
01专业组(不限)	10	531	524	10	
5118 信阳师范学院	**16**			**16**	
01专业组(不限)	8	529	520	8	
02专业组(不限)(中外合作办学)	8	503	498	8	
5119 河南财经政法大学	**15**			**15**	
01专业组(不限)	9	549	535	9	
02专业组(不限)(中外合作办学)	4	535	527	4	
03专业组(化学或地理)(中外合作办学)	2	516	516	2	
5122 河南工程学院	**12**			**11**	**1**
01专业组(不限)	12	514	507	11	1
5125 周口师范学院	**20**			**20**	
01专业组(不限)	14	526	504	14	
02专业组(生物或思想政治)	2	524	519	2	
03专业组(思想政治)	4	522	517	4	
5131 洛阳理工学院	**26**			**26**	
01专业组(不限)	26	516	505	26	
5132 河南科技大学	**19**			**19**	
01专业组(不限)	19	545	533	19	
5133 洛阳师范学院	**12**			**12**	
01专业组(不限)	12	523	508	12	
5134 平顶山学院	**5**			**5**	
01专业组(不限)	5	510	503	5	
5141 河南大学	**22**			**22**	
01专业组(不限)	12	577	568	12	
02专业组(思想政治)	4	577	568	4	
03专业组(思想政治或地理)	4	574	572	4	
04专业组(地理)	2	575	570	2	
5151 河南理工大学	**7**			**7**	
01专业组(不限)	7	530	526	7	
5153 河南师范大学	**23**			**23**	
01专业组(不限)	19	557	527	19	
02专业组(思想政治)	4	552	547	4	
5161 安阳工学院	**6**			**6**	
01专业组(不限)	4	510	505	4	
02专业组(地理)(中外合作办学)	2	503	500	2	
5162 安阳师范学院	**13**			**13**	
01专业组(不限)	13	517	503	13	
5173 新乡学院	**12**			**12**	
01专业组(不限)	8	512	507	8	
02专业组(思想政治和地理)	4	506	500	4	
5174 许昌学院	**47**			**47**	
01专业组(不限)	47	527	503	47	
5181 南阳师范学院	**31**			**31**	
01专业组(不限)	23	526	510	23	
02专业组(化学或地理)	4	522	519	4	
03专业组(思想政治)	4	520	501	4	
5182 南阳理工学院	**9**			**9**	
01专业组(不限)	5	511	506	5	
02专业组(不限)	3	517	516	3	
03专业组(化学或地理)	1	513	513	1	
5191 黄淮学院	**23**			**23**	
01专业组(不限)	17	523	508	17	
02专业组(不限)(中外合作办学)	6	505	499	6	
5193 河南城建学院	**6**			**6**	
01专业组(不限)	6	514	509	6	
5198 商丘师范学院	**18**			**18**	
01专业组(不限)	17	538	513	17	
02专业组(思想政治)	1	522	522	1	
5201 武汉大学	**40**			**40**	
02专业组(不限)	40	619	615	40	
5202 华中科技大学	**38**			**38**	
01专业组(不限)	38	613	604	38	
5203 华中师范大学	**29**			**29**	
01专业组(不限)	26	601	585	26	
02专业组(思想政治)	3	593	590	3	
5204 华中农业大学	**20**			**20**	
01专业组(不限)	20	580	576	20	
5205 中国地质大学(武汉)	**6**			**6**	
01专业组(不限)	5	583	579	5	
02专业组(思想政治)	1	580	580	1	
5206 中南财经政法大学	**70**			**70**	
03专业组(不限)	67	606	595	67	
04专业组(不限)	3	607	605	3	
5207 武汉理工大学	**35**			**35**	
01专业组(不限)	35	584	576	35	
5208 中南民族大学	**25**			**25**	
01专业组(不限)	17	559	549	17	
02专业组(思想政治)	8	550	544	8	
5209 湖北大学	**7**			**7**	
01专业组(不限)	7	568	551	7	
5211 湖北中医药大学	**24**			**24**	
01专业组(不限)	12	577	558	12	

院校、专业组名称	录取数	最高分	最低分	平行志愿	征求志愿
02专业组(不限)	12	547	508	12	
5212 武汉纺织大学	**7**			**7**	
01专业组(不限)	7	538	530	7	
5213 武汉体育学院	**14**			**14**	
01专业组(不限)	14	528	507	14	
5215 武汉工程大学	**4**			**4**	
01专业组(不限)	4	546	545	4	
5216 武汉轻工大学	**16**			**16**	
01专业组(不限)	16	534	528	16	
5220 湖北第二师范学院	**16**			**16**	
01专业组(不限)	13	529	518	13	
02专业组(不限)(中外合作办学)	3	527	520	3	
5221 湖北经济学院	**8**			**8**	
01专业组(不限)	8	542	528	8	
5243 长江大学	**5**			**5**	
01专业组(不限)	5	552	536	5	
5251 三峡大学	**15**			**15**	
01专业组(不限)	15	543	534	15	
5261 湖北师范大学	**10**			**10**	
01专业组(不限)	6	538	533	6	
02专业组(化学或生物)	2	528	528	2	
03专业组(化学或地理)	2	542	539	2	
5265 湖北理工学院	**5**			**5**	
01专业组(不限)	5	524	518	5	
5271 湖北警官学院	**8**			**8**	
01专业组(思想政治)	8	534	529	8	
5287 湖北科技学院	**8**			**8**	
01专业组(不限)	8	515	507	8	
5290 湖北文理学院	**7**			**7**	
01专业组(不限)	7	518	514	7	
5295 湖北工程学院	**14**			**14**	
01专业组(不限)	14	516	506	14	
5301 湖南大学	**26**			**26**	
01专业组(不限)	26	608	601	26	
5302 中南大学	**23**			**23**	
01专业组(不限)	23	605	601	23	
5303 湖南师范大学	**42**			**42**	
01专业组(不限)	42	590	581	42	
5305 湖南农业大学	**22**			**22**	
01专业组(不限)	17	543	519	17	
02专业组(生物或地理)	5	546	536	5	
5306 湖南工商大学	**17**			**17**	
01专业组(不限)	15	548	536	15	
02专业组(化学或地理)	2	522	518	2	
5307 长沙理工大学	**12**			**12**	
01专业组(不限)	12	553	539	12	
5308 长沙学院	**27**			**27**	
01专业组(不限)	27	531	514	27	
5310 湖南人文科技学院	**23**			**23**	
01专业组(不限)	20	515	504	20	
02专业组(不限)(中外合作办学)	3	510	508	3	
5320 湖南财政经济学院	**16**			**16**	
01专业组(不限)	16	535	524	16	
5321 湖南科技大学	**28**			**28**	
01专业组(不限)	25	549	535	25	
02专业组(化学或地理)	1	535	535	1	
03专业组(思想政治)	2	547	547	2	
5322 湖南工程学院	**6**			**6**	
01专业组(不限)	2	504	504	2	
02专业组(化学)	4	494	492	4	
5323 湘潭大学	**33**			**33**	
01专业组(不限)	33	582	560	33	
5327 湖南工学院	**14**			**14**	
01专业组(不限)	8	522	501	8	
02专业组(思想政治)	2	511	502	2	
03专业组(思想政治或地理)	4	516	504	4	
5331 中南林业科技大学	**14**			**14**	
01专业组(不限)	13	545	534	13	
02专业组(化学或生物)	1	534	534	1	
5332 湖南工业大学	**18**			**18**	
01专业组(不限)	18	542	524	18	
5341 南华大学	**10**			**10**	
01专业组(不限)	10	539	533	10	
5342 衡阳师范学院	**17**			**17**	
01专业组(不限)	16	531	516	16	
02专业组(思想政治)	1	530	530	1	
5343 湖南文理学院	**23**			**23**	
01专业组(不限)	17	525	509	17	
02专业组(化学或地理)	3	527	526	3	
03专业组(思想政治)	3	519	510	3	
5349 湖南第一师范学院	**8**			**8**	
01专业组(不限)	8	543	535	8	
5351 湖南理工学院	**25**			**25**	
01专业组(不限)	25	535	511	25	
5355 湖南城市学院	**13**			**13**	
01专业组(不限)	9	518	507	9	
02专业组(思想政治)	2	518	518	2	
03专业组(地理)	2	514	511	2	
5361 吉首大学	**7**			**7**	
01专业组(不限)	7	528	520	7	
5371 邵阳学院	**8**			**8**	
01专业组(不限)	4	516	502	4	
02专业组(思想政治)	4	519	506	4	
5380 长沙师范学院	**2**			**2**	
01专业组(不限)	2	522	521	2	
5381 湘南学院	**29**			**29**	
01专业组(不限)	24	530	503	24	
02专业组(化学)	5	508	493	5	

院校、专业组名称	录取数	最高分	最低分	平行志愿	征求志愿
5385 怀化学院	**24**			**24**	
01专业组(不限)	8	529	520	8	
02专业组(不限)	11	516	502	11	
03专业组(思想政治)	5	523	516	5	
5391 湖南科技学院	**25**			**25**	
01专业组(不限)	22	519	505	22	
02专业组(思想政治)	3	527	517	3	
5393 湖南女子学院	**63**			**62**	**1**
01专业组(不限)	63	512	493	62	1
5401 中山大学	**30**			**30**	
01专业组(不限)	30	615	609	30	
5402 华南理工大学	**12**			**12**	
01专业组(不限)	12	605	601	12	
5404 广东外语外贸大学	**17**			**17**	
01专业组(不限)	14	584	573	14	
02专业组(思想政治)	3	573	571	3	
5407 暨南大学	**30**			**30**	
01专业组(不限)	12	590	583	12	
02专业组(不限)	10	588	583	10	
03专业组(思想政治)	5	596	589	5	
04专业组(思想政治或地理)	3	591	587	3	
5408 广州美术学院	**2**			**2**	
01专业组(不限)	2	525	522	2	
5412 广东金融学院	**5**			**5**	
01专业组(不限)	5	540	532	5	
5413 华南师范大学	**10**			**10**	
01专业组(不限)	10	591	584	10	
5414 广东财经大学	**2**			**2**	
01专业组(不限)	2	561	555	2	
5418 哈尔滨工业大学(深圳)	**3**			**3**	
01专业组(不限)	3	606	606	3	
5420 广州中医药大学	**2**			**2**	
01专业组(化学或生物)	2	566	557	2	
5421 汕头大学	**10**			**10**	
01专业组(不限)	10	574	565	10	
5422 南方医科大学	**17**			**17**	
01专业组(不限)	17	568	551	17	
5431 广东海洋大学	**9**			**9**	
01专业组(不限)	7	538	531	7	
02专业组(思想政治或地理)	2	540	536	2	
5437 韶关学院	**4**			**4**	
01专业组(不限)	4	516	513	4	
5451 深圳大学	**11**			**11**	
01专业组(不限)	11	585	580	11	
5461 北京师范大学-香港浸会大学联合国际学院	**7**			**7**	
01专业组(不限)	7	572	553	7	
5477 岭南师范学院	**3**			**3**	
01专业组(不限)	3	536	515	3	
5478 广东工业大学	**2**			**2**	
01专业组(不限)	2	553	542	2	
5479 深圳技术大学	**6**			**6**	
01专业组(不限)	6	545	535	6	
5502 广西中医药大学	**5**			**5**	
01专业组(不限)	2	549	540	2	
02专业组(不限)	1	533	533	1	
03专业组(生物)	2	532	531	2	
5504 南宁师范大学	**14**			**14**	
01专业组(不限)	12	536	526	12	
02专业组(思想政治或地理)	2	527	526	2	
5505 玉林师范学院	**25**			**24**	**1**
01专业组(不限)	25	514	502	24	1
5506 广西艺术学院	**3**			**3**	
01专业组(不限)	3	499	493	3	
5507 北部湾大学	**2**			**2**	
01专业组(不限)	2	517	514	2	
5510 桂林医学院	**2**			**2**	
01专业组(不限)	2	522	521	2	
5511 广西师范大学	**28**			**28**	
01专业组(不限)	24	556	534	24	
02专业组(思想政治)	4	540	534	4	
5512 桂林理工大学	**21**			**21**	
01专业组(不限)	21	523	511	21	
5517 右江民族医学院	**1**			**1**	
01专业组(不限)	1	515	515	1	
5518 广西民族师范学院	**17**			**17**	
01专业组(不限)	17	507	499	17	
5519 贺州学院	**16**			**16**	
01专业组(不限)	16	506	500	16	
5521 桂林航天工业学院	**2**			**2**	
01专业组(不限)	2	530	510	2	
5522 桂林旅游学院	**11**			**11**	
01专业组(不限)	6	501	499	6	
02专业组(不限)(中外合作办学)	3	485	482	3	
03专业组(化学或地理)	2	506	502	2	
5527 广西科技师范学院	**11**			**11**	
01专业组(不限)	8	516	504	8	
02专业组(思想政治或地理)	3	523	516	3	
5531 广西科技大学	**7**			**7**	
01专业组(不限)	7	518	515	7	
5532 广西民族大学	**13**			**12**	**1**
01专业组(不限)	11	524	514	10	1
02专业组(思想政治)	2	520	514	2	
5561 梧州学院	**16**			**16**	
01专业组(不限)	12	511	503	12	
02专业组(思想政治或地理)	4	509	504	4	
5601 海南大学	**25**			**25**	
01专业组(不限)	24	587	574	24	

院校、专业组名称	录取数	最高分	最低分	平行志愿	征求志愿
02专业组(思想政治)	1	580	580	1	
5602 海南师范大学	**17**			**17**	
01专业组(不限)	15	550	537	15	
02专业组(不限)(中外合作办学)	2	517	512	2	
5603 海南医学院	**6**			**6**	
01专业组(化学)	4	526	514	4	
02专业组(思想政治)	2	514	506	2	
5604 海南热带海洋学院	**29**			**29**	
01专业组(不限)	23	515	507	23	
02专业组(不限)(中外合作办学)	2	505	503	2	
03专业组(不限)(中外合作办学)	2	500	493	2	
04专业组(思想政治)	2	516	514	2	
5619 琼台师范学院	**6**			**6**	
01专业组(不限)	5	522	517	5	
02专业组(思想政治)	1	515	515	1	
6101 四川大学	**30**			**30**	
02专业组(不限)	28	611	606	28	
03专业组(思想政治)	2	606	604	2	
6102 西南交通大学	**22**			**22**	
01专业组(不限)	16	583	579	16	
02专业组(思想政治)	6	582	579	6	
6103 西南财经大学	**31**			**31**	
01专业组(不限)	28	601	593	28	
02专业组(不限)(中外合作办学)	2	577	577	2	
03专业组(不限)(中外合作办学)	1	591	591	1	
6105 西南民族大学	**16**			**16**	
01专业组(不限)	16	556	546	16	
6106 成都理工大学	**8**			**8**	
01专业组(不限)	8	561	556	8	
6107 成都信息工程大学	**8**			**8**	
01专业组(不限)	8	559	530	8	
6108 成都体育学院	**12**			**12**	
01专业组(不限)	11	529	507	11	
02专业组(化学)	1	503	503	1	
6110 西华大学	**13**			**13**	
01专业组(不限)	10	533	530	10	
02专业组(思想政治)	3	540	536	3	
6114 成都大学	**4**			**4**	
01专业组(不限)	4	540	535	4	
6115 四川轻化工大学	**4**			**4**	
01专业组(不限)	4	533	528	4	
6117 西昌学院	**2**			**2**	
01专业组(不限)	2	503	503	2	
6129 成都师范学院	**7**			**7**	
01专业组(不限)	5	533	527	5	
02专业组(化学或地理)	2	543	533	2	
6131 西南科技大学	**9**			**9**	
01专业组(不限)	9	537	530	9	
6140 四川师范大学	**3**			**3**	

院校、专业组名称	录取数	最高分	最低分	平行志愿	征求志愿
01专业组(不限)	1	563	563	1	
02专业组(思想政治或地理)	2	575	570	2	
6142 西华师范大学	**9**			**9**	
01专业组(不限)	9	524	515	9	
6144 绵阳师范学院	**2**			**2**	
01专业组(不限)	2	513	513	2	
6151 乐山师范学院	**4**			**4**	
01专业组(不限)	2	515	506	2	
02专业组(生物或思想政治)	2	506	504	2	
6161 川北医学院	**10**			**10**	
01专业组(不限)	5	528	518	5	
02专业组(化学或生物)	5	529	518	5	
6181 宜宾学院	**6**			**6**	
01专业组(不限)	6	505	503	6	
6187 攀枝花学院	**2**			**2**	
01专业组(不限)	2	518	509	2	
6201 重庆大学	**10**			**10**	
01专业组(不限)	10	606	602	10	
6202 西南大学	**15**			**15**	
01专业组(不限)	12	591	583	12	
02专业组(不限)	1	592	592	1	
03专业组(化学或生物)	1	585	585	1	
04专业组(化学或地理)	1	586	586	1	
6203 西南政法大学	**51**			**51**	
01专业组(不限)	48	609	595	48	
02专业组(不限)(中外合作办学)	3	599	594	3	
6205 重庆医科大学	**3**			**3**	
01专业组(化学或生物)	3	562	542	3	
6206 重庆工商大学	**11**			**11**	
01专业组(不限)	10	551	538	10	
02专业组(思想政治或地理)	1	544	544	1	
6207 重庆交通大学	**12**			**12**	
01专业组(不限)	12	558	542	12	
6208 重庆理工大学	**10**			**10**	
01专业组(不限)	10	538	530	10	
6209 重庆邮电大学	**2**			**2**	
01专业组(不限)	2	555	554	2	
6210 重庆师范大学	**30**			**30**	
01专业组(不限)	28	555	541	28	
02专业组(化学或地理)	1	546	546	1	
03专业组(思想政治)	1	552	552	1	
6211 四川美术学院	**4**			**4**	
01专业组(不限)	4	543	526	4	
6212 四川外国语大学	**20**			**20**	
02专业组(不限)	13	573	568	13	
03专业组(不限)(中外合作办学)	2	544	522	2	
04专业组(不限)(中外合作办学)	4	556	548	4	
05专业组(思想政治)	1	570	570	1	
6213 重庆三峡学院	**17**			**17**	

院校、专业组名称	录取数	最高分	最低分	平行志愿	征求志愿
01专业组(不限)	15	528	515	15	
02专业组(思想政治)	2	520	519	2	
6214 长江师范学院	**8**			**8**	
01专业组(不限)	8	531	518	8	
6215 重庆文理学院	**4**			**4**	
01专业组(不限)	4	525	515	4	
6221 重庆科技学院	**6**			**6**	
01专业组(不限)	6	533	517	6	
6301 贵州大学	**4**			**4**	
01专业组(不限)	4	575	573	4	
6302 贵州中医药大学	**8**			**8**	
01专业组(不限)	8	547	529	8	
6303 贵州医科大学	**1**			**1**	
01专业组(不限)	1	534	534	1	
6304 贵州财经大学	**5**			**5**	
01专业组(不限)(中外合作办学)	5	515	509	5	
6306 贵州师范大学	**7**			**7**	
01专业组(思想政治)	7	555	536	7	
6308 安顺学院	**4**			**4**	
01专业组(不限)	2	509	502	2	
02专业组(思想政治)	1	516	516	1	
03专业组(思想政治或地理)	1	506	506	1	
6310 黔南民族师范学院	**7**			**7**	
01专业组(不限)	7	511	508	7	
6315 贵州工程应用技术学院	**9**			**9**	
01专业组(不限)	9	509	502	9	
6316 贵州商学院	**6**			**6**	
01专业组(不限)	4	507	501	4	
02专业组(不限)(中外合作办学)	2	492	491	2	
6320 六盘水师范学院	**2**			**2**	
01专业组(不限)	2	508	506	2	
6323 贵州警察学院	**2**			**2**	
01专业组(思想政治)	2	520	519	2	
6401 云南大学	**10**			**10**	
01专业组(不限)	10	579	577	10	
6402 云南师范大学	**16**			**16**	
01专业组(不限)	10	541	533	10	
02专业组(不限)	2	547	547	2	
03专业组(思想政治)	2	545	542	2	
04专业组(地理)	2	545	545	2	
6404 昆明理工大学	**12**			**12**	
01专业组(不限)	12	543	529	12	
6405 云南农业大学	**9**			**9**	
01专业组(不限)	6	525	516	6	
02专业组(不限)(中外合作办学)	2	512	508	2	
03专业组(化学或生物)	1	512	512	1	
6407 玉溪师范学院	**4**			**4**	
01专业组(不限)	4	518	517	4	
6408 云南财经大学	**40**			**40**	
01专业组(不限)	40	537	523	40	
6409 楚雄师范学院	**6**			**5**	**1**
01专业组(不限)	4	510	505	3	1
02专业组(地理)	2	511	504	2	
6410 昆明学院	**14**			**14**	
01专业组(不限)	8	511	501	8	
02专业组(化学和生物)	2	489	487	2	
03专业组(地理)	4	527	522	4	
6411 大理大学	**14**			**14**	
01专业组(不限)	10	527	514	10	
02专业组(思想政治)	2	531	526	2	
03专业组(思想政治或地理)	2	519	517	2	
6413 红河学院	**12**			**12**	
01专业组(不限)	12	513	503	12	
6414 云南民族大学	**6**			**6**	
01专业组(不限)	6	528	517	6	
6417 曲靖师范学院	**2**			**2**	
01专业组(化学)	1	502	502	1	
02专业组(化学或地理)	1	519	519	1	
6419 普洱学院	**5**			**5**	
01专业组(不限)	5	512	507	5	
6420 文山学院	**6**			**6**	
01专业组(思想政治或地理)	6	524	511	6	
6421 云南警官学院	**4**			**4**	
01专业组(思想政治)	4	534	527	4	
7101 西北大学	**20**			**20**	
01专业组(不限)	14	588	580	14	
02专业组(不限)	1	589	589	1	
03专业组(思想政治)	3	580	579	3	
04专业组(思想政治或地理)	2	585	584	2	
7102 西北工业大学	**11**			**11**	
01专业组(不限)	11	598	591	11	
7103 陕西师范大学	**21**			**21**	
01专业组(不限)	18	589	582	18	
02专业组(思想政治)	3	586	585	3	
7104 西安交通大学	**9**			**9**	
01专业组(不限)	3	606	605	3	
02专业组(思想政治)	6	610	607	6	
7107 长安大学	**7**			**7**	
01专业组(不限)	7	579	578	7	
7109 西北政法大学	**50**			**50**	
01专业组(不限)	50	595	579	50	
7110 西安工程大学	**14**			**14**	
01专业组(不限)	11	549	520	11	
02专业组(化学)	3	519	498	3	
7111 西安财经大学	**7**			**7**	
01专业组(不限)	7	541	534	7	
7113 西安石油大学	**6**			**6**	
01专业组(不限)	6	540	530	6	

2021年普通类(历史等科目类)本科院校

院校、专业组名称	录取数	最高分	最低分	平行志愿	征求志愿
7114 西安医学院	3			3	
01专业组(不限)	3	537	525	3	
7115 西安工业大学	4			4	
01专业组(不限)	4	541	534	4	
7116 西安邮电大学	9			9	
01专业组(不限)	9	541	535	9	
7117 西安外国语大学	55			55	
02专业组(不限)	55	574	555	55	
7119 西安美术学院	3			3	
01专业组(不限)	3	515	494	3	
7122 西安文理学院	13			13	
01专业组(不限)	10	519	509	10	
02专业组(化学或思想政治)	3	512	500	3	
7138 陕西中医药大学	2			2	
01专业组(不限)	2	549	547	2	
7140 渭南师范学院	3			3	
01专业组(不限)	1	521	521	1	
02专业组(不限)(中外合作办学)	2	511	510	2	
7141 西北农林科技大学	13			13	
01专业组(不限)	7	587	584	7	
02专业组(化学或生物)	6	587	578	6	
7142 延安大学	10			10	
01专业组(不限)	4	528	524	4	
02专业组(思想政治)	4	531	526	4	
03专业组(思想政治或地理)	2	519	518	2	
7150 陕西学前师范学院	8			8	
01专业组(不限)	6	529	521	6	
02专业组(思想政治或地理)	2	527	527	2	
7151 陕西科技大学	8			8	
01专业组(不限)	8	533	518	8	
7162 宝鸡文理学院	3			3	
01专业组(思想政治)	3	521	500	3	
7166 商洛学院	1			1	
01专业组(不限)	1	508	508	1	
7167 陕西理工大学	22			22	
01专业组(不限)	12	529	516	12	
02专业组(思想政治)	4	529	523	4	
03专业组(思想政治或地理)	6	529	522	6	
7201 兰州大学	29			29	
01专业组(不限)	14	598	591	14	
02专业组(生物或地理)	5	598	589	5	
03专业组(思想政治或地理)	5	597	593	5	
04专业组(地理)	5	598	593	5	
7202 兰州理工大学	9			9	
01专业组(不限)	5	527	515	5	
02专业组(不限)	4	531	528	4	
7203 兰州财经大学	23			22	1
01专业组(不限)	23	532	514	22	1
7204 兰州交通大学	7			7	
01专业组(不限)	7	540	528	7	
7205 西北民族大学	19			19	
01专业组(不限)	15	528	515	15	
02专业组(思想政治)	4	512	506	4	
7207 甘肃政法大学	19			19	
01专业组(不限)	18	556	535	18	
02专业组(思想政治)	1	535	535	1	
7214 西北师范大学	18			18	
01专业组(不限)	18	546	534	18	
7216 天水师范学院	6			6	
01专业组(思想政治和地理)	6	521	512	6	
7218 兰州城市学院	4			4	
01专业组(不限)	3	513	508	3	
02专业组(地理)	1	512	512	1	
7219 兰州文理学院	8			8	
01专业组(不限)	8	505	501	8	
7302 青海民族大学	10			10	
01专业组(不限)	8	513	511	8	
02专业组(思想政治或地理)	2	513	508	2	
7303 青海师范大学	5			5	
01专业组(不限)	5	522	515	5	
7401 北方民族大学	8			7	1
01专业组(不限)	6	519	507	5	1
02专业组(不限)	2	518	516	2	
7402 宁夏大学	8			8	
01专业组(不限)	8	572	565	8	
7501 新疆大学	8			8	
01专业组(不限)	8	567	547	8	
7502 新疆师范大学	15			15	
01专业组(不限)	12	530	520	12	
02专业组(思想政治)	3	520	519	3	
7503 新疆农业大学	92			91	1
01专业组(不限)	62	519	497	61	1
02专业组(不限)	30	502	491	30	
7505 新疆财经大学	22			21	1
01专业组(不限)	14	518	502	13	1
02专业组(不限)	8	509	498	8	
7507 昌吉学院	13			12	1
01专业组(不限)	13	505	500	12	1
7511 石河子大学	8			8	
01专业组(不限)	8	558	542	8	
7512 新疆科技学院	15			15	
01专业组(不限)	15	505	497	15	
7513 新疆理工学院	14			14	
01专业组(不限)	14	505	496	14	
7521 伊犁师范大学	65			65	
01专业组(不限)	55	520	501	55	
02专业组(思想政治)	10	511	503	10	
8001 上海杉达学院	51			51	

院校、专业组名称	录取数	最高分	最低分	平行志愿	征求志愿
01专业组(不限)	51	521	484	51	
8002 上海建桥学院	**64**			**64**	
01专业组(不限)	64	524	480	64	
8003 上海兴伟学院	**5**			**5**	
01专业组(不限)	5	482	479	5	
8004 上海视觉艺术学院	**6**			**6**	
01专业组(不限)	6	531	507	6	
8005 上海外国语大学贤达经济人文学院	**46**			**46**	
01专业组(不限)	46	512	482	46	
8006 上海师范大学天华学院	**97**			**95**	**2**
01专业组(不限)	97	516	486	95	2
8023 上海立达学院	**15**			**12**	**3**
01专业组(不限)	15	492	479	12	3
8029 上海中侨职业技术大学	**8**			**8**	
01专业组(不限)	8	484	481	8	
8030 浙江万里学院	**180**			**180**	
01专业组(不限)	180	514	494	180	
8031 浙江树人学院	**109**			**109**	
01专业组(不限)	109	511	480	109	
8032 浙江越秀外国语学院	**130**			**130**	
01专业组(不限)	87	508	478	87	
02专业组(不限)(中外合作办学)	5	493	484	5	
03专业组(思想政治或地理)	38	555	477	38	
8033 宁波财经学院	**26**			**26**	
01专业组(不限)	26	500	483	26	
8036 浙江工业大学之江学院	**7**			**7**	
01专业组(不限)	7	498	483	7	
8037 浙江师范大学行知学院	**6**			**6**	
01专业组(不限)	6	500	481	6	
8038 宁波大学科学技术学院	**9**			**9**	
01专业组(不限)	9	499	484	9	
8042 浙江农林大学暨阳学院	**8**			**8**	
01专业组(不限)	8	486	480	8	
8046 绍兴文理学院元培学院	**26**			**26**	
01专业组(不限)	26	503	483	26	
8048 浙江工商大学杭州商学院	**29**			**28**	**1**
01专业组(不限)	29	507	485	28	1
8051 浙江财经大学东方学院	**12**			**12**	
01专业组(不限)	12	514	484	12	
8052 温州商学院	**14**			**14**	
01专业组(不限)	14	497	482	14	
8054 上海财经大学浙江学院	**23**			**23**	
01专业组(不限)	23	500	489	23	
8077 浙江广厦建设职业技术大学	**9**			**9**	
01专业组(不限)	9	487	481	9	
8080 安徽三联学院	**40**			**40**	
01专业组(不限)	40	496	483	40	
8081 安徽新华学院	**131**			**131**	
01专业组(不限)	131	496	476	131	
8082 安徽文达信息工程学院	**8**			**8**	
01专业组(不限)	8	483	481	8	
8083 安徽外国语学院	**5**			**5**	
01专业组(不限)	5	510	501	5	
8084 蚌埠工商学院	**10**			**10**	
01专业组(不限)	10	497	489	10	
8085 安徽大学江淮学院	**10**			**10**	
01专业组(不限)	10	506	496	10	
8087 马鞍山学院	**8**			**8**	
01专业组(不限)	8	500	484	8	
8088 合肥城市学院	**16**			**16**	
01专业组(不限)	16	495	480	16	
8090 安徽师范大学皖江学院	**20**			**20**	
01专业组(不限)	20	517	503	20	
8092 阜阳师范大学信息工程学院	**4**			**4**	
01专业组(不限)	4	503	496	4	
8094 皖江工学院	**32**			**32**	
01专业组(不限)	25	493	481	25	
02专业组(化学)	5	484	477	5	
03专业组(化学或生物)	2	486	477	2	
8120 厦门华厦学院	**9**			**9**	
01专业组(不限)	9	488	480	9	
8121 闽南理工学院	**3**			**3**	
01专业组(不限)	3	489	484	3	
8124 厦门工学院	**22**			**22**	
01专业组(不限)	22	505	479	22	
8125 阳光学院	**11**			**11**	
01专业组(不限)	8	492	480	8	
02专业组(不限)(中外合作办学)	3	480	478	3	
8126 厦门大学嘉庚学院	**79**			**79**	
01专业组(不限)	79	522	496	79	
8127 福州大学至诚学院	**19**			**19**	
01专业组(不限)	19	552	483	19	
8128 集美大学诚毅学院	**28**			**28**	
01专业组(不限)	28	508	491	28	
8130 福州外语外贸学院	**4**			**4**	
01专业组(不限)	4	480	478	4	
8132 仰恩大学	**2**			**2**	
01专业组(不限)	2	494	490	2	
8170 江西科技学院	**52**			**51**	**1**
01专业组(不限)	52	498	476	51	1
8171 江西工程学院	**2**			**2**	
01专业组(不限)	2	499	483	2	
8172 南昌理工学院	**15**			**14**	**1**
01专业组(不限)	15	503	479	14	1
8174 江西服装学院	**2**			**2**	
01专业组(化学)	2	479	478	2	
8175 南昌工学院	**49**			**43**	**6**

院校、专业组名称	录取数	最高分	最低分	平行志愿	征求志愿
01专业组(不限)	49	501	476	43	6
8176 南昌大学科学技术学院	**38**			**38**	
01专业组(不限)	38	505	480	38	
8177 南昌大学共青学院	**16**			**16**	
01专业组(不限)	14	490	481	14	
02专业组(化学)	2	481	477	2	
8178 南昌交通学院	**12**			**11**	**1**
01专业组(不限)	12	498	478	11	1
8180 南昌航空大学科技学院	**8**			**8**	
01专业组(不限)	8	493	482	8	
8183 江西农业大学南昌商学院	**15**			**15**	
01专业组(不限)	15	507	480	15	
8185 江西师范大学科学技术学院	**16**			**16**	
01专业组(不限)	16	494	481	16	
8186 景德镇艺术职业大学	**12**			**12**	
01专业组(不限)	12	488	478	12	
8187 南昌应用技术师范学院	**6**			**1**	**5**
01专业组(不限)	6	497	476	1	5
8188 江西财经大学现代经济管理学院	**31**			**30**	**1**
01专业组(不限)	31	498	479	30	1
8210 齐鲁医药学院	**12**			**12**	
01专业组(不限)	12	499	487	12	
8211 青岛滨海学院	**48**			**48**	
01专业组(不限)	48	493	478	48	
8212 烟台南山学院	**21**			**21**	
01专业组(不限)	21	505	480	21	
8213 潍坊科技学院	**12**			**12**	
01专业组(不限)	12	506	481	12	
8214 山东英才学院	**31**			**31**	
01专业组(不限)	31	490	477	31	
8215 青岛恒星科技学院	**33**			**33**	
01专业组(不限)	33	493	476	33	
8216 青岛黄海学院	**9**			**8**	**1**
01专业组(不限)	9	495	479	8	1
8217 山东现代学院	**26**			**26**	
01专业组(不限)	26	493	476	26	
8218 山东协和学院	**17**			**12**	**5**
01专业组(不限)	17	504	480	12	5
8219 烟台理工学院	**8**			**8**	
01专业组(不限)	8	487	480	8	
8220 青岛城市学院	**11**			**11**	
01专业组(不限)	11	501	480	11	
8223 泰山科技学院	**6**			**4**	**2**
01专业组(不限)	6	493	479	4	2
8225 青岛工学院	**30**			**30**	
01专业组(不限)	30	498	479	30	
8226 青岛农业大学海都学院	**4**			**4**	
01专业组(不限)	4	483	480	4	
8227 齐鲁理工学院	**18**			**18**	
01专业组(不限)	18	489	477	18	
8228 山东财经大学东方学院	**23**			**23**	
01专业组(不限)	23	502	482	23	
8230 烟台科技学院	**16**			**16**	
01专业组(不限)	16	497	485	16	
8231 青岛电影学院	**6**			**6**	
01专业组(不限)	6	489	479	6	
8249 山东工程职业技术大学	**4**			**4**	
01专业组(不限)	4	499	490	4	
8260 北京城市学院	**8**			**8**	
01专业组(不限)	8	520	491	8	
8262 首都师范大学科德学院	**7**			**7**	
01专业组(不限)	7	493	480	7	
8263 北京工商大学嘉华学院	**17**			**14**	**3**
01专业组(不限)	17	482	476	14	3
8264 北京邮电大学世纪学院	**25**			**22**	**3**
01专业组(不限)	25	497	478	22	3
8265 北京工业大学耿丹学院	**8**			**8**	
01专业组(不限)	8	489	477	8	
8266 北京第二外国语学院中瑞酒店管理学院	**35**			**29**	**6**
01专业组(不限)	35	485	476	29	6
8290 天津天狮学院	**4**			**4**	
01专业组(不限)	4	483	480	4	
8291 天津外国语大学滨海外事学院	**8**			**8**	
01专业组(不限)	8	510	485	8	
8292 天津传媒学院	**37**			**37**	
01专业组(不限)	37	494	478	37	
8293 天津商业大学宝德学院	**18**			**18**	
01专业组(不限)	18	503	478	18	
8294 天津医科大学临床医学院	**16**			**16**	
01专业组(不限)	16	511	481	16	
8297 天津理工大学中环信息学院	**33**			**32**	**1**
01专业组(不限)	33	500	477	32	1
8298 北京科技大学天津学院	**30**			**28**	**2**
01专业组(不限)	30	497	478	28	2
8299 天津仁爱学院	**20**			**20**	
01专业组(不限)	20	496	477	20	
8301 天津财经大学珠江学院	**44**			**44**	
01专业组(不限)	44	501	479	44	
8313 河北科技学院	**10**			**7**	**3**
01专业组(不限)	10	498	481	7	3
8314 河北外国语学院	**17**			**13**	**4**
01专业组(不限)	15	493	476	11	4
02专业组(不限)	2	498	496	2	
8316 华北理工大学轻工学院	**9**			**9**	
01专业组(不限)	9	488	478	9	
8318 河北经贸大学经济管理学院	**10**			**10**	
01专业组(不限)	10	517	485	10	

院校、专业组名称	录取数	最高分	最低分	平行志愿	征求志愿
8320 河北工程大学科信学院	1			1	
01专业组(化学)	1	494	494	1	
8323 石家庄铁道大学四方学院	3			3	
01专业组(不限)	3	501	496	3	
8324 河北地质大学华信学院	10			9	1
01专业组(不限)	10	498	479	9	1
8326 保定理工学院	15			11	4
01专业组(不限)	15	494	478	11	4
8327 燕京理工学院	1			1	
01专业组(不限)	1	497	497	1	
8328 北京中医药大学东方学院	15			8	7
01专业组(不限)	15	494	477	8	7
8329 沧州交通学院	30			29	1
01专业组(不限)	30	498	478	29	1
8330 河北东方学院	5			5	
01专业组(不限)	5	496	490	5	
8360 山西应用科技学院	7			7	
01专业组(不限)	7	496	480	7	
8363 晋中信息学院	9			9	
01专业组(不限)	9	498	488	9	
8364 山西晋中理工学院	7			7	
01专业组(不限)	7	489	480	7	
8366 山西工商学院	8			8	
01专业组(思想政治或地理)	8	497	486	8	
8401 辽宁对外经贸学院	60			50	10
01专业组(不限)	60	490	476	50	10
8402 大连理工大学城市学院	10			10	
01专业组(不限)	10	488	478	10	
8404 沈阳工学院	19			19	
01专业组(不限)	19	487	479	19	
8406 大连科技学院	75			58	17
01专业组(不限)	75	495	476	58	17
8407 沈阳城市建设学院	14			14	
01专业组(不限)	14	478	476	14	
8408 大连医科大学中山学院	7			7	
01专业组(不限)	7	487	479	7	
8411 大连财经学院	19			18	1
01专业组(不限)	19	492	480	18	1
8412 沈阳城市学院	19			19	
01专业组(不限)	19	495	477	19	
8416 大连东软信息学院	4			4	
01专业组(不限)	4	481	480	4	
8440 吉林外国语大学	93			93	
01专业组(不限)	85	523	483	85	
02专业组(不限)(中外合作办学)	8	494	485	8	
8441 长春光华学院	54			23	31
01专业组(不限)	54	490	476	23	31
8442 长春工业大学人文信息学院	30			10	20
01专业组(不限)	30	486	476	10	20
8443 长春电子科技学院	48			28	20
01专业组(不限)	48	486	476	28	20
8444 长春财经学院	52			26	26
01专业组(不限)	52	504	476	26	26
8445 吉林建筑科技学院	31			18	13
01专业组(不限)	31	489	476	18	13
8446 长春建筑学院	15			5	10
01专业组(不限)	15	483	476	5	10
8447 长春科技学院	29			20	9
01专业组(不限)	25	491	476	18	7
02专业组(化学或生物)	4	483	477	2	2
8448 吉林动画学院	12			12	
01专业组(不限)	12	486	480	12	
8449 吉林师范大学博达学院	60			45	15
01专业组(不限)	60	490	476	45	15
8450 长春大学旅游学院	19			17	2
01专业组(不限)	19	485	476	17	2
8451 长春人文学院	48			24	24
01专业组(不限)	48	497	476	24	24
8470 黑龙江东方学院	10			10	
01专业组(不限)	10	506	478	10	
8472 黑龙江财经学院	21			20	1
01专业组(不限)	21	492	477	20	1
8473 哈尔滨石油学院	3			2	1
01专业组(不限)	3	484	479	2	1
8474 哈尔滨广厦学院	5			5	
01专业组(不限)	5	485	483	5	
8475 哈尔滨华德学院	13			12	1
01专业组(不限)	13	484	477	12	1
8501 黄河科技学院	10			10	
01专业组(不限)	10	492	479	10	
8504 郑州财经学院	2			2	
01专业组(不限)	2	494	488	2	
8508 郑州工商学院	39			38	1
01专业组(不限)	39	503	480	38	1
8509 郑州经贸学院	25			25	
01专业组(不限)	25	495	479	25	
8510 郑州商学院	8			8	
01专业组(不限)	8	490	480	8	
8518 郑州西亚斯学院	10			10	
01专业组(不限)	10	501	489	10	
8550 武汉东湖学院	27			27	
01专业组(不限)	27	498	477	27	
8551 汉口学院	1			1	
01专业组(不限)	1	480	480	1	
8552 武昌首义学院	30			29	1
01专业组(不限)	30	504	478	29	1
8553 武昌理工学院	10			7	3
01专业组(不限)	10	492	476	7	3

院校、专业组名称	录取数	最高分	最低分	平行志愿	征求志愿
8554 武汉生物工程学院	14			13	1
01专业组(不限)	14	499	481	13	1
8555 武汉晴川学院	22			20	2
01专业组(不限)	22	494	477	20	2
8556 湖北大学知行学院	22			22	
01专业组(不限)	22	501	480	22	
8557 武汉城市学院	15			15	
01专业组(不限)	15	509	479	15	
8558 三峡大学科技学院	18			18	
01专业组(不限)	18	501	479	18	
8559 湖北工业大学工程技术学院	15			15	
01专业组(不限)	15	494	477	15	
8560 武汉工程大学邮电与信息工程学院	8			8	
01专业组(不限)	8	485	478	8	
8561 武汉纺织大学外经贸学院	14			14	
01专业组(不限)	14	495	479	14	
8562 武昌工学院	17			15	2
01专业组(不限)	17	497	477	15	2
8563 武汉工商学院	27			27	
01专业组(不限)	27	506	478	27	
8565 长江大学文理学院	13			12	1
01专业组(不限)	13	502	487	12	1
8566 湖北商贸学院	2			1	1
01专业组(不限)	2	486	482	1	1
8567 湖北汽车工业学院科技学院	5			5	
01专业组(不限)	5	485	481	5	
8570 湖北经济学院法商学院	30			30	
01专业组(不限)	30	496	476	30	
8571 武汉体育学院体育科技学院	11			11	
01专业组(不限)	11	490	481	11	
8572 湖北文理学院理工学院	5			5	
01专业组(不限)	5	488	481	5	
8573 文华学院	34			34	
01专业组(不限)	34	499	478	34	
8574 武汉工程科技学院	35			26	9
01专业组(不限)	35	498	476	26	9
8575 武汉华夏理工学院	42			42	
01专业组(不限)	42	496	476	42	
8577 武汉设计工程学院	6			6	
01专业组(不限)	6	480	476	6	
8601 长沙医学院	10			8	2
01专业组(不限)	10	502	486	8	2
8602 湖南涉外经济学院	39			37	2
01专业组(不限)	39	489	476	37	2
8603 湘潭大学兴湘学院	4			4	
01专业组(不限)	4	497	493	4	
8604 湖南工业大学科技学院	9			8	1
01专业组(不限)	9	501	487	8	1

院校、专业组名称	录取数	最高分	最低分	平行志愿	征求志愿
8605 湖南科技大学潇湘学院	2			2	
01专业组(不限)	2	490	490	2	
8606 南华大学船山学院	8			8	
01专业组(不限)	8	496	483	8	
8607 湘潭理工学院	4			4	
01专业组(不限)	4	492	488	4	
8609 湖南文理学院芙蓉学院	2			2	
01专业组(不限)	2	485	485	2	
8610 湖南理工学院南湖学院	25			25	
01专业组(不限)	25	499	479	25	
8613 吉首大学张家界学院	6			6	
01专业组(不限)	6	495	487	6	
8614 长沙理工大学城南学院	10			10	
01专业组(不限)	10	499	488	10	
8640 广东白云学院	22			22	
01专业组(不限)	22	485	477	22	
8641 电子科技大学中山学院	27			27	
01专业组(不限)	27	488	476	27	
8642 广东东软学院	8			8	
01专业组(不限)	8	482	478	8	
8643 广州城市理工学院	9			9	
01专业组(不限)	9	487	480	9	
8644 广州软件学院	5			5	
01专业组(不限)	5	479	476	5	
8645 广州南方学院	8			8	
01专业组(不限)	8	495	478	8	
8646 广东外语外贸大学南国商学院	5			5	
01专业组(不限)	5	517	489	5	
8649 北京理工大学珠海学院	4			4	
01专业组(不限)	4	506	497	4	
8650 珠海科技学院	12			12	
01专业组(不限)	12	508	485	12	
8651 广州工商学院	5			5	
01专业组(不限)	5	486	476	5	
8652 东莞城市学院	4			4	
01专业组(不限)	4	480	477	4	
8661 广州华立学院	4			4	
01专业组(不限)	4	485	477	4	
8665 广州新华学院	10			10	
01专业组(不限)	8	484	478	8	
02专业组(生物或地理)	2	485	479	2	
8710 南宁学院	3			3	
01专业组(不限)	3	496	480	3	
8713 柳州工学院	29			27	2
01专业组(不限)	25	494	480	25	
02专业组(化学)	4	485	476	2	2
8714 桂林学院	16			16	
01专业组(不限)	16	503	479	16	
8715 广西中医药大学赛恩斯新医药学	6			5	1

院校、专业组名称	录取数	最高分	最低分	平行志愿	征求志愿
院					
01专业组(不限)	4	484	479	4	
02专业组(化学和生物)	2	482	477	1	1
8716 桂林信息科技学院	**29**			**29**	
01专业组(不限)	29	494	476	29	
8718 广西外国语学院	**41**			**41**	
01专业组(不限)	41	490	479	41	
8740 海口经济学院	**26**			**23**	**3**
01专业组(不限)	26	485	476	23	3
8741 三亚学院	**58**			**49**	**9**
01专业组(不限)	56	498	478	47	9
02专业组(不限)(中外合作办学)	2	511	488	2	
8757 海南科技职业大学	**6**			**6**	
01专业组(不限)	6	479	478	6	
8760 成都东软学院	**10**			**10**	
01专业组(不限)	10	500	485	10	
8761 电子科技大学成都学院	**18**			**18**	
01专业组(不限)	18	565	484	18	
8762 成都理工大学工程技术学院	**10**			**10**	
01专业组(不限)	10	493	480	10	
8764 成都银杏酒店管理学院	**8**			**8**	
01专业组(不限)	8	492	481	8	
8767 四川外国语大学成都学院	**50**			**50**	
01专业组(不限)	50	518	487	50	
8769 成都锦城学院	**12**			**12**	
01专业组(不限)	12	504	496	12	
8770 西南财经大学天府学院	**27**			**27**	
01专业组(不限)	27	499	481	27	
8771 四川大学锦江学院	**5**			**5**	
01专业组(不限)	5	498	481	5	
8774 西南交通大学希望学院	**3**			**3**	
01专业组(不限)	3	489	482	3	
8781 吉利学院	**4**			**3**	**1**
01专业组(不限)	4	494	482	3	1
8801 重庆城市科技学院	**44**			**41**	**3**
01专业组(不限)	44	501	481	41	3
8802 重庆外语外事学院	**11**			**11**	
01专业组(不限)	11	506	493	11	
8803 重庆对外经贸学院	**52**			**52**	
01专业组(不限)	48	505	479	48	
02专业组(化学或地理)	4	495	487	4	
8804 重庆财经学院	**20**			**20**	
01专业组(不限)	20	501	486	20	
8805 重庆工商大学派斯学院	**25**			**25**	
01专业组(不限)	25	499	479	25	
8806 重庆移通学院	**40**			**37**	**3**
01专业组(不限)	40	502	477	37	3
8808 重庆人文科技学院	**9**			**8**	**1**
01专业组(不限)	9	498	483	8	1

院校、专业组名称	录取数	最高分	最低分	平行志愿	征求志愿
8841 贵阳人文科技学院	**12**			**12**	
01专业组(不限)	12	490	477	12	
8870 云南大学滇池学院	**14**			**10**	**4**
01专业组(不限)	14	494	479	10	4
8871 丽江文化旅游学院	**51**			**51**	
01专业组(不限)	51	496	477	51	
8872 昆明城市学院	**2**			**2**	
01专业组(不限)	2	486	483	2	
8873 昆明医科大学海源学院	**15**			**14**	**1**
01专业组(不限)	15	499	479	14	1
8874 云南艺术学院文华学院	**4**			**2**	**2**
01专业组(不限)	4	491	482	2	2
8875 昆明文理学院	**7**			**7**	
01专业组(不限)	7	489	480	7	
8876 昆明理工大学津桥学院	**7**			**7**	
01专业组(不限)	7	486	479	7	
8878 云南经济管理学院	**8**			**8**	
01专业组(不限)	8	484	478	8	
8901 西安培华学院	**22**			**22**	
01专业组(不限)	22	500	479	22	
8902 西安欧亚学院	**34**			**34**	
01专业组(不限)	34	488	477	34	
8903 西安外事学院	**26**			**26**	
01专业组(不限)	26	497	480	26	
8904 西安翻译学院	**18**			**17**	**1**
01专业组(不限)	18	509	482	17	1
8905 西京学院	**8**			**8**	
01专业组(不限)	8	487	480	8	
8906 西安思源学院	**9**			**9**	
01专业组(不限)	9	495	481	9	
8907 陕西国际商贸学院	**6**			**6**	
01专业组(不限)	5	488	482	5	
02专业组(化学)	1	479	479	1	
8910 西安交通大学城市学院	**13**			**13**	
01专业组(不限)	13	503	479	13	
8911 西北大学现代学院	**4**			**4**	
01专业组(不限)	4	483	479	4	
8912 西安建筑科技大学华清学院	**8**			**8**	
01专业组(不限)	8	493	484	8	
8913 西安财经大学行知学院	**27**			**25**	**2**
01专业组(不限)	27	491	478	25	2
8914 西安工商学院	**8**			**6**	**2**
01专业组(不限)	8	484	480	6	2
8915 延安大学西安创新学院	**6**			**6**	
01专业组(不限)	6	491	485	6	
8916 西安明德理工学院	**6**			**6**	
01专业组(不限)	6	483	478	6	
8918 西安科技大学高新学院	**4**			**4**	
01专业组(不限)	4	486	483	4	

2021年普通类(历史等科目类)高职(专科)院校

院校、专业组名称	录取数	最高分	最低分	平行志愿	征求志愿
8940 兰州工商学院	**13**			**13**	
01专业组(不限)	13	499	479	13	
8941 兰州博文科技学院	**10**			**8**	**2**
01专业组(不限)	6	502	480	6	
02专业组(化学)	4	482	476	2	2
8970 宁夏理工学院	**66**			**66**	
01专业组(不限)	66	489	478	66	
8971 宁夏大学新华学院	**10**			**10**	
01专业组(不限)	10	499	485	10	
8972 银川能源学院	**2**			**2**	
01专业组(不限)	2	485	485	2	

(三)普通类(历史等科目类)高职(专科)院校

院校、专业组名称	录取数	最高分	最低分	平行志愿	征求志愿
1136 南京工业职业技术大学	**495**			**484**	**11**
02专业组(不限)	495	501	444	484	11
1150 江苏海事职业技术学院	**259**			**235**	**24**
01专业组(不限)	174	542	392	150	24
02专业组(不限)(分段培养项目)	20	498	475	20	
03专业组(不限)(分段培养项目)	26	497	473	26	
04专业组(不限)(定向培养士官)	37	494	442	37	
05专业组(不限)(中外合作办学)	2	459	453	2	
1152 南京交通职业技术学院	**195**			**191**	**4**
01专业组(不限)(分段培养项目)	40	494	474	40	
02专业组(不限)	155	480	439	151	4
1153 南京科技职业学院	**465**			**390**	**75**
01专业组(不限)(分段培养项目)	15	488	474	15	
02专业组(不限)	445	477	368	370	75
03专业组(不限)(中外合作办学)	5	472	453	5	
1154 南京信息职业技术学院	**113**			**113**	
01专业组(不限)	78	493	470	78	
02专业组(不限)(定向培养士官)	31	485	449	31	
03专业组(不限)(定向培养士官)	4	475	474	4	
1155 南京铁道职业技术学院	**107**			**105**	**2**
01专业组(不限)(分段培养项目)	20	511	475	18	2
02专业组(不限)	72	493	473	72	
03专业组(不限)(中外合作办学)	15	473	466	15	
1156 江苏经贸职业技术学院	**1293**			**1166**	**127**
01专业组(不限)	1230	490	266	1103	127
02专业组(不限)(分段培养项目)	33	493	475	33	
03专业组(不限)(分段培养项目)	30	486	472	30	
1158 江苏卫生健康职业学院	**749**			**673**	**76**
01专业组(不限)(分段培养项目)	40	497	478	40	
02专业组(不限)	570	516	382	498	72
03专业组(不限)	139	505	368	135	4
1159 南京机电职业技术学院	**28**			**28**	
01专业组(不限)	28	468	452	28	
1160 南京旅游职业学院	**105**			**72**	**33**
01专业组(不限)	80	470	278	47	33
02专业组(不限)(分段培养项目)	25	477	470	25	
1171 江苏城市职业学院	**560**			**508**	**52**
01专业组(不限)	560	475	266	508	52
1172 南京城市职业学院	**71**			**60**	**11**
01专业组(不限)	71	475	298	60	11
1210 江苏信息职业技术学院	**424**			**309**	**115**
01专业组(不限)	47	439	396	47	
02专业组(不限)	175	472	279	100	75
03专业组(不限)	11	473	451	11	
04专业组(不限)	191	474	265	151	40
1211 无锡职业技术学院	**558**			**503**	**55**
01专业组(不限)	59	476	460	59	
02专业组(不限)	73	485	369	49	24
03专业组(不限)	362	485	285	335	27
04专业组(不限)(分段培养项目)	40	497	474	40	
05专业组(不限)(中外合作办学)	24	467	300	20	4
1212 无锡商业职业技术学院	**343**			**309**	**34**
01专业组(不限)	323	482	274	289	34
02专业组(不限)(分段培养项目)	20	474	471	20	
1213 无锡科技职业学院	**481**			**444**	**37**
01专业组(不限)	476	474	305	439	37
02专业组(不限)(分段培养项目)	5	480	474	5	
1214 无锡城市职业技术学院	**243**			**213**	**30**
01专业组(不限)	203	482	272	173	30
02专业组(不限)(分段培养项目)	40	474	468	40	
1215 无锡工艺职业技术学院	**98**			**92**	**6**
01专业组(不限)	88	466	289	82	6
02专业组(不限)(分段培养项目)	10	470	467	10	
1216 江阴职业技术学院	**433**			**385**	**48**
01专业组(不限)	433	455	269	385	48
1230 江苏建筑职业技术学院	**103**			**78**	**25**
01专业组(不限)	103	492	291	78	25
1231 徐州工业职业技术学院	**83**			**79**	**4**
01专业组(不限)	83	467	358	79	4
1232 徐州幼儿师范高等专科学校	**292**			**249**	**43**
01专业组(不限)(分段培养项目)	35	508	475	35	
02专业组(不限)	247	480	400	204	43
03专业组(不限)	10	457	446	10	
1233 徐州生物工程职业技术学院	**270**			**220**	**50**
01专业组(不限)	270	474	282	220	50
1234 江苏安全技术职业学院	**65**			**65**	
01专业组(不限)	62	463	407	62	
02专业组(不限)(分段培养项目)	3	472	469	3	
1250 常州信息职业技术学院	**918**			**784**	**134**
01专业组(不限)	918	488	268	784	134
1251 常州纺织服装职业技术学院	**355**			**318**	**37**

院校、专业组名称	录取数	最高分	最低分	平行志愿	征求志愿
01专业组(不限)	355	470	276	318	37
1252 常州工程职业技术学院	**482**			**445**	**37**
01专业组(不限)(分段培养项目)	10	481	474	10	
02专业组(不限)	472	479	272	435	37
1253 常州工业职业技术学院	**66**			**43**	**23**
01专业组(不限)	39	451	278	20	19
02专业组(不限)(分段培养项目)	27	475	455	23	4
1254 常州机电职业技术学院	**153**			**137**	**16**
01专业组(不限)	153	462	297	137	16
1255 江苏城乡建设职业学院	**415**			**365**	**50**
01专业组(不限)	409	471	265	360	49
02专业组(不限)(分段培养项目)	6	500	471	5	1
1270 苏州职业大学	**417**			**399**	**18**
01专业组(不限)	367	505	405	349	18
02专业组(不限)(分段培养项目)	45	492	474	45	
03专业组(不限)(中外合作办学)	5	469	464	5	
1272 苏州农业职业技术学院	**149**			**135**	**14**
01专业组(不限)	129	479	274	115	14
02专业组(不限)(分段培养项目)	20	473	467	20	
1273 苏州工业职业技术学院	**122**			**105**	**17**
01专业组(不限)	122	472	311	105	17
1274 苏州经贸职业技术学院	**734**			**646**	**88**
01专业组(不限)(分段培养项目)	12	474	468	12	
02专业组(不限)	722	477	264	634	88
1275 苏州卫生职业技术学院	**996**			**865**	**131**
01专业组(不限)(分段培养项目)	50	512	474	49	1
02专业组(不限)	819	490	266	691	128
03专业组(不限)	43	469	444	43	
04专业组(不限)	84	531	374	82	2
1276 苏州工业园区服务外包职业学院	**53**			**53**	
01专业组(不限)	33	461	435	33	
02专业组(不限)(分段培养项目)	20	472	467	20	
1277 苏州信息职业技术学院	**217**			**200**	**17**
01专业组(不限)	217	479	262	200	17
1278 沙洲职业工学院	**396**			**368**	**28**
01专业组(不限)	396	473	300	368	28
1270 苏州健雄职业技术学院	**370**			**297**	**73**
01专业组(不限)	325	466	278	252	73
02专业组(不限)(分段培养项目)	45	478	466	45	
1290 苏州幼儿师范高等专科学校	**236**			**232**	**4**
01专业组(不限)	168	495	448	164	4
02专业组(不限)(分段培养项目)	32	509	478	32	
03专业组(不限)(分段培养项目)	36	500	476	36	
1310 南通职业大学	**171**			**157**	**14**
01专业组(不限)(分段培养项目)	50	493	471	50	
02专业组(不限)	121	476	288	107	14
1311 江苏航运职业技术学院	**142**			**126**	**16**
01专业组(不限)(分段培养项目)	12	472	467	12	
02专业组(不限)	130	467	291	114	16
1312 江苏工程职业技术学院	**284**			**261**	**23**
01专业组(不限)	284	471	284	261	23
1313 南通科技职业学院	**288**			**253**	**35**
01专业组(不限)(分段培养项目)	23	490	468	23	
02专业组(不限)	265	469	298	230	35
1314 江苏商贸职业学院	**196**			**160**	**36**
01专业组(不限)	144	462	267	113	31
02专业组(不限)(分段培养项目)	52	478	465	47	5
1315 南通师范高等专科学校	**149**			**149**	
01专业组(不限)	57	481	470	57	
02专业组(不限)(分段培养项目)	92	501	477	92	
1330 连云港师范高等专科学校	**435**			**402**	**33**
01专业组(不限)	415	474	278	382	33
02专业组(不限)(分段培养项目)	20	491	475	20	
1331 连云港职业技术学院	**436**			**397**	**39**
01专业组(不限)	436	462	265	397	39
1332 江苏财会职业学院	**671**			**590**	**81**
01专业组(不限)(分段培养项目)	15	475	472	15	
02专业组(不限)	205	461	324	157	48
03专业组(不限)	183	470	261	162	21
04专业组(不限)	268	465	336	256	12
1350 江苏电子信息职业学院	**304**			**241**	**63**
01专业组(不限)	269	465	264	206	63
02专业组(不限)(分段培养项目)	35	482	467	35	
1351 江苏食品药品职业技术学院	**306**			**217**	**89**
01专业组(不限)	286	458	262	197	89
02专业组(不限)(分段培养项目)	20	476	469	20	
1352 江苏财经职业技术学院	**399**			**314**	**85**
01专业组(不限)	379	463	264	294	85
02专业组(不限)(分段培养项目)	20	476	472	20	
1353 江苏护理职业学院	**695**			**456**	**239**
01专业组(不限)	651	473	260	412	239
02专业组(不限)(分段培养项目)	44	484	474	44	
1370 盐城工业职业技术学院	**135**			**108**	**27**
01专业组(不限)	135	474	281	108	27
1371 江苏医药职业学院	**390**			**322**	**68**
01专业组(不限)	297	508	269	229	68
02专业组(不限)(分段培养项目)	12	498	475	12	
03专业组(不限)	81	512	423	81	
1372 盐城幼儿师范高等专科学校	**161**			**139**	**22**
01专业组(不限)	129	474	282	110	19
02专业组(不限)(分段培养项目)	32	489	466	29	3
1390 扬州市职业大学	**734**			**634**	**100**
01专业组(不限)	325	474	262	255	70
02专业组(不限)	176	473	292	158	18
03专业组(不限)	187	477	313	176	11
04专业组(不限)(分段培养项目)	30	491	474	30	
05专业组(不限)(中外合作办学)	16	471	392	15	1
1392 扬州工业职业技术学院	**167**			**137**	**30**

2021年普通类(历史等科目类)高职(专科)院校

院校、专业组名称	录取数	最高分	最低分	平行志愿	征求志愿
01专业组(不限)	142	466	276	112	30
02专业组(不限)(分段培养项目)	25	483	470	25	
1394 江苏旅游职业学院	172			150	22
01专业组(不限)	162	493	262	140	22
02专业组(不限)(分段培养项目)	10	481	474	10	
1410 镇江市高等专科学校	724			686	38
01专业组(不限)	659	471	287	621	38
02专业组(不限)(分段培养项目)	65	504	473	65	
1411 江苏农林职业技术学院	204			188	16
01专业组(不限)(分段培养项目)	20	482	467	20	
02专业组(不限)	184	483	294	168	16
1412 江苏航空职业技术学院	446			406	40
01专业组(不限)	446	474	286	406	40
1431 泰州职业技术学院	351			306	45
01专业组(不限)	107	463	269	85	22
02专业组(不限)	152	470	309	132	20
03专业组(不限)	22	465	362	19	3
04专业组(不限)(分段培养项目)	45	487	465	45	
05专业组(化学或生物)	25	525	465	25	
1432 江苏农牧科技职业学院	123			106	17
01专业组(不限)	73	491	294	56	17
02专业组(不限)(分段培养项目)	50	480	467	50	
1950 钟山职业技术学院	156			132	24
01专业组(不限)(分段培养项目)	16	473	466	16	
02专业组(不限)	14	467	347	10	4
03专业组(不限)	126	453	283	106	20
1951 正德职业技术学院	603			559	44
01专业组(不限)	603	456	274	559	44
1952 金肯职业技术学院	113			100	13
01专业组(不限)(分段培养项目)	41	466	446	40	1
02专业组(不限)	72	431	279	60	12
1953 应天职业技术学院	84			60	24
01专业组(不限)	84	457	284	60	24
1954 南京视觉艺术职业学院	190			164	26
01专业组(不限)	190	454	260	164	26
1957 无锡南洋职业技术学院	94			94	
01专业组(不限)	67	434	379	67	
02专业组(不限)(分段培养项目)	27	470	457	27	
1958 江南影视艺术职业学院	186			171	15
01专业组(不限)	42	436	280	27	15
02专业组(不限)(分段培养项目)	144	472	415	144	
1959 太湖创意职业技术学院	274			246	28
01专业组(不限)	216	472	260	191	25
02专业组(不限)(分段培养项目)	58	481	427	55	3
1962 九州职业技术学院	299			278	21
01专业组(不限)	299	434	263	278	21
1965 建东职业技术学院	45			42	3
01专业组(不限)	45	425	278	42	3
1968 苏州工业园区职业技术学院	388			354	34
01专业组(不限)	353	439	264	319	34
02专业组(不限)(分段培养项目)	35	471	455	35	
1969 苏州托普信息职业技术学院	221			188	33
01专业组(不限)	221	446	260	188	33
1970 苏州高博软件技术职业学院	213			194	19
01专业组(不限)	213	444	261	194	19
1971 苏州百年职业学院	46			45	1
01专业组(不限)(中外合作办学)	46	459	287	45	1
1973 昆山登云科技职业学院	294			259	35
01专业组(不限)	294	463	260	259	35
1974 硅湖职业技术学院	181			164	17
01专业组(不限)	181	418	262	164	17
1982 炎黄职业技术学院	43			42	1
01专业组(不限)	43	432	280	42	1
1985 明达职业技术学院	29			29	
01专业组(不限)	29	420	263	29	
1988 江海职业技术学院	146			139	7
01专业组(不限)	146	432	261	139	7
1989 扬州中瑞酒店职业学院	30			30	
01专业组(不限)	30	417	284	30	
1991 金山职业技术学院	66			59	7
01专业组(不限)	66	413	260	59	7
1996 宿迁职业技术学院	94			80	14
01专业组(不限)	94	463	292	80	14
1997 宿迁泽达职业技术学院	34			33	1
01专业组(不限)	34	400	273	33	1
2120 上海工程技术大学	22			22	
02专业组(不限)	22	484	464	22	
2124 上海第二工业大学	5			5	
02专业组(不限)	5	479	473	5	
2132 上海出版印刷高等专科学校	25			24	1
01专业组(不限)	25	475	402	24	1
2134 上海旅游高等专科学校	37			34	3
01专业组(不限)	37	478	356	34	3
2138 上海电子信息职业技术学院	12			12	
01专业组(不限)	12	463	450	12	
2149 上海科学技术职业学院	17			17	
01专业组(不限)	17	480	444	17	
2150 上海农林职业技术学院	10			10	
01专业组(不限)	10	444	430	10	
2154 上海交通职业技术学院	12			12	
01专业组(不限)	12	463	439	12	
2155 上海城建职业学院	14			12	2
01专业组(不限)	14	469	442	12	2
2166 上海行健职业学院	4			4	
01专业组(不限)	4	434	427	4	
2167 上海民航职业技术学院	16			16	
01专业组(不限)	16	471	453	16	
2217 浙江经贸职业技术学院	9			9	

院校、专业组名称	录取数	最高分	最低分	平行志愿	征求志愿
01专业组(不限)	9	477	455	9	
2226 浙江邮电职业技术学院	**1**			**1**	
01专业组(不限)	1	449	449	1	
2237 宁波城市职业技术学院	**15**			**15**	
01专业组(不限)	15	452	426	15	
2247 浙江交通职业技术学院	**9**			**9**	
01专业组(不限)(定向培养士官)	9	436	426	9	
2252 浙江商业职业技术学院	**6**			**6**	
01专业组(不限)	6	466	440	6	
2253 浙江金融职业学院	**6**			**6**	
01专业组(不限)	6	477	468	6	
2259 嘉兴职业技术学院	**8**			**8**	
01专业组(不限)	8	429	422	8	
2315 安徽中医药高等专科学校	**3**			**3**	
01专业组(不限)	3	457	444	3	
2323 安徽新闻出版职业技术学院	**10**			**10**	
01专业组(不限)	6	465	433	6	
02专业组(思想政治)	4	418	414	4	
2334 淮南联合大学	**4**			**4**	
01专业组(不限)	4	464	434	4	
2339 滁州职业技术学院	**20**			**20**	
01专业组(不限)	20	479	380	20	
2357 马鞍山职业技术学院	**4**			**4**	
01专业组(不限)	4	455	422	4	
2376 淮南职业技术学院	**10**			**10**	
01专业组(不限)	10	421	380	10	
2382 合肥职业技术学院	**5**			**5**	
01专业组(不限)	5	446	415	5	
2384 安徽卫生健康职业学院	**20**			**20**	
01专业组(不限)	20	451	421	20	
2417 厦门海洋职业技术学院	**4**			**4**	
01专业组(不限)	4	459	419	4	
2436 泉州经贸职业技术学院	**31**			**31**	
01专业组(不限)	31	445	374	31	
2455 福州墨尔本理工职业学院	**9**			**9**	
01专业组(不限)(中外合作办学)	9	462	275	9	
2519 江西电力职业技术学院	**3**			**3**	
01专业组(化学或思想政治)	3	456	438	3	
2520 江西信息应用职业技术学院	**1**			**1**	
01专业组(不限)	1	448	448	1	
2533 江西应用技术职业学院	**3**			**3**	
01专业组(不限)	3	399	371	3	
2545 赣州师范高等专科学校	**3**			**3**	
01专业组(不限)	3	441	439	3	
2562 江西财经职业学院	**5**			**5**	
01专业组(不限)	5	460	415	5	
2564 江西建设职业技术学院	**12**			**12**	
01专业组(不限)	12	422	380	12	
2565 江西交通职业技术学院	**4**			**4**	
01专业组(不限)	4	388	384	4	
2567 九江职业大学	**2**			**2**	
01专业组(不限)	2	431	420	2	
2569 江西机电职业技术学院	**20**			**20**	
01专业组(不限)	20	396	335	20	
2576 江西工程职业学院	**12**			**12**	
01专业组(不限)	12	442	381	12	
2578 吉安职业技术学院	**2**			**2**	
01专业组(不限)	2	373	367	2	
2580 赣州职业技术学院	**2**			**2**	
01专业组(不限)	2	412	399	2	
2583 江西中医药高等专科学校	**10**			**10**	
01专业组(不限)	10	449	400	10	
2584 江西婺源茶业职业学院	**6**			**6**	
01专业组(不限)	6	409	370	6	
2593 江西工业工程职业技术学院	**6**			**6**	
01专业组(不限)	6	405	377	6	
2597 江西农业工程职业学院	**5**			**5**	
01专业组(不限)	5	428	396	5	
2604 山东传媒职业学院	**8**			**8**	
01专业组(不限)	8	490	410	8	
2618 山东胜利职业学院	**53**			**53**	
01专业组(不限)	53	429	367	53	
2627 青岛酒店管理职业技术学院	**2**			**2**	
01专业组(不限)	2	426	410	2	
2636 山东畜牧兽医职业学院	**4**			**4**	
01专业组(不限)	4	461	440	4	
2639 东营职业学院	**2**			**2**	
01专业组(不限)	2	400	392	2	
2640 青岛港湾职业技术学院	**5**			**5**	
01专业组(不限)	5	436	420	5	
2644 聊城职业技术学院	**5**			**5**	
01专业组(不限)	5	429	398	5	
2647 日照职业技术学院	**10**			**10**	
01专业组(不限)	10	449	414	10	
2658 济南工程职业技术学院	**3**			**3**	
01专业组(不限)	3	457	430	3	
2659 山东水利职业学院	**12**			**12**	
01专业组(不限)	12	449	400	12	
2665 枣庄科技职业学院	**8**			**8**	
01专业组(不限)	8	397	379	8	
2670 菏泽家政职业学院	**4**			**4**	
01专业组(不限)	4	416	386	4	
2694 山东外贸职业学院	**5**			**5**	
01专业组(不限)	5	459	425	5	
2719 威海海洋职业学院	**10**			**10**	
01专业组(不限)	10	423	396	10	
2756 山东化工职业学院	**4**			**4**	
01专业组(不限)	4	400	395	4	

院校、专业组名称	录取数	最高分	最低分	平行志愿	征求志愿
3176 北京社会管理职业学院	**2**			**2**	
01专业组(不限)	2	461	460	2	
3205 中国民航大学	**6**			**6**	
03专业组(不限)	6	478	474	6	
3219 天津生物工程职业技术学院	**2**			**2**	
01专业组(不限)	2	498	444	2	
3220 天津商务职业学院	**3**			**3**	
01专业组(不限)	3	429	407	3	
3224 天津市职业大学	**12**			**12**	
01专业组(不限)	12	485	452	12	
3232 天津石油职业技术学院	**8**			**8**	
01专业组(不限)	8	409	372	8	
3234 天津现代职业技术学院	**2**			**2**	
01专业组(不限)	2	411	410	2	
3238 天津铁道职业技术学院	**18**			**18**	
01专业组(不限)	18	472	426	18	
3241 天津国土资源和房屋职业学院	**2**			**2**	
01专业组(不限)	2	401	397	2	
3243 天津工业职业学院	**4**			**4**	
01专业组(不限)	4	445	434	4	
3309 石家庄邮电职业技术学院	**32**			**32**	
01专业组(不限)	24	504	473	24	
02专业组(不限)	8	464	454	8	
3324 河北能源职业技术学院	**5**			**5**	
01专业组(不限)	5	421	375	5	
3329 河北交通职业技术学院	**5**			**5**	
01专业组(不限)	5	382	379	5	
3330 河北对外经贸职业学院	**6**			**6**	
01专业组(不限)	6	455	408	6	
3354 河北轨道运输职业技术学院	**18**			**18**	
01专业组(不限)	18	453	393	18	
3360 石家庄铁路职业技术学院	**4**			**4**	
01专业组(不限)	4	465	399	4	
3373 河北工业职业技术大学	**5**			**5**	
01专业组(不限)	5	459	397	5	
3374 河北科技工程职业技术大学	**15**			**15**	
01专业组(不限)	15	409	375	15	
3375 河北石油职业技术大学	**15**			**15**	
01专业组(不限)	15	447	386	15	
3376 河北化工医药职业技术学院	**4**			**4**	
01专业组(不限)	4	421	389	4	
3425 山西职业技术学院	**7**			**7**	
01专业组(不限)	7	399	372	7	
3435 临汾职业技术学院	**9**			**9**	
01专业组(不限)	9	396	347	9	
3438 太原幼儿师范高等专科学校	**2**			**2**	
01专业组(不限)	2	419	418	2	
4124 辽宁经济职业技术学院	**10**			**10**	
01专业组(不限)	10	419	371	10	

院校、专业组名称	录取数	最高分	最低分	平行志愿	征求志愿
4213 吉林体育学院	**2**			**2**	
01专业组(不限)	2	420	390	2	
4217 吉林交通职业技术学院	**5**			**5**	
01专业组(不限)	5	382	361	5	
4218 吉林工业职业技术学院	**1**			**1**	
01专业组(不限)	1	400	400	1	
4220 吉林警察学院	**5**			**5**	
02专业组(不限)	5	475	460	5	
4221 长春金融高等专科学校	**10**			**10**	
01专业组(不限)	8	473	411	8	
02专业组(不限)(中外合作办学)	2	401	376	2	
4244 吉林司法警官职业学院	**15**			**15**	
01专业组(不限)	15	436	356	15	
4286 长春医学高等专科学校	**2**			**2**	
01专业组(不限)	2	448	434	2	
4317 哈尔滨铁道职业技术学院	**10**			**10**	
01专业组(不限)	10	414	386	10	
4320 黑龙江建筑职业技术学院	**10**			**10**	
01专业组(不限)	10	439	390	10	
4328 黑龙江交通职业技术学院	**7**			**7**	
01专业组(不限)	7	412	384	7	
4334 大兴安岭职业学院	**2**			**2**	
01专业组(不限)	2	378	365	2	
4338 黑龙江农业工程职业学院	**7**			**7**	
01专业组(不限)	7	426	364	7	
5116 郑州铁路职业技术学院	**5**			**5**	
01专业组(不限)	5	470	433	5	
5121 济源职业技术学院	**2**			**2**	
01专业组(不限)	2	450	396	2	
5165 河南工业贸易职业学院	**2**			**2**	
01专业组(不限)	2	420	409	2	
5177 商丘医学高等专科学校	**2**			**2**	
01专业组(化学或生物)	2	422	406	2	
5189 永城职业学院	**4**			**4**	
01专业组(不限)	4	456	407	4	
5224 湖北国土资源职业学院	**6**			**6**	
01专业组(不限)	6	474	434	6	
5225 汉江师范学院	**9**			**9**	
01专业组(不限)	9	463	435	9	
5226 武汉职业技术学院	**5**			**5**	
01专业组(不限)	5	468	452	5	
5227 武汉船舶职业技术学院	**42**			**41**	**1**
01专业组(不限)(定向培养士官)	30	440	398	30	
02专业组(不限)	12	424	302	11	1
5232 湖北生态工程职业技术学院	**6**			**6**	
01专业组(不限)	6	425	401	6	
5233 武汉航海职业技术学院	**5**			**5**	
01专业组(不限)	5	421	406	5	
5234 湖北城市建设职业技术学院	**12**			**12**	

院校、专业组名称	录取数	最高分	最低分	平行志愿	征求志愿
01专业组(不限)	12	442	354	12	
5236 武汉交通职业学院	**8**			**8**	
01专业组(不限)	8	436	408	8	
5237 湖北水利水电职业技术学院	**6**			**6**	
01专业组(不限)	6	450	405	6	
5246 湖北交通职业技术学院	**26**			**26**	
01专业组(不限)	14	436	377	14	
02专业组(不限)(定向培养士官)	12	453	388	12	
5250 武汉软件工程职业学院	**2**			**2**	
01专业组(不限)	2	467	443	2	
5252 武汉铁路职业技术学院	**21**			**21**	
01专业组(不限)	21	475	429	21	
5253 恩施职业技术学院	**15**			**15**	
01专业组(不限)	15	467	354	15	
5259 长江工程职业技术学院	**6**			**6**	
01专业组(不限)	6	475	400	6	
5266 三峡电力职业学院	**10**			**10**	
01专业组(不限)	10	446	391	10	
5272 武汉城市职业学院	**3**			**3**	
01专业组(不限)	3	439	421	3	
5273 武汉警官职业学院	**19**			**19**	
01专业组(不限)	19	475	427	19	
5283 湖北铁道运输职业学院	**40**			**40**	
01专业组(不限)	40	464	387	40	
5286 咸宁职业技术学院	**2**			**2**	
01专业组(不限)	2	460	421	2	
5288 武汉铁路桥梁职业学院	**5**			**5**	
01专业组(不限)	5	420	388	5	
5291 襄阳职业技术学院	**9**			**9**	
01专业组(不限)	9	512	418	9	
5299 随州职业技术学院	**24**			**24**	
01专业组(不限)	24	401	354	24	
5311 长沙航空职业技术学院	**9**			**9**	
01专业组(不限)(定向培养士官)	9	471	453	9	
5312 长沙民政职业技术学院	**10**			**10**	
01专业组(不限)	10	500	458	10	
5313 湖南大众传媒职业技术学院	**6**			**6**	
01专业组(不限)	6	469	459	6	
5315 湖南商务职业技术学院	**1**			**1**	
01专业组(不限)	1	401	401	1	
5317 湖南城建职业技术学院	**2**			**2**	
01专业组(不限)	2	393	382	2	
5318 湖南邮电职业技术学院	**2**			**2**	
01专业组(不限)	2	421	418	2	
5319 湖南工业职业技术学院	**5**			**5**	
01专业组(不限)	5	420	382	5	
5333 湖南高速铁路职业技术学院	**32**			**29**	**3**
01专业组(不限)	32	466	370	29	3
5353 湖南石油化工职业技术学院	**2**			**2**	
01专业组(不限)	2	379	361	2	
5356 张家界航空工业职业技术学院	**5**			**5**	
01专业组(不限)	5	411	359	5	
5360 湖南安全技术职业学院	**1**			**1**	
01专业组(不限)	1	377	377	1	
5366 湖南铁路科技职业技术学院	**18**			**18**	
01专业组(不限)	18	453	397	18	
5367 湖南国防工业职业技术学院	**5**			**5**	
01专业组(不限)	5	435	385	5	
5372 湖南体育职业学院	**10**			**10**	
01专业组(不限)(定向培养士官)	10	451	438	10	
5378 湖南化工职业技术学院	**10**			**10**	
01专业组(不限)	10	426	380	10	
5392 湖南交通职业技术学院	**4**			**4**	
01专业组(不限)	4	452	389	4	
5394 湖南铁道职业技术学院	**15**			**15**	
01专业组(不限)	15	460	417	15	
5395 湖南工程职业技术学院	**5**			**5**	
01专业组(不限)	5	437	402	5	
5415 广州民航职业技术学院	**2**			**2**	
01专业组(不限)	2	472	454	2	
5416 广东轻工职业技术学院	**4**			**4**	
01专业组(不限)	2	464	462	2	
02专业组(不限)	2	433	416	2	
5475 江门职业技术学院	**5**			**5**	
01专业组(不限)	4	418	374	4	
02专业组(不限)	1	381	381	1	
5512 桂林理工大学	**20**			**18**	**2**
02专业组(不限)	20	496	380	18	2
5526 广西机电职业技术学院	**10**			**10**	
01专业组(不限)	10	422	321	10	
5541 广西建设职业技术学院	**2**			**2**	
01专业组(不限)	2	368	352	2	
5542 广西制造工程职业技术学院	**1**			**1**	
01专业组(不限)	1	298	298	1	
5613 海南软件职业技术学院	**4**			**4**	
01专业组(不限)	4	393	369	4	
5614 海南经贸职业技术学院	**12**			**12**	
01专业组(不限)	12	455	403	12	
5631 海南职业技术学院	**6**			**6**	
01专业组(不限)	6	389	333	6	
6123 成都纺织高等专科学校	**2**			**2**	
01专业组(不限)	1	457	457	1	
02专业组(化学)	1	419	419	1	
6125 四川交通职业技术学院	**1**			**1**	
01专业组(不限)	1	486	486	1	
6126 四川建筑职业技术学院	**3**			**3**	
01专业组(思想政治)	3	453	427	3	
6135 四川工程职业技术学院	**1**			**1**	

院校、专业组名称	录取数	最高分	最低分	平行志愿	征求志愿
01专业组(不限)	1	452	452	1	
6138 成都航空职业技术学院	**5**			**5**	
01专业组(不限)	5	472	431	5	
6225 重庆城市管理职业学院	**1**			**1**	
01专业组(不限)	1	465	465	1	
6237 重庆水利电力职业技术学院	**5**			**5**	
01专业组(不限)	5	411	402	5	
6239 重庆电力高等专科学校	**5**			**5**	
01专业组(不限)	5	473	423	5	
6322 遵义职业技术学院	**4**			**4**	
01专业组(不限)	4	400	378	4	
7128 陕西航空职业技术学院	**3**			**3**	
01专业组(不限)	3	419	400	3	
7129 陕西交通职业技术学院	**6**			**6**	
01专业组(不限)	6	451	409	6	
7145 陕西能源职业技术学院	**7**			**7**	
01专业组(不限)	7	397	373	7	
7146 陕西铁路工程职业技术学院	**2**			**2**	
01专业组(不限)	2	420	409	2	
7152 陕西财经职业技术学院	**3**			**3**	
01专业组(不限)	3	472	420	3	
7153 西安职业技术学院	**3**			**3**	
01专业组(不限)	3	437	415	3	
7171 陕西邮电职业技术学院	**3**			**3**	
01专业组(不限)	3	422	405	3	
7213 甘肃工业职业技术学院	**1**			**1**	
01专业组(不限)	1	377	377	1	
7518 新疆职业大学	**3**			**3**	
01专业组(思想政治或地理)	3	389	377	3	
8001 上海杉达学院	**7**			**7**	
02专业组(不限)	7	477	440	7	
8002 上海建桥学院	**8**			**8**	
02专业组(不限)	8	476	453	8	
8017 上海东海职业技术学院	**9**			**9**	
01专业组(不限)	9	423	380	9	
8018 上海工商职业技术学院	**9**			**9**	
01专业组(不限)	9	423	392	9	
8019 上海震旦职业学院	**6**			**6**	
01专业组(不限)	6	443	401	6	
8020 上海民远职业技术学院	**4**			**4**	
01专业组(不限)	4	433	387	4	
8022 上海思博职业技术学院	**12**			**12**	
01专业组(不限)	12	423	345	12	
8023 上海立达学院	**3**			**3**	
02专业组(不限)	3	466	463	3	
8024 上海济光职业技术学院	**8**			**8**	
01专业组(不限)	8	463	416	8	
8025 上海工商外国语职业学院	**6**			**6**	
01专业组(不限)	6	473	452	6	
8026 上海邦德职业技术学院	**11**			**11**	
01专业组(不限)	11	452	318	11	
8029 上海中侨职业技术大学	**6**			**6**	
02专业组(不限)	6	459	415	6	
8052 温州商学院	**4**			**3**	**1**
02专业组(不限)	4	471	439	3	1
8072 绍兴职业技术学院	**3**			**3**	
01专业组(不限)	3	393	351	3	
8106 安徽矿业职业技术学院	**12**			**12**	
01专业组(不限)	12	395	313	12	
8107 民办合肥经济技术职业学院	**1**			**1**	
01专业组(不限)	1	406	406	1	
8113 合肥共达职业技术学院	**5**			**5**	
01专业组(不限)	5	398	381	5	
8114 蚌埠经济技术职业学院	**5**			**5**	
01专业组(不限)	5	379	369	5	
8119 合肥科技职业学院	**25**			**25**	
01专业组(不限)	25	426	358	25	
8149 泉州纺织服装职业学院	**4**			**4**	
01专业组(不限)	4	413	327	4	
8152 厦门华天涉外职业技术学院	**4**			**4**	
01专业组(不限)	4	397	303	4	
8153 厦门软件职业技术学院	**3**			**1**	**2**
01专业组(不限)	3	317	269	1	2
8154 厦门南洋职业学院	**9**			**9**	
01专业组(不限)	9	424	269	9	
8155 厦门东海职业技术学院	**2**			**2**	
01专业组(不限)	2	303	297	2	
8156 漳州科技职业学院	**1**			**1**	
01专业组(不限)	1	348	348	1	
8157 武夷山职业学院	**9**			**7**	**2**
01专业组(不限)	9	392	274	7	2
8158 泉州海洋职业学院	**3**			**3**	
01专业组(不限)	3	367	277	3	
8168 泉州轻工职业学院	**3**			**3**	
01专业组(不限)	3	384	308	3	
8170 江西科技学院	**2**			**2**	
02专业组(不限)	2	415	407	2	
8171 江西工程学院	**1**			**1**	
02专业组(不限)	1	389	389	1	
8173 江西应用科技学院	**7**			**6**	**1**
01专业组(不限)	7	373	298	6	1
8175 南昌工学院	**3**			**3**	
02专业组(不限)	3	449	416	3	
8196 江西航空职业技术学院	**4**			**4**	
01专业组(不限)	4	379	355	4	
8197 江西科技职业学院	**3**			**3**	
01专业组(不限)	3	376	308	3	
8198 南昌职业大学	**10**			**10**	

院校、专业组名称	录取数	最高分	最低分	平行志愿	征求志愿
01专业组(不限)	10	435	361	10	
8208 江西洪州职业学院	1			1	
01专业组(不限)	1	365	365	1	
8215 青岛恒星科技学院	2			2	
02专业组(不限)	2	403	400	2	
8216 青岛黄海学院	4			4	
02专业组(不限)	4	461	440	4	
8217 山东现代学院	21			19	2
02专业组(不限)	21	450	371	19	2
8220 青岛城市学院	5			5	
02专业组(不限)	5	461	436	5	
8223 泰山科技学院	12			12	
02专业组(不限)	12	439	334	12	
8225 青岛工学院	20			20	
02专业组(不限)	20	422	363	20	
8226 青岛农业大学海都学院	8			8	
02专业组(不限)	8	439	392	8	
8246 山东力明科技职业学院	25			25	
01专业组(不限)	25	447	376	25	
8249 山东工程职业技术大学	22			22	
02专业组(不限)	22	474	376	22	
8250 青岛求实职业技术学院	13			12	1
01专业组(不限)	13	410	314	12	1
8253 潍坊工商职业学院	26			26	
01专业组(不限)	26	432	303	26	
8256 山东海事职业学院	6			6	
01专业组(不限)	6	438	377	6	
8286 北京培黎职业学院	3			3	
01专业组(不限)	3	459	428	3	
8290 天津天狮学院	3			3	
02专业组(不限)	3	439	405	3	
8326 保定理工学院	5			5	
02专业组(不限)	5	397	281	5	
8348 石家庄城市经济职业学院	3			3	
01专业组(不限)	3	395	363	3	
8350 石家庄科技信息职业学院	5			4	1
01专业组(不限)	5	368	338	4	1
8351 石家庄医学高等专科学校	35			35	
01专业组(不限)	35	438	327	35	
8358 渤海理工职业学院	1			1	
01专业组(不限)	1	350	350	1	
8416 大连东软信息学院	4			4	
02专业组(不限)	4	467	420	4	
8445 吉林建筑科技学院	7			6	1
02专业组(不限)	7	460	260	6	1
8465 长春信息技术职业学院	10			10	
01专业组(不限)	10	404	296	10	
8469 长春健康职业学院	1			1	
01专业组(不限)	1	321	321	1	

院校、专业组名称	录取数	最高分	最低分	平行志愿	征求志愿
8482 哈尔滨北方航空职业技术学院	1			1	
01专业组(不限)	1	414	414	1	
8531 郑州电力职业技术学院	2			2	
01专业组(不限)	2	461	423	2	
8542 长垣烹饪职业技术学院	15			15	
01专业组(不限)	15	412	279	15	
8552 武昌首义学院	5			5	
02专业组(不限)	5	470	402	5	
8554 武汉生物工程学院	6			6	
02专业组(不限)	6	471	431	6	
8561 武汉纺织大学外经贸学院	12			12	
02专业组(不限)	12	449	375	12	
8574 武汉工程科技学院	2			2	
02专业组(不限)	2	468	444	2	
8591 武汉外语外事职业学院	3			3	
01专业组(不限)	3	442	397	3	
8592 武昌职业学院	11			11	
01专业组(不限)	5	426	352	5	
02专业组(不限)(定向培养士官)	2	473	470	2	
03专业组(不限)(定向培养士官)	4	468	455	4	
8593 武汉商贸职业学院	3			3	
01专业组(不限)	3	447	416	3	
8596 武汉科技职业学院	5			5	
01专业组(不限)	5	408	364	5	
8598 长江艺术工程职业学院	8			7	1
01专业组(不限)	8	402	269	7	1
8628 湖南外国语职业学院	8			6	2
01专业组(不限)	8	443	327	6	2
8630 湖南三一工业职业技术学院	1				1
01专业组(不限)	1	346	346		1
8709 广东酒店管理职业技术学院	10			8	2
01专业组(不限)	10	438	277	8	2
8718 广西外国语学院	18			18	
02专业组(不限)	18	483	329	18	
8729 广西英华国际职业学院	1			1	
01专业组(不限)	1	325	325	1	
8733 广西工程职业学院	1			1	
01专业组(不限)	1	351	351	1	
8734 广西经济职业学院	6			5	1
01专业组(不限)	6	424	314	5	1
8736 广西培贤国际职业学院	1			1	
01专业组(不限)	1	364	364	1	
8739 广西蓝天航空职业学院	1				1
01专业组(不限)	1	352	352		1
8740 海口经济学院	14			13	1
02专业组(不限)	14	425	275	13	1
8754 三亚航空旅游职业学院	9			9	
01专业组(不限)	9	427	301	9	
8755 三亚理工职业学院	6			6	

2021年普通类(物理等科目类)提前录取本科院校

院校、专业组名称	录取数	最高分	最低分	平行志愿	征求志愿
01专业组(不限)	6	375	322	6	
8757 海南科技职业大学	**7**			**7**	
02专业组(不限)	7	449	264	7	
8759 三亚中瑞酒店管理职业学院	**1**			**1**	
01专业组(不限)	1	337	337	1	
8760 成都东软学院	**4**			**4**	
02专业组(不限)	4	462	401	4	
8776 江阳城建职业学院	**2**			**2**	
01专业组(不限)	2	360	266	2	
8777 天府新区航空旅游职业学院	**1**			**1**	
01专业组(不限)	1	449	449	1	
8778 眉山药科职业学院	**12**			**12**	
01专业组(不限)	12	421	318	12	
8779 德阳农业科技职业学院	**2**			**2**	
01专业组(不限)	2	394	338	2	
8780 广元中核职业技术学院	**3**			**3**	
01专业组(不限)	3	433	339	3	
8782 四川西南航空职业学院	**14**			**14**	
01专业组(不限)	10	459	374	10	
02专业组(化学)	4	374	350	4	
8785 四川国际标榜职业学院	**5**			**5**	
01专业组(不限)	5	369	295	5	
8786 成都艺术职业大学	**5**			**5**	
01专业组(不限)	5	356	328	5	
8794 四川汽车职业技术学院	**1**			**1**	
01专业组(不限)	1	412	412	1	
8827 重庆建筑科技职业学院	**9**			**9**	
01专业组(不限)	9	448	383	9	
8829 重庆科创职业学院	**2**			**2**	
01专业组(不限)	2	388	375	2	
8838 重庆资源与环境保护职业学院	**2**			**2**	
01专业组(不限)	2	388	374	2	
8878 云南经济管理学院	**11**			**10**	**1**
02专业组(不限)	11	419	308	10	1
8880 云南理工职业学院	**2**			**2**	
01专业组(不限)	2	404	364	2	
8903 西安外事学院	**17**			**15**	**2**
02专业组(不限)	17	456	420	15	2
8909 西安交通工程学院	**3**			**3**	
01专业组(不限)	3	458	419	3	
8914 西安工商学院	**10**			**10**	
02专业组(不限)	10	449	270	10	
8931 西安高新科技职业学院	**2**			**1**	**1**
01专业组(不限)	2	372	364	1	1
8934 西安城市建设职业学院	**28**			**28**	
01专业组(不限)	28	408	276	28	
8938 西安信息职业大学	**4**			**4**	
01专业组(不限)	4	394	362	4	

(四)普通类(物理等科目类)提前录取本科院校

院校、专业组名称	录取数	最高分	最低分	平行志愿	征求志愿
0102 国防科技大学	**100**			**99**	**1**
03专业组(不限)	90	625	573	89	1
04专业组(不限)	6	629	601	6	
05专业组(化学)	1	581	581	1	
06专业组(化学)	1	580	580	1	
07专业组(化学或生物)	2	601	596	2	
0105 陆军工程大学	**40**			**37**	**3**
01专业组(不限)	38	588	550	35	3
02专业组(不限)	2	595	571	2	
0108 陆军步兵学院	**8**			**8**	
01专业组(不限)	8	538	533	8	
0110 陆军勤务学院	**4**			**4**	
03专业组(不限)	3	568	552	3	
04专业组(化学)	1	542	542	1	
0111 陆军装甲兵学院	**10**			**10**	
01专业组(不限)	10	565	532	10	
0115 陆军炮兵防空兵学院	**28**			**28**	
01专业组(不限)	28	565	530	28	
0116 陆军特种作战学院	**5**			**5**	
01专业组(不限)	2	536	533	2	
02专业组(不限)	2	535	530	2	
03专业组(不限)	1	553	553	1	
0120 陆军防化学院	**8**			**8**	
01专业组(不限)	3	567	533	3	
02专业组(化学)	3	535	529	3	
03专业组(化学或生物)	1	529	529	1	
04专业组(化学和生物)	1	544	544	1	
0121 陆军军事交通学院	**12**			**11**	**1**
01专业组(不限)	6	559	540	5	1
02专业组(不限)	4	537	529	4	
03专业组(化学)	2	536	530	2	
0131 海军军医大学	**15**			**14**	**1**
01专业组(化学或生物)	13	616	568	12	1
02专业组(化学或生物)	2	604	593	2	
0132 陆军军医大学	**9**			**9**	
01专业组(不限)	1	563	563	1	
02专业组(化学)	1	567	567	1	
03专业组(化学或生物)	5	573	570	5	
04专业组(化学或生物)	2	593	588	2	
0133 空军军医大学	**5**			**4**	**1**
01专业组(化学和生物)	4	583	547	3	1
02专业组(化学和生物)	1	589	589	1	
0139 海军工程大学	**34**			**34**	
01专业组(不限)	30	608	550	30	
02专业组(不限)	2	603	582	2	

院校、专业组名称	录取数	最高分	最低分	平行志愿	征求志愿
03专业组(化学)	2	556	537	2	
0141 海军大连舰艇学院	**17**			**17**	
01专业组(不限)	15	580	544	15	
02专业组(化学)	2	570	567	2	
0142 海军潜艇学院	**14**			**14**	
01专业组(不限)	10	558	531	10	
02专业组(不限)	4	534	526	4	
0143 海军航空大学	**12**			**12**	
01专业组(不限)	12	583	543	12	
0144 空军工程大学	**51**			**50**	**1**
01专业组(不限)	48	591	540	47	1
02专业组(不限)	3	584	570	3	
0145 空军预警学院	**16**			**16**	
01专业组(不限)	16	573	535	16	
0146 战略支援部队航天工程大学	**20**			**18**	**2**
01专业组(不限)	15	576	552	13	2
02专业组(不限)	5	591	567	5	
0151 战略支援部队信息工程大学	**24**			**24**	
03专业组(不限)	16	595	561	16	
04专业组(不限)	6	603	564	6	
05专业组(思想政治)	1	542	542	1	
06专业组(地理)	1	557	557	1	
0152 火箭军工程大学	**17**			**17**	
01专业组(不限)	15	587	541	15	
02专业组(不限)	1	574	574	1	
03专业组(化学)	1	536	536	1	
0154 武警工程大学	**4**			**4**	
01专业组(不限)	3	555	543	3	
02专业组(不限)	1	586	586	1	
0170 武警警官学院	**29**			**29**	
03专业组(不限)	25	552	533	25	
04专业组(思想政治)	4	528	503	4	
0171 武警特种警察学院	**13**			**13**	
01专业组(不限)	13	539	528	13	
0172 武警海警学院	**8**			**8**	
03专业组(不限)	4	555	540	4	
04专业组(化学)	2	548	539	2	
05专业组(思想政治)	2	517	516	2	
0201 中国人民公安大学	**63**			**60**	**3**
04专业组(不限)	35	630	602	33	2
05专业组(不限)	4	626	616	4	
06专业组(不限)	4	601	600	4	
07专业组(思想政治)	16	597	558	15	1
08专业组(思想政治)	3	602	587	3	
09专业组(思想政治)	1	561	561	1	
0202 中国刑事警察学院	**25**			**25**	
03专业组(不限)	20	601	589	20	
04专业组(不限)	4	614	609	4	
05专业组(思想政治)	1	554	554	1	

院校、专业组名称	录取数	最高分	最低分	平行志愿	征求志愿
0205 铁道警察学院	**21**			**20**	**1**
03专业组(不限)	9	566	564	9	
04专业组(不限)	2	586	585	1	1
05专业组(思想政治)	9	524	519	9	
06专业组(思想政治)	1	569	569	1	
0206 南京森林警察学院	**72**			**72**	
05专业组(不限)	58	586	566	58	
06专业组(不限)	8	588	587	8	
07专业组(思想政治)	6	553	524	6	
0301 国际关系学院	**10**			**10**	
03专业组(不限)	5	596	588	5	
04专业组(不限)	5	587	582	5	
0303 北京电子科技学院	**11**			**11**	
02专业组(不限)	11	649	611	11	
0305 中央司法警官学院	**35**			**33**	**2**
05专业组(不限)	20	592	559	18	2
06专业组(不限)	2	583	580	2	
07专业组(思想政治)	11	565	509	11	
08专业组(思想政治)	2	558	550	2	
0307 中国消防救援学院	**15**			**15**	
03专业组(不限)	5	571	547	5	
04专业组(化学)	6	577	556	6	
05专业组(化学)	1	578	578	1	
06专业组(思想政治)	3	544	512	3	
1101 南京大学	**5**			**5**	
05专业组(不限)	5	615	607	5	
1106 南京信息工程大学	**185**			**185**	
04专业组(不限)	46	568	556	46	
05专业组(化学或地理)	5	559	552	5	
06专业组(不限)	47	592	514	47	
07专业组(化学)	37	585	473	37	
08专业组(化学或地理)	50	591	501	50	
1107 南京农业大学	**8**			**8**	
02专业组(化学或生物)	8	579	567	8	
1108 南京师范大学	**38**			**27**	**11**
10专业组(不限)	31	598	570	20	11
11专业组(化学)	4	587	583	4	
12专业组(化学或地理)	3	598	582	3	
1110 南京工业大学	**54**			**47**	**7**
04专业组(不限)	24	556	542	17	7
05专业组(化学)	30	550	534	30	
1111 南京邮电大学	**50**			**43**	**7**
03专业组(不限)	50	578	564	43	7
1112 南京医科大学	**127**			**107**	**20**
02专业组(化学或生物)	57	609	578	39	18
03专业组(化学或生物)	70	595	520	68	2
1113 南京中医药大学	**148**			**140**	**8**
09专业组(不限)	12	549	539	12	
10专业组(化学)	13	558	528	11	2

院校、专业组名称	录取数	最高分	最低分	平行志愿	征求志愿
11专业组(化学或生物)	20	575	553	15	5
12专业组(化学或生物)(泰州校区)	103	591	481	102	1
1115 南京林业大学	**63**			**57**	**6**
03专业组(不限)	29	556	543	24	5
04专业组(化学)	16	552	530	15	1
05专业组(化学或生物)	18	546	534	18	
1120 南京晓庄学院	**287**			**280**	**7**
08专业组(不限)	186	583	482	184	2
09专业组(化学)	48	517	455	45	3
10专业组(思想政治)	14	534	476	14	
11专业组(地理)	39	548	483	37	2
1122 江苏警官学院	**630**			**626**	**4**
04专业组(不限)	298	613	568	296	2
05专业组(不限)	52	631	588	51	1
06专业组(化学或生物)	23	620	592	23	
07专业组(化学或生物)	127	608	569	126	1
08专业组(思想政治)	110	595	525	110	
09专业组(思想政治)	20	607	569	20	
1131 江苏第二师范学院	**364**			**357**	**7**
07专业组(不限)	282	590	475	276	6
08专业组(化学或生物)	48	577	481	47	1
09专业组(化学或地理)	31	566	492	31	
10专业组(思想政治)	3	532	498	3	
1222 江苏师范大学	**224**			**224**	
07专业组(不限)	21	547	529	21	
08专业组(化学)	3	544	542	3	
09专业组(化学或地理)	3	540	539	3	
10专业组(不限)	197	574	492	197	
1223 徐州医科大学	**120**			**114**	**6**
03专业组(化学或生物)	120	587	511	114	6
1261 苏州大学	**97**			**83**	**14**
07专业组(不限)	25	593	572	17	8
08专业组(化学)	16	587	575	14	2
09专业组(化学或生物)	6	583	576	5	1
10专业组(化学和生物)	4	583	580	3	1
11专业组(生物)	6	573	556	6	
12专业组(化学或生物)	10	583	532	10	
13专业组(化学和生物)	30	583	490	28	2
1301 南通大学	**302**			**298**	**4**
06专业组(不限)	46	553	529	43	3
07专业组(化学或生物)	10	535	530	10	
08专业组(化学或地理)	8	542	531	8	
09专业组(不限)	118	583	495	118	
10专业组(化学或生物)	120	572	519	119	1
1341 淮阴师范学院	**245**			**242**	**3**
06专业组(不限)	168	584	480	165	3
07专业组(化学或生物)	49	573	497	49	
08专业组(地理或化学)	28	573	496	28	
1362 盐城师范学院	**176**			**174**	**2**

院校、专业组名称	录取数	最高分	最低分	平行志愿	征求志愿
09专业组(不限)	100	566	510	99	1
10专业组(化学或生物)	47	550	481	46	1
11专业组(化学或地理)	29	571	510	29	
1381 扬州大学	**300**			**298**	**2**
10专业组(不限)	5	571	560	5	
11专业组(不限)	29	550	535	29	
12专业组(化学)	4	534	531	4	
13专业组(化学或生物)	4	566	553	4	
14专业组(不限)	120	594	519	119	1
15专业组(化学)	38	568	469	37	1
16专业组(化学或生物)	100	600	505	100	
1401 江苏大学	**169**			**153**	**16**
06专业组(不限)	28	557	538	20	8
07专业组(化学)	2	537	529	2	
08专业组(化学)	8	550	536	6	2
09专业组(化学)	26	539	522	26	
10专业组(化学)	105	581	418	99	6
1846 南京医科大学康达学院	**229**			**226**	**3**
02专业组(化学或生物)	229	556	441	226	3
2117 上海海事大学	**13**			**8**	**5**
02专业组(化学)	13	557	499	8	5
2131 上海海关学院	**16**			**15**	**1**
03专业组(不限)	11	637	598	10	1
04专业组(不限)	5	612	602	5	
2412 集美大学	**7**			**5**	**2**
02专业组(化学)	4	545	484	3	1
03专业组(化学)	3	495	480	2	1
3101 北京大学	**2**			**2**	
04专业组(不限)	2	660	649	2	
3103 清华大学	**3**			**3**	
02专业组(不限)	3	653	650	3	
3117 北京语言大学	**6**			**5**	**1**
03专业组(不限)	6	579	565	5	1
3119 对外经济贸易大学	**4**			**4**	
03专业组(不限)	4	613	608	4	
3123 中国传媒大学	**4**			**4**	
04专业组(不限)	4	594	588	4	
3131 外交学院	**6**			**6**	
03专业组(不限)	5	607	602	5	
04专业组(思想政治)	1	608	608	1	
3410 山西农业大学	**2**			**2**	
04专业组(化学)	2	545	518	2	
4132 大连海事大学	**2**			**2**	
02专业组(不限)	2	570	564	2	
4311 黑龙江大学	**7**			**7**	
05专业组(不限)	7	550	519	7	
5206 中南财经政法大学	**1**				**1**
05专业组(思想政治)	1	542	542		1
5207 武汉理工大学	**3**			**2**	**1**

院校、专业组名称	录取数	最高分	最低分	平行志愿	征求志愿
02专业组(不限)	3	557	538	2	1
5411 广州航海学院	**5**			**4**	**1**
01专业组(化学)	5	486	461	4	1
5456 香港中文大学(深圳)	**5**			**5**	
04专业组(不限)	5	626	615	5	
6212 四川外国语大学	**6**			**4**	**2**
06专业组(不限)	6	579	554	4	2
8757 海南科技职业大学	**2**			**2**	
03专业组(不限)	2	474	449	2	
9102 香港中文大学	**15**			**15**	
03专业组(生物或化学)	1	638	638	1	
04专业组(生物或化学)	14	624	609	14	
9106 香港城市大学	**12**			**12**	
02专业组(不限)	11	608	589	11	
03专业组(化学或生物)	1	594	594	1	

(五)普通类(物理等科目类)本科院校

院校、专业组名称	录取数	最高分	最低分	平行志愿	征求志愿
0105 陆军工程大学	**6**			**6**	
03专业组(不限)	6	552	537	6	
0131 海军军医大学	**26**			**26**	
03专业组(不限)	1	581	581	1	
04专业组(化学)	4	593	579	4	
05专业组(化学或生物)	21	621	595	21	
0201 中国人民公安大学	**4**			**4**	
10专业组(不限)	4	590	585	4	
0203 中国人民警察大学	**24**			**24**	
01专业组(不限)	20	542	516	20	
02专业组(思想政治)	4	519	501	4	
0306 中国民用航空飞行学院	**55**			**55**	
05专业组(不限)	16	515	505	16	
06专业组(化学)	38	538	496	38	
07专业组(思想政治)	1	483	483	1	
1101 南京大学	**695**			**695**	
07专业组(不限)	479	649	628	479	
08专业组(化学)	181	657	633	181	
09专业组(化学或生物)	35	639	627	35	
1102 东南大学	**538**			**538**	
05专业组(不限)	375	641	621	375	
06专业组(化学或生物)	163	627	603	163	
1103 南京航空航天大学	**485**			**484**	**1**
04专业组(不限)	31	627	611	30	1
05专业组(不限)	254	614	600	254	
06专业组(不限)	124	610	601	124	
07专业组(不限)(中外合作办学)	76	587	551	76	
1104 南京理工大学	**624**			**623**	**1**
02专业组(不限)(南京校区)	175	618	603	175	
03专业组(不限)(南京校区)	15	602	598	15	
04专业组(不限)(江阴校区)	191	603	580	190	1
05专业组(不限)(中外合作办学)(南京校区)	25	576	562	25	
06专业组(不限)(中外合作办学)(江阴校区)	27	571	558	27	
07专业组(化学)(南京校区)	165	615	601	165	
08专业组(化学)(中外合作办学)(江阴校区)	26	565	549	26	
1105 河海大学	**949**			**946**	**3**
04专业组(不限)	55	612	599	55	
05专业组(不限)	292	617	595	292	
06专业组(不限)	49	600	591	46	3
07专业组(不限)(常州校区)	31	588	571	31	
08专业组(不限)(常州校区)	427	594	570	427	
09专业组(不限)(中外合作办学)	30	568	556	30	
10专业组(化学)	30	600	592	30	
11专业组(化学)(中外合作办学)	20	567	556	20	
12专业组(化学或地理)	15	595	593	15	
1106 南京信息工程大学	**2747**			**2743**	**4**
09专业组(不限)	47	598	579	47	
10专业组(不限)	2357	588	558	2353	4
11专业组(不限)(中外合作办学)	208	556	517	208	
12专业组(化学)(中外合作办学)	15	545	516	15	
13专业组(化学或地理)	100	577	557	100	
14专业组(化学或地理)(中外合作办学)	20	541	525	20	
1107 南京农业大学	**583**			**583**	
03专业组(不限)	381	595	572	381	
04专业组(化学或生物)	202	598	570	202	
1108 南京师范大学	**1423**			**1421**	**2**
13专业组(不限)	174	623	599	174	
14专业组(不限)	406	627	584	406	
15专业组(不限)	437	600	579	435	2
16专业组(不限)(中外合作办学)	85	571	547	85	
17专业组(不限)(中外高校学分互认联合培养项目)	6	577	552	6	
18专业组(不限)(中外高校学分互认联合培养项目)	5	555	542	5	
19专业组(不限)(中外高校学分互认联合培养项目)	15	582	542	15	
20专业组(不限)(中外高校学分互认联合培养项目)	30	577	542	30	
21专业组(化学)	65	599	586	65	
22专业组(化学或生物)	101	609	589	101	
23专业组(化学或地理)	72	601	593	72	
24专业组(思想政治)	27	594	580	27	
1109 中国药科大学	**420**			**419**	**1**
02专业组(化学)	146	610	575	146	
03专业组(化学或生物)	252	597	568	251	1

院校、专业组名称	录取数	最高分	最低分	平行志愿	征求志愿
04专业组(化学或生物)(中外合作办学)	22	583	559	22	
1110 南京工业大学	**2407**			**2407**	
06专业组(不限)	1657	573	548	1657	
07专业组(不限)(中外合作办学)	264	542	490	264	
08专业组(不限)(中外高校学分互认联合培养项目)	60	539	508	60	
09专业组(不限)(中外高校学分互认联合培养项目)	15	527	507	15	
10专业组(化学)	411	568	543	411	
1111 南京邮电大学	**2041**			**2041**	
04专业组(不限)	1797	603	564	1797	
05专业组(不限)(中外合作办学)	240	566	531	240	
06专业组(化学)	2	592	579	2	
07专业组(化学或地理)	2	579	576	2	
1112 南京医科大学	**1595**			**1595**	
04专业组(不限)	226	574	523	226	
05专业组(化学)	336	584	537	336	
06专业组(化学或生物)	159	640	610	159	
07专业组(化学或生物)	874	610	582	874	
1113 南京中医药大学	**1490**			**1379**	**111**
13专业组(不限)	285	575	532	282	3
14专业组(不限)(中外合作办学)	39	520	495	39	
15专业组(化学)	185	590	532	185	
16专业组(化学)(中外合作办学)	99	520	417	63	36
17专业组(化学或生物)	75	617	579	75	
18专业组(化学或生物)	242	580	557	242	
19专业组(化学)(泰州校区)	69	541	507	69	
20专业组(化学或生物)(泰州校区)	258	553	516	258	
21专业组(化学或生物)(中外合作办学)(泰州校区)	238	526	418	166	72
1114 南京工程学院	**3622**			**3611**	**11**
03专业组(不限)	3264	591	513	3254	10
04专业组(不限)(中外合作办学)	126	551	508	125	1
05专业组(不限)(联合培养项目)	60	514	486	60	
06专业组(化学)	172	539	505	172	
1115 南京林业大学	**2316**			**2311**	**5**
06专业组(不限)	712	580	546	712	
07专业组(不限)(淮安校区)	1090	556	529	1090	
08专业组(化学)	86	555	540	86	
09专业组(化学)(淮安校区)	124	546	523	121	3
10专业组(化学或生物)	134	570	544	134	
11专业组(化学或生物)(淮安校区)	150	543	523	148	2
12专业组(化学或生物)(中外合作办学)	20	545	511	20	
1116 南京财经大学	**1593**			**1586**	**7**
03专业组(不限)	1392	579	544	1385	7
04专业组(不限)(中外合作办学)	201	543	507	201	
1117 南京体育学院	**156**			**147**	**9**
04专业组(不限)(中外合作办学)	60	477	417	51	9
05专业组(化学)	50	502	461	50	

院校、专业组名称	录取数	最高分	最低分	平行志愿	征求志愿
06专业组(生物)	26	506	479	26	
07专业组(思想政治或地理)	20	484	471	20	
1118 南京艺术学院	**57**			**57**	
02专业组(不限)	57	565	500	57	
1119 南京审计大学	**1484**			**1483**	**1**
04专业组(不限)	1318	590	546	1317	1
05专业组(不限)(中外合作办学)	25	545	534	25	
06专业组(不限)(中外合作办学)	141	566	530	141	
1120 南京晓庄学院	**838**			**836**	**2**
12专业组(不限)	707	568	505	705	2
13专业组(不限)(中外合作办学)	15	518	505	15	
14专业组(化学)	70	537	517	70	
15专业组(化学或地理)	27	531	519	27	
16专业组(思想政治)	3	551	540	3	
17专业组(地理)	16	556	538	16	
1122 江苏警官学院	**67**			**67**	
10专业组(不限)	67	563	511	67	
1128 金陵科技学院	**2373**			**2365**	**8**
03专业组(不限)	215	519	506	215	
04专业组(不限)	1808	542	500	1808	
05专业组(不限)	69	516	495	62	7
06专业组(不限)(中外合作办学)	130	501	462	129	1
07专业组(不限)(联合培养项目)	50	494	461	50	
08专业组(化学)	20	509	496	20	
09专业组(化学或生物)	41	499	489	41	
10专业组(化学或生物)(中外合作办学)	40	467	431	40	
1131 江苏第二师范学院	**467**			**467**	
11专业组(不限)	325	562	520	325	
12专业组(化学)	60	533	510	60	
13专业组(化学或生物)	58	551	517	58	
14专业组(化学或地理)	19	542	534	19	
15专业组(思想政治)	5	535	531	5	
1133 南京特殊教育师范学院	**108**			**105**	**3**
02专业组(不限)	92	553	504	89	3
03专业组(化学)	16	501	488	16	
1136 南京工业职业技术大学	**694**			**694**	
03专业组(不限)	694	519	471	694	
1201 江南大学	**729**			**729**	
03专业组(不限)	450	608	574	450	
04专业组(不限)(中外合作办学)	12	559	544	12	
05专业组(化学)	196	591	566	196	
06专业组(化学)(中外合作办学)	20	561	542	20	
07专业组(化学或生物)	51	582	572	51	
1203 无锡学院	**906**			**901**	**5**
02专业组(不限)	856	524	488	851	5
03专业组(化学)	50	502	484	50	
1221 中国矿业大学	**486**			**486**	
02专业组(不限)	425	597	571	425	
03专业组(化学)	49	581	566	49	

院校、专业组名称	录取数	最高分	最低分	平行志愿	征求志愿
04专业组(化学或地理)	12	576	569	12	
1222 江苏师范大学	**2157**			**2157**	
11专业组(不限)	1324	587	527	1324	
12专业组(不限)(中外合作办学)	356	522	433	356	
13专业组(化学)	161	577	535	161	
14专业组(化学或生物)	232	567	539	232	
15专业组(化学或地理)	57	567	545	57	
16专业组(思想政治)	27	559	536	27	
1223 徐州医科大学	**2358**			**2337**	**21**
04专业组(不限)	599	555	488	591	8
05专业组(不限)(联合培养项目)	60	509	483	60	
06专业组(化学)	284	557	501	280	4
07专业组(化学)(联合培养项目)	30	514	468	30	
08专业组(化学或生物)	719	601	547	714	5
09专业组(化学或生物)	351	565	533	349	2
10专业组(化学或生物)	195	562	511	194	1
11专业组(化学或生物)(联合培养项目)	120	523	484	119	1
1224 徐州工程学院	**2814**			**2810**	**4**
02专业组(不限)	2594	530	478	2591	3
03专业组(不限)(中外合作办学)	103	476	440	102	1
04专业组(不限)(联合培养项目)	60	483	465	60	
05专业组(化学)	57	498	472	57	
1242 常州大学	**2427**			**2427**	
02专业组(不限)	282	549	514	282	
03专业组(不限)	1305	553	512	1305	
04专业组(不限)(联合培养项目)	90	525	481	90	
05专业组(不限)(中外合作办学)	122	514	494	122	
06专业组(化学)	270	537	504	270	
07专业组(化学或生物)	282	550	508	282	
08专业组(化学或生物)(联合培养项目)	30	507	477	30	
09专业组(化学或生物)(中外合作办学)	46	504	424	46	
1243 常州工学院	**1931**			**1930**	**1**
05专业组(不限)	1721	530	488	1720	1
06专业组(不限)(中外高校学分互认联合培养项目)	2	486	483	2	
07专业组(不限)(中外合作办学)	80	490	457	80	
08专业组(不限)(联合培养项目)	60	497	466	60	
09专业组(化学)	10	503	490	10	
10专业组(化学或生物)	58	507	483	58	
1244 江苏理工学院	**2038**			**2038**	
04专业组(不限)	276	548	508	276	
05专业组(不限)	1367	536	497	1367	
06专业组(不限)(中外高校学分互认联合培养项目)	60	499	434	60	
07专业组(不限)(中外合作办学)	140	517	436	140	
08专业组(不限)(联合培养项目)	60	490	468	60	
09专业组(化学)	25	504	495	25	
10专业组(化学或生物)	80	508	492	80	
11专业组(化学或生物)(中外合作办学)	30	471	428	30	
1261 苏州大学	**2708**			**2707**	**1**
14专业组(不限)(中外合作办学)	87	583	558	87	
15专业组(不限)	1545	606	583	1545	
16专业组(化学)(中外合作办学)	128	565	527	128	
17专业组(化学)	482	612	572	482	
18专业组(化学或生物)	180	595	575	179	1
19专业组(化学和生物)	259	612	586	259	
20专业组(生物)	27	588	561	27	
1262 苏州科技大学	**2537**			**2525**	**12**
05专业组(不限)	2226	559	519	2214	12
06专业组(不限)(中外合作办学)	141	523	490	141	
07专业组(化学)	52	548	518	52	
08专业组(化学或生物)	62	544	520	62	
09专业组(化学或地理)	52	551	523	52	
10专业组(思想政治)	4	543	535	4	
1263 常熟理工学院	**2307**			**2306**	**1**
03专业组(不限)	1992	556	492	1991	1
04专业组(不限)(中外合作办学)	190	493	448	190	
05专业组(不限)(中外高校学分互认联合培养项目)	90	505	425	90	
06专业组(化学)	35	510	487	35	
1265 中国人民大学(苏州校区)	**17**			**17**	
02专业组(不限)(中外合作办学)	17	613	604	17	
1267 苏州城市学院	**802**			**802**	
03专业组(不限)(中外高校学分互认联合培养项目)	30	481	450	30	
04专业组(不限)(中外合作办学)	200	487	439	200	
05专业组(不限)	516	526	487	516	
06专业组(化学)	56	491	481	56	
1301 南通大学	**2913**			**2910**	**3**
11专业组(不限)	2047	568	519	2047	
12专业组(不限)(中外高校学分互认联合培养项目)	35	510	456	35	
13专业组(不限)(中外合作办学)	40	525	488	40	
14专业组(化学)	128	548	515	128	
15专业组(化学或生物)	548	593	512	545	3
16专业组(化学或地理)	112	556	526	112	
17专业组(思想政治)	3	543	539	3	
1321 江苏海洋大学	**2307**			**2303**	**4**
03专业组(不限)	1806	555	488	1804	2
04专业组(不限)(中外合作办学)	80	494	454	80	
05专业组(不限)(联合培养项目)	215	491	459	213	2
06专业组(化学或生物)	177	510	483	177	
07专业组(化学或地理)	29	520	505	29	
1341 淮阴师范学院	**1691**			**1689**	**2**
09专业组(不限)	1305	543	488	1303	2
10专业组(不限)(联合培养项目)	40	487	466	40	
11专业组(不限)(中外合作办学)	40	514	494	40	
12专业组(化学)	50	534	505	50	

院校、专业组名称	录取数	最高分	最低分	平行志愿	征求志愿
13专业组(化学或生物)	130	530	492	130	
14专业组(思想政治)	10	531	514	10	
15专业组(地理或化学)	116	531	499	116	
1342 淮阴工学院	**2883**			**2883**	
03专业组(不限)	2581	514	471	2581	
04专业组(不限)(中外合作办学)	50	470	433	50	
05专业组(不限)(联合培养项目)	30	484	468	30	
06专业组(化学)	72	489	470	72	
07专业组(化学或生物)	150	492	470	150	
1361 盐城工学院	**3535**			**3530**	**5**
02专业组(不限)	3023	542	472	3020	3
03专业组(不限)(中外合作办学)	200	495	436	200	
04专业组(化学)	282	500	462	282	
05专业组(化学)(联合培养项目)	30	469	452	28	2
1362 盐城师范学院	**1856**			**1843**	**13**
12专业组(不限)	1170	543	484	1162	8
13专业组(不限)	323	545	481	319	4
14专业组(不限)(联合培养项目)	10	511	465	10	
15专业组(化学)	44	528	502	44	
16专业组(化学或生物)	211	538	485	210	1
17专业组(化学或地理)	67	532	509	67	
18专业组(生物或地理)	31	524	485	31	
1381 扬州大学	**3887**			**3882**	**5**
17专业组(不限)	293	584	558	293	
18专业组(不限)	278	567	537	278	
19专业组(不限)	1464	576	535	1459	5
20专业组(不限)	93	543	518	93	
21专业组(不限)(中外合作办学)	30	528	508	30	
22专业组(不限)	61	547	521	61	
23专业组(化学)	167	566	533	167	
24专业组(化学或生物)	684	576	542	684	
25专业组(化学或生物)	290	547	528	290	
26专业组(化学或生物)	527	568	521	527	
1401 江苏大学	**2069**			**2049**	**20**
11专业组(不限)	1396	579	540	1396	
12专业组(不限)(中外高校学分互认联合培养项目)	50	527	500	50	
13专业组(不限)(中外高校学分互认联合培养项目)	30	507	490	30	
14专业组(不限)(中外合作办学)	30	530	508	30	
15专业组(不限)(联合培养项目)	120	535	486	120	
16专业组(不限)(联合培养项目)	60	520	482	60	
17专业组(化学)	98	583	547	98	
18专业组(化学)	25	543	532	25	
19专业组(化学)	141	559	537	141	
20专业组(化学)(中外高校学分互认联合培养项目)	30	533	430	25	5
21专业组(化学)(中外高校学分互认联合培养项目)	29	541	417	14	15
22专业组(化学)(联合培养项目)	60	533	455	60	
1402 江苏科技大学	**2291**			**2286**	**5**
06专业组(不限)(镇江校区)	1454	560	512	1453	1
07专业组(不限)(中外合作办学)(镇江校区)	52	520	493	52	
08专业组(不限)(张家港校区)	470	543	510	470	
09专业组(不限)(联合培养项目)	90	517	467	89	1
10专业组(化学)(镇江校区)	30	524	511	30	
11专业组(化学)(联合培养项目)	90	505	425	90	
12专业组(化学或生物)(镇江校区)	103	542	508	100	3
13专业组(思想政治)(镇江校区)	2	520	520	2	
1421 泰州学院	**1045**			**1045**	
03专业组(不限)	185	525	495	185	
04专业组(不限)	200	518	487	200	
05专业组(不限)	405	525	485	405	
06专业组(不限)	225	505	484	225	
07专业组(化学)	30	496	481	30	
1426 宿迁学院	**1870**			**1867**	**3**
03专业组(不限)	1794	522	468	1791	3
04专业组(化学)	66	484	462	66	
05专业组(思想政治)	10	517	502	10	
1802 东南大学成贤学院	**1028**			**1019**	**9**
03专业组(不限)	1016	528	465	1007	9
04专业组(化学)	12	504	468	12	
1803 南京航空航天大学金城学院	**1204**			**1197**	**7**
03专业组(不限)	721	492	459	716	5
04专业组(不限)	199	497	453	199	
05专业组(不限)	136	485	460	135	1
06专业组(不限)	29	494	464	29	
07专业组(化学)	119	472	435	118	1
1804 南京理工大学紫金学院	**1077**			**1077**	
02专业组(不限)	190	502	473	190	
03专业组(不限)	124	562	467	124	
04专业组(不限)	134	506	470	134	
05专业组(不限)	629	508	465	629	
1807 南京审计大学金审学院	**392**			**391**	**1**
02专业组(不限)	392	560	464	391	1
1810 南京工业大学浦江学院	**772**			**769**	**3**
03专业组(不限)	620	490	455	617	3
04专业组(不限)(中外合作办学)	30	441	431	30	
05专业组(化学)	4	461	458	4	
06专业组(化学或生物)	118	492	446	118	
1816 南京财经大学红山学院	**451**			**446**	**5**
02专业组(不限)	451	502	451	446	5
1826 中国矿业大学徐海学院	**1001**			**1001**	
02专业组(不限)	1001	556	441	1001	
1827 江苏师范大学科文学院	**629**			**623**	**6**
02专业组(不限)	629	524	442	623	6
1834 苏州大学应用技术学院	**522**			**501**	**21**

院校、专业组名称	录取数	最高分	最低分	平行志愿	征求志愿
03专业组(不限)	407	564	451	407	
04专业组(不限)(中外合作办学)	80	495	430	80	
05专业组(化学)(中外合作办学)	35	460	417	14	21
1835 苏州科技大学天平学院	**594**			**591**	**3**
03专业组(不限)	570	523	446	567	3
04专业组(化学或地理)	24	472	446	24	
1837 江苏科技大学苏州理工学院	**843**			**843**	
02专业组(不限)	843	518	443	843	
1838 南通大学杏林学院	**1068**			**990**	**78**
02专业组(不限)	743	526	439	719	24
03专业组(化学)	222	485	417	184	38
04专业组(化学或生物)	103	525	463	87	16
1844 扬州大学广陵学院	**902**			**902**	
02专业组(不限)	832	522	451	832	
03专业组(化学)	10	458	449	10	
04专业组(化学或生物)	60	474	448	60	
1845 江苏大学京江学院	**1044**			**1038**	**6**
02专业组(不限)	938	489	438	932	6
03专业组(化学)	96	489	434	96	
04专业组(化学或生物)	10	473	448	10	
1846 南京医科大学康达学院	**725**			**690**	**35**
03专业组(不限)	125	504	467	125	
04专业组(化学)	334	497	417	301	33
05专业组(化学或生物)	266	554	490	264	2
1847 南京师范大学泰州学院	**470**			**469**	**1**
02专业组(不限)	460	528	456	459	1
03专业组(化学或生物)	10	490	466	10	
1848 南京理工大学泰州科技学院	**541**			**541**	
02专业组(不限)	80	499	463	80	
03专业组(不限)	80	499	464	80	
04专业组(不限)	91	496	456	91	
05专业组(不限)	80	488	455	80	
06专业组(不限)	110	526	467	110	
07专业组(不限)	100	496	461	100	
1850 南京邮电大学通达学院	**1138**			**1106**	**32**
02专业组(不限)	33	477	457	33	
03专业组(不限)	302	497	448	302	
04专业组(不限)	332	493	453	300	32
05专业组(不限)	451	520	447	451	
06专业组(化学)	20	470	446	20	
1855 常州大学怀德学院	**859**			**828**	**31**
02专业组(不限)	809	475	438	788	21
03专业组(化学)	50	472	432	40	10
1858 南京师范大学中北学院	**524**			**519**	**5**
03专业组(不限)	478	504	450	473	5
04专业组(化学)	12	485	451	12	
05专业组(化学或生物)	34	470	445	34	
1901 南京传媒学院	**369**			**369**	
02专业组(不限)	369	514	439	369	
1911 三江学院	**1440**			**1440**	
02专业组(不限)	1440	507	444	1440	
1915 无锡太湖学院	**881**			**735**	**146**
02专业组(不限)	551	489	450	528	23
03专业组(不限)(中外合作办学)	300	517	417	177	123
04专业组(化学)	30	463	443	30	
1921 西交利物浦大学	**671**			**668**	**3**
03专业组(不限)(中外合作办学)	607	582	510	604	3
04专业组(化学)(中外合作办学)	4	557	537	4	
05专业组(化学或生物)(中外合作办学)	60	586	510	60	
1928 南通理工学院	**1886**			**1849**	**37**
03专业组(不限)	1810	507	431	1773	37
04专业组(化学)	76	463	427	76	
2101 复旦大学	**97**			**97**	
05专业组(不限)	4	662	659	4	
06专业组(不限)	7	660	658	7	
07专业组(不限)	47	663	645	47	
08专业组(化学)	39	656	641	39	
2102 同济大学	**122**			**122**	
03专业组(不限)	93	648	624	93	
04专业组(不限)(中外合作办学)	5	622	620	5	
05专业组(化学)	14	635	624	14	
06专业组(化学或生物)	10	635	623	10	
2103 上海交通大学	**210**			**210**	
02专业组(不限)	131	660	641	131	
03专业组(不限)	60	643	635	60	
04专业组(不限)	19	665	659	19	
2104 华东理工大学	**175**			**175**	
02专业组(不限)	64	609	597	64	
03专业组(不限)(中外合作办学)	6	598	588	6	
04专业组(化学)	86	615	593	86	
05专业组(化学)(中外合作办学)	19	593	569	19	
2105 东华大学	**114**			**114**	
02专业组(不限)	97	597	587	97	
03专业组(化学)	17	597	583	17	
2106 华东师范大学	**115**			**115**	
04专业组(不限)	100	633	616	100	
05专业组(化学)	2	621	620	2	
06专业组(化学或生物)	7	620	615	7	
07专业组(化学或地理)	6	623	619	6	
2107 华东政法大学	**32**			**32**	
02专业组(不限)	32	623	607	32	
2109 上海外国语大学	**54**			**54**	
03专业组(不限)	52	619	601	52	
04专业组(思想政治)	2	609	602	2	
2110 上海财经大学	**64**			**64**	
02专业组(不限)	64	640	612	64	
2111 上海师范大学	**81**			**81**	
04专业组(不限)	45	581	565	45	

院校、专业组名称	录取数	最高分	最低分	平行志愿	征求志愿
05专业组(不限)(中外合作办学)	21	560	534	21	
06专业组(化学)	11	579	566	11	
07专业组(化学或生物)(中外合作办学)	4	531	525	4	
2112 上海大学	**85**			**84**	**1**
02专业组(不限)	46	606	576	45	1
03专业组(不限)(中外合作办学)	34	596	576	34	
04专业组(化学)	5	600	593	5	
2113 上海中医药大学	**19**			**19**	
01专业组(不限)	11	606	583	11	
02专业组(化学或生物)	4	582	576	4	
03专业组(化学或生物)(中外合作办学)	4	555	542	4	
2114 上海对外经贸大学	**24**			**24**	
02专业组(不限)	24	593	578	24	
2115 上海理工大学	**44**			**44**	
03专业组(不限)	32	584	570	32	
04专业组(不限)(中外合作办学)	12	559	543	12	
2116 上海海洋大学	**90**			**90**	
02专业组(不限)	69	562	551	69	
03专业组(不限)(中外合作办学)	21	543	527	21	
2117 上海海事大学	**31**			**31**	
03专业组(不限)	27	573	563	27	
04专业组(化学)	4	569	563	4	
2118 上海电力大学	**75**			**75**	
02专业组(不限)	66	594	566	66	
03专业组(不限)(中外合作办学)	9	574	564	9	
2119 上海体育学院	**10**			**10**	
02专业组(不限)	10	525	511	10	
2120 上海工程技术大学	**48**			**48**	
03专业组(不限)	38	547	515	38	
04专业组(化学)	10	540	504	10	
2123 上海应用技术大学	**31**			**31**	
01专业组(不限)	28	552	514	28	
02专业组(化学)	3	541	527	3	
2124 上海第二工业大学	**16**			**16**	
03专业组(不限)	16	540	514	16	
2125 上海政法学院	**40**			**40**	
02专业组(不限)	40	585	567	40	
2128 复旦大学医学院	**37**			**37**	
01专业组(化学或生物)	3	663	662	3	
02专业组(化学或生物)	34	654	636	34	
2135 上海健康医学院	**120**			**120**	
01专业组(不限)	40	543	511	40	
02专业组(不限)	15	537	515	15	
03专业组(不限)	10	515	506	10	
04专业组(化学)	55	536	502	55	
2136 上海电机学院	**33**			**33**	
02专业组(不限)	33	556	540	33	
2137 上海立信会计金融学院	**74**			**74**	
02专业组(不限)	59	577	556	59	

院校、专业组名称	录取数	最高分	最低分	平行志愿	征求志愿
03专业组(化学或生物)	7	567	559	7	
04专业组(化学或生物)(中外合作办学)	8	553	541	8	
2139 上海交通大学医学院	**18**			**18**	
01专业组(化学)	7	659	656	7	
02专业组(化学)	3	653	652	3	
03专业组(化学或生物)	8	640	631	8	
2141 上海商学院	**25**			**25**	
03专业组(不限)	21	534	513	21	
04专业组(不限)(中外合作办学)	4	512	491	4	
2201 浙江大学	**47**			**47**	
02专业组(不限)	38	659	638	38	
03专业组(不限)(中外合作办学)	5	626	612	5	
04专业组(化学或生物)	4	649	645	4	
2202 中国计量大学	**63**			**63**	
02专业组(不限)	57	558	543	57	
03专业组(化学)	2	541	539	2	
04专业组(化学或生物)	4	542	540	4	
2203 浙江理工大学	**106**			**106**	
02专业组(不限)	81	562	554	81	
03专业组(化学)	23	551	538	23	
04专业组(化学或生物)	2	553	552	2	
2204 浙江工业大学	**53**			**53**	
02专业组(不限)	30	571	563	30	
03专业组(不限)	3	570	560	3	
04专业组(化学)	20	562	556	20	
2205 中国美术学院	**7**			**7**	
01专业组(不限)	7	589	565	7	
2206 浙江师范大学	**16**			**16**	
02专业组(不限)	12	584	571	12	
03专业组(化学或生物)	4	575	572	4	
2207 浙江工商大学	**67**			**66**	**1**
02专业组(不限)	67	568	529	66	1
2208 杭州电子科技大学	**60**			**60**	
01专业组(不限)	52	585	566	52	
02专业组(不限)(中外合作办学)	8	570	556	8	
2209 杭州师范大学	**66**			**65**	**1**
02专业组(不限)	22	567	556	22	
03专业组(化学)	8	556	548	8	
04专业组(化学)(中外合作办学)	4	502	473	4	
05专业组(化学或生物)	22	567	532	21	1
06专业组(化学和生物)	8	563	553	8	
07专业组(化学或地理)(中外合作办学)	2	533	529	2	
2211 浙江传媒学院	**36**			**36**	
03专业组(不限)	35	577	519	35	
04专业组(不限)(中外合作办学)	1	509	509	1	
2212 浙江科技学院	**58**			**58**	
02专业组(不限)	44	525	509	44	
03专业组(不限)(中外合作办学)	10	483	468	10	
04专业组(化学)	4	512	496	4	

院校、专业组名称	录取数	最高分	最低分	平行志愿	征求志愿
2213 浙江财经大学	**65**			**65**	
03专业组(不限)	57	559	543	57	
04专业组(不限)(中外合作办学)	8	532	525	8	
2214 浙江农林大学	**25**			**25**	
02专业组(不限)	12	540	526	12	
03专业组(化学或生物)	10	526	519	10	
04专业组(化学或生物)(中外合作办学)	3	517	502	3	
2216 浙江中医药大学	**17**			**17**	
03专业组(不限)	1	539	539	1	
04专业组(化学)	11	559	541	11	
05专业组(化学或生物)	5	556	550	5	
2221 宁波大学	**17**			**17**	
02专业组(不限)	9	563	559	9	
03专业组(化学)	6	566	557	6	
04专业组(化学或地理)(中外合作办学)	2	537	531	2	
2222 宁波工程学院	**45**			**44**	**1**
01专业组(不限)	27	510	495	27	
02专业组(不限)	8	501	493	8	
03专业组(化学)	10	495	481	9	1
2223 绍兴文理学院	**20**			**20**	
02专业组(化学)	20	494	467	20	
2228 温州大学	**17**			**17**	
02专业组(不限)	16	548	515	16	
03专业组(化学或生物)	1	514	514	1	
2231 嘉兴学院	**111**			**109**	**2**
02专业组(不限)	47	510	493	47	
03专业组(化学)	25	496	465	24	1
04专业组(化学或生物)	39	531	472	38	1
2240 浙江外国语学院	**23**			**23**	
03专业组(不限)	20	550	516	20	
04专业组(不限)(中外合作办学)	1	508	508	1	
05专业组(化学或生物)	2	519	517	2	
2241 温州医科大学	**15**			**15**	
01专业组(化学或生物)	13	583	569	13	
02专业组(化学或生物)(中外合作办学)	2	573	571	2	
2242 浙江大学医学院	**21**			**21**	
01专业组(化学或生物)	16	643	636	16	
02专业组(化学或生物)(中外合作办学)	5	610	603	5	
2245 宁波诺丁汉大学	**32**			**32**	
03专业组(不限)(中外合作办学)	26	570	514	26	
04专业组(不限)(中外合作办学)	6	557	528	6	
2248 温州肯恩大学	**16**			**16**	
02专业组(不限)(中外合作办学)	16	513	501	16	
2249 浙大城市学院	**59**			**59**	
03专业组(不限)	53	534	507	53	
04专业组(不限)(中外合作办学)	6	488	464	6	
2250 浙大宁波理工学院	**110**			**109**	**1**
01专业组(不限)	110	509	495	109	1
2251 浙江海洋大学	**69**			**69**	
02专业组(不限)	34	518	507	34	
03专业组(不限)(中外合作办学)	2	501	500	2	
04专业组(化学)	12	506	496	12	
05专业组(化学或生物)	21	514	505	21	
2261 湖州师范学院	**34**			**34**	
02专业组(不限)	25	510	497	25	
03专业组(不限)	5	514	495	5	
04专业组(化学或生物)	4	530	522	4	
2268 丽水学院	**53**			**50**	**3**
03专业组(不限)	27	499	484	27	
04专业组(不限)	8	486	477	8	
05专业组(化学)	4	482	478	4	
06专业组(化学或生物)	14	525	477	11	3
2272 浙江水利水电学院	**45**			**45**	
03专业组(不限)	44	512	504	44	
04专业组(化学或地理)	1	513	513	1	
2275 湖州学院	**58**			**58**	
02专业组(不限)	44	492	473	44	
03专业组(不限)	14	495	482	14	
2276 温州理工学院	**48**			**48**	
02专业组(不限)	48	499	477	48	
2277 嘉兴南湖学院	**71**			**71**	
02专业组(不限)	71	493	475	71	
2301 中国科学技术大学	**35**			**35**	
01专业组(不限)	26	655	639	26	
02专业组(化学)	9	647	637	9	
2302 合肥工业大学	**254**			**254**	
03专业组(不限)	220	595	576	220	
04专业组(化学)	20	577	572	20	
05专业组(化学或生物)	14	578	568	14	
2303 安徽大学	**69**			**69**	
02专业组(不限)	42	586	573	42	
03专业组(不限)(中外合作办学)	27	565	534	27	
2304 安徽医科大学	**18**			**18**	
03专业组(化学或生物)	3	551	541	3	
04专业组(化学和生物)	15	581	559	15	
2305 安徽建筑大学	**106**			**103**	**3**
02专业组(不限)	83	537	507	80	3
03专业组(化学)	17	512	500	17	
04专业组(化学或生物)	4	513	509	4	
05专业组(地理)	2	520	517	2	
2306 安徽农业大学	**53**			**53**	
04专业组(不限)	22	532	508	22	
05专业组(化学)	4	509	499	4	
06专业组(化学或生物)	27	521	505	27	
2307 安徽中医药大学	**14**			**14**	
03专业组(不限)	6	518	512	6	
04专业组(生物)	8	546	526	8	
2308 安徽工程大学	**38**			**38**	

院校、专业组名称	录取数	最高分	最低分	平行志愿	征求志愿
01专业组(不限)	18	516	509	18	
02专业组(化学)	20	506	488	20	
2309 安徽师范大学	**53**			**53**	
05专业组(不限)	20	542	534	20	
06专业组(不限)	17	563	536	17	
07专业组(化学或生物)	8	549	536	8	
08专业组(化学或地理)	8	566	548	8	
2310 安徽科技学院	**52**			**52**	
01专业组(不限)	19	500	487	19	
02专业组(不限)	10	487	480	10	
03专业组(化学)	18	485	463	18	
04专业组(化学或生物)	5	486	479	5	
2321 安徽财经大学	**76**			**74**	**2**
03专业组(不限)	37	543	518	37	
04专业组(不限)	30	532	507	29	1
05专业组(不限)	7	533	507	6	1
06专业组(不限)(中外合作办学)	2	499	499	2	
2327 合肥学院	**24**			**24**	
02专业组(不限)	8	508	504	8	
03专业组(化学)	12	508	492	12	
04专业组(化学或生物)	2	503	502	2	
05专业组(化学和生物)	2	489	470	2	
2331 阜阳师范大学	**17**			**17**	
02专业组(不限)	8	501	487	8	
03专业组(思想政治或地理)	9	503	488	9	
2332 蚌埠医学院	**30**			**28**	**2**
01专业组(不限)	5	509	503	5	
02专业组(化学)	5	516	514	5	
03专业组(化学或生物)	20	554	502	18	2
2341 安徽理工大学	**115**			**115**	
01专业组(不限)	42	524	509	42	
02专业组(不限)	8	511	507	8	
03专业组(不限)(中外合作办学)	4	499	495	4	
04专业组(化学)	49	511	496	49	
05专业组(化学或生物)	4	520	515	4	
06专业组(化学和生物)	2	538	533	2	
07专业组(地理)	6	511	509	6	
2342 宿州学院	**40**			**40**	
02专业组(不限)	18	484	470	18	
03专业组(化学)	10	477	459	10	
04专业组(化学或生物)	8	481	471	8	
05专业组(化学或地理)	4	479	470	4	
2347 蚌埠学院	**2**			**2**	
01专业组(不限)	2	492	487	2	
2349 皖南医学院	**55**			**55**	
01专业组(化学)	6	518	504	6	
02专业组(化学或生物)	49	563	532	49	
2351 淮北师范大学	**29**			**28**	**1**
05专业组(不限)	2	507	504	2	
06专业组(化学)	15	519	500	15	
07专业组(化学或生物)	12	519	489	11	1
2356 铜陵学院	**10**			**10**	
01专业组(不限)	10	498	479	10	
2361 安徽工业大学	**54**			**53**	**1**
02专业组(不限)	46	562	515	45	1
03专业组(化学)	6	524	504	6	
04专业组(化学或生物)	2	519	517	2	
2362 淮南师范学院	**31**			**31**	
03专业组(不限)	21	517	499	21	
04专业组(化学)	5	501	492	5	
05专业组(化学或生物)	5	494	481	5	
2381 黄山学院	**9**			**9**	
04专业组(思想政治或地理)	2	459	456	2	
05专业组(思想政治或地理)(中外合作办学)	5	484	423	5	
06专业组(思想政治和地理)	2	474	459	2	
2383 合肥工业大学(宣城校区)	**61**			**61**	
02专业组(不限)	43	583	566	43	
03专业组(化学)	9	567	563	9	
04专业组(化学或生物)	9	564	562	9	
2401 福州大学	**59**			**59**	
02专业组(不限)	45	589	571	45	
03专业组(化学)	14	571	566	14	
2402 福建农林大学	**18**			**17**	**1**
02专业组(不限)	6	530	502	5	1
03专业组(化学或生物)	12	519	509	12	
2405 福建工程学院	**16**			**16**	
01专业组(不限)	16	499	490	16	
2406 福建医科大学	**24**			**24**	
03专业组(不限)	5	524	515	5	
04专业组(化学)	8	541	526	8	
05专业组(化学或生物)	11	574	560	11	
2407 福建中医药大学	**10**			**9**	**1**
01专业组(不限)	2	534	532	2	
02专业组(化学)	6	507	470	6	
03专业组(化学或生物)	2	550	543	1	1
2408 龙岩学院	**6**			**6**	
01专业组(不限)	6	489	484	6	
2409 闽江学院	**10**			**10**	
01专业组(不限)	10	521	504	10	
2410 三明学院	**14**			**14**	
02专业组(不限)	14	478	470	14	
2411 厦门大学	**115**			**115**	
04专业组(不限)	45	616	612	45	
05专业组(不限)	26	625	615	26	
06专业组(不限)	13	595	551	13	
07专业组(化学)	13	627	612	13	
08专业组(化学或生物)	15	614	611	15	

院校、专业组名称	录取数	最高分	最低分	平行志愿	征求志愿
09专业组(化学或生物)	3	556	549	3	
2412 集美大学	**61**			**61**	
04专业组(不限)	39	543	531	39	
05专业组(不限)	4	539	532	4	
06专业组(化学)	8	532	521	8	
07专业组(化学或生物)	7	533	522	7	
08专业组(化学或地理)	3	534	530	3	
2413 厦门理工学院	**17**			**17**	
02专业组(不限)	17	512	508	17	
2422 华侨大学	**83**			**83**	
03专业组(不限)	75	556	527	75	
04专业组(化学或生物)	8	544	525	8	
2437 武夷学院	**11**			**11**	
02专业组(不限)	9	489	471	9	
03专业组(化学)	1	469	469	1	
04专业组(化学或生物)	1	482	482	1	
2443 泉州师范学院	**18**			**17**	**1**
01专业组(不限)	7	515	493	7	
02专业组(化学)	5	501	469	4	1
03专业组(化学或生物)	4	484	479	4	
04专业组(地理)	2	507	506	2	
2448 闽南师范大学	**16**			**16**	
01专业组(不限)	11	521	493	11	
02专业组(化学或生物)	5	484	482	5	
2501 江西财经大学	**63**			**63**	
02专业组(不限)	63	577	553	63	
2502 华东交通大学	**77**			**77**	
02专业组(不限)	58	547	526	58	
03专业组(不限)(中外合作办学)	5	514	506	5	
04专业组(化学)	12	526	511	12	
05专业组(地理)	2	522	522	2	
2504 江西中医药大学	**20**			**20**	
03专业组(不限)	5	521	444	5	
04专业组(化学)	6	529	515	6	
05专业组(化学或生物)	9	545	530	9	
2505 南昌大学	**68**			**68**	
02专业组(不限)	45	580	566	45	
03专业组(化学或生物)	9	568	564	9	
04专业组(化学和生物)	11	580	571	11	
05专业组(化学和生物)(中外合作办学)	3	559	556	3	
2506 南昌航空大学	**88**			**88**	
02专业组(不限)	59	548	508	59	
03专业组(化学)	29	513	490	29	
2507 江西科技师范大学	**59**			**59**	
04专业组(不限)	38	517	485	38	
05专业组(化学)	10	483	471	10	
06专业组(化学或生物)	11	502	479	11	
2508 江西农业大学	**72**			**72**	
04专业组(不限)	32	515	507	32	

院校、专业组名称	录取数	最高分	最低分	平行志愿	征求志愿
05专业组(化学)	21	513	486	21	
06专业组(化学或生物)	17	508	502	17	
07专业组(化学或地理)	2	509	507	2	
2510 江西师范大学	**38**			**38**	
06专业组(不限)	30	549	533	30	
07专业组(化学)	2	549	535	2	
08专业组(化学或生物)	4	546	526	4	
09专业组(化学或地理)	1	545	545	1	
10专业组(生物)	1	563	563	1	
2511 南昌工程学院	**44**			**44**	
02专业组(不限)	40	508	487	40	
03专业组(不限)(中外合作办学)	4	485	470	4	
2512 江西警察学院	**9**			**9**	
02专业组(不限)	9	506	494	9	
2521 江西理工大学	**81**			**81**	
02专业组(不限)	48	525	509	48	
03专业组(不限)(中外合作办学)	4	503	501	4	
04专业组(化学)	26	509	468	26	
05专业组(化学或地理)	3	514	511	3	
2522 赣南医学院	**34**			**34**	
02专业组(化学)	8	509	478	8	
03专业组(生物)	26	547	534	26	
2523 赣南师范大学	**45**			**45**	
03专业组(不限)	27	523	492	27	
04专业组(化学)	7	487	469	7	
05专业组(化学或生物)	10	503	487	10	
06专业组(思想政治)	1	489	489	1	
2527 新余学院	**11**			**11**	
03专业组(不限)	11	476	469	11	
2531 景德镇陶瓷大学	**26**			**26**	
04专业组(不限)	16	498	482	16	
05专业组(化学)	7	486	456	7	
06专业组(化学或生物)	3	484	472	3	
2541 东华理工大学	**59**			**59**	
02专业组(不限)	59	544	508	59	
2542 萍乡学院	**5**			**5**	
02专业组(不限)	2	471	469	2	
03专业组(化学)	3	465	463	3	
2543 南昌师范学院	**12**			**12**	
04专业组(不限)	8	506	499	8	
05专业组(化学或生物)	4	507	494	4	
2551 宜春学院	**59**			**59**	
04专业组(不限)	18	499	471	18	
05专业组(不限)	8	478	466	8	
06专业组(化学)	7	499	470	7	
07专业组(化学或生物)	19	524	503	19	
08专业组(化学或生物)	7	495	470	7	
2561 九江学院	**33**			**33**	
02专业组(不限)	30	484	470	30	

院校、专业组名称	录取数	最高分	最低分	平行志愿	征求志愿
03专业组(化学或生物)	3	481	481	3	
2571 上饶师范学院	**24**			**24**	
03专业组(不限)	21	499	484	21	
04专业组(化学)	3	498	495	3	
2572 赣东学院	**24**			**24**	
02专业组(不限)	22	470	467	22	
03专业组(化学或地理)	2	467	466	2	
2573 赣南科技学院	**33**			**33**	
02专业组(不限)	31	473	467	31	
03专业组(化学)	2	461	460	2	
2574 南昌医学院	**6**			**6**	
03专业组(不限)	2	503	502	2	
04专业组(不限)	2	509	506	2	
05专业组(化学或生物)	2	510	509	2	
2581 井冈山大学	**61**			**61**	
03专业组(不限)	45	496	475	45	
04专业组(化学)	6	485	468	6	
05专业组(化学或生物)	10	532	519	10	
2596 景德镇学院	**5**			**5**	
02专业组(不限)	5	483	478	5	
2601 山东大学	**139**			**139**	
03专业组(不限)	118	617	606	118	
04专业组(化学)	6	611	604	6	
05专业组(化学或生物)	9	613	605	9	
06专业组(化学和生物)	6	611	609	6	
2602 济南大学	**70**			**70**	
04专业组(不限)	43	565	554	43	
05专业组(不限)	2	563	561	2	
06专业组(化学)	20	558	544	20	
07专业组(化学或生物)	4	560	546	4	
08专业组(思想政治)	1	551	551	1	
2603 北京交通大学(威海校区)	**15**			**15**	
01专业组(不限)(中外合作办学)	15	571	561	15	
2605 山东中医药大学	**18**			**18**	
03专业组(不限)	9	526	517	9	
04专业组(化学)	3	510	499	3	
05专业组(化学)(中外合作办学)	1	493	493	1	
06专业组(化学或生物)	5	549	530	5	
2606 山东财经大学	**35**			**35**	
02专业组(不限)	35	553	524	35	
2607 山东建筑大学	**35**			**35**	
01专业组(不限)	35	523	505	35	
2608 山东工艺美术学院	**19**			**19**	
02专业组(不限)	19	496	467	19	
2609 山东交通学院	**20**			**20**	
01专业组(不限)	18	506	495	18	
02专业组(地理)	2	499	493	2	
2610 齐鲁工业大学	**65**			**65**	
03专业组(不限)	55	522	506	55	

院校、专业组名称	录取数	最高分	最低分	平行志愿	征求志愿
04专业组(化学或生物)	10	505	497	10	
2611 山东理工大学	**31**			**31**	
02专业组(不限)	17	526	515	17	
03专业组(化学)	10	518	504	10	
04专业组(化学或生物)	4	527	512	4	
2613 枣庄学院	**25**			**25**	
01专业组(不限)	10	504	487	10	
02专业组(化学)	5	477	461	5	
03专业组(化学或生物)	10	483	472	10	
2614 潍坊医学院	**27**			**27**	
01专业组(不限)	4	507	502	4	
02专业组(化学)	8	519	496	8	
03专业组(化学或生物)	15	546	534	15	
2621 中国海洋大学	**88**			**88**	
02专业组(不限)	29	599	595	29	
03专业组(不限)	17	617	594	17	
04专业组(不限)	8	597	594	8	
05专业组(不限)	5	597	592	5	
06专业组(不限)(中外合作办学)	4	590	583	4	
07专业组(不限)(中外合作办学)	3	583	581	3	
08专业组(不限)(中外合作办学)	2	574	569	2	
09专业组(化学)	4	594	593	4	
10专业组(化学或生物)	13	599	592	13	
11专业组(化学或生物)(中外合作办学)	3	578	570	3	
2622 青岛理工大学	**52**			**52**	
02专业组(不限)	46	539	512	46	
03专业组(化学)	5	508	503	5	
04专业组(化学或生物)	1	515	515	1	
2623 青岛科技大学	**38**			**38**	
01专业组(不限)	8	532	526	8	
02专业组(化学)	26	530	509	26	
03专业组(化学或生物)	4	523	518	4	
2624 青岛大学	**22**			**22**	
03专业组(不限)	13	551	545	13	
04专业组(化学)	7	552	538	7	
05专业组(化学或生物)	1	547	547	1	
06专业组(化学和生物)	1	574	574	1	
2631 山东农业大学	**58**			**58**	
02专业组(不限)	29	521	504	29	
03专业组(化学或生物)	29	511	502	29	
2633 山东科技大学	**54**			**54**	
01专业组(不限)	40	545	535	40	
02专业组(不限)(中外合作办学)	10	526	491	10	
03专业组(地理)	4	543	535	4	
2635 潍坊学院	**34**			**34**	
03专业组(不限)	26	499	482	26	
04专业组(化学)	4	494	484	4	
05专业组(化学或生物)	4	506	495	4	
2641 中国石油大学(华东)	**97**			**96**	**1**

院校、专业组名称	录取数	最高分	最低分	平行志愿	征求志愿
01专业组(不限)	69	585	566	69	
02专业组(化学)	26	569	563	25	1
03专业组(化学或生物)	2	566	564	2	
2642 聊城大学	**15**			**15**	
02专业组(不限)	15	503	497	15	
2643 青岛农业大学	**17**			**16**	**1**
03专业组(不限)	8	502	494	7	1
04专业组(化学或生物)	9	508	496	9	
2645 临沂大学	**40**			**39**	**1**
03专业组(不限)	28	509	494	28	
04专业组(化学)	7	500	484	7	
05专业组(化学或生物)	5	496	478	4	1
2650 滨州学院	**17**			**17**	
02专业组(不限)	17	491	470	17	
2651 烟台大学	**38**			**37**	**1**
02专业组(不限)	20	525	504	19	1
03专业组(化学)	10	507	499	10	
04专业组(化学或生物)	8	511	506	8	
2652 山东工商学院	**32**			**32**	
03专业组(不限)	32	508	485	32	
2653 鲁东大学	**40**			**40**	
02专业组(不限)	40	513	503	40	
2661 山东大学威海分校	**63**			**63**	
03专业组(不限)	57	604	596	57	
04专业组(不限)(中外合作办学)	6	595	592	6	
2662 哈尔滨工业大学(威海)	**91**			**91**	
01专业组(不限)	81	613	607	81	
02专业组(不限)(中外合作办学)	5	585	577	5	
03专业组(化学)	5	612	608	5	
2669 菏泽学院	**7**			**7**	
03专业组(不限)	6	504	493	6	
04专业组(化学或生物)	1	472	472	1	
2671 曲阜师范大学	**33**			**33**	
02专业组(不限)	22	543	524	22	
03专业组(化学)	3	546	537	3	
04专业组(化学或地理)	4	537	531	4	
05专业组(生物)	4	514	512	4	
2681 滨州医学院	**10**			**9**	**1**
01专业组(不限)	2	510	501	2	
02专业组(化学)	4	516	500	3	1
03专业组(化学或生物)	4	525	524	4	
2683 德州学院	**5**			**5**	
02专业组(不限)	5	487	474	5	
2691 山东第一医科大学	**35**			**35**	
01专业组(不限)	20	511	500	20	
02专业组(化学)	15	545	532	15	
2695 济宁医学院	**40**			**40**	
01专业组(不限)	6	510	504	6	
02专业组(化学)	6	509	487	6	

院校、专业组名称	录取数	最高分	最低分	平行志愿	征求志愿
03专业组(化学或生物)	28	544	526	28	
2701 山东女子学院	**4**			**3**	**1**
02专业组(不限)	4	475	466	3	1
2702 济宁学院	**8**			**8**	
02专业组(不限)	8	477	470	8	
2706 泰山学院	**23**			**23**	
01专业组(不限)	11	492	473	11	
02专业组(化学)	9	487	467	9	
03专业组(化学或生物)	3	475	470	3	
2710 齐鲁师范学院	**5**			**5**	
02专业组(化学)	5	499	494	5	
2711 山东师范大学	**32**			**31**	**1**
03专业组(不限)	23	559	521	22	1
04专业组(不限)(中外合作办学)	2	506	505	2	
05专业组(化学)	1	557	557	1	
06专业组(化学或生物)	3	558	540	3	
07专业组(化学或地理)	3	566	542	3	
2713 山东青年政治学院	**10**			**10**	
01专业组(不限)	10	494	477	10	
2755 山东石油化工学院	**26**			**26**	
02专业组(不限)	26	481	468	26	
3101 北京大学	**22**			**22**	
05专业组(不限)	19	691	666	19	
06专业组(化学)	3	665	661	3	
3102 中国人民大学	**31**			**31**	
05专业组(不限)	31	661	638	31	
3103 清华大学	**40**			**40**	
03专业组(不限)	35	684	666	35	
04专业组(化学)	5	677	666	5	
3104 北京师范大学	**20**			**20**	
03专业组(不限)	10	626	614	10	
04专业组(化学)	10	625	615	10	
3105 北京交通大学	**39**			**39**	
02专业组(不限)	39	608	599	39	
3106 北京航空航天大学	**88**			**88**	
02专业组(不限)	88	642	622	88	
3107 北京理工大学	**91**			**91**	
02专业组(不限)	80	627	615	80	
03专业组(不限)(中外合作办学)	11	613	594	11	
3108 北京科技大学	**81**			**81**	
02专业组(不限)	54	604	594	54	
03专业组(不限)	25	602	593	25	
04专业组(化学)	2	593	592	2	
3109 北京化工大学	**93**			**93**	
02专业组(不限)	35	586	572	35	
03专业组(化学)	58	594	569	58	
3110 中国农业大学	**79**			**79**	
03专业组(不限)	31	610	598	31	
04专业组(化学)	10	600	596	10	

院校、专业组名称	录取数	最高分	最低分	平行志愿	征求志愿
05专业组(化学)(中外合作办学)	10	583	571	10	
06专业组(化学或生物)	28	613	599	28	
3111 中国地质大学(北京)	**60**			**60**	
01专业组(不限)	29	585	568	29	
02专业组(化学)	28	570	562	28	
03专业组(地理)	3	584	578	3	
3112 中国政法大学	**36**			**36**	
03专业组(不限)	36	634	605	36	
3113 北京邮电大学	**48**			**48**	
01专业组(不限)	48	620	610	48	
3114 北京林业大学	**97**			**97**	
02专业组(不限)	83	595	568	83	
03专业组(化学或生物)	9	569	567	9	
04专业组(化学或地理)	2	577	577	2	
05专业组(生物或地理)	3	570	566	3	
3115 北京大学医学部	**17**			**17**	
02专业组(不限)	2	651	647	2	
03专业组(化学)	15	673	646	15	
3116 北京外国语大学	**19**			**19**	
06专业组(不限)	12	614	600	12	
07专业组(不限)(中外合作办学)	4	605	593	4	
08专业组(思想政治)(中外合作办学)	3	602	584	3	
3117 北京语言大学	**12**			**12**	
04专业组(不限)	12	573	563	12	
3118 中国石油大学(北京)	**64**			**63**	**1**
03专业组(不限)	53	599	566	52	1
04专业组(化学)	3	569	567	3	
05专业组(化学或生物)	8	566	564	8	
3119 对外经济贸易大学	**34**			**34**	
04专业组(不限)	18	617	608	18	
05专业组(不限)	16	616	608	16	
3120 中央财经大学	**55**			**55**	
02专业组(不限)	55	626	609	55	
3121 北京中医药大学	**24**			**24**	
03专业组(不限)	3	570	566	3	
04专业组(化学或生物)	21	634	574	21	
3122 中国矿业大学(北京)	**63**			**63**	
02专业组(不限)	63	590	566	63	
3123 中国传媒大学	**29**			**29**	
05专业组(不限)	24	606	594	24	
06专业组(不限)(中外合作办学)	5	592	584	5	
3127 北京体育大学	**16**			**16**	
03专业组(不限)	10	565	560	10	
04专业组(化学)	1	561	561	1	
05专业组(生物)	5	567	564	5	
3128 华北电力大学(北京)	**87**			**87**	
02专业组(不限)	43	618	595	43	
03专业组(不限)	16	592	587	16	
04专业组(化学)	28	596	589	28	
3129 中央民族大学	**26**			**26**	
02专业组(不限)	22	600	591	22	
03专业组(不限)(中外合作办学)	4	575	561	4	
3130 北京协和医学院	**11**			**11**	
01专业组(不限)	11	569	555	11	
3132 北京第二外国语学院	**12**			**12**	
02专业组(不限)	12	570	552	12	
3133 首都师范大学	**10**			**10**	
02专业组(不限)	10	588	571	10	
3134 北京工业大学	**14**			**14**	
01专业组(不限)	14	595	593	14	
3135 首都医科大学	**19**			**19**	
01专业组(化学)	16	623	606	16	
02专业组(化学)	3	581	570	3	
3136 北京物资学院	**4**			**4**	
02专业组(不限)	4	540	513	4	
3137 北京信息科技大学	**20**			**20**	
01专业组(不限)	20	557	552	20	
3138 北京服装学院	**8**			**8**	
02专业组(不限)	1	491	491	1	
03专业组(化学)	7	519	481	7	
3139 北京印刷学院	**2**			**2**	
02专业组(化学)	2	493	490	2	
3140 北京邮电大学(宏福校区)	**3**			**3**	
01专业组(不限)(中外合作办学)	3	599	598	3	
3141 北京石油化工学院	**23**			**23**	
01专业组(不限)	9	508	503	9	
02专业组(化学或生物)	14	511	495	14	
3142 北京工商大学	**45**			**45**	
02专业组(不限)	30	562	542	30	
03专业组(化学)	15	533	523	15	
3144 北京联合大学	**6**			**6**	
02专业组(不限)	6	526	511	6	
3145 北京建筑大学	**10**			**10**	
01专业组(不限)	10	573	557	10	
3148 北京电影学院	**2**			**2**	
02专业组(不限)	2	614	603	2	
3153 华北科技学院	**81**			**81**	
02专业组(不限)	66	509	483	66	
03专业组(不限)	11	503	480	11	
04专业组(化学)	4	486	479	4	
3154 首都经济贸易大学	**14**			**14**	
02专业组(不限)	10	578	566	10	
03专业组(不限)(中外合作办学)	4	561	551	4	
3156 中国科学院大学	**5**			**5**	
05专业组(不限)	4	659	650	4	
06专业组(化学)	1	643	643	1	
3169 中国劳动关系学院	**16**			**16**	
02专业组(不限)	16	521	503	16	

院校、专业组名称	录取数	最高分	最低分	平行志愿	征求志愿
3201 南开大学	**59**			**59**	
03专业组(不限)	48	627	614	48	
04专业组(化学或生物)	11	622	613	11	
3202 天津大学	**106**			**106**	
01专业组(不限)	61	615	611	61	
02专业组(不限)	37	621	610	37	
03专业组(化学)	8	611	608	8	
3203 天津医科大学	**21**			**21**	
02专业组(化学)	3	577	575	3	
03专业组(化学或生物)	3	596	593	3	
04专业组(化学或生物)	2	580	578	2	
05专业组(化学和生物)	8	607	596	8	
06专业组(化学和生物)	5	585	576	5	
3204 天津师范大学	**92**			**90**	**2**
03专业组(不限)	62	568	513	61	1
04专业组(化学)	9	534	525	9	
05专业组(化学或生物)	16	536	508	15	1
06专业组(化学或地理)	5	524	522	5	
3205 中国民航大学	**140**			**138**	**2**
04专业组(不限)	127	578	515	125	2
05专业组(化学)	13	562	526	13	
3206 天津工业大学	**70**			**70**	
02专业组(不限)	42	579	562	42	
03专业组(化学)	28	570	542	28	
3207 天津商业大学	**33**			**33**	
03专业组(不限)	28	513	505	28	
04专业组(不限)(中外合作办学)	5	506	500	5	
3208 天津科技大学	**67**			**67**	
03专业组(不限)	33	543	528	33	
04专业组(不限)	10	533	522	10	
05专业组(不限)(中外合作办学)	3	528	523	3	
06专业组(化学)	6	520	513	6	
07专业组(化学或生物)	12	530	522	12	
08专业组(化学或生物)(中外合作办学)	3	501	494	3	
3209 天津财经大学	**31**			**31**	
02专业组(不限)	31	561	543	31	
3210 天津城建大学	**48**			**48**	
01专业组(不限)	34	511	501	34	
02专业组(不限)(中外合作办学)	10	492	472	10	
03专业组(化学)	3	503	496	3	
04专业组(化学或地理)	1	505	505	1	
3211 天津外国语大学	**22**			**22**	
04专业组(不限)	18	556	518	18	
05专业组(不限)	4	512	509	4	
3212 天津中医药大学	**48**			**48**	
04专业组(不限)	5	535	528	5	
05专业组(不限)	3	526	523	3	
06专业组(化学)	8	531	516	8	
07专业组(化学或生物)	14	555	540	14	
08专业组(化学或生物)	13	572	558	13	
09专业组(化学或生物)(中外合作办学)	2	555	527	2	
10专业组(化学和生物)	3	555	554	3	
3213 天津农学院	**70**			**69**	**1**
02专业组(不限)	21	496	480	21	
03专业组(化学或生物)	49	506	475	48	1
3214 天津理工大学	**76**			**76**	
01专业组(不限)	60	539	514	60	
02专业组(化学)	10	513	504	10	
03专业组(化学和生物)	6	504	495	6	
3217 天津体育学院	**7**			**7**	
02专业组(不限)	7	479	468	7	
3218 天津职业技术师范大学	**21**			**21**	
02专业组(不限)	21	524	501	21	
3301 石家庄铁道大学	**34**			**34**	
02专业组(不限)	25	547	518	25	
03专业组(不限)	4	517	513	4	
04专业组(化学)	5	533	521	5	
3302 河北科技师范学院	**40**			**37**	**3**
02专业组(不限)	40	512	473	37	3
3303 河北建筑工程学院	**10**			**10**	
01专业组(不限)	10	497	479	10	
3304 河北科技大学	**34**			**34**	
01专业组(不限)	4	507	504	4	
02专业组(不限)	18	554	504	18	
03专业组(化学)	12	507	417	12	
3305 河北地质大学	**48**			**48**	
02专业组(不限)	46	543	478	46	
03专业组(化学或地理)	2	535	531	2	
3307 河北工业大学	**37**			**37**	
02专业组(不限)	34	576	567	34	
03专业组(不限)(中外合作办学)	3	537	534	3	
3310 河北经贸大学	**85**			**85**	
01专业组(不限)	85	523	497	85	
3311 华北电力大学(保定)	**89**			**89**	
02专业组(不限)	58	610	579	58	
03专业组(不限)	13	579	566	13	
04专业组(化学)	18	586	572	18	
3312 河北大学	**47**			**47**	
03专业组(不限)	45	540	528	45	
04专业组(思想政治)	2	531	528	2	
3313 河北医科大学	**35**			**35**	
01专业组(不限)	5	515	508	5	
02专业组(化学)	8	550	522	8	
03专业组(化学或生物)	5	554	536	5	
04专业组(化学和生物)	17	585	567	17	
3314 河北师范大学	**27**			**27**	
03专业组(不限)	20	531	510	20	
04专业组(化学)	4	521	519	4	

院校、专业组名称	录取数	最高分	最低分	平行志愿	征求志愿
05专业组(生物)(中外合作办学)	3	506	477	3	
3315 河北金融学院	**20**			**20**	
03专业组(不限)	18	490	478	18	
04专业组(不限)(中外合作办学)	2	480	476	2	
3318 防灾科技学院	**45**			**45**	
03专业组(不限)	44	518	485	44	
04专业组(化学或地理)	1	492	492	1	
3320 河北环境工程学院	**16**			**16**	
03专业组(不限)	8	485	468	8	
04专业组(化学)	8	471	460	8	
3321 燕山大学	**83**			**82**	**1**
02专业组(不限)	65	556	536	65	
03专业组(不限)	6	537	533	6	
04专业组(化学)	4	532	531	3	1
05专业组(化学或生物)	8	534	528	8	
3322 东北大学秦皇岛分校	**78**			**78**	
02专业组(不限)	68	594	578	68	
03专业组(不限)(中外合作办学)	10	578	567	10	
3332 华北理工大学	**106**			**106**	
03专业组(不限)	54	531	510	54	
04专业组(化学)	10	509	503	10	
05专业组(化学)	3	527	515	3	
06专业组(化学或生物)	29	547	524	29	
07专业组(化学和生物)	7	560	541	7	
08专业组(生物)	3	541	538	3	
3333 衡水学院	**27**			**27**	
03专业组(不限)	21	476	467	21	
04专业组(化学或生物)	6	491	479	6	
3341 北华航天工业学院	**39**			**39**	
02专业组(不限)	39	504	482	39	
3348 河北中医学院	**10**			**10**	
01专业组(不限)	6	516	511	6	
02专业组(化学)	2	500	494	2	
03专业组(化学或生物)	2	530	520	2	
3349 河北北方学院	**10**			**10**	
01专业组(化学)	3	507	485	3	
02专业组(化学或生物)	7	529	524	7	
3350 张家口学院	**3**			**3**	
02专业组(不限)	3	493	492	3	
3351 河北工程大学	**82**			**82**	
01专业组(不限)	58	510	499	58	
02专业组(不限)	10	499	491	10	
03专业组(化学)	14	496	480	14	
3353 承德医学院	**2**			**2**	
01专业组(化学和生物)	2	548	538	2	
3362 邢台学院	**15**			**15**	
02专业组(不限)	15	472	467	15	
3365 沧州师范学院	**8**			**8**	
02专业组(不限)	8	493	482	8	

院校、专业组名称	录取数	最高分	最低分	平行志愿	征求志愿
3401 山西大学	**16**			**16**	
04专业组(不限)	7	542	535	7	
05专业组(化学)	5	538	534	5	
06专业组(化学或生物)	2	532	528	2	
07专业组(化学或地理)	2	526	524	2	
3402 中北大学	**59**			**59**	
02专业组(不限)	43	541	518	43	
03专业组(化学)	16	518	504	16	
3403 山西财经大学	**38**			**38**	
02专业组(不限)	38	539	521	38	
3404 太原科技大学	**69**			**69**	
02专业组(不限)	69	520	499	69	
3405 太原理工大学	**81**			**81**	
02专业组(不限)	37	580	564	37	
03专业组(化学)	38	574	563	38	
04专业组(化学或生物)	4	564	563	4	
05专业组(化学或地理)	2	563	560	2	
3406 太原工业学院	**56**			**56**	
02专业组(不限)	36	481	469	36	
03专业组(化学)	20	467	446	20	
3407 山西医科大学	**10**			**10**	
01专业组(化学和生物)	10	562	542	10	
3408 山西中医药大学	**25**			**25**	
01专业组(不限)	3	501	496	3	
02专业组(不限)	3	513	509	3	
03专业组(化学)	14	506	493	14	
04专业组(化学或生物)	5	521	518	5	
3410 山西农业大学	**64**			**63**	**1**
05专业组(不限)	12	505	489	12	
06专业组(化学)	30	485	457	29	1
07专业组(化学或生物)	1	482	482	1	
08专业组(化学和生物)	17	499	456	17	
09专业组(化学或地理)	2	490	487	2	
10专业组(生物或地理)	2	487	485	2	
3412 山西传媒学院	**8**			**8**	
02专业组(不限)	8	475	465	8	
3413 忻州师范学院	**65**			**65**	
01专业组(不限)	44	501	471	44	
02专业组(化学)	10	465	449	10	
03专业组(化学或地理)	5	493	473	5	
04专业组(生物或地理)	1	493	493	1	
05专业组(思想政治或地理)	5	452	426	5	
3415 山西师范大学	**26**			**26**	
04专业组(不限)	15	510	491	15	
05专业组(化学或生物)	7	494	485	7	
06专业组(化学或地理)	3	499	494	3	
07专业组(思想政治)	1	526	526	1	
3416 太原师范学院	**31**			**31**	
05专业组(不限)	5	528	517	5	

院校、专业组名称	录取数	最高分	最低分	平行志愿	征求志愿
06专业组(不限)	4	515	508	4	
07专业组(不限)	3	516	509	3	
08专业组(不限)	2	507	507	2	
09专业组(化学)	5	503	498	5	
10专业组(化学或生物)	5	486	465	5	
11专业组(化学或地理)	7	508	497	7	
3417 山西大同大学	**10**			**9**	**1**
02专业组(不限)	10	502	483	9	1
3418 运城学院	**47**			**47**	
03专业组(不限)	42	480	465	42	
04专业组(化学)	5	454	451	5	
3431 吕梁学院	**22**			**22**	
03专业组(不限)	16	475	464	16	
04专业组(化学或生物)	5	473	463	5	
05专业组(思想政治)	1	490	490	1	
3432 晋中学院	**28**			**28**	
02专业组(不限)	18	483	471	18	
03专业组(化学)	5	483	469	5	
04专业组(化学或生物)	5	467	455	5	
3433 山西工程技术学院	**30**			**30**	
03专业组(不限)	30	476	467	30	
3439 山西工学院	**2**			**2**	
01专业组(不限)	2	476	470	2	
3501 内蒙古大学	**10**			**10**	
01专业组(不限)	6	561	557	6	
02专业组(化学)	4	558	547	4	
3503 内蒙古农业大学	**10**			**10**	
01专业组(不限)	8	502	466	8	
02专业组(化学或生物)	2	474	471	2	
3504 内蒙古工业大学	**10**			**9**	**1**
01专业组(不限)	4	487	470	3	1
02专业组(化学)	4	464	434	4	
03专业组(化学或生物)	2	472	470	2	
3506 内蒙古民族大学	**6**			**5**	**1**
03专业组(化学)	2	484	463	2	
04专业组(化学或生物)	4	469	461	3	1
3507 内蒙古财经大学	**3**			**3**	
02专业组(不限)	3	475	468	3	
3511 内蒙古科技大学	**44**			**44**	
02专业组(不限)	41	491	466	41	
03专业组(化学)	3	473	465	3	
3515 赤峰学院	**6**			**6**	
01专业组(化学)	6	486	458	6	
3516 内蒙古医科大学	**5**			**5**	
01专业组(化学和生物)	5	533	527	5	
4101 东北大学	**87**			**87**	
02专业组(不限)	85	607	596	85	
03专业组(化学)	2	595	595	2	
4102 辽宁大学	**18**			**18**	
05专业组(不限)	9	567	564	9	
06专业组(不限)(中外合作办学)	4	555	546	4	
07专业组(化学或生物)	5	566	562	5	
4103 中国医科大学	**31**			**31**	
01专业组(化学或生物)	31	603	580	31	
4104 沈阳药科大学	**16**			**16**	
02专业组(化学)	15	567	525	15	
03专业组(化学和生物)	1	534	534	1	
4105 沈阳农业大学	**8**			**8**	
02专业组(化学或生物)	8	517	504	8	
4107 沈阳化工大学	**62**			**62**	
01专业组(不限)	44	504	488	44	
02专业组(化学)	6	488	474	6	
03专业组(化学或生物)	12	538	484	12	
4108 沈阳工业大学	**69**			**68**	**1**
02专业组(不限)	61	534	509	60	1
03专业组(化学或生物)	8	508	500	8	
4109 沈阳理工大学	**47**			**46**	**1**
02专业组(不限)	35	531	505	35	
03专业组(不限)	2	499	493	1	1
04专业组(化学)	4	516	493	4	
05专业组(化学)(中外合作办学)	5	455	442	5	
06专业组(化学或生物)	1	497	497	1	
4110 沈阳航空航天大学	**36**			**36**	
01专业组(不限)	33	548	522	33	
02专业组(化学)	3	557	554	3	
4111 沈阳建筑大学	**21**			**21**	
01专业组(不限)	18	528	508	18	
02专业组(生物或地理)	3	535	530	3	
4112 鞍山师范学院	**5**			**5**	
02专业组(不限)	5	469	464	5	
4113 沈阳医学院	**14**			**14**	
04专业组(不限)	2	508	500	2	
05专业组(化学)	2	503	475	2	
06专业组(化学或生物)	10	534	528	10	
4114 辽宁中医药大学	**26**			**26**	
03专业组(不限)	15	499	485	15	
04专业组(化学或生物)	6	509	501	6	
05专业组(化学或生物)	5	523	512	5	
4115 辽宁工业大学	**20**			**20**	
01专业组(不限)	16	507	496	16	
02专业组(化学)	4	489	477	4	
4116 沈阳体育学院	**8**			**7**	**1**
01专业组(不限)	8	472	465	7	1
4117 沈阳师范大学	**23**			**23**	
03专业组(不限)	15	523	498	15	
04专业组(不限)	6	505	494	6	
05专业组(化学或生物)	2	521	514	2	
4120 沈阳大学	**15**			**15**	

院校、专业组名称	录取数	最高分	最低分	平行志愿	征求志愿
02专业组(不限)(中外合作办学)	8	492	482	8	
03专业组(化学)	7	488	478	7	
4122 沈阳工程学院	**10**			**10**	
01专业组(不限)	10	531	510	10	
4126 辽宁师范大学	**2**			**2**	
02专业组(不限)(中外合作办学)	2	480	473	2	
4131 大连理工大学	**136**			**136**	
02专业组(不限)	116	610	600	116	
03专业组(不限)(中外合作办学)	5	596	595	5	
04专业组(化学)	11	608	599	11	
05专业组(化学或生物)	4	602	599	4	
4132 大连海事大学	**89**			**89**	
03专业组(不限)	77	586	565	77	
04专业组(不限)(中外合作办学)	12	552	534	12	
4133 东北财经大学	**18**			**18**	
04专业组(不限)	14	586	565	14	
05专业组(不限)(中外合作办学)	2	556	554	2	
06专业组(不限)(中外合作办学)	2	553	552	2	
4134 大连医科大学	**8**			**8**	
01专业组(化学)	8	592	585	8	
4135 大连外国语大学	**14**			**14**	
03专业组(不限)	13	565	540	13	
04专业组(思想政治)	1	542	542	1	
4136 大连大学	**31**			**31**	
02专业组(不限)	27	510	503	27	
03专业组(化学)	4	506	500	4	
4137 大连海洋大学	**25**			**24**	**1**
01专业组(不限)	25	525	481	24	1
4138 大连工业大学	**39**			**38**	**1**
01专业组(不限)(中外合作办学)	5	498	488	5	
02专业组(不限)	4	506	500	4	
03专业组(化学)	10	488	478	10	
04专业组(化学)	9	492	481	9	
05专业组(化学)	6	500	488	6	
06专业组(化学或生物)	3	503	499	3	
07专业组(化学或生物)	2	495	488	1	1
4139 大连交通大学	**61**			**60**	**1**
02专业组(不限)	56	529	505	55	1
03专业组(化学)	5	511	503	5	
4140 大连民族大学	**14**			**14**	
02专业组(不限)	14	503	495	14	
4141 锦州医科大学	**15**			**15**	
01专业组(化学)	5	516	486	5	
02专业组(化学或生物)	10	546	531	10	
4152 渤海大学	**8**			**8**	
02专业组(不限)	6	505	494	6	
03专业组(不限)	2	492	491	2	
4161 辽宁工程技术大学	**16**			**16**	
02专业组(不限)	16	511	505	16	

院校、专业组名称	录取数	最高分	最低分	平行志愿	征求志愿
4162 大连理工大学(盘锦校区)	**8**			**8**	
02专业组(不限)	4	597	591	4	
03专业组(化学)(中外合作办学)	2	566	565	2	
04专业组(化学)	2	592	591	2	
4171 辽宁科技大学	**20**			**17**	**3**
01专业组(不限)	17	513	507	17	
02专业组(不限)(中外合作办学)	3	458	451		3
4181 辽宁石油化工大学	**15**			**15**	
01专业组(不限)	12	487	482	12	
02专业组(化学)	2	478	476	2	
03专业组(化学或生物)	1	484	484	1	
4192 辽宁科技学院	**10**			**10**	
01专业组(不限)	8	481	469	8	
02专业组(化学或生物)	2	476	468	2	
4201 吉林大学	**211**			**211**	
04专业组(不限)	57	607	595	57	
05专业组(化学)	121	610	597	121	
06专业组(化学)(中外合作办学)	4	579	565	4	
07专业组(化学或生物)	23	605	593	23	
08专业组(化学和生物)	3	597	595	3	
09专业组(思想政治)	3	595	589	3	
4202 东北师范大学	**9**			**9**	
03专业组(不限)(中外合作办学)	3	566	546	3	
04专业组(化学)(中外合作办学)	3	551	542	3	
05专业组(化学)	2	588	584	2	
06专业组(化学或生物)	1	569	569	1	
4203 吉林农业大学	**62**			**60**	**2**
02专业组(不限)	15	503	479	13	2
03专业组(化学)	6	481	471	6	
04专业组(化学或生物)	28	517	482	28	
05专业组(化学或生物)(中外合作办学)	8	468	457	8	
06专业组(化学或生物)(中外合作办学)	5	466	452	5	
4204 长春大学	**36**			**36**	
03专业组(不限)	23	503	488	23	
04专业组(不限)(中外合作办学)	13	485	464	13	
4205 长春工业大学	**54**			**53**	**1**
02专业组(不限)	34	512	490	33	1
03专业组(化学)	11	491	459	11	
04专业组(化学或生物)	9	505	495	9	
4206 吉林财经大学	**25**			**24**	**1**
02专业组(不限)	25	515	488	24	1
4207 长春师范大学	**24**			**24**	
03专业组(不限)	17	514	499	17	
04专业组(化学)	4	508	496	4	
05专业组(化学或生物)	3	511	507	3	
4208 长春理工大学	**75**			**75**	
01专业组(不限)	69	538	511	69	
02专业组(化学)	4	504	491	4	
03专业组(化学或生物)	2	512	510	2	

院校、专业组名称	录取数	最高分	最低分	平行志愿	征求志愿
4209 长春工程学院	**64**			**62**	**2**
01专业组(不限)	58	502	469	56	2
02专业组(不限)	3	477	467	3	
03专业组(化学)	3	465	460	3	
4210 吉林建筑大学	**69**			**69**	
03专业组(不限)	14	499	479	14	
04专业组(不限)	8	505	477	8	
05专业组(不限)(中外合作办学)	2	483	483	2	
06专业组(化学)	36	503	459	36	
07专业组(化学)(中外合作办学)	2	480	456	2	
08专业组(化学或地理)	7	484	474	7	
4212 吉林工程技术师范学院	**48**			**48**	
02专业组(不限)	25	476	465	25	
03专业组(不限)(中外合作办学)	10	442	428	10	
04专业组(不限)(中外合作办学)	10	463	437	10	
05专业组(不限)	3	491	468	3	
4214 长春中医药大学	**15**			**13**	**2**
01专业组(化学或生物)	15	540	506	13	2
4215 吉林师范大学	**6**			**6**	
05专业组(不限)	6	496	484	6	
4220 吉林警察学院	**17**			**17**	
03专业组(不限)	17	504	436	17	
4225 吉林农业科技学院	**11**			**11**	
02专业组(不限)	11	499	466	11	
4228 吉林医药学院	**53**			**51**	**2**
02专业组(不限)	15	491	467	14	1
03专业组(化学)	10	502	487	10	
04专业组(化学或生物)	22	520	488	21	1
05专业组(化学或生物)(中外合作办学)	3	474	463	3	
06专业组(化学和生物)	3	507	486	3	
4231 东北电力大学	**94**			**93**	**1**
02专业组(不限)	71	577	518	71	
03专业组(不限)(中外合作办学)	11	558	522	11	
04专业组(不限)	4	513	440	3	1
05专业组(化学)	8	509	502	8	
4232 北华大学	**38**			**38**	
03专业组(不限)	25	518	490	25	
04专业组(化学)	6	496	465	6	
05专业组(化学或生物)	7	534	519	7	
4233 通化师范学院	**16**			**16**	
02专业组(不限)	5	467	466	5	
03专业组(不限)	3	479	475	3	
04专业组(化学)	5	482	469	5	
05专业组(化学或地理)	3	490	488	3	
4235 吉林化工学院	**37**			**37**	
03专业组(不限)	20	476	466	20	
04专业组(不限)	2	466	464	2	
05专业组(化学)	10	473	459	10	
06专业组(化学或生物)	4	483	467	4	

院校、专业组名称	录取数	最高分	最低分	平行志愿	征求志愿
07专业组(化学或生物)	1	475	475	1	
4237 吉林工商学院	**30**			**30**	
02专业组(不限)	18	479	465	18	
03专业组(不限)	12	467	464	12	
4241 白城师范学院	**28**			**28**	
05专业组(不限)	20	476	465	20	
06专业组(化学或生物)	4	485	482	4	
07专业组(化学或地理)	4	475	470	4	
4301 哈尔滨工业大学	**105**			**105**	
01专业组(不限)	105	631	613	105	
4302 哈尔滨工程大学	**81**			**81**	
01专业组(不限)	71	602	581	71	
02专业组(不限)(中外合作办学)	10	578	559	10	
4303 东北林业大学	**25**			**24**	**1**
02专业组(不限)	14	565	536	13	1
03专业组(不限)(中外合作办学)	4	559	535	4	
04专业组(化学或生物)	7	562	560	7	
4304 东北农业大学	**18**			**18**	
02专业组(不限)	9	563	559	9	
03专业组(化学)	5	558	555	5	
04专业组(化学或生物)	4	558	554	4	
4305 黑龙江中医药大学	**40**			**40**	
01专业组(不限)	20	553	524	20	
02专业组(化学或生物)	18	523	505	18	
03专业组(化学或生物)	2	527	525	2	
4306 黑龙江工程学院	**31**			**30**	**1**
03专业组(不限)	24	484	468	23	1
04专业组(化学)	4	463	449	4	
05专业组(化学或地理)	3	490	472	3	
4307 哈尔滨商业大学	**62**			**58**	**4**
03专业组(不限)	30	519	492	30	
04专业组(不限)	20	508	503	20	
05专业组(化学)	6	508	421	3	3
06专业组(化学或生物)	6	507	437	5	1
4308 哈尔滨理工大学	**100**			**99**	**1**
01专业组(不限)	85	547	508	84	1
02专业组(化学)	10	532	510	10	
03专业组(化学或生物)	5	517	501	5	
4309 哈尔滨医科大学	**44**			**44**	
03专业组(不限)	2	528	520	2	
04专业组(化学)	6	536	501	6	
05专业组(化学和生物)	19	589	575	19	
06专业组(化学和生物)	14	572	540	14	
07专业组(化学和生物)	3	524	522	3	
4310 黑龙江科技大学	**36**			**35**	**1**
03专业组(不限)	36	508	471	35	1
4311 黑龙江大学	**26**			**26**	
06专业组(不限)	22	527	513	22	
07专业组(化学)	4	511	506	4	

院校、专业组名称	录取数	最高分	最低分	平行志愿	征求志愿
4312 哈尔滨师范大学	**42**			**42**	
02专业组(不限)	7	493	486	7	
03专业组(化学或生物)	5	531	512	5	
04专业组(化学或地理)	30	515	494	30	
4314 牡丹江师范学院	**18**			**18**	
03专业组(不限)	8	472	466	8	
04专业组(化学)	2	469	468	2	
05专业组(化学或生物)	8	480	472	8	
4315 哈尔滨金融学院	**11**			**11**	
02专业组(不限)	11	496	479	11	
4321 东北石油大学	**14**			**14**	
01专业组(不限)	12	518	507	12	
02专业组(化学)	1	496	496	1	
03专业组(化学或生物)	1	505	505	1	
4323 哈尔滨学院	**17**			**17**	
02专业组(不限)	15	487	471	15	
03专业组(化学)	2	490	487	2	
4324 大庆师范学院	**17**			**17**	
01专业组(不限)	3	465	464	3	
02专业组(化学)	14	477	460	14	
4331 齐齐哈尔医学院	**20**			**20**	
01专业组(化学或生物)	20	524	515	20	
4332 齐齐哈尔大学	**44**			**44**	
03专业组(不限)	31	498	479	31	
04专业组(化学)	11	468	449	11	
05专业组(化学或地理)	2	503	494	2	
4341 黑龙江工业学院	**20**			**20**	
01专业组(不限)	20	474	465	20	
4351 佳木斯大学	**40**			**39**	**1**
01专业组(化学)	20	492	458	20	
02专业组(化学或生物)	20	528	485	19	1
4352 黑龙江八一农垦大学	**27**			**27**	
02专业组(不限)	16	484	470	16	
03专业组(化学)	2	480	465	2	
04专业组(化学或生物)	9	480	468	9	
4371 延边大学	**16**			**16**	
02专业组(不限)	5	565	561	5	
03专业组(不限)	4	555	538	4	
04专业组(化学)	2	562	561	2	
05专业组(化学或生物)	5	575	563	5	
4381 牡丹江医学院	**40**			**35**	**5**
01专业组(化学)	14	484	419	9	5
02专业组(化学和生物)	26	539	497	26	
5101 郑州大学	**60**			**60**	
02专业组(不限)	35	587	574	35	
03专业组(化学)	19	584	571	19	
04专业组(化学或生物)	6	576	573	6	
5102 华北水利水电大学	**70**			**70**	
01专业组(不限)	54	530	510	54	
02专业组(化学)	16	534	511	16	
5103 中原工学院	**57**			**57**	
03专业组(不限)(中外合作办学)	23	465	450	23	
04专业组(不限)	27	491	474	27	
05专业组(化学)(中外合作办学)	4	443	425	4	
06专业组(化学)	3	478	459	3	
5104 河南工业大学	**81**			**81**	
02专业组(不限)	24	528	512	24	
03专业组(不限)	10	526	510	10	
04专业组(不限)(中外合作办学)	8	502	486	8	
05专业组(化学)	29	512	469	29	
06专业组(化学)(中外合作办学)	4	507	435	4	
07专业组(化学和生物)	6	529	497	6	
5105 郑州航空工业管理学院	**97**			**97**	
02专业组(不限)	65	499	470	65	
03专业组(化学)	26	485	466	26	
04专业组(化学)(中外合作办学)	6	451	441	6	
5106 郑州轻工业大学	**73**			**72**	**1**
02专业组(不限)	50	512	491	49	1
03专业组(不限)(中外合作办学)	15	496	458	15	
04专业组(化学)	4	498	491	4	
05专业组(化学或生物)	4	511	503	4	
5114 河南中医药大学	**6**			**6**	
02专业组(不限)	2	515	502	2	
03专业组(化学或生物)	4	531	519	4	
5117 河南农业大学	**30**			**30**	
02专业组(不限)	12	514	505	12	
03专业组(化学)	5	498	490	5	
04专业组(化学或生物)	6	503	499	6	
05专业组(化学或生物)(中外合作办学)	5	477	452	5	
06专业组(化学或生物)	2	519	509	2	
5118 信阳师范学院	**18**			**18**	
03专业组(不限)	8	474	466	8	
04专业组(化学或生物)(中外合作办学)	10	473	448	10	
5119 河南财经政法大学	**25**			**25**	
04专业组(不限)	16	533	510	16	
05专业组(不限)(中外合作办学)	4	507	498	4	
06专业组(化学或地理)(中外合作办学)	5	493	485	5	
5122 河南工程学院	**38**			**38**	
02专业组(不限)	10	483	475	10	
03专业组(不限)	9	486	469	9	
04专业组(化学)	17	483	455	17	
05专业组(地理)	2	471	470	2	
5125 周口师范学院	**28**			**27**	**1**
04专业组(不限)	22	500	474	21	1
05专业组(化学)	4	483	476	4	
06专业组(化学或生物)	2	498	497	2	
5131 洛阳理工学院	**74**			**74**	
02专业组(不限)	66	492	473	66	

院校、专业组名称	录取数	最高分	最低分	平行志愿	征求志愿
03专业组(化学)	8	468	455	8	
5132 河南科技大学	**59**			**59**	
02专业组(不限)	33	523	513	33	
03专业组(化学)	14	518	505	14	
04专业组(化学或生物)	8	514	507	8	
05专业组(化学或地理)	4	508	506	4	
5133 洛阳师范学院	**12**			**12**	
02专业组(不限)	8	518	508	8	
03专业组(化学)	4	504	499	4	
5134 平顶山学院	**8**			**8**	
02专业组(不限)	8	458	433	8	
5141 河南大学	**28**			**28**	
05专业组(不限)	16	557	545	16	
06专业组(化学)	5	561	546	5	
07专业组(化学或生物)	4	551	548	4	
08专业组(化学或地理)	3	551	549	3	
5151 河南理工大学	**52**			**52**	
02专业组(不限)	26	512	507	26	
03专业组(不限)	7	515	504	7	
04专业组(化学)	11	503	494	11	
05专业组(地理)	8	520	504	8	
5153 河南师范大学	**12**			**12**	
03专业组(不限)	4	542	527	4	
04专业组(化学)	2	566	536	2	
05专业组(化学或生物)	6	514	461	6	
5161 安阳工学院	**11**			**11**	
04专业组(不限)	2	471	470	2	
05专业组(化学)	7	464	460	7	
06专业组(化学)(中外合作办学)	2	453	439	2	
5162 安阳师范学院	**17**			**17**	
02专业组(不限)	11	505	478	11	
03专业组(化学)	6	487	480	6	
5171 河南工学院	**7**			**7**	
01专业组(不限)	7	475	470	7	
5172 郑州工程技术学院	**26**			**19**	**7**
01专业组(不限)	16	525	456	15	1
02专业组(化学)	7	469	435	1	6
03专业组(化学和生物)	3	449	441	3	
5173 新乡学院	**41**			**41**	
03专业组(不限)	29	474	466	29	
04专业组(化学)	4	476	460	4	
05专业组(化学或生物)	8	474	465	8	
5174 许昌学院	**26**			**26**	
02专业组(不限)	21	470	467	21	
03专业组(化学或地理)	5	502	493	5	
5181 南阳师范学院	**59**			**59**	
04专业组(不限)	32	499	475	32	
05专业组(化学)(中外合作办学)	6	467	435	6	
06专业组(化学)	5	472	462	5	
07专业组(化学或生物)	10	484	465	10	
08专业组(化学或地理)	4	497	485	4	
09专业组(思想政治)	2	478	474	2	
5182 南阳理工学院	**70**			**70**	
04专业组(不限)	42	498	470	42	
05专业组(不限)	2	496	492	2	
06专业组(不限)(中外合作办学)	2	470	467	2	
07专业组(化学)	17	466	458	17	
08专业组(化学和生物)	5	468	450	5	
09专业组(化学或地理)	2	464	463	2	
5191 黄淮学院	**65**			**65**	
03专业组(不限)	57	498	467	57	
04专业组(不限)(中外合作办学)	8	464	454	8	
5192 新乡医学院	**20**			**20**	
01专业组(化学或生物)	20	549	538	20	
5193 河南城建学院	**34**			**34**	
02专业组(不限)	29	475	466	29	
03专业组(化学或地理)	5	474	466	5	
5198 商丘师范学院	**34**			**34**	
03专业组(不限)	26	506	476	26	
04专业组(化学)	4	487	471	4	
05专业组(化学或生物)	2	504	503	2	
06专业组(生物)	2	480	470	2	
5201 武汉大学	**159**			**159**	
03专业组(不限)	115	639	616	115	
04专业组(不限)(中外合作办学)	4	607	602	4	
05专业组(化学)	36	628	615	36	
06专业组(化学或生物)	4	615	613	4	
5202 华中科技大学	**201**			**201**	
02专业组(不限)	172	629	615	172	
03专业组(化学或生物)	29	634	616	29	
5203 华中师范大学	**51**			**51**	
03专业组(不限)	37	611	579	37	
04专业组(化学)	5	586	584	5	
05专业组(化学或生物)	7	587	585	7	
06专业组(地理)	2	588	586	2	
5204 华中农业大学	**78**			**78**	
02专业组(不限)	30	575	567	30	
03专业组(化学)	5	567	563	5	
04专业组(化学或生物)	40	588	565	40	
05专业组(化学或地理)	3	571	567	3	
5205 中国地质大学(武汉)	**82**			**82**	
03专业组(不限)	72	588	569	72	
04专业组(化学)	10	592	567	10	
5206 中南财经政法大学	**92**			**92**	
06专业组(不限)	87	607	586	87	
07专业组(不限)	5	603	598	5	
5207 武汉理工大学	**279**			**279**	
03专业组(不限)	237	599	579	237	

院校、专业组名称	录取数	最高分	最低分	平行志愿	征求志愿
04专业组(化学)	38	590	576	38	
05专业组(化学或生物)(中外合作办学)	4	566	554	4	
5208 中南民族大学	**53**			**53**	
03专业组(不限)	48	541	518	48	
04专业组(化学或生物)	5	532	517	5	
5209 湖北大学	**10**			**10**	
02专业组(不限)	10	553	540	10	
5211 湖北中医药大学	**41**			**40**	**1**
03专业组(不限)	10	558	545	10	
04专业组(不限)	5	530	525	5	
05专业组(化学)	8	536	515	8	
06专业组(化学或生物)	18	542	516	17	1
5212 武汉纺织大学	**70**			**70**	
02专业组(不限)	49	515	499	49	
03专业组(化学)	21	499	474	21	
5213 武汉体育学院	**16**			**16**	
02专业组(不限)	8	480	470	8	
03专业组(化学)	2	473	468	2	
04专业组(生物)	6	478	471	6	
5215 武汉工程大学	**29**			**29**	
02专业组(不限)	14	543	537	14	
03专业组(不限)(中外合作办学)	4	515	507	4	
04专业组(化学或生物)	6	542	525	6	
05专业组(化学或生物)(中外合作办学)	5	501	493	5	
5216 武汉轻工大学	**29**			**29**	
02专业组(不限)	18	515	509	18	
03专业组(化学)	2	505	505	2	
04专业组(化学或生物)	9	510	505	9	
5217 武汉科技大学	**39**			**39**	
01专业组(不限)	29	563	553	29	
02专业组(化学)	10	553	544	10	
5218 江汉大学	**8**			**8**	
01专业组(不限)	8	521	513	8	
5219 湖北工业大学	**24**			**24**	
01专业组(不限)	12	539	528	12	
02专业组(不限)	12	535	532	12	
5220 湖北第二师范学院	**10**			**10**	
03专业组(不限)	6	499	489	6	
04专业组(不限)(中外合作办学)	2	470	448	2	
05专业组(不限)(中外合作办学)	2	490	489	2	
5221 湖北经济学院	**21**			**21**	
02专业组(不限)	21	508	498	21	
5225 汉江师范学院	**3**			**3**	
02专业组(不限)	3	508	499	3	
5243 长江大学	**28**			**28**	
02专业组(不限)	16	522	513	16	
03专业组(化学)	12	516	488	12	
5251 三峡大学	**36**			**36**	
02专业组(不限)	26	557	524	26	

院校、专业组名称	录取数	最高分	最低分	平行志愿	征求志愿
03专业组(不限)(中外合作办学)	4	545	541	4	
04专业组(化学)	6	522	503	6	
5255 湖北汽车工业学院	**22**			**22**	
01专业组(不限)	16	490	470	16	
02专业组(不限)(中外合作办学)	6	461	451	6	
5256 湖北医药学院	**15**			**15**	
01专业组(化学或生物)	10	535	525	10	
02专业组(化学和生物)	5	522	513	5	
5261 湖北师范大学	**22**			**22**	
04专业组(不限)(中外合作办学)	8	504	466	8	
05专业组(化学)	7	506	492	7	
06专业组(化学或生物)	5	504	502	5	
07专业组(化学或地理)	2	514	508	2	
5265 湖北理工学院	**30**			**30**	
02专业组(不限)	30	496	472	30	
5271 湖北警官学院	**22**			**22**	
02专业组(不限)	22	498	483	22	
5285 荆楚理工学院	**8**			**8**	
01专业组(不限)	5	473	468	5	
02专业组(化学)	3	466	460	3	
5287 湖北科技学院	**14**			**14**	
02专业组(不限)	6	508	499	6	
03专业组(化学或生物)	8	530	512	8	
5290 湖北文理学院	**23**			**23**	
02专业组(不限)	23	493	478	23	
5295 湖北工程学院	**16**			**16**	
02专业组(不限)	11	558	485	11	
03专业组(化学)	2	478	469	2	
04专业组(化学或生物)	3	485	483	3	
5301 湖南大学	**133**			**133**	
02专业组(不限)	106	614	601	106	
03专业组(化学)	21	606	599	21	
04专业组(化学或生物)	6	600	599	6	
5302 中南大学	**147**			**147**	
02专业组(不限)	78	612	604	78	
03专业组(化学)	48	611	601	48	
04专业组(化学和生物)	18	619	608	18	
05专业组(化学和生物)	3	631	626	3	
5303 湖南师范大学	**73**			**73**	
02专业组(不限)	47	581	568	47	
03专业组(化学)	14	581	566	14	
04专业组(化学或生物)	12	587	568	12	
5304 湖南中医药大学	**60**			**60**	
01专业组(不限)	19	564	538	19	
02专业组(不限)	12	543	518	12	
03专业组(不限)	9	526	509	9	
04专业组(化学)	2	527	516	2	
05专业组(化学或生物)	18	557	538	18	
5305 湖南农业大学	**58**			**58**	

院校、专业组名称	录取数	最高分	最低分	平行志愿	征求志愿
03专业组(不限)	40	528	508	40	
04专业组(化学)	4	510	508	4	
05专业组(化学或生物)	14	530	511	14	
5306 湖南工商大学	**48**			**48**	
03专业组(不限)	44	535	509	44	
04专业组(化学或地理)	4	506	502	4	
5307 长沙理工大学	**41**			**40**	**1**
02专业组(不限)	32	567	543	32	
03专业组(不限)(中外合作办学)	9	535	515	8	1
5308 长沙学院	**49**			**49**	
02专业组(不限)	25	507	487	25	
03专业组(不限)	16	499	484	16	
04专业组(化学)	4	476	469	4	
05专业组(化学或生物)	4	500	484	4	
5310 湖南人文科技学院	**54**			**50**	**4**
03专业组(不限)	24	490	467	22	2
04专业组(不限)(中外合作办学)	3	476	469	3	
05专业组(化学)	13	486	458	12	1
06专业组(化学或生物)	14	469	463	13	1
5320 湖南财政经济学院	**14**			**14**	
02专业组(不限)	14	516	496	14	
5321 湖南科技大学	**78**			**78**	
04专业组(不限)	72	532	511	72	
05专业组(化学或生物)	2	510	510	2	
06专业组(化学或地理)	3	520	514	3	
07专业组(思想政治)	1	521	521	1	
5322 湖南工程学院	**29**			**29**	
03专业组(不限)	23	488	476	23	
04专业组(化学)	6	475	457	6	
5323 湘潭大学	**37**			**37**	
02专业组(不限)	37	560	539	37	
5327 湖南工学院	**61**			**61**	
04专业组(不限)	33	499	472	33	
05专业组(化学)	24	478	465	24	
06专业组(化学或生物)	2	472	471	2	
07专业组(思想政治或地理)	2	479	477	2	
5331 中南林业科技大学	**56**			**56**	
03专业组(不限)	38	529	510	38	
04专业组(化学或生物)	18	526	507	18	
5332 湖南工业大学	**104**			**94**	**10**
02专业组(不限)	53	532	509	53	
03专业组(不限)	15	509	446	5	10
04专业组(不限)	17	525	508	17	
05专业组(化学)	13	505	459	13	
06专业组(化学或生物)	6	523	505	6	
5341 南华大学	**95**			**95**	
02专业组(不限)	86	558	508	86	
03专业组(化学或生物)	9	517	510	9	
5342 衡阳师范学院	**24**			**24**	
03专业组(不限)	16	494	480	16	
04专业组(化学)	3	491	476	3	
05专业组(化学或地理)	5	506	494	5	
5343 湖南文理学院	**46**			**44**	**2**
04专业组(不限)	36	491	473	36	
05专业组(化学或生物)	10	486	472	8	2
5348 湖南医药学院	**5**			**5**	
01专业组(化学)	2	524	515	2	
02专业组(化学或生物)	3	523	519	3	
5349 湖南第一师范学院	**14**			**14**	
02专业组(不限)	14	518	507	14	
5351 湖南理工学院	**66**			**66**	
02专业组(不限)	64	516	486	64	
03专业组(化学)(中外合作办学)	2	454	450	2	
5355 湖南城市学院	**55**			**55**	
04专业组(不限)	36	505	470	36	
05专业组(化学)	9	469	457	9	
06专业组(化学或生物)	2	478	474	2	
07专业组(思想政治)	2	482	471	2	
08专业组(地理)	6	471	467	6	
5361 吉首大学	**11**			**11**	
02专业组(不限)	6	503	492	6	
03专业组(化学)	2	498	490	2	
04专业组(化学或生物)	3	505	488	3	
5371 邵阳学院	**47**			**47**	
03专业组(不限)	31	490	469	31	
04专业组(化学)	7	474	462	7	
05专业组(化学或生物)	7	474	465	7	
06专业组(化学和生物)	2	505	503	2	
5380 长沙师范学院	**12**			**12**	
02专业组(不限)	2	481	473	2	
03专业组(化学)	10	488	470	10	
5381 湘南学院	**96**			**94**	**2**
03专业组(不限)	73	492	467	71	2
04专业组(化学)	20	513	460	20	
05专业组(化学或生物)	3	470	464	3	
5385 怀化学院	**28**			**28**	
04专业组(不限)	15	481	472	15	
05专业组(不限)	6	482	474	6	
06专业组(不限)	2	507	506	2	
07专业组(化学)	3	496	484	3	
08专业组(化学或生物)	2	466	466	2	
5391 湖南科技学院	**61**			**61**	
03专业组(不限)	50	530	475	50	
04专业组(化学)	8	495	467	8	
05专业组(化学或生物)	3	498	496	3	
5401 中山大学	**69**			**69**	
02专业组(不限)	35	624	613	35	
03专业组(化学或生物)	10	623	613	10	

院校、专业组名称	录取数	最高分	最低分	平行志愿	征求志愿
04专业组(化学和生物)	24	630	614	24	
5402 华南理工大学	**50**			**50**	
05专业组(不限)	29	617	610	29	
06专业组(不限)	4	614	609	4	
07专业组(化学)	13	610	606	13	
08专业组(化学或生物)	4	610	610	4	
5403 华南农业大学	**16**			**16**	
01专业组(不限)	16	556	541	16	
5404 广东外语外贸大学	**19**			**19**	
03专业组(不限)	19	562	546	19	
5405 广东医科大学	**23**			**23**	
01专业组(化学)	8	544	530	8	
02专业组(化学或生物)	15	566	557	15	
5406 广东药科大学	**8**			**8**	
01专业组(化学或生物)	8	547	534	8	
5407 暨南大学	**41**			**40**	**1**
05专业组(不限)	17	594	561	16	1
06专业组(不限)	16	591	581	16	
07专业组(不限)	2	591	584	2	
08专业组(化学)	3	567	566	3	
09专业组(化学或生物)	3	589	585	3	
5408 广州美术学院	**3**			**3**	
02专业组(不限)	3	541	523	3	
5411 广州航海学院	**12**			**12**	
02专业组(化学)	12	492	440	12	
5412 广东金融学院	**6**			**6**	
02专业组(不限)	6	529	512	6	
5414 广东财经大学	**2**			**2**	
02专业组(不限)	2	537	533	2	
5418 哈尔滨工业大学(深圳)	**42**			**42**	
02专业组(不限)	42	632	619	42	
5419 广州大学	**40**			**40**	
01专业组(不限)	40	569	543	40	
5420 广州中医药大学	**9**			**9**	
02专业组(化学)	5	567	551	5	
03专业组(化学或生物)	3	565	561	3	
04专业组(化学或生物)	1	579	579	1	
5421 汕头大学	**27**			**27**	
02专业组(不限)	18	554	535	18	
03专业组(化学或生物)	9	549	536	9	
5422 南方医科大学	**23**			**23**	
02专业组(化学或生物)	23	610	583	23	
5423 广州体育学院	**5**			**5**	
01专业组(不限)	5	478	463	5	
5427 东莞理工学院	**6**			**6**	
01专业组(不限)(中外合作办学)	6	507	482	6	
5431 广东海洋大学	**54**			**54**	
03专业组(不限)	13	511	502	13	
04专业组(不限)	11	517	509	11	
05专业组(不限)	4	510	507	4	
06专业组(不限)	1	530	530	1	
07专业组(不限)	2	527	510	2	
08专业组(不限)	1	456	456	1	
09专业组(化学)	5	503	494	5	
10专业组(化学或生物)	7	516	505	7	
11专业组(化学或生物)	3	506	496	3	
12专业组(化学或生物)	2	504	475	2	
13专业组(化学和生物)	5	496	471	5	
5437 韶关学院	**4**			**4**	
02专业组(不限)	4	470	469	4	
5438 广东以色列理工学院	**12**			**10**	**2**
01专业组(不限)(中外合作办学)	2	509	506	2	
02专业组(化学)(中外合作办学)	10	499	470	8	2
5441 广东石油化工学院	**8**			**8**	
01专业组(不限)	8	484	473	8	
5451 深圳大学	**22**			**22**	
02专业组(不限)	21	599	583	21	
03专业组(化学或生物)	1	588	588	1	
5461 北京师范大学-香港浸会大学联合国际学院	**13**			**13**	
02专业组(不限)	13	566	510	13	
5477 岭南师范学院	**1**			**1**	
02专业组(不限)	1	471	471	1	
5478 广东工业大学	**8**			**8**	
02专业组(不限)	8	561	553	8	
5479 深圳技术大学	**24**			**24**	
02专业组(不限)	24	562	534	24	
5501 广西大学	**23**			**23**	
01专业组(不限)	23	565	560	23	
5502 广西中医药大学	**20**			**20**	
04专业组(不限)	6	534	523	6	
05专业组(不限)	1	500	500	1	
06专业组(化学)	2	512	505	2	
07专业组(化学或生物)	5	533	528	5	
08专业组(化学或生物)	4	513	506	4	
09专业组(生物)	2	524	515	2	
5504 南宁师范大学	**24**			**23**	**1**
03专业组(不限)	10	495	478	9	1
04专业组(不限)(中外合作办学)	2	475	459	2	
05专业组(化学)	4	515	499	4	
06专业组(化学或生物)	4	512	495	4	
07专业组(化学或生物)	2	486	484	2	
08专业组(化学或地理)	2	500	498	2	
5505 玉林师范学院	**25**			**25**	
02专业组(不限)	10	475	463	10	
03专业组(化学)	5	459	453	5	
04专业组(化学或生物)	5	470	464	5	
05专业组(生物)	5	472	465	5	

院校、专业组名称	录取数	最高分	最低分	平行志愿	征求志愿
5507 北部湾大学	**24**			**24**	
02专业组(不限)	2	482	475	2	
03专业组(不限)(中外合作办学)	2	476	459	2	
04专业组(不限)(中外合作办学)	17	466	417	17	
05专业组(化学或生物)	3	472	465	3	
5508 广西医科大学	**9**			**9**	
01专业组(不限)	9	496	485	9	
5510 桂林医学院	**13**			**13**	
02专业组(化学)	1	504	504	1	
03专业组(化学或生物)	12	545	526	12	
5511 广西师范大学	**28**			**28**	
03专业组(不限)	12	526	509	12	
04专业组(化学)	8	524	500	8	
05专业组(化学或生物)	6	516	509	6	
06专业组(化学或地理)	2	511	508	2	
5512 桂林理工大学	**54**			**54**	
03专业组(不限)	39	506	492	39	
04专业组(化学)	15	499	470	15	
5513 桂林电子科技大学	**90**			**90**	
01专业组(不限)	48	533	511	48	
02专业组(化学)	39	523	501	39	
03专业组(化学或生物)	3	508	506	3	
5517 右江民族医学院	**19**			**19**	
02专业组(不限)	1	500	500	1	
03专业组(化学)	4	499	486	4	
04专业组(化学)	1	451	451	1	
05专业组(化学或生物)	4	499	484	4	
06专业组(化学或生物)	1	492	492	1	
07专业组(化学和生物)	8	524	499	8	
5518 广西民族师范学院	**23**			**23**	
02专业组(不限)	15	492	472	15	
03专业组(化学)	4	463	456	4	
04专业组(生物)	4	492	483	4	
5519 贺州学院	**8**			**8**	
02专业组(不限)	8	457	443	8	
5521 桂林航天工业学院	**3**			**3**	
02专业组(不限)	3	529	525	3	
5522 桂林旅游学院	**14**			**14**	
04专业组(不限)	10	481	464	10	
05专业组(不限)(中外合作办学)	2	422	419	2	
06专业组(化学或地理)	2	474	463	2	
5527 广西科技师范学院	**21**			**21**	
03专业组(不限)	19	500	460	19	
04专业组(化学)	2	497	491	2	
5531 广西科技大学	**46**			**43**	**3**
02专业组(不限)	32	492	475	32	
03专业组(不限)(中外合作办学)	8	481	440	5	3
04专业组(化学)	3	488	472	3	
05专业组(化学或生物)	3	468	467	3	

院校、专业组名称	录取数	最高分	最低分	平行志愿	征求志愿
5532 广西民族大学	**29**			**27**	**2**
03专业组(不限)	22	507	475	21	1
04专业组(化学)	7	491	467	6	1
5561 梧州学院	**14**			**14**	
03专业组(不限)	10	474	465	10	
04专业组(不限)	4	475	465	4	
5601 海南大学	**74**			**74**	
03专业组(不限)	40	592	552	40	
04专业组(不限)	10	585	558	10	
05专业组(不限)	1	554	554	1	
06专业组(化学)	6	585	563	6	
07专业组(化学或生物)	15	580	546	15	
08专业组(化学或生物)	2	564	557	2	
5602 海南师范大学	**20**			**20**	
03专业组(不限)	14	532	512	14	
04专业组(不限)	4	535	519	4	
05专业组(不限)(中外合作办学)	2	489	485	2	
5603 海南医学院	**60**			**59**	**1**
03专业组(化学)	56	551	502	55	1
04专业组(生物)	4	517	507	4	
5604 海南热带海洋学院	**50**			**47**	**3**
05专业组(不限)	19	508	467	19	
06专业组(不限)(中外合作办学)	2	459	458	2	
07专业组(不限)(中外合作办学)	2	502	446	2	
08专业组(化学)	2	462	459		2
09专业组(化学或生物)	21	486	465	20	1
10专业组(化学和生物)	4	465	460	4	
5619 琼台师范学院	**9**			**9**	
03专业组(不限)	7	517	454	7	
04专业组(化学或生物)	2	460	454	2	
6101 四川大学	**199**			**199**	
04专业组(不限)	117	616	608	117	
05专业组(不限)(中外合作办学)	13	608	588	13	
06专业组(化学)	45	611	602	45	
07专业组(化学)	6	636	619	6	
08专业组(化学或生物)	18	627	609	18	
6102 西南交通大学	**271**			**271**	
03专业组(不限)	178	596	583	178	
04专业组(不限)	9	583	576	9	
05专业组(不限)(中外合作办学)	5	574	567	5	
06专业组(不限)(中外合作办学)	3	556	549	3	
07专业组(化学)	51	596	576	51	
08专业组(化学或生物)	16	581	575	16	
09专业组(化学或生物)(中外合作办学)	5	557	540	5	
10专业组(思想政治)	4	578	572	4	
6103 西南财经大学	**50**			**50**	
04专业组(不限)	43	606	594	43	
05专业组(不限)(中外合作办学)	3	569	567	3	
06专业组(不限)(中外合作办学)	2	580	574	2	

院校、专业组名称	录取数	最高分	最低分	平行志愿	征求志愿
07专业组(不限)(中外合作办学)	2	591	591	2	
6104 电子科技大学	**62**			**62**	
01专业组(不限)	62	620	614	62	
6105 西南民族大学	**18**			**18**	
02专业组(不限)	18	530	515	18	
6106 成都理工大学	**49**			**49**	
02专业组(不限)	39	565	555	39	
03专业组(不限)	4	557	550	4	
04专业组(化学)	2	550	546	2	
05专业组(化学或生物)	4	550	545	4	
6107 成都信息工程大学	**41**			**41**	
02专业组(不限)	41	557	536	41	
6108 成都体育学院	**14**			**13**	**1**
03专业组(不限)	13	530	469	12	1
04专业组(化学)	1	491	491	1	
6110 西华大学	**15**			**14**	**1**
03专业组(不限)	6	515	500	5	1
04专业组(化学)	3	505	498	3	
05专业组(化学或生物)	6	508	504	6	
6111 成都中医药大学	**13**			**13**	
01专业组(化学)	4	536	523	4	
02专业组(化学或生物)	9	571	553	9	
6112 电子科技大学(沙河校区)	**55**			**55**	
01专业组(不限)	38	615	611	38	
02专业组(不限)(中外合作办学)	17	609	604	17	
6113 四川农业大学	**22**			**22**	
01专业组(不限)	12	564	560	12	
02专业组(化学或生物)	7	564	557	7	
03专业组(生物或地理)	3	573	567	3	
6114 成都大学	**19**			**16**	**3**
02专业组(不限)	7	519	511	7	
03专业组(不限)(中外合作办学)	6	501	452	3	3
04专业组(化学)	3	508	505	3	
05专业组(化学或生物)	3	509	509	3	
6115 四川轻化工大学	**8**			**8**	
02专业组(不限)	4	517	504	4	
03专业组(化学)	2	494	494	2	
04专业组(化学或生物)	2	500	498	2	
6116 成都医学院	**9**			**9**	
01专业组(化学)	5	513	503	5	
02专业组(化学或生物)	4	519	506	4	
6117 西昌学院	**8**			**8**	
02专业组(不限)	8	468	465	8	
6129 成都师范学院	**18**			**18**	
03专业组(不限)	15	538	469	15	
04专业组(化学或地理)	3	542	507	3	
6131 西南科技大学	**40**			**40**	
02专业组(不限)	23	531	511	23	
03专业组(化学)	13	515	491	13	
04专业组(化学或生物)	4	518	503	4	
6140 四川师范大学	**7**			**7**	
03专业组(不限)	7	565	546	7	
6141 西南石油大学	**16**			**16**	
01专业组(不限)	10	553	539	10	
02专业组(化学)	6	551	536	6	
6142 西华师范大学	**23**			**22**	**1**
02专业组(不限)	18	490	477	18	
03专业组(生物或地理)	5	489	480	4	1
6143 西南医科大学	**3**			**3**	
01专业组(化学)	3	562	558	3	
6144 绵阳师范学院	**3**			**3**	
02专业组(不限)	2	483	480	2	
03专业组(化学或生物)	1	481	481	1	
6151 乐山师范学院	**14**			**12**	**2**
03专业组(不限)	10	501	474	8	2
04专业组(不限)	2	485	474	2	
05专业组(生物或思想政治)	2	481	475	2	
6161 川北医学院	**23**			**23**	
03专业组(不限)	5	522	513	5	
04专业组(化学或生物)	18	557	526	18	
6181 宜宾学院	**3**			**3**	
02专业组(化学或生物)	3	493	467	3	
6187 攀枝花学院	**3**			**3**	
02专业组(不限)	3	468	466	3	
6201 重庆大学	**126**			**126**	
02专业组(不限)	121	615	601	121	
03专业组(不限)(中外合作办学)	5	597	591	5	
6202 西南大学	**68**			**68**	
05专业组(不限)	45	587	577	45	
06专业组(不限)	1	584	584	1	
07专业组(化学)	11	576	569	11	
08专业组(化学或生物)	10	580	573	10	
09专业组(化学或地理)	1	583	583	1	
6203 西南政法大学	**41**			**41**	
03专业组(不限)	39	608	589	39	
04专业组(不限)(中外合作办学)	2	589	589	2	
6205 重庆医科大学	**27**			**27**	
02专业组(化学)	19	589	576	19	
03专业组(化学)(中外合作办学)	5	581	563	5	
04专业组(化学或生物)	3	572	534	3	
6206 重庆工商大学	**19**			**19**	
03专业组(不限)	17	533	509	17	
04专业组(思想政治或地理)	2	509	508	2	
6207 重庆交通大学	**87**			**87**	
02专业组(不限)	73	548	532	73	
03专业组(化学)	14	536	523	14	
6208 重庆理工大学	**50**			**50**	
02专业组(不限)	50	544	511	50	

院校、专业组名称	录取数	最高分	最低分	平行志愿	征求志愿
6209 重庆邮电大学	**54**			**54**	
02专业组(不限)	54	567	560	54	
6210 重庆师范大学	**60**			**60**	
04专业组(不限)	48	554	516	48	
05专业组(化学)	6	525	514	6	
06专业组(化学或生物)	3	535	532	3	
07专业组(化学或地理)	2	531	531	2	
08专业组(思想政治)	1	544	544	1	
6211 四川美术学院	**2**			**2**	
02专业组(不限)	2	522	514	2	
6212 四川外国语大学	**21**			**21**	
07专业组(不限)	14	574	559	14	
08专业组(不限)(中外合作办学)	2	505	479	2	
09专业组(不限)(中外合作办学)	4	552	516	4	
10专业组(思想政治)	1	553	553	1	
6213 重庆三峡学院	**49**			**49**	
03专业组(不限)	46	505	481	46	
04专业组(化学或生物)	3	477	471	3	
6214 长江师范学院	**35**			**35**	
02专业组(不限)	35	498	476	35	
6215 重庆文理学院	**26**			**26**	
02专业组(不限)	18	501	488	18	
03专业组(化学)	2	487	479	2	
04专业组(化学或生物)	4	487	483	4	
05专业组(生物或地理)	2	497	494	2	
6221 重庆科技学院	**44**			**44**	
02专业组(不限)	42	504	486	42	
03专业组(化学)	2	485	482	2	
6301 贵州大学	**17**			**17**	
02专业组(不限)	17	570	561	17	
6302 贵州中医药大学	**14**			**14**	
02专业组(不限)	4	528	511	4	
03专业组(化学)	2	494	489	2	
04专业组(化学或生物)	6	518	507	6	
05专业组(化学或生物)(中外合作办学)	2	493	489	2	
6303 贵州医科大学	**4**			**4**	
02专业组(化学或生物)	4	548	543	4	
6304 贵州财经大学	**10**			**10**	
02专业组(不限)(中外合作办学)	8	491	472	8	
03专业组(不限)	2	505	495	2	
6305 贵州民族大学	**7**			**7**	
01专业组(不限)	7	485	467	7	
6306 贵州师范大学	**33**			**33**	
02专业组(化学)	7	494	472	7	
03专业组(化学或生物)	26	531	486	26	
6308 安顺学院	**6**			**6**	
04专业组(不限)	3	468	466	3	
05专业组(化学)	2	463	462	2	
06专业组(地理)	1	467	467	1	

院校、专业组名称	录取数	最高分	最低分	平行志愿	征求志愿
6309 贵阳学院	**10**			**10**	
01专业组(不限)	6	494	470	6	
02专业组(化学)	4	468	464	4	
6310 黔南民族师范学院	**6**			**6**	
02专业组(不限)	4	494	473	4	
03专业组(化学或生物)	2	481	480	2	
6314 遵义医科大学	**25**			**25**	
01专业组(化学或生物)	25	563	549	25	
6315 贵州工程应用技术学院	**4**			**4**	
02专业组(不限)	4	466	463	4	
6316 贵州商学院	**8**			**8**	
03专业组(不限)	6	470	464	6	
04专业组(不限)(中外合作办学)	2	444	433	2	
6317 遵义师范学院	**7**			**6**	**1**
01专业组(不限)	7	494	467	6	1
6319 贵州理工学院	**10**			**10**	
01专业组(不限)	4	480	471	4	
02专业组(化学)	4	478	463	4	
03专业组(化学和生物)	2	457	456	2	
6320 六盘水师范学院	**8**			**7**	**1**
02专业组(不限)	4	482	472	4	
03专业组(化学)	2	470	465	1	1
04专业组(生物)	2	460	459	2	
6323 贵州警察学院	**2**			**2**	
02专业组(思想政治)	2	498	492	2	
6401 云南大学	**22**			**22**	
02专业组(不限)	12	574	565	12	
03专业组(化学)	3	563	562	3	
04专业组(化学或生物)	6	567	561	6	
05专业组(化学和生物)	1	566	566	1	
6402 云南师范大学	**22**			**21**	**1**
05专业组(不限)	12	524	506	11	1
06专业组(化学)	4	518	505	4	
07专业组(化学)	4	530	520	4	
08专业组(化学或生物)	2	519	516	2	
6404 昆明理工大学	**77**			**77**	
02专业组(不限)	31	540	526	31	
03专业组(化学)	33	542	509	33	
04专业组(化学或生物)	7	545	534	7	
05专业组(思想政治和地理)	6	526	515	6	
6405 云南农业大学	**36**			**36**	
04专业组(不限)	24	508	491	24	
05专业组(不限)(中外合作办学)	4	478	461	4	
06专业组(化学)	1	489	489	1	
07专业组(化学或生物)	7	501	492	7	
6406 昆明医科大学	**15**			**15**	
01专业组(不限)(中外合作办学)	1	499	499	1	
02专业组(化学)	3	509	499	3	
03专业组(化学或生物)	4	538	528	4	

院校、专业组名称	录取数	最高分	最低分	平行志愿	征求志愿
04专业组(化学和生物)	7	558	552	7	
6407 玉溪师范学院	**8**			**8**	
02专业组(不限)	8	493	477	8	
6408 云南财经大学	**70**			**70**	
02专业组(不限)	70	524	491	70	
6409 楚雄师范学院	**6**			**6**	
03专业组(不限)	6	475	466	6	
6410 昆明学院	**18**			**17**	**1**
04专业组(不限)	4	483	470	3	1
05专业组(化学)	6	472	468	6	
06专业组(化学或生物)	2	488	488	2	
07专业组(化学和生物)	4	496	489	4	
08专业组(思想政治)	2	469	467	2	
6411 大理大学	**26**			**25**	**1**
04专业组(不限)	8	493	488	8	
05专业组(化学)	2	480	471	2	
06专业组(化学或生物)	16	520	486	15	1
6413 红河学院	**24**			**24**	
02专业组(不限)	16	473	464	16	
03专业组(化学)	4	458	458	4	
04专业组(化学或生物)	4	476	468	4	
6414 云南民族大学	**4**			**4**	
02专业组(不限)	4	504	493	4	
6415 西南林业大学	**30**			**30**	
01专业组(不限)	11	497	488	11	
02专业组(化学)	4	485	481	4	
03专业组(化学或生物)	5	496	483	5	
04专业组(化学和生物)	2	486	459	2	
05专业组(生物)	5	500	488	5	
06专业组(生物和地理)	1	498	498	1	
07专业组(思想政治或地理)	2	501	498	2	
6417 曲靖师范学院	**4**			**4**	
03专业组(不限)	2	481	476	2	
04专业组(化学)	1	455	455	1	
05专业组(化学或地理)	1	503	503	1	
6419 普洱学院	**5**			**5**	
02专业组(不限)	5	479	465	5	
6420 文山学院	**5**			**5**	
02专业组(地理)	5	469	463	5	
6421 云南警官学院	**2**			**2**	
02专业组(不限)	2	494	494	2	
7101 西北大学	**41**			**41**	
05专业组(不限)	23	578	568	23	
06专业组(不限)(中外合作办学)	2	548	547	2	
07专业组(化学)	10	593	569	10	
08专业组(化学或生物)	2	568	567	2	
09专业组(化学或地理)	4	578	569	4	
7102 西北工业大学	**206**			**206**	
02专业组(不限)	188	619	605	188	
03专业组(不限)(中外合作办学)	10	599	588	10	
04专业组(化学或生物)	8	605	603	8	
7103 陕西师范大学	**18**			**18**	
03专业组(不限)	13	587	576	13	
04专业组(化学)	1	583	583	1	
05专业组(化学或生物)	3	586	583	3	
06专业组(生物)	1	573	573	1	
7104 西安交通大学	**178**			**178**	
03专业组(不限)	152	628	615	152	
04专业组(化学)	24	625	615	24	
05专业组(化学或生物)	2	620	616	2	
7105 西安电子科技大学	**180**			**180**	
01专业组(不限)	180	612	599	180	
7107 长安大学	**113**			**113**	
02专业组(不限)	60	578	565	60	
03专业组(化学)	50	574	563	50	
04专业组(化学或地理)	3	566	565	3	
7108 西安建筑科技大学	**79**			**79**	
01专业组(不限)	25	563	541	25	
02专业组(不限)	9	568	542	9	
03专业组(不限)(中外合作办学)	8	525	515	8	
04专业组(化学)	35	580	511	35	
05专业组(化学)(中外合作办学)	2	541	526	2	
7110 西安工程大学	**79**			**69**	**10**
03专业组(不限)	53	560	534	53	
04专业组(化学)	23	520	446	13	10
05专业组(化学或生物)	3	507	490	3	
7111 西安财经大学	**13**			**13**	
02专业组(不限)	8	535	516	8	
03专业组(不限)(中外合作办学)	5	505	498	5	
7112 西安理工大学	**103**			**103**	
01专业组(不限)	103	561	542	103	
7113 西安石油大学	**49**			**49**	
02专业组(不限)	43	538	511	43	
03专业组(化学)	6	510	497	6	
7114 西安医学院	**9**			**9**	
02专业组(不限)	2	545	516	2	
03专业组(化学和生物)	7	563	551	7	
7115 西安工业大学	**40**			**40**	
02专业组(不限)	40	558	546	40	
7116 西安邮电大学	**28**			**28**	
02专业组(不限)	28	555	528	28	
7118 西安科技大学	**40**			**40**	
01专业组(不限)	36	536	513	36	
02专业组(化学或地理)	4	524	509	4	
7122 西安文理学院	**8**			**8**	
03专业组(不限)	4	496	481	4	
04专业组(化学)	4	493	472	4	
7131 西安航空学院	**20**			**20**	

院校、专业组名称	录取数	最高分	最低分	平行志愿	征求志愿
01专业组(不限)	16	511	494	16	
02专业组(不限)(中外合作办学)	4	489	473	4	
7138 陕西中医药大学	**10**			**10**	
02专业组(不限)	2	526	521	2	
03专业组(化学)	2	511	502	2	
04专业组(化学或生物)	6	530	524	6	
7140 渭南师范学院	**1**			**1**	
03专业组(不限)	1	483	483	1	
7141 西北农林科技大学	**71**			**71**	
03专业组(不限)	39	594	574	39	
04专业组(化学)	2	583	574	2	
05专业组(化学或生物)	22	589	571	22	
06专业组(化学或生物)(中外合作办学)	6	560	549	6	
07专业组(化学或地理)	2	577	575	2	
7142 延安大学	**30**			**30**	
04专业组(不限)	26	496	485	26	
05专业组(化学或生物)	4	493	484	4	
7150 陕西学前师范学院	**11**			**11**	
03专业组(不限)	7	497	488	7	
04专业组(生物)	4	488	481	4	
7151 陕西科技大学	**44**			**44**	
02专业组(不限)	35	547	532	35	
03专业组(不限)(中外合作办学)	5	514	503	5	
04专业组(化学)	4	539	523	4	
7162 宝鸡文理学院	**28**			**28**	
02专业组(不限)	24	475	465	24	
03专业组(化学)	2	465	464	2	
04专业组(地理)	2	468	468	2	
7166 商洛学院	**9**			**9**	
02专业组(不限)	9	478	467	9	
7167 陕西理工大学	**44**			**44**	
04专业组(不限)	23	508	491	23	
05专业组(化学)	17	495	485	17	
06专业组(化学或生物)	2	489	486	2	
07专业组(化学或地理)	2	524	500	2	
7201 兰州大学	**127**			**127**	
05专业组(不限)	49	598	591	49	
06专业组(化学)	52	600	589	52	
07专业组(化学或生物)	6	600	591	6	
08专业组(化学和生物)	14	602	586	14	
09专业组(生物或地理)	6	589	588	6	
7202 兰州理工大学	**104**			**102**	**2**
03专业组(不限)	87	526	502	85	2
04专业组(化学)	13	508	488	13	
05专业组(化学或生物)	2	509	507	2	
06专业组(生物)	2	505	503	2	
7203 兰州财经大学	**14**			**14**	
02专业组(不限)	14	505	493	14	
7204 兰州交通大学	**67**			**67**	
02专业组(不限)	57	550	513	57	
03专业组(化学)	9	527	503	9	
04专业组(地理)	1	509	509	1	
7205 西北民族大学	**35**			**34**	**1**
03专业组(不限)	29	491	473	29	
04专业组(化学)	2	474	465	1	1
05专业组(化学或生物)	4	475	467	4	
7206 甘肃农业大学	**5**			**5**	
01专业组(不限)	5	504	471	5	
7207 甘肃政法大学	**15**			**15**	
03专业组(不限)	14	529	508	14	
04专业组(思想政治)	1	505	505	1	
7211 陇东学院	**10**			**10**	
01专业组(不限)	6	466	465	6	
02专业组(化学和生物)	4	459	447	4	
7214 西北师范大学	**10**			**9**	**1**
02专业组(不限)	3	528	525	3	
03专业组(化学)	3	518	495	3	
04专业组(化学或生物)	4	514	505	3	1
7216 天水师范学院	**7**			**7**	
02专业组(化学)	4	480	466	4	
03专业组(化学)	3	464	458	3	
7217 兰州工业学院	**28**			**28**	
01专业组(不限)	26	474	465	26	
02专业组(化学)	2	464	453	2	
7218 兰州城市学院	**11**			**11**	
03专业组(不限)	4	484	480	4	
04专业组(化学)	5	466	458	5	
05专业组(地理)	2	468	467	2	
7219 兰州文理学院	**7**			**7**	
02专业组(不限)	7	470	465	7	
7220 甘肃医学院	**10**			**10**	
01专业组(化学)	2	499	496	2	
02专业组(化学或生物)	8	530	516	8	
7301 青海大学	**10**			**10**	
01专业组(不限)	6	556	551	6	
02专业组(化学)	2	551	546	2	
03专业组(化学或生物)	2	559	558	2	
7302 青海民族大学	**10**			**10**	
03专业组(不限)	8	484	471	8	
04专业组(化学或生物)	2	470	465	2	
7303 青海师范大学	**4**			**4**	
02专业组(化学)	4	468	460	4	
7401 北方民族大学	**16**			**14**	**2**
03专业组(不限)	14	494	473	12	2
04专业组(化学)	1	479	479	1	
05专业组(化学或生物)	1	484	484	1	
7402 宁夏大学	**13**			**13**	
02专业组(不限)	11	563	554	11	

院校、专业组名称	录取数	最高分	最低分	平行志愿	征求志愿
03专业组(化学)	2	561	551	2	
7403 宁夏医科大学	16			16	
01专业组(化学)	2	517	505	2	
02专业组(化学或生物)	14	556	535	14	
7501 新疆大学	24			23	1
02专业组(不限)	24	557	538	23	1
7502 新疆师范大学	63			62	1
03专业组(不限)	26	507	468	25	1
04专业组(化学)	23	491	442	23	
05专业组(化学或生物)	5	493	484	5	
06专业组(化学或地理)	7	492	480	7	
07专业组(生物)	2	489	476	2	
7503 新疆农业大学	108			103	5
03专业组(不限)	98	478	452	98	
04专业组(不限)(中外合作办学)	5	462	439	5	
05专业组(化学)(中外合作办学)	5	435	427		5
7504 中国石油大学(北京)克拉玛依校区	30			30	
01专业组(不限)	22	552	520	22	
02专业组(化学或生物)	8	533	506	8	
7505 新疆财经大学	33			33	
03专业组(不限)	18	490	468	18	
04专业组(不限)	15	479	462	15	
7507 昌吉学院	17			17	
02专业组(不限)	17	476	459	17	
7509 新疆工程学院	60			59	1
01专业组(不限)	52	467	453	51	1
02专业组(化学)	8	448	436	8	
7511 石河子大学	58			58	
02专业组(不限)	16	536	521	16	
03专业组(化学)	14	534	516	14	
04专业组(化学或生物)	28	550	525	28	
7512 新疆科技学院	25			25	
02专业组(不限)	22	462	453	22	
03专业组(化学)	3	451	441	3	
7513 新疆理工学院	141			141	
02专业组(不限)	141	466	446	141	
7521 伊犁师范大学	105			105	
03专业组(不限)	85	490	460	85	
04专业组(化学)	5	460	458	5	
05专业组(化学或生物)	10	476	462	10	
06专业组(化学或地理)	5	484	473	5	
7526 塔里木大学	20			20	
01专业组(不限)	7	465	460	7	
02专业组(不限)	4	464	456	4	
03专业组(化学)	5	457	452	5	
04专业组(化学或生物)	4	459	453	4	
7527 新疆医科大学	50			47	3
01专业组(化学)	12	518	493	11	1

院校、专业组名称	录取数	最高分	最低分	平行志愿	征求志愿
02专业组(化学或生物)	22	550	522	22	
03专业组(化学和生物)	16	503	452	14	2
8001 上海杉达学院	65			65	
03专业组(不限)	62	494	443	62	
04专业组(化学或生物)	3	473	444	3	
8002 上海建桥学院	39			38	1
03专业组(不限)	39	505	464	38	1
8003 上海兴伟学院	5			5	
02专业组(不限)	5	443	423	5	
8004 上海视觉艺术学院	4			4	
02专业组(不限)	4	459	435	4	
8005 上海外国语大学贤达经济人文学院	44			44	
02专业组(不限)	44	486	431	44	
8006 上海师范大学天华学院	40			40	
02专业组(不限)	40	529	449	40	
8023 上海立达学院	19			15	4
03专业组(不限)	19	464	434	15	4
8029 上海中侨职业技术大学	2			2	
03专业组(不限)	2	436	435	2	
8030 浙江万里学院	200			200	
02专业组(不限)	180	496	462	180	
03专业组(化学或生物)	20	497	458	20	
8031 浙江树人学院	221			218	3
02专业组(不限)	186	467	429	183	3
03专业组(化学)	15	453	422	15	
04专业组(化学或生物)	20	462	430	20	
8032 浙江越秀外国语学院	76			76	
04专业组(不限)	37	455	426	37	
05专业组(不限)(中外合作办学)	13	450	426	13	
06专业组(思想政治或地理)	26	484	424	26	
8033 宁波财经学院	44			44	
02专业组(不限)	44	474	435	44	
8036 浙江工业大学之江学院	55			55	
02专业组(不限)	55	557	438	55	
8037 浙江师范大学行知学院	25			25	
02专业组(不限)	20	459	440	20	
03专业组(化学)	1	436	436	1	
04专业组(化学或生物)	4	456	442	4	
8038 宁波大学科学技术学院	58			58	
02专业组(不限)	54	539	436	54	
03专业组(化学)	2	436	428	2	
04专业组(化学或生物)	2	456	454	2	
8039 杭州电子科技大学信息工程学院	65			65	
01专业组(不限)	65	530	444	65	
8040 浙江理工大学科技与艺术学院	31			31	
01专业组(不限)	24	457	432	24	
02专业组(化学)	7	493	421	7	
8042 浙江农林大学暨阳学院	41			41	

院校、专业组名称	录取数	最高分	最低分	平行志愿	征求志愿
02专业组(不限)	41	448	428	41	
8043 温州医科大学仁济学院	**20**			**20**	
01专业组(不限)	20	492	440	20	
8046 绍兴文理学院元培学院	**34**			**33**	**1**
02专业组(不限)	34	478	436	33	1
8048 浙江工商大学杭州商学院	**41**			**41**	
02专业组(不限)	41	506	444	41	
8050 中国计量大学现代科技学院	**5**			**5**	
01专业组(不限)	5	530	492	5	
8051 浙江财经大学东方学院	**63**			**63**	
02专业组(不限)	63	482	434	63	
8052 温州商学院	**12**			**12**	
03专业组(不限)	11	460	434	11	
04专业组(不限)	1	438	438	1	
8054 上海财经大学浙江学院	**39**			**39**	
02专业组(不限)	39	473	441	39	
8077 浙江广厦建设职业技术大学	**6**			**6**	
02专业组(不限)	6	433	430	6	
8080 安徽三联学院	**45**			**45**	
02专业组(不限)	45	458	436	45	
8081 安徽新华学院	**219**			**218**	**1**
02专业组(不限)	219	468	426	218	1
8082 安徽文达信息工程学院	**8**			**8**	
02专业组(不限)	8	452	435	8	
8083 安徽外国语学院	**5**			**5**	
02专业组(不限)	5	500	473	5	
8084 蚌埠工商学院	**14**			**14**	
02专业组(不限)	14	469	448	14	
8085 安徽大学江淮学院	**10**			**10**	
02专业组(不限)	10	468	458	10	
8086 安徽信息工程学院	**30**			**30**	
01专业组(不限)	30	504	452	30	
8087 马鞍山学院	**12**			**12**	
02专业组(不限)	12	468	446	12	
8088 合肥城市学院	**40**			**40**	
02专业组(不限)	30	465	437	30	
03专业组(化学)	10	448	437	10	
8091 安徽医科大学临床医学院	**10**			**10**	
01专业组(不限)	10	482	457	10	
8094 皖江工学院	**181**			**180**	**1**
04专业组(不限)	173	466	429	172	1
05专业组(化学)	5	436	427	5	
06专业组(化学或生物)	3	429	428	3	
8120 厦门华厦学院	**15**			**15**	
02专业组(不限)	15	456	431	15	
8121 闽南理工学院	**5**			**5**	
02专业组(不限)	5	468	427	5	
8122 闽南科技学院	**4**			**4**	
01专业组(不限)	4	458	434	4	
8124 厦门工学院	**45**			**45**	
02专业组(不限)	45	475	431	45	
8125 阳光学院	**26**			**26**	
03专业组(不限)	24	433	425	24	
04专业组(不限)(中外合作办学)	2	426	421	2	
8126 厦门大学嘉庚学院	**121**			**121**	
02专业组(不限)	121	500	449	121	
8127 福州大学至诚学院	**119**			**119**	
02专业组(不限)	107	549	428	107	
03专业组(化学)	12	443	423	12	
8128 集美大学诚毅学院	**57**			**57**	
02专业组(不限)	57	503	437	57	
8130 福州外语外贸学院	**6**			**6**	
02专业组(不限)	6	456	431	6	
8132 仰恩大学	**3**			**3**	
02专业组(不限)	3	439	431	3	
8133 泉州信息工程学院	**3**			**3**	
01专业组(不限)	3	434	433	3	
8170 江西科技学院	**68**			**59**	**9**
03专业组(不限)	68	462	426	59	9
8171 江西工程学院	**3**			**3**	
03专业组(不限)	3	452	434	3	
8172 南昌理工学院	**34**			**32**	**2**
02专业组(不限)	34	498	437	32	2
8174 江西服装学院	**6**			**6**	
02专业组(不限)	4	445	431	4	
03专业组(化学)	2	424	422	2	
8175 南昌工学院	**57**			**52**	**5**
03专业组(不限)	57	474	426	52	5
8176 南昌大学科学技术学院	**16**			**16**	
02专业组(不限)	16	465	443	16	
8177 南昌大学共青学院	**14**			**14**	
03专业组(不限)	14	451	436	14	
8178 南昌交通学院	**22**			**21**	**1**
02专业组(不限)	22	462	425	21	1
8180 南昌航空大学科技学院	**28**			**28**	
02专业组(不限)	28	462	437	28	
8183 江西农业大学南昌商学院	**23**			**23**	
02专业组(不限)	23	460	434	23	
8185 江西师范大学科学技术学院	**16**			**16**	
02专业组(不限)	16	462	438	16	
8186 景德镇艺术职业大学	**6**			**6**	
02专业组(不限)	6	443	425	6	
8187 南昌应用技术师范学院	**17**			**11**	**6**
02专业组(不限)	17	455	421	11	6
8188 江西财经大学现代经济管理学院	**45**			**43**	**2**
02专业组(不限)	45	468	433	43	2
8210 齐鲁医药学院	**13**			**13**	
02专业组(不限)	13	475	437	13	

院校、专业组名称	录取数	最高分	最低分	平行志愿	征求志愿
8211 青岛滨海学院	**37**			**37**	
02专业组(不限)	37	467	427	37	
8212 烟台南山学院	**23**			**23**	
03专业组(不限)	23	460	437	23	
8213 潍坊科技学院	**8**			**8**	
02专业组(不限)	8	462	438	8	
8214 山东英才学院	**66**			**66**	
02专业组(不限)	66	461	423	66	
8215 青岛恒星科技学院	**35**			**35**	
03专业组(不限)	35	433	425	35	
8216 青岛黄海学院	**32**			**31**	**1**
03专业组(不限)	32	460	428	31	1
8217 山东现代学院	**54**			**54**	
03专业组(不限)	54	453	424	54	
8218 山东协和学院	**32**			**31**	**1**
02专业组(不限)	32	460	435	31	1
8219 烟台理工学院	**7**			**7**	
02专业组(不限)	7	442	430	7	
8220 青岛城市学院	**24**			**24**	
03专业组(不限)	24	460	430	24	
8223 泰山科技学院	**13**			**11**	**2**
03专业组(不限)	13	463	435	11	2
8225 青岛工学院	**70**			**70**	
03专业组(不限)	70	466	429	70	
8226 青岛农业大学海都学院	**21**			**21**	
03专业组(不限)	21	468	437	21	
8227 齐鲁理工学院	**72**			**72**	
02专业组(不限)	72	473	427	72	
8228 山东财经大学东方学院	**17**			**17**	
02专业组(不限)	17	465	436	17	
8230 烟台科技学院	**4**			**4**	
02专业组(不限)	4	463	456	4	
8231 青岛电影学院	**3**			**3**	
02专业组(不限)	3	428	422	3	
8249 山东工程职业技术大学	**6**			**6**	
03专业组(不限)	6	461	452	6	
8260 北京城市学院	**21**			**21**	
02专业组(不限)	21	481	439	21	
8262 首都师范大学科德学院	**1**			**1**	
02专业组(不限)	1	425	425	1	
8263 北京工商大学嘉华学院	**13**			**10**	**3**
02专业组(不限)	13	454	421	10	3
8264 北京邮电大学世纪学院	**76**			**68**	**8**
02专业组(不限)	76	470	423	68	8
8265 北京工业大学耿丹学院	**24**			**20**	**4**
02专业组(不限)	24	455	422	20	4
8266 北京第二外国语学院中瑞酒店管理学院	**23**			**13**	**10**
02专业组(不限)	23	431	419	13	10

院校、专业组名称	录取数	最高分	最低分	平行志愿	征求志愿
8290 天津天狮学院	**6**			**6**	
03专业组(不限)	6	443	433	6	
8291 天津外国语大学滨海外事学院	**4**			**4**	
02专业组(不限)	4	489	447	4	
8293 天津商业大学宝德学院	**21**			**21**	
02专业组(不限)	21	466	430	21	
8294 天津医科大学临床医学院	**15**			**15**	
02专业组(不限)	15	463	436	15	
8297 天津理工大学中环信息学院	**65**			**65**	
02专业组(不限)	65	458	429	65	
8298 北京科技大学天津学院	**97**			**95**	**2**
02专业组(不限)	97	466	431	95	2
8299 天津仁爱学院	**187**			**187**	
02专业组(不限)	187	475	422	187	
8301 天津财经大学珠江学院	**43**			**43**	
02专业组(不限)	43	458	432	43	
8313 河北科技学院	**30**			**19**	**11**
02专业组(不限)	30	490	433	19	11
8314 河北外国语学院	**16**			**16**	
03专业组(不限)	14	460	419	14	
04专业组(不限)	2	457	441	2	
8316 华北理工大学轻工学院	**31**			**31**	
02专业组(不限)	31	467	429	31	
8318 河北经贸大学经济管理学院	**10**			**10**	
02专业组(不限)	10	461	434	10	
8320 河北工程大学科信学院	**29**			**29**	
02专业组(不限)	26	472	444	26	
03专业组(化学)	1	435	435	1	
04专业组(化学或生物)	2	467	462	2	
8322 燕山大学里仁学院	**20**			**20**	
01专业组(不限)	20	466	445	20	
8323 石家庄铁道大学四方学院	**22**			**22**	
02专业组(不限)	17	491	450	17	
03专业组(化学)	5	467	442	5	
8324 河北地质大学华信学院	**10**			**10**	
02专业组(不限)	10	440	427	10	
8326 保定理工学院	**35**			**31**	**4**
03专业组(不限)	35	482	431	31	4
8327 燕京理工学院	**1**				**1**
02专业组(不限)	1	461	461		1
8328 北京中医药大学东方学院	**15**			**14**	**1**
02专业组(不限)	15	451	426	14	1
8329 沧州交通学院	**70**			**69**	**1**
02专业组(不限)	70	487	429	69	1
8330 河北东方学院	**5**			**5**	
02专业组(不限)	5	451	433	5	
8360 山西应用科技学院	**12**			**12**	
02专业组(不限)	12	435	425	12	
8363 晋中信息学院	**6**			**6**	

院校、专业组名称	录取数	最高分	最低分	平行志愿	征求志愿
02专业组(不限)	6	443	435	6	
8364 山西晋中理工学院	**7**			**7**	
02专业组(不限)	7	456	433	7	
8366 山西工商学院	**17**			**17**	
02专业组(不限)	10	448	436	10	
03专业组(思想政治或地理)	7	452	434	7	
8401 辽宁对外经贸学院	**40**			**40**	
02专业组(不限)	40	433	419	40	
8402 大连理工大学城市学院	**52**			**46**	**6**
02专业组(不限)	52	462	426	46	6
8404 沈阳工学院	**44**			**44**	
02专业组(不限)	44	463	427	44	
8405 大连工业大学艺术与信息工程学院	**9**			**8**	**1**
01专业组(不限)	9	449	422	8	1
8406 大连科技学院	**145**			**145**	
02专业组(不限)	145	479	424	145	
8407 沈阳城市建设学院	**56**			**56**	
02专业组(不限)	56	454	421	56	
8408 大连医科大学中山学院	**27**			**27**	
02专业组(不限)	27	456	426	27	
8411 大连财经学院	**16**			**12**	**4**
02专业组(不限)	16	455	427	12	4
8412 沈阳城市学院	**31**			**31**	
02专业组(不限)	31	444	423	31	
8416 大连东软信息学院	**36**			**36**	
03专业组(不限)	36	493	424	36	
8440 吉林外国语大学	**63**			**62**	**1**
03专业组(不限)	56	499	431	55	1
04专业组(不限)(中外合作办学)	7	453	423	7	
8441 长春光华学院	**78**			**78**	
02专业组(不限)	78	455	418	78	
8442 长春工业大学人文信息学院	**48**			**48**	
02专业组(不限)	48	465	419	48	
8443 长春电子科技学院	**51**			**51**	
03专业组(不限)	51	435	421	51	
8444 长春财经学院	**63**			**63**	
02专业组(不限)	63	457	417	63	
8445 吉林建筑科技学院	**107**			**105**	**2**
03专业组(不限)	102	461	419	101	1
04专业组(化学)	5	436	417	4	1
8446 长春建筑学院	**47**			**47**	
02专业组(不限)	47	462	421	47	
8447 长春科技学院	**138**			**138**	
03专业组(不限)	115	464	419	115	
04专业组(化学或生物)	23	454	417	23	
8448 吉林动画学院	**16**			**16**	
02专业组(不限)	16	443	424	16	
8449 吉林师范大学博达学院	**26**			**26**	

院校、专业组名称	录取数	最高分	最低分	平行志愿	征求志愿
02专业组(不限)	26	440	421	26	
8450 长春大学旅游学院	**16**			**16**	
02专业组(不限)	16	433	421	16	
8451 长春人文学院	**27**			**27**	
02专业组(不限)	25	452	418	25	
03专业组(生物)	2	431	425	2	
8470 黑龙江东方学院	**10**			**10**	
02专业组(不限)	5	436	424	5	
03专业组(化学或生物)	5	430	421	5	
8472 黑龙江财经学院	**19**			**18**	**1**
02专业组(不限)	15	457	428	14	1
03专业组(不限)	4	430	424	4	
8473 哈尔滨石油学院	**2**			**1**	**1**
02专业组(不限)	2	454	430	1	1
8474 哈尔滨广厦学院	**10**			**10**	
02专业组(不限)	10	432	423	10	
8475 哈尔滨华德学院	**48**			**45**	**3**
02专业组(不限)	48	457	423	45	3
8501 黄河科技学院	**20**			**20**	
02专业组(不限)	20	458	430	20	
8504 郑州财经学院	**3**			**3**	
02专业组(不限)	3	458	446	3	
8505 商丘工学院	**20**			**20**	
01专业组(不限)	20	447	433	20	
8508 郑州工商学院	**41**			**41**	
02专业组(不限)	41	461	435	41	
8510 郑州商学院	**7**			**7**	
02专业组(不限)	7	462	446	7	
8518 郑州西亚斯学院	**22**			**22**	
02专业组(不限)	22	466	438	22	
8550 武汉东湖学院	**71**			**71**	
02专业组(不限)	71	475	425	71	
8552 武昌首义学院	**38**			**38**	
03专业组(不限)	38	455	433	38	
8553 武昌理工学院	**35**			**35**	
02专业组(不限)	35	442	426	35	
8554 武汉生物工程学院	**41**			**41**	
03专业组(不限)	23	456	435	23	
04专业组(化学或生物)	18	487	438	18	
8555 武汉晴川学院	**26**			**23**	**3**
02专业组(不限)	26	464	429	23	3
8556 湖北大学知行学院	**19**			**19**	
02专业组(不限)	17	488	436	17	
03专业组(化学)	1	442	442	1	
04专业组(化学或生物)	1	453	453	1	
8557 武汉城市学院	**23**			**23**	
02专业组(不限)	22	464	433	22	
03专业组(化学)	1	422	422	1	
8558 三峡大学科技学院	**26**			**26**	

院校、专业组名称	录取数	最高分	最低分	平行志愿	征求志愿
02专业组(不限)	26	444	428	26	
8559 湖北工业大学工程技术学院	**27**			**27**	
02专业组(不限)	24	480	430	24	
03专业组(生物)	3	432	430	3	
8560 武汉工程大学邮电与信息工程学院	**30**			**30**	
02专业组(不限)	21	448	432	21	
03专业组(化学)	9	439	422	9	
8561 武汉纺织大学外经贸学院	**13**			**13**	
03专业组(不限)	13	436	425	13	
8562 武昌工学院	**8**			**8**	
02专业组(不限)	8	445	430	8	
8563 武汉工商学院	**28**			**28**	
02专业组(不限)	28	454	426	28	
8565 长江大学文理学院	**12**			**12**	
02专业组(不限)	12	454	437	12	
8566 湖北商贸学院	**2**			**2**	
02专业组(不限)	2	452	428	2	
8567 湖北汽车工业学院科技学院	**17**			**16**	**1**
02专业组(不限)	17	464	439	16	1
8568 湖北医药学院药护学院	**22**			**22**	
01专业组(不限)	22	454	421	22	
8570 湖北经济学院法商学院	**15**			**15**	
02专业组(不限)	15	458	430	15	
8571 武汉体育学院体育科技学院	**8**			**8**	
02专业组(不限)	8	439	430	8	
8572 湖北文理学院理工学院	**13**			**13**	
02专业组(不限)	13	460	437	13	
8573 文华学院	**41**			**41**	
02专业组(不限)	41	494	431	41	
8574 武汉工程科技学院	**14**			**14**	
03专业组(不限)	14	476	435	14	
8575 武汉华夏理工学院	**42**			**42**	
02专业组(不限)	42	445	426	42	
8577 武汉设计工程学院	**6**			**6**	
02专业组(不限)	6	450	430	6	
8601 长沙医学院	**10**			**8**	**2**
02专业组(不限)	10	467	439	8	2
8602 湖南涉外经济学院	**50**			**48**	**2**
02专业组(不限)	50	463	425	48	2
8603 湘潭大学兴湘学院	**6**			**6**	
02专业组(不限)	4	461	444	4	
03专业组(化学)	2	440	436	2	
8604 湖南工业大学科技学院	**18**			**17**	**1**
02专业组(不限)	16	466	437	15	1
03专业组(化学)	2	425	423	2	
8605 湖南科技大学潇湘学院	**4**			**4**	
02专业组(不限)	4	457	451	4	
8606 南华大学船山学院	**6**			**6**	
02专业组(不限)	6	449	442	6	
8607 湘潭理工学院	**4**			**4**	
02专业组(不限)	4	454	451	4	
8608 湖南农业大学东方科技学院	**6**			**6**	
01专业组(化学或生物)	6	454	437	6	
8609 湖南文理学院芙蓉学院	**4**			**4**	
02专业组(不限)	4	463	439	4	
8610 湖南理工学院南湖学院	**15**			**14**	**1**
02专业组(不限)	15	463	438	14	1
8612 湖南工程学院应用技术学院	**5**			**4**	**1**
01专业组(不限)	5	463	436	4	1
8614 长沙理工大学城南学院	**22**			**22**	
02专业组(不限)	22	508	443	22	
8640 广东白云学院	**8**			**8**	
02专业组(化学)	8	426	420	8	
8641 电子科技大学中山学院	**83**			**83**	
02专业组(不限)	56	462	426	56	
03专业组(不限)	18	434	422	18	
04专业组(化学)	5	438	423	5	
05专业组(化学或生物)	4	434	424	4	
8642 广东东软学院	**22**			**22**	
02专业组(不限)	13	433	424	13	
03专业组(不限)	9	430	422	9	
8643 广州城市理工学院	**36**			**36**	
02专业组(不限)	24	468	423	24	
03专业组(化学)	12	442	418	12	
8644 广州软件学院	**9**			**9**	
02专业组(不限)	9	470	432	9	
8645 广州南方学院	**25**			**25**	
02专业组(不限)	25	460	423	25	
8646 广东外语外贸大学南国商学院	**5**			**4**	**1**
02专业组(不限)	5	472	429	4	1
8649 北京理工大学珠海学院	**6**			**6**	
02专业组(不限)	6	470	460	6	
8650 珠海科技学院	**18**			**18**	
02专业组(不限)	18	498	454	18	
8651 广州工商学院	**5**			**5**	
02专业组(不限)	5	464	425	5	
8652 东莞城市学院	**6**			**6**	
02专业组(不限)	6	428	424	6	
8661 广州华立学院	**5**			**5**	
02专业组(不限)	5	437	427	5	
8665 广州新华学院	**10**			**10**	
03专业组(不限)	8	474	424	8	
04专业组(生物或地理)	2	432	425	2	
8710 南宁学院	**7**			**7**	
02专业组(不限)	7	449	437	7	
8713 柳州工学院	**61**			**57**	**4**
03专业组(不限)	56	456	427	53	3

院校、专业组名称	录取数	最高分	最低分	平行志愿	征求志愿
04专业组(化学)	5	449	420	4	1
8714 桂林学院	**20**			**20**	
02专业组(不限)	20	448	432	20	
8715 广西中医药大学赛恩斯新医药学院	**14**			**14**	
03专业组(不限)	4	434	431	4	
04专业组(化学和生物)	10	432	420	10	
8716 桂林信息科技学院	**47**			**47**	
02专业组(不限)	47	464	426	47	
8718 广西外国语学院	**12**			**12**	
03专业组(不限)	12	451	432	12	
8740 海口经济学院	**31**			**27**	**4**
03专业组(不限)	31	459	422	27	4
8741 三亚学院	**45**			**43**	**2**
03专业组(不限)	24	451	426	23	1
04专业组(不限)	20	454	425	19	1
05专业组(不限)(中外合作办学)	1	425	425	1	
8757 海南科技职业大学	**12**			**11**	**1**
04专业组(不限)	12	450	424	11	1
8760 成都东软学院	**16**			**16**	
03专业组(不限)	16	467	440	16	
8761 电子科技大学成都学院	**44**			**44**	
02专业组(不限)	44	597	456	44	
8762 成都理工大学工程技术学院	**30**			**30**	
02专业组(不限)	27	486	438	27	
03专业组(不限)	3	451	437	3	
8764 成都银杏酒店管理学院	**7**			**7**	
02专业组(不限)	7	436	429	7	
8767 四川外国语大学成都学院	**27**			**27**	
02专业组(不限)	27	496	445	27	
8769 成都锦城学院	**28**			**28**	
02专业组(不限)	28	467	448	28	
8770 西南财经大学天府学院	**33**			**33**	
02专业组(不限)	33	488	434	33	
8771 四川大学锦江学院	**9**			**9**	
02专业组(不限)	9	456	440	9	
8774 西南交通大学希望学院	**14**			**14**	
02专业组(不限)	12	465	435	12	
03专业组(化学)	2	459	431	2	
8781 吉利学院	**6**			**4**	**2**
02专业组(不限)	6	454	430	4	2
8801 重庆城市科技学院	**133**			**121**	**12**
02专业组(不限)	133	471	430	121	12
8802 重庆外语外事学院	**9**			**9**	
02专业组(不限)	9	455	436	9	
8803 重庆对外经贸学院	**38**			**38**	
03专业组(不限)	36	461	434	36	
04专业组(化学或地理)	2	443	442	2	
8804 重庆财经学院	**10**			**10**	
02专业组(不限)	10	476	455	10	
8805 重庆工商大学派斯学院	**5**			**5**	
02专业组(不限)	5	444	434	5	
8806 重庆移通学院	**63**			**57**	**6**
02专业组(不限)	59	465	429	53	6
03专业组(不限)(中外合作办学)	4	433	423	4	
8808 重庆人文科技学院	**6**			**4**	**2**
02专业组(不限)	6	460	445	4	2
8841 贵阳人文科技学院	**9**			**9**	
02专业组(不限)	9	463	424	9	
8848 茅台学院	**10**			**10**	
01专业组(不限)	2	456	443	2	
02专业组(化学或生物)	8	503	458	8	
8870 云南大学滇池学院	**23**			**20**	**3**
02专业组(不限)	23	455	425	20	3
8871 丽江文化旅游学院	**71**			**71**	
02专业组(不限)	71	438	423	71	
8872 昆明城市学院	**2**			**2**	
02专业组(不限)	2	429	429	2	
8875 昆明文理学院	**8**			**8**	
02专业组(不限)	8	460	425	8	
8876 昆明理工大学津桥学院	**33**			**33**	
02专业组(不限)	31	462	429	31	
03专业组(化学)	1	423	423	1	
04专业组(化学或生物)	1	432	432	1	
8878 云南经济管理学院	**12**			**12**	
03专业组(不限)	12	433	422	12	
8901 西安培华学院	**6**			**6**	
02专业组(不限)	6	462	441	6	
8902 西安欧亚学院	**26**			**25**	**1**
02专业组(不限)	26	465	427	25	1
8903 西安外事学院	**2**			**2**	
03专业组(不限)	2	437	433	2	
8904 西安翻译学院	**2**			**2**	
02专业组(不限)	2	468	448	2	
8905 西京学院	**7**			**6**	**1**
02专业组(不限)	7	456	434	6	1
8906 西安思源学院	**16**			**16**	
02专业组(不限)	16	443	430	16	
8907 陕西国际商贸学院	**4**			**4**	
03专业组(不限)	4	436	426	4	
8910 西安交通大学城市学院	**29**			**29**	
02专业组(不限)	29	491	439	29	
8911 西北大学现代学院	**9**			**7**	**2**
02专业组(不限)	9	455	423	7	2
8912 西安建筑科技大学华清学院	**6**			**6**	
02专业组(不限)	6	487	432	6	
8913 西安财经大学行知学院	**4**			**3**	**1**
02专业组(不限)	4	457	430	3	1

2021年普通类(物理等科目类)高职(专科)院校

院校、专业组名称	录取数	最高分	最低分	平行志愿	征求志愿
8914 西安工商学院	**12**			**10**	**2**
03专业组(不限)	12	459	426	10	2
8915 延安大学西安创新学院	**5**			**5**	
02专业组(不限)	4	456	438	4	
03专业组(化学和生物)	1	424	424	1	
8916 西安明德理工学院	**8**			**8**	
02专业组(不限)	8	477	426	8	
8918 西安科技大学高新学院	**4**			**4**	
02专业组(不限)	4	444	430	4	
8940 兰州工商学院	**9**			**9**	
02专业组(不限)	9	454	428	9	
8941 兰州博文科技学院	**10**			**10**	
03专业组(不限)	10	459	426	10	
8942 兰州信息科技学院	**11**			**7**	**4**
01专业组(不限)	11	462	426	7	4
8970 宁夏理工学院	**91**			**91**	
02专业组(不限)	74	461	425	74	
03专业组(不限)	4	436	426	4	
04专业组(化学)	10	438	424	10	
05专业组(化学或生物)	3	430	427	3	
8971 宁夏大学新华学院	**9**			**9**	
02专业组(不限)	9	442	432	9	
8972 银川能源学院	**8**			**7**	**1**
02专业组(不限)	8	457	427	7	1

(六)普通类(物理等科目类)高职(专科)院校

院校、专业组名称	录取数	最高分	最低分	平行志愿	征求志愿
0306 中国民用航空飞行学院	**5**			**4**	**1**
08专业组(不限)	5	436	420	4	1
1136 南京工业职业技术大学	**881**			**878**	**3**
04专业组(不限)	881	482	401	878	3
1150 江苏海事职业技术学院	**665**			**657**	**8**
06专业组(不限)	463	477	224	457	6
07专业组(不限)(分段培养项目)	20	458	427	20	
08专业组(不限)(分段培养项目)	107	458	241	105	2
09专业组(不限)(定向培养士官)	73	470	300	73	
10专业组(不限)(中外合作办学)	2	420	399	2	
1152 南京交通职业技术学院	**516**			**513**	**3**
03专业组(不限)(分段培养项目)	130	464	418	129	1
04专业组(不限)	386	457	336	384	2
1153 南京科技职业学院	**386**			**384**	**2**
04专业组(不限)(分段培养项目)	25	447	426	25	
05专业组(不限)	354	433	237	352	2
06专业组(不限)(中外合作办学)	7	423	285	7	
1154 南京信息职业技术学院	**176**			**176**	
04专业组(不限)	121	494	416	121	
05专业组(不限)(定向培养士官)	49	439	228	49	
06专业组(不限)(定向培养士官)	6	439	408	6	
1155 南京铁道职业技术学院	**204**			**203**	**1**
04专业组(不限)(分段培养项目)	30	483	452	30	
05专业组(不限)	139	482	417	139	
06专业组(不限)(中外合作办学)	35	416	365	34	1
1156 江苏经贸职业技术学院	**379**			**377**	**2**
04专业组(不限)	349	454	230	347	2
05专业组(不限)(分段培养项目)	15	466	429	15	
06专业组(不限)(分段培养项目)	15	468	423	15	
1158 江苏卫生健康职业学院	**893**			**883**	**10**
04专业组(不限)(分段培养项目)	50	463	430	50	
05专业组(不限)	641	494	244	634	7
06专业组(不限)	202	508	287	199	3
1159 南京机电职业技术学院	**98**			**98**	
02专业组(不限)	98	421	347	98	
1160 南京旅游职业学院	**61**			**58**	**3**
03专业组(不限)	36	458	228	33	3
04专业组(不限)(分段培养项目)	25	426	395	25	
1171 江苏城市职业学院	**103**			**99**	**4**
02专业组(不限)	103	439	241	99	4
1172 南京城市职业学院	**89**			**88**	**1**
02专业组(不限)	89	413	220	88	1
1210 江苏信息职业技术学院	**451**			**445**	**6**
05专业组(不限)	28	416	265	26	2
06专业组(不限)(定向培养士官)	20	414	395	20	
07专业组(不限)(分段培养项目)	95	459	422	95	
08专业组(不限)(分段培养项目)	85	440	411	85	
09专业组(不限)(分段培养项目)	85	433	406	85	
10专业组(不限)	26	411	269	25	1
11专业组(不限)	21	411	270	20	1
12专业组(不限)	91	431	224	89	2
1211 无锡职业技术学院	**808**			**805**	**3**
06专业组(不限)	219	453	226	217	2
07专业组(不限)	140	465	258	140	
08专业组(不限)	403	466	310	403	
09专业组(不限)(分段培养项目)	40	456	420	39	1
10专业组(不限)(中外合作办学)	6	383	318	6	
1212 无锡商业职业技术学院	**129**			**127**	**2**
03专业组(不限)	99	463	238	97	2
04专业组(不限)(分段培养项目)	30	426	407	30	
1213 无锡科技职业学院	**108**			**105**	**3**
03专业组(不限)	83	416	250	80	3
04专业组(不限)(分段培养项目)	25	461	418	25	
1214 无锡城市职业技术学院	**121**			**120**	**1**
03专业组(不限)	61	420	224	60	1
04专业组(不限)(分段培养项目)	60	438	376	60	
1215 无锡工艺职业技术学院	**36**			**36**	
03专业组(不限)	16	421	233	16	

院校、专业组名称	录取数	最高分	最低分	平行志愿	征求志愿
04专业组(不限)(分段培养项目)	20	413	358	20	
1216 江阴职业技术学院	**43**			**42**	**1**
02专业组(不限)	43	441	231	42	1
1230 江苏建筑职业技术学院	**191**			**190**	**1**
02专业组(不限)(分段培养项目)	40	436	412	40	
03专业组(不限)	111	453	221	110	1
04专业组(不限)(分段培养项目)	40	441	407	40	
1231 徐州工业职业技术学院	**127**			**126**	**1**
02专业组(不限)	47	439	237	46	1
03专业组(不限)(分段培养项目)	80	441	382	80	
1232 徐州幼儿师范高等专科学校	**158**			**156**	**2**
04专业组(不限)(分段培养项目)	25	466	417	24	1
05专业组(不限)	133	424	254	132	1
1233 徐州生物工程职业技术学院	**42**			**41**	**1**
02专业组(不限)	42	407	246	41	1
1234 江苏安全技术职业学院	**49**			**49**	
03专业组(不限)	17	403	282	17	
04专业组(不限)(分段培养项目)	32	431	386	32	
1250 常州信息职业技术学院	**294**			**288**	**6**
02专业组(不限)	294	460	237	288	6
1251 常州纺织服装职业技术学院	**8**			**8**	
02专业组(不限)	8	406	314	8	
1252 常州工程职业技术学院	**216**			**208**	**8**
03专业组(不限)(分段培养项目)	110	455	388	107	3
04专业组(不限)	106	447	242	101	5
1253 常州工业职业技术学院	**114**			**114**	
03专业组(不限)	28	404	250	28	
04专业组(不限)(分段培养项目)	86	459	394	86	
1254 常州机电职业技术学院	**94**			**92**	**2**
02专业组(不限)	54	413	226	52	2
03专业组(不限)(分段培养项目)	40	424	393	40	
1255 江苏城乡建设职业学院	**159**			**156**	**3**
03专业组(不限)	46	445	226	44	2
04专业组(不限)(分段培养项目)	113	447	375	112	1
1270 苏州职业大学	**646**			**642**	**4**
04专业组(不限)	593	457	312	589	4
05专业组(不限)(分段培养项目)	45	459	431	45	
06专业组(不限)(中外合作办学)	8	403	303	8	
1272 苏州农业职业技术学院	**147**			**146**	**1**
03专业组(不限)	87	423	230	86	1
04专业组(不限)(分段培养项目)	60	428	375	60	
1273 苏州工业职业技术学院	**170**			**169**	**1**
02专业组(不限)	125	419	240	124	1
03专业组(不限)(分段培养项目)	45	458	417	45	
1274 苏州经贸职业技术学院	**241**			**238**	**3**
03专业组(不限)(分段培养项目)	23	417	383	23	
04专业组(不限)	218	457	233	215	3
1275 苏州卫生职业技术学院	**963**			**955**	**8**
05专业组(不限)(分段培养项目)	50	462	433	50	
06专业组(不限)	644	513	238	636	8
07专业组(不限)	3	421	347	3	
08专业组(不限)	266	523	354	266	
1276 苏州工业园区服务外包职业学院	**42**			**42**	
03专业组(不限)	12	406	323	12	
04专业组(不限)(分段培养项目)	30	424	406	30	
1277 苏州信息职业技术学院	**79**			**79**	
02专业组(不限)	79	415	228	79	
1278 沙洲职业工学院	**22**			**22**	
02专业组(不限)	22	416	261	22	
1279 苏州健雄职业技术学院	**200**			**198**	**2**
03专业组(不限)	45	415	233	44	1
04专业组(不限)(分段培养项目)	155	431	375	154	1
1290 苏州幼儿师范高等专科学校	**58**			**58**	
04专业组(不限)	41	481	406	41	
05专业组(不限)(分段培养项目)	8	461	451	8	
06专业组(不限)(分段培养项目)	9	469	444	9	
1310 南通职业大学	**123**			**123**	
03专业组(不限)	73	432	228	73	
04专业组(不限)(分段培养项目)	50	448	410	50	
1311 江苏航运职业技术学院	**70**			**70**	
03专业组(不限)	37	436	262	37	
04专业组(不限)(分段培养项目)	33	422	363	33	
1312 江苏工程职业技术学院	**40**			**40**	
02专业组(不限)	40	424	267	40	
1313 南通科技职业学院	**101**			**100**	**1**
03专业组(不限)(分段培养项目)	77	451	397	77	
04专业组(不限)	24	416	229	23	1
1314 江苏商贸职业学院	**165**			**163**	**2**
03专业组(不限)	27	416	250	26	1
04专业组(不限)(分段培养项目)	138	422	326	137	1
1315 南通师范高等专科学校	**113**			**113**	
03专业组(不限)	65	424	384	65	
04专业组(不限)(分段培养项目)	48	479	436	48	
1330 连云港师范高等专科学校	**102**			**100**	**2**
03专业组(不限)	82	425	234	80	2
04专业组(不限)(分段培养项目)	20	459	422	20	
1331 连云港职业技术学院	**15**			**14**	**1**
02专业组(不限)	15	409	240	14	1
1332 江苏财会职业学院	**34**			**33**	**1**
05专业组(不限)(分段培养项目)	15	449	409	15	
06专业组(不限)	3	373	368	3	
07专业组(不限)	2	404	261	2	
08专业组(不限)	14	382	285	13	1
1350 江苏电子信息职业学院	**134**			**130**	**4**
03专业组(不限)	44	394	253	44	
04专业组(不限)(分段培养项目)	90	433	390	86	4
1351 江苏食品药品职业技术学院	**63**			**62**	**1**
03专业组(不限)	33	413	251	32	1

院校、专业组名称	录取数	最高分	最低分	平行志愿	征求志愿
04专业组(不限)(分段培养项目)	30	419	385	30	
1352 江苏财经职业技术学院	**68**			**67**	**1**
03专业组(不限)	48	427	271	47	1
04专业组(不限)(分段培养项目)	20	428	414	20	
1353 江苏护理职业学院	**192**			**189**	**3**
03专业组(不限)	106	419	258	103	3
04专业组(不限)(分段培养项目)	86	448	417	86	
1370 盐城工业职业技术学院	**71**			**69**	**2**
02专业组(不限)	35	456	223	34	1
03专业组(不限)(分段培养项目)	36	420	249	35	1
1371 江苏医药职业学院	**741**			**727**	**14**
04专业组(不限)	346	473	225	339	7
05专业组(不限)(分段培养项目)	158	485	392	152	6
06专业组(不限)	237	505	310	236	1
1372 盐城幼儿师范高等专科学校	**155**			**153**	**2**
03专业组(不限)	82	432	227	81	1
04专业组(不限)(分段培养项目)	73	448	408	72	1
1390 扬州市职业大学	**281**			**279**	**2**
06专业组(不限)	90	426	235	89	1
07专业组(不限)	59	446	255	59	
08专业组(不限)	41	424	293	41	
09专业组(不限)(分段培养项目)	90	454	415	89	1
10专业组(不限)(中外合作办学)	1	381	381	1	
1392 扬州工业职业技术学院	**225**			**224**	**1**
03专业组(不限)	75	416	245	75	
04专业组(不限)(分段培养项目)	150	451	387	149	1
1394 江苏旅游职业学院	**94**			**94**	
03专业组(不限)	24	421	225	24	
04专业组(不限)(分段培养项目)	70	436	390	70	
1410 镇江市高等专科学校	**118**			**115**	**3**
03专业组(不限)(分段培养项目)	65	435	410	65	
04专业组(不限)	53	443	220	50	3
1411 江苏农林职业技术学院	**79**			**79**	
03专业组(不限)(分段培养项目)	30	436	406	30	
04专业组(不限)	49	461	233	49	
1412 江苏航空职业技术学院	**22**			**22**	
02专业组(不限)	22	428	264	22	
1431 泰州职业技术学院	**201**			**200**	**1**
06专业组(不限)	32	418	245	31	1
08专业组(不限)	64	458	273	64	
09专业组(不限)(分段培养项目)	50	427	361	50	
10专业组(化学或生物)	55	500	405	55	
1432 江苏农牧科技职业学院	**90**			**89**	**1**
03专业组(不限)	45	415	286	44	1
04专业组(不限)(分段培养项目)	45	444	395	45	
1950 钟山职业技术学院	**53**			**52**	**1**
04专业组(不限)(分段培养项目)	34	415	361	34	
05专业组(不限)	4	371	295	4	
06专业组(不限)	15	407	224	14	1

院校、专业组名称	录取数	最高分	最低分	平行志愿	征求志愿
1951 正德职业技术学院	**25**			**25**	
02专业组(不限)	25	411	222	25	
1952 金肯职业技术学院	**15**			**15**	
03专业组(不限)	7	377	276	7	
04专业组(不限)(分段培养项目)	8	415	290	8	
1953 应天职业技术学院	**7**			**7**	
02专业组(不限)	7	380	232	7	
1954 南京视觉艺术职业学院	**6**			**6**	
02专业组(不限)	6	396	248	6	
1957 无锡南洋职业技术学院	**24**			**23**	**1**
03专业组(不限)	1	270	270	1	
04专业组(不限)(分段培养项目)	23	421	320	22	1
1958 江南影视艺术职业学院	**19**			**18**	**1**
03专业组(不限)	4	383	233	3	1
04专业组(不限)(分段培养项目)	15	406	291	15	
1959 太湖创意职业技术学院	**31**			**30**	**1**
03专业组(不限)	5	375	220	5	
04专业组(不限)(分段培养项目)	26	417	300	25	1
1962 九州职业技术学院	**4**			**4**	
02专业组(不限)	4	359	287	4	
1965 建东职业技术学院	**3**			**3**	
02专业组(不限)	3	355	278	3	
1968 苏州工业园区职业技术学院	**57**			**57**	
03专业组(不限)	18	398	245	18	
04专业组(不限)(分段培养项目)	39	417	245	39	
1969 苏州托普信息职业技术学院	**5**			**5**	
02专业组(不限)	5	354	221	5	
1970 苏州高博软件技术职业学院	**2**			**2**	
02专业组(不限)	2	313	221	2	
1971 苏州百年职业学院	**2**			**2**	
02专业组(不限)(中外合作办学)	2	377	356	2	
1973 昆山登云科技职业学院	**10**			**8**	**2**
02专业组(不限)	10	400	236	8	2
1974 硅湖职业技术学院	**14**			**13**	**1**
02专业组(不限)	5	413	241	4	1
03专业组(不限)(分段培养项目)	9	407	278	9	
1982 炎黄职业技术学院	**1**			**1**	
02专业组(不限)	1	350	350	1	
1985 明达职业技术学院	**1**			**1**	
02专业组(不限)	1	306	306	1	
1988 江海职业技术学院	**8**			**8**	
02专业组(不限)	8	389	233	8	
1989 扬州中瑞酒店职业学院	**1**			**1**	
02专业组(不限)	1	358	358	1	
1991 金山职业技术学院	**3**			**3**	
02专业组(不限)	3	345	253	3	
1996 宿迁职业技术学院	**2**			**2**	
02专业组(不限)	2	383	288	2	
2120 上海工程技术大学	**95**			**95**	

院校、专业组名称	录取数	最高分	最低分	平行志愿	征求志愿
05专业组(不限)	95	461	356	95	
2123 上海应用技术大学	**15**			**15**	
03专业组(不限)	15	446	394	15	
2124 上海第二工业大学	**15**			**15**	
04专业组(不限)	15	449	422	15	
2132 上海出版印刷高等专科学校	**10**			**10**	
02专业组(不限)	10	417	267	10	
2134 上海旅游高等专科学校	**16**			**16**	
02专业组(不限)	16	416	243	16	
2136 上海电机学院	**34**			**34**	
03专业组(不限)	34	429	344	34	
2138 上海电子信息职业技术学院	**21**			**21**	
02专业组(不限)	21	416	245	21	
2149 上海科学技术职业学院	**11**			**11**	
02专业组(不限)	11	413	223	11	
2150 上海农林职业技术学院	**6**			**6**	
02专业组(不限)	6	364	295	6	
2154 上海交通职业技术学院	**13**			**13**	
02专业组(不限)	13	435	302	13	
2155 上海城建职业学院	**16**			**16**	
02专业组(不限)	16	421	335	16	
2166 上海行健职业学院	**4**			**4**	
02专业组(不限)	4	403	330	4	
2167 上海民航职业技术学院	**17**			**17**	
02专业组(不限)	17	458	349	17	
2217 浙江经贸职业技术学院	**10**			**10**	
02专业组(不限)	10	415	341	10	
2226 浙江邮电职业技术学院	**8**			**8**	
02专业组(不限)	8	426	363	8	
2237 宁波城市职业技术学院	**11**			**11**	
02专业组(不限)	11	418	286	11	
2238 浙江国际海运职业技术学院	**2**			**2**	
01专业组(不限)	2	309	307	2	
2247 浙江交通职业技术学院	**1**			**1**	
02专业组(不限)(定向培养士官)	1	409	409	1	
2252 浙江商业职业技术学院	**4**			**4**	
02专业组(不限)	4	392	371	4	
2253 浙江金融职业学院	**6**			**6**	
02专业组(不限)	6	428	399	6	
2259 嘉兴职业技术学院	**6**			**5**	**1**
02专业组(不限)	6	410	246	5	1
2315 安徽中医药高等专科学校	**5**			**5**	
02专业组(不限)	5	408	288	5	
2334 淮南联合大学	**1**			**1**	
02专业组(不限)	1	376	376	1	
2339 滁州职业技术学院	**1**			**1**	
02专业组(不限)	1	337	337	1	
2361 安徽工业大学	**15**			**14**	**1**
05专业组(不限)	15	437	328	14	1
2382 合肥职业技术学院	**1**			**1**	
02专业组(不限)	1	390	390	1	
2384 安徽卫生健康职业学院	**1**			**1**	
02专业组(不限)	1	336	336	1	
2436 泉州经贸职业技术学院	**2**			**2**	
02专业组(不限)	2	420	281	2	
2455 福州墨尔本理工职业学院	**1**			**1**	
02专业组(不限)(中外合作办学)	1	342	342	1	
2502 华东交通大学	**10**			**10**	
06专业组(不限)	10	445	415	10	
2519 江西电力职业技术学院	**4**			**4**	
02专业组(化学或思想政治)	4	362	254	4	
2520 江西信息应用职业技术学院	**1**			**1**	
02专业组(不限)	1	354	354	1	
2563 九江职业技术学院	**1**			**1**	
01专业组(不限)	1	387	387	1	
2567 九江职业大学	**1**			**1**	
02专业组(不限)	1	410	410	1	
2576 江西工程职业学院	**1**			**1**	
02专业组(不限)	1	348	348	1	
2593 江西工业工程职业技术学院	**1**			**1**	
02专业组(不限)	1	348	348	1	
2597 江西农业工程职业学院	**1**			**1**	
02专业组(不限)	1	365	365	1	
2636 山东畜牧兽医职业学院	**2**			**2**	
02专业组(不限)	2	409	382	2	
2640 青岛港湾职业技术学院	**1**			**1**	
02专业组(不限)	1	317	317	1	
2644 聊城职业技术学院	**1**			**1**	
02专业组(不限)	1	366	366	1	
2646 山东职业学院	**4**			**4**	
01专业组(不限)	4	432	369	4	
2647 日照职业技术学院	**2**			**2**	
02专业组(不限)	2	396	310	2	
2658 济南工程职业技术学院	**2**			**2**	
02专业组(不限)	2	392	275	2	
2659 山东水利职业学院	**1**			**1**	
02专业组(不限)	1	323	323	1	
2719 威海海洋职业学院	**3**			**3**	
02专业组(不限)	3	357	228	3	
3168 北京工业职业技术学院	**5**			**5**	
01专业组(不限)	5	431	410	5	
3176 北京社会管理职业学院	**1**			**1**	
02专业组(不限)	1	324	324	1	
3205 中国民航大学	**30**			**30**	
06专业组(不限)	30	462	407	30	
3220 天津商务职业学院	**1**			**1**	
02专业组(不限)	1	398	398	1	
3224 天津市职业大学	**7**			**7**	

院校、专业组名称	录取数	最高分	最低分	平行志愿	征求志愿
02专业组(不限)	7	425	374	7	
3226 天津交通职业学院	2			2	
01专业组(不限)	2	375	366	2	
3231 天津公安警官职业学院	2			2	
01专业组(不限)	2	383	379	2	
3232 天津石油职业技术学院	1			1	
02专业组(不限)	1	278	278	1	
3234 天津现代职业技术学院	1			1	
02专业组(不限)	1	407	407	1	
3238 天津铁道职业技术学院	7			7	
02专业组(不限)	7	415	344	7	
3309 石家庄邮电职业技术学院	28			28	
03专业组(不限)	21	455	423	21	
04专业组(不限)	7	406	368	7	
3352 保定电力职业技术学院	2			2	
01专业组(不限)	2	386	294	2	
3373 河北工业职业技术大学	2			2	
02专业组(不限)	2	374	321	2	
3375 河北石油职业技术大学	1			1	
02专业组(不限)	1	312	312	1	
3425 山西职业技术学院	2			2	
02专业组(不限)	2	362	350	2	
4155 渤海船舶职业学院	4			4	
01专业组(不限)	4	382	307	4	
4209 长春工程学院	7			7	
04专业组(不限)	4	409	249	4	
05专业组(不限)	3	406	325	3	
4220 吉林警察学院	5			5	
04专业组(不限)	5	411	306	5	
4221 长春金融高等专科学校	3			3	
03专业组(不限)	3	412	407	3	
4222 长春汽车工业高等专科学校	1			1	
01专业组(不限)	1	317	317	1	
4244 吉林司法警官职业学院	3			3	
02专业组(不限)	3	396	253	3	
4286 长春医学高等专科学校	2			2	
02专业组(不限)	2	375	287	2	
4316 哈尔滨电力职业技术学院	2			2	
01专业组(不限)	2	403	368	2	
4317 哈尔滨铁道职业技术学院	3			3	
02专业组(不限)	3	397	249	3	
4320 黑龙江建筑职业技术学院	4			4	
02专业组(不限)	4	452	232	4	
4328 黑龙江交通职业技术学院	1			1	
02专业组(不限)	1	350	350	1	
5108 郑州电力高等专科学校	5			5	
01专业组(不限)	5	420	378	5	
5116 郑州铁路职业技术学院	4			4	
02专业组(不限)	4	387	350	4	

院校、专业组名称	录取数	最高分	最低分	平行志愿	征求志愿
5177 商丘医学高等专科学校	1			1	
02专业组(化学或生物)	1	392	392	1	
5224 湖北国土资源职业学院	2			2	
02专业组(不限)	2	394	298	2	
5225 汉江师范学院	5			5	
03专业组(不限)	5	428	319	5	
5226 武汉职业技术学院	5			5	
02专业组(不限)	5	453	389	5	
5227 武汉船舶职业技术学院	3			2	1
03专业组(不限)	3	420	289	2	1
5237 湖北水利水电职业技术学院	1			1	
02专业组(不限)	1	349	349	1	
5246 湖北交通职业技术学院	5			5	
03专业组(不限)	2	405	340	2	
04专业组(不限)(定向培养士官)	3	393	384	3	
5250 武汉软件工程职业学院	3			3	
02专业组(不限)	3	404	400	3	
5252 武汉铁路职业技术学院	19			19	
02专业组(不限)	19	416	250	19	
5254 湖北三峡职业技术学院	2			2	
01专业组(不限)	2	386	279	2	
5259 长江工程职业技术学院	1			1	
02专业组(不限)	1	394	394	1	
5266 三峡电力职业学院	3			3	
02专业组(不限)	3	405	341	3	
5272 武汉城市职业学院	2			2	
02专业组(不限)	2	419	398	2	
5273 武汉警官职业学院	10			10	
02专业组(不限)	10	422	256	10	
5288 武汉铁路桥梁职业学院	1			1	
02专业组(不限)	1	364	364	1	
5291 襄阳职业技术学院	11			11	
02专业组(不限)	11	410	311	11	
5298 仙桃职业学院	5			4	1
01专业组(不限)	5	396	298	4	1
5311 长沙航空职业技术学院	19			19	
02专业组(不限)(定向培养士官)	19	422	388	19	
5312 长沙民政职业技术学院	7			7	
02专业组(不限)	7	440	313	7	
5313 湖南大众传媒职业技术学院	2			2	
02专业组(不限)	2	391	365	2	
5317 湖南城建职业技术学院	1			1	
02专业组(不限)	1	389	389	1	
5333 湖南高速铁路职业技术学院	4			4	
02专业组(不限)	4	397	338	4	
5356 张家界航空工业职业技术学院	1			1	
02专业组(不限)	1	380	380	1	
5366 湖南铁路科技职业技术学院	4			4	
02专业组(不限)	4	389	324	4	

院校、专业组名称	录取数	最高分	最低分	平行志愿	征求志愿
5372 湖南体育职业学院	**10**			**10**	
02专业组(不限)(定向培养士官)	10	388	352	10	
5392 湖南交通职业技术学院	**1**			**1**	
02专业组(不限)	1	445	445	1	
5394 湖南铁道职业技术学院	**6**			**6**	
02专业组(不限)	6	411	284	6	
5395 湖南工程职业技术学院	**1**			**1**	
02专业组(不限)	1	280	280	1	
5415 广州民航职业技术学院	**7**			**7**	
02专业组(不限)	6	412	331	6	
03专业组(不限)(中外合作办学)	1	395	395	1	
5416 广东轻工职业技术学院	**4**			**4**	
03专业组(不限)	2	434	422	2	
04专业组(不限)	2	419	390	2	
5474 广州铁路职业技术学院	**1**			**1**	
01专业组(不限)	1	313	313	1	
5475 江门职业技术学院	**1**			**1**	
03专业组(不限)	1	337	337	1	
5512 桂林理工大学	**20**			**20**	
05专业组(不限)	20	421	307	20	
5526 广西机电职业技术学院	**1**			**1**	
02专业组(不限)	1	379	379	1	
5613 海南软件职业技术学院	**4**			**4**	
02专业组(不限)	4	389	264	4	
6114 成都大学	**10**			**10**	
06专业组(不限)(中外合作办学)	10	427	365	10	
6125 四川交通职业技术学院	**2**			**2**	
02专业组(不限)	2	424	404	2	
6126 四川建筑职业技术学院	**1**			**1**	
02专业组(化学或地理)	1	331	331	1	
6135 四川工程职业技术学院	**1**			**1**	
02专业组(不限)	1	375	375	1	
6138 成都航空职业技术学院	**6**			**6**	
02专业组(不限)	1	411	411	1	
03专业组(不限)(定向培养士官)	5	417	375	5	
6188 四川文化产业职业学院	**2**			**2**	
01专业组(不限)	2	379	307	2	
6216 重庆三峡医药高等专科学校	**1**			**1**	
01专业组(不限)	1	371	371	1	
6225 重庆城市管理职业学院	**1**			**1**	
02专业组(不限)	1	458	458	1	
6234 重庆工程职业技术学院	**2**			**2**	
01专业组(不限)	2	454	292	2	
6237 重庆水利电力职业技术学院	**1**			**1**	
02专业组(不限)	1	354	354	1	
6238 重庆航天职业技术学院	**10**			**10**	
01专业组(不限)(定向培养士官)	10	391	335	10	
6239 重庆电力高等专科学校	**4**			**4**	
02专业组(不限)	4	396	354	4	

院校、专业组名称	录取数	最高分	最低分	平行志愿	征求志愿
7128 陕西航空职业技术学院	**1**			**1**	
02专业组(不限)	1	406	406	1	
7129 陕西交通职业技术学院	**1**			**1**	
02专业组(不限)	1	426	426	1	
7130 西安铁路职业技术学院	**1**				**1**
01专业组(不限)	1	387	387		1
7146 陕西铁路工程职业技术学院	**2**			**2**	
02专业组(不限)	2	398	394	2	
7152 陕西财经职业技术学院	**1**			**1**	
02专业组(不限)	1	323	323	1	
8001 上海杉达学院	**6**			**5**	**1**
05专业组(不限)	6	396	339	5	1
8017 上海东海职业技术学院	**3**			**3**	
02专业组(不限)	3	357	260	3	
8018 上海工商职业技术学院	**4**			**4**	
02专业组(不限)	4	366	272	4	
8019 上海震旦职业学院	**1**			**1**	
02专业组(不限)	1	393	393	1	
8022 上海思博职业技术学院	**3**			**3**	
02专业组(不限)	3	355	322	3	
8023 上海立达学院	**3**			**3**	
04专业组(不限)	3	400	383	3	
8024 上海济光职业技术学院	**2**			**2**	
02专业组(不限)	2	304	273	2	
8025 上海工商外国语职业学院	**3**			**3**	
02专业组(不限)	3	405	314	3	
8029 上海中侨职业技术大学	**1**			**1**	
04专业组(不限)	1	391	391	1	
8052 温州商学院	**3**			**3**	
05专业组(不限)	3	409	356	3	
8119 合肥科技职业学院	**1**			**1**	
02专业组(不限)	1	305	305	1	
8153 厦门软件职业技术学院	**1**			**1**	
02专业组(不限)	1	376	376	1	
8172 南昌理工学院	**3**			**3**	
03专业组(不限)	3	436	289	3	
8173 江西应用科技学院	**1**			**1**	
02专业组(不限)	1	363	363	1	
8175 南昌工学院	**2**			**2**	
04专业组(不限)	2	405	312	2	
8198 南昌职业大学	**1**			**1**	
02专业组(不限)	1	331	331	1	
8213 潍坊科技学院	**10**			**10**	
03专业组(不限)(定向培养士官)	10	393	362	10	
8216 青岛黄海学院	**4**			**4**	
04专业组(不限)	4	422	403	4	
8217 山东现代学院	**12**			**11**	**1**
04专业组(不限)	12	392	229	11	1
8220 青岛城市学院	**1**			**1**	

院校、专业组名称	录取数	最高分	最低分	平行志愿	征求志愿
04专业组(不限)	1	368	368	1	
8223 泰山科技学院	**1**			**1**	
04专业组(不限)	1	393	393	1	
8225 青岛工学院	**1**			**1**	
04专业组(不限)	1	366	366	1	
8227 齐鲁理工学院	**1**			**1**	
03专业组(不限)	1	356	356	1	
8246 山东力明科技职业学院	**8**			**7**	**1**
02专业组(不限)	8	360	305	7	1
8249 山东工程职业技术大学	**3**			**3**	
04专业组(不限)	3	376	240	3	
8290 天津天狮学院	**1**			**1**	
04专业组(不限)	1	362	362	1	
8326 保定理工学院	**1**			**1**	
04专业组(不限)	1	398	398	1	
8351 石家庄医学高等专科学校	**6**			**5**	**1**
02专业组(不限)	6	434	265	5	1
8542 长垣烹饪职业技术学院	**1**			**1**	
02专业组(不限)	1	223	223	1	
8552 武昌首义学院	**1**			**1**	
04专业组(不限)	1	415	415	1	
8554 武汉生物工程学院	**5**			**5**	
05专业组(不限)	5	414	326	5	
8561 武汉纺织大学外经贸学院	**1**			**1**	
04专业组(不限)	1	226	226	1	
8574 武汉工程科技学院	**1**			**1**	
04专业组(不限)	1	394	394	1	
8592 武昌职业学院	**4**			**4**	
04专业组(不限)(定向培养士官)	3	413	400	3	
05专业组(不限)(定向培养士官)	1	412	412	1	
8709 广东酒店管理职业技术学院	**1**			**1**	
02专业组(不限)	1	333	333	1	
8734 广西经济职业学院	**1**			**1**	
02专业组(不限)	1	362	362	1	
8754 三亚航空旅游职业学院	**1**			**1**	
02专业组(不限)	1	269	269	1	
8760 成都东软学院	**4**			**4**	
04专业组(不限)	4	420	301	4	
8782 四川西南航空职业学院	**3**			**3**	
03专业组(不限)	3	413	367	3	
8827 重庆建筑科技职业学院	**1**			**1**	
02专业组(不限)	1	397	397	1	
8829 重庆科创职业学院	**1**			**1**	
02专业组(不限)	1	249	249	1	
8880 云南理工职业学院	**1**			**1**	
02专业组(不限)	1	389	389	1	
8903 西安外事学院	**3**			**3**	
04专业组(不限)	3	402	279	3	
8914 西安工商学院	**1**			**1**	

院校、专业组名称	录取数	最高分	最低分	平行志愿	征求志愿
04专业组(不限)	1	416	416	1	
8938 西安信息职业大学	**2**			**2**	
02专业组(不限)	2	310	270	2	

附录一：江苏省2023年普通高考普通类、体育类、美术类、声乐类、器乐类、编导类逐分段统计表

（一）江苏省2023年普通高考普通类（历史等科目类）逐分段统计表

注：本次公布的统计表为符合第一阶段志愿填报条件考生的普通类（历史等科目类）总分逐分段统计。

分数段	同分人数	累计人数	分数段	同分人数	累计人数	分数段	同分人数	累计人数
654及以上	104	104	627	56	1080	600	153	4244
653	12	116	626	85	1165	599	158	4402
652	15	131	625	77	1242	598	195	4597
651	12	143	624	80	1322	597	205	4802
650	20	163	623	85	1407	596	232	5034
649	17	180	622	100	1507	595	164	5198
648	20	200	621	97	1604	594	183	5381
647	24	224	620	97	1701	593	206	5587
646	19	243	619	110	1811	592	217	5804
645	23	266	618	95	1906	591	193	5997
644	27	293	617	97	2003	590	202	6199
643	35	328	616	110	2113	589	232	6431
642	28	356	615	116	2229	588	197	6628
641	33	389	614	100	2329	587	236	6864
640	41	430	613	118	2447	586	229	7093
639	42	472	612	121	2568	585	222	7315
638	32	504	611	102	2670	584	226	7541
637	34	538	610	123	2793	583	242	7783
636	48	586	609	135	2928	582	232	8015
635	44	630	608	134	3062	581	240	8255
634	57	687	607	142	3204	580	274	8529
633	53	740	606	143	3347	579	282	8811
632	49	789	605	142	3489	578	272	9083
631	52	841	604	150	3639	577	253	9336
630	58	899	603	147	3786	576	265	9601
629	60	959	602	154	3940	575	261	9862
628	65	1024	601	151	4091	574	290	10152

江苏省2023年普通高考普通类(历史等科目类)逐分段统计表

分数段	同分人数	累计人数	分数段	同分人数	累计人数	分数段	同分人数	累计人数
573	280	10432	539	409	22444	505	473	38236
572	304	10736	538	434	22878	504	528	38764
571	299	11035	537	408	23286	503	505	39269
570	258	11293	536	425	23711	502	493	39762
569	302	11595	535	404	24115	501	474	40236
568	320	11915	534	408	24523	500	508	40744
567	292	12207	533	448	24971	499	449	41193
566	332	12539	532	406	25377	498	516	41709
565	309	12848	531	446	25823	497	512	42221
564	307	13155	530	461	26284	496	501	42722
563	355	13510	529	454	26738	495	512	43234
562	331	13841	528	444	27182	494	493	43727
561	338	14179	527	444	27626	493	540	44267
560	340	14519	526	457	28083	492	453	44720
559	304	14823	525	474	28557	491	521	45241
558	351	15174	524	478	29035	490	517	45758
557	334	15508	523	487	29522	489	527	46285
556	351	15859	522	474	29996	488	496	46781
555	366	16225	521	456	30452	487	482	47263
554	354	16579	520	496	30948	486	487	47750
553	380	16959	519	517	31465	485	532	48282
552	379	17338	518	456	31921	484	560	48842
551	325	17663	517	486	32407	483	500	49342
550	397	18060	516	507	32914	482	497	49839
549	335	18395	515	483	33397	481	461	50300
548	380	18775	514	481	33878	480	516	50816
547	392	19167	513	504	34382	479	482	51298
546	404	19571	512	497	34879	478	448	51746
545	382	19953	511	486	35365	477	531	52277
544	375	20328	510	500	35865	476	479	52756
543	439	20767	509	503	36368	475	505	53261
542	397	21164	508	481	36849	474	506	53767
541	419	21583	507	441	37290			
540	452	22035	506	473	37763			

(二)江苏省2023年普通高考普通类(物理等科目类)逐分段统计表

注:本次公布的统计表为符合第一阶段志愿填报条件考生的普通类(物理等科目类)总分逐分段统计。

分数段	同分人数	累计人数	分数段	同分人数	累计人数	分数段	同分人数	累计人数
687及以上	116	116	649	304	5542	611	646	24840
686	26	142	648	351	5893	610	655	25495
685	33	175	647	360	6253	609	665	26160
684	34	209	646	336	6589	608	697	26857
683	27	236	645	309	6898	607	687	27544
682	36	272	644	367	7265	606	723	28267
681	47	319	643	390	7655	605	694	28961
680	56	375	642	375	8030	604	754	29715
679	55	430	641	417	8447	603	661	30376
678	63	493	640	381	8828	602	758	31134
677	64	557	639	415	9243	601	731	31865
676	67	624	638	413	9656	600	756	32621
675	64	688	637	497	10153	599	745	33366
674	74	762	636	458	10611	598	740	34106
673	100	862	635	506	11117	597	747	34853
672	85	947	634	475	11592	596	797	35650
671	101	1048	633	457	12049	595	756	36406
670	114	1162	632	522	12571	594	772	37178
669	129	1291	631	529	13100	593	753	37931
668	121	1412	630	486	13586	592	836	38767
667	135	1547	629	510	14096	591	751	39518
666	144	1691	628	520	14616	590	803	40321
665	156	1847	627	516	15132	589	837	41158
664	172	2019	626	519	15651	588	850	42008
663	164	2183	625	561	16212	587	819	42827
662	188	2371	624	535	16747	586	829	43656
661	206	2577	623	587	17334	585	859	44515
660	177	2754	622	573	17907	584	894	45409
659	195	2949	621	595	18502	583	848	46257
658	216	3165	620	600	19102	582	856	47113
657	233	3398	619	592	19694	581	841	47954
656	227	3625	618	597	20291	580	877	48831
655	244	3869	617	611	20902	579	924	49755
654	244	4113	616	687	21589	578	839	50594
653	283	4396	615	610	22199	577	861	51455
652	246	4642	614	657	22856	576	894	52349
651	277	4919	613	711	23567	575	871	53220
650	319	5238	612	627	24194	574	925	54145

江苏省2023年普通高考普通类(物理等科目类)逐分段统计表

分数段	同分人数	累计人数	分数段	同分人数	累计人数	分数段	同分人数	累计人数
573	992	55137	531	1026	96123	489	920	138274
572	883	56020	530	1021	97144	488	934	139208
571	948	56968	529	1035	98179	487	942	140150
570	960	57928	528	1041	99220	486	974	141124
569	879	58807	527	1013	100233	485	935	142059
568	991	59798	526	1035	101268	484	915	142974
567	926	60724	525	972	102240	483	908	143882
566	1049	61773	524	1058	103298	482	932	144814
565	919	62692	523	1029	104327	481	948	145762
564	961	63653	522	1045	105372	480	985	146747
563	847	64500	521	1003	106375	479	969	147716
562	951	65451	520	1011	107386	478	953	148669
561	1000	66451	519	1005	108391	477	896	149565
560	940	67391	518	1001	109392	476	904	150469
559	939	68330	517	956	110348	475	928	151397
558	943	69273	516	991	111339	474	918	152315
557	927	70200	515	1032	112371	473	869	153184
556	947	71147	514	1041	113412	472	873	154057
555	1020	72167	513	1050	114462	471	874	154931
554	985	73152	512	957	115419	470	854	155785
553	959	74111	511	1044	116463	469	924	156709
552	991	75102	510	990	117453	468	839	157548
551	1014	76116	509	1031	118484	467	938	158486
550	966	77082	508	1011	119495	466	862	159348
549	1002	78084	507	991	120486	465	863	160211
548	914	78998	506	1030	121516	464	799	161010
547	958	79956	505	1047	122563	463	803	161813
546	978	80934	504	950	123513	462	807	162620
545	992	81926	503	992	124505	461	799	163419
544	1036	82962	502	1036	125541	460	821	164240
543	1015	83977	501	1047	126588	459	801	165041
542	990	84967	500	950	127538	458	835	165876
541	994	85961	499	997	128535	457	788	166664
540	975	86936	498	1017	129552	456	799	167463
539	1049	87985	497	929	130481	455	798	168261
538	1046	89031	496	971	131452	454	773	169034
537	1049	90080	495	981	132433	453	803	169837
536	1018	91098	494	1008	133441	452	757	170594
535	980	92078	493	995	134436	451	768	171362
534	1043	93121	492	1018	135454	450	707	172069
533	972	94093	491	955	136409	449	706	172775
532	1004	95097	490	945	137354	448	748	173523

（三）江苏省2023年普通高考体育类（历史等科目类）逐分段统计表

注：本次公布的统计表为符合第一阶段志愿填报条件考生的体育类（历史等科目类）投档分逐分段统计。

分数段	同分人数	累计人数	分数段	同分人数	累计人数	分数段	同分人数	累计人数
548及以上	58	58	513	26	366	478	13	1026
547	2	60	512	13	379	477	20	1046
546	6	66	511	11	390	476	23	1069
545	3	69	510	12	402	475	19	1088
544	3	72	509	8	410	474	25	1113
543	3	75	508	9	419	473	23	1136
542	7	82	507	11	430	472	16	1152
541	7	89	506	21	451	471	17	1169
540	5	94	505	20	471	470	17	1186
539	7	101	504	18	489	469	18	1204
538	3	104	503	11	500	468	17	1221
537	8	112	502	19	519	467	12	1233
536	4	116	501	13	532	466	10	1243
535	11	127	500	17	549	465	11	1254
534	6	133	499	23	572	464	19	1273
533	9	142	498	21	593	463	18	1291
532	9	151	497	16	609	462	9	1300
531	4	155	496	22	631	461	13	1313
530	7	162	495	17	648	460	9	1322
529	7	169	494	25	673	459	2	1324
528	14	183	493	21	694	458	12	1336
527	12	195	492	22	716	457	11	1347
526	4	199	491	22	738	456	13	1360
525	11	210	490	23	761	455	3	1363
524	8	218	489	19	780	454	3	1366
523	7	225	488	27	807	453	6	1372
522	9	234	487	25	832	452	8	1380
521	12	246	486	29	861	451	4	1384
520	10	256	485	25	886	450	4	1388
519	12	268	484	20	906	449	2	1390
518	13	281	483	22	928	448	1	1391
517	10	291	482	19	947	447	1	1392
516	12	303	481	23	970	446	1	1393
515	19	322	480	20	990			
514	18	340	479	23	1013			

(四)江苏省2023年普通高考体育类(物理等科目类)逐分段统计表

注:本次公布的统计表为符合第一阶段志愿填报条件考生的体育类(物理等科目类)投档分逐分段统计。

分数段	同分人数	累计人数	分数段	同分人数	累计人数	分数段	同分人数	累计人数
571及以上	51	51	533	6	261	495	16	826
570	3	54	532	13	274	494	15	841
569	4	58	531	12	286	493	11	852
568	2	60	530	7	293	492	31	883
567	3	63	529	9	302	491	17	900
566	4	67	528	17	319	490	18	918
565	1	68	527	8	327	489	19	937
564	3	71	526	7	334	488	10	947
563	4	75	525	9	343	487	16	963
562	5	80	524	13	356	486	16	979
561	3	83	523	8	364	485	16	995
560	3	86	522	13	377	484	18	1013
559	2	88	521	12	389	483	13	1026
558	2	90	520	18	407	482	11	1037
557	3	93	519	17	424	481	13	1050
556	6	99	518	9	433	480	15	1065
555	7	106	517	12	445	479	12	1077
554	5	111	516	14	459	478	8	1085
553	5	116	515	16	475	477	6	1091
552	5	121	514	16	491	476	9	1100
551	4	125	513	12	503	475	10	1110
550	6	131	512	17	520	474	9	1119
549	4	135	511	16	536	473	12	1131
548	4	139	510	17	553	472	9	1140
547	8	147	509	17	570	471	9	1149
546	4	151	508	18	588	470	4	1153
545	7	158	507	15	603	469	6	1159
544	3	161	506	25	628	468	5	1164
543	6	167	505	21	649	467	5	1169
542	7	174	504	13	662	466	9	1178
541	6	180	503	21	683	465	1	1179
540	9	189	502	21	704	464	1	1180
539	13	202	501	21	725	463	2	1182
538	9	211	500	17	742	462	1	1183
537	6	217	499	15	757	461	3	1186
536	11	228	498	20	777	460	2	1188
535	16	244	497	22	799	459	2	1190
534	11	255	496	11	810	457	3	1193

(五)江苏省2023年普通高考美术类(历史等科目类)逐分段统计表

注:本次公布的统计表为符合第一阶段志愿填报条件考生的美术类(历史等科目类)投档分逐分段统计。

分数段	同分人数	累计人数
602及以上	56	56
601	6	62
600	4	66
599	2	68
597	1	69
596	4	73
595	4	77
594	8	85
593	5	90
592	4	94
591	6	100
590	7	107
589	15	122
588	5	127
587	6	133
586	14	147
585	16	163
584	7	170
583	17	187
582	8	195
581	8	203
580	10	213
579	13	226
578	11	237
577	18	255
576	15	270
575	11	281
574	14	295
573	14	309
572	11	320
571	12	332
570	13	345

分数段	同分人数	累计人数
569	15	360
568	17	377
567	22	399
566	18	417
565	18	435
564	19	454
563	21	475
562	22	497
561	22	519
560	26	545
559	24	569
558	18	587
557	20	607
556	27	634
555	26	660
554	33	693
553	26	719
552	28	747
551	35	782
550	30	812
549	31	843
548	32	875
547	27	902
546	53	955
545	49	1004
544	44	1048
543	54	1102
542	42	1144
541	39	1183
540	43	1226
539	46	1272
538	49	1321

分数段	同分人数	累计人数
537	46	1367
536	43	1410
535	56	1466
534	55	1521
533	58	1579
532	58	1637
531	53	1690
530	74	1764
529	62	1826
528	75	1901
527	76	1977
526	53	2030
525	85	2115
524	77	2192
523	82	2274
522	103	2377
521	68	2445
520	85	2530
519	82	2612
518	79	2691
517	91	2782
516	99	2881
515	101	2982
514	103	3085
513	110	3195
512	92	3287
511	92	3379
510	125	3504
509	107	3611
508	111	3722
507	122	3844
506	112	3956

江苏省2023年普通高考美术类(历史等科目类)逐分段统计表

分数段	同分人数	累计人数	分数段	同分人数	累计人数	分数段	同分人数	累计人数
505	124	4080	469	192	10254	433	105	15498
504	127	4207	468	180	10434	432	99	15597
503	115	4322	467	172	10606	431	83	15680
502	154	4476	466	160	10766	430	100	15780
501	140	4616	465	169	10935	429	78	15858
500	152	4768	464	178	11113	428	78	15936
499	133	4901	463	186	11299	427	89	16025
498	151	5052	462	173	11472	426	61	16086
497	154	5206	461	175	11647	425	71	16157
496	175	5381	460	160	11807	424	50	16207
495	167	5548	459	150	11957	423	59	16266
494	149	5697	458	213	12170	422	51	16317
493	158	5855	457	155	12325	421	44	16361
492	161	6016	456	154	12479	420	47	16408
491	151	6167	455	165	12644	419	44	16452
490	179	6346	454	161	12805	418	42	16494
489	176	6522	453	164	12969	417	40	16534
488	203	6725	452	154	13123	416	39	16573
487	161	6886	451	160	13283	415	34	16607
486	144	7030	450	145	13428	414	28	16635
485	201	7231	449	145	13573	413	37	16672
484	194	7425	448	153	13726	412	22	16694
483	188	7613	447	142	13868	411	26	16720
482	186	7799	446	153	14021	410	16	16736
481	191	7990	445	147	14168	409	16	16752
480	172	8162	444	149	14317	408	19	16771
479	186	8348	443	108	14425	407	9	16780
478	190	8538	442	142	14567	406	11	16791
477	196	8734	441	104	14671	405	11	16802
476	186	8920	440	110	14781	404	5	16807
475	191	9111	439	106	14887	403	4	16811
474	195	9306	438	114	15001	402	4	16815
473	213	9519	437	110	15111	400	2	16817
472	176	9695	436	94	15205	399	1	16818
471	173	9868	435	99	15304	398	1	16819
470	194	10062	434	89	15393	397	1	16820

（六）江苏省2023年普通高考美术类（物理等科目类）逐分段统计表

注：本次公布的统计表为符合第一阶段志愿填报条件考生的美术类（物理等科目类）投档分逐分段统计。

分数段	同分人数	累计人数	分数段	同分人数	累计人数	分数段	同分人数	累计人数
597及以上	55	55	567	9	161	540	5	352
596	2	57	566	10	171	539	10	362
594	3	60	565	6	177	538	9	371
593	8	68	564	5	182	537	11	382
591	4	72	563	4	186	536	11	393
590	3	75	562	4	190	535	9	402
588	4	79	561	10	200	534	13	415
587	1	80	560	1	201	533	11	426
586	1	81	559	6	207	532	9	435
585	1	82	558	3	210	531	13	448
584	2	84	557	7	217	530	13	461
583	5	89	556	6	223	529	16	477
582	3	92	555	9	232	528	10	487
581	4	96	554	10	242	527	13	500
580	6	102	553	10	252	526	20	520
579	1	103	552	9	261	525	20	540
578	1	104	551	5	266	524	16	556
577	6	110	550	4	270	523	14	570
576	4	114	549	7	277	522	18	588
575	1	115	548	9	286	521	12	600
574	5	120	547	8	294	520	16	616
573	4	124	546	11	305	519	19	635
572	5	129	545	6	311	518	12	647
571	5	134	544	7	318	517	15	662
570	3	137	543	11	329	516	19	681
569	7	144	542	8	337	515	22	703
568	8	152	541	10	347	514	18	721

江苏省2023年普通高考美术类(物理等科目类)逐分段统计表

分数段	同分人数	累计人数	分数段	同分人数	累计人数	分数段	同分人数	累计人数
513	16	737	482	17	1450	451	19	2110
512	27	764	481	31	1481	450	14	2124
511	15	779	480	22	1503	449	10	2134
510	15	794	479	27	1530	448	14	2148
509	18	812	478	27	1557	447	8	2156
508	22	834	477	27	1584	446	10	2166
507	20	854	476	30	1614	445	16	2182
506	25	879	475	18	1632	444	14	2196
505	21	900	474	26	1658	443	7	2203
504	29	929	473	16	1674	442	5	2208
503	22	951	472	26	1700	441	7	2215
502	24	975	471	23	1723	440	11	2226
501	24	999	470	22	1745	439	10	2236
500	29	1028	469	22	1767	438	4	2240
499	29	1057	468	23	1790	437	4	2244
498	9	1066	467	22	1812	436	4	2248
497	20	1086	466	26	1838	435	5	2253
496	27	1113	465	17	1855	434	2	2255
495	28	1141	464	14	1869	433	1	2256
494	23	1164	463	14	1883	432	3	2259
493	21	1185	462	32	1915	431	7	2266
492	28	1213	461	24	1939	430	2	2268
491	28	1241	460	14	1953	429	2	2270
490	19	1260	459	27	1980	428	5	2275
489	21	1281	458	13	1993	427	3	2278
488	38	1319	457	15	2008	425	3	2281
487	18	1337	456	16	2024	424	1	2282
486	19	1356	455	17	2041	423	1	2283
485	25	1381	454	17	2058	422	1	2284
484	23	1404	453	22	2080	421	1	2285
483	29	1433	452	11	2091	419	1	2286

(七)江苏省2023年普通高考声乐类(历史等科目类)逐分段统计表

注:本次公布的统计表为符合第一阶段志愿填报条件考生的声乐类(历史等科目类)投档分逐分段统计。

分数段	同分人数	累计人数	分数段	同分人数	累计人数	分数段	同分人数	累计人数
236及以上	14	14	205	25	395	174	27	1628
235	2	16	204	28	423	173	24	1652
234	1	17	203	28	451	172	17	1669
233	4	21	202	37	488	171	24	1693
232	2	23	201	46	534	170	20	1713
231	2	25	200	32	566	169	23	1736
230	6	31	199	36	602	168	16	1752
229	8	39	198	44	646	167	17	1769
228	2	41	197	42	688	166	15	1784
227	6	47	196	43	731	165	12	1796
226	5	52	195	32	763	164	10	1806
225	3	55	194	47	810	163	11	1817
224	3	58	193	32	842	162	9	1826
223	14	72	192	44	886	161	9	1835
222	7	79	191	45	931	160	12	1847
221	8	87	190	45	976	159	9	1856
220	12	99	189	39	1015	158	9	1865
219	7	106	188	58	1073	157	4	1869
218	16	122	187	62	1135	156	7	1876
217	9	131	186	42	1177	155	6	1882
216	14	145	185	57	1234	154	6	1888
215	13	158	184	57	1291	153	3	1891
214	23	181	183	37	1328	152	7	1898
213	22	203	182	45	1373	151	5	1903
212	21	224	181	43	1416	150	3	1906
211	24	248	180	41	1457	149	2	1908
210	25	273	179	28	1485	148	2	1910
209	26	299	178	37	1522	147	4	1914
208	22	321	177	32	1554	146	2	1916
207	21	342	176	28	1582	145	2	1918
206	28	370	175	19	1601			

(八)江苏省2023年普通高考声乐类(物理等科目类)逐分段统计表

注:本次公布的统计表为符合第一阶段志愿填报条件考生的声乐类(物理等科目类)投档分逐分段统计。

分数段	同分人数	累计人数	分数段	同分人数	累计人数	分数段	同分人数	累计人数
217及以上	11	11	191	7	117	166	2	230
216	1	12	190	4	121	165	1	231
215	1	13	189	6	127	164	5	236
213	1	14	188	4	131	163	2	238
212	2	16	187	4	135	162	5	243
211	1	17	186	9	144	161	5	248
210	6	23	185	3	147	160	1	249
209	2	25	184	2	149	159	2	251
208	2	27	183	4	153	157	1	252
207	2	29	182	6	159	156	1	253
206	2	31	181	1	160	154	1	254
205	6	37	180	9	169	151	1	255
204	7	44	179	8	177	150	3	258
203	5	49	178	4	181	149	1	259
202	9	58	177	13	194			
201	4	62	176	5	199			
200	4	66	175	4	203			
199	7	73	174	3	206			
198	3	76	173	7	213			
197	6	82	172	2	215			
196	6	88	171	3	218			
195	5	93	170	3	221			
194	7	100	169	3	224			
193	5	105	168	1	225			
192	5	110	167	3	228			

(九)江苏省 2023 年普通高考器乐类(历史等科目类)逐分段统计表

注:本次公布的统计表为符合第一阶段志愿填报条件考生的器乐类(历史等科目类)投档分逐分段统计。

分数段	同分人数	累计人数
分数段	同分人数	累计人数
241 及以上	12	12
240	2	14
239	4	18
238	4	22
237	3	25
236	4	29
235	6	35
234	6	41
233	5	46
232	6	52
231	4	56
230	8	64
229	8	72
228	8	80
227	6	86
226	8	94
225	11	105
224	11	116
223	13	129
222	10	139
221	23	162
220	12	174
219	19	193
218	13	206
217	21	227
216	17	244
215	17	261
214	18	279
213	16	295
212	17	312
211	16	328
210	14	342
209	15	357
208	20	377
207	23	400
206	17	417
205	23	440
204	19	459
203	19	478
202	26	504
201	27	531
200	26	557
199	18	575
198	34	609
197	15	624
196	23	647
195	30	677
194	27	704
193	28	732
192	34	766
191	17	783
190	23	806
189	20	826
188	31	857
187	24	881
186	32	913
185	21	934
184	24	958
183	24	982
182	29	1011
181	22	1033
180	19	1052
179	24	1076
178	29	1105
177	13	1118
176	20	1138
175	20	1158
174	16	1174
173	11	1185
172	15	1200
171	8	1208
170	12	1220
169	16	1236
168	5	1241
167	7	1248
166	11	1259
165	11	1270
164	14	1284
163	9	1293
162	9	1302
161	5	1307
160	5	1312
159	6	1318
158	10	1328
157	1	1329
156	2	1331
155	6	1337
154	3	1340
153	3	1343
152	7	1350
151	2	1352
150	4	1356
149	3	1359
148	2	1361
147	4	1365

(十) 江苏省2023年普通高考器乐类(物理等科目类)逐分段统计表

注:本次公布的统计表为符合第一阶段志愿填报条件考生的器乐类(物理等科目类)投档分逐分段统计。

分数段	同分人数	累计人数	分数段	同分人数	累计人数	分数段	同分人数	累计人数
223及以上	11	11	192	2	73	164	1	165
222	2	13	191	1	74	163	2	167
221	1	14	190	1	75	162	1	168
220	2	16	189	2	77	161	1	169
219	3	19	188	1	78	160	3	172
218	1	20	187	1	79	159	1	173
217	1	21	186	6	85	158	1	174
214	4	25	185	5	90	157	1	175
213	3	28	184	6	96	156	2	177
212	1	29	183	7	103	155	1	178
211	1	30	182	2	105	152	1	179
210	4	34	181	4	109	151	1	180
209	1	35	180	6	115	148	3	183
207	2	37	179	5	120	147	1	184
206	1	38	178	2	122			
205	1	39	177	4	126			
204	3	42	176	7	133			
203	5	47	175	5	138			
202	2	49	174	2	140			
201	2	51	173	2	142			
200	1	52	172	1	143			
199	3	55	171	6	149			
198	4	59	170	3	152			
197	2	61	169	3	155			
196	5	66	168	1	156			
195	1	67	167	3	159			
194	2	69	166	2	161			
193	2	71	165	3	164			

(十一)江苏省2023年普通高考编导类(历史等科目类)逐分段统计表

注:本次公布的统计表为符合第一阶段志愿填报条件考生的编导类(历史等科目类)投档分逐分段统计。

分数段	同分人数	累计人数	分数段	同分人数	累计人数	分数段	同分人数	累计人数
572及以上	51	51	535	3	277	498	32	1102
571	2	53	534	10	287	497	35	1137
570	1	54	533	17	304	496	27	1164
569	2	56	532	6	310	495	31	1195
568	2	58	531	10	320	494	41	1236
567	3	61	530	16	336	493	27	1263
566	2	63	529	23	359	492	29	1292
565	3	66	528	7	366	491	37	1329
564	5	71	527	16	382	490	35	1364
563	5	76	526	9	391	489	29	1393
562	2	78	525	17	408	488	39	1432
561	4	82	524	15	423	487	23	1455
560	2	84	523	17	440	486	25	1480
559	5	89	522	20	460	485	28	1508
558	2	91	521	19	479	484	35	1543
557	6	97	520	17	496	483	30	1573
556	8	105	519	28	524	482	35	1608
555	2	107	518	31	555	481	25	1633
554	9	116	517	28	583	480	34	1667
553	4	120	516	27	610	479	29	1696
552	9	129	515	28	638	478	36	1732
551	3	132	514	18	656	477	29	1761
550	5	137	513	17	673	476	27	1788
549	7	144	512	23	696	475	24	1812
548	7	151	511	15	711	474	16	1828
547	8	159	510	17	728	473	24	1852
546	13	172	509	38	766	472	17	1869
545	6	178	508	29	795	471	12	1881
544	9	187	507	18	813	470	20	1901
543	9	196	506	41	854	469	8	1909
542	8	204	505	31	885	468	8	1917
541	3	207	504	25	910	467	8	1925
540	6	213	503	43	953	466	7	1932
539	17	230	502	23	976	465	6	1938
538	15	245	501	28	1004	464	2	1940
537	15	260	500	31	1035			
536	14	274	499	35	1070			

(十二) 江苏省2023年普通高考编导类(物理等科目类)逐分段统计表

注:本次公布的统计表为符合第一阶段志愿填报条件考生的编导类(物理等科目类)投档分逐分段统计。

分数段	同分人数	累计人数	分数段	同分人数	累计人数	分数段	同分人数	累计人数
553 及以上	52	52	521	6	183	490	5	469
552	2	54	520	6	189	489	11	480
551	2	56	519	2	191	488	14	494
550	2	58	518	10	201	487	10	504
549	3	61	517	6	207	486	4	508
548	2	63	516	9	216	485	12	520
547	3	66	515	10	226	484	5	525
546	3	69	514	8	234	483	3	528
545	3	72	513	2	236	482	10	538
544	4	76	512	11	247	481	12	550
542	1	77	511	12	259	480	8	558
541	2	79	510	7	266	479	10	568
540	6	85	509	16	282	478	5	573
539	6	91	508	8	290	477	7	580
538	3	94	507	10	300	476	7	587
537	4	98	506	10	310	475	2	589
536	2	100	505	12	322	474	5	594
535	7	107	504	13	335	473	4	598
534	2	109	503	13	348	472	2	600
533	2	111	502	7	355	471	4	604
532	6	117	501	10	365	470	1	605
531	6	123	500	8	373			
530	7	130	499	13	386			
529	7	137	498	9	395			
528	5	142	497	13	408			
527	9	151	496	10	418			
526	6	157	495	5	423			
525	3	160	494	9	432			
524	3	163	493	5	437			
523	10	173	492	10	447			
522	4	177	491	17	464			

附录二：江苏省2022年普通高考普通类、体育类、美术类、声乐类、器乐类、编导类逐分段统计表

（一）江苏省2022年普通高考普通类（历史等科目类）逐分段统计表

注：本次公布的统计表为符合第一阶段志愿填报条件考生的普通类（历史等科目类）总分逐分段统计。

分数段	同分人数	累计人数	分数段	同分人数	累计人数	分数段	同分人数	累计人数
626及以上	107	107	601	61	928	576	177	4079
625	12	119	600	59	987	575	207	4286
624	7	126	599	70	1057	574	213	4499
623	14	140	598	60	1117	573	217	4716
622	7	147	597	88	1205	572	213	4929
621	14	161	596	95	1300	571	216	5145
620	32	193	595	85	1385	570	237	5382
619	15	208	594	106	1491	569	225	5607
618	15	223	593	94	1585	568	225	5832
617	27	250	592	112	1697	567	241	6073
616	27	277	591	114	1811	566	256	6329
615	31	308	590	111	1922	565	253	6582
614	17	325	589	136	2058	564	267	6849
613	31	356	588	113	2171	563	285	7134
612	25	381	587	134	2305	562	295	7429
611	34	415	586	121	2426	561	274	7703
610	32	447	585	145	2571	560	297	8000
609	48	495	584	146	2717	559	304	8304
608	46	541	583	172	2889	558	304	8608
607	42	583	582	171	3060	557	293	8901
606	48	631	581	166	3226	556	320	9221
605	66	697	580	166	3392	555	307	9528
604	49	746	579	178	3570	554	339	9867
603	62	808	578	165	3735	553	355	10222
602	59	867	577	167	3902	552	375	10597

江苏省2022年普通高考普通类（历史等科目类）逐分段统计表

分数段	同分人数	累计人数	分数段	同分人数	累计人数	分数段	同分人数	累计人数
551	317	10914	520	548	25298	489	655	44430
550	336	11250	519	538	25836	488	645	45075
549	364	11614	518	578	26414	487	670	45745
548	355	11969	517	580	26994	486	684	46429
547	405	12374	516	566	27560	485	651	47080
546	373	12747	515	564	28124	484	652	47732
545	420	13167	514	595	28719	483	642	48374
544	412	13579	513	588	29307	482	681	49055
543	428	14007	512	610	29917	481	661	49716
542	442	14449	511	582	30499	480	669	50385
541	422	14871	510	591	31090	479	683	51068
540	442	15313	509	607	31697	478	666	51734
539	449	15762	508	602	32299	477	629	52363
538	398	16160	507	618	32917	476	640	53003
537	446	16606	506	636	33553	475	637	53640
536	494	17100	505	600	34153	474	679	54319
535	446	17546	504	638	34791	473	664	54983
534	514	18060	503	607	35398	472	601	55584
533	479	18539	502	613	36011	471	667	56251
532	516	19055	501	576	36587			
531	490	19545	500	626	37213			
530	515	20060	499	610	37823			
529	533	20593	498	682	38505			
528	518	21111	497	631	39136			
527	468	21579	496	636	39772			
526	509	22088	495	695	40467			
525	522	22610	494	666	41133			
524	538	23148	493	650	41783			
523	518	23666	492	652	42435			
522	533	24199	491	664	43099			
521	551	24750	490	676	43775			

(二) 江苏省2022年普通高考普通类(物理等科目类)逐分段统计表

注:本次公布的统计表为符合第一阶段志愿填报条件考生的普通类(物理等科目类)总分逐分段统计。

分数段	同分人数	累计人数	分数段	同分人数	累计人数	分数段	同分人数	累计人数
670及以上	101	101	631	180	3004	592	679	18698
669	13	114	630	198	3202	591	666	19364
668	12	126	629	193	3395	590	671	20035
667	11	137	628	231	3626	589	646	20681
666	19	156	627	195	3821	588	690	21371
665	18	174	626	219	4040	587	689	22060
664	25	199	625	244	4284	586	743	22803
663	18	217	624	243	4527	585	714	23517
662	25	242	623	253	4780	584	769	24286
661	30	272	622	269	5049	583	686	24972
660	30	302	621	297	5346	582	770	25742
659	24	326	620	282	5628	581	764	26506
658	33	359	619	308	5936	580	799	27305
657	29	388	618	304	6240	579	783	28088
656	32	420	617	316	6556	578	820	28908
655	40	460	616	367	6923	577	806	29714
654	46	506	615	364	7287	576	843	30557
653	57	563	614	296	7583	575	881	31438
652	46	609	613	375	7958	574	869	32307
651	53	662	612	392	8350	573	851	33158
650	68	730	611	386	8736	572	846	34004
649	70	800	610	379	9115	571	803	34807
648	72	872	609	408	9523	570	907	35714
647	83	955	608	437	9960	569	821	36535
646	74	1029	607	443	10403	568	933	37468
645	88	1117	606	432	10835	567	898	38366
644	92	1209	605	420	11255	566	918	39284
643	94	1303	604	484	11739	565	990	40274
642	103	1406	603	436	12175	564	965	41239
641	96	1502	602	557	12732	563	923	42162
640	132	1634	601	523	13255	562	964	43126
639	109	1743	600	532	13787	561	935	44061
638	109	1852	599	562	14349	560	949	45010
637	133	1985	598	578	14927	559	921	45931
636	153	2138	597	543	15470	558	979	46910
635	162	2300	596	596	16066	557	1021	47931
634	164	2464	595	613	16679	556	1013	48944
633	187	2651	594	656	17335	555	975	49919
632	173	2824	593	684	18019	554	1009	50928

江苏省2022年普通高考普通类(物理等科目类)逐分段统计表

分数段	同分人数	累计人数
553	1053	51981
552	1033	53014
551	1054	54068
550	981	55049
549	1020	56069
548	1024	57093
547	994	58087
546	1030	59117
545	1090	60207
544	1045	61252
543	1025	62277
542	1093	63370
541	1000	64370
540	1032	65402
539	1063	66465
538	1024	67489
537	997	68486
536	1089	69575
535	1072	70647
534	996	71643
533	1121	72764
532	1099	73863
531	1124	74987
530	1100	76087
529	1042	77129
528	1073	78202
527	1036	79238
526	1113	80351
525	1076	81427
524	1073	82500
523	1001	83501
522	1072	84573
521	1058	85631
520	1075	86706
519	1055	87761
518	1064	88825
517	1105	89930
516	1052	90982
515	1093	92075
514	970	93045
513	1100	94145
512	1082	95227

分数段	同分人数	累计人数
511	1020	96247
510	1082	97329
509	1015	98344
508	1040	99384
507	1018	100402
506	1055	101457
505	1006	102463
504	1026	103489
503	1016	104505
502	1005	105510
501	1082	106592
500	1027	107619
499	1005	108624
498	953	109577
497	994	110571
496	945	111516
495	993	112509
494	957	113466
493	921	114387
492	966	115353
491	911	116264
490	943	117207
489	982	118189
488	952	119141
487	950	120091
486	913	121004
485	1003	122007
484	915	122922
483	973	123895
482	918	124813
481	806	125619
480	875	126494
479	907	127401
478	916	128317
477	890	129207
476	893	130100
475	870	130970
474	846	131816
473	864	132680
472	856	133536
471	887	134423
470	855	135278

分数段	同分人数	累计人数
469	816	136094
468	866	136960
467	872	137832
466	813	138645
465	827	139472
464	841	140313
463	820	141133
462	786	141919
461	770	142689
460	793	143482
459	768	144250
458	782	145032
457	800	145832
456	749	146581
455	736	147317
454	728	148045
453	756	148801
452	732	149533
451	702	150235
450	764	150999
449	709	151708
448	720	152428
447	721	153149
446	694	153843
445	694	154537
444	666	155203
443	708	155911
442	675	156586
441	659	157245
440	624	157869
439	641	158510
438	608	159118
437	643	159761
436	663	160424
435	639	161063
434	588	161651
433	613	162264
432	595	162859
431	601	163460
430	545	164005
429	573	164578

(三) 江苏省2022年普通高考体育类(历史等科目类)逐分段统计表

注：本次公布的统计表为符合第一阶段志愿填报条件考生的体育类(历史等科目类)投档分逐分段统计。

分数段	同分人数	累计人数	分数段	同分人数	累计人数	分数段	同分人数	累计人数
535及以上	51	51	502	16	308	469	25	948
534	5	56	501	13	321	468	22	970
533	1	57	500	14	335	467	21	991
532	2	59	499	12	347	466	14	1005
531	3	62	498	20	367	465	18	1023
530	3	65	497	17	384	464	10	1033
529	5	70	496	19	403	463	12	1045
528	1	71	495	12	415	462	15	1060
527	6	77	494	16	431	461	13	1073
526	7	84	493	17	448	460	23	1096
525	5	89	492	12	460	459	16	1112
524	4	93	491	16	476	458	7	1119
523	5	98	490	20	496	457	17	1136
522	4	102	489	16	512	456	18	1154
521	5	107	488	25	537	455	15	1169
520	3	110	487	16	553	454	13	1182
519	8	118	486	19	572	453	11	1193
518	4	122	485	18	590	452	14	1207
517	7	129	484	15	605	451	7	1214
516	16	145	483	22	627	450	11	1225
515	10	155	482	14	641	449	16	1241
514	8	163	481	32	673	448	7	1248
513	8	171	480	23	696	447	5	1253
512	9	180	479	23	719	446	12	1265
511	6	186	478	29	748	445	8	1273
510	10	196	477	18	766	444	5	1278
509	8	204	476	25	791	443	5	1283
508	15	219	475	28	819	442	6	1289
507	14	233	474	23	842	441	7	1296
506	12	245	473	26	868	440	4	1300
505	12	257	472	23	891	439	3	1303
504	14	271	471	19	910	438	2	1305
503	21	292	470	13	923	437	4	1309

(四) 江苏省2022年普通高考体育类(物理等科目类)逐分段统计表

注:本次公布的统计表为符合第一阶段志愿填报条件考生的体育类(物理等科目类)投档分逐分段统计。

分数段	同分人数	累计人数	分数段	同分人数	累计人数	分数段	同分人数	累计人数
551及以上	53	53	511	7	235	473	10	658
549	7	60	510	3	238	472	18	676
548	3	63	509	6	244	471	14	690
547	1	64	508	9	253	470	8	698
546	1	65	507	8	261	469	12	710
545	2	67	506	6	267	468	14	724
544	2	69	505	9	276	467	13	737
543	6	75	504	9	285	466	12	749
542	4	79	503	9	294	465	13	762
540	3	82	502	11	305	464	21	783
539	2	84	501	4	309	463	7	790
538	3	87	500	10	319	462	7	797
537	9	96	499	13	332	461	16	813
536	9	105	498	10	342	460	7	820
535	4	109	497	8	350	459	6	826
534	6	115	496	17	367	458	14	840
533	4	119	495	7	374	457	8	848
532	7	126	494	3	377	456	8	856
531	5	131	493	10	387	455	9	865
530	5	136	492	17	404	454	6	871
529	4	140	491	9	413	453	4	875
528	2	142	490	7	420	452	8	883
527	3	145	489	19	439	451	6	889
526	4	149	488	17	456	450	10	899
525	5	154	487	9	465	449	7	906
524	4	158	486	19	484	448	9	915
523	6	164	485	13	497	447	3	918
522	4	168	484	16	513	446	6	924
521	5	173	483	13	526	445	2	926
520	7	180	482	6	532	444	2	928
519	3	183	481	18	550	443	1	929
518	4	187	480	13	563	442	3	932
517	4	191	479	11	574	441	3	935
516	4	195	478	19	593	440	1	936
515	9	204	477	21	614	439	1	937
514	8	212	476	11	625	438	2	939
513	7	219	475	16	641	437	1	940
512	9	228	474	7	648	435	2	942

(五)江苏省2022年普通高考美术类(历史等科目类)逐分段统计表

注:本次公布的统计表为符合第一阶段志愿填报条件考生的美术类(历史等科目类)投档分逐分段统计。

分数段	同分人数	累计人数	分数段	同分人数	累计人数	分数段	同分人数	累计人数
598及以上	51	51	565	21	394	532	51	1689
597	4	55	564	23	417	531	75	1764
596	8	63	563	29	446	530	78	1842
595	6	69	562	20	466	529	70	1912
594	4	73	561	24	490	528	74	1986
593	10	83	560	26	516	527	80	2066
592	7	90	559	22	538	526	73	2139
591	6	96	558	29	567	525	77	2216
590	2	98	557	28	595	524	95	2311
589	4	102	556	37	632	523	57	2368
588	7	109	555	29	661	522	79	2447
587	4	113	554	43	704	521	106	2553
586	7	120	553	38	742	520	93	2646
585	5	125	552	27	769	519	81	2727
584	10	135	551	34	803	518	91	2818
583	7	142	550	25	828	517	80	2898
582	10	152	549	50	878	516	105	3003
581	9	161	548	36	914	515	110	3113
580	7	168	547	37	951	514	101	3214
579	17	185	546	43	994	513	107	3321
578	10	195	545	35	1029	512	102	3423
577	4	199	544	45	1074	511	105	3528
576	14	213	543	39	1113	510	112	3640
575	5	218	542	43	1156	509	131	3771
574	17	235	541	34	1190	508	130	3901
573	13	248	540	56	1246	507	113	4014
572	14	262	539	49	1295	506	124	4138
571	13	275	538	54	1349	505	141	4279
570	22	297	537	46	1395	504	125	4404
569	14	311	536	68	1463	503	128	4532
568	18	329	535	52	1515	502	139	4671
567	25	354	534	58	1573	501	123	4794
566	19	373	533	65	1638	500	164	4958

江苏省2022年普通高考美术类（历史等科目类）逐分段统计表

分数段	同分人数	累计人数	分数段	同分人数	累计人数	分数段	同分人数	累计人数
499	143	5101	462	137	11250	425	90	15581
498	138	5239	461	172	11422	424	54	15635
497	147	5386	460	156	11578	423	62	15697
496	133	5519	459	145	11723	422	74	15771
495	164	5683	458	145	11868	421	56	15827
494	157	5840	457	147	12015	420	58	15885
493	144	5984	456	141	12156	419	54	15939
492	157	6141	455	128	12284	418	69	16008
491	176	6317	454	146	12430	417	52	16060
490	184	6501	453	140	12570	416	48	16108
489	180	6681	452	159	12729	415	54	16162
488	178	6859	451	130	12859	414	48	16210
487	187	7046	450	134	12993	413	48	16258
486	148	7194	449	145	13138	412	35	16293
485	192	7386	448	133	13271	411	40	16333
484	156	7542	447	118	13389	410	40	16373
483	194	7736	446	120	13509	409	30	16403
482	194	7930	445	99	13608	408	37	16440
481	179	8109	444	137	13745	407	26	16466
480	168	8277	443	103	13848	406	25	16491
479	179	8456	442	110	13958	405	22	16513
478	173	8629	441	116	14074	404	27	16540
477	193	8822	440	106	14180	403	15	16555
476	167	8989	439	122	14302	402	15	16570
475	163	9152	438	113	14415	401	9	16579
474	166	9318	437	99	14514	400	8	16587
473	183	9501	436	96	14610	399	11	16598
472	147	9648	435	106	14716	398	9	16607
471	174	9822	434	95	14811	397	5	16612
470	167	9989	433	92	14903	396	5	16617
469	166	10155	432	86	14989	395	3	16620
468	153	10308	431	92	15081	394	2	16622
467	155	10463	430	94	15175	392	2	16624
466	180	10643	429	74	15249	391	1	16625
465	143	10786	428	88	15337			
464	167	10953	427	72	15409			
463	160	11113	426	82	15491			

(六)江苏省2022年普通高考美术类(物理等科目类)逐分段统计表

注:本次公布的统计表为符合第一阶段志愿填报条件考生的美术类(物理等科目类)投档分逐分段统计。

分数段	同分人数	累计人数	分数段	同分人数	累计人数	分数段	同分人数	累计人数
582及以上	51	51	553	9	149	524	8	360
581	1	52	552	4	153	523	8	368
580	1	53	551	5	158	522	8	376
579	1	54	550	3	161	521	11	387
578	1	55	549	3	164	520	7	394
577	1	56	548	7	171	519	7	401
576	3	59	547	9	180	518	11	412
575	4	63	546	4	184	517	8	420
574	3	66	545	4	188	516	12	432
573	4	70	544	5	193	515	16	448
572	1	71	543	7	200	514	16	464
571	4	75	542	6	206	513	18	482
570	7	82	541	8	214	512	7	489
569	2	84	540	8	222	511	15	504
568	1	85	539	6	228	510	16	520
567	4	89	538	5	233	509	13	533
566	6	95	537	7	240	508	13	546
565	3	98	536	9	249	507	15	561
564	2	100	535	6	255	506	17	578
563	9	109	534	12	267	505	17	595
562	5	114	533	8	275	504	18	613
561	2	116	532	10	285	503	12	625
560	4	120	531	6	291	502	15	640
559	3	123	530	8	299	501	15	655
558	3	126	529	9	308	500	14	669
557	5	131	528	14	322	499	17	686
556	4	135	527	11	333	498	18	704
555	3	138	526	11	344	497	21	725
554	2	140	525	8	352	496	15	740

江苏省2022年普通高考美术类(物理等科目类)逐分段统计表

分数段	同分人数	累计人数	分数段	同分人数	累计人数	分数段	同分人数	累计人数
495	19	759	462	16	1410	429	17	1970
494	20	779	461	22	1432	428	8	1978
493	22	801	460	21	1453	427	13	1991
492	25	826	459	22	1475	426	7	1998
491	20	846	458	28	1503	425	14	2012
490	22	868	457	12	1515	424	10	2022
489	11	879	456	26	1541	423	7	2029
488	16	895	455	20	1561	422	17	2046
487	28	923	454	17	1578	421	11	2057
486	12	935	453	21	1599	420	10	2067
485	22	957	452	27	1626	419	10	2077
484	21	978	451	12	1638	418	7	2084
483	25	1003	450	17	1655	417	7	2091
482	16	1019	449	13	1668	416	3	2094
481	25	1044	448	23	1691	415	9	2103
480	25	1069	447	24	1715	414	7	2110
479	23	1092	446	13	1728	413	8	2118
478	25	1117	445	6	1734	412	8	2126
477	10	1127	444	16	1750	411	7	2133
476	15	1142	443	17	1767	410	9	2142
475	23	1165	442	12	1779	409	3	2145
474	15	1180	441	17	1796	408	4	2149
473	22	1202	440	13	1809	407	4	2153
472	23	1225	439	15	1824	406	3	2156
471	17	1242	438	12	1836	405	2	2158
470	24	1266	437	13	1849	404	2	2160
469	14	1280	436	15	1864	403	2	2162
468	32	1312	435	9	1873	402	2	2164
467	17	1329	434	25	1898	401	3	2167
466	18	1347	433	13	1911	400	1	2168
465	14	1361	432	16	1927	399	3	2171
464	20	1381	431	9	1936	394	1	2172
463	13	1394	430	17	1953			

(七)江苏省2022年普通高考声乐类(历史等科目类)逐分段统计表

注:本次公布的统计表为符合第一阶段志愿填报条件考生的声乐类(历史等科目类)投档分逐分段统计。

分数段	同分人数	累计人数	分数段	同分人数	累计人数	分数段	同分人数	累计人数
234 及以上	11	11	204	13	224	174	48	1290
233	2	13	203	20	244	173	47	1337
232	1	14	202	21	265	172	38	1375
231	5	19	201	18	283	171	42	1417
230	1	20	200	24	307	170	41	1458
229	2	22	199	28	335	169	20	1478
228	3	25	198	19	354	168	32	1510
227	5	30	197	32	386	167	21	1531
226	2	32	196	25	411	166	21	1552
225	2	34	195	25	436	165	26	1578
224	3	37	194	29	465	164	35	1613
223	5	42	193	33	498	163	27	1640
222	2	44	192	29	527	162	20	1660
221	3	47	191	35	562	161	17	1677
220	6	53	190	32	594	160	17	1694
219	5	58	189	36	630	159	27	1721
218	7	65	188	32	662	158	17	1738
217	8	73	187	41	703	157	22	1760
216	1	74	186	45	748	156	18	1778
215	6	80	185	40	788	155	17	1795
214	7	87	184	45	833	154	6	1801
213	15	102	183	44	877	153	8	1809
212	8	110	182	38	915	152	12	1821
211	8	118	181	36	951	151	11	1832
210	17	135	180	29	980	150	6	1838
209	15	150	179	51	1031	149	14	1852
208	15	165	178	46	1077	148	16	1868
207	15	180	177	58	1135	147	9	1877
206	17	197	176	54	1189	146	10	1887
205	14	211	175	53	1242	145	9	1896

(八)江苏省2022年普通高考声乐类(物理等科目类)逐分段统计表

注:本次公布的统计表为符合第一阶段志愿填报条件考生的声乐类(物理等科目类)投档分逐分段统计。

分数段	同分人数	累计人数	分数段	同分人数	累计人数	分数段	同分人数	累计人数
202及以上	11	11	176	5	125	151	2	255
201	1	12	175	6	131	150	4	259
200	5	17	174	8	139	149	3	262
199	2	19	173	11	150	148	3	265
198	4	23	172	10	160	147	4	269
196	2	25	171	5	165	146	1	270
195	3	28	170	6	171			
194	3	31	169	11	182			
193	2	33	168	4	186			
192	4	37	167	6	192			
191	4	41	166	7	199			
190	1	42	165	8	207			
189	7	49	164	4	211			
188	6	55	163	10	221			
187	4	59	162	6	227			
186	5	64	161	4	231			
185	6	70	160	5	236			
184	2	72	159	4	240			
183	6	78	158	2	242			
182	5	83	157	2	244			
181	10	93	156	1	245			
180	9	102	155	2	247			
179	5	107	154	2	249			
178	6	113	153	2	251			
177	7	120	152	2	253			

(九)江苏省2022年普通高考器乐类(历史等科目类)逐分段统计表

注:本次公布的统计表为符合第一阶段志愿填报条件考生的器乐类(历史等科目类)投档分逐分段统计。

分数段	同分人数	累计人数	分数段	同分人数	累计人数	分数段	同分人数	累计人数
235及以上	11	11	205	27	365	175	18	1029
234	1	12	204	20	385	174	17	1046
233	1	13	203	30	415	173	18	1064
232	9	22	202	18	433	172	26	1090
231	2	24	201	23	456	171	20	1110
230	7	31	200	17	473	170	19	1129
229	6	37	199	18	491	169	15	1144
228	7	44	198	14	505	168	9	1153
227	3	47	197	19	524	167	19	1172
226	8	55	196	26	550	166	10	1182
225	8	63	195	17	567	165	8	1190
224	12	75	194	16	583	164	18	1208
223	6	81	193	18	601	163	6	1214
222	9	90	192	29	630	162	10	1224
221	9	99	191	18	648	161	10	1234
220	8	107	190	28	676	160	9	1243
219	18	125	189	20	696	159	10	1253
218	3	128	188	20	716	158	5	1258
217	14	142	187	25	741	157	5	1263
216	19	161	186	25	766	156	3	1266
215	16	177	185	23	789	155	2	1268
214	14	191	184	32	821	154	5	1273
213	13	204	183	22	843	153	4	1277
212	15	219	182	25	868	152	2	1279
211	16	235	181	25	893	151	1	1280
210	15	250	180	16	909	150	4	1284
209	25	275	179	27	936	149	6	1290
208	23	298	178	29	965	148	3	1293
207	20	318	177	27	992	147	1	1294
206	20	338	176	19	1011	146	4	1298

(十) 江苏省2022年普通高考器乐类(物理等科目类)逐分段统计表

注:本次公布的统计表为符合第一阶段志愿填报条件考生的器乐类(物理等科目类)投档分逐分段统计。

分数段	同分人数	累计人数	分数段	同分人数	累计人数	分数段	同分人数	累计人数
216及以上	11	11	183	4	72	151	1	140
215	1	12	181	3	75	150	1	141
213	1	13	179	2	77	147	2	143
212	2	15	178	3	80			
210	2	17	177	2	82			
209	2	19	176	4	86			
208	3	22	175	5	91			
206	3	25	174	6	97			
204	3	28	173	4	101			
203	1	29	172	3	104			
202	1	30	171	1	105			
201	4	34	170	1	106			
200	3	37	169	2	108			
199	1	38	168	4	112			
198	3	41	167	1	113			
197	3	44	166	4	117			
196	1	45	165	1	118			
195	3	48	164	3	121			
194	1	49	163	4	125			
193	1	50	161	2	127			
192	4	54	160	1	128			
190	2	56	159	2	130			
189	2	58	158	1	131			
188	1	59	157	2	133			
187	3	62	156	2	135			
186	3	65	155	1	136			
185	2	67	154	2	138			
184	1	68	153	1	139			

(十一) 江苏省 2022 年普通高考编导类 (历史等科目类) 逐分段统计表

注:本次公布的统计表为符合第一阶段志愿填报条件考生的编导类(历史等科目类)投档分逐分段统计。

分数段	同分人数	累计人数	分数段	同分人数	累计人数	分数段	同分人数	累计人数
552 及以上	53	53	519	13	341	486	33	1263
551	4	57	518	16	357	485	47	1310
550	5	62	517	13	370	484	37	1347
549	3	65	516	14	384	483	41	1388
548	3	68	515	24	408	482	48	1436
547	3	71	514	15	423	481	30	1466
546	4	75	513	14	437	480	25	1491
545	9	84	512	24	461	479	47	1538
544	5	89	511	25	486	478	38	1576
543	6	95	510	32	518	477	42	1618
542	11	106	509	30	548	476	49	1667
541	8	114	508	21	569	475	37	1704
540	8	122	507	16	585	474	27	1731
539	7	129	506	20	605	473	35	1766
538	8	137	505	15	620	472	30	1796
537	5	142	504	31	651	471	32	1828
536	8	150	503	38	689	470	34	1862
535	8	158	502	21	710	469	37	1899
534	8	166	501	31	741	468	18	1917
533	5	171	500	32	773	467	39	1956
532	6	177	499	35	808	466	28	1984
531	8	185	498	20	828	465	30	2014
530	8	193	497	40	868	464	23	2037
529	11	204	496	19	887	463	18	2055
528	8	212	495	29	916	462	25	2080
527	17	229	494	38	954	461	24	2104
526	16	245	493	31	985	460	15	2119
525	11	256	492	37	1022	459	13	2132
524	13	269	491	51	1073	458	10	2142
523	17	286	490	42	1115	457	5	2147
522	15	301	489	44	1159	456	3	2150
521	14	315	488	45	1204	455	3	2153
520	13	328	487	26	1230			

(十二) 江苏省2022年普通高考编导类(物理等科目类)逐分段统计表

注:本次公布的统计表为符合第一阶段志愿填报条件考生的编导类(物理等科目类)投档分逐分段统计。

分数段	同分人数	累计人数	分数段	同分人数	累计人数	分数段	同分人数	累计人数
537及以上	51	51	503	5	158	472	5	341
536	1	52	502	4	162	471	6	347
535	3	55	501	4	166	470	7	354
534	3	58	500	3	169	469	9	363
533	2	60	499	6	175	468	4	367
532	1	61	498	1	176	467	6	373
531	2	63	497	4	180	466	6	379
530	4	67	496	4	184	465	7	386
529	7	74	495	6	190	464	5	391
528	5	79	494	3	193	463	12	403
527	4	83	493	4	197	462	5	408
526	5	88	492	3	200	461	13	421
524	9	97	491	7	207	460	5	426
523	4	101	490	6	213	459	8	434
522	1	102	489	6	219	458	5	439
521	6	108	488	9	228	457	4	443
520	1	109	487	5	233	456	7	450
518	1	110	486	6	239	455	10	460
517	2	112	485	5	244	454	2	462
516	3	115	484	7	251	453	3	465
515	4	119	483	6	257	452	4	469
514	4	123	482	9	266	451	2	471
513	4	127	481	8	274	450	2	473
512	3	130	480	10	284	449	2	475
511	1	131	479	7	291	448	2	477
510	6	137	478	8	299	447	2	479
509	2	139	477	12	311	446	2	481
508	3	142	476	11	322	445	2	483
507	2	144	475	3	325	443	2	485
506	2	146	474	7	332			
504	7	153	473	4	336			

附录三：江苏省2021年普通高考普通类、体育类、美术类、声乐类、器乐类、编导类逐分段统计表

（一）江苏省2021年普通高考普通类（历史等科目类）逐分段统计表

注：本次公布的统计表为符合第一阶段志愿填报条件考生的普通类（历史等科目类）总分逐分段统计。

分数段	同分人数	累计人数	分数段	同分人数	累计人数	分数段	同分人数	累计人数
632及以上	101	101	607	76	1026	582	219	4596
631	14	115	606	66	1092	581	200	4796
630	8	123	605	83	1175	580	202	4998
629	18	141	604	74	1249	579	236	5234
628	18	159	603	91	1340	578	230	5464
627	13	172	602	107	1447	577	249	5713
626	25	197	601	111	1558	576	238	5951
625	21	218	600	93	1651	575	257	6208
624	25	243	599	98	1749	574	249	6457
623	26	269	598	116	1865	573	268	6725
622	31	300	597	114	1979	572	263	6988
621	19	319	596	150	2129	571	272	7260
620	32	351	595	165	2294	570	314	7574
619	34	385	594	150	2444	569	282	7856
618	41	426	593	139	2583	568	323	8179
617	29	455	592	159	2742	567	334	8513
616	44	499	591	154	2896	566	298	8811
615	30	529	590	166	3062	565	349	9160
614	44	573	589	181	3243	564	334	9494
613	51	624	588	177	3420	563	357	9851
612	53	677	587	161	3581	562	342	10193
611	60	737	586	181	3762	561	356	10549
610	57	794	585	193	3955	560	357	10906
609	71	865	584	202	4157	559	379	11285
608	85	950	583	220	4377	558	388	11673

江苏省2021年普通高考普通类(历史等科目类)逐分段统计表

分数段	同分人数	累计人数	分数段	同分人数	累计人数	分数段	同分人数	累计人数
557	372	12045	526	539	26116	495	600	44090
556	391	12436	525	517	26633	494	590	44680
555	369	12805	524	553	27186	493	621	45301
554	402	13207	523	513	27699	492	577	45878
553	388	13595	522	550	28249	491	584	46462
552	421	14016	521	520	28769	490	631	47093
551	380	14396	520	559	29328	489	604	47697
550	404	14800	519	581	29909	488	639	48336
549	405	15205	518	525	30434	487	591	48927
548	420	15625	517	566	31000	486	597	49524
547	391	16016	516	568	31568	485	602	50126
546	420	16436	515	614	32182	484	612	50738
545	456	16892	514	581	32763	483	618	51356
544	432	17324	513	549	33312	482	607	51963
543	492	17816	512	579	33891	481	616	52579
542	442	18258	511	597	34488	480	581	53160
541	470	18728	510	566	35054	479	577	53737
540	475	19203	509	562	35616	478	617	54354
539	446	19649	508	597	36213	477	565	54919
538	447	20096	507	557	36770	476	591	55510
537	487	20583	506	621	37391			
536	504	21087	505	616	38007			
535	506	21593	504	605	38612			
534	493	22086	503	626	39238			
533	475	22561	502	607	39845			
532	485	23046	501	589	40434			
531	532	23578	500	610	41044			
530	515	24093	499	591	41635			
529	498	24591	498	616	42251			
528	495	25086	497	623	42874			
527	491	25577	496	616	43490			

(二) 江苏省2021年普通高考普通类(物理等科目类)逐分段统计表

注:本次公布的统计表为符合第一阶段志愿填报条件考生的普通类(物理等科目类)总分逐分段统计。

分数段	同分人数	累计人数	分数段	同分人数	累计人数	分数段	同分人数	累计人数
661及以上	101	101	621	175	2782	581	528	16537
660	10	111	620	165	2947	580	549	17086
659	17	128	619	183	3130	579	528	17614
658	18	146	618	166	3296	578	559	18173
657	13	159	617	196	3492	577	571	18744
656	22	181	616	202	3694	576	560	19304
655	11	192	615	210	3904	575	584	19888
654	19	211	614	203	4107	574	623	20511
653	26	237	613	223	4330	573	589	21100
652	24	261	612	248	4578	572	610	21710
651	22	283	611	238	4816	571	627	22337
650	29	312	610	223	5039	570	622	22959
649	35	347	609	270	5309	569	619	23578
648	24	371	608	285	5594	568	672	24250
647	34	405	607	292	5886	567	706	24956
646	43	448	606	307	6193	566	675	25631
645	37	485	605	287	6480	565	677	26308
644	51	536	604	311	6791	564	740	27048
643	49	585	603	335	7126	563	688	27736
642	62	647	602	320	7446	562	761	28497
641	56	703	601	345	7791	561	699	29196
640	58	761	600	326	8117	560	750	29946
639	58	819	599	371	8488	559	790	30736
638	71	890	598	368	8856	558	744	31480
637	82	972	597	355	9211	557	772	32252
636	77	1049	596	388	9599	556	743	32995
635	81	1130	595	416	10015	555	783	33778
634	85	1215	594	375	10390	554	795	34573
633	94	1309	593	420	10810	553	770	35343
632	94	1403	592	402	11212	552	815	36158
631	109	1512	591	427	11639	551	788	36946
630	123	1635	590	443	12082	550	863	37809
629	93	1728	589	464	12546	549	915	38724
628	117	1845	588	483	13029	548	861	39585
627	125	1970	587	429	13458	547	892	40477
626	99	2069	586	482	13940	546	879	41356
625	114	2183	585	484	14424	545	835	42191
624	132	2315	584	508	14932	544	901	43092
623	146	2461	583	552	15484	543	863	43955
622	146	2607	582	525	16009	542	863	44818

江苏省2021年普通高考普通类(物理等科目类)逐分段统计表

分数段	同分人数	累计人数	分数段	同分人数	累计人数	分数段	同分人数	累计人数
541	887	45705	498	1003	88572	455	753	128528
540	915	46620	497	972	89544	454	774	129302
539	944	47564	496	1017	90561	453	719	130021
538	888	48452	495	1062	91623	452	801	130822
537	905	49357	494	1041	92664	451	739	131561
536	912	50269	493	968	93632	450	766	132327
535	913	51182	492	1049	94681	449	694	133021
534	937	52119	491	1063	95744	448	704	133725
533	958	53077	490	984	96728	447	734	134459
532	927	54004	489	986	97714	446	688	135147
531	990	54994	488	1013	98727	445	672	135819
530	960	55954	487	1012	99739	444	703	136522
529	962	56916	486	1038	100777	443	642	137164
528	990	57906	485	989	101766	442	677	137841
527	943	58849	484	962	102728	441	611	138452
526	975	59824	483	981	103709	440	685	139137
525	1002	60826	482	942	104651	439	600	139737
524	1048	61874	481	1007	105658	438	613	140350
523	1001	62875	480	968	106626	437	570	140920
522	993	63868	479	1001	107627	436	603	141523
521	1040	64908	478	952	108579	435	591	142114
520	987	65895	477	912	109491	434	518	142632
519	1016	66911	476	922	110413	433	527	143159
518	1003	67914	475	935	111348	432	521	143680
517	1074	68988	474	929	112277	431	510	144190
516	952	69940	473	889	113166	430	522	144712
515	1043	70983	472	934	114100	429	508	145220
514	1014	71997	471	884	114984	428	510	145730
513	1066	73063	470	915	115899	427	480	146210
512	997	74060	469	938	116837	426	501	146711
511	1026	75086	468	939	117776	425	447	147158
510	1052	76138	467	848	118624	424	433	147591
509	1050	77188	466	857	119481	423	471	148062
508	1076	78264	465	914	120395	422	428	148490
507	996	79260	464	857	121252	421	476	148966
506	1068	80328	463	826	122078	420	407	149373
505	1047	81375	462	841	122919	419	425	149798
504	1038	82413	461	804	123723	418	396	150194
503	1016	83429	460	794	124517	417	404	150598
502	1028	84457	459	838	125355			
501	1066	85523	458	811	126166			
500	998	86521	457	844	127010			
499	1048	87569	456	765	127775			

(三)江苏省2021年普通高考体育类(历史等科目类)逐分段统计表

注:本次公布的统计表为符合第一阶段志愿填报条件考生的体育类(历史等科目类)投档分逐分段统计。

分数段	同分人数	累计人数	分数段	同分人数	累计人数	分数段	同分人数	累计人数
541及以上	54	54	501	10	321	461	20	968
540	4	58	500	13	334	460	22	990
539	5	63	499	11	345	459	13	1003
538	2	65	498	13	358	458	19	1022
537	6	71	497	13	371	457	27	1049
536	3	74	496	13	384	456	19	1068
535	5	79	495	10	394	455	21	1089
534	3	82	494	10	404	454	18	1107
533	6	88	493	18	422	453	11	1118
532	4	92	492	12	434	452	12	1130
531	5	97	491	12	446	451	22	1152
530	6	103	490	21	467	450	17	1169
529	5	108	489	13	480	449	23	1192
528	1	109	488	10	490	448	10	1202
527	7	116	487	9	499	447	20	1222
526	7	123	486	13	512	446	12	1234
525	4	127	485	10	522	445	16	1250
524	7	134	484	15	537	444	7	1257
523	8	142	483	19	556	443	15	1272
522	9	151	482	16	572	442	11	1283
521	8	159	481	17	589	441	11	1294
520	5	164	480	25	614	440	14	1308
519	5	169	479	18	632	439	14	1322
518	4	173	478	16	648	438	15	1337
517	8	181	477	19	667	437	9	1346
516	7	188	476	23	690	436	10	1356
515	9	197	475	13	703	435	3	1359
514	7	204	474	21	724	434	9	1368
513	8	212	473	22	746	433	9	1377
512	5	217	472	12	758	432	9	1386
511	1	218	471	15	773	431	7	1393
510	8	226	470	22	795	430	9	1402
509	10	236	469	17	812	429	3	1405
508	13	249	468	21	833	428	4	1409
507	7	256	467	25	858	427	6	1415
506	6	262	466	22	880	426	2	1417
505	10	272	465	17	897	425	1	1418
504	13	285	464	20	917	424	2	1420
503	14	299	463	15	932	423	1	1421
502	12	311	462	16	948	422	1	1422

(四) 江苏省2021年普通高考体育类 (物理等科目类) 逐分段统计表

注：本次公布的统计表为符合第一阶段志愿填报条件考生的体育类 (物理等科目类) 投档分逐分段统计。

分数段	同分人数	累计人数	分数段	同分人数	累计人数	分数段	同分人数	累计人数
529及以上	51	51	483	10	268	437	5	616
528	4	55	482	11	279	436	5	621
527	3	58	481	13	292	435	5	626
526	2	60	480	3	295	434	4	630
525	4	64	479	6	301	433	5	635
524	7	71	478	7	308	432	10	645
523	4	75	477	7	315	431	5	650
522	4	79	476	6	321	430	9	659
521	4	83	475	8	329	429	6	665
520	3	86	474	13	342	428	3	668
519	5	91	473	7	349	427	6	674
518	5	96	472	9	358	426	3	677
517	1	97	471	10	368	425	3	680
516	3	100	470	13	381	424	2	682
515	6	106	469	5	386	423	7	689
514	5	111	468	7	393	422	6	695
513	5	116	467	5	398	421	8	703
512	5	121	466	5	403	420	3	706
511	6	127	465	11	414	419	4	710
510	1	128	464	7	421	418	10	720
509	6	134	463	6	427	417	3	723
508	2	136	462	7	434	416	4	727
507	4	140	461	10	444	415	4	731
506	4	144	460	7	451	414	2	733
505	1	145	459	10	461	413	6	739
504	6	151	458	3	464	412	3	742
503	7	158	457	2	466	410	2	744
502	6	164	456	6	472	409	2	746
501	3	167	455	14	486	408	1	747
500	7	174	454	11	497	407	2	749
499	4	178	453	11	508	406	2	751
498	4	182	452	8	516	405	1	752
497	2	184	451	9	525	404	5	757
496	5	189	450	7	532	403	1	758
495	5	194	449	8	540	402	3	761
494	6	200	448	6	546	400	1	762
493	3	203	447	4	550	399	1	763
492	6	209	446	10	560	398	4	767
491	6	215	445	7	567	396	2	769
490	6	221	444	7	574	394	2	771
489	13	234	443	9	583	393	1	772
488	2	236	442	6	589	389	1	773
487	6	242	441	7	596	388	1	774
486	7	249	440	4	600	387	1	775
485	3	252	439	5	605			
484	6	258	438	6	611			

(五)江苏省2021年普通高考美术类(历史等科目类)逐分段统计表

注:本次公布的统计表为符合第一阶段志愿填报条件考生的美术类(历史等科目类)投档分逐分段统计。

分数段	同分人数	累计人数	分数段	同分人数	累计人数	分数段	同分人数	累计人数
601及以上	54	54	565	23	477	529	49	1761
600	2	56	564	19	496	528	58	1819
599	4	60	563	19	515	527	60	1879
598	3	63	562	17	532	526	72	1951
597	5	68	561	27	559	525	68	2019
596	8	76	560	31	590	524	64	2083
595	5	81	559	22	612	523	74	2157
594	8	89	558	32	644	522	64	2221
593	6	95	557	25	669	521	71	2292
592	8	103	556	24	693	520	76	2368
591	12	115	555	22	715	519	80	2448
590	6	121	554	30	745	518	77	2525
589	11	132	553	28	773	517	81	2606
588	15	147	552	24	797	516	87	2693
587	6	153	551	38	835	515	89	2782
586	9	162	550	25	860	514	83	2865
585	12	174	549	28	888	513	81	2946
584	11	185	548	26	914	512	94	3040
583	9	194	547	34	948	511	104	3144
582	9	203	546	32	980	510	81	3225
581	13	216	545	34	1014	509	87	3312
580	10	226	544	45	1059	508	112	3424
579	12	238	543	43	1102	507	109	3533
578	18	256	542	40	1142	506	106	3639
577	14	270	541	54	1196	505	126	3765
576	9	279	540	31	1227	504	102	3867
575	19	298	539	42	1269	503	115	3982
574	12	310	538	51	1320	502	106	4088
573	17	327	537	47	1367	501	86	4174
572	14	341	536	39	1406	500	113	4287
571	22	363	535	40	1446	499	132	4419
570	18	381	534	60	1506	498	104	4523
569	16	397	533	47	1553	497	129	4652
568	18	415	532	52	1605	496	138	4790
567	22	437	531	57	1662	495	120	4910
566	17	454	530	50	1712	494	118	5028

江苏省2021年普通高考美术类(历史等科目类)逐分段统计表

分数段	同分人数	累计人数	分数段	同分人数	累计人数	分数段	同分人数	累计人数
493	123	5151	452	139	11212	411	77	16106
492	129	5280	451	128	11340	410	68	16174
491	131	5411	450	157	11497	409	68	16242
490	106	5517	449	152	11649	408	62	16304
489	141	5658	448	165	11814	407	69	16373
488	119	5777	447	157	11971	406	74	16447
487	138	5915	446	144	12115	405	51	16498
486	155	6070	445	129	12244	404	67	16565
485	141	6211	444	136	12380	403	49	16614
484	152	6363	443	157	12537	402	46	16660
483	136	6499	442	147	12684	401	42	16702
482	156	6655	441	129	12813	400	34	16736
481	162	6817	440	130	12943	399	50	16786
480	136	6953	439	144	13087	398	38	16824
479	152	7105	438	149	13236	397	44	16868
478	148	7253	437	129	13365	396	42	16910
477	141	7394	436	136	13501	395	35	16945
476	148	7542	435	121	13622	394	29	16974
475	148	7690	434	122	13744	393	33	17007
474	168	7858	433	110	13854	392	22	17029
473	140	7998	432	103	13957	391	27	17056
472	154	8152	431	130	14087	390	33	17089
471	158	8310	430	134	14221	389	27	17116
470	157	8467	429	116	14337	388	20	17136
469	150	8617	428	111	14448	387	15	17151
468	157	8774	427	127	14575	386	22	17173
467	156	8930	426	130	14705	385	19	17192
466	154	9084	425	111	14816	384	12	17204
465	147	9231	424	103	14919	383	13	17217
464	169	9400	423	103	15022	382	10	17227
463	183	9583	422	110	15132	381	9	17236
462	128	9711	421	109	15241	380	9	17245
461	173	9884	420	96	15337	379	10	17255
460	175	10059	419	87	15424	378	5	17260
459	146	10205	418	94	15518	377	9	17269
458	148	10353	417	95	15613	376	6	17275
457	134	10487	416	76	15689	375	2	17277
456	165	10652	415	93	15782	374	3	17280
455	137	10789	414	82	15864	372	1	17281
454	133	10922	413	81	15945			
453	151	11073	412	84	16029			

(六)江苏省2021年普通高考美术类(物理等科目类)逐分段统计表

注:本次公布的统计表为符合第一阶段志愿填报条件考生的美术类(物理等科目类)投档分逐分段统计。

分数段	同分人数	累计人数	分数段	同分人数	累计人数	分数段	同分人数	累计人数
563及以上	52	52	530	2	149	499	4	288
562	2	54	529	3	152	498	4	292
561	4	58	528	3	155	497	6	298
560	4	62	527	2	157	496	3	301
559	2	64	526	2	159	495	9	310
558	1	65	525	8	167	494	7	317
557	3	68	524	1	168	493	5	322
556	4	72	523	3	171	492	12	334
555	6	78	522	3	174	491	6	340
553	1	79	521	3	177	490	10	350
552	1	80	520	5	182	489	7	357
551	3	83	519	6	188	488	8	365
549	4	87	518	6	194	487	7	372
548	1	88	517	8	202	486	5	377
547	5	93	516	4	206	485	5	382
546	1	94	515	4	210	484	6	388
545	2	96	514	6	216	483	7	395
544	2	98	513	2	218	482	7	402
543	1	99	512	4	222	481	2	404
542	4	103	511	6	228	480	13	417
541	2	105	510	6	234	479	8	425
540	3	108	509	3	237	478	4	429
539	7	115	508	4	241	477	13	442
538	3	118	507	5	246	476	11	453
537	5	123	506	10	256	475	8	461
536	3	126	505	4	260	474	6	467
535	6	132	504	7	267	473	6	473
534	7	139	503	1	268	472	9	482
533	4	143	502	7	275	471	10	492
532	1	144	501	4	279	470	5	497
531	3	147	500	5	284	469	15	512

江苏省2021年普通高考美术类（物理等科目类）逐分段统计表

分数段	同分人数	累计人数	分数段	同分人数	累计人数	分数段	同分人数	累计人数
468	8	520	434	11	884	400	8	1192
467	8	528	433	14	898	399	6	1198
466	11	539	432	10	908	398	6	1204
465	13	552	431	11	919	397	5	1209
464	9	561	430	9	928	396	5	1214
463	8	569	429	13	941	395	2	1216
462	7	576	428	12	953	394	4	1220
461	10	586	427	7	960	393	4	1224
460	16	602	426	7	967	392	7	1231
459	12	614	425	15	982	391	7	1238
458	12	626	424	8	990	389	4	1242
457	9	635	423	6	996	388	4	1246
456	11	646	422	8	1004	387	5	1251
455	13	659	421	12	1016	386	3	1254
454	10	669	420	14	1030	385	2	1256
453	9	678	419	14	1044	384	4	1260
452	5	683	418	6	1050	383	5	1265
451	9	692	417	7	1057	382	4	1269
450	9	701	416	12	1069	381	1	1270
449	8	709	415	10	1079	380	1	1271
448	13	722	414	10	1089	379	2	1273
447	17	739	413	7	1096	378	4	1277
446	9	748	412	6	1102	377	4	1281
445	6	754	411	6	1108	376	1	1282
444	9	763	410	12	1120	373	2	1284
443	12	775	409	9	1129	372	4	1288
442	11	786	408	2	1131	370	2	1290
441	20	806	407	9	1140	368	1	1291
440	17	823	406	7	1147	367	1	1292
439	9	832	405	6	1153	365	1	1293
438	9	841	404	7	1160	363	1	1294
437	7	848	403	7	1167	362	1	1295
436	10	858	402	9	1176			
435	15	873	401	8	1184			

(七)江苏省2021年普通高考声乐类(历史等科目类)逐分段统计表

注:本次公布的统计表为符合第一阶段志愿填报条件考生的声乐类(历史等科目类)投档分逐分段统计。

分数段	同分人数	累计人数	分数段	同分人数	累计人数	分数段	同分人数	累计人数
230及以上	14	14	200	18	242	172	39	1294
229	1	15	199	17	259	171	36	1330
228	1	16	198	21	280	170	47	1377
227	1	17	197	37	317	169	44	1421
225	1	18	196	16	333	168	36	1457
223	5	23	195	31	364	167	38	1495
222	3	26	194	30	394	166	35	1530
221	5	31	193	34	428	165	36	1566
220	5	36	192	21	449	164	42	1608
219	1	37	191	30	479	163	34	1642
218	4	41	190	31	510	162	32	1674
217	11	52	189	32	542	161	22	1696
216	2	54	188	42	584	160	23	1719
215	11	65	187	32	616	159	19	1738
214	4	69	186	44	660	158	21	1759
213	7	76	185	43	703	157	19	1778
212	11	87	184	38	741	156	26	1804
211	10	97	183	31	772	155	24	1828
210	4	101	182	40	812	154	22	1850
209	6	107	181	53	865	153	18	1868
208	9	116	180	53	918	152	19	1887
207	14	130	179	50	968	151	16	1903
206	16	146	178	49	1017	150	15	1918
205	16	162	177	49	1066	149	8	1926
204	11	173	176	45	1111	148	14	1940
203	18	191	175	51	1162	147	10	1950
202	15	206	174	40	1202	146	6	1956
201	18	224	173	53	1255	145	14	1970

(八) 江苏省 2021 年普通高考声乐类(物理等科目类)逐分段统计表

注:本次公布的统计表为符合第一阶段志愿填报条件考生的声乐类(物理等科目类)投档分逐分段统计。

分数段	同分人数	累计人数	分数段	同分人数	累计人数	分数段	同分人数	累计人数
205 及以上	11	11	179	3	76	153	5	178
204	1	12	178	2	78	152	2	180
203	1	13	177	4	82	151	8	188
202	1	14	176	5	87	150	4	192
200	5	19	175	6	93	149	5	197
199	2	21	174	6	99	148	4	201
198	2	23	173	5	104	147	3	204
197	1	24	172	5	109	146	3	207
196	2	26	171	6	115			
195	4	30	170	3	118			
194	2	32	169	2	120			
193	1	33	168	3	123			
192	2	35	167	3	126			
191	1	36	165	6	132			
190	2	38	164	9	141			
189	1	39	163	5	146			
188	4	43	162	4	150			
187	3	46	161	4	154			
186	6	52	160	2	156			
185	5	57	159	4	160			
184	3	60	158	2	162			
183	4	64	157	6	168			
182	1	65	156	1	169			
181	3	68	155	3	172			
180	5	73	154	1	173			

(九)江苏省2021年普通高考器乐类(历史等科目类)逐分段统计表

注:本次公布的统计表为符合第一阶段志愿填报条件考生的器乐类(历史等科目类)投档分逐分段统计。

分数段	同分人数	累计人数	分数段	同分人数	累计人数	分数段	同分人数	累计人数
235及以上	11	11	204	22	304	173	16	901
234	1	12	203	17	321	172	26	927
233	6	18	202	16	337	171	19	946
232	5	23	201	11	348	170	26	972
231	1	24	200	24	372	169	16	988
230	4	28	199	15	387	168	15	1003
229	3	31	198	19	406	167	15	1018
228	2	33	197	15	421	166	15	1033
227	4	37	196	24	445	165	21	1054
226	4	41	195	18	463	164	13	1067
225	9	50	194	16	479	163	20	1087
224	7	57	193	25	504	162	10	1097
223	3	60	192	20	524	161	13	1110
222	6	66	191	22	546	160	16	1126
221	6	72	190	26	572	159	11	1137
220	13	85	189	25	597	158	8	1145
219	6	91	188	24	621	157	12	1157
218	8	99	187	22	643	156	10	1167
217	10	109	186	15	658	155	12	1179
216	10	119	185	20	678	154	7	1186
215	12	131	184	16	694	153	7	1193
214	11	142	183	13	707	152	4	1197
213	12	154	182	16	723	151	4	1201
212	18	172	181	22	745	150	7	1208
211	13	185	180	13	758	149	3	1211
210	20	205	179	20	778	148	6	1217
209	15	220	178	16	794	147	4	1221
208	16	236	177	28	822	146	7	1228
207	13	249	176	20	842	145	9	1237
206	20	269	175	16	858			
205	13	282	174	27	885			

(十)江苏省2021年普通高考器乐类(物理等科目类)逐分段统计表

注:本次公布的统计表为符合第一阶段志愿填报条件考生的器乐类(物理等科目类)投档分逐分段统计。

分数段	同分人数	累计人数	分数段	同分人数	累计人数
213及以上	12	12	172	4	65
210	2	14	171	2	67
209	1	15	170	1	68
208	3	18	169	4	72
207	1	19	167	2	74
205	2	21	166	3	77
202	1	22	165	2	79
201	2	24	164	1	80
200	2	26	163	1	81
199	1	27	162	1	82
198	1	28	159	3	85
197	2	30	158	1	86
196	2	32	157	2	88
195	2	34	156	2	90
194	3	37	155	1	91
193	1	38	154	1	92
192	1	39	153	1	93
191	1	40	152	2	95
189	2	42	151	1	96
188	1	43	146	2	98
187	3	46			
186	2	48			
184	2	50			
181	2	52			
180	1	53			
179	1	54			
178	1	55			
177	4	59			
173	2	61			

(十一)江苏省2021年普通高考编导类(历史等科目类)逐分段统计表

注:本次公布的统计表为符合第一阶段志愿填报条件考生的编导类(历史等科目类)投档分逐分段统计。

分数段	同分人数	累计人数	分数段	同分人数	累计人数	分数段	同分人数	累计人数
566及以上	55	55	520	9	363	475	15	1055
565	2	57	519	8	371	474	19	1074
564	6	63	518	16	387	473	23	1097
563	3	66	517	13	400	472	25	1122
562	3	69	516	16	416	471	21	1143
560	5	74	515	18	434	470	26	1169
559	5	79	514	12	446	469	14	1183
558	2	81	513	15	461	468	15	1198
557	6	87	512	15	476	467	25	1223
556	6	93	511	17	493	466	14	1237
555	8	101	510	15	508	465	21	1258
554	4	105	509	16	524	464	17	1275
553	3	108	508	13	537	463	17	1292
552	3	111	507	8	545	462	17	1309
551	4	115	506	13	558	461	22	1331
550	8	123	505	21	579	460	21	1352
549	6	129	504	12	591	459	16	1368
548	6	135	503	15	606	458	27	1395
547	2	137	502	11	617	457	11	1406
546	9	146	501	14	631	456	18	1424
545	2	148	500	22	653	455	21	1445
544	9	157	499	18	671	454	14	1459
543	11	168	498	13	684	453	26	1485
542	8	176	497	23	707	452	30	1515
541	6	182	496	13	720	451	24	1539
540	7	189	495	8	728	450	13	1552
539	9	198	494	10	738	449	18	1570
538	10	208	493	12	750	448	17	1587
537	5	213	492	18	768	447	14	1601
536	12	225	491	16	784	446	16	1617
535	1	226	490	12	796	445	7	1624
534	4	230	489	7	803	444	7	1631
533	9	239	488	17	820	443	12	1643
532	10	249	487	19	839	442	7	1650
531	5	254	486	21	860	441	17	1667
530	12	266	485	14	874	440	16	1683
529	3	269	484	11	885	439	8	1691
528	9	278	483	26	911	438	9	1700
527	14	292	482	21	932	437	8	1708
526	10	302	481	17	949	436	3	1711
525	8	310	480	15	964	435	5	1716
524	17	327	479	23	987	434	6	1722
523	8	335	478	19	1006	433	2	1724
522	9	344	477	11	1017	432	1	1725
521	10	354	476	23	1040			

(十二)江苏省2021年普通高考编导类(物理等科目类)逐分段统计表

注:本次公布的统计表为符合第一阶段志愿填报条件考生的编导类(物理等科目类)投档分逐分段统计。

分数段	同分人数	累计人数	分数段	同分人数	累计人数	分数段	同分人数	累计人数
542及以上	53	53	507	4	153	474	12	417
541	2	55	506	7	160	473	15	432
540	2	57	505	5	165	472	8	440
539	5	62	504	5	170	471	9	449
538	4	66	503	9	179	470	10	459
537	1	67	502	6	185	469	11	470
536	3	70	501	8	193	468	5	475
535	1	71	500	6	199	467	8	483
534	1	72	499	6	205	466	10	493
533	1	73	498	2	207	465	7	500
531	5	78	497	9	216	464	4	504
530	1	79	496	3	219	463	5	509
529	6	85	495	13	232	462	7	516
528	2	87	494	8	240	461	8	524
527	2	89	493	5	245	460	11	535
526	3	92	492	5	250	459	2	537
525	1	93	491	18	268	458	11	548
524	4	97	490	6	274	457	3	551
523	1	98	489	8	282	456	8	559
522	4	102	488	13	295	455	9	568
521	4	106	487	8	303	454	7	575
520	3	109	486	6	309	453	2	577
519	4	113	485	14	323	452	3	580
518	1	114	484	6	329	451	7	587
517	3	117	483	9	338	450	5	592
516	4	121	482	11	349	449	5	597
515	4	125	481	6	355	448	4	601
514	4	129	480	7	362	447	2	603
513	5	134	479	7	369	446	1	604
512	6	140	478	8	377	445	1	605
510	4	144	477	5	382	443	1	606
509	4	148	476	15	397			
508	1	149	475	8	405			